PAUL HALTER

1

PAUL

HALTER

1

Présentation de Roland Lacourbe

LA MALÉDICTION DE BARBEROUSSE

LA QUATRIÈME PORTE

LE BROUILLARD ROUGE

LA MORT VOUS INVITE

LA MORT DERRIÈRE LES RIDEAUX

Bibliographie

ENTRETIEN

par Roland Lacourbe

Avec quinze romans publiés en moins de dix ans – plus trois autres déjà terminés et encore à paraître ! –, Paul Halter a trouvé sa place dans la tête de file des grands auteurs français du roman policier contemporain. Toutefois, sa spécialisation dans l'énigme fait de lui un solitaire dans cette corporation bien spécifique. En s'imposant en si peu de temps comme le digne successeur de John Dickson Carr dans le genre où ce dernier s'était distingué tout au long de sa carrière – le problème insoluble, le meurtre en chambre close et le phénomène du miracle – ce jeune écrivain alsacien fait figure de phénomène de l'édition. Un phénomène que même les Anglais et les Américains nous envient car, s'il a su se révéler comme l'égal du créateur de Gideon Fell et de Sir Henry Merrivale, certains amateurs considèrent qu'il a parfois réussi à dépasser son maître en illustrant des thèmes et en évoquant des situations criminelles que John Dickson Carr n'avait jamais eu ni l'idée ni le loisir d'imaginer. On en aura déjà un aperçu avec ce volume qui restitue les cinq premiers romans de l'auteur dans leur chronologie. En effet, *La Malédiction de Barberousse* qui ne parut en librairie qu'en septembre 1995 fut bien le premier essai de Paul Halter mais n'avait encore jamais eu l'opportunité de se faire connaître du grand public avant cette date.

Contrairement à ce que l'on serait tenté de croire, peu d'auteurs anglo-saxons, jusqu'à présent, ont consacré la totalité de leur œuvre à l'énigme et au crime impossible. Mis à part Carr – qui a quand même touché à d'autres domaines, comme le roman historique… –, on ne pourrait guère citer que Clayton Rawson, créateur du magicien détective le Grand Merlini, ou Hake Talbot dont la production d'un très haut niveau de qualité est plutôt mince sur le plan quantitatif (en tout et pour tout, deux romans et deux nouvelles !). En fait, contrairement à certaines idées reçues, si le roman à énigme eut son heure de gloire au cours de ce siècle, il le doit, pour une bonne partie, à une longue lignée d'auteurs français comme Gaston Boca, Maurice Letailleur, Noël Vindry, Marcel Lanteaume, sans oublier Pierre Boileau et Thomas Narcejac avant leur association. On le voit, Paul Halter se trouve en très bonne compagnie.

Raison de plus pour saluer un jeune écrivain qui, à l'encontre de la majorité de ses confrères, s'est choisi une voie difficile en se donnant pour tâche, comme un illusionniste, d'épater systématiquement son public avec un tour différent à chaque nouvelle apparition.

Et sans avoir encore jamais failli.

— Paul Halter, quelle a été votre première rencontre avec le roman policier ?

— Agatha Christie.

— Rien avant ?

— Si. Les livres de jeunesse. Enyd Blyton et la série « Michel » écrite par Georges Bayard. *Michel et les Brocanteurs, Michel contre Monsieur X.* Des récits d'aventures avec toujours un coupable à trouver. Ric Hochet aussi. Une chronologie serait difficile à établir. Mais si j'avais une image à définir, ce serait le masque, le feutre baissé… Monsieur X qui agit dans l'ombre et dont il faut trouver l'identité. Avec trois ou quatre suspects possibles.

— Enyd Blyton, c'est aussi le mystère, le château hanté, le domaine interdit…

— Oui, la caverne. J'ai lu aussi très tôt *Le Mystère de la chambre jaune,* mais j'ai commencé par une version en bande dessinée. Bien faite, fidèle et bien dessinée. Je ne sais plus à quel âge, mais c'est quelque chose qui m'avait marqué. L'énigme ! Mais en fait, je n'étais pas encore conscient que c'était surtout cet aspect-là qui me plaisait : l'Impossible, la chambre close. C'est en lisant une certaine préface de *Celui qui murmure* que j'ai découvert un auteur spécialisé dans ce genre particulier. Et j'ai pris conscience alors que c'est cela que j'avais toujours aimé. Mais bien plus tard…

— Avant, il y avait donc eu Agatha Christie ?

— Je me suis formé sans trop m'en rendre compte. Agatha Christie, c'était de la fiction de qualité, ce que j'avais toujours apprécié. En plus, il y a chez elle une ambiance très anglaise ; enfin, disons telle que les Français se l'imaginent ! Ce côté feutré, ces jardins, une bonne ambiance propice au crime… Non crapuleux, ce qui est d'autant plus terrible ! Et il y a aussi quelques histoires de chambres closes. *Cinq Heures vingt-cinq* pour moi, c'est une chambre close. Peut-être pas dans son acception classique, mais il s'agit d'une impossibilité absolue : un personnage qui n'a matériellement pas pu se trouver sur les lieux du crime parce qu'il était bien trop loin ! Et *Meurtre en Mésopotamie* qui a d'autres attraits : les fouilles archéologiques. Ces deux romans-là m'avaient particulièrement séduit.

— Quels sont les meilleurs pour vous ?

— Agatha Christie, j'ai tout lu, et relu et re-relu. Peut-être pas toutes les nouvelles, mais les romans en tout cas. Mes préférés ? *Les Vacances d'Hercule Poirot* qui est construit sur un excellent alibi trafiqué. Maintenant, il paraîtrait peut-être un peu léger, mais à l'époque, il tenait le coup ! *La Mort n'est pas une fin* qui se passe dans les temps anciens : il est déroutant, mais les Égyptiens sont tout à fait des personnages d'Agatha Christie. Hormis l'époque, ils réagissent et ont le même comportement que les Anglais modernes.

— C'est presque la société anglaise : il n'y manque que le thé !

— Oui. Et encore *L'Heure zéro*. Agatha Christie possède l'art de désorienter le lecteur, de l'égarer. Carr le fait également mais d'une manière un peu différente.

— C'est-à-dire ? Qu'est-ce qui les différencie ?

— Chez Christie, on arrive à deviner où elle veut en venir, ses intentions profondes, en se posant la simple question : « Quel serait le coupable le plus intéressant ? » Et ça, on s'en rend compte après dix livres.

— Et aussi le plus insoupçonnable ? Celui qui n'avait matériellement pas la possibilité de commettre le crime.

— Oui. C'est un peu trop rigide, mais ça se rejoint : le plus intéressant, celui qui serait susceptible de procurer le plus grand frisson de plaisir au lecteur à la fin de l'histoire. La plus grande surprise. Cette constatation s'impose à la lecture de la majorité de ses livres.

— Et après Agatha Christie ?

— Une période James Hadley Chase.

— Ah ? surprenant ! Pour quelles raisons ?

— Le côté *prenant* à la lecture. Aucun aspect philosophique, mais de l'action. C'est admirablement construit. Ses histoires agrippent l'attention. Un exceptionnel talent de conteur. Et puis aussi le côté malsain : on se trouve souvent à la place de l'assassin. Mais ce n'était pas le précurseur dans ce domaine. Ensuite… Eh bien, j'ai été assez déçu quand je n'ai plus eu d'Agatha Christie à découvrir. Pour situer la période, c'était vers 16-17 ans. Là, j'ai boudé le roman policier un certain temps…

— À 16-17 ans, vous aviez donc déjà *lu tout* Agatha Christie ?

— Pratiquement, oui. Je l'ai lue d'un bloc. J'avais commencé à douze ans et même avant. Mais j'étais bien préparé : ma mère était l'une de ses grandes admiratrices et elle en parlait souvent avec ma sœur. Ma sœur lisait le livre dont ma mère connaissait déjà la solution. Et quand on lit un livre, on essaie toujours de soutirer des informations à celui ou à celle qui l'a déjà lu. On ne veut pas *tout connaître,* mais quelques détails çà et là seraient les bienvenus ! Et je suivais ces discussions avec un intérêt passionné. *Mais interdiction absolue de révéler le truc !* Donc, j'étais bien préparé, bien excité. Alors j'ai commencé mon premier : *Cinq Heures vingt-cinq.* Et j'ai été emballé par l'astuce ! Ensuite, j'ai lu *Monsieur Brown.* Là encore, une surprise de taille, je ne sais pas si vous vous rappelez : la découverte d'un coupable vraiment surprenant. Je me souviens avoir éprouvé un immense sentiment de frayeur à la fin du livre. À treize ans. Ce personnage à la fois très proche et très sympathique qui se révèle en fin de compte être l'ennemi… Ça c'est effrayant : le masque tombe. Ensuite, *Les Sept Cadrans.* Encore une bonne histoire. Maintenant, ça me paraîtrait sans doute un peu plus fade. Quoique j'en relise régulièrement, et parfois avec encore beaucoup de plaisir.

— Et des classiques de la vieille école comme Edgar Poe ?

— Non, je ne connaissais pas. Ce sont des adultes qui m'avaient parlé de lui et de ses histoires horribles. *Le Masque de la mort rouge,* et ces gens qui étaient invités dans un palais avec une enfilade de pièces de différentes couleurs où il se passait des choses horribles ! Ça aussi, c'était très excitant, mais c'était quand même plus difficile d'accès. À 11-12 ans, on ne saisit pas tout de go.

— Et *Double Assassinat dans la rue Morgue ?*

— Ah oui, bien sûr ! Mais je me souviens que la fin m'avait déçu. Il y avait bien le côté vieux Paris, les crimes horribles, les faibles femmes assassinées par un monstre. Mais la résolution est très moyenne.

— …Et s'éloigne du domaine policier pour devenir fantastique.

— Oui. À la limite, je crois que j'ai préféré *Le Scarabée d'or.*

— Bien sûr. C'est celui qui annonce le plus directement les récits de détection avec *La Lettre volée.* Et Conan Doyle ?

— Ah ! Lui aussi je l'ai lu vers quatorze ans. Le cadre et l'atmosphère dans lesquels j'évolue depuis tellement d'années maintenant… J'ai du mal à mettre le doigt sur une image, quelque chose de caractéristique… Si ! *Le Mystère du val de Boscombe.* Cette histoire d'un personnage qui revient d'Afrique du Sud… Pourtant, elle n'a rien d'extraordinaire. Mais c'est l'atmosphère. Très inquiétante. Et *La Bande Mouchetée.* Mais c'est plus connu. Et aussi l'affaire d'Irene Adler… Ah ! *La Ligue des Rouquins !* Là, c'est l'entrée en matière qui est fabuleuse ! Une situation très bizarre. Je lisais pas mal, en fin de compte. Et j'oublie Bob Morane de Henri Vernes. À l'époque, j'en avais déjà lu les trois-quarts. *Le Temple des crocodiles, Sur la piste de Fawcett…* Tout cela était lié : l'aventure *et* le roman policier.

— Et John Dickson Carr, pour finir. Tout simplement parce que vous ne trouviez plus grand chose qui répondait à vos aspirations ?

— En effet, mais je l'ai découvert tout à fait par hasard ! Quand j'ai eu terminé Agatha Christie, je ne trouvais plus rien. Il n'y avait pas non plus tellement de livres du genre disponibles à cette époque. Et puis, c'est en me promenant dans les librairies que j'ai trouvé *Celui qui murmure* et *À la vie, à la mort,* pratiquement ensemble. En lisant la quatrième de couverture, je me suis soudain rendu compte qu'il s'agissait d'un auteur spécialisé. Néanmoins, j'ai réservé mon jugement. Je voulais voir si le contenu était à la hauteur du résumé. Le premier, ce fut *Celui qui murmure*. Quelle découverte ! La vision du professeur Grimaud sur la tour… Et Carr qui était l'auteur de soixante-dix autres romans ! Mais plus rien n'était disponible en France… La panique ! Et alors, comme dans un roman, je suis tombé par hasard, en allant fouiller dans une vieille boutique poussiéreuse de livres d'occasions, sur le fameux numéro de *Mystère Magazine,* n° 271 qui contenait tout un article sur Carr encore plus dithyrambique que les quatrième de couvertures de chez NÉO. Mais vous le connaissez ?

— Oui, j'en ai entendu parler…

— Ce fut l'affolement complet ! Mais dans la foulée, alors que je m'étais renseigné dans la plupart des librairies classiques qui n'avaient plus ces titres, j'ai quand même trouvé dans cette même librairie d'occasion *La Chambre ardente.*

— Un beau triptyque pour commencer.

— Oui. Mais après, comment trouver les autres ? Il y avait bien un libraire spécialisé à Paris, « L'Introuvable », qui les vendait cher. Mais enfin, bon ! J'étais prêt à mettre ce prix-là pour découvrir *Le Lecteur est prévenu, La Maison du bourreau, La Maison de la peste*… À quelques exceptions près comme *Les Trois Cercueils* ou *Le Meurtre des Mille et Une Nuits,* c'était tout de même les meilleurs Carr… Avec *Les Yeux en bandoulière, Le Naufragé du Titanic, Impossible n'est pas Anglais…*

— Donc, par rapport à vos autres lectures, Carr c'est le summum ? Pour l'instant, ce que vous avez trouvé de meilleur – qui répond le plus à votre soif ?

— Oui. Quand je tombe sur un texte inédit – que ce soit un roman ou une pièce radiophonique, parce que les romans, on les a tous lus, sauf certains historiques qui ne sont pas encore parus –, c'est le seul, aujourd'hui encore, qui arrive à me surprendre, à m'emballer. Et dans le roman policier, ça devient rare ! D'ailleurs j'en lis assez peu maintenant. Parfois des parodies de Sherlock Holmes, intéressantes sous certains aspects, mais l'énigme elle-même manque toujours de solidité.

— Il reste le tour de force.

— Oui, le tour de force et l'atmosphère. Tout cela a disparu du roman contemporain.

— Alors quelles sont pour vous les qualités essentielles de John Dickson Carr ?

— D'abord, le coup de cœur c'est le mélange d'atmosphère fantastique et d'énigme impossible. Le fantastique étant bien sûr par essence quelque chose d'impossible. Ensuite, il y a plein d'aspects secondaires. Son art de détourner l'attention du lecteur, par exemple. Il est très habile, très fort. Il y a un mot technique pour désigner cela…

— La *misdirection.*

— Oui. Cette aptitude lui est amplement reconnue. Il y a aussi l'aspect historique qui est intéressant, mis à part les derniers qui sont en quelque sorte des « historiques à part entière ». Dans ses bons romans, il se penche toujours sur une vieille affaire criminelle qui ajoute une dimension réelle…

— Oui, …et qui rejaillit dans le présent.

— Oui, ce qui jette un trouble dans l'esprit du lecteur. Le joueur d'échecs de Maëlzel dans *Le Naufragé du Titanic,* par exemple. Toujours ses thèmes de prédilection. Je ne sais pas s'il existe un autre auteur qui l'a fait de manière aussi systématique. Et ses entrées en matière aussi sont fabuleuses et sans faille. Le meilleur en ce domaine – et je ne suis pas le seul à le penser – c'est *Les Trois Cercueils* : la discussion dans l'arrière-salle du pub, l'intervention du prétendu magicien qui parle de son frère… beaucoup plus fort que lui… il est mort « mais il viendra vous rendre visite » ! Là, c'est vraiment déroutant ! Mais il y en a d'autres… *À la vie, à la mort.* Là aussi, c'est remarquable : la consultation dans la tente, le magicien, l'ombre sur la toile, la femme qui tire au fusil, et dont on dit qu'elle a tué ses trois maris dans des chambres closes.

— Oui, on la présente comme la frêle héroïne. Elle est sur le point d'épouser le personnage central… Et, dès la fin du deuxième chapitre, on apprend que c'est une empoisonneuse !

— C'est Carr, en fin de compte, qui m'a procuré mes plus belles joies littéraires. Enfin, dans ce registre en tous cas. Là-dessus, je pense que nous sommes d'accord ?

— Absolument… Et que pensez-vous de la galerie des personnages chez Carr ? Sont-ils bien typés ? Est-ce qu'il arrive à les faire vivre ? Par rapport à Agatha Christie par exemple ?

— C'est différent. Chez Carr, il y a parfois des faiblesses. Il faut décrire le personnage vite et bien. J'ai l'impression qu'Agatha Christie est plus fine en ce domaine. Je visualisais très bien le major des Indes – bien que je n'en aie jamais connu. Il y avait toujours la vieille fille qui traînait dans le village… Enfin je les distinguais bien. Après analyse, il m'est arrivé de regarder comment elle les décrivait. C'est vrai qu'elle brosse toujours les caractères par petites touches. Elle ne s'attarde jamais longtemps. Mais elle a toujours le mot juste.

— Oui, c'est plus subtil que Carr sur ce plan là.

— Exact. Lui parfois, il délaie. Pas toujours. Et quand ce n'est pas réussi, cela devient très vite long et ennuyeux.

— Nous sommes d'accord. En fait, je pense que c'est sa plus grande faiblesse. Je crois qu'il n'arrive pas à créer vraiment des personnages de chair et de sang et qui ont une épaisseur psychologique. Ce sont toujours des silhouettes.

— Oui, des férus d'occultisme, des excentriques… Ceux-là sont toujours réussis parce que ce sont des personnages qui nous intéressent. Qui aiment tous le bizarre. Mais il y a quelques protagonistes secondaires qui ne font pas le poids, effectivement. En fait, c'est dur de typer des personnages. J'ai un peu le même genre de problème dans mes bouquins. Une jeune fille qui a vingt ans, comment la distinguer des autres ? Elles se ressemblent toutes un peu : impulsives, avides de tout savoir, une soif d'absolu…

— Et ses détectives ?

— Là, c'est différent. Eux sont réussis ! Oublions Bencolin : la caricature de l'enquêteur français vaguement paillard… Non, je préfère de loin Henry Merrivale et le docteur Fell. H. M. est certainement plus typé, plus travaillé, plus achevé. Il a fait de la politique, un tas de choses. il a une carrière. Fell, il est là, un point c'est tout… Parfois, sans faire attention, on les croirait interchangeables. Fell est moins décrit que l'autre, c'est vrai. Hormis dans le premier roman où il intervient. C'est un lexicographe. Il a une femme mais on n'en parlera plus. De même qu'on ne parlera plus jamais de sa profession. L'autre est plus fouillé, plus drôle, plus burlesque, mais j'ai une tendresse particulière pour Fell, avec sa canne, son chapeau, son triple menton et ses “harrumph” : il est bizarre avec sa cape et son allure, il s'adapte parfaitement aux histoires de fantômes. Pour moi, bien qu'ils soient très proches l'un de l'autre, c'est lui LE détective…

— C'est quand même un personnage un peu transparent.

— J'en conviens. Mais je ne sais pas, c'est peut-être lié aux histoires. Vous savez, la première que j'ai lue, c'est *Celui qui Murmure*. Je revois encore Fell qui promène sa silhouette. Avec sa cape, il en « jette » comme on dirait aujourd'hui. Il est aussi insolite que ses histoires. Ce qui me plaît aussi c'est qu'il a toujours quelques remarques irritantes pour le lecteur : « J'avais compris dès le début... », « Mais vous ne voyez pas ce qui se passe sous votre nez... », « Servez-vous de vos yeux et non pas de votre cervelle... », « Oubliez vos préjugés... »

— Oui. « Une heure après être entré ici, je connaissais déjà le nom du coupable ! » Il n'y a rien de plus énervant pour le lecteur qui s'en veut de ne pas avoir encore trouvé.

— Oui, dans ce domaine, il est particulièrement prolixe. Je ne sais pas s'il est plus agaçant que H. M. mais enfin...

— Il est peut-être plus agaçant parce qu'il est un peu plus pontifiant. Alors que H. M., on ne peut pas le prendre au sérieux.

— H. M. a un côté un peu militaire. Excentrique. Il est rond, il trépigne. Il est farfelu. Mais Fell est plus bizarre.

— Il y a un peu plus de mystère autour de Fell que de H. M., c'est vrai. Peut-être parce que, justement, on ne connaît pas ses antécédents. On ne sait pas ce qu'il a fait véritablement. On ne sait même pas de quoi il vit. Mais en fait, Fell et Merrivale, c'est pareil. Il suffit qu'on aborde le sujet des sociétés secrètes dans l'Italie du XVIIe siècle et c'est parti : l'un comme l'autre deviennent intarissables...

— Et, en plus, ils sont un peu comme Carr, je pense : ils sont anti-conventionnels tout en l'étant. Vous voyez ce que je veux dire ? Ils bousculent les idées reçues et les tabous, mais...

— ... et pourtant ce sont des enquêteurs-types.

— Bon, nous allons maintenant aborder votre création personnelle. Alors, question traditionnelle : qu'est-ce qui vous a amené à écrire ? La raison fondamentale ?

— Fondamentale ?... *(Long silence.)* Je crois que je voulais donner une suite aux enquêtes du Dr Fell et de H. M. De Fell, surtout.

— Cela remonte à quand ?

— 1984. Le premier que j'ai écrit, c'est *La Malédiction de Barberousse.* Et au départ, c'était Gideon Fell qui intervenait. Et comme je n'ai pas eu le droit de l'utiliser, j'ai gommé et je l'ai transformé en... Twist. Il n'était pas gros, il était maigre, mais bref, hormis certains détails, il a, dans l'ensemble, la même manière de se comporter.

— Mais comment avez-vous su que vous ne pouviez pas l'employer ?

— J'ai tout simplement posé la question à l'agent littéraire. Et j'ai eu la réponse, une lettre de l'agence Hoffmann. Les héritiers me demandaient formellement de ne pas l'utiliser. J'étais assez déçu mais bon, le livre n'étant pas encore publié. Ni en passe de l'être…

— Mais vous l'aviez écrit sciemment dans le but d'être publié ou plus simplement pour votre satisfaction personnelle ?

— Je ne sais pas. Au départ, je n'espérais pas être publié. Je voulais peut-être me faire plaisir ? Et puis j'étais curieux aussi. Je me demandais : comment peut-on concevoir une intrigue pareille ? Carr, c'est toujours surprenant : tout coïncide à la perfection, tout est étrange, tout est mystérieux… C'était une sorte de défi : essayer de bâtir une histoire dans le même genre. C'est un travail de longue haleine. La construction s'effectue petit à petit…

— En fait, vous êtes parti de l'énigme proprement dite ?

— C'est cela. Après, on ne maîtrise plus rien. C'est une histoire qui s'est construite à cause d'une raison impérative… Quelque chose que je connais bien mais dont je ne voulais pas parler précisément. Quoique le premier ouvrage ait toujours un côté autobiographique. Inévitablement.

— Plus que dans les autres.

— Oui, plus que dans les autres.

— Et il y a le voyage en Angleterre aussi.

— Oui. Il me fallait retrouver l'univers qui m'avait inspiré. Mais Haguenau, je la vois encore enfant : la ville, les gens et la manière de se comporter, c'était un peu Carr et le roman policier classique. Ce n'était pas la ville moderne de maintenant. Il y avait des ruelles pavées, on ne savait pas trop ce qui s'y passait. Les maisons avec des hauts murs comme chez Jean Ray, on ne savait pas ce qu'il y avait derrière. Tout cela vu avec mes yeux d'adolescent…

— Et que pensez-vous du livre aujourd'hui ? Et de sa place dans votre œuvre ?

— Je ne sais pas. J'ai toujours été très surpris par l'accueil des lecteurs et leurs différents commentaires. Il a des qualités, c'est certain, mais il est loin d'être parfait. Mais, pour être ma première tentative, beaucoup de chose y sont attachées et il me tient à cœur. C'est vraiment le seul dont je ne puisse vraiment rien dire. Quand je l'ai repris pour une nouvelle publication, je me suis complètement replongé dans l'histoire.

— Vous l'avez complètement réécrit ?

— Non. Je n'ai pas pu ! Je l'ai révisé, simplement. J'ai rajouté quelques petites choses par ci par là. Et gommé ce qui était un peu trop personnel… Alors ça, c'est dur ! J'ai surtout revu l'écriture. Mais je n'ai pas du tout touché à l'histoire.

— C'est vous qui l'avez édité la première fois ?

— Un bien grand mot ! C'est un copain qui m'en a imprimé cinquante exemplaires. On ne peut pas parler d'une édition à compte d'auteur. Cinquante photocopies.

— Et reliée avec un dessin original.

— Oui. Un dessin de moi. Un jour, je pourrai les revendre une petite fortune aux Américains ! *(Rires)*

— Et le Prix ? Parce que vous avez eu un prix dès votre premier roman ?

— Ah oui ! Comment ça s'est passé ? J'ai gagné un prix régional, un prix qui regroupait toutes les tendances de la littérature, du poème à la philosophie. Et c'est moi qui l'ai emporté cette année-là avec ce livre. Et que ce soit un roman policier m'a aussi fait très plaisir !

— Mais comment avez-vous été amené à concourir ?

— Une annonce dans le journal ! J'ai donc été le lauréat de l'année 198... ? 1986 ! La rédaction remontait donc à 1984-1985. Et j'ai reçu un petit chèque et un beau diplôme, mais le livre n'était pas publié… Et c'est cela qui me tenait désormais le plus à cœur. À peu près à cette même époque, je l'avais envoyé au Prix du roman policier de Cognac. Que je n'ai pas gagné…

— On en arrive donc à *La Quatrième Porte ?*

— Oui, la fameuse *Quatrième Porte.*

— Alors racontez-moi un peu : de quoi est partie cette histoire ?

— J'avais déjà écrit *La Malédiction de Barberousse* que j'avais envoyé à différents éditeurs dont le Masque qui l'a présenté à Cognac. Mais je ne connaissais pas encore le résultat du Prix de Cognac quand j'ai commencé *La Quatrième Porte*. Ensuite, on m'a répondu que *Barberousse* était second mais qu'il n'était pas primé. Le premier prix était publié alors qu'il n'y avait rien pour le second. J'étais déçu. Furieux même !

— Donc, Le Masque a été votre premier contact avec l'édition ?

— Oui, le premier contact… négatif ! Mais ce n'était pas l'équipe du Masque actuelle. Elle a changé à ce moment-là. Donc, ils m'avaient renvoyé le manuscrit. Mais malgré tout, j'étais un peu flatté par l'accueil de Cognac. Et j'étais déjà en train d'écrire *La Quatrième Porte* à ce moment-là.

— Aviez-vous déjà dans l'esprit d'essayer de faire une carrière littéraire ?

— Eh bien, j'étais pris dans le feu de l'action ! J'avais écrit un livre et déjà une idée germait pour un second… J'avais lu *Houdini et sa légende :* je ne pense pas que vous connaissiez ?…

— J'en ai vaguement entendu parler.

— Enfin, j'avais une bonne idée, je le sentais ! J'avais lu *Houdini et sa légende* en même temps que j'écrivais *La Malédiction de Barberousse* ou à peu près. En tout cas, ce dont je suis sûr c'est d'avoir lu *Houdini et sa légende* après la découverte de John Dickson Carr, puisque je me suis fait la réflexion : « Tiens, c'est le même auteur que l'article paru dans *Mystère Magazine* ! Cet énigmatique Roland Lacourbe qui s'intéresse à la fois aux chambres closes, à John Dickson Carr et aux évasion d'Houdini ! C'est curieux ! »

— Et Houdini, ce nom vous disait-il quelque chose ?

— Oui, j'avais été très impressionné par le film avec Tony Curtis – que j'avais vu en noir et blanc et qui est en fait en couleurs…

— Oui, un film qui, comme vous, m'a fasciné !

— Cela remontait à pas mal d'années ! Alors, quand j'ai découvert le livre, je me suis précipité : apprendre qui était vraiment Houdini, connaître l'explication de ses tours !… Mais le déclic est venu, je crois, d'une certaine phrase de Carr que vous aviez noté dans votre article… Lorsqu'il déclare que, quand il écrit un livre, il le fait avec l'espoir d'écraser tous les autres… C'est ce qui m'a poussé à écrire : c'est quelque chose de très stimulant ! Je ne dis pas que j'ai écrit *La Malédiction de Barberousse* à la suite de ça, mais *La Quatrième Porte*, certainement. L'envie de faire quelque chose qui frappe ! Mais je n'ai pas tout à fait réussi…

— Au contraire ! Je le considère comme l'un de vos meilleurs livres.

— Bon, j'admets qu'il possède certaines qualités. Vous comprenez quand je dis qu'il était écrit dans l'idée de relever un défi ? C'est affreusement mégalomane !

— Bien sûr, mais il est tellement sophistiqué dans la construction que ça ne m'étonne pas que vous pensiez cela et que vous l'ayez écrit dans cette perspective.

— Il y a ainsi quantité de petites phrases que j'ai relevées dans votre article – le fameux numéro 271 de *Mystère Magazine* –, qui sont de Carr, bien sûr, mais qui ont été déterminantes pour moi. Il n'y a pas eu que ça, mais c'était l'élément essentiel. Et aussi votre synthèse des thèmes fantastiques qui sous-tendent son œuvre… C'était bien dit en peu de phrases. C'est ce qui m'a marqué.

— Et d'où vous est venue l'idée de mélanger le personnage de Houdini à un roman policier ?

— Je ne me rappelle pas si j'y ai pensé aussitôt après avoir lu le livre. Mais, tout cela me semblait une base fabuleuse pour une histoire. D'ailleurs, vous en convenez ? J'ignore si l'idée avait déjà été exploitée dans le roman policier mais il y a de la matière[1].

— Et se mélange à tout cela une histoire de réincarnation…

— Oui, j'étais encore imprégné de certains récits… Je ne sais pas si c'est Carr qui me pétrissait la cervelle d'en haut, quelque part sur un nuage. Je reconnais que c'est une exploitation un peu mécanique. J'ai essayé de prendre tout ce qui pouvait s'associer à l'histoire et au thème du crime impossible : la réincarnation, la bilocation, l'absence de pas sur la neige… Mais, quand j'ai créé la trame, tout s'insérait bien, naturellement, avec logique. Et ce n'est pas toujours le cas, je peux le dire ! Parfois, il faut forcer, mais là tout est venu d'un seul coup. Il faut un minimum d'efforts, bien sûr. Mais quand je cherchais quelque chose, je trouvais tout de suite la solution, tout s'enchaînait. Il y avait aussi le personnage de Conan Doyle qui apparaissait en filigrane en la personne d'Arthur White. Et Weiss était le vrai nom de famille de Houdini… Tout s'emboîtait à merveille !

1. Paul Halter est un précurseur ainsi qu'en témoigne le récent *Escapade* (1995) de Walter Satterhwait, Grand Prix du Roman d'Aventures 1996 qui s'appuie sur l'amitié de Houdini et de Conan Doyle. Sans oublier *Nevermore* (1994) de William Hjortsberg, encore inédit en France, et qui met en scène Houdini et Conan Doyle dans le Manhattan des années vingt, aux prises avec un *serial killer* qui tue ses victimes en s'inspirant des nouvelles d'Edgar Poe…

— Et cette fois donc, vous avez eu le Prix à Cognac. Comment cela s'est-il passé ?

— En effet. Je l'ai envoyé au Masque bien que l'ancienne direction eût refusé mon premier roman. Mais j'ai tenté ma chance une nouvelle fois. J'ai appelé le Masque peu après, je ne sais plus pour quelle raison. Et la personne responsable, en l'occurrence Hélène Amalric, lorsque je lui ai donné mon nom, m'a dit que j'avais raté le coche *in extremis* la première fois. J'étais donc surpris et ému. Mais bon, je n'avais pas gagné ! Elle m'a dit qu'elle avait lu le livre et l'avait trouvé très bien. Et elle a ajouté : « Cette fois-ci, vous avez des chances sérieuses. » Mais elle ne pouvait pas être affirmative puisque c'était un concours. Quelque temps après, j'ai reçu une lettre de Cognac m'annonçant que j'avais gagné le premier prix. Et sur le coup je me suis dit, maintenant c'est parti… Même si je me rends compte maintenant que la partie n'était pas gagnée pour autant.

— Et vous avez été invité à Cognac.

— Oui. C'était en 1987. J'ai passé deux ou trois jours au Festival du film policier où l'on passe la journée à manger, à boire, à voir des gens et à regarder des films. Très agréable !

— Vous avez aussi rencontré Claude Chabrol…

— Oui, qui m'a dit beaucoup aimer ce que je faisais. En fait, il avait déjà été mon avocat pour *La Malédiction de Barberousse* qu'il avait bien aimé. Et *La Quatrième Porte* lui avait procuré beaucoup de plaisir aussi. Je n'ai malheureusement plus eu l'occasion de lui parler de mes autres livres par la suite.

— Lui aussi est un fanatique de John Dickson Carr et un grand connaisseur de son œuvre.

— Oui, il me l'a dit.

— Et il a trouvé toute de suite qu'il y avait des points communs ?

— Oui, d'ailleurs il parlait de réincarnation… Évidemment, il plaisantait, mais j'étais un peu naïf, et je me suis demandé s'il ne parlait pas sérieusement ! Il y avait aussi François Guérif… et qui encore ? Michel Guibert… C'était l'attaché de presse du Masque, à l'époque. Il avait écrit quatre ou cinq romans, je crois. Très sympathique. Mais le rayon policier n'était peut-être pas son genre…

— Et Guérif aimait bien aussi ?

— Oui, mais lui a des goûts très éclectiques. Alors que Chabrol, ça l'intéressait vraiment. Il y avait également Maurice-Bernard Endrèbe. Qu'est-ce qu'il m'avait dit en parlant de *La Quatrième Porte ?*... Que c'était une véritable charge contre Carr ! Mais dans le bon sens. Très fort. Enfin très fort dans le genre très concentré.

— Ensuite, c'est *Le Brouillard rouge* que vous avez écrit alors que *La Quatrième Porte* concourrait à Cognac ?

— Oui, je commençais à être piqué au jeu. Chaque fois qu'un livre était fini, j'avais à nouveau une bonne idée.

— Et cette fois, il s'agit de Jack l'Éventreur ?

— Oui. Il y a aussi un petit parallèle avec *La Malédiction de Barberousse* dans un certain sens... mais je n'en dirai pas plus ! Quant à la structure, elle est tout à fait différente.

— Je dois avouer que ces deux parties nettement distinctes m'avaient beaucoup déconcerté la première fois et que je trouvais le point commun assez artificiel. Mais ces réserves ont complètement disparu à la seconde lecture. Donc, vous aviez déjà lu sur Jack l'Éventreur à ce moment-là ?

— J'ai lu ce livre – celui de Tom Cullen – avec presque autant d'intérêt que *Houdini et sa légende*. Un livre qui retraçait à la fois les faits en soulignant le côté miraculeux des interventions du criminel et qui reflétait assez bien l'ambiance de l'époque, de l'enquête policière. Je sentais que je devais écrire quelque chose là-dessus. Alors, dans *Le Brouillard rouge,* la première partie est une énigme, classique...

— Oui, qui fait intervenir la magie aussi...

— L'illusion, en effet. Et je suis parvenu à introduire une certaine ambiguïté dans la personnalité du narrateur. Et la seconde partie nous fait redécouvrir les brouillards londonien de la sinistre année 1888...

— Et là : troisième prix successif !

— Oui, Le Prix du Roman d'Aventures. Il y a eu un assez long flottement avant que je sache si Le Masque allait continuer à me publier. Ils ont en effet laissé traîner les choses quelques mois sans me dire que le livre était pris : ils m'ont laissé dans le brouillard... En fait, Michel Averlant voulait aussi être sûr. Car il me semble qu'ils présentent toujours deux livres au jury pour le Prix du Roman d'Aventures. N'étant pas certains du fait, ils ont attendu. Mais pour moi, c'était intenable.

— Ensuite, c'est *La Mort vous invite.*

— Oui. Alors celui-là, je l'ai écrit très rapidement. Il est court, assez succinct.

— Oui. Et pourtant, c'est un petit bijou !

— Ce n'est pas que je ne l'aime pas mais j'ai l'impression que c'est une parenthèse. Et pourtant il a eu un certain succès. Je l'ai écrit vite. Une suite de réflexes… Mais il n'y a pas de thème qui le sous-tend… Je voulais faire …comment pourrait-on appeler ça ? Une histoire rapide et linéaire. Avec une suite de rebondissements. Il n'y a pas d'autre prétention. Et pourtant, j'ai eu beaucoup de chance avec celui-là. Il a été traduit en roumain.

— …Et adapté à la télévision ! Sur le plan technique, quand vous pensez à un sujet de roman, est-ce que vous mettez votre intrigue à plat, est-ce que vous prenez des notes ? Vos personnages, par exemple, est-ce que vous leur composez une biographie ?

— Je fais un squelette. Je commence à écrire mon histoire quand je possède disons les trois-quarts de l'intrigue. Enfin un bon canevas. Sauf certains points qui peuvent être improvisés. Mais l'essentiel est là, déjà posé. Mais jamais de la même manière. J'ai déjà parachevé les personnages avant… au milieu… pendant… Sur un cahier d'écolier. Avec des petits dessins pour illustrer un peu. En fait, ma méthode n'est jamais la même. Mais en premier lieu, il faut que je me trouve une bonne atmosphère. Sinon, je n'y arrive pas. Je n'arrive pas à faire fonctionner mes mécanismes. Il faut que je soit content de ce que je fais. Sinon, ça n'a rien de drôle d'écrire.

— Mais, pour suivre des personnages, il faut bien qu'ils aient une stature au départ ? Qu'ils soient bien structurés ?

— Oui, mais il y en a qui sont importants, d'autres qui ne le sont pas. Les coupables sont toujours des personnages intéressants.

— Parce qu'ils ont une double facette.

— Oui. Même sans vouloir insister. Autrement, sauf exception, je ne pense pas que les personnages soient mon souci premier. La plupart du temps, je ne compose pas une galerie détaillée. C'est l'histoire qui prime.

— Mais un personnage qui intervient à plusieurs moments du roman, il faut bien qu'il soit toujours le même et qu'il réagisse avec sa propre logique. Vous ne pouvez pas changer son caractère en cours de route ! Donc, vous êtes bien obligé de prendre des notes.

— Bien sûr. Mais il m'arrive de m'y perdre. Il faut garder la description du personnage en mémoire, mais aussi sa manière de se comporter, ses manies. Mais ce que je veux dire par là, c'est que je n'ai pas envie, à toutes fins, de placer tel ou tel personnage, de décrire mon voisin, par exemple.

— Mais on trouve néanmoins des protagonistes inspirés de personnes célèbres.

— Oui, cela arrive parfois. Conan Doyle par exemple. Mais il faut que sa présence soit nécessitée par l'histoire. Le personnage, intrinsèquement, ne m'intéresse que par rapport à l'élaboration de l'intrigue. Je n'ai pas envie de mettre un personnage en scène pour le simple plaisir de le faire.

— Alors, Twist et Hurst, c'est Fell-Hadley ou H. M.-Masters ?

— Hurst c'est Masters, ça ne fait aucun doute. Masters pourrait être quelqu'un que j'ai l'impression de connaître. En fait, il est calqué sur Watson.

— Moi, il me fait plutôt penser à Lestrade…

— Oui, effectivement. Enfin, dans mon esprit, quand je parle de Hurst, c'est Masters. Pas de problème. Il a aussi le visage sanguin, une calvitie naissante.

— Et Twist, c'est donc le Dr Fell ?

— En quelque sorte. Comme je l'ai expliqué, je ne pouvais pas l'utiliser dans *La Malédiction de Barberousse*. Il ne pouvait donc plus être gros : j'en ai fait un maigre, et la vision que j'ai de lui, en apparence en tout cas, c'est ce détective de bande dessinée typiquement anglais, vous savez…

— …Clifton ?

— Oui, Clifton. Avec sa veste de tweed à carreaux, mais plus grand et plus mince. A-t-il vraiment une particularité ? J'ai aussi remarqué qu'il changeait à travers les romans.

— Malgré vous ?

— Oui. Enfin, c'est toujours une projection de soi-même, avec un filtre. À part ça, que peut-on dire d'autre ? Il aime les fleurs.

— Il a déjà la soixantaine ?

— Alors là, le problème de l'âge, il vaut mieux ne pas trop l'étudier !

— En tout cas, il n'est pas loin de la retraite…

— Hurst n'est *jamais* loin de la retraite. Twist est très vieux, lui.

— Et lui, qu'a-t-il fait dans sa vie ? Ne vous êtes-vous jamais posé la question ?

— Je crois avoir écrit quelque part qu'il était docteur en criminologie. Mais je ne sais même pas si ça existe *(rires)*. Finalement, je suis resté plutôt discret. De quoi a-t-il vécu ? Je ne sais pas. Détective privé ? Il a eu une fois une petite aventure amoureuse qu'il évoque à un moment donné mais très brièvement. Je n'ai pas creusé.

— Pas encore ?… Il n'a jamais été marié ?

— Non, non. C'est un vieux garçon. C'est indéniable !

— Un dernier point. Je voulais que l'on parle un peu des auteurs fantastiques qui vous auraient plus particulièrement marqué ?

— Voyons… *(Silence)* Ah oui, Jean Ray. Les « Harry Dickson », j'aime bien. Mais il n'est pas parfait : parfois son écriture me déconcerte. On voit qu'il écrit pour vivre. Mais Harry Dickson : les marais, les maisons, les grands murs… Et ses obsessions, ses délires…

— Fredric Brown ?

— Ah oui, Fredric Brown ! Il est très original.

— Avec beaucoup d'humour.

— Oui. Il a de l'imagination. Il m'a beaucoup inspiré d'idées. Tenez, *La Fille de nulle part,* ça c'est un roman exceptionnel, on ne sait pas où il va, on ne comprend pas, on sent qu'il y a quelque chose qui va venir. Mais il cache ses intentions sous des fadaises.

— Et Ellery Queen ? On n'en a pas parlé.

— Ah oui, j'ai oublié. J'en ai lu beaucoup. J'ai pratiquement tout acheté, mais je me suis arrêté en cours. Il ne me procure pas le même plaisir qu'à lire Carr. Il y a parfois des longueurs. Il n'est pas théologique, mais… Je ne sais pas, dans certains livres il s'attarde sur des idées bizarres.

— Oui, un côté philosophique un peu prétentieux. Mais il y a de bonnes choses : *Griffes de velours, Le Mystère égyptien, Le Roi est mort…*

— C'est certain.

— Et Steeman ?

— J'aime bien les films qui ont été adaptés de lui, mais tous ses romans ne m'enthousiasment pas. Je l'ai trouvé inégal. En fait, je ne l'ai pas beaucoup lu. *Un dans Trois* n'est pas mal.

— Justement, en parlant de Steeman, je trouve que *La Mort derrière les rideaux* présente beaucoup d'analogies avec *L'Assassin habite au 21.*

—Oui. D'ailleurs je le dédie à plusieurs auteurs de romans policiers…

— … dont Steeman.

— Oui. À cause de cela, effectivement. La pension de famille, c'est Steeman. Avec l'atmosphère des rues de Londres, de la neige, Jack l'Éventreur. (Je rappelle que le livre, contrairement à l'adaptation cinématographique, est situé à Londres.) Je n'arrivais pas sortir de cette ambiance. L'âge d'or du roman problème. Il s'inscrit dans la lignée des autres. Je l'ai écrit alors que j'étais plongé dans une atmosphère que j'aime bien.

— On sent que vous avez écrit ça facilement.

— J'y ai inclus un tas de notations qui me sont familières. Il y a les Indes, l'évocation du tapis volant… et un major. Et le fakir qui veux se venger parce qu'il a été battu. Il y aussi un crime qui remonte à cent ans plus tôt, commis dans des circonstances identiques, au milieu de ce même couloir où aura lieu le crime principal. Des éléments somme toute assez classiques. Mais j'étais bien là-dedans, j'en suis satisfait. Et puis il y a aussi une héroïne : un détail à noter par rapport aux autres. Dans le style de celles d'Agatha Christie : la fille qui se retrouve seule après la guerre. D'ailleurs, je me suis rendu compte que je parle souvent du Blitz. Sans m'en servir comme atmosphère principale, mais en arrière-fond, j'aime bien.

— En fait, je crois que c'est l'une de vos caractéristiques essentielles : vous n'avez pas encore écrit un seul roman contemporain ! Toujours des histoires qui se passent dans les années quarante ou cinquante. Pourquoi cette fascination ?

— Le rejet du présent ! À l'époque où j'ai écrit mon premier roman, il n'y avait pas vraiment de raisons de se plaindre, de tout rejeter instinctivement. Mais déjà, je n'aimais pas le moderne. Alors maintenant !… Que dire ?

— Encore un point commun avec Carr qui se réfugie dans le passé…

— Et politiquement aussi je partage assez ses idées. Quand je vois ce que fait l'argent au pouvoir… Il corrompt tout. À qui faire confiance ? Fermons la parenthèse ! Je comprends tout à fait ce qu'il rejette. Avec sa nostalgie du comportement de gentleman. Et ce qui est hallucinant c'est que lui, c'était juste après la guerre !

— Oui, et pour vous c'est le passé vers lequel vous vous réfugiez.

— Il y a quelques articles qu'il a écrit à l'époque, qui pourraient avoir été écrits aujourd'hui. Qui critique et qui rejette... Qui parle des architectes qui ont tout cassé. Je ne sais pas si c'est excessif de dire ça, mais quelqu'un qui aime les romans policiers classiques est un peu conservateur quelque part. Forcément.

— Oui. Sans doute parce que ce genre de romans se passe surtout dans le « beau monde », l'aristocratie, et met en scène des gens dignes, hautains, sachant cacher leurs sentiments et soucieux avant tout de préserver leur apparente respectabilité.

— Oui, sans doute. Enfin, beau monde ou pas, c'est une époque où même les humbles avaient une dignité. On n'était pas riche mais on ne saccageait pas tout pour autant. Et puis, cette apparence de quiétude et d'honorabilité fait ressortir le crime. Il devient spectaculaire. Si tout le monde s'entre-tue, ça n'est plus drôle !

— Tout à fait. Cela participe de l'anarchie ambiante. Alors que le crime dans la haute société détruit l'ordonnancement du monde.

— Voilà : le monde moderne n'est pas favorable au crime « élégant ».

— En outre, le policier classique fait abstraction de la dimension sociale qui y apparaîtrait comme totalement déplacée.

— Toutefois, mes criminels, c'est un honneur, sont des gens qui réussissent tout en étant issus de rangs tout à fait modestes. Ils sont ambitieux, intelligents, ils suivent un plan qu'ils se sont fixés. Certes, il y aurait à redire sur l'aspect moral ! Mais le fait qu'ils soient à la fois coupables et issus d'une famille modeste n'est pas un déshonneur.

— Somme toute, ce ne sont que des livres de divertissements.

— Voilà. Je ne dis pas que parfois je n'ai pas réussi à réfréner ma plume. Mais je serais sorti du but recherché.

Entretien réalisé en octobre 1995
pour les besoins de la présente édition.

1985

LA MALÉDICTION DE BARBEROUSSE

Préface

« Sur le plan de l'énigme, je n'en suis pas mécontent. Pour le contexte, je me suis basé sur une image qui m'avait frappé : la tour à Chartres dans Celui qui murmure *où a lieu un meurtre similaire.*

« Je voulais que ce soit des jeux d'enfant dans la forêt proche de la rivière que je connaissais. Tout le reste est venu par nécessité de l'histoire…

« Évidemment je parle de choses que je connais. Et puis il y avait aussi un climat d'après-guerre, de vieille haine, de haine contre l'Allemand. Un climat de calme apparent mais de haine contenue, tout à fait propice à une histoire criminelle. »

Paul Halter.

Dans ce coup d'essai cohabitent en une combinaison harmonieuse le regard de l'adolescent et la maestria d'un jeune écrivain qui semble déjà tout connaître dans l'art de construire une intrigue sophistiquée. Un amateur éclairé dont l'univers en gestation repose en partie sur l'œuvre d'un auteur américain dont il est un fervent disciple. Mais dont il saura s'éloigner en apportant à ses sujets originaux une diversité d'inspiration et une tonalité toutes personnelles.

Dès le premier chapitre, les signes ne trompent pas avec Londres et ses « immenses et mornes maisons noyées dans la brume », ses ruelles encore hantées par le fantôme de Jack l'Éventreur et le brouillard toujours présent. Mais déjà l'on parle du docteur Twist, « un as qui explique même les miracles » *(sic !)*, un détective amateur dont la seule condition pour s'occuper d'une affaire est « qu'elle soit particulièrement insolite et mystérieuse… » «… Un monsieur de la vieille école qui doit surtout travailler pour l'amour de l'art… » On y fait également la connaissance, au début du chapitre 2, d'un certain inspecteur Humphrey Masters …pardon : Humphrey Maston *(resic !)*. Mais on y évoque aussi une antique malédiction et la mort horrible d'une jeune femme assassinée par un fantôme dans une masure délabrée aux abords de la Moder. Ainsi que – pour faire bonne mesure – l'apparition fantastique d'un autre spectre dans une remise de jardin…

Le troisième chapitre apporte à son tour son lot d'étrangetés et de merveilles avec l'évocation très convaincante de la forêt ancestrale à la quiétude apparente mais traîtresse : « Le gazouillis des oiseaux, l'odeur des sapins, le soleil qui jouait à cache-cache à travers les branchages, la fraîcheur des sous-bois, la chaleur de l'été, un écureuil qui s'enfuit à notre approche, le léger clapotis de l'eau… » La forêt enchantée des contes de notre enfance où surgit la fée en la personne de cette jeune Allemande insouciante et impudique. Sans oublier cette tour carrée aux murs lépreux échappée d'un célèbre roman de John Dickson Carr…

Le décor est en place. Tout peut commencer.

Non, pas encore ! Paul Halter n'en a pas fini pour autant avec ses préliminaires déconcertants et lourds de menaces. Et pour achever d'annihiler la quiétude rationaliste du lecteur, le voilà qui narre en détail la folle histoire, étalée sur plusieurs siècles, de la malédiction de Barberousse : une série de meurtres perpétrés dans des circonstances monstrueuses comprenant, entre autres, le massacre inexplicable d'un groupe de soldats suédois enfermés dans une cave sans issue. Comme le résume pour finir le Dr Alan Twist, spécialiste des problèmes insolubles (chapitre 11) : « Le meurtrier franchit les murs, traverse le feu, vole, et la mort ne semble pas avoir de prise sur lui puisque ses forfaits s'étalent sur plusieurs siècles ; le doute n'est plus possible, nous sommes en présence d'un être surnaturel. »

Naturellement, l'influence de John Dickson Carr se fait largement sentir au cours de cette première avalanche de notations étranges et de détails incongrus. Présente non seulement dans les nombreux aspects fantastiques de l'intrigue, mais aussi dans la personnalité espiègle de son détective se livrant à des remarques sibyllines ou posant sans vergogne les questions les plus inattendues (« N'avez-vous pas entendu à cette époque des bruits pendant votre sommeil ? »). Sans oublier sa manière « agaçante » de mener une enquête.

Paul Halter a réussi dans cette première tentative qui contient déjà à l'état embryonnaire son univers et ses obsessions, un amalgame à peu près unique de récit policier classique et de roman régionaliste – ce qui lui valut un prix amplement mérité décerné par la Société des écrivains d'Alsace-Lorraine. On ne saurait en effet négliger cet aspect fondamental du livre, ces réminiscences personnelles qui insufflent au récit une authenticité particulière ainsi qu'une atmosphère propice au drame, comme s'en explique ici encore son auteur : « Haguenau, moi je la vois encore enfant, la ville, les gens et la manière de se comporter. C'était un peu Carr et le roman policier classique. Pas la ville moderne de maintenant. Il y avait des ruelles pavées, on ne savait pas trop ce qu'il s'y passait, les maisons avaient de hauts murs comme chez Jean Ray, on ne savait pas ce qu'il y avait derrière… Tout cela vu avec mes yeux d'adolescent. »

Oserais-je, pour finir, avancer une constatation ? Bien qu'admirateur inconditionnel de Carr et amoureux sans frein de son art de conteur, je me dois de constater qu'aucun de ses ouvrages les plus réussis – je dis bien : aucun ! – ne contient la grandeur tragique des dernières pages de *La Malédiction de Barberousse.* Cette œuvre de jeunesse née sous son signe, plongeant ses racines dans certains souvenirs d'un jeune écrivain et qui se pare, pour conclure, d'une dimension pathétique et bouleversante à peu près unique dans les annales du roman policier contemporain.

Pour Cécile et Jean-Pierre.

1

C'est dans l'endroit le plus obscur du *Dark Sheep,* que j'attendais, devant un verre de whisky bien dosé, mon ami Steve Morrison. Dans le bourdonnement sourd des conversations, j'essayai de distinguer sa silhouette familière à travers l'épais nuage de fumée émis par les habituels fumeurs de pipe. J'avais les yeux rivés sur la porte d'entrée de la taverne, mais en fait je ne la voyais guère. Mon esprit visualisait la lettre qui m'était parvenue deux jours plus tôt et qui avait suscité en moi autant d'émotion que d'inquiétude. La vue du cachet de la poste française m'avait serré le cœur : *Haguenau, 3 septembre 1948.*

Haguenau… Mon Alsace natale…

Qu'il me semblait loin le temps où je l'avais quittée… Comme elle avait été douloureuse cette secousse du train qui, lentement et inexorablement, m'avait éloigné de ma famille, debout sur le quai, agitant la main en un geste d'adieu… Combien triste et lugubre m'avait paru l'accueil de Londres, avec ses immenses et mornes maisons noyées dans la brume, et moi, qui me retrouvais là, seul, perdu sur ce sol étranger, avec pour unique boussole les quelques adresses que m'avait laissées l'oncle Albert. L'une d'entre elles était celle du restaurant *Audience,* près de Piccadilly Circus. C'est là que je fis mon dur apprentissage de cuisinier, profession que j'exerçais toujours. Douze années s'étaient écoulées, durant lesquelles je ne suis jamais retourné en France.

Le regard toujours fixé sur la porte, je me remémorai l'étrange lettre de mon frère :

Haguenau, le 2 septembre 1948

Cher Étienne,

Comme tu le sais, il ne m'arrive pas souvent de t'écrire, mais les circonstances m'y obligent, et je te serais très reconnaissant si tu pouvais revenir en France passer quelques jours chez nous. Je te rassure tout de suite, il n'y a pas eu de catastrophe au sens propre du terme : Marie, les enfants et moi-même nous sommes en bonne santé, et j'espère que de ton côté, il en est de même et que ton accident n'est plus qu'un mauvais souvenir. En fait, il s'agit de père. Ces dernières semaines, son comportement est des plus étranges, mais depuis jeudi dernier, il manifeste de véritables signes de terreur et de folie. Non sans raison, il est vrai, car ce qui est arrivé ce jour-là, ou plutôt cette nuit-là, est tout à fait incroyable et m'a littéralement glacé le sang.

Il était alors deux heures du matin et je dormais à poings fermés, quand j'ai été réveillé par un bruit sec et étouffé. J'ai mis quelques secondes à réaliser que quelqu'un venait de fermer la porte donnant sur le jardin. Avec mille précautions, afin de ne pas réveiller Marie, j'ai enfilé pantoufles et robe de chambre, et je suis descendu au rez-de-chaussée pour en savoir davantage. En sortant de la maison, j'ai aperçu une lueur vacillante qui provenait de la remise. J'ai rapidement parcouru les quelques mètres qui m'en séparaient et, me collant au vieux volet fermé de la fenêtre à gauche de la porte, j'ai pu entr'apercevoir un bien étrange spectacle : père, le visage décomposé par la peur, tenait de près, de très près même, une jeune fille !

Je le sais bien, on peut douter de mon témoignage, car l'unique éclairage de la pièce provenait d'une lanterne posée sur l'étagère à outils et je ne voyais cette jeune personne que de dos. Mais l'éclat de ses cheveux blonds, la couleur noire de son manteau, son horrible chapeau et sa petite silhouette ne m'ont laissé aucun doute sur son identité : c'était Eva Muller ! Eva Muller, assassinée il y a seize ans, dans les circonstances extraordinaires que tu connais puisque nous en avons été témoins.

Pris de vertige, je me suis adossé au muret du jardin. Il m'est difficile de mesurer le temps qui s'est écoulé entre ce moment et l'instant où père, blanc comme un linge, est sorti de la remise pour revenir à la maison. Après quelques secondes de torpeur, je me suis repris, bien décidé à dire deux mots à la jeune effrontée qui s'amusait à effrayer mon père en portant les mêmes habits qu'Eva le jour de son assassinat. Elle ne pouvait pas m'échapper !

Les faits extraordinaires qui vont suivre sont comme une suite à l'affreuse histoire qui a bouleversé notre adolescence. Je suis entré dans la remise en refermant la porte avec la clef que j'ai immédiatement glissée dans ma poche. J'ai allumé une bougie et je me suis mis à chercher cette jeune insolente... Mais elle avait disparu ! Envolée en fumée ! J'ai fouillé dans tous les recoins susceptibles de la cacher : pas un chat. J'ai regardé la fenêtre arrière avec une lueur d'espoir. Elle était fermée depuis plusieurs années et la rouille avait soudé les volets métalliques ainsi que le système de verrouillage intérieur. Toute fuite de ce côté était exclue. Idem pour la porte et la fenêtre de devant que je contrôlais du regard. Personne n'est sorti de cette pièce, à part notre père – car c'était bien lui et il était seul. Je suis prêt à le jurer. Après une dernière fouille sans espoir, j'ai regagné mon lit, plus inquiet que jamais.

Dès le lendemain matin, j'ai questionné père, mais il est tombé en syncope au seul nom d'Eva. Nous avons du appeler le médecin. Il est hors de danger maintenant, mais il refuse catégoriquement d'aborder le sujet. Je ne sais vraiment plus que penser et je ne te cache pas que je crains le pire. J'ai l'impression que cette maudite malédiction va resurgir du passé pour nous frapper une fois de plus. Et un nouveau malheur risquerait bien, avec les moyens d'investigations actuels de la police, de ramener ces anciens meurtres à la lumière du jour. Je préfère de ne pas y penser.

Que s'est-il exactement passé dans la remise ? Pourquoi père est-il terrifié à ce point-là et surtout, pourquoi refuse-t-il de me parler ? Et moi-même, n'ai-je pas rêvé tout éveillé ? Autant de questions sans réponse qui ne cessent de me tourmenter, comme tu peux l'imaginer. Je t'en conjure, Étienne, s'il t'est possible de te libérer pendant deux ou trois semaines, viens à mon secours, car je suis sûr qu'à nous deux nous parviendrons à éclaircir ce mystère et à chasser les esprits malfaisants qui recommencent à tournoyer au-dessus de notre famille. Inutile de te dire que j'attends impatiemment ta réponse.

Ton frère Jean qui compte sur toi.

PS. Pour Marie et moi-même, tu le sais bien, ce serait une grande joie de te revoir, mais il y a aussi, et surtout, Nathalie et Clémentine, qui nous harcèlent régulièrement : « Est-ce qu'on le verra un jour, tonton Étienne ? »

Pour la connaître par cœur, j'avais bien sûr lu et relu plusieurs fois cette lettre, non sans éprouver chaque fois une indéfinissable sensation de malaise et d'étouffement. Cette évocation ne fit pas exception à la règle et je vidai énergiquement mon verre pour chasser cette impression désagréable. Ce qui n'eut d'autre effet que de m'arracher quelques larmes. Je demeurai quelques instants à considérer mon whisky. Le deuxième. Et la soirée ne faisait que commencer. Mon médecin m'avait pourtant déconseillé tout abus de boisson depuis mon accident où l'alcool avait une bonne part de responsabilité.

Mon accident… Et les terribles journées qui avaient suivi…

Je haussai les épaules, puis détournai mon regard pour le porter sur la baie vitrée. La brume montante venait coller son mufle humide contre les carreaux. Il y avait pas mal de brouillard ce soir-là…

Deux ans plus tôt, après une soirée bien arrosée, je regagnais la capitale au volant d'un cabriolet prêté par un ami. Une puissante Jaguar, comme je n'avais guère l'habitude d'en piloter. Un peu éméché, je m'abandonnais aux griseries de la vitesse, appréciant la souplesse de ce « fauve », qui m'écoutait docilement. J'avais la maîtrise de la route et je me moquais bien du cortège des « yeux luisants », qui semblaient fondre sur moi pour m'éviter au dernier moment. L'un d'entre eux, pourtant, ne s'écarta pas…

Fort heureusement – je devais l'apprendre par la suite – le conducteur de la voiture que j'avais télescopée s'en tira avec quelques égratignures. Un véritable miracle. Quant à moi, je fus puni par six mois d'hôpital, une fracture du crâne et une amnésie totale longue de plusieurs semaines. Il me fallut une année entière pour me retrouver en possession de toutes mes facultés. Cependant, en guise de souvenir, d'imprévisibles et violents maux de tête venaient parfois me tourmenter.

Durant les premières semaines, rares étaient les médecins du *London Hospital* qui conservaient l'espoir d'une guérison complète. Je vivais, semblait-il, dans une sorte de délire permanent, épouvanté par tout, incapable de prononcer correctement le moindre mot. Un infirmier, un certain Steve Morrison, me voua une attention particulière. La patience et la gentillesse qu'il me témoigna furent sans doute déterminantes dans mon rétablissement. Nous étions désormais les meilleurs amis du monde.

Lorsque j'eus retrouvé ma mémoire, j'avais deux obsessions. La première : les yeux luisants des monstres qui me cernaient jour et nuit dans ma chambre d'hôpital m'ont fait passer des moments de frayeur que je ne suis pas prêt d'oublier. La seconde me poursuit toujours : l'horrible mort d'Eva Muller, victime d'une antique malédiction, assassinée par un fantôme dans une masure délabrée aux abords de la Moder. Cette vieille histoire, que j'avais enterrée dans le tréfonds de ma mémoire, refaisait surface pour hanter mes rêves et mes moments de cafard.

Cette psychose était d'autant plus singulière qu'elle ne s'émoussait pas. Bien au contraire, elle suivait une constante progression. Et maintenant voilà cette lettre de mon frère – qui soit dit en passant n'avait rien d'un farceur – avec son histoire de revenant ! Avait-il vraiment vu le fantôme d'Eva ou n'était-ce qu'un fantasme ? Mais comment, alors, expliquer l'étrange comportement de père ? Ce qui me semblait curieux également, c'était que Jean me proposait d'éclaircir cette affaire, alors que moi, depuis mon accident, je ne cessais de penser aux mystérieuses circonstances de la mort d'Eva.

J'en étais là de mes réflexions quand Steve fit son apparition :

— Hello, Étienne !

Steve Morrison avait la trentaine comme moi. Cheveux brun roux, tempes dégarnies, fine moustache, il avait cet abord franc, chaleureux et enjoué qui ne pouvait que susciter la sympathie. De fait, je savais que derrière cette apparence de joyeux et désinvolte compère, se cachait un cœur sensible, soucieux de ma personne, nourrissant à mon endroit une amitié profonde et sincère. Inconsciemment ou non, il devait toujours me considérer comme « son malade », sur lequel il s'était promis de veiller. Le fait qu'il m'avait donné rendez-vous ici, dans cette taverne tout près du *London Hospital,* en était une preuve supplémentaire : je l'avais entrevu la veille et lui avais parlé de la lettre de mon frère.

— Comment vas-tu ? dit-il en s'asseyant en face de moi et en déposant deux chopes de bière brune bien mousseuse sur la table.

— La santé est bonne…

— Oui… je vois.

Il prit une gorgée de bière, s'essuya la moustache et me regarda, songeur :

— Alors ?…

Sans un mot, je lui remis la lettre. Alors qu'il en prenait connaissance, je décelai sur son visage – comme je m'y attendais, d'ailleurs – une perplexité croissante. Le court silence qui venait de s'instaurer entre nous jurait avec le vacarme qui régnait à présent dans la taverne bondée : discussions passionnées, fracassants éclats de rire et bruyants commentaires de jeu.

Au terme de sa lecture, Steve alluma consciencieusement une cigarette et dit, laconique :

— Curieux.

— C'est le moins qu'on puisse dire, il me semble…

— Oui, c'est curieux, et ton histoire commence réellement à m'inquiéter. À propos, comptes-tu aller en France ?

— Si mon patron me libère, oui. D'abord, j'aimerais bien y faire un tour pour connaître enfin les enfants de Jean et de Marie, revoir le pays, et ensuite… et ensuite il faut absolument que je fasse la lumière sur tout ce qui se rapporte à Eva Muller, sinon je vais finir par devenir fou, Steve, je te l'assure…

— Cette lettre ne fait que renforcer mon désir de te présenter à un spécialiste : le docteur…

— Un docteur ? coupai-je sèchement. Mais Steve, ce n'est pas d'un docteur dont j'ai besoin ! Du moins pas encore…

— Je ne parle pas d'un médecin, je parle d'un éminent détective, spécialisé dans les affaires qui sortent de l'ordinaire : le docteur Twist.

— Le docteur Twist ? Tiens, ça me dit quelque chose…

Je fis signe au barman de renouveler les consommations et repris :

— Twist… Oui, j'ai lu quelque chose à son sujet récemment. N'est-ce pas lui qui a aidé la police dans l'affaire Peter Rutherford ?

Steve eut un sourire railleur.

— Disons plutôt que c'est la police, elle, qui lui a donné un coup de main… en se contentant de passer les menottes au meurtrier, qu'il leur avait livré sur un plateau. Il paraît que c'est un as et qu'il explique même les miracles ! Je suis sûr que s'il existe une personne capable de débrouiller le cas d'Eva Muller, c'est bien lui.

— Admettons, dis-je sans cacher mon scepticisme. Mais s'il est vraiment aussi fort que tu le prétends, j'ose à peine imaginer le montant de ses honoraires !

— J'ai eu l'occasion de le rencontrer quelquefois. C'est un monsieur de la vieille école, qui doit surtout travailler pour l'amour de l'art. Je crois que la seule condition qu'il mette pour s'occuper d'une affaire, c'est qu'elle soit particulièrement insolite et mystérieuse… ce qui semble bien être le cas. Écoute, appelle-moi demain à l'hôpital vers 10 heures, je vais essayer de le joindre…

Là-dessus, surgirent quelques collègues de Steve, qui prirent place à notre table. Les discussions enjouées qui suivirent eurent toujours le même épilogue : une tournée de bière.

La nuit était fort avancée lorsque je quittai la taverne, passablement éméché. Le brouillard s'était encore épaissi et c'est à peine si l'on voyait à dix pas. Regagner mon appartement près de Fleet Street n'allait pas être une mince affaire.

L'esprit encore plein de la chaude atmosphère de la salle et revigoré par l'air vif de la nuit, je pris le parti de rentrer à pied et, me disant que la ligne droite est le plus court chemin, je m'enhardis davantage en décidant d'emprunter des raccourcis qui m'étaient parfaitement inconnus.

Pure folie. Il ne me fallut que peu de temps pour m'en rendre compte. Les ruelles dont je rasais les murs étaient de plus en plus étroites, mal éclairées et sinistres. Au bout d'un quart d'heure, après avoir visité le fond de trois ou quatre impasses, je compris qu'il ne m'était même plus possible de faire demi-tour, perdu comme je l'étais dans ce dédale inextricable, où le brouillard et l'obscurité régnaient en maîtres. Seul, de temps à autre, le halo diffus d'un réverbère venait débusquer la voûte d'un porche, découper le profil d'une encoignure, souligner le dos bombé des pavés humides ou dessiner l'ombre inquiétante d'une enseigne au-dessus de ma tête. Mais pas âme qui vive. Ce double défilé de mornes maisons était aussi silencieux que désert.

Avec une appréhension naissante, je marchais encore un moment, songeant au moyen de m'orienter et écoutant résonner l'écho de mes propres pas dans la venelle.

L'écho de mes propres pas...

Soudain, je stoppai. Ne bougeant pas plus qu'une statue, je tendis l'oreille, à l'affût du moindre son. N'avais-je pas, en effet, perçu un bruit de pas derrière moi ? Des pas tentant de s'accorder aux miens ? Plus j'y réfléchissais, et plus j'avais l'impression de les avoir inconsciemment enregistrés depuis quelque temps déjà, peut-être même depuis mon départ de la taverne...

Jetant un coup d'œil par-dessus mon épaule, je sondai l'obscur boyau.

Rien.

Je repris la marche, secouant la tête, me moquant de moi-même, en me disant qu'à ce train-là, je n'allais pas tarder à voir surgir un spectre ! Puis je sifflotai un air gai afin de me rassurer, mais le mal était fait. La peur, la panique s'insinuèrent lentement dans mon esprit, où défilèrent toutes sortes de dangereuses créatures, dont la terrible ombre rôdeuse, qui, il n'y a pas si longtemps que ça, avait hanté ces mêmes ruelles, pour semer une terreur sans nom parmi les femmes galantes du quartier...

Dans ces mêmes ruelles... à l'affût dans l'ombre... Jack l'Éventreur avait guetté ses futures victimes en caressant le tranchant de son scalpel scintillant...

Je m'arrêtai pour allumer une cigarette dans l'espoir de calmer mon imagination en délire. Mais la seconde suivante, je lâchai cigarette et allumette, paralysé d'effroi : *quelqu'un marchait derrière moi !*

Cette fois-ci, j'en étais sûr, on me talonnait. Les semelles en crêpe de mes chaussures ne pouvaient en aucun cas être responsables de ce mélange de glissements et de claquements. Un frisson glacial me parcourut et je n'eus même plus le courage de me retourner, persuadé alors de voir briller dans la pénombre l'éclat froid et métallique d'une lame...

Je pris mes jambes à mon cou et, au hasard des ruelles, me mis à courir comme un dératé. Les poumons en feu et le cœur battant à grands coups, je finis par trébucher sur une boîte à ordures et m'étalai le long d'une rigole fangeuse. Le miaulement aigu et désapprobateur d'un matou, dont je venais à l'évidence de troubler le festin, se mêla au chapelet de jurons que je lâchai. Étendu sur les pavés, haletant et en nage, je serrai les poings, tremblant de rage et de dépit, sentant mes nerfs sur le point de me lâcher. Je restai ainsi un certain temps, guettant ces maudits bruits de pas, mais en vain.

Peu à peu, je retrouvai mes esprits et me dis que j'avais été bien stupide de prendre un innocent passant pour un malandrin voulant jouer du couteau. J'imaginai la tête de Steve, me voyant là, étendu de tout mon long, au milieu d'ordures ménagères : il se serait tordu de rire !

Relevé tant bien que mal et écœuré par la stupidité de mon comportement, je repris mon chemin, bien décidé à mieux m'orienter cette fois-ci.

Les noms des ruelles que je réussis à distinguer à grand-peine ne me disaient rien, et au bout d'un certain temps j'entendis le léger chuchotis d'un cours d'eau. L'instant d'après, j'aperçus le petit pont en bois qui l'enjambait. Je l'empruntai en évitant de glisser sur les marches moussues. Sur ma gauche, en contrebas, derrière le voile de brume qui montait du ruisseau, je distinguai une ombre rougeâtre familière : une cabine téléphonique. Sauvé ! J'allais enfin pouvoir me renseigner.

Je descendis du pont, longeai la berge, puis pénétrai dans la cabine. Alors que d'une main encore tremblante j'explorai mes poches pour y trouver une pièce de monnaie, j'aperçus à travers les carreaux une petite silhouette sur le pont.

« Les enfants devraient être couchés à cette heure-ci », maugréai-je à part moi, mettant enfin la main sur une pièce. Mais, encore mal remis de mes émotions, je la laissais tomber. Le sol était jonché de feuilles mortes et je dus frotter une allumette.

En me penchant, je vis la petite silhouette s'arrêter près de la cabine. Elle portait un long manteau et était coiffée d'un étrange chapeau. M'activant au sol pour retrouver cette sacrée pièce, je pensai subitement à la lettre de mon frère, mais sans trop savoir pourquoi. Et une fois encore, je revis par la pensée chaque mot qu'il m'avait écrit. Des gouttes de sueur perlèrent à mon front. « Étienne, bon sang, tu ne vas pas recommencer à t'affoler ! » me gourmandai-je.

Et cette maudite pièce qui s'obstinait à se dissimuler ! Grommelant, je replongeai ma main dans la poche pour en prendre une autre. Je la glissai dans la fente de l'appareil et, dans mon affolement, formai au hasard un des numéros indiqués au-dessus du cadran. Je tremblais de tous mes membres. C'était absurde, il n'y avait aucune raison à cela. Pris d'un indéfinissable malaise, je sentis mes terribles maux de tête revenir à la charge. Blotti dans un coin de la cabine, je me retournai subitement et fus aussitôt saisi d'épouvante : un visage et deux mains d'une pâleur cadavérique étaient plaqués contre la vitre de la porte !

Eva Muller... là... devant moi...

Ses yeux blancs, sans iris, cerclés de rouge et vides de toute expression me transperçaient jusqu'au plus profond de mon être. Une vision d'horreur indicible !

La porte s'ouvrit et les deux mains blanchâtres se dirigèrent vers moi. Je fermai les yeux, plongeai entre le spectre et le battant, et m'enfuis dans le brouillard en hurlant comme un damné.

Après une course effrénée et aveugle, je m'arrêtai, au bord de l'inconscience. *Les mains blanches étaient de nouveau là !* Il n'y en avait pas deux, mais quatre, six ou plus encore ! Elles me cernaient, me harcelaient !

Deux d'entre elles me saisirent le bras. Je réunis mes dernières forces et parvins à me dégager. Peine perdue, elles étaient partout ! Elles m'empoignèrent et me traînèrent, tandis que je hurlais comme une bête sauvage mortellement blessée. Une pointe scintillante s'approchant, mon cri de douleur à son contact furent les derniers souvenirs de ce cauchemar.

2

Deux ombres apparurent confusément à travers l'épaisseur du brouillard. Elles se dirigeaient vers moi, en se mouvant lentement, comme si elles voguaient dans l'éther. Je les voyais grandir à mesure qu'elles approchaient, qu'elles traversaient les tourbillonnantes écharpes de brume... qui formèrent soudain un écran blanc.

Un écran blanc au-dessus de ma tête.

Un plafond ?... Le plafond de ma chambre... J'étais dans mon lit.

— Vous êtes bien monsieur Étienne Martin, né le 19 août 1918 à Haguenau ?

La voix était courtoise mais ferme.

— Oui, bredouillai-je, en fixant l'ombre sur ma gauche, qui m'apparaissait avec toujours plus de netteté.

— Je suis l'inspecteur Humphrey Maston, de Scotland Yard. Et voici l'infirmière Frances Gale, qui a veillé sur vous une bonne partie de la nuit.

Je tournai la tête et découvris deux yeux noisette qui me regardaient avec inquiétude, deux étoiles dans un adorable visage encadré de longs cheveux châtains répandus en ondes soyeuses sur ses épaules. Elle n'avait guère plus de 25 ans. Une vision bien rafraîchissante après ces heures cauchemardesques…

Elle tourna la tête vers l'inspecteur assis en face d'elle, de l'autre côté du lit. Le policier, qui frôlait la quarantaine, était bel homme, mais ne donnait pas l'impression d'en vouloir tirer profit, du moins pendant ses heures de service. Son attitude était toute professionnelle.

Il esquissa un sourire, se leva et gagna la fenêtre, où il consulta sa montre.

— Le docteur ne va pas tarder, dit-il, et j'aimerais qu'il soit présent pour entendre vos explications concernant la nuit dernière. Mais avant cela, je voudrais vous raconter une petite anecdote que m'ont rapportée certains de mes collègues, qui est toute récente d'ailleurs, elle date de ce matin même…

» Il était exactement minuit et trente-deux minutes lorsque notre standardiste décrocha le téléphone. Il entendit un cri à vous glacer le sang… et puis plus rien. L'appel fut immédiatement localisé : une cabine téléphonique près de Fenchurch Street. Une camionnette de police qui patrouillait dans le secteur fut contactée, et l'on prit aussi la précaution d'envoyer un médecin sur les lieux…

» Lorsqu'ils arrivèrent à la cabine, le récepteur pendait, décroché, mais notre mystérieux demandeur était absent. On n'eut pas beaucoup de mal à le retrouver : il poussait de telles clameurs que, malgré le brouillard, il fut rapidement repéré. Sa capture, en revanche, ne fut pas des plus aisées. Il était en pleine crise d'hystérie et se démenait comme un fou. Il semblait aussi éprouver une terreur particulière pour les gants blancs de nos agents… Une fois maîtrisé, on lui expliqua qu'il ne risquait plus rien, qu'il avait affaire à Scotland Yard, mais il continuait à se débattre désespérément. Le médecin, qui nous avait rejoint, fut obligé de lui faire une piqûre calmante. Son diagnostic fut le suivant : abus d'alcool suivi de dépression nerveuse. Grâce à ses papiers d'identité dans son imperméable, il put être ramené chez lui. On laissa une infirmière à son chevet…

Alors que l'inspecteur tournait un regard éloquent vers la charmante Frances Gale, on frappa à la porte. C'était le médecin, petit homme rondelet, à la moustache grise et à l'œil vif. Les présentations d'usage faites, il m'examina longuement. Puis il rangea ses instruments et me dit :

— Rien, mon garçon, rien du tout, vous êtes en bonne santé. J'ajouterai toutefois ceci : quand on a les nerfs fragiles, on s'abstient de boire démesurément.

Il se tourna ensuite vers la jeune infirmière :

— Votre présence ici n'est plus indispensable. En outre, ajouta-t-il avec un sérieux qui ne trompa personne, ce jeune homme, par sa conduite, ne vous mérite pas.

— À propos de conduite, Mr Martin, reprit l'inspecteur Maston, je crois que le moment est venu de nous dire ce qui s'est passé *avant* votre appel téléphonique…

Je fis un compte rendu détaillé des événements depuis mon départ de la taverne. À propos d'Eva Muller, je leur précisai qu'elle était une amie, morte depuis plusieurs années, rien de plus.

À la fin de mon récit, je constatai que tous avaient un air amusé.

— Les mains blanches ! gloussa l'inspecteur, qui ne contenait qu'à grand-peine un irrépressible fou rire. Quand je vais raconter cela à mes hommes, ils vont… Enfin… Bien, quelle est votre opinion, docteur ?

— Mon opinion ? Je ne vois là rien de très mystérieux. Mr Martin sort à demi ivre d'un bar à une heure tardive et se perd en chemin à cause du brouillard. Il est normal qu'il s'agite, qu'il s'énerve. Quant aux bruits de pas qu'il entend, quoi de plus naturel : il n'est pas, que je sache, l'unique habitant de cette ville ! Ensuite, il trouve une cabine téléphonique et prend presque dix minutes pour mettre une pièce dans l'appareil.

Le médecin fit une pause et parla doucement pour mieux attirer notre attention :

— Il y a deux hypothèses pour justifier le comportement de la jeune fille qui attend son tour pour téléphoner. La première est qu'elle s'approche de la cabine afin de vous aider. Mais je penche plutôt pour la seconde : elle est pressée et elle entend vous le faire savoir ! Quant à l'épisode des mains blanches, ajoute-t-il, l'œil railleur, je ne crois pas qu'il soit nécessaire d'y revenir…

— Mais la jeune fille ! rétorquai-je. C'était bien Eva Muller ! Je l'ai reconnue ! Comment expliquez-vous cela ?

Le médecin se pencha vers moi et demanda d'une voix bienveillante :

— À combien d'années remonte la mort de cette Eva Muller ?

— Seize, répondis-je après une rapide calcul mental.

Il mit sa main sur mon épaule et me dit d'un ton paternel :

— Comment voulez-vous reconnaître, la nuit, dans l'ombre d'une cabine téléphonique, un visage que vous n'avez pas revu depuis seize ans ? Un fait récent a dû vous faire penser à elle, et l'inconnue que vous avez rencontrée devait lui ressembler, voilà tout.

Je songeai à la lettre de mon frère, mais ne lui en soufflai mot.

Il conclut :

— Croyez-moi, les seuls coupables de cette vision sont l'alcool et votre imagination.

— Docteur, dit l'inspecteur en se levant, je crois que nous n'avons plus grand-chose à faire ici. Votre explication est sans faille, et c'est d'ailleurs la seule possible. Quant à vous, Mr Martin, je pense ne rien vous apprendre en vous disant que la police a suffisamment de travail avec les nombreux criminels qui opèrent à Londres. Nous n'avons pas le temps de nous occuper d'histoires de fantômes.

Sur ces paroles pleines de logique et de bon sens, les deux hommes prirent congé et me laissèrent sous l'aile protectrice de mon ange gardien.

— Mademoiselle, bredouillai-je, je ne sais trop que vous dire… et comment faire pour vous dédommager de cette nuit blanche.

Quelque chose dans ses yeux me dit qu'elle ne m'en tenait nullement rigueur et je m'enhardis :

— Je pense qu'une invitation à dîner serait vraiment la moindre des choses…

— Non seulement vous me volez une nuit, mais voilà que vous vous attaquez à mes soirées !

— Mais…

— Enfin, il ne faut pas contrarier un grand malade ajouta-t-elle malicieusement. J'accepte votre invitation.

Cette très jolie personne avait le sens de l'humour et faisait en outre preuve de bon goût dans le choix de ses amis, pensai-je modestement.

— … Mais à une condition, acheva-t-elle.

Je retins ma respiration.

— Tout ce que vous voudrez !

— … À la condition expresse que vous ne me parlerez que de votre pays !

— Promis ! me hâtai-je de répondre.

Je m'approchai alors de son oreille et lui murmurai d'un air mystérieux :

— Une grande partie des secrets de l'histoire de France me sont connus : je sais qui était le Masque de fer, je connais aussi les véritables mobiles des meurtres de la marquise de Brinvilliers. Le comte de Saint-Germain…

— N'en faites pas trop, lança-t-elle, amusée.

— Où dois-je vous appeler ?… au cas où je serais souffrant, bien entendu.

Elle prit mon paquet de cigarettes et y inscrivit un numéro de téléphone.

— Voilà ! Mais ne soyez pas souffrant avant la semaine prochaine, j'ai passé quelques journées éprouvantes.

Frances Gale était à peine partie que je la rejoignis aussitôt au pays des songes.

La sonnerie du téléphone me réveilla en fin d'après-midi.

— Alors, on oublie ses amis ? grésilla une voix familière dans le récepteur.

C'était Steve. J'avais complètement oublié de l'appeler.

— Excuse-moi, mon vieux, mais si tu savais ce qui m'est…

— Tu devrais savoir, Étienne, que ton ami a un petit doigt qui lui dit tout…

— … Tout ? répétai-je, décontenancé.

— Tout. Comme je te le dis. J'ai téléphoné au Dr Twist et je lui ai parlé de toi. Figure-toi que ton nom ne lui est pas inconnu… J'oubliais de te dire que c'est un ami personnel de l'inspecteur Hurst, qui lui-même connaît très bien l'inspecteur Humphrey Maston… Bref, je suis au courant de ta petite mésaventure.

— Je vois. Eh bien, je suis flatté de susciter un tel intérêt au sein de la police londonienne, de la distraire avec mon histoire de fous…

— Détrompe-toi. Twist, lui, a pris très au sérieux ce qui t'est arrivé, en tout cas après m'avoir entendu. Il paraissait très impressionné par ce que je lui ai dit de toi, et il m'a promis d'être chez moi, demain soir, à 8 heures. Pas de problème de ton côté, j'espère ?

— Bien, Steve, je serai chez toi demain à cette heure-là. Mais il y a une chose que ton petit doigt a oublié de te signaler : j'ai fait, ce matin, la connaissance d'une fille extraordinaire…

Avec forces détails et pendant un bon quart d'heure, je lui brossai le portrait de mon ange gardien, avec lequel je n'avais dialogué guère plus de cinq minutes.

— Eh bien, tu ne perds pas le nord, toi ! fit-il en guise de commentaire. En tout cas, je constate avec joie que les événements de la nuit dernière n'affectent aucunement ta vie privée !

— Tu voudrais peut-être que je te parle d'Eva ? De sa mystérieuse apparition ? D'ailleurs comment expliques-tu que mon frère et moi, éloignés l'un de l'autre de près de mille kilomètres, ayons la même vision à quelques jours d'intervalle ?

— Es-tu seulement certain de l'avoir reconnue ? Tu sais bien que ça ne pouvait pas être elle !

— Bien sûr, j'en suis conscient. Mais quelle coïncidence, quand même ! Rencontrer une fille qui lui ressemble trait pour trait, juste après avoir reçu cette lettre !

Après un silence, Steve prononça d'un ton grave :

— Il y a peut-être une explication…

— Laquelle ?

— Je t'en parlerai demain soir.

Big Ben égrenait lentement huit coups alors que je m'engageai dans Shaftesbury Avenue. Bien que tout près de ma destination, je pressai le pas.

Cette journée avait été, tout comme mon humeur, grise et maussade. La pluie fine et drue, qui avait arrosé Londres sans discontinuer, s'était transformée en un crachin guère plus agréable. Les réverbères et les fenêtres éclairées des grands bâtiments jetaient sur l'asphalte ruisselant, des taches de lumière qui se diluaient avec bonheur dans l'obscurité bleutée de la nuit. À la suite d'une prise abusive de somnifères, mon réveil avait été difficile. J'avais passé la matinée à tourner en rond dans ma chambre, tant cette histoire me tracassait et, curieusement, je m'étais mis à appréhender mon rendez-vous avec le Dr Twist. Sentiment qui n'avait d'ailleurs fait que croître à mesure que le temps s'écoulait. À présent, mon anxiété avait atteint son point culminant. Je constatais une fois encore que mes nerfs étaient à fleur de peau, et ne pouvais que féliciter mon médecin de m'avoir prescrit quelques jours de repos.

Je respirai profondément avant de pousser la grille qui protégeait l'entrée de l'appartement de Steve et, en appuyant sur le bouton de sonnette, j'eus l'étrange sentiment d'aller au-devant de l'inéluctable.

Mon ami ne tarda guère à m'ouvrir la porte. Souriant, il me débarrassa de mon chapeau et de mon imperméable, avant de m'introduire dans le salon. Une réconfortante flambée pétillait dans l'âtre, devant de profonds fauteuils de cuir, dont l'un était occupé par un homme d'un certain âge, sobrement vêtu de tweed, qui à première vue ressemblait plutôt à un aimable et paisible retraité qu'à un criminologiste réputé. Ses yeux bleus me considéraient avec un intérêt bienveillant derrière les verres d'un pince-nez retenu par un fin cordonnet de soie noire. Au-dessus d'une bouche souriante aux lèvres enfantines, de superbes moustaches rousses ornaient un visage ouvert, couronné d'une chevelure rebelle que le temps avait saupoudré de neige et d'argent.

Après que Steve eut fait les présentations, le Dr Twist me confia avec une pondération non exempte de malice :

— Il m'est souvent arrivé, dans ma longue carrière, d'entendre des témoignages à tendance surnaturelle… mais jamais je n'ai été mis en présence de revenants. Dans le domaine du crime, l'intelligence de l'homme est sans limite. Cependant, le récit que m'a fait mon ami l'inspecteur Hurst est des plus étranges, surtout si l'on tient compte du contexte dont Mr Morrison m'a fait un vague résumé. À propos, avez-vous apporté la lettre de votre frère ?

Je la sortis de la poche intérieure de mon veston et la lui tendis. Alors que Steve et moi prîmes place à ses côtés, il s'enfonça dans son fauteuil, ajusta son pince-nez, puis commença sa lecture. Seul le crépitement du feu fut alors perceptible.

J'essayai de saisir sur son visage une quelconque expression, mais n'y décelai rien d'autre qu'une grande concentration.

Après m'avoir rendu ma lettre, le Dr Twist resta quelques instants sans bouger, puis s'absorba dans le bourrage de sa pipe, qu'il alluma avec une lenteur exaspérante. Il dit enfin :

— La disparition dans la remise de celui ou celle qui a joué le rôle d'Eva Muller est difficile à expliquer. J'avais déjà en tête deux ou trois solutions, mais elles n'ont plus aucune valeur après ce que je viens de lire.

Je m'éclaircis la voix, puis demandai :

— Vous pensez donc que quelqu'un, se faisant passer pour Eva Muller, joue au fantôme en disparaissant dans la remise… et en m'apparaissant, l'autre nuit, près de la cabine téléphonique ?

— Oui, je le pensais. C'est en tout cas l'explication que j'avais donnée à votre ami. Encore que je ne saisisse pas du tout les mobiles de ce mauvais plaisant, qui se donne en spectacle en France et en Angleterre, à quelques jours d'intervalle. Mais je n'avais pas encore lu cette lettre.

— Vous penseriez alors à des hallucinations de notre part ?

Le Dr Twist secoua doucement la tête :

— Pas forcément, jeune homme, pas forcément. Mais laissons ce point de côté pour le moment. Adolescent, vous avez été témoin du meurtre d'Eva Muller, êtes-vous encore en mesure de m'en narrer les faits avec précision ?

— Oui, pour autant que l'on puisse être précis avec un recul de seize années.

— Parfait, répondit le Dr Twist en prenant le verre de bière que lui tendait Steve. (Je n'avais même pas remarqué que mon ami était parti nous approvisionner en boisson). Et les autres meurtres auxquels il est fait allusion dans la lettre ?

— Je ne peux vous dire que ce qu'on m'en a appris. Je n'ai pas été spectateur de ces drames.

Le Dr Twist reposa son verre et ajusta son pince-nez en me fixant :

— Je vous écoute.

3

Nous étions alors en juillet 1932, les vacances scolaires commençaient. Un horizon de rêve s'ouvrait à moi : grasses matinées, liberté, jeux, randonnées en forêt, enfin tout ce que l'on peut attendre des vacances d'été à 14 ans.

Les rayons du soleil qui filtraient à travers les interstices des volets de ma chambre promettaient une superbe journée. Je bondis hors de mon lit, dévalai les escaliers et fis irruption dans la cuisine. Jean, déjà réveillé, installé devant un copieux petit déjeuner, affichait une mine radieuse.

— Bonjour, p'tit frère, fit-il avant d'ingurgiter une immense tartine.

Bien que mon aîné d'une seule année, il manifestait toujours à mon égard un comportement de grand frère protecteur et bienveillant.

Je lui demandai où se trouvaient nos parents. Il pointa le menton en direction de la fenêtre : mère s'affairait dans le jardin.

— Et père ?

— Dans la remise en train de terminer la cage à perruches.

— S'il continue à la fignoler ainsi, il y passera tout l'été !

Jean me lança un clin d'œil complice

— C'est pas moi qui m'en plaindrais ! On aura une paix royale et on pourra faire ce qu'on voudra !

Mon père, Lambert Martin, suivait de très près tout ce qui touchait à notre éducation. « Les trois choses essentielles dans la vie d'un homme, professait-il, sont la patrie, le sens de l'honneur et l'instruction. » Il était né une quinzaine d'années après la défaite de 1870 et avait donc connu cette période particulièrement difficile de l'annexion de la Lorraine et de l'Alsace par l'Allemagne, qui tenait notre province pour une terre d'Empire, un « Reichsland ».

Ses parents ne faisaient pas partie de ces dizaines de milliers d'Alsaciens qui, pour garder leur nationalité française, avaient émigré en France « de l'intérieur », en Algérie ou même à l'étranger. Ils restèrent là, sur leur sol natal, gardant la France dans leur cœur, et tenaient bon, serrant les dents face à l'odieuse tentative de germanisation.

Mes grands-parents n'avaient pas les moyens d'envoyer leurs fils faire leurs études de l'autre côté des Vosges. Ils durent se contenter de lire et de relire les quelques livres français en leur possession, en rêvant de revanche.

En 1914, mon père fut mobilisé dans l'armée allemande. Il partit, la rage au cœur. Un peu plus tard, ce fut au tour de son frère Joseph : envoyé au front russe, ainsi que bien d'autres Alsaciens, considérés comme « éléments peu sûrs », il fut tué en première ligne. Selon un des camarades, il fut abattu d'une balle dans le dos.

La douleur de mes grands-parents n'eut d'égale que le ressentiment, pour ne pas dire la haine, qu'ils vouaient à l'envahisseur. Quant à mon père, il valait mieux éviter avec lui toute discussion sur ce sujet. Notre voisin, Léonard Biechy, et lui remuaient souvent ces douloureux souvenirs.

Ils s'entretenaient alors seuls, mais il m'arrivait de surprendre leurs conversations. Certains de leurs propos étaient gravés dans ma mémoire, comme par exemple la libération de Mulhouse en 1918, que Léonard évoquait souvent : « *Des trains spéciaux étaient prévus pour ramener les immigrés allemands de l'autre côté du Rhin. On les rassemblait sur une place d'où ils devaient gagner à pied la gare entre une double haie de Mulhousiens massés sur la chaussée. C'était d'abord des quolibets, puis des coups de bâton se mettaient à pleuvoir. Une population entière exhalait son ressentiment, sans retenue, oubliant la dignité. On se vengeait...* »

Mais les deux hommes avaient encore bien d'autres points communs : l'histoire, les romans policiers, les énigmes du passé et surtout les crimes célèbres. Ils faisaient d'ailleurs, ces derniers temps, d'actives recherches sur une obscure tragédie du XIe siècle.

La voix de mon frère me ramena au présent :

— Qu'as-tu prévu pour cet après-midi ?

— Une virée en forêt avec François et Marie. Tu viens avec nous ?

— Oui, si je n'ai rien d'autre à faire. Bon, je crois que je vais donner un coup de main à père pour sa cage.

François et Marie étaient les enfants de Léonard et Octavie Biechy, nos voisins, et ils avaient pratiquement le même âge que Jean et moi. Nous formions tous les quatre une bande d'amis inséparables, et la plupart de nos jeux se déroulaient dans la belle forêt haguenovienne, assez proche de chez nous, car nous avions la chance d'habiter en bordure de ville. À l'est, à quelque trois cents mètres de notre maison, la Moder coulait ses eaux paisibles, traversant une vaste plaine, au bout de laquelle se profilait l'immense forêt.

Tout de suite après le repas de midi, Jean et moi filâmes chez nos voisins. François et sa sœur nous attendaient déjà, installés sur un banc au fond du jardin. Marie nous exposa aussitôt le programme prévu pour l'après-midi.

— Aujourd'hui, nous construirons une cabane, en pleine forêt. Une cabane très secrète, dont on ne révélera l'endroit à personne, et où l'on pourra pique-niquer… Qu'est-ce que vous pensez de ça, c'est une bonne idée, non ?

De taille normale pour ses 14 ans, Marie n'avait pas un physique d'adolescente. Pas un brin de coquetterie dans son attitude, l'air d'une petite fille qui aurait poussé trop vite. C'était une enfant sensible, facilement effarouchée, mais pourvue d'un esprit d'initiative qui nous faisait souvent défaut, à nous autres garçons. Elle avait de longs cheveux d'un blond assez terne, qui contrastaient curieusement avec ceux de son frère, noirs et coupés en brosse.

François et Jean accueillirent sa proposition avec un enthousiasme qui ne me trompa point : je savais pertinemment que les jeux enfantins de Marie ne les intéressaient plus. Afin de ne pas la blesser, nous prîmes un air enthousiaste, et, peu de temps après, nous prenions la direction de la forêt. Marie, boussole en main, ouvrait la marche et nous la suivions en file indienne.

Il était difficile de ne pas succomber au charme magique de la forêt ancestrale : le gazouillis des oiseaux, l'odeur des sapins, le soleil qui jouait à cache-cache à travers les branchages, la fraîcheur des sous-bois, la chaleur de l'été, un écureuil qui s'enfuit à notre approche, le léger clapotis de l'eau… C'était la forêt enchantée des contes. Il ne manquait que la fée… Elle n'allait pas tarder à apparaître.

Marie s'arrêta brusquement et tendit son index vers le côté droit :

— Là, dit-elle, ces quatre arbres placés en carré favoriseront la construction de notre cabane. C'est un endroit fait sur mesure !

Elle se dirigea sur les lieux et s'écria :

— Merveilleux ! Nous n'aurons même pas de problème pour nous ravitailler en eau ! Je vois un cours d'eau… mais…

Elle resta sans voix.

— Marie, lança Jean, qu'y a-t-il ? On dirait que tu as vu des lutins !

N'obtenant pas de réponse, nous allâmes la rejoindre et, arrivés à sa hauteur, nous restâmes muets à notre tour, devant le tableau enchanteur qui s'offrait à nos yeux : la fée était là, s'ébattant dans la petite rivière située à une vingtaine de mètres de nous.

Soudain, nos regards se croisèrent et elle nous envoya aussitôt un radieux sourire.

Le soleil qui se reflétait à la surface de l'eau et sur ses cheveux dorés conférait à cette apparition une telle féerie que mes oreilles abusées crurent entendre les frais arpèges d'une harpe.

Elle sortit de l'eau, dépourvue de tout vêtement.

Très petite, un corps de nymphe, elle était ravissante. Elle se rhabilla avec une tranquille impudeur. Jean et François retenaient leur souffle et la dévisageaient avidement, les yeux exorbités. Le teint pâle de Marie avait viré à l'écarlate. Dès que l'apparition fut revêtue, elle vint vers nous. Sa façon de se mouvoir était à elle seule une provocation, mais c'est lorsqu'elle fut près de nous que je constatai à quel point elle était attirante.

— Veuillez m'excuser, je croyais être seule dans les environs. Je m'appelle Eva Muller, et vous ?

Elle parlait un français très correct, mais avec un accent allemand prononcé qui trahissait sa nationalité.

— Étienne, bredouillai-je en lui tendant la main.

François et Jean firent de même, mais Marie murmura son prénom sans lui serrer la main. Elle était visiblement choquée par l'absence de pudeur qu'Eva avait manifestée à la sortie de son bain.

— Vous êtes en vacances ? s'enquit Jean avec un trémolo en fin de phrase.

— Oui, pour deux mois, dit-elle en souriant et en penchant la tête de côté.

Je crus que Jean allait tomber à la renverse, tant le sourire d'Eva était enjôleur.

Marie sortit alors de sa coquille pour expliquer à Eva la raison de notre présence dans les bois.

— Oh ! Mais quelle idée formidable ! lança-t-elle. Puis-je vous aider ?

Jean et François répondirent en chœur :

— Oui, bien sûr !

Marie prit tout de suite la direction des opérations :

— Vous, les garçons, vous vous occuperez des branches pour l'ossature de la cabane, tandis qu'Eva et moi, nous chercherons de la mousse pour recouvrir la toiture.

Là-dessus, elle glissa son bras sous celui d'Eva et l'entraîna au loin.

Nous n'étions pas dupes : Marie se comportait en mère qui voulait protéger ses fils du « danger féminin ».

En les regardant s'éloigner, je constatai le frappant contraste entre les deux jeunes filles. Eva, bien qu'ayant une tête de moins que sa compagne – car elle était vraiment très petite, une vraie fée miniature – avait déjà la silhouette et l'assurance d'une femme, alors que Marie, un peu gauche et maigrichonne, n'était encore qu'une enfant.

Avant de disparaître, Eva nous adressa un petit signe de la main, auquel Jean et François répondirent aussitôt. Puis nous nous mîmes au travail sans plus tarder, avec une ardeur significative. Nous voulions terminer notre besogne le plus rapidement possible afin de revoir Eva.

Deux heures plus tard, notre construction était terminée. Marie m'indiquait les améliorations que nous pourrions y apporter, tandis que Jean et François ne lâchaient pas Eva d'une semelle en la harcelant de questions.

Nous apprîmes qu'elle était allemande, qu'elle habitait près de Dortmund et qu'elle passait ses vacances chez des amis de ses parents. Elle était heureuse d'avoir fait notre connaissance parce qu'elle n'avait pas encore de camarade à Haguenau. Elle nous dit aussi qu'elle avait 14 ans, ce qui paraissait proprement incroyable au vu de son physique.

Alors que l'après-midi se terminait, nous prîmes le chemin du retour. Je faillis pouffer de rire quand j'entendis mon frère demander d'une voix détachée à Eva ce qu'elle faisait le lendemain. En réponse, elle nous proposa un rendez-vous dans une petite masure abandonnée, à côté de la Moder, située à mi-chemin entre nos habitations respectives. Naturellement, tout le monde fut d'accord.

Le jour suivant, nous nous retrouvâmes à l'endroit convenu. La maisonnette était vraiment une étrange construction. Je l'avais déjà visitée plusieurs fois, et je me demandais toujours à quoi elle avait bien pu servir.

Située sur le côté est de la ville, elle était totalement isolée, et j'aurais pu l'apercevoir de la fenêtre de ma chambre sans la rangée de peupliers qui la soustrayait à mes regards. Son aspect général – une tour carrée, Surmontée d'une toiture à quatre pans – était franchement repoussant, avec ses murs lépreux, rongés par l'humidité et ses boiseries vermoulues.

Sur la façade, il n'y avait d'autre ouverture que la porte qui donnait sur une pièce où un escalier de bois, menant à l'unique étage, tenait lieu de mobilier. La chambre du haut possédait l'unique fenêtre du bâtiment. Elle s'ouvrait sur l'arrière de la maison. De là, on voyait la Moder couler paisiblement en esquissant un coude, ses eaux léchant les fondations bien ancrées de la vieille bâtisse. Ceci expliquait la forte humidité qui imprégnait les murs. Les chevrons, eux non plus, n'étaient pas épargnés. Ils avaient atteint un tel degré de dégradation que le toit menaçait de s'effondrer. Le mobilier de la pièce était presque aussi pauvre que celui du rez-de-chaussée : il se composait d'un lit de fer et d'un coffre, dont le contenu m'avait toujours intrigué. Cela ressemblait à une sorte de mécanisme géant d'horloge, mais il n'y avait pas de cadran.

D'ailleurs tout était bizarre dans cette petite maison délabrée, y compris ses occupants, les nombreux corbeaux des environs, à qui elle servait de refuge. En outre, j'éprouvais toujours une impression de malaise à son contact : elle me faisait le même effet qu'un cimetière visité de nuit.

Lorsque notre nouvelle amie arriva, mon frère et François frétillaient comme de jeunes chiens, alors que Marie semblait plutôt réticente.

— Hier, vous m'avez offert l'hospitalité dans votre cabane, aujourd'hui c'est à mon tour, dit Eva en ouvrant devant nous la vieille porte cloutée. Voici mon palais. Suivez-moi, je vais vous montrer vos appartements.

Nous montâmes dans la chambre du haut, puis je lui demandai :

— Tu es déjà venue ici ?

— Non, avoua-t-elle, mais j'avais remarqué cette petite maison, hier, en allant me promener. (Elle se pencha par la fenêtre.) Regardez cette superbe vue sur la forêt !

— Brr ! fit Marie en croisant ses bras sur sa poitrine. Moi, je la trouve plutôt sinistre.

— C'est l'allure de cette pièce qui te donne cette impression, lança François. Un bon coup de balai, quelques meubles et nous aurons une chambre royale !

— La chambre de Barberousse ! s'exclama Jean.

— Qui est Barberousse ? demanda Eva.

— Un empereur du douzième siècle qui aimait notre ville, répondit Jean d'une voix sentencieuse.

Eva se dirigea vers le coffre, l'ouvrit et fouilla son contenu, l'air intrigué. Tout le monde se rassembla autour d'elle.

— On dirait un mécanisme d'horloge, dit Marie, mais il y a d'autres objets en dessous.

Eva plongea sa main dans le coffre et en retira une vieille épée qu'elle fit tournoyer au-dessus de sa tête en s'écriant :

— Alors Barberousse ! Aurais-tu peur d'une faible femme ? Si tu es un homme, montre-toi !

François se rapprocha d'Eva, s'inclina devant elle et dit d'une voix grave et vibrante :

— Oui, princesse Eva, je suis là, non pour te combattre… mais pour te demander ta main !

La jeune Allemande se laissa tomber dans ses bras :

— Oh ! mon amour, enfin tu t'es décidé ! Voilà des siècles déjà que je t'attendais !

Tout le monde éclata de rire, mais je crus deviner une pointe de jalousie chez mon frère lorsque François avait pris Eva dans ses bras.

Nous passâmes le restant de l'après-midi à nettoyer et à aménager notre nouvelle salle de jeu. Le coffre fut placé au centre de la pièce, en guise de table, entre le lit – qui fut garni de paille et recouvert d'une couverture – et les deux tabourets que François avaient ramenés de chez lui.

Les jours suivants, nous continuâmes de jouer dans la « chambre royale ». Eva, l'épouse de Barberousse, était courtisée par deux seigneurs du voisinage. Elle avait une dame de compagnie : Marie. Quant à moi, j'étais Barberousse, le mari jaloux. François et Jean interprétaient leur rôle avec beaucoup de conviction, Eva ne se lassait pas d'entendre leurs déclarations enflammées, et Marie appréciait toujours ce genre de jeu. Tout allait pour le mieux et nous étions totalement inconscients du danger qui nous menaçait.

Un soir, lors du souper, Jean demanda à mère si elle n'avait pas quelques vieux habits assez voyants.

— Que voulez-vous en faire ? s'enquit père d'une voix lasse.

— Demain, répondit Jean, il y aura fête au château pour le retour de Barberousse. L'empereur apprendra que sa femme le trompe et tuera ses deux vassaux félons… en les transperçant de son épée.

Mon père lâcha sa tasse de café qui se brisa au sol et ses yeux s'arrondirent.

— Lambert, tu n'est pas bien ? s'inquiéta mère.

Sans accorder la moindre attention à sa question, il nous demanda des explications. Il savait que nous nous amusions du côté de la petite maison abandonnée, mais il ignorait la nature de nos jeux.

Jean lui fit un récit relativement détaillé de nos activités.

Père, qui l'écoutait, de plus en plus soucieux, une anxiété croissante dans le regard, murmura d'une voix altérée :

— Mon Dieu… Mes pauvres enfants… Mais bien sûr, vous ne pouviez pas savoir… On aurait mieux fait de ne pas taire ces meurtres.

— Mais, père, de quoi parles-tu ? Ce n'est qu'un jeu et je ne comprends pas pourquoi…

— Voyez-vous, depuis quelques années, Léonard et moi faisons des recherches sur d'anciennes légendes ou toute autre histoire mystérieuse de notre région. Certaines n'offrent que peu d'intérêt, mais il en est une, particulièrement atroce, dont les circonstances sont tellement énigmatiques que nos ancêtres ont jugé préférable de nous la dissimuler.

» Il s'agit d'une suite d'assassinats étalés sur plusieurs siècles, qui présentent d'étranges similitudes : la victime est tuée à coups d'épée – ce qui exclut bien sûr l'idée d'un suicide et ou d'un accident – et à chaque fois il est prouvé qu'il ne pouvait y avoir d'assassin.

— Et alors, questionna Jean, je ne vois pas en quoi cela nous concerne ?

— Je n'ai pas fini, répliqua père en nous fixant droit dans les yeux. Chaque victime, peu de temps avant sa mort, avait tenu des propos blasphématoires sur l'empereur Barberousse, ou s'était moqué de lui en s'attaquant à notre ville. Mon ami, le commissaire de police Maurice Sutter, a longuement étudié cette histoire. Il en sait certainement plus que moi ou Léonard. Je crois que je vais lui demander de passer ici demain soir.

Dites à François, Marie et Eva d'être présents, il est préférable qu'ils soient informés… Oui, il faut qu'ils sachent… Mais je vous en supplie, cessez immédiatement ces jeux stupides, qui pourraient se terminer de façon tragique, et évitez dorénavant cette masure où vous vous êtes moqués de Barberousse !

Il vida son verre d'eau-de-vie d'un trait et sortit de la cuisine.

Comme tous les soirs, nous jouâmes aux dominos avec mère, mais le cœur n'y était pas et la partie fut bien morne, contrastant péniblement avec nos soirées généralement si animées et si joyeuses.

4

Le lendemain soir, nous étions tous réunis autour de la grande table en chêne du salon, sauf mère qui était allée rejoindre notre voisine, Octavie Biechy, souffrante depuis quelque temps. La journée avait été particulièrement torride, une chaleur oppressante régnait encore dans la pièce, malgré l'approche de la nuit.

Le commissaire Maurice Sutter, au visage habituellement rayonnant d'une tranquille et fière assurance, était soucieux ce soir-là. Il était assis en bout de table, encadré par père et Léonard dont les visages aux traits tirés trahissaient la nervosité et l'angoisse.

Il y avait à proximité une sympathique réserve de limonade, de bière fraîche, de vieux marc et de tabac, plus une grande assiettée de petits gâteaux maison, seule note aimable dans cette curieuse ambiance. L'éclairage, assuré par deux candélabres posés sur la table, projetait nos ombres déformées sur les murs clairs du salon. Même notre vieille horloge, présence familière et sonore, en égrenant ses huit coups semblait sonner le glas.

C'est dans cette atmosphère étrange que le commissaire prit la parole :

— Avant de commencer mon récit, dit-il en interrogeant du regard mon père et Léonard, il serait peut-être utile pour sa bonne compréhension que je fasse un bref résumé de la vie de Barberousse ?

Père et Léonard acquiescèrent.

— Haguenau n'était à son origine qu'un petit castel bâti sur la Moder dans une magnifique forêt du nord de l'Alsace. Une Alsace qui, après avoir été gauloise, puis romaine, mérovingienne, franque et carolingienne, tomba dans le domaine germanique à la suite d'interminables querelles de successions entre des descendants de Charlemagne. Ce premier château fut construit par le comte Hugues IV d'Eguisheim. Frédéric II de Hohenstauffen… Mais avant de continuer, je crois qu'il vaut mieux commencer par l'ancêtre de cette dynastie.

Le commissaire Sutter s'éclaircit la voix avant de reprendre :

— Bon. Il y avait une fois un chevalier souabe qui fit un beau mariage. Il épousa Hildegarde d'Eguisheim, fille d'une puissante famille alsacienne qui s'opposait à l'emprise grandissante des empereurs du Saint Empire romain germanique sur notre Alsace. Leurs fils portèrent le nom d'une colline près de Büren : Hohenstauffen.

» L'aîné, Frédéric premier du nom, en récompense de grands services rendus – en fait il était le principal soutien de l'empereur dans la lutte qui l'opposait au pape, soutenu lui, par la noblesse alsacienne –, obtint la main d'Agnès, la fille de l'empereur, et fut fait duc d'Alsace et de Souabe. Son frère Otton devint évêque de Strasbourg.

» C'est dans la chambre même d'Otton, que Frédéric Ier fit périr Hugues d'Eguisheim, un des plus farouches adversaires de l'empereur, dont il s'appropria les biens, considérables. Ce crime horrifia sa mère Hildegarde qui était une Eguisheim, vous vous rappelez ?

» À sa mort, son fils aîné dit le Borgne lui succéda dans sa charge et ses titres. Visitant ses domaines, il fut séduit par le site de l'île de la Moder et décida de fortifier le château primitif et de le protéger par une solide muraille englobant la petite bourgade qui s'était formée auprès du castel.

» Son frère cadet Conrad fut élu empereur, et le fils du Borgne, encore un Frédéric, vécut à la cour impériale de son oncle, tandis que son père s'en alla guerroyer et construire maintes forteresses sur les hauteurs qui dominent la plaine du Rhin. Vous en avez déjà visité plus d'une, n'est-ce pas ? À chacune son histoire… Ce Frédéric-là succédera à son père en tant que duc d'Alsace et de Souabe, puis sera empereur à son tour et nous voici arrivés à notre Frédéric Barberousse, ainsi nommé pour sa barbe d'un blond flamboyant.

» On le dit intelligent et de belle prestance. Il fera du château de Haguenau sa résidence préférée en Alsace, l'agrandira, l'embellira et décorera magnifiquement la chapelle dans laquelle, pendant les séjours de l'empereur, on déposait le trésor des insignes impériaux : l'épée de Charlemagne, le sceptre, le manteau impérial, les éperons d'or, le diadème de Charlemagne et, trésor d'entre les trésors, les grandes reliques de la Passion de Notre Seigneur.

» Barberousse vint autant qu'il put dans sa belle résidence. Il avait épousé Béatrice de Bourgogne, parlait la langue d'oc, et recevait à sa cour trouvères et troubadours. C'était l'époque de la poésie courtoise. Sa ville connut un essor considérable et il lui accorda des privilèges particuliers. Puis un jour de l'an 1189, il partit en croisade, laissant le trésor à la garde de ses plus fidèles vassaux. Il ne reviendra plus. Mais le peuple ne voudra pas croire à sa disparition. Pendant les longues veillées d'hiver, on se racontait que chaque nuit, Frédéric à la barbe blonde revenait dans sa chapelle, comme il le faisait quand il rentrait de ses interminables chevauchées à travers l'empire.

» Son petit fils, l'empereur Frédéric II, attachait beaucoup d'importance à l'Alsace et confiait, en son absence, le pouvoir au bailli de Haguenau, Alban Wœlflin. Celui-ci, d'origine modeste, gouverna la ville et la province pendant vingt ans avec capacité, mais aussi avec une pesante autorité, ce qui provoqua de vifs mécontentements. Quand Henri, le fils de l'empereur, se révolta, il épousa la cause du bailli et, en plein accord avec lui, construisit une nouvelle enceinte à la ville, encerclant largement l'ancien Haguenau.

» Lorsque l'empereur revint, il fit déposer et exiler on fils.

» L'attitude d'Alban Wœlflin, issu d'une famille de paysans et qui devait tout à l'empereur, est difficile à comprendre. Comment avait-il pu le trahir ? Toujours est-il qu'on lui confisqua tous ses biens et qu'on l'enferma dans sa maison. Un jour, on le trouva mort dans son lit. Avait-il mis lui-même fin à ses jours, ou bien sa femme, folle de honte, l'avait-elle étranglé ?

» Mais il y a encore une autre théorie sur la mort de Wœlflin : on l'aurait retrouvé, toujours dans son lit, mais tué à coups d'épée. Sa maison était surveillée et les témoins étaient formels : personne n'y est entré ou en est sorti. De plus, on n'a pas retrouvé l'arme du crime dans sa demeure. Et ce n'est pas tout : *certains habitants auraient vu l'ombre de Barberousse, vêtu de sa tenue de croisé et l'épée à la main, roder dans la ruelle où habitait le traître, vers l'heure de sa mort.* On chuchotait même que Barberousse, avant de mourir, aurait lancé une malédiction à tous ceux qui insulteraient, de quelque façon que ce soit, sa ville préférée ou lui, l'empereur.

» Évidemment, ce témoignage, que je tiens de mon grand-père, qui l'avait lu lui-même dans un des livres de l'ancienne bibliothèque de la paroisse Saint-Georges, n'offre que très peu de détails.

— J'avais aussi entendu quelque chose sur cette histoire, interrompit Léonard, mais la croyance du peuple pour les démons et les revenants était si forte à cette époque, que je ne sais trop que penser de tout cela.

— Si cette affaire s'en tenait là, reprit gravement le commissaire Sutter, il y a longtemps qu'elle serait oubliée. Mais écoutez plutôt la suite :

» Quand se déclenche en Allemagne la guerre de Trente Ans en 1618, personne ne s'attend à ce qu'elle prenne une telle ampleur. Car elle n'oppose à l'origine que les princes protestants allemands à l'empereur catholique. Mais peu à peu, la moitié de l'Europe y est entraînée. Tour à tour les rois de Suède, d'Espagne et de France se lancent dans la mêlée. Haguenau, qui se trouve du côté de l'empereur, est assiégée, occupée et pillée à plusieurs reprises.

» En 1630, le roi de Suède vole au secours des princes protestants, qui avaient été chassés quelques années plus tôt, et l'une de ses armées particulièrement redoutées vient en Alsace assiéger Haguenau, force les portes, sème la terreur et repart en laissant dans la ville une petite garnison. Celle-ci est massacrée trois mois plus tard. Mais au préalable, une partie de la garnison est enfermée dans une cave par quelques Haguenoviens particulièrement vindicatifs qui veulent leur réserver un traitement spécial. Deux hommes surveillent en permanence l'unique porte de la cave. Au cours de leur seconde nuit de garde, ils entendent les captifs pousser des hurlements de terreur. Craignant une ruse de leur part, l'un d'eux va chercher du renfort. Vingt minutes plus tard, huit hommes armés se présentent sur les lieux. Avec mille précautions, ils ouvrent la porte de la cave et trouvent les prisonniers étendus sur le sol, tués à coups d'épée, affreusement mutilés. Un spectacle hideux !

» Ils fouillent alors coins et recoins pour découvrir le chemin par lequel les assassins se sont enfuis. Mais mis à part un minuscule soupirail, qui n'aurait même pas pu livrer passage à un chat, il n'y a aucune issue. Ils sondent les murs, le sol et même le plafond, mais leurs recherches restent vaines : pas de passage secret ni de terre fraîchement remuée. Ils questionnent ensuite ceux qui surveillaient la porte, mais ces derniers sont formels : l'entrée de la cave est restée fermée depuis deux jours et personne n'en a franchi le seuil.

» Comment le ou les meurtriers sont-ils entrés et sortis de la pièce ? Ils étaient peut-être déjà dans la cave avant que l'on y amenât les prisonniers – encore que cela paraisse bien improbable –, mais alors, par où se sont-ils enfuis ? S'il s'agit d'un suicide collectif, où donc est l'arme du crime ?

» Le problème est examiné dans tous les sens, mais très vite ils s'aperçoivent qu'il est sans solution.

» Il est bien évident que ces hommes, déjà dans une situation scabreuse, n'ébruitèrent pas ce mystère. Les cadavres furent immédiatement enterrés sur place, dans la cave.

— Est-ce que la maison où tout cela s'est déroulé existe encore ? demanda Eva, vivement intéressée.

Après quelques instants, alors que le commissaire était resté curieusement muet, Léonard répondit avec gravité :

— Oui, elle existe encore. L'un de mes ancêtres en était le propriétaire à l'époque. C'est d'ailleurs lui qui avait monté la garde devant la porte de la cave.

Marie, blême, voulut parler, mais elle ne parvint qu'à lâcher quelques paroles incohérentes. Son frère, d'une voix tremblante, réussit à demander :

— Mais qui occupe cette maison actuellement ?

— Des personnes que vous connaissez bien, mais je ne vous en dirai pas davantage. Je vous vois venir, vous seriez capable de remuer tout le sous-sol de cette maison pour retrouver les squelettes !

Jean, qui gardait la tête froide en toute circonstance, questionna le commissaire :

— Est-ce que ces meurtres furent attribués au fantôme de Barberousse ?

— Je préfère d'abord terminer mon récit, nous aurons, par la suite, toujours le temps d'en discuter.

» En 1672 débute la guerre de Hollande, et la ville est protégée par une garnison sous la direction de Condé. Mais en 1675 les troupes impériales assiègent Haguenau. L'armée de Condé parvint à les repousser. Après ce siège, il reste à peine une centaine de familles à Haguenau, et celles-ci ont les plus grandes difficultés à se ravitailler. Bientôt, les troupes impériales reviennent. L'armée française applique alors la tactique de la « terre brûlée ». Le ministre de la Guerre, Louvois, ordonne donc de raser Haguenau et de la rendre inutilisable pour l'ennemi.

» Cet ordre est exécuté par le chef de bande, La Brosse. Le feu est mis aux quatre coins de la ville. L'un des soldats de La Brosse, un dénommé Sublon, se livre avec une joie sadique à cette opération de démolition.

» Il s'acharne en actes de vandalisme inutiles avec une rage destructrice sans pareille. Mais ceci n'échappe pas à quelques habitants qui jurent de lui faire payer ses forfaits avant de se replier dans un village voisin.

» La ville est en flammes, et, bien qu'il fasse nuit, on se croirait en plein jour. Il n'y a pratiquement plus personne. C'est l'instant idéal pour la poignée de citadins vengeurs de passer aux actes. Ils réussissent à acculer le soldat Sublon dans une impasse. « Il ne peut plus nous échapper ! » se disent-ils. La ruelle, qui n'est alors plus qu'un immense brasier, ne laisse aucune possibilité de fuite au fugitif. Lorsqu'ils se ruent sur lui, armés de gourdins et le visage ruisselant de haine, ils sont stoppés par une énorme poutre enflammée qui vient de s'écrouler en travers de la ruelle. Leur animosité contre ce monstre est telle qu'ils préfèrent, au péril de leur vie, le tuer de leurs propres mains plutôt que de laisser ce soin aux flammes. Dix bonnes minutes sont nécessaires pour se frayer un passage. Lorsqu'ils arrivent au fond de l'impasse, ils trouvent, à leur grand étonnement, leur homme étendu sur les pavés… *une épée plantée dans le dos et les mains sectionnées !*

«Quelqu'un nous a devancé, pensent-ils, mais par où peut-il bien être venu ? »

» Ils regardent autour d'eux et comprennent rapidement qu'il n'y a aucune possibilité de passage : ils sont entourés de flammes. Mais le feu se fait maintenant si menaçant qu'ils n'ont pas le temps d'analyser la situation. Prestement, ils rebroussent chemin et quittent la ville.

» Il se trouve que le plus âgé d'entre eux, en son enfance, avait été le témoin terrifié de la mystérieuse mort des Suédois. Un autre avait eu connaissance du meurtre, par l'épée, de Wœlflin et également de la malédiction lancée par Barberousse. Pour ces hommes il n'y a désormais plus de doute possible : Barberousse a châtié celui qui avait commis le sacrilège de saccager sa ville bien-aimée. Qui d'autre, d'ailleurs, aurait pu traverser les flammes pour exécuter la brute ?

— A-t-on retrouvé l'épée ? demandai-je.

— Non, du moins pas à ma connaissance. Mais il faut se garder de conclure hâtivement, l'épée n'a pas forcément disparu comme par enchantement. De nombreux pillards ont dû parcourir la ville sinistrée, peut-être se trouve-t-elle tout simplement enfouie sous les décombres. Évidemment, tous ces récits manquent de précision et se sont certainement altérés au fil des ans. Il est difficile, dans ces conditions, d'apporter une explication rationnelle à ces meurtres « impossibles ». Mais ce n'est pas le cas pour l'histoire qui va suivre, puisque certains témoins, dont je fais partie, sont encore en vie.

» Nous sommes en octobre 1912. J'avais coutume, à cette époque là, de passer mes soirées au bistrot à jouer aux cartes avec quelques fidèles amis. Un soir, deux Allemands firent irruption dans la salle et prirent possession du comptoir avec leur arrogance habituelle. »

Après un raclement de gorge, père intervint :

— Cher Maurice, j'ai eu l'incorrection de ne pas t'avoir présenté la charmante amie de mes fils : Eva.

— Enchanté, Mademoiselle, fit le commissaire en lançant un coup d'œil furtif et intrigué en direction de mon père.

Eva esquissa un sourire teinté d'ironie un peu crispée.

— Elle est en vacances chez des amis de ses parents… elle vient de Dortmund, ajouta père en remplissant les verres de ses compagnons avec le plus de naturel possible.

— Ah ! lança le commissaire Sutter en levant la main. Je comprends… Excusez-moi, Mademoiselle, mais je préfère narrer les faits avec exactitude. En ces temps-là, l'Alsace était sous occupation allemande, et certains de vos compatriotes ne se conduisaient pas toujours de façon… disons chevaleresque.

Bon, je continue. Une heure plus tard, après force libations, l'un d'eux, bien éméché, chercha à nous provoquer et se mit à insulter la France et les Français. Malades de colère et d'humiliation, nous essayions de garder notre sang-froid, de feindre l'indifférence. Lui répondre nous aurait coûté très cher et c'était ce qu'il cherchait. Devant notre apparente passivité, il se mit à ridiculiser les Alsaciens et leurs coutumes. En voyant mes amis jeter leurs cartes avec des gestes brusques et de façon irréfléchie – eux qui pourtant étaient d'habiles joueurs – je compris qu'ils ne se dominaient plus qu'à grand-peine.

» Excité par notre calme, il continua de plus belle. Jamais, clamait-il, il n'avait vu de ville plus laide ni d'habitants plus stupides. Il ne comprenait pas comment ce fou de Barberousse avait pu avoir un faible pour ce « trou perdu ». Alors qu'il continuait d'alterner les chopes de bière et les verres de schnaps, ses paroles ne furent bientôt plus qu'un torrent confus d'injures destinées à l'ancien empereur, aux Haguenoviens en général et à nous en particulier.

» Son compagnon, qui jusqu'alors était resté relativement silencieux, se mit de la partie avec une incroyable grossièreté. C'en était de trop.

» Lentement nous nous levâmes, décidés à les corriger d'importance. Sans un mot nous nous approchâmes, les mains crispées, ne les quittant pas des yeux. Ils prirent peur, mais essayèrent encore de fanfaronner en nous menaçant de faire un rapport aux autorités, ce qui ne pouvait qu'être lourd de conséquences pour nous. Mais plus rien ne pouvait nous arrêter. Pris de panique, ils se ruèrent vers la porte en oubliant leurs manteaux et s'enfuirent dans la nuit glaciale. Après une rapide concertation du regard, nous nous lançâmes à leur poursuite.

» Au bout d'un quart d'heure de course effrénée à travers la ville, nous les perdîmes de vue. Il faut croire que l'alcool leur avait donné des ailes. Nous fîmes quelques recherches sans trop d'espoir, quand soudain, nous entendîmes un cri suivi d'un plongeon : quelqu'un venait de tomber dans l'eau glacée de la Moder ! En nous retournant, nous comprîmes ce qui s'était passé : ils avaient escaladé le sommet de l'arche de la tour des Pêcheurs en grimpant sur le mur qui longeait la rivière de l'autre côté de la berge. L'un d'eux y était parvenu, mais l'autre avait terminé son ascension… dans la Moder !

» Avant qu'il ne sombrât, nous eûmes le temps d'apercevoir ses mains se tendre en un geste d'appel désespéré. Nous n'entendîmes plus jamais parler de lui.

» La tour des Pêcheurs – j'explique ceci pour Eva, puisque vous autres la connaissez –, située sur la rive droite, est reliée à mi-hauteur au mur longeant l'autre rive, par une arche surmontée d'un petit toit très pentu sur toute sa longueur.

» Le rescapé, l'Allemand qui avait passé sa soirée à nous insulter, s'était assis à califourchon sur le haut de l'arche. Certes, sa position était inconfortable et dangereuse, mais elle offrait un avantage stratégique : du côté de la tour, il était impossible d'y accéder ; prendre le chemin qu'ils avaient utilisé comportait des risques, et le moindre accrochage avec le fugitif aurait eu pour épilogue un bain mortel dans les eaux noires et glacées de la Moder.

» Il n'était pas question de le laisser s'échapper. Nous optâmes pour une tactique, peut-être longue, mais raisonnable : faire le siège des deux côtés du pont, et avant l'aube, le froid le forcerait certainement à redescendre et à nous présenter, de gré ou de force, ses plus plates excuses. Nous nous divisâmes en deux groupes : l'un remonta la rivière par la rive droite pour traverser le pont – afin d'arriver de l'autre côté de l'arche et d'y monter la garde. L'autre resta près de la tour.

» Une brume opaque s'était levée, et, après une heure de surveillance, nous n'arrivions plus qu'à grand-peine à distinguer la silhouette de l'Allemand. Vers 2 heures du matin, un cri d'agonie déchira le silence nocturne. Il semblait provenir de l'arche. Mais le brouillard, qui enveloppait maintenant la partie haute de l'ouvrage de sa masse cotonneuse, nous empêcha de distinguer quoi que ce soit. Intrigués, nous décidâmes de jeter un coup d'œil là-haut.

Le commissaire s'absorba dans un long silence avant de continuer avec un sourire méphistophélique :

— Je pense que vous devinez la suite…

— Vous l'avez retrouvé tué à coups d'épée ! tressaillit Eva en se crispant sur sa chaise.

— En effet, nous le trouvâmes disloqué comme un pantin sur le toit de l'arche, le crâne presque fendu en deux… horrible ! Je ne peux pas affirmer que l'arme utilisée par l'assassin était une épée, mais il s'agissait certainement d'un instrument lourd et tranchant. Cependant, la chose la plus extraordinaire de cette histoire est la méthode utilisée par le meurtrier pour commettre son méfait.

» Je puis vous assurer que lorsque nous avions commencé notre surveillance il n'y avait personne sur le pont, à part la victime, bien entendu. Et personne, non plus, n'a pu y accéder tant que nous montions la garde à la base des deux côtés de l'arche.

» Ce meurtre est absolument incompréhensible. Par la suite, avec mes amis, nous en avons souvent discuté, sans jamais trouver une solution satisfaisante.

— N'y a-t-il pas d'habitation à proximité de la tour des Pêcheurs ? s'enquit Eva d'un ton dubitatif.

— Vous pensez à un stratagème acrobatique à partir d'une fenêtre voisine, par exemple ? riposta le commissaire avec un soupir chargé d'ironie. Notre surveillance était trop attentive pour songer à une explication de ce genre.

— Et qu'avez-vous fait du corps ? demanda Marie qui avait pâli.

— Très bonne question, fit observer le commissaire Sutter. Bien sûr, il était exclu que nous ébruitions cette affaire, et il fallait se débarrasser du cadavre au plus vite. Donc trouver un lieu isolé, mais pas trop éloigné non plus. Essayez de deviner !

— La petite masure ! fit François, terrifié.

— Exact ! Il est enterré à gauche de la porte. Et très profondément, je vous prie de me croire.

Je compris alors l'étrange malaise qui me prenait auprès de cette construction.

— Un peu d'air frais ne pourrait pas nous faire de mal, suggéra père en se dirigeant vers la fenêtre.

Lorsqu'il tira les rideaux, l'éclairage de la pièce se modifia sensiblement : la lumière vacillante des bougies fut balayée par la clarté livide de la lune qui envahit le salon.

— Maintenant, jeunes gens, écoutez-moi bien, dit le commissaire d'une voix forte. (Son visage blafard dans la lumière lunaire prit une expression sévère.) En ma qualité de commissaire de police, je suis régulièrement confronté à de mystérieuses affaires… mais on trouve toujours une explication. Ces meurtres, en revanche, sortent de l'ordinaire. Voyez-vous, j'ai passé des années à étudier ceux-ci, à recueillir divers témoignages, à fouiller les bibliothèques, à faire des recoupements et à en discuter avec des personnes qualifiées. Jamais une solution rationnelle ne put être avancée. Il ne faut pas oublier, non plus, qu'il y a probablement eu d'autres crimes, dont nous n'avons pas eu connaissance, et je ne pense pas que nous éluciderons tout cela ce soir.

» Tout ce que l'on peut dire, c'est que quiconque se moque de Barberousse ou s'en prend à la ville, périt dans des circonstances atroces et impossibles.

Après un silence glacé, il reprit d'une voix basse, lentement, mais avec une autorité accrue :

— Ce que je vous suggère, et dans votre propre intérêt, c'est d'arrêter vos jeux se rapportant à Barberousse et d'éviter aussi la petite masure. N'allez pas au-devant d'un nouveau drame… J'espère qu'il n'est pas trop tard.

La vive inquiétude qui se lisait sur les visages de Marie, Jean et François ne semblait pas affecter Eva qui affichait un singulier, un indéfinissable sourire.

Elle ignorait qu'il ne lui restait plus que quelques jours à vivre…

5

Durant les deux semaines qui suivirent, un changement de caractère s'était opéré chez Jean et François : leur bonne humeur et leur calme avaient fait place à une étrange nervosité. Leur comportement était parfois même franchement agressif. Mais cela ne nous empêchait pas de jouer ensemble, pratiquement tous les jours, en évitant toutefois de nous approcher de la maison abandonnée.

Eva, elle aussi, avait changé. Elle était devenue sournoise, ironique, et la plupart de ses paroles n'étaient que des allusions – auxquelles je ne comprenais rien – destinées à mon frère et à François.

Un soir, alors que nous la raccompagnions, Eva, d'une voix enrouée – elle avait pris froid la veille après une baignade prolongée –, nous fit une singulière confidence :

— Je crois savoir comment ces meurtres ont été perpétrés ! Je n'en suis pas sûre, mais je pense que demain je serai fixée… *après l'expérience que je vais tenter.*

— Eva ! hurla Jean, de quoi parles-tu ? Que…

La jeune Allemande lui mit un doigt sur la bouche pour le faire taire.

— Ne me posez pas de questions pour le moment, mais si vous voulez m'aider et en savoir davantage, soyez demain à la masure vers 14 heures.

— La masure ! s'écria Marie d'un air horrifié, mais tu sais bien que… et de toute façon nous avons prévu de…

Eva l'interrompit sèchement :

— Je vous demande seulement de passer à la masure à cette heure-ci, je ne vous retiendrai pas longtemps.

Elle tourna les talons et nous laissa plantés là !

Le jour suivant, alors que Marie et moi avions prévu de préparer un jeu de piste en forêt, Jean et François manifestèrent un subit besoin de solitude. Mon frère projetait de pêcher dans la Moder et François avait opté pour une chasse à l'arc dans les bois.

Vers 13 heures, chacun s'activait à ses préparatifs : François taillait des flèches et réglait la corde de l'arc, Jean préparait calmement ses cannes à pêche et Marie remplissait allégrement un énorme sac à dos en toile avec une quantité d'objets – absolument indispensables au jeu de piste, disait-elle. Je transpirai d'avance à l'idée de devoir trimbaler pareil fardeau jusqu'à notre cabane. Nous n'étions pas très loquaces, et je ne savais pas si c'était l'accablante chaleur qui s'était abattue sur la ville ou les étranges propos d'Eva qui en étaient responsables.

Il était 13 h 45 lorsque nous arrivâmes au lieu de rendez-vous. Un soleil étincelant, dans le ciel bleu, dardait ses rayons sur la plaine, et seule la masse informe et grisâtre de la masure offrait un peu d'ombre dans ce flamboiement. Une vingtaine de mètres séparaient la maison d'une jeune femme assise sur l'herbe, immobile. L'angélique sourire qui flottait sur ses lèvres ne nous était pas destiné : il s'adressait à Marius Wencker, un artiste local renommé, qui se dépêchait de le reproduire avant qu'il ne se transformât en grimace.

— Hâtez-vous, jeunes gens ! nous lança-t-il avec un regard complice de derrière son chevalet. La princesse vous attend !

La céleste créature ne nous accorda même pas un regard lorsque nous la croisâmes. Le tableau que peignait l'artiste passait avant toute autre considération.

Quand nous parvînmes à l'entrée de la masure, la vieille porte en bois s'ouvrit brusquement et Eva nous apparut, étrangement vêtue. Elle était affublée d'un long manteau noir et d'un hideux petit chapeau de même couleur, duquel s'échappaient ses longues mèches dorées. Un tel accoutrement, par cette chaleur torride, était pour le moins insolite.

— Venez, dit-elle de sa voix rauque, il fait bien plus frais à l'intérieur, mais… (Ses yeux s'arrondirent à la vue de l'arc.) Que veux-tu faire avec cette arme, François ? (Elle eut un petit rire nerveux.) C'est pour une chasse aux fantômes ? Bon, suivez-moi.

Nous montâmes dans la pièce du haut. Rien n'avait changé, elle était comme nous l'avions laissée, mais sur le coffre il y avait une vieille valise en cuir, de taille moyenne.

— Le contenu de cette valise, dit-elle en tapotant de la main l'objet en question, vous aidera à comprendre la… stupéfiante explication des meurtres de Barberousse.

— Alors tu es sûre de connaître le fin mot de cette malédiction ? demanda Jean, fasciné.

Elle prit la valise et se plaça devant l'ouverture de la fenêtre. Le contre-jour masquait ses traits et, dans cette sombre défroque qui se détachait sur un fond d'éclatante lumière, elle ressemblait à une sorcière. Cette impression fut encore accentuée par sa voix cassée :

— Oui, j'en suis certaine. Bien sûr, il m'est difficile d'apporter des preuves, mais je pense que pour bien saisir cette énigme… Au fait, qu'avez-vous prévu pour cet après-midi ?

Alors que nous lui exposions chacun notre programme, ses paupières se plissèrent et une indéfinissable lueur traversa son regard.

À quoi pouvait-elle bien penser à cet instant ? Étaient-ce nos propos — pourtant bien anodins – qui venaient de lui suggérer une idée ? Personne n'aurait pu le dire.

Elle ôta son chapeau d'un geste lent.

— Bien, fit-elle en chassant d'un coup de tête une mèche qui lui barrait le visage, il me reste à faire une chose qui pourrait être dangereuse si… mais de toute façon il faut que je sois seule. Pouvez-vous me rejoindre ici, disons vers 16 heures ?

Nous hochâmes la tête affirmativement, abasourdis par ces mystérieuses paroles.

Ce fut Marie qui rompit le pesant silence :

— Eva, implora-t-elle, pour l'amour du ciel, laisse tomber tout cela ! Aurais-tu oublié ce qui est arrivé aux personnes qui…

— Non, je n'ai rien oublié.

Après avoir soumis Marie à un long examen silencieux, elle braqua son regard sur le coffre.

Jean, sans mot dire, souleva le couvercle pour le refermer presque aussitôt. Il se coucha ensuite par terre afin d'inspecter le dessous du lit.

Intrigués, François et moi fîmes les même gestes que lui, puis nous nous relevâmes tous les trois.

Jean haussa les épaules et grommela entre ses dents :

— Pas de Barberousse dans le secteur ! Nous pouvons partir l'esprit relativement tranquille. Eva, je ne sais pas ce que tu mijotes, mais j'espère que tu sais ce que tu fais.

Il se dirigea vers l'escalier.

Nous prîmes congé d'Eva et descendîmes la volée de marches menant au rez-de-chaussée, consternés par son comportement insolite.

Elle nous accompagna jusqu'à la porte, et avant de la refermer elle nous dit d'un ton solennel :

— D'ici deux heures, cette tragique énigme sera éclaircie… *à moins que la mort n'intervienne !*

Personne ne répondit à ce que nous croyions être de l'humour noir du plus mauvais goût. Certes, nous avions encore en tête la mise en garde du commissaire Sutter, mais il était exclu que cette malédiction s'abatte sur nous… Cela n'arrive qu'aux autres.

Jean, son matériel de pêche à la main, s'éloigna d'un pas nonchalant en longeant la rivière. Marie, François et moi prîmes la direction opposée, pour atteindre le pont le plus proche qui nous permettrait de traverser le cours d'eau, afin de gagner la forêt.

Quand la Moder fut franchie, je jetai un coup d'œil par-dessus mon épaule dans l'espoir de surprendre, à travers la fenêtre, Eva dans ses manigances. Peut-être la verrai-je déballer le contenu de sa mystérieuse valise ?

Mais à part Marius Wencker qui, inspiré par son modèle et l'éblouissant décor, peignait fébrilement, il n'y avait pas âme qui vive dans mon champ visuel.

En dépit de l'accablante chaleur, je frissonnai soudain, saisi d'une sombre appréhension.

François s'en aperçut et me souffla :

— Ne te pose pas trop de questions, Étienne, bientôt nous serons fixés.

— Alors tu crois qu'Eva a réussi là où le commissaire Sutter a tâtonné en vain durant des années ?

— Non, je n'ai pas dit cela. Mais ce n'est pas la peine de se mettre martel en tête, laissons venir les choses. Bon, hâtons-nous, je n'ai pas envie de rentrer bredouille, j'ai une réputation d'habile chasseur à défendre, dit-il en bombant le torse et en tendant son arc d'un air conquérant.

— Allez, dépêche-toi, Étienne, fulmina Marie en fronçant les sourcils d'un air qui se voulait menaçant. C'est vrai, tu traînes !

— J'espère que tu plaisantes ! Tu as vu la charge que j'ai sur le dos ? On dirait que tu as mis du plomb dans ce maudit sac ! protestai-je en lui décochant un regard furibond. D'ailleurs, nous n'aurons même pas le temps de nous servir de tout ce bazar. On ne prépare pas un jeu de piste en cinq minutes !

— Mais si, fainéant, on pourra toujours placer quelques panneaux fléchés. Allons, mulet, au trot, au trot !

Alors que François riait en se tenant les côtes, une fureur noire me gagna. Mais je réussis tout de même à ne pas répondre à ses railleries.

Un quart d'heure plus tard, à l'orée des bois François nous quitta.

— Je crois que je vais chasser de ce côté-ci, dit-il en indiquant le nord, à plus tard.

À 14 h 45 nous atteignîmes la cabane. Exténué et ruisselant de sueur, je me débarrassai de mon paquetage et m'engouffrai dans la hutte afin de m'y reposer.

Après avoir extrait quelques panneaux du sac, Marie glissa sa tête dans l'entrée de la cabane et me dit d'un ton compatissant :

— Relaxe-toi, je vais juste poser ces panneaux et repérer les lieux.

— D'accord, soufflai-je, éreinté, mais dépêche-toi ! N'oublie pas que nous devons être de retour à 16 heures.

Elle s'éclipsa en sifflotant joyeusement. Comment aurait-elle alors pu deviner l'affreuse tragédie qui allait suivre…

Un quart d'heure après, elle était de retour.

— Alors, cher ami ! claironna-t-elle, êtes-vous prêt ?

Ses joues étaient empourprées et sa voix trahissait une excitation, certainement due aux surprenantes révélations promises par Eva.

— Oui, haletai-je, allons-y.

Comme je me dirigeai vers le sentier, Marie me rappela :

— Étienne, je crois que tu oublies quelque chose ! (Elle fixait le sac à dos, puis m'envoya un sourire narquois.) On ne va pas laisser le matériel ici, avec tous ces rôdeurs… Et ne prends pas cette mine abattue ! Ah ! si j'étais un homme…

Je faillis m'évanouir, mais je pris mon courage à deux mains et hissai le sac sur mon dos en lâchant un profond soupir.

Fière de l'autorité qu'elle exerçait sur ma personne – il faut reconnaître à sa décharge que, depuis que nous avions fait la connaissance d'Eva, son influence sur Jean et François avait disparu –, Marie me tourna le dos et s'éloigna en gambadant.

Je lui emboîtai le pas en grommelant.

Lorsque nous aperçûmes la masure, Marie pressa l'allure sans tenir compte de mon état : je suais sang et eau. Un peu plus tard, elle s'immobilisa et mit sa main en visière pour se protéger du soleil. Elle fixait la fenêtre de la maisonnette.

Elle secoua la tête négativement et, inquiète, elle lâcha :

— Je ne vois personne… Je me demande si la demoiselle Eva ne nous fait pas marcher !

Nous traversâmes le pont et nous dirigeâmes à pas lents vers la vieille bâtisse. Marius Wencker était toujours en train de peindre.

Le souffle court et la gorge nouée, je fis remarquer à Marie :

— Je crois que nous sommes les premiers…

— Certainement… (Elle consulta sa montre.) Il est exactement 15 h 55. J'aurais parié qu'à cette heure-ci, Jean et François… mais peut-être sont-ils déjà à l'intérieur… et pourquoi Eva ne se montre-t-elle pas ?…

Soudainement inquiète, Marie se précipita vers l'entrée de la masure.

Son action fut si brusque que le modèle cessa de poser pour la suivre du regard et le peintre, intrigué, lâcha ses pinceaux.

Alors qu'elle pénétrait en trombe dans la maisonnette, un horrible pressentiment m'oppressa. Incapable du moindre mouvement, je restai sur place en me demandant ce que je devais faire…

Je sortis un mouchoir de ma poche pour éponger mon front ruisselant de sueur, lorsqu'un cri terrifiant s'échappa de la masure.

J'entendis alors une petite voix intérieure me souffler : *Eva… assassinée… épée… Barberousse…*

Puis je vis Marie, les yeux agrandis par la terreur sortir de la masure en hurlant comme une folle. Elle courait droit devant elle, aveuglément.

Accablé par la fatigue, la chaleur et les événements je réussis néanmoins à garder mon calme.

— *Monsieur Wencker!* hurlai-je, *Marie, rattrapez-la.*

Puis je me ruai vers la maisonnette, gravis en toute hâte l'escalier et découvris ce que je craignais : une forme noirâtre transpercée par une épée était étendue sur le lit. Près de la fenêtre, l'étrange valise, ouverte reposait sur le sol. Mais, évidemment, elle était vide.

Je suppliai le ciel pour que cette hideuse vision ne fût qu'un cauchemar. « *Pas de panique, Étienne, pas de panique…* » me dis-je.

J'entendis des pas précipités dans l'escalier. Le visages anxieux de Jean et François apparurent.

— Mon Dieu, dit mon frère d'une voix basse et chevrotante, *Il* a encore frappé ! C'est terrible…

Le cadavre d'Eva, allongé sur le ventre, était bizarrement recroquevillé : on pouvait croire qu'avant de périr sous les coups de l'agresseur, elle s'était ramassée sur elle-même pour se protéger.

François, silencieux, se dirigea vers le corps et se pencha pour le retourner. Mais soudain, les traits convulsés par l'horreur et le dégoût, il lâcha la morte et marcha à reculons. Mon frère laissa tomber son matériel de pêche et se mit à vomir.

Quant à moi, je compris que mes rêves allaient être à jamais hantés par cet atroce spectacle : sur le visage livide de la morte, les deux globes oculaires, sanguinolents, semblaient vouloir sortir de leur orbite. *On lui avait crevé les yeux.*

Marius Wencker, qui nous avait alors rejoints, prit la direction des opérations : personne ne devait toucher à quoi que ce soit, et François fut chargé de raccompagner sa sœur et de prévenir la police.

Une demi-heure plus tard, le commissaire Sutter, escorté de quelques policiers, arriva sur les lieux. Il y avait aussi père et Léonard, François, Marie et un petit homme que je ne connaissais pas, mais qui était sans doute le médecin légiste.

Ce dernier, après avoir examiné le corps, fut formel sur la nature et l'heure de l'assassinat : Eva avait été tuée d'un coup d'épée dans le dos à 15 heures, ni dix minutes de plus ni dix de moins. Il parla aussi des yeux crevés et de la position bizarre du corps.

Puis il y eut le témoignage du peintre et de son modèle : Eva était arrivée à 13h30, étrangement vêtue et une valise à la main. Les jeunes (c'est-à-dire nous) étaient venus à 13h45 pour repartir un quart d'heure plus tard. Et dès cet instant et jusqu'à notre retour aux environs de 16 heures, personne, absolument personne, ne s'était approché de la masure. Après notre départ, à 14 heures, quelques enfants s'étaient amusés près de la rivière et avaient lancé des cailloux dans l'eau, mais ils étaient au moins à une centaine de mètres de la masure.

— Bien, fit le commissaire, tout cela me semble clair. Le meurtrier a dû grimper le long du mur pour gagner l'unique fenêtre du petit bâtiment. Évidemment, il a dû faire un détour, venir de la forêt et prendre un bain dans la Moder pour accéder à la partie arrière de la maisonnette, mais comme vous vous trouviez du côté opposé, vous n'avez pas pu le voir dans ses acrobaties.

La jeune femme et le peintre acquiescèrent, sans trop de conviction.

Le commissaire ordonna ensuite à deux de ses hommes de vérifier le bien-fondé de son hypothèse.

— Mais, monsieur Sutter, bredouilla Marie d'une voix timide, c'est certainement Barberousse qui…

— Silence ! vociféra-t-il, le teint violacé. Je vous avais prévenus ! Et voilà le résultat ! (Il lança un regard furibond vers père.) Au fait, pendant que nous y sommes, donnez-moi donc votre emploi du temps vers 15 h.

François lui parla de sa chasse dans les bois, mais malheureusement, il n'avait pas réussi à attraper de gibier ce jour-là et ne put donc pas prouver la véracité de ses propos. Jean avait pêché trois cents mètres plus loin, et à l'heure du crime, des enfants, qui pourront d'ailleurs confirmer la chose, jouaient près de lui. Marie narra avec précision notre expédition dans les bois.

— L'arme du crime… l'épée, ajouta François, c'est celle avec laquelle nous nous amusions à… On l'avait trouvée dans le coffre…

— De mieux en mieux, fulmina le commissaire en s'épongeant le front du revers de la manche.

— Chef ! Chef ! s'écria l'un des policiers qui revenait en courant. Je crois que vous vous êtes mis le doigt dans l'œil avec votre histoire d'escalade ! Le pan de mur qui donne sur la rivière, là où il y a la fenêtre, est complètement recouvert de mousse. Il n'y a pas la moindre trace !

Une barque fut amenée et une dizaine de policiers examinèrent longuement le mur en question. Mais ils durent se rendre à l'évidence : seul un homme volant aurait pu atteindre la fenêtre !

— Monsieur Sutter, gémit Marie, les larmes aux yeux, vous voyez bien que seul le fantôme de Barbe…

Elle se mordit les lèvres, secouée de sanglots.

Pour toute réponse, le commissaire fusilla du regard Léonard, qui se cachait le visage des deux mains.

— Je ne vois plus qu'une seule solution, continua le policier d'une voix changée. L'assassin était dans la maisonnette avant l'arrivée d'Eva !

» Comment en est-il ressorti ? C'est enfantin : il a plongé de la fenêtre dans la rivière qui est assez profonde à cet endroit. Le bruit du plongeon a dû être couvert par les enfants qui lançaient des cailloux dans l'eau. Ensuite, il est parti droit devant lui en direction de la forêt. Comme vous vous en rendez compte, tout cela est extrêmement simple. Il doit certainement s'agir d'un fou échappé d'un asile. Je vais d'ailleurs immédiatement télépho…

— Commissaire, interrompit le peintre, je me permets de vous rappeler qu'à 15 heures, les enfants n'étaient plus dans le secteur. Ils étaient plus loin au nord, et si ma mémoire est bonne (il y avait une note d'ironie dans sa voix), l'un des jeunes gens vous a signalé leur présence à cette heure-ci.

— En effet, intervint Jean après s'être éclairci la voix, mais il serait plus simple de retrouver les enfants et de les interroger.

— Figurez vous, jeune homme, qu'on les recherche déjà, dit le commissaire d'une voix maîtrisée mais qui menaçait d'exploser. Ne serait-ce que pour confirmer votre alibi !

— Attendez, monsieur Sutter, je n'ai pas fini. Il y a un détail qui infirme totalement votre hypothèse ! Avant de quitter la masure à 14 heures, nous avons inspecté les deux seuls endroits qui auraient pu cacher le meurtrier, à savoir le coffre et le dessous du lit. Il n'y avait personne !

» Eva voulait faire une expérience – nous n'avons absolument aucune idée de sa nature – afin de confirmer l'explication des meurtres de Barberousse qu'elle prétendait avoir trouvée. La valise qu'elle avait emportée contenait des preuves… mais elle ne l'a pas ouverte devant nous.

» Et maintenant, fit Jean en baissant la tête, la valise est vide et Eva n'est plus ! Assassinée dans des circonstances impossibles ! Mon Dieu, commissaire, pourquoi n'avons-nous pas écouté vos recommandations…

Le policier, dont le visage virait au vert, ne répondit pas.

Plus tard, les enfants furent interrogés, et leur témoignage confirma plus ou moins les dires du peintre et de Jean : de 14 heures à 14 h 30, ils avaient joué près de la masure, et aux alentours de 15 heures ils avaient aperçu Jean en train de pêcher, mais ils n'avaient pas fait très attention à l'heure.

Le commissaire Sutter essaya alors de se rabattre sur le peintre Marius et son modèle. Cette hypothèse, qui impliquait une complicité de leur part, était difficilement soutenable : l'artiste ne connaissait la jeune femme que depuis la veille, et pourquoi – s'ils étaient coupables – auraient-ils déclaré que personne ne s'était approché de la masure ?

Ce drame, malgré ses extraordinaires circonstances n'eut pas le retentissement qu'il aurait dû avoir. Le commissaire Sutter y était certainement pour quelque chose.

Nous dûmes promettre à père et à Léonard, qui semblaient plus abattus que nous par la mort d'Eva, de ne plus jamais parler de cette histoire et des meurtres de Barberousse. Il n'était pas nécessaire d'être devin pour comprendre leurs craintes : ils ne voulaient pas que leurs enfants soient à leur tour victimes de cette malédiction.

6

— Admirable ! Admirable ! glousse le docteur Twist qui semblait s'être assoupi dans son fauteuil.

— Je ne pense pas que ce soit le terme approprié, fit Steve avec une légère gêne.

— Oh ! que si ! Ce récit est remarquable ! Non seulement il est précis, mais il met en valeur certains aspects psychologiques déterminants !

Cette pénible réminiscence et ce long monologue m'avaient noué la gorge. Je pris une large rasade de whisky avant de parler :

— Comme vous le constatez, cette histoire est absolument invraisemblable… Il m'arrive souvent de me demander si je n'ai pas rêvé tout cela.

— En effet, admit Steve. C'est tellement invraisemblable que j'hésite à… (Il me fixait avec un air désolé.) Vois-tu, Étienne, il faut regarder les choses en face : ces meurtres n'ont pas de solution rationnelle !

— Si ! Il y en a une ! déclara fermement le docteur twist. Et elle est bien plus simple que vous ne le pensez !

Un silence pesant s'abattit à la suite de cette déclaration, qui fit l'effet d'une bombe. Steve, ahuri, ne bougeait plus. Quant à moi, j'étais pétrifié.

— *Laquelle* ?… articulai-je péniblement.

Le Dr Twist extirpa un immense mouchoir blanc de sa poche, le déplia avec soin avant de se moucher consciencieusement. L'opération terminée, il répondit :

— Attention, entendons-nous bien : je n'ai pas encore résolu *toute* l'affaire. Je dis seulement que, pour moi, certains de ces crimes n'offrent plus le moindre mystère.

Steve eut soudain une illumination

— Ne dites rien, docteur Twist, je crois avoir compris. Barberousse a certainement donné, à l'un de ses descendants, l'ordre d'intervenir lorsque quelqu'un souillerait son nom. Et ceci s'est transmis de génération en génération. Je ne sais pas *comment* on a tué Eva Muller, mais je crois savoir *qui !*

Un sourire amusé passa dans les yeux bleus du détective :

— Dites toujours…

Steve se tourna brusquement vers moi et s'écria :

— Léonard Biechy ! Barberousse est certainement son ancêtre. N'a-t-il pas reconnu que l'un de ses aïeux avait enterré les cadavres des Suédois dans sa propre cave ! Je m'avance peut-être, mais je ne serais pas étonné de découvrir un certain nombre de squelettes dans le sous-sol de votre ancien voisin !

— Quel remarquable auteur de romans policiers vous eussiez fait, cher ami, fit observer le docteur Twist en ajustant son pince-nez. Mais nous ne sommes pas en plein roman et cette tragédie est bien réelle. Votre solution, certes séduisante, n'est pas la bonne.

Steve, les sourcils froncés, se leva et gagna la cheminée. Il attisa le feu à l'aide d'un soufflet et marmonna :

— Alors expliquez-vous, que diable !

Le docteur Twist répondit par une question :

— Monsieur Martin, désirez-vous retourner en France pour aider votre frère ?

— Oui, mais je ne pense pas pouvoir me libérer avant quelques semaines.

Les yeux fixés au plafond, l'éminent détective s'éclaircit la gorge à plusieurs reprises :

— Hm... Il est préférable, alors, que je ne vous dévoile pas... Vous comprenez, votre comportement serait différent, et certaines portes se refermeraient... Car vous voulez connaître la vérité, n'est-ce pas ?

— Plus que jamais, déclarai-je d'un ton catégorique.

— Parfait. Je suis actuellement occupé par une autre affaire, mais je compte bien par la suite vous rejoindre en Alsace. J'en profiterai pour rendre visite à l'un de mes amis qui... (Le Dr Twist s'arrêta un instant, pensif.) Il habite Mulhouse et, bien souvent, il m'avait parlé de la libération de sa ville en 1918... comme vous l'avez évoquée dans votre récit ! Quelle coïncidence, pour moi qui connais si peu de choses sur votre région ! Je m'en souviens très bien, car il y avait un détail qui m'avait frappé et... Enfin cela n'a pas d'importance.

» Vous ne m'avez pas parlé des gens qui hébergeaient Eva : ont-ils pu apporter quelques précisions sur l'étrange attitude de la jeune Allemande lors des deux jours qui précédèrent sa mort ?

— Pas que je sache. Ils étaient intrigués par le manteau et le chapeau qu'elle leur avait empruntés la veille, mais elle ne leur avait fait aucune confidence.

— Maintenant, j'ai une question assez importante à vous poser : n'avez-vous pas entendu, à cette époque, des bruits pendant votre sommeil ?

— Mais oui ! Je l'avais complètement oublié ! m'écriai-je avec étonnement. J'en avais parlé à mon frère et à mes amis. Marie, elle aussi, avait perçu ce qu'elle croyait être des glissements de pas, mais Jean et François n'avaient rien entendu. D'ailleurs, si ma mémoire est bonne, ces bruits ont cessé vers la fin du mois de juillet. *Mais comment avez-vous pu savoir cela ?*

— C'est l'évidence même, jeune homme, répondit le docteur Twist en sortant une grosse pipe en écume de mer de sa poche.

— J'aime autant te prévenir, Étienne, fit Steve en secouant énergiquement sa main, on va souffrir jusqu'à l'explication finale !

Le docteur Twist sourit, puis soupira :

— Si vous croyez que je veux vous faire tourner en bourrique… Enfin ! Voyez-vous, il ne faut pas être hypnotisé par le centre de la scène, là où se braquent tous les projecteurs, mais essayer de voir cette affaire sous un éclairage différent. Nous avons presque toutes les données… Ah ! Il y a toutefois un point qui me tracasse : pourquoi a-t-on crevé les yeux d'Eva ? Cette cruauté gratuite est vraiment très singulière… Avez-vous une suggestion, monsieur Martin ?

— Non, je ne vois pas, répondis-je en sentant un mal de tête me gagner. Mais n'est-ce pas insignifiant par rapport aux…

— Certes non ! coupa le docteur Twist qui semblait entièrement absorbé par le bourrage de sa pipe. Il y a une petite idée qui me trotte dans la tête, mais je n'arrive pas à la saisir. Savez-vous… (Il s'interrompit pour allumer sa pipe.) Oui, savez-vous si tous les personnages qui ont joué un rôle dans cette affaire sont encore en vie ?

— Mère et Octavie Biechy sont mortes la même année, il y a cinq ans. Quant au peintre et à la jeune femme, je ne saurais vous répondre.

— Et le commissaire Sutter ?

— Il a quitté la ville un an après la mort d'Eva. C'est tout ce que je sais à son sujet.

— C'est bien ce que je pensais, murmura le docteur Twist, visiblement satisfait de ma réponse. À propos, je suppose que l'épouse de votre frère est bien Marie Biechy ?

Tout en répondant par l'affirmative, je songeai à leurs enfants que je ne connaissais même pas.

— Reste François, reprit le docteur Twist qui avait fermé les yeux, certainement pour mieux se concentrer.

— Aux dernières nouvelles, il serait en France, mais pour peu de temps. Il est militaire de carrière.

— Docteur Twist, l'implora Steve, dites-nous au moins si nous sommes en présence d'*un* ou *plusieurs* assassins !

Avant de répondre, le détective exhala lentement plusieurs anneaux de fumée en direction du plafond.

— Un ou plusieurs assassins, répéta le docteur Twist en détachant ses mots. Si je vous disais qu'il n'y en a qu'un, vous penseriez assurément à un revenant. Et plusieurs ? Ah !... Non, franchement, je préfère me taire.

— Mais le meurtrier d'Eva ? m'exaspérai-je, étonné par la subite stridence de ma propre voix. Le connaissez-vous ?

— Non, finit par lâcher le docteur Twist avec un long soupir. J'ai pourtant l'impression d'avoir en main toutes les pièces du puzzle. Ce que je peux vous affirmer, c'est que l'assassin était une personne de votre entourage. (Il s'approcha de la cheminée et s'absorba dans la contemplation du feu.) L'enquête n'a pas abouti, mais elle a tout de même eu lieu ! On a quand même vérifié les alibis des personnes concernées !

J'allumai une cigarette en essayant d'ordonner mes pensées.

— Voyons, commençai-je, père se trouvait dans la remise, affairé à la construction de sa cage à perruches, ma mère lisait le journal à l'ombre de la vigne vierge qui protégeait la cour des ardeurs du soleil. Léonard travaillait dans sa bibliothèque et sa femme se reposait dans sa chambre.

» Il eût été difficile pour l'un d'eux de s'absenter un quart d'heure, mais pas impossible...

» L'alibi de Jean était solide, mais hélas ! les enfants se montrèrent assez imprécis sur les heures.

» En ce qui concerne François, c'est bien simple, personne n'a pu confirmer ses dires.

» Vers l'heure du crime, Marie posait les panneaux alors que moi je me reposais dans la cabane. Il eût été impossible pour l'un d'entre nous d'aller à la masure et d'en revenir en quinze minutes ! À moins, bien entendu, d'envisager une complicité de notre part.

— Avant de vérifier les alibis, intervint Steve, je pense qu'il serait préférable de trouver le stratagème utilisé par le meurtrier !

— Non, je ne le pense pas, déclara posément le Dr Twist. Ce n'est pas ce qu'il y a de plus mystérieux ! Je pourrais vous indiquer trois ou quatre façons différentes de commettre ce crime... Mais ce qui m'inquiète davantage, ce sont les yeux crevés de la victime. Pourquoi a-t-on fait cela ? *Pourquoi ?* J'ai le sentiment que lorsque ce point sera éclairci, nous saurons toute la vérité.

C'est sur ces étranges paroles que le docteur Twist prit congé de nous. Je vidai encore un ou deux verres avec Steve avant de le quitter.

En regagnant mon appartement, je constatai à quel point la personnalité du docteur Twist m'avait impressionné. Mais qu'il était donc agaçant dans sa façon de mener l'enquête !

7

Une semaine s'était écoulée depuis l'apparition du spectre d'Eva près de la cabine téléphonique. J'avais repris mon travail et mon patron m'avait accordé trois semaines de congé à partir de la mi-novembre. J'en informai mon frère par écrit.

Le tambourinement de la pluie sur les carreaux m'incitait à rester chez moi ce soir-là. D'abord assez maussade, à l'instar du temps, je fus ensuite saisi par ce vif et croissant sentiment d'irritation qu'éprouve le fumeur invétéré en constatant qu'il ne lui reste plus une seule cigarette. Tel un fauve affamé en quête de nourriture, je soumis tous les coins et recoins de mon appartement à une fouille fébrile et opiniâtre. En vain. Lorsque j'ouvris enfin le tiroir de ma table de chevet… je me sentis aussitôt gagné par une agréable sensation de bien-être. Il y avait bien un paquet de cigarettes, mais sur lequel étaient inscrits quelques chiffres par la plus charmante des personnes !

Frances Gale ! Comment avais-je pu l'oublier ?

Sans perdre de temps, je bondis vers le téléphone. Peu de temps après, j'entendais mon récepteur égrener les notes fraîches de sa voix ravissante. Je me présentai tout en lui demandant si elle se souvenait de moi.

— Quelle coïncidence ! répliqua-t-elle. Je me posais exactement la même question à votre endroit, et je me demandais si vous ne m'aviez pas oubliée…

— Vous oublier ? m'offusquai-je. Bien au contraire ! C'est d'ailleurs justement à ce sujet que je vous appelle… J'ai besoin de vous…

— *Besoin... de moi ?* répéta-t-elle, surprise.

— Besoin de vous voir, oui, car je suis toujours malade… Mon état de santé est encore très fragile et ne tient qu'à un fil… Il faut que je vous voie, que je vous parle…

— Vous parlez comme s'il s'agissait d'une question de vie ou de mort !

— C'est exactement cela, oui. Je parle bien du fil de la vie, que vous tenez entre vos mains, comme la terrible Parque Atropos… À propos, avez-vous déjà dîné ?

— Non, mais…

— Très bien. Alors vous accepterez mon invitation, vous me l'aviez d'ailleurs promis…

— Hm… Je suppose que je ne peux pas refuser…

— Difficilement. Un « non » serait comme un coup de ciseau net dans le fil fragile de mon état de santé, vous l'avez compris !

— Je n'ai donc pas le choix, fit-elle d'un ton résigné. Pouvez-vous passer me prendre vers 8 heures ?

Je répondis par l'affirmative, notai l'adresse qu'elle m'indiqua, raccrochai doucement le récepteur et me précipitai dans la salle de bains.

À 8 heures moins 5, un taxi me déposait à l'adresse de Frances Gale. Le bâtiment qui me faisait face était éclairé à presque tous les étages. C'était une construction massive, en briques rouges, et bien entretenue si l'on se référait à l'aspect du petit jardin adjacent. Quand le taxi s'ébranla et que le bruit du moteur s'estompa dans la nuit, je perçus quelques allègres notes de piano qui s'échappaient d'une fenêtre entrebâillée.

Je grimpai les quatre marches du perron, repérai le nom de mon ange, sonnai et attendis.

La musique cessa aussitôt et, peu de temps après, la porte s'ouvrit sur la charmante silhouette de Frances. Elle portait un ensemble bleu pâle et une petite cravate foncée sur son chemisier blanc.

— C'était vous l'artiste que je viens d'entendre ? commençai-je en m'armant de mon plus beau sourire.

— Oh ! je ne faisais que pianoter, dit-elle en passant sa main dans les cheveux, mais ne restez pas là, entrez donc !

— Ne mésestimez pas vos talents, répondis-je en m'avançant. Votre interprétation était parfaite, et je sais de quoi je parle puisque je joue également de cet instrument… Mais je n'ai pas votre doigté !

Son appartement était situé au deuxième étage. Elle me débarrassa de mon imperméable, m'introduisit dans le salon et me dit aimablement :

— Faites comme chez vous, Étienne, et surtout n'hésitez pas à vous mettre au piano si le cœur vous en dit. Je suis à vous dans quelques minutes.

Je parcourus la pièce du regard, charmé. La lumière diffuse d'un lampadaire en bois tourné éclairait le piano, l'élégante banquette au dessus de tapisserie et le confortable canapé recouvert d'un joli chintz à fleurs. Le même tissu se retrouvait en frais rideaux aux fenêtres. Entre ces dernières, au-dessus d'une petite console, luisait le reflet d'un miroir ancien. En face, quelques rayonnages chargés de livres avoisinaient un petit bureau. Une table en bois fruitier clair et trois chaises avec leur coussin complétaient l'ameublement. Un vieux tapis un peu fatigué, mais qui avait gardé ses chaudes couleurs, réchauffait le plancher ciré. Quelques plantes vertes, bien soignées, égayaient l'ensemble par l'éclat de leur feuillage.

Je m'approchai lentement de l'instrument de musique en le caressant des yeux. Comme attirées par un aimant, mes mains s'approchèrent des touches et, sur un tempo assez lent, se mirent à interpréter le doux et mélancolique *Somobody loves me* de Georges Gershwin.

En jetant un coup d'œil par-dessus mon épaule, je vis Frances s'avancer vers moi, me faisant signe de continuer. Elle s'assit à ma droite, sur la banquette, et plaqua quelques accords enrichis du meilleur effet. Rehaussé par nos jeux conjugués, le morceau se prolongea plusieurs longues minutes, dans une douce et belle harmonie, qui semblait préfigurer une entente dépassant le seul cadre musical. J'en fus un peu troublé, et Frances aussi, me sembla-t-il.

— Vraiment, vous jouez rudement bien, bredouillai-je maladroitement.

Elle contempla un instant ses mains fines, releva la tête et me sourit.

— Merci, je vous renvoie votre compliment. (Elle se leva brusquement.) Puis-je vous offrir un verre de porto ?

— Volontiers.

— Elle s'absenta un instant pour réapparaître presque aussitôt avec une carafe et deux verres sur un plateau. Nous trinquâmes à la santé des musiciens, sans trop nous attarder toutefois.

Une demi-heure plus tard, nous étions installés dans un restaurant au cadre agréable. Chaque table était séparée par un paravent de bambous afin de préserver une certaine intimité. Toutes les conditions étaient réunies pour passer une agréable soirée. La cuisine était excellente et, surtout, j'étais en charmante compagnie. Bien qu'attiré par sa beauté, je fus ravi de découvrir en Frances Gale une jeune fille simple, franche, aimant la musique et qui adorait la France. Je dus d'ailleurs passer un long moment à lui parler de mon pays et, naturellement, elle ne manqua pas de m'interroger sur les raisons de mon exil.

— À cause de Bismarck, répondis-je après une longue hésitation.

Bien que légitime et prévisible, sa question m'avait bizarrement embarrassé. Le temps avait fait son œuvre, car à présent les véritables raisons de mon départ se mêlaient confusément dans ma mémoire.

— De Bismarck ? répéta-t-elle, surprise. L'ancien homme d'État allemand ?

— Oui. Ou plus précisément de la guerre de 70 qui a opposé la France à la Prusse. Car c'est à cause d'elle que trois de mes grands-oncles, du côté de ma mère, ont finalement quitté le pays. Trois frères qui avaient sensiblement le même âge. Cette guerre, vous le savez, nous l'avions perdue et ce fut un grand drame pour notre pays, et surtout pour notre province, qui, elle, fut alors annexée par l'Allemagne. Pour mes grands-oncles, comme pour beaucoup de jeunes gens à cette époque, il était bien entendu exclu de subir l'oppression germanique. Dans un premier temps, ils partirent pour Paris, où ils travaillèrent comme apprentis cuisiniers dans un établissement renommé… En fait, de ces trois grands-oncles, je n'en ai connu qu'un seul, « l'oncle Albert », mon cher tonton Albert… Je devais avoir cinq ou six ans quand il est rentré d'Afrique du Sud. Je l'aimais beaucoup parce qu'il s'occupait de moi et j'étais sans doute son petit-neveu préféré. C'était en me faisant sauter sur ses genoux qu'il m'apprenait l'histoire de France… Mais je brûle les étapes. Donc mes trois grands-oncles étaient cuisiniers à Paris, à l'époque où notre capitale recevait souvent la visite de cette personnalité anglaise remarquée, francophile notoire, fils d'une certaine Victoria qui, bien installée sur son trône, semblait défier les années…

— Le roi Edouard VII !

— Oui, vous le savez bien, il aimait beaucoup notre cuisine, entre autres choses… En tout cas, plusieurs jeunes cuisiniers français l'ont suivi en Angleterre…

— Et vos trois grands-oncles en faisaient partie !

— Oui. Je sais que l'un est mort très jeune, qu'on n'a plus entendu parler du second, et que le troisième, « l'oncle Albert », a fini par accompagner le prince de Galles en Afrique du Sud, où il s'est finalement installé et y a même cherché de l'or. Il est retourné en Alsace, pour y passer ses vieux jours et n'a jamais été très loquace sur sa vie dans l'hémisphère sud. Je me souviens qu'à l'écoute d'une certaine mélodie, son regard se faisait lointain et triste… Comme il était resté célibataire, je diagnostique une histoire de femme là-dessous…

— Vous dites cela comme si toute la gent féminine était responsable de l'expérience malheureuse de votre oncle ! commenta Frances, espiègle. Et cet air de musique, n'était-ce pas par hasard celui que nous avons joué chez moi au piano ?

— Non, c'était *le Temps des cerises*… (J'observai un silence, puis repris :) Était-elle anglaise ? Ou sud-africaine… Il ne l'a jamais dit et a emporté son secret dans sa tombe, très peu de temps après mon départ, d'ailleurs. Je pense toujours à lui avec un peu de tristesse. C'était un homme charmant, d'une grande sensibilité, auquel, paraît-il, je ressemble beaucoup…

— Pour la modestie, je suppose que vous n'avez pas hérité grand-chose de lui ! plaisanta Frances.

— Oh ! vous savez, je ne sais pas si la sensibilité est une vertu…

— Vous pensez qu'il faudrait la classer dans le rayon des défauts ? s'enquit-elle sur un ton plus grave.

— Je me le demande, répondis-je après réflexion. J'ai l'impression qu'elle nous joue parfois de ces tours… Pour en revenir à ma ressemblance avec l'oncle Albert, j'étais trop jeune pour dire si elle était fondée ou non. Quoi qu'il en soit, c'est lui qui m'a fourni quelques bonnes adresses à Londres, où il n'avait d'ailleurs laissé que des amis, comme je pus m'en rendre compte. Ses lettres d'introduction pour différents établissements me furent précieuses.

Après un silence méditatif, Frances demanda :

— C'est donc lui qui vous a conseillé de partir pour l'Angleterre ?

J'allumai une cigarette en tentant de rassembler mes souvenirs. Je rendis un long filet de fumée, que je chassais aussitôt de la main, comme pour dissiper le léger mal de tête qui me prenait.

— Je pense qu'il m'a aidé à prendre ma décision. J'avais envie de changer d'air et… oui, je crois bien que c'est à cause de lui. J'avais toujours admiré le grand voyageur qu'il était. Mais maintenant que j'en parle, je me souviens bien de mon départ. Il était avec mes parents et mon frère sur le quai de la gare… Il ne pleurait pas, mais je le devinais profondément touché. Je n'oublierai jamais son regard… Il me regardait comme si… Oui, il devait sentir que nous ne nous reverrions plus et que son heure était proche… Il est mort l'année suivante. Mon cher tonton Albert, comme je l'aimais…

Il était presque minuit lorsque nous nous levâmes de table. Nous n'avions pas vu le temps passer. Afin de profiter de la présence de Frances, je lui offris de la raccompagner. Comme elle s'empressa d'accepter ma proposition alors que le temps ne se prêtait guère à une promenade nocturne, j'en conclus que ma compagnie ne lui était pas indifférente. Pour ne pas faire de détour important, nous empruntâmes quelques ruelles mal éclairées et peu fréquentées, et la terrible nuit de la semaine passée me revint à l'esprit.

Mais la douce voix de Frances dissipa aussitôt ces pénibles souvenirs :

— Étienne, il y a quelque chose qui ne va pas ?

— Ce n'est rien, dis-je en lui prenant le bras. Je pensais à cette vision que j'ai eue l'autre soir.

— À propos, continua-t-elle avec une sollicitude inquiète, vous ne m'avez pas encore donné les raisons qui vous ont amené à avoir cette horrible hallucination ! L'explication fournie par le médecin était bien simplette. Je suis sûre qu'il y a quelque chose de grave derrière tout cela !

— Vous avez raison, mais pour rien au monde, je ne voudrais terminer cette soirée sur une note sinistre !

— Alors si je comprends bien, ma présence ne vous a pas trop ennuyé ce soir ? ajouta-t-elle en se retournant vivement vers moi avec un sourire tellement irrésistible que je dus faire appel à tout mon sang-froid pour ne pas la prendre dans mes bras et l'embrasser.

— Au contraire, ce fut un plaisir ! affirmai-je en allumant une cigarette pour dissimuler mon trouble. D'ailleurs, j'espère bien vous revoir. Que faites-vous…

— Non ! coupa-t-elle péremptoirement. (Sa voix s'adoucit :) La prochaine fois, c'est moi qui vous inviterai ! Je tiens à vous montrer mes talents de cuisinière ! Oh !… J'oubliais votre métier ! J'espère que la critique ne sera pas trop sévère ! Mais nous voilà arrivés… Est-ce que dimanche soir vous conviendrait ?

— Parfaitement, répondis-je en pensant à l'insupportable attente que j'allais devoir endurer.

Elle dut deviner mes pensées, car elle ajouta malicieusement :

— Rien ne vous empêche de me passer un coup de fil entre-temps !

Frances me remercia pour la soirée, puis disparut derrière la porte après m'avoir adressé un petit signe de la main. Le cœur battant – de joie cette fois-ci –, je hélai un taxi.

Arrivé à destination, je laissai, dans mon euphorie, un large pourboire au chauffeur, qui dut douter de mon état mental, à en juger par sa mine ahurie.

Quatre jours plus tard, je me dirigeais à pas pressés vers l'appartement de Frances, avec une brassée des plus belles roses que j'avais pu trouver. Je lui avais téléphoné la veille, et elle m'avait confirmé son invitation.

Je gravis à la hâte les deux étages, frappai à la porte et attendis en me cachant derrière les fleurs.

Elle ne fut pas longue à se manifester :

— Oh ! Étienne ! s'exclama-t-elle, rose de plaisir. Comme elles sont belles ! C'est une folie, mais venez, entrez.

Elle courut chercher une vase assez grand pour les contenir. J'eus à peine le temps d'admirer, en connaisseur, la table dressée avec un goût très sûr : nappe et serviettes brodées blanc sur blanc, cristaux et porcelaines fines, argenterie ancienne pour les couverts, et deux fins bougeoirs encadrant un discret arrangement floral, que déjà elle était de retour. Je l'aidai à placer les roses sur la console devant le miroir. On ne pouvait les mettre mieux en valeur. Frances les contempla, ravie, puis s'éclipsa.

Les bougies des appliques du piano étaient allumées. Elles éclairaient une partition d'un des mes compositeurs préférés. J'entendis la voix de Frances claironner :

— Du xérès pour monsieur Gershwin ?

— Oui, mais je ne l'ai pas mérité ! Et vous, que désirez-vous ? repartis-je en m'installant au piano. Valse ? Boléro ? Tango ?

Après un instant de silence, une voix feutrée me susurra dans le dos :

— Musique d'ambiance…

Nous nous mîmes à rire de si bon cœur, qu'elle faillit lâcher le plateau de toasts et le verre de xérès qu'elle avait ramenés.

— On a frôlé la catastrophe ! m'écriai-je en fixant le plateau qui chancelait encore sur sa main. Mais vous avez dû prendre un temps fou à préparer tout cela ! Il n'y a pas deux toasts semblables !

— Vous ne vous imaginez tout de même pas que j'allais me ridiculiser devant un chef ! répliqua-t-elle en élevant fièrement le menton.

Quand le plateau fut vide, nous passâmes à table. Ce dîner aux chandelles fut parfait. La cuisine fine et délicate, l'excellent bordeaux qui l'accompagnait et la gaieté contagieuse de Frances me plongèrent dans une douce béatitude. Mon exquise hôtesse semblait heureuse, elle aussi.

Un peu plus tard, le repas terminé, nous étions installés sur le canapé en train de parcourir un album de photos.

— Me voilà à 12 ans, dit-elle en me montrant une ravissante jeune fille qui se tenait près de l'entrée d'une tente.

— Et le grand bêta au sac à dos qui vous dévore du regard, qui est-ce ?

— L'un de mes nombreux soupirants, déclara-t-elle avec une voix teintée d'un soupçon d'ironie.

— Ça se voit à dix kilomètres, fulminai-je en tournant rapidement la page. Tiens ! Un bal masqué ! Je vous cherche, mais je ne vous vois pas !

— L'habit ne fait pas le moine !

— Oui, surtout lors d'un bal masqué… Ah ! J'y suis ! Ce Robin des bois est beaucoup trop petit pour être un homme !

— Comme vous êtes perspicace ! Et là ? demanda-t-elle en indiquant deux jeunes filles qui pêchaient à proximité d'un vieux moulin à eau.

— La photo n'est pas très nette, mais je pencherai pour la silhouette de droite… qui est la plus séduisante des deux !

— Bravo ! Bravo Sherlock Holmes !

— Gershwin, Sherlock Holmes, qui suis-je encore ?

— Roméo, répondit-elle avec douceur en penchant sa tête sur le dossier du canapé.

Une lueur tendre brillait dans ses beaux yeux couleur noisette. Le vieux bordeaux aidant, je m'enhardis et la pris dans mes bras. J'osai l'embrasser, elle ne me repoussa pas, mais me rendit mes baisers, timidement, puis passionnément. Je compris avec une joie indicible qu'elle partageait mes sentiments.

Nous restâmes longtemps enlacés, et ce n'est que bien plus tard qu'elle se redressa et se recoiffa. Elle s'absenta un moment, puis revint avec deux whiskies bien tassés.

— Ah ! Vous vous mettez au whisky ?

— Oui, répondit-elle en me tendant mon verre. Mais uniquement pour les grandes occasions. Et aujourd'hui, c'en est une. Non ! Ne vous levez pas ! Restez bien confortablement assis et regardez-moi en photo (elle me posa l'album sur les genoux) pendant que je vous joue un petit air de musique.

Un agréable bien-être m'engourdissait peu à peu. La présence de celle que j'aimais et la douce mélodie qui me berçait me firent croire à un rêve, à un bonheur encore jamais atteint.

Je pris l'album et feuilletais distraitement les pages. Seules les photos de Frances retenaient mon regard : lorsqu'elle était déguisée en Robin des bois, la pêche près du vieux moulin, la tente, une prise de vue où elle soufflait les bougies d'un immense gâteau…

Soudain, une impression de chaleur suffocante me gagna. Ma vue devint trouble, les sons de la douce musique se transformèrent en bruits sourds et lointains. Un mal de tête se manifesta si brutalement que je crus mes tempes sur le point d'éclater.

Étaient-ce ces photos qui me bouleversaient ainsi ?

Je les considérai alors attentivement, mais je ne voyais plus rien… sinon une brume jaunâtre qui s'estompait lentement pour faire place à un soleil… Un soleil brûlant… un soleil de plomb… un soleil écarlate… Il fait chaud… Il fait très chaud… L'air est irrespirable…

— Étienne ?

Pourquoi suis-je dans ce désert ?... Tiens ! Mais je ne suis pas seul !... Il y a Jean... et François... et aussi Marie... Pourquoi sont-ils ici ?

— Étienne !

Jean et François ont disparu… Marie marche devant moi… Je la suis de très près pour ne pas la perdre… La chaleur est accablante… Je suis en nage…

— Étienne ! Vous êtes tout pâle… Et pourquoi ne me répondez-vous pas ?

Marie ne marche plus… elle court… elle s'engouffre dans une vieille petite maison… puis elle en ressort en hurlant…

— Étienne ! Étienne ! ÉTIENNE !

Un éclair d'une intensité inouïe m'agressa si soudainement que je fus pris de convulsions et… d'horreur ! En un court instant, toute la vérité m'apparut… et me glaça d'effroi ! Je savais QUI était l'assassin et COMMENT il s'y était pris ! Mais pourquoi ne l'avais je pas compris plus tôt ? Tout était pourtant si simple, si logique !… Le vent soufflait au loin… Un vent violent… un vent qui balayait tout sur son passage… Une tempête ? Non, une trombe gigantesque… Tout tourbillonnait… Il y avait des ombres indistinctes… des visages livides… que je connaissais bien… père… Léonard… Marie… Jean… François… Eva et son rire moqueur… Le tourbillon se rapprochait… Au passage, il les happait tous, les uns après les autres… dans une dernière danse… une folle valse… les ténèbres… le néant…

Une main me soutenait la nuque et une autre me tamponnait le front avec une serviette humide et fraîche.

Le ravissant visage de Frances m'apparut.

— Étienne, mon pauvre chéri, je n'aurais jamais dû vous donner ce dernier whisky.

— Mon Dieu ! je ne m'en souviens même plus ! murmurai-je en prenant Frances dans mes bras. L'espace d'une seconde, j'ai tout compris… mais maintenant tout est comme avant…

— Mais de quoi parlez-vous ? demanda-t-elle avec de grands yeux inquiets qui ne demandaient qu'à m'aider.

— L'album ! Où est l'album ? fis-je en élevant la voix.

Sans mot dire, elle me le mit dans les mains d'un geste calme.

Je parcourus à plusieurs reprises toutes les feuilles et chaque photo fut soumise à un examen attentif… mais iI n'y eut pas de déclic dans ma mémoire. Pourtant, j'en étais sûr, l'une des prises de vue m'avait fait entrevoir la vérité… une vérité particulièrement laide.

— Étienne, commença Frances avec anxiété et gravité, ne croyez-vous pas qu'il serait préférable de m'expliquer tout cela ?

Je posai sa tête sur mon épaule et, après un long silence, je lui fis un bref résumé de l'assassinat d'Eva Muller, sans trop insister, toutefois, sur le côté macabre et mystérieux. Je lui parlai aussi de mon entrevue, chez Steve, avec le docteur Twist et de mon intention de retourner en Alsace d'ici quelques semaines.

Frances resta un certain temps à fixer le plafond. Une larme naquit au coin de son œil, puis glissa lentement le long de sa joue. Bouleversée, elle se blottit contre moi et me dit d'une voix entrecoupée de sanglots :

— Étienne, je vous en supplie, oubliez cette vieille histoire ! Je ne sais pas pourquoi, mais quelque chose me dit qu'il vous arrivera malheur si vous retournez chez vous pour remuer ce drame appartenant au passé.

— Oui… j'ai le même pressentiment. Mais je sais aussi que je ne pourrai pas mener une vie normale si je n'arrive pas à percer ce mystère. Dire qu'en une fraction de seconde (je jetai un coup d'œil sur l'album de photos) j'ai entrevu la vérité… Mais peu importe, l'affaire est en bonne main. Le Dr Twist m'a certifié que… (je pensai aux meurtres de Barberousse que j'avais passés sous silence) enfin il m'a fait plus ou moins comprendre que si je retournais en France, il pourrait y faire un saut et tenter d'élucider cette énigme.

Après avoir consulté ma montre, j'ajoutai :

— Il se fait tard et il vaudrait mieux que je songe à rentrer.

— Ah ! non ! Il n'en est pas question ! s'écria-t-elle fermement. Dans l'état où vous êtes, vous n'allez pas courir le risque de faire une rechute ! Souvenez-vous de ce qui vous est arrivé la semaine dernière ! Et le malaise que vous venez d'avoir ! Vous dormirez ici, sur le canapé… que je vais d'ailleurs vous préparer.

Je protestai poliment, mais sans trop insister. Quand le canapé fut prêt, elle me souhaita bonne nuit, tendrement, puis quitta le salon.

Je passai une nuit calme, sans rêve.

Le lendemain étant notre jour de congé, nous restâmes ensemble et chaque instant, chaque geste, avec Frances, prenait une autre dimension. La seule ombre au tableau fut notre séparation en soirée. Mais par la suite, nous nous revîmes pratiquement tous les jours.

Les semaines s'écoulaient et notre amour grandissait. Lorsque vint le mois de novembre, je lui proposai de m'accompagner en France. Malheureusement elle ne pouvait se libérer à la même date que moi. Cela lui fit beaucoup de peine, aussi lui fis-je une autre proposition : « À mon retour, nous ne nous quitterons plus, nous resterons toujours ensemble tant que nous vivrons, nous… »

Elle ne me laissa pas terminer ma phrase, elle se jeta dans mes bras en sanglotant.

Lorsque nous annonçâmes notre mariage à Steve, il nous félicita chaudement et se proposa immédiatement pour être témoin de notre union.

J'avais toutes les raisons du monde d'être l'homme le plus heureux de la terre. Mais il y avait ce voyage en Alsace, cette dernière étape avant le bonheur…

8

Installé dans un compartiment de première classe, je regardais le paysage qui, sous un ciel morne et couvert, défilait de l'autre côté de la vitre. Mais mon esprit voguait ailleurs. La gorge serrée, je revoyais mon embarquement à Douvres quelques heures plus tôt. Pénible et douloureux instant que celui d'un départ en bateau. L'attente dans les bâtiments de la douane… L'ultime étreinte… La passerelle qui s'élève du quai avec une exaspérante lenteur, comme pour mieux souligner la séparation… Et la mer, calme mais inexorable, qui vous éloigne de la côte et de votre bien-aimée, dont la silhouette s'efface peu à peu à l'horizon…

Avec effort, je détournai les yeux et consultai ma montre. Dans deux heures je serai à Strasbourg.

L'Alsace ! Père ! Jean et Marie !

Comment allais-je les retrouver après tant d'années ! Il y avait aussi Nathalie et Clémentine maintenant !

Pour calmer mon impatience, je me plongeai dans la lecture d'un journal acheté à la gare de l'Est, mais, incapable de me concentrer, je le déposai peu de temps après sur la banquette. J'allumai une énième cigarette, qui arracha à ma voisine une légère mais très éloquente quinte de toux. Je me levai et quittai le compartiment.

Dans le couloir, un voyageur entre deux âges tenta d'amorcer une conversation, mais il comprit vite que je n'étais pas d'humeur à discuter. Je trouvai refuge du côté du wagon-bar, où je commandai une bière. Installé à une table inoccupée, je m'interrogeai sur mon très étrange et peu sociable comportement à l'égard de mes semblables... Quel rustre je faisais ! Voilà douze ans que je n'avais pas revu mon pays, et je fuyais la compagnie de mes compatriotes comme s'ils étaient pestiférés ! Je devais véritablement être rongé par la nervosité, l'attente insupportable, qui ne faisaient évidemment qu'accroître à mesure que le temps s'écoulait.

Après avoir commandé une seconde bière, je fis un effort louable en échangeant quelques paroles avec le serveur. Puis je réintégrai mon compartiment, où je réussis finalement à m'endormir.

L'arrêt brutal du train me réveilla en sursaut. Je jetai un coup d'œil par la fenêtre : Strasbourg !

Je dus me hâter car la correspondance pour Haguenau partait dans dix minutes. Je sortis précipitamment, pris le passage souterrain pour changer de quai et m'installai dans le train qui allait me ramener chez moi. Lorsqu'il s'ébranla dans une secousse et un grincement d'essieu, je saisis enfin combien j'étais proche de ma ville natale. Je percevais maintenant des bribes de conversations en alsacien, et cela m'émut profondément.

Une demi-heure plus tard, le train ralentit, longea le parc et s'arrêta.

Haguenau !

Je me levai, ouvris la portière, sautai sur le quai et tendis mon billet au contrôleur. Il y avait peu de monde à cette heure-ci. Je sortis de la construction provisoire remplaçant l'ancienne gare, qui avait brûlé durant trois jours, fin 1944, pendant la première bataille de Haguenau.

Quelques lampadaires éclairaient les beaux arbres du parc et le kiosque à musique. Rien n'avait changé, ou si peu. Ému, la gorge serrée, je sentis monter comme en un rêve, la marée des souvenirs.

Que de promenades en ces lieux avec mes parents et mon frère Jean. En été, nous avions droit à un cornet de glace – ces sorbets blancs et roses vendus par des glaciers italiens. En hiver, nous attendions notre poche de marrons chauds, grillés devant nous dans une locomotive miniature astiquée avec amour, brillante de tous ses cuivres. On se brûlait un peu les doigts, mais Dieu que c'était bon ! Pendant la belle saison, les concerts en plein air sous le kiosque me faisaient rêver au jour où, moi aussi je pourrai jouer d'un de ces instruments brillants comme de l'or.

Et puis il y eut ce jour, douze ans plus tôt, où quittant les miens, je remplissais avidement mes yeux, embués de larmes difficilement contenues, des dernières images de la terre de mon enfance et des visages de ceux que j'aimais.

J'avais informé Jean de mon retour, mais sans avancer de date précise. Je ne m'attendais donc pas à trouver quelqu'un pour m'accueillir. Aussi, sans m'attarder davantage, je me dirigeai vers la ville, saluant au passage la fontaine aux abeilles, près de l'église Saint-Georges – au clocher décapité par les tirs de l'artillerie ennemie, fin janvier 1945 –, les belles maisons Régence avoisinantes et la place d'Armes.

Je fus étonné de trouver des rues désertes, mais la nuit était tombée depuis un bon moment et, bien sûr, nous n'étions pas à Londres. Tout était tellement silencieux que j'entendais résonner mes pas sur les pavés.

En marchant rapidement et en regardant attentivement autour de moi, je m'interrogeai une nouvelle fois sur les raisons de mon départ à cette époque-là. N'étais-je pas heureux ici ?

À cause de l'oncle Albert, qui me parlait souvent de l'Angleterre avec un enthousiasme communicatif ? Il ne m'avait pourtant pas forcé la main. Bien au contraire, il m'avait prévenu qu'il n'était pas facile de quitter sa famille et ses amis pour un pays étranger ! Une soif d'aventures, comme on peut en avoir à 18 ans. L'explication était plausible, car j'avais cet âge-là, mais elle ne me satisfaisait qu'à moitié.

Avec agacement, je balayai ces questions en me disant que finalement, le sort ne m'avait pas été défavorable. Et il y avait Frances maintenant. Dire que je la connaissais à peine depuis quelques semaines et que bientôt j'allais l'épouser…

Dans la pénombre, je vis se profiler la fameuse tour des Pêcheurs… J'étais tout près désormais. Dans moins de dix minutes, je serai à la maison !

Mais devant cette vieille tour, je ne pus réprimer un frisson : comment ne pas penser à cet Allemand que le commissaire Sutter et ses amis découvrirent, un soir d'octobre, assassiné en ces lieux !

J'essayai de chasser ces souvenirs, puis il me revint que j'étais venu ici pour faire la lumière sur cette sinistre histoire. Jean allait certainement être étonné lorsque je lui apprendrai mon association avec l'éminent docteur Twist, lequel m'avait promis de me rejoindre sous peu.

J'apercevais maintenant la demeure des Biechy qui était éclairée… Plus qu'une trentaine de mètres… Et bientôt, la silhouette familière de notre maison, qui curieusement, était plongée dans l'obscurité. Pas une seule fenêtre éclairée de ce côté-ci. Sans doute devaient-ils être dans la cuisine…

Malgré mes deux pesantes valises, je pressai le pas. Je longeai la clôture en bois, poussai le portillon et pénétrai dans la cour.

La disposition des lieux était toujours la même : une petite allée, perpendiculaire à la rue, menait au jardin et plus loin, à droite, se dressait la remise. La maison était située sur le côté gauche et l'entrée principale s'ouvrait sur l'allée.

Je gravis les marches du perron et, le cœur battant, j'appuyai sur le bouton de sonnette. Promenant mon regard autour de moi, je fus soudain intrigué par une lueur tremblotante au fond de la cour, du côté de la remise. Mais elle disparut presque aussitôt.

Que pouvait-on bien faire dans la remise à cette heure-ci ? Nathalie ou Clémentine, en train de jouer à je ne sais trop quoi ? Non. Elles devaient être au lit, il était déjà… (je jetai un coup d'œil à ma montre) 21 h 30. Mais que faisaient-ils ? Pourquoi ne répondaient-ils pas ?

Je sonnai une seconde fois – avec insistance cette fois-ci –, tendis l'oreille et attendis. Toujours le silence. Un silence hostile.

Perdant patience, je décidai de faire le tour de la maison afin de voir si la fenêtre de la cuisine était éclairée.

Pas le moindre rai de lumière. Ni dans la cuisine, ni ailleurs.

Bizarre. Mais il serait absurde de s'affoler pour si peu.

Tandis que j'essayais d'ordonner mes pensées, mes yeux se portèrent sur la remise.

Voyons !… La petite lueur entrevue il y a à peine un instant, je ne l'avais pas rêvée ! Il y avait forcément quelqu'un à l'intérieur !

Je me dirigeai alors à pas de loup vers la petite bâtisse, puis fus soudain parcouru par un léger frisson : c'est à cet endroit même que Jean, quelques semaines plus tôt, avait vu le fantôme d'Eva Muller…

Avec un sentiment d'inquiétude croissant, je frappai à la porte.

Pas de réponse.

Je réitérai mon appel, puis me mis à secouer vigoureusement la poignée, sans plus de succès : le verrou était poussé. Je demeurai un long moment à examiner ces vieilles planches qui me barraient le passage. Hors de moi, je pris un bon élan et me ruai vers l'obstacle. Au troisième essai, la porte céda.

Je tâtonnai le long du mur à la recherche d'un interrupteur, tout en pensant qu'il était peu probable qu'on eût installé l'électricité entre-temps. Puis je craquai une allumette et essayai de percer les ténèbres.

À première vue, il n'y avait personne. Une longue table de travail se prolongeait jusqu'au mur de gauche qui était entièrement tapissé de casiers en bois servant au rangement des outils. En face de moi, une armoire, une fenêtre – celle que mon frère avait mentionnée dans sa lettre comme étant verrouillée depuis plusieurs années, quelques cartons et une importante réserve de bois dans le coin de droite.

L'œil et l'oreille aux aguets, je me tenais immobile sur le seuil, saisi d'un sombre pressentiment.

Il y avait quelqu'un dans ces lieux, je le sentais. C'était même certain puisque les deux fenêtres et la porte étaient fermées de l'intérieur.

D'une main tremblante, je frottai une autre allumette, fis un pas en avant, mais n'allai pas plus loin : sur ma droite, près des rondins, un corps gisait sur le sol, la tête enfouie dans un amas de vieux cartons, et la main crispée sur un bougeoir.

Sans perdre mon sang-froid, je m'approchai du corps tout en surveillant la porte du coin de l'œil. Je m'agenouillai, sortis la bougie de son support, l'allumai et, en posant ma main sur les cartons, je constatai qu'ils étaient mouillés. La vue d'un seau renversé, juste à côté, m'en fit comprendre la raison. Je pris mon courage à deux mains et retournai la tête de l'homme étendu devant moi… Mes cheveux se dressèrent sur la tête… *Oh ! non ! Ce n'est pas possible ! Père… mon Dieu… ce n'est pas toi !*

Mais le doute n'était pas possible, c'était bien lui. Une terrible expression de souffrance convulsait ses traits. Il venait juste de mourir, car son corps était encore tiède. Je le retournai et découvris la blessure au ventre, responsable de la longue et cruelle agonie que trahissait son visage. Lorsque, fou de douleur et d'horreur, je compris que j'étais en présence d'un assassinat – s'il s'agissait d'un suicide, j'aurais certainement retrouvé l'arme utilisée par mon père, mais il n'y avait rien de tel à proximité –, une colère noire me submergea.

Le meurtrier était encore dans la pièce ! Je le tuerai de mes propres mains !

Je fouillai alors lentement la remise. En pure perte, car j'étais seul avec la dépouille de mon père. Haletant et en nage, j'essayai de raisonner, de comprendre ce qui avait pu se passer ici, mais je me sentis assailli par d'atroces souvenirs la malédiction de Barberousse, tous les meurtres qui avaient suivi, la réapparition d'Eva Muller… Et maintenant, père…

Jamais je n'aurais dû revenir ici, jamais…

Pourquoi ne pas avoir suivi les conseils de Frances ?… Frances, elle était si loin désormais… Il y avait aussi cette sourde appréhension que j'éprouvais toujours à l'idée de ce retour… un instinct qui me signalait l'approche du danger… Mais quel danger ?

Puis, pendant un court instant, je ne sentis rien que le battement du sang à mes tempes : je venais de comprendre la nature de la menace qui me guettait… Selon toute vraisemblance, j'allais me retrouver avec une inculpation d'homicide volontaire sur la personne de mon père !

Un bruit de voix me parvint :

— Je t'assure, chéri, ces valises sur le perron sont bien les siennes ! Il ne peut être loin !

— Bien sûr, ça ne peut être que lui… Étienne, mon frère… Après tant d'années ! Je n'ose pas encore croire !

— Mais pourquoi a-t-il laissé ses valises sur le perron ?

— Ah ! les femmes ! Pourquoi ne se servent-elle jamais de leur tête ! Voyons, chérie, réfléchis donc un peu ! Après une longue séparation, le père et le fils se retrouvent sur le pas de la porte… crois-tu qu'ils aient le temps de penser aux bagages ?

— Ça fait deux minutes qu'on sonne et personne ne nous ouvre ! Moi, je trouve ça bizarre…

— Maman ! Papa ! À quoi il ressemble, tonton ?

— Du calme, les enfants, du calme ! Vous allez le voir dans quelques secondes…

— Mais pourquoi il n'ouvre pas la porte, grand-père ?

— Vous allez vous calmer à la fin ? Il va nous ouvrir dans un instant.

À ces paroles, je sentis fléchir mes genoux. Je pensai à cette joie des retrouvailles que j'allais devoir anéantir en annonçant l'épouvantable nouvelle de la mort de père.

Je sortis de la remise en essayant de dissimuler mon désarroi par un sourire et me dirigeai vers eux.

— Étienne !

— Tonton !

Jean et Marie, suivis de deux fillettes, se précipitèrent à ma rencontre. Mon frère me prit dans ses bras, puis ce fut au tour de Marie, tandis que mes deux nièces s'agrippaient à mes genoux.

Jean, me tenant par les épaules, prit du recul pour mieux me dévisager et demanda :

— Étienne, tu ne te sens pas bien ? Pourquoi ce visage hagard ?

Je réussis à articuler d'une voix blanche

— Père a eu une attaque… dans la remise…

Les yeux de Jean s'arrondirent, toutefois il eut la réaction que j'attendais :

— Marie, va mettre les enfants au lit ! Allez, mes chéries ! Tonton Étienne va vous dire bonsoir tout à l'heure ! Laissez-le maintenant !

Marie dut comprendre la gravité de la situation car elle s'empressa d'attraper ses filles et se dirigea vers la maison. Elle se retourna un instant pour me demander :

— Dois-je téléphoner au…

Comme je secouai la tête en signe de dénégation, elle ne termina pas sa phrase. Un éclair traversa son regard, puis elle tourna les talons. Jean me passa la main sur l'épaule et nous gagnâmes la remise.

Agenouillé, la mine grave, il écouta mes explications en considérant le corps de père.

— Jean, m'écriai-je, je crois que tu ne sembles pas bien saisir la situation ! Si l'on ne découvre pas comment l'assassin s'y est pris, je risque d'être arrêté pour meurtre !

Pour toute réponse, mon frère se leva, alla chercher quelques bougies dans un tiroir, me demanda de quoi les allumer et les répartit dans la pièce. Il se mit ensuite à inspecter tous les recoins, et au bout d'un instant me fit signe d'approcher.

En me désignant un objet situé entre l'armoire et les rondins, il me déclara, l'air songeur :

— Tu vois ce chenet ? Il y a du sang sur l'une des pointes… Il ne s'agit pas d'un meurtre, mais d'un suicide. Dans son agonie, père s'est traîné, le bougeoir à la main, jusqu'au seau afin de se rafraîchir pour apaiser sa douleur. Il a renversé le seau, ces cartons mouillés en témoignent.

— Tu as certainement raison, fis-je avec un soupir. Mais pourquoi ce suicide, Jean, pourquoi ? Se jeter sur un chenet, quelle mort horrible !

— Je dois t'avouer que ce suicide ne m'étonne pas outre mesure. Bien que je ne saisisse pas les motifs qui ont poussé père à agir de la sorte, je peux te dire que ces derniers temps nous vivions avec un mort vivant. Il ne mangeait pratiquement plus, ne nous parlait pas et passait le plus clair de son temps dans sa chambre ou ici. Il n'avait plus aucun goût pour l'existence. Sans aucun doute, cette mort est pour lui une délivrance. Le mieux que nous ayons à faire pour l'instant, c'est de prévenir la police. Viens, rentrons.

Marie me réchauffa un peu de potage, que j'avalai machinalement ainsi que l'omelette qui suivit. Tout en regardant son visage anxieux, je pensai à la jeune fille qui était maintenant ma belle-sœur. Elle était de ces femmes qui s'épanouissent pleinement dans leur rôle d'épouse et de mère. La douceur de son visage, la bonté et le calme de son regard, malgré une tristesse et une inquiétude bien compréhensibles, me firent le plus grand bien.

— Les enfants sont au lit, commença-t-elle. Ils ne réalisent pas que… Mon Dieu ! Quelle tragédie ! Et toi, Étienne, après cette longue absence, revenir pour trouver ton père mort, et dans de telles circonstances !

La porte s'ouvrit et Jean parut. Son visage défait avait retrouvé quelques couleurs. Avec un regard qui se voulait rassurant, il annonça :

— La police sera là dans une vingtaine de minutes. Je viens d'avoir l'inspecteur Loeb au téléphone. Je le connais assez bien. C'est un type sérieux, intelligent, efficace et surtout très discret. Mais parle-nous un peu de toi, Étienne.

— Les nouvelles sont à la fois bonnes et mauvaises, déclarai-je.

Je leur narrai tous les événements depuis le jour où j'avais reçu sa dernière lettre. Lorsque j'eus terminé Marie me félicita chaleureusement pour mon futur mariage.

— Incroyable ! Tout cela est incroyable ! Un cauchemar ! marmonna Jean en se dirigeant vers le buffet. (Il l'ouvrit et en sortit une bouteille d'eau-de-vie qu'il déposa fermement sur la table.) Je ne comprends plus rien ! Moi qui étais persuadé de n'avoir eu qu'une vision l'autre fois… Car je peux t'affirmer une chose : quand père a quitté la remise, il n'y avait plus personne à l'intérieur.

» Par la suite, j'ai pensé avoir fait un mauvais rêve mais voilà que tu me déclares avoir revu Eva quelques jours plus tard… Enfin cette fille est bien morte ! Nous sommes bien placés pour le savoir !

Il remplit un petit verre qu'il vida aussitôt d'un trait, et, remarquant le coup d'œil inquiet que je lançais en direction de Marie, il continua :

— Marie est dans la confidence. L'étrange comportement de père se prolongeant, j'ai été obligé de lui avouer ce que j'avais vu cette nuit-là. Mais comme elle prétend ne pas m'avoir entendu me lever, elle en conclut que j'ai rêvé. N'est-ce pas, chérie ?

Marie répondit d'une voix calme :

— Ayez un peu de bon sens, il ne peut en être autrement. (Son regard se durcit.) Les morts ne reviennent pas. Surtout quand ils ont mérité leur sort… Cette Eva était une sale petite…

La sonnerie de la porte d'entrée l'interrompit.

— Ah ! Voilà l'inspecteur Loeb ! s'exclama Jean en se levant.

D'emblée, cet inspecteur de police me déplut : petit, fluet, des yeux d'un gris acier au regard insaisissable, des lèvres minces narquoisement arquées sous un nez pointu et frémissant, il avait vraiment tout d'une fouine.

Il écouta très attentivement mon témoignage, tout en prenant des notes sur un petit carnet, et, lorsque j'eus terminé, il nous suggéra de l'attendre ici car il était préférable de ne pas gêner ses hommes et le médecin dans leur travail.

Toujours installés dans la cuisine, Jean, Marie et moi lancions, à tour de rôle, des regards furtifs vers la pendule et à travers la fenêtre. Les lueurs des lampes électriques s'agitaient encore au-dehors. Visiblement, les policiers n'avaient pas terminé leurs investigations.

Pour endiguer la tension qui montait, Jean me bombardait de questions :

— Tu m'as parlé, tout à l'heure, d'un docteur en criminologie qui prétendait avoir élucidé une bonne partie de l'affaire. Un charlatan, non ?

— Le docteur Twist, un charlatan… Non, certainement pas. Je le croyais, moi aussi, mais il m'a posé une ou deux questions qui m'ont fait changer d'avis. Voyons… Ah ! oui. Tu te souviens, Marie, des bruits de pas que nous avions entendus plusieurs nuits de suite ?

— Oui, et alors ?

— Il a pratiquement deviné la chose, alors que je ne lui en avais pas soufflé mot.

Jean resta interdit.

On frappa à la porte. L'inspecteur entra, le visage sombre.

— Avant de vous faire connaître nos conclusions, j'aimerais reprendre avec vous tous les faits et gestes de chacun d'entre vous en cette soirée.

Il se tut un moment tout en me soumettant à un long et silencieux examen.

— Comme vous voudrez ! répondit Jean, intrigué.

L'inspecteur Loeb plaça une cigarette entre ses lèvres, l'alluma et exhala lentement la fumée en direction du plafond. Il examina ses chaussures, puis releva brusquement la tête vers mon frère :

— Donc à 19 h 30, vous allez chez votre voisin en compagnie de votre épouse et de vos deux filles. Votre père reste ici. À 21 h 30, monsieur Étienne Martin fait son apparition après douze années d'absence. En sonnant, il aperçoit une lueur provenant de la remise, mais il ne s'inquiète pas. Comme personne ne lui répond, il fait le tour de la maison. Celle-ci est plongée dans l'obscurité. Après quelques instants de réflexion, il s'oriente vers la remise et frappe à la porte : pas de réponse. En essayant d'entrer, il constate que le verrou intérieur est poussé. Il défonce la porte et retrouve son père assas… mort. Vers 21 h 50, monsieur Martin, sa femme et leurs enfants rentrent chez eux. Tout cela est-il exact ?

— Bien sûr que tout cela est exact ! vociféra Jean en frappant la table du poing. Mais où voulez-vous en venir ?

L'inspecteur sortit calmement son paquet de gauloises, en retira une et prit tout son temps pour l'allumer à celle qui allait s'éteindre. Puis, les yeux rivés au plafond, il répondit en détachant lentement ses mots :

— Votre père ne s'est pas suicidé… *Il a été assassiné.*

9

Il y eut un silence mortel.

Jean et Marie regardaient l'inspecteur avec stupeur. Quant à moi, pourquoi ne pas l'avouer, je ne fus qu'à demi surpris par cette déclaration.

Tout allait mal se terminer. Je le savais depuis longtemps, depuis mon départ. Avant, même. Mais que faire contre l'inéluctable ? Que faire contre le destin, qui vous guette à chaque coin de rue et vous invite à le suivre dans une direction prévue par lui seul ? Une mauvaise direction que, toutefois, j'aurais pu éviter si j'avais suivi les conseils de…

— Mais bon sang, ce n'est pas possible ! tonna Jean, le visage cramoisi. Tous ceux qui ont approché père ces derniers temps vous diront qu'il n'était plus dans son état normal ! Un assassinat ? Vous divaguez ! Il n'avait pas l'ombre d'un ennemi !

Un sourire sardonique éclaira la figure de l'inspecteur. Il répliqua d'un ton aigre-doux :

— Il s'agit bien d'un assassinat. Maquillé en suicide, je vous le concède, mais un assassinat quand même. La pointe du chenet dont vous m'avez parlé est bien recouverte de sang, mais la blessure mortelle infligée à votre père ne peut en aucun cas lui être imputable. Le médecin légiste est formel là-dessus. Il s'agirait plutôt d'un objet très mince, une lame longue et effilée. Un couteau de cuisine par exemple !

À ces mots, ses yeux gris, brillants, s'arrêtèrent sur moi.

Puis il se détourna pour fixer de nouveau le plafond et continua :

— Ce couteau de cuisine, nous l'avons retrouvé. Il était enterré dans la remise, à droite de la porte, là où le sol est en terre battue. Évidemment, si nous n'avions pas eu de doute sur la blessure, nous n'aurions pas cherché plus loin…

» Supposons, maintenant, que votre père veuille se suicider. Je dis bien *supposons*.

» Il profite de votre absence pour mettre son projet à exécution. On ne meurt pas rapidement en se donnant un coup de couteau au ventre. Il le sait. Passons toutefois sur l'invraisemblance de cette forme de suicide. Sachant que vous en avez au moins pour deux heures, il se dit que plus que probablement, il sera mort avant votre retour. Et pour plus de sécurité, il s'enferme dans la remise.

» Jusque-là, tout va bien. Notre hypothèse se tient. Mais donnez-moi une raison, une seule, qui puisse expliquer la suite de ses actes !

» Il creuse un trou, s'enfonce le couteau dans le ventre, jette l'arme dans le trou, le referme, gagne le chenet et le barbouille de sang pour faire croire à un suicide, alors qu'il s'est quand même suicidé ! Donnez-moi une seule raison ! Une seule !

Un nouveau silence s'établit

Je n'osai même plus lever la tête, les yeux rivés sur mes mains qui tremblaient. J'aurais voulu répliquer en demandant par quel moyen s'était enfui l'assassin, mais je me gardai bien de le faire, je savais que le policier n'attendait que cette question.

Mais Jean ne vit pas le piège :

— Je suppose que vous avez vérifié le système de verrouillage des fenêtres et de la porte ! (L'inspecteur acquiesça d'un clignement des paupières.) Très bien. Vous maintenez qu'il s'agit d'un assassinat ?… Parfait. Maintenant, j'aimerais que vous m'expliquiez de quelle façon l'assassin s'y est pris pour sortir de la remise. Je vous écoute, inspecteur…

Croyant avoir sérieusement ébranlé la théorie du policier, Jean, l'air satisfait, reprit une gorgée d'eau-de-vie, puis se cala sur sa chaise et attendit la réponse.

Le large sourire qu'arbora alors l'inspecteur Loeb confirma mes craintes.

— Je vais y revenir, ne vous inquiétez pas. D'abord, j'aimerais poser une question à monsieur Étienne Martin.

Sans attendre un signe d'assentiment de ma part, il continua sur le même ton :

— Vous m'avez déclaré avoir trouvé la porte de la remise fermée. Vous avez même ajouté que le verrou intérieur était poussé. À ce moment-là, vous n'aviez pas encore défoncé cette porte. Comment pouviez-vous conclure que ce verrou était poussé, alors que la porte aurait tout aussi bien pu être fermée à clef ?

— Je vous signale que j'ai quand même vécu ici presque une vingtaine d'années ! répliquai-je sèchement. Quand cette porte était fermée au verrou elle ne bougeait pas d'un poil, alors qu'elle était branlante lorsqu'elle était fermée à clef. Qu'y a-t-il d'extraordinaire à cela ?

— Excellente réponse, monsieur Martin, lança le policier en élevant la voix. Vous faites preuve d'un sang-froid remarquable ! Mais, bien que la porte soit dans un triste état, nous allons vérifier la chose. À présent, je vais vous dire comment j'interprète les faits. Monsieur Lambert Martin, pour une raison que nous ignorons, s'enferme dans la remise. Pourquoi n'ouvre-t-il pas lorsque le meurtrier frappe à la porte ? C'est bien simple : il devine les intentions de ce dernier. Ensuite, l'inconnu enfonce la porte, tue votre père d'un coup de couteau, enterre l'arme du crime et barbouille la pointe du chenet pour faire croire à une chute accidentelle de la victime.

» Mais il y a la porte défoncée qui vient tout gâcher ! Notre homme ne s'affole pas, il garde son sang-froid. Il trouve alors une parade déconcertante de simplicité : il suffit de déclarer avoir trouvé la porte fermée au verrou – ce qui est effectivement le cas – et avoir dû l'enfoncer sous prétexte d'une mystérieuse lueur… Évidemment, dans ces conditions, il ne peut s'agir que d'un accident… ou éventuellement d'un suicide. Qu'en pensez-vous, monsieur Étienne Martin ?

Sous le coup de cette accusation directe, je voulus répliquer, mais aucune parole ne parvint à franchir mes lèvres tant ma gorge était serrée. Les oreilles me bourdonnaient, mais j'entendais toujours la voix mordante du policier :

— Peut-être découvrirons-nous demain, à la lumière du jour, des indices qui nous feront entrevoir une autre possibilité ? L'avenir nous le dira. J'ai jugé préférable, monsieur

Étienne Martin, de vous informer de la situation telle qu'elle se présente pour vous. Pas fameuse en tout cas ! Aussi vous demanderai-je de ne pas vous éloigner dans les jours à suivre. De toute façon, nous nous reverrons demain.

Sur quoi, l'inspecteur Loeb prit congé. Bouche bée, Jean regardait encore fixement la porte qui venait de se refermer sur le policier, tandis que Marie, le visage caché dans ses mains, fondait en larmes.

Mon frère la conduisit aussitôt dans leur chambre. Il revint au bout d'un moment, s'installa à table, s'empara de la bouteille d'eau-de-vie pour se servir un verre, mais s'interrompit en plein mouvement et la reposa en secouant la tête. Il poussa un long soupir, puis me considéra d'un regard chargé de tristesse, avant de parler :

— Je ne sais pas ce qui nous arrive, Étienne, mais pour l'heure, la meilleure chose que nous puissions faire est d'essayer de dormir. Ta chambre est prête depuis trois jours. Tu connais le chemin.

Je quittai la cuisine, pris mes deux valises dans le couloir – c'était certainement Marie qui les avait déposées là – et gravis sur la pointe des pieds l'escalier qui menait à l'étage. Arrivé en haut, j'eus l'impression de sortir d'une machine à remonter le temps qui m'avait ramené dans mon univers d'adolescent. Rien n'avait changé : les supports de plantes en fer forgé, le tapis de velours pourpre du couloir, les murs ornés de panneaux en toile de coton façon Gobelins, représentant des scènes médiévales ou mythologiques, et cette familière odeur de « chez-soi » que l'on ne retrouve nulle part ailleurs.

J'ouvris la porte de ma chambre, allumai et demeurai immobile à la vue de cette pièce qui me rappelait tant de souvenirs. À cet instant, en dépit des tragiques événements de la soirée, je me sentis un peu mieux. Mes gestes ne furent plus qu'une suite de réflexes, et en un clin d'œil je me retrouvai sous les couvertures.

J'espérais que la fatigue du voyage et les chocs successifs me plongeraient dans un profond sommeil, mais la mort de père et cette accusation de meurtre suspendue au-dessus de ma tête comme une épée de Damoclès me tenaient impitoyablement éveillé.

Ainsi cette sinistre malédiction avait refait surface ! Comment, d'ailleurs, expliquer autrement la mort de père ! Car ce n'était pas moi qui l'avais tué ! C'est l'épée de Barberousse qui venait de frapper une fois de plus…

Pourtant, cette fois-ci, j'hésitai à m'engager dans cette voie. Certes, ce meurtre ressemblait aux autres : la victime avait été tuée à l'arme blanche et le criminel semblait être une créature surnaturelle. Mais que les forces de l'au-delà utilisent un truquage pour accréditer la thèse d'un accident, je n'osais guère y croire. Il y avait également la possibilité d'une habile machination pour rejeter la responsabilité du crime sur la première personne qui pénétrerait dans la remise… à savoir… *moi* !

À cette pensée, je sentis un frisson glacial dans mes veines. Car si cela était le cas, il me faudrait fatalement chercher le meurtrier dans mon entourage direct.

Toutes ces impitoyables questions me harcelaient sans relâche, tournoyant, tels des oiseaux de proie, au-dessus d'un esprit déjà durement éprouvé, et chassant bien entendu le sommeil de leurs grands battements d'ailes. Et, une fois de plus, j'avalais une bonne dose de somnifère.

Vers 11 heures du matin, mon frère me réveilla. Je le trouvai singulièrement jovial après les événements de la veille. Avec un regard souriant en direction du réveil, il me demanda si j'avais passé une bonne nuit.

— Oui, répondis-je, mais j'ai dû prendre quelque chose pour dormir… Au fait, l'inspecteur Loeb est-il déjà…

— Je viens de l'avoir au téléphone, interrompit Jean en posant sa main sur mon épaule. Les nouvelles ne sont pas trop mauvaises…

Je sursautai dans mon lit :

— Aurait-il trouvé cet indice qui…

— Non, pas d'indice nouveau. Mais il y a le témoignage des employés du chemin de fer qui t'ont vu quitter la gare, hier soir, à neuf heures. L'heure de la mort de père a été située avec précision à 21 h 30. Par contre, l'heure à laquelle le coup de couteau fut porté reste assez vague. Le médecin légiste affirme qu'il était au plus tard 21 h 15. Il est bien évident qu'en un quart d'heure et avec deux valises à la main, tu aurais difficilement pu parcourir la distance de la gare à la maison et commettre le meurtre. L'enquête est loin d'être terminée. Cependant, l'inspecteur m'a assuré, dans la mesure du possible, d'un maximum de discrétion. Il essayera de ne pas nous importuner jusqu'à la fin des obsèques.

— Et les enfants ?

— À cet âge, on ne réalise pas très bien…

Clémentine et Nathalie firent irruption dans la chambre et sautèrent dans mes bras, puis Marie apparut avec un plateau chargé d'un copieux petit déjeuner.

Son sourire chaleureux et bienveillant, malgré la tristesse du regard, et la présence joyeuse des enfants dissipèrent pour un temps, les sombres nuages qui nous environnaient.

Des enfants ! Un foyer ! Dire que j'allais bientôt découvrir toutes ces joies de l'existence avec Frances… Frances, ma tendre, ma douce Frances, comme je voudrais t'avoir près de moi !

10

Les obsèques eurent lieu trois jours plus tard.

Une cérémonie bien pénible. Le prêtre, parlant du disparu en termes justes et émouvants, nous arracha nos dernières larmes. Il évoqua la dignité de sa vie, sa fidélité à sa foi, son sens aigu de l'honneur, son amour fervent de la patrie, et ses qualités de père et d'époux.

Il fut enseveli aux côtés de notre mère. Lors des condoléances, je ne pus m'empêcher de noter chez les gens, malgré leurs propos réconfortants, la suspicion qu'ils éprouvaient à mon égard. Mais je pouvais le comprendre. Comment ne pas faire un rapprochement entre mon retour et la mort étrange de père ?

Le plus touché, du moins en apparence, était Léonard Biechy. Le visage ravagé par le chagrin, le pas hésitant, il faisait vraiment peine à voir. Craignant de le voir s'effondrer à chaque instant, Marie et moi restâmes à ses côtés tout au long de la cérémonie.

Le soir venu, j'écrivis une longue lettre à Frances en lui annonçant la triste nouvelle, mais sans mentionner les étranges circonstances de la mort de père. Lorsque j'eus terminé, je retrouvai mon frère dans la cuisine.

— L'inspecteur devrait passer ce soir, commença-t-il. Il a encore quelques questions à te poser.

— Je prépare une valise ?

— Ne t'énerve pas, Étienne. Cet homme n'est pas aussi mauvais que tu le crois.

— Peut-être, fulminai-je. Mais où est donc Marie ?

— De l'autre côté, chez son père. Il n'est pas bien du tout.

— En effet, c'est le moins qu'on puisse dire... Au fait, avez-vous réussi à joindre François ?

— Joindre François ? Tu n'y songes pas, répondit Jean en levant les bras. À l'heure qu'il est, il vogue avec son régiment de paras... Mais cela me fait penser à... (Jean devint songeur) À propos de François, je voudrais te dire quelque chose... Marie est au courant, mais je préfère t'en parler maintenant que nous sommes seuls tous les deux. C'est au sujet d'Eva.

— D'Eva ?

— Oui. Il y a une chose que tu n'as jamais sue. Du moins je le pense.

Mon frère était soudain visiblement très mal à l'aise.

— Explique-toi.

— Voilà... Je... (Il cherchait ses mots.) François et moi étions amoureux d'Eva.

— Figure-toi que je l'avais deviné.

— C'était beaucoup plus qu'un simple flirt. Chaque soir, l'un de nous, à tour de rôle, allait la rejoindre dans la petite masure. (Il passa sa main dans les cheveux en évitant de me regarder.) Évidemment, chacun croyait être le seul à bénéficier de ses faveurs. Ce n'est que bien plus tard – trois années après le meurtre, si ma mémoire est bonne – que nous nous sommes confiés l'un à l'autre.

— Mais alors, les bruits de pas que Marie et moi avions entendus la nuit... c'était vous qui alliez rejoindre Eva ?

— Bien sûr ! Mais ces ballades nocturnes cessèrent le jour où le commissaire Sutter nous dévoila l'horrible malédiction de Barberousse. Nous étions terrifiés et nous avons évité la masure un bon bout de temps. Tu t'en souviens ?

— Oui, très bien. Nous étions dans le salon, autour de la table, avec l'ombre de Barberousse planant au-dessus de nos têtes.

Ces révélations auraient dû me surprendre, mais j'avais l'impression de déjà connaître tout cela... Je me raclai la gorge en fixant le buffet.

— Tu as raison, un petit verre ne nous fera pas de mal.

Nous trinquâmes en silence.

— Le docteur Twist avait donc vu clair, repris-je après un temps. Quelle avait été l'attitude d'Eva lorsque vous avez cessé vos rendez-vous nocturnes ?

— Je ne m'en souviens plus très bien. Tout ce que je peux te dire, c'est qu'à partir de ce moment elle m'a paru bizarre. Mais tu as dû le remarquer comme moi…

— Ce qui m'a surtout paru bizarre, rétorquai-je, c'est son assassinat ! D'ailleurs depuis mon accident en voiture, cette sale histoire me trotte dans la tête. Que de nuits sans sommeil ! Que d'affreux cauchemars !… Mais pourquoi ces aveux maintenant, Jean ?

Son visage revêtit une expression sévère.

— J'y arrive. J'ai longuement réfléchi à ce meurtre, et je ne vois qu'une seule solution…

Ma main se crispa sur mon verre. D'un signe de la tête, je l'invitai à continuer.

— La masure a été détruite. Il ne reste plus rien. Le coffre aussi a disparu… avec son étrange contenu. Ce qui me semble singulier, c'est que personne n'a songé à cette explication…

— Laquelle ? m'écriai-je.

— La seule possible : le coffre contenait un piège meurtrier.

— Mais Eva a été poignardée dans le dos avec l'épée ! Comment peux-tu imaginer un mécanisme qui…

— Le coup mortel a été donné par un autre moyen. Ce qui est concevable, par contre, c'est d'imaginer un mécanisme crevant les yeux à la personne qui soulève le couvercle du coffre…

Glacé d'épouvante, je bégayai :

— Quelle horreur ! Seul un être démoniaque aurait pu préméditer un tel… Non ! Ce n'est pas possible ! Avant de quitter la masure, nous avions inspecté le coffre, et à ce moment-là, *le piège aurait du fonctionner.*

Jean me répondit d'une voix grave et lente :

— Justement, c'est à cet instant précis que l'assassin a armé le piège. Te rappelles-tu lequel d'entre nous a été le dernier à toucher au coffre ?

— Voyons… C'est toi qui a commencé la fouille, ensuite j'ai fait de même, et puis… *François !*

— François… répéta-t-il d'un ton accusateur. C'est effectivement lui qui a touché en dernier le coffre. J'ajouterai même qu'il a pris un certain temps pour le refermer.

Je restai sans voix. Cette accusation était monstrueuse. Comment imaginer François responsable d'un tel acte ?

— Mais comment l'a-t-il tuée ? m'écriai-je. Ne me dis pas qu'il a joué les Icare, en s'accrochant des ailes aux bras pour atteindre la fenêtre et porter le coup fatal !

— Ne parle pas si fort, implora-t-il en passant sa main sur le front. Bien sûr que non ! Des ailes ? Je ne suis pas idiot ! Maintenant, écoute-moi bien. D'une part François est le seul d'entre nous à n'avoir pas d'alibi, et d'autre part il a été prouvé que personne n'a approché la masure entre 14 heures et 16 heures. Conclusion de tout ceci : le meurtrier, à savoir François, n'a pas commis son meurtre de l'intérieur, *mais de l'extérieur !*

» François vous accompagne jusqu'à la lisière de la forêt. Il fait semblant de s'orienter dans une autre direction, puis rebrousse chemin. Lorsqu'il atteint la rive de la Moder, en face de la fenêtre de la masure, il attend le déclenchement du piège. Le peintre et son modèle ne peuvent pas l'apercevoir puisqu'ils sont de l'autre côté de la maisonnette.

» Que transporte-t-il ? Un arc et un fourreau. Qu'y a-t-il dans ce fourreau ? Des flèches, bien sûr, mais aussi l'épée et un objet bien particulier : une sorte de grosse flèche dont l'extrémité est creuse afin de pouvoir épouser la poignée de l'épée.

» Tu commences à y voir plus clair ? Bon, je continue. Eva ouvre le coffre et le mécanisme lui crève les yeux. Muette de terreur, elle court dans tous les coins de la pièce. François introduit la poignée de l'épée dans la flèche, arme son arc et attend que sa cible se profile dans l'encadrement de la fenêtre. N'oublions pas que François a l'habitude de manier cette arme et qu'une quinzaine de mètres, au plus, le séparent d'Eva. Il tire et fait mouche. Sous l'impact du choc, la grosse flèche se sépare de l'épée et tombe dans la rivière, où elle est transportée au loin par le courant.

» Crois-moi, Étienne, il ne peut pas y avoir d'autre explication à ce crime…

Tout cela ne tenait pas debout et était totalement invraisemblable. Les doigts tambourinant sur la table, je m'efforçai de dominer le tumulte qui se faisait en moi et de parler calmement pour apaiser l'exaltation de Jean

— Écoute, Jean, si tu écrivais un roman policier cela pourrait aller, et encore… Passons sur la précision du piège qui fonctionne en temps voulu, mais que la malheureuse en devienne muette de terreur ! Voyons, c'est insensé ! La douleur a dû être atroce ! Et puis cette incroyable histoire de flèche entraînant une epée. Non, non et non ! Comment peux-tu croire que François ait pu commettre un meurtre aussi hideux et lui donner de surcroît des apparences surnaturelles ? Je me refuse absolument à croire une chose pareille !

Avec un sourire teinté d'ironie et d'amertume, Jean répondit :

— À cette époque-là, tu avais 14 ans et moi 15. Une année de différence, à cet âge, cela compte. Il te manquait… disons une certaine maturité. Certains détails dans l'attitude de François t'ont échappé. Essaye de comprendre ce qui se passe dans la tête d'adolescent : il découvre l'amour avec Eva, prend l'habitude de la rencontrer un soir sur deux, puis il y a une brusque coupure dans leurs relations lorsque nous prenons connaissance de la malédiction. Je pense qu'Eva en profite pour le laisser tomber. Comment réagit-il ?

— Le plus naturellement du monde, déclarai-je. Blessé dans son amour propre, il décide de la supprimer et, histoire de rigoler, il s'arrange pour que le crime fasse suite à la malédiction… Notre Robin des bois…

Silence.

Robin des bois ? Où en avais-je entendu parler ?… Mais oui ! L'album de photos chez Frances !

Soudain, la sonnerie de la porte d'entrée se mit à retentir avec insistance.

— C'est sans doute l'inspecteur Loeb. Je vais voir. Naturellement, cette discussion reste entre nous, m'intima-t-il, l'œil menaçant.

Au bout d'un instant, Jean réapparut accompagné d'un personnage que je reconnus immédiatement.

— Docteur Twist ! m'exclamai-je. Dieu soit loué, car…

De nouveau, le timbre perçant de la sonnette d'entrée se fit entendre.

— Occupe-toi de ton ami, Étienne, fit Jean en souriant au docteur Twist avant de quitter la pièce.

Il revint presque aussitôt, suivi de Marie, Clémentine, Nathalie et de l'inspecteur Loeb.

Quand les présentations furent faites, je constatai, avec une ironique satisfaction, un changement notable dans le comportement de l'inspecteur. Il avait perdu de sa faconde et c'est avec platitude qu'il exprima son admiration :

— Votre réputation a largement dépassé les frontières, Dr Twist. Quel joie, quelle privilège pour l'humble policier provincial que je suis, de faire votre connaissance. Votre présence est pour ainsi dire miraculeuse, puisque…

— Un instant, inspecteur, coupa Jean. Maintenant, mes petites chéries, vous allez dire bonsoir à tout le monde, et puis vous irez vous coucher bien gentiment.

Lorsque les enfants, accompagnées de leur mère, furent dans le couloir, nous entendîmes leurs petites voix claires :

— Dis, pourquoi il est si maigre le grand monsieur ?

— C'est parce qu'il mange pas sa soupe, tiens !

— Chut ! Taisez-vous, coquines !

Il était exactement 22 heures quand j'achevai le récit des incroyables circonstances de la mort de père. L'horloge du salon égrena lentement les dix coups, puis il y eut un long, un pesant silence.

Le docteur Twist, assis sur le canapé, les bras croisés, attendait, impassible.

Ce fut l'inspecteur Loeb qui parla le premier :

— Comme vous le constatez, Dr Twist, ce crime est parfaitement inexplicable. Voilà déjà trois jours que je me creuse les méninges pour trouver le stratagème utilisé par l'assassin…

Le docteur Twist toussota :

— Hum !… Une question, madame Martin : le seau d'eau que l'on a retrouvé renversé près de votre beau-père, n'était-ce pas vous qui l'aviez déposé dans la remise à la suite de quelque nettoyage ?

Marie écarquilla les yeux avant de répondre :

— Oui, mais je ne vois pas…

— Et y avait-il déjà ce tas de cartons, ceux qui étaient mouillés ?

— Attendez, fit-elle en portant sa main au front. J'avais ramené le seau vers 17 heures… et… Non ! Il n'y avait rien qui traînait dans la remise, j'en suis certaine. Je n'aurais pas manqué de voir un amas de cartons. Mais pourquoi cette question ?

Le docteur Twist ne répondit pas immédiatement. Il vida son verre de vieille eau-de-vie de framboise d'un geste brusque. Il devait certainement l'apprécier car il en était à son cinquième verre.

— Tout est clair désormais, finit-il par lâcher.

Nous sursautâmes tous, mais ce fut sur l'inspecteur que l'effet fut le plus impressionnant. Alors que nous étions tous suspendus à ses lèvres, le docteur Twist, prenant tout son temps, vida sa pipe, la bourra et l'alluma.

— Humpf, humpf, je disais donc que, humpf, tout est clair. Oui, il s'agit d'un suicide et non d'un meurtre.

Comme un écolier demandant la parole au maître, le policier leva le bras, mais le détective lui fit signe de ne pas l'interrompre.

— Votre père, ce n'est un mystère pour personne, est las de vivre. Ne cherchons pas à savoir pourquoi. Ne cherchons pas à savoir non plus pourquoi il veut faire passer son suicide pour un accident. Car c'est bien ce qu'il veut nous faire croire.

» Toujours pour une raison inconnue, il est pressé d'en finir, et profite du fait que son fils, sa belle-fille et ses petite enfants sont chez le voisin pour mettre son projet à exécution.

» Comment camoufler son suicide ? C'est bien simple : après s'être donné un coup de couteau, il met le feu à la remise, ainsi on retrouvera son corps carbonisé et l'on ne remarquera certainement pas la blessure. Au cas où on la remarquerait, il prend la précaution d'enterrer le couteau et de répandre un peu de sang sur la pointe du chenet pour accréditer la thèse d'une chute accidentelle.

» Il s'enferme dans la remise, dispose quelques cartons près des rondins de bois, creuse un trou et se porte le coup mortel. Évidemment, cette forme de suicide est particulièrement douloureuse, mais n'oublions pas qu'il est pris par le temps et que la blessure de la fine lame passera certainement inaperçue lorsqu'on retrouvera son corps carbonisé. Ensuite, il jette le couteau dans le trou et le referme, se dirige vers le chenet, répand un peu de sang sur l'une des pointes, et regagne le tas de cartons en attendant son dernier souffle pour y mettre le feu. Mais malencontreusement il renverse le seau qui déverse son contenu sur les cartons ! La mort arrive à grands pas et le moindre mouvement lui devient difficile. Il essaye, d'une main fébrile, d'allumer ces cartons mouillés avec le bougeoir, mais en vain. Je pense que la lueur clignotante que vous aviez aperçue, monsieur Étienne Martin, s'est éteinte en même temps que votre père.

» Et voilà, comment un simple seau d'eau a pu donner à cette mort des allures fantastiques !

— Formidable ! Formidable ! s'exclama l'inspecteur qui dévorait des yeux le docteur Twist.

— Je vous en prie, inspecteur, intervint Jean sur un ton d'irritation contenue. Modérez votre enthousiasme. Ayez un peu de respect pour notre père et n'oubliez pas qu'il y a trois jours, vous accusiez mon frère de meurtre ! Quant à vous, Dr Twist, je ne sais comment vous remercier pour avoir lavé mon frère de tout soupçon.

— Ma foi, répondit humblement le détective, je n'ai fait qu'assembler les pièces d'un petit puzzle ! Quant à me remercier, disons que je reprendrais volontiers un petit verre…

11

— J'espère qu'il va bientôt se lever, se lamenta Marie en enfournant une tarte à l'oignon.

Le sourire aux lèvres, Jean consulta sa montre.

— 11 heure et quart, fit-il d'une voix railleuse. Notre cher Dr Twist démêle parfaitement les imbroglios, mais pour ce qui est de tenir l'alcool… Pourtant les Écossais ont une réputation bien établie à ce sujet ! Si vous l'aviez vu monter l'escalier en heurtant ses longues jambes à chaque marche… J'ai bien cru qu'il n'y arriverait jamais !

— Ah ! vous pouvez être fiers ! dit Marie dont la voix frémissait d'indignation. Cet homme, après un voyage fatiguant, vient tirer Étienne d'un mauvais pas, et tout ce que vous trouvez à faire, c'est de l'enivrer !

— Nous n'avons pas eu besoin de l'encourager, fis-je remarquer à Marie. Et puis cette framboise est une merveille ! Mais tu as raison, on peut dire que je lui dois une fière chandelle. Si j'avais dû compter sur cet hypocrite d'inspecteur Loeb – vous avez vu comme il a fait le beau, hier soir, devant le docteur Twist ? –, je ne serais pas encore tiré d'affaire !

Jean s'éclaircit la voix avant de parler :

— J'avoue être assez déçu par… Tiens ! On descend l'escalier ! Le voilà ! Je suis curieux de voir sa tête !

Après deux coups discrets, la porte s'ouvrit sur le célèbre détective. Vêtu d'un costume de cheviotte, un peu fatigué mais de très bonne coupe, sur un pull de shetland, avec une cravate en fil d'Écosse de la même couleur que ses yeux, tout frais et tout guilleret, il salua ses hôtes, un aimable sourire aux lèvres, en s'inclinant légèrement devant Marie, qui le regardait, charmée. Puis son nez se mit à frémir :

— Quelle est cette exquise odeur qui me chatouille les narines ?

— Une spécialité de la région, fit Marie, rougissante de plaisir.

Jean lui avança un siège et demanda avec un soupçon d'ironie dans la voix :

— Avez-vous passé une bonne nuit ?

— Excellente. D'habitude j'ai du mal à trouver le sommeil, mais cette fois-ci, je ne saurais vous dire pourquoi, je me suis endormi comme un bébé. Le changement d'air, peut-être…

— Une tasse de thé, Dr Twist ?

— Merci, Madame, mais ne prenez pas cette peine. Il est heu… un peu tard pour le thé. Un petit verre de ce fameux riesling fera peut-être l'affaire, si vous permettez. Je n'ai pas si souvent l'occasion d'en déguster.

Lorsque Jean nous eut servis, il déclara d'un ton solennel :

— Levons nos verres à la vérité !

Tout le monde s'exécuta, puis il reprit :

— À propos, Dr Twist, Étienne m'a fait savoir que vous avez partiellement résolu le mystère de la malédiction de Barberousse…

Le docteur Twist passa sa langue sur ses lèvres, déposa son verre, se frotta les mains d'un air ennuyé, puis répondit :

— Oui. J'ai d'ailleurs l'intention de vous en parler ce soir. Il est grand temps, maintenant, que vous soyez informés de cette… Ah ! Autre chose ! La présence de monsieur Léonard Biechy est absolument indispensable. Pensez-vous que votre père puisse venir, madame ?

— Certainement. Je l'ai vu ce matin, il va mieux. Et de toute façon, pour rien au monde il ne voudrait manquer tout ce qui se rapporte à cette mystérieuse affaire. Mais vraiment, docteur, croyez-vous pouvoir…

Nathalie et Clémentine firent irruption dans la cuisine. Nous changeâmes de sujet, puis passâmes à table.

Bien que le repas fût excellent – en plus de la tarte à l'oignon, Marie nous avait préparé un civet de lièvre avec des nouilles fraîches –, personne ne manifesta beaucoup d'appétit, sauf le Dr Twist, qui complimentait la maîtresse de maison presque à chaque bouchée. Bien sûr, mon frère et ma belle-sœur, tout comme moi, avions encore à l'esprit la mort de père, mais je crois que c'était surtout l'impatience de connaître enfin l'explication de ces crimes anciens qui nous nouait l'estomac.

L'après-midi, nous fîmes visiter la ville à notre invité, qui trouva un excellent guide en la personne de mon frère. Nous passâmes en revue les principaux monuments, mais ce fut naturellement la tour des Pêcheurs qui retint le plus l'attention du docteur Twist. Il examina la construction sous tous les angles et, l'air amusé, nous fit quelques commentaires. Malheureusement, la présence de Nathalie et Clémentine ne nous autorisait aucune question concernant le sujet qui nous tourmentait. Alors que Jean et le docteur Twist discutaient sur quelques points historiques, l'image de père se dessina dans mes pensées. En dépit de la magistrale démonstration du détective, la nuit dernière, bon nombre de points demeuraient obscurs.

Pour quelle raison père avait-il mis fin à ses jours ? Ensuite, pourquoi tenait-il tellement à cacher son suicide ? Il devait avoir de sérieux motifs, puisqu'il avait monté toute une mise en scène et longuement souffert pour accréditer la thèse de l'accident.

À 20 h 30 précise, je sortis de ma chambre. La gorge nouée, je descendis l'escalier et me dirigeai vers le salon. Cette angoissante attente m'avait mis les nerfs à vif. En pénétrant dans la pièce, je crus recevoir un coup dans l'estomac : la disposition des lieux était la même qu'à l'époque où le commissaire Sutter nous avait raconté cette horrible histoire. Posés sur la table les deux mêmes candélabres diffusaient une clarté tremblante qui déformait les visages tendus, livides, des quatre occupants de la pièce. Léonard, recroquevillé sur son siège, se tordait fébrilement les mains. Il ne manifestait nullement les symptômes d'une personne impatiente de connaître le dénouement d'un mystère, mais plutôt ceux d'un accusé attendant sa sentence. Face à lui, à l'autre bout de la table, le Dr Twist l'épiait discrètement derrière son pince-nez.

Jean, le visage grave, me désigna d'un mouvement du menton la chaise à gauche de Marie, puis se tourna vers le détective :

— Je crois qu'il est inutile de vous dire que nous sommes impatients de vous entendre, encore que le terme soit bien faible. (Il ferma les yeux, marqua une pause, puis :) nous vous écoutons.

Le docteur Twist rajusta son pince-nez, bourra sa pipe, puis appuya fermement ses mains sur la table et d'une voix grave et vibrante, il commença :

— Il y a seize ans, dans cette même pièce, le commissaire Sutter vous fit une révélation stupéfiante. Essayez de revenir en arrière. Pour vous aider, j'ai demandé à ce qu'il y ait la même source de lumière qu'à l'époque. Observez attentivement nos ombres inquiétantes projetées sur le mur par la lueur vacillante des bougies. (Tous les yeux se dirigèrent vers l'ombre du docteur Twist, qui dépassait de loin celles des autres.) Derrière l'une d'entre elles, se cache peut-être le fantôme de celui qui, bien des fois, a brandi son épée pour frapper ceux qui lui avaient manqué de respect.

Soudain, le détective brandit sa pipe vers Léonard d'un geste menaçant et lança sur un ton dramatique :

— Imaginez-vous maintenant Barberousse devant vous. L'œil injecté de sang, le regard meurtrier, il s'approche à pas lents, l'épée à la main…

Alors que le docteur Twist gardait sa pose et fusillait du regard Léonard, Jean intervint :

— Nous nous l'imaginons très bien, Dr Twist, vous pouvez continuer.

— Bien, fit-il en abaissant sa pipe. Je crois que l'atmosphère est restituée. Ceci est important, vous allez bientôt comprendre pourquoi. Je vais rapidement reprendre le récit du commissaire Sutter en insistant sur les points essentiels.

Il reprit sa pipe, l'alluma posément, puis se mit à parler en contemplant le plafond :

— Premier point : la vie de Barberousse. Je ne vais pas y revenir, car vous la connaissez certainement mieux que moi. Ce qu'il faut retenir de ce chapitre, c'est qu'il nous permet de bien situer le problème et qu'il introduit la malédiction que l'empereur aurait lancée avant de mourir.

» Deuxième point : la mort d'Alban Wœlflin. Les faits sont assez imprécis, mais le bruit circule que seul un fantôme aurait pu le tuer.

» Troisième point : l'assassinat des Suédois dans une cave. Le crime est particulièrement atroce et personne n'aurait pu le commettre. Notons qu'il ne s'agit pas d'une seule victime, mais de plusieurs hommes robustes, habitués au combat. Malgré cela, notre habile et diabolique assassin en vient à bout. Notons aussi que le mystère et l'horreur se précisent.

» Quatrième point : le meurtre de l'un des soldats de La Brosse. Crime totalement inexplicable : non seulement l'assassin franchit les murs, mais voilà qu'il traverse le feu.

» Cinquième point : le meurtre d'un Allemand sur la tour des Pêcheurs. Les témoins – dont l'un d'eux est le commissaire Sutter – sont formels : personne, sauf une créature ailée, n'aurait pu tuer la victime. Le meurtrier franchit les murs, traverse le feu, vole, et la mort ne semble pas avoir de prise sur lui puisque ses forfaits s'étalent sur plusieurs siècles… le doute n'est plus possible, nous sommes en présence d'un être surnaturel. Un être surnaturel qui – rappelons-le encore, car c'est capital – élimine tous ceux qui se sont moqués de Barberousse.

» Le problème posé est délicat, très délicat, puisqu'il s'agit rien de moins que d'expliquer… l'impossible !

Le docteur Twist fit une pause. D'un revers de main agacé, il balaya les cendres répandues sur son veston. Puis il continua d'une voix acide :

— Mais peut-être que monsieur Léonard Biechy a une solution à nous proposer…

Léonard avança une main tremblante en direction de son verre, le vida d'un seul trait, respira à fond, puis finit par lâcher :

— Finissez-en, monsieur Twist, je vous en prie.

Le détective nous soumit tour à tour à un long examen silencieux. Voyant nos mines ahuries, il secoua la tête avec un soupir exaspéré. Son visage s'empourpra. Soudain, il frappa brutalement la table du poing et faillit même en perdre son pince-nez.

— Mais mille tonnerres ! rugit-il avec une violence du ton qui tranchait singulièrement avec son flegme habituel. Ne comprenez-vous pas que cette histoire n'est qu'une invention ! Une fable dramatique et grossière ! Quelqu'un – autre que feu monsieur Martin, monsieur Biechy ici présent et le commissaire Sutter vous a-t-il déjà parlé des meurtres de Barberousse ? Non, et pour cause !

Il y eut un silence glacial. Sous nos regards effarés, Léonard se cachait le visage entre les mains.

Jean, essayant de maîtriser sa voix, ne dit qu'un mot :

— *Pourquoi ?*

— Pourquoi ? répéta le docteur Twist en tirant sur sa pipe sans se rendre compte qu'elle était éteinte. Vous ne l'avez pas encore deviné ? Bien. Si je me trompe, monsieur Biechy, n'hésitez pas à intervenir.

Léonard émit un murmure approbateur.

— Je vais commencer à partir du moment où Marie et Étienne – je vous appelle par vos prénoms pour simplifier les choses – entendent des bruits de pas la nuit, continua le docteur Twist. Mais ils ne sont pas les seuls. Monsieur Biechy et monsieur Martin les perçoivent également. Il ne leur faut guère de temps pour constater que leurs fils, Jean et François, s'absentent chaque nuit à tour de rôle. Un soir, ils suivent discrètement l'un d'eux jusqu'à la masure. Près de l'entrée, Eva attend le jeune homme. Les deux adolescents s'engouffrent dans la maisonnette et n'en ressortent que bien plus tard. La nuit suivante, le scénario est le même, sauf que c'est au tour de l'autre garçon. Veuillez m'excuser, madame Martin, mais…

— Je crois que je commence à comprendre, répondit Marie d'une voix glacée. Cette sale petite garce… Continuez, Dr Twist, je vous en prie.

— Je pense que vous comprenez très bien ce qu'éprouvent alors les deux pères de famille : cette petite dévergondée – une Allemande de surcroît, vous vous rendez compte ? – s'offre à leurs fils presque toutes les nuits ! Que faire ? S'ils utilisent une méthode brutale, les deux garçons s'entêteront et finiront par s'affronter. Alors que faire ?

» Ne perdons pas de vue que les deux hommes sont amateurs de romans policiers et qu'ils se passionnent pour l'histoire de leur région. Ils savent aussi que durant la journée, les enfants s'amusent à interpréter des scènes médiévales.

» Ils trouvent alors une solution qui, d'une certaine façon, est assez ingénieuse. Une solution qui non seulement va terrifier les adolescents, mais surtout les éloigner de la masure : une malédiction, lancée par Barberousse, qui frapperait tous ceux qui se sont moqués de lui ! Eux, qui dans leurs jeux ont donné à Barberousse le rôle d'un mari trompé, bafoué, vont naturellement être directement concernés par cette terrible malédiction.

» Pour que cette incroyable histoire n'ait pas l'air d'une fable, ils vont la faire raconter par une personne dont la parole ne peut pas être mise en doute : le commissaire de police. Une fois que leur scénario est au point, monsieur Martin attend le moment propice pour leur annoncer l'existence de la malédiction. Pour feindre l'affolement, il va même jusqu'à laisser tomber une tasse de café.

» On en arrive maintenant au récit du commissaire Sutter. Un chef-d'œuvre dans le genre. Pour que l'histoire ait bien l'air réelle, il s'étend assez longuement sur la vie et les origines de Barberousse. Naturellement, les crimes imaginaires sont basés sur des faits historiques, et les témoins sont toujours mal placés pour rapporter ce qu'ils ont vu. Les détails macabres ne manquent pas, l'une des victimes serait même enterrée près de la masure.

» Autre chose vous êtes-vous jamais demandé pourquoi, ce soir-là, on avait remplacé l'éclairage habituel par deux candélabres ? Voyez-vous, ce qui est, important lorsqu'on raconte une histoire de fantômes, c'est l'ambiance, le cadre. Cela se passe toujours près d'une cheminée ou à la lueur d'une bougie, car le feu possède ce pouvoir envoûtant qui nous permet de plonger facilement dans l'irrationnel…

Le Dr Twist s'interrompit, fixant Léonard afin qu'il confirmât ses dires.

Le vieil homme leva péniblement la tête et murmura :

— Tout ceci est exact. (Son regard se fit suppliant.) Nous croyions bien faire. Notre seul but était la sauvegarde morale de nos enfants. Puis il y a eu cet horrible meurtre… La petite Eva Muller, comme dans notre conte macabre, a été tuée d'un coup d'épée dans d'inexplicables circonstances… Mettez-vous à notre place ! Mettez-vous aussi à la place du commissaire Sutter qui était chargé d'enquêter sur cet assassinat ! Je suis parfaitement conscient que Lambert et moi avons une bonne part de responsabilité dans ce crime, car sans notre maudite invention, il n'aurait jamais eu lieu.

— Je ne vous le fais pas dire, gronda le Dr Twist. Le meurtrier a voulu donner suite à la malédiction, cela semble presque certain. Dans ce cas, il nous faut éliminer l'hypothèse d'un crime de rôdeur… Je dirai même que le nombre des suspects est extrêmement restreint…

Le coup fut terrible pour Marie. Elle tressaillit, blêmit, puis se leva :

— Quoi ! cria-t-elle. Vous osez prétendre que l'assassin est l'un d'entre nous !

— Calme-toi, chérie, intervint Jean d'une voix rassurante. Je sais que tout cela est difficile à admettre, mais, hélas ! il ne peut en être autrement…

— Tais-toi ! hurla Marie sur le point d'exploser. Je sais très bien où tu veux en venir. Tu as toujours cru que c'était mon frère qui a… Mais ne comprenez-vous pas que cette garce s'est suicidée pour nous mettre un crime sur le dos ? Pour nous punir, nous qui avons cru à cette histoire – qui n'était pas tendre pour ses compatriotes, particulièrement dans son dernier épisode – et nos pères et leur ami pour l'avoir racontée avec une mise an scène dont elle n'était pas dupe ? Elle avait parfaitement compris que c'était contre elle qu'elle avait été montée, elle et ses dévergondages. En outre, il y avait en prime une hostilité due à sa nationalité. Elle aurait été parfaitement capable de se suicider dans le seul but de nous… Ou peut-être avait-elle voulu nous flanquer une belle frousse en s'infligeant quelques blessures superficielles… et, accidentellement, cela aurait mal tourné ?…

Personne ne répondit. Elle se rassit et fondit en larmes.

Pour détendre l'atmosphère, Léonard déclara :

— Ce crime appartient au passé. Peu importe de savoir qui l'a commis. Il y a eu suffisamment de morts… Pauvre Lambert…

— Justement, monsieur Biechy, dit le docteur Twist en poussant un soupir. J'aurais une question à vous poser à son sujet. Avant sa mort, monsieur Martin avait eu un comportement bizarre. Pouvez-vous nous éclairer sur ce point ?

Léonard secoua lentement la tête d'un air d'impuissant regret :

— Hélas ! non. Lambert ne m'avait fait aucune confidence. Quelque chose de terrible le torturait, c'est certain, mais quant à vous dire quoi…

— Son étrange comportement remonte à plusieurs semaines, reprit le docteur Twist d'un air intrigué. Il doit bien y avoir un détail, si minime soit-il, qui…

— Attendez ! coupa Léonard en portant sa main au front. Oui… cela m'avait intrigué, mais je n'ai pas réussi à comprendre. Il y a quelques jours, j'ai rencontré les Kiehl – les gens qui, à l'époque, avaient hébergé Eva Muller. Ils m'ont appris que Lambert, trois mois plus tôt – donc à peu près au moment où il est devenu si bizarre –, était venu leur demander… *les habits qu'Eva portait le jour de son assassinat !*

12

Pendant une ou deux secondes, ces mots tombèrent dans le vide. Les yeux fermés, l'éminent détective méditait. Une méditation profonde que nul ne se serait permis de troubler.

Au bout d'un instant, il ouvrit les yeux, fronça les sourcils et demanda :

— Les habits d'Eva ? Vous voulez parler du chapeau et du manteau ?

— Oui, c'est bien cela. En fait, ces vêtements appartenaient aux Kiehl. Après la mort d'Eva, la police les leur rapporta.

— Et seize ans plus tard, marmonna le docteur Twist, monsieur Lambert Martin va les chercher… Pourquoi diable ?… Au fait, est-ce que les Kiehl les possédaient encore ?

— Oui. Lambert les a emportés.

Le docteur Twist devint tout pensif, puis son visage s'assombrit.

— Encore une question, monsieur Biechy. Madame Kiehl était-elle actrice à ses heures, faisait-elle du théâtre ou quelque chose de ce genre ?

Un étonnement incrédule se peignit sur le visage de Leonard.

— En effet, il y a déjà plusieurs années de cela, elle dirigeait une petite troupe théâtrale… Mais comment pouvez-vous le savoir ?

Les traits du docteur Twist se durcirent, laissant, transparaître une profonde expression de tristesse.

— Mon Dieu ! murmura-t-il. Jamais je…

Il parut sur le point de continuer, puis se ravisa.

— Dr Twist, fit Jean d'un ton aimable mais net, je ne sais pas ce que vous avez derrière le tête, mais afin d'éviter toute confusion, je tiens à vous rappeler certains points concernant la mort d'Eva Muller.

» Eva a été assassinée à 15 heures et, de 14 heures à 16 heures, personne n'a pu s'introduire dans la masure. De plus, lorsque nous l'avons quittée, elle était seule et il s'agissait bien d'elle. Vous pouvez écarter toute solution où il serait question d'une actrice se faisant passer pour elle… comme vous semblez le penser.

Le docteur Twist ne répondit pas. Il se leva et arpenta la pièce, s'éclaircit la voix et déclara :

— Comme le dit monsieur Biechy, ce crime appartient au passé. De toute façon, cette histoire est trop ancienne pour être éclaircie. Mais y a-t-il eu crime ? Seules les circonstances nous orientent vers cette hypothèse. Maintenant, nous savons que cette malédiction n'est qu'une invention… Alors, l'explication de madame Martin ? Suicide ? Ou simulacre d'une agression qui aurait mal tourné ? Bien difficile à croire en considérant la nature des blessures. D'autre part, ne perdons pas de vue l'âge d'Eva, une période psychologiquement bien délicate…

Marie l'écoutait, passionnément attentive.

— Mais alors, dit-elle, nous tournons en rond ! Jean soupçonnait mon frère, mon frère craignait que ce ne fût lui le meurtrier.

— Il a dit cela ! s'exclama Jean atterré, le souffle court.

— Pas expressément, mais il était profondément malheureux rien qu'à cette idée. Afin de pouvoir s'éloigner d'ici, il demanda à poursuivre ses études en pension, lui qui n'avait jamais voulu en entendre parler auparavant.

» Et tout cela à cause d'une petite allumeuse qui jouait les Lorelei ! Je la revois sortant de l'eau, nue comme Ève au paradis terrestre, ses longs cheveux blonds aux reflets d'or répandus sur ses épaules, gracieuse, belle et le sachant, parfaitement à l'aise. Vous étiez tous fascinés, ensorcelés, comme le pêcheur de la vieille légende rhénane.

— Mais, dit doucement le docteur Twist, c'est elle qui est morte.

— Oui, c'est elle qui est morte, répéta lentement Marie avec un étrange regard perdu dans le vague. (Elle se secoua et reprit :) Tu vois bien, Jean, vos mutuels soupçons, à François et à toi, vous mettent hors de cause. En y réfléchissant mieux, j'abandonne l'idée de suicide ou d'agression simulée. J'y ai cru un instant en apprenant la vérité sur les vengeances de Barberousse et en me souvenant du caractère d'Eva qui devait être furieuse. Cela se voyait à ses yeux bleus qui viraient alors au vert, même si elle gardait un sourire de façade.

Marie nous regarda un moment et poursuivit :

— Il y a une autre explication qui m'a toujours paru la seule possible. Papa et toi, Jean, souvenez-vous, deux ou trois jours après le drame, on signala deux tentatives de viol dans la forêt. On ne trouva pas le coupable. Cependant, dans un village proche, un modeste cirque se trouvait en stationnement prolongé – à cause de la maladie de l'un des artistes. Parmi la petite troupe, il y avait un jeune et remarquable perchiste, assez beau garçon, qui se croyait irrésistible. Il passait son temps à faire la cour aux jeunes filles du village, quand il ne braconnait pas. Les soupçons se portèrent un moment sur lui. À mon avis, il aurait très bien pu connaître Eva, une Eva dépitée par la défection subite de ses soupirants.

Le docteur Twist dit alors, interrogatif :

— Et avec sa perche, il aurait pu la rejoindre par la fenêtre de l'étage, sans être vu, et…

— Oui, dit fermement ma belle-sœur, je l'ai toujours pensé, mais il avait pu avancer un alibi qui semblait solide.

— Bien, madame Martin, mais que faites-vous de la malédiction de Barberousse ?

— Oh ! répliqua Marie, il pouvait connaître nos jeux, avoir surpris les rendez-vous nocturnes et nous avoir entendus discuter des mystérieuses vengeances de Barberousse. Eva l'a-t-elle éconduit avec des mots blessants, s'est-elle moquée de lui après avoir joué à l'attirer ? Il aurait pu la tuer dans un accès de fureur, de jalousie.

— Ce n'est pas à exclure, sembla admettre le docteur Twist, songeur, en suivant machinalement de son index les broderies de la nappe.

Seule la politesse du docteur Twist pouvait expliquer le fait qu'il ne réfutait pas l'invraisemblable hypothèse de Marie. Parvenir à la fenêtre de la masure en sautant à la perche et en prenant appui – forcément dans le lit de la rivière, c'était là un exploit à pulvériser le record mondial !

— Oui, je vois, poursuivit le docteur Twist. Qu'en pensez-vous, monsieur Biechy ?

Léonard le regarda tristement :

— On ne le saura jamais avec certitude. Tant de choses et de gens ont disparu dans la tourmente qui suivit sept années plus tard. Pour nous, ce fut la fin des années heureuses. François ne revint chez nous que pendant les vacances et s'arrangeait pour rester le moins possible à la maison. Entre-temps de sombres nuages s'élevèrent de l'autre côté du Rhin, bruits de bottes, vociférations hystériques. Puis il y eut Munich fin septembre 1938.

Le docteur Twist hocha la tête et soupira :

— Munich, le lâche soulagement…

— François, continua Léonard, nous avait accompagnés au cinéma. Pendant les actualités il vit sur l'écran Daladier, le visage défait, regardant et entendant, avec une stupeur indicible, monta vers lui les acclamations d'une foule qui croyait la paix sauvée, inconsciente du danger accru, de la guerre inéluctable désormais. Il se tourna vers moi, cherchant mon regard. Il avait compris. Ce soir-là, il me fit part de sa décision : « Père, je n'ai plus le choix… Je pars, je vais m'engager. » Il nous revint pour de rares permissions.

» Il y eut la guerre, la défaite et de nouveau la botte allemande, plus lourde que jamais. Puis un silence de quatre longues années. Ma femme, qui avait perdu sa joie de vivre après le drame de l'été 1932, très affectée par l'éloignement de François et l'annexion, ne supporta pas cette cruelle incertitude. Malgré la présence aimante de Marie, qui avait épousé Jean, et la naissance de leur petite Clémentine qui fut sa dernière joie, elle nous quitta en 1943.

» Madame Martin, bouleversée par sa mort, rongée par une inquiétude semblable à laquelle son cœur ne résista pas, mourut quelques mois plus tard. Docteur Twist, je vous lasse sans doute par ces tristes souvenirs qui n'ont guère d'intérêt pour votre enquête…

— Je vous en prie, continuez, monsieur Biechy. Je suis très sensible à ce que vous me dites.

— Merci. Voyez-vous, notre amie était de santé fragile. Elle avait eu sa part d'épreuves lorsque, jeune épousée, elle vit partir son mari à la guerre, celle de 14-18 bien sûr, portant l'uniforme honni, étouffant de chagrin et de rage. D'abord envoyé sur le front russe, il en revint en permission fin 1917 pour repartir sur le front ouest. Il eut la chance de pouvoir franchir les lignes et de passer en France d'où il fut envoyé en Algérie jusqu'à la fin de la guerre. Sa femme resta sans nouvelles durant tout ce temps. Jean était tout petit et elle attendait Étienne. Elle était rongée d'inquiétude sur le sort de son mari porté disparu. Ma femme la réconfortait de son mieux.

» Étienne naquit prématurément, enfant fragile, nerveux et impressionnable, ce qui n'avait rien d'étonnant. Octavie attendait Marie, mais j'étais auprès d'elle, ayant été assez sérieusement blessé près de Verdun pour être renvoyé dans mon foyer.

» Et voyez l'ironie du sort, Dr Twist, l'amertume d'avoir été atteint par une balle française me fut épargnée, ce fut un tir trop court de l'artillerie allemande qui m'atteignit.

» Nous entourions notre amie et ses enfants de notre mieux. Puis vint la libération, l'entrée des troupes françaises, ces heures inoubliables des retrouvailles avec la France après quarante-huit années d'attente et d'espoir, la joie indescriptible, la ferveur profonde, ces forêts de drapeaux fleuris en une nuit. (Léonard essuyait ses yeux pleins de larmes.) Il y a trente ans de cela, presque jour pour jour. Les fêtes succédaient aux cérémonies. Ici, à Haguenau, la jeunesse dansa trois jours de suite, prenant à peine le temps de dormir.

» Mais la fête n'était pas pour tout le monde. Les Allemands repartaient chez eux, la tête basse, toute arrogance disparue. Les quolibets pleuvaient, et pas que des quolibets… Il y eut, en certains endroits, des passages à tabac. Un cousin du Haut-Rhin m'avait parlé de Mulhouse, où quelques excités donnèrent libre cours à leur violence. Il y a hélas ! toujours des excès condamnables… On l'a bien vu en 1944 et 45, où les règlements de compte, les vengeances personnes, les déferlements de brutalité de certains courageux de la dernière heure vinrent assombrir et souiller la joie de la Libération.

Léonard s'arrêta, priant Marie de lui donner un peu d'eau.

J'écoutais, je buvais les paroles de Léonard. Le docteur Twist gardait le silence, perdu dans ses pensées, enregistrant probablement dans sa phénoménale mémoire le récit de notre ami.

Marie, soucieuse, dit tendrement :

— Papa, ne te fatigue pas ainsi !

— Sois tranquille, ma petite fille. Cela me soulage de parler. Dr Twist, ne croyez pas que je vous raconte tout cela pour diminuer mes responsabilités dans cette histoire…

— Soyez sans crainte, Monsieur. Je ne pense rien de tel et prends votre récit pour un témoignage sincère sur une époque cruelle dans une province particulièrement éprouvée. Et le drame qui nous préoccupe s'inscrit sur ce fond.

Léonard continua :

— Entre-temps Lambert revint, précédé de peu par une lettre annonçant son retour. Et la vie reprit son cours normal. Il retourna à son poste à la Caisse d'assurance maladie où Jean entra à son tour bien plus tard. Madame Martin retrouva son sourire et sa joie de vivre jusqu'à l'été tragique de 1932. Elle n'aimait pas beaucoup Eva, certes, sa précocité l'inquiétait pour ses fils, mais sa mort affreuse la bouleversa. Puis elle se fit beaucoup de soucis pour Étienne, qui, après une petite enfance difficile, était devenu un grand garçon vigoureux, que la pratique régulière de la gymnastique avait harmonieusement développé. Sous une apparence calme et réservée, il cachait une profonde sensibilité. Étienne devint taciturne, insomniaque, dépressif. Bien soigné par un excellent spécialiste, il reprit le dessus, et entra à l'école hôtelière d'où il sortit fort bien noté. Il voulut faire son service militaire par devancement d'appel, mais il fut réformé. Il partit alors pour l'Angleterre exercer son métier comme son grand-oncle le fit avant lui.

» Pendant toute la guerre, nous n'eûmes aucune nouvelle de lui. Mais ta mère, Étienne, te savait à Londres, et la radio allemande annonçait journellement des bombardement intensifs sur la capitale britannique. Imagine son angoisse quand nous entendions passer les vagues de bombardiers au-dessus de nos têtes ! Elle ne disait rien, mais ses yeux parlaient pour elle.

» Jean avait été incorporé de force. Il ne pouvait songer à s'évader comme le firent bien de ses camarades : le fait qu'Étienne était en pays ennemi suffisait à placer ses parents en périlleuse position. Votre mère vivait dans la plus grande anxiété et son pauvre cœur n'en pouvait plus. Elle eut tout de même la joie de te revoir, Jean, avant de s'en aller. Tu repartis et, comme ton père, tu parvins à fausser compagnie à la Wehrmacht à la faveur d'un bombardement allié sur une gare de triage. Il y eut de nombreuses victimes et tu fus porté disparu. Après bien des péripéties, tu revins en cachette chez toi et c'est une sœur de ton père qui très courageusement te garda chez elle dans le grenier de sa vieille maison.

— Chère petite tante, dit Jean attendri. Elle était mon ange gardien. Elle prenait un gros risque en me cachant une année entière chez elle.

Le docteur Twist nous regardait, mon frère et moi, avec dans le regard quelque chose qui ressemblait à de l'émotion.

— Et vous, Étienne, demanda-t-il, avez-vous des souvenirs de ce temps-là ?

— Oh ! oui, fis-je avec un soupir. Sans autres nouvelles que celles des journaux, j'avais participé de mon mieux à recueillir les soldats rescapés de la bataille de Dunkerque, avec la flottille de bateaux et barques en tous genres. Il y avait quelques Français parmi eux. Je scrutais avidement leurs traits, mais ne vis aucun visage connu.

» J'ai surtout des souvenirs auditifs, en particulier le ronronnement des avions, les stridences lugubres des sirènes annonciatrices du Blitz, l'infernal tintamarre des bombardements ; puis les oiseaux de mort repartis, le signal de fin d'alerte, les avertisseurs des voitures de pompiers, des ambulances et les plaintes des blessés.

» Je rongeais mon frein, je ne pouvais rien faire d'autre qu'aider à déblayer les décombres, dégager les blessés et les morts. Nous aurions pu nous rencontrer alors, Frances et moi. Elle était infirmière d'ambulance dans le même secteur.

» J'ai admiré le courage, le stoïcisme, la volonté de vaincre de vos compatriotes, Dr Twist, faisant bloc autour du Premier ministre.

» Dans la journée, mon travail m'occupait suffisamment pour m'empêcher de penser. Mais la nuit, mon esprit était loin, au-delà de la Manche, dans mon pays occupé, humilié, dans ma province annexée, opprimée. Qu'étaient devenus ma famille, mes amis ?

Le docteur Twist écoutait, dodelinant de la tête, le regard approbateur :

— C'était une rude époque. Mais nous tenions bon. (Il se tut un instant, puis, s'adressant à Léonard :) Et votre fils François, fut-il long à vous revenir ?

Le visage de notre vieil ami s'éclaira :

— Aussitôt les Allemands partis. Il n'était pas très loin de nous et trépignait d'impatience. Dès que les Américains eurent dégagé les abords de la ville, il eut le droit de passer. Alors que je m'apprêtais à sortir, espérant trouver un peu de ravitaillement, je vis arriver un grand gaillard en uniforme, casqué, armé, qui m'appelait « Papa ». Je crus que mon cœur allait éclater. Marie avait entendu et s'était précipitée vers nous.

Nous entrâmes dans la maison, riant et pleurant. Je vis alors qu'il portait les galons de lieutenant de l'armée française. Il aperçut mon regard et sourit : « Je crois bien être le premier soldat français à débarqua à Haguenau. » Brièvement, il m'expliqua son dernier parcours : Afrique du Nord, campagne d'Italie, débarquement en Provence, et maintenant l'Alsace avec la première armée du général de Lattre.

» Il resta deux jours auprès de nous, deux jours de bonheur, de tristesse aussi, car il fallut bien lui apprendre la mort de sa mère et celle de madame Martin qu'il aimait beaucoup. Avant de nous quitter, il nous accompagna à la messe d'action de grâces, célébrée dans la grande salle de la Douane, notre pauvre église étant en piteux état. J'étais immensément heureux et fier.

» Jean revint peu après, fou de joie de retrouver sa petite famille et de respirer à l'air libre.

— Doublement libre, dit Jean en souriant. Mais hélas ! cela ne dura pas. Les Allemands revinrent encore une fois, plus vindicatifs et destructeurs que jamais. Enfin, en mars, nous fûmes libérés pour de bon. La vie reprit son cours normal, non sans difficulté. Et voilà, docteur Twist, un résumé de l'histoire de nos deux familles. Nous nous crûmes au bout de nos peines, mais le sort nous frappa une fois de plus par l'affreux trépas de notre pauvre père.

Le docteur Twist toussota, s'éclaircit la voix et dit :

— Je vous remercie pour la spontanéité de vos récits. J'aurais aimé acheva cette soirée en échangeant des souvenirs avec vous, mais il faut bien faire le point de la dramatique histoire qui nous préoccupe.

» Premièrement : le suicide est exclu. Deuxièmement : Jean et François sont hors de cause, leur mutuelle et douloureuse suspicion est pour nous la meilleure preuve de leur innocence. Troisièmement : Étienne et Marie ne se sont pratiquement pas quittés.

» Alors ? Crime de rôdeur ? Avant de conclure, je voudrais vous poser encore une ou deux questions. Vous souvenez-vous de l'aspect physique du jeune perchiste ? Était-il grand et fort ?

— Grand et mince, fit Marie avec une légère surprise.

— Vous souvenez-vous de la composition de la troupe du petit cirque ?

— Ça ! dit Jean, songeur, il me semble qu'il y avait une écuyère et son cheval, un ou deux clowns…

— Un violoniste tzigane, ajouta Léonard.
— Pas de contorsionniste ? demanda le docteur Twist.
— Il y avait celui que l'on appelait l'homme-serpent !
— Ah ! dit le détective avec satisfaction. (Tous les regards se braquèrent sur lui.) Y avait-il de la végétation autour de la masure ? Essayez de vous en souvenir !
— Si François était là, il vous répondrait avec précision. Marie avait décidé de nous faire dégager les alentours, ce fut lui qui fit en grommelant le plus gros du travail, arrachant les ronces et les orties.
» Étienne m'aida à couper les hautes herbes, et le reste fut piétiné au cours de nos jeux. Mais toujours sur l'ordre de notre chef en jupon, nous avons laissé quelques touffes de mélisse sauvage, « Pour les abeilles, nous disait-elle, et parce qu'elles faisaient bien dans le décor ». Mais quelle importance ?...
Le docteur Twist se redressa et déclara gravement :
— Une importance capitale. Le coupable a pu s'approcher de la maisonnette en venant de la forêt et en traversant la rivière à la nage, sans être vu par le peintre et la jeune femme. Il lui suffisait, alors, de contourner la masure en rampant avec souplesse le long du mur, et de gagner la porte entrouverte à l'abri des touffes de mélisse bien suffisantes à le masquer. C'était risqué, mais faisable. Le peintre et son modèle avaient toujours la masure dans leur champ visuel, soit, mais ne me dites pas que leurs regards étaient constamment braqués sur... le bas de la porte et les touffes de mélisse !
» Alors le perchiste dont la minceur et la souplesse rendaient possible cet exercice, ou le contorsionniste tout aussi qualifié pour ce faire ?
— Pas l'homme-serpent en tout cas, dit Marie. Il n'était pas très séduisant ni plus très jeune !
— Cela, fit le docteur Twist avec un soupçon d'humour, n'est pas une raison suffisante pour l'éliminer. On ne saura jamais la vérité. Que dire de plus sur ce drame, sinon de le laisser retomber dans l'oubli...
Sur ces paroles, la séance fut levée.
Une fois dans mon lit, l'obscurité aidant, j'essayai de faire le point sur tout ce que j'avais appris en cette soirée. Les meurtres de Barberousse ! Dire que, des années durant, ce mystère m'avait tellement obsédé, alors que l'explication était d'une simplicité déconcertante ! Pourquoi, connaissant le

caractère excentrique de père et de Léonard, n'y avais-je pas pensé plus tôt ?

Merveilleux docteur Twist ! Sa prodigieuse faculté de déduction nous avait étonnés une fois de plus. Mais certains points demeuraient toujours obscurs… et le docteur Twist le savait… Et père ? Que voulait-il faire avec les habits d'Eva ?

Le lendemain, le docteur Twist nous annonça son intention de se rendre à Mulhouse chez son ami Arnold. Il me proposa de retourner ensemble en Angleterre, aussi passerait-il me prendre d'ici une dizaine de jours. Comme je comptais repartir à cette date, j'accueillis son offre avec plaisir.

L'idée de ce retour orienta mes pensées vers celle que j'aimais… Frances ! Dieu merci, elle ne m'avait pas accompagné ! Pour rien au monde, je n'aurais voulu qu'elle fût présente en ces pénibles instants ! Frances ! Chaque seconde me rapprochait d'elle, me rapprochait du bonheur… Il n'y avait plus d'obstacle… Du moins je le pensais.

13

Jean ayant repris son travail, je passais le plus clair de mon temps chez quelques vieilles connaissances, où je m'attardais souvent jusqu'à une heure fort avancée de la nuit, en ayant bien entendu pris soin de laisser sur le pas de la porte les consignes de modération de mon médecin. Je rentrai à chaque fois dans un bien piètre état. Mais, à moins de passer pour un rustre, il m'était difficile d'éviter ces traquenards amicaux.

J'en profitais aussi pour bavarder avec Marie, et à sa demande je lui appris à préparer les multiples gâteaux pour le thé à l'anglaise. Elle me rappelait bien des anecdotes de notre enfance, en particulier l'une d'entre elles. Nous avions alors huit ou neuf ans. Nos mères avaient de longues chevelures qu'elles coiffaient en de volumineux chignons dont elles commençaient à se lasser. Hélas ! leurs époux respectifs étaient farouchement opposés à la nouvelle mode des cheveux courts. Un beau jour, un vent de révolte souffla. Elles décidèrent de passer outre à l'interdiction maritale, se rendirent chez le coiffeur et revinrent à la maison l'air faussement assuré, coquettement coiffées. Pour nos pères ce fut le choc, le calme, le fameux calme qui précède la tempête. La mâle fureur de ces messieurs fut vaine : les cheveux étaient coupés. Nos parents ne s'adressèrent plus la parole pendant une semaine entière. Et puis, comme elles étaient charmantes, nos mamans, la paix fut signée et la double réconciliation se fêta à Brumath, à l'excellent restaurant *À l'Écrevisse*. Ce fut une merveilleuse journée pour nous tous.

Marie prétendit que c'est de ce jour-là que date ma vocation de cuisinier. Elle avait peut-être bien raison après tout.

Elle me montra d'anciennes photos dont celles de nos mères habillées et coiffées à la mode des années 1920. Ils n'en ont probablement jamais convenu, nos pères, mais elles étaient adorables ainsi, et au fond ils devaient en être assez fiers.

Je me promis de raconter cette histoire à Frances.

Tous les matins, après avoir pris mon petit déjeuner avec Marie et les enfants, je me glissais derrière la fenêtre du salon afin de guetter l'arrivée du facteur.

Quelques jours avant mon départ – le docteur Twist n'allait pas tarder à venir me chercher – je reçus enfin une lettre de Frances. En examinant le cachet de la poste, je remarquai que la missive avait mis plusieurs jours pour parvenir jusqu'ici. Après avoir pris connaissance de son contenu, je me sentis envahir par une douce béatitude. Frances m'aimait toujours et c'était bien la seule chose qui comptât pour moi. J'aurais aimé, j'aurais voulu lui répondre, lui écrire tout ce que j'étais incapable de lui dire avec des mots, mais j'étais certain d'arriver bien avant ma lettre.

La porte d'entrée claqua puis peu après Marie fit irruption dans ma chambre.

J'enfouis aussitôt la lettre de Frances dans ma poche.

Marie, à qui mon geste furtif n'avait pas échappé, sourit malicieusement et me dit, tendrement ironique :

— Gros nigaud ! Tu me fais penser à un écolier pris en flagrant délit de fraude lors d'une interrogation écrite ! Comme si je ne savais pas ce qu'est une lettre d'amour, tiens ! (Elle me tendit une feuille pliée.) Une nouvelle qui va te faire plaisir, j'imagine !

C'était un télégramme du D Twist annonçant son arrivée, prévue pour lendemain matin, voire dans la soirée.

Mon visage dut laisser transparaître ma joie puisque Marie me fit remarquer avec tristesse :

— Tu es heureux de partir, Étienne, tu vas bientôt revoir ta petite Anglaise… L'idée de nous quitter ne te…

Sa voix s'étouffa en de pénibles sanglots qu'elle cherchait vainement à réprimer. Je savais Marie sensible, mais je n'aurais jamais cru que mon départ pût la bouleverser à un tel point.

Je voulus la consoler lorsque Nathalie et Clémentine firent leur apparition.

— Dis, tonton, c'est vrai que tu vas bientôt te marier ? Tu nous inviteras à ton mariage ?

— Bien sûr, mes chéries, mais uniquement si vous êtes bien sages !

— Chouette alors ! On ira en Angleterre ! On prendra le bateau, on aura de belles robes !

Marie, qui avait retrouvé son sourire, ordonna d'un ton teinté d'un soupçon d'ironie :

— Venez, mes enfants, on va laisser tonton tranquille. Une lecture très importante l'attend !

Comme c'était probablement l'un de nos derniers repas en commun, Marie avait voulu me gâter une fois de plus : elle nous avait mitonné une choucroute royale, en la faisant précéder du potage de légumes frais, où dominaient les carottes, que ma mère nous préparait toujours pour faire passer sans dommage un plat un peu trop riche. Dans le four, une délicieuse tarte Tatin achevait de cuire.

Lors du café, Marie informa son époux de l'imminente arrivée du docteur Twist.

— C'est ennuyeux, grogna Jean, tu sais bien que ce soir nous avons la fête de la Saint-Nicolas pour les enfants des employés.

— Où est le problème ? fis-je remarquer. Vous vous rendrez à votre soirée et moi je resterai ici. De toute façon, je n'ai aucune envie de sortir ce soir. Ces dernières journées passées à festoyer m'ont fatigué. Un peu de repos, avant mon retour en Angleterre, ne me fera pas de mal.

— Bien. Fais comme tu l'entends, déclara Jean visiblement soulagé de ne pas avoir à se décommander auprès de son directeur.

Mon frère, Marie et les fillettes, toutes joyeuses, partirent vers 18 heures. La neige, qui menaçait depuis plusieurs jours, tomba ce soir-là à gros flocons. Sur le seuil de la porte, je les regardai s'éloigner, puis, frissonnant, je rentrai dans la maison.

Je ne savais pas encore de quelle façon j'allais passer ma soirée, mais la première chose à faire était certainement d'aller jeter un coup d'œil au souper que Marie m'avait préparé.

Je pénétrai dans la cuisine en sifflotant. J'eus une pensée émue pour mon frère à la vue d'une vénérable et poussiéreuse bouteille posée sur la table. Je la pris religieusement en l'examinant d'un œil de connaisseur.

Un château margaux ! Rien que cela ! La soirée n'allait pas être triste ! En prenant mon temps, je dressai la table, fis réchauffer un reste de l'excellent potage de midi, me préparai un verre de liqueur de noix et m'installai. En solitaire, je fis honneur au jambon en croûte accompagné d'une croquante scarole et au plateau de fromage. Le vieux bordeaux connut le sort qui lui était dévolu depuis de longues années. Un régal ! Dans ma lancée, et pour terminer ce repas de digne façon, je fis appel à la bouteille de vieux marc.

Il était presque 20 heures lorsque je me levai de table. Assailli par un violent mal de tête, je pris un cachet d'aspirine, puis, en compagnie du vieux marc, me glissai dans le salon et m'étendis sur le canapé J'allumai une cigarette, pris encore un petit verre et attendis que l'aspirine fit son effet.

Au lieu de se dissiper, mon mal de tête se faisait de plus en plus lancinant. Mon crâne n'était plus qu'une enclume sur laquelle deux forgerons mesuraient leur force de frappe.

Puis soudain, plus rien.

Le silence.

Surpris par ce brusque mieux-être, je me relevai, comme pour m'assurer de la réalité des faits, quand je perçus un petit rire lointain et étouffé. Difficile à localiser, il semblait provenir des quatre murs qui m'environnaient.

Intrigué, je me mis à inspecter les pièces de la maison et même la cave et le grenier. En vain, il n'y avait pas âme qui vive.

Je regagnai le salon, éteignis la lumière et m'allongeai de nouveau sur le canapé. J'allai m'endormir lorsque le petit rire se fit de nouveau entendre.

En fait, ce rire-là ressemblait plutôt à un ricanement. Un affreux ricanement émis par une voix éraillée qui n'avait rien d'humain. Alternativement, le son s'éloignait puis s'amplifiait.

Terrorisé, l'oreille aux aguets, je restai figé en essayant de situer ces sons étranges. Mais ils s'estompèrent pour laisser place à un silence inquiétant.

Cependant, j'avais maintenant une certitude : il y avait une présence, ici… une présence mauvaise et vindicative…

Mais qui cela pouvait-il bien être ?

En essayant de remettre un peu d'ordre dans mon esprit embrumé, il me vint une idée effrayante : l'assassin d'Eva Muller était dans la maison !

Pris de panique, je me précipitai dans la chambre de mon père, me saisis du fusil de chasse accroché au mur, le chargeai et soumis notre demeure à un nouvel examen, mais minutieux et méthodique cette fois-ci. En premier lieu, je verrouillai la porte d'entrée et celle qui donnait sur le jardin. Ensuite, je gravis à la hâte les marches qui menaient au grenier, procédai à une fouille complète des combles, puis en ressortis en fermant la porte à clef. Je pris également la précaution de pousser la targette. Je fis de même pour toutes les pièces du premier étage en emportant avec moi les clefs de chaque porte.

Haletant, je descendis alors à la cave. J'inspectai tous les recoins et remuai même la réserve de charbon. Toujours personne.

En poussant le verrou, j'entendis un bruit sec.

Quelqu'un venait de frapper à la porte d'entrée !

Le corps tendu, je gravis les quelques marches et ouvris brusquement.

Pas un chat ! La neige qui avait cessé de tomber recouvrait les alentours de son manteau blanc… et les marches du perron étaient vierges de toute empreinte ! Pourtant on avait frappé à la porte, c'était absolument certain !

Les nerfs sérieusement ébranlés, je restai cloué sur le seuil, indifférent au froid qui me piquait le visage.

Sous la livide clarté lunaire, j'essayai d'apercevoir le mauvais plaisant qui m'avait joué ce tour.

Mais il n y avait pas âme qui vive. Je retournai au salon, me servis encore un verre, le vidai d'un trait. L'alcool me réconforta et je retrouvai ma lucidité. La solution de ce petit mystère m'apparut bientôt : quelqu'un avait tout simplement lancé une pierre à la porte. Oui, c'était bien cela, car je n'avais entendu qu'un seul coup.

À ce même instant, trois coups sourds, rapprochés, déchirèrent le silence.

Surmontant la terreur qui m'envahissait, je me ruai vers la porte d'entrée et l'ouvris.

Encore personne ! Et toujours aucune trace de pas sur la neige !

Chancelant, je regagnai le salon. Les battements de mon cœur me remontaient jusqu'aux tempes. Je n'essayai même plus d'analyser la situation. Mon mal de tête revint à la charge. Je me dirigeai vers la cuisine pour y chercher un peu d'aspirine.

Alors que ma main tremblante tâtonnait le long du mur à la recherche de l'interrupteur, un horrible pressentiment m'oppressa : la mort m'attendait dans cette pièce !

La faible lumière du couloir luttait difficilement contre l'obscurité qui régnait dans la cuisine. Toutefois, je parvins à entr'apercevoir, près de la fenêtre… une petite silhouette coiffée d'un étrange chapeau.

Non… ça ne pouvait être elle !

Ma main trouva l'interrupteur, la cuisine fut inondée de lumière et l'ombre se retourna brusquement.

Mes cheveux se hérissèrent lorsque je la reconnus : *Eva Muller !*

14

Face à cette vision hideuse, je faillis m'évanouir d'horreur. Une peau verdâtre sur un visage osseux, quelques mèches jaunes et, à la place des yeux, deux globes blancs, ensanglantés, qui me transperçaient d'un regard effroyable, à la fois goguenard et accusateur. Les lèvres tordues en un affreux sourire, elle émit un ricanement moqueur, satanique, épouvantable.

Ce n'était pas Eva Muller qui se tenait devant moi, mais son cadavre, articulé par je ne sais quel diabolique artifice.

Mon sang se figea dans mes veines lorsque, d'une voix cassée, elle m'adressa la parole :

— *Cher petit Étienne, comme tu sembles terrifié de me revoir… Il est bien regrettable que nous n'ayons pas eu le temps de nous parler la dernière fois, près de la cabine téléphonique, à Londres... Tu te souviens ? Lorsque je me suis approchée de toi, tu es parti en hurlant comme un damné...*

— Mon Dieu, faites que tout ceci ne soit qu'un cauchemar...

— *Oui, je sais bien que je ne suis pas très séduisante avec mes yeux crevés... Mais à qui la faute ?*

— Tu es morte, Eva, tu es morte ! Tu n'es plus de ce monde !

— *Comme tu as raison... Car pour être morte, je suis bien morte ! D'ailleurs, tu es mieux placé que quiconque pour le savoir ! En effet, je n'appartiens plus au royaume des vivants, mais à celui des ténèbres... cet endroit où la nuit est éternelle et d'où nul ne revient... Or, je suis venue pour te chercher, mon petit Étienne, pour t'emmener avec moi, là où tu aurais dû être depuis longtemps...*

— Mais pourquoi ? implorai-je.

— *Pourquoi ? Ha ! Ha ! Ha ! Pourquoi ? Tu ne vois vraiment pas ? Mon pauvre Étienne, j'ai presque envie de te plaindre... Il faut d'abord que tu saches une chose : je n'existe plus. Je n'existe plus depuis seize ans... Quelqu'un, ici présent, m'a lâchement assassinée ! Je ne suis qu'une vision issue de ton subconscient... Une vision que ton cerveau complètement détraqué projette devant tes yeux... Comme la dernière fois près de la cabine téléphonique... Je suis la flamme du souvenir, celle qui ne s'éteindra jamais...*

Je réalisai à présent que mes lèvres remuaient au fur et à mesure qu'Eva parlait. Mais je ne les maîtrisais pas mieux que tout le reste de mon être, pris dans le tourbillon d'une atroce réminiscence. Elles continuaient de s'ouvrir, et je percevais ma propre voix qui imitait celle d'Eva :

— *Ah ! Cher Étienne ! Je constate que ça va mieux ! Tu commences à comprendre que je n'existe pas... Parfait, tu vas également comprendre la nature de cet horrible souvenir qui cherche à refaire surface... et que tu tentes de noyer par de monumentales beuveries... La ! Ça y est... Je vais pouvoir m'en aller. Mais n'oublie pas ! Il n'y a qu'une seule issue pour toi... Là... dans le tiroir du buffet de la cuisine... Un beau couteau brillant... Comme ton père en a utilisé un lorsqu'il a réalisé que...*

» Mais je ne t'en dis pas plus... Je vais partir maintenant... À bientôt !

Mes lèvres se figèrent, l'image d'Eva s'estompa avant de s'effacer complètement.

Désormais, tout était clair : j'étais fou. Fou à lier. Fou, mais conscient de ma folie. Une folie qui m'avait fait entrevoir un fantôme à deux reprises, qui m'avait fait entendre des rires et des coups frappés à la porte et une folie qui…

J'arrêtai mon regard sur mes mains tremblantes, ces mains qui avaient tué et qui me rappelleront toujours l'être immonde que j'étais.

Puis je me ruai vers l'évier et me mis à vomir.

J'aurais voulu mourir à la seconde même. Oui… il faut en finir… Allons, un peu de courage…

Mais je vis en pensée mes petites nièces qui allaient revenir sous peu, toutes joyeuses… Ne valait-il pas mieux différer mon acte ? Je ne pouvais pas infliger un pareil choc à ces innocentes fillettes.

Je regagnai le salon, avalai coup sur coup trois verres d'alcool avant de m'affaler, anéanti, sur le canapé…

… Il fait chaud, horriblement chaud, le soleil flamboie lorsque nous quittons la relative fraîcheur de la masure en laissant Eva derrière nous. Jean s'éloigne, son matériel de pêche à la main. François, Marie et moi franchissons la Moder et nous dirigeons vers la forêt…

Nous parvenons à l'orée des bois, François nous quitte…

Marie et moi arrivons à la cabane. Accablé de fatigue et ruisselant de sueur, je dépose mon lourd sac à dos et pénètre dans la hutte afin de m'y reposer.

Marie sort quelques panneaux du sac, glisse sa tête dans l'ouverture de la cabane et me dit :

— Relaxe-toi, je vais juste poser ces panneaux et repérer les lieux. Si tu veux, tu pourras découper des bandes d'écorce de différentes longueurs sur ces bouts de branches qui nous serviront de repères.

— D'accord, dis-je en extrayant le couteau de ma poche, mais dépêche-toi : n'oublie pas que nous devons être de retour à 16 heures.

Elle s'éclipse en sifflotant joyeusement.

Comment pourrait-elle deviner l'affreuse tragédie qui va se dérouler, ici même, dans quelques minutes ?

À peine est-elle partie, que j'entends des bruits de pas rapides se rapprocher de la cabane.

— Eva !

Elle n'est pas affublée de son singulier accoutrement, elle porte tout juste un short et un chemisier.

— Eva ! Que t'arrive-t-il ? Mais tu es complètement trempée !

— Je viens de faire un petit plongeon. Cher Étienne, je vais avoir besoin de tes services, mais ne t'inquiète pas, je saurai te récompenser. D'ailleurs voilà déjà un petit acompte.

Elle m'embrasse sur la bouche.

— Eva...

— Ne perdons pas de temps, il faut d'abord vider et cacher le contenu du sac à dos. Allons, viens ! Je t'expliquerai en même temps.

Flottant encore sur un petit nuage rose, après son baiser brûlant, j'obéis.

— Mon cher Étienne, il faut que tu saches une chose : tous ces meurtres de Barberousse, c'est de la blague !

— Quoi !

— Oui. Une invention de ton père et de son ami monsieur Biechy. Le commissaire de police est aussi dans la combine.

— Mais pourquoi ?

— Heu... J'ai revu ton frère et Fran... enfin j'ai revu ton frère un ou deux soirs dans la masure et... enfin tu me comprends... nous avons un peu flirté. Ton père s'en est rendu compte et ça ne lui a pas plu. C'est pourquoi il a inventé cette histoire de malédiction afin de nous effrayer... et surtout pour nous éloigner de la masure. Cela a d'ailleurs marché, puisque Jean et F... puisque Jean ne vient plus me revoir à... Mais ça m'est bien égal, c'est toi que je préfère.

Elle m'embrasse une nouvelle fois.

— Mais j'ai quand même décidé de leur donner une bonne petite leçon : quand Jean et François vont retourner à la masure, ils vont retrouver mon cadavre transpercé par une épée ! Comme dans la malédiction !

» Affolés, ils vont courir chez leurs parents pour leur annoncer l'horrible découverte. Je vois d'ici la tête que ton père et son cher ami vont faire... Ha ! Ha ! Ha ! Pris à leur propre piège !

— Ton cadavre ? Mais comment ?

— Tu ne t'es pas demandé pourquoi je portais d'étranges habits tout à l'heure ? Tout simplement pour me faire remarquer.

» Dans les vieilles affaires de madame Kiehl, j'ai trouvé un mannequin en chiffon et une superbe perruque blonde. J'ai fourré le tout dans la valise. Cette mystérieuse valise qui vous a tant intrigués !

» Tout est en place maintenant : sur le lit de la masure, j'ai disposé le mannequin... habillé du manteau, coiffé de la perruque et du chapeau, et transpercé par l'épée ! L'effet est saisissant ! Tu vas bien voir !

— Mais pourquoi es-tu venue ici ?

— Ce n'était pas mon intention au départ. Mais lorsque vous m'avez fait part de votre programme pour cet après-midi, j'ai eu une idée...

— Je comprends. Tu veux que je t'emmène dans mon sac à dos, ainsi tu pourras assister en direct, et à l'abri de tout regard, au splendide spectacle : Jean, François et Marie terrifiés par la découverte de ton cadavre.

Elle se jette dans mes bras sans la moindre retenue et me couvre de baisers avides.

— Oui, c'est exactement ça. Tu ne peux pas me le refuser, Étienne, tu verras, tu ne le regretteras pas. J'ai quand même pris des risques lorsque j'ai plongé de la fenêtre dans la rivière. Il y avait des enfants qui jetaient des pierres dans l'eau, mais je ne pense pas qu'ils m'aient vue.

» Dépêchons-nous ! Marie va arriver d'une minute à l'autre !

Je tiens le sac à dos, qui est vide maintenant et elle s'y glisse sans difficulté, le sac étant énorme et Eva minuscule.

Ainsi, cette sale petite putain, qui avait couché avec mon frère et François – je n'étais pas dupe –, croit pouvoir faire de moi, au prix de quelques faveurs et baisers, son complice pour ridiculiser les miens...

Sale petite boche. Elle ira ensuite de retour chez elle, raconter comme elle s'est moquée de nous tous ! Ah ! non ! Son maudit pays nous a fait assez de mal comme cela ; nous a coûté trop de sang, trop de larmes, d'humiliations et de désespoir. Mais nous ne nous sommes pas laissé faire... J'entends les récits de mon père, la voix de Léonard parlant de la libération de Mulhouse en 1918 :

Des trains spéciaux sont prévus pour ramener les immigrés allemands de l'autre côté du Rhin. On les rassemble sur une place d'où ils doivent gagner à pied la gare entre une double haie de Mulhousiens massés sur la chaussée de l'artère principale. Ce sont d'abord des quolibets ; puis les coups de bâton se mettent à pleuvoir. Il y eu des plaies, il y a eu des yeux crevés…

DES YEUX CREVÉS !

Halluciné, je vois la lame de mon couteau briller à mes pieds. Ma vue est trouble... tout est rouge... Devant moi, un sac informe... à l'intérieur, une créature du diable...

Ma main tremblante se saisit du couteau. Je frappe.

Un seul coup, mais un coup précis.

Elle a un terrible sursaut. Sa tête jaillit du sac. Deux yeux ronds me fixent...

Je frappe deux fois.

Plus rien.

Je ne sais pas ce qui m'arrive. Instinctivement, je referme le sac, gagne le petit cours d'eau où je jette mon couteau et me lave les mains, puis retourne dans la cabane. Je n'ai plus le contrôle de mon cerveau.

J'entends Marie qui revient :

— Alors, cher ami, êtes-vous prêt ?

Je réponds d'une voix haletante :

— Oui.

Je me dirige vers le sentier. Un étau me serre la poitrine lorsque j'entends Marie me dire :

— Étienne, je crois que tu oublies quelque chose ! On ne va pas laisser le matériel ici, avec tous ces rôdeurs… Et ne prends pas cette mine abattue ! Ah ! si j'étais un homme...

Elle regarde le sac à dos.

Je suis à deux doigts de l'évanouissement. Heureusement, le sac est de couleur foncée, un brun tirant sur la rouille, et émaillé de taches diverses, peinture, huile et autres. De plus, l'intérieur est caoutchouté ce qui empêchera le sang de… Il ne me trahira pas. J'ai une chance de m'en tirer...

Je prends mon courage à deux mains et hisse ce cercueil en toile sur mon dos.

Marie ouvre la marche. Je la suis. Mes épaules me font mal, je sue sang et eau. L'écrasante chaleur et le poids du cadavre d'Eva empêchent toute réflexion.

Nous arrivons près de la masure... Nous traversons le pont… Marie se précipite vers l'entrée.

Incapable du moindre mouvement, je reste sur place en me demandant ce que je dois faire...

J'entends hurler Marie. Elle vient de découvrir le mannequin.

Une petite voix intérieure me souffle : Eva a été tuée d'un coup d'épée par Barberousse…

Marie sort de la masure en courant.

La petite voix intérieure continue à me souffler : tu vas t'en sortir, Étienne, il te suffit d'éloigner le peintre et la jeune femme quelques instants…

Je hurle :

— Monsieur Wencker ! Rattrapez Marie !

Je me rue vers la petite maison, gravis rapidement l'escalier malgré la lourde charge sur mes épaules, et découvre le mannequin confectionné par Eva.

Je supplie le ciel ! Que cette hideuse vision ne soit qu'un cauchemar !

Mais non, elle est bien réelle : devant moi un mannequin... et sur mon dos un cadavre. Pas de panique Étienne, pas de panique.

J'enlève le mannequin du lit et y dépose Eva. Je l'habille de son manteau, mets le petit chapeau sur sa tête et enfonce l'épée à l'endroit même où je l'ai frappée avec mon couteau. J'enfouis le mannequin et la perruque dans le sac à dos.

Cette opération dure trois ou quatre minutes, guère davantage.

Des bruits de pas dans l'escalier... Jean et François apparaissent...

J'étais un assassin. Un monstrueux assassin qui avait eu la chance inouïe de pouvoir échapper à la justice. Un assassin de 14 ans qui, malgré son acte, avait gardé tout son sang-froid.

Oui, tout était clair désormais.

J'avais quitté l'Alsace à 18 ans pour tenter d'oublier ce cauchemar. Puis il y a eu la guerre Je commençais à ne plus y penser. Ensuite, mon accident en voiture… Le choc avait effacé ce crime de ma mémoire et les confidences d'Eva avant sa mort. Je croyais de nouveau à cette malédiction, et je me demandais, en toute ingénuité, qui avait bien pu tuer Eva Muller.

Mais à partir de cet instant, les yeux de la morte sont venus me hanter. J'ai commencé à les voir dans ma chambre d'hôpital, puis ils m'ont harcelé chaque nuit en provoquant de violents maux de tête.

La mort de la jeune Allemande est alors devenue une obsession et un mystère que je voulais à tout prix éclaircir. Je suis même allé consulter un grand criminologue pour lui demander d'enquêter sur mon propre crime ! Assurément, j'eusse été mieux inspiré en faisant appel à un psychiatre.

Quant à père, je savais désormais ce qui l'avait poussé au suicide.

Lorsqu'il découvrit le sac à dos, le mannequin et la perruque que j'avais enterrés dans le jardin, il ne mit certainement pas beaucoup de temps pour comprendre que c'était moi qui avais tué Eva et de quelle façon je m'y étais pris. Mais cette hypothèse lui semblait par trop horrible pour être réelle.

Un jour, afin d'en avoir le cœur net, il alla chercher, chez les Kiehl, le manteau et le chapeau d'Eva. Tard dans la nuit, il s'introduisit dans la remise. À la lueur d'une bougie, il habilla le mannequin, puis le prit à bout de bras afin de bien pouvoir le regarder : horreur… son doute se transforma en certitude, c'était son fils qui avait assassiné la jeune Allemande.

Atterré, désespéré, il sortit de la remise.

Jean, qui l'épiait derrière la fenêtre, crut voir Eva. Toutes les conditions étaient requises pour l'induire en erreur : le mauvais éclairage, le mannequin vu de dos, le manteau noir, le chapeau et la perruque blonde. Lorsqu'il fouilla la remise pour y retrouver la fille, il ne fit pas attention à quelques vieux vêtements, et naturellement il ne vit personne.

Troublé, il pensa avoir vu un fantôme. Craignant que la malédiction ne resurgisse, et affolé par le comportement singulier de père, il m'écrivit.

Ce que père ressentit alors, devait être atroce : par sa faute, par son idée stupide, son fils était devenu un criminel ! L'acte abominable de son enfant lui revenait sans cesse à l'esprit. Avec le sens aigu des responsabilités que je lui connaissais, il dut vouloir se charger de la culpabilité de ce crime. Lorsqu'il apprit l'imminence de mon retour, il fut pris de panique : me revoir était au-dessus de ses forces. La mort était sa seule issue. Mais ce suicide allait paraître extrêmement suspect : tout le monde ferait fatalement le rapprochement avec mon retour !

Son esprit inventif chercha désespérément une solution. Il la trouva : faire passer son suicide pour une mort accidentelle. Pressé par le temps, il prépara un stratagème qui allait le faire terriblement souffrir… mais il n'avait pas le choix.

Et son plan tomba à l'eau à cause d'un seau mal placé ! Cette mise en scène faillit même me coûter très cher ! On avait été à deux doigts de m'accuser d'un crime que je n'avais pas commis !

Ce qui n'aurait été que justice, après tout ! Car j'avais tué. Et de quelle manière ! J'avais lâchement frappé une jeune fille d'un coup de couteau dans le dos. Comme si cela n'était pas suffisant, je lui avais crevé les yeux. Puis je l'avais transportée dans un sac à dos…

Le sac à dos…

Je savais maintenant quelle était la photo qui m'avait fait entrevoir la vérité l'espace d'un instant, l'autre soir chez Frances : le sac à dos du gros bêta qui la dévorait du regard, près de la tente

Frances ! Mon Dieu…

La sonnerie de la porte d'entrée me fit sursauter.

D'un pas chancelant, j'allai ouvrir.

— Docteur Twist ! fis-je d'unc voix étranglée.

— Ah ! Je ne serais jamais arrivé à une heure aussi tardive sans le retard de ce train et cette neige qui a immobilisé le taxi que… Mais dites-moi, jeune homme, ça n'a pas l'air d'aller très fort ? Vous êtes blanc comme un linge !

Incapable de soutenir le regard du docteur Twist qui me scrutait par-dessus son pince-nez, je baissai la tête, sans mot dire.

Après s'être éclairci la voix, il poussa un long soupir, mit sa main sur mon épaule et me dit d'une voix douce :

— Je crois que vous avez tout compris, désormais. C'est peut-être mieux ainsi. Venez, vous allez vous mettre au lit et prendre une bonne dose de somnifère. Nous partirons demain matin, car vous ne pouvez plus rester ici… dans ce cadre qui vous rappelle trop de… Allons, venez !

15

Le train s'ébranla. Sur le quai, Nathalie et Clémentine sautillaient en agitant les mains. Leur aimable babillage avait rendu la séparation moins pénible. Elles avaient voulu emmener les poupées que je leur avais offertes le matin au réveil –

celles-là mêmes qu'elles avaient tant admirées lorsque nous avions fait du lèche-vitrines en ville, où les magasins illuminés préparaient les fêtes de Noël –, mais Marie leur avait dit qu'elles risquaient de s'enrhumer par ce temps froid et venteux. Elles ne consentirent à laisser à la maison Frances et Étiennette, c'est ainsi qu'elles les avaient nommées, que sur la promesse formelle de leur mère de leur faire à chacune un petit manteau bien chaud. Elles voulurent ensuite suivre le train en longeant le quai, mais leur père les en empêcha. Marie enfouit son visage dans ses mains, Jean la prit contre lui et me fit un dernier signe de la main.

Debout, la gorge serrée, je regardais s'amenuiser leurs silhouettes, disparaître les grands arbres enneigés du parc. Je m'arrachai à cette dernière vision de ma ville. Je ne reviendrai plus jamais en Alsace.

Mes yeux se portèrent sur mon compagnon de voyage. Nous étions les seuls occupants du compartiment. Je m'assis sur la banquette, vis-à-vis du docteur Twist, en poussant un profond soupir. Par discrétion, il fit semblant de se moucher longuement et laissa traîner son regard sur le paysage de champs et de landes recouverts de neige, qui défilait derrière la vitre. Puis il me parla, calmement, posément :

— Voyez-vous, jeune homme, je crois comprendre ce que peuvent ressentir les habitants de cette région. Ils ont trop souffert pour pouvoir oublier. Ils élèvent leurs enfants, non pas dans un esprit de vengeance, mais dans un état de mise en garde, ce qui est tout à fait légitime.

» Les souvenirs et les récits de votre père et de monsieur Biechy trouvaient en vous un auditeur attentif et passionné. Vous éprouviez une répulsion instinctive pour l'Allemand, une répulsion que vous n'arriviez pas à contrôler. Un enfant se maîtrise difficilement, il ne domine pas, ou très mal, sa colère et peut être capable de cruauté dans un réflexe de défense. Inutile, je pense, de vous en citer des exemples. Il en va de même pour certains adolescents fragiles et vulnérables.

» La beauté et le charme d'Eva avaient, pour un temps, mis en veilleuse cette répulsion. Vous l'aviez rencontrée en des circonstances assez, disons… romanesques, et elle vous avait séduit instantanément. Il n'y avait que Marie qui, choquée dans sa sensibilité par son manque de pudeur, avait senti instinctivement le caractère de précoce et de provocante sensualité d'Eva. Elle finit cependant par prendre plaisir à vos improvisations théâtrales. Tout à son personnage, elle ne devina pas, pas plus que Jean ou François, que vous, Étienne – à qui l'on avait donné le rôle de Barberousse, en l'occurrence, selon votre scénario, celui de l'époux et de l'ami trompé - étiez en train de vous prendre au jeu, à votre insu peut-être. Vous commenciez à transposer la jalousie de votre personnage sur votre propre personne.

— C'est vrai, avouai-je. Je n'en avais certes pas tout à fait conscience, mais j'étais mal à l'aise, furieux contre moi-même de me laisser troubler par une représentante, si séduisante fût-elle, d'un peuple que j'abhorrais.

— Et en ce jour fatal où, pour se venger des auteurs de la mystification, elle vous proposa de l'aider à les mystifier à son tour et en fait de l'aider à se moquer d'eux – cela après vous avoir appris, sans le vouloir, la nature de ses relations avec Jean et François et s'être offerte à vous en paiement de votre complicité –, la jalousie, la colère, l'indignation, le dégoût, l'humiliation puis une fureur noire se mêlèrent en un cocktail explosif… et vous avez craqué.

» Les mois d'angoisse qu'avait vécu votre mère vous firent naître fragile. Des années de soins attentifs et d'amour avaient réussi à faire de vous un bel adolescent, équilibré et calme en apparence, mais resté vulnérable. Alors, vous avez craqué et frappé. Et l'image terrible qui vous avait tant impressionné dans le récit de Léonard Biechy, parce que vous aviez senti dans ses propos l'horreur qu'il en ressentait lui-même, cette image affreuse s'imposa à vous : votre raison chavira. Ce ne fut vraiment qu'une question de circonstances, d'incroyables circonstances et de malchance. C'est pourquoi il faut considérer votre geste comme un accident, un terrible accident, mais un accident quand même.

— J'aimerais tant vous croire, docteur Twist, me lamentai-je en regardant mes mains avec désespoir

— Mais écoutez-moi, nom d'une pipe ! gronda-t-il. Croyez-moi, vous êtes en réalité, vous aussi, une victime, bien plus qu'un coupable ! Je vous le répète, ce fut une question de circonstances, d'épouvantables circonstances.

» Vous avez assez souffert. Près de vingt années se sont écoulées depuis. Eussiez-vous été soupçonné et confondu, que l'on vous eût confié pour un temps plus ou moins long à un établissement psychiatrique. Vous seriez libre depuis longtemps. Il faut oublier maintenant, tout oublier.

Il y eut un long silence.

Je m'essuyai les yeux. L'espace de quelques secondes, l'image de mon oncle Albert s'imposa alors à moi. Son visage aimable et ses yeux mélancoliques qui, douze ans plus tôt, sur le quai de cette même gare, s étaient posés une dernière fois sur moi. Je croyais que ce n'était que par tristesse qu'il me regardait ainsi, celle d'avoir la certitude de ne plus me revoir, car il sentait venir sa fin. À présent, je comprenais mieux son expression. Me connaissant sans doute mieux que nul autre, il avait dû deviner le drame qui me torturait. Craignant pour mon équilibre mental, il avait sans doute estimé qu'un nouveau départ dans la vie m'aiderait à oublier et me serait finalement salutaire.

Cher tonton Albert, il ne s'était finalement pas trompé...

— Docteur Twist, demandai-je, comment avez-vous fait pour comprendre ?

— Comment ? Ah ! Ah ! comment ? répéta-t-il en se frottant le nez. Je peux vous assurer que je ne suis pas très fier de moi. J'aurais dû comprendre dès le début : le récit que vous m'aviez fait chez Steve était suffisamment clair. Je dirai même que c'était un appel au secours. Vous vouliez me souffler quelque chose, comme à vous-même d'ailleurs, mais votre mémoire n'arrivait pas à restituer ce point. Elle a passé sous silence l'explication de la malédiction, la scène du meurtre d'Eva et un détail apparemment insignifiant : le fait qu'il y avait eu des yeux crevés lors de la libération de Mulhouse en 1918 !

» On m'en avait déjà parlé et la chose m'avait frappé ! Mais elle ne m'était pas revenue lors de votre récit. Par la suite, lorsque je m'en suis souvenu, je me suis posé une question : pourquoi, dans votre récit si remarquable de précision, ne m'en aviez-vous pas parlé ? Comment ne pas faire alors le rapprochement avec cet autre point mystérieux : on avait crevé les yeux d'Eva !

» J'ai commencé à entrevoir la vérité, mais elle me paraissait tellement incroyable, puisque vous me demandiez d'enquêter sur votre propre crime. Malheureusement, le crime ne pouvait s'expliquer d'aucune autre façon : comme personne n'avait pu s'introduire dans la masure, j'en ai conclu qu'on avait transporté le corps. Or, vous étiez le seul à en avoir la possibilité, avec votre volumineux sac à dos.

» Mais cette hypothèse supposait l'utilisation d'un mannequin et d'une perruque. Comment Eva aurait-elle pu se les procurer ? Lorsque j'appris que madame Kiehl avait fait du théâtre…

Il se redressa et me fixa gravement :

— Pour la paix et la tranquillité d'esprit de votre famille, j'ai fait semblant d'adopter la thèse d'un crime de rôdeur. Ceci, Étienne, est et restera toujours un secret entre vous et moi.

ÉPILOGUE

Cette mer démontée était terriblement attirante. Les vagues déferlaient sur la grève, espiègles et folâtres. L'une d'entre elles se brisa à mes pieds alors qu'un vent violent me poussait dans le dos. L'appel du large, l'appel de la mer… *son appel.* Ne l'entendais-je pas chanter, dans le lointain ?

J'étais prêt maintenant, ma décision était prise.

Je fermai les yeux et me dirigeai droit devant moi.

Un ronronnement se superposa au bruit des vagues. Je me retournai : à une vingtaine de mètres, une petite voiture jaune s'arrêta. Les portières s'ouvrirent pour laisser passer un jeune couple qui, bras dessus, bras dessous, se dirigea vers la plage.

Ces amoureux avaient bien choisi leur moment. Mais ce n'était que partie remise, je reviendrai une autre fois, la nuit de préférence.

Dix minutes plus tard, je me retrouvai chez moi.

Depuis la mort de Frances, l'année dernière, j'avais loué un cottage situé en bordure de mer sur l'île de Sheppey, près de Londres. Un endroit calme et reposant, désolé même, mais qui convenait parfaitement au vieil homme que j'étais.

Je gagnai le bar, me servis deux doigts de porto – j'avais appris la sobriété – et vins porter un toast à Frances qui me souriait dans son cadre doré.

— Te souviens-tu, ma douce ? Notre union avait été une réussite, trente années de bonheur sans nuages. Un seul regret : ne pas avoir eu d'enfants à notre foyer. Mais nous avions Nathalie et Clémentine qui nous écrivaient régulièrement.

Une fâcheuse rougeole les avait empêchées de venir assister à notre mariage. Elles firent le voyage bien plus tard, une première fois avec leurs parents, puis revinrent chaque année pour les vacances. Frances et elles s'entendaient parfaitement. Elles sont mariées et mères de famille à présent. Jean et Marie pratiquent avec bonheur l'art d'être grand-père et grand-mère. Monsieur Biechy s'est éteint tout doucement deux ans après mon départ, François est tombé à Diên Biên Phu en mai 1954. Des camarades de combat, survivants, écrivirent à Marie ; l'un d'entre eux vint la voir : le capitaine Biechy a laissé un souvenir impérissable parmi ses frères d'armes. Une plaque sur la tombe familiale rappelle son sacrifice.

À présent, je peux m'en aller l'esprit tranquille. On supposera que j'avais commis l'imprudence de m'aventurer trop près de la mer par ce gros temps, comme cela m'arrivait souvent. Nul ne se posera de question. Le docteur Twist avait tenu sa promesse : un auteur de romans policiers avait raconté de façon très romancée les enquêtes du célèbre criminologiste, mais aucune d'entre elles – je les avais toutes lues – n'évoquait de près ni de loin mon histoire.

Je n'ai plus jamais eu de cauchemars. Parfois, de petits accès de mélancolie. Depuis quelque temps, je refais le même rêve : l'été, une petite clairière traversée par un grand ruisseau ; le soleil joue dans le feuillage des grands saules, fait miroiter l'eau, éclabousse de lumière la peau nacrée d'une ravissante ondine aux cheveux d'or. En me voyant elle se redresse avec grâce, me sourit et m'appelle en me tendant les bras. Viens, Étienne, viens avec moi, dit-elle d'une voix musicale d'une douceur enchanteresse. Peu à peu, le ruisseau s'étend, devient une mer, le clapotis des vagues couvre la voix de mon ondine. Elle disparaît et je reste seul sur la rive.

Mais ce soir je répondrai à son appel. Je partirai avec toi… *Eva*.

1987

LA QUATRIÈME PORTE

Toute ma reconnaissance va à Roland Lacourbe, dont j'ai allégrement pillé l'ouvrage Houdini et sa légende, *paru aux Éditions Techniques du Spectacle-Strasbourg, pour la partie « documentaire » de ce roman.*

P. H.

Préface

« J'avais lu Houdini et sa légende. *Et j'avais été marqué par le film de Tony Curtis qui est en couleurs mais que j'avais vu en noir et blanc. Cela remonte à pas mal d'années. Alors, le livre a été une découverte et je me suis précipité : apprendre qui était vraiment Houdini, connaître l'explication de ses tours ! Mais le déclic est venu, je crois, d'une certaine phrase de Carr qui m'a poussé à écrire. Quand il écrit un livre, dit-il, il le fait avec l'espoir d'écraser tous les autres. C'est très stimulant.* La Quatrième Porte *a été écrit dans l'esprit de relever ce défi. »*

Paul Halter.

Étrange situation que d'être chargé de parler d'un roman inspiré de… l'un de ses propres livres ! Cette préface va néanmoins me permettre de clarifier les choses et de les ramener à de plus justes proportions. Paul Halter n'a pas « allégrement pillé » mon livre : la vie et les exploits hors du commun de Harry-Houdini appartiennent à la légende de l'illusionnisme et je n'ai fait, en l'écrivant il y a plus de vingt ans, que tenter de raviver son souvenir en portant à la connaissance du public français – qui a une fâcheuse tendance et un irritant chauvinisme à confondre le fameux magicien-escapologiste américain avec notre Robert Houdin national… – certaines facettes peu connues de son existence et de ses défis incessants à la mort et au destin. Les similitudes s'arrêtent là. Et la comparaison des deux ouvrages permet aujourd'hui de jauger avec quelle lucidité – et quel talent – Paul Halter a su emprunter telle ou telle anecdote singulière ou même farfelue pour bâtir une intrigue surprenante à bien des égards.

Houdini toujours prompt à épater son public ou ses proches par quelque exploit extravagant, se réincarne ici – symboliquement ou non : au lecteur d'en juger ! – en la personne du jeune Henry White, exerçant ses talents naissants dès son enfance pour ouvrir les armoires dans lesquelles sa mère rangeait ses pots de confiture ou séduisant les filles en dénouant une ficelle à l'aide de ses doigts de pieds… Mais l'ombre de cette figure légendaire de l'illusionnisme n'est pas seulement présente en Henry White dans sa manière singulière de se comporter. On la retrouve aussi dans le véritable culte que le personnage porte à celle qui lui a donné le jour. Le fait est avéré et authentique : un sixième sens avertit le célèbre magicien de la mort de sa mère alors qu'il se trouvait sur un paquebot traversant l'Atlantique ; ce qui l'incita à s'interroger sur le réconfort moral que pourrait lui apporter le spiritisme et, après avoir été trompé et trahi, à consacrer la fin de sa carrière à dénoncer les charlatans qui apportait de faux espoirs à ceux qui, comme lui, étaient en proie à la tristesse et au déchirement. On voit déjà ce qui a pu séduire Paul Halter dans cet aspect de la vie du magicien et quelle ouverture elle lui permettait dans l'élaboration d'une intrigue sophistiquée. Elle lui a aussi permis d'asseoir son propos en évoquant par le truchement du personnage du père de Henry, Arthur White, l'imposante stature et les aspirations d'un autre personnage tout aussi fascinant et qui fut l'ami de Houdini durant près de dix ans, Sir Arthur Conan Doyle, le père de Sherlock Holmes.

Conan Doyle était un adepte fanatique du spiritisme que beaucoup considéraient alors comme une nouvelle religion. À tel point qu'il écrivit sur le sujet l'un de ses romans les plus singuliers, *Au Pays des brumes.* Titre que Paul Halter cite en passant, dans une envolée de quelques lignes puissamment évocatrice : « Tout n'est qu'ombre et brouillard… C'est un pays où tout n'est qu'apparence, car rien n'existe… La vie est un mot inconnu pour ces êtres, ombres prisonnières du temps… » (chapitre 4).

Je connais peu d'exemples d'une destinée utilisée avec brio par un romancier pour bâtir un récit flirtant avec autant d'éloquence avec l'Ange du Bizarre. « Comment procède-t-on pour échafauder des intrigues aussi raffinées ? » serait-on tenté de demander, comme madame Latimer à Arthur White (chapitre 4). Et l'on croirait entendre répondre l'auteur lui-même lorsque Arthur White réplique, débonnaire : « Chère madame, je trouve mon inspiration dans la lecture. Il faut savoir ceci : lire sans prendre de notes est aussi absurde que manger sans digérer. » Comme si cette réponse pouvait satisfaire un seul instant notre désir de comprendre !

Mais que l'on ne s'y trompe pas : il n'y a pas de recette en matière de création. Elle réside tout entière dans la subtile alchimie qui préside à l'assemblage délicat et rigoureux d'informations puisées çà et là, au hasard des conversations et des lectures, combinées aux réminiscences personnelles et au talent de conteur d'un artiste obsédé par la perfection technique d'intrigues agencées comme un mouvement d'horlogerie. Sur ce plan du moins, *La Quatrième Porte* nous livre un secret : son auteur ne se contente jamais – à l'encontre de la plupart de ses contemporains – d'une seule idée de départ, aussi brillante ou séduisante soit-elle. Il lui faut en rajouter encore et encore pour enrichir continuellement une structure qui deviendra très vite aussi élaborée que celles de son célèbre modèle littéraire. Et ce sera l'occasion pour lui de nous plonger à nouveau dans l'un de ces récits oppressants où le mystère, les fantômes et les manifestations de l'au-delà sont au rendez-vous pour la plus grande satisfaction des amateurs d'étrange.

Il y aurait encore beaucoup à dire sur ce chef-d'œuvre expérimental, ce roman gigogne à la suprême élégance. Notamment sur sa stupéfiante construction : le lecteur comprendra seulement de quoi je parle lorsqu'il atteindra la troisième partie du livre… Mais j'arrêterai là car, semblable à un château de cartes, un récit aussi ingénieusement agencé ne saurait souffrir qu'on en détache l'un de ses éléments pour en vanter les mérites, sans que tout l'édifice en soit ébranlé et que ne soit détruite une grande partie du plaisir à sa lecture.

Certes, en entreprenant jadis l'écriture de ce livre sur Houdini qui fut, pour moi aussi, l'une de mes premières expériences en matière littéraire, je ne pensais pas que cette simple enquête aboutirait un jour à la révélation d'un écrivain qui compte désormais, en France, parmi les plus grands noms de la littérature policière. Et me procurerait la fierté d'avoir suscité pour une part une œuvre en tous points extraordinaires. Il serait outrecuidant de prétendre davantage. Tout juste puis-je me poser comme le catalyseur inconscient d'un jeune auteur dont les obsessions se trouvent portées, tout comme moi et plus que tout autre, sur le mystère, l'impossible et le défi à la raison. Et ce n'est déjà pas si mal.

Sans compter que, pour moi, ce livre revêt une importance plus grande encore. Car il marque le début d'une solide amitié.

Première partie

1

LUMIÈRE DANS LA NUIT

J'avais rejoint ma chambre tôt ce soir-là, avec une bonne petite soirée lecture au programme. À peine étais-je installé que l'on frappa trois coups discrets à ma porte. C'était ma sœur Elizabeth qui choisissait ce moment entre tous pour venir me voir.

Ses 18 ans avaient fait d'elle une ravissante jeune fille, mais je me demandais parfois si elle en était bien consciente. Depuis quelque temps, bien des choses avaient changé dans son comportement. Sa beauté n'avait pas échappé à John Darnley, qui lui faisait une cour assidue. Elizabeth en était très flattée, certes, mais elle avait jeté son dévolu sur Henry White, mon meilleur ami et voisin. Ce dernier, malgré son habituelle assurance, manifestait une étrange timidité à l'égard des jeunes filles en général et d'Elizabeth en particulier ; Elizabeth, dont il était visiblement très épris.

— Je ne te dérange pas, James ? demanda-t-elle, la main sur la poignée de la porte.

— Bien sûr que non, fis-je avec un long soupir, le nez dans mon livre.

Elle prit place sur le lit à mes côtés, baissa la tête, se frotta nerveusement les mains, puis me dévisagea de ses grands yeux bruns tout empreints de gravité :

— James, il faut que je te parle.

— Oui.

— C'est au sujet de Henry…

— Ah…

Je savais ce qui allait suivre : j'allais devoir servir d'intermédiaire entre deux êtres trop fiers et trop timides pour dévoiler leurs sentiments.

Elizabeth m'arracha le livre des mains et éleva la voix :

— Tu vas m'écouter, à la fin, James ?

Surpris – ma sœur haussait le ton –, je daignai lui accorder un bref regard. J'allumai une cigarette avec une lenteur calculée, puis m'appliquai à émettre de parfaits ronds de fumée. Lorsque nous étions enfants, j'adorais la faire enrager en gardant un silence indifférent quand elle s'énervait, ce qui avait le don de la plonger dans une colère noire. Je dois avouer que j'ai conservé cette fâcheuse habitude. Toutefois, ne voulant pas la pousser à bout, je finis par lâcher :

— Je t'écoute.

— C'est à propos de Henry, il…

— À propos de Henry, répétai-je, l'air intéressé (un éclair d'incrédulité traversa son regard), un instant, je te prie…

Je me levai, gagnai ma bibliothèque, pris le premier tome d'une volumineuse encyclopédie et le lui posai sur les genoux en déclarant avec un rien d'ironie :

— Comme tu m'en parles si souvent et que le cas est si intéressant, j'ai écrit une petite monographie de huit cents pages à son sujet, mais ce n'est que le premier volume et…

Je crus qu'elle allait s'étrangler de fureur. Elle bondit vers la porte, mais je l'attrapai au passage. Je mis cinq bonnes minutes à la calmer.

— Vas-y, je suis tout ouïe. Tu peux compter sur ton grand frère (j'étais son aîné d'une petite année), il va trouver une solution à ton problème.

Elle respira profondément et me confia :

— J'aime Henry.

— Ça, je le sais, mais encore…

— Henry m'aime…

— Je le sais aussi.

— Mais il est trop timide pour me l'avouer.

— Laisse faire le temps, tu verras que…

— Ce n'est quand même pas à moi de lui faire des avances. Ce n'est pas mon genre. De quoi aurais-je l'air ! Il pourrait me prendre pour une de ces filles qui… Non, non et non, il n'en est pas question !

Il y eut un silence. Elle s'essuya rageusement les yeux avant de continuer :

— Il y a trois jours, j'ai bien cru qu'il était sur le point de m'embrasser. On se promenait le long du sentier qui mène au bois, il commençait à faire nuit alors je lui ai dit que j'avais froid. Il a mis son bras sur mes épaules tout en continuant de marcher en silence. Soudain il s'est penché vers moi ; il allait m'embrasser – je te jure que c'est vrai, James –, ses yeux le trahissaient. Brusquement il s'est baissé et a ramassé une vieille cordelette qui traînait par là, en s'écriant : « Regarde bien ce que je vais faire, Elizabeth ! » Puis il a noué la corde une douzaine de fois.

— Et ensuite ?

— Ensuite, fit Elizabeth en retenant ses larmes, il s'est déchaussé et…

— Et ?

— Il a enlevé ses chaussettes…

— Elizabeth ! Ne me dis pas que… Attends, je devine la suite : il a défait les nœuds à l'aide de ses doigts de pieds !

— C'est exactement ça, se lamenta Elizabeth, il n'a même plus songé à m'embrasser.

— Ha ! ha ! ha ! Sacré Henry, ça lui ressemble tout à fait !

— Je ne trouve pas ça drôle, moi !

— Mais, voyons p'tite sœur, ne comprends-tu pas que Henry a voulu t'émerveiller, t'épater, je dirai même te charmer ! C'est sa façon à lui de…

— J'aurais préféré qu'il m'embrasse ! dit-elle d'un air boudeur.

Un garçon étonnant, ce Henry ! Il commença à se singulariser en débutant dans l'existence avec pas mal d'avance sur l'horaire. Handicap qui ne résista pas longtemps aux soins attentifs et à la tendresse de sa mère. Il fut bientôt un solide garçon doué d'une énergie débordante, qui en fit voir de toutes les couleurs à son entourage. Puis il se prit de passion pour le cirque et l'acrobatie, passion que son père, écrivain de renom, n'apprécia guère. Au mépris de l'interdiction paternelle, il fuguait régulièrement pour rejoindre ce milieu où il accomplissait toutes sortes d'exploits : sauts multiples, jongleries, contorsions et tours de passe-passe. Après plusieurs années, son père renonça à lutter, et, lors des grandes vacances, Henry disparaissait plusieurs semaines afin de suivre les artistes dans leurs tournées. Il prétextait des besoins d'argent de poche, alors que son père lui en donnait assez généreusement. En fait, je crois que mon ami éprouve un impérieux, un maladif désir de briller en toute circonstance. Cette histoire de nœuds défaits à l'aide de ses doigts de pieds était tout à fait dans son style.

Dissimulant mon amusement du mieux que je pus, je réconfortai ma sœur :

— Ça sera pour la prochaine fois. Il a voulu te cacher son trouble en essayant de t'épater par un tour d'adresse.

— Je veux bien te croire, mais je suis quand même un peu vexée ! Écoute, James, il faut que tu lui parles, de façon discrète, bien sûr, mais il faut qu'il comprenne. Sinon…

— Sinon ?

— J'étudierai les propositions de John, répondit-elle d'un air détaché. Certes, son avenir n'est guère brillant, il n'est que mécano mais il ne manque pas de charme et…

— Qu'est-ce que tu veux que ça me fasse ! Je ne suis pas ton… Enfin, Betty ! m'écriai-je brusquement, surtout ne fais pas ça, Henry est jaloux comme un tigre ! Il serait capable de m'en vouloir. C'est mon meilleur ami et je ne tiens pas à le perdre !

— Jaloux ! Elle est bien bonne celle-là ! Il ne m'a même pas encore fait l'ombre d'une avance. Jaloux ? Je me demande bien pourquoi… D'ailleurs à partir de maintenant, je vais…

Elle s'effondra en larmes. Je gardai le silence.

— Je l'aime, James, cette attente m'est insupportable, tu dois m'aider. Ses parents sont partis pour Londres, il est seul à la maison, tu pourrais lui parler, lui dire que…

— Bon, dis-je de guerre lasse, je vais voir ce que je peux faire, mais je ne te promets rien. Voyons… (Je consultai ma montre.) Il n'est pas tout à fait 9 heures, Henry n'est probablement pas encore couché.

Elizabeth se dirigea vers la fenêtre et tira les rideaux :

— Je ne vois pas de lumière, mais… Oh ! James ! JAMES ! hurla-t-elle.

En deux enjambées, je fus à ses côtés.

— J'ai vu une lueur, gémit-elle, frissonnante.

— Une lueur ? Mais à part le lampadaire, il n'y a pas de…

Son index tremblant désignait la maison des Darnley…

— J'en suis certaine ; j'ai vu, l'espace d'une seconde, une lueur, là-haut, dans la chambre où Mrs Darnley…

Derrière la fenêtre de ma chambre, je regardais pensivement ce paysage familier. Nous habitions en bordure d'un petit village près d'Oxford. Venant du côté gauche, la route s'arrêtait devant notre maison. Face à nous, un chemin de terre s'éloignait vers les bois ; deux habitations donnaient sur celui-ci : à droite, la maison des White, et à gauche – donc à l'intérieur de l'angle formé par la route et le chemin –, l'inquiétante demeure de Victor Darnley. Pourvue de nombreux pignons, cette haute construction de brique rouge dissimulait son rez-de-chaussée derrière une haie de taille impressionnante. Un sombre manteau de lierre montait victorieusement à l'assaut de ses murs. Seule note aimable, un magnifique saule pleureur, qui aurait pu atténuer l'austérité des lieux s'il n'y avait eu à l'angle opposé, à l'arrière de la maison, quelques ifs, sapins et autres conifères de grande taille où le vent s'engouffrait en sifflant et en gémissant lugubrement. C'était sinistre et ma sœur, sans grand effort d'imagination, avait baptisé les lieux : « Les hauts de Hurlevent ». En outre, la maison avait acquis une mauvaise réputation, depuis le jour où… Cela se passait un an ou deux avant la Seconde Guerre mondiale ; John avait alors une douzaine d'années. Victor Darnley, son père, était un industriel qui avait tout pour être heureux : situation prospère et vie familiale paisible. Son fils lui donnait entière satisfaction et sa femme, personne aimable, discrète, était très estimée dans le village. Un soir d'octobre, rentrant de Londres, il trouva la maison vide. L'absence de John n'avait rien d'étonnant, il devait probablement jouer chez un ami, mais sa femme ? Elle n'avait pas coutume de s'absenter à cette heure ! Ses recherches furent vaines, nul ne l'avait vue. Ayant récupéré son fils, il regagna son domicile à une heure tardive. Il fouilla alors toute la maison et trouva au dernier étage – des combles aménagés – une porte verrouillée de l'intérieur. Pris de panique, il l'enfonça immédiatement. Le spectacle qui s'offrit à ses yeux horrifiés le marqua pour le restant de ses jours : sa femme, ensanglantée, gisait sur le sol ; les doigts de sa main droite étaient crispés sur un couteau de cuisine ; les veines de ses poignets étaient tranchées et elle portait de nombreuses blessures au couteau sur tout le corps. Le verrou était poussé et la fenêtre fermée, la police fut obligée de conclure au suicide… Mais quel suicide ! Mrs Darnley avait dû être atteinte d'une incroyable et subite crise de folie pour mettre fin à ses jours de cette façon. Elle n'avait aucune raison d'agir de la sorte.

Personne ne put avancer d'explication raisonnable, ni le mari ni le fils. Depuis ce jour, Victor sombra dans une profonde mélancolie. Taciturne, il vécut en reclus, s'occupant de l'entretien de la maison et du jardin. Son entreprise ne tarda pas à faire faillite ; il fut contraint de louer une partie de la maison. Il garda le rez-de-chaussée pour son fils et lui, et mit les deux étages en location. Les premiers occupants quittèrent les lieux au bout de six mois, sans préavis ni explication. Ensuite ce fut la guerre, l'armée réquisitionna la maison, il y eut de nombreux va-et-vient. La paix revenue, il loua de nouveau les étages ; un jeune ménage fut ravi d'y abriter son bonheur. Pour bien peu de temps hélas, car la jeune femme, hospitalisée pour une grave crise nerveuse, refusa de retourner dans cet appartement. D'autres couples prirent possession des lieux, mais jamais pour très longtemps. Les motifs de résiliation étaient toujours les mêmes : atmosphère étrange, tension nerveuse croissante, bruits bizarres en provenance des combles. Dès lors, la maison acquit une sinistre réputation et Victor eut de sérieuses difficultés à trouver d'autres locataires ; les deux étages n'étaient plus occupés depuis quatre mois. Mais il était question, ces derniers temps, de l'arrivée imminente de Mr et Mrs Latimer – en fait, cette information tenait la une dans le village.

— Elle a disparu maintenant, pourtant j'avais bien vu quelque chose, et ça provenait de la quatrième fenêtre du haut, là où Mrs Darnley s'est suicidée… James ! Hou ! hou ! Réveille-toi ! À quoi penses-tu !

— Ton imagination te joue des tours, tu sais que plus personne ne met les pieds dans cette chambre depuis que…

— À propos, James, tu connais les gens qui vont habiter là ?

— Mr et Mrs Latimer, c'est tout ce que je puis te dire. Personne ne sait rien d'eux ; car à l'allure où circulent les bruits dans le village, il y a longtemps que mère aurait su de quoi il retourne.

— Brrr ! fit Elizabeth en s'écartant de la fenêtre, elle me donne la chair de poule cette maison ; ce n'est pas moi qui irais habiter là-bas en tout cas. Pauvre John ! Il n'a vraiment pas de chance ; sa mère qui devient folle et se suicide, et son père qui n'a plus toute sa raison… Je me demande comment il fait pour ne pas devenir fou à son tour dans cette grande baraque !

— C'est vrai. Mais il a les nerfs solides, John. Même pendant la guerre, lors des bombardements, ce n'était pas le type à perdre le nord, et…

— James, je t'en supplie, ne me parle plus de ça, la guerre est terminée depuis trois ans et je ne supporte pas qu'on me rappelle…

— Ce n'est pas de cela dont je voulais parler, je voulais seulement dire que John est un type bien, un type sérieux sur lequel on peut compter en toute circonstance, un type qui ferait le bonheur de n'importe quelle…

— Ça suffit ! Je vois très bien où tu veux en venir ! J'ai beaucoup de sympathie pour lui, mais…

— C'est Henry que tu aimes. Tu l'aimes, il t'aime, vous vous aimez tellement que vous avez peur de vous le dire. (J'enfilai ma veste.) Mais, heureusement, ton grand frère est là et il va arranger tout ça !

Elle s'accrocha à mes épaules et me lança un regard à la fois reconnaissant et inquiet :

— Ne sois pas trop direct, James, il pourrait croire que c'est moi qui t'ai demandé de…

— Mais c'est bien le cas, ricanai-je. Ne t'en fais pas, je ne suis pas idiot, je saurai comment m'y prendre. Tu peux d'ores et déjà annoncer vos fiançailles à nos parents, ajoutai-je en m'en allant.

2

CAUCHEMAR

J'emportai ma clef, car j'allais probablement rentrer à une heure fort avancée de la nuit. En refermant la porte d'entrée, j'eus le sentiment instinctif d'un danger. Je réagis en me moquant de moi-même, sans toutefois parvenir à me libérer de ce pressentiment qui m'angoissait sans raison apparente. Je scrutai les alentours. Le brouillard montant réduisait la zone de lumière diffuse du lampadaire et accentuait le caractère inquiétant de la fantomatique demeure des Darnley. J'attachai mon regard sur la partie haute de la construction, à l'affût du moindre point lumineux ; en vain, la maison était plongée dans l'obscurité.

Je secouai la tête, poussai le portillon et me dirigeai vers le chemin de terre, tout en essayant d'ordonner mes pensées. Les explications les plus simples sont souvent les meilleures… Voyons… Mrs Darnley se suicide, son mari en perd le goût de vivre, sa raison vacille ; par la suite on entend des bruits en provenance des combles, on entraperçoit des lueurs. Elizabeth n'était pas la première à m'en avoir parlé, Henry aussi m'en avait dit un mot. Il avait même questionné John qui avait paru intrigué, car à sa connaissance personne ne s'aventurait là-haut depuis la mort de sa mère.

Alors ? La solution était enfantine : à la faveur de la nuit, Victor se rend dans la chambre maudite, espérant y trouver le fantôme de sa femme… Pauvre homme… Je me représentai d'ailleurs très bien la scène : coiffé de son bonnet de nuit, vêtu d'une longue chemise blanche, une chandelle à la main, il gravit d'un pas tremblant l'escalier qui mène aux combles ; il va rejoindre celle dont il n'a pas accepté la mort. Oui, c'est ça, enfin quelque chose de ce genre…

J'avais maintenant parcouru la centaine de mètres qui séparaient notre demeure de celle des White. En vieil habitué, je frappai trois petits coups secs à la porte.

Henry ne fut pas long à ouvrir :

— James ! Tu tombes à pic, je commençais à m'ennuyer ferme.

De petite taille, Henry avait une musculature au-dessus de la moyenne, ce qui alourdissait sa silhouette. Son visage large, couronné d'une masse sombre d'épais cheveux bouclés, séparés par une raie médiane, exprimait à la fois fermeté et rayonnante chaleur humaine.

Nous échangeâmes une solide poignée de main, puis il me fit passer dans le salon.

— À vrai dire, commençai-je d'une voix qui se voulait naturelle, moi non plus, je ne savais trop que faire ce soir.

— Coïncidence qui s'arrose ! dit Henry en me lançant un clin d'œil amical.

Je lui répondis par un sourire complice et pris place dans un fauteuil, un peu honteux de mon mensonge.

Henry se dirigea vers le bar, je l'entendis grogner :

— Ah ! Le traître ! Il a encore planqué son meilleur whisky dans le bureau ! (Le traître, c'était son père.)

Puis il secoua vivement une des poignées du meuble en question :

— Fermé à clef ! Incroyable ! La confiance règne dans la maison ! Mais s'il s'imagine que cette ridicule petite serrure va m'empêcher de…

Il prit un trombone et, en un tour de main, ouvrit la porte. Peu de serrures résistaient à ses doigts agiles ; je me souvenais très bien de ses premières expériences sur les portes des armoires dans lesquelles sa mère rangeait les pots de confiture.

— Pour les tristes soirées d'automne ! dit-il en élevant victorieusement une bouteille.

— Et si tes parents rentraient à l'improviste ? Je ne crois pas que ton père serait content de nous voir piller sa réserve personnelle.

— Ce que nous boirons, lui il ne le boira pas ; à son âge les excès sont déconseillés… Bon, je vais chercher les cigares, occupe-toi du service.

— Un doigt ? Deux doigts ? questionnai-je d'un air sérieux.

— Sers-moi comme tu le juges nécessaire… (Ce qui voulait dire à ras bord.)

Henry s'éclipsa tandis que je remplissais mon office d'échanson. Je saisis une revue qui traînait sur la table et m'enfonçai dans un fauteuil. De nombreuses annotations en marge des pages, écrites au crayon, attirèrent mon regard.

— Henry, lui demandai-je lorsqu'il fut de retour, ça t'arrive souvent de commenter les articles des journaux ?

— Ainsi, tu ne le savais pas !

— Quoi ?

— Que lire sans prendre de notes est aussi absurde que de manger sans digérer.

J'attendis patiemment l'explication de cette sentence. Il me sourit :

— C'est une phrase que mon père n'arrête pas de me répéter et qui commence à m'agacer prodigieusement. Ah ! je te garantis qu'il n'est pas facile d'être fils d'écrivain ! Parfois il disparaît dans son bureau deux ou trois jours de suite, d'autres fois il nous parle tout en prenant de nombreuses notes qui n'ont rien à voir avec le sujet traité. Ma mère s'y est habituée, mais moi, franchement, ça me porte sur les nerfs. Enfin…

Arthur White était un écrivain très connu. Après de bonnes études médicales il avait débuté en tant qu'assistant chez un excellent praticien de Harley Street, avant de s'installer à son compte. Pour faire passer le temps en attendant les clients qui ne se bousculaient pas encore à la porte de son cabinet médical, il écrivait des nouvelles. Publiées dans un hebdomadaire londonien à grand tirage, elles obtinrent un franc succès. Enchanté, le directeur du journal lui conseilla de délaisser la médecine, qui le boudait, pour se consacrer à la littérature. Arthur White suivit ce judicieux conseil et fut rapidement célèbre. Outre les nouvelles qu'il réservait fidèlement à l'hebdomadaire de ses débuts, il écrivit des romans policiers, des récits d'aventure et de science-fiction, ainsi que des romans historiques assez prisés. Il fit tout son possible afin que son fils suivît la même voie, mais les préoccupations de Henry étaient aux antipodes des siennes.

Nous dégustâmes le whisky en silence.

— Nous ne serons pas dérangés de sitôt, reprit mon ami au bout d'un instant. Mon père a emmené ma mère au théâtre, à Londres, puis ils se rendront à une soirée chez des amis. On ne les verra pas avant 2 heures du matin.

Je lui souris, ayant compris son message : la bouteille de whisky serait vide avant l'aube. Ma mission me revint alors à l'esprit ; mais à présent, je ne voyais plus du tout par quel détour aborder ce sujet délicat.

Tout en parlant de choses et d'autres, je me torturais les méninges, quand, à mon grand soulagement, Henry mit un terme à mes tourments. Sans se départir de sa jovialité, il baissa néanmoins le ton :

— James, j'ai un petit problème à te soumettre. En fait, il s'agit… il s'agit de ta sœur.

Il y eut un silence durant lequel je feignis l'étonnement. Henry prit la bouteille et m'interrogea du regard. J'acquiesçai. Il nous servit et se carra dans le fauteuil en examinant pensivement le contenu de son verre, puis le vida d'un trait. Il parut sur le point de parler, mais se ravisa et prit un temps anormalement long pour allumer un cigare. Il cherchait vainement à dissimuler son embarras.

Je pris les devants :

— Qu'est-ce qu'elle a encore fabriqué ?

— Rien. Absolument rien. D'ailleurs, tout le problème est là. L'autre jour j'étais sur le point de l'embrasser, mais je me suis ravisé au dernier instant. J'ai pensé…

J'éclatai :

— Mais pourquoi ne l'as-tu pas…

— Elle me plaît beaucoup…

— Et alors ? Pourquoi ne l'as-tu pas embrassée ?

Voyant le pauvre Henry tout secoué par mes éclats de voix, je me raclai la gorge et redemandai beaucoup plus doucement :

— Enfin, voyons, pourquoi ne l'as-tu pas embrassée ? Si elle te plaît, il n'y a pas de raison que tu ne l'embrasses pas ! Quand deux personnes s'aiment – ce qui me semble bien être le cas –, elles s'embrassent, c'est tout à fait normal… Je dirai même que c'est naturel, humain… Il n'y a aucune raison qui s'oppose à ce geste, aucune, tu m'entends bien, Henry : aucune. De tout temps, l'homme et la femme…

J'étais lancé, je pontifiais. Puis, gentiment, j'ajoutai :

— Mais enfin, Henry, vieux frère, pourquoi n'as-tu pas embrassé Elizabeth si tu en avais envie ? Ce n'est pas la peine de me regarder avec des yeux en boules de loto. Pourquoi, nom d'une pipe ?

Interloqué, Henry ne bougeait pas plus qu'une statue ; il réussit toutefois, après avoir avalé sa salive à plusieurs reprises, à articuler :

— C'est ce que j'allais t'expliquer. James, dis, ça ne va pas ? Si tu ne supportes pas le whisky, il vaudrait peut-être mieux…

— Moi, ne pas supporter le whisky ? Tu plaisantes !

Je pris la bouteille, remplis mon verre sous l'œil affolé de Henry et lui fis signe de poursuivre.

— J'étais donc sur le point de l'embrasser, quand tout à coup…

Je le fusillai du regard.

— Quand tout à coup… j'ai eu un doute.

— Un doute ! m'emportai-je.

— Oui, un doute : d-o-u-t-e.

— Ça va, je ne suis pas sourd, j'ai compris, mais un doute de quoi ?

Il passa sa main sur le front et baissa le regard :

— Je me suis demandé si Elizabeth éprouvait les mêmes sentiments que moi, alors j'ai réussi à me tirer habilement de cette situation délicate.

Il avait réussi à s'en tirer habilement ! Elle était bien bonne, celle-là ! Il avait dénoué des nœuds avec ses doigts de pieds, et il appelait ça s'en tirer habilement ! Je me sentis alors gagné par un fou rire que j'eus toutes les peines du monde à contenir ; j'en attrapai le hoquet. Il me fallut une large rasade de whisky pour recouvrer mon calme.

— Henry, soupirai-je, je puis t'affirmer ceci : ce qu'Elizabeth éprouve pour toi, est bien autre chose que de l'amitié…

Je laissai à cette phrase le temps de faire son petit effet. Il s'écoula un bon moment avant que Henry ne parvînt à articuler :

— Tu veux dire par là, que…

— Qu'elle t'aime, tout simplement.

— Qu'elle m'aime ! bredouilla-t-il, en proie à une intense émotion. James, tu ne dis pas ça simplement pour… Mais es-tu vraiment sûr que…

— Évidemment, elle ne m'a pas fait de confidences (je mentais avec un naturel qui me stupéfiait), elle est bien trop fière pour cela. Mais je ne suis pas dupe, elle présente tous les symptômes de la jeune fille amoureuse.

— James, coupa-t-il, tu es bien sûr que c'est de moi qu'elle est amoureuse ! Ne serait-ce pas plutôt de John ? Si tu voyais la façon dont il la regarde ces derniers temps…

Une lueur sauvage – la jalousie, « ce monstre aux yeux verts » – filtra entre ses paupières. J'imaginai avec frayeur ce qui pourrait se passer si Henry surprenait ma sœur dans les bras de John.

Je levai la main en signe d'apaisement :

— Non, Henry, il s'agit bien de toi. Tu penses bien qu'en tant que frère je sais très bien ce qu'elle a dans la tête. Elle, amoureuse de John ? (Je haussai les épaules.) Allons donc ! Certainement pas. Un bon camarade, un ami, rien de plus.

Rasséréné, Henry porta un toast à John, eu égard à ses malheurs. Nous levâmes ensuite nos verres à la santé d'Elizabeth, la plus belle fille du Royaume-Uni. Nous nagions en pleine euphorie, euphorie qui allait crescendo à mesure que se prolongeait la soirée. Pour tout dire nous étions un peu partis. Henry, tout à fait sûr de lui, bâtissait des châteaux en Espagne. Il était le meilleur acrobate, le plus fort, à lui les honneurs et la gloire. Je ferai ceci, je serai cela. Moi, moi, moi ! Il me rompait les oreilles.

Certes, il était bien sympathique ce brave Henry, mais cette rage à vouloir être le centre du monde était agaçante, déplaisante, vraiment ! J'eus droit à un festival de tours en tout genre. Je ne mettais pas en doute ses réels dons d'acrobate, mais de là à envisager d'en faire sa profession, de vouloir acquérir une renommée mondiale ! Bien qu'il fût mon meilleur ami, je n'avais pas envie de voir ma sœur épouser un saltimbanque mégalomane.

Mes inquiétudes se dissipèrent quand je compris qu'il était ivre, ce que je lui fis remarquer. Il me répondit que moi non plus je n'étais pas parfaitement sobre. Nous nous regardâmes quelques secondes en chiens de faïence, puis je me mis à rire à perdre haleine. Henry fit chorus. Je me dressai pour porter solennellement un toast à la famille royale. Henry m'imita péniblement avant de s'affaler dans son fauteuil. J'en fis autant, anéanti. Henry trouva encore la force de vider un verre en l'honneur de sa bien-aimée. Pour rien au monde, je n'aurais voulu qu'elle nous vît en cet état, bafouillant, larmoyants. Quelle opinion aurait-elle eu de son frère si distingué d'habitude !

— À quoi tu joues, vieux frère ? marmonnai-je. (Henry s'amusait à lancer et à relancer une petite balle.)

— Je joue à la balle en caoutchouc, ha ! ha ! ha !

Nouvelle crise de larmes. Au bout d'un moment, il ajoute :

— Ça me sert à faire un tour, je te ferai voir un de ces jours.

— Non, tu vas me montrer tout de suite, protestai-je.

— Il faut être dans un certain contexte… et… et…

Il s'affaissa et s'endormit aussitôt. Par sympathie, je décidai d'en faire autant ; j'éteignis le lampadaire et me laissai glisser avec béatitude dans une douce somnolence.

Une femme pousse un landau. L'enfant pleure. Ses gémissements sont faibles, parfois même inexistants. Ils reprennent de plus belle ; la femme, imperturbable, pousse le landau. Les gémissements sont maintenant des pleurs ; l'enfant est malheureux, il souffre, il a mal, il est en proie à un terrible chagrin. C'est un appel au secours, nul ne l'entend. Le visage de l'enfant est étrange, il n'a rien d'un nouveau-né, c'est celui d'un adulte, celui d'une personne que je connais… C'est Henry !

Je me réveillai en sursaut dans le noir, moite d'une sueur malsaine. J'essayai en vain de rassembler quelques pensées cohérentes, malgré l'atroce migraine qui me torturait. Un manège en folie tournait dans mon pauvre crâne.

Soudain, un gémissement tout proche mit fin à l'infernal carrousel. Je tendis l'oreille : rien. Était-ce encore cet affreux cauchemar ? Les yeux écarquillés, je scrutais les ténèbres, il me semblait entrevoir des formes plus sombres. Où donc étais-je ? Pas dans mon lit en tout cas. Je me débattais entre rêve et réalité.

Peu à peu mes pensées s'ordonnèrent. Oh, là, là ! Quelle cuite, mes aïeux ! J'essayai d'analyser mon rêve quand un autre gémissement me fit tressaillir. Je serrai les dents ; cette fois-ci j'en étais sûr, quelqu'un sanglotait dans cette pièce : Henry ! Nous étions seuls tous deux dans le salon, ce ne pouvait être que lui. Comme dans mon rêve, les gémissements se transformèrent en pleurs ; Henry était en train de pleurer. Pauvre Henry, il faisait aussi un cauchemar. Il commençait à délirer :

— Non… c'est trop horrible… je ne veux pas… Maman, ne pars pas… Je t'en supplie… (Puis brusquement il se réveilla :) Que se passe-t-il ! James ?

— Je suis là, Henry, du calme. Tu viens de faire un mauvais rêve, c'est fini maintenant. Ne bouge pas, je vais donner un peu de lumière.

En tâtonnant, je réussis à rallumer le lampadaire sans le renverser et vins le rejoindre. Blanc comme un linge, les yeux rouges, il faisait peine à voir ; une profonde affliction se lisait sur son visage. Je mis la main sur son épaule et tentai de le rassurer :

— Moi aussi je viens d'avoir un cauchemar… (Je m'efforçai de sourire.) Nous l'avons bien cherché, Henry, tu ne crois pas ?

Il ne semblait pas m'entendre :

— Ce que j'ai rêvé était horrible, mais le pire…

— Tu sais, les rêves sont rarement drôles !

— Le pire c'est que je ne m'en souviens plus…

— Alors de quoi te plains-tu ! Ne bouge pas, je vais faire du café. Tu verras, tout ira mieux.

— James ! s'écria-t-il en considérant l'horloge avec stupeur.

Inquiet, je le dévisageai un long moment avant de lui demander :

— Qu'est-ce qui ne va pas ?

— Il est presque 3 heures et demie !

— Et alors ?

— Mes parents ne sont pas encore rentrés !

— Mais tu m'avais dit toi-même qu'ils ne seraient pas de retour avant 3 heures du matin, fis-je remarquer d'une voix apaisante.

— C'est vrai, tu as raison, admit-il. De plus, ils ont un bon bout de chemin à faire. Franchement, je ne sais plus ce qui m'arrive…

— Tu ne sais pas ce qui t'arrive… ou plutôt ce qui NOUS arrive, fis-je ironiquement en contemplant la bouteille de whisky réduite à l'état de cadavre.

Sur ce, je m'en fus préparer le café.

Après en avoir avalé trois tasses, Henry sortit de son mutisme :

— Ça va mieux. Mais je voudrais bien me souvenir de ce cauchemar qui m'a tellement secoué. De ma vie, je n'ai…

La sonnerie du téléphone me fit sursauter.

Figé dans son fauteuil, Henry me regarda avec angoisse. Il se leva, se dirigea lentement vers le téléphone, tendit une main hésitante vers le récepteur, prit une profonde inspiration et décrocha brusquement.

L'indéfinissable pressentiment, que j'avais eu en sortant de chez moi quelques heures plus tôt, m'envahit de nouveau. Oppressé, j'allumai une cigarette, m'obligeant à suivre du regard les légères volutes bleues…

Henry raccrocha. Seconde après seconde, le silence s'épaissit, insupportable. Immobile, Henry tenait toujours le téléphone. Enfin il le lâcha et tourna la tête vers moi. Un visage livide, décomposé, ravagé par une indicible souffrance, me fixait en aveugle. Ses lèvres s'entrouvrirent :

— Ils ont eu un accident de voiture… Ma mère est morte.

3

UN SINGULIER SUICIDE

Rentrant de Londres, vers 3 heures du matin, Arthur White avait perdu le contrôle de son véhicule.

La voiture – un cabriolet – s'était retournée sur ses occupants. Grâce à son exceptionnelle résistance physique, Arthur parvint à en sortir indemne ; il avait supporté un poids de presque une tonne sur son dos pendant une vingtaine de minutes, avant qu'un groupe de passants ne réussît, non sans peine, à le dégager. Bon nombre d'hommes eussent été paralysés pour la vie en pareille circonstance. Mrs White, hélas, ne résista pas au choc, elle décéda vers 3 heures et quart.

Arthur avait connu sa femme, Louise, alors qu'il était encore médecin. Elle était la sœur aînée d'un de ses petits malades qu'il avait, hélas en vain , disputé à la mort. Louise et lui s'étaient relayés jour et nuit à son chevet. L'enfant mourut dans leurs bras quelques semaines avant la date fixée pour leurs noces. Ils se marièrent dans la plus stricte intimité.

J'avais vu leurs photos de mariage. Un beau couple en vérité : lui, brun, grand et fort ; elle, petite fée blonde, menue et gracieuse, avec des mains et des pieds ravissants. Elle fit le bonheur de son époux et de tous ceux qui vécurent auprès d'elle. Son tendre et doux regard rayonnait de bonté. Elle était gaie et rieuse, bienveillante et délicatement réservée. Tout le monde l'aimait et les enfants en raffolaient. J'étais constamment fourré chez eux. Tous les prétextes étaient bons pour aller chez Henry.

Et puis il y avait la salle de gymnastique d'Arthur, où il s'entraînait chaque jour avant de faire une heure de marche dans la campagne, quel que fût le temps. Nous nous y faufilions, dès qu'il avait le dos tourné, pour nous en donner à cœur joie. Mrs White nous demandait de tout remettre en place avant le retour de son mari et nous récompensait par quelques gâteries. J'ai gardé le souvenir de muffins accompagnés d'une marmelade d'orange de sa fabrication. Je n'en ai jamais goûté de meilleurs.

Sa mort brutale consterna notre village, où elle n'avait que des amis. Arthur, écrasé par un sentiment de culpabilité, plongea dans un état de profonde détresse. Quant à Henry, il s'effondra en crises de larmes et de désespoir que rien ni personne ne pouvait atténuer. Mon ami avait toujours manifesté une extrême sensibilité envers ses proches et plus particulièrement à l'égard de sa mère qu'il vénérait au-delà de toute expression. Qu'un enfant soit très attaché à sa mère, quoi de plus naturel, de plus normal ? Mais Henry vouait un véritable culte à celle qui lui avait donné le jour. Le choc fut donc terrible. Depuis l'instant où il apprit l'affreuse nouvelle, il ne se départit plus d'un état d'inquiétante prostration.

Les obsèques de Mrs White furent émouvantes et éprouvantes. Le seul qui fît montre de quelque sérénité fut Victor Darnley. Certes il y avait de la tristesse sur son visage, de la compassion pour la douleur de ses amis, mais j'entends encore les stupéfiantes paroles qu'il prononça lors des condoléances : « Ne pleurez pas, Arthur, mais soyez heureux pour elle, car la mort n'est pas une fin. Ce que vous éprouvez aujourd'hui, je l'ai ressenti tout aussi cruellement. Vous croyez l'avoir perdue pour toujours. Soyez sans crainte, elle vous reviendra. Vous la reverrez bientôt. Vous la reverrez, croyez-moi, mon ami. »

— Pauvre Henry, il nous faut absolument l'aider, on ne peut pas le laisser comme ça. J'ai déjà essayé de le réconforter, de le raisonner, mais il ne veut rien entendre. Ça ne va pas être facile !

Le grand rouquin au visage énergique qui s'adressait ainsi à moi était John Darnley, un type épatant, chaleureux, toujours prêt à aider quiconque avait besoin de lui.

Nous avions coutume de nous retrouver, Henry, John et moi, chaque samedi soir à l'auberge, une des plus anciennes maisons du village. Ce samedi-là ne fit pas exception à la règle, mais Henry ne passa qu'un bref instant avec nous, plus taciturne que jamais.

Il était à peine 9 heures. Installés à notre table dans un angle de la salle, nous regardions la chaise que notre ami venait de quitter. Nous aimions bien cette grande salle basse, avec ses énormes poutres noircies par des générations de fumeurs, ses lambris patinés, son comptoir où l'on tirait à même les tonneaux la meilleure bière du comté. Derrière ce comptoir régnait le brave Fred, l'aubergiste, qui n'avait pas son pareil pour créer une chaude et sympathique ambiance, tout en emplissant allégrement les chopes de ses clients d'un liquide brun ou ambré, à la mousse débordante, dans un brouhaha assourdissant et une nappe de fumée qui allait s'épaississant au fil des heures, obscurcissant l'éclat déjà bien discret des appliques murales.

Mais nous n'avions pas le cœur à la fête ; les yeux de John disaient assez notre préoccupation.

— James, ne crois-tu pas qu'Elizabeth pourrait faire quelque chose ? Il te suffirait de lui dire…

Cette suggestion, qui devait lui coûter, prouvait bien sa grandeur d'âme. Il était épris de ma sœur, je le savais ; or ce qu'il me demandait ne pouvait que rapprocher Henry et Elizabeth.

Je secouai la tête en signe de dénégation :

— Elizabeth, qui pleure comme une Madeleine pour un oui ou un non ? Il ne vaut mieux pas, sa présence le plongerait dans un désespoir encore plus profond. Elle a le don de faire pleurer les gens qu'elle cherche à consoler. (Après une courte pause, je repris d'une voix assurée :) Henry s'en sortira, ce n'est qu'une question de temps. Le temps efface tout, sans quoi bien des gens ne pourraient survivre à…

Je me tus, accablé par ma maladresse.

— Le temps efface tout, répéta lentement John, avec un étrange regard perdu dans le vague. En partie, du moins. Disons qu'il cicatrise les plaies…

Ah ! j'aurais pu me gifler ! Quelle stupidité de ma part ! Mais le mal était fait, John se remémorait cette horrible nuit :

— Je jouais avec Billy ce soir-là, Papa est venu me chercher… Il était affolé… Il disait que Maman avait disparu. Nous sommes rentrés à la maison, Maman n'était pas là… On a fouillé partout… Papa est monté… Il a crié comme jamais il ne l'avait fait… Je suis alors monté à mon tour, tout en haut… La dernière porte était ouverte, il y avait de la lumière… J'ai couru… et j'ai vu Papa agenouillé, Maman était couchée par terre…

— Pardonne-moi, John, balbutiai-je. Mais…

Il poursuivit, comme s'il ne m'avait pas entendu :

— J'avais alors une dizaine d'années, Papa ne fut plus le même qu'avant ; on le disait fou… Puis ce fut la ruine… J'ai dû arrêter mes chères études, travailler pour gagner notre vie… (Il considéra pensivement ses mains abîmées.) Mais ça, ce n'était rien à côté du reste. Maman était morte ; un accident, ça arrive… mais un suicide… Et quel suicide ! Elle n'avait aucune raison… Elle est devenue folle en l'espace de quelques heures, folle à lier… Tu aurais dû voir son corps, inimaginable… Ç'aurait pu être l'œuvre d'un sadique rôdant aux alentours… Mais non, ce n'était pas possible, la pièce était verrouillée de l'intérieur… Combien de fois, par la suite, je me suis réveillé en plein milieu de la nuit avec cette terrible question : pourquoi Maman avait-elle fait ça ? Pourquoi ? Car je n'ai jamais accepté l'idée de sa démence. Et pourtant… (Il soupira.) Mais comme tu le dis, James, le temps efface bien des choses. Enfin…

Il réprimait difficilement ses larmes.

Je méritais un blâme. Je ne trouvais même pas les mots pour le réconforter. Je me traitais mentalement de tous les noms. J'étais impardonnable d'avoir si stupidement ravivé ces terribles souvenirs. Tout ce que je trouvai à faire, ce fut de lui offrir une cigarette en guise de consolation. James, tu n'es qu'un pauvre crétin.

John dut lire dans mes pensées, car il me rassura :

— Tu n'y es pour rien, James. C'était inévitable : Henry vient de perdre sa mère il y a une dizaine de jours, moi j'ai perdu la mienne voilà dix ans, deux veufs habitent l'un en face de l'autre, comment ne pas faire le rapprochement ?

L'évidence de ces propos ne fit que confirmer l'opinion que j'avais de moi-même : un minable qui ne savait même plus se servir de sa cervelle.

John me donna une bonne claque dans le dos en déclarant :

— Allons, James ! Ne te tourmente pas, c'est du passé ! Ne te fais pas du mauvais sang pour moi, c'est à Henry qu'il faut penser maintenant !

Il fit un signe à Fred qui acquiesça d'un air entendu. Deux chopes de bière, mousseuses à souhait, apparurent presque aussitôt sur la table.

— C'est ma tournée, les gars, tonna Fred en arborant un large sourire.

Il s'exprimait toujours d'une voix puissante et avec force gestes – il fallait qu'on sache qui était le patron, dans ce vacarme assourdissant !

Son sourire se mua en un air grave, il nous prit tous deux par l'épaule et nous souffla :

— Pas dans son assiette, le Henry, il faudrait un peu le secouer ! Il n'a pas de chance, le pauvre, mais…

Un brouhaha s'éleva en provenance du comptoir ; on réclamait ses services.

— Je vous laisse, les gars. Voilà ! Voilà ! J'arrive ! lança-t-il en rugissant.

— Les Latimer sont arrivés hier soir, lâcha John au bout d'un moment.

La mort de Mrs White avait relégué au second plan la venue des locataires. Je les avais à peine entrevus cet après-midi.

— À quoi ressemblent-ils ?

— Lui, la quarantaine, blond, assureur à ce qu'il paraît… Elle, une beauté ; de longs cheveux bruns et un sourire irrésistible ;

dans les 35 ans. Dommage qu'elle soit mariée ! ajouta-t-il avec un clin d'œil.

— Sympathiques ?

— Oui, *a priori*, mais nous n'avons pas encore eu le temps de bavarder. Très corrects, en tout cas.

— Et ils n'ont rien dit à propos de…

— Des bruits de pas qu'on entend la nuit ? Des mystérieuses lueurs du grenier ? Et de toutes ces autres inventions de gens à l'imagination fertile ?

— Enfin, John, tu es bien placé pour le savoir : les précédents locataires en ont parlé ! D'autre part, ils ne sont jamais restés bien longtemps… à cause de cela, précisément !

John secoua la tête, un sourire narquois aux lèvres :

— Notre maison a un aspect inquiétant, je le reconnais ; une femme, prise de démence, s'est suicidée dans d'horribles circonstances, c'est un fait établi ; Père n'a plus toute sa raison et a parfois un comportement bizarre, ça aussi c'est vrai, mais il n'est pas aussi fou qu'on le pense. Partant de ces données, l'imagination des gens travaille et leur fait percevoir des… enfin n'importe quoi ! L'escalier craque ? Mais c'est normal ! Il est en bois, que je sache ! Et on l'entend la nuit, pourquoi ? Mais parce que tout le monde dort, tout est silencieux ! C'est évident ! Quant aux bruits de pas en provenance des combles et l'histoire de la mystérieuse lueur… Je puis t'affirmer que je n'ai jamais rien perçu de tel.

— Tu dors dans ta chambre au rez-de-chaussée, fis-je observer. Il te serait donc difficile d'entendre quelqu'un marchant au dernier étage et de voir si la pièce où… est éclairée !

— C'est vrai, admit-il. Mais personne ne monte jamais là-haut ! Supposons que tous ces racontars soient exacts, qui cela pourrait-il être ? Qui aurait l'idée saugrenue de jouer au fantôme ? Franchement, je ne vois pas.

Je gardai le silence. Il serait inconvenant de lui faire part de mon hypothèse, au demeurant, la seule possible : son père croyait à la réapparition de sa femme, et il allait la retrouver, à la faveur de la nuit, là où elle l'avait quitté. Du reste, les propos qu'il avait tenus à Arthur lors des condoléances : « … elle vous reviendra… Vous la reverrez, bientôt… » étaient assez clairs. Mais comment lui expliquer ? S'il existait un sujet susceptible de le blesser, c'était bien la raison de son père ; or ma théorie mettait en évidence la douce folie de celui-ci. Non, il valait mieux me taire ; j'avais commis suffisamment d'impairs à son endroit.

John ne disait mot, il était visiblement ailleurs. Brusquement, il déclara :

— Hier soir, j'ai aidé les Latimer à monter leurs affaires.

Je sortis une cigarette de mon paquet.

John sembla hésiter, puis poursuivit :

— Mrs Latimer s'entretenait avec mon père…

J'allumai calmement ma cigarette.

— … tandis que Mr Latimer et moi transportions les valises.

Je pris une bouffée et la rejetai en direction du plafond.

— Donc, pendant ce temps, Père était dans le hall avec Mrs Latimer…

Mes doigts tambourinèrent sur la table.

— Les valises à la main, nous sommes montés au premier étage…

Je poussai un long soupir.

— Les ayant déposées, nous sommes redescendus… Et c'est à ce moment-là…

— Et c'est à ce moment-là ? répétai-je d'une voix douce, m'efforçant au calme.

— C'est à ce moment-là que j'ai perçu quelques bribes de la conversation… entre mon père et Mrs Latimer, bien sûr.

Perdant patience, je frappai du poing sur la table :

— Et alors ? Qu'est-ce qu'ils se racontaient ?

— Je n'ai pas entendu le début, mais je crois que Père lui expliquait les raisons qui avaient poussé les anciens locataires à quitter les lieux si rapidement, l'histoire des bruits de pas et tout le reste. Ce à quoi Mrs Latimer lui a répondu… En fait, sa réponse est vraiment étrange, je ne sais pas très bien comment l'interpréter…

Je me raclai la gorge avec force et repris aussi calmement que possible :

— Que lui a-t-elle répondu ?

— Textuellement : « Je ne crains pas les esprits, bien au contraire… »

— Bien au contraire ?

— Oui, c'est exactement cela : bien au contraire. Et elle n'a rien ajouté. Elle a souhaité bonne nuit à mon père et elle s'est retirée dans sa chambre.

— Elle les aime…

— Pardon ?

— Elle ne craint pas les esprits, bien au contraire, elle apprécie leur présence.

— Mais c'est insensé ! Personne n'aime ces choses-là ! Tout cela est bizarre…

— Il y a tant de choses qui sont bizarres, soupirai-je.

La soirée que j'avais passée chez Henry, une dizaine de jours auparavant, m'était revenue à la mémoire. Il s'était réveillé en sursaut d'un cauchemar, en proie à un incompréhensible chagrin. Pendant son rêve, il avait pleuré et balbutié : « Non… c'est trop horrible… je ne veux pas… Maman, ne pars pas… Je t'en supplie… » Et ceci se passait vers 3 heures et quart, l'heure à laquelle sa mère avait trouvé la mort !

— Tu veux parler de l'accident de voiture des White ? questionna-t-il, les sourcils froncés.

— Oui… enfin non…, bafouillai-je. Non, rien, je ne sais plus ce que je raconte. Je commence à être fatigué.

Quand John me proposa de rentrer, je n'élevai aucune protestation.

4

LETTRE À LOUISE

— Chéri, j'ai affreusement mal à la tête !

— Prends de l'aspirine, ma chérie.

— J'en ai déjà avalé quatre comprimés, sans résultat.

— Prends ton mal en patience, répondit Père en rajustant sa cravate. Dépêche-toi, chérie, nous allons être en retard.

— Quelle migraine atroce, gémit Mère, c'est insupportable. Je ne vais pas pouvoir y aller, c'est impossible !

— Comment ! s'emporta mon père. Ne pas y aller ? Mr White surmonte courageusement sa peine, organise un lunch pour nous permettre de faire connaissance avec les Latimer et d'établir avec eux des relations de bon voisinage ; et toi, tu refuserais de t'y rendre pour un petit mal de tête ? Tu n'y songes pas, ce serait d'une rare inconvenance. Allons, dépêche-toi ! Un peu de courage, voyons !

Mère se raidit, blêmit et le toisa un instant avant de répondre froidement :

— Je ne suis pas en état de sortir et je n'irai pas là-bas !

Silence.

Père parut sur le point d'éclater, mais il parvint à se contenir et se composa un visage détendu et bon enfant :

— Chérie (il lui prit les mains et baissa la tête), rien de plus pénible qu'une migraine tenace ; je suis mieux placé que quiconque pour le savoir. Trop souvent – le soir, surtout – il m'arrive d'être assailli par de violents maux de tête. Afin de ne pas t'importuner avec mes tourments, je souffre en silence… Cela m'arrive plus souvent que tu ne le penses. Oui, c'est pénible. Mais de là à refuser l'invitation d'Arthur, il y a de la marge… Il a besoin de réconfort, de notre présence amicale ; il y a à peine trois semaines qu'il vient de perdre sa femme. Il est terriblement seul et désemparé. Henry ne lui est d'aucun secours, au contraire. Cette invitation est un appel à l'aide, nous ne pouvons pas nous y soustraire. Il ne comprendrait pas notre absence ; déçu, il finirait par douter de notre amitié.

Un regard vide de toute expression fixa Père.

— Tu as fini ?

— Plaît-il ?

— Je te demande si tu as achevé ta tirade.

— Pardon ? s'enquit Père, feignant de ne pas comprendre.

— En voilà assez ! Je… nous n'y allons pas… un point… c'est tout ! James et Elizabeth lui expliqueront. Arthur comprendra parfaitement.

— Nous ? cria Père qui commençait à sortir de ses gonds. Qui ça, nous ?

— Toi et moi, et arrête de faire l'idiot. Si tu savais comme tu es mauvais comédien !

Père prit ses grands airs :

— Votre manque de bienséance et de civilité ne me concerne nullement. Vous restez là, madame, mais vous trouverez bon que je m'y rende. Venez, mes enfants !

Une voix frémissante d'indignation (feinte) et de colère (réelle, celle-là) s'éleva :

— Tu laisserais une femme malade, seule, à la merci de n'importe quel fou ! On dirait que tu ne lis jamais les journaux. (Puis, les yeux brillants de fureur et le geste impérieux :) Vas-y !

Père se dirigea dignement vers la porte, ralentit, s'immobilisa et gagna le bar. Il se servit un whisky bien tassé qu'il avala d'un trait et, d'une voix éteinte, dit :

— Allez-y, les enfants.

Une fois de plus, Mère avait triomphé.

— N'oublie pas la clef, me rappela Elizabeth, alors que je refermais la porte d'entrée.

— Bien sûr, bien sûr, grommelai-je. Mais Dieu, qu'il fait lourd !

La journée avait été particulièrement chaude, en cette fin de septembre. Alors que l'on prédisait un hiver précoce, une vague de chaleur avait gagné le sud du pays.

— Il se pourrait que nous ayons de l'orage cette nuit, dit ma sœur tout en examinant sa mise d'un œil critique. Comment me trouves-tu, James ?

— Ça peut aller, avouai-je.

En fait, elle était ravissante dans sa souple robe blanche qui mettait en valeur la finesse de sa taille. De jolis escarpins, un tour de cou en filigrane d'argent d'un très joli travail qui soulignait discrètement un sage décolleté, une coiffure soignée d'une apparente simplicité, c'était une réussite.

— Pas mal, pas mal du tout, lui dis-je. Attends… Tiens, prends ce mouchoir et atténue un peu ton rouge à lèvres… Là, c'est bien mieux.

— Tu crois que je vais plaire à Henry ?

— Il serait bien difficile. À propos, ça va, vous deux ?

— Oui, mais je me demande si je ne l'ai pas un peu vexé, l'autre jour.

— Ah ?

— J'aurais peut-être mieux fait de le laisser m'embrasser…

J'attendis la suite.

— J'étais passée chez lui, avant-hier soir, prendre de ses nouvelles, voir si ça allait mieux, reprit-elle, soucieuse. Il m'a parlé de sa mère, de tout ce qu'elle représentait pour lui. Nous avons parlé de l'amour, enfin de l'amour en général. Il était très malheureux, alors je l'ai consolé… Tout à coup, il m'a prise dans ses bras…

Enfin, pensai-je, il était grand temps.

— Et il m'a embrassée…

Ouf ! J'allais pouvoir m'occuper d'autre chose.

— Enfin, il a voulu m'embrasser. Tu penses bien que je ne l'ai pas laissé faire ! La première fois, ça ne se fait pas… James, qu'est-ce que tu as ? Tu crois que j'ai mal agi ?

Je pris ma tête entre les mains, je n'en croyais pas mes oreilles.

— Elizabeth ! Ne me dis pas que…

— Si ! Mais il n'était pas fâché, car il m'a immédiatement présenté ses excuses. Toutefois, il y a une chose qui m'inquiète… Il m'a dit : « Ça ne se reproduira plus, Elizabeth. » Je crains qu'il n'ait mal interprété mon refus. Qu'en penses-tu, James ?

Nous étions maintenant arrivés chez les White et je ne lui répondis pas. J'en avais par-dessus la tête ; *in petto*, je me jurai de ne plus jamais me mêler de cette histoire.

Arthur White vint nous ouvrir. En dépit de sa tristesse, il se montra des plus affables.

— Venez, mes enfants, entrez. Comme tu es jolie, Elizabeth, cette robe te sied à ravir !

— Oh ! merci, Mr White, minauda ma sœur, rose de plaisir.

— Mais où sont vos parents ?

— Mère a une terrible migraine et…

— Ton père a préféré ne pas la laisser seule. Oui c'est mieux ainsi, on ne sait jamais ce qui peut arriver… (Sa voix avait fléchi.) Allez dans le salon, John et Henry vous y attendent.

Dès que nous entrâmes dans la pièce en question, deux paires d'yeux dévisagèrent avidement Elizabeth qui alla d'abord saluer Victor.

Depuis la mort de Mrs White, le visage de Victor Darnley avait repris quelque couleur. Il avait même rendu plusieurs visites à Arthur, ce qui ne lui arrivait que très rarement.

Il complimenta ma sœur fort galamment, lui qui avait pris l'habitude d'économiser ses paroles. Sous un petit air modeste très réussi, démenti par l'éclat de ses yeux, elle devait ronronner de plaisir. Pour dissimuler son trouble croissant, John se prit à renchérir sur les propos flatteurs de son père, d'un ton plaisant, faussement décontracté. Quant à Henry, le souffle coupé devant une Elizabeth s'épanouissant comme une fleur au soleil sous les compliments et les regards éloquents de Darnley, il ne réussit à balbutier qu'un faible : « Bonsoir, Elizabeth. »

— Henry, ne reste pas là, les bras ballants ! tonna la puissante voix d'Arthur. Occupe-toi de nos invités !

La sonnerie de la porte d'entrée se fit entendre.

— Ah ! Voilà nos hôtes ! Je vais ouvrir, dit Arthur – et il disparut.

Victor fit les présentations. D'emblée, Patrick Latimer me fut sympathique, mais presque aussitôt quelque chose d'indéfinissable, d'instinctif, tempéra ce premier mouvement. Sa femme, Alice, monopolisait tous les regards. Belle et le sachant, elle était habillée avec élégance, de façon un peu trop provocante pourtant à mon goût. Subjugué, Henry la dévorait des yeux. Ce qui n'échappa point à ma sœur, pâle de rage, lorsqu'elle vit Alice s'installer à côté de Henry, très intimidé.

Pour se donner une contenance, mon ami se livra à ses habituelles pitreries et tours de passe-passe. Il se surpassa. Un vrai festival.

Patrick Latimer parut vivement impressionné. Quant à sa femme, elle se pâmait d'admiration et ne tarissait pas d'éloges sur l'habileté et les dons – elle alla même jusqu'à dire les « pouvoirs » – de Henry, ce qui le stimula grandement.

Point de mire de tous les regards, il rayonnait de plaisir et de fierté.

Nous eûmes droit à quelques contorsions assez exceptionnelles.

— Henry semble reprendre goût à l'existence, glissai-je perfidement à l'oreille de ma sœur.

— Tais-toi, traître.

Arthur, un peu agacé, mit un terme aux acrobaties de son fils en le priant de chercher les plateaux de toasts, tandis qu'il se chargeait de déboucher le champagne – du brut de très grande marque. (Notre hôte avait bien fait les choses.)

Le précieux liquide pétilla dans les flûtes, puis dans les yeux des convives. La soirée s'annonçait plaisante. Arthur paraissait détendu. Seule, Elizabeth avait bien du mal à contenir sa jalousie.

— J'ai lu la plupart de vos romans, Mr White. Comment procédez-vous pour échafauder des intrigues aussi subtiles ?

— Chère madame, je trouve mon inspiration dans la lecture. Il faut savoir ceci : lire sans prendre de notes est aussi absurde que manger sans digérer.

— Oh ! que c'est original ! Je tâcherai de m'en souvenir…

Même Victor avait retrouvé l'usage de la parole :

— Arthur est un écrivain qui marquera son époque, cela ne fait pas l'ombre d'un doute.

— N'exagérons rien. Il faut savoir que…

— Excellent ce champagne, Arthur, j'en reprendrai volontiers.
— Mais je vous en prie, Victor, servez-vous, vous êtes ici chez vous, vous le savez bien.

— Oh ! Henry ! Vous êtes extraordinaire ! Mais comment faites-vous donc ?
— Madame…
— Appelez-moi Alice.
— Alice, je dois vous avouer que c'est un don de naissance. Déjà tout petit…
— Comme c'est intéressant !
— Elle m'agace cette bonne femme… avec ses flatteries et son décolleté indécent. Tu la trouves belle, John ?
— Elizabeth. Tu n'as jamais été aussi belle que ce soir.
— Ne te moque pas de moi, John !
— Dieu m'en garde, Elizabeth ! Regarde-moi, ai-je l'air de mentir ? Ne peux-tu lire en mes yeux ce que je n'ose te dire ?
— Oh ! John…

La conversation allait bon train, quand l'orage éclata.
Alice sursauta :
— C'était à prévoir, il a fait tellement chaud aujourd'hui. Je n'aime pas cela ! Je supporte si mal l'orage.
Il y eut un second éclair suivi d'un fracassant coup de tonnerre.
Alice commençait à trembler. Son mari se précipita vers elle :
— Chérie ! Allonge-toi si tu te sens mal. Vous permettez, Mr White ?
— Je vous en prie. Mais qu'a-t-elle ? Je suis médecin, quoique n'exerçant plus. Si je puis vous être de quelque secours, madame…
Alice ne répondit pas. Le regard étrangement fixe, elle tremblait de tous ses membres. Son mari l'avait étendue sur un divan. Elle respirait de façon impressionnante, à un rythme croissant, la soie de son corsage tendue à craquer.
L'orage redoubla d'intensité et la pluie se mit à tomber. À travers la porte-fenêtre qui donnait sur la lande, on voyait un ciel d'encre zébré par d'innombrables éclairs se succédant à une allure telle que l'on aurait pu se croire en plein jour. Un spectacle terrifiant, d'une beauté sauvage dans un fracas de fin du monde.

Plus personne ne disait mot. L'orage était inquiétant, certes, mais l'état d'Alice l'était bien davantage. Elle tomba en léthargie.

— Ce n'est rien, assura son mari. Elle est… médium. Je crois qu'elle a un appel. Il vaudrait mieux baisser l'éclairage…

— Je vais éteindre le lustre, fit Henry dont la voix frémissait d'étonnement et d'inquiétude. On va allumer la petite lampe près de la fenêtre.

— Non, protesta Patrick, elle aura la lumière dans les yeux. Il vaudrait mieux allumer le lampadaire, au fond, à côté de la bibliothèque.

Henry s'exécuta. La pièce était maintenant plongée dans une semi-pénombre, l'assemblée faisait cercle autour du divan. La poitrine d'Alice se souleva légèrement, quelques râles se firent entendre et ses paupières s'entrouvrirent.

D'un geste, Patrick intima le silence.

Nous retenions notre respiration.

Les lèvres du médium remuèrent et de singulières paroles les franchirent :

— Le pays des brumes… Tout n'est qu'ombre et brouillard… C'est un pays où tout n'est qu'apparence, car rien n'existe… La vie est un mot inconnu pour ces êtres, ombres prisonnières du temps…

Sa voix s'éteignit.

— Chérie, demanda son mari d'une voix douce, ne vois-tu rien d'autre ?

Au bout d'un instant, sa voix murmura :

— Non, les brumes s'estompent, les ombres s'éloignent, tout devient obscur… Si… Deux d'entre elles sont à l'écart… Deux femmes… L'une d'elles parlemente… Elle… elle essaye de retenir l'autre… Je la vois maintenant distinctement… Son corps est recouvert de plaies… les poignets… Son index tremblant jaillit, accusateur… Il veut me désigner… Non, je ne vois pas… Le visage de la femme est effrayant…

— C'est Eleanor, chuchota Victor, c'est ma femme elle veut nous dire quelque chose…

Le visage livide, Victor s'approcha d'Alice :

— C'est Eleanor, Mrs Latimer, j'en suis sûr. Moi aussi j'ai… j'ai eu des appels. Elle veut nous indiquer quelque chose. Faites un effort, je vous en supplie…

Alice ferma les yeux.

— Mrs Latimer, je vous en supplie…

— Il vaut mieux ne pas insister, assura Patrick. Ça peut être dangereux pour…

Brusquement, la voix reprit, mais plus forte cette fois-ci :

— La femme a disparu… mais sa compagne est présente, elle semble indécise… elle ne sait pas quelle direction prendre… Elle… elle veut qu'on lui parle… Non, ce n'est pas ça… Elle veut qu'UNE personne lui parle… Une personne bien précise… Une personne présente dans cette pièce même… Une personne de haute taille, puissamment bâtie, qui a fait une partie de son chemin avec elle…

Tous les regards s'immobilisèrent sur Arthur, pétrifié.

— … Elle voudrait… lui parler seul à seul…

Silence.

— Il s'agit certainement de vous, Mr White, déclara Patrick en regardant pensivement sa femme. Quant à la femme qui veut vous parler… Votre femme, je présume.

Un éclair aveuglant illumina le salon et mit en relief l'incrédulité peinte sur le visage d'Arthur. Patrick laissa passer le coup de tonnerre avant de reprendre :

— Je ne veux pas vous – créer de fausse joie, Mr White, mais il y a peut-être moyen de… Enfin c'est une expérience qu'on a déjà tentée et… je crois que ma femme est particulièrement réceptive ce soir.

Victor prit le bras de son ami à deux mains :

— Arthur, il faut essayer !

Arthur abaissa les paupières en signe d'assentiment.

— L'expérience ne réussit que rarement, dit Patrick Latimer en sortant un mouchoir de sa poche. (Il s'épongea le front.) En fait, elle n'a réussi qu'une seule fois, et ça remonte à plusieurs années ; nous étions à peine mariés.

» Vous allez poser une question à votre femme, Mr White. Une question à laquelle elle seule pourrait répondre. Mais pas oralement, par écrit : sur une feuille et à l'abri de tout regard. Vous la mettrez dans une enveloppe que vous fermerez et sur laquelle, là où est collé le rabat, vous apposerez votre signature. Ou, si vous préférez, vous pouvez mettre un cachet de cire.

» Ma femme devra palper la lettre quelques instants et puis… et puis on verra. Je vous le répète, il n'y a que très peu de chance de réussite. Mais il faudrait vous décider rapidement, ma femme peut se réveiller d'un instant à l'autre.

Arthur se leva brusquement et disparut.

Patrick éleva les bras :

— Je vous en prie, mes amis, il faut garder le silence. Le moindre mot déplacé pourrait avoir de graves conséquences.

Arthur ne s'absenta qu'une dizaine de minutes, qui nous semblèrent interminables.

— Voilà, dit-il en tendant une enveloppe à Patrick.

Ce dernier la montra à l'assistance : sur la face arrière, à la pointe du rabat, il y avait un cachet de cire, et sur chaque oblique était apposée une signature.

Henry me souffla à l'oreille :

— Père collectionne les pièces de monnaie anciennes. Il en a utilisé une pour le cachet.

Patrick se pencha vers sa femme et lui mit l'enveloppe dans les mains :

— Ma chérie, il y a un message dans tes mains… Un message pour la femme…

Les doigts d'Alice se crispèrent, puis elle relâcha l'enveloppe. Son mari la prit et la posa sur la table basse.

— Maintenant, commença-t-il en s'approchant de la fenêtre et en indiquant le ciel, je crois qu'il va nous falloir attendre la fin de l'ora…

Il ne put achever sa phrase. Un éclair aveuglant, d'une intensité inouïe, accompagné d'un craquement épouvantable, nous figea tous sur place. Le salon fut plongé dans une obscurité totale.

— Henry, fit la voix impérieuse d'Arthur, ce ne sont peut-être que les plombs, va voir !

— J'y vole, père.

— Que personne ne bouge, poursuivit notre hôte. N'oublions pas que Mrs Latimer est dans un état second et qu'un choc pourrait lui être préjudiciable.

Au bout de quelques minutes, le lampadaire se ralluma, Henry reparut presque aussitôt. Chacun avait gardé sa place.

— Ce n'était que les plombs, lança Henry, est-ce que Alice… euh, Mrs Latimer a parlé ?

— Non, répondit Patrick Latimer, qui semblait examiner ses chaussures avec attention. Mais ça ne veut rien dire… Attendons !

Victor paraissait s'abstraire dans la contemplation de l'enveloppe posée sur la table basse. Il se tourna vers son ami :

— Tout est encore possible, Arthur, ne perds pas espoir. J'ai comme une intuition…

Un éclair lointain illumina le ciel, et de nouveau l'obscurité envahit le salon. Il y eut un silence presque palpable.

Henry parla en premier :

— Je m'en occupe, père. Je pourrais faire le chemin les yeux fermés.

— Ramène aussi des bougies, Henry, ou plutôt le chandelier qui est dans le couloir, au cas où ces interruptions de lumière se renouvelleraient. Je crains que ces perturbations ne troublent Mrs Latimer. Qu'en pensez-vous ?

Patrick Latimer s'éclaircit la voix avant de répondre :

— Ma foi, c'est fort probable ! L'obscurité est certes favorable à la concentration, mais ces coupures de courant, toute cette agitation ne peuvent lui être bénéfiques en aucun cas. (Il se racla violemment la gorge.) Hum ! Hum ! Inutile de se faire des illusions, cette expérience ne réussit que très rarement… Pourtant ma femme était particulièrement bien disposée ce soir. Mais ces coupures de courant…

— Je dois vous avouer, Mr Latimer, que l'espace d'un instant, et en dépit de mon scepticisme, j'ai eu quelque espoir. Mais soyons honnêtes, il est impossible d'entrer en contact avec l'au-delà ! De ma vie, je…

— Arthur, coupa péremptoirement Victor, tu n'entends rien à…

La lumière revint.

Alice était toujours étendue sur le divan, elle dormait. Un sommeil que rien ne semblait agiter.

— Je suis désolé, Mr White, il n'y a plus aucun espoir, dit à regret Patrick. Je vais pouvoir la réveiller.

Il s'approcha de sa femme et lui caressa le front avec douceur, en murmurant quelques mots à voix basse.

— Dire que j'ai cru… fit Arthur en hochant tristement la tête. L'orage s'est éloigné maintenant…

Henry fit irruption dans la pièce en brandissant un chandelier allumé :

— Voilà, nous sommes prêts à toute éventualité… mais… Oh ! Alice est…

Tous les regards se braquèrent sur Alice. Elle était sortie de son état léthargique. Elle mit de l'ordre dans sa chevelure et murmura d'une voix émue :

— Mon Dieu ! Où suis-je ? Que… Patrick !

Son mari lui prit les mains :

— Ce n'est rien, ma chérie, c'est fini. Tu as eu une crise…

— Oh ! Mon Dieu ! (Elle enfouit son visage entre ses mains.) J'ai gâché cette belle soirée… C'est l'orage, j'aurais dû m'en douter… Patrick, pourquoi ne me l'as-tu pas rappelé ? Je vous présente toutes mes excuses, Mr White, je…

— Mais vous n'y êtes pour rien, chère madame. Ne vous excusez pas, je vous en prie.

— Tu ne te souviens de rien, ma chérie ? lui demanda Patrick en l'aidant à se lever.

— J'ai parlé ? fit Alice, dont les yeux s'arrondirent d'étonnement.

— Très vaguement, rien de précis. Tu dois te reposer, maintenant. Mr White, vous voudrez bien nous excuser, mais… Chérie ! Fais attention ! Tu vas…

Alice s'était dirigée vers la fenêtre et s'était accrochée au bras du fauteuil. Alors qu'elle chancelait, son mari se précipita vers elle. Ils tombèrent tous deux dans le fauteuil, non sans faire de dégâts : la belle plante verte qui ornait la fenêtre et la petite lampe s'écrasèrent sur le sol.

Il s'ensuivit une discussion confuse, durant laquelle chacun resta sur ses positions. Patrick tenait absolument à dédommager Arthur, mais ce dernier ne voulait pas en entendre parler. Finalement, un terrain d'entente fut trouvé : les White seraient prochainement les invités de Mr et Mrs Latimer.

Il y eut un moment d'émotion lorsque Alice attacha un regard intrigué sur l'enveloppe. Elle était toujours à la même place, au centre de la table basse. Tout le monde l'avait oubliée. Arthur la prit discrètement et l'enfouit dans la poche intérieure de son veston.

Alice, à qui le geste d'Arthur n'avait pas échappé, déclara d'une voix sans timbre, les yeux perdus dans le vague :

— Oui, Henry deviendra sage et sensé.

Pendant plusieurs secondes, ces mots tombèrent dans le vide ; l'assistance en resta bouche bée. Patrick se précipita auprès de sa femme qui commençait à vaciller. Elle se blottit contre lui et dit d'une voix altérée :

— Chéri, je ne sais pas ce qui m'arrive, je raconte vraiment n'importe quoi…

Tout à coup, John et Elizabeth, qui ne s'étaient pas manifestés depuis un bon bout de temps, se ruèrent vers Arthur et parvinrent d'extrême justesse à le soutenir : notre ami avait perdu connaissance.

Il fut installé dans le fauteuil, on lui administra quelques gifles, Henry porta un verre de cognac à ses lèvres, puis il reprit ses esprits.

— Père, s'enquit son fils, qu'est-ce qui t'a pris ? Tu aurais dû boire moins de champagne…

Arthur secoua la tête et écarta Henry d'un mouvement brusque. De fines gouttelettes de sueur perlaient sur son visage bouleversé. Sans mot dire, il glissa la main dans la poche intérieure de son veston et en sortit l'enveloppe, qu'il examina sous tous les angles. Il la plaça même devant une source de lumière. Ensuite il fit signe à Henry de venir et lui demanda de l'examiner.

— Arthur, gémit Victor d'une voix chevrotante, tu ne veux pas dire que…

— Cette enveloppe n'a pas été ouverte, interrompit Henry, je peux te le certifier, père.

Arthur gagna son bureau, fourragea dans ses affaires et revint avec un coupe-papier. Dans un silence de mort, il introduisit la lame dans l'enveloppe et la fendit. Il en retira une feuille pliée en deux, la déplia et la montra à l'assistance. Une seule phrase y était écrite : « Ma chérie, crois-tu que Henry sera raisonnable, un jour ? »

5

LES MORTS SE MANIFESTENT

Nous étions maintenant fin octobre, un mois s'était écoulé depuis cette singulière soirée où l'esprit de Mrs White s'était manifesté.

Bien sûr, j'ai envisagé une supercherie de la part des Latimer – d'ailleurs comment expliquer d'une autre façon cette incroyable expérience ? Mais examinons plutôt les faits ; Arthur, à l'abri de tout regard, écrit sur une feuille de papier : « Ma chérie, crois-tu que Henry sera raisonnable, un jour ? » Ensuite, il met la feuille dans une enveloppe qui est scellée par ses soins. N'étaient les deux interruptions de lumière, l'enveloppe avait été constamment dans notre champ visuel, bien en évidence sur la table basse. Et puis… l'impossible a eu lieu, Mrs White a répondu à son mari : « Oui, Henry deviendra sage et sensé. » Non, c'est Alice qui a répondu, qui a parlé, qui a rapporté le message de l'au-delà…

L'enveloppe a subi de nombreux examens : le rabat n'avait été ni décollé ni découpé; les signatures et le sceau étaient intacts.

Mais il se pouvait qu'Alice eût deviné la question d'Arthur… Ou peut-être avait-elle simplement lancé une phrase au hasard ? Non, impossible, la réponse était trop précise. Alors ?

J'avais aussi rapproché cette expérience du cauchemar de Henry. À l'instant même où sa mère mourait, il s'était réveillé en proie à un incompréhensible chagrin… Ne parlons même pas des paroles prononcées lorsqu'il divaguait… Tout cela dépasse l'entendement. D'autre part, depuis deux ou trois semaines, d'étranges rumeurs concernant la maison des Darnley circulaient de nouveau dans le village : d'aucuns auraient aperçu des lueurs provenant de la chambre maudite, et les Latimer étaient troublés dans leur sommeil par des bruits de pas.

Heureusement, j'avais actuellement d'autres soucis en tête : ma première année d'études supérieures à Oxford, et je comptais bien décrocher le diplôme de “Bachelor of Arts”. Henry faisait sa dernière année d'études secondaires, il avait échoué l'année précédente ; il ne pouvait s'en prendre qu'à lui-même : ses absences aux cours étaient par trop fréquentes ! Et il était en train de récidiver. Décidément, ça ne tournait pas rond chez lui, ces derniers temps. La mort de sa mère ? Bien sûr, il en était très affecté. Elizabeth ? Je ne le pense pas. Il semblait tout à fait détaché. Il y avait autre chose.

Les altercations avec son père étaient devenues monnaie courante, presque quotidiennes maintenant. Nul n'en connaissait la raison.

Me croyant dans la confidence, mes parents m'interrogeaient fréquemment à ce sujet ; leurs disputes étaient si violentes, qu'on les percevait depuis chez nous. J'avais tenté de lui parler, de l'aider, mais il éludait toujours mes questions.

Toutefois, par moments, il laissait transparaître une étrange gaieté, un ravissement qui contrastait avec sa mauvaise humeur et sa nervosité. Car il était nerveux, vraiment très nerveux. Quelque chose le tourmentait, le rongeait, mais quoi ?

J'en étais là de mes réflexions, alors que mes yeux étaient rivés sur mon devoir de français, largement zébré de rouge. J'écartai la feuille avec agacement en maudissant les subtilités de la grammaire française.

Mon regard se posa machinalement sur ma montre : 20 heures. Nous étions samedi soir, Fred eût été blessé de ne pas me voir. Bien, j'allais prendre Henry au passage.

Arrivé aux abords de la maison des White, un bruit de voix me parvint ; Arthur et son fils se querellaient violemment. Je demeurais immobile, ne sachant que faire, lorsque la porte d'entrée s'ouvrit brusquement pour livrer passage à Arthur. Bouillant de colère, il claqua la porte derrière lui.

— Bonsoir, Mr White, risquai-je.

— Ah ! James ! grommela-t-il.

Son visage revêtit une expression de surprise, puis de gêne.

— Bonsoir, James, bonsoir, ajouta-t-il d'une voix enrouée – et il s'en fut d'un pas pressé vers la demeure des Darnley.

Je le suivais du regard en pensant : voilà un mois qu'il se rend presque tous les soirs chez son ami Victor... Cette amitié subite – alors qu'auparavant leurs relations n'étaient que de bon voisinage, sans plus –, pour compréhensible qu'elle fût entre deux êtres pareillement frappés, ne me semblait pas moins curieuse pour autant. Il faudrait que j'en parle à John.

La chambre de Henry était éclairée. Je longeai l'allée bordant la maison et glissai un regard indiscret : Henry, la tête baissée, les mains derrière le dos, arpentait la pièce d'un air mauvais. Soudain il s'arrêta net. Visiblement, une idée venait de faire irruption dans ses sombres pensées ; les rides qui sillonnaient son front avaient disparu. Il ouvrit un tiroir du bureau et en retira deux balles de caoutchouc. L'une fut posée en équilibre sur la poignée de la porte, et l'autre disparut dans sa poche.

Qu'était il encore en train de manigancer ?

Il gagna un coin de la pièce, sortit la balle de sa poche et la lança plusieurs fois en l'air, certainement pour mieux se concentrer. Puis il projeta avec force la balle au sol ; elle rebondit sur le mur, le plafond encore le mur et... en plein sur l'autre balle !

Bravo, Henry ! Ça, il fallait le faire !

Je toquai à la vitre pour indiquer ma présence et applaudis. Il parut surpris un instant, puis me sourit. Je lui indiquai ma montre et lui fis signe que j'avais soif.

Fred déposa deux chopes de bière sur la table et se crut obligé de nous raconter une blague. Lorsqu'il eut terminé, j'éclatai de rire, par politesse – son histoire drôle ne l'étant guère –, alors que Henry n'esquissait qu'un vague sourire. Fred regagna le comptoir en se tenant les côtes. Je stoppai mon hilarité factice et regardai Henry droit dans les yeux :

— Henry, qu'est-ce qui ne va pas ?

Pas de réponse.

— Pourquoi toutes ces querelles avec ton père ? m'emportai-je, conscient de mon indiscrétion.

Son mutisme commençait à m'échauffer :

— Parce que tu sèches tes cours ?

— Non… enfin oui… ça aussi, mais ce n'est pas la raison principale. C'est une question… (ses yeux devinrent brillants) d'argent…

— D'argent ? Mais ton père…

Portant une main à ses yeux et levant l'autre :

— James, dit-il d'une voix poignante, tu ne pourrais pas comprendre, je ne peux pas t'expliquer. Je t'en supplie, ne me pose plus de questions…

— Elizabeth ?

Ses doigts se crispèrent sur la table, ma question avait porté.

— Elle m'a envoyé sur les roses, fulmina-t-il en essayant de contenir sa fureur. Elle n'aurait pas dû…

Depuis la fameuse soirée que son père avait organisée en l'honneur des Latimer, Henry et Elizabeth s'ignoraient délibérément. L'une ou l'autre fois, John avait invité ma sœur à dîner dans un restaurant réputé des environs, mais Henry n'avait manifesté aucun signe extérieur de colère, son orgueil domptant sa jalousie.

— Non, elle n'aurait pas dû… car…

— Bonsoir tout le monde, interrompit une voix familière.

— Salut, John, dit Henry avec lassitude – et il fit un signe à Fred.

John non plus n'était pas dans son assiette, il s'affala sur une chaise.

— Rude journée, fit Henry, examinant ses ongles.

— Rude journée, mais surtout rude soirée… Je parle de la nuit dernière. (John passa la main nerveusement dans ses cheveux roux en fermant les yeux.)

Je fronçai les sourcils en vue d'une explication.

— Personne ne vous a rien dit ? s'enquit John avec étonnement.

Silence.

— Franchement, poursuivit-il, je ne comprends plus rien…

— Voilà, les gars ! claironna Fred en plaçant trois bières sur la table.

Voyant nos mines, son expression joviale se figea, puis il secoua la tête en poussant un soupir. Et il s'en fut.

— John, implorai-je, il y a une chose que je voudrais te demander.

— Laquelle…

— Si tu as quelque chose d'important à nous dire, fais-le, mais d'un seul bloc, sans t'interrompre… et sans laisser tes phrases en suspens.

John ne semblait pas m'avoir écouté, il regardait fixement son verre qu'il tenait à deux mains. Puis, sans nous en offrir, il prit une cigarette de son paquet et l'alluma.

— Je vous avais déjà parlé de ces soi-disant bruits de pas, commença-t-il. Je n'y ai jamais cru. Mais, depuis quelques jours, je dois vous avouer que j'ai entendu quelque chose… J'ai alors pensé à nos anciens locataires qui se plaignaient d'être dérangés dans leur sommeil, et j'ai réfléchi à la question. Pas très longtemps d'ailleurs, la solution de ce petit mystère me paraissant bien simple : la nuit, Père devait regagner les combles pour quelque obscure raison… l'espoir de retrouver l'esprit de ma mère… Mais n'entrons pas dans les détails, c'est sans importance. Ceci expliquerait aussi l'étrange lumière que certains prétendaient apercevoir.

— J'y ai toujours pensé, avouai-je, mais il était bien délicat de t'en parler !

— Seulement voilà : mon père ne peut pas être à deux endroits différents en même temps !

Je tressaillis ; Henry demeurait impassible, pas un muscle de sa figure ne bougeait.

— Il était presque 9 heures, continua John avec le même regard absent. On prenait le café chez les Latimer, dans le salon, juste sous les combles… (Il se tourna soudainement vers Henry, perplexe :) Ton père ne t'a rien dit ?

— Pas exactement, répondit Henry, mal à l'aise. Il m'a parlé, ce matin, d'un événement insolite qui prouvait… Mais nous ne nous sommes pas attardés sur le sujet.

John le regarda, l'air intrigué; il demeura pensif un instant, puis poursuivit :

— Nous prenions donc le café, les Latimer, Mr White, mon père et moi… et nous parlions justement de ces bruits de pas quand soudain, nous les avons entendus : quelqu'un marchait au-dessus de nos têtes! De long en large, avec des arrêts momentanés… Les pas étaient sourds, hésitants, pas toujours très nets, mais le doute n'était plus possible : quelqu'un arpentait bel et bien la pièce du dessus! Et Père était à mes côtés, en chair et en os! Mon hypothèse s'effondrait.

» Une vague de frayeur a déferlé sur le salon. Père s'était recroquevillé sur sa chaise, tremblant, blême; Alice s'était réfugiée dans les bras de son mari; la tasse de café de Mr White gisait, brisée, à ses pieds, tandis qu'il semblait en tenir encore délicatement l'anse dans ses doigts. Quant à moi, je n'ai pas perdu le nord : je me suis rué dans le couloir et j'ai gravi l'escalier à la hâte; sans faire trop de bruit, toutefois, je ne voulais pas annoncer ma venue à l'intrus qui s'amusait à nous faire peur.

» Arrivé en haut, j'entendais toujours résonner le bruit de pas, mais pas bien longtemps… plus rien! Cependant, je l'avais localisé : il provenait des combles situés sur le côté gauche.

» Il faut que je vous explique un peu la disposition des lieux : lorsqu'on arrive en haut, il n'y a que deux possibilités; soit on emprunte la porte de droite qui s'ouvre sur le grenier, soit celle de gauche donnant sur les combles aménagés. Derrière celle-ci, un couloir qui s'arrête sur un mur… un mur recouvert, de haut en bas, par un rideau dissimulant une bibliothèque de fortune, bourrée de revues, almanachs et vieux journaux. Pas de fenêtre, dans ce couloir; en fait il n'y a rien, si ce n'est les quatre portes qui s'alignent sur le côté droit. Les portes, comme les murs et le plafond, sont en lambris de vieux chêne, très foncé. De plus, il n'y a pas d'électricité à cet étage, c'est donc vous dire qu'il fait noir, là-haut!

» Je n'ai pas commis l'erreur de m'aventurer seul, dans ce couloir; j'ai attendu les autres, l'oreille collée à la porte. Des lampes de poche ont été apportées; Mr White est resté dans le couloir, Patrick et Père ont stationné derrière la porte. Alice et moi avons fouillé les quatre pièces ; la chose fut aisée car les trois dernières étaient totalement vides. Quelques vieux meubles sont entassés dans la première, mais rien d'autre… Personne, personne nulle part… Chaque pièce possède une fenêtre, mais elles étaient toutes fermées… Derrière le rideau ? Vous pensez bien que je l'ai écarté : rien, hormis l'amas de vieux journaux.

Bien entendu, pas de passage secret, je connais quand même la maison. On a vérifié, malgré tout, en pure perte.

John secoua la tête avec un long soupir :

— Je ne comprends plus rien, mais alors rien du tout…

6

UNE SAUVAGE AGRESSION

La maison des Darnley était hantée !

Telle était l'opinion de la plupart des habitants du village. Cette rumeur avait même gagné la capitale, un journaliste londonien s'était déplacé pour mener une enquête. Les Latimer recevaient de fréquentes visites le soir ; il y avait Arthur, bien sûr, mais aussi d'autres personnes, généralement d'un certain âge et plutôt à l'aise financièrement, attirées par les phénomènes paranormaux. Le « fantôme » se manifesta à deux reprises. Pour Victor, la chose était certaine, c'était bien sa femme qui venait lui rendre visite.

John ne s'intéressait pas au problème, il était totalement absorbé par la conquête de ma sœur. Bien qu'Elizabeth ne me fît aucune confidence, je voyais parfaitement que la compagnie de John était loin de lui être indifférente.

Et Henry, que dire de lui… Plus nerveux et angoissé que jamais, avec un regard de bête traquée, lui qui avait toujours eu un maintien assuré et des façons si directes et franches. Ses rapports avec son père s'étaient envenimés. Leurs altercations de plus en plus vives et fréquentes m'inquiétaient. Je faillis intervenir un soir, tant leurs propos étaient violents, et craignis qu'ils n'en vinssent aux mains.

La tension montait de jour en jour.

J'étais sur le point de résoudre un épineux problème de mathématiques, quand Elizabeth entra dans ma chambre.

— Père est dans une rage folle, s'écria-t-elle. Tu ferais bien de le rejoindre, de boire un verre avec lui, ça le calmerait.

— Qu'est-ce que Mère lui a encore interdit ?

— D'aller au stade, demain. Il y a un tournoi de football très important, paraît-il. Hélas, pour lui, Mère avait prévu de prendre le thé chez…

— Au fait, ma chère, pourquoi ne vas-tu pas toi-même consoler ton petit papa ?

— Moi ? balbutia-t-elle, rouge comme une écrevisse. Mais je…

— Ne te fatigue pas, j'ai compris. John va venir te chercher et tu as tout juste le temps de te préparer. Allez, ouste ! Déguerpis !

— Espèce de rustre ! hurla-t-elle avant de claquer la porte.

La solution de mon problème de mathématiques venait de disparaître en même temps que ma sœur. Je sortis de ma chambre et retrouvai Père dans le salon.

— Tiens, ce vieux James ! me lança-t-il dès que je franchis le seuil.

Il avait partiellement recouvré son calme, mais ses mains tremblaient encore.

— C'est le dernier samedi du mois de novembre, on va boire un coup. Et pas du thé ! Ha ! Ha !

— Le prétexte est plutôt quelconque, lui fis-je observer avec un soupçon d'ironie dans la voix.

— Peu importe ! Il faut boire quand le vin est… Lorsque les vignes… (Il cherchait vainement une citation de circonstance.) Enfin… bref.

L'œil brillant, il remplit deux verres à cognac. Nous trinquâmes.

— Là… Ça va mieux, soupira-t-il. (Il se carra dans un fauteuil, croisa les jambes et contempla le plafond.) Les femmes sont des viscérales, déclara-t-il doctement. Elles raisonnent avec leurs tripes.

— Père, dis-je en essayant de paraître choqué, si Mère t'entendait…

— Qu'elle m'entende donc ! Cela s'adresse aussi elle ! fulmina-t-il. Cela s'adresse surtout à elle…

La porte s'entrebâilla, Mère se montra.

Père se figea dans son fauteuil.

— Edward, fit-elle d'un ton autoritaire, j'ai préparé ton costume gris perle, pour demain. Tu feras attention car… Ah ! c'est du joli ! Tu saoules ton fils au whisky !

— Mais, chérie, c'est du cognac ! Du cognac de France ! Une boisson que…

La porte claqua.

Père accusa le coup, mais il se reprit rapidement :

— Je disais donc, que les femmes raisonnent comme… En vérité elles ne raisonnent pas du tout ! J'en veux pour preuve le fait qu'elles ne savent pas distinguer ce qui est important de ce qui ne l'est pas. Un exemple, au hasard : demain, il y aura un tournoi de football, avec la présence de Billy Speed ; à mon avis, le meilleur ailier droit du pays. Une frappe magique ! Un démarrage hors du commun ! Une vision du jeu extraordinaire… Bref, un spectacle à ne pas manquer, même pour une personne ignorant tout du football.

Père fit une pause.

— Devine ce que ta mère a décidé, je te le donne en mille. (Il leva les bras au ciel.) Prendre le thé chez les Wilson ! Tu te rends compte ! Alors que Billy Speed fait une démonstration à un kilomètre de là ! Incroyable ! Elle m'étonnera toujours… (Il s'éclaircit la gorge.) Hum ! Hum ! Bon, enfin là n'est pas la question, ce que je voulais te démontrer, c'est la stupidité de ta mè… des femmes en général.

Il cita d'autres exemples à l'appui, s'appesantit sur le sujet, fit une analyse approfondie de la stupidité féminine des origines à nos jours et imagina même un monde sans femme.

Père ne pensait pas un mot de ce qu'il disait, mais c'était sa façon à lui d'apaiser sa colère. Je l'écoutais donc, sans l'interrompre.

Il n'était pas loin de minuit lorsque je lui fis part de mon intention de regagner ma chambre :

— J'ai un devoir de mathématiques, Père…

— Très bien, il n'y a pas d'heure pour les braves. (Il se leva et s'étira.) Quant à moi, je vais prendre le frais. Ce cognac était excellent, mais j'ai la tête qui tourne un peu.

Il enfila son pardessus, mit son chapeau, alluma une cigarette et quitta la pièce.

Mon devoir peut encore attendre, pensai-je en me servant une dernière larme de cognac. Le verre à la main, je m'approchai de la cheminée et me laissai envahir par la douce chaleur du feu de bois et du cognac, tout en regardant danser les flammes.

J'entendis quelqu'un entrer dans le salon.

— James, fit la voix de ma mère, tu n'es pas raisonnable… Mais où est donc passé celui qui t'a fait boire ?

— Père est allé prendre l'air, il… il avait chaud.

— Prendre l'air ! Avec ce froid et ce brouillard ! On est bientôt en décembre et monsieur va prendre l'air à minuit ! (Sa voix se radoucit :) James…

— Oui ?

— J'espère que tu ne seras pas comme ton père… plus tard… quand tu seras marié…

C'était un comble. Mère avait épousé le plus docile des hommes et elle se plaignait de son caractère.

— Franchement, Mère, je trouve que tu exagères un peu.

On entendit la porte d'entrée s'ouvrir.

— Ah ! Elizabeth ! dit Mère. Mais c'est curieux, je n'ai pas entendu la voiture de John s'arrêter…

Père fit irruption dans le salon. Son pardessus était souillé de boue, tout comme ses mains. Le visage blême, il s'approcha de nous.

— Edward ! s'écria mère. Mais tu as du sang sur tes mains ! Tu es tombé ! Mon pauvre chéri, qu'est-ce qui t'est arri…

— Je crois qu'Arthur est mort, coupa-t-il. Mais je n'en suis pas sûr… Vite ! Il faut appeler un médecin !

7

DON D'UBIQUITÉ

La sauvage agression dont Arthur fut victime coïncida étrangement avec la disparition de Henry. On supposa qu'à la suite d'une de leurs violentes querelles, Henry avait corrigé son père, ne mesurant plus la force de ses coups dans le paroxysme de sa colère puis, épouvanté par son geste et le croyant mort, avait pris la fuite.

Heureusement que mon père, ce soir-là, avait eu la bonne idée d'emprunter le chemin menant aux bois – celui qui sépare les habitations des White et des Darnley – pour faire sa promenade. Et seul le hasard voulut qu'il trébuchât sur le corps de son ami, car il ne l'aurait probablement pas aperçu à cet endroit où le halo du lampadaire en coin de rue n'était plus guère perceptible.

L'agresseur avait voulu tuer Arthur, cela ne faisait aucun doute ; les blessures qu'il avait à la tête – une double fracture du crâne — en témoignaient. Naturellement, une enquête fut ouverte, mais sans grand résultat, si ce n'est l'arme du crime – une barre de fer rouillée, découverte à proximité de la victime – et la confirmation de la disparition de Henry.

Une semaine s'était écoulée, on avait maintenant bon espoir de sauver Arthur. La police attendait impatiemment son témoignage, notre ami n'étant pas encore en mesure de parler. Et Henry demeurait toujours introuvable, lorsque…

Ma décision était prise, j'allais appeler la police. Ce que j'avais vu, quelques heures plus tôt, devait être signalé, quoi qu'il advienne. L'inspecteur de police chargé de l'enquête nous avait laissé son numéro de téléphone au cas où il y aurait du neuf.

Je composai le numéro et attendis.

— Je voudrais parler à l'inspecteur Drew, fis-je d'une voix assurée.

— Vous êtes ?

— James Stevens. Je suis un voisin de Mr White et j'aurais d'importantes déclarations à…

— D'importantes déclarations ! Tout le monde vient en même temps ! Vous pouvez le rejoindre chez vos voisins les Latimer, eux aussi avaient d'importantes déclarations à faire… Il devrait encore y être.

Cinq minutes plus tard, je me trouvai devant la porte d'entrée des Darnley.

— James, dit John en m'introduisant dans le vestibule, on a revu Henry ! L'inspecteur est dans le salon, en haut, chez les Latimer.

Je suivis John jusqu'au second étage sans prononcer un mot. Patrick et l'inspecteur Drew étaient en pleine discussion, c'est à peine s'ils me virent entrer ; Victor, enfoncé dans un fauteuil, me salua en silence ; Alice se précipita à ma rencontre :

— Bonsoir, James, vous connaissez la nouvelle ? John a certainement dû vous en parler ! Mais venez, prenez place.

J'avais toujours la gorge nouée lorsque je me trouvais en présence de la jeune femme. Je n'étais probablement pas le seul à être sensible à cette charge de sensualité cachée dont elle ne semblait pas consciente et qui transparaissait à chacun de ses mouvements, dans le timbre doux et un peu voilé de sa voix de gorge, dans son singulier regard à la fois brûlant et glacé.

Elle me prit par le bras et me plaça à côté de son mari. Lorsqu'elle prit la parole, les deux hommes s'interrompirent aussitôt.

— Inspecteur, je vous présente James Stevens, un ami de Henry.

— Bonsoir, jeune homme. Mais nous nous sommes déjà rencontrés lors de l'enquête, Mrs Latimer…

— Mais oui ! Bien sûr ! dit Alice en souriant. Où avais-je la tête ?

— Prépare-nous encore un peu de café, Alice, tu veux bien ? demanda Patrick.

Pour sympathique qu'il parût, Patrick me déroutait. Tout était trop parfait chez ce beau blond aux yeux d'un bleu profond : son physique, ses manières, son élégance, sa façon de s'exprimer. Mais j'avais tendance à oublier qu'il était représentant en assurances, métier qui exige une parfaite présentation. À la vérité, je crois que je lui en voulais un peu de posséder une si jolie femme.

— Mr Latimer, reprit l'inspecteur, je vais reprendre votre témoignage. Ce matin, vous amenez votre femme à Londres pour faire des achats. Vers midi, vous la raccompagnez à la gare de Paddington. Ayant quelques clients à voir, vous comptez rentrer plus tard. Vous êtes sur le quai, il est alors exactement midi 30… et c'est à ce moment-là que vous l'avez aperçu.

— Oui, déclara Patrick d'un ton grave, il avait le regard traqué, il était extrêmement nerveux, il cherchait à ne pas se faire remarquer… Mais c'était lui, sans aucun doute. Je suis formel.

— Je pourrais savoir de qui vous parlez ? demandai-je timidement.

— Nous parlons de votre ami, jeune homme, de votre ami qui a disparu depuis une semaine : Henry White.

— Mais c'est impossible, m'écriai-je, je l'ai vu à la même heure à la gare d'Oxford ! Je venais justement pour vous en parler !

Alors qui tout le monde restait bouche bée, je continuai :

— Midi 30 exactement, je peux vous le certifier. Il n'était pas rasé depuis plusieurs jours, il marchait bizarrement, il avait l'air angoissé, mais c'était bien lui : Henry. Quand il m'a vu, il a voulu s'enfuir. Puis il s'est ravisé, il s'est approché de moi et m'a dit : « Les gens sont trop cruels, je pars… » Et il est parti.

L'inspecteur Drew écrasa une cigarette qu'il venait d'allumer et observa un silence. Il nous dévisagea tour à tour et déclara :

— Quelqu'un a dû faire une erreur…

Patrick prit un air pensif :

— Il m'arrive parfois de mal comprendre une parole, mais mes yeux ne m'ont jamais trompé !

— James, intervint Alice, vous devez faire erreur, Henry était à Londres à midi 30. La peur déformait un peu son visage, mais c'était lui, impossible de s'y tromper !

Je secouai la tête :

— Désolé de vous contredire, Alice, mais je connais mon ami depuis notre enfance. Je l'ai vu de mes propres yeux à la gare d'Oxford à cette heure-là.

La discussion se prolongeant, l'inspecteur Drew intervint sèchement :

— En voilà assez ! D'abord ce garçon disparaît, et maintenant nous avons deux Henry sur les bras, mais aucun sous la main ! Ça vaut mieux pour lui d'ailleurs, car il serait certainement, à l'heure qu'il est, inculpé de tentative d'assassinat sur la personne de son père !

Soudain, la sonnerie du téléphone se mit à retentir. Alice décrocha.

— C'est pour vous, inspecteur.

— Qu'est-ce que c'est encore ! aboya-t-il en prenant le récepteur.

Il raccrocha au bout de cinq minutes, visiblement contrarié. Il n'avait pratiquement pas ouvert la bouche.

— Mr White vient de retrouver l'usage de la parole, mes hommes l'ont interrogé.

Il plaça une cigarette entre ses lèvres sans l'allumer.

— L'affaire se corse, poursuivit-il. Écoutez plutôt la déclaration de Mr White. Vers minuit moins le quart il sort de chez lui en vue d'une promenade nocturne. Il est sur le pas de la porte, quand soudain il aperçoit une ombre se dirigeant vers les bois. Rien d'anormal jusque-là, me diriez-vous, seulement voilà : l'ombre transporte un corps sur son épaule ! Courageusement Mr White se lance à sa poursuite… mais l'ombre disparaît dans le brouillard. Ensuite, il ne se souvient plus de rien… Il n'a pu reconnaître ni l'ombre, ni le corps qu'elle transportait, ni son agresseur.

Deuxième partie

1

UNE EXPÉRIENCE DANGEREUSE

Voilà trois ans que Henry a disparu. Peut-être a-t-il refait sa vie en Amérique ? Je le voyais très bien acrobate dans un cirque. Peut-être était-il mort ? Hypothèse qu'avait envisagée l'inspecteur Drew après le témoignage d'Arthur White ; il pensait que le corps transporté par « l'ombre » était Henry. La police avait passé les bois au peigne fin, mais sans résultat. Naturellement, le raisonnement de l'inspecteur pouvait paraître ridicule : n'avait-on pas revu Henry, une semaine après l'agression contre son père, en deux endroits différents et à la même heure ! Mais si l'on devait admettre que Henry possédât le pouvoir de se dédoubler, moi j'étais prêt à croire… aux fantômes, par exemple !

L'année dernière, John s'était mis à son compte et avait ouvert un garage dans notre village. L'entreprise était audacieuse, mais il fit preuve d'un courage peu commun en épousant de surcroît ma sœur la même année.

Son père, Victor Darnley, avait toujours pour locataires les Latimer, qui semblaient être financièrement très à l'aise à présent. La belle Alice tirait certainement profit de sa réputation de médium, qui avait largement dépassé les limites du comté. Quant à Arthur, il paraissait avoir surmonté le chagrin causé par la perte de sa femme et la disparition de son fils.

Son travail d'écrivain l'absorbait toute la journée, et le soir, bien souvent, il rendait visite à Victor et aux Latimer. Actuellement, il était en train d'écrire un ouvrage qui, sous forme de roman, traitait de spiritisme, et qu'il comptait intituler

Le Pays du brouillard, un titre peu élégant à mon sens. J'aurais préféré *Terre des brumes* ou quelque chose comme ça. Je lui en avais parlé ; il m'avait répondu qu'il réfléchirait à la question.

Donc tout allait bien dans notre village, et les faits étranges survenus trois ans auparavant étaient pour ainsi dire tombés dans l'oubli.

Mais peut-on parler de faits étranges ? Car ces choses-là pouvaient s'expliquer à la rigueur. Commençons par la mort de Mrs Darnley. Une femme est prise de folie subite, le cas est rare, mais plus fréquent qu'on ne le pense ; il suffit de lire les journaux pour s'en convaincre. L'histoire des bruits de pas ? C'était peut-être tout simplement un vagabond qui s'était attribué le grenier des Darnley en guise de résidence. John avait affirmé que quelqu'un marchait dans les combles aménagés et que personne ne s'y trouvait : allons ! Soyons raisonnables ! John avait mal localisé les bruits, le vagabond se cachait dans le grenier, qui, du reste, n'avait pas été fouillé. Quant à Henry que l'on aperçoit à Oxford et à Londres au même moment, il y a erreur de témoignage, soit sur l'heure, soit sur la personne ; il n'y a pas à sortir de là !

Que reste-t-il ? Mrs White qui répond à une question de son mari alors qu'elle est morte ? Pourquoi ne pas envisager l'évidence, à savoir la complicité d'Alice et d'Arthur White. Dans quel dessein ? Publicitaire, éventuellement… Ne perdons pas de vue que lui est écrivain et elle médium.

En revanche, ce qui allait suivre était absurde, ne pouvait s'expliquer d'aucune façon.

— Le service que j'ai à te demander, James, n'exigera pas beaucoup d'efforts de ta part. Il te suffira de nous honorer de ta présence, il nous faut un témoin digne de foi : un homme jeune, sensé, et en pleine possession de toutes ses facultés.

Quelques heures plus tôt, Arthur m'avait prié de passer le voir, pour une raison qu'il ne pouvait préciser au téléphone. Je me trouvais donc avec de lui, dans le salon, en cet après-midi de novembre 1951.

La pipe au coin des lèvres, il arpentait la pièce d'un air pensif.

— Très flatté, fis-je en m'éclaircissant la voix. Mais John possède également toutes les qualités requises…

— Victor lui a demandé d'être des nôtres, coupa Arthur. Mais John est surchargé de travail. Nous serons donc cinq ce soir : toi, Victor, les Latimer et moi.

— Mr White, si vous m'expliquiez de quoi il retourne, je pourrais peut-être me faire une idée de la situation…

Il s'arrêta devant la porte-fenêtre et se mit à contempler la lande traversée d'écharpes de brume, d'où émergeaient de-ci de-là quelques squelettes d'arbres dénudés.

Il répondit après un temps :

— La nuit dernière, Alice a eu une crise… enfin elle est tombée en léthargie, mais pas comme d'habitude, cela a duré presque toute la nuit. Et elle a parlé. Malheureusement Patrick n'a pu saisir toutes ses paroles, mais il pense qu'il s'agit d'une matérialisation… d'une matérialisation dans la chambre maudite.

Arthur s'interrompit pour bourrer sa pipe. Il l'alluma, tira quelques bouffées, puis reprit en baissant la tête :

— D'une part ces phénomènes sont assez rares, et d'autre part il s'agit de matérialisations d'objets, assez banales. Ces manifestations ne sont pas dangereuses habituellement. Je dis bien habituellement, car dans le cas présent les choses sont différentes. La maison d'Edward semble hantée par un esprit particulièrement vindicatif. Souvent, dans ses visions, Alice aperçoit une femme au corps couvert de plaies, qui perd son sang par les veines ouvertes de ses poignets, tout comme la pauvre Mrs Darnley, quand on l'a retrouvée morte là-haut, est-il besoin de le préciser.

» Mais ce n'est pas tout, cette femme est en proie à une terrible colère, ses yeux luisants de haine crient vengeance, elle tend un index accusateur en direction d'un invisible ennemi… (Il ferma les yeux pour mieux se concentrer et ajouta :) Un esprit vengeur, qui ne peut trouver de repos avant d'avoir fait justice, hante ces lieux, c'est certain ; ces mystérieux bruits de pas ne peuvent pas s'expliquer autrement.

Arthur lança quelques regards furtifs alentour, se rapprocha et dit à voix basse :

— Ceci reste entre nous, James ?

J'acquiesçai d'un signe.

— Patrick a émis l'hypothèse que Mrs Darnley ne s'est pas suicidée.

Je tressaillis à l'idée de ce qui allait suivre.

— D'après lui, elle a été assassinée

— Mais c'est absurde ! m'écriai-je.

— Peut-être, je te l'accorde, mais imaginons un instant un assassin assez habile pour fermer le verrou de l'extérieur. Tout, dans la mort de Mrs Darnley semble indiquer un assassinat, mais le verrou fermé de l'intérieur détruit cette hypothèse ! LE VERROU FERMÉ DE L'INTÉRIEUR ! Une personne adroite pourrait éventuellement…

— Mais comment ? C'est impossible !

— Je ne sais pas. J'ai déjà lu un roman où ce problème était posé. L'explication était la suivante : le meurtrier avait passé, par le trou de la serrure, un double fil dont la boucle était accrochée à la poignée du verrou. Toute l'astuce consistait à enfoncer une épingle dans le chambranle de la porte, et à s'en servir comme poulie. Donc il tire sur le double fil et le verrou se ferme. Ensuite, il lâche une extrémité du fil et tire sur l'autre. L'épingle, bien entendu, est également rattachée à un fil… Un coup sec, et le tour est joué ! Il ne reste aucune trace ! Si ce n'est l'insignifiant trou d'épingle dans le cadre de la porte !

— Ingénieux, admirai-je.

— Très ingénieux, mais j'ai pensé à un autre truc. Bien plus difficile à exécuter. Toutefois, je pense que la chose est réalisable : une balle de caoutchouc dur, qu'on lancerait juste avant de refermer la porte, et qui terminerait sa course, après avoir rebondi sur les murs, en plein sur le verrou pour le pousser dans son logement.

Cette hypothèse me glaça d'effroi.

Arthur eut un sourire narquois :

— Tu crois que je pense à Henry ? Non, rassure-toi, mon fils est incapable de faire du mal à une mouche, et de toute façon il n'avait même pas dix ans à l'époque.

Bien que Henry eût disparu depuis trois ans sans donner de nouvelles, Arthur continuait fermement à le croire vivant. Il évitait, dans la mesure du possible, de parler de son fils, mais lorsqu'il le faisait, c'était toujours au présent, comme si Henry vivait encore sous son toit.

— Cependant, poursuivit Arthur, je dois reconnaître que c'est lui, avec ses jongleries, qui m'a suggéré cette éventualité. Quelqu'un aurait très bien pu le surprendre – alors qu'il s'amusait avec une balle – et par la suite s'exercer à outrance afin d'obtenir la précision voulue.

Il y eut un silence.

Si je n'avais pas surpris Henry, un soir, en train de réussir un tour similaire, j'aurais rejeté d'emblée cette solution…

Arthur interrompit mes réflexions :

— Ce que je voulais te démontrer, c'est que l'hypothèse de Patrick est une possibilité. C'est même une probabilité à mon avis. Oui, Mrs Darnley a été assassinée. Un meurtre horrible, perpétré par un assassin diabolique. Un crime qui ne restera pas impuni, l'heure de l'expiation est arrivée. Comme un rapace, la vengeance a déployé ses ailes ; elle s'apprête à fondre sur le coupable, ses serres puissantes vont s'emparer de lui…

J'écoutai, saisi, cette inquiétante envolée de macabre lyrisme. Arthur laissa planer un moment ces paroles insensées, puis il me regarda dans les yeux et me dit d'une voix grave, persuasive :

— C'est pourquoi nous craignons cette matérialisation, nous craignons que l'esprit, dans sa soif de vengeance ne s'en prenne à n'importe qui… (Sa voix s'affermit :) Il faut absolument que nous prenions les devants !

— Prendre les devants ?

— Oui, ce soir nous allons provoquer l'esprit, le pousser à la matérialisation afin de dialoguer, de l'apaiser… et d'essayer par la même occasion de connaître l'assassin de Mrs Darnley.

— Et où comptez-vous faire cette expérience ?

Un éclair de frayeur passa dans le regard d'Arthur lorsqu'il me répondit :

— Sur les lieux du crime, la dernière pièce des combles aménagés.

Fous ! Ils étaient tous fous ! Atterré, je me tus un long moment avant de demander d'une voix aussi neutre que possible :

— Vous envisagez donc la matérialisation de l'esprit ; mais sous quelle forme ?

— Sous forme humaine. Peut-être reverrons-nous ce soir Mrs Darnley. Qui sait !

— À moins que l'esprit ne se venge, plaisantai-je, et qu'il vous livre l'assassin, mais sous forme de cadavre !

Les traits d'Arthur se rembrunirent :

— Cette expérience est très dangereuse, nous en sommes parfaitement conscients.

— Au fait, comment allez-vous procéder ?

— L'un d'entre nous s'installera dans la chambre maudite. Naturellement, la pièce sera scellée. Toutes les demi-heures, j'irai frapper à la porte pour voir si tout se passe bien. Il nous faudra un témoin digne de foi lorsqu'on enlèvera les scellés ; car par la suite, on pourrait parler de supercherie, au cas où l'esprit se serait matérialisé d'une façon ou d'une autre.

— Qui ? balbutiai-je.

— Comment ça, qui ?

— Qui restera dans la chambre maudite ?

— Nous avons pensé à Victor, hélas son cœur est faible. Alice s'est proposée malgré son appréhension, mais Patrick n'en veut rien savoir. C'est d'ailleurs lui qui ira dans la pièce.

— Franchement, dis-je en secouant la tête, je ne sais que penser…

Arthur me dévisagea longuement, puis me demanda :

— Nous pouvons compter sur ta présence, ce soir ?

Il y avait du drame dans l'air. Tout cela allait mal se terminer, j'en étais persuadé, mais ma tête fit un signe d'acquiescement contraint.

2

LA CHAMBRE MAUDITE

Je faisais les cent pas dans ma chambre. J'avais les nerfs à fleur de peau, cette angoissante attente me nouait l'estomac et me faisait transpirer à grosses gouttes. Une main tremblante écrasa ce qui devait être ma vingtième cigarette, extirpa un mouchoir de ma poche et épongea mon front moite.

Mon petit James, il faut te rendre à l'évidence : tu as peur ! Le visage livide qui apparut dans la porte vitrée de l'armoire me faisant face ne fit que confirmer mon impression. Je détournai mon regard et consultai ma montre : 9 heures. Allons-y !

Je sortis et me dirigeai d'un pas ferme vers la maison des Darnley. Un brouillard jaune, gras, très dense avait pris possession des lieux, on n'y voyait goutte. Les pignons de la maison de Victor dressaient leurs pointes menaçantes et achevaient de donner un air hostile à cette construction. Pour m'encourager, je me mis à siffloter un petit air entraînant, sans grande conviction toutefois.

Nous y voilà ! Je poussai la grille qui protesta en grinçant... J'en frissonnai, le souffle coupé. Allons, James, avance, secoue-toi, que diable ! Quelques mètres d'allée à franchir avant de gravir le perron à encorbellement. *Alea jacta est.*

Je sonnai et attendis.

Victor vint m'ouvrir.

— Nous n'attendions plus que toi, dit-il en m'offrant une main fébrile.

— John est là ?

— Non, il est débordé de travail. C'est bien dommage...

Je le regardais avec commisération et n'en crus pas mes yeux. Victor avait rajeuni. Il s'était redressé, avait revêtu un costume en cheviotte du temps de son ancienne prospérité, d'une sobre et coûteuse élégance, chemise et cravate assorties. Avec ses tempes argentées, son fin visage qui avait repris quelque couleur, cet air bon et grave qui lui était habituel, il avait beaucoup d'allure. Ses yeux brillants trahissaient un espoir insensé. J'avais devant moi un homme épris, s'attendant à revoir sa bien-aimée après une longue séparation.

Bouleversé, je hasardai :

— Sans doute viendra-t-il plus tard ?

— Non, affirma-t-il. Il m'a dit qu'il ne pourrait pas quitter son travail avant minuit. Il a un client pressé à satisfaire.

Je ne répondis pas. Bien sûr, John avait énormément de travail, mais jusqu'à présent il avait toujours réussi à sauvegarder son samedi soir. Il y avait de l'Elizabeth là-dessous. Elle n'avait certainement pas autorisé son époux à sortir. Décidément, cette fille-là suivait les traces de sa mère. Il n'y avait guère de point commun entre ma sœur et moi. Cependant, je l'avais totalement approuvée lorsque, quelque temps avant leur mariage, elle avait déclaré : « Tu te rends compte, James, John veut que nous vivions chez son père ! Dans cette horrible maison ! Je lui ai répondu que si cela devait être, je préférais ne pas l'épouser. »

À la réflexion, c'est bien la seule fois que j'étais d'accord avec elle. Sauf sur le choix de son époux ; elle avait eu de la chance de tomber sur un type comme John.

Leur garage était situé sur la route principale, à côté de l'auberge, et Fred avait eu la bonté de leur louer un étage. Certes, il n'y avait que deux pièces minuscules, une cuisine et une salle de bains, mais ce logis de poupée offrait un avantage non négligeable : les lieux n'étaient pas hantés et on n'y percevait aucun bruit de pas la nuit.

— Entre, James, allons rejoindre les autres.

Je suivis mon hôte en étouffant un profond soupir. Depuis le départ de John, cette maison paraissait encore plus sinistre. La pénombre régnant dans le vestibule et la faible clarté émanant du haut de l'escalier n'arrangeaient rien. Victor se mit à gravir l'escalier, je lui emboîtai le pas en réprimant une folle envie de rebrousser chemin.

Patrick, un bras posé sur la tablette de la cheminée, écarta doucement sa femme :

— Nous ne pouvons plus faire machine arrière, maintenant…

— Nous sommes fous de vouloir tenter cette expérience, mon chéri. (Alice s'accrocha aux bras de son mari.) C'est beaucoup trop dangereux.

— Je ne crois pas, protesta Victor. Eleanor a toujours été la bonté même, et franchement, je ne vois pas pourquoi il y a lieu de craindre…

Alice, le regard soucieux, fixait sans les voir les flammes dansantes du foyer et dit lentement :

— J'ai souvent revu votre femme, Victor. Je puis vous affirmer que nulle expression de bonté ne se lisait dans son regard. Ses yeux sont toujours jaunes, ardents… ils n'ont pas d'iris, mais seulement deux fentes noires… Elle veut faire justice, elle veut tuer… Elle veut tuer celui qui l'a lâchement assassinée… là-haut ! (Son index désignait le plafond.) Patrick, mon chéri, dit-elle d'une voix plaintive, elle pourrait se tromper, elle pourrait te prendre pour l'assassin, elle pourrait te…

Sa voix s'éteignit.

Patrick contempla un instant sa femme, puis gagna le centre de la pièce, les mains dans le dos, l'air pensif.

— Mr White, dit-il en se tournant vers celui-ci, avez-vous pensé à ramener…

— Bien sûr, répondit Arthur en sortant un petit sac en velours de la poche intérieure de son veston.

Il l'ouvrit et en retira une pièce qu'il montra à l'assemblée.

— Cette pièce, poursuivit-il avec une fierté de collectionneur admirant son joyau, est pour ainsi dire unique. Comme vous me l'avez demandé, je l'ai choisie au dernier instant, juste avant de venir chez vous. Je peux vous le certifier, vous ne trouverez pas la pareille dans tout le comté.

— C'est avec cette pièce que vous voulez sceller la chambre? demandai-je.

— C'est cela même, répondit Patrick en acquiesçant, le sourire aux lèvres. (Il jeta un coup d'œil sur sa montre.) 9 h 25, on va pouvoir commencer. Chérie, tu pourrais monter le matériel, à présent.

Alice le regarda longuement, comme pour graver ses traits dans sa mémoire, puis elle se saisit du candélabre posé sur la table, prit la pièce que lui tendait Arthur et quitta le salon.

Patrick prit la parole :

— À partir du moment où je serai enfermé, vous monterez environ toutes les demi-heures ; vous frapperez doucement à la porte ; je vous dirai alors si l'esprit s'est manifesté ou non. Il n'y a pas de chauffage là-haut ! ajouta-t-il en souriant. Si nous n'avons pas de résultat au bout de trois ou quatre heures, je crois que nous pourrons stopper l'expérience.

— Et si nous n'obtenons pas de réponse lorsque nous frapperons à la porte ? m'enquis-je, affolé à l'idée de cette éventualité.

— Alors, fit Patrick avec une expression sardonique, Alice aurait vu juste… L'esprit s'en serait pris à mon humble personne…

— C'est impossible, soupira Victor qui commençait à manifester des signes d'impatience. Eleanor est si gentille, elle serait incapable de faire du mal à qui que ce soit.

Un pesant silence s'installa dans la pièce. Patrick commençait à perdre le contrôle de ses nerfs, il arpentait le salon en marmonnant :

— Mais qu'est-ce qu'elle fout ! Bon Dieu ! Ça fait plus de cinq minutes qu'elle…

La porte s'ouvrit. Alice parut, livide.

— Parfait, vous pouvez monter, ordonna Patrick en passant une main dans ses cheveux blonds. Je vous rejoins dans cinq minutes, le temps de mettre un manteau ; il fait froid là-haut ! Au fait, Alice, où l'as-tu mis ?

— Réfléchis, mon chéri, c'est toi-même qui l'as accroché au portemanteau, en bas, dans le vestibule.

Alice s'immobilisa, avec toujours le même étrange regard. Une peur indicible semblait s'être emparée d'elle, une peur contagieuse qui avait gagné toute l'assistance, excepté Victor.

Nous quittâmes le salon en silence. Patrick descendit l'escalier sans paraître nous voir. Lorsqu'il eut disparu, Alice nous fit signe et nous gravîmes les quelques marches qui menaient aux combles.

La lumière du second étage parvenait à peine à éclairer le dernier palier. Un tout petit palier, en fait. Devant nous, un mur, à droite, la porte donnant sur le grenier ; à gauche, celle qui s'ouvrait sur les combles.

— Allons-y, murmura Victor, tremblant d'émotion.

Alice ouvrit brusquement la porte sur un couloir obscur, dont le fond était éclairé par une vacillante source de lumière. Il y eut un moment de silence presque total, à peine troublé par nos respirations contenues sous l'effet de l'appréhension et de l'émotion. Un couloir entièrement lambrissé se terminait sur un rideau. À gauche, il n'y avait rien, sinon le mur lambrissé, et à droite, quatre portes. De la dernière, qui était ouverte, émanait une clarté tremblante ; une clarté fascinante, envoûtante, ne parvenant qu'à faire reluire les poignées de faïence blanche des trois autres portes.

Nous étions tous hypnotisés par cette lumière vivante et dansante, s'échappant de cette pièce dont les murs avaient été témoins d'une effroyable tragédie.

Alice nous précéda dans le couloir, puis s'effaça pour nous livrer passage, tout en désignant d'une main la source de lumière. En file indienne, nous gagnâmes la dernière porte et pénétrâmes dans la chambre maudite. Sur le plancher, le candélabre et une petite boîte en carton ; à part cela, rien. Rien au mur, rien au sol et rien au plafond, pas même une ampoule électrique. La pièce était totalement vide. Un plancher, un plafond, quatre murs blanchis à la chaux, une porte et une petite fenêtre lui faisant face ; c'était tout.

Victor s'avança vers la fenêtre, puis s'arrêta au centre de la pièce et baissa la tête. La lueur des bougies sculpta son visage envahi par une grande détresse. Arthur le rejoignit immédiatement, le prit par les épaules et le réconforta à voix basse. Le cœur serré, je regardai ces deux hommes qu'un semblable malheur avait unis.

— C'est à cet endroit qu'on a retrouvé Mrs Darnley, me souffla Alice à l'oreille.

Agacé, je baissai les paupières d'un air entendu. Je le savais mieux qu'elle. Puis je me retournai et me mis à examiner la porte. Alice me prit le bras et me regarda dans les yeux. Elle ferma la porte, poussa le verrou intérieur et me dit :

— Nous avons déjà longuement examiné le système de fermeture… et je ne vois pas comment le meurtrier aurait pu s'y prendre pour pousser le verrou de l'extérieur…

L'escalier grinça, il y eut des bruits de pas dans le couloir.

— Patrick, enfin ! lâcha Alice en tirant le verrou.

Elle ouvrit la porte.

Vêtu d'un long manteau noir au col relevé, Patrick pénétra dans la pièce en silence. Un feutre, enfoncé jusqu'aux oreilles et rabattu sur le visage, laissait juste entrevoir son menton. Il y avait quelque chose de bizarre dans son attitude. Voûté, la tête rentrée entre les épaules, ratatiné, il paraissait avoir rapetissé.

— Tu es prêt, mon chéri ? demanda Alice d'une voix douce.

Pour toute réponse, Patrick émit un grognement et gagna la fenêtre. Alice voulut rajouter quelque chose, ses lèvres bougèrent, mais aucune parole ne les franchit.

Accoudé au rebord de la fenêtre, Patrick, d'un geste impérieux, nous désigna la porte. Victor se saisit du candélabre, prit la boîte en carton et nous fit signe de le suivre. Arthur et moi ne nous fîmes pas prier, mais Alice ne sortit de la pièce qu'à regret, après une visible hésitation.

Je me mettais à sa place : laisser son mari dans cette chambre… dans cette chambre glacée, dans cette obscurité. Pour rien au monde, je n'aurais voulu être à la place de Patrick Latimer.

Lorsque la porte fut refermée, Alice ne put s'empêcher de demander :

— Tout va bien, chéri ?

De nouveau, Patrick répondit par un grognement.

— Bon, fit Arthur sur un ton qui se voulait paisible et rassurant, nous n'avons plus qu'à poser les scellés et à attendre.

Alice, le regard rivé sur la porte, secoua la tête. Derrière cet assemblage de planches, qui se confondait avec le mur lambrissé, se trouvait celui qu'elle aimait, celui qui avait la redoutable mission d'attirer un esprit… un esprit malveillant.

Elle exhala un soupir, puis plongea sa main dans la boîte en carton et en retira un ruban d'environ vingt centimètres de long. Elle le plaça en travers de l'interstice formé par le chambranle et le bord de la porte – juste au-dessus de la poignée –, puis demanda à Arthur de le maintenir dans cette position. Elle prit ensuite une bougie du candélabre et, à l'aide du matériel se trouvant dans la boîte, confectionna deux cachets de cire qu'elle appliqua à chaque extrémité du ruban, et sur lesquels elle pressa fortement la pièce d'Arthur.

La chambre maudite était scellée, nul ne pouvait la franchir sans en arracher le ruban.

Victor, qui tenait le candélabre, avait fermé les yeux ; ses lèvres remuaient doucement. Le pauvre homme priait, priait pour que le miracle s'accomplisse. Quant à moi, je ne savais plus très bien où j'en étais. Qu'un événement extraordinaire se produisît, cela j'étais prêt à l'accepter, mais la « résurrection » de Mrs Darnley… Non ! Ma raison ne l'admettait pas. Il y avait quelque chose d'insensé, d'irréel dans cette extravagante histoire ; de réel aussi dans la recherche désespérée d'un bonheur perdu par le pauvre Victor.

Tel un cortège funèbre, nous descendîmes des combles pour nous réinstaller dans le salon.

L'attente fut pénible, le temps semblait s'être arrêté. Alice, dont le visage accusait une anxiété croissante, promenait nerveusement ses mains sur les accoudoirs de son fauteuil. Ce soir-là, elle portait une tunique noire discrètement brochée or et argent, à col montant et à manches pagodes, et un pantalon souple de même couleur. Ses cheveux sévèrement tirés en arrière étaient pris dans un large bandeau noir. Un médaillon en argent luisait accroché sur sa poitrine au bout d'une chaîne de belle épaisseur. Bien qu'elle eût coutume de s'habiller de façon voyante, je lui trouvais une singulière allure dans cet accoutrement, qui, au reste, ne faisait qu'accentuer la pâleur de son teint ; mais les circonstances y étaient assurément pour beaucoup.

Au bout de dix minutes, un léger bruit dans l'escalier nous fit sursauter et retenir notre souffle. Un autre grincement, puis le silence retomba.

— Mr White, supplia Alice, ne croyez-vous pas qu'il serait bon de voir si…

— Attendons encore dix minutes, répondit Arthur en consultant sa montre. Il y a à peine un quart d'heure que nous sommes redescendus.

— Au fait, demanda Alice après une pause, vous avez repris votre pièce ?

— Oui, dit Arthur en tapotant son veston au niveau de la poitrine, je l'ai immédiatement récupérée après usage. (Il la sortit de la poche de son veston et l'approcha du candélabre.) Une fort belle pièce, ma foi, une pièce qui date de l'époque du…

— Eleanor est revenue, déclara Victor en se levant brusquement. Elle est en haut ! Elle est dans la chambre !

— 10 heures et 10 minutes, dit Arthur en s'éclaircissant la voix. Je vais faire un tour là-haut…

Sous le regard reconnaissant d'Alice, il prit une bougie du candélabre et quitta le salon.

Il revint deux minutes plus tard ; son visage laissait paraître une vive inquiétude.

— Tout va bien ? s'enquit immédiatement Alice.

Arthur répondit par une question :

— Avez-vous une paire de ciseaux ?

Alice se précipita vers la commode, ouvrit un tiroir et brandit l'objet désiré :

— Voilà, mais…

Elle se rendit alors compte de l'étrange attitude d'Arthur ; ses yeux s'arrondirent et elle porta ses mains à la gorge.

— Eleanor est revenue… Eleanor est revenue, psalmodiait Victor, le visage illuminé.

— Suivez-moi ! ordonna Arthur d'un ton grave.

Nous regagnâmes les combles.

— Patrick ! Patrick, mon chéri ! gémit Alice en frappant frénétiquement à la porte de la chambre maudite. Réponds-nous, je t'en supplie !

— Ne nous affolons pas, dit Arthur. Votre mari n'est peut-être qu'évanoui. Cependant, je crois qu'il vaudrait mieux enlever les scellés, on ne sait jamais…

Arthur prit le candélabre des mains de Victor et l'approcha de la porte afin d'examiner le ruban et les cachets de cire.

— Intacts ! soupira-t-il. Personne n'a franchi le pas de cette porte.

Puis, avec les ciseaux, il coupa le ruban en son milieu. Ensuite, il posa sa main sur la poignée de la porte, ferma les yeux, respira profondément et finit par lâcher :

— Allons-y.

La porte fut ouverte et la lumière du candélabre pénétra dans la pièce. À la vue du corps qui gisait au sol, Alice poussa un hurlement inhumain et s'affaissa sur elle-même comme une poupée de chiffon, Victor parvint à la retenir de justesse.

Il y eut un silence de mort. Paralysés d'horreur nous regardions fixement le corps de Patrick, allongé sur le ventre au centre de la pièce, là où Eleanor Darnley avait trouvé la mort, quelques années auparavant. De son dos, émergeait le manche d'un couteau.

Arthur s'approcha du corps et s'agenouilla. Patrick avait les bras croisés sous le corps, mais une main dépassait au niveau de l'épaule gauche. Arthur lui prit le pouls, puis secoua la tête :

— Il est mort.

Ensuite, il gagna la fenêtre et l'examina, mais celle-ci était bien fermée.

— Nul n'a pu pénétrer dans cette pièce scellée, déclara-t-il à voix basse. Nous devons nous rendre à l'évidence : seul un esprit a pu commettre ce crime !

— Mais Eleanor, balbutia Victor qui tenait toujours Alice dans ses bras; Eleanor n'a pas pu faire cela…

À la vue d'Alice, Arthur mesura toute la gravité de la situation.

— Nous n'aurions jamais dû tenter cette expérience se lamenta-t-il, le visage enfoui dans ses mains. À présent, il faut alerter la police; mais je me demande s'ils vont admettre l'existence d'un esprit vengeur… De toute façon, ils ne pourront pas expliquer ce crime d'une autre manière et…

Arthur se tut, son attention se porta sur le cadavre. Tout à coup, il se baissa et tourna la tête du mort qui était toujours coiffé de son chapeau. Ses traits se décomposèrent; il se releva lentement, marcha à reculons et s'agrippa au mur afin de ne pas perdre l'équilibre.

Surpris, je m'approchai du cadavre… Mes cheveux se dressèrent sur la tête lorsque je reconnus le visage de Henry !

3

À EN PERDRE LA TÊTE

Nous avions réintégré le salon, dans un état d'hébétude, de consternation indescriptible. Une horrible pensée vint m'assaillir; Mrs Darnley était revenue faire justice. Elle s'était vengée en tuant son assassin : Henry ! Mais c'était impossible ! Et pourtant… Nul être humain n'aurait pu pénétrer dans cette chambre scellée. Et Patrick ? Où était Patrick ? J'essayai vainement d'ordonner mes pensées. Insensé, c'était insensé ! Je vivais un cauchemar.

Une main tenant un verre de cognac fit irruption dans mon champ visuel. Je me saisis du verre et le vidai d'un trait. Mon regard se dirigea ensuite vers le petit canapé où Alice gisait inconsciente, puis s'attarda sur Arthur. Victor lui proposa également du cognac, mais il fit un signe négatif ; son regard était fixe, toute trace de vie semblait l'avoir quitté.

— La police ne va pas tarder, dit doucement Victor en prenant place à mes côtés. C'est affreux, ce qui lui arrive… sa femme, et maintenant son fils unique… là-haut…

— Et Patrick ?

— Je ne sais pas, je n'ai pas encore eu la force de fouiller la maison. Espérons que… James, je ne sais pas ce qui nous arrive, mais c'est terrible… Il est heureux que Mrs Latimer n'ait pas encore repris connaissance, car je serais incapable de trouver les mots pour lui expliquer la situation…

La porte s'ouvrit brusquement et Patrick, se tenant la nuque, entra dans la pièce.

— Que s'est-il passé ? balbutia-t-il. Alice ! Mon Dieu ! Elle n'est pas…

Il se précipita vers sa femme. Quand Alice recouvra ses esprits, elle se cramponna à son mari en pleurant à chaudes larmes. Puis ce fut le moment des explications. Je leur narrai les tristes instants que nous venions de vivre.

Alice fut sur le point de s'évanouir une seconde fois.

— Henry ! Assassiné ! Là-haut ! hurla Patrick. Mais…

Il se tut subitement, se dirigea vers la table et se servit deux cognacs qu'il but coup sur coup.

— Je crois savoir comment les choses se sont passées déclara-t-il en baissant la tête.

Nous étions tous suspendus à ses lèvres.

— Lorsque je suis descendu au vestibule prendre mon manteau, poursuivit Patrick, j'ai été agressé. J'avais presque atteint le portemanteau, et puis plus rien… le trou noir… Il faisait sombre, je n'ai pas vu mon agresseur. Toujours est-il qu'il a dû enfiler mon manteau et mettre mon chapeau. Puis il vous a rejoints en se faisant passer pour moi.

— Mais oui ! m'exclamai-je. Nous n'avons pas vu le visage de l'homme ! Nous n'avons pas non plus entendu sa voix, à part quelques grognements… Ça m'avait tout de suite paru bizarre ; sa démarche surtout. Il était plus petit que vous, Patrick, il avait à peu près la taille de…

— Henry, acheva Alice dans un chuchotement. Mais ensuite ?

— Avez-vous consciencieusement vérifié les scellés ? demanda Patrick.

Arthur sortit de son mutisme :

— Nul n'a pu franchir cette porte pendant ce laps de temps, les scellés étaient intacts. Au reste, la chose est encore vérifiable, car seul le ruban est coupé.

Comme personne ne fit de commentaires, il ajouta :

— L'assassin, si assassin il y a, n'a pas pu se procurer ou se confectionner un double de la pièce que l'on a utilisée comme sceau ; pour la bonne et simple raison que personne, moi y compris, ne savait laquelle des pièces de ma collection allait être destinée à cet usage. Je vous le répète, j'ai fait mon choix juste avant de venir ici, à 8 heures et demie pour être plus précis. Au passage, je vous signale que ma collection comporte plus de six cents pièces.

Arthur était un homme extraordinaire ; même accablé par le malheur, il parvenait à garder la tête froide, à raisonner. Qui d'autre, à sa place, en eût été capable ?

— Donc Henry se laisse enfermer dans la pièce, recommença Patrick, et…

— Nous sommes en présence d'un meurtre surnaturel, coupa sèchement Arthur. Il n'y a pas d'autre explication. La seule question qui se pose, est de savoir pourquoi Henry est revenu ici. Et pourquoi aussi l'a-t-on… lui a-t-on ôté la vie.

Nul ne répondit.

— S'agit-il vraiment de Henry ? demanda Patrick. Le mieux serait de monter et de…

— Attendons la police, dit Victor, elle va arriver d'un instant à l'autre.

On sonna à la porte d'entrée.

— La voilà.

Totalement dépassée par ce crime extraordinaire, la police locale fit immédiatement appel à Scotland Yard. L'inspecteur en chef Drew fut chargé de l'enquête.

Notre homme avait gravi bien des échelons en trois ans; ayant réussi à démêler quelques cas particulièrement embrouillés, le Yard avait fait appel à ses services. Récemment, un article à son sujet avait paru dans la presse; on y soulignait sa manière très personnelle de traquer les criminels : Drew commençait par se mettre dans la peau du coupable; les suspects étaient soumis à des interrogatoires très poussés, à de nombreuses questions n'ayant aucun rapport avec l'affaire; il enquêtait minutieusement sur leur vie privée, remontait même jusqu'à leur enfance et étudiait de très près leur caractère. Eu égard à cette manière de procéder, ses collègues du Yard l'avaient surnommé « le Psychologue ».

Avant que le cadavre fût emmené, les témoins le reconnurent comme étant celui de Henry, cependant Arthur ne voulut pas admettre la mort de son fils : « Cet homme ressemble à s'y méprendre à Henry, mais ce n'est pas lui. »

Le lendemain du drame, Drew fut sur les lieux La police avait alors déjà examiné les scellés et la chambre du crime. Leurs recherches furent vaines : pas de passage secret, aucune trace de truquage sur les scellés et il était impossible de fermer la poignée de la fenêtre de l'extérieur. Ils interrogèrent longuement Arthur au sujet de la pièce de monnaie qui avait servi de sceau, mais ce dernier fut catégorique : personne n'aurait pu prévoir son choix, donc se procurer un double à l'avance; en supposant que l'assassin ait lu dans ses pensées, il aurait dû faire des recherches approfondies avant de trouver le double en question, et encore...

On émit l'hypothèse d'un double fabriqué à partir d'un moulage, mais l'expertise fut formelle: les empreintes laissées sur les deux cachets de cire provenaient de la pièce d'Arthur, pas d'un double issu d'un moulage. Il y avait encore la possibilité d'une substitution de la pièce après que la victime fut enfermée; possibilité qu'Arthur réfuta en affirmant qu'à partir de ce moment-là, la pièce n'avait pas quitté la poche intérieure de son veston, il avait souvent vérifié la chose.

Heureusement pour lui, Arthur avait un alibi irréfutable : de 9 heures à 10 heures du soir – heure approximative du crime, donnée par le médecin légiste – il n'était jamais resté seul. Bien sûr, Arthur aurait pu commettre ce meurtre avec l'aide d'un complice – au demeurant, la seule explication rationnelle pour ce « crime impossible ».

Un père tuant son fils, la chose s'est déjà vue, mais dans le cas présent, il n'y avait pas l'ombre d'un mobile. La folie? Non, Arthur était un homme sain d'esprit et parfaitement équilibré.

Donc la police s'arrachait les cheveux lorsque l'inspecteur en chef Drew arriva. L'homme avait changé en trois ans; une tranquille assurance se lisait sur son visage et il arborait ce sourire supérieur propre aux personnes qui se croient seules à détenir la vérité. Après examen des lieux du crime, il arriva à la conclusion suivante :

— Si les témoins ont dit la vérité, il n'y a que deux possibilités. Mr White a tué son fils avec l'aide d'un complice; mais je ne pense pas que ce soit la bonne, elle est par trop évidente. La seconde, quoique farfelue de prime abord, reste dans le domaine du probable : Henry, après trois années d'absence, revient dans son village natal et se rend chez les Latimer, ou chez les Darnley, comme vous voulez. Il se dissimule dans le vestibule, assomme Mr Latimer, enfile son manteau, monte dans les combles et se laisse enfermer dans la pièce en se faisant passer pour Mr Latimer. Pour l'instant, ne cherchons pas à savoir pourquoi il agit de la sorte. Ensuite, il ouvre la fenêtre et laisse entrer l'assassin. Accéder à cette fenêtre par l'extérieur semble impossible à première vue, mais on peut l'atteindre en passant par le toit à partir d'une autre fenêtre. Le meurtrier poignarde Henry dans le dos, puis repart par le même chemin. Avant de mourir, Henry referme la fenêtre. Et c'est ce seul geste, *a priori* incompréhensible, qui donne à ce meurtre cette apparence «surnaturelle». Ces crimes impossibles ont toujours une explication très simple.

— Ce repas était excellent, sublime! De ma vie, je n'ai…

— N'exagère pas, James! Tu en fais de trop, je vais finir par croire que tu te moques de moi, protesta Elizabeth.

— Mais James n'exagère pas, ma chérie! intervint John. Au contraire, je trouve qu'il minimise tes dons de cuisinière. Les meilleurs restaurants français te feraient un pont d'or pour t'avoir dans leurs cuisines…

Elizabeth nous lança un regard incrédule, ne sachant plus que penser.

Deux jours après le drame, ma sœur m'avait invité à dîner. Comme cela lui arrivait fort peu souvent, il était clair qu'elle voulait connaître le déroulement de la soirée tragique dans ses moindres détails. À deux reprises, je dus lui narrer les faits, que souvent elle coupait par des : « John ! Arrête ! C'est trop horrible ! Ne me parle plus jamais de cette histoire ! » Puis enchaînait aussitôt : « Et ensuite ? Que s'est-il passé ? »

— Et toi, John, qu'en penses-tu ? demanda Elizabeth d'un air détaché.

— Mais je te l'ai dit ! Cette cuisine est exceptionnelle !

— Je te parle du meurtre de Henry !

— Je ne sais pas, répondit John avec un étrange regard. Dans le village, on ne parle plus de la chambre maudite, mais de « la-chambre-qui-tue ». Certains de mes clients ont même suggéré que Henry aurait tué ma mère, et que le fantôme de celle-ci se serait vengé… Mais je ne crois pas aux revenants. Toutefois, je commence à envisager l'existence, dans le village, d'une personne atteinte de folie homicide… car j'ai bien l'impression, à présent, que ma mère a été assassinée…

— Ça suffit, John, gémit Elizabeth, arrête de parler de crime ! Et dire que tu voulais me faire vivre dans cette maison ! Mais pourquoi aurait-on assassiné ta mère ? Et pourquoi a-t-on tué Henry ?

— Peut-être savait-il qui avait tué ta mère, John, suggérai-je.

— Dans ce cas, fit John en me regardant du coin de l'œil, on l'aurait éliminé depuis longtemps.

— Exact.

Il y eut une pause.

— Les journaux ont parlé du meurtre, mais en gardant le silence sur les circonstances extraordinaires qui l'entourent, fit observer Elizabeth, qui décidément était fort bien informée.

— Évidemment, fis-je avec un soupir, la police ne veut pas de publicité sur ce cas qui la dépasse. Sa compétence a souvent été mise en cause, ces derniers temps…

John approuva de la tête.

— Et que penses-tu de l'hypothèse de l'inspecteur Drew ? me demanda-t-il brusquement.

— Henry qui referme la fenêtre avant de mourir ? C'est ridicule, ça ne tient pas debout.

— Je crois que si, intervint ma sœur d'une voix assurée. (Vexée par notre silence, elle continua en haussant le ton :) Connaissant la stupide vanité de Henry, je le vois très bien nous jouer ce dernier tour. Il a voulu terminer en beauté, avoir une mort digne du grand personnage qu'il s'imaginait être. À mon avis l'inspecteur Drew a raison, il a très bien percé à jour la psychologie de Henry. Ce n'est pas pour rien, d'ailleurs, qu'on l'appelle le Psychologue.

Je voulus répliquer, mais en voyant John mettre un doigt sur ses lèvres, je m'abstins.

— A-t-on vérifié les alibis des suspects? me demanda-t-il. Enfin je veux dire des personnes qui…

Elizabeth ne me laissa pas le temps de répondre :

— Il y a une seule personne qui n'en ait pas !

Ma sœur fut soumise à un long examen silencieux.

— Ah ! fit John au bout d'un temps. Je vois, tu penses que Patrick aurait pu…

— Non, riposta Elizabeth, pas Patrick. Mais toi John ! (Son index jaillit en direction de son mari.) Tu étais seul dans ton garage jusqu'à minuit !

John sourit :

— Très bonne observation, ma chère. Toutefois, tu sembles oublier que toi non plus, tu n'as pas d'alibi…

Elizabeth se dressa, toute tremblante.

— Tu oserais accuser ta femme ! Ta femme qui… ta femme que…

Elle s'étranglait de fureur. Je levai les mains en signe d'apaisement :

— Ça suffit comme ça ! Vous aurez tout le temps de vous chamailler quand je serai parti. D'ailleurs il faut que j'y aille maintenant, il est presque 8 heures et demie. Mr White m'a demandé de passer chez lui.

— Est-ce tellement urgent ? s'enquit John. Tu pourrais y aller plus tard, ou même demain… Tu n'as qu'à lui téléphoner…

— Non… En fait, ce n'est pas Mr White qui… c'est l'inspecteur Drew qui veut nous interroger.

— Pauvre Mr White, dit Elizabeth. La police pourrait un peu ménager cet homme si éprouvé…

— Ne t'en fais pas pour lui, fis-je remarquer. Mr White ne broie pas du noir ; il est persuadé que l'homme qu'a été assassiné n'est pas son fils, bien que tout le monde l'ait reconnu. Enfin…

Sur ce, je les remerciai pour cet excellent repas et pris congé.

Un froid piquant et une lune blafarde m'accueillirent au-dehors.

Tout en écoutant mon pas pressé résonner dans la rue déserte, j'évoquai la nuit du drame, les événements dans leur ordre chronologique. Il y avait quelque chose de bizarre que je n'arrivais pas à définir. Je voyais bien à quel moment, mais ne saisissais pas ce qui me tracassait ; c'était lors de notre deuxième montée dans les combles : nous sommes entrés dans le couloir, nous avons frappé à la porte... pas de réponse. Nous avons enlevé les scellés... puis ouvert la porte... nous avons aperçu le cadavre... Non, c'était avant, je suis trop loin... cette impression curieuse m'a assailli au moment où... Ah ! si j'arrivais à m'en souvenir ! Était-ce un geste ? Une parole ? Une vision ? Un bruit ?

À quoi bon me creuser la cervelle, ça me reviendra quand je n'y penserai plus.

J'étais loin, alors, de m'imaginer que si j'avais pu faire la lumière sur ce point, j'aurais immanquablement découvert le procédé diabolique utilisé par l'assassin. Et de ce fait, un crime abominable n'aurait pas eu lieu, un crime dont le mobile demeurera à tout jamais dans les annales de la police, et pour cause ! Vous comprendrez par la suite la justesse de ces propos, mais j'anticipe.

Il était près de 9 heures et quart lorsque Arthur acheva son récit de la nuit du drame. Il était d'une telle précision, que je n'eus pas à intervenir.

Drew, les bras croisés, confortablement installé dans un fauteuil, secoua la tête avec un léger sourire.

— Votre récit, si remarquable soit-il, n'apporte malheureusement rien de neuf. (Il tourna son regard perçant dans ma direction.) Et vous, Mr Stevens, n'avez-vous aucun commentaire à faire ? Un point particulier qui aurait échappé à Mr White ?

— Non, répondis-je en allumant une cigarette afin de ne plus voir ces deux yeux bleus qui me sondaient en profondeur. Il n'y a rien à ajouter ; le récit que vient de faire Mr White retrace parfaitement les faits de la soirée, et comme nous ne nous sommes pas quittés – Mr White et moi –, je ne puis rien vous dire de plus.

Arthur, les yeux légèrement plissés, tirait lentement sur sa pipe.

— C'est la troisième fois que je raconte ces faits en quarante-huit heures, dit-il. Je pense que maintenant vous devez les connaître comme si vous en aviez été témoin.

— La police ne croit pas aux fantômes, lâcha Drew, abrupt.

Arthur sursauta :

— À chacun sa façon de voir les choses, rétorqua-t-il. (Il se tut un instant puis reprit :) Au fait, que devient votre hypothèse où le mort aurait fermé la fenêtre après le passage de son meurtrier ?

Un éclair fugitif passa dans les yeux de Drew. II se maîtrisa et répondit d'un ton détaché :

— Ma foi, ce n'était qu'une hypothèse de départ, un peu lancée à l'aveuglette ; histoire de démontrer que le crime n'a pas forcément été commis par un esprit. Oui, il est peu probable que les choses se soient déroulées ainsi. D'une part, la poignée de la fenêtre ne comportait pas d'empreinte, et d'autre part, d'après le médecin légiste, votre fils n'aurait pas pu se relever après avoir reçu le coup de couteau.

Une expression de contrariété se peignit sur le visage d'Arthur :

— Je vous le répète, encore une fois, cet homme n'est pas mon fils !

Drew examinait la pointe de ses chaussures, le sourire aux lèvres.

— Soyons raisonnables, Mr White, dit-il d'un ton qui se voulait bienveillant. Toutes les personnes qui ont vu le corps l'ont formellement reconnu comme étant celui de votre fils. Je comprends parfaitement votre réaction, mais il faut se rendre à l'évidence.

— Oui, Mr White, intervins-je avec un maximum de diplomatie, c'était bien Henry. Croyez-moi, s'il y avait eu quelques doutes sur l'identité de la victime, j'aurais été le premier à émettre des réserves…

Arthur demeura de marbre. Un silence pénible s'installa dans le salon. Drew plaça une cigarette entre ses lèvres minces, l'alluma et s'éclaircit longuement la voix avant de reprendre :

— Cette affaire est pour le moins étrange…

— En effet, acquiesçai-je. On trouve un homme assassiné dans une chambre hermétiquement close ; le moins qu'on puisse dire, c'est que…

— Bien sûr ! Mais je ne parlais pas de cela, rétorqua Drew. Rappelez-vous, Mr White, il y a à peine trois années, vous avez été victime d'une agression, dans le chemin de terre qui passe devant votre maison !

— C'est parfaitement exact, dit Arthur avec une note d'agacement dans la voix. Je me souviens même de vous avoir signalé qu'avant d'être assommé, j'avais aperçu quelqu'un qui transportait un corps en direction des bois… mais vous n'avez pas semblé avoir attaché beaucoup d'importance à la chose.

Drew réprima un mouvement de colère.

— Comment ça, pas beaucoup d'importance ! bredouilla-t-il. Les bois ont été passés à la loupe, on n'a pas retrouvé de corps, aucune disparition ne fut signalée dans le secteur, que fallait-il faire de…

— Et mon fils qui a disparu ! s'emporta Arthur. Comment appelez-vous cela ?

Le fait qu'Arthur était un écrivain célèbre fut pour beaucoup dans l'attitude modérée de Drew.

— J'allais justement y arriver, dit-il avec douceur. Donc, juste après votre agression, votre fils disparaît. Quelques jours plus tard, il réapparaît, au même moment, en deux endroits différents. La chose est extraordinaire, mais l'histoire ne s'arrête pas là : il parvient à pénétrer dans une chambre scellée et trouve le moyen de s'y faire assassiner !

Drew endiguait maintenant difficilement sa colère croissante, sa voix tremblait :

— Autant vous en prévenir à l'avance, Mr White, la lumière sera faite sur cette affaire, quel que soit le coupable ! Jusqu'à présent, je n'ai pas encore connu d'échec, et ce n'est pas aujourd'hui…

La sonnerie de la porte d'entrée retentit.

— C'est Victor, dit Arthur en se levant. Non, se ravisa-t-il, je viens d'entendre une voiture s'arrêter. Quelque ami, peut-être… Un instant, je vous prie.

Arthur quitta le salon. Drew et moi restâmes silencieux, l'oreille tendue. Nous perçûmes un cri de surprise, un bruit de voiture qui démarre et puis plus rien. Au bout de quelque temps, des exclamations se firent entendre.

La porte du salon s'ouvrit sur Arthur, qui semblait pleurer de joie. Dans son dos, je discernai une vague silhouette qui se précisa… Mon cœur s'arrêta de battre, ma raison m'abandonna : HENRY ! C'était Henry !

Henry, là, devant moi, en chair et en os !

4

OÙ L'ON FAIT DE LA PSYCHOLOGIE

— Salut, vieux James ! fit mon ami avec un large sourire.

Je lui sautai au cou, en lui tapotant les épaules des deux mains. Puis je le tint à bout de bras pour mieux l'examiner :

— Henry ! Comment est-ce possible ?

Une larme naquit dans le coin de son œil, puis coula le long de la joue.

— Je suis heureux de te revoir, James, tu ne peux pas savoir, murmura Henry, profondément ému.

Henry me parlait ; c'était bien lui, lui seul pouvait s'exprimer avec tant de tendresse.

— Inspecteur Drew, dit Arthur, le visage dans un mouchoir, je vous présente mon fils, Henry.

Drew, faisant violence à ses muscles faciaux pour leur imposer un sourire, émit d'un ton acide et mielleux :

— Enchanté, jeune homme, enchanté…

On eût dit le diable en personne, en train de ruminer une terrible vengeance. Ses yeux, qui avaient viré au vert, lançaient des éclairs ; la peau de son visage osseux avait pris une teinte curieuse, celle d'un vieux Peau-Rouge ayant des ennuis biliaires.

Et moi qui, dans mon euphorie, m'écriais :

— Et maintenant, mon Henry réapparaît !

Drew, dont le visage restait figé dans un sourire de commande, montra les dents. Je craignis, l'espace d'un instant, qu'il sortît ses griffes et ne bondît sur mon ami pour le dévorer tout cru, mais il se contenta d'un petit ricanement.

— Henry, fis-je d'une voix que je ne reconnaissais pas, comment… pourquoi…

La tête me tournait, mes genoux fléchirent et j'eus la chance d'avoir un fauteuil derrière moi.

Je crois que c'est surtout mon état qui donna un coup de fouet à Arthur. Tremblant d'émotion, il nous tourna le dos et gagna le bar.

— Il faut arroser ce retour ! dit-il d'une voix puissante pour masquer son profond bouleversement. Il faut arroser ce retour !

J'aurais voulu parler, poser mille questions, mais ma gorge était nouée ; je demeurais immobile dans mon fauteuil, le cerveau bloqué. Seule ma vue fonctionnait encore : Drew ne quittait pas Henry de son regard de rapace à l'affût; Arthur, le visage inondé de bonheur, remplissait à ras bord quatre verres; Henry s'était approché de moi et avait mis son bras autour de mes épaules.

Arthur vida son verre d'un trait, ferma les yeux, les rouvrit et dit :

— Pourquoi ce silence de trois longues années, mon fils ?

Son ton était grave, empreint de tristesse.

— Oui, pourquoi ? répéta en écho la voix sarcastique de Drew.

Tête baissée, Henry se taisait.

— On te croyait mort, continua Arthur sur le même ton. Je savais bien qu'il n'en était rien, mais quand même… Et qui est cet homme qu'on a retrouvé assassiné chez nos voisins ? Tu es au courant, Henry ? Tu as lu la presse d'aujourd'hui ? Tu sais qu'aux yeux de tout le monde tu as été assassiné ?

Henry nous dévisagea tour à tour, puis hocha la tête.

— Oui, qui était cet homme ? s'enquit Drew avec une douceur glaciale.

Henry, toujours la tête basse, fit quelques pas, regagna sa place et lâcha après un long moment :

— Cet homme était mon associé, Bob Farr, un Américain…

— Alors tu étais en Amérique pendant tout ce temps ? demanda Arthur, les yeux écarquillés.

— Oui, hésita Henry, je… Nous faisions, entre autres, des tours d'évasions. Il était acrobate dans un cirque lorsque je l'ai rencontré; une rencontre qui fut un coup de foudre, car nous avons instantanément compris tout le parti que nous pouvions tirer de notre incroyable ressemblance ! Rendez-vous compte de cette chance inespérée : deux hommes exerçant la même profession et se ressemblant trait pour trait !… Ah ! je peux vous le dire, nous avons connu un succès considérable avec nos tours d'évasions ! Nous apparaissions et disparaissions à volonté, alors que le public croyait avoir affaire à une seule et même personne !… Et maintenant… Bob n'est plus.

Un ange passa.

Arthur, qui jusqu'alors s'était parfaitement contrôlé, s'effondra soudain en larmes.

— Bob Farr n'est plus, murmura Drew en suivant de ses yeux brillants les volutes de fumée qu'il soufflait en direction du plafond. Pourriez-vous me dire, jeune homme, ce que votre associé est venu faire chez vos voisins, avant-hier soir ?

— Non, répondit Henry, je ne puis rien vous dire pour l'instant… Non, pas pour l'instant.

— Pas pour l'instant, répéta Drew qui examinait le bout incandescent de sa cigarette avec un sourire méphistophélique. Parfait, parfait… Peut-être lui connaissiez-vous quelque ennemi ? N'oublions pas qu'il a été assassiné…

Henry secoua la tête.

— Très bien, très bien, poursuivit Drew. Au fait, savez-vous dans quelles étranges circonstances est mort votre associé ?

— J'ai lu les journaux, on l'a retrouvé poignardé dans le grenier.

— Oui, approuva Drew, c'est ce qu'ont dit les journaux. Ce n'est pas faux, mais il manque quelques détails. Quelques détails que je vais vous préciser. À propos, depuis quand êtes-vous revenu d'Amérique ?

— Je viens de mettre le pied sur le sol anglais, il y a à peine quelques heures. J'ai pris le premier train pour Oxford, d'où un taxi m'a ramené ici.

— Bien… Très bien, très bien… Parfait. (Drew sortit un calepin de sa poche et prit quelques notes.) Je ne vais pas demander à votre père de retracer la nuit tragique, ni à votre ami qui ne semble pas en mesure de faire un récit cohérent, je vais vous exposer les faits moi-même.

Lorsqu'il eut terminé, le policier demanda à Henry :

— Qu'en pensez-vous, jeune homme ? À ce qu'il paraît, vous êtes spécialisé en tours de passe-passe, peut-être seriez-vous en mesure de nous aider dans cette affaire ? De nous dévoiler l'habile stratagème utilisé par l'assassin ?

La tête entre les mains, Henry ne répondit pas.

— Inspecteur, fit-il après un silence, je ne peux rien vous dire, rien… Rien pour le moment.

Arthur, qui observait son fils avec anxiété, se leva de son fauteuil et s'adressa à Drew :

— Inspecteur, je ne voudrais pas vous… mais vous êtes à même de comprendre… Je n'ai pas revu mon fils depuis trois longues années.

Le regard toujours braqué sur Henry, Drew déroula lentement sa maigre silhouette.

— Je comprends, Mr White, je comprends parfaitement.

Il prit ses effets que lui tendait Arthur, entoura son long cou d'une écharpe beige et enfila son élégant pardessus. L'opération terminée, il s'approcha de Henry et le gratifia d'un sourire félin :

— Un petit conseil, jeune homme, ne vous éloignez pas dans les prochains temps… et sachez aussi que, partout où l'inspecteur Drew passe, la lumière se fait. Nous nous reverrons demain, nous aurons une petite conversation… amicale !

Sur ce, Drew s'inclina avec raideur et se retira.

La porte d'entrée claqua.

— Curieux personnage, dit Henry après un temps.

— Il faut se mettre à sa place, fit observer Arthur. Il a une drôle d'affaire sur les bras. Enfin, mon fils, ne me dis pas que tu ne sais pas pourquoi ce Bob est venu ici !

Il se fit de nouveau un silence, au terme duquel je m'enquis :

— Henry, cst-ce que tu sais au moins que ton père a été sauvagement agressé le soir même où tu as disparu ? Et que quelques jours plus tard je t'ai revu à la gare d'Oxford, alors qu'au même instant les Latimer t'ont aperçu à la gare de Paddington ? Oui, je comprends, maintenant : les Latimer ont pris ce Bob Farr pour toi… Enfin, Henry, explique-toi, ne reste pas là sans rien dire ! L'inspecteur est parti, tu peux nous faire confiance !

Henry nous suppliait d'un regard empli de larmes :

— Père, James, ne me demandez rien pour l'instant, ne me posez pas de questions. Un jour, bientôt, je vous expliquerai… Vous comprendrez alors. Mais je vous en conjure, ne me posez plus de questions. Il faut que je réfléchisse…

Le lendemain matin, de bonne heure, Drew revint pour interroger Henry. L'entretien ne fut pas long, le policier sortit de la maison au bout d'un quart d'heure, furieux, la tête basse.

Le nez collé à la fenêtre de ma chambre, j'imaginai sans peine ce qui s'était passé : Henry, sous l'œil furibond de Drew, était resté muet.

La journée se déroula comme prévu, le village entier tomba des nues quand il apprit la « résurrection » de Henry. Lorsque, après avoir fait ses courses, mère revint à la maison, tout le monde était déjà au courant ; le boulanger, l'épicier, le boucher – pour ne citer qu'eux – n'avaient qu'un seul mot aux lèvres : Henry.

Je ne mis pas le nez dehors, ce jour-là, et restai enfermé dans ma chambre, essayant d'ordonner les innombrables pensées qui s'entremêlaient dans ma cervelle en déroute.

Le soir venu, John et Elizabeth nous rendirent visite. Ma sœur, mine de rien, déploya adroitement ses talents d'inquisiteur en jupons, mais en fut pour ses frais. Elle n'en apprit pas plus que je n'en savais. John, tout comme mes parents, était consterné ; il ne fut pas très loquace. Bien sûr, la joie se lisait sur les visages ; Henry était vivant, la nouvelle était heureuse, mais on attendait la suite des événements, une odeur de drame flottait dans l'air, une odeur que chacun percevait. Et, effectivement, la mort allait s'abattre une fois de plus sur notre village.

Depuis le retour de Henry, l'inspecteur Drew ne quittait plus les environs ; il rôdait partout, frappait à chaque porte, interrogeait tout le monde. Naturellement, mes parents et moi eûmes droit à sa visite ; il nous questionna longuement sur Henry, sur son enfance, ses goûts, son caractère, bref le Psychologue était à l'œuvre.

La presse se montrait toujours très discrète. Il y eut bien deux ou trois entrefilets relatant une erreur sur l'identité du cadavre, mais rien de plus. Alors qu'on était en droit d'attendre un titre, en première page, du genre : « Assassiné dans une chambre close, le fils d'un écrivain célèbre ressuscite ! » Je soupçonnais Arthur d'avoir le bras beaucoup plus long que je ne le pensais.

Je rendis visite à Henry le surlendemain soir. Il me parla longuement de l'Amérique, du spectacle qu'il y produisait en tournée avec sa doublure Bob Farr, de leur incroyable ressemblance qui avait mystifié des foules entières. Puis je l'interrogeai sur ses projets. « Je ne sais pas du tout, James, me répondit-il. Il faut que je fasse le point… Non, je ne sais pas du tout. » J'abordai alors le sujet tabou, à savoir l'assassinat de Bob. « Plus tard, James, plus tard, laisse-moi encore réfléchir… »

Et puis il y eut cette fameuse soirée. Une soirée que je ne suis pas près d'oublier, comme tous ceux qui y assistèrent, et plus particulièrement l'inspecteur en chef Drew.

Presque une semaine s'était écoulée depuis le retour de Henry. À la demande de Drew, Arthur avait réuni chez lui les personnes impliquées dans l'affaire, en cette froide soirée de fin novembre. Le feu crépitait dans la cheminée sans réchauffer l'atmosphère glacée qui régnait dans le salon. En outre, Drew vint accompagné de deux policiers, ce qui d'emblée jeta un froid, d'autant plus que les deux hommes, discrètement placés près de la porte du salon, semblaient en garder l'issue. Les Latimer étaient installés sur le canapé ; Alice, blême, s'était réfugiée auprès de son mari, qui, lui non plus, ne paraissait pas très à l'aise. À leur droite, John et Elizabeth frémissaient d'impatience. Arthur et Victor avaient pris place dans les fauteuils ; Henry et moi étions assis chacun sur une chaise près de la cheminée. Malgré sa petite taille et ses formes massives, mon ami affichait une certaine élégance, dans son costume de velours gris, et avec son nœud papillon bordeaux qui tranchait sur sa chemise bleu pâle. Les coudes sur les genoux, le regard rivé au sol, il se tordait fébrilement les doigts.

L'inspecteur Drew, les mains dans le dos, faisait face à la cheminée. Il se retourna brusquement et déclara d'un ton emphatique :

— Mesdames, messieurs, le mystère qui entoure la mort de Bob Farr sera éclairci ce soir. J'ajouterai aussi que son machiavélique assassin se trouve dans cette pièce même !

Un courant de terreur traversa le salon, mais personne ne dit mot. Drew alluma calmement une cigarette, aspira quelques bouffées de fumée, puis reprit :

— Dans un premier temps, je vais vous demander de ne pas m'interrompre. Ce qui va suivre n'a, *a priori*, aucun rapport avec l'affaire. Je dis bien *a priori*, car par la suite vous comprendrez. Donc, je vous répète, même si vous ne voyez aucun sens dans mes propos, ne m'interrompez pas.

Drew plongea une main dans la poche de son veston et en retira une balle de caoutchouc qu'il lança et relança dans sa main. Un sourire mauvais flottait sur ses lèvres. Il montra la petite balle aux assistants :

— Regardez et dites-moi ce que vous voyez !

Devant la stupidité de sa question, personne ne répondit. Satisfait de l'étonnement produit, il continua :

— Cette balle a été l'instrument du crime ! Enfin disons qu'elle a contribué à un effet des plus spectaculaires : un meurtre commis dans une chambre scellée.

» Je ne crois pas me tromper en affirmant que certains d'entre vous sont toujours persuadés que le crime a été perpétré par un fantôme. (Il fit une pause et remit la balle dans sa poche.) Je ne nie pas catégoriquement l'existence des esprits, il faudrait être stupide pour ne pas croire à ce que nous ne pouvons expliquer… Mais dans l'affaire qui nous préoccupe, une chose est certaine, nous sommes en présence d'un assassin, d'un assassin diabolique…

On aurait pu entendre une mouche voler.

Drew prit ensuite, sur la table de la cheminée, un livre à couverture violette qu'il avait apporté avec lui. Tandis qu'il le feuilletait rapidement, ses lèvres se tordirent en un rictus. Il le brandit alors à l'assemblée et dit d'une voix grave et solennelle :

— Toute l'histoire du meurtre est dans ce livre ! Tout, je dis bien tout ! (Drew prit le livre à deux mains et le caressa du regard.) Il faudrait être aveugle pour ne pas comprendre ! Oui, aveugle… Or, ce n'est pas pour rien que mes collègues m'ont surnommé le Psychologue ! ajouta-t-il d'un air modeste.

L'étonnement profond qui se lisait sur le visage des assistants fut encore accru à la vue du titre du livre : *Houdini et sa légende.*

— Je vais maintenant vous parler de la vie de Houdini, continua Drew, visiblement très satisfait de lui-même. Je commencerai par ses exploits, nous verrons ensuite la psychologie de cet homme. Et, je vous le répète encore une fois, quoi que vous pensiez, ne m'interrompez pas.

» Je suppose que tout le monde connaît Harry Houdini, « Le roi des menottes », « L'évadé perpétuel », « Le roi de l'évasion »… Cet homme qui, au début du siècle, avait subjugué les foules, mystifié les présidents, émerveillé les rois. Son premier coup d'éclat a eu lieu en 1898 ; en première page des quotidiens de Chicago on pouvait lire : « Houdini, le roi des menottes, défie le département de la police de la grande cité de Chicago de le retenir enfermé, menottes aux poings, plus d'une heure dans une cellule de la prison d'État… »

» La police releva immédiatement le défi. Houdini fut donc enfermé dans une cellule, sous l'œil vigilant d'un groupe de gardiens. Dans le bureau du directeur, une assemblée assez importante de reporters attendait que l'exploit se produise. L'attente ne fut pas très longue, car, quelques minutes plus tard, la porte s'ouvrit et Houdini, libre de toute entrave, pénétra dans la pièce. L'ahurissement de l'assistance ne fut que de courte durée, un journaliste accusa Houdini de cacher sur lui des instruments permettant d'ouvrir les différentes serrures rencontrées sur son passage. Houdini proposa de recommencer immédiatement l'expérience en se prêtant au préalable à une fouille approfondie. La fouille fut pratiquée par un médecin, sans résultat, et Houdini se retrouva enfermé dans une cellule, totalement nu ! Ses vêtements furent entreposés dans une autre cellule, également close. L'attente, dans le bureau du directeur, fut encore plus courte que la précédente et Houdini reparut vêtu de ses propres vêtements à la plus grande stupéfaction de l'assistance !

» Deux années plus tard, donc en 1900, Houdini débarque sur la côte anglaise. Ses tours enthousiasmèrent d'emblée le public londonien, et le défi qu'il lançait régulièrement à la fin de son numéro retenait particulièrement l'attention : il acceptait de mettre n'importe quelle paire de menottes apportées par l'assistance et affirmait qu'il s'en libérerait dans les minutes suivantes. Scotland Yard lui proposa de faire cette expérience dans les locaux de la plus célèbre police du monde. Naturellement, Houdini, avide de publicité, releva le défi. On emmena le magicien dans un couloir et on lui demanda d'entourer une colonne de ses bras, les poignets étant, bien entendu, scellés par une paire de menottes réglementaires, Les policiers s'éloignèrent, le sourire aux lèvres, car il était bien improbable que, ainsi immobilisé, le magicien parvienne à se libérer. Ils avaient à peine fait quelques pas que la voix de Houdini leur parvint : « Si vous retournez à votre bureau, attendez-moi… Je vous accompagne… » Ils se retournèrent et virent, à leur grande stupéfaction, Houdini, libre de toute entrave, qui leur emboîtait le pas !

» Cet exploit provoqua un engouement sans précédent pour l'artiste américain. Par milliers, les Londoniens accoururent voir sur scène ce phénomène qui avait osé défier la police du royaume. Sa tournée en Europe fut un triomphe, les plus grands music-halls s'arrachèrent cette nouvelle gloire du spectacle à prix d'or, Berlin, Dresde, Paris… et même Moscou. Pour l'homme de la rue, Harry Houdini était un sorcier, un sorcier aux pouvoirs étrangers et, si incroyable que cela puisse paraître, il fut conduit devant les tribunaux germaniques pour… sa magie.

» Sa tournée triomphale en Europe s'acheva en beauté, à Moscou, en 1903. Vous connaissez certainement tous la tristement célèbre charrette russe pour les condamnés politiques destinés à la Sibérie. Un fourgon aux parois d'acier très épaisses, tiré par quatre chevaux ; cette prison ambulante possédait une minuscule fenêtre et une porte dont la fermeture se trouvait à l'extérieur ; en outre, lorsque la serrure était verrouillée, seule une clef possédée par l'organisme de destination en Sibérie permettait de l'ouvrir. À première vue, il était absolument impossible de s'évader de ce fourgon. Houdini, malgré tout, lança le défi. Après avoir été soumis à la fouille la plus brutale et la plus minutieuse de sa carrière, il fut enfermé dans la charrette et envoyé en Sibérie. En moins d'une heure, Houdini parvint à s'évader !

» Puis Houdini s'embarqua pour le Nouveau Monde, où il se produisit dans toutes les grandes villes des États-Unis. Chaque police locale reçut sa carte de visite quelque peu redoutée, et toutes ses évasions de cellule réussirent, notamment à Washington, où il libéra en un temps record tous les détenus de la prison !

» Mais notre homme ne se limitait pas à ce genre d'exploit, il plongeait dans les rivières glacées, menottes aux poings et fers aux pieds, ou avec des boulets de quarante kilos aux chevilles ! Il se libérait d'une camisole de force en quelques minutes, et ceci, parfois pendu par les pieds au faîte d'un building de dix étages ! Il se faisait enfermer dans un cercueil au couvercle soigneusement vissé, qui fut enfoui sous deux mètres de terre ! Il s'échappait aussi des coffres-forts. En fait, rien ne lui faisait obstacle : menottes, chaînes, camisoles de force, cordes, cellules de prison, cercueils, malles cadenassées, coffres-forts, sac postal fermé par un cachet de cire, et j'en passe, il parvenait toujours à s'évader ! Ce n'est pas tout : il fit même disparaître un éléphant dans un hippodrome et réussit à traverser un mur en brique !

» Cet homme, qui avait subjugué la terre entière, mourut en octobre 1926, suite à un accident stupide. À sa demande, un spectateur lui avait donné un coup de poing au ventre et…

— Inspecteur Drew ! coupa Arthur d'un ton tranchant. Nous savons tous qui est Houdini ! Le sujet est passionnant, je vous l'accorde, mais croyez-vous vraiment que ce soit le moment…

Drew esquissa un sourire :

— La vie de Houdini est directement liée au meurtre de Bob Farr. Je le reconnais, je me suis peut-être appesanti sur les exploits du magicien, mais maintenant nous allons entrer dans le vif du sujet : la psychologie de Harry Houdini. De nouveau, je vous demande de ne pas m'interrompre et d'écouter attentivement ce qui va suivre, car toute l'explication du mystère s'y trouve.

L'assistance resta muette, abasourdie par ces surprenantes paroles. Après une pause, Drew continua :

— Harry Houdini, vous vous en doutez, est un pseudonyme. Son véritable nom est Erich Weiss. Enfant prématuré, il vit le jour le 6 avril 1874. Son lieu de naissance n'est pas connu, mais on suppose qu'il s'agit de Budapest. Dès son jeune âge, il amusait ses camarades en effectuant des tours de passe-passe et l'on prétend qu'il fit ses premières expériences sur les armoires dans lesquelles sa mère rangeait les sucreries. Vers l'âge de sept ans, il fréquentait le milieu du cirque, et à quinze ans, avec l'un de ses amis, il présentait déjà un numéro d'illusion. Au départ, Houdini ne fut pas un phénomène ; seuls un travail musculaire intense, l'amour de son art, une volonté de fer et une ambition démesurée lui ont permis de connaître la gloire.

» Oui, cet homme avait une ambition sans limite, toute sa brillante carrière le prouve. Ce besoin continuel de briller, de surprendre constamment son public, nous fait considérer Houdini comme un être à la psychologie simple, dominée par un orgueil et un égocentrisme sans pareil. Il risquait sa vie à chaque instant, se surpassait régulièrement dans le seul dessein de ne pas décevoir son public, de toujours être à la une des journaux. Tout cela nous fait penser aux caprices d'un enfant turbulent… Son attitude vis-à-vis du sexe faible est curieuse ; il fait preuve d'une incroyable timidité, d'une incroyable jalousie – par ailleurs injustifiée – envers sa femme, et d'une incroyable adoration à l'égard de sa mère.

» En 1916, Houdini et sa femme se trouvaient sur un paquebot en route pour l'Europe. Une nuit, au beau milieu de la traversée, il fut brusquement réveillé dans sa cabine et, en proie à un incompréhensible chagrin, sanglota sur son lit. Il apprit par la suite, qu'à ce même instant, sa mère avait succombé à une crise cardiaque.

Je sursautai sur ma chaise. La mort de Mrs White me revint à l'esprit : Henry avait également pressenti la mort de sa mère ! Mais cela, Drew ne pouvait pas le savoir, c'était un secret entre

Henry et moi. Je commençais à voir où Drew voulait en venir : faire une analogie entre la vie de Houdini et celle de Henry. Mais dans quelle intention ?

Je jetai un coup d'œil sur mon ami ; Henry n'avait plus la tête basse, il fixait l'inspecteur d'un étrange regard et semblait boire ses paroles.

— Houdini adorait sa mère, poursuivit Drew, il la vénérait, la chérissait, la comblait de cadeaux. Sa mort fut le drame de sa vie ; il sombra dans des crises de larmes et de désespoir que rien ne pouvait atténuer ; naturellement, il était incapable de paraître sur scène. Il finit cependant par surmonter son chagrin en découvrant l'espoir dans une croyance étrange : le spiritisme. Il tenta quelques expériences dans ce domaine, mais les échecs réitérés de ses « communications » avec sa mère défunte transformèrent son chagrin en fureur et il décida de se venger de ces spirites qui n'avaient pu lui donner satisfaction. Houdini se montra sans pitié pour ces mystificateurs et il démasqua un nombre considérable de fraudeurs au « pouvoir » réputé.

» Malgré cela, on ne sut jamais la véritable pensée de Houdini sur le spiritisme. D'aucuns prétendirent, qu'en son for intérieur, il restait intimement persuadé de l'existence de phénomènes supranormaux. D'ailleurs, sur son lit de mort, il laissa à sa femme un message secret que, par la suite, il lui ferait parvenir de l'au-delà. Bess Houdini, son épouse, mourut en 1943, et l'on ne put jamais savoir si Houdini avait réussi à traverser l'infranchissable barrière…

Drew avait terminé son exposé ; il ferma le livre et laissa traîner un regard satisfait sur l'assemblée.

— Vous ne voyez toujours pas ? s'enquit-il.

Arthur se leva de son fauteuil pour répondre :

— Voir quoi ? Il y a quelques ressemblances de caractère entre mon fils et Houdini. Je l'admets, et alors ? Inspecteur, je crains que votre réputation de fin psychologue vous soit montée à la tête et qu'elle vous fasse percevoir des subtilités là où il n'y en a pas !

Drew répondit par un sourire. Il fit quelques pas devant la cheminée, puis s'arrêta pour contempler le foyer.

— Quelques ressemblances de caractère…, dit-il doucement. J'ai passé trois longues journées à interroger l'entourage de Henry, ses amis, sa famille… Nous avons parlé de son enfance, de son caractère… J'en ai appris des choses en trois jours ! (Son sourire avait disparu, sa voix était grave et vibrante.) Et je crois pouvoir affirmer que j'en sais autant sur Henry que n'importe lequel d'entre vous ! Mais ceci n'a rien d'exceptionnel… Cela fait partie de mon métier… La psychologie ! répéta-t-il avec componction. Tout est là.

» Je vais donc reprendre avec vous les quelques ressemblances entre Henry et Harry Houdini : tous deux sont nés prématurément ; ceci, en soit, n'a rien d'extraordinaire ; je continue : dès leur plus jeune âge ils amusaient leurs camarades avec des tours de passe-passe, ils ouvraient toutes les portes fermées à clef. Tous deux, aussi, fréquentèrent assidûment le milieu du cirque. Ces deux enfants n'ont qu'un seul désir : étonner les autres, les éblouir, être constamment le centre d'attraction ! Vous saisissez, maintenant ? Vous avez compris leur extrême égocentrisme, leur orgueil démesuré ?

Je voulus intervenir, mais Arthur White me devança :

— Vous exagérez, inspecteur. Vraiment, vous exagérez. Mais d'une certaine façon, ceci est propre à tout artiste…, ajouta-t-il d'un ton ironique.

La justesse de la remarque irrita Drew. Il se retourna vivement, se saisit du livre et en sortit une photo qui y était encartée. Il la montra triomphalement à l'assemblée et déclara :

— Regardez bien cette photo ! Elle représente Harry Houdini ! Cet homme ne vous rappelle-t-il pas quelqu'un ici présent !

La ressemblance avec Henry était certes indéniable : le visage large, la raie médiane, la même expression du regard, la même silhouette trapue… mais il devait y avoir des milliers d'hommes de ce type sur terre !

Henry, qui n'avait pas perdu une miette de l'exposé de l'inspecteur, regardait avidement la photographie, absolument fasciné. À part lui, personne ne sembla manifester un intérêt particulier pour cette photo.

Soudain, Arthur se mit à rire ; un rire forcé qui se brisa net :

— Ceci dépasse les bornes, inspecteur ! S'il s'agit d'une plaisanterie, elle est de très mauvais goût. Je m'étonne qu'un homme de votre qualité s'abaisse à…

— Mr White, coupa sèchement Drew, les yeux fulgurants. (Il eut un sourire sardonique, avant de continuer doucereusement.) Mr White… ou plutôt Mr Weiss ?

Arthur sursauta dans son fauteuil, ses traits se décomposèrent. Il balbutia :

— Comment… comment avez-vous…

— Je n'ai fait que mon travail, j'ai mené une enquête approfondie sur les personnes impliquées dans cette affaire. J'ai donc appris que vous êtes d'origine hongroise, que vous êtes né à Budapest, que votre véritable nom est Weiss… Weiss que vous avez traduit par White, lors de votre arrivée en Angleterre, à l'âge de 21 ans… Tout ceci est-il exact ?

Arthur murmura un « oui » à peine audible.

— Nous avons poussé nos investigations un peu plus loin, mais sans résultat. Vous êtes orphelin, c'est tout ce que nous avons pu apprendre. Je me permets donc de vous rappeler le véritable nom de Houdini : Erich Weiss, qui lui aussi semble être natif de Budapest…

— Inspecteur, dit Arthur bouleversé, la voix tremblante, Weiss est un nom courant… Le fait que je sois orphelin et que je ne connaisse pas mes parents, à plus forte raison ma famille, ne prouve pas… Mais que cherchez-vous à prouver, au nom du ciel ! Que Henry a du sang d'Houdini dans ses veines ? Et alors ? Même si cela était, je ne vois pas du tout en quoi cela pourrait vous intéresser !

— J'y arrive, dit Drew calmement. Peu importe, finalement, que Henry soit apparenté avec Houdini ou qu'il soit une réincarnation du magicien…

— Une réincarnation ! s'emporta Arthur. Mon fils, une réincarnation ? Inspecteur, cette fois-ci vous dépassez…

— Père, coupa Henry, je t'en prie, écoutons ce que l'inspecteur a à nous dire.

Drew examina longuement Henry avant de reprendre :

— Jeune homme, nous en arrivons maintenant au point capital : vous adoriez votre mère… tout comme Houdini ! Non d'un amour normal entre un fils et une mère, mais d'un amour dont la démesure vous plongea dans un abîme de douleur à l'annonce de sa mort… comme Houdini… Crises de désespoir, torrents de larmes, que rien ne semblait pouvoir endiguer. On a même cru que vous vouliez vous suicider… Ne tentez pas de le nier, jeune homme, je suis parfaitement bien renseigné. L'excès de votre douleur a frappé tout le village. Il était à l'image de votre amour filial… démesuré.

» Faisons un retour en arrière de trois années et suivons les événements dans leur ordre chronologique. Début septembre 1948 a lieu le tragique accident de voiture où Mrs White trouve la mort; Henry, nous venons d'en parler, s'abîme dans un incroyable chagrin. Quelques semaines plus tard, le bruit circule que Henry et son père se querellent fréquemment. En fait, c'est plus qu'une rumeur, c'est une certitude. Par la suite, ces altercations sont de plus en plus violentes et rapprochées. Chose étrange : personne ne semble en deviner le motif. Et ensuite… et ensuite a lieu, fin novembre, l'agression dont fut victime Mr White. Quand je dis agression, je devrais dire assassinat, car Mr White ne s'en est sorti que par miracle… on avait bel et bien voulu le tuer ! Notons que, comme par hasard, Henry disparaît dans la foulée.

Drew lança un bref regard circulaire avant d'ajouter d'une voix acide :

— Vous ne voyez toujours pas ?

Un silence lui répondit.

— Très bien, très bien, je vais donc vous mettre les points sur les « i ». Henry n'accepte pas la mort de sa mère. Il se révolte. Il lui faut un coupable. Son père qui avait perdu le contrôle de son véhicule, est directement responsable de la mort de sa mère adorée. Il est donc coupable, il doit périr. Ce crime ne peut rester impuni. Lors d'une de ces violentes querelles qui les faisaient s'affronter journellement – Henry lui reprochant sans cesse la mort de sa mère –, il fracasse le crâne de son père avec une barre de fer. Il le croit mort, il prend la fuite, il se réfugie chez son ami Bob Farr et réussit à le convaincre de quitter l'Angleterre pour l'Amérique. Une semaine plus tard, les deux hommes quittent le pays, ils se donnent rendez-vous à la gare de Paddington. Un singulier hasard veut qu'on les voie au même instant : l'un à la gare d'Oxford prenant le train pour Londres, et l'autre attendant son ami à la gare londonienne. Et comme ils se ressemblent trait pour trait, on en a déduit que Henry possédait le pouvoir de se dédoubler !

» Quant à Mr White qui déclare avoir aperçu, juste avant son agression, une ombre transportant un corps se diriger vers les bois… Il est clair qu'il cherchait à couvrir son fils en inventant cette histoire abracadabrante. J'en veux pour preuve le fait qu'aucun cadavre ne fut découvert dans les bois.

Jambes écartées, les poings sur les hanches, Drew nous faisait face et attendait nos commentaires de pied ferme. Les flammes jaune orange dansant derrière lui accrochaient à sa maigre silhouette, sombre dans le contre-jour, des reflets rougeâtres et accentuaient l'expression sardonique qui éclairait son visage.

Victor demeurait impassible ; Elizabeth s'était réfugiée dans les bras de John ; Alice, glacée d'épouvante, enfonçait ses ongles dans le bras de Patrick, apparemment aussi terrifié qu'elle ; Arthur White, tassé dans son fauteuil, anéanti, tentait vainement de répliquer, ses lèvres remuaient sans qu'un son parvînt à les franchir.

Je m'attendais à voir Henry bondir sur l'inspecteur, il n'en fut rien. Mon ami gardait tout son calme et aucun trouble ne se lisait sur son visage ; il prit la parole :

— Votre déduction est brillante, inspecteur. Toutefois, je me permets de vous rappeler que Bob Farr est Américain, qu'à cette époque, bien évidemment, il se trouvait dans son pays. Je pense que la chose est vérifiable… et je m'étonne, du reste, que vous ne vous en soyez pas encore informé…

Drew accusa le coup, blêmit et cria :

— Alors comment expliquez-vous qu'on vous ait vu à Oxford et à Londres au même moment ? Expliquez-vous, mille tonnerres !

Henry baissa la tête et répondit :

— Je ne suis pas policier, je n'ai rien à expliquer.

Drew sourit de ses dents de carnassier :

— C'est bien ce que je pensais, jeune homme… Vous bluffez. Passons au meurtre de Bob Farr. Les extraordinaires circonstances qui entourent ce crime vous désignent clairement comme seul coupable possible. Qui d'autre que vous aurait pu concevoir et exécuter un tel meurtre !

» Vous faites donc la tournée des villes américaines avec votre ami Bob Farr. Notons au passage que vos tours d'évasion ne sont pas aussi brillants que ceux de Houdini puisque vous utilisez le principe d'un sosie.

Henry tressaillit violemment. Les graves accusations de l'inspecteur l'avaient apparemment laissé de marbre, mais cette pointe de mépris envers ses facultés de magicien, l'avait touché au plus sensible.

— Entre-temps, vous apprenez que votre père est encore en vie, continua Drew, acerbe. Il va donc vous falloir récidiver ; vous ruminez tranquillement votre vengeance, puis vous retournez en Angleterre avec Bob Farr. Je ne connais pas les détails du plan initial, mais je peux vous exposer son principe de base. (Drew pointa brusquement un index accusateur vers Henry.) Vous vouliez que votre père soit accusé de meurtre sur la personne de son propre fils ! Donc, dans un premier temps : tuer Bob Farr, qu'on prendrait pour vous – du reste, tous s'y sont laissé prendre, sauf Mr White –, et dans un second temps, faire en sorte que le crime soit imputé à votre père. Mais les choses ne se sont pas déroulées comme prévu.

» Je ne sais pas ce que vous avez raconté à votre ami Bob afin qu'il vous suive, peu importe, la chose est sans importance. Un ou deux jours avant le meurtre, vous escaladez la maison de Mr Darnley à la faveur de la nuit – chose facile pour deux acrobates hors pair – et vous vous installez dans le grenier afin de bien pouvoir préparer votre crime. Personne ne doit soupçonner votre retour. Vous passez donc votre temps derrière les portes à épier les propos et les allées et venues, et… vous tombez sur une conversation fort instructive : Mr Darnley, votre père et les Latimer vont tenter une expérience de matérialisation dans la chambre maudite ! L'occasion est inespérée ! Mr Latimer va être enfermé dans une chambre scellée et c'est votre père qui va devoir vérifier toutes les demi-heures si tout se passe bien. Vous saisissez immédiatement tout le parti que vous pouvez tirer de cette situation. Une idée machiavélique germe dans votre esprit : vous débarrasser de Patrick Latimer, tuer Bob, placer son cadavre dans la chambre scellée ; quand votre père remontera frapper à la porte sans obtenir de réponse, il est certain qu'il voudra voir s'il ne s'est rien produit de fâcheux. En ouvrant la porte, il arrachera les scellés… et il se trouvera devant le cadavre de son fils ! Il sera arrêté pour meurtre, c'est inévitable. Justice sera faite.

» Voilà pour la stratégie, reste le problème de la tactique. Il faut trouver une solution, et très vite. Et vous la trouvez ! Cependant, un petit détail va tout remettre en cause : lorsque votre père n'obtient pas de réponse après avoir frappé à la porte, il redescend chercher les autres. Les scellés sont enlevés devant plusieurs témoins, le corps est découvert, votre père ne pourra pas être accusé de meurtre. Et du coup, la mort de Bob Farr va prendre des apparences fantastiques.

» Mais voyons un peu comment vous avez réussi ce tour de force. Il est 9 heures, tout le monde est dans le salon. Vous, vous êtes dans une des chambres des combles avec votre ami

Bob et c'est à ce moment-là que vous lui portez le coup fatal. Vous descendez discrètement au rez-de-chaussée en laissant le cadavre sur place. Quand Patrick Latimer s'approche du portemanteau, vous l'assommez, puis vous rejoignez les autres, emmitouflé dans le col du manteau, le feutre rabattu sur le visage. La porte est scellée derrière vous. Une fois seul dans la pièce, vous prenez un flacon contenant un liquide rougeâtre que vous répandez sur le manteau et vous y fixez un poignard factice. N'oublions pas que vous êtes un illusionniste professionnel, ce genre d'accessoire fait partie de votre panoplie. Ensuite, vous vous allongez, les bras croisés sous le corps, avec une main qui dépasse de côté – ceci est très important – et vous attendez.

» Je vous imagine très bien, aux aguets, écoutant les pas de votre père dans l'escalier, les doigts heurtant le bois de la porte, quelques instants de silence, puis les pas qui s'éloignent. Et puis d'autres pas bien plus nombreux, la porte qui s'ouvre. Vous êtes là, gisant sur le sol, un poignard de théâtre dans le dos, en train de faire le mort et dans la chambre voisine, un véritable cadavre, celui de votre ami Bob.

Drew s'interrompit et ressortit de sa poche la petite balle de caoutchouc. Il la regarda avec complaisance puis la montra à l'assemblée en déclarant avec emphase :

— C'est à ce moment qu'intervient cette petite balle ! Mais je crois que quelques précisions sont nécessaires, ajouta-t-il avec malice. (Il reprit son livre, le tapota du plat de la main et poursuivit :) Je vous l'avais dit, avant, toute l'explication de ce meurtre se trouve dans ce livre.

Drew feuilleta quelques pages, puis, ayant trouvé celle qu'il cherchait, il se mit à lire :

— *Certains fakirs commençaient leur spectacle par une démonstration éclatante de leurs pouvoirs : le contrôle psychique du pouls... Un témoin volontaire, prenant la main du fakir, attestait en effet que le pouls, à sa demande, interrompait momentanément ses battements. Le prodige fit sensation jusqu'au jour où Houdini, mis en présence de l'un de ces charlatans suggéra que si le contrôle psychique se révélait si aisé pour le fakir, peut-être pourrait-il, pour offrir une démonstration encore plus éclatante, ralentir et accélérer ses battements... Incapable (et pour cause) de répondre à cette proposition insidieuse, le pseudo-fakir se retira tout penaud et dès lors, le contrôle du pouls fut abandonné dans les music-halls. Il fut alors porté à la connaissance du public que l'arrêt momentané du pouls peut s'obtenir dans tout corps humain, en gardant sous l'aisselle une petite balle de caoutchouc qui par pression permet d'arrêter, durant plusieurs secondes, le débit sanguin de l'artère radiale...*

Le visage de Drew se revêtit de gravité. Il ralentit le débit de ses paroles pour leur donner davantage de poids :

— Je pense que vous comprenez tous, à présent, ce qui s'est passé. Qu'a-t-on fait pour vérifier si l'homme gisant au sol était bien mort ? Mr White lui a pris le pouls et a constaté qu'il ne battait plus... Et pour cause : le soi-disant cadavre avait une balle de caoutchouc sous l'aisselle ! Une simple petite balle de caoutchouc !

» La suite est facile à deviner. Troupeau terrifié, les spectateurs du drame redescendent au salon pour prévenir la police. Personne ne songe à jeter un coup d'œil dans les autres pièces, pas plus qu'à monter la garde auprès du corps. Le champ est libre; le meurtrier se relève, va récupérer le cadavre de Bob dans la pièce à côté, le traîne jusqu'à l'endroit qu'il vient de quitter. Et le tour est joué... si l'on peut dire.

Satisfait de son exposé qu'il devait juger magistral, Drew nous dévisagea, guettant nos réactions. Ensuite, il fit signe à ses hommes, qui n'avaient pas quitté la porte depuis leur entrée, de s'approcher. Puis il s'adressa à Henry :

— Dans votre propre intérêt, jeune homme, je vous conseille d'avouer votre crime. Je ne peux rien vous promettre, mais les jurés en tiendront certainement compte...

— Inspecteur ! tonna Arthur qui s'était levé. Vous avez perdu la raison ! Non seulement votre accusation est monstrueuse, mais en plus elle s'appuie sur des faits qui sont faux. L'homme dont j'ai pris le pouls était bien mort ! Son poignet était froid ! J'ai exercé la profession de médecin durant plusieurs années et je suis encore capable de distinguer un mort d'un vivant ! Quant à votre psy-cho-lo-gie, inspecteur... je puis vous assurer qu'on en parlera en haut lieu... Vous aurez de mes nouvelles ! Votre accusation est une injure à ma famille... Sortez !

D'un geste impérieux, il lui désigna la porte.

— Père, intervint Henry, ne t'emporte pas, cet homme ne fait que son devoir.

Abasourdi, Drew n'en croyait pas ses oreilles. Il fixait Henry d'un air ahuri : celui qu'il venait d'accuser d'un crime horrible prenait sa défense.

— Inspecteur, continua Henry posément, votre démonstration était brillante, je vous en félicite. Bien entendu, je connais le tour de la balle de caoutchouc… Il m'était, d'ailleurs, déjà venu à l'idée de le tester sur mon ami James. (Henry me lança un clin d'œil malicieux.) Oui, inspecteur, votre hypothèse est ingénieuse, elle fait même preuve d'originalité. (Henry regarda Drew droit dans les yeux et constata :) Je vois que vous me croyez toujours responsable de la mort de Bob ! Non, Bob était un excellent ami, je n'ai jamais eu l'intention de lui faire du mal…

» D'ailleurs, au moment où il a été assassiné, j'étais en Amérique, j'assistais à une soirée de gens du spectacle. Il y avait là bon nombre de personnes qui nous connaissaient bien, Bob et moi, qui savaient donc nous différencier… Je vous donnerai leurs coordonnées, vous verrez, vous trouverez au moins une vingtaine de témoins attestant de façon formelle ma présence à cette soirée. De plus, le lendemain matin, j'ai rencontré le maire de…

— Très bien, jeune homme, coupa Drew qui s'était repris. Je vérifierai, soyez-en certain.

Sur ces paroles, Drew qui, ne sachant plus très bien où il en était, cherchait désespérément à ne pas perdre la face, salua sèchement et quitta les lieux, raide comme la justice. Les deux policiers qui lui emboîtèrent le pas avaient beaucoup de mal à garder sur leur visage la légendaire impassibilité britannique de rigueur, tant la visible déconfiture de leur chef les vengeait de ses insupportables et dédaigneux airs de supériorité.

5

CRIME INEXPLICABLE

L'inspecteur Drew revint chez les White, trois jours plus tard, présenter ses plus plates excuses. Henry était lavé de tout soupçon : plusieurs témoins dignes de foi avaient confirmé son alibi. Il n'avait quitté l'Amérique que le surlendemain matin du crime.

Dans l'avion qui le ramenait vers l'Angleterre, certains passagers se souvenaient parfaitement des brillants tours de cartes auxquels ils avaient eu droit. Il fut aussi établi que Bob Farr ne se trouvait pas en Angleterre au moment où l'on avait aperçu Henry à la gare d'Oxford et en même temps à la gare londonienne ; à cette époque, l'Américain se reposait sur un lit d'hôpital, à Washington, car la veille il s'était fait opérer d'une appendicite.

Le mystère demeurait donc complet sur toute la ligne. Bob Farr était un brave garçon, simple, sympathique, sans famille et sans grande fortune. Son assassinat ne s'expliquait d'aucune façon. L'enquête avait révélé qu'il s'était rendu en Angleterre – pour la première fois de sa vie – une semaine avant d'être assassiné ; il avait passé quatre jours dans un hôtel à Oxford, puis on avait perdu sa trace.

On ne peut pas dire que sa mort nous avait beaucoup touchés – à part Henry, personne ne le connaissait –, néanmoins le moral était atteint. Pour certains, la maison de Victor Darnley était hantée par un monstre assoiffé de sang, pour d'autres, un fou dangereux rôdait alentour. La peur s'était abattue sur notre village ; chacun, la nuit tombée, se cloîtrait dans sa maison, une arme à portée de la main. Les Latimer étaient tellement bouleversés qu'ils avaient annoncé leur départ. Alice n'était plus que l'ombre d'elle-même. Une nuit, elle fut terrassée par une effrayante crise de nerfs, et Patrick dut appeler un médecin d'urgence.

Nous étions le premier samedi de décembre, exactement deux semaines après la mort de Bob Farr. J'avais invité Henry et John à venir boire un verre chez moi, mes parents étant de sortie ce soir-là.

— Alors, John, ta douce moitié t'a octroyé une autorisation spéciale pour ce soir ?

John examina le contenu de son verre avec un léger sourire avant de répondre :

— J'ai une permission jusqu'à 9 heures. Mais rassurez-vous, ce n'est pas Elizabeth qui ferait le chemin toute seule pour venir me chercher, au cas où je dépasserais l'heure…

Nous portâmes un toast à la santé d'Elizabeth, à son exceptionnelle générosité.

L'horloge du salon sonna la demie de 9 heures ; John consulta le cadran.

— À mon avis, dit-il non sans malice, nous n'allons pas tarder à entendre sonner le téléphone

Henry ébaucha un sourire. La mort de son ami Bob l'avait certes affecté, mais depuis quelques jours il se ressaisissait, il semblait apaisé, détendu.

— Excellent ce cognac, déclara John avec gravité. Dommage que la bouteille commence à se vider…

Je coupai court :

— Au fait, Henry, je crois que tu nous dois quelques explications…

Le cognac aidant, la soirée se déroulait dans une excellente ambiance. Nous étions gais tous trois, John tout à fait à l'aise, loin de son dragon de femme, et Henry était presque redevenu celui que nous avions connu naguère. C'était le moment d'en profiter pour tirer certaines choses au clair.

— Est-ce bien toi que j'avais vu à la gare d'Oxford il y a trois ans ? Si oui, qui était ce sosie que les Latimer avaient vu à Londres ? Nous savons à présent que ce n'était pas Bob Farr.

Henry parut sur le point de parler, tandis que je lui versais le reste de cognac.

— Bientôt, lâcha-t-il après un temps de réflexion, je vous expliquerai… bientôt.

— Aurais-tu un frère jumeau ?

— À moins que ce soit Bob qui en ait un ! intervint John, pas mécontent de sa trouvaille.

Henry souriait, moqueur. Il secoua la tête en signe de dénégation :

— Vous n'y êtes pas du tout. Je m'étonne, du reste, que personne n'ai su trouver l'explication, pourtant bien évidente, de ce petit mystère…

Il y eut un silence.

John alluma une cigarette, songeur :

— Petit mystère, petit mystère… Il y a aussi le petit mystère des bruits de pas, tu t'en souviens ? Et le petit mystère de l'agression contre ton père… Ne parlons pas du mystère de la mort de Bob, il est trop insignifiant, il ne mérite pas d'être mentionné… Un homme assassiné dans une chambre scellée… non, ce n'est vraiment pas la peine de… (John fit une courte pause avant de poursuivre :) Henry, je n'en suis pas sûr, mais j'ai comme l'impression que tu connais le responsable de tous ces petits mystères, le responsable de… le meurtrier.

Henry dévisagea longuement John ; ses yeux brillaient d'un éclat inhabituel.

— Oui, admit-il, je connais le coupable.

— Mais Henry, s'écria John, tu devrais… tu devrais avertir la police… enfin… si tu es sûr de toi… L'assassin court toujours, il pourrait frapper encore…

Henry prit une gorgée de cognac et passa sa langue sur les lèvres.

— Non, je ne crois pas, dit-il d'une voix à peine audible.

Bien qu'il fût habile magicien, Henry n'avait pas le pouvoir de divination. Comment aurait-il pu prévoir l'affreuse tragédie qui allait se dérouler l'heure suivante ?

La sonnerie du téléphone retentit.

— Ne bougez pas ! fit John en se levant. C'est Elizabeth qui vient me rappeler à l'ordre.

À grandes enjambées, il se dirigea vers la porte qui donnait sur le vestibule. Lorsqu'il eut quitté la pièce, je demandai à Henry :

— Les Latimer sont déjà partis ?

— Hier soir, paraît-il…

— Curieux… Ils ne sont même pas passés nous dire au revoir…

— Victor a fait un saut chez nous, ce matin, pour nous annoncer la nouvelle. Il était prévu qu'ils partiraient aujourd'hui ; ils avaient préparé leurs bagages durant toute la journée d'hier. Mais quand Victor s'est levé ce matin, ils avaient déjà décampé… avec valises et voiture, bien entendu. Victor était outré : « Incroyable ! Ils sont partis cette nuit – sans me prévenir ! Moi qui les prenais pour des gens bien ! »

— Ils ont dû partir vers minuit, remarquai-je. J'avais du mal à trouver mon sommeil, et j'ai entendu un bruit de voiture à cette heure-là.

— Moi aussi, approuva Henry, tête basse.

— C'est quand même étrange. Bon, Alice avait les nerfs à fleur de peau… mais partir ainsi à la sauvette en pleine nuit…

John revint en claironnant :

— Une demi-heure ! La négociation a été difficile mais j'ai gagné une demi-heure de sursis.

— Toi, au moins, tu sais parler aux femmes, glissai-je ironiquement.

John ne parut pas s'apercevoir de ma remarque. Il se dirigea vers nous, mais s'arrêta devant la fenêtre et écarta le rideau.

— Il ne neige plus, maintenant. Il y a une couche d'au moins dix centimètres… Quel paysage, mes amis ! Cette lune dans un ciel d'encre et ce manteau blanc immaculé…

Henry se racla la gorge avec force en mettant son verre vide en évidence :

— La neige me fait un drôle d'effet, John. Elle m'assèche le gosier.

Face à la traîtrise du cognac, qui avait lâchement déserté le champ de bataille, on fit appel aux troupes écossaises. Et le bar de mon père fut délesté d'une vénérable bouteille de whisky. À sa vue, ce fut l'enthousiasme. Nous levâmes nos verres à la neige et à son superbe manteau blanc.

Un peu plus tard, nous chantâmes *Happy Birthday*, sans raison valable, pour le plaisir. L'horloge se mit à l'unisson en carillonnant, et au dixième coup le téléphone sonna.

— Va voir, Henry. Si c'est encore Elizabeth, dis-lui qu'il n'y a personne.

Henry opina en souriant et quitta le salon.

Il réapparut quelques minutes plus tard, les yeux brillants.

— Qui était-ce ?

— Votre fiancée, Mr Stevens.

John, étonné, me dévisagea avec admiration. Il se leva pour venir me serrer la main, enthousiasmé.

— Toutes mes félicitations, James. J'ignorais que…

— Mais, balbutiai-je, je n'ai pas de…

— Elle m'a dit qu'elle viendrait un peu plus tard, James, ajouta Henry avec assurance. Tu n'as pas à t'inquiéter. Son seigneur et maître l'a retenue plus longtemps que prévu et…

— Ciel, une femme mariée ! s'exclama John, les yeux agrandis de stupeur. Eh ! bien ! Si Betty savait cela…

Henry s'était rapproché de la cheminée. Il semblait totalement absorbé dans la contemplation des flammes. Je le voyais de dos, mais je l'imaginais riant sous cape. Je devais avoir l'esprit bien embrumé pour n'avoir pas de suite réalisé qu'il nous faisait marcher.

John avait compris, il riait à s'en tenir les côtes :

— Je me disais bien, hi ! hi ! hi ! Je me disais bien, ha ! ha ! ha !

— Excuse-moi, James, dit Henry avec prudence en se tournant vers moi. C'était un faux numéro. Je n'ai pas pu résister à l'envie de te jouer ce petit tour, pas bien méchant, avoue-le.

Puis il se remit à contempler le feu.

John hoquetait :

— Une fiancée ! Hou ! hou ! hou ! C'est pas vrai ! Oh ! je n'en peux plus, c'est trop drôle !

— Et alors ! protestai-je, vexé. Pourquoi n'aurais-je pas une fiancée ?

— Bien sûr, James, bien sûr, articula John entre deux rires.

Il se crut obligé de me tapoter amicalement l'épaule, ce qui ne fit qu'accroître ma colère. Je finis cependant par en rire moi aussi et leur proposai de porter un toast à la santé de ladite fiancée, ce qu'ils firent sans se faire prier.

L'horloge sonna le quart de 10 heures.

— Seigneur ! s'exclama John. Il faut que je file.

— Tu n'es pas à dix minutes près. Elle ne te mangera pas. Prends encore un verre !

— Non, non ! Merci pour la soirée, James… Salut Henry.

Et John s'éclipsa. Henry fixait pensivement la porte qui venait de se refermer sur notre ami, puis soudain, il frappa la paume de sa main avec le poing en disant :

— James, que dirais-tu d'une partie d'échecs !

— Ça marche ! Ça fait plus de trois ans que je ne t'ai pas flanqué une bonne raclée.

— On verra, on verra…

Henry était un adversaire redoutable et je ne le battais que très rarement. Mais ce soir-là, j'étais bien décidé à lui infliger une sérieuse correction.

La partie et la bouteille de whisky furent terminées à 11 heures moins le quart. Henry m'entendit prononcer calmement le fatidique « Échec et mat ». En dépit de son apparente indifférence, je sentais son bouillonnement intérieur, comme il devinait ma jubilation cachée.

— Une revanche ? proposai-je d'un ton détaché.

Henry jeta un coup d'œil sur la bouteille vide et me suggéra :

— On ne va pas vider le bar de ton père, on pourrait la faire chez moi ?

— Tu as le choix du terrain, c'est entendu.

Henry fronça les sourcils :

— Père est peut-être couché… Je peux téléphoner ?

— Bien sûr.

Henry se rendit dans le vestibule.

— Bizarre, dit-il lorsqu'il fut revenu.

— Ton père n'a pas répondu ?

— J'ai fait le numéro à plusieurs reprises... Au début la ligne était occupée, ensuite la sonnerie d'appel était normale, mais personne ne décrochait.

— Ça n'a pas de sens ! C'est certainement une erreur de communication.

— Oui, peut-être, dit Henry, qui paraissait inquiet.

Un frisson me parcourut l'échine. La gaieté factice qui nous avait portés pendant toute la soirée venait de nous abandonner.

— On va faire un tour ? demandai-je. De toute façon, tu as une revanche à prendre !

— Une revanche ?... Ah ! oui, une revanche, la partie d'échecs. D'accord, allons-y.

Henry était visiblement ailleurs ; il alluma nerveusement une cigarette. Il m'aida à ranger les verres et à vider les cendriers, puis nous enfilâmes nos manteaux. L'horloge achevait d'égrener onze coups lorsque nous prîmes la porte.

Dès le seuil, un froid intense nous saisit. Ronde, brillante, la lune éclipsait la clarté des étoiles. Elle éclaboussait de son rayonnement le blanc manteau qui recouvrait le paysage. L'épaisse couche de neige amortissait tout bruit.

Henry laissa errer son regard sur les alentours, puis leva lentement la tête. Il me prit par le bras et déclara d'une voix morne :

— James, la lune est rouge...

Surpris par le ton et la réflexion, je l'observai attentivement. Il était livide, le regard fixe. Je le secouai :

— Henry ? Ça ne va pas ?

— Rouge comme le sang...

— Mais qu'est-ce que tu racontes ? Elle ressemble à un disque d'argent.

— Oui... si tu veux... Elle me fait peur...

— Te fait peur ?

— Oui. (Il reprit une voix un peu plus ferme.) La lune est pleine, son attraction est dangereuse... surtout pour les êtres faibles, malades ou anormaux... pour les assassins ! Je me demande si je ne me suis pas trompé en affirmant que le meurtrier ne frapperait plus.

Nos regards effarés se croisèrent. La même pensée venait de nous traverser l'esprit : Arthur n'avait pas répondu au téléphone !

Seuls nos pas crissant dans la neige troublaient le silence nocturne. En un éclair je revis nos hivers d'enfants heureux, foulant la neige neuve avec jubilation, de nos grosses chaussures cloutées. Mais où les neiges d'antan et notre jeunesse insouciante étaient-elles? Ce soir, une fois de plus, le mal rôdait…

Nous étions presque arrivés, lorsqu'une ombre surgit sur notre gauche : Victor !

— Mr Darnley ! m'écriai-je. Qu'est-ce qui vous prend de sortir en pyjama par ce froid ?

Il avait enfilé un manteau, sans prendre le temps de le boutonner, sur ses vêtements de nuit. Ses traits étaient défaits.

— L'assassin ! dit-il d'une voix chevrotante en désignant de la main l'habitation des White. Il a encore frappé… Arthur m'a téléphoné il y a à peine quelques minutes… On lui a tiré dessus ! Je crois qu'il est sérieusement touché… J'ai prévenu un médecin et la police.

Nous nous précipitâmes vers la maison d'Arthur.

Arrivés à la grille d'entrée, je stoppai mes compagnons d'un geste de la main :

— Tenons-nous sur nos gardes ! L'assassin est peut-être encore dans la maison… Regardez ! Il n'y a aucune trace de pas !

Le perron, tout comme l'allée qui contournait la maison, était recouvert de neige vierge. Du reste, depuis que nous étions sortis de chez moi, nous n'avions pas aperçu la moindre empreinte ; nous étions les premiers à fouler cette étendue blanche.

Henry, le visage sombre, gagna la porte d'entrée et appuya sur le bouton de sonnette. Sans attendre de réponse, il sortit une clef de sa poche et l'introduisit dans la serrure. Nous pénétrâmes dans le vestibule, Henry fit de la lumière et nos regards se braquèrent sur les taches sombres qui souillaient le plancher, à quelques pas de nous.

— Père ! appela Henry.

Silence.

— Restez près de la porte, Mr Darnley, ordonnai-je. On ne sait jamais, au cas où l'assassin voudrait s'enfuir par là…

— Entendu, entendu, bégaya Victor, vert de peur.

Henry avait pris la direction de la chambre de son père. Lorsque nous avions ouvert la porte d'entrée, et avant que Henry eût allumé, j'avais entraperçu une légère clarté en provenance du salon ; je m'y rendis.

La porte était ouverte. La petite lampe près de la fenêtre était allumée, je ne m'étais pas trompé. J'actionnai l'interrupteur. À la lumière du lustre, je soumis le salon à un examen silencieux ; des taches de sang sur le sol, sur le tapis… Je gagnai le téléphone ; le récepteur était raccroché ; il y avait du sang partout…

Henry fit irruption dans le salon :

— Il y a du sang sur son lit… Le fusil est par terre… Mais père n'est pas là ! J'ai regardé dans les autres pièces et…

Sa voix s'éteignit. Il pointa son index vers un fauteuil, les yeux exorbités. Des mèches de cheveux dépassaient du dossier.

La gorge serrée, je m'approchai du fauteuil : Arthur gisait là, en pyjama, affalé de côté dans le fauteuil ; l'oreille gauche n'était plus qu'une bouillie sanglante ; ses lèvres… ses lèvres bougeaient encore !

— Henry ! Il est en vie !

— Père ! Nous sommes là ! Je t'en supplie, ne bouge pas… on va te secourir, le docteur arrive.

3 heures du matin.

Drew, abattu, assis sur une chaise près du téléphone fumait cigarette sur cigarette. Il passa la main dans ses cheveux, respira profondément et déclara :

— Reprenons, reprenons… nous ne pouvons rien faire d'autre pour le moment. Vers 11 heures moins le quart, Mr Darnley, votre voisin vous téléphone. Pouvez-vous nous répéter ce qu'il vous a dit ?

— Je crois que c'était quelque chose comme : « L'assassin… Oh ! ma tête… J'ai entendu un bruit… je me suis réveillé… une ombre… un coup de feu… J'ai mal Victor… Viens vite… je vais mourir, vite, vite… »

— À ce même instant, fit Henry d'une voix étranglée, j'ai aussi téléphoné à mon père… Évidemment, c'était occupé. J'ai rappelé ensuite, mais ça n'a pas répondu… Mon Dieu, faites qu'il s'en sorte !

— La scène est facile à reconstituer, dit Drew. L'assassin surprend Mr White dans son sommeil et lui tire une balle dans la tête. Le projectile atteint la victime au niveau de l'oreille. Nous n'avons pas encore pu comparer les empreintes de Mr White avec celles qu'on a découvertes sur le fusil, mais je suis presque certain que, lorsque Mr White était inconscient, l'assassin lui a placé l'arme dans les mains pour faire croire à un suicide. N'oublions pas qu'il a utilisé le propre fusil de la victime, ce qui est assez clair à mon sens.

— Depuis le meurtre de Bob Farr, intervint Henry, père gardait un fusil chargé à son chevet. Et cela, l'assassin le savait…

— Et qui était au courant ? s'enquit prestement Drew.

— Je préférerai ne pas répondre, fit timidement Henry. J'aurais l'impression d'accuser…

— J'étais au courant, dit fermement Victor Darnley.

— Moi aussi, avouai-je. Mais nous n'étions certainement pas les seuls… mes parents, ma sœur, John, les Latimer et d'autres encore…

— En tout cas, le nombre de suspects est restreint, déclara Drew. Donc, ayant terminé sa petite mise en scène, le meurtrier quitte les lieux…

— Mais, inspecteur, m'écriai-je, ce n'est pas possible ! Il n'y avait pas de traces de…

Sous le noir regard que me lança Drew, je me tus.

— Mais Mr White n'est pas mort, poursuivit-il. Malgré sa terrible blessure, il parvient à gagner le salon et à vous téléphoner, Mr Darnley. Il est alors 11 heures moins le quart. Ensuite, il trouve encore la force d'atteindre le fauteuil. Oui, les choses se sont déroulées ainsi, les traces de sang laissées au sol retracent parfaitement son parcours. (Drew fit une pause.) Tout est clair, cependant il reste un détail… Où est passé l'assassin ! Nous avons déjà fouillé toute la maison à deux reprises… Rien ! Nous savons aussi que la neige a cessé de tomber vers neuf heures et que la blessure de Mr White est postérieure à cette heure-là – le médecin légiste est formel là-dessus. Or, il n'y avait pas d'empreintes de pas sur la neige tout autour de la maison… à part les vôtres près de la porte d'entrée, bien entendu.

— La porte de derrière qui donne sur le jardin était entrouverte, fit remarquer Henry.

— Et alors ! s'emporta Drew. Vous avez bien vu comme moi qu'au-dehors il n'y avait pas l'ombre d'une trace ! Enfin mes hommes n'ont pas encore fini leur travail, on a ramené de puissantes torches et peut-être que…

Un policier fit irruption dans le salon :

— Rien, inspecteur… Rien du tout, c'est incompréhensible. À part les traces de ces messieurs, devant le perron, et les nôtres, il n'y a rien… Tout est recouvert d'une couche de neige vierge ! Pas d'empreintes autour de la maison, ni sur les rebords des fenêtres ni sur le toit… Je crois qu'on peut arrêter les recherches.

— Non ! hurla Drew. Il n'en est pas question ! Fouillez-moi encore une fois toute la maison et de fond en comble ! L'assassin s'y terre quelque part, c'est certain !

Le policier acquiesça, puis se retira. Un rictus diabolique arqua les lèvres minces de l'inspecteur :

— Croyez-moi, quand je mettrai la main sur cet être immonde, il aura beaucoup de chance s'il parvient entier au gibet ! Car je le démasquerai, vous pouvez en être certains. Je n'ai pas encore connu d'échecs dans ma carrière et ce n'est pas aujourd'hui que…

— Je ne serais pas si affirmatif à votre place, dit Victor. Tout semble démontrer que ces crimes ont été perpétrés par une créature de l'au-delà : la mort de cet Américain dans une chambre scellée… et maintenant voilà que le criminel parvient à s'enfuir sans laisser de traces sur la neige, comme s'il n'était pas soumis aux lois de la pesanteur ! ui, les esprits existent. Les gens ont un sourire apitoyé quand j'en parle. Je me rends bien compte qu'on en rit dans mon dos. Sauf Arthur et les Latimer…

— Les Latimer qui se sont envolés hier soir, fis-je observer.

— Et sans me prévenir, se lamenta Victor. C'est quand même étrange ; j'étais très lié avec eux et ils étaient toujours si aimables…

Les sourcils de Drew se soulevèrent d'étonnement :

— Les Latimer sont partis ! Comment ça, partis ? Et où ?

— Je n'en ai aucune idée, répondit Victor, dont le ton exprimait une profonde lassitude.

— Mais pourquoi ?

— Depuis la mort de l'Américain, Alice Latimer n'était plus la même… elle faisait des crises de nerfs ; et je crois bien qu'elle avait peur. Toujours est-il qu'ils avaient décidé de quitter les lieux. Leur départ était prévu pour aujourd'hui. Enfin, je veux dire hier, ajouta-t-il en regardant l'heure. Or, ils sont partis avant-hier soir, sans prévenir personne…

— Étrange, étrange, dit Drew en plissant les yeux. Tellement étrange, d'ailleurs, que je vais lancer un avis de recherche. Mais à mon avis, ces deux oiseaux ne sont pas très loin. Je dirai même que l'un d'eux était présent, ici même, il y a à peine quelques heures…

Drew avança la main vers le téléphone, mais la soudaine sonnerie de l'appareil figea son geste l'espace d'un instant. Puis il se ressaisit et décrocha :

— Drew à l'appareil, j'écoute.

À mesure que les secondes s'écoulaient, son visage s'assombrissait. Après avoir raccroché, il alluma une cigarette et aspira nerveusement plusieurs bouffées de fumée qu'il soufflait par les narines. Il porta sa main au front, tout en baissant la tête, puis lâcha :

— Mr White vient de mourir… Une demi-heure plus tôt, on aurait pu le sauver, mais il aurait eu à supporter de graves séquelles, alors…

Henry sortit du salon, la tête entre les mains. Victor le suivit.

Il se fit un silence. Drew avait éteint sa cigarette et il se tordait fébrilement les mains.

— Ce qui arrive à votre ami est terrible, me dit Drew, bouleversé. Dire que je l'avais accusé d'avoir monté une effroyable machination contre son père… ce père qu'il vient de perdre, maintenant. J'ai été ridicule de chercher une analogie entre Houdini et lui, de faire une étude de caractère, une étude psychologique, et d'en tirer des conclusions invraisemblables… Oui, je vous l'avoue, jeune homme, je ne suis pas très fier de moi.

Il devait être particulièrement touché, car il n'était pas homme à faire ce genre de confidence au premier venu. J'en étais peiné pour lui.

— Le médecin avec lequel je viens de m'entretenir, poursuivit-il, m'a confirmé l'heure à laquelle le coup de fusil fut tiré : 21 h 45 au plus tôt, et 22 h 30 au plus tard. La balle était logée dans le crâne, juste derrière l'oreille gauche, qu'elle a arrachée au passage. Si nous avions été prévenus plus tôt, il aurait eu une chance de s'en tirer. Il y avait aussi cette maudite neige qui a considérablement retardé son transfert à l'hôpital. Enfin… (La tristesse s'effaça graduellement de son visage pour faire place à son sourire sardonique.) L'assassin court toujours, mais plus pour très longtemps !

Il décrocha le récepteur et composa un numéro. Il me souhaita bonne nuit, je compris que je pouvais disposer. Je quittai le salon, mais de derrière la porte que je venais de refermer, j'entendis :

— Avis de recherche… Alice… Patrick Latimer… blond… distingué… la quarantaine…

6

ALORS… QUI ?

Alertés par Victor, mes parents attendaient mon retour. Atterrés, ils ne me posèrent que très peu de questions. Je gagnai ma chambre et me réfugiai sous les couvertures. Je n'y trouvais ni repos ni paix. Je mesurai alors toute l'absurdité et l'horreur de la situation créée par les récents événements. On assassine d'abord Bob Farr et maintenant, Arthur White. Aucun point commun, aucun lien entre ces deux hommes, si ce n'est Henry. Henry qui, avec la mort de son père, allait se trouver à la tête d'une fortune non négligeable. Mais il n'avait pu tuer ni son associé ni son père ; il était en Amérique lors du meurtre de Bob Farr et on avait abattu Arthur White aux alentours de 22 heures tandis qu'il passait la soirée avec John et moi. Donc impossibilité matérielle. John est parti à 22 h 15… John ? Ce n'est pas possible ! Non, pas lui ! D'ailleurs il n'avait aucun mobile. À moins que… Une vieille jalousie à l'égard de Henry ? Comme ces meurtres mettaient tellement Henry en évidence, j'en étais à me demander si nous n'étions pas en présence d'une machination ourdie par un criminel désireux de le voir se balancer au bout d'une corde.

Voyons un peu ceux qui n'avaient pas d'alibi lors des deux meurtres : John… Elizabeth ? – il n'y avait aucune raison de l'écarter de la liste des suspects – et Patrick ! Patrick qui, à présent, avait disparu ! Oui, ce départ précipité des Latimer, en pleine nuit de surcroît, était pour le moins curieux. Du reste, Drew avait laissé clairement entrevoir ses soupçons à leur endroit en lançant un avis de recherche à 3 heures et demie du matin. Mais le criminel pouvait avoir un complice ! Donc il ne fallait écarter ni Henry, ni Alice, ni Victor. Hélas ! cette éventualité ne jetait aucune lumière sur la façon dont on avait commis les meurtres ; notre diabolique assassin semblait posséder le pouvoir de traverser les murs et de voler dans les airs. Toute cette histoire était absurde, totalement absurde. D'ailleurs où commençait-elle ? Par le singulier suicide de Mrs Darnley ? Par les bruits de pas ? Par le message de Mrs White transmis par l'intermédiaire d'Alice en état de léthargie ?

Un autre point demeurait énigmatique : nul n'avait entendu le coup de feu qui avait tué Arthur. Victor avait le sommeil lourd, c'est entendu, mais nous, Henry, John et moi, nous aurions dû percevoir quelque chose ! Certes, nous avions un peu forcé la dose avec les alcools, mais pas au point d'entendre nos oreilles bourdonner !

Toutes ces questions sans réponse se bousculaient, s'enchevêtraient à plaisir dans ma pauvre tête. Mes tentatives pour mettre un peu d'ordre dans mes idées furent vaines, la logique céda le pas à l'irrationnel. Puis, insidieusement, le sommeil me gagna…

Un cortège funèbre s'achemine lentement vers le cimetière… Le glas triste et monotone égrène ses notes lasses… Tout de noir vêtus, quatre hommes au visage blême transportent un cercueil. Derrière eux, des hommes, des femmes en deuil. Je reconnais Henry, Victor, John, Elizabeth, Patrick, Alice et moi-même !… Les nombreux corbeaux de la campagne avoisinante tournoient au-dessus de la triste procession. Soudain, sans raison apparente, ils s'affolent ; battements d'ailes agités, croassements stridents et c'est une fuite éperdue. Une sombre créature surgit des nuages. Oiseau de proie ? Fantôme ?… Une femme aux yeux luisants de haine, vêtue de loques informes, plane un instant avant de fondre sur notre lugubre cortège, un bras tendu, index pointé, accusateur, vers une personne du convoi…

Le lendemain, Père me réveilla peu avant midi pour me rappeler la présence de mon ami. Je fis une toilette rapide qui m'aida à émerger des vapeurs de l'alcool et surtout des cauchemars de cette nuit, pour affronter la réalité qui ne valait guère mieux. Puis je gagnai le salon.

Henry était là, installé dans un fauteuil. Il se leva et vint à ma rencontre. En silence, nous échangeâmes une solide poignée de main.

Pâle dans ses vêtements sombres, les yeux tristes, il paraissait serein. Ce n'était plus le petit garçon qui pleura, des semaines durant, la mort de sa mère, mais un homme, ferme dans le malheur, surmontant courageusement l'épreuve.

Il ne lui restait plus que moi, maintenant. Moi, son ami de toujours, presque son frère. Nous avons pratiquement grandi ensemble depuis notre plus tendre enfance, partageant les mêmes bancs d'école, les jeux, les sottises et les tartines. J'étais sa famille, à moi tout seul ; son regard affectueux et confiant me le disait clairement.

Père déclara en s'éclaircissant la voix afin de cacher son émotion :

— Henry va passer quelques jours chez nous, James. Il s'installera dans l'ancienne chambre d'Elizabeth. Il faudra monter au grenier les cartons de vêtements que ta sœur ne met plus et qui occupent bien inutilement cette pièce. Depuis le temps que je lui ai dit de les prendre !

J'acquiesçai avec joie. Pour couper court à tout attendrissement, Père s'enquit d'une voix enjouée :

— Un petit cognac, les gars ? Pas de réponse ? Qui ne dit mot consent !

Il ouvrit le bar. Il y eut un silence que mon père fut le premier à rompre :

— Sapristi ! La bouteille de cognac est vide ! Nous allons devoir nous contenter du… Cornebleu ! Il n'y plus une goutte de whisky !

Henry me regarda avec un léger sourire aux lèvres. Il ouvrit la bouche pour parler, mais je lui fis signe de se taire.

Père continuait :

— En prenant pour prétexte mon état de santé supposé, il est déjà arrivé à ma très chère épouse de démunir mon bar de certains flacons… mais voilà qu'elle fait des transferts de liquide ! Ce geste est inqualifiable et inadmissible. Je le tiens pour un abus de pouvoir. Je vais, de ce pas, dire ma façon de penser à l'auteur de cet acte outrageant à mon égard.

Père quitta le salon aussi dignement qu'il put.

— Ne bouge pas, murmurai-je à Henry.

Je me précipitai dans ma chambre, pris une bouteille de whisky que je gardais toujours en réserve et retournai au salon.

— James ! s'exclama Henry. Tu ne vas pas…

— Si, répondis-je en gagnant le bar.

Je remplis les deux bouteilles, vidées par nos soins la veille, avec le whisky que j'avais ramené et eus juste le temps de bondir à côté de Henry, la bouteille vide cachée derrière mon dos.

Au même instant, la porte s'ouvrit sur Père qui tenait fermement sa femme par le bras. Elle suivait, ahurie. Il ouvrit les battants du bar et foudroya ma mère du regard en déclarant d'une voix que je ne lui connaissais pas :

— Qui a vidé le cognac et le whisky ?

Mère, perplexe, jeta un coup d'œil dans le bar, puis dévisagea longuement son mari avec un affolement croissant dans le regard.

— Edward, balbutia-t-elle, tu devrais consulter un oculiste…

J'observai Henry du coin de l'œil, il contenait difficilement une forte envie de rire. Mon but était atteint.

— Un oculiste ? répliqua Père, offusqué. Moi un Stevens de pure souche, je devrais consulter un oculiste ? Sache qu'aucun membre de notre famille n'a jamais porté ni lunette ni lorgnon ! Même mon grand-père, qui avait pourtant atteint l'âge de 98 ans, de sa vie n'avait… Mais pourquoi un oculiste, ma chère ? Voudrais-tu insinuer que ma vue donne quelques légers signes d'affaiblissement ?

Sans mot dire, Mère sortit du bar les deux bouteilles incriminées et les lui mit sous le nez. Père s'en saisit et les leva légèrement pour mieux les examiner, puis il s'immobilisa, incrédule et perplexe.

Mère tourna les talons et nous dit :

— Le repas est prêt, venez vous mettre à table.

En sortant du salon, elle lança encore un regard sur son mari perdu dans la contemplation des deux bouteilles.

Tout au long du repas, que Père tenta d'animer en amorçant maints sujets de conversation, Henry resta silencieux. Cependant, lorsque le café fut servi, mon ami retrouva l'usage de sa langue, Père venant de parler d'un de ses oncles, lequel avait connu Houdini.

— Votre oncle aurait connu Houdini ? fit Henry, émerveillé.

Père, aspirant voluptueusement la fumée de son cigare, examina le plafond d'un air pensif :

— Richard, dit-il après un temps, était journaliste ; il avait émigré en Amérique et travaillait alors pour un quotidien de Chicago… je ne me souviens plus duquel… tout ceci est tellement loin.

» Houdini venait de réussir une évasion spectaculaire ; Richard fut chargé du reportage, à la suite de quoi les deux hommes se lièrent d'amitié.

Avec un étonnement incrédule, Mère et moi dévisageâmes Père. Jamais il ne nous avait parlé de cet oncle Richard. Je le soupçonnais fortement d'inventer une histoire dans le seul dessein de captiver Henry.

— Lorsque Richard, mon oncle, est revenu en Angleterre, continua Père, visiblement très satisfait de l'attention soutenue manifestée par Henry, il m'a souvent parlé de Houdini.

Houdini le merveilleux ! Le roi de l'évasion ! Un homme extraordinaire !

Henry buvait ses paroles.

— En outre, fit Père avec un sourire rêveur, cet homme ne manquait pas d'un certain humour. Chaque fois que mon oncle Richard me racontait une certaine anecdote, il était malade de rire, écoutez un peu : Houdini, invité par un club à une exposition canine, lui avait demandé de l'accompagner. Ils se rendirent donc à cette exposition canine où dames et demoiselles d'un certain âge exhibaient fièrement leurs jolis petits toutous.

Cette fois-ci, j'en étais sûr, père venait d'inventer cette histoire ; ce genre-là, c'était tout à fait son style.

— En fin de soirée, il y eut une projection de film – inutile de vous en préciser le sujet. Les chiens furent enfermés provisoirement dans une pièce prévue à cet effet, où chaque animal avait sa cage. Le film avait à peine commencé, quand on entendit des cris déchirants, qui n'avaient rien de canin. En fait, il s'agissait de miaulements. Je vous fais grâce de la description de ces dames chapeautées, pomponnées, d'une élégance un peu surannée, qui se précipitèrent vers la porte de sortie dans une cohue indescriptible. On eût dit un poulailler dans lequel on aurait lâché un puma !

Mère, ne supportant plus les mensonges de son mari, se leva subitement de table.

— Tu pourrais ramener le cognac, ma chérie, demanda Père d'une voix changée. (Puis, s'adressant à Henry et à moi :) Vous imaginez un peu leur stupéfaction lorsqu'elles découvrirent des chats, dans chacune des cages, à la place de leurs toutous adorés ! Il y eut des évanouissements, on dut appeler des ambulances.

» Richard n'a jamais compris comment Houdini avait réussi cette incroyable substitution, car il ne l'avait pas quitté de la soirée.

— Houdini a certainement dû faire appel à un complice, suggéra Henry.

— Un complice, répéta Père, songeur. Une quarantaine de chiens avaient été remplacés par un nombre égal de chats, et même pas en dix minutes ! Je ne sais pas si vous vous rendez compte…

Mère réapparut ; elle posa trois verres et la fameuse bouteille de cognac sur la table. Père fit le service, puis continua sa fable :

— Mais ce n'était pas fini ! Un peu plus tard… (il prit son verre et humecta ses lèvres) second coup de théâtre : les chiens étaient de nouveau dans leurs cages et les chats avaient disparu ! Incroyable mais vrai ! Houdini avait réussi une nouvelle substitu…

La voix de Père s'éteignit ; il fronça les sourcils. Puis il reprit son verre qu'il vida d'un trait. L'espace d'un instant, je crus que ses yeux allaient lui sortir des orbites.

— Ma chérie, balbutia-t-il, je crois que tu as raison… Appelle un médecin… mon état de santé est grave… Tout à l'heure, ma vue m'a trahi, et maintenant… je confonds cognac et whisky !

L'après-midi, Henry et moi fîmes une promenade dans les landes. Nous nous acheminions paisiblement sur cette vaste étendue enneigée, éblouissante. Malgré un brillant soleil, un froid sec nous piquait le visage.

— James, fit Henry après un long silence, tu n'aurais pas dû jouer ce tour à ton père… d'autant plus que c'était nous qui avions liquidé son cognac !

— Il l'a bien mérité…

Henry me sourit :

— Le changement du cognac en whisky a été obtenu par trucage… mais je crois bien que la métamorphose des chiens en chats n'a jamais existé… si ce n'est dans l'esprit inventif de ton père…

— Tu le connais, répondis-je. Il a peut-être rencontré, un jour, un journaliste ayant côtoyé Houdini, mais ça s'arrête là. Je ne l'ai jamais entendu parler de l'oncle Richard.

À sa décharge, je reconnais que père était parvenu à ses fins : il avait réussi à distraire Henry, et c'était là l'essentiel.

— Houdini ! dit Henry, rêveur, avant d'ajouter avec excitation : Quel être exceptionnel ! Un type éblouissant ! Tu sais, James, le livre sur Houdini que l'inspecteur avait ramené, l'autre jour, je l'ai lu et relu, et…

— Au fait, tu ne lui en veux pas, de toutes ces horreurs dont il t'a accusé ce fameux soir ?

— Non, répondit catégoriquement Henry. Cet homme n'a fait que son métier. Il est très intelligent d'ailleurs… Très intelligent. La solution qu'il a apportée au problème de la chambre scellée était remarquable. Bien sûr, il n'avait pas toutes les données du problème, mais d'une certaine façon, il n'était pas loin de la vérité…

— Henry ! m'exclamai-je, horrifié. Tu ne veux pas dire que c'est toi qui…

— Non, bien entendu. Mais je sais comment ce crime a été conçu, et ceci, grâce à toi.

— À moi ?

— Grâce à ton témoignage. Tu te souviens de l'étrange impression que tu as eue, quand vous êtes montés aux combles pour la seconde fois ?

— Une étrange impression… oui, je m'en souviens très bien, mais je n'arrive pas à la définir.

— Tes yeux ont parfaitement vu que… mais ton cerveau a refusé l'information.

Je montai sur mes grands chevaux :

— Henry ! Ne crois-tu pas qu'il serait grand temps de dénoncer l'assassin ? Ce monstre qui a tué ton père ! Ton mutisme pourrait devenir criminel et allonger cette série noire, et…

Henry me dévisagea d'un air grave :

— Tu sais tout de même que l'assassin fait partie de notre entourage…

Un frisson glacial me parcourut l'échine ; un voile passa devant mes yeux, puis des visages défilèrent : John, Elizabeth, Victor, Alice, Patrick… L'un d'entre eux était le coupable. Non, ce ne pouvait être ni John ni Elizabeth, ni Victor, pas eux ! Alors… les Latimer !

— Henry, fis-je après un temps, Drew soupçonne fortement les Latimer d'avoir tué ton père…

Pour toute réponse, mon ami secoua la tête de gauche à droite en poussant un profond soupir.

Nous ne fûmes pas très loquaces sur le chemin du retour. Toutefois, Henry me parla de proportion.

— Proportion ? m'enquis-je avec étonnement. Quelle proportion ?

— Oui, répondit-il, proportion. (Un éclair de malice brilla dans ses yeux.) Ta curieuse impression, la voilà : pro-por-tion.

Les rouages de mon cerveau se bloquèrent. Je refusais de réfléchir plus avant à ces paroles qui n'avaient aucun sens. Mon cœur cessa sans doute également de fonctionner, car à cet instant je n'éprouvais plus aucun sentiment de pitié à l'endroit de Henry. Bien au contraire : je l'aurais volontiers étranglé sur place !

Dans le courant de l'après-midi, les policiers s'activaient ferme autour de la maison des Darnley. Drew, énervé, les envoyait inlassablement « renifler » dans tous les coins et recoins possibles.

Alors qu'ils se trouvaient à l'arrière de la maison, j'entendis jurer l'un des policiers. Drew tempêta :

— Vous ne tenez donc pas debout ? Qui est-ce qui m'a fichu de pareils empotés !

— Excusez-moi, chef, je me suis pris le pied dans un machin… on ne voit rien avec toute cette neige… Tiens, on dirait un ressort !

— Que voulez-vous que je fasse de votre ressort ? Vous feriez mieux d'en avoir un peu vous-même !

— Toujours aussi gracieux, notre cher inspecteur ! dit Henry, goguenard.

On entendit la voix de Victor proposant du thé bien chaud aux limiers transis. Drew accepta :

— Par souci d'humanité, dit-il tout en pestant contre la perte de temps occasionnée, mais pas fâché du tout d'aller se réchauffer un peu.

Et le calme régna, du moins pour un temps.

Le souper se déroula dans un étrange silence. J'en voulais à Henry de ne m'avoir pas révélé la solution du mystère, qu'il prétendait détenir. J'étais loin, alors, de m'imaginer que ce soir même, en ce triste dimanche de décembre, cette sinistre histoire allait se terminer, un dénouement horrible que j'aurais certes préféré ne jamais connaître. J'en étais donc là, le regard plongé dans mon assiette, avec cette « proportion » qui trottait dans ma cervelle. Père avait perdu sa fière assurance. Tête basse, vieilli, il mâchait péniblement chaque bouchée. Pris de pitié, je lui expliquai comment le cognac avait disparu avant de se transformer en whisky.

Sans un mot, il redressa le buste et me fusilla du regard. Henry parvint à se contenir, mais Mère éclata de rire. S'il y a une chose que Père ne supporte pas, c'est que sa femme se moque de lui.

— Ce n'est pas bien ce que tu as fait là, mon fils, proféra-t-il avec solennité.

Puis il se leva et quitta la cuisine, la tête haute.

— On va avoir droit à ses grands airs outragés toute la semaine, dit Mère après avoir recouvré son calme.

Elle prit alors conscience de son hilarité, déplacée en ce lendemain de drame.

— Veuillez m'excuser, Henry, fit-elle d'une voix changée. Mais c'était plus fort que moi…

— Mrs Stevens, soupira Henry, ému, je ne vous ai pas encore remerciée pour votre aimable invitation. Depuis la mort de Mère…

Sa voix s'étrangla, ses traits se rembrunirent.

À ce moment, la sonnerie du téléphone retentit. Au bout d'un instant, la porte s'entrebâilla et un grognement la franchit :

— C'est pour toi, James…

M'élançant dans le vestibule, j'eus juste le temps de voir la porte du salon se refermer : Père était bien plus vexé que je ne le pensais.

Sur la console du téléphone, le récepteur était décroché ; je m'en saisis et lâchai :

— Tu viens aux nouvelles, Elizabeth ?

Une voix – qui n'était pas celle de ma sœur – répondit sèchement :

— Drew à l'appareil.

— Ah ! Inspecteur ! Que…

— Pouvez-vous venir, jeune homme, vous et votre ami ?

— Oui, bien sûr, mais où ?

— À côté, chez Mr Darnley… Votre sœur et votre beau-frère sont là…

— Entendu, mais que se passe-t-il donc pour que…

— J'ai de sérieuses raisons de penser que… Enfin venez, je vous expliquerai…

— Très bien, nous arrivons.

— Un dernier conseil : soyez sur vos gardes ! Bien que son identité soit établie, l'assassin court toujours. Alors attention…

— Bien, répondis-je, effrayé par mon visage hagard, reflété par le miroir au-dessus de la console.

Cinq minutes plus tard, Henry et moi nous dirigions vers la propriété de Victor. Il faisait nuit depuis un bon moment. Estompé par la neige qui tombait à gros flocons, le halo blafard du lampadaire en coin de rue, n'éclairait que faiblement les environs.

L'ombre imposante de la maison de Victor surgit ; coiffés chacun d'un chapeau de neige, ses pignons émergèrent des hauteurs.

Frissonnant, je poussai la grille d'entrée. Nous longeâmes l'allée bordée de haies menant au perron.

Victor vint nous ouvrir :

— Venez, donnez-moi vos manteaux… Les autres sont au salon, celui du premier étage.

Nous pénétrâmes dans le vestibule. Victor, prenant nos affaires, interrogea Henry de ses yeux bleus chargés de tristesse.

Henry baissa les paupières et respira profondément

— Ça va, Mr Darnley, enfin à peu près…

Mon ami se dirigea vers l'escalier ; je lui emboîtai le pas. Nous entrâmes dans le salon. Un feu vif crépitait dans la cheminée, répandant une agréable chaleur aux abords du foyer.

L'aspect des lieux me surprit, me choqua même. C'était morbide ! Où diable Alice avait-elle pu dénicher le papier peint qui recouvrait le mur et le plafond ? Il ressemblait, à s'y méprendre, à ce tissu de coton et soie noir qui double les pardessus habillés des bons faiseurs. Face à la porte, un grand canapé accrochait le regard par sa taille et l'éclatant velours rouge qui l'habillait. À droite, la cheminée et un fauteuil du même velours. Une seule fenêtre sur le mur du fond, lequel en comportait deux initialement, la fenêtre de droite ayant été occultée. À gauche de la porte, un petit coffre portait un grimoire ancien à fermoir d'argent. Toujours de ce même côté du salon, l'indispensable guéridon, recouvert d'un petit tapis de velours noir, frangé d'argent, où étincelait la non moins indispensable boule de cristal, groupait quelques chaises capitonnées autour de lui. Des embrasses de passementerie argentée retenaient les lourds rideaux de velours noir bordés de franges d'argent. Avec les cantonnières assorties, c'était tout à fait le style croque-mort.

L'éclairage était assuré par une applique ronde, en opaline blanche, fixée au plafond, qui diffusait une clarté laiteuse, et par d'autres appliques – murales celles-là – en forme de torchères. Toutes ces sources lumineuses de faible puissance créaient une ambiance particulière, accentuée par la moquette rouge sang qui recouvrait le sol.

Pour couronner le tout, au-dessus du canapé, un grand panneau – qui dissimulait la fenêtre condamnée – œuvre de

Patrick, très probablement : sur un fond bleu nuit, un pinceau en folie avait étalé de larges zones noires, peint une lune blafarde, des ombres imprécises voguant dans l'éther, des masques énigmatiques, des mains implorantes. Un chef-d'œuvre de mauvais goût.

J'allais oublier les deux colonnes de faux marbre, côté guéridon-boule de cristal.

Comment des êtres sensés pouvaient-ils se laisser prendre à une mise en scène aussi grotesque ? Passe pour le pauvre Victor à l'esprit un peu dérangé, bien trop honnête pour soupçonner une imposture ; mais Mr White ?

Elizabeth, installée sur le canapé du côté le plus proche de la cheminée, se blottissait contre John, assis à côté d'elle. Drew, comme à son ordinaire, était accoudé à la tablette du manteau de cheminée, une cigarette au coin des lèvres.

— Vous voilà enfin ? lança-t-il. Je constate que l'aspect de cette pièce vous surprend, Mr Stevens !

— En effet, avouai-je.

Drew s'adressa à Victor, lequel venait de pénétrer à son tour dans le salon :

— C'est ici même qu'avaient lieu les séances de spiritisme !

— Ne vous moquez pas des choses que vous ne connaissez pas, inspecteur, émit Victor d'une voix faible. Les Latimer sont partis bien précipitamment, je vous l'accorde, mais de là à les accuser de…

— Précipitamment, ricana Drew, c'est le moins qu'on puisse dire. À part quelques effets personnels, ils ont tout laissé sur place… Nous avons passé une bonne partie de l'après-midi à inspecter les deux étages qu'ils avaient en location, Mr Darnley, et nous avons trouvé plusieurs objets de valeur leur appartenant. Sans parler des costumes et des robes… Il faut nous rendre à l'évidence : il s'agit bien d'une fuite précipitée et non d'un départ.

Drew fit une pause, j'en profitai pour prendre place sur le canapé à côté de John. Je fis une grimace : pas très confortable, ce mirobolant machin ! Il me sembla reconnaître leur vieux divan, au socle bordé d'une plinthe de bois ciré que Patrick avait fabriqué pour habiller un sommier recouvert d'un matelas. C'était bien cela, il avait simplement remplacé le matelas trop fatigué par trois épais coussins pour le siège, plus trois autres appuyés contre un dossier tendu de velours rouge, clouté façon tapissier, comme le socle du bas. Ils auraient quand même pu faire un effort supplémentaire. J'en fis la remarque à Elizabeth, laquelle renchérit :

— Du tape à l'œil ! Ça leur ressemble tout à fait.

Drew réclama le silence en nous toisant sévèrement et poursuivit :

— Voilà deux jours qu'ils ont disparu et vingt-quatre heures que toute la police du pays les recherche activement. Rien pour le moment, nos oiseaux demeurent introuvables… Mais je leur mettrai la main au collet, vous pouvez me faire confiance ! Autre chose : depuis trois années, donc depuis qu'ils se sont installés ici, leur compte en banque s'est considérablement accru ! Et je crois connaître leur source de revenus : Mrs Alice Latimer faisait payer très cher ses soi-disant dons de médium ! Et il y avait du beau monde qui venait la consulter ! N'est-ce pas, Mr Darnley ?

— Soi-disant dons de médium ! s'emporta Victor. Vous vous trompez, inspecteur, Mrs Latimer possédait de véritables dons… Vous auriez dû assister à l'une de ses séances pour vous en convaincre. Il était tout naturel qu'elle fasse profiter de ses pouvoirs les personnes qui…

— Moyennant finance, rétorqua Drew. Les Latimer avaient abusé de la crédulité des gens, bien avant de venir ici… Sous un faux nom, c'est d'ailleurs ce qui a retardé les recherches… Je viens d'avoir l'information ce matin…

— Vous voulez dire que ce sont des charlatans ! s'exclama Elizabeth, qui tombait des nues.

— Exactement.

— Oh ! Mon dieu ! Patrick ! Lui qui était si sympathique, si séduisant !

John la fusilla du regard et, imitant la voix de sa femme, dit :

— Oh ! Mon Dieu ! Alice ! Elle qui était si belle, si…

— Ça suffit ! intima Elizabeth. Ton éternelle jalousie commence à me lasser.

John se fit tout petit.

— Si je comprends bien, dit Henry, vous pensez que ce sont eux les assassins ?

— Oui, répondit Drew avec fermeté. Ils ont assassiné votre ami et votre père. Leur fuite est un aveu.

— Mais pourquoi ? intervins-je. Et comment ?

Les lèvres minces de Drew s'arquèrent d'un sourcil railleur :

— Pourquoi ? On peut imaginer que les victimes avaient découvert leurs manigances… Comment, je ne sais pas encore exactement. Mais ils avoueront lorsqu'on les aura retrouvés, faites-moi confiance…

» Je vais quand même vous faire part de mes réflexions sur le meurtre de Mr White. Voici ce que nous savons : le crime a eu lieu aux alentours de 22 heures ; la neige avait cessé de tomber vers 21 heures ; il n'y avait pas d'empreintes de pas dans la neige autour de la maison – à part celles de ceux qui ont découvert la victime, bien entendu – et l'assassin avait disparu lorsque nous sommes arrivés… Conclusion de tout ceci : le meurtrier, aussi impossible que cela puisse paraître, s'est échappé de la maison.

» Je vous rappelle que la porte arrière donnant sur le jardin était ouverte. À cinq mètres de là, se dresse un arbre fruitier… Un peu plus loin, il y en a un autre… et encore un autre… et ainsi de suite. Un système de cordage préparé à l'avance, reliant la porte à l'arbre, et cet arbre au suivant, etc. aurait permis à l'assassin de prendre la fuite sans empreindre la neige ! Et quelques nœuds savant auraient permis de défaire les cordes en tirant dessus d'un coup sec…

— Ingénieux, dit Henry avec un sourire malicieux. Mais en tombant, les cordes auraient laissé des marques sur la neige !

— L'assassin aurait pu utiliser un long bâton pour les retenir, marmonna Drew. Enfin je ne sais pas, ce n'est qu'une hypothèse… Vous qui êtes dans l'acrobatie, jeune homme, qu'en pensez-vous ?

— Franchement, non, répondit Henry. À moins de posséder un matériel très sophistiqué… Et encore… Il aurait fallu le poser à l'avance, sans se faire voir… Père et moi étions à la maison tout l'après-midi… Et il y a autre chose : l'assassin ne pouvait pas connaître l'heure de la chute de la neige ni celle du moment où elle cesserait de tomber. Ni même savoir s'il allait effectivement se mettre à neiger. Alors c'est un peu… hum… comment dire… hasardeux.

— Je crois que vous avez raison, jeune homme, admit Drew avec regret.

Il y eut un silence.

La culpabilité des Latimer était loin d'être évidente. Le meurtre d'Arthur White pouvait s'expliquer : il avait peut-être eu connaissance d'un détail pouvant les confondre. Mais pourquoi auraient-ils éliminé Bob Farr ? Un homme dont ils ignoraient l'existence ! Non, l'inspecteur se trompait, il fallait chercher l'assassin dans cette pièce même !

Elizabeth rompit le silence :

— John, ta main est glacée !

— Qu'est-ce que tu racontes, ma chérie…

Drew, pensif, allait et venait devant la cheminée. Il jeta son mégot dans le feu, puis se racla la gorge avec force afin d'attirer notre attention :

— Vous connaissez maintenant les coupables. Nous savons qu'ils se sont enfuis, mais où se trouvent-ils ? Toute la question est là ! Peut-être rôdent-ils pas loin d'ici ! Si je vous ai réunis ce soir, c'est pour vous prévenir du danger, car nos oiseaux sont affolés, traqués… Ils ne reculeront pas devant un nouveau meurtre. Donc redoublez de prudence !

» Mais leur arrestation est imminente, ajouta-t-il avec une lueur menaçante dans le regard. Lorsque je leur mettrai la main dessus, ils passeront un mauvais quart d'heure ! Ils auront beaucoup de chance s'ils s'en sortent vivants !

Encore faudra-t-il qu'il les trouve, pensai-je. Mais que ce canapé est donc inconfortable ! Ce rembourrage est tout à fait défectueux.

— John, mais tu as froid ! Ta main est glacée !

John, agacé, se leva brusquement du canapé et fit face à sa femme :

— Comment peux-tu savoir si ma main est glacée ou non ?

Drew, ne prêtant aucune attention à John et à Elizabeth, répétait :

— Lorsque je leur mettrai la main dessus ils auront beaucoup de chance s'ils s'en sortent vivants !… (Il contemplait son poing serré avec un sourire menaçant.)

— Comment peux-tu le savoir ? continua John en mettant ses deux mains devant le nez de ma sœur.

Elizabeth était immobile, son visage avait la couleur de la neige. Elle murmura d'un voix à peine audible :

— … Main… glacée…

Tout à coup, John, les yeux révulsés, serra les dents et se mit à marcher à reculons.

Je me levai à mon tour pour m'approcher de ma sœur. Horreur ! Elizabeth tenait une main qui émergeait du canapé, entre la base du dossier et l'arrière du siège !

Ma sœur s'évanouit ; je la pris dans mes bras afin de l'arracher du canapé. Drew envoya valser les trois coussins du siège.

L'assassin avait encore frappé. Les cadavres d'Alice et de Patrick gisaient dans le fond du canapé sur les sangles privées de leurs ressorts !

Cette histoire défiait la raison ! Nous vivions un cauchemar. La tête me tournait. Cependant, j'avais une certitude, irraisonnée peut-être, mais absolue : l'assassin était dans ce salon ! Le cercle des suspects était restreint, on pouvait les compter sur les doigts d'une main : un, Henry ; deux, Elizabeth ; trois, John quatre, Victor ; cinq… et pourquoi pas l'inspecteur Drew ?

Troisième partie

ENTRACTE

Ouf ! Terminé !

Mais quelle histoire ! Si le Dr Twist parvient à se retrouver dans cette cascade de mystères, je lui tire mon chapeau !

Avant de continuer, je pense qu'il serait utile que je me présente : Ronald Bowers, auteur de romans policiers, connu sous le pseudonyme de John Carter; nous sommes en 1979 et j'ai approximativement cinquante ans. Si je dis approximativement, c'est pour la bonne raison que je ne connais pas exactement mon âge… mais ceci est une autre histoire.

Ce que vous venez de lire n'est qu'une fiction. James Stevens, Henry White, Alice et tout ce petit monde viennent de prendre naissance, il y a à peine deux semaines, à la suite d'un pari avec le Dr Twist.

Je ne vous ferai pas l'injure de présenter le célèbre Alan Twist, ce docteur en criminologie qui a élucidé les affaires les plus incroyables. Il n'est plus très jeune, mais encore assez alerte. Sa passion pour le jardinage le maintient en forme, cependant il ne sort guère de chez lui. Sa matière grise est restée intacte et bien souvent Scotland Yard vient le consulter.

Il y a donc une quinzaine de jours, il m'avait invité à passer la soirée chez lui. Chaque fois que nous nous rencontrons, un seul sujet anime nos discussions : le crime. Naturellement, ce soir-là ne fit pas exception :

— Mon cher Ronald, m'avait-il dit, je vais vous faire une confidence : ma vie durant, j'ai démasqué les criminels les plus ingénieux, les plus diaboliques… j'ai éclairci les cas les plus invraisemblables… Mais il y a une chose, dans le domaine du crime, que je ne suis jamais parvenu à réaliser, et ceci malgré mon expérience.

— Laquelle ?

— Écrire un roman policier. Enfin je veux parler de la trame, du canevas de l'énigme. Je crois pouvoir affirmer être capable de résoudre n'importe quelle affaire, mais créer une histoire de toutes pièces… non. Oh ! j'ai fait plusieurs essais… en vain.

— Mais, Dr Twist, c'est à peine croyable ! Il est facile d'accumuler des événements mystérieux ! Toute la difficulté consiste à leur trouver une solution. En ma qualité d'écrivain, je suis bien placé pour en parler. Non, je ne vous crois pas, vous me faites marcher… Avec votre expérience, il vous serait aisé de…

— Aisé d'expliquer l'impossible, oui, ça j'en suis capable ! Je vous l'ai déjà dit. Ce qui me bloque, c'est l'histoire en elle-même, les personnages, le décor… Je vous le répète, j'ai fait plusieurs tentatives, mais je n'y arrive pas.

— Admettons.

— C'est pourquoi, mon cher Ronald, j'ai fait appel au plus grand écrivain de romans policiers : Ronald Bowers, alias John Carter.

— Merci pour le compliment, docteur, mais vous avez trop bonne opinion de moi. Il y a d'autres auteurs qui…

— Non. À l'heure actuelle, vous êtes sans conteste le meilleur. Le seul qui, au mépris de notre époque où hélas le mystère et le merveilleux cèdent le pas à la violence et au sexe, le seul qui persiste à écrire des énigmes dignes de ce nom. Je dirai même que vous êtes le dernier défenseur de l'authentique roman policier.

— Merci, Dr Twist, n'en jetez plus. Mais qu'attendez-vous de moi, au juste ?

— Je vous propose d'écrire un roman en collaboration. Vous, vous vous occuperiez de l'ambiance, des personnages, de l'histoire… une histoire incroyable avec des revenants, des meurtres en chambre close, vous voyez ce que je veux dire ?

— Absolument.

— … Donc un maximum de mystère, et tout ceci, sans vous préoccuper de la solution. Car la solution, c'est moi qui l'écrirais !

— L'idée est séduisante, je l'avoue. Malheureusement, ce n'est pas possible. L'auteur doit impérativement connaître la clef de l'énigme avant de s'attaquer à son roman.

Naturellement, je serais parfaitement capable d'écrire une histoire fantastique sans me soucier d'y apporter une explication rationnelle. Mais vous, Dr Twist, vous ne pourriez pas y trouver de solution. C'est impossible. Je me répète, mais il faut impérativement connaître la trame de l'histoire avant de…

— Oui ou non, mon cher Ronald, voulez-vous tenter l'expérience ?

— Entendu. Vous allez être comblé, les événements mystérieux ne manqueront pas dans cette histoire, mais je puis vous certifier que vous ne serez pas en mesure de trouver une explication satisfaisante ! Vous voilà prévenu !

— Nous verrons… nous verrons…

Voilà pourquoi j'ai écrit cette incroyable histoire. Je dois avouer que je m'en suis donné à cœur joie ! Écrire un conte fantastique sans se soucier de la solution, quel régal ! Quelle simplicité ! Ces quelques pages ont été rédigées sans aucun effort de réflexion, presque d'un seul jet, en même pas dix soirées. Je me suis permis d'user et même d'abuser largement de whisky, ce que je n'ai pas coutume de faire en pareille circonstance. Autre innovation : le texte est écrit à la première personne ; le narrateur, James Stevens, étant l'un des protagonistes ; procédé que je n'avais encore jamais utilisé dans mes romans. J'espère que Twist ne va pas faire de ce pauvre James un meurtrier ! Car il en serait bien capable ! Non, James ne peut pas être le coupable ; il a un alibi inébranlable pour les meurtres d'Arthur White et de Bob Farr. Les Latimer auraient fait de bons coupables, j'y ai pensé. Mais le Dr Twist ne pourra pas se rabattre sur cette hypothèse : l'assassin leur a fait passer l'arme à gauche dans les dernières pages. Il y avait encore la possibilité de la réincarnation de Houdini – Houdini, le roi du mystère, quoi de plus naturel que de le retrouver dans cette mystérieuse histoire ! – en la personne du jeune Henry White, qui aurait tenu son père pour responsable de la mort de sa mère, et qui aurait ourdi une sombre machination. Là aussi, je me suis empressé de détruire cette ouverture, que le Dr Twist eût volontiers exploitée. Le pauvre, il ne va pas s'en sortir… Enfin, ne le plaignons pas, je l'avais prévenu.

Bien, je lui enverrai le manuscrit demain. Quelle heure est-il… voyons… 3 heures ! 3 heures du matin ! J'ai tapé à la machine presque huit heures d'affilée ! Incroyable ! Moi qui d'ordinaire fais une pause toutes les deux heures. Cette histoire m'a absorbé au point que je me demande si…

La sonnerie du téléphone interrompit le cours de mes réflexions.

À cette heure-ci, ce ne pouvait être que Jimmy. Je décrochai :

— Allô ?

— Salut, Ronald ! Je ne te sors pas du lit, j'espère !

— Tu aurais pu te poser la question avant de m'appeler, Jimmy. Non, j'étais en train d'écrire.

— J'ai une idée géniale ! Absolument géniale ! C'est pourquoi je me suis empressé de t'appeler. Tu pourras l'utiliser dans ton prochain roman.

— Je t'écoute.

— Un type se glisse dans une vieille armure, devant témoins, bien sûr. Un peu plus tard, comme il ne se manifeste pas, les témoins – qui n'ont pas quitté l'armure des yeux – vont voir s'il n'a pas eu un malaise. Devine un peu la suite !

— L'homme a disparu.

— Non. Beaucoup plus fort : l'homme est toujours dans l'armure, mais il a perdu la tête !

— Je vois, une vieille armure qui rend fou celui qui la porte.

— Mais non ! Il a véritablement perdu la tête ! Sa tête a été tranchée et elle a disparu ! Terrible, non ?

— Très original. Et comment s'y est pris l'assassin ?

— Ah ! ça ! Je ne sais pas encore. À toi de trouver la solution… Je te fais confiance. Mais l'idée, Ronald, elle est extraordinaire, non ?

— Ma foi, elle mérite réflexion. Bien, si tu n'as rien d'autre à me dire, je vais me mettre au lit. On se voit demain à midi, au «White Horse» ?

— O.K., Ronald, O.K. Ah ! je suis sûr que tu vas pouvoir faire quelque chose avec cette idée. Tu pourrais placer l'histoire dans un vieux manoir, dont le châtelain serait un descendant de Barbe-Bleue et qui…

— Tu m'expliqueras ça demain, Jimmy, bonne nuit.

Je raccrochai en poussant un long soupir.

Un brave type, ce Jimmy, mais qu'est-ce qu'il peut être casse-pieds ! C'était un auteur dramatique – la cinquantaine comme moi – qui avait sombré dans l'alcool. Il était au chômage, sa femme l'avait quitté, j'ai eu pitié de lui. Afin de ménager sa dignité, je lui ai proposé de me trouver des idées pour mes romans, moyennant une rémunération décente. Il a accepté. Depuis lors, il ne cesse de m'assaillir de ses idées « géniales ». Pour ne pas le décevoir, je glisse quelques-unes de ses fameuses idées, en arrière-fond, dans mes romans. C'est tout ce que je puis faire, ses scénarios sont par trop invraisemblables, un peu tirés par les cheveux… tiens, comme cette histoire sans solution que je vais envoyer au Dr Twist. En y réfléchissant bien, je me demande si l'un des scénarios de Jimmy ne s'est pas faufilé, à mon insu, dans mon esprit pour prendre corps dans le récit que je viens de terminer. Ma foi, ce n'est pas impossible, j'ai écrit cette histoire instinctivement, comme si… Sacré Jimmy ! À l'avenir, je vais noter ses idées, sinon je vais tout mélanger !

3 heures et quart : il est grand temps d'aller te coucher, mon petit Ronald !

La silhouette de Jimmy se découpait, à contre-jour, dans l'encadrement de la porte-fenêtre. Il semblait observer attentivement le jardinier qui, au-dehors, taillait les rosiers avec un soin méticuleux. Il passa la main dans ses cheveux bouclés, se retournant vers moi :

— Au fait, Ronald, tu as déjà réfléchi au sujet de l'homme qui se fait trancher la tête dans une armure ? Tu ne t'en souviens pas ? Je t'avais téléphoné vers 3 heures du matin, il y a une dizaine de jours.

Une dizaine de jours ! Voilà une dizaine de jours que j'ai envoyé le manuscrit au Dr Twist, et toujours pas de réponse. À la réflexion, je ne suis pas près de l'avoir, cette réponse : fût-il un génie, le Dr Twist n'a quand même pas le pouvoir d'expliquer l'inexplicable.

— Oui, répondis-je d'un ton qui devait certainement trahir mon désintérêt, j'y ai songé, mais sans grand résultat.

Jimmy s'approcha et se saisit d'un livre qui traînait sur le bureau.

— *Houdini et sa légende,* par Roland Lacourbe, dit-il en feuilletant le livre. Quel type extraordinaire, cet Houdini ! Tu as lu ce bouquin ?

Je levai la tête et considérai mon ami ; son large visage, encadré de boucles argentées, exprima quelque étonnement.

— Si je t'ennuie, balbutia-t-il, tu n'as qu'à me le dire et je…

— Mais non, voyons ! Quelle idée ! Tiens, sers-nous un cognac !

Jimmy, qui devait attendre cet instant depuis un bon moment, obtempéra en silence. Ceci fait, il posa d'une main tremblante un verre sur mon bureau, puis vida le sien d'un trait.

— Ronald, commença-t-il, il faut que je te parle. J'ai l'impression de vivre à tes crochets, ces derniers temps… Mes idées n'ont plus du tout l'air de t'intéresser, aussi…

— Qu'est-ce que tu racontes ! Tu sais très bien que sans toi, que sans tes idées, le célèbre John Carter n'existerait plus depuis longtemps ! D'ailleurs je me suis toujours demandé d'où tu les sortais, tes fameuses idées ! Tu sais créer le mystère en prestidigitateur, comme si c'était un don de naissance !

— C'est vrai, dit modestement Jimmy en remplissant de nouveau son verre.

Ce genre de scène se renouvelait régulièrement ; Jimmy avait besoin de considération, sinon son moral était au plus bas.

— Au fait, demandai-je, l'air détaché, ne m'avais-tu pas proposé, il y a quelques mois, un scénario où il était question de Houdini ?

— Non, déclara-t-il catégoriquement.

— En es-tu bien certain ?

Jimmy me fixa d'une façon singulière :

— Je ne t'en ai jamais parlé, Ronald ! Mais ce serait un bon sujet, je le reconnais… J'y réfléchirai. (Jimmy se tourna vers la porte-fenêtre.) Le facteur est arrivé, je vais chercher le courrier.

Il sortit et reparut presque aussitôt.

— Voilà, dit-il en posant plusieurs enveloppes sur mon bureau. Bon, je te laisse travailler, je vais prendre l'air.

L'une des enveloppes était plus grande que les autres. Peut-être que… Voyons l'expéditeur… Dr Twist !

Je l'ouvris à la hâte ; une dizaine de feuilles dactylographiées et une autre écrite à la main :

Cher Ronald,

Voici le dénouement de votre intrigue. J'ai repris le récit, là où vous l'aviez laissé – donc au moment où l'on vient de découvrir les cadavres de Patrick et d'Alice – en parlant tou-

jours à la première personne comme vous l'aviez fait. La clef du mystère m'est immédiatement apparue, votre histoire n'offrant qu'une seule et unique solution. Toutefois, j'admets avoir bénéficié d'une certaine aide : non pas dans la résolution de l'énigme, mais dans la façon de conduire l'épilogue.

Je ne puis vous en dire davantage pour le moment. Nous reparlerons de tout ceci à notre prochaine rencontre,

Dans cette attente, etc.

«La clef du mystère m'est immédiatement apparue…» Elle est bien bonne, celle-là ! Le Dr Twist aurait-il réussi l'impossible exploit de donner un sens à cette profusion de mystères ? Voyons un peu…

Quatrième partie

1

EXPLICATIONS

La tête me tournait; John me débarrassa d'Elizabeth; la voix de Victor brisa le silence glacé qui régnait dans cette chambre mortuaire :

— C'était la seule explication possible… Jamais Patrick et Alice ne seraient partis sans me dire au revoir. Comme vous le dites, inspecteur, ils auront beaucoup de chance s'ils s'en sortent vivants…

Totalement désorienté, Drew ne répondit pas. Il s'agenouilla et examina les corps. Au bout d'un moment, il se releva et alluma une cigarette d'une main tremblante.

— Ils ont dû souffrir avant de mourir, dit-il avec un léger tremblement dans la voix. Il y a de curieuses entailles sur l'abdomen des deux victimes. On les a achevées d'un coup de couteau dans le cœur. En pleine nuit si j'en crois leur tenue. Leur mort remonte à quarante-huit heures environ…

— Mais leur voiture et leurs bagages ont bien disparu ! m'exclamai-je. Qui donc aurait…

— L'assassin, coupa Drew, c'est évident. Après les avoir tués, il a arrangé les choses de manière à faire croire à un départ précipité.

— Mon Dieu ! gémit Victor. Et tout cela s'est déroulé au-dessus de ma tête, alors que je dormais !

Drew le regarda dans les yeux :

— L'assassin a pris des risques énormes… Une raison impérieuse devait le pousser à agir de la sorte. Curieux, tout de même, cet assassin qui a tout intérêt à agir rapidement –

Mr Darnley peut se réveiller d'un instant à l'autre et le surprendre – et qui s'attarde à faire souffrir ses victimes. Curieux… très curieux…

— Que m'arrive-t-il… Oh ! John, mon chéri ! C'est affreux… Allons-nous-en ! Je ne veux pas rester une seconde de plus dans cette horrible maison.

John, qui tenait toujours sa femme dans les bras, la rassura avec douceur :

— Ne te tourmente plus, ma chérie, nous rentrons. (Il se tourna vers Drew.) Vous n'y voyez pas d'objection ?

Drew acquiesça d'un signe de tête.

— Ça va mieux, mon chéri, tu peux me reposer.

John et Elizabeth se dirigèrent vers la porte.

Voyant sa belle-fille marcher d'un pas incertain, Victor, après une courte hésitation, s'adressa à Drew :

— Je vais les accompagner. Un faux pas est si vite arrivé, avec cette neige…

— Oui, mais soyez prudents.

Lorsqu'ils eurent quitté le salon, le silence retomba. Drew secouait la tête, désespérément :

— Je ne comprends plus rien…

— Inspecteur, dit Henry, ne vous laissez pas aveugler par la mort des Latimer. Ce crime ne se rattache pas forcément aux autres (Henry se plaça devant le canapé et contempla les cadavres.) Votre théorie était la bonne, inspecteur, car ces gens-là (il pointa son index en direction des Latimer) sont bien les assassins que nous cherchons. Des assassins et de faux mages !

Les yeux de Drew retrouvèrent leur éclat habituel :

— Plusieurs personnes devaient leur en vouloir, à ces charlatans de l'occultisme, et ce crime n'a rien à voir avec les autres ; mais pourquoi n'y ai-je pas pensé plus tôt !

— Maintenant que les Latimer sont morts, dit Henry, je n'ai plus aucune raison de me taire. Asseyons-nous, car il y en a pour un moment.

Nous prîmes place autour du guéridon. À la demande de Henry, le plafonnier et les appliques avaient été éteints, il ne subsistait plus que la mouvante clarté du feu dans l'âtre.

Henry tâtonna sous la petite table ; soudain la boule de cristal s'alluma. Peu à peu, plus rien n'exista en dehors de cette source de lumière qui créait l'ambiance magique d'un monde irréel.

Drew, fasciné, caressait la sphère lumineuse de son regard profond. Je la fixai, hypnotisé ; j'avais oublié la présence des deux cadavres dans le salon.

Henry nous laissa nous imprégner un temps de cette étrange atmosphère, puis déclara :

— Ajoutez quelques habiles tours de passe-passe et vous serez prêts à accepter l'existence de forces occultes. Du reste, vous n'auriez pas à en rougir, d'autres personnes, réputées pour leurs qualités intellectuelles, ont été mystifiées à cette même table… Mon père, entre autres… Non seulement il a été mystifié, mais il a versé des sommes considérables aux deux médiums fraudeurs, qui gisent dans ce canapé, à présent.

» Toute cette incroyable histoire débute par le suicide de Mrs Darnley. Il s'agit bien d'un suicide, et non d'un meurtre comme d'aucuns l'ont suggéré par la suite, Victor en perd la tête ; la faillite de son entreprise survient peu après et il est obligé de louer une partie de sa maison. Premier mystère : les locataires entendent des bruits de pas la nuit en provenance des combles, et certains villageois aperçoivent des lueurs émanant de la chambre où Mrs Darnley s'est suicidée. L'explication est des plus simples : c'est Victor qui, l'esprit perturbé, monte la nuit dans les combles pour espérer y retrouver sa femme.

» Plusieurs locataires défilent, la maison acquiert une étrange réputation. Elle est dite « hantée » ! La rumeur s'étend et parvient aux oreilles des Latimer. Alice et Patrick Latimer, nous le savons à présent, sont de faux mages. Une maison hantée ! Vous vous rendez compte ! Quelle aubaine ! C'est l'endroit rêvé pour mystifier les gens !

» Donc nos deux lascars s'installent. Leur voisin – mon père – est un écrivain célèbre qui vient de perdre sa femme. Ils comprennent tout de suite le parti qu'ils peuvent en tirer. D'emblée, nous avons droit à un tour de passe-passe assez brillant : la voix de ma mère se fait entendre par l'intermédiaire d'Alice.

— C'était donc un trucage ! m'exclamai-je.

— Évidemment. Il faut d'abord savoir qu'il est aisé d'extraire une feuille de papier d'une enveloppe fermée. Il suffit de glisser une petite pince très allongée et fine dans l'interstice qui existe en haut du rabat, de saisir le papier dans la pince et de le tourner ensuite pour l'enrouler sur lui-même ; puis on tire l'ensemble hors de l'enveloppe. Pour remettre le papier, on opère de façon inverse. Avec un peu d'entraînement, l'opération peut être exécutée très rapidement et même dans l'obscurité. Tu commences à y voir plus clair, James ?

— Oui, mais…

— Avant qu'Alice ait feint de tomber en léthargie Patrick avait trafiqué la petite lampe située près de la fenêtre du salon : il avait introduit un objet métallique entre la douille et l'ampoule. Donc, chaque fois qu'on actionnait l'interrupteur, les plombs sautaient.

» Alice fait son numéro ; Patrick nous fait part des dons de médium de sa femme et propose une expérience à mon père. Père hésite – à cette époque il était encore assez sceptique sur ce genre de pouvoirs –, puis accepte. Il inscrit donc une question, destinée à sa femme, sur une feuille et la glisse dans une enveloppe qui sera scellée et déposée sur la table. Patrick s'approche de la fenêtre – donc de la petite lampe truquée – et attend un violent éclair pour provoquer le court-circuit. Durant l'interruption de lumière, il extrait la feuille de l'enveloppe, repose cette dernière sur la table et regagne la fenêtre. Le courant est rétabli.

» Je ne sais pas si tu t'en souviens, James ; Patrick, à ce moment-là, semblait examiner ses chaussures. En fait, il prenait connaissance du contenu de la feuille, qu'il avait posée sur le sol, derrière un fauteuil. Quelques instants plus tard, à la faveur d'un éclair, Patrick actionne de nouveau l'interrupteur, et de nouveau l'obscurité. Quand je dis actionner l'interrupteur, il s'agit d'une brève impulsion de sorte que les plombs ne ressautent pas lorsque le courant est rétabli.

— Nous ne sommes pas idiots, Henry. Je crois que maintenant je peux continuer à ta place : Patrick en profite pour remettre la feuille dans l'enveloppe et placer celle-ci sur la table. Puis de nouveau la lumière. Attends… Ah ! oui ! Lorsque Alice reprend ses esprits, Patrick lui chuchote quelques mots à l'oreille : il lui révèle le contenu de la lettre. Par la suite, les Latimer renversent la lampe qui s'écrase au sol. On ne peut plus l'utiliser, donc le trucage ne sera pas découvert ! Et juste avant de partir, après un petit suspens magistralement orchestré, Alice transmet la réponse de ta mère. Ah ! je reconnais que c'était bien monté !

— Tellement bien monté que mon père s'est mis à croire aux esprits. Ne parlons pas de Victor, qui n'a jamais douté de leur existence depuis la mort de sa femme.

» Les Latimer avaient réussi leur coup. Et à partir de ce moment-là, Père est allé « consulter » régulièrement Alice… ici même dans ce salon. Je ne m'attarderai pas sur les brillants tours de passe-passe dont il fut victime. Très souvent, me disait-il, il entrait en contact avec Mère.

Drew eut un sourire :

— J'imagine qu'il rétribuait largement Mrs Latimer.

— Des sommes folles, bien au-delà de ce que vous pouvez imaginer.

— Mais Henry, tu savais alors qu'il était la victime de ces charlatans ! Pourquoi ne lui as-tu rien dit ?

— Tu ne te souviens plus de nos querelles ? Je lui disais d'être méfiant, mais il ne voulait rien entendre. Il y eut des altercations terribles.

— Tu lui disais d'être méfiant ! fis-je en haussant le ton. Et c'est tout ? Tu ne lui expliquais pas les trucages ?

Henry rougit violemment :

— Je ne pouvais pas, James, je ne pouvais pas… Dès leur arrivée, les Latimer m'avaient neutralisé.

— Neutralisé ?

— Oui, j'étais follement amoureux d'Alice. Nous avons été amants… On ne peut pas résister à cette femme, James, impossible… Elle m'avait ensorcelé. Elle se disait éblouie par mes tours de magie. En fait, elle a tout de suite vu en moi celui qui pouvait ruiner leurs plans. Elle était ambitieuse, je l'étais aussi ; nous avons fait des projets incroyables. Je l'entends encore : « À nous deux, nous allons subjuguer la terre entière ce sera merveilleux, mon chéri… Mais auparavant, il me faut acquérir une réputation… Henry, mon amour, tu dois m'aider !… Non, non, non et non ! Tu ne dois pas révéler à ton père que Patrick et moi le faisons marcher ! Il est très connu, il fera part de mes dons à des personnalités importantes… Comment ! Le berner ? Mais tu ne vois pas qu'il est heureux depuis qu'il à l'impression d'entrer en contact avec sa femme !… Tout l'argent qu'il me verse ? Mais, mon amour adoré, nous en aurons besoin, au début, lorsque nous monterons notre spectacle… Oui, oui, mon cœur, je divorcerai bientôt. Tu sais bien que Patrick n'est rien pour moi, depuis que je te connais… Oui, ce sera pour bientôt, je te le jure, mon chéri… »

» Je ne savais plus quoi faire, j'étais pris entre deux feux. D'un côté, mon père, qui versait des sommes folles aux

Latimer. Sa crédulité me faisait pitié, et je ne pouvais rien lui dire… J'essayais de le raisonner tant bien que mal, mais il se mettait dans des colères épouvantables. De l'autre côté : Alice ! Alice et ses promesses, ses déclarations enflammées !

» Pour attirer les clients, elle avait imaginé de faire revivre le fantôme qui hantait les combles. Naturellement, elle savait qu'à l'époque c'était Victor qui s'y rendait la nuit. Devinez un peu qui a pris la relève de Victor ? Oui, vous avez compris, c'était moi. Bien sûr, j'ai protesté… mais on ne pouvait rien refuser à Alice. Ses arguments étaient trop convaincants… Je ne vous fais pas un dessin.

— Alors c'était toi ! m'exclamai-je. Toi que John, Victor et ton père ont entendu marcher dans les combles !

— Oui, murmura Henry en dissimulant son visage derrière les mains.

— Mais il n'y avait personne en haut ! John était formel !

— Au dernier moment, je me suis échappé par la fenêtre de la chambre maudite et j'ai grimpé sur le pignon qui la surmonte. Un jeu d'enfant, pour moi !

— Mais la fenêtre était fermée quand John avait fouillé la chambre !

— En sortant, je tirais les battants, puis Alice tournait discrètement la poignée de la fenêtre lorsqu'on procédait à l'inspection des lieux.

— Astucieux, grommelai-je, vexé de n'y avoir pas pensé.

— L'expérience fut renouvelée par la suite, avec d'autres témoins… au grand profit des Latimer, bien entendu. Pour Victor, ce visiteur de minuit était, sans aucun doute possible, son épouse. Pensez donc ! Lui qui attendait son retour depuis tant d'années !

» Je n'en pouvais plus d'abuser de la crédulité des gens, de la naïveté de Victor et surtout de Père… J'étais à bout de nerfs…

— Oui, je m'en souviens très bien. On ne pouvait pratiquement plus te parler à cette époque-là.

— Les accrochages avec mon père se multipliaient et s'intensifiaient, et Alice qui ne voulait toujours pas divorcer, qui me demandait de patienter.

» Un jour, j'ai pris une décision : ou Alice partait immédiatement avec moi, ou je dévoilais au public de quelle façon ils mystifiaient les gens. Je me suis rendu chez elle et je l'ai mise au pied du mur. Elle pleurait, me suppliait, enfin elle essayait par tous les moyens de me faire changer d'avis, mais je restais ferme sur mes positions. Puis j'ai reçu un coup sur le crâne. Quand j'ai repris mes esprits, j'étais bâillonné et ligoté, poignets et chevilles, aux montants d'un lit. Patrick était assis à mes côtés, brandissant un grand couteau à lame longue et émoussée.

» J'étais glacé d'horreur. Non seulement à la vue du couteau, mais également par la façon dont Patrick et Alice se regardaient. J'ai tout compris en un clin d'œil : Alice m'avait séduit afin de me neutraliser avec l'accord de Patrick ! J'avais été le jouet de ces deux escrocs, de ces êtres abominables, prêts à tout pour parvenir à leurs fins.

» Alice regardait son mari amoureusement, je n'étais rien pour elle. Je la vois encore sourire à Patrick en lui disant : « Je te laisse, mon chéri. » Puis Patrick a essayé de m'acheter. J'ai refusé. Il n'a pas insisté ; une lueur meurtrière brillait dans son regard : cet homme allait me tuer, je l'avais compris dès le début. « Bien, m'a-t-il dit, je n'ai donc pas le choix. » Mais sa cruauté lui a fait commettre une erreur : au lieu de me tuer d'un seul coup, il m'a lentement enfoncé son couteau dans le ventre.

» J'avais déjà côtoyé des fakirs qui se transperçaient le corps de part en part à l'aide d'une épée, au niveau de l'abdomen. Du fait que l'épée est légèrement émoussée et que l'enfoncement est progressif, les organes vitaux sont contournés et seuls les tissus musculaires sont perforés.

» J'ai compris alors que j'avais une chance de m'en tirer. J'ai mordu dans mon bâillon à pleines dents ; la douleur était atroce ; je me suis évanoui.

» Je reprenais lentement connaissance, j'avais toujours cette horrible douleur au ventre. Un bruit régulier me parvenait : Patrick était en train de creuser un trou ! Il me croyait mort et s'apprêtait à m'enterrer ! Autour de nous des arbres ; nous étions dans les bois. Sa sinistre besogne terminée, il m'a tiré par un bras et je suis tombé dans le trou. Un trou peu profond, un mètre, guère plus. En tombant, j'ai eu un réflexe salutaire : je me suis arc-bouté, ce qui m'a permis d'avoir une petite réserve d'air. Si je m'étais relevé, Patrick m'aurait massacré à coups de pelle ; il valait donc mieux continuer à faire le mort et, par la suite, essayer de m'en sortir. Alors que les pelletées de terre me tombaient sur le dos, je pensais à Houdini. Houdini qui se faisait enterrer sous deux mètres de terre et parvenait à s'en dégager ! Certes, je n'étais pas en possession de tous mes moyens – bien au contraire – mais je n'avais même pas un mètre de terre sur mes épaules ! Là encore, j'avais une chance de m'en tirer. Je contractais mes muscles tout en contrôlant ma respiration – il fallait économiser la moindre bouffée d'oxygène, car le volume d'air contenu entre mon corps tendu en arc et la surface intérieure du trou était minime.

— Et vous vous en êtes tiré ! intervint Drew, qui paraissait fasciné par les explications de mon ami.

— D'extrême justesse, poursuivit Henry. Le plus dur a été de dominer ma peur. La chose n'est pas évidente quand on vous enterre vivant, je puis vous le garantir.

— Tout s'explique, dit Drew. Votre père a surpris Patrick, lorsqu'il vous transportait vers les bois pour vous enterrer, et s'est mis à vous suivre. Patrick s'en est aperçu et lui a fracassé le crâne. Oui, tout devient clair à présent. Par la suite, les Latimer ont dû être terrifiés en apprenant que Mr White n'était pas mort ; car lorsqu'il reprendrait ses esprits, il parlerait et on ferait immanquablement le rapprochement entre la disparition de Henry et le transport d'un cadavre.

» Que faire ? Il ne fallait pas qu'on puisse soupçonner l'assassinat de Henry ! Il y aurait enquête, cela pourrait être dangereux. Alors que faire ? Ils leur fallait trouver une solution très rapidement avant que Mr White revienne à lui… Et ils la trouvent : ils affirmeraient avoir vu Henry, l'air traqué, à la gare de Paddington. L'idée était géniale ; non seulement on croirait que Henry était encore vivant, mais de plus il serait soupçonné d'avoir agressé son père – compte tenu de leurs violentes querelles – et d'avoir pris la fuite. En outre, ils ne prenaient aucun risque, puisque à leurs yeux Henry était mort, donc nul ne pouvait démentir ce témoignage. Oui, l'idée était géniale… mais il y eut un grain de sable dans la mécanique.

Henry esquissa un sourire :

— Un incroyable hasard a voulu que James me voie à la gare d'Oxford. À ce moment-là, je ne savais pas que mon père avait été agressé. J'étais écœuré de tout ; la femme que j'aimais s'était moquée de moi, m'avait pour ainsi dire assassiné. Mes rapports avec Père étaient exécrables. Qui plus est, j'avais aidé les Latimer à le mystifier… J'ai erré quelque temps, puis j'ai pris la décision de partir, de quitter le pays. Donc quelques jours plus tard, je me retrouvais à la gare d'Oxford.

— Tu m'avais parlé sur les quais, Henry, tu t'en souviens ? Tu m'avais dit : « Les gens sont trop cruels, je pars... »

Henry acquiesça.

— L'ironie du sort ! lâcha Drew. Les Latimer déclarent vous avoir vu à Londres vers 12 h 30, et au même moment vous rencontrez votre ami à la gare d'Oxford.

— Je ne sais pas ce qu'ils ont dû ressentir quand ils ont entendu mon témoignage, fis-je remarquer. Ont-ils cru que j'avais eu une vision, ou que Henry était ressuscité ?

— Peut-être même, suggéra Drew, ont-ils remué la terre là où Patrick vous avait enterré... pour découvrir que votre cadavre avait disparu... Mais cela, nous ne le saurons jamais. (Drew fit une pause.) Trois années passent, durant lesquelles les Latimer continuent leurs fructueuses escroqueries. À présent, je serais curieux de savoir comment ils s'y sont pris pour tuer Bob Farr... dans une chambre scellée ! Et que faisait donc ici Bob Farr ?

— Lorsque j'étais en Amérique, dit Henry après un temps, j'avais toujours envisagé de revenir un jour en Angleterre. Un retour pimenté par une petite farce, mitonnée spécialement pour ces chers Latimer. Je voulais exploiter ma ressemblance avec Bob afin de leur jouer un tour à ma façon. Donc, dans un premier temps, Bob allait leur rendre visite, puis par la suite je ferais mon apparition. Imaginez l'effet produit sur les Latimer ! Eux qui faisaient croire aux gens à l'existence des esprits, allaient revoir celui qu'ils avaient assassiné, et en double exemplaire s'il vous plaît !

» Bien sûr, j'avais mis Bob en garde : ces gens-là étaient dangereux et tenteraient certainement de l'éliminer. Ce à quoi Bob m'avait répondu avec le sourire : « S'ils font les méchants, je leur donnerai une petite leçon. » Bob est parti en me promettant de me téléphoner tous les deux jours.

» Je ne connais pas la suite, mais je peux aisément l'imaginer ; dès sa première visite, les Latimer ont dû l'assommer et le séquestrer :

» — Alice, ce n'est pas un fantôme ! Calme-toi ! Henry n'était pas mort lorsque je l'ai enterré, voilà tout !

» — Voilà tout ! C'est tout ce que tu trouves à me dire, Patrick !

» — Bien sûr, il va falloir le supprimer... J'ai une idée : nous n'allons pas faire disparaître le corps, nous allons le montrer à tout le monde !

» — Tu es fou ! Tu veux nous faire pendre !

» — Non, écoute-moi, ma chérie : nous allons suggérer à Victor et à Arthur que Mrs Darnley a été assassinée et que son fantôme – qui hante les combles depuis plusieurs années, ne l'oublions pas – veut se matérialiser, se venger. Nous leur proposerons donc une expérience de matérialisation dans la chambre maudite qui sera préalablement scellée. À la suite de quoi, on découvrira le cadavre de Henry, Tu te rends compte de l'effet produit ! De la publicité que cela pourrait nous faire ?

» — Heu… Oui, mais c'est terriblement dangereux, nous serons suspectés…

» — Non. Écoute mon plan…

Henry s'interrompit un instant, puis reprit :

— Oui, les choses ont dû se passer ainsi, enfin à peu près…

— D'accord, dit Drew en approuvant de la tête Jusque-là tout se tient. Mais ensuite ? Comment ont-ils pu remettre les scellés après avoir assassiné Bob dans la chambre maudite ?

Henry me dévisagea :

— James, sais-tu ce qui t'a frappé quand vous êtes montés dans les combles pour la seconde fois ? La proportion. Les proportions du couloir n'étaient plus les mêmes !

Le voile qui obscurcissait une case de ma mémoire se déchira.

— Oui, lâchai-je, c'était ça… Mais je ne vois pas…

— Je n'étais pas présent lors du crime, reprit Henry, mais ce que j'en ai entendu dire a été largement suffisant pour le reconstituer. Ce crime est un véritable chef-d'œuvre, si l'on peut dire, que seuls des professionnels de l'illusion ont pu exécuter. Alors comment ?

» Il faut savoir que la disposition des lieux était particulièrement propice : un couloir débouchant sur un rideau qui dissimule totalement le mur du fond et, à droite, quatre portes s'ouvrant sur des pièces identiques, seule la première offre la particularité d'être encombrée de meubles. Notons aussi que les portes se confondent avec les murs, le tout étant lambrissé de chêne foncé. Seuls les quatre boutons de porte, blancs, sont bien visibles.

» Qu'avez-vous aperçu la première fois que vous êtes montés dans les combles ? Une lumière s'échappant de la dernière porte – qui était ouverte – et qui faisait reluire trois boutons de porte… et c'est tout ! Vous n'avez pas vu quatre portes, vous avez vu une porte ouverte et trois boutons de porte !

» Cette porte qui était ouverte était la troisième : les Latimer avaient déplacé le rideau en l'avançant, raccourcissant le couloir de façon à masquer la porte du fond. Ils avaient aussi décroché trois boutons de porte et les avaient fixés, à intervalles réguliers, sur la portion du couloir comprise entre la première et la troisième porte.

» Grâce à un éclairage étudié, l'illusion était parfaite, on avait l'impression d'être en présence d'un couloir pourvu, sur le côté droit, de quatre portes, dont la dernière était ouverte. Remarquez aussi qu'afin de dissimuler le trucage des boutons de porte, Alice s'était judicieusement placée de ce côté-là, guidant rapidement ses invités vers la troisième pièce, qui était censée être la quatrième – la chambre maudite.

» Peu avant 9 heures, probablement, Patrick tue Bob, lequel se trouvait alors, ligoté et bâillonné, dans la chambre maudite. Évidemment, à ce moment-là, les boutons de porte et le rideau sont déjà déplacés. Vers 9 h 30, Alice s'absente dix minutes pour monter dans les combles le candélabre et le petit carton contenant le matériel de scellage et la fameuse pièce de monnaie qui fera office de sceau. Entre parenthèses, c'est le seul instant où père est dépossédé de sa pièce. Vous devinez comment Alice emploie ces dix minutes : elle scelle la porte de la chambre maudite – dans laquelle gît à présent le cadavre de Bob – et place dans la troisième pièce le candélabre, dont l'éclairage a une importance capitale, nous l'avons déjà vu.

» Puis elle redescend. Patrick va chercher son manteau dans le vestibule. Alice, suivie de la petite troupe, regagne les combles et introduit ses compagnons dans ce qu'ils croient être la chambre maudite. Patrick, dont la démarche est volontairement modifiée – car par la suite il faudra qu'on puisse penser qu'il s'agissait de Henry –, arrive à son tour. Tout le monde quitte la chambre – sauf Patrick, bien sûr – et la porte est scellée. Naturellement cette opération est exécutée par Alice, les scellés devant être identiques à ceux posés précédemment sur la quatrième porte. Un peu plus tard, alors que tout le monde patiente à l'étage du dessous, Patrick quitte la pièce. Il enlève soigneusement toute trace des scellés qu'il vient d'arracher en sortant, remet le rideau à sa place initiale sur le mur du fond, les boutons de porte à leurs emplacements habituels et quitte les lieux, laissant le cadavre de Bob dans la chambre scellée. Notons aussi que le mort a été préalablement habillé d'un manteau et d'un chapeau semblables à ceux de Patrick. Puis il descend au vestibule préparer son prochain rôle : celui de l'homme assommé par un inconnu alors qu'il s'apprêtait à décrocher son manteau.

» Oui, ce crime est un véritable chef-d'œuvre ; car le seul moment où la supercherie risque d'être découverte, c'est lors de la première montée aux combles. Mais je suis certain que les Latimer avaient prévu une parade au cas où quelqu'un remarquerait le trucage du rideau et des boutons de porte. Vous comprenez, à cet instant, personne ne soupçonnait la présence d'un cadavre ! Tout le monde attendait la suite de l'expérience ! Victor, le seul qui connaissait bien les lieux, était trop bouleversé à l'idée de retrouver sa femme pour remarquer que le couloir était légèrement raccourci ! Ensuite, lorsque Patrick aura remis le rideau et les boutons de porte en place, il n'existera plus aucun indice pouvant confondre les Latimer ; le cadavre de Bob dans la chambre maudite peut être découvert... Le crime va prendre des apparences surnaturelles. En effet, on va très vite s'apercevoir qu'aucun être humain n'a pu pénétrer dans cette chambre scellée. Et je dois avouer, James, que si tu ne m'avais pas fait part de l'étrange impression que tu as eue en pénétrant pour la seconde fois dans le couloir, je n'aurais jamais rien découvert... même en sachant pertinemment que les Latimer étaient coupables.

— En effet, admit Drew, ce crime est remarquable. Toutefois, si nous avions approfondi l'examen des combles, nous aurions dû remarquer les traces laissées par le déplacement des poignées de porte et de la tringle du rideau.

— Ça m'étonnerait, dit Henry, Patrick a dû s'arranger pour qu'il ne reste plus aucune trace de trucage. N'oubliez pas que nous avons affaire à des illusionnistes professionnels, alors vous vous imaginez un peu le soin qu'il ont apporté à cette mise en scène mettant leur vie en jeu... Remarquez, nous pourrions jeter un coup d'œil en haut, mais nous ne trouverons rien, sauf peut-être les traces laissées par les clous ayant provisoirement retenu les boutons de porte...

Drew pointa le menton en direction du canapé :

— De toute façon, cela ne servirait plus à grand-chose... Les Latimer ne pourront plus être jugés.

— Je ne sais pas qui a tué ces oiseaux de malheur, fit Henry avec un rictus, mais ce n'est pas moi qui essayerai de punir ce… ce justicier ! (Henry observa un silence.) Ce pauvre Bob, je n'aurais jamais dû le laisser partir… Avant son départ pour l'Angleterre, il m'avait promis de téléphoner régulièrement. Il l'a fait, les premiers jours… puis je n'ai plus eu de nouvelles. Je connaissais trop les Latimer pour n'avoir pas compris de suite que, d'une manière ou d'une autre, Bob avait été éliminé. J'ai pris le premier avion… vous connaissez la suite.

— Enfin, Henry, pourquoi ne les as-tu pas dénoncés immédiatement ? Ton père vivrait encore !

— Oui, balbutia Henry, c'est vrai… mais je ne pouvais pas savoir, pas imaginer qu'ils auraient été capables de… Vous comprenez, il n'y avait aucune preuve contre eux. Mon retour a dû les ébranler sérieusement, eux qui croyaient m'avoir assassiné pour la seconde fois. J'ai pensé qu'en les laissant mijoter, ils s'affoleraient et se trahiraient… D'ailleurs Alice a fait des crises de nerfs.

» À la réflexion, je crois bien qu'ils se sont trompés de cible en tuant mon père, car c'était certainement moi qui étais visé ! Ils avaient toutes les raisons de m'éliminer. Ah ! les misérables ! Si j'avais pu prévoir…

Drew, sans quitter la boule lumineuse des yeux alluma une cigarette. Son visage revêtait une expression de contentement paisible, que, jusqu'alors, je ne lui connaissais pas ; les explications de Henry l'avaient visiblement rasséréné.

— Il faut reconnaître, dit-il après un temps, que les assassins ont fait preuve de virtuosité dans l'exécution de leur crime. Il n'est pas courant de rencontrer des criminels de cet ordre. Mais il reste le meurtre de votre père… Je serais curieux de savoir comment ils s'y sont pris pour quitter la maison sans laisser d'empreintes sur la neige. Pouvez-vous nous expli…

— Non, je ne sais pas, coupa Henry. Enfin je ne sais pas encore. Il y a un truc, c'est certain…

Soudain, le visage de Drew se décomposa. Il ouvrit la bouche pour parler, mais aucun son n'en sortit ; il restait figé.

— Qu'y a-t-il, inspecteur ? demanda doucement Henry.

— Je… Ils… Les Latimer sont morts depuis environ deux jours… Ils n'ont pas pu tuer votre père… Votre père a été assassiné il y a à peine vingt-quatre heures… Ça ne peut pas être eux… impossible.

2

OÙ L'INSPECTEUR S'ARRACHE LES CHEVEUX

Il se fit un pesant silence. Drew paraissait désemparé, il tirait avidement sur sa cigarette, et un véritable nuage de fumée se formait au-dessus de sa tête. Henry, livide, se tordait fébrilement les mains ; sur ses tempes, quelques fines gouttelettes de sueur perlèrent et une veine gonflait anormalement.

— Mais qui ? hurlai-je. Qui ?

Henry me dévisagea avec un sourire indéfinissable :

— Un seul être au monde a pu commettre ce meurtre. Un seul...

Je ne sais pas pourquoi, mais le visage de Henry me glaça d'épouvante ; son teint avait pris une couleur verdâtre ; dans ses yeux vitreux, brillait une effrayante lueur.

— Celui qui a subjugué la terre entière, poursuivit mon ami. Celui qui est immortel...

— Qui ? vociféra Drew.

Un sourire de triomphe flottait sur les lèvres de Henry. Il déclara d'une voix méconnaissable où vibrait un orgueil insensé :

— Harry Houdini !

Drew, pétrifié, demeura un long moment à considérer Henry.

— Harry Houdini ! dit-il. Mais...

Le silence retomba. Henry alluma nerveusement une cigarette sous nos regards effarés. Il avala sa salive à plusieurs reprises avant de commencer :

— Sur son lit de mort, Houdini avait assuré à sa femme qu'il lui ferait parvenir un message de l'au-delà. Son épouse a attendu ce message le restant de ses jours... en vain. On en a conclu que Houdini n'était pas parvenu à s'évader du royaume des morts... Grave erreur : Houdini avait réussi son incroyable pari, enfin presque ; s'il ne s'est pas manifesté, c'est parce qu'il ne savait plus qui il était ! Trois années après sa mort, Houdini s'est réincarné en 1929, l'année de ma naissance...

» Tout cela est très difficile à expliquer, car il ne s'agit pas d'une réincarnation hasardeuse, mais d'une transmission génétique : Houdini a repris vie dans la descendance d'une personne de sa famille. (Henry fixa Drew avec admiration.) Et sans votre intervention inspecteur Drew, sans vos brillantes qualités de psychologue et vos facultés d'analyste, enfin sans votre clairvoyance et votre remarquable intelligence, personne, absolument personne, n'aurait pu le savoir ! Même pas Houdini !

» Car Houdini… Houdini, c'est moi !

Mon cœur s'était arrêté de battre. Drew et moi étions paralysés d'effroi. Mon ami avait sombré dans la folie, il se prenait pour Houdini.

— Je vous dois tout, inspecteur, continua Henry en secouant la main de Drew avec reconnaissance, le regard halluciné. Sans votre intervention, je le répète, jamais je n'aurais su qui j'étais. Votre argumentation l'autre jour, votre enquête approfondie avait prouvé de façon certaine mon identité : Harry Houdini ! Je suis Houdini ! Houdini le roi de l'évasion ! Comment expliquer d'une autre manière cette incroyable ressemblance… et que dire des origines de père… père dont le véritable nom est Weiss… un Weiss qui est né à Budapest de surcroît ! (Henry regarda les veines de sa main avec admiration.) Le sang de Houdini coule dans mes veines, je suis Houdini, Houdini le grand !

» Oui, inspecteur, je vous dois tout, sans vous je n'aurais jamais su… Jamais su que celui qui avait provoqué la mort de ma mère devait périr… périr de mes propres mains… Voyez-vous, j'adorais ma mère, elle était tout pour moi… Sa mort a été une épreuve terrible ; on ne peut pas expliquer ces choses-là…

» Lorsque j'ai réalisé que j'étais Houdini, grâce à vous, inspecteur, il y a de cela à peine une semaine, j'ai compris que Père n'avait plus le droit de vivre : par sa faute, celle qui avait donné naissance à Houdini avait trouvé la mort dans un accident de voiture, trois années auparavant ! Houdini devait faire justice il devait tuer cet homme – bien qu'il fût son propre père –, cet homme qui avait commis le crime impardonnable d'ôter la vie à sa mère !

Devant l'horreur de la situation, Drew avait enfoui son visage dans ses mains. Celui qu'on surnommait le Psychologue était, par sa fausse accusation, responsable de la folie d'un homme ! Non seulement il avait rendu Henry fou, mais il lui avait fourni un mobile de meurtre ! C'était inimaginable : un inspecteur de police qui, tout en faisant consciencieusement son travail de policier, façonne un meurtrier de ses propres mains !

Il y eut un silence terrible ; Drew était effondré.

— Henry, balbutiai-je. Ce n'est pas vrai ! Tu perds la tête ! Souviens-toi, tu avais passé toute la soirée avec moi ! Tu ne peux pas avoir…

— Si, James, c'est moi qui l'ai tué. C'est moi qui devais le tuer. Et je dois reconnaître que mon meurtre est un chef-d'œuvre… un chef-d'œuvre de simplicité et d'ingéniosité !

» Depuis la mort de Bob, Père – tout comme la plupart des habitants de notre village – se mettait au lit avec un fusil chargé à portée de la main. Tu t'en souviens, James, vers 10 heures nous avions chanté *Happy Birthday* quand le téléphone a sonné ; c'est moi qui suis allé décrocher : il ne s'agissait pas d'un faux appel, comme je vous l'avais dit, mais de mon père. Père qui appelait au secours : « Henry, vite ! Je viens de me blesser en vérifiant mon fusil… dans la chambre… c'est très grave… une balle dans la tête… je vais mourir… viens tout de suite… fais venir une ambulance, il y a peut-être encore une chance… Vite ! Vite, Henry !… »

» Rendez-vous compte, je projetais de tuer mon père, et voilà une occasion unique qui s'offrait à moi : en retardant l'arrivée des secours, j'allais tuer le meurtrier de ma mère !

» Ensuite, James, nous avons fait une partie d'échecs ; naturellement j'avais la tête ailleurs, sans quoi, tu penses bien, je n'aurais jamais perdu cette partie, MOI ! Tout en jouant, j'analysais la situation : il y avait très peu de chance que mon père téléphone à quelqu'un d'autre ; d'une part il n'était certainement plus en état de le faire, et d'autre part je lui avais dit que je m'occupais de tout.

» Mais cet accident, de par mon intervention, était devenu un assassinat ! Il fallait que cela se sache ! Il fallait aussi qu'on découvre le corps avant que la neige se remette à tomber, ainsi la neige vierge de toute empreinte, autour de la maison, ferait penser à un meurtre surnaturel, magique ! Un meurtre exceptionnel, digne de Houdini ! Cependant, cet accident devait impérativement passer pour un assassinat.

» Lorsque je fréquentais le milieu du cirque, j'avais connu un ventriloque… il avait essayé de m'apprendre son art ; sans grands résultats, du reste, mais il a toutefois reconnu que j'étais assez doué pour les imitations de voix.

» Peu avant 11 heures, alors que nous venions d'achever notre partie d'échecs, j'ai téléphoné à père ; il ne répondait plus… il était mort. Je pouvais alors appeler Victor en prenant la voix de père : « L'assassin… Oh ! ma tête… J'ai entendu un bruit… je me suis réveillé… une ombre… un coup de feu… J'ai mal, Victor… Viens vite !… je vais mourir… vite, vite… » Vous connaissez la suite… Je dois cependant admettre que j'ai eu quelques frayeurs en constatant que père était encore en vie. Fort heureusement, on ne put le sauver… ce retard d'une heure lui avait été fatal !

» Bien entendu, c'est moi qui avais ouvert la porte arrière donnant sur le jardin. Ha ! ha ! ha ! le meurtrier s'est enfui sans laisser de traces sur la neige ! Un meurtre génial ! Digne de Houdini !…

» Encore un détail, James : sais-tu pourquoi nous n'avons pas entendu le coup de feu ? Parce que nous étions en train de chanter *Happy Birthday* à tue tête ! Ha ! ha ! ha !

» Si je vous fais ces confidences, mes amis, c'est parce que je sais que je peux compter sur vous, sur votre discrétion… Inspecteur, je ne saurais jamais assez vous remercier pour m'avoir éclairé sur ma véritable identité… Merci, inspecteur, mille fois merci.

J'étais recroquevillé sur ma chaise, essayant de faire le vide, de ne plus entendre la terrible voix de Henry :

— … Les Latimer avaient tué Bob, mon ami… Au début, je ne savais pas si je devais les dénoncer ou faire justice moi-même. J'ai longuement hésité… Je les avais vus mettre leurs valises dans la voiture, leur départ était imminent, il me fallait agir… Je me suis glissé dans leur chambre, je les ai assommés alors qu'ils dormaient… Je les ai ligotés, bâillonnés… Ils ont eu une peur atroce en reprenant leurs esprits, me voyant penché sur eux, l'air menaçant, un couteau à la main. Vous auriez dû voir leurs têtes ! Je tenais ma vengeance ! Défigurés par la terreur, ils s'attendaient à ce que je leur fasse subir le même sort qu'ils m'avaient réservé trois années auparavant. Je fis justice en les achevant d'un coup de couteau, après leur avoir fait quelques boutonnières sur l'abdomen afin de les terroriser. Ha ! ha !… Oui, ces chiens ont eu la fin qu'ils méritaient, ces êtres abjects qui avaient apporté le malheur dans notre village.

» Je ne pouvais pas descendre leurs corps avec ce maudit escalier qui grinçait, Victor aurait pu me surprendre. Je les ai donc provisoirement installés dans le canapé en attendant une meilleure occasion pour faire disparaître les cadavres. Il m'a tout de même fallu un certain temps pour couper les ficelles et arracher les ressorts. Pressé par le temps, je me suis rapidement débarrassé de ces encombrants objets en les jetant par la fenêtre, aussi loin que j'ai pu.

» Leur voiture et leurs bagages sont actuellement au fond d'une rivière, pas très loin d'ici... Je... Mais qu'avez-vous ? James, pourquoi pleures-tu ? Et vous, inspecteur, vous avez une tête de cadavre ! Réveillez-vous ! Vous êtes en présence de Houdini ! Harry Houdini, le roi de l'évasion ! L'homme qui a réussi à renaître après sa mort ! L'homme qui...

C'était plus que je n'en pouvais supporter ; lentement, je perdis connaissance. J'eus juste le temps d'apercevoir Drew brandir un automatique...

3

JE TIRE MA RÉVÉRENCE

— D'accord, inspecteur Drew, on a volé votre voiture... Mais pourquoi ameuter toute la police du comté pour un simple vol de voiture ? Il est 1 heure du matin ! Vous avez deux cadavres sur les bras, et vous vous obstinez à faire rechercher un simple voleur ! Franchement inspec...

— Silence !

— Bien... bien, inspecteur. Bon, nous avons terminé notre travail. On va pouvoir emmener les corps. Dire que nous avons cherché ces deux oiseaux dans tout le pays, alors qu'ils étaient là, sous notre nez. Enfin...

— Un mot de plus, sergent, et je vous...

— Entendu, chef, entendu... Tiens, je crois que le jeune Stevens revient à lui. Mais vous ne m'avez toujours pas expliqué, inspecteur, pourquoi il est évanoui, et pourquoi vous avez cette bosse sur le front...

— Taisez-vous, sergent, ça suffit ! Débarrassez-moi le plancher ! Tout le monde ! Et n'oubliez pas les cadavres ! Et ne revenez plus sous aucun prétexte... sauf si vous avez du neuf pour ma voiture.

Je commençai à reprendre mes esprits. Les policiers quittaient le salon. Drew, pâle comme la mort, s'approcha de moi. Sur son front apparaissait un superbe hématome.

— Ça va mieux ? me demanda-t-il.

— Oui, mais où est Henr…

— Attendez que tout ce petit monde soit parti, coupa-t-il nerveusement… Voilà, nous pouvons parler. Pour l'instant, seuls vous et moi savons que Henry est un assassin. Tout à l'heure, alors que je m'apprêtais à l'arrêter, il m'a lancé la boule de cristal en pleine figure. Naturellement, quand j'ai repris connaissance, il avait disparu… et ma voiture aussi !

Un policier fit irruption dans le salon :

— Chef ! Nous avons repéré votre voiture ! Elle roule à tombeau ouvert vers la capitale !

— Vite, jeune homme, me dit Drew d'une voix haletante, venez avec moi ! J'aurai probablement besoin de votre aide.

Vers 3 heures du matin, Drew et moi sortîmes de la voiture de police.

— Il est là, inspecteur Drew, sur le pont. Nous ne pouvons pas l'approcher, il est armé. Deux de nos hommes ont déjà été blessés… Que devons-nous faire ?

— Rien, dit Drew. Que chacun reste à son poste. Il ne peut pas s'enfuir ?

— Bien sûr que non ! repartit le policier, l'air surpris. Nos hommes gardent les deux extrémités du pont, il ne peut pas s'échapper. À moins de plonger dans les eaux glacées de la Tamise, mais ce serait du suicide. Quant à votre voiture, inspecteur, je crains fort que…

— Ne vous occupez pas de ma voiture ! hurla Drew. Contentez-vous d'exécuter mes ordres ! Bon, je vais y aller. Que personne ne bouge.

— Vous êtes fou, inspecteur ! Il va vous tirer dessus ! Il est armé ! Il a déjà…

Drew parut sur le point d'envoyer un coup de poing à son subalterne, mais il se ravisa au dernier moment. Puis il se dirigea vers le pont.

— Un instant, inspecteur, je viens avec vous ! m'écriai-je.

Drew se retourna et me considéra longuement avant de parler :

— Il a certainement pris le pistolet qui était dans la boîte à gants de ma voiture, une arme redoutable… Vous savez ce que nous risquons.

— Oui, je le sais. Mais je suis son meilleur ami, il ne tirera pas sur moi.

Drew hésita un instant, puis me fit signe de le suivre.

Les policiers, postés aux abords du pont, nous regardaient comme s'ils nous voyaient pour la dernière fois. Drew s'engagea sur le pont; je pressai le pas pour le rejoindre.

Quelques heures plus tôt, Henry et moi dînions ensemble. Henry, mon ami de toujours. Henry qui était devenu un monstre… Henry qui allait apparaître d'un instant à l'autre, qui allait surgir d'un pilier du pont… La Tamise coulait paisiblement sous l'éclairage argenté de la lune… Henry, un assassin, mon Dieu !

— Le voilà ! haleta Drew. L'ombre qui dépasse du pilier central, c'est lui ! Marchez normalement, jeune homme, faites comme si de rien n'était.

— Ne bougez pas, inspecteur, je vais y aller.

— Il n'en est pas question.

— D'accord, mais marchez derrière moi.

Je distinguais à présent le visage de Henry. Une expression de terreur et de folie s'y lisait; mon ami était méconnaissable.

— N'avance plus, James ! me lança-t-il en brandissant un pistolet dans ma direction.

— C'est moi, Henry, ton ami James.

— Arrête !

— Tu es malade, Henry, il faut te faire soigner. Allons, donne-moi cette arme.

J'étais à quelques mètres de lui; je voyais son index se crisper sur la détente. Je le regardai droit dans les yeux.

Henry baissa la tête, le pistolet tomba au sol.

— James, murmura-t-il d'une voix pathétique.

Tout à coup, il enjamba le parapet et s'élança dans le vide. Le bruit du plongeon déchira le silence nocturne. Drew alla s'accouder au parapet. Je fis de même. Rien ne vint troubler la surface des eaux noires de la Tamise.

— C'est fini, dit Drew au bout d'un moment. On ne peut plus rien faire pour lui. C'est peut-être mieux ainsi…

— Vous savez, inspecteur, c'était un chic type, Henry, à l'époque. Personne ne doit savoir qu'il a tué son père, vous m'entendez, personne… Les Latimer n'ont eu que ce qu'ils méritaient.

Drew me prit par l'épaule :

— Ce n'est pas Henry qui est responsable de la mort de son père, mais un stupide inspecteur de police. Un inspecteur de police qu'on appelait le Psychologue ! Un inspecteur de police qui se croyait plus malin que tout le monde ! Non, jeune homme, vous ne pouvez pas vous mettre à ma place, vous ne pouvez pas ressentir le profond dégoût que j'ai de moi-même. Si je n'avais pas femme et enfants, je crois que je suivrais le chemin que vient de prendre votre ami, votre ami que mes accusations ont rendu fou au point de…

» Vous n'avez pas à vous inquiéter, nul ne connaîtra le fin mot de cette horrible histoire, où un stupide inspecteur de police a la plus grande part de responsabilité. J'y veillerai, vous pouvez me faire confiance. La mort de Mr White passera pour ce qu'elle a été, un accident, à la suite de quoi votre ami, fou de chagrin se sera suicidé. Quant aux Latimer, vu leurs antécédents, leur assassinat pourra facilement s'expliquer : l'une des victimes de leurs mystifications aura découvert le pot aux roses et se sera vengé.

Sur les berges de la Tamise, quelques points brillants s'agitaient ; des pinceaux lumineux balayaient la surface de l'eau.

Des bruits de pas résonnèrent ; des policiers s'approchèrent.

— Allons, venez, dit Drew. Il n'y a plus aucun espoir de repêcher votre ami vivant. Venez, je vais vous ramener chez vous.

— Non, merci, inspecteur. Je n'ai pas envie de rentrer chez moi pour le moment. J'ai besoin d'être seul, seul…

Le surlendemain, Mr et Mrs Stevens signalèrent la disparition de leur fils James. On ne le retrouva jamais.

Cinquième partie

ÉPILOGUE

Incroyable ! Le Dr Twist était parvenu à démêler cet imbroglio ! Je n'en revenais pas, car sa solution semblait bien être la suite et l'explication logique d'une énigme dont l'auteur – moi, en l'occurrence – connaissait parfaitement le dénouement lorsqu'il commença son récit ; ce qui n'était certes pas le cas, je suis bien placé pour le savoir. Non seulement il avait expliqué les meurtres de Bob Farr et de Mr White de façon plus que satisfaisante, mais il avait réussi à éclairer l'étrange comportement de Henry tout au long de l'histoire.

De deux choses l'une : ou le Dr Twist était vraiment extraordinaire, ou alors, à mon insu, je savais tout dès le début. D'ordinaire, ma production quotidienne excédait rarement les trois pages ; je faisais de nombreuses pauses afin d'ordonner mes pensées, je consultais maints ouvrages ; or, pour cette histoire, dix soirées avaient été suffisantes, un seul livre m'avait servi de documentation, un ouvrage sur Houdini.

Je n'en revenais pas moi-même ! Et pourquoi le Dr Twist faisait-il disparaître James Stevens à la fin du récit ? Cela n'apportait rien à l'histoire ! Absolument rien ! C'était même tout à fait ridicule.

Mais j'y pense, il y avait aussi quelque chose de curieux dans sa lettre d'introduction… Voyons un peu… Ah ! Voilà : « … votre histoire n'offrant qu'une seule et unique solution… J'admets avoir bénéficié d'une certaine aide… nous reparlerons de tout ceci… » Que voulait dire cela ?

Enfin, ne cherchons pas à comprendre. Téléphonons plutôt !

Je m'apprêtai à composer son numéro, puis me ravisai. Laissons-le plutôt mijoter deux ou trois jours, un appel immédiat de ma part le comblerait d'aise et je n'étais pas d'humeur

– mais alors pas du tout – à l'entendre triompher, faussement modeste, à l'autre bout du fil. L'aisance avec laquelle il avait dissipé le mystère m'avait quelque peu vexé, je l'avoue ; moi, John Carter, auteur émérite de romans policiers, qui avais parié qu'il ne serait pas à même de le faire.

Il était presque midi et Jimmy n'était toujours pas de retour. Nous avions prévu de dîner au «White Horse» mais je n'étais pas en appétit et Jimmy sans doute non plus, vu son absence. Je n'avais pas encore mis le nez dehors, aujourd'hui, une petite promenade au grand air me ferait probablement le plus grand bien.

Ma maison était isolée en pleine campagne, le village le plus proche étant à plus d'un kilomètre, un endroit calme et reposant, particulièrement propice à l'inspiration.

Tout en essayant de m'abîmer dans mes pensées, je m'acheminais par les sentiers sillonnant cette verdoyante étendue doucement vallonnée. Quelques idées confuses se heurtaient dans mon cerveau, puis ce fut la trêve, la paix, le vide… J'étais bien, je ne pensais plus à rien ; une brise fraîche et un agréable rayon de soleil me caressaient le visage. Oui, j'étais vraiment bien, si bien que je perdis totalement la notion du temps : il était plus de 14 heures lorsque je regagnai ma propriété.

En pénétrant dans le bureau, j'aperçus Jimmy installé à ma table de travail. Il réprima un mouvement de surprise, puis se leva ; ses mains étaient crispées sur les feuillets que le Dr Twist m'avait envoyés.

— Tu as lu ? m'enquis-je vivement.

— Lu ?… balbutia-t-il. (Il jeta un coup d'œil affolé sur les feuillets, puis les déposa sur la table.) Non, je t'attendais… J'avais pris ces feuilles en main, machinalement… Je… je ne les ai pas lues…

— J'espère que tu ne m'en veux pas trop de m'être attardé ainsi. Je me suis promené et j'ai complètement oublié l'heure du dîner.

— Ça ne fait rien. De toute manière, je n'avais pas faim. Bon, j'ai un rendez-vous, je te laisse…

Jimmy ne se manifesta plus de la journée ; ni le lendemain ni le surlendemain. Inquiet de cet étrange silence, je téléphonai à son appartement : pas de réponse. J'appelai alors la concierge :

— Bonjour, madame, pourrais-je parler à Mr Jimmy Lessing ?

— Mr Lessing n'est plus là, me répondit une voix revêche.

— Comment ça, plus là ?

— Il n'est plus là, il est parti depuis deux jours.

— Parti ! Mais où ?

— Je ne sais pas, il ne m'a pas laissé d'adresse. Tout ce que je sais, c'est qu'il n'est plus dans le pays. Il m'a parlé des États-Unis, j' peux pas vous en dire plus.

Je raccrochai. Le sang me monta au visage : Jimmy avait subitement quitté le pays sans me prévenir ! Que signifiait cela ?

La sonnerie du téléphone m'arracha à mes pensées :

— Oui ? grognai-je.

— Ronald ?

— Ah ! Docteur Twist ! Heureux de vous entendre. J'ai reçu votre courrier, permettez-moi de vous féliciter vivement. Je n'aurais jamais pensé que…

Alan Twist coupa court, d'une façon inhabituelle :

— Pouvez-vous venir me voir en fin d'après-midi ?

— Heu… Voyons… Oui, je suis libre. C'est entendu, je passerai vers 17 heures. Cela vous convient-il ?

— Absolument. Qu'est-ce que c'est ? Oui ! Entrez docteur ! Je vous laisse, Ronald, mon médecin vient d'arriver, alors à plus tard.

— Suppression totale de tabac ! fulmina le Dr Twist. Je vous demande un peu ! Il paraît qu'il faut ménager mon cœur. Comme si une bonne pipe de temps en temps pouvait me faire du mal. D'abord, j'en ai besoin pour réfléchir, moi ! Savez-vous ce qu'il m'a dit, ce toubib de malheur ? Que je devais m'estimer heureux d'avoir encore droit au whisky, en quantité modérée bien entendu. Au diable la faculté !

Sur ces paroles, il prit une grosse pipe en écume de mer, la bourra et l'alluma. Puis il se renversa contre le dossier de son fauteuil et s'absorba dans la contemplation de la mer que l'on apercevait, au loin, derrière la porte-fenêtre du salon ; un vent violent secouait les vitres ; les vagues s'élançaient à l'assaut de la grève.

— Quel temps ! poursuivit-il plus calmement, en croisant frileusement son élégant veston d'intérieur. Un petit whisky nous fera le plus grand bien… Vous m'en direz des nouvelles.

Il se leva, dépliant sa longue silhouette toujours aussi droite – en plus du jardinage, il devait certainement s'astreindre à faire sa gymnastique quotidienne – et s'approcha du bar pour aller chercher le whisky en question.

Il était effectivement parfait, mais je ne me laissai pas distraire et attaquai d'un ton tranchant :

— Docteur Twist, pourquoi avez-vous fait disparaître James Stevens à la fin de votre récit ? Je n'en vois pas la nécessité !

Twist me dévisagea longuement derrière son pince-nez.

— Je ne sais pas si vous vous souvenez de notre dernière entrevue, dit-il en disciplinant machinalement ses cheveux. Je vous avais proposé d'écrire un récit mystérieux sans vous soucier de la solution.

— Mais c'est bien ce que j'ai fait !

Il secoua énergiquement la tête :

— Non, vous n'avez pas respecté la règle du jeu : vous avez écrit votre intrigue tout en connaissant parfaitement l'épilogue.

— Je vous assure que ce n'est pas vrai, protestai-je avec véhémence.

— Non ! Non et encore non ! Les nombreux indices parsemés dans votre récit indiquaient clairement la solution. Une seule solution et pas une autre ! Du reste, elle était tellement évidente que je n'ai pas eu à chercher longtemps.

— Docteur Twist, je puis vous certifier que…

— Vous allez aussi me dire, interrompit-il d'une voix douce, que vous avez inventé le personnage d'Arthur White ! Arthur White le célèbre écrivain !

Une petite lueur jaillit dans mon cerveau :

— Attendez… Arthur White… ça me dit quelque chose, maintenant que vous m'en parlez.

— Je le savais bien, dit-il en suivant du regard le ruban de fumée s'échappant de sa pipe. Arthur White a bien existé ; il est mort accidentellement en nettoyant son arme à feu… en 1951. Deux jours plus tard, son fils Henry, profondément affecté par la mort de son père, se suicide en se jetant dans la Tamise… comme dans votre histoire.

— Je ne vivais pas encore en Angleterre, à cette époque. Oui, ça me revient, j'en ai entendu parler. Alors, inconsciemment, j'aurais utilisé ces faits divers comme support de mon histoire ? Incroyable…

Le Dr Twist s'éclaircit la gorge avant de parler :

— Il ne s'agit pas d'un support d'histoire, vous avez narré les faits tels qu'ils se sont réellement passés. Après lecture de votre récit, j'ai immédiatement téléphoné à mon vieil ami Hurst, inspecteur en chef à Scotland Yard, retraité à présent. Nous avons eu une longue conversation ; il se souvenait parfaitement de la mort accidentelle de l'écrivain White et du suicide de son fils. Je lui ai alors donné une autre version des faits : celle que votre récit m'a fait comprendre. Devinez un peu ce qu'il m'a répondu !

— …

— Aux yeux de tout le monde, la mort d'Arthur White passait pour accidentelle. Jusqu'au jour – il y a environ huit ans de cela – où l'inspecteur Drew, sur son lit de mort, a révélé la vérité !

Je n'en croyais pas mes oreilles

— Drew aussi a cxistc ? Mais c'cst impossible ! Je l'ai inventé et…

— Non, mon cher Ronald, vous n'avez inventé personne. (Le Dr Twist rajusta son pince-nez pour mieux me dévisager.) Ni Arthur White, ni son fils Henry, ni James Stevens qui a disparu le lendemain de la mort de son ami. Tous les personnages de votre histoire ont réellement existé. Bien sûr, quelques noms et prénoms ne sont pas tout à fait exacts ; mais peu importe, ce drame s'est déroulé exactement comme dans votre roman…

» Naturellement, la confession de l'inspecteur Drew a été tenue secrète pour les raisons que vous devinez. Rendez-vous compte : à la suite d'une accusation d'un inspecteur du Yard, le fils d'un écrivain célèbre se prend pour la réincarnation de Houdini et tue son père ! Quel scandale pour la police anglaise si le public avait eu vent de la chose !

» Le texte que je vous ai envoyé, retrace, à quelques nuances près, le véritable dénouement de cette sinistre affaire. La fidélité de mon récit est due à la confession de l'inspecteur Drew, que Hurst m'a révélée. C'est d'ailleurs ce que je vous avais signalé dans ma lettre : j'avais résolu le mystère, mais on m'avait aidé dans la façon de conduire l'épilogue. Oui, ce drame a réellement existé, tel que vous… tel que nous l'avons couché sur papier.

» Et, le lendemain de la mort de Henry White, en décembre 1951, James Stevens disparut… on ne le revit jamais.

Tandis que le silence étouffait les derniers échos de ces paroles, le Dr Twist me regardait droit dans les yeux. Puis il reprit :

— Maintenant, mon cher Ronald, permettez-moi de vous poser une question : comment avez-vous pu avoir connaissance de cette histoire ? Car vous la connaissez, il ne peut être question de coïncidence, vous en conviendrez avec moi. Alors ?

Un étrange malaise m'enveloppa. Je tentai vainement de maîtriser mes pensées en déroute.

— Docteur Twist, bredouillai-je après un instant qui me parut une éternité, je puis vous l'assurer, j'ai écrit instinctivement… Un livre sur Houdini traînait sur mon bureau, c'est tout ce que je… Attendez ! J'ai environ cinquante ans… comme James Stevens s'il existait encore ! Voyez-vous, je ne sais rien de mon enfance, ni de mon adolescence… Un jour de mars 1953, la police canadienne m'a demandé mon identité. J'étais épuisé, je marchais sur une route… une longue route… je n'ai pas pu leur répondre… Je ne savais rien, absolument rien… ni qui j'étais ni d'où je venais. Je n'avais pas de papiers d'identité. On a fait des recherches, bien sûr, mais elles n'ont pas abouti. Aucune disparition correspondant à mon signalement n'avait été enregistrée ni au Canada ni aux États-Unis. On a estimé que j'avais vingt-cinq ans, on m'a donné le nom de Ronald Bowers. Oui, je suis ce qu'on appelle un amnésique. J'ai consulté toutes sortes de spécialistes… en vain. Puis j'ai abandonné la lutte, j'ai accepté mon état. J'ai quitté le Canada au début des années soixante pour l'Angleterre, où j'ai exercé la profession de journaliste ; jusqu'au jour où… vous connaissez la suite de ma carrière.

» Ainsi je serais le James Stevens disparu en décembre 1951 ! Les dates correspondent… C'est absolument incroyable… je n'arrive pas à y croire…

Le Dr Twist, affalé dans son fauteuil, avait fermé les yeux ; une rêveuse expression de satisfaction se répandit sur son aimable visage. Il rajusta son pince-nez, qui menaçait de tomber à tout instant, puis me sourit.

— C'est plus que probable, mon cher Ronald, plus que probable. Ayant appris que votre histoire n'était pas une fiction mais une réalité et qu'un certain James Stevens avait mystérieusement disparu une nuit de décembre 1951, je me suis renseigné sur votre compte J'ai alors appris que vous êtes amné... enfin que vous souffriez d'amnésie et que nul ne connaît vos origines. Oui, mon ami, il y a de fortes chances que vous soyez James Stevens. (Il fit une pause, puis ajouta :) De toute façon, nous allons le savoir bientôt !

Je restai bouche bée.

Le Dr Twist se pencha de côté, se saisit d'une grande enveloppe posée sur une table avoisinante et la brandit triomphalement :

— Sur ma demande, Hurst m'a envoyé une partie du dossier White. Une photographie de James Stevens devrait s'y trouver. (Il contempla l'enveloppe qui était encore fermée.) Je l'ai reçue ce matin, juste avant de vous téléphoner. Je vous laisse le soin de l'ouvrir...

Le cœur battant, je lui arrachai littéralement l'enveloppe des mains. Je la déchirai et en sortis le dossier. Au bout d'un moment, je poussai un cri de triomphe :

— C'est moi ! James Stevens ! Incroyable ! Regardez cette photo, Dr Twist, c'est moi... avec quelques années en moins, bien sûr... Ainsi donc, je suis James Stevens, je n'en reviens pas !

Je pris ensuite mon portefeuille et en retirai une petite photographie que je plaçai à côté de l'autre :

— Regardez, la petite photo c'est moi à trente ans... Et maintenant comparez-la avec celle du dossier... il n'y a pas de doute possible : je suis bien James Stevens !

— Les deux visages sont identiques, dit le Dr Twist en hochant la tête.

Tandis qu'il examinait les deux prises de vue, je lui confiai :

— Dire que, l'espace d'un instant, j'avais pensé que Jimmy Lessing... Vous connaissez ? Cet auteur dramatique qui avait sombré dans... enfin nous collaborions d'une certaine façon. Il me soumettait bon nombre d'idées pour mes romans. Et je me suis demandé si ce n'était pas une de ses histoires que j'avais inconsciemment couché sur le papier. Lui non plus n'était pas d'origine anglaise, il était Américain. J'avais donc pensé que Jimmy Lessing était, non pas James Stevens, mais Henry White ! Oui, c'était une possibilité ; car dans ce cas, il aurait lui aussi tout naturellement connu cette histoire. Il y a trois jours, je l'ai surpris en train de lire les feuillets que vous m'aviez envoyés, et depuis il a disparu ! Il paraît même qu'il a quitté le pays !

Le Dr Twist ne semblait pas m'écouter. Le regard perdu dans le vague, il déclara :

— La façon dont vous avez écrit votre récit est étrange… je veux parler du narrateur, donc de James Stevens. On perçoit difficilement le personnage ; c'est un être terne, neutre, qui ne dévoile ni ses goûts ni ses passions… rien. La seule chose qui nous dévoile un peu sa personnalité, c'est sa misogynie : les femmes qu'il dépeint sont stupides, niaises, autoritaires, insignifiantes ou rouées et malfaisantes. Une seule trouve grâce à ses yeux : Mrs White. Mrs White, dont la bonté et la grandeur d'âme sont particulièrement mises en valeur…

Irrité par cette remarque, je haussai le ton :

— Je vous disais donc que Jimmy Lessing avait subitement quitté le pays et que je le soupçonnais d'être Henry White. Enfin tout ceci est idiot puisque Henry White est mort noyé dans la Tamise…

— C'est ce que l'on a pensé, intervint le Dr Twist d'une voix changée. Bien qu'on n'ait jamais retrouvé son corps… L'eau était glacée… Un être humain normalement constitué n'y aurait jamais résisté…

— Enfin peu importe, soupirai-je. Je n'arrive pas encore à réaliser… Je suis James Stevens. Mettez-vous à ma place, Dr Twist, je… Docteur Twist ! Mais qu'avez-vous ?

Son visage s'était assombri ; une grande tristesse se lisait dans son regard et des gouttelettes de sueur perlaient sur son front. Il fixait attentivement la photographie du dossier, qu'il venait de retourner.

— Ce visage est bien le vôtre, Ronald, dit le Dr Twist, dont la voix accusait un profond bouleversement. Cela ne fait aucun doute… Mais il y a une inscription au verso. Il ne s'agit pas de James Stevens… c'est… c'est Henry White.

1988

LE BROUILLARD ROUGE

Préface

« Je commençais à être piqué au jeu. Chaque fois qu'un livre était fini, j'avais à nouveau une bonne idée.
«J'ai lu ce livre sur Jack l'Éventreur – celui de Tom Cullen – avec presque autant d'intérêt que j'avais lu Houdini et sa légende. *Un livre qui retraçait bien, à la fois les faits en soulignant le côté fantastique des interventions du criminel, et reconstituait l'ambiance de l'époque, de l'enquête policière. Je sentais que je devais écrire quelque chose là-dessus. »*

Paul Halter.

En ce mois de mai 1887, débarque dans la petite localité de Blackfield, dans le Surrey, un jeune homme à la barbe imposante qui revient dans son village natal après neuf années d'absence. Il se fait appeler Sidney Miles et se présente comme un journaliste du *Daily Telegraph* venu se documenter sur un crime pour écrire un roman. Un crime « impossible », bien évidemment, commis à Burton Lodge, la propriété du major Daniel Morstan, et où le très estimé châtelain de l'endroit, Richard Morstan, le frère de l'actuel propriétaire, trouva la mort dans des circonstances demeurées inexpliquées. Le dénommé Sidney Miles veut tenter de découvrir la vérité sur ce meurtre bizarre mais par-dessus tout, et pour des raisons connues de lui seul, ne souhaite pas être reconnu… La raison pour laquelle il dissimule ses traits derrière cette barbe imposante « aux reflets bleutés… ».

Tout en flirtant avec Cora, la fille de l'aubergiste du "Cygne noir", Miles s'assure la complicité du major pour se livrer à quelques investigations en se faisant passer pour un inspecteur du Yard. Mais qui est-il en vérité ce « funambule sur la corde raide » (chapitre 9) ? Et pour quelle raison veut-il à tout prix faire la lumière sur cette affaire oubliée ?

Les fausses apparences, l'illusionnisme et les crimes impossibles, mais aussi le temps qui passe et l'amnésie, les obsessions et les tortures de l'esprit : tous les thèmes de prédilection de Paul Halter sont une fois de plus rassemblés dans ce nouveau défi qui marqua, avec l'un des Grands Prix du Roman d'Aventures les plus originaux de ces dernières années, l'entrée fracassante de son auteur dans la lignée des écrivains majeurs du genre.

La Malédiction de Barberousse était un essai mémorable aux accents autobiographiques. *La Quatrième Porte,* une tentative expérimentale tout aussi brillamment conduite. *Le Brouillard rouge* montre dès les premières pages une maîtrise souveraine dans la conduite du récit et dans l'analyse des caractères. Avec l'exposition graduelle d'un mystère aux accents fantastiques et sa surprenante résolution… au moment où l'on s'y attend le moins ! Car la linéarité dans le développement de l'intrigue n'est qu'apparente : le livre est construit, comme les deux précédents, sur une dualité troublante et insidieuse. Périodiquement, le récit est entrecoupé de brèves réflexions du narrateur, le dénommé Sidney Miles, introduisant un sentiment de malaise qui ne cessera de croître jusqu'à la seconde partie du roman où Paul Halter bouleverse soudain la convention du récit criminel traditionnel pour confronter le lecteur à un cauchemar bien réel…

Avec *Le Brouillard rouge*, le jeune écrivain se révèle capable de mener avec un talent de vieux professionnel l'intellect de son lecteur dans un méandre de situations dont la cohésion interne ne transparaît pas immédiatement au fil des chapitres, mais ne laisse éclater sa plénitude que dans les dernières pages. Cette ambiance lugubre qui va crescendo jusqu'au tragique dénouement s'appuie en effet sur un cheminement très personnel où les réponses à certaines interrogations obsédantes interviennent au milieu du livre alors que d'autres détails auxquels on n'avait pas attaché d'importance prennent le relais et s'avèrent primordiaux pour la suite. À tel point que des questions essentielles dans un récit policier comme « Qui a tué ? », « Pourquoi ? » et même « Comment ? » – chez Paul Halter, c'est un comble ! – s'effacent devant d'autres plus subtiles qui s'attachent à la personnalité complexe et déroutante du détective John Reed confronté au « plus grand criminel de tous les temps ». (Étant donné l'époque, on comprendra que le duo Twist-Hurst soit absent de cette affaire…) John Reed est, en effet, un brillant enquêteur pas comme les autres, impatient de se lancer dans la carrière littéraire et soucieux d'écrire – comme son créateur – « quelque chose qui sorte de l'ordinaire », un chef-d'œuvre immortel, le roman policier qui frappera tous les autres de nullité : « Une histoire terrible qui hantera le lecteur encore longtemps après sa lecture. » Cet étrange parallèle entre les agissements monstrueux de celui qui a posé – et pose encore – l'une des plus grandes énigmes criminelles de l'Histoire et ce policier obsédé par la résolution de l'Impossible prend l'allure d'un étrange duel entre deux démiurges qui s'affrontent au travers de leur création et transcendent, par leur confrontation, la simple narration du roman. Confrontation qui se terminera, comme l'ambitionne toujours l'auteur, par une résolution qui « procure le plus grand frisson au lecteur à la fin de l'histoire »…

Comment d'ailleurs ne pas attribuer à Paul Halter lui-même cette réflexion de son détective de légende : « Impossible. Ce mot qui sonnait toujours à mes oreilles comme un défi. Relever ce défi, dissiper le mystère quel qu'il soit était devenu chez moi une obsession » (chapitre 15). Comment ne pas songer à l'écrivain s'interrogeant, cent années après, sur cette énigme insistante et qui attend toujours une réponse : qui était-il, celui qui « a mis tout en œuvre, pris des risques énormes pour prouver […] son invincibilité, son intelligence supérieure et son incroyable habileté. Comme s'il voulait créer une sorte de chef-d'œuvre sans précédent dans l'histoire du crime… » (chapitre 25) ?

Après le feu d'artifice d'un premier livre qui pouvait laisser croire à une brusque flambée d'imagination sans lendemain – je rappelle que *La Quatrième Porte* était alors le seul roman connu de Paul Halter, *La Malédiction de Barberousse* n'étant pas encore disponible en librairie en 1988 –, *Le Brouillard rouge* est venu confirmer la révélation d'un écrivain à part entière avec lequel la littérature française de mystère devrait désormais compter. Sans oublier que le récit est empreint d'une admirable puissance d'évocation du Londres victorien. Et que l'humour n'y est pas exclu, telle cette savoureuse et furtive apparition de « ce grand escogriffe prétentieux qui se prend pour le roi des détectives » (chapitre 19).

Sous des dehors de divertissement, le roman se pare en outre de quelques réflexions pertinentes sur l'indissociable corrélation du Bien et du Mal et la frontière fragile qui sépare ces deux fruits d'un même arbre… Ainsi que le constate le superintendant Melvin (chapitre 15), ce qu'il faut retenir de tout ceci, « c'est qu'un être normal peut, à un moment donné de son existence, à la suite d'un quelconque événement, devenir un criminel, un assassin ».

Mais, c'est le romancier avec sa débordante imagination qui aura le dernier mot en démontrant, par une conclusion imprévisible, la force primordiale de la création de l'esprit sur la sordide réalité quotidienne, répondant directement aux aspirations de John Reed, son brillant enquêteur et romancier en herbe : « Il me faudrait surtout trouver la fin de mon histoire. […] Il faut un épilogue qui renverse le lecteur, le replonge dans l'angoisse et le mystère… » (chapitre 21).

Un épilogue qui, à coup sûr, atteindra ces deux objectifs.

En conclusion, je laisserai une dernière fois la parole au superintendant Melvin (chapitre 25) : « Je vous propose de porter un toast au Mystère. Au Mystère avec un grand “M”. »

Novembre 1888

Il est des circonstances où l'on voit défiler sa vie, comme dans une lanterne magique, avec une étrange, une parfaite lucidité. Et c'est toujours dans les moments les plus intenses que cela se produit...

La petite pièce est misérable, pauvrement meublée, sans aucune recherche si l'on excepte la gravure surmontant la cheminée, intitulée (c'est à mourir de rire) : La veuve du Pêcheur.

Je suis gluant et moite de sueur, voilà plus de deux heures que je travaille sans relâche à rendre cette pièce plus vivante, plus colorée. Je l'ai décorée de mon mieux avec les moyens du bord, j'ai accroché des guirlandes de fortune aux clous de la gravure. Les joyaux reposent sur la table, disposés symétriquement, bien en évidence. Les murs et le plafond ont maintenant de chaudes couleurs. J'ai incontestablement réussi à donner un peu de vie à ce logis sordide, tout en observant la plus grande discrétion. En un temps record! Avec pour tout éclairage une malheureuse bougie collée dans un verre à vin ébréché.

Voilà, c'est fini. Je vais pouvoir allumer le feu dans la cheminée.

Avant de me retirer, je jette autour de moi le regard satisfait de l'artiste contemplant son chef-d'œuvre.

Première partie

1

Mai 1887

— Décidez-vous, monsieur, le train va partir d'un instant à l'autre !

Après une ultime hésitation, je descendis sur le quai. Un coup de sifflet impératif me fit tressaillir et le train démarra en laissant derrière lui un long panache de fumée.

Je franchis résolument la barrière blanche pour me rendre à l'auberge de la gare où je pus louer un cabriolet. Le cocher, petit homme au visage rude, s'enquit de ma destination ; je répondis brièvement :

— Blackfield.

Le fouet claqua et, après un désagréable sursaut des roues, la voiture s'ébranla.

Blackfield ! Après tant d'années !

Blackfield ! Mon enfance !... Mais ce n'était pas le moment de m'attendrir. Vraiment pas le moment. J'avais besoin de toutes mes facultés pour mener à bien la mission que je m'étais imposée et qui n'allait pas être des plus faciles. Sachant que le hasard et donc l'improvisation tiendraient une place importante dans un plan soigneusement établi, j'avais envisagé toutes les possibilités.

Pour l'improvisation, je le dis sans fausse modestie, je ne crains personne. Je sais que mon cerveau réagit à la seconde et trouve la parade idéale, quels que soient le danger, le trouble ou l'état d'esprit dans lequel je me trouve.

Cette faculté m'avait valu quelques succès professionnels assez flatteurs.

Un seul détail m'ennuyait pourtant. Il m'arrivait parfois de modifier mon apparence. Mais jouer un rôle le temps d'une soirée et devant des inconnus est une chose ; mystifier tout un village pendant des semaines en est une autre ! Des postiches trop voyants risquaient d'éveiller des soupçons.

Mais qu'ai-je à faire de postiches ? Mon adolescence est loin. S'ajoutant aux années écoulées, ma barbe noire bien soignée et ma moustache – conquérante, paraît-il ! – devraient suffire à me rendre méconnaissable.

Ce n'était certes pas le major Morstan, avec son lorgnon, qui pourrait me reconnaître. Mais il y avait Rose, Eleanor Bourroughs, Celia Forsythe, le Dr Griffin, Tony Ferrers l'aubergiste et bien d'autres encore…

Non sans émotion, je contemplais le vert et riant paysage de la campagne anglaise. Il faisait merveilleusement bon en ce bel après-midi de printemps. Dans un ciel d'azur, d'amusants petits nuages blancs dérivaient paisiblement vers l'est. Toutes les senteurs sylvestres des douces collines du Surrey se mêlaient à l'odeur incomparable qu'exhalaient, sous les rayons d'un soleil déjà ardent, les prairies encore humides de l'averse matinale. À intervalles réguliers, un coucou chantait.

Les sabots des chevaux martelaient allégrement la route bordée d'arbres et de haies. Bercé par leur rythme, grisé d'air pur et embaumé, je me laissais envahir par un bien-être extrême, l'esprit tout occupé, surexcité même, à l'idée de la difficile mission où je venais de m'engager.

Je goûtais le singulier contraste entre l'enchantement présent et l'inquiétante aventure que je m'apprêtais à vivre. Dans quelques instants, j'allais m'employer à remuer un passé tragique ; j'étais bien loin, alors, d'imaginer le déchaînement des forces mauvaises qui en résulterait.

La folie sommeille en chacun de nous, tapie en des abîmes obscurs. Il suffit parfois d'un rien, d'un simple hasard, d'un mot, d'une image, d'un concours de circonstances pour provoquer une fissure dans le rempart de la conscience et de la raison. Et soudain tout bascule. Alors se déchaînent les puissances du mal, submergeant les digues protectrices et semant la terreur dans un éclaboussement de sang.

Le sang, un éclaboussement de sang.

Un frisson glacial me parcourut l'échine. J'appliquai aussitôt mes deux mains sur mes yeux afin de créer les ténèbres, de dissiper la sensation de malaise qui montait en moi. L'espace de quelques secondes, je réussis à faire le vide. Je ne percevais plus rien, tous mes sens étaient paralysés.

D'étranges accords déchirent le silence, dissonants, à la fois sourds et stridents, coups d'archet joués sur des violons en folie. Les sons s'intensifient insidieusement ; mes tympans vibrent au bord de la rupture... Des gouttes écarlates perlent sur un écran noir dressé devant moi...

— Blackfield ! Nous sommes arrivés, monsieur.

La voix du cocher me cingla comme un coup de fouet. Je sortis de ma torpeur et ouvris les yeux. Derrière des bosquets se dressaient des maisons aux toits rouges et gris.

Blackfield ! Le berceau de mon enfance ! L'émotion me serrait la gorge.

— Où est-ce que je vous dépose ? demanda le cocher.

— Au « Cygne Noir ».

Je ne pouvais plus reculer. Le sort en était jeté.

Quelques instants plus tard, la voiture s'arrêta devant l'auberge. Je payai le prix de ma course en ajoutant un pourboire raisonnable et le cabriolet reprit la route.

J'ouvris la porte de l'auberge. Rien n'avait changé dans la grande salle lambrissée de vieux chêne : le plafond soutenu par d'énormes poutres noircies, les tables toujours placées sous les mêmes fenêtres à carreaux verts et ambre, et les murs présentant les mêmes trophées de chasse. Au fond, me faisant face, le sanctuaire de Tony : le comptoir, dominé par une impressionnante tête de tigre, souvenir des Indes rapporté par le major Daniel Morstan. Il en avait fait cadeau au patron, Tony, qui le tenait pour le plus bel ornement de son établissement.

Je gagnai le bar, déposai mes bagages et pris place. Il n'y avait pas un chat dans la salle. Rien d'étonnant : pour autant que je m'en souvienne, les clients ne se bousculaient pas à cette heure-ci – il était presque 16 heures.

Quelques minutes plus tard, Tony se montra. C'était un homme jovial, de taille moyenne. Derrière des lunettes cerclées d'or, deux yeux gris bleu éclairaient un visage ouvert, aux favoris grisonnants.

— J'ai retenu une chambre pour trois semaines, dis-je. Mon nom est Sidney Miles.

Il me serra la main et me gratifia d'un large sourire.

— Tony Ferrers, pour vous servir. Votre séjour sera agréable, Mr Miles. On nous a annoncé du beau temps persistant. Le coin est joli et… Mais vous souhaitez peut-être voir votre chambre ?

— Oui, mais je boirais volontiers un verre auparavant.

— Bien sûr. Je vous envoie quelqu'un, je vais toujours monter vos affaires.

Et Tony se retira. Il m'avait traité comme un client ordinaire, la première étape était franchie. Mais il y en aurait d'autres, beaucoup d'autres. Et de bien plus difficiles ! Pénétrer dans la tanière du tigre, entre autres. En matière d'approche, je n'avais pas prévu de plan précis, me fiant à mon sens de l'improvisation. Je pense que mon idée – un journaliste voulant écrire un roman dont le sujet s'inspirerait du meurtre mystérieux de Richard Morstan – était bonne. Encore que jouer la carte de la simplicité en me montrant sous ma véritable identité eût été peut-être plus…

— Bonjour, monsieur. Vous désirez prendre quelque chose ?

Cora ! La fille de l'aubergiste ! Je l'avais complètement oubliée. Dieu qu'elle avait changé ! L'adolescente de 14 ans au physique prometteur était devenue une splendide jeune fille, une jeune femme plutôt. Une masse de cheveux châtains retenus en un chignon haut placé, d'où s'échappaient quelques boucles mordorées, encadrait un ravissant visage au teint nacré, des lèvres légèrement boudeuses, un petit nez mutin, de grands yeux d'un bleu céleste ; une silhouette aux proportions parfaites, revêtue de fraîche cotonnade – petite robe sage, mais si adroitement taillée qu'elle ne laissait rien ignorer d'un buste charmant. Je la regardais comme Adam dut regarder Ève, émerveillé. Mon trouble trop visible ne put lui échapper et elle me demanda avec malice :

— Vous fixez toujours les femmes de cette façon ?

— Les femmes ? balbutiai-je. Je les découvre toutes en ce jour… en vous voyant. J'avoue n'être point déçu. Bien au contraire. (Je m'approchai d'elle.) Après examen, je pense qu'on peut parler de chef-d'œuvre du Créateur. Chef-d'œuvre inégalé et à jamais inégalable.

Me rapprochant encore, j'examinai son visage sous tous les angles. Elle ne bougeait pas plus qu'une statue, regardant droit devant elle un objet imaginaire. Mais son petit sourire amusé m'engageait à poursuivre :

— Remarquable, déclarai-je avec componction, absolument remarquable.

J'observai un court silence qu'elle coupa d'un ironique :

— C'est tout ?

— L'émotion me coupe la parole. Je prendrai bien quelque chose pour me remettre.

— Un alcool, vu les circonstances ? proposa-t-elle.

— Ce ne serait peut-être pas très prudent, lui dis-je en souriant. J'y puiserais assez de courage pour vous faire une demande en mariage en bonne et due forme.

Elle se mit à rire de bon cœur, d'un joli rire perlé. Je fis chorus. Une amicale complicité s'établissait entre nous.

— Il est plus de 4 heures, si je vous faisais du thé ?

— Ce serait bien plus sage, belle dame.

Elle s'éclipsa dans un gracieux envol de jupons.

Mon séjour prenait un tour imprévu, fort agréable ma foi. Comme elle avait changé, Cora, la petite gamine timide ! Peut-être était-elle mariée ? Elle ne portait pas d'alliance. Curieux, tout de même, une si jolie fille de… voyons… quatorze et neuf cela fait 23 ans, qui n'a pas encore d'époux… À quoi pensaient-ils donc, à Blackfield ? Un fiancé, peut-être ?

Voilà que je devenais jaloux… Ce n'est vraiment pas le moment, mon ami, revenons à nos moutons. Une idée… Cora pourrait être une alliée idéale. Elle connaissait très bien les Morstan, Rose et elle étaient très liées, à l'époque.

En quelques secondes, mon plan de campagne fut établi.

Cora revint avec le thé et des tranches de cake d'aspect fort appétissant.

— Ma spécialité, précisa-t-elle en me versant une première tasse.

Le thé était de qualité et le cake aussi. Je lui en fis compliment et ajoutai :

— Autant vous prévenir à l'avance, vous allez devoir me supporter trois semaines durant. J'ai retenu une chambre chez vous.

— Au nom de…

— Sidney Miles.

Je repris du thé, ravi de la bonne tournure prise par les événements, lorsque la bombe éclata :

— Vous n'êtes pas Sidney Miles.

Il y eut un silence. Le château de cartes s'écroulait. Cora m'avait reconnu.

— Vous êtes, continua-t-elle, Barbe-Bleue ! Le tueur de femmes !

Mon visage dut laisser transparaître mon soulagement un court instant, mais je me repris en caressant ma barbe noire aux reflets bleutés, d'un air entendu.

— Barbe-Bleue était sans doute assez bel homme, dit-elle, ironiquement flatteuse. Mais je ne me l'imaginais pas si beau que cela.

Elle entrait dans mon jeu. Je ripostai :

— Et quel est le nom de sa prochaine épouse et victime ?

— Cora Ferrers. Je suis la fille de… (Elle s'interrompit, vexée de s'être laissé prendre au piège.) Très bien, ajouta-t-elle en prenant un air résigné, je n'ai plus qu'à me laisser assassiner. À propos, que fait Barbe-Bleue quand il ne tue pas ses épouses ?

— Journaliste, au *Daily Telegraph.*

— Monsieur vient de Londres, de la capitale, persifla-t-elle. Et pourquoi passe-t-il ses vacances dans un trou perdu comme Blackfield ?

Nous arrivions dans le vif du sujet, attention ! La moindre erreur pouvait jeter tout l'édifice à terre. Tout en examinant le contenu de ma tasse, je lui dis :

— Avez-vous déjà lu *La pierre de lune* ou *La dame en blanc,* de Wilkie Collins ?

Elle secoua la tête en signe de dénégation.

— Peut-être *L'affaire Lerouge,* de Gaboriau ?

— Les titres des livres de Wilkie Collins ne me sont pas inconnus, mais je ne les ai pas lus.

— Et Edgar Poe ?

— Oui. Mais j'ai trouvé ça horrible. Surtout l'histoire du chat noir et aussi celle de la mort rouge.

— Alors vous avez aussi lu *Double assassinat dans la rue Morgue* !

— Attendez… N'est-ce pas l'histoire où l'on retrouve une femme introduite de force dans le conduit d'une cheminée ?

— Absolument. On y trouve également, dans une cour située à l'arrière du bâtiment, le cadavre d'une vieille femme, la gorge si parfaitement tranchée que la tête se détacha du tronc quand on essaya de la relever. Mais je m'égare en de sanglants détails…

Elle ne rata pas l'occasion :

— C'est tout à fait normal, n'oublions pas que vous êtes Barbe-Bleue.

Son humour n'était pas pour me déplaire. Il était frère jumeau du mien, je l'avais senti dès le début. Néanmoins, cette identification à Barbe-Bleue ne me séduisait guère, loin de là. Je ne relevai donc pas la remarque et poursuivis :

— Ce qui est intéressant, c'est la façon dont a été commis le premier crime. En effet, on a retrouvé l'appartement hermétiquement clos et personne, semble-t-il, n'a pu sortir après le meurtre. Il s'agit là d'un mystère en apparence inexplicable, d'un crime impossible

— Très intéressant. Et ensuite ?

Il y eut un silence.

— J'ai l'intention d'écrire un roman, une histoire mystérieuse, où il serait question d'un crime de ce genre.

Cora tressaillit, ses yeux s'agrandirent de frayeur.

— Mon Dieu ! balbutia-t-elle. Je commence à comprendre… Vous voulez vous inspirer du meurtre de Richard Morstan… de ce meurtre qui n'a jamais été élucidé… un crime impossible, comme vous dites, un crime inexplicable…

Elle se mit à trembler, le regard fixe et étrangement absent. En un puéril geste de défense, elle cacha son visage derrière ses mains. J'en profitai pour la saisir par les épaules.

— Cora, que vous arrive-t-il ?

Elle laissa glisser ses mains, révélant des yeux emplis de tristesse et d'effroi. Il y avait aussi dans ce regard quelque chose que je n'avais jamais vu chez aucune autre femme, quelque chose de primitif, de sauvage même. Fasciné, je plongeai mes yeux dans les siens pareils à ces lacs de montagne, profonds et sombres, qui reflètent cependant l'azur du ciel. Ses lèvres entrouvertes laissaient deviner une fougue, une ardeur dont elle ne semblait pas consciente. Elle était infiniment attirante, irrésistible, et mon cœur battait la chamade sous ses jolies mains restées posées sur ma poitrine. Je faillis l'embrasser, mais parvins à me contenir.

— J'ai pour ainsi dire vu ce crime se commettre sous mes yeux, murmura-t-elle. Nous étions une dizaine de jeunes filles, dont Rose, la fille de Richard Morstan. Celui-ci voulait nous faire un tour de prestidigitation… Il a tiré le rideau devant lui, séparant ainsi la pièce en deux… On a attendu… Rien ne s'est produit… On est allé voir… Mr Morstan était mort… assassiné. Un meurtre que personne, absolument personne, n'avait pu commettre. Et pourtant… Mr Morstan ne pouvait pas s'être suicidé.

Cora faisait partie de ces jeunes filles qui avaient été témoins du meurtre ! Je l'avais oublié. Cela changeait tout !

Après un temps, Cora retrouva son charmant sourire et ses yeux pétillants de malice. Elle eut un geste de confusion et me dit :

— Excusez-moi. C'est plus fort que moi, chaque fois que j'y repense, ça me fait un drôle d'effet.

— Ce n'est effectivement pas la peine de se mettre dans cet état, déclarai-je avec un calme détachement, d'autant que vous allez bientôt terminer vos jours dans mon cabinet, à côté de mes défuntes épouses, accrochée au mur, la gorge tranchée.

Chassant mes mains de ses épaules, elle s'écria :

— Oh ! Quelle horreur ! (Avec le sourire, cette fois-ci, et d'une voix changée :) Vous avez l'humour plutôt macabre… S'il s'agit d'une nouvelle méthode de séduction, je doute fort de son succès.

— Mon humour, macabre ? m'offusquai-je. Vous me traitez de Barbe-Bleue et c'est moi… Quant à ma méthode de séduction, vous vous trompez du tout au tout. Je ne cherche pas à vous séduire… (Ses yeux s'arrondirent en une expression d'étonnement déçu.) Je n'ai fait que constater votre exceptionnelle beauté… (Les yeux en question ne purent s'empêcher de papilloter de plaisir.) Un simple constat, d'une parfaite objectivité, d'une profonde sincérité…

La voyant rosir, ne sachant que trop répondre, j'en profitai pour lui prendre la main. Il y eut un silence troublé qui se termina par un double éclat de rire. Elle libéra sa main, à regret, me sembla-t-il.

— Bien, fit-elle. Mon jugement sur votre méthode de séduction est à revoir. Revenons à votre roman. Vous voulez donc vous inspirer du meurtre de Richard Morstan…

— C'est cela même. Voyez-vous, en écrivant *Double assassinat dans la rue Morgue,* Poe a mis le doigt sur quelque chose d'important : le crime impossible. Un homme est tué dans une pièce fermée de l'intérieur, et apparemment personne n'a pu entrer ni sortir. Mais on peut imaginer des variantes : un lieu déterminé dont toutes les issues sont contrôlées par des témoins, ou un cadavre découvert dans un pavillon isolé, entouré de neige vierge de toute empreinte, alors qu'il avait cessé de neiger avant l'heure du crime, ou encore un criminel qui, acculé dans une impasse par la police, parvient à s'échapper alors que la ruelle est bordée de hauts murs interdisant toute fuite. Le thème est riche en variations. Ce qui est important, à mon sens, c'est cette notion de meurtre associée au mystère : nous sommes en présence d'un assassin fantôme.

— Vous tenez à me faire passer des nuits blanches. Cette notion de mystère, cette présence d'un assassin fantôme, comme vous dites, a hanté le village il y a de cela une dizaine d'années. Je n'avais alors que 14 ans, j'étais terrifiée… comme toutes mes amies, du reste. Au fait, comment avez-vous déniché cette affaire ?

— Par hasard. Il y a deux mois, on m'a chargé d'un reportage sur l'essor de la bicyclette. En épluchant les collections de vieux journaux, je suis tombé sur l'affaire Morstan ; son caractère insolite m'a frappé. Pensez donc ! Moi qui depuis longtemps projetais d'écrire un roman mystérieux, et qui croyais que ce genre d'histoires n'appartenait qu'à la fiction ! Ce fait divers allait me servir de support. J'ai dévoré tous les articles relatifs à ce meurtre et j'ai pu constater que l'énigme restait entière.

— En effet. La police a piétiné. Le major Morstan, le frère de la victime, a juré de mettre la main sur l'assassin ; ses efforts ont été vains.

Tête baissée, Cora jouait distraitement avec ses doigts. Soudain, elle me regarda droit dans les yeux :

— Et vous voulez retrouver l'assassin afin de pouvoir écrire votre roman ?

— En vérité, ce n'est pas l'identité du meurtrier qui m'intéresse… c'est surtout la façon dont il a opéré.

Cora me regardait d'un air lointain. J'avais l'impression d'avoir abordé le sujet un peu trop brusquement.

— Bien entendu, lui confiai-je, la toile de fond de mon récit sera une tendre histoire d'amour et…

— Je vous fais confiance sur ce point ! s'exclama-t-elle, rieuse.

— … l'héroïne sera jeune, belle… aura de beaux yeux bleu pâle… (Cora leva les siens au ciel.) Elle tombera amoureuse d'un beau jeune homme pourvu d'une superbe barbe noire… et à la fin, ils se marieront et auront beaucoup d'enfants.

— C'est toujours mieux que votre affaire de meurtre impossible.

Je poussai un soupir de lassitude, puis déclarai :

— Vous verrez, un jour on écrira tellement d'histoires de ce genre qu'un érudit se penchera sur la question et en rédigera une monographie.

— Dans laquelle on insistera sur le grand précurseur du genre : le célèbre Sidney Miles.

— Ne vous moquez pas de moi, je compte réellement écrire ce roman.

— Mais avant de commencer, il vous faut élucider le cas Morstan. Ce crime est vieux de neuf ans, ne l'oubliez pas. Si vous comptez sur mon seul témoignage, vous n'irez pas très loin. Ma mémoire n'est pas extraordinaire. Au fait, ajouta-t-elle en fronçant les sourcils, comment comptez-vous mener votre enquête ?

Je jouai le rôle du grand timide embarrassé :

— Je… je ne sais pas encore très bien. Peut-être pourriez-vous m'aider ?

Accoudée au bar, les doigts croisés soutenant son menton, Cora me dévisageait d'un air pensif. Une ride soucieuse barrait son front. Il était clair qu'elle se posait maintes questions à mon sujet et qu'elle cherchait à me sonder. Après un silence, elle demanda :

— Vous aider ? Et comment, s'il vous plaît ?

— Je ne sais pas… Vous pourriez peut-être me présenter à la famille Morstan ?

— Pour le major Morstan, ce sera facile. Il y a longtemps qu'il a renoncé à démasquer l'assassin, mais si vous le relancez, je suis sûre qu'il fera tout son possible pour vous aider.

À ce moment, la porte d'entrée grinça. Je me retournai. Une silhouette familière pénétra dans la salle : le major Daniel Morstan !

2

— Résoudre le mystère qui entoure la mort de Richard afin d'en faire un roman… Je vous avoue, jeune homme, que plus j'y pense, plus je trouve l'idée excellente.

Le major, un homme de taille moyenne, plutôt trapu, au visage congestionné, s'interrompit pour bourrer sa pipe. Derrière son lorgnon, retenu par un large ruban noir, brillaient de petits yeux gris acier qu'ombrageaient d'épais sourcils broussailleux. Une magnifique moustache poivre et sel et quelques rares cheveux indisciplinés de même couleur conféraient un air comique à ce personnage un peu sévère mais pourtant sympathique.

Nous étions installés tous trois, à la seconde table, à gauche, en partant de la porte d'entrée. Quand le major venait à l'auberge, il prenait place à cette table et pas à une autre – vieille habitude que, de toute évidence, il n'avait pas perdue. En un éclair, je revis les longues soirées où le major, intarissable, égrenait avec force détails ses souvenirs des Indes ; la grande et sanglante révolte des Cipayes et bien d'autres récits encore, parsemés de noms aux sonorités étranges. Lorsqu'il était revenu des Indes, en 1877, le major avait suscité un vif intérêt dans le village. Sa table était devenue le centre d'attraction des clients de l'auberge. Puis, petit à petit, son auditoire s'était restreint et avait fini par fuir comme la peste ses interminables histoires. Seul Fred faisait semblant de prêter une oreille attentive à ses monologues.

— Pour quel journal travaillez-vous, jeune homme ? reprit-il de sa voix puissante après avoir allumé sa pipe.

— Le *Daily Telegraph.*

— Le *Daily Telegraph...* Alors vous connaissez certainement le jeune Steve Brown. Il y travaille comme typographe. Il a quitté Blackfield à l'âge de 18 ans. Henry, son père, un homme très sympathique au demeurant, m'avait un jour...

Bien qu'il ne fût pas originaire du village, le major connaissait tout le monde et suivait de très près la carrière professionnelle des jeunes. Il était fier de chacun d'eux, de leur métier – quel qu'il fût – comme s'il s'agissait de ses propres fils. Le fait d'être célibataire et sans enfant y était certainement pour quelque chose.

Sans l'interrompre, Cora et moi écoutâmes attentivement l'anecdote du major. Sur quoi, il évoqua une périlleuse chasse au tigre.

Tout en l'écoutant, je regardais Cora du coin de l'œil. Les fenêtres entrouvertes créaient un léger courant d'air rafraîchissant. Les rayons du soleil, décomposés par les petits carreaux, jetaient sur la table cirée des taches colorées dont Cora suivait machinalement les contours du doigt. Je la devinais soucieuse, ne sachant trop quelle attitude tenir à mon égard. Allait-elle m'aider dans mon entreprise ou au contraire…

— … et j'achevai le gigantesque félin à l'arme blanche ! conclut le major d'une voix tonitruante.

Il ôta son lorgnon, sortit un mouchoir de sa poche puis épongea son visage rubicond ruisselant de sueur.

— Vous avez dû connaître une existence extraordinairement mouvementée, observai-je.

— Extraordinairement mouvementée, en effet, convint le major avec satisfaction.

— Vous savez, Mr Miles, intervint Cora, le major possède une expérience peu banale.

— Je n'en doute pas un instant, répondis-je en lançant à Cora un regard courroucé.

Son air ingénu me faisait clairement comprendre qu'en son for intérieur elle s'amusait comme une folle à me voir flatter le major.

— Une expérience peu banale, c'est le moins qu'on puisse dire, admit-il modestement. Sachez, jeune homme, que l'expérience ne s'apprend pas dans les manuels. Quand on a fait l'armée des Indes… mais nous nous écartons du sujet. Cora, s'il vous plaît, voulez-vous nous amener deux bières…

Elle fut tout heureuse de pouvoir s'éclipser, car elle ne contenait qu'à grand-peine un irrépressible fou rire.

— Avant de parler du meurtre, reprit le major, je pense qu'il serait utile de voir dans quel contexte il s'est produit. Mais auparavant… (Il observa un silence méditatif avant de poursuivre.) Voyez-vous, les Morstan étaient jadis une famille qui comptait parmi les plus riches du pays. Leur domaine couvrait une grande partie de l'Est du Hampshire. Mais au siècle dernier, trois héritiers successifs dilapidèrent leurs biens ne laissant à leurs descendants qu'une maison avec quelques hectares de terre. Le dernier propriétaire, mon père, ruiné, y traîna une existence misérable. Richard et moi étions ses seuls enfants. Lorsqu'il mourut, nous apprîmes que le terrain et la maison étaient gevés par une lourde hypothèque. Je proposai à Richard de contracter un emprunt ; à nous deux, nous pourrions arriver à sauver du naufrage les derniers vestiges de l'héritage. Mais il ne voulait pas en entendre parler. Malgré mon insistance, je peux même dire mes supplications, il refusa catégoriquement, prétendant que nous ne ferions que nous enfoncer davantage… Il avait peut-être raison… Mais je crois encore que, unis, nous aurions pu remonter la pente et conserver ce qui nous restait de notre patrimoine. Enfin… n'en parlons plus.

» Mon frère émigra en Australie, il y a plus d'une vingtaine d'années, en 1854 pour être précis. Il rentra en Angleterre en 1871 après avoir amassé une grosse fortune dans les districts aurifères. Il s'était marié en Australie, mais son bonheur conjugal avait été bref : son épouse avait trouvé la mort dans un tragique accident. Elle lui avait donné deux enfants. Il était donc rentré en Angleterre avec Rose et Michael, qui avaient alors respectivement 7 et 8 ans, si je ne me trompe pas, et Eleanor Bourroughs, une gouvernante engagée quelque temps avant la mort de sa femme. Richard fut séduit par Blackfield et y acheta Burton Lodge.

— Que vous habitez actuellement…

— Oui. Par la suite… Ah ! vous voilà enfin, Cora ! Vous vouliez donc nous faire mourir de soif !

Sans un mot, la fille de l'aubergiste déposa les deux verres de bière, puis reprit sa place, à ma droite, près de la fenêtre.

— Entre-temps, reprit le major Daniel Morstan après avoir vidé d'un trait la moitié de son verre, votre humble serviteur était parti pour les Indes. Je ne m'étendrai pas sur toutes les péripéties que j'y ai connues, bien qu'elles ne manquent pas d'intérêt, croyez-moi.

— Si elles sont aussi captivantes que la chasse au tigre que vous venez d'évoquer, glissa perfidement Cora en me donnant un petit coup de pied sous la table – afin de me démontrer que dans le domaine de la flagornerie elle était de taille à rivaliser avec moi –, nous les écouterons avec grand plaisir.

— La chasse au tigre n'était qu'une simple anecdote, fit le major en levant la main d'un geste dédaigneux. J'ai connu des situations bien plus périlleuses – et d'autres encore, mais qu'il vaut mieux passer sous silence… Toujours est-il qu'une balle ennemie se logea dans mon genou, m'obligeant à prendre une retraite anticipée. Depuis lors (il brandit sa canne), je traîne ma jambe gauche. Cela se passait en 1877. Je dus regagner l'Angleterre. Richard m'accueillit fraternellement sous son toit.

Un éclair fugitif passa dans ses yeux gris.

— Richard, mon frère, un type extraordinaire… Je craignais que sa fortune ne lui eût donné la folie des grandeurs. Bien au contraire, il était devenu simple, aimable et généreux ; ce qui lui avait valu l'affection et le respect de tout le village. Ses dons à des œuvres de charité ne se comptaient plus. (Il avait ôté son lorgnon, un étrange sourire errait sur ses lèvres.) Richard avait bien changé… C'était un beau geste de sa part de m'accueillir ainsi… Je n'étais pas dans le besoin, mais je ne roulais pas non plus sur l'or. Nous nous sommes donc retrouvés, après tant d'années… C'était un homme bon et charitable… Naturellement, nul n'est parfait. Il avait ses défauts…

Le major fit une pause. Absorbé, semblait-il, par un tourment secret, il tirait sur sa pipe sans se rendre compte qu'elle était éteinte.

— En mai 1878, donc deux mois avant le meurtre, la petite Angela Wright perdit sa mère, elle n'avait même pas 20 ans. Son père, un ivrogne de la pire espèce, était mort quelques années auparavant. C'était une des familles les plus démunies du village. Angela se retrouva donc seule sans aucune ressource. Richard la tira d'une situation désespérée en lui offrant son toit et son nom avec une grande bonté.

— C'était tout de même un joli brin de fille, fit remarquer Cora.

Le major eut un geste de lassitude :

— Je n'en disconviens pas. Mais enfin c'est un euphémisme que de prétendre qu'Angela n'avait pas inventé la poudre. Non qu'elle fût sotte, mais… Bref, personne ne s'attendait à voir Richard épouser une petite aussi insignifiante. En outre, plus de trente années les séparaient. Pour tout le monde, la grandeur d'âme de Richard expliquait cette démarche. Mais il y eut des grincements de dents : Eleanor, notre gouvernante, était persuadée que si mon frère devait se remarier un jour, ce ne serait qu'avec elle. C'est qu'elle n'était pas mal du tout ; des traits réguliers, un regard plein de feu, beaucoup d'allure et d'excellentes manières. Elle ne broncha pas, ne dit mot, mais si ses yeux avaient été des pistolets… Puis elle se mua en la gouvernante sévère au regard froid et impersonnel, dirigeant la maison d'une main énergique, compétente et efficace, que l'on connut par la suite.

» Il y avait aussi la fortune de Richard… les dispositions testamentaires n'allaient plus être les mêmes. Personnellement, la chose m'importait peu. Ma part d'héritage allait diminuer, et alors ? Une petite année me séparait de Richard, je pouvais mourir avant lui. D'autant plus que sa santé était bien meilleure que la mienne. Michael, mon neveu, était au-dessus de tout cela. L'argent ne l'avait jamais intéressé ; il allait le prouver par la suite… et il le prouve encore aujourd'hui. Mais ceci est une autre histoire, nous y reviendrons. Quant à Rose, ma nièce, elle n'avait que 14 ans. C'était une jeune personne décidée qui savait ce qu'elle voulait. Elle connaissait déjà, à l'époque, celui qui allait devenir son mari. Ils n'étaient pas encore officiellement fiancés, mais ils étaient certes plus que de bons amis. Luke Strange – il devait avoir 17 ans, si ma mémoire est bonne – faisait déjà montre d'une grande ambition. Un type sérieux qui préparait son avenir. Tout cela pour vous dire que Rose et Luke étaient très liés ; nous étions tous persuadés que cela finirait par un mariage et nous ne nous sommes pas trompés.

» Rose devint Mrs Strange quelques années plus tard. Je me souviens fort bien d'une discussion avec ma nièce deux ou trois jours avant le drame : « Papa s'est fait rouler dans la farine. Cette petite grue ne le veut que pour son argent, c'est clair comme le jour. Oncle Daniel faites quelque chose ! Essayez de lui ouvrir les yeux !… Moi, il ne veut pas m'entendre, il me traite de gamine qui ne comprend rien à la vie… » Un peu à l'écart, Luke semblait totalement absorbé par la lecture d'un livre mais il suivait la discussion avec intérêt. J'ai répondu à ma nièce que mon frère était assez grand pour savoir ce qu'il avait à faire. Sur quoi, j'ai tourné les talons. En sortant de la pièce, j'ai jeté un coup d'œil par-dessus mon épaule : Luke et Rose se regardaient l'un l'autre, en proie à une vive émotion. Je ne saurais dire pourquoi mais l'attitude des deux adolescents m'a paru bizarre…

Le major observa un silence, comme pour donner plus de poids à ses paroles, puis poursuivit :

— Michael aimait bien son père, mais il ne le montrait pas. De fréquentes querelles les opposaient, pour des raisons… enfin pour certaines raisons. Pourtant, à la surprise générale, mon neveu ne fit aucun commentaire lorsque Richard annonça son mariage avec Angela. Son silence à ce sujet était presque une approbation.

» Nous arrivons maintenant au meurtre. Pour son quatorzième anniversaire, Rose avait invité ses amies à la maison. À cette occasion, Richard avait prévu une attraction surprise…

À ce moment, deux hommes entrèrent dans l'auberge. Ils nous saluèrent poliment, puis prirent place un peu plus loin. Cora se leva pour aller les servir.

— Je crois qu'il vaudrait mieux remettre notre entretien, proposai-je.

Le major ne répondit pas immédiatement. Le poing sur la bouche, les sourcils froncés, il me regardait pensivement, mais sans paraître me voir. Puis il me confia à voix basse :

— Voilà neuf ans que mon frère a été assassiné, et neuf ans que je cherche à mettre la main sur le meurtrier. Il m'arrive souvent, la nuit, de garder les yeux grand ouverts dans le noir, avec cette obsédante question : Qui ? Qui et pourquoi ? Pour vous, Mr Miles, c'est l'astuce utilisée par l'assassin qui vous intéresse, pour votre roman. Certes, nos desseins ne sont pas les mêmes, mais nous avons tout intérêt à unir nos efforts. Si nous parvenons à répondre à l'une de ces trois questions, les deux autres ne nous poseront guère de problème. Nous devrions former une association. Vous m'avez dit que vous restiez trois semaines à Blackfield, n'est-ce pas ?

— En effet, mais je pourrais prolonger mon séjour de quelques jours si besoin était, répondis-je avec un peu trop de précipitation.

Tout se déroulait au-delà de mes espérances. J'avais prévu de m'introduire dans les lieux par l'intermédiaire du major, et voilà qu'il me proposait de former une association !

— En trois semaines, déclara-t-il, si nous nous y prenons bien, nous devrions obtenir des résultats. Certes, ce drame ne date pas d'hier, les témoignages se sont altérés au fil des ans, mais j'ai l'impression que ce recul nous sera bénéfique, qu'il nous permettra de voir les choses avec plus de sérénité. L'assassin n'est plus sur ses gardes, il se croit en sécurité. S'il avait vent de notre projet, il pourrait s'affoler et se trahir…

— L'assassin… si seulement nous étions sûrs qu'il habite encore Blackfield.

Les traits du major se rembrunirent :

— Je ne sais comment m'expliquer, articula-t-il d'une voix grave et lente, mais je ressens quelque chose de bizarre, une curieuse tension qui flotte dans l'air, oppressante, hostile… (Il me prit par le bras et me fixa de ses petits yeux gris.) Quelqu'un est sur le qui-vive… l'assassin… Oui, jeune homme, l'assassin est dans le village. Je sens sa présence… comme s'il était à côté de moi.

Un long silence suivit ces paroles. Le major s'était renversé contre le dossier de sa chaise, immobile. Derrière le ruban bleuâtre qui s'échappait de sa pipe, son lorgnon brillait sous l'éclat du soleil et me cachait son regard.

Il reprit la parole :

— Je présume que vous ne connaissez les circonstances du crime que par les journaux, que vous savez donc bien peu de chose en vérité ?

J'acquiesçai d'un signe de tête.

— Écoutez, jeune homme, je crois avoir une idée. J'ai le sentiment que l'assassin ne se manifestera que si nous le provoquons. Il faut l'acculer à la faute. Dans un premier temps, l'idéal serait de réunir les personnes impliquées dans l'affaire pour une rétrospective du drame. Cela ne sera pas facile… je vais y réfléchir. Pour le moment, pas un mot à qui que ce soit. Ni de votre idée de roman ni même de votre métier. Mettez Cora dans la confidence et dites-lui de tenir sa langue.

Le major Daniel Morstan avait parlé sur un ton qui n'admettait aucune réplique.

— Soyez ici, demain, à la même heure, dit-il en se levant.

Nous échangeâmes une solide poignée de main, signifiant davantage un accord qu'une prise de congé. Le major se dirigea vers la porte, s'appuyant sur sa canne et traînant la jambe.

Je demeurai immobile un long moment, puis me mis à réfléchir.

3

— Et voilà la chambre du seigneur Barbe-Bleue ! fit Cora en ouvrant la porte et en s'inclinant respectueusement.

J'attendis qu'elle se redressât pour la dévisager d'un air admiratif :

— Superbe.

Sans lui laisser le temps de répondre, je pénétrai dans la pièce. Quoique basse de plafond, elle était spacieuse et confortable. Les murs blanchis à la chaux mettaient en valeur un mobilier rustique fleurant bon la cire. Devant moi, entre une table de toilette et une commode, s'ouvrait une fenêtre tout en largeur. Puis venait une imposante armoire vis-à-vis d'un lit recouvert d'une cotonnade fleurie. Sur ma gauche, une petite table avec une lampe à abat-jour et une chaise cannée, laquelle avait une sœur jumelle juste devant la fenêtre.

— Vous pourrez écrire vos mémoires ici, dit Cora en désignant la table. Je vous apporterai une écritoire.

Son petit sourire teinté d'ironie éclairait de nouveau son visage.

— Mais n'imprégnez pas les murs de vos horribles histoires, car…

— Cora, j'ai à vous parler.

— Ah ! La demande en mariage !

— Pas encore.

Je lui fis part des consignes du major et de nos projets. Elle les accueillit avec enthousiasme :

— Une chasse à l'assassin ! Une chasse au fantôme ! Mais voilà qui va être palpitant !

— Nous commençons ce soir.

— Qui ça, nous ?

— Vous et moi.

Deux yeux ronds me fixèrent avec effarement.

— Le major n'est pas au courant de cette expédition nocturne, précisai-je. J'ai l'intention de visiter le théâtre du crime, pour me faire une idée.

Naturellement, je connaissais les lieux. Mais il ne me déplaisait pas de revoir Burton Lodge au clair de lune en compagnie de Cora.

— Il me faut un guide. Vous êtes la seule à qui je puisse demander ce service.

— Ah ! je commence à comprendre…, dit-elle en plissant les paupières. C'est un prétexte pour m'emmener en promenade galante… Si vous me l'aviez demandé sans détour, j'aurais peut-être été tentée… Mais vous avez joué la mauvaise carte.

— Loin de moi cette pensée, déclarai-je vertueusement.

— De toute manière, je dois aider mes parents à tenir l'auberge. Les derniers clients ne s'en vont pas avant 11 heures, alors…

— J'ai prévu notre expédition pour minuit

— Minuit ? balbutia-t-elle. Mais…

— C'est le moment idéal : l'heure n'est pas trop tardive, mais les honnêtes gens dorment déjà.

— Je vous connais à peine depuis quelques heures, dit-elle en affectant une indignation qu'elle ne ressentait pas, et vous osez me proposer un rendez-vous à minuit ! Il n'en est pas question.

— Cora, je vous en supplie, soyez raisonnable ! Il ne s'agit pas de rendez-vous, mais d'une entreprise louable : la recherche de la vérité !

— Une entreprise louable, ne me faites pas rire ! Vous voulez un bon sujet pour votre roman. Non, c'est non.

— Cora, au nom du ciel, je vous en conjure… (Je me mis à genoux – que ne faut-il pas faire pour séduire une femme !) Je vous promets de ne rien tenter qui puisse mettre votre honneur en péril.

Tout ceci n'était qu'un jeu, elle le savait aussi bien que moi. En un éclair, j'échafaudai mon plan : en cas d'assentiment de sa part, j'observerais tout au long de notre escapade une attitude indifférente à son égard. Elle ne tarderait pas à en ressentir du dépit et à inverser les rôles. Cependant mon plan avait une faille : il était difficile de rester de marbre vis-à-vis de Cora.

— Dans ces conditions…, hésita-t-elle. Enfin je vais réfléchir. Bon, il faut que je m'en aille. Le dîner sera servi aux alentours de 7 heures.

— Je vous en suis très reconnaissant, Cora.

— Je n'ai pas encore dit « oui », me souffla-t-elle avec un sourire espiègle avant de me refermer la porte au nez.

Ma balade au clair de lune est en bonne voie, me dis-je. Sur ce, je me mis à ranger mes affaires. Puis je quittai mes chaussures pour m'étendre sur le lit. Une analyse de la situation s'imposait. Premier point important : personne ne m'avait reconnu. Ni Cora, ni ses parents – Tony m'avait présenté sa femme quelques instants plus tôt –, ni le major Morstan qui m'avait pourtant dévisagé à plusieurs reprises. En second lieu, mon introduction à Burton Lodge était assurée : le major s'était comporté comme je l'avais prévu. Le mystère entourant la mort de son frère le hantait encore et il avait très bien accueilli le fait qu'un journaliste se penche sur l'affaire en vue d'écrire un roman. Il avait même été séduit, puisqu'il m'avait proposé une association.

Cora n'était pas prévue au programme. Cependant, j'avais immédiatement compris qu'elle pouvait m'être utile. Bien que la prise de contact avec le major n'eût pas présenté de difficulté majeure, des présentations par personne interposée étaient toujours mieux accueillies. En outre, Cora était fort séduisante. Et je ne lui déplaisais pas. Je ne me considère pas comme un grand séducteur, mais j'ai toujours eu l'approche facile avec les femmes. Mon visage – paraît-il – est avenant, sympathique et inspire confiance. (Retenez bien ce point, car il jouera un grand rôle dans une « entreprise » que jusqu'alors je n'avais pas encore prévue ; un atout maître sans lequel il m'eût été impossible, à un moment donné, de poursuivre ladite entreprise. Notez bien qu'il ne s'agit pas de prétention de ma part, mais de l'appréciation de mes relations féminines. Vous comprendrez à la fin de mon histoire ce à quoi je fais allusion. Un point, donc que je tenais à souligner et sur lequel je ne reviendrai pas.)

Cora… D'aimables images défilèrent dans ma tête, des scènes tendres…

Mais ce n'était pas le moment de laisser mon esprit vagabonder. Tout n'avait pas été positif cet après-midi. D'abord, cette comparaison avec Barbe-Bleue qui était loin de me ravir. Et surtout l'étrange tension ressentie par le major : « une curieuse tension qui flotte dans l'air, oppressante, hostile… » Ce qui ne laissait pas de m'inquiéter, car moi aussi j'avais perçu cette sensation d'étouffement, de danger.

À partir de maintenant, je devais redoubler de prudence, analyser chaque mot avant de le prononcer, dire uniquement ce que j'étais censé savoir. Un instant de relâchement et j'étais démasqué. Plus particulièrement en présence de Cora, qui me faisait oublier les raisons de mon retour.

À la réflexion, la sortie de ce soir – si elle avait lieu – serait un premier test assez sérieux.

Mes paupières s'alourdirent, mais luttèrent vaillamment pour demeurer entrouvertes sur l'image des formes harmonieuses de Cora, sa souple et opulente chevelure qui tombait sur ses gracieuses épaules… ses lèvres boudeuses et…

Je me réveillai en sursaut : on frappait à la porte.

— Oui ? grommelai-je.

La tête de Cora parut dans l'entrebâillement

— Il est presque 7 heures et demie. Je prépare votre couvert ?

— Oui, j'arrive… Attendez, ne partez pas ! Entrez !

Cora referma la porte derrière elle et s'y adossa.

— Trente secondes, dit-elle, pas une de plus. Je vous écoute.

Un léger sourire flottait sur ses lèvres ; elle savait pertinemment ce que j'allais lui demander.

— Je peux compter sur vous, ce soir ?

— Vous voulez dire cette nuit. Si vous tenez votre promesse, c'est oui.

— Je ne reviens jamais sur ma parole, répondis-je tout en émettant, à part moi, quelque réserve sur ce que j'avançais.

Un éclair de malice passa dans son regard ; elle pinçait légèrement les lèvres pour dissimuler son sourire. J'avais baissé la tête en prononçant mes derniers mots – ce qui ne lui avait pas échappé.

— Il serait préférable de ne pas partir ensemble, dit-elle d'un petit air timide très réussi. On pourrait nous voir…

— Je comprends très bien. Alors fixons un rendez-vous.

Cora jeta un coup d'œil furtif autour d'elle – bien qu'il n'y eût que nous dans la pièce –, plongea sa main dans une poche de son tablier et en retira un papier plié :

— Je vous ai fait un plan. J'espère que vous saurez vous débrouiller.

Je pris la feuille qu'elle me tendait et me mis à étudier le croquis, comme si les lieux m'eussent été inconnus.

— À l'arrière de Burton Lodge, il y a un petit pont de bois… Mais je pense que mon dessin est assez clair, il suffit de suivre les flèches.

— Je me débrouillerai, en effet, soyez-en certaine.

— Autre chose : il vous faudra sortir par la fenêtre… enfin si vous y arrivez, car l'escalier grince terriblement. Papa et Maman pourraient…

— Ne vous inquiétez pas pour cela. J'ai l'habitude de… enfin ça ira. À quelle heure, au fait ?

— Minuit.

Mon dîner avait été rapidement expédié. À vrai dire, j'étais irrité par certains regards concupiscents qui s'attardaient de façon déplaisante sur Cora, et par des propos un peu lestes à mon goût. Mais elle ne semblait pas s'en émouvoir outre mesure et distribuait généreusement ses sourires en même temps que les consommations. Personne ne fut oublié, moi excepté.

Elle le faisait exprès. Je n'étais pas dupe de son manège, cela faisait partie de cette espèce de joute sentimentale à laquelle nous nous livrions. La demoiselle cherchait à me provoquer en jouant les coquettes… soit… mais je m'étonnais de la surprenante aisance avec laquelle elle menait ce jeu douteux. Je considérais qu'elle avait gagné la première manche, car, bien que tout à fait conscient de sa tactique, je n'en éprouvais pas moins un curieux malaise et un ridicule sentiment de jalousie que je ne parvenais pas à dissiper. Je feignis alors la plus parfaite indifférence et, après quelques bâillements discrets – que j'espérais vexants – me retirai.

J'étais allongé sur mon lit, incapable de penser à autre chose qu'à Cora. D'une main fébrile, je me saisis de la montre de gousset – acquisition récente – que j'avais déposée sur ma table de chevet : 11 h 25. Allons-y !

D'un bond, je fus sur l'appui de la fenêtre. Ma chambre se trouvait au premier étage, mais fort heureusement l'enseigne de l'auberge se balançait juste en dessous. J'attendis quelques secondes, scrutant les alentours, l'oreille aux aguets. En un clin d'œil, je me retrouvai dans la rue.

Burton Lodge était située au nord du village, à l'orée des bois. Ce n'est qu'après dix minutes de marche que s'offre à l'œil du curieux, après un léger tournant à gauche, dressée au milieu d'une pelouse ceinturée par la forêt, cette maison rectangulaire aux lignes sobres. Ses murs de brique rouge marquetés de mousse, ses fenêtres blanches, son toit gris bleu se détachaient sur le vert tendre du gazon.

On pouvait également y accéder par l'arrière. Il suffisait de franchir la rivière qui coule à l'est de Blackfield, de prendre le sentier la longeant jusqu'aux bois et de traverser un petit pont rustique pour voir apparaître la façade arrière de la construction. Ce parcours offrait l'avantage de pouvoir se soustraire aux regards curieux, et c'était celui que Cora avait représenté sur son croquis. Je pris donc la direction est sans hésiter.

Le village était plongé dans un silence auquel je n'étais plus habitué. J'écoutais mes pas résonner sur les pavés, tout en appréciant le calme et la douceur de la nuit. Après avoir franchi la rivière, je remontai le sentier en direction de la forêt, qui m'envoyait déjà son haleine fraîche et parfumée. Il devait être environ minuit moins le quart lorsque je m'arrêtai sur le petit pont de bois. Je respirai à fond, puis repris ma marche ; la voûte sombre des arbres s'ouvrit soudain sur Burton Lodge.

Un frisson me parcourut l'échine. La construction qui se dressait sur la pelouse baignée de lune me parut hostile. Soudain, comme mû par un souffle magique, un vent léger se leva, agitant les feuillages en un murmure menaçant. La mort errait encore sur ces lieux et ne s'éloignerait pas avant que la vérité ne se fit sur le meurtre de Richard Morstan. Même la lune, de ses rayons, comme autant de doigts livides, semblait vouloir pénétrer la masse sombre de la maison pour en percer le mystère. Je demeurai un long moment à considérer Burton Lodge qui me défiait tout en me mettant en garde.

Me voilà prévenu ! pensai-je en retournant sur mes pas. Je m'accoudai au petit pont et restai là à rêvasser, prêtant l'oreille aux bruits furtifs des animaux nocturnes et au chuchotis de l'eau sous mes pieds. Une dizaine de minutes s'écoulèrent avant que des pas se fissent entendre. L'instant d'après, Cora apparut, vêtue d'un pantalon d'homme et d'une chemise de couleur sombre, et coiffée d'une casquette. Son déguisement masculin n'aurait trompé personne, tant sa féminité s'imposait. J'étais sur le point de lui faire part de mes réflexions, quand mon plan qui consistait à observer une attitude indifférente me revint à l'esprit. Elle vint me rejoindre sur le pont. Je la dévisageai sans mot dire. Pas même l'ombre d'un sourire, des grands yeux bleu pâle vides de toute expression. Les secondes s'égrenèrent dans un silence absolu. Puis, mus par un même et irrépressible élan, nous nous retrouvâmes enlacés, échangeant un baiser passionné, emportés par une houle ardente qui nous laissa sans souffle. Le silence qui suivit fut encore plus long que le précédent. Il n'y avait rien à dire, Cora lisait dans mes pensées, et moi dans les siennes. Toute parole eût été superflue, n'aurait fait que troubler cet instant magique. Mes yeux étaient rivés à ceux de Cora, qui prenaient, sous les rayons de la lune, un éclat presque insoutenable, bleu de glacier et lave brûlante. Mais elle me déroba son regard pour observer les rides argentées qui se formaient à la surface de l'eau.

— Cora, commençai-je, je suis désolé…

— À cause de votre parole ?

— Ne plaisantez pas, je vous en prie. Non… enfin je pense… enfin vous êtes certainement fiancée, quoi ! En aucun cas je ne voudrais être la source d'un…

— Non, coupa-t-elle sèchement. Il n'y a personne.

— Ah !… Alors une récente déception, peut-être ?

Elle eut un sourire admiratif :

— Décidément, on ne peut rien vous cacher ! Mais au fait, pourquoi sommes-nous ici ?… Ah ! oui ! Votre entreprise louable. Je suppose que vous avez déjà jeté un coup d'œil sur Burton Lodge ?

J'acquiesçai.

— Venez, suivez le guide. Je vais vous montrer l'endroit où le drame s'est passé.

Je lui emboîtai le pas. De nouveau, je parcourus la dizaine de mètres qui nous séparaient de la pelouse.

— Ce que nous voyons est la façade arrière, dit-elle en m'indiquant du doigt la maison. Il y a cinq fenêtres de ce côté-ci à l'étage, c'est la première à gauche qui nous intéresse.

— C'est donc par là que l'assassin…

— Non, cette fenêtre était fermée de l'intérieur. Vous remarquez qu'on voit aussi un peu le côté gauche de la maison.

— Le côté droit si l'on se place face à l'entrée, commentai-je.

Cora ne releva pas la remarque :

— Il y a deux fenêtres de ce côté ; je parle toujours du premier étage. Celle qui fait le coin avec l'autre, c'est celle-là qui était ouverte. C'est aussi par là qu'a dû entrer l'assassin, car il a été démontré qu'il n'a pas utilisé un autre chemin.

— Mais il a été également prouvé qu'il n'a pas pu passer par là, remarquai-je.

— À l'heure du crime, Michael, le fils de Mr Morstan et deux de ses camarades tiraient à l'arc. Ils étaient placés en face de la fenêtre, au milieu de l'allée qui sépare les arbres de la pelouse, soit à environ 20 mètres de la maison.

— Et la cible ?

— Sur l'allée. Ils tiraient dans la direction opposée à la nôtre. Donc, lorsqu'ils visaient leur cible, la fenêtre se trouvait sur leur droite. Bien sûr, leur attention n'était pas concentrée sur la fenêtre, mais ils ont affirmé que si quelqu'un avait escaladé le mur, ou était venu par le toit, ils n'auraient pas manqué de le voir. Ils étaient toujours en mouvement ; d'après eux, si

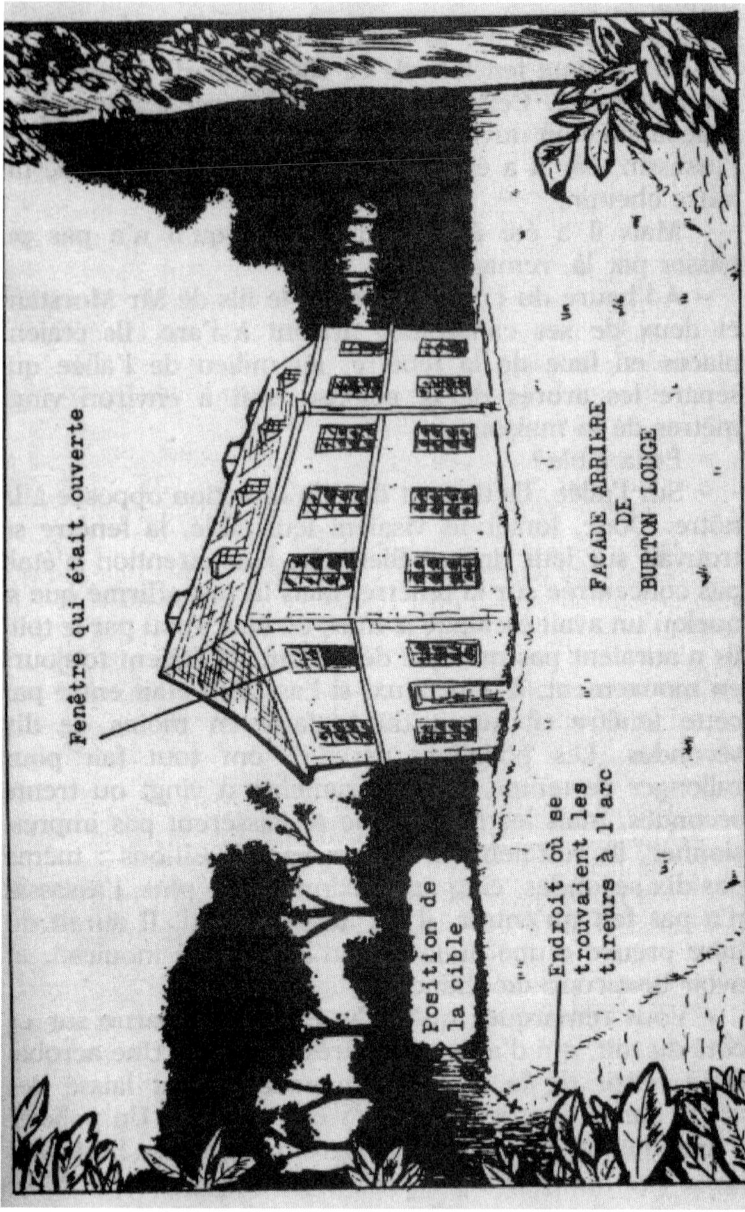
Fenêtre qui était ouverte
FACADE ARRIERE
DE
BURTON LODGE
Position de
la cible
Endroit où se
trouvaient les
tireurs à l'arc

l'assassin était entré par cette fenêtre, il aurait dû le faire en moins de dix secondes. Les policiers, paraît-il, ont tout fait pour rallonger ce temps, pour le ramener à vingt ou trente secondes, mais les témoins ne se laissèrent pas impressionner, ils restaient ferme sur leurs positions : même pas dix secondes, cinq au maximum. De plus, l'assassin n'a pas fait qu'entrer, il est aussi ressorti. Il aurait dû faire preuve d'une audace et d'une agilité inouïes… et avoir beaucoup de chance.

» Vous remarquez qu'il n'y a pas de lucarne sur ce côté du toit, qui d'ailleurs est très en pente. Une acrobatie à partir de là aurait immanquablement laissé des traces sur la gouttière, or il n'y en avait pas. Un policier a tenté l'expérience, il a failli se rompre le cou. Et il avait laissé des marques significatives sur la gouttière.

» Quant à l'hypothèse d'une escalade du mur… Le mieux serait de nous rapprocher. Venez, nous allons nous placer là où se trouvaient les tireurs. À cette heure-ci, je crois que nous ne courons pas grand risque de nous faire voir.

Nous longeâmes l'allée qui bordait la pelouse pour nous arrêter devant la façade la plus étroite. Au rez-de-chaussée, une porte encadrée de deux fenêtres ; au premier étage, deux fenêtres ; puis le toit.

Cora se mit à parler tout bas :

— Michael et ses amis se trouvaient là où nous sommes. Essayez de vous représenter la scène ; ils sont là, avec leurs arcs… pendant ce temps, quelqu'un tente d'escalader le mur ; ce qui est pratiquement impossible sans l'aide d'une corde pourvue d'un grappin. La distance qui sépare les deux fenêtres de l'étage est grande… l'assassin n'aurait jamais pu venir de celle de gauche. Alors, qu'en pensez-vous ?

Je secouai la tête :

— Impossible. Les garçons n'auraient pas manqué de remarquer une quelconque acrobatie.

— Et ce n'est pas tout. Il y a de fines plaques de mousse sur les murs. Le meurtrier aurait forcément laissé quelques traces sur son passage. Les policiers n'ont rien trouvé. Aucune éraflure, rien. La mousse était vierge de toute empreinte.

Je ne fis aucun commentaire, regardant pensivement la maison plongée dans l'obscurité, et plus précisément la fenêtre de droite par où la mort s'était engouffrée pour fondre sur Richard Morstan. Neuf années s'étaient écoulées depuis…

— Vous ne dites rien, Sidney ? Je parle, je parle, et vous, vous êtes planté là, muet comme une carpe !

— Je réfléchis.

— Il y a encore autre chose, reprit Cora, et je ne pense pas que les journaux, à l'époque, en aient parlé. Un peu avant l'heure fatale, Michael avait accidentellement tiré une flèche… dans la pièce du crime ! Comme les garçons n'avaient pas entendu de cris, ils ne se sont pas inquiétés et ont continué leurs exercices. Lorsqu'ils ont appris que Mr Morstan avait été assassiné, et dans quelles circonstances, Michael a pris la fuite. On ne l'a retrouvé que deux jours plus tard, dans les bois, complètement affolé.

Naturellement, je connaissais tout ceci. Cependant, je posai la question qui s'imposait :

— Alors c'était lui le coupable ?

— Mr Morstan a été tué d'un coup de poignard dans le dos. Les médecins ont été formels : la blessure n'était pas due à une flèche. Le major possédait deux poignards hindous semblables. Il n'en restait plus qu'un seul, l'autre avait disparu de la panoplie. Il était plus probable qu'il s'agissait de l'arme du crime.

— C'est quand même bizarre, un type est assassiné alors qu'*a priori* personne n'a pu le faire, et aux alentours de l'heure fatale, une flèche est accidentellement tirée dans la pièce… ce qui expliquerait tout. Et pourtant, ce n'est pas la flèche qui a tué Richard Morstan. Au fait, ou l'a-t-on retrouvée ?

Cora marqua une hésitation :

— À un endroit assez curieux, car les garçons ont bien vu pénétrer la flèche dans la pièce… On l'a retrouvée dans les parterres de fleurs qui entourent la maison… juste sous la fenêtre. Elle n'était pas tachée de sang.

— Ils se sont sans doute trompés, la flèche a dû ricocher sur le mur et tomber… ce qui expliquerait sa présence sous la fenêtre.

— C'est ce que les policiers ont tenté de faire admettre aux deux garçons. Mais même Michael a affirmé par la suite que la flèche avait bien pénétré dans la pièce… alors qu'il n'avait aucun intérêt à le faire, bien au contraire.

» Vous comprenez, au début, tout le monde a pris la fuite de Michael pour un aveu : il avait tué son père par accident. L'affaire semblait claire. Mais on n'a pas retrouvé la flèche dans la pièce, elle était en bas, sous la fenêtre… et sans trace de sang.

Les tireurs à l'arc ont fait leur compte : il ne manquait aucune flèche. Elles ont toutes été examinées, aucune n'était tachée de sang. Le médecin est venu : la blessure n'était pas due à une flèche. Le major a constaté qu'il lui manquait un poignard…

» Lorsqu'ils ont retrouvé Michael, le surlendemain matin du drame, les policiers l'ont immédiatement rassuré… il n'en revenait pas, il croyait avoir tué son père. Et à partir de cet instant, il est devenu bizarre…

— C'est normal, fis-je observer, son père venait d'être assassiné !

— Ce n'était pas du chagrin, plutôt une sorte de lassitude, d'écœurement… Il ne parlait plus à personne, on ne le voyait plus à l'auberge. Il est resté à Burton Lodge jusqu'à la fin des vacances scolaires… et on ne l'a jamais revu depuis !

Je demeurai silencieux.

— Attention, continua Cora, je n'ai pas dit qu'il avait disparu. On savait où il était, il poursuivait ses études à Londres. Mais il s'est toujours arrangé pour ne pas revoir sa famille. Il a passé ses congés chez des amis à lui. Le major a reçu de temps à autre une lettre, quelqu'un s'est également présenté à sa porte pour récupérer quelque objet appartenant à son neveu, mais Michael ne s'est jamais montré. Quatre ou cinq ans plus tard, il est parti pour l'Amérique. Il a écrit de temps en temps à son oncle, mais sans préciser ce qu'il faisait ni où il se trouvait… Voilà neuf ans qu'on ne l'a pas revu… À l'époque Rose et moi étions bonnes amies ; c'est d'elle que je tiens ces renseignements.

— Vous dites « à l'époque », cela signifie donc que vous ne l'êtes plus ?

— Oh ! depuis qu'elle a épousé Luke, elle a pris un peu de distance. Avec tout le monde, d'ailleurs.

Depuis un moment, j'avais remarqué que Cora me dévisageait avec un léger sourire. Alarmé, je lui demandai :

— Qu'est-ce qui vous prend, Cora ? Pourquoi me fixez-vous comme ça ?

Soudain, elle me couvrit le menton d'une main et mit un doigt sur ma moustache :

— Il ne serait pas mal, Barbe-Bleue, sans sa barbe !

Le sang me monta au visage, je me dégageai brusquement. C'était une erreur grossière de ma part, et je tentai de me rattraper tant bien que mal :

— Excusez-moi, Cora, je ne sais pas ce que j'ai… je suis nerveux… Cette maison me fait un drôle d'effet… Venez, retournons au pont.

Il y avait plus que de l'inquiétude dans son regard. Je lui pris la main et nous revînmes sur nos pas.

— Vous savez, expliquai-je, je n'aime pas cette comparaison avec Barbe-Bleue… Depuis cet après-midi on ne parle que de crime, de sang, de…

— Ça, par exemple ! Vous venez ici remuer une vieille histoire de meurtre, vous me faites toute une théorie sur les crimes parfaits, les crimes impossibles, vous me parlez de gorges tranchées, vous m'emmenez à minuit sur les lieux du crime et maintenant vous trouvez que nous parlons trop de sang !

Décidément, je commettais erreur sur erreur. À court d'arguments, je la pris dans mes bras pour une longue et brûlante étreinte. J'avais déjà connu d'autres ivresses mais rien de comparable à celle-ci. Quelque chose d'indéfinissable nous unissait ; je voyais dans ses yeux le reflet de moi-même, de la tristesse, de l'inquiétude et une tendresse qui ne demandait qu'à s'épanouir. À son contact, une merveilleuse vague de bien-être me submergea. J'oubliai tout, j'étais ailleurs, transporté dans un océan de béatitude.

Nous étions accoudés tous deux à la rambarde du petit pont rustique, fascinés par les reflets de la lune dans l'eau, goûtant le silence bienfaisant de la nuit. Elle avait enlevé sa casquette ; ses cheveux rassemblés en chignon serré découvraient l'exquise ligne de son cou.

Cora m'écoutait passionnément ; de petites rides amusées s'étaient formées à la commissure de ses lèvres. Elle comprenait mon langage, discernait la part de vérité dans mes exagérations. Comme j'accompagnais mon monologue de grands gestes, je réussis finalement par me blesser à un clou, dont la pointe dépassait d'un bon centimètre le bois du rudimentaire garde-fou.

— *Damned!* Quel est le fichu maladroit qui a cloué ces planches ? Il aurait au moins pu enfoncer les pointes correctement !

Cora s'empara de mon pouce et le soumit à un examen approfondi.

— Oh ! le pauvre ! Il saigne ! Nous allons rentrer vous panser.

La blessure n'était que superficielle, mais suffisante pour laisser suinter un filet de sang.

Le sang.

Le sang coule, brillant, écarlate, lumineux...

Je cherchai Cora du regard, afin de conjurer cet affreux souvenir qui tentait de refaire surface, mais elle n'était plus là. J'avais devant moi une femme aux cheveux grisâtres, au teint flétri par la misère et la débauche ; il lui manquait des dents... son visage était zébré de rouge... Ma vue se brouilla... la hideuse vision s'estompa dans un brouillard rouge.

Le sang coule... L'éclat de l'acier s'élève dans le ciel, puis s'abat pour faire couler le sang... Mes oreilles perçoivent d'étranges accords stridents, d'une horrible dissonance, que même un musicien fou n'aurait pu imaginer.

— Sidney ? Qu'est-ce qui vous prend ? Pourquoi regardez-vous votre pouce de cette façon ? Vous avez l'air épouvanté. C'est un bobo de rien du tout, je vous assure. Venez, nous allons rentrer. Il est tard, de toute manière...

4

Le major Daniel Morstan pénétra dans l'auberge vers 16 heures, un peu plus tôt que prévu. Son visage était celui d'un homme déterminé et confiant. Il avait certainement passé une bonne partie de la nuit à méditer son plan de campagne. Quant à moi, mon sommeil avait été agité, peuplé d'horribles cauchemars. Je m'étais réveillé plus d'une fois en sursaut, moite de sueur, réfléchissant aux bévues commises en présence de Cora.

— La nuit a porté conseil, déclara sentencieusement le major en s'installant en face de moi.

J'allais parler, mais il m'imposa le silence d'un geste puis fit un signe à Tony. Je me souvins que le major ne commençait jamais ses discours avant d'avoir un verre devant son nez. Malgré sa jambe défaillante, il mettait un point d'honneur à venir de Burton Lodge à pied – quel que fût le temps –, ce qui ne manquait pas de l'essouffler. Depuis hier, la chaleur avait gagné quelques degrés ; il faisait lourd. La marche avait dû lui être pénible et son visage rouge brique ruisselait de sueur.

— Vous ne devriez pas vous déplacer par ce temps, fit Tony en déposant deux bières sur la table. Pas à pied, du moins.

— Vous seriez étonné, Tony, de ce que mes jambes ont derrière elles, grommela l'ancien militaire. On voit bien que vous n'avez pas connu les Indes ! Ce n'est pas cette égratignure au genou et ce malheureux kilomètre qui m'empêcheront de faire le chemin à pied !

— C'est certain, approuva Tony non sans ironie, avant de s'éclipser.

Le major promena son regard dans la salle, bien qu'il eût déjà constaté que nous étions les seuls clients, puis me confia :

— J'ai organisé une petite réunion pour ce soir. Mais le journaliste qui veut écrire un roman ne sera pas présent.

— Ah…

— Vous m'avez mal compris. Vous serez évidemment des nôtres, Mr Miles, mais pas en tant que journaliste. Votre idée de roman ne séduirait personne. Au contraire. Certains verraient cela d'un mauvais œil. Ils se réfugieraient derrière une attitude indifférente. Ce qu'il faut, c'est créer un climat d'insécurité, d'oppression. Ils doivent se sentir en état d'infériorité. Mr Miles sera donc détective.

— Détective ? Un détective privé ?

— Non. Un détective relevant du gouvernement : un inspecteur de Scotland Yard.

Voilà que le major me demandait de jouer le rôle d'un inspecteur de Scotland Yard ! Cette affaire prenait une tournure que je n'avais pas prévue. J'allumai une cigarette, tout en me demandant si cette nouvelle donne des cartes était bonne ou mauvaise.

Le major observa un silence, comme pour mieux me laisser le temps d'apprécier son idée, qu'il devait sans nul doute trouver géniale.

— Vous comprenez, en présence d'un représentant de la loi, l'enquête prendra une allure officielle, les témoins ne pourront pas se soustraire aux questions… même délicates. Mais seriez-vous à même de tenir ce rôle ? Je pense qu'en tant que journaliste – qui plus est, avide d'histoires mystérieuses – il ne devrait pas y avoir de problème. Qu'en pensez-vous ?

— Oui, je crois que je pourrais tenir ce rôle, affirmai-je. Mais comment allez-vous présenter la chose ? On ne rouvre pas un dossier vieux de neuf ans sans quelques faits nouveaux !

Le major eut un geste rassurant :

— Nous n'allons pas inventer une histoire à dormir debout, n'ayez crainte. Vous faites partie de mes relations : un inspecteur qui profite de ses congés pour m'aider dans mes investigations, tout simplement. Bien que cette enquête n'ait rien d'officiel, votre présence à elle seule va lui conférer cet aspect. Au fait, à part Cora, nul ne sait que vous êtes journaliste ?

— Non. Mais j'ignore encore si je dois accepter...

— Nous y reviendrons, jeune homme, coupa péremptoirement le major. Pour le moment, il serait important de passer en revue les personnes impliquées dans cette affaire, d'en voir le côté psychologique ; ce qui, bien entendu, n'a pas été développé dans les articles de presse. Commençons par mon neveu Michael, qui brille par son absence depuis fort longtemps...

— Je suis un peu au courant, avouai-je, Cora m'en a parlé.

Je répétai au major ce que Cora m'avait confié, mais en passant sous silence notre expédition nocturne.

Le major approuva plusieurs fois de la tête, mais en faisant la grimace.

— Il n'y a pas grand-chose à ajouter, soupira-t-il. Nous ne savons plus rien de lui... Il nous a écrit quelques lettres depuis qu'il est en Amérique, mais sans aucune précision... rien... des banalités... juste pour nous signaler qu'il existait encore. C'est à se demander s'il ne le fait pas exprès. Si jamais il revenait, je me demande si nous le reconnaîtrions... depuis le temps.

Un ange passa.

Le major se mordit les lèvres à plusieurs reprises avant de poursuivre :

— Il faut que j'aborde la question d'héritage. Mon frère avait légué la moitié de sa fortune à son fils, lequel devait la toucher à sa majorité. Mais le moment venu Michael ne s'est pas montré. Oh ! il n'a pas refusé sa part d'héritage ; tout simplement, il l'a laissée en suspens. Les dispositions testamentaires de mon frère sont telles – c'est assez compliqué, je ne vais pas m'étendre là-dessus – que si mon neveu ne se manifeste pas dans les deux années à venir, il y a de fortes chances pour que, ma nièce et moi-même, nous récupérions sa part d'héritage. « L'argent de mon père ne m'intéresse pas ! » a-t-il déclaré peu de temps avant de nous quitter. Déjà très jeune, il affichait un profond mépris pour la fortune de son père. Mais il n'avait que 15 ans, à l'époque, alors que penser ?... Si réellement il ne s'intéressait pas à l'argent, il aurait pris les dispositions qui s'imposaient. Je crains fort qu'il ne veuille nous faire miroiter sa part d'héritage pour la récupérer au dernier instant. Oui, je le crains fort... Un étrange garçon, Michael...

Je m'éclaircis la voix avant de lui demander :

— Je suppose que votre frère ne vous avait pas oubliés, vous et votre nièce, dans son testament.

— J'y arrive. En effet, hormis quelques legs insignifiants aux domestiques, le reste de l'héritage nous est revenu... Je vous ai déjà parlé de Luke Strange, le mari de Rose, en soulignant son caractère ambitieux. Il occupe un poste assez important dans une banque londonienne et il ne devrait pas tarder à faire partie du conseil d'administration. C'est un garçon consciencieux, qui a rapidement gravi les échelons grâce à son ardeur au travail. Il n'a commis qu'une erreur dans sa carrière, mais elle est de taille. Il y a trois ans, il a voulu frapper un grand coup : « Une affaire qui doublerait notre capital ! » Je lui ai fait confiance, Rose aussi, du reste. Une grosse partie de notre fortune a été ainsi investie en actions, que par la suite nous fûmes tout heureux de revendre au dixième de leur valeur : un désastre ! Notre situation n'est certes pas dramatique, mais nous ne vivons plus dans la tranquillité financière que nous avons connue naguère.

— Je présume que votre nièce et son mari habitent toujours avec vous à Burton Lodge ?

— Oui. Il y a aussi Eleanor, la gouvernante, qui fait partie de la famille. C'est elle qui a élevé Rose et Michael. Actuellement, elle dirige la maison, tout en prenant part à certains travaux. Une vieille fille aigrie, qui a passé ses plus belles années à attendre que Richard lui demande sa main. Je ne sais trop comment elle a pris le projet de mariage de Richard avec Angela, mais sa désillusion a dû être cruelle. (Un sourire sarcastique anima le visage du major ; on eût dit qu'il prenait plaisir à évoquer l'écroulement des rêves de la gouvernante.) En outre, mon frère ne lui a pas légué grand-chose... trois fois rien, en vérité.

» Le personnel, hormis Eleanor, se limite à un couple – les Hopkins – et Nellie Smith. Peter Hopkins s'occupe de l'entretien des feux, du jardinage et des chevaux. Jennyfer, sa femme, est notre cuisinière-blanchisseuse. Richard les avait engagés dès sa venue à Blackfield. Ce vieux ménage est au-dessus de tout soupçon. De plus, ils avaient un alibi inattaquable le jour du meurtre. Nellie Smith, la bonne, est une orpheline que Richard avait attachée à son service quelques mois avant sa mort. Âgée de 14 ans, à l'époque, elle faisait partie de la dizaine de jeunes filles qui ont pour ainsi dire assisté au crime. Elle a donc, elle aussi, un alibi inattaquable. Nellie est simple, discrète, assez jolie, et fait son travail correctement. Il n'y a pas grand-chose à ajouter sur son compte.

» Ma nièce avait invité ses amies pour son quatorzième anniversaire, que Richard comptait animer par un tour de prestidigitation. Cela se passait au premier étage dans une longue pièce, divisée en deux par un rideau. D'un côté, les petites qui attendaient le spectacle, et aussi Celia Forsythe, la maîtresse d'école, qui avait plaisir à retrouver ses anciennes élèves. De l'autre côté Richard. Le spectacle allait débuter; mon frère avait tiré les rideaux. Il se trouvait donc seul dans une pièce, dont toutes les issues étaient soit fermées de l'intérieur, soit sous le contrôle de plusieurs témoins. Il a été prouvé que personne n'avait pu l'approcher… et pourtant Richard a été assassiné ! Au vu de la blessure, l'hypothèse d'un suicide fut rejetée d'emblée. Mais nous verrons tout ceci en détail ce soir.

» Celia Forsythe, la maîtresse d'école, sera présente à notre réunion. Elle est à exclure de la liste des suspects : pas l'ombre d'un mobile et un alibi en béton armé. Cependant, je pense que son témoignage peut être précieux.

» Autre personne présente lors du crime : Angela Wright, l'ex-fiancée de Richard. Mobile inexistant; au contraire, elle avait tout à perdre. La fortune qui semblait lui sourire s'est envolée avec la mort de son fiancé. Notons quand même qu'elle fait partie de ceux qui n'avaient pas d'alibi. Je n'ai pas eu le temps de l'inviter… et quand bien même l'aurais-je fait, elle ne serait pas venue. Elle a quitté le village, peu de temps après le crime, avec le sentiment d'avoir été volée. D'un certain point de vue, je la comprends…

Le major fit une pause pour bourrer sa pipe. À l'exception de quelques points secondaires, son discours ne m'avait rien appris. Mais il me fallait tenir mon rôle :

— Au fait, qui étaient les deux garçons qui tiraient à l'arc avec Michael ?

— Stanley, Stanley Griffin, le fils du docteur. Une intelligence au-dessus de la moyenne. Bachelier en médecine et maître ès chirurgie. Il s'est installé à son compte, à Winchester. L'autre, c'était Bill Hudson, un petit voyou, mais je l'ai perdu de vue depuis fort longtemps. Aucune idée de ce qu'il a pu devenir.

Stanley et Bill ! Je me souvenais très bien d'eux. Stanley, le studieux, qui avait encore un visage de gamin à 14 ans, et Bill, le cancre, qui plaisait aux filles ! Il devait avoir deux ou trois ans de plus que Stanley. Les deux garçons n'avaient rien en commun, et pourtant ils étaient toujours fourrés ensemble.

— De toute manière, Michael, Stanley et Bill ne sont pour rien dans le meurtre. L'enquête l'a prouvé formellement. Cette flèche tirée accidentellement par Michael n'a fait que compliquer l'affaire… Mais revenons à notre soirée. Seront donc présents : Rose, son mari, Eleanor, Nellie, Celia Forsythe, Cora… Qu'est-ce qui vous tourmente, jeune homme ?

Son regard s'était fixé sur moi de façon ironique.

— Rien, balbutiai-je. Je croyais qu'elle travaillait le soir et…

— … Et elle ne vous déplaît pas, interrompit le major avec un clin d'œil complice. Je ne l'ai pas encore invitée, mais ne vous inquiétez pas, Tony pourra se passer d'elle pour une fois. Donc Cora et… l'inspecteur Sidney Miles !

— Je ne sais pas si vous vous en rendez compte, mais je risque de perdre ma place au journal si l'on découvre le pot aux roses !

Le major glissa ses pouces dans les emmanchures de son gilet et bomba le torse :

— Là encore, n'ayez aucune inquiétude : personne n'ira vérifier. En outre, je connais quelqu'un au Yard. Au besoin, nous pourrions toujours faire appel à lui. Il s'agit de l'inspecteur John Reed, garçon brillant qui a déjà fait parler de lui. Il a notamment démêlé l'affaire Bloch…

Je mentis effrontément :

— Ah ! oui ! Je crois même l'avoir déjà interviewé.

— Il est originaire du village, jeune homme. Son père était un pauvre homme ; sa femme l'avait quitté, le gamin n'avait même pas 5 ans. Bien qu'il ait commencé par suivre des études de médecine, John est entré au Yard… mais je m'égare. Mr Miles, vous sentez-vous capable de tenir ce rôle ? Il vous faudra observer une attitude sévère, très professionnelle ; les personnes présentes devront être décontenancées... vous voyez ce que je veux dire ?

Le major avait l'habitude de manier les hommes. Il ne me demandait pas si j'étais d'accord, mais si j'étais capable de tenir ce rôle. Bien que cette proposition ne m'enchantât point, je pouvais difficilement m'y soustraire :

— Je crois qu'il n'y aura pas de problème. En tout cas, je ferai de mon mieux.

Une lueur sauvage s'alluma dans son regard :

— Parfait. Nous démasquerons l'assassin de Richard, jeune homme. Il n'échappera pas à la potence.

5

20h30. Un silence absolu régnait dans le salon – très « retour des Indes » – de Burton Lodge. Je m'étais arrêté sur le seuil, balayant d'un regard rapide l'antre du major : les murs revêtus de grands panneaux de chêne et de papier peint couleur sable, sur lequel se détachaient d'impressionnants trophées de chasse ; les belles collections d'armes blanches et d'armes à feu, les statuettes indiennes aux attitudes si particulières ; la superbe dépouille de tigre étendue entre cheminée, canapé et fauteuils ; les rideaux de soie safran qui masquaient le contenu de la bibliothèque, sauf sur la partie centrale où luisaient les cartouches dorés de beaux volumes reliés cuir ; tout cela formait un ensemble harmonieux sous la lumière douce des lampes à huile.

Le major, qui suivait d'un air satisfait mon regard, me dit :

— Vous semblez apprécier les beaux livres, inspecteur. Je vous les montrerai de plus près un de ces jours. C'est Mr Reed, un de nos meilleurs artisans, que ses malheurs conjugaux avaient ramené au village, qui a exécuté les reliures.

Je le remerciai d'un signe de tête tout en observant l'assemblée. Rose, hautaine, affectait une feinte indifférence. Sa robe bleue, garnie de dentelle, mettait en valeur les reflets cuivrés de sa chevelure roulée en une épaisse torsade sur sa nuque.

Luke, en redingote noire gansée, gilet de soie brochée, chaîne de montre en or, pantalon de dandy et chaussures vernies, me regardait avec une condescendance méprisante. Je ne l'avais jamais trouvé sympathique avec ses airs supérieurs et ses cheveux blonds huileux plaqués sur le crâne. À côté de lui, il y avait une place vide.

Avec son teint rose et ses cheveux blancs, Celia Forsythe – l'ancienne maîtresse d'école – était toujours aussi charmante, malgré ses soixante années bien sonnées ; une vieille demoiselle discrète, bienveillante, qui semblait goûter pleinement chaque instant de la vie. Assise dans un fauteuil entre Cora et Nellie, elle leur souriait, heureuse de les revoir.

Nellie avait une agréable silhouette, un visage poupin parsemé de taches de rousseur et un regard absent, désenchanté. Elle avait pourtant été une gamine rieuse, avec un joli sourire à fossettes.

Je commençais à me demander où se trouvait Eleanor, la gouvernante, quand le major me prit par le bras pour me présenter et ferma la porte contre laquelle je me tenais et qui me cachait une partie du salon. Eleanor finissait d'allumer la dernière lampe, posée sur un coffre indien d'un fabuleux travail. Elle régla la flamme assez haut et sa silhouette sombre surgit de la pénombre, nimbée de lumière. Elle se tourna calmement vers nous et prit place sur le canapé. Dans son cadre de bois doré, Richard Morstan nous regardait.

La voix du major s'éleva :

— Voici mon frère Richard, assassiné il y a neuf ans.

On n'entendait plus que le bruit de nos respirations. Richard Morstan était étrangement présent dans cette peinture, dans ce surprenant contraste entre la puissance des épaules, son extraordinaire barbe de patriarche, et la douceur inscrite sur ce visage.

Le major m'invita à prendre place dans l'un des deux fauteuils situés de part et d'autre de la cheminée. Après s'être installé à son tour, il rompit le silence :

— Je vous présente l'inspecteur Sidney Miles, de Scotland Yard, qui a bien voulu sacrifier une partie de ses congés pour m'aider à faire la lumière sur le meurtre de Richard. Pourquoi cette enquête, après neuf longues années ? Il se trouve que nous sommes entrés en possession de quelques éléments qui nous permettront de voir cette affaire sous un jour nouveau – éléments que nous garderons secrets pour des raisons évidentes.

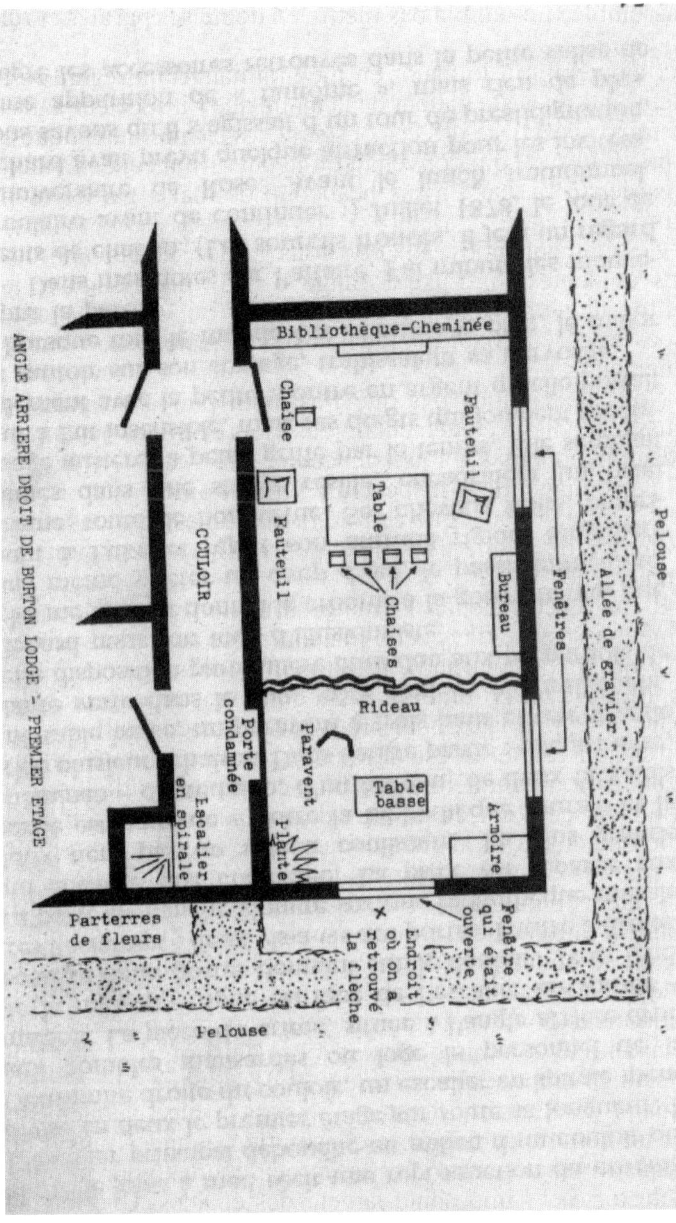
Bibliothèque-Cheminée
Chaise
Fauteuil
Table
Fauteuil
Chaises
Bureau
Fenêtres
Allée de gravier
Pelouse
COULOIR
Rideau
Porte condamnée
Paravent
Table basse
Armoire
Plante
Escalier en spirale
Parterres de fleurs
Fenêtre qui était ouverte
Endroit où on a retrouvé la flèche
Pelouse
ANGLE ARRIERE DROIT DE BURTON LODGE - PREMIER ETAGE

L'assemblée ne sembla pas mettre en doute ses paroles et fut tout ouïe.

— J'ajouterai, dit le major en me gratifiant d'un regard respectueux et d'un geste flatteur de la main, que l'inspecteur Miles est le grand spécialiste des cas obscurs, des crimes inexpliqués.

Je pris l'attitude qui convenait en la circonstance, en évitant de regarder Cora, car j'avais beaucoup de mal à garder mon sérieux.

— Ces éléments nouveaux que vous gardez secrets pour des raisons évidentes, fit Luke Strange d'une voix fielleuse, je crains fort de ne pas en saisir l'évidence.

Impassible, je le fixai quelques instants, juste assez pour le décontenancer.

— Nous ne voulons pas que l'assassin puisse en prendre connaissance, dis-je en détachant mes mots et en promenant un regard soupçonneux sur l'assistance.

Le personnage de l'inspecteur Miles commençait à me plaire. Cependant, bien que ce rôle facilitât mes desseins, il ne s'agissait pas d'en faire trop. Luke pourrait avoir des soupçons et se renseigner au Yard.

— Richard, commença le major d'un ton doctoral, a été lâchement assassiné dans cette maison, juste au-dessus de nos têtes (il désigna le plafond), il y a neuf années de cela. Nous avons affaire à un criminel hors du commun, un être diaboliquement rusé ; j'en veux pour preuve le stratagème utilisé pour perpétrer son crime. C'est d'ailleurs par là que nous allons commencer notre enquête. Il est bien certain que si la lumière était faite sur ce point, le nombre des suspects se restreindrait singulièrement. Je dirai même que notre individu aurait de fortes chances de ne pas finir ses jours de mort naturelle.

Une lueur inquiétante s'était allumée dans son regard. Comptait-il faire justice lui-même ou imaginait-il quelqu'un se balançant au bout d'une corde ? Il semblait habité par un terrible désir de vengeance. Pour légitime qu'elle fût, son obsession commençait à m'intriguer. Il se comportait comme si, le crime ayant été commis quelques jours plus tôt, il se trouvait encore sous l'emprise de la douleur et de la haine.

L'image de Richard Morstan s'imposa à moi, subitement. C'était un homme de très forte constitution, grand – plus d'un mètre quatre-vingt –, aux jambes un peu courtes pour la puissance du torse et l'imposante largeur des épaules. Une longue barbe noire, dont il prenait grand soin, s'étalait sur sa poitrine. Cependant, cette agressive virilité était tempérée par des manières avenantes, un visage paisible, un sourire chaleureux, un regard d'une douceur, d'une candeur presque enfantine. Les dernières années de sa vie, Richard avait fait preuve d'une générosité grandissante ; il n'hésitait pas à aider financièrement les gens dans le besoin. Ce qui lui valut la considération des habitants de Blackfield ; le saint homme du village, en quelque sorte. En outre, il témoignait une sollicitude et une bienveillance quasi paternelles aux enfants et aux adolescents. Bien souvent, il organisait des fêtes, des randonnées dans nos forêts, et aidait les compagnes de Rose qui avaient des difficultés à l'école.

Et pourtant, il s'était trouvé quelqu'un pour le faire passer de vie à trépas !

Le major prit la grande enveloppe placée sur la petite table incrustée de nacre qui se trouvait à portée de sa main, en retira quelques feuillets et rajusta son lorgnon.

— Je suppose que vous vous souvenez encore de la disposition de la pièce. Comme elle a subi quelques réaménagements, je n'ai pas jugé utile de nous rendre sur place ; le croquis que j'avais fait à l'époque vous rafraîchira la mémoire.

Je pris la feuille que me tendait le major. Pour plus de clarté je joins à mon récit une reproduction du croquis. L'escalier principal débouche au milieu d'un couloir qui divise en deux le premier étage sur toute sa longueur. À l'extrémité droite du couloir, un escalier en spirale mène aux combles mansardés où loge le personnel de la maison. La pièce du crime, située à l'angle arrière droit de la maison – donc en face de l'escalier en spirale – possède deux portes donnant sur le couloir. Trois fenêtres l'éclairent : deux vis-à-vis des portes, l'autre à droite. La porte de gauche s'ouvre sur une bibliothèque murale qui encadre une cheminée. La pièce est séparée aux deux tiers par un rideau coulissant. La plus grande partie est pourvue – outre la bibliothèque murale et la cheminée – d'une table, d'un bureau, de deux fauteuils et de plusieurs chaises. Dans l'autre partie : une armoire, une table basse, un paravent à trois pans et une grande plante verte dans le coin, côté couloir. Naturellement, cette disposition particulière était due aux préparatifs de Richard pour son tour d'illusionniste.

Je me levai et donnai le croquis à la gouvernante, qui, sans même y jeter un coup d'œil, le passa immédiatement à Luke et

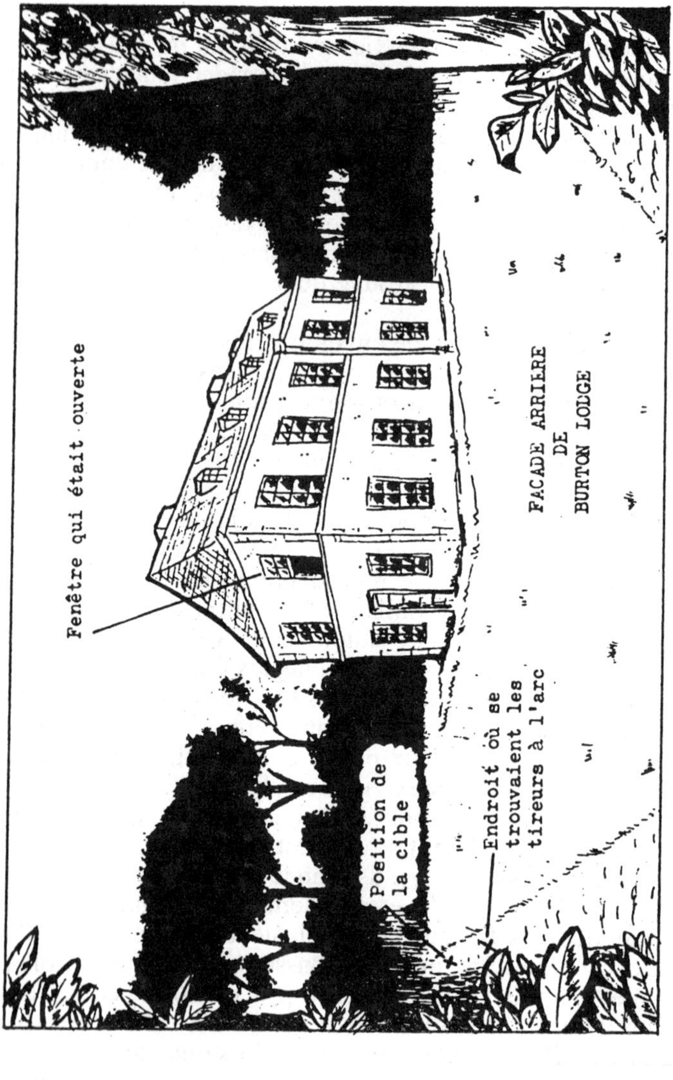
Fenêtre qui était ouverte
FACADE ARRIERE
DE
BURTON LODGE
Endroit où se
trouvaient les
tireurs à l'arc
Position de
la cible

reprit son attitude rigide. Singulière femme, toute de noir vêtue. Ses cheveux noirs, emprisonnés dans une stricte résille, encadraient un beau visage austère, à peine griffé par le temps. Elle semblait tout à fait insensible, mais ses doigts qui jouaient machinalement avec la petite montre en argent qu'elle portait en sautoir sur son corsage trahissaient sa nervosité.

Lorsque tout le monde eut examiné le plan, le major reprit la parole :

— Dans mes notes sur l'affaire, j'ai minuté les mouvements de chacun. (Les sourcils froncés, il jeta un regard circulaire avant de continuer.) Juillet 1878, le jour de l'anniversaire de Rose. Avant le lunch traditionnel, Richard avait prévu quelque attraction pour les invitées. Nous savons qu'il s'agissait d'un tour de prestidigitation, d'une apparition de « fantôme », mais rien de plus, malgré les accessoires retrouvés dans la petite valise de Richard. Vers 14 h 30, Michael et ses deux camarades commencent leurs exercices de tir à l'arc. Un quart d'heure plus tard, Rose, Cora, Nellie et sept autres jeunes filles – je pense qu'il est inutile de citer leurs noms pour le moment – pénètrent dans la pièce que Richard avait préparée. Ma chère nièce, je vous cède la parole. Cora et Nellie, n'hésitez pas à intervenir si cela vous paraît nécessaire.

Rose enserra son front du bout des doigts et ferma les yeux pour mieux se remémorer la scène :

— Oui, je m'en souviens. Nous sommes entrées par la porte près de la bibliothèque. De toute façon l'autre était condamnée. Outre le mobilier qui avait changé de place, je fus immédiatement frappée par le lourd rideau de velours qui masquait toute une partie de la pièce. Mais enfin, nous nous attendions à quelque chose de ce genre.

» Naturellement, curieuses comme nous l'étions, nous avons fouillé partout. Le paravent nous a intriguées, mais bien moins que la porte du fond, condamnée par trois planches grossièrement clouées en travers. En fait, il n'y avait que l'armoire qui aurait pu dissimuler quelqu'un ; ce qui n'était pas le cas. La fenêtre entre l'armoire et la grande plante verte était ouverte, nous y avons jeté un coup d'œil ; nous avons vu Michael, Bill et Stanley qui tiraient à l'arc, mais nous ne nous sommes pas manifestées. Les deux autres fenêtres étaient fermées. Voilà… Je crois n'avoir rien oublié.

— Bien, fit le major. À 3 heures moins cinq – donc dix minutes plus tard –, Richard entre à son tour.

— La première chose qu'il ait faite, poursuivit Rose, c'est de pousser le verrou derrière lui. Ensuite il nous a montré la porte condamnée – de si surprenante façon – et nous a fait vérifier la solidité de la fixation des planches. Puis quelqu'un a frappé à l'autre porte. « Voilà le fantôme ! » a dit mon père en souriant. Nous sommes allées ouvrir : c'était miss Forsythe.

— Je dois préciser, dit la charmante vieille dame, que j'étais montée à ce moment précis à la demande de Mr Richard Morstan. Je crois pouvoir poursuivre à votre place, Rose, si vous voulez bien. Mr Morstan m'a demandé de m'installer sur une chaise, juste devant la porte afin de pouvoir la surveiller. Puis il l'a verrouillée tout en s'excusant de ne m'avoir pas offert le confort d'un fauteuil, ceux-ci étant si vastes et profonds qu'ils rendaient toute surveillance efficace impossible. Après quoi il est allé tirer le rideau de la fenêtre – celle près de la bibliothèque –, plongeant ainsi la pièce dans une semi-pénombre. Un léger jour apparaissait aux contours du rideau de la fenêtre et au haut du grand rideau de séparation qui coulissait sur une tringle de bois fixée à une poutre du plafond.

— Vous avez une excellente mémoire, miss Forsythe, complimenta le major, visiblement satisfait de la tournure de l'enquête. Précisons que ce fameux rideau composé de deux parties s'ouvrait comme un vrai rideau de scène. Nous vous écoutons, miss Forsythe.

— Ensuite il a demandé aux filles de prendre place… non, il a désigné à chacune d'elles une place précise. Il y en avait quatre assises sur le bord de la table, quatre autres juste devant, sur les chaises, et deux autres dans les fauteuils.

— Moi, intervint Nellie, j'étais dans le fauteuil près de la fenêtre.

— Et moi, dans l'autre, près de la porte, dit Cora. Et si mes souvenirs sont bons, Rose était assise sur la table, n'est-ce pas ?

Rose hocha la tête en signe d'approbation.

Le regard lointain, la maîtresse d'école semblait revivre la scène :

— Je m'en souviens fort bien, vous étiez très agitées, excitées, on entendait des gloussements et de petits rires étouffés. Mr Morstan a écarté les pans du rideau et les a plaqués contre les murs. Il a pris le paravent, l'a porté à bout de bras, replié, retourné, redéployé, avant de le déposer. Puis il s'est dirigé vers l'armoire pour l'ouvrir toute grande. Elle était rigoureusement vide.

— Père voulait nous prouver qu'il n'y avait personne d'autre dans la pièce, mais cela, nous l'avions déjà constaté lors de notre fouille.

— Il était habillé de façon bizarre, dit Cora en souriant à l'évocation de ce souvenir, d'un costume moyenâgeux qui ne lui convenait guère. Il portait des chausses très collantes, un pourpoint et un couvre-chef à la mode sous Henry VIII. L'ensemble était assez cocasse. Il avait apporté une mallette qu'il a posée sur la table basse juste devant la fenêtre ouverte. (Le regard de Cora s'assombrit.) « Et maintenant, les enfants, a-t-il dit avant de refermer les rideaux sur lui, dans quelques minutes vous allez voir apparaître un fantôme ! »

— Il devait être 15 heures quand il a prononcé ces paroles, déclara le major. Ses dernières, du reste. Maintenant, je pense qu'il serait utile de voir ce que faisaient les autres personnes présentes à Burton Lodge. Pour ma part, j'avoue n'avoir pas d'alibi extraordinaire, je taillais les rosiers près de l'entrée de la maison ; mais Michael et ses amis ont déclaré, lors de l'enquête, qu'ils m'avaient entraperçu à deux reprises lorsqu'ils allaient récupérer leurs flèches sur la cible.

Eleanor sortit de son mutisme glacé :

— À cette heure-là, je dressais la table dans la salle à manger pour plus d'une dizaine de personnes. Je vous fais remarquer, major, que Mr Richard avait donné un jour de congé aux domestiques – à part Nellie, bien sûr – et ceci en dépit du surcroît de travail occasionné par l'anniversaire de Rose. Pas d'alibi, si ce n'est que mon travail était fait. Pendant ce temps-là, miss Angela Wright achevait de préparer les plats de toasts dans la cuisine. (La gouvernante avait prononcé ces dernières paroles avec un souverain mépris.) À l'attention de l'inspecteur Miles, je précise que la porte de la cuisine s'ouvre directement sur l'escalier en spirale qui mène aux combles en passant par le premier étage. (Là encore, son ton laissait clairement entrevoir le fond de sa pensée.)

Il y eut un silence. Puis l'attention se porta sur Luke qui prit la parole après s'être éclairci la voix par un raclement de gorge un peu forcé :

— Un peu plus tôt, Mr Morstan m'avait demandé de rafistoler le petit pont de bois qui se trouve derrière la propriété.

Tout le monde a pu entendre mes coups de marteau à l'heure du crime. Mon alibi est donc solide.

— Très bien, fit le major en se rejetant contre le dossier de son fauteuil et en croisant les bras. Revenons sur les lieux du drame.

— Le rideau venait donc de se refermer, enchaîna Rose. La pièce fut de nouveau plongée dans une demi-obscurité. Nous attendions, les yeux braqués sur la tenture de velours. Il y eut des bruits, une sorte de froissement, un cri étouffé, une chute… ou plutôt un affaissement, d'autres bruits dont je ne pourrais préciser la nature, à peine perceptibles… et puis plus rien. Vous comprenez, à cet instant nous nous attendions à quelque chose d'extraordinaire. Les minutes passaient sans que rien ne se produise. Soudain, inquiète, j'ai appelé Père. Pas de réponse. À ce moment, on a frappé à la porte. Je me suis levée brusquement, non pas pour ouvrir, mais pour voir ce qui se passait de l'autre côté de la pièce. J'ai écarté les rideaux, j'ai fait quelques pas et j'ai poussé un cri. Les autres filles sont immédiatement venues me rejoindre : Père gisait sur le ventre, entre l'armoire et la table basse.

— Pendant ce temps, intervint la maîtresse d'école, j'ai ouvert la porte, car on continuait toujours de frapper. J'ai laissé entrer miss Bourroughs et refermé la porte derrière elle en poussant le verrou. Ce dernier geste était instinctif, je n'avais aucune raison d'agir de la sorte, je le reconnais.

— J'ai tout de suite compris qu'il y avait quelque chose de bizarre en pénétrant dans la pièce, dit la gouvernante, avec cette froide assurance qui lui était propre. Les tentures étaient entrebâillées, je me suis approchée et j'ai vu les filles autour de Mr Morstan. Un court instant nous avons pensé qu'il faisait le mort. Mais il y avait la blessure au dos… Je lui ai pris le pouls… il était mort.

» Les filles étaient épouvantées. Elles m'ont raconté – en parlant toutes à la fois – ce qui s'était passé. Nous avons regardé partout… puis je suis allée à la fenêtre et j'ai interrogé les garçons. Ils ont affirmé que personne n'avait escaladé le mur. Ils sont venus nous rejoindre. Michael a eu un choc en voyant son père et s'est enfui, affolé.

La discussion qui suivit relata à peu de chose près les révélations que m'avait faites Cora la nuit précédente concernant Michael, ses deux amis et leur témoignage.

— … et n'oublions pas que le tir accidentel de Michael était de faible puissance – Bill et Stanley l'ont certifié – et n'aurait jamais pu entraîner la mort. Quant à l'explication de la présence de la flèche au pied du mur, elle m'a toujours paru évidente : après que Richard eut tiré les rideaux, la flèche aura atterri dans la pièce – l'épais tapis recouvrant le sol ayant étouffé le bruit de la chute. Que fait-il ? Il la ramasse et la jette par la fenêtre tout simplement. Je n'ai jamais compris pourquoi les policiers avaient perdu une bonne partie de leur temps avec cette histoire de flèche, grommela le major.

» Bon… Faisons le point. Quand Richard a refermé les rideaux, il était absolument seul dans cette partie de la pièce.

— Et il n'y avait personne, à part miss Forsythe, mes amies et moi-même dans l'autre partie, déclara Rose. J'ajouterai aussi que, depuis que nous étions installées, nous n'avions pas quitté une seule seconde le rideau du regard.

Cora, Nellie et miss Forsythe approuvèrent en silence.

— Bien, dit le major. Nous allons maintenant procéder par élimination. L'assassin n'a pas pu entrer par la porte que Richard avait condamnée. Totalement impossible, les policiers ont vérifié la chose. Il n'a pu s'introduire dans la pièce que par la fenêtre qui était restée ouverte… ou par l'autre, ce qui implique la complicité de Richard. Hypothèse loin d'être ridicule, nous y reviendrons. Ensuite il lui a bien fallu sortir. Aurait-il pu se faufiler par l'un des côtés du rideau pendant que les filles découvraient le corps ?

— Tout à fait impossible, répondit catégoriquement miss Forsythe. Je l'aurais vu. Je n'avais pas bougé de ma chaise. Après la sinistre découverte du cadavre, la pièce a fait l'objet d'une seconde inspection, au grand jour, tous rideaux écartés. Et n'oubliez pas que la porte était verrouillée jusqu'à l'arrivée des garçons. Il n'y avait personne d'autre que nous. L'assassin s'était déjà éclipsé.

— Restent donc les deux fenêtres. S'il s'est échappé par celle que l'on a retrouvée fermée, cela impliquerait une complicité. Vous voyez ce que je veux dire… quelqu'un, présent dans la pièce, aura discrètement refermé la fenêtre entrebâillée.

— Également impossible, balbutia Rose, qui avait pâli. En découvrant le corps, j'ai machinalement regardé la fenêtre, elle était fermée. Cela peut vous paraître bizarre qu'en de telles circonstances j'aie songé à relever ce genre de détail, mais c'est ainsi, j'ai enregistré le fait.

Il y eut un silence pénible, lourd, chargé d'une crainte, d'une suspicion intolérable. En effet, il n'eût point été stupide d'envisager que la personne qui aurait refermé la fenêtre derrière l'assassin fût Rose elle-même. Cette réflexion semblait inscrite sur le front de chacun. Nellie vola au secours de Rose :

— Et ce n'est pas Mrs Strange qui aurait pu le faire. Elle avait écarté les rideaux en entrant, elle n'a fait qu'un pas ou deux avant de s'arrêter en poussant un cri. Nous l'avons rejointe aussitôt.

— C'est exact, approuva Cora, à aucun moment nous ne l'avons perdue de vue.

Les traits du major se détendirent. L'intervention de Nellie l'avait soulagé d'un grand poids. Le fait que les témoins n'avaient pas perdu Rose de vue lui évitait de devoir envisager une hypothèse terrible : celle d'un meurtre éclair commis par la première personne à se trouver près du corps.

Après avoir allumé sa pipe, il reprit :

— Parlons maintenant de la valise que Richard avait déposée sur la table basse. Voici son contenu : deux suaires à cagoule – des habits de fantôme, si vous préférez –, une longue bande de papier noir sur laquelle était dessiné un squelette, une grande pièce de toile blanche, un petit loup de satin noir, une ceinture et six foulards. Ce que nous savons, c'est que Richard voulait nous mystifier par un tour à sa façon, avec apparition de fantôme. Pour ce faire – et la présence des deux suaires à cagoule atteste indubitablement, à mon sens, cette hypothèse – Richard a dû faire appel à un complice. Il est aussi tout à fait probable que ce mystérieux complice soit l'assassin. Je pense que si nous parvenions à deviner la nature du tour qu'avait préparé Richard, nous ne serions pas loin de résoudre le mystère. À mon avis, les investigations de la police n'ont pas été assez approfondies sur ce point. J'attire votre attention sur le fait que l'arme du crime – un poignard hindou d'un travail remarquable, faisant partie de ma propre collection – était pourvue d'une longue lame très fine et acérée. Le médecin légiste fut formel : « N'importe qui, même une faible femme, a pu porter le coup fatal. » Notons aussi que seule une personne familière des lieux a pu s'emparer de l'arme.

» D'après tout ce qui a été dit, je crois que nous pouvons tenir comme acquis les faits suivants : *Un* – Richard avait fait appel à un complice pour l'exécution de son tour ; *deux* – le complice et l'assassin ne font qu'un ; *trois* – l'assassin faisait partie de notre entourage direct ; *quatre* – l'assassin est entré dans la pièce par l'une des deux fenêtres ; *cinq* – il est ressorti par la fenêtre restée ouverte.

» Les deux derniers points méritent une attention particulière. D'après le témoignage des archers, le meurtrier n'a pu entrer ou sortir de la pièce qu'en cinq ou six secondes, et l'enquête a révélé que ni les murs ni le toit ne présentaient de traces révélatrices. Par conséquent, je pense que l'assassin n'est pas entré par la fenêtre ouverte, mais par l'autre, celle qui donne sur l'arrière de la propriété, celle que personne ne contrôlait du regard et avec l'aide de Richard, bien sûr.

» L'assassin est au pied du mur, il attend que Richard ouvre la fenêtre, puis il lui lance une corde. Il se hisse à la seule force de ses bras, mon frère tenant ferme la corde, un jeu d'enfant pour lui. Le tour est joué, il est entré dans la pièce sans avoir laissé de traces derrière lui.

Je le regardai d'un air admiratif :

— Votre déduction est remarquable ! En effet, il est fort probable…

— Ne vendons pas la peau de l'ours, coupa le major, il reste le problème de la sortie. Comment pouvait-il sortir par la fenêtre en cinq secondes et être certain de ne pas se faire remarquer ? L'hypothèse d'un saut est exclue, il y a 5 mètres jusqu'au sol, Michael et ses amis n'auraient pas manqué d'entendre le bruit de la chute ; les policiers ont fait l'expérience. En outre, un tel saut aurait inévitablement laissé des traces sur les parterres de fleurs ou sur l'allée en gravier ou sur la pelouse ; or il n'y en avait pas. Alors comment ? Toute la question est là…

Le major Daniel Morstan avait donné une intonation particulière à sa dernière phrase, comme pour mieux nous faire saisir la difficulté du problème et nous inviter à la réflexion. L'air pensif, il suivait du regard les volutes de fumée qu'il projetait en direction du plafond.

Eleanor Bourroughs mit un terme au silence qui suivit en intervenant d'une voix impersonnelle :

— Vous semblez oublier, major, qu'à un moment donné, les policiers avaient pensé que le crime aurait pu être exécuté à partir de la porte condamnée, au bas de laquelle, rappelons-le, il y a un jour d'un centimètre et demi. Et n'oublions pas que lorsque je suis montée pour rejoindre les filles à l'heure du spectacle – que je ne voulais pas manquer – donc juste quelques instants avant que le crime ait été découvert, j'ai entrevu une ombre qui s'engouffrait dans l'escalier en spirale.

— Alors que vous frappiez à la porte ? demandai-je brusquement.

— Non j'étais au milieu du couloir. Je venais juste de franchir la dernière marche de l'escalier. Je ne saurais dire s'il s'agissait d'un homme ou d'une femme. Bien que… enfin la silhouette m'a paru assez mince… une jeune femme peut-être…

6

De nouveau un silence.

— L'escalier en spirale, inspecteur, débouche sur l'entrée de la cuisine, dit Luke qui fixait l'extrémité incandescente de sa cigarette. La mince silhouette en question aurait pu être celle d'Angela Wright, qui selon ses dires se trouvait dans la cuisine. À l'époque, j'avais songé à sa culpabilité… Hélas ! elle n'avait pas l'ombre d'un mobile.

— De toute manière, rétorqua le major, il fut formellement prouvé que le meurtre n'avait pas été perpétré à partir de l'espace situé au bas de la porte. Richard avait été poignardé dans le dos, son corps gisait entre l'armoire et la table basse ! Je ne vois pas comment il eût été possible de… C'est inimaginable !

— En effet, approuva Luke. Votre solution, mon oncle, demeure donc la plus plausible. Hélas ! elle n'explique toujours pas de quelle manière l'assassin s'y est pris pour quitter les lieux. De plus, à supposer que nous arrivions à éclaircir ce mystère, son identité ne serait pas connue pour autant. Et je ne pense pas que l'assassin fasse forcément partie de notre entourage direct. L'arme du crime n'a par ailleurs jamais été retrouvée. Un poignard a disparu de votre collection, et la blessure provenait d'une lame ayant le même profil, mais nous ne pouvons affirmer qu'il s'agissait bien de l'arme du crime. Quelqu'un a très bien pu subtiliser ce poignard afin de nous amener à cette conclusion et rejeter ainsi la responsabilité du meurtre sur l'un d'entre nous ; quelqu'un qui aurait chargé un comparse d'exécuter le crime à sa place. Quelqu'un qui se serait forgé ainsi un alibi inattaquable. Méfions-nous des conclusions hâtives…

Le silence retomba ; ainsi que le voile qui, quelques instants auparavant, semblait vouloir se lever sur le mystère. L'atmosphère était lourde, comme à l'approche d'un orage.

— Oh ! mon Dieu ! murmura Celia Forsythe d'une voix étranglée.

Tous les regards se braquèrent sur elle.

— Qu'y a-t-il, miss Forsythe ? s'enquit vivement le major. Vous ne vous sentez pas bien ?

— Ce n'est rien, fit la vieille demoiselle d'une voix à peine audible. J'ai cru me souvenir de quelque chose… Non, j'ai dû rêver, c'est impossible… Ma mémoire me joue des tours…

— Peut-être pourriez-vous nous expliquer ce dont…

— Non. (L'ombre qui avait passé sur son visage s'était évanouie.) Je vieillis ; je crois me souvenir de certaines images, alors que manifestement… C'est affreux, ces trous de mémoire. On s'imagine des choses…

Soudain, le major quitta son fauteuil pour se diriger vers la plus proche des deux fenêtres. Un léger courant d'air agitait les rideaux. Il les écarta d'un geste brusque, passa la tête par la fenêtre ouverte et scruta l'obscurité. Puis il referma les rideaux et secoua la tête, comme s'il doutait de lui-même.

— Eh bien ? demanda Rose qui l'avait rejoint.

— Rien. J'avais l'impression que quelqu'un nous épiait. Il n'y avait personne. Moi aussi, je commence à m'imaginer des choses.

Rose et son oncle regagnèrent leur place. Mon rôle d'inspecteur du Yard me revint à l'esprit :

— Avait-on songé à examiner la cheminée ? Je sais bien qu'elle se trouve à l'autre bout de la pièce, mais…

— Il y a une grille bien fixée dans le conduit, dit Luke en m'octroyant un sourire condescendant. Et même s'il y avait un escalier à l'intérieur… cela n'aurait rien changé puisque le crime s'est déroulé de l'autre côté de la pièce.

Ce qu'il pouvait m'agacer, celui-là, à vouloir jouer au plus fin et apprendre son métier à un inspecteur du Yard ! Je repris :

— Bien ! Passons aux choses sérieuses. Quelques jours avant sa mort, Mr Morstan n'avait-il pas éloigné tout le monde de Burton Lodge sous un prétexte quelconque ?

L'espace d'un instant, Luke parut décontenancé. Le major, intrigué, avait levé un sourcil.

— Euh… Oui, il me semble, bafouilla l'employé de banque. Oui, je m'en souviens, ça m'avait semblé bizarre. Mais comment savez-vous cela ?

J'allumai une cigarette, sans me presser, puis lui répondis, goguenard :

— Voyons, Mr Strange, réfléchissez un peu : Mr Morstan a bien dû faire une répétition de son tour d'illusion et il ne tenait certainement pas à la présence de témoins ; ne serait-ce que pour ne pas révéler l'identité de son complice… Autre chose : je suppose que c'est dans la matinée du drame que Mr Morstan a condamné la porte ?

Cette fois-ci, une certaine admiration se mêla à l'étonnement qui agrandissait les yeux de Luke. Il ne pouvait évidemment pas savoir que je connaissais déjà la réponse à ma question.

— Oui… c'est exact, je l'ai même aidé à tenir les planches contre la porte alors qu'il enfonçait les clous… Mais comment pouvez-vous savoir que ce fut dans la matinée ?

— Simple déduction. S'il vous a demandé de rafistoler le petit pont en début d'après-midi, c'est probablement parce que les clous et le marteau ont dû lui rappeler l'état défectueux du pont. Vous me suivez ?

Luke en resta bouche bée ; le major avait retiré son lorgnon pour mieux m'observer. La situation me paraissait d'autant plus comique que mon explication était un peu tirée par les cheveux. Je continuai sur ma lancée :

— Était-ce la première fois que Mr Morstan exécutait un tour d'illusion ?

— Absolument, répondit le major, une étrange lueur filtrant entre ses paupières plissées.

— Bien. Il n'a donc pas inventé son tour. Il a dû s'inspirer d'un spectacle, d'un livre… N'avez-vous pas remarqué un ouvrage traitant d'illusionnisme, de prestidigitation, ou quelque chose de similaire ?

Rose fixa sur moi une pupille dilatée.

— Attendez, hésita-t-elle, tout ceci est tellement loin, mais je crois que oui. Un soir, je suis entrée dans la chambre de Père, je ne sais plus pour quelle raison. Il était en train de lire. À ma vue, il a glissé son livre d'un geste furtif sous les couvertures.

Ça m'avait intriguée, je suis revenue le lendemain et j'ai trouvé le livre dans sa table de chevet. Je ne me souviens plus du titre, mais il s'agissait de magie ou de prestidigitation ; la couverture était jaune… Ce que je puis vous affirmer, c'est que nous ne possédons plus ce livre. Nous avons dû le jeter avec… Non, je l'ai prêté à quelqu'un…

— À qui ? hurlai-je.

Surprise, l'assistance se tourna vers moi. Un peu confus, je repris d'une voix plus posée :

— C'est très important, vous comprenez… À qui avez-vous prêté ce livre ?

Rose ferma les yeux, tentant de rassembler ses souvenirs :

— Attendez… Il me semble que c'était une de mes amies, mais je ne sais plus exactement qui… quelques semaines après le drame…

— Et elle ne vous l'a pas rendu ? demandai-je avec calme. C'est étrange, cela fait au moins huit ans…

Je maîtrisais parfaitement ma voix, à présent.

— Non. Mais ça ne serait pas le premier livre qu'on ne me rend pas.

— Au fait, n'était-ce pas une des jeunes filles présentes lors du meurtre ?

Rose demeura un long moment à me considérer ; il y avait de l'inquiétude dans son regard :

— Oui, il me semble bien. Pour l'instant je ne vois pas qui, mais ça va me revenir, je suis sûre.

Avec force questions, le major et Luke s'employèrent à raviver la mémoire défaillante de Rose. Pendant ce temps, j'observais discrètement la maîtresse d'école. Elle se tenait immobile sur sa chaise. Son regard fixe brillait d'un étrange éclat, comme si après une profonde méditation elle était parvenue à une effroyable conclusion.

— Nous allons nous en tenir là pour aujourd'hui, déclara le major en se levant. L'enquête est loin d'être terminée, mais je crois que nous nous acheminons à grands pas vers la vérité. Avec les éléments que nous possédons, l'inspecteur Miles et moi, il est fort probable qu'une arrestation survienne d'ici quelques jours…

Le major s'appesantit sur les dangers que l'assassin à présent encourait ; l'assistance était suspendue à ses lèvres. La vieille demoiselle me prit à part :

— Vous me rappelez quelqu'un, inspecteur... votre regard surtout.

Mon sang se figea dans mes veines. Je réussis néanmoins à me composer un visage calme et détendu.

— Ah ! oui ? Et qui serait mon sosie ? lui demandai-je avec un grand sourire.

— Un garçon bien sympathique, dit-elle en baissant la tête, que d'ailleurs on n'a pas revu depuis longtemps. Un garçon charmant. Hélas ! je crains qu'il ne soit pas tout à fait équilibré... Oh ! il est d'apparence parfaitement normale. Mais il y a dans son regard quelque chose qui... je ne sais comment vous dire... Un jour, il y a fort longtemps, il est venu me voir. Il devait alors avoir une quinzaine d'années. Il paraissait vouloir me confier quelque chose d'important, mais il ne parvenait pas à s'y résoudre. Je ne lui ai pas posé de question. Toute la tristesse du monde était réfugiée dans ses yeux ; et, en même temps, il semblait en proie à une excitation intérieure, un plaisir d'une intensité effrayante. Je fus saisie d'un sentiment d'angoisse. La folie le guettait. Un combat sans merci se livrait devant moi dans cette âme d'adolescent...

Attention, danger.

Celia Forsythe m'avait-elle reconnu ? Ou croyait-elle tout simplement à une ressemblance ?

— Je voudrais vous parler, inspecteur Miles. Mais plus ce soir, je suis fatiguée et il me faut encore réfléchir. Pouvez-vous passer chez moi d'ici deux ou trois jours ? J'habite Hill Street, la troisième maison à gauche en venant de l'auberge.

J'acquiesçai d'un signe de tête.

Le major, par l'intermédiaire de Nellie, avait demandé à Peter Hopkins de préparer la voiture pour raccompagner miss Forsythe. Il avait eu la présence d'esprit de ne pas nous proposer – à Cora et à moi – de profiter de l'occasion, se doutant bien que nous préférerions faire le chemin à pied.

Depuis le pas de la porte, nous regardions le break s'éloigner dans la nuit. Lorsque les deux points lumineux des lanternes eurent disparu, Luke fit observer :

— Bizarre... J'ai l'impression que la vieille demoiselle s'est souvenue de quelque chose... un détail concernant le meurtre, mais qu'elle veut garder pour elle. À propos, inspecteur, que vous a-t-elle dit tout à l'heure ?

— Elle m'a demandé de passer la voir dans quelques jours, sans donner de précisions.

Le major se racla la gorge avec force :

— En parlant de mémoire, ma chère nièce, j'espère que vous allez bientôt vous rappeler à qui vous avez prêté ce livre.

— Tu comprends, ma chérie, la pressa son mari, c'est d'une importance primordiale ! L'explication du tour doit s'y trouver, donc l'explication du meurtre ! À la réflexion, je trouve quand même incroyable que la police n'ait pas cherché à approfondir ce point… Si jamais nous devions faire la lumière sur cette sinistre affaire grâce à ce livre, nous vous devrions une fière chandelle, inspecteur !

Je le saluai avec une modestie bien jouée. (Quel pompeux imbécile !)

— Ce n'était ni à Nellie ni à Cora en tout cas, dit Rose en vérifiant d'un geste gracieux l'aplomb de sa coiffure.

— C'est donc une des sept autres filles, en conclut Cora.

Sous l'effort de la réflexion, une ride parut entre les sourcils de Rose :

— Oui, c'était bien l'une d'entre elles, mais je ne vois pas…

— N'y pense plus, ma chérie, ça te reviendra au moment où tu t'y attendras le moins, c'est toujours ainsi.

Luke et Rose se retirèrent ; il devait être près de 11 heures. Seuls le major, Cora et moi étions encore devant l'entrée. C'était une superbe nuit de pleine lune, douce et ensorcelante ; la masse sombre de la forêt nous entourait d'une fraîcheur parfumée. Appuyé sur sa canne, le major mâchonnait le tuyau de sa pipe, tout en réfléchissant.

Il finit par lâcher :

— Vous avez été remarquable, Miles ! Relativement discret dans un premier temps, mais très incisif en fin de soirée. Excellente tactique, mon jeune ami, excellente… et payante. Vous avez mis le doigt sur un point qui pourrait se révéler déterminant.

— Je vous renvoie le compliment, major. Vos très judicieuses déductions sur les mouvements de l'assassin ont levé une grande partie du mystère.

— En effet, approuva le major avec satisfaction. Mais je n'ai fait que procéder par élimination. Je savais qu'avec du recul cette reconstitution me ferait envisager les choses sous un angle différent. Oui, nous pouvons considérer cette soirée comme très positive.

— Ah ! Ça me revient ! m'exclamai-je. Il y a quelque chose qui m'a paru curieux. Luke était au courant de certains détails, comme s'il faisait déjà partie de la maison à l'époque du drame. Il n'avait alors que 17 ans !

— Décidément, rien ne vous échappe, jeune homme, ricana le major. Oui, je vois ce que vous voulez dire. Mais ceci n'a rien d'étonnant. Luke et Rose étaient déjà très liés. Lors des périodes de congés scolaires, il était toujours fourré chez nous.

Là encore, je connaissais d'avance la réponse à ma question. Mais n'oublions pas que Sidney Miles n'était pas censé le savoir.

— Bien, fit le major, je crois qu'il serait temps d'aller nous coucher. Réfléchissons chacun de notre côté, puis nous comparerons nos conclusions. Vous pourriez établir une liste des suspects avec leurs alibis et leurs mobiles.

Sous l'éclairage livide de la lune, le visage du major parut changer d'expression :

— Je ne sais pas, mais j'ai comme un étrange pressentiment… la sensation d'un danger proche, imminent comme lors d'une chasse au tigre. Le fauve, lui aussi, se sent menacé ; ses yeux verts luisent dans l'ombre, il est immobile, ramassé sur lui-même, prêt à bondir sur sa proie… Avez-vous déjà vu, jeune homme, un type qui a passé entre les pattes d'un tigre ?

Je secouai la tête, tout en prenant la main glacée et tremblante de Cora.

— Pas beau à voir, en tout cas. Le type en question baignait dans son sang, il n'avait même plus de… enfin une boucherie, une véritable boucherie. Bon, à bientôt. Je vous ferai signe, Miles.

7

Nous ne fûmes pas très loquaces sur le chemin du retour. Le major aurait pu nous épargner ses comparaisons. Une simple mise en garde eût été amplement suffisante ; nous étions tous conscients de cette présence mauvaise qui flottait dans l'air, presque palpable…

Le type en question baignait dans son sang… une véritable boucherie.

J'allais m'abîmer dans d'horribles images quand la douce voix de Cora me ramena à la réalité :

— Je suis sûre que vous avez pensé à l'histoire d'Edgar Poe lorsque vous avez posé votre question sur la cheminée, n'est-ce pas ?

— Oui et non, car je ne m'attendais pas à ce qu'on ait trouvé un cadavre dans le conduit. Mais c'est vrai, j'y ai pensé.

Soudain, Cora m'arrêta pour mieux me dévisager :

— Vous êtes parfois bizarre, Sidney. Quand le major a parlé du tigre, vous étiez blanc comme un linge, presque horrifié… Comme hier soir, quand vous vous êtes blessé au pouce. On dirait que vous avez peur du sang ! Étonnant de la part de Barbe-Bleue, non ?

— Vous ne pouvez pas comprendre, Cora ! (Je hurlais presque.) Vous ne savez même pas pourquoi je… Et arrêtez de me parler de Barbe-Bleue !

Puis je me réfugiai dans un éclat de rire – qui sonnait faux – et lui dis :

— Ce n'est pas vraiment de la peur. D'ailleurs nous avons déjà discuté de tout cela. D'autre part…

Cora était contre moi, toute proche, frémissante. L'odeur de foin coupé de ses cheveux m'enivra…

Nous parvînmes à l'auberge à une heure fort avancée de la nuit. J'embrassai une dernière fois Cora devant la porte de sa chambre, puis gravis l'escalier à pas de velours. Je verrouillai la porte derrière moi et allai m'accouder à la fenêtre ouverte, le cerveau en proie à la plus frénétique agitation. Ce livre disparu était d'une importance capitale, il fallait le retrouver au plus vite. Et Celia Forsythe, m'avait-elle reconnu ? Je n'aurais jamais dû aller la voir, à l'époque, après ce qui s'était passé… Elle avait compris sans comprendre… Dieu merci, je ne m'étais pas confié à elle, car j'étais bien sur le point de le faire… Il est difficile de garder un secret, à 15 ans… Papa, mon pauvre papa…

Avec effort, je chassai cet horrible souvenir, afin de garder la tête froide ; j'avais besoin de toute ma lucidité pour mener à bien mon dessein. Quelque chose avait violemment troublé la maîtresse d'école, un détail se rapportant au meurtre, un détail qui l'avait effrayée, tout le monde l'avait remarqué.

Dangereux, *très* dangereux… pour la maîtresse d'école.

Je regardai, pensif, les maisons avoisinantes plongées dans l'obscurité. La nuit était calme, la rue déserte, la lune livide et si fascinante… Juste sous ma fenêtre, l'enseigne de l'auberge.

Je ne me réveillai que très tard, passé 10 heures. Installé à la table du major, je regardais Tony qui me servait, l'air abattu. Lorsqu'il eut terminé, il prit place en face de moi, en soupirant :

— Elle ne méritait pas ça, la maîtresse d'école. Quel est le fou qui a pu faire ça…

— On lui a tué son chat ?

— Non, dit Tony en me regardant d'un air grave, elle n'avait pas de chat. On l'a assassinée !

— Assassinée ? m'écriai-je. Mais ce n'est pas possible ! Elle était encore avec nous, hier soir ! Quand l'a-t-on retrouvée ? Et qui a fait ça ?

— On ne le sait pas, soupira Tony. C'est Baxter, le menuisier, qui a découvert le corps ; il habite en face de miss Forsythe. Il a même failli surprendre l'assassin. Écoutez plutôt : vers 2 heures du matin, comme il n'arrivait pas à trouver le sommeil, il est allé prendre un verre d'eau. Tel que je le connais ce n'était certainement pas de l'eau, mais passons. Il a remarqué que la fenêtre de la cuisine de miss Forsythe était éclairée.

» Ça lui a paru bizarre. Il est sorti et a traversé la ruelle. Les rideaux n'étaient pas entièrement fermés, il a jeté un coup d'œil : une lampe brûlait sur la table ; sur le sol, deux pieds dépassaient de derrière un meuble ; des taches sombres partout et une grande flaque qui s'étendait progressivement. Puis il a entendu grincer la porte de derrière. Il a rapidement contourné le coin de la maison et entrevu une ombre s'esquiver furtivement.

» Je vous signale en passant que Baxter est un solide gaillard qui n'a peur de rien. Je connais peu de gens qui auraient eu sa réaction dans un moment pareil. Il s'est lancé à la poursuite de l'ombre. Sa course ne fut pas très longue ; le fugitif s'était engagé dans une impasse, deux pâtés de maisons plus loin. Il ne pouvait plus lui échapper. Baxter a affirmé que si une porte ou une fenêtre s'était ouverte, il n'aurait pas manqué de le voir ; la lune éclairait suffisamment la scène. Le long des murs, des caisses et des tonneaux. Baxter s'est avancé lentement, centimètre par centimètre, s'attendant à voir surgir l'ombre d'un instant à l'autre, il était prêt à la cueillir. Puis il est arrivé au fond de l'impasse. Un grand tonneau se dressait dans le coin le plus sombre. Le fuyard ne pouvait que se trouver derrière. Baxter a fait les derniers pas, et… personne ! Il n'y avait personne ! L'ombre mystérieuse avait disparu, envolée en fumée ! Il est revenu sur ses pas, croyant être la victime de quelque mauvais rêve, et de nouveau il a jeté un coup d'œil par la fenêtre de la cuisine : les pieds étaient toujours là ! Et la flaque sombre s'était encore agrandie ! La porte de derrière n'était pas fermée, il est entré, et il a vu miss Forsythe étendue sur le carrelage de la cuisine, la gorge tranchée d'une oreille à l'autre, le corps lardé de plusieurs coups de couteau. Il y avait du sang partout… Baxter s'est alors précipité chez nous. Nous sommes allés prévenir la police au village voisin. Au fait, vous ne nous avez pas entendus partir, cette nuit ?

— Non, j'étais… enfin nous sommes rentrés assez tard, vers une heure et demie, et je me suis endormi immédiatement.

Tony ôta ses lunettes. Ses yeux gris bleu étaient cernés de rides de fatigue.

— Baxter n'était pas saoul, dit-il en se caressant nerveusement les favoris. Il sentait un peu le gin, mais il n'était pas saoul. Son histoire… comment dirais-je ?… d'assassin fantôme me laissait assez sceptique. Nous sommes arrivés chez miss Forsythe, avec la police, vers 5 heures du matin… Pas beau à voir. Croyez-moi, Mr Miles, Baxter, en découvrant le cadavre, n'aurait jamais eu l'idée d'inventer une histoire de fantôme qui s'évanouit au fond d'une impasse. Les policiers l'ont longuement interrogé, mais il n'en a pas démordu : il était sur les talons de l'assassin, il l'a vu s'engouffrer dans l'impasse, puis il s'est évaporé ! Bien que ne nourrissant aucun soupçon à son égard – un meurtrier n'aurait jamais inventé une histoire pareille ! – les policiers sont allés faire un tour chez Baxter. Lorsqu'ils sont tombés sur un placard tapissé de bouteilles vides, ils n'ont pas insisté : pour eux, l'histoire de l'assassin fantôme était une divagation d'ivrogne. Mais Baxter n'était pas saoul, je vous le répète, même pas éméché. Je l'ai vu quelques instants après sa découverte macabre. Et ce n'est pas le type à inventer des histoires de ce genre.

— Et pas de taches de sang sur lui ?

— Non. Ni chez lui. Les policiers ont vérifié. Ce qui l'innocente de façon presque formelle, car l'assassin, lui, devait en être couvert.

— Incroyable… Y avait-il des indices dans la cuisine de miss Forsythe ?

— Une cruche d'eau et deux verres à moitié pleins sur la table, si on peut appeler ça des indices.

Je pris une gorgée de café, tout en songeant qu'il était fort heureux que Cora n'ait pas parlé à son père de l'étrange attitude manifestée la veille par la maîtresse d'école.

La porte de l'auberge s'ouvrit sur Peter Hopkins. Après un rapide coup d'œil sur ses clients, Tony me confia :

— Tout le monde est au courant dans le village… (Puis, s'adressant à Peter :) Bonjour, Peter, je suppose que vous connaissez la nouvelle ?

Peter Hopkins ne manquait pas de prestance ; grand, bien bâti, l'air digne d'un serviteur de bonne maison. Il hocha gravement la tête en réponse à Tony, puis me parla :

— Mr Morstan souhaiterait vous voir cet après-midi, monsieur l'inspecteur.

— C'est entendu, je passerai. Merci, Hopkins.

Lorsque Peter s'en fut allé, Tony s'exclama :

— C'est vrai, je l'avais complètement oublié ! Le major me l'avait dit hier après-midi, vous êtes insp…

Je lui imposai le silence d'un signe discret :

— Oui, mais en vacances. Et je ne tiens pas à ce que ça se sache. Vous comprenez… De toute manière, cette affaire n'est pas de mon ressort.

Son visage laissa transparaître sa déception.

— Bien sûr, dit-il d'une voix lasse, je vous comprends. Mais je me demande bien qui a pu s'acharner ainsi sur cette pauvre miss Forsythe… Ce ne peut être que l'œuvre d'un fou, d'un dément ! Les policiers ont établi que le vol n'était pas le mobile du crime.

— La silhouette entrevue par Baxter était-elle celle d'un homme ou d'une femme ?

Après un soupir de lassitude, il répondit :

— Une ombre, c'est tout ce qu'il a vu.

Vers 2 heures de l'après-midi, je posai ma plume ; le petit travail que le major m'avait demandé était terminé :

Remarque concernant les personnes nanties d'un solide alibi : ne pas perdre de vue que le meurtre a pu être exécuté par un complice.

Michael. *Mobile : l'intérêt – les secondes noces de son père auraient réduit sa part d'héritage. Alibi : inattaquable – à moins que les trois tireurs à l'arc n'aient été complices. (Très peu plausible.)*

Rose. *Mobile : le même que Michael. Alibi : inattaquable – à moins que les neuf autres filles et la maîtresse d'école n'aient été ses complices. (Bien improbable.)*

Le major Daniel Morstan. *Mobile : le même que Michael. Alibi : pas inébranlable ; mais compte tenu de sa blessure à la jambe et de sa corpulence, on l'imagine mal dans le rôle de l'agile assassin.*

Luke Strange. *Mobile : le même que Michael, puisqu'il devait déjà envisager d'épouser Rose à cette époque. Alibi : très moyen – on n'a fait qu'entendre les coups de marteau qu'il donnait ; possibilité de trucage.*

Eleanor Bourroughs. *Mobile : jalousie. Alibi : aucun.*

Angela Wright. *Mobile : aucun. Alibi : aucun.*

Stanley Griffin et Bill Hudson. *Mobile : aucun. Alibi : le même que Michael.*

Nellie, Cora et les autres filles. *Mobile : aucun. Alibi : le même que Rose.*

Celia Forsythe. *Les récents événements parlent d'eux-mêmes.*

Je ne savais comment le major allait accepter son nom parmi la liste des suspects, mais au moins il ne pourrait me reprocher de n'avoir pas fait mon travail consciencieusement.

On frappa à la porte, Cora se montra. Nous n'avions pas encore eu l'occasion de nous entretenir en tête-à-tête depuis notre dernier baiser. L'assassinat de la maîtresse d'école l'avait atterrée, elle était pâle comme la mort. Elle vint se réfugier dans mes bras :

— C'est horrible, Sidney, Papa m'a raconté…

Je la réconfortai, puis m'assis sur mon lit :

— Je sais ce que vous pensez, Cora. Sans la venue d'un stupide journaliste en mal d'inspiration pour son roman, miss Celia Forsythe n'aurait jamais été assassinée. Mais croyez-moi, elle ne l'aura pas été pour rien. Elle s'est souvenue de quelque chose, hier soir, quelque chose de compromettant pour l'assassin… qui s'est empressé de la réduire au silence.

Cora me fixait d'un regard morne. Je haussai le ton :

— Ne comprenez-vous pas que ce seul geste le désigne clairement comme étant l'une des personnes présentes à la réunion ? De plus, comme pour le meurtre de Richard Morstan, l'assassin semble s'être volatilisé… Ces crimes ont été commis par une seule et même personne. Il n'y a aucun doute là-dessus ! Un assassin fantôme, mais qui n'est pas un fantôme, croyez-moi ! Car on l'a aperçu, ce matin ! Le menuisier n'a vu qu'une ombre, soit, mais au moins nous savons maintenant qu'il n'est pas invisible. Et je découvrirai son truc, son tour de passe-passe, Soyez-en certaine. Dussé-je y passer… Cora ! Pourquoi me regardez-vous comme ça ?

Ses yeux bleu pâle semblaient me considérer avec effroi. Puis, brusquement, elle s'effondra en larmes.

— Cora, au nom du ciel, qu'avez-vous ?

Je me levai d'un bond et la pris dans mes bras.

— Cora, si vous m'expliquiez ce qui…

— J'ai pensé à quelque chose d'horrible, fit-elle entre deux sanglots. Une affreuse association d'idées…

— Laquelle ?

— Vous ne m'en voudrez pas ? murmura-t-elle en levant la tête.

— Bien sûr que non… mais de quoi s'agit-il ?

J'avais instinctivement resserré mon étreinte.

— J'ai pensé à votre théorie sur les crimes impossibles… et à Barbe-Bleue, le tueur de femmes…

De nouveau je m'assis sur le lit, en poussant un long soupir.

— Je sais, ma barbe noire a des reflets bleutés ; mais à part ça, ai-je l'air d'un assassin ?

Elle eut un franc sourire :

— Non, je l'avoue. Bien au contraire… on vous donnerait le Bon Dieu sans confession. Oh ! Mais il faut que j'y aille ! Mes parents trouveraient notre tête-à-tête un peu louche !

Sur quoi elle effleura mes lèvres d'un rapide baiser et disparut.

Tout en réfléchissant, je demeurai un bon moment à regarder la porte qui s'était refermée sur elle.

8

Une demi-heure plus tard, je m'engageai dans l'allée de Burton Lodge. Au détour du chemin, je surpris Rose penchée sur une vasque de pierre débordante de fleurs printanières.

— Oh ! Inspecteur ! dit-elle en affectant la surprise.

Elle avait libéré sa chevelure ; l'éclat du soleil accentuait les reflets cuivrés des longues mèches bouclées réunies sur la nuque par un ruban soyeux. Elle se releva et se dirigea vers moi tout en frottant ses mains sur son tablier.

— Veuillez excuser ma tenue, fit-elle en jetant un coup d'œil significatif sur sa mise.

— Je vous en prie, madame, dis-je en m'inclinant avec un respect amusé ; si Rose avait su qui j'étais, elle n'eût pas fait tant de manières.

Elle essayait de paraître calme et digne, mais je lisais le désarroi et l'anxiété sur son beau visage de madone. Elle baissa la tête et déclara d'une voix pathétique :

— C'est affreux, pauvre miss Forsythe, si bonne et si gentille…

Bien que le crime ne remontât qu'à quelques heures, Rose en connaissait les circonstances – j'en déduisis qu'il en était de même pour le reste de la maisonnée. Après avoir souligné l'horreur du meurtre, elle en vint au point brûlant :

— L'étrange attitude de miss Forsythe n'a échappé à personne. Il est clair qu'on l'a tuée afin de l'empêcher de parler. Ce qui revient à dire…

J'achevai sa phrase en articulant soigneusement :

— … que l'assassin est l'une des personnes présentes hier soir. Et par le même raisonnement nous pouvons en déduire qu'il s'agit là de celui ou celle qui a tué votre père.

Baissant la tête, elle porta ses mains à la gorge d'un air un peu théâtral :

— Oui, c'est ce que tout le monde pense à Burton Lodge ! Mais personne ne parle ; on s'observe en silence, à l'affût du moindre geste pouvant paraître suspect… c'est terrible.

Il y eut un silence. Je portai mon regard vers Burton Lodge. L'élégante demeure se dressait sur une pelouse verdoyante, inondée de lumière sous un soleil triomphant. Placé dans l'écrin de velours vert de la forêt, l'ensemble respirait le calme, la sérénité.

— Difficile d'imaginer ces lieux comme le théâtre d'un crime, fit observer Rose.

— C'est ce que j'étais en train de penser, avouai-je.

— L'assassin n'en était pas à son coup d'essai… je parle du meurtre de mon père.

— Vous voulez dire qu'il aurait trois meurtres à son actif ?

Du bout de sa bottine, Rose, tête baissée, faisait machinalement des ronds sur le gravier de l'allée. Elle ne répondit qu'après un temps :

— Oh ! je n'ai pas de preuve, mais de sérieuses présomptions. (Elle leva les yeux.) Ceci restera entre nous ?

— Vous avez ma parole. De toute façon je ne suis ici qu'à titre officieux.

— Je commencerai par une question. L'un des témoignages, hier soir, ne vous a-t-il pas paru étrange ?… Un peu trop beau pour être vrai ?

Après un court instant de réflexion, je répondis :

— Je suppose que vous pensez au témoignage de la gouvernante, avec son histoire d'ombre qui s'engouffre dans l'escalier en spirale.

Rose me regarda, bouche bée, une lueur admirative dans le regard. Je ne lui laissai pas le temps de parler :

— Comme vous disiez si justement : « un peu trop beau pour être vrai » ; un roman ! Oui, cela m'avait frappé. Mais je n'accorde guère de crédit à ce témoignage. Elle voulait rejeter les soupçons sur l'ex-fiancée de votre père, voilà ce que je pense.

Rose me regardait avec une considération toute nouvelle ; elle renchérit :

— D'autant plus que son témoignage n'est pas tombé immédiatement. Eleanor n'a fait cette déclaration que deux ou trois jours après la mort de père, comme si elle avait longuement hésité… Mais personne n'a été dupe, il était clair qu'elle voulait nuire à Angela.

» Inspecteur, ajouta-t-elle un peu embarrassée, je dois vous avouer que je voyais d'un mauvais œil l'arrivée d'un policier venu remuer les cendres d'un passé dramatique. Je sais bien que vous êtes ici à la demande de mon oncle, mais… Vous me comprenez ?

J'acquiesçai d'un signe de tête entendu.

— J'ai immédiatement compris que vous n'étiez pas comme vos confrères, reprit-elle. Sans poser de nombreuses et pénibles questions, vous êtes parvenu à certains résultats, et… enfin on peut vous faire confiance, vous avez du tact et de la classe.

— Je vous remercie, madame. Mais n'oubliez pas que je sais être insistant quand il le faut.

Pauvre Rose, si elle savait !

— Si je comprends bien, continuai-je, pour vous, l'assassin n'est autre que miss Bourroughs ?

Elle baissa la tête une fois de plus :

— Je vous le répète, ce ne sont que des présomptions. Depuis l'âge de 6 ans, j'ai été élevée par Eleanor Bourroughs ; sans chaleur, peut-être, mais je n'ai rien d'autre à lui reprocher. Mon père l'avait engagée quelques semaines avant la mort de ma mère. Elle était jeune, belle, et je trouvais qu'elle regardait Père avec de drôles d'yeux. Vous savez, les enfants sentent très bien cela. Maman avait coutume de faire une promenade à cheval après dîner. Un soir, nous l'avions entendue revenir, mais elle tardait à nous rejoindre. Puis les chevaux se sont mis à hennir comme ils ne l'avaient jamais fait auparavant. Père, Michael et moi, nous nous sommes précipités vers l'écurie. Horreur ! Elle était en flammes ! Quelqu'un hurlait, ce ne pouvait qu'être Maman ! Pendant quelques secondes, avant que l'écurie ne soit plus qu'un terrifiant brasier, nous avons secoué de toutes nos forces la porte d'accès fermée de l'intérieur… en vain. Michael en avait les mains brûlées, Père également. Inutile de vous décrire la suite…

» Il ne restait plus grand-chose de l'écurie, tout avait brûlé. Bien que nous n'ayons jamais connu avec précision les circonstances du drame, il était facile d'imaginer ce qui s'était passé : Maman avait rentré son cheval en ayant bien soin de verrouiller la porte derrière elle – comme cela se faisait toujours – et la lampe à pétrole a dû s'écraser accidentellement dans la paille. Dans leur affolement, les chevaux ont renversé Maman qui n'a recouvré ses esprits que trop tard. C'était horrible, ces flammes rouges dans la nuit, Maman qui hurlait… Je n'avais que 6 ans…

Hochant la tête, je compatis en silence. Rose, avec des larmes dans la voix, continua :

— L'année suivante, nous avons quitté l'Australie pour l'Angleterre. Mais je n'ai jamais pu oublier ce drame, j'ai toujours ces images devant les yeux ; pas plus que je ne puis oublier une autre scène, tellement étrange, et dont je n'ai compris la signification que bien plus tard. C'était un soir, quelques jours après le drame; Père, Michael, Eleanor et moi étions à table, nous venions de souper. Père nous a fait un long discours sur Dieu, sur la vie éternelle, je ne m'en souviens plus très bien. Toujours est-il que Michael et moi pleurions à chaudes larmes, Maman ne reviendrait plus, nous le savions bien. Eleanor approuvait gravement les paroles de Père, ne plaçant qu'un mot de temps à autre. Puis Père et Michael ont quitté la salle à manger, Eleanor et moi étions toujours à table, elle me tenait la main en disant : « C'est horrible, ce qui est arrivé, horrible… » Elle a répété plusieurs fois ce mot, comme une litanie, avec un étrange regard perdu dans le vague, ses yeux me paraissaient deux fois plus grands qu'à l'ordinaire, ils brillaient comme des charbons ardents, comme s'ils reflétaient encore l'incendie. J'en eus la chair de poule, sans trop savoir pourquoi.

» Lorsque Père a annoncé son mariage avec Angela Wright, Eleanor s'est enfermée dans un mutisme opiniâtre, ses yeux lançaient des éclairs; elle était folle de rage et de jalousie.

— Votre oncle m'a déjà expliqué la situation, observai-je. Elle s'était mis dans la tête qu'un beau jour votre père lui demanderait sa main, c'est bien ça?

— Oui… Se faire supplanter par une gamine qui n'avait pas encore 20 ans, vous auriez dû la voir… Elle en voulait terriblement à Angela. Quant à la haine qu'elle nourrissait contre Père, je n'en parle même pas. Et peu après sa mort, un soir après souper, alors que mon oncle évoquait la vie du défunt en termes élogieux, Eleanor… a eu le même regard, et elle psalmodiait : « C'est horrible… horrible… » (Rose s'était approchée de moi, la voix haletante.) Je me suis alors souvenue de cette soirée en Australie… et j'ai compris… compris la signification de ce regard, qui, bien que démenti par ses paroles, trahissait une joie, un plaisir intense.

Je fis une petite grimace de doute :

— Miss Bourroughs est jalouse, possessive, et ne supporte pas la présence d'une autre femme auprès de l'homme de ses rêves, soit. La mort de votre mère lui laissait le champ libre, celle de votre père lui donnait sans doute l'amère satisfaction de ne pas le voir dans les bras d'une rivale, c'est possible. Mais ceci ne signifie pas forcément qu'elle ait jeté une allumette dans l'écurie et que ce soit elle qui ait assassiné votre père et la maîtresse d'école.

— Je le sais bien, soupira Rose en examinant la pointe de ses bottines. Ce ne sont là que des présomptions et c'est pour cela que je vous demande le silence, inspecteur. Mais j'ai pensé qu'il était de mon devoir de vous signaler… ce tragique *accident.*

— Vous avez bien fait, Mrs Strange. À propos, que faisait-elle au moment où l'incendie s'est déclaré ?

— Elle se promenait dans les bois, les lueurs de l'incendie l'ont fait accourir.

— Donc pas d'alibi ?

— Pas d'alibi. Elle se promenait seule.

— Curieux, tout de même… Car à propos d'alibi – en ce qui concerne la mort de votre père –, miss Bourroughs n'en possède pas. Pas d'alibi et un mobile puissant. C'est d'ailleurs la seule personne qui réunisse ces deux conditions… curieux.

— Et maintenant, miss Forsythe…

— Et naturellement, miss Bourroughs n'a toujours pas d'alibi, car je présume qu'on peut quitter Burton Lodge la nuit, sans se faire remarquer ?

Rose marqua une hésitation :

— Je préfère vous le dire tout de suite. Luke est très nerveux, il a du mal à trouver le sommeil. Nous ne faisons pas chambre à part, mais il lui arrive parfois de dormir sur le divan de son bureau. La réunion d'hier soir l'avait agité… il… il a dormi dans son bureau.

— En somme, dis-je d'une voix teintée d'un soupçon d'ironie, personne n'a d'alibi ?

Elle changea de sujet :

— Êtes-vous marié, inspecteur ?

— Non.

— Voyez-vous, je connais mon mari depuis l'âge de 13 ans. En fait je le connaissais bien avant… mais vous comprenez…

Elle s'était tournée vers la vasque, contemplant amoureusement l'arrangement floral, comme s'il s'agissait de son mari. Il ne me serait jamais venu à l'idée de comparer Luke à une fleur ; un légume, peut-être, oui, c'est cela : un solennel cornichon. Comment Rose avait-elle pu s'enticher d'un type pareil ?

— … s'il est une personne qui… psychologiquement, soit incapable de commettre un meurtre, c'est bien mon mari. Une femme ne peut se tromper sur ce genre de choses.

J'aurais pu lui citer nombre d'exemples prouvant le contraire, mais je m'abstins, stoïque.

— Quant à mon oncle, poursuivit-elle, qui traîne sa jambe et qui est loin de posséder la souplesse d'un chat, difficile de l'imaginer en train de glisser entre les doigts de Baxter. Mais au fait, je suppose que vous êtes venu pour le rencontrer ?

J'acquiesçai.

— Il se promène dans les bois, mais ne va pas tarder à rentrer. Luke n'est pas allé travailler aujourd'hui, il est certainement dans le salon.

Nous échangeâmes un sourire poli, puis je m'en fus vers la maison.

— Un whisky ?

— C'est une offre que je décline rarement. Mais ajoutez-y un peu d'eau, je vous prie.

Luke était un peu moins compassé que la veille. Était-ce dû à cet épi rebelle qui soulevait ses cheveux couleur de paille ou à son cigare qu'il mâchonnait nerveusement ? Toujours est-il que son entrée en matière fut à peu près la même que celle de Rose. L'assassinat de la maîtresse d'école l'avait atterré. Lui non plus n'avait pas *tellement* apprécié la venue d'un policier pour démêler cette vieille affaire, mais, au fur et à mesure que la soirée avançait, il avait compris que la logique de mes déductions, ma façon d'analyser les faits, la justesse de mes réflexions – et j'en passe – offraient l'espoir d'élucider enfin le meurtre de Richard Morstan. Quant à l'identité du meurtrier, il avait sa petite idée :

— Il ne fait aucun doute que le meurtrier a éliminé la maîtresse d'école parce qu'elle s'est souvenue – ou qu'il a cru qu'elle s'était souvenue, cela revient au même – d'un détail pouvant le compromettre. Vous allez me dire qu'il s'agit donc forcément d'une personne présente hier soir… Rien n'est moins sûr. Les fenêtres étaient ouvertes, n'importe qui aurait pu suivre notre conversation. Et rappelez-vous que le major a eu l'impression que quelqu'un nous épiait. Le major est un homme dont le raisonnement est discutable, mais j'ai assez confiance en ses impressions. Il possède une espèce d'instinct qui ne le trompe pour ainsi dire jamais.

» Oh ! il y a fort longtemps que j'avais mon idée sur l'identité du meurtrier de Richard Morstan… et la sauvagerie avec laquelle il s'est acharné sur la pauvre miss Forsythe n'a fait que renforcer mon sentiment. Tout ce sang répandu n'est pas le fait d'un acte gratuit, il s'agit là d'un message destiné à la famille Morstan, d'un avertissement. Vous allez bientôt me comprendre. J'avais déjà fait part de mes soupçons à mon épouse, mais elle s'est mise dans une rage folle et m'a traité de… enfin c'est pour cette raison que je n'en ai pas parlé hier au soir.

S'enfonçant dans son fauteuil, Luke s'arma d'un sourire qui se voulait rusé :

— Une question pour commencer, inspecteur : à qui a profité la mort de Richard Morstan ?

Je haussai les épaules :

— Aux héritiers.

— Bien évidemment. J'ai mal formulé ma question. (Son intonation me semblait exagérément courtoise.) Qui a *le plus* profité de la mort de Richard Morstan ?

— Le fils, répondis-je d'une voix égale.

Luke opina du chef, apparemment satisfait de ma réponse.

— Michael Morstan, reprit-il d'une voix à la fois miel et vinaigre. La moitié de la fortune de son père lui revenait et voilà que ce mariage remettait tout en cause… Au fait, êtes-vous au courant des dispositions testamentaires ?

— Oui, le major m'a expliqué la situation.

— Très bien. Vous savez donc que Michael n'a toujours pas renoncé à son héritage, malgré le dédain qu'il affichait pour la fortune de son père. Il reste donc, à mon sens, le suspect numéro un.

» Sous prétexte qu'il n'avait que 15 ans et qu'il était pourvu d'un alibi en or, il fut rapidement écarté de la liste des suspects. Il aurait très bien pu confier l'exécution du crime à un complice…

» Que penser de cette flèche qu'il prétend avoir tirée accidentellement, au moment du drame ? Curieux hasard, non ? Puis sa fugue de deux jours – notons qu'il n'est pas allé bien loin, il est resté dans les environs… Ensuite, sa sinistre comédie : il se disait persuadé d'avoir involontairement provoqué la mort de son père par ce tir maladroit – n'oublions pas que Bill et Stanley ont affirmé que le tir était trop faible –, alors qu'il fut formellement établi que Mr Morstan avait été tué d'un coup de poignard.

» Vous savez ce que je pense de tout cela ?… Un plan subtil, une ruse au second degré : de prime abord tout semble l'accabler, mais en définitive on se coupe en quatre pour le persuader de son innocence, on va même jusqu'à le plaindre. Tout le monde a marché à fond, policiers en tête, et moi aussi, je l'avoue.

» Ma modestie dût-elle en souffrir, il faut bien que je vous dise que la psychologie n'est pas précisément mon point faible. Mais en ce qui concerne Michael, je me perds en conjectures. Étrange garçon, en vérité : derrière un regard de biche aux abois filtraient parfois des lueurs inquiétantes ; il semblait en vouloir à toute sa famille… surtout après le meurtre de son père. Quant à moi, c'est bien simple, il m'ignorait, je n'existais pas à ses yeux. Et comment expliquer son attitude, pourquoi ne se manifeste-t-il pas ? Voulez-vous connaître le fond de ma pensée, inspecteur ?

Je ne répondis pas, sirotant placidement mon whisky.

— Ce type-là nous hait ! poursuivit Luke en haussant le ton. Il veut nous pousser à bout. Je suis certain qu'au dernier moment il viendra récupérer cette part d'héritage qu'il fait miroiter à nos yeux, vous verrez !

Il se reprit et continua sur un ton plus posé :

— Dans un premier temps, il assure son avenir en éliminant son père avec l'aide d'un complice. Le crime est un chef-d'œuvre, reconnaissons-le ; personne ne le soupçonne. Après quoi il disparaît et, sa majorité atteinte, ne daigne même pas venir réclamer sa part. Quel admirable désintéressement, n'est-ce pas ? Aux yeux de tous, il est bien la dernière personne qui aurait pu tuer son père. J'ai commencé à y voir plus clair lorsque le notaire nous a signifié que, pour l'heure, nous ne pouvions toucher à cette fameuse part. Et à partir de cet instant, j'ai vu le meurtre de Mr Morstan sous un autre angle. J'en ai parlé à Rose… elle m'a répondu que je déraisonnais…

Luke fit une pause. Il tenait son verre serré de telle manière que je vis blanchir ses phalanges. Un curieux mélange de rage et de crainte défigurait son visage qu'il s'efforçait en vain de garder impassible.

— Ce type-là a déjà deux crimes sur la conscience… et j'ai l'impression qu'il n'hésiterait pas à récidiver pour accroître sa fortune. Il n'est pas censé connaître nos déboires financiers, provisoires du reste. Non, il n'hésiterait pas, d'autant plus qu'il nous déteste.

» Il a recommencé hier soir. Je vous l'ai déjà dit, la sauvagerie du meurtre de la maîtresse d'école n'est pas gratuite, il s'agit d'un avertissement à notre endroit, le message est clair. Oui, Michael est de retour ; je sens sa présence… il n'est pas loin.

D'un trait, Luke vida son verre. Il se pencha en avant pour me confier :

— Je crains le pire, inspecteur… Il faut mettre cette bête sauvage hors d'état de nuire avant qu'elle ne nous…

Luke se tut subitement et se retourna vers la porte du salon : le major Morstan se dressait dans l'embrasure.

9

Bien que le major parût quelque peu fatigué par sa promenade, il tint à ce que notre entretien se déroulât hors de Burton Lodge. Nous cheminions sur le sentier qui serpentait à travers la forêt. Les arbres, aux feuillages piqués de points lumineux, tempéraient l'ardeur du soleil, nous enveloppant d'une bienfaisante fraîcheur dans un silence peuplé de gazouillis. Ce n'est qu'après dix bonnes minutes de marche que le major sortit de son mutisme :

— D'une certaine manière, nous avons réussi au-delà de nos espérances : le tigre est affolé, il est sorti de sa tanière…

— Je dirai surtout qu'il a sorti ses griffes. Et à propos de bête affolée, j'en connais une autre qui est dans une position délicate : si les policiers apprennent pourquoi on a assassiné la vieille demoiselle, ils vont interroger les suspects, lesquels leur parleront d'un certain Sidney Miles, inspecteur au Yard. Cette affaire risque de me coûter cher…

— Ne vous inquiétez pas, j'ai vu les policiers ce matin. Ils sont persuadés que le crime est l'œuvre d'un fou, l'affaire sera rapidement classée. En outre, personne à Burton Lodge ne tient à crier sur les toits que l'assassin fait partie de la maison. J'ai donné les consignes aux Hopkins et à Nellie ; ils se tairont, j'ai confiance en eux. Quant à vous, jeune homme, si nos efforts réunis aboutissaient à la découverte de l'assassin, vous pourriez offrir au *Daily Telegraph* un reportage sensationnel !

Et vous n'auriez pas à forcer votre imagination pour écrire votre roman ! L'affaire est assez riche en mystères, il me semble !

J'étais comme un funambule, sur la corde raide. Dorénavant, il me faudrait redoubler de prudence, car ma situation était des plus confuses : pour Cora et le major j'interprétais le rôle d'un journaliste qui se faisait passer pour un inspecteur de Scotland Yard ; pour les Strange et les domestiques, j'étais Sidney Miles de Scotland Yard ; pour les habitants de Blackfield, un paisible touriste (en supposant que Tony tienne sa langue), alors qu'en réalité…

Mais pour l'heure j'avais les rênes bien en main. Mon plan se déroulait comme prévu, bien que la mort de la maîtresse d'école ne fût pas au programme.

— Riche en mystères, en effet. Que pensez-vous du témoignage de Baxter ?

Le major fit une halte. Après avoir épongé son visage moite du revers de la main, il grimaça un air songeur :

— J'ai inspecté, ce matin, l'impasse où le fugitif aurait disparu comme par enchantement. Il y avait des caisses et des tonneaux le long des murs… Mais Baxter a été affirmatif : il a remonté l'impasse pas à pas, inspectant chaque recoin, et personne ne l'a croisé… S'il a procédé comme il l'a prétendu, il semblerait, en effet, impossible que quelqu'un, même un chat, ait pu se soustraire à ses regards… Je ne sais trop que penser de tout cela. Je connais bien Baxter, ce n'est pas le type à inventer des histoires. Ce qui est certain, c'est que nous avons affaire à un assassin particulièrement habile.

— Je dirai même à un assassin fantôme… comme pour le meurtre de votre frère !

— Oui, le crime est signé, bien qu'il n'ait pas laissé de carte de visite…

— … écrite à l'encre rouge.

Le major éleva un sourcil incrédule :

— Plaît-il ?

— Oh ! ce n'est rien ! répondis-je. Je pensais à mon roman. Un assassin fantôme qui laisserait derrière lui des cartes de visite écrites à l'encre rouge, ça serait une bonne idée.

— Il me semble que nous avons d'autres chats à fouetter pour le moment, dit-il un peu sèchement.

— C'est vrai. Au fait, pas d'indices ?

— Rien, hélas ! Les deux verres d'eau à moitié remplis posés sur la table de la cuisine ne font que confirmer notre certitude : miss Celia Forsythe connaissait son assassin. On n'offre pas à boire à un étranger en pleine nuit. Ces imbéciles de policiers n'y ont même pas attaché d'importance ! Tant mieux, du reste, ça nous évitera de les avoir dans les pattes... Mais ils ne sont pas les seuls à être des imbéciles, fulmina-t-il. Alors que nous nous acharnions sur Rose et sa mémoire défaillante, nous ne nous sommes même pas occupés de la maîtresse d'école qui, elle, s'était souvenue de quelque chose d'important. Tellement important qu'on l'a égorgée deux heures plus tard.

— D'autant plus qu'elle voulait me parler. Si j'avais su...

— Justement ! Nous nous sommes tous comportés comme des imbéciles... tous, sauf l'assassin. Mais que ceci nous serve de... Nom de Dieu ! s'exclama-t-il, les traits décomposés. Le livre !...

— Vous rappelez-vous à qui votre nièce l'a prêté ?

Tout en rajustant son lorgnon, il planta ses yeux affolés dans les miens :

— Non, malheureusement. Mais réfléchissez, si ce livre présente un quelconque danger pour l'assassin, il lui suffirait d'éliminer...

— Votre nièce ? Non, je ne le pense pas. Ce serait même ridicule, car nous pourrions toujours mettre la main sur ce fameux livre : il nous suffirait d'interroger les amies de Rose. Les recherches seraient peut-être longues, mais nous tomberions infailliblement dessus et...

De nouveau, l'expression du major changea ; il eut un sourire de sphinx. Après un claquement de doigts, il déclara :

— Nous le tenons. Je viens d'avoir une idée... profiter de l'affolement du fauve pour lui tendre un piège. Si le contenu de cet ouvrage peut mettre ses jours en danger, il n'hésitera pas à s'y engager, tête baissée.

— Je comprends. Même si nous ne retrouvons pas le livre, nous pourrons toujours lui faire croire que...

— Exactement ! Mais pas de précipitation. Je vais réfléchir à tout ça, calmement, à tête reposée. La moindre erreur pourrait être lourde de conséquences. Rien de plus dangereux qu'un tigre blessé. Au fait, avez-vous préparé le petit travail que je vous avais demandé ?

Je lui tendis la liste des suspects.

— Bref mais concis, fit-il lorsqu'il eut terminé sa lecture. Et vous n'avez oublié personne, pas même ce bon vieux major ! Mais vous avez bien fait, après tout je fais aussi partie des suspects.

Un silence. Puis il reprit, non sans perfidie :

— Qui, à votre avis ?

Certain d'avoir percé à jour les soupçons du major, je répondis :

— Si l'intérêt est le mobile du meurtre, je pencherai pour le mari de votre nièce.

Une satisfaction évidente s'inscrivit sur son visage :

— Luke Strange… Ma foi, je dois avouer que cette opinion est également la mienne. J'ai toujours pensé qu'il avait épousé la fille de mon frère, plutôt que Rose elle-même. Quant à son alibi, il est plus que moyen, comme vous l'avez fort justement souligné dans votre liste.

— J'ai discuté avec votre nièce, tout à l'heure. Elle m'a avoué que son mari avait passé la nuit dans son bureau… donc, là encore, pas d'alibi.

— De ce côté-là, le meurtre de miss Forsythe ne nous apprend rien : n'importe qui aurait pu s'absenter de Burton Lodge à la faveur de la nuit. J'ai mené ma petite enquête là-dessus, vous pensez bien ! En vain. J'ai soumis la salle de bain et tous les points d'eau à un examen des plus minutieux : aucune trace de sang. À mon avis, le meurtrier a dû enfiler de vieux vêtements, s'en est débarrassé, et il est même probable qu'il ait pris un bain dans la rivière afin de faire disparaître toute trace de sang. Car il devait en être couvert, c'est d'ailleurs le seul fait dont les policiers soient certains… À la réflexion, j'imagine mal Luke commettre un tel meurtre. Cette cruauté gratuite, donc ce risque supplémentaire, ne correspondent pas à son tempérament.

Seuls nos pas et la respiration sifflante du major troublèrent le silence qui suivit.

— Major, il y a un témoin que j'aimerais bien interroger.

— Si vous pensez à Michael, inutile d'y songer…

— Non. Pas Michael. Mais l'ex-fiancée de votre frère : Angela Wright.

Le major s'immobilisa, pétrifié :

— Angela… Angela Wright ?

— Cela me paraît indispensable. Savez-vous où elle habite ?

— Oui, Eastbourne, mais…

En proie à un malaise évident, il maltraitait sa moustache, les sourcils froncés.

— Y verriez-vous une objection ? questionnai-je d'un ton ferme.

— Non… bien sûr que non… Enfin si vous le jugez nécessaire… Mais méfiez-vous, elle ne nous porte pas dans son cœur ! Elle serait capable de dire n'importe quoi, d'inventer des histoires pour le seul plaisir de nous discréditer. C'est du reste pour cette raison, et uniquement pour cette raison, qu'il ne me semble pas indispensable d'aller la… (Après m'avoir jeté un bref coup d'œil, il capitula :) Très bien, je vous indiquerai son adresse. Mais il est fort possible qu'elle ait quitté Eastbourne…

10

Le lendemain matin, nous regardions défiler l'aimable campagne du Sussex, tandis que le train nous précipitait vers Eastbourne. Cora était installée près de la fenêtre, vis-à-vis de moi. Nous étions les seuls occupants de ce compartiment, que vivifiait déjà l'air marin.

Pareille à cette journée de juin, Cora était radieuse. Je la caressais des yeux, tout comme le radieux soleil qui pailletait d'or sa brune chevelure.

— À quoi pensez-vous, Sidney ?

— À vous, à moi… enfin à nous.

Cora eut un léger sourire, un peu énigmatique.

— Je sais très peu de chose sur vous, Sidney, sauf que vous êtes journaliste au *Daily Telegraph.* Vous ne parlez jamais de vous, de votre famille, votre mère, votre père…

Cora avait touché la corde sensible, mais elle ne pouvait pas savoir… Je baissai la tête. Un écran rouge s'était dressé devant moi ; des ombres s'y mouvaient…

Une voix éraillée qui glousse, qui ricane… un odieux grincement… des violons se mettent à gémir, s'appliquant à émettre de parfaites dissonances… La tension monte… Une lampe à pétrole diffuse une clarté pourpre. Sur une table, une longue lame étincelante... des doigts avides s'en emparent... l'acier fend l'air... du sang...

— Sidney ?

La voix musicale de Cora me fit émerger de ma torpeur.

— Euh... oui. Mes parents... Voyez-vous, je n'ai pas connu ma mère bien longtemps, elle... je vous expliquerai cela une autre fois. De fait, j'ai mené une vie plutôt banale jusqu'au jour où...

— Où ?

— ... une fée m'est apparue.

— Hum... je vois, dit-elle en levant les yeux au ciel.

— Une fée dont je ne sais rien, sinon qu'elle a connu une déception...

Cora eut un profond soupir avant de lâcher :

— Là aussi, une histoire tout à fait banale. Un garçon que j'avais rencontré à Londres ; un voyou, mais je ne le savais pas. Je suis restée avec lui presque une année... dans son misérable petit appartement de Brick Lane...

— Quoi ?... Brick Lane... à Londres ?

— Oui, fit-elle après une brève hésitation.

Brick Lane, une rue qui traverse Spitalfields, Whitechapel ; un des quartiers les plus mal famés de la capitale et que je connaissais bien, un enchevêtrement de ruelles sordides où s'entassaient voleurs, vagabonds, prostituées et mendiants.

Je secouai la tête, consterné.

— Je sais ce que vous pensez, dit Cora dont le regard s'était brouillé, mais j'étais follement, aveuglément amoureuse. Je l'aurais suivi n'importe où. C'était la première fois que... enfin je n'avais aucune expérience de la vie. J'étais une jeune provinciale, une proie facile pour lui.

Une vague de colère et de jalousie m'emporta. Ma question partit toute seule :

— Comment s'appelle-t-il ?

— Larry... Larry Jordan.

Le nom était enregistré. Mais il était préférable – pour moi et surtout pour lui – que je ne mette pas un jour la main sur l'ignoble qui avait entraîné une fille comme Cora dans cet endroit de dépravation et de déchéance.

— Un soir, je l'ai surpris avec une autre fille, une petite grue. Leur comportement ne laissait aucun doute sur la nature de leurs relations. Le choc a été brutal mais salutaire. J'ai compris à quel point j'avais été stupide. Je l'ai quitté... J'ai retrouvé Blackfield avec une joie indicible. Quel contraste avec ce quartier de misère, avec cet appartement sordide !

— En effet.

— Il m'a fallu du temps pour me remettre, cette triste expérience m'avait dégoûtée des hommes. Jusqu'au jour où...

Il y eut un agréable silence, qui se prolongea de façon non moins agréable.

— Êtes-vous déjà allé à Eastbourne ? demanda Cora en remettant un peu d'ordre dans ses cheveux.

— Non. Tout ce que je sais, c'est que la ville a la réputation de battre les records d'ensoleillement, qu'on peut y faire de belles promenades, qu'on y trouve plusieurs théâtres, des terrains de golf, une plage, bien sûr, et aussi une certaine Angela Wright.

— Moi, je vous parie qu'elle n'y est plus.

— C'est plus que probable. Mais nous verrons bien.

— Sidney, si nous avons le temps, j'aimerais vous faire voir les Seven Sisters Cliffs, c'est un endroit magnifique.

— Entendu. Mais il ne faudra pas rater le dernier train, car votre père pourrait avoir des soupçons. Il a déjà été très gentil de vous libérer aujourd'hui, et en aucun cas je ne voudrais qu'il s'imagine...

Cora haussa les épaules d'un air malicieux :

— Vu la façon dont vous me regardez tout le temps, il doit certainement avoir plus que des soupçons... Oh ! Mais nous voilà arrivés !

Vers 11 heures, nous nous présentâmes au numéro 4 de Carow Road, où nous apprîmes qu'Angela Wright avait quitté Eastbourne pour Lewes depuis plusieurs années. Comme Lewes était sur le chemin du retour, et que nous avions encore quelques heures devant nous avant le départ du prochain train, nous louâmes une voiture pour les Seven Sisters Cliffs.

Un peu plus tard, Cora et moi étions allongés au bord des hautes falaises, en train de contempler la mer, bercés par sa rumeur, fascinés par ses lames d'argent qui s'étendaient à perte de vue pour se confondre avec le ciel, caressés par la brise sous les rayons d'un soleil presque estival. De ma vie, je n'avais connu pareille félicité. Je me penchai sur elle pour lui prendre un baiser, puis nous demeurâmes un long moment à nous regarder. Ses lèvres s'arquaient en un demi-sourire angélique et mystérieux, et ses yeux – ô ! ces yeux de Cora – changeants comme cette mer au-dessous de nous, vague de douceur sauvage, lame de fond, insondable abîme… Je m'y noyais avec bonheur. Sans échanger une parole, nous nous disions notre amour. Il y avait entre nous quelque chose d'indestructible, une complicité tacite, indéfinissable, un lien secret qui nous unissait et nous unirait toujours.

— C'est une chance que la vieille dame ait noté la nouvelle adresse d'Angela, fis-je remarquer en tirant la sonnette.

— Ne crions pas encore victoire, dit Cora. La plaque indique Mr et Mrs Hudson.

— Angela s'est mariée avec un Mr Hudson, voilà tout.

— Hudson, répéta pensivement Cora, ce nom me dit quelque chose…

— Nous allons bientôt être fixés, j'entends des pas.

La porte s'ouvrit, Angela apparut. Elle était toujours aussi belle, avec ses boucles noires qui lui tombaient gracieusement sur les épaules, son teint mat, ses lèvres rouges comme une plaie. Ses origines latines, de par sa mère, ressortaient avec l'âge.

Après un froncement de sourcils, elle s'exclama, agréablement surprise :

— Cora ! Cora Ferrers ! Mais comme vous avez changé ! Venez, entrez. Votre mari, je suppose ?

Cora ouvrit la bouche, mais je la devançai :

— Sidney Miles, son fiancé. Enchanté, madame.

Angela nous introduisit dans le salon. Je laissai Cora et notre hôtesse échanger quelques banalités, après quoi j'entrai dans le vif du sujet, mais en passant sous silence l'assassinat de la maîtresse d'école. Lorsque j'eus terminé, Angela poussa un soupir excédé :

— Ainsi, le major a décidé de déterrer cette vieille affaire… bizarre. D'autant plus bizarre que c'est certainement un membre de la famille qui a fait le coup. À propos, est-ce le major qui vous a demandé de venir me voir ?

— Non. Je viens de ma propre initiative. Je pense que votre témoignage peut nous être utile.

— Je me disais bien…

Elle avait prononcé ces paroles sur un ton amusé, presque ironique. Je lui lançai un regard intrigué, l'invitant à poursuivre.

Angela demeura songeuse un instant, puis se décida à lâcher le morceau :

— Après tout, il n'y a rien à cacher, j'estime n'être plus tenue au secret. Mais j'ai bien peur de vous faire perdre votre temps, inspecteur.

» Au début de l'année 1878, Maman est tombée gravement malade. J'avais alors 19 ans et je ne travaillais pas. Papa nous avait quittées trois ans plus tôt, notre situation était désespérée. Mais tu sais déjà tout cela, Cora ?

Cora approuva en silence.

— Sur quoi, continua Angela avec un sourire gêné, le saint homme du village est venu nous secourir. Il a fait plus que cela, il m'a consolée… à sa manière. Richard ne me plaisait pas, mais enfin… vous comprenez ? Naturellement, il n'était pas encore question de mariage. Trois mois plus tard, je me suis rendu compte qu'il y avait de fortes chances que je sois enceinte… la catastrophe. Puis j'ai réfléchi et mon avenir ne m'a pas semblé aussi catastrophique que je me l'étais imaginé ; j'ai mis Richard au pied du mur : ou il m'épousait ou c'était le scandale. Je ne sais pas si ce sont mes charmes ou la peur du scandale qui l'ont décidé, toujours est-il qu'il a accepté de m'épouser. Nous avons annoncé la nouvelle peu de temps après la mort de Maman.

— Et dire, fit Cora d'un ton amer, que certains ont mis cette demande en mariage sur le compte de sa grandeur d'âme !

Angela eut un sourire, qui s'évanouit aussitôt :

— La série noire n'était pas terminée ; on assassina Richard. Je pense que vous connaissez mon opinion là-dessus, inspecteur ?

— Évidemment, soupirai-je, mais nous n'avons aucune preuve pour le moment. Continuez, je vous en prie.

— Le major m'offrit une grosse somme pour quitter le village. Une très grosse somme, en vérité, qui me mettait à l'abri du besoin pour un bout de temps. Mais j'étais devenue gourmande, et je voyais bien qu'il était prêt à tout pour éviter le scandale. L'honneur de sa famille était en jeu. Son frère était un saint homme et il entendait bien que son nom ne soit souillé d'aucune façon.

» J'ai traité sa famille de tous les noms, et j'ai demandé le triple de ce qu'il me proposait. Il en était vert de rage, mais il a accepté en me faisant jurer de ne jamais revenir au village et de ne révéler à personne l'existence de l'enfant à venir. Je l'avais toujours trouvé sympathique, le major, mais je devais penser à mon avenir, à mon enfant… J'avais toujours vécu dans la misère… et j'étais passée si près d'une vie facile…

— Hormis le major, qui était au courant de tout ceci ?

— Le Dr Griffin, naturellement, c'était notre médecin, la gouvernante… et aussi Rose et Michael, il me semble…

— Et l'enfant ? demanda Cora.

— Il est mort à la naissance. Mais j'en ai eu deux autres ; pour le moment, ils dorment comme des anges. Et je crois bien que tu connais leur père, Cora…

— Hudson, Bill Hudson ! s'exclama Cora en se frappant le front. Le nom sur la porte m'avait dit quelque chose… mais je n'avais pas fait le rapprochement.

Une lueur admirative naquit dans les grands yeux noirs d'Angela :

— Il était déjà beau garçon, à l'époque, et il me faisait une cour assidue… mais il n'avait que 17 ans. Je l'ai rencontré un an après le drame, par pur hasard. Depuis, nous ne nous sommes plus quittés.

Par pur hasard… Connaissant Bill, je me demandais s'il ne l'avait pas un peu forcé, ce fameux hasard. La maison, sans être luxueuse, dénotait une certaine aisance… Sacré Bill ! Une belle fille, pourvue d'une dot non négligeable, il n'avait pas laissé passer l'occasion !

— Il travaille à la brasserie de Lewes. Il est très fatigué actuellement. Il n'a pas encore récupéré, depuis avant-hier soir. Nous avions invité nos voisins, la soirée s'est prolongée jusqu'à 3 heures du matin. De plus, les gosses n'ont pas fermé l'œil de la nuit. Malgré cela, il est parti travailler le lendemain… le pauvre.

11

À 8 heures du soir, je me présentais à Burton Lodge. Ce fut Eleanor Bourroughs qui vint m'ouvrir :

— Bonsoir, inspecteur. Vous venez voir le major, je suppose ? Il est au village. Il paraît que les policiers ont fait une découverte chez miss Forsythe.

— De quoi s'agit-il ?

— Je l'ignore. Le major vous l'apprendra à son retour. Si vous voulez bien l'attendre…

Elle m'introduisit au salon ; je m'installai dans un fauteuil. Eleanor parut sur le point de se retirer, mais se ravisa et prit place sur une chaise. Tout en paraissant plongé dans de profondes réflexions, je laissai errer mon regard, l'observant discrètement au passage. Droite comme un « i » sur sa chaise, le regard lointain, elle attendait, impassible en apparence. Elle aurait pu être belle, sans cette froideur presque inhumaine sur son visage, la sévérité de sa coiffure qui retenait prisonnière une chevelure d'une rare opulence, la rigide fierté de son maintien et cette sombre défroque qui lui enlevait toute féminité. Seules ses mains, frémissantes, gardaient un peu de vie ; croisées sur sa jupe, blanches et belles sur tout ce noir, elles tremblaient, se raidissaient et trahissaient leur propriétaire : désarroi, excitation, embarras, impatience ? Un peu de tout cela sans doute.

Après un silence qu'elle ne voulait manifestement pas rompre la première, je lui dis :

— Ne croyez pas que je mène cette enquête pour mon plaisir, mademoiselle. Lorsque le major m'a demandé de l'aider, je ne pouvais pas prévoir la tournure des événements…

— Le major, répéta-t-elle en ébauchant un semblant de sourire. Le major et son frère… son *cher* frère… ce cher frère auquel il vouait une affection, une adoration que je qualifierai de démesurée.

J'attisai le foyer d'un air détaché :

— En ma qualité de policier, j'ai souvent rencontré des personnes désireuses de venger un proche assassiné, mais le major poursuit le meurtrier inconnu d'une haine tenace sur laquelle le temps ne semble pas avoir de prise.

Il y eut encore un silence, puis la gouvernante dit d'une voix douce :

— Les deux frères n'ont pas toujours été en bons termes, le saviez-vous ?

Je lui fis signe que non, et elle poursuivit :

— Lorsque leur père est mort, le major – qui n'était pas encore major – voulut à tout prix sauvegarder la propriété ancestrale. Richard s'y opposa, persuadé de l'échec de l'entreprise.

— Je suis au courant, le major m'en a parlé.

Une lueur ironique aviva le regard d'Eleanor :

— Son frère tenta désespérément de le faire changer d'avis. En vain. Richard avait pris sa décision. Il fut inflexible et traita le major d'imbécile, de rêveur sentimental et autres gentillesses difficiles à répéter. Il s'ensuivit une terrible querelle et ils en vinrent aux mains. Le major fit ses malles et, en guise d'adieu, déclara à Richard qu'il n'était pas digne d'être un Morstan et qu'il ne donnerait pas cher de sa peau s'il le retrouvait sur son chemin. D'après Richard, son frère était ivre de colère, prêt à le tuer. Pendant plus d'une vingtaine d'années, les deux frères ne se sont pas revus. Puis le major rentra des Indes. Richard, voulant mettre un terme à cette querelle qui n'avait que trop duré à son sens, accueillit le major à bras ouverts. Ce fut une émouvante réconciliation.

Encore un point que le major avait passé sous silence. Mais après tout, il n'était pas tenu de dévoiler tous les secrets de famille à un journaliste.

— Un brave homme, Mr Richard Morstan, commentai-je tout en guettant sa réaction.

— Un brave homme, répéta-t-elle du bout des lèvres, qui avait ses qualités et ses défauts. (Elle baissa les yeux et soupira.) Il m'a déçue, amèrement déçue. Je lui avais consacré toute… enfin peu importe, il est mort. Ce que je voulais souligner, en évoquant cette vieille querelle, c'est le comportement singulier du major, qui, après avoir proféré des menaces de mort contre son frère, se met à le vénérer au-delà de…

La porte du salon s'ouvrit brusquement ; le major entra, le visage sombre, marmonnant d'incompréhensibles paroles. Après m'avoir lancé un dernier regard signifiant que notre entretien devait rester secret et qu'il méritait réflexion, la gouvernante se retira.

— Incroyable, incroyable, grogna le major en remplissant deux verres de whisky. Cette affaire commence à me dépasser… Devinez un peu ce que les policiers ont découvert chez Celia ?… Je vous le donne en mille !

Je vidai la moitié de mon verre et attendis la suite, incapable d'émettre le moindre son.

Après avoir allumé sa pipe, le major me lança un regard intrigué :

— Qu'est-ce qui ne va pas, jeune homme ?

— Rien, bredouillai-je, ce n'est rien…

— Ce n'est pas le moment de perdre le nord, grommela-t-il, n'oubliez pas que vous êtes inspecteur du Yard.

— Venez-en au fait ! Qu'a-t-on retrouvé chez miss Celia Forsythe ?

Surpris par le ton de ma voix, le major me fixa un moment, puis continua :

— Les policiers ont établi que le vol n'était pas le mobile du crime, attendu qu'aucun objet de valeur n'a disparu. Mais une voisine est venue déclarer que miss Forsythe possédait de beaux bijoux de famille qu'elle tenait cachés dans un endroit connu d'elle seule, depuis un vol commis dans les environs, il y a deux ou trois ans. Bien que n'attachant que peu d'importance à ces propos, les policiers, par acquit de conscience, ont poussé plus avant leurs investigations. L'un d'eux a eu un coup de flair en inspectant une fois de plus les lieux. Le logis de la vieille dame était à son image, soigné, d'un charme désuet, avec des meubles bien cirés, des coussins brodés, des ouvrages de tapisserie, des livres, des tableaux romantiques. Dans sa chambre, une belle gravure d'inspiration biblique, un joli portrait de jeune fille et une petite aquarelle naïve qui a surpris le policier. Bien que n'étant pas expert, il fait tout de même la différence entre l'œuvre d'un artiste et un essai plutôt maladroit. Celui-ci représentait ce qu'il avait eu sous les yeux alors qu'il effectuait des recherches dans le jardin avec ses collègues : un saule pleureur sur une petite pelouse, un banc de pierre et quelques rhododendrons en fleurs. Intrigué par la qualité de l'encadrement de cette œuvre simplette, il l'a décroché et s'est aperçu qu'il s'agissait d'un cadre dont on avait découpé le fond avant de le recoller soigneusement. Il a eu vite fait de le décoller et d'extraire un double sommaire de l'aquarelle avec une croix très nette au pied du saule juste devant le banc de pierre. Ça n'a pas traîné, Baxter, qui n'était pas bien loin, a prêté pelles et pioches, et les bijoux, en compagnie de quelques pièces d'or, ont été retrouvés dans un coffret enfoui à plus de cinquante centimètres.

Le major se tut. Quelque chose me disait que son histoire n'était pas terminée. Je ne me trompais pas, il continua, d'une voix beaucoup plus lente :

— Un des policiers a fait la réflexion qu'après tout il n'était pas impossible qu'il y eût un second trésor sous le premier.

Cela s'était déjà vu. Il a creusé, toujours au même endroit, mais plus profondément. Et là, ce n'est pas un autre trésor qu'ils ont découvert, mais un cadavre… c'est-à-dire… enfin, des ossements humains.

Je finis mon verre d'un trait.

— C'est Baxter qui m'a prévenu, poursuivit le major, il était affolé. Lorsque je suis arrivé sur les lieux, le Dr Griffin s'y trouvait déjà. On l'avait mandé pour avoir son opinion, en attendant le médecin légiste. D'après lui, il s'agirait d'une femme d'âge moyen, morte depuis une dizaine d'années ; bien entendu, l'estimation est très approximative. (Il secoua la tête en un geste de désespoir.) C'est à n'y rien comprendre… Qui est le cadavre ? Qui l'a enterré à cet endroit ? Pour autant que je m'en souvienne, on n'a signalé aucune disparition de femme à Blackfield à cette époque. Coïncidence troublante : la mort de l'inconnue correspond, dans le temps, à la mort de mon frère. Dites quelque chose, Miles, ne restez pas là les yeux ronds, mille tonnerres !

— Je prendrai bien un autre verre, si vous permettez.

— Vous êtes encore un peu jeune, mon ami, dit-il en me servant. Évidemment, vous ne pouvez pas avoir mon expérience. Tenez, buvez ! Et maintenant racontez-moi votre voyage à Eastbourne.

Je lui relatai notre entretien avec Angela dans ses moindres détails. Son visage changea plusieurs fois d'expression. Il tirait de telles bouffées de fumée de son cigare qu'un véritable nuage s'était formé autour de lui. Lorsque j'eus terminé, il agita la main afin de le dissiper :

— Comprenez bien, Miles, que je ne pouvais agir autrement. Dans un village comme Blackfield, la naissance de l'enfant aurait eu l'effet d'une bombe. Les gens auraient fait leurs calculs et se seraient rendu compte que… Je ne pouvais pas laisser ternir la mémoire de mon frère. Je lui devais bien cela ! Si le mariage avait eu lieu, les choses eussent été bien différentes ; on aurait jasé, mais sans plus.

— Je comprends.

— J'ai donc acheté le silence d'Angela et lui ai ordonné de ne plus revenir à Blackfield. Oui, tout ceci est vrai, je l'avoue.

Le major s'absorba dans un long silence. Il me sourit :

— Ainsi Bill a épousé Angela… Somme toute, je ne pense pas qu'il ait fait un mauvais choix. (Il y avait une note d'ironie dans sa voix.) Étrange, tout de même, cette déclaration d'Angela qui, sans en avoir l'air, se forge un alibi pour le jour du meurtre de Celia Forsythe.

— Je ne suis pas allé vérifier chez les voisins, fis-je remarquer.

— Peu importe, nous pourrions toujours vérifier si besoin était. Quant au meurtre de Richard, elle ne vous a donc rien appris…

— Non. Elle n'a rien vu, rien entendu et elle n'avait pas quitté la cuisine. Chou blanc de ce côté-là.

Le major fixa le plafond d'un air pensif :

— Supposons un instant qu'ils aient été complices pour le meurtre de Richard. Bill avait un alibi en or : il tirait à l'arc avec Stanley Griffin et Michael. L'exécuteur des hautes œuvres aurait donc été Angela.

— Et Bill aurait habilement détourné l'attention de ses amis au moment où sa complice s'échappait par la fenêtre ?

— C'est une possibilité. Certes, cela n'explique toujours pas comment Angela s'y est prise pour quitter si rapidement la pièce – car n'oublions pas que chacun des garçons a affirmé que l'assassin ne disposait que d'un laps de temps extrêmement court – mais au moins elle pouvait agir au bon moment, lorsque son complice s'employait à détourner l'attention de ses camarades, ne serait-ce que pendant quelques secondes.

J'eus une moue sceptique :

— Et le mobile ?

Le major haussa les épaules :

— C'est là que mon hypothèse ne tient pas : si Bill et Angela avaient été complices pour mettre la main sur le magot, ils auraient éliminé Richard après le mariage, c'est l'évidence même.

— En effet.

— De toute manière, je n'ai jamais songé sérieusement à la culpabilité d'Angela. C'était une brave fille qui n'avait connu que la misère… et j'estime l'avoir largement dédommagée de… de la situation qui était la sienne après la mort de Richard… Vous en conviendrez, jeune homme, ce voyage à Eastbourne a été une perte de temps.

Bien que je n'en fisse point part au major, je demeurai convaincu du contraire. J'avais mis le doigt sur quelque chose d'important; l'aboutissement de mes efforts était proche... ce but que je m'étais fixé depuis bien des années...

— Malgré tout ceci, dit-il en posant un regard féroce sur la dépouille de tigre qui s'étalait à ses pieds, j'ai la conviction que le fauve est en train de vivre ses dernières heures de liberté. Il le sait, il a peur... Et moi je sens cette peur; je ne peux pas vous l'expliquer, mais c'est ainsi.

— Au fait, Rose ne se souvient toujours pas de son amie?

— Non. Bien qu'elle ait son nom sur le bout de la langue. Mais nous n'allons pas attendre qu'elle s'en souvienne. Peu importe ce traité d'illusionnisme, car après tout, il n'est pas certain qu'il nous livre l'identité de l'assassin. Nous tendrons notre piège dès demain soir!... En fin de soirée, disons vers 9 h 30, Rose feindra une soudaine illumination et annoncera le nom de la personne à qui elle avait prêté le livre. Bien évidemment, je m'arrangerai pour que toute la maisonnée soit présente. Comme l'heure sera tardive, nous remettrons au lendemain notre visite à la personne en question.

— À la nuit tombée, une ombre se glissera hors de Burton Lodge pour tenter de récupérer le précieux document... et nous serons là pour l'intercepter au passage!

Le major secoua la tête avec un sourire indulgent :

— Pas exactement, jeune homme. L'assassin, dont l'habileté démoniaque n'est plus à prouver, pourrait très bien passer au travers de notre filet sans se faire voir et réduire au silence l'amie de Rose. N'oubliez pas que nous portons déjà la responsabilité de la mort de la maîtresse d'école.

— Et que suggérez-vous?

— Nous allons monter la garde autour de la maison de la chèvre. Car il est bien certain que, si nous le surprenons en train de chercher à pénétrer chez autrui, en pleine nuit, armé d'un couteau – son arme favorite, il l'aura probablement sur lui –, il sera en mauvaise posture. Sous l'effet du choc, il parlera peut-être.

Après un moment de réflexion, je lui demandai :

— Et qui fera la chèvre?

Le major eut une grimace.

— Je ne sais pas encore, je verrai la question demain. Sur les sept autres filles qui ont assisté au meurtre de Richard, il n'en reste plus que trois ou quatre à Blackfield. Nellie, qui les connaît aussi bien que Rose, sera de bon conseil.

— Nellie, la bonne ?
— Oui. Je l'ai mise au courant, elle est prête à nous aider. S'il est, dans cette maison, une personne dont l'innocence est indiscutable, c'est bien elle. Nous pouvons lui faire confiance, elle sait être discrète.
— Et votre nièce ?
Le major tira sur sa pipe, puis rejeta lentement la fumée :
— Je lui assignerai son rôle au dernier moment, sans autre précision.

Vers 9 heures et demie, je me retrouvais dans ma chambre, étendu sur le lit, mains croisées au-dessus de ma cervelle en ébullition. Devant moi, l'ombre de Richard Morstan. Le bon, le puissant, le charitable Richard Morstan… qui avait régné sur Blackfield jusqu'au jour où *quelqu'un* l'avait expédié *ad patres*. Qui, pourquoi et comment ? telles étaient les questions qui hantaient les nuits du major depuis des années. Mais il ne mourrait pas sans savoir, j'en faisais le serment. Je lui offrirais la vérité sur un plateau, moi et personne d'autre.

Ce mystérieux *quelqu'un* avait fait couler le sang une seconde fois – pour sa sauvegarde personnelle, c'est entendu – mais dans quelles circonstances ! Le corps de la maîtresse d'école n'était plus qu'une bouillie sanglante ! Il s'en était donné à cœur joie !

Oui, l'assassin aimait à voir couler le sang, le sang frais.

Et quelque chose me disait qu'il ne s'arrêterait pas en si bon chemin, surtout si on le provoquait… On ne provoque pas une bête sauvage.

En outre le major semblait la sous-estimer, la bête sauvage, ce qui était une grave erreur à mon sens. Car elle sait se rendre invisible, si nécessaire…

Autre tourment : Cora ! Bientôt il me faudrait lui avouer la vérité, lui dire qui j'étais. L'espace d'un instant, j'eus envie de faire machine arrière, de me retirer, avec Cora bien entendu.

On frappa à la porte. J'allai ouvrir, pris l'arrivante dans mes bras.

Une minute plus tard, elle me dit :
— Eh ! bien, dites donc, c'est un guet-apens chez vous !
— Attendez, vous n'avez encore rien vu !
Après avoir fougueusement récidivé, je lui narrai mon entretien avec le major.

— … quant à ce squelette que l'on a retrouvé dans le jardin de miss Forsythe, conclus-je, je ne sais trop que penser. À mon avis, ceci n'a aucun rapport avec l'affaire qui nous préoccupe. Réfléchissons un peu : nous savons que c'est pour l'empêcher de parler que la pauvre demoiselle a été assassinée. Sa vie en elle-même n'offre pas d'intérêt pour nous. Peu importe qu'elle ait tué une rivale, une parente ou je ne sais quoi ! Il s'agit là d'une coïncidence, voilà tout !

— Il est beau, Barbe-Bleue, quand il monte sur ses grands chevaux, susurra Cora.

— Oh ! la barbe, avec votre Barbe-Bleue !

— Vous préférez que je vous appelle inspecteur ?

À ce moment, plus qu'à un autre, j'eus envie de lui révéler mon identité.

— Je vous rappelle que cette *géniale* idée d'inspecteur du Yard est le fruit de l'imagination – ô combien fertile ! – du major. Du reste, à l'allure où vont les choses, il est probable que sous peu Blackfield s'honorera de la présence du Yard. Du vrai, cette fois-ci.

— Ce serait drôle, vous retrouveriez vos collègues ! plaisanta Cora.

— Je ne serai plus là pour les saluer, soyez-en certaine.

Cora mit les poings sur les hanches :

— Et vous abandonneriez votre… votre fiancée ?

D'une voix parfaitement neutre, je répondis :

— Qui parle d'abandonner ? Vous feriez vos valises et nous partirions ensemble.

Cora eut un tendre sourire, qui disparut aussitôt :

— Si le Yard devait venir ici, l'un ou l'autre membre de la famille Morstan parlerait : l'inspecteur Sidney Miles n'existe pas, soit… mais Sidney Miles le journaliste ? Il serait étonnant qu'un des policiers n'ait jamais entendu parler de vous…

Encore une chose à laquelle je n'avais pas pensé. Le raisonnement de Cora, qui croyait que Sidney Miles était mon vrai nom, tenait parfaitement.

— Dieu merci, soupirai-je, nous n'en sommes pas encore là. Mais c'est vrai, vous avez raison. J'ai l'impression de m'enfoncer chaque seconde davantage…

— Et si cela était, que feriez-vous ?

— Que voulez-vous que je fasse ? Je leur dirai la vérité et je me retrouverais au chômage… dans le meilleur des cas.

— Vous ne partiriez pas, alors ? insista Cora.

— Non ! Bien sûr que non !

Cette fois-ci la comédie avait assez duré. Ce triple rôle commençait à m'excéder.

Je devais la vérité à Cora :

— Cora, je…

— Vous êtes dans un drôle de pétrin, je le sais bien, coupa-t-elle. Mais à qui la faute ? Passons. Quant à votre piège à tigre, je me demande bien comment tout cela va se terminer… (Elle m'adressa un regard de reproche.) S'il devait y avoir encore un meurtre…

À ce moment, trois coups discrets se firent entendre.

— Oui ? grognai-je.

La porte s'ouvrit et le père de Cora passa la tête dans l'entrebâillement :

— Je ne vous dérange pas ?

— Nous déranger ? protestai-je avec déférence. Bien sûr que non ! Entrez, Mr Ferrers, je vous en prie.

Après un bref coup d'œil à Cora – qui baissa aussitôt la tête –, Tony me dit d'un ton aimable :

— Une jeune fille veut vous voir, inspecteur. Elle est en bas. Je vous l'envoie ?

— Une jeune fille ? répéta Cora en dardant sur moi un regard meurtrier.

— Il s'agit de la bonne des Morstan, précisa Tony avec un sourire narquois à l'adresse de sa fille.

— Dites-lui de monter, je vous prie.

Lorsque Tony se fut retiré, Cora et moi échangeâmes un regard ahuri.

De nouveau, on frappa à la porte.

— Entrez, ordonnai-je.

Dès l'instant où je vis apparaître Nellie, je compris que quelque chose n'allait pas. Hagarde, les cheveux défaits, la respiration haletante, son regard qui brillait d'un éclat inhabituel, tout en elle accusait le désarroi et la précipitation.

— J'ai couru depuis Burton Lodge, haleta-t-elle, en cherchant du regard où s'asseoir.

Je lui avançai la petite chaise cannée, elle s'y laissa tomber en poussant un soupir de soulagement.

Cora porta ses mains à la gorge :

— Ne me dites pas, Nellie, qu'il y a encore un autre crime !

Nellie secoua la tête :

— Non. Mais Rose a parlé.

Mon sang se figea dans mes veines :

— Le livre ?

— Oui. C'est Patricia Morrison qui devrait l'avoir, si elle ne l'a pas prêté à quelqu'un d'autre entre-temps. Nous étions tous au salon quand Rose s'en est souvenue, un quart d'heure après votre départ, inspecteur. Le major craint le pire…

Le danger se précisait, il fallait agir au plus vite.

— Elle a parlé devant tout le monde ! vociférai-je, poings serrés. Mais c'est insensé ! C'est stupide ! Tout notre plan tombe à l'eau !…

— Je suppose que le major vous a donné de nouvelles consignes, intervint Cora d'une voix étrangement calme.

— Oui, fit-elle. Il va essayer de retenir tout le monde jusqu'à 11 heures, après quoi il fera le guet pour voir si quelqu'un tente de quitter Burton Lodge. Pendant ce temps, monsieur l'inspecteur et moi, nous monterons la garde chez Patricia. Nous assurerons ainsi une double surveillance. S'il n'a rien vu de suspect, il nous rejoindra vers une heure du matin.

— Hum !… Pour un plan improvisé, ce n'est pas trop mal, grommelai-je. Et Patricia Morrison, qu'allons-nous en faire ?

Nellie me fixa de ses grands yeux inquiets :

— Je viens de passer chez elle, monsieur, il n'y a personne à la maison. Je crois que ses parents sont absents. Quant à elle, j'imagine qu'elle est avec son amoureux, elle ne devrait pas tarder à rentrer. Le major pense que nous ne devons pas la mettre au courant, elle s'affolerait. Il m'a juste demandé d'essayer de récupérer le livre.

— Bien. Il est 10 heures et quart, dis-je en consultant ma montre ; ce qui nous laisse trois quarts d'heure… à condition, bien sûr, que le major parvienne à retenir son monde jusqu'à 11 heures.

— Il vaudrait mieux partir tout de suite, monsieur, dit Nellie. Nous pourrions intercepter Patricia… Je me vois mal frapper à sa porte à 11 heures du soir pour récupérer un livre.

— C'est juste.

— Il y a autre chose, poursuivit-elle d'une voix hésitante. Je me demande si nous ne ferions pas mieux d'expliquer la situation à Patricia. On pourrait ainsi la mettre à l'abri…

Je lui répondis avec une lenteur calculée :

— Lui expliquer la situation… Et comment réagirait-elle ? Je ne vois que deux solutions : ou elle nous traiterait de fous et nous mettrait à la porte, ou elle nous croirait et ce serait la panique. Tenons-nous en au plan du major : nous surveillerons tous les deux la maison de l'extérieur, personne ne pourra…

— Tous les deux ! Et moi, qu'est-ce que je fais dans l'histoire ?

Et voilà Cora qui voulait aussi s'en mêler ! Je fermai les yeux, m'efforçant au calme.

— Vous voulez bien m'attendre en bas ? dis-je à l'adresse de Nellie. Je vous rejoins dans quelques instants.

Elle acquiesça et sortit. Après un silence, je dis à Cora d'une voix grave, persuasive :

— Tout ceci est très dangereux… et votre présence me ferait perdre tous mes moyens… et…

— Et ?

— Je vous aime ! hurlai-je. Vous le savez très bien !

— Vous avez une de ces façons de dire les choses, soupira-t-elle en baissant la tête.

— Cora, ce n'est vraiment pas le moment…

Elle esquissa un pauvre sourire.

— Et moi, que croyez-vous que j'éprouve pour vous ? (Une larme naquit au coin de son œil.) Oh ! je ne suis pas très courageuse, je l'avoue ; mais vous savoir dehors, dans l'obscurité, à vouloir affronter ce fou… tandis que moi je serai là, morte de peur, à attendre votre retour…

— Ne vous inquiétez pas, Cora, il ne m'arrivera rien. J'ai l'habitude de ces choses-là…

Elle sursauta :

— Comment ça, l'habitude de ces choses-là ?

— Je… Écoutez, le temps presse. Vous allez rejoindre votre chambre et m'y attendre bien sagement. Ayez confiance en moi.

12

La maison de Patricia Morrison, gros bloc carré de pierres grises, tachée par l'humidité, s'élevait sur une pelouse cernée de marronniers.

— Comment faire ? chuchota Nellie, la voix frémissante d'inquiétude.

Je ne répondis pas immédiatement, essayant d'analyser la situation. La propriété était plongée dans l'obscurité, sauf pendant les rares moments où les nuages se déchiraient pour laisser filtrer la clarté de la lune.

— Il n'y a pas de lumière, Patricia n'est certainement pas encore rentrée. Dans un premier temps, nous allons l'attendre.

— Et après ?

— Faisons d'abord le tour de la maison, nous aviserons ensuite.

Ceci étant fait, je lui expliquai :

— Vous vous placerez derrière un arbre, du côté de la rue, de façon à contrôler la façade avant et celle de gauche. Moi, je me trouverai dans le coin diagonalement opposé, surveillant les deux autres façades. De nos postes de contrôle respectifs, il y a quelque 15 mètres jusqu'à la maison. On n'y voit pas grand-chose, je le reconnais, mais je pense que si nous restons vigilants, nul ne pourra s'approcher de la maison sans être vu. D'autant plus que nos yeux vont s'habituer à l'obscurité.

Nellie frissonna :

— J'espère qu'il ne m'entendra pas claquer des dents. Croyez-vous qu'il va venir par la rue ?

— Certainement pas. C'est d'ailleurs pour cette raison que je vous ai placée de ce côté-là. À mon avis, il viendra par les champs, traversera le potager pour se retrouver derrière la maison, et c'est à ce moment que l'inspecteur Miles intervient.

— Au fait, j'y pense, Rose et moi en avions discuté hier, vous devez probablement connaître John Reed, il est aussi inspecteur au Yard.

— Ah ! oui… je vois. Le major m'en avait parlé, il est originaire de Blackfield, paraît-il. Je ne lui ai parlé qu'une ou deux fois, mais…

— Alors vous le connaissez ! Il a dû changer, depuis le temps ! Comment est-il, maintenant ?

La situation était grotesque. Jamais je n'aurais dû accepter ce rôle que le major m'avait proposé. Mais je ne pouvais rester là sans rien dire :

— Ma foi, c'est un garçon qui fait son métier consciencieusement… Il n'y a rien à lui reprocher et… enfin je vous le répète, nous n'avons pas eu souvent l'occasion de nous entretenir.

Mais à l'avenir, je lui parlerai de Blackfield et de ses jolies filles !

Les yeux de Nellie brillèrent de plaisir ; elle me confia :

— Vous savez, il plaisait beaucoup à Rose, à l'époque. Je suis sûre que s'il lui avait fait la moindre avance, elle ne serait jamais devenue Mrs Strange. Mais surtout ne le répétez pas, inspecteur, car si cela parvenait aux oreilles de Luke, il serait capable de me faire renvoyer.

— Naturellement, Nellie, naturellement.

À ce moment, un bruit de voix nous parvint. En silence, nous gagnâmes la clôture et jetâmes un coup d'œil dans la rue.

— C'est Patricia et son fiancé, murmura Nellie. On dirait qu'ils sont en train de se quereller. Ça ne va pas me faciliter la tâche. Qu'est-ce que je vais bien pouvoir inventer comme prétexte…

— Mettez tout sur le dos du major. Dites à votre amie qu'il veut impérativement récupérer ce livre pour une raison que vous ignorez. Il aura tout le temps, par la suite, de trouver une excuse valable.

— Regardez, son fiancé vient de tourner les talons, Patricia remonte la rue. Allez vite à votre place !

Prestement, je contournai la maison et attendis. Quelques secondes plus tard, je perçus l'écho d'une conversation. Subitement, un souffle de vent se leva, agitant les feuilles des marronniers, dont le bruissement couvrit en partie les paroles de Nellie et de Patricia. Puis le claquement de la porte d'entrée mit un terme à la conversation. Je laissai passer quelques minutes et rejoignis Nellie :

— Alors ?

— Elle était furieuse, monsieur, elle n'a rien voulu savoir…

— Vous a-t-elle dit si elle avait encore le livre ?

— Elle n'en est pas certaine, mais elle croit que oui. Je dois repasser demain.

Pensif, je scrutai le visage de Nellie dans l'ombre. Elle semblait soucieuse, comme absorbée par un tourment secret. Sa main passait et repassait sur sa joue. Étrange Nellie, étrange alliée de dernière heure… étrange jeune fille, qui ne paraissait pas du tout mesurer la gravité du danger encouru.

— Il doit être 11 heures, dis-je gravement, l'assassin peut venir d'une seconde à l'autre… Il y a à peine dix minutes de marche depuis Burton Lodge.

Nellie ne broncha pas, elle regardait ses mains.

— Au fait, est-ce que vous avez entendu Patricia pousser le verrou de la porte d'entrée ?

Nellie ne répondit qu'après un temps :

— Elle a claqué la porte et… non, je ne crois pas.

Lui faisant signe de me suivre, je me dirigeai vers son poste d'observation.

— Derrière cet arbre, personne ne pourra vous voir. Voilà… Regardez maintenant la maison et dites-moi ce que vous voyez ?

— La façade avant et la façade de gauche, répondit-elle, excédée. Je ne suis pas stupide, inspecteur, je vous en prie, ne me parlez pas comme à une gamine.

— À aucun moment, Nellie, à aucun moment vous ne devez perdre de vue cette partie de la maison. C'est très important.

— Inspecteur, je vous répète que j'ai très bien compris ce que je dois faire !

— Je n'en doute pas. Mais on n'y voit guère et, en plus, nous ne savons pas combien de temps nous allons devoir attendre. Le moindre moment d'inattention peut être lourd de conséquences. C'est pourquoi j'insiste bien sur ce point : vos yeux doivent être continuellement braqués sur cette partie de la maison.

Après un instant de réflexion, elle dit :

— Toutes les fenêtres sont fermées… sauf une : à l'arrière, au premier étage. Vous l'avez remarqué ?

— Bien sûr, Nellie ! Je suis inspecteur, voyons ! Ne vous inquiétez pas, je ne quitterai pas une seconde cette fenêtre des yeux. Mais il y a la porte d'entrée, qui n'est peut-être pas fermée…

— Et si j'aperçois quelqu'un, fit Nellie soudain inquiète, qu'est-ce que je fais ?

— Vous hurlez, j'accourrai aussitôt. Bon, je vous laisse, je vais regagner mon poste. Inutile de vous répéter les consignes, je pense.

La façade arrière était percée de quatre fenêtres : deux au rez-de-chaussée, séparées par une porte surmontée d'un auvent, et deux à l'étage ; celle de droite était ouverte, les rideaux tirés laissaient à peine paraître un mince filet de lumière – la chambre de Patricia, de toute évidence.

Les alentours furent brusquement plongés dans la pénombre, Patricia venait d'éteindre la lampe. J'avais emporté ma montre, mais il me fut impossible de lire l'heure ; 11 heures et demie peut-être. Lorsque mes yeux se furent de nouveau habitués à l'obscurité, je me fis la réflexion qu'il était facile d'accéder à la fenêtre de la jeune fille en grimpant sur l'auvent de la porte.

— Inspecteur, pourquoi courez-vous comme ça ?

— Vous n'avez rien vu, Nellie ? demandai-je d'une voix haletante.

Elle me fixa d'un air étonné.

— Non… Sinon j'aurais appelé.

— Mais bon sang, grognai-je en frappant du poing la paume de ma main, je suis pourtant certain de n'avoir pas rêvé ! Je viens de voir une ombre tourner au coin de la maison…

— Quel coin ?

Du doigt, je lui indiquai le coin formé par le côté gauche de la maison et la façade arrière.

— C'est ridicule, vous voyez bien que si quelqu'un était venu par là je n'aurais pas manqué de l'apercevoir ! Et au fait, d'où venait-elle, cette ombre ?

Je me pris la tête entre les mains :

— J'ai eu un moment d'inattention… un bruit en provenance du jardin… j'ai regardé par-dessus mon épaule, mais pas bien longtemps, quatre ou cinq secondes maximum, puis je me suis retourné et j'ai vu une ombre disparaître au coin de la maison. J'ai bondi aussitôt.

— Vous avez surgi au coin de la maison et vous avez couru vers moi à toutes jambes. Mais personne ne vous devançait, ça c'est certain.

— Il y a une zone d'ombre au bas du mur, fis-je remarquer. En rampant, une personne souple et agile aurait pu éventuellement…

— Inspecteur, fit Nellie avec un soupir d'agacement, vous voyez bien que cela ne m'aurait pas échappé. De plus, en courant vers moi vous avez regardé le long du mur…

— Et il n'y avait personne, achevai-je. Ce doit être mon imagination qui me joue des tours…

— C'est curieux, fit Nellie, le major n'est pas encore là. Il doit être presque 2 heures, pourtant.

Je consultai ma montre grâce au bon vouloir d'un rayon de lune :

— Il est à peine une heure. Cette attente nous a fait perdre la notion du temps.

Soudain, Nellie parut saisie d'épouvante :

— L'assassin, chevrota-t-elle, l'assassin fantôme…

Au terme d'un silence glacial, je lui dis :

— Venez, tant pis si nous la réveillons.

Nous gagnâmes l'entrée et j'ouvris la porte qui protesta en grinçant.

— C'est bien ce que je craignais, observai-je, votre amie a oublié de pousser le verrou.

Nous entrâmes et nous arrêtâmes devant l'escalier qui menait à l'étage.

— Miss Morrison ? demandai-je.

Silence.

— Miss Morrison ? répétai-je en élevant la voix.

Toujours pas de réponse.

Nellie s'agrippa à moi, tremblant de tous ses membres.

Je tentai de la rassurer :

— Elle aura peut-être pris un somnifère après sa querelle avec son fiancé.

Je craquai une allumette. La lumière vacillante révéla un couloir tendu de papier d'un jaune très pâle, presque cireux, comme le visage de Nellie.

Tout à coup, une voix puissante et autoritaire nous fit sursauter :

— Que se passe-t-il là-dedans ?

Je me retournai : le major franchissait la porte d'entrée, s'appuyant sur sa canne d'une main, tenant une lanterne sourde de l'autre.

Je lui expliquai la situation. Il demeura pensif, le regard braqué sur l'escalier, et s'adressa à Nellie :

— Ne bougez pas d'ici.

Puis nous gravîmes à la hâte les marches qui menaient à l'étage.

— Je pense que c'est sa chambre, dis-je en désignant une porte.

Sans une seconde d'hésitation, le major la heurta de plusieurs violents coups de canne.

Un silence de mort nous répondit.

Après une brève concertation du regard, nous entrâmes. Il balaya la pièce de sa lanterne sourde et arrêta le rayon de lumière sur le lit ; Patricia semblait dormir d'un profond sommeil. Nous nous approchâmes. Le major eut un mouvement de recul :

— Nom de Dieu !

L'assassin avait frappé une fois de plus : Patricia avait la gorge tranchée d'une oreille à l'autre.

13

Le lendemain, vendredi, en milieu d'après-midi, le major vint me retrouver dans ma chambre. Cora, assise près de la fenêtre, le regarda entrer, impassible. J'avais passé la matinée à essayer de lui arracher un sourire, en vain ; bien qu'elle ne manifestât point un chagrin excessif, je la devinais bouleversée ; toute vie semblait s'être retirée de ses beaux yeux bleus.

Le major resta un long moment à reprendre son souffle, puis se laissa tomber sur la petite chaise cannée que Cora venait de lui avancer et qui faillit céder sous le poids. Il posa son chapeau sur la table et s'épongea le front avec son mouchoir.

— Deux crimes atroces en quarante-huit heures, commença-t-il, le village est en état d'alerte… les policiers aussi, du reste. J'ai peur, jeune homme, que l'affaire ne passe en d'autres mains.

— Au fait, que leur avez-vous dit, finalement ?

— Ce que nous avions prévu : je suis passé chez Patricia vers 9 heures du matin pour récupérer un livre, et comme on ne répondait pas et que la porte d'entrée était entrouverte… bref, ils ont très bien accepté l'histoire.

— Espérons, intervint Cora.

— Oui, espérons-le, grogna le major. Et ce maudit livre que nous n'avons pas retrouvé, en dépit de nos efforts…

— L'assassin l'a emporté, remarquai-je. Il est d'ailleurs venu pour cela, il me semble.

Le major retira son lorgnon d'un geste brusque et me lança un regard de contrariété :

— Vous avez affirmé que, de 11 heures et demie jusqu'à la découverte du crime, vous n'avez pas aperçu le moindre rai de lumière chez les Morrison. De plus, nous avons passé près d'une heure à inspecter toutes les pièces de la maison… et, apparemment, aucun objet n'avait été déplacé. Je vois mal l'assassin effectuer ses recherches à tâtons dans l'obscurité sans laisser de traces significatives derrière lui !

— Nous pouvons en conclure, fis-je en m'éclaircissant la voix, qu'il n'a pas eu à chercher le livre bien loin. J'y ai réfléchi et voici ce que je pense : Patricia a dû se mettre au lit avec le livre, pour tenter de comprendre ce qui pouvait pousser Nellie à vouloir le récupérer à une heure aussi indue. N'oubliez pas que la fenêtre de sa chambre est restée éclairée pendant une demi-heure. Après l'avoir tuée, l'assassin n'a eu qu'à se servir, le livre reposant probablement sur la table de chevet.

Le major approuva de la tête.

— En effet, dit-il, c'est fort probable. Hélas ! ceci n'explique pas comment il est entré et sorti de la maison… Je n'ai malheureusement pu retenir personne au salon jusqu'à l'heure prévue : vers 10 heures et demie, Luke s'est retiré dans son bureau où il a passé la nuit. Quelques minutes plus tard, Rose et Eleanor sont allées se coucher. À partir de ce moment, j'ai commencé ma surveillance à l'extérieur de Burton Lodge. En pure perte… l'assassin n'a pas eu à forcer son talent pour tromper ma vigilance.

Je me mis à arpenter pensivement la pièce.

— Nous sommes arrivés, Nellie et moi, chez Patricia à 11 heures moins le quart. L'assassin aurait eu du mal à nous devancer. En revanche, vers 11 heures il pouvait déjà être sur les lieux. Lorsque Patricia a claqué la porte, je suis allé rejoindre Nellie pour l'interroger et lui faire les dernières recommandations. L'arrière de la maison est resté sans surveillance pendant deux ou trois minutes… plus de temps qu'il n'en faut pour s'introduire dans la chambre de Patricia en escaladant l'auvent de la porte de sortie… Oui, les choses ont dû se passer ainsi. Car par la suite, il ne lui aurait pas été possible de pénétrer dans la maison.

— Admettons, fit le major. Reste le problème de sa disparition : vers une heure, après quelques secondes d'inattention, vous voyez une ombre tourner au coin de la maison. Il s'agit de l'assassin, bien sûr, qui vient de descendre de la fenêtre. Comme pour le meurtre de Richard, il exécute l'opération en quelques secondes, mais cette fois-ci on l'aperçoit… ce n'est déjà pas mal. Seulement voilà : Nellie ne le voit pas surgir au coin de la maison ! Comme pour le meurtre de la maîtresse d'école, il s'envole en fumée ! Baxter avait peut-être bu un coup de trop, soit, mais Nellie ?

— Je vous répète qu'il faisait très sombre, grommelai-je. Oh ! il est très habile, je ne dis pas le contraire. Mais il profite de l'obscurité. Je suis certain qu'il ne pourrait pas faire son tour de passe-passe en plein jour.

Le major eut un sourire excédé pour rétorquer :

— Et le meurtre de mon frère, à quel moment de la journée a-t-il eu lieu ?

Le soleil vint se refléter dans le lorgnon du major et la lumière se fit dans mon esprit : *je savais qui avait tué Richard Morstan,* et du même coup le meurtre de Patricia Morrison me parut d'une simplicité déconcertante.

— Bien qu'il s'agisse du même assassin, répondis-je, ce meurtre ne s'apparente pas aux autres.

— Je ne vous suis pas, fit le major en fronçant les sourcils.

— Le meurtre de votre frère n'a pas été prémédité. Ce qui n'est pas le cas pour les deux autres. Prenons l'assassinat de Celia Forsythe : pourquoi l'a-t-on supprimée ?

— Mais parce qu'elle s'est souvenue de quelque chose ! s'emporta le major.

— Et qu'en déduisez-vous ?

— Mais mille tonnerres, je viens de vous le dire ! La maîtresse d'école présentait un danger pour l'assassin, lequel s'est empressé de la réduire au silence !

— Miss Forsythe s'est souvenue de quelque chose repris-je d'une voix calme. Miss Forsythe, elle et personne d'autre, c'est cela qui est important. Tout aussi important est l'intérêt que l'assassin porte au traité de prestidigitation. Il nous l'a montré cette nuit en prenant des risques considérables pour le faire disparaître. Il aurait très bien pu se contenter d'assommer Patricia, par exemple, mais il n'a pas hésité à la tuer, car elle pouvait se rappeler un chapitre essentiel.

Le major vira à l'écarlate :

— Mais bon sang ! nous le savons depuis longtemps : le tour de prestidigitation que voulait exécuter Richard peut le confondre !

— Pourquoi ? Pourquoi la découverte de son tour nous désignerait-elle une personne bien précise ? Y avez-vous déjà songé sérieusement ?

— À vrai dire, hésita le major, à vrai dire non.

— Je récapitule : le témoignage de miss Celia Forsythe et l'explication du tour de passe-passe de votre frère sont des choses très importantes aux yeux du coupable. (Je me tus un instant, puis demandai au major :) Au fait, comment va Nellie ?

Il offrit un visage surpris :

— Nellie ?… Vu les circonstances, je dirai que ça ne va pas trop mal, mais pourquoi…

— Je pourrais vous poser une question, messieurs les détectives ? demanda subitement Cora, accoudée au rebord de la fenêtre en train de contempler le ciel. Combien de femmes égorgera-t-on encore jusqu'à l'arrestation du coupable ? De ce fou sanguinaire, de ce…

Puis elle se retourna et arrêta son regard sur moi. Elle n'avait pas prononcé le nom de Barbe-Bleue, mais elle y pensait si fortement que je le lisais sur son front.

Le major eut un geste d'impuissant regret :

— Ma chère Cora, comprenez-nous. Nous ne faisons que notre devoir : le meurtrier de mon frère doit être châtié. Je saisis parfaitement votre sentiment à notre égard. Oui, nous avons une grande part de responsabilité dans cette affaire, je n'en suis que trop conscient. Mais croyez-moi, tous ces meurtres ne resteront pas impunis. (Une lueur vengeresse filtra entre ses paupières.) Sachez que lorsque je chasse le tigre, jamais il n'en sort vivant ! Vous m'entendez bien, *jamais !* La bête fauve est aux abois, il n'y a plus d'issue pour elle, sa fin est proche… et elle le sait.

— Je suis de votre avis, dis-je. L'idéal serait de réunir les suspects ce soir même et de leur faire subir un interrogatoire serré. Il est possible que le coupable craque.

— Figurez-vous, jeune homme, que c'était prévu au programme. Alors à ce soir, vers 8 heures et demie.

Sur ces paroles, il s'empara de son chapeau et nous salua. À peine eut-il quitté la pièce, que Cora vint se réfugier dans mes bras.

— Sidney, dit-elle après un temps, j'ai comme l'impression que vous soupçonnez quelqu'un.

Je lui soufflai un nom à l'oreille.

— Oh ! mon Dieu ! s'exclama-t-elle. Ce n'est pas possible !

— Si. C'est la seule personne qui, matériellement, ait pu tuer Patricia Morrison, la seule personne qui ait pu « disparaître » au coin de la maison…

— Oui… bien sûr. Mais le mobile ? Le mobile du meurtre de Richard Morstan ?

— Je n'en suis pas sûr, mais j'ai ma petite idée là-dessus. Il me faut encore interroger le Dr Griffin.

— Le Dr Griffin ?

— Oui. Il ne peut pas ne pas savoir. Car voyez-vous Cora, j'ai bien l'impression que le « saint homme » du village était un drôle de paroissien…

Je lui fis part de mes soupçons, qui ne furent pas démentis par ce qu'elle m'avoua alors, loin de là.

Elle demeura silencieuse un long moment, avant de parler d'une voix blanche :

— J'étais allée faire un tour au bois voir si les mûres de la clairière étaient bonnes à cueillir. Je venais de quitter le sentier quand je l'ai vu assis sur un tronc d'arbre. Tout souriant, il m'a invitée à venir m'asseoir à côté de lui pour me reposer. Je n'ai pas osé refuser. Il a mis un bras protecteur autour de mes épaules, m'a parlé de la nature, de sa beauté et m'a même récité des vers. Je me sentais mal à l'aise et j'ai tenté de me dégager. Il m'a serrée plus fort et… il s'est mis à m'embrasser.

— Et vous l'avez laissé faire ? hurlai-je, transpercé d'un glaive de feu.

— Non… bien sûr que non, hésita-t-elle. Il me faisait peur, ses yeux me terrifiaient, et ses mains… D'une secousse où j'ai mis toutes mes forces, j'ai réussi à lui échapper. J'étais plus leste que lui…

— Le misérable… Et il n'a pas cherché à recommencer ?

— L'une ou l'autre fois… Mais j'étais sur mes gardes je ne me suis pas laissé avoir.

Elle se tut, perdue en de sombres pensées, les yeux fixes et vides.

Je n'osai pas rompre son silence, mais la pris doucement contre moi.

— Sidney, me dit-elle d'une toute petite voix, j'espère que… je voudrais… comment vous dire ? Si on devait arrêter l'assassin, ne pourriez-vous vous arranger pour lui faire comprendre… et lui donner un répit de vingt-quatre heures… lui laisser une porte de sortie…

— Soyez tranquille, je l'aurais fait de toute manière. Car le moins que l'on puisse dire, c'est qu'il avait des circonstances atténuantes.

Bien que déjà en retard d'un bon quart d'heure, j'empruntai le sentier qui longeait la rivière pour me rendre à Burton Lodge. Le chemin me plaisait, et puis il fallait franchir le petit pont de bois, témoin de notre premier baiser.

Le jour déclinant noyait d'ombre la pelouse de Burton Lodge. Je ne vis qu'une fenêtre éclairée, celle du salon, au rez-de-chaussée. Le major devait être furieux de mon retard, je l'imaginais enfoncé dans son fauteuil, tirant rageusement sur sa pipe, le visage plus congestionné que jamais. Après tout, pourquoi ne pas aller jeter un petit coup d'œil par la fenêtre ?

À pas de loup, je traversai la pelouse, longeai le mur jusqu'à la fenêtre du salon et tendis l'oreille.

— Vous en conviendrez, major, disait la voix de Luke, j'ai été bien inspiré d'aller au Yard cet après-midi pour dévoiler les dessous de cette affaire. Quant à vous, superintendant Melvin, je vous remercie d'avoir bien voulu vous déplacer personnellement…

Le superintendant Melvin ! Je sentis mes genoux se dérober sous moi.

— C'était la moindre des choses, dit le policier. Deux crimes atroces en quarante-huit heures, leur caractère particulièrement mystérieux et cet étrange Sidney Miles qui se fait passer pour un des nôtres, c'était plus qu'il n'en fallait.

— Je crois qu'il serait peut-être temps de vous expliquer, mon oncle, intervint Rose.

Après un long silence, le major lâcha le morceau :

— Bien, puisque je ne peux plus faire autrement… C'est moi qui lui ai proposé de tenir le rôle d'inspecteur du Yard. Il est journaliste au *Daily Telegraph.* Le meurtre de Richard l'avait séduit par son côté mystérieux et il comptait le tirer au clair afin de s'en inspirer pour écrire un roman. Cela m'a semblé une bonne occasion pour revenir sur cette ténébreuse affaire. Mais je ne voulais pas le présenter comme journaliste, j'ai pensé qu'un inspecteur du Yard aurait plus d'impact et…

— Quand l'avez-vous rencontré ? coupa le superintendant.

— En début de semaine. Lundi après-midi pour être précis, à l'auberge du village, où il a loué une chambre.

Les tempes battantes, le dos plaqué au mur, j'attendis la suite.

— Je ne connais pas personnellement tous les journalistes du *Daily Telegraph,* reprit sèchement le policier, mais je puis vous affirmer ceci : aucun d'entre eux ne s'appelle Sidney Miles.

Il y eut des exclamations d'étonnement et des mouvements divers. Bien que n'ayant pas encore risqué le moindre coup d'œil, je savais à présent que toute la maisonnée se trouvait réunie au salon. Pauvre major, je n'aurais pas voulu être à sa place.

— Incroyable, dit-il d'une voix méconnaissable. Incroyable... De toute manière, nous serons bientôt fixés, il va arriver d'un instant à l'autre.

Un silence peuplé d'arrière-pensées s'établit. Luke n'y tint plus et attaqua en coassant d'excitation :

— Il n'est ni inspecteur de police ni journaliste, cependant il semble s'intéresser à ce crime vieux de presque dix ans. Au lieu de venir directement ici, il fait votre connaissance à l'auberge, mon oncle, comme par hasard. Naturellement, il ne s'agit pas d'un hasard. Il savait très bien qu'il trouverait en vous un auditeur attentif prêt à l'aider dans son enquête qui, par ailleurs, n'est certainement qu'un prétexte pour s'introduire à Burton Lodge. Alors qui est-il ? Et que vient-il faire ici ?

» Lors de notre réunion, mardi dernier, il avait fait quelques déductions qui m'avaient paru quasi miraculeuses, à savoir que Mr Morstan avait renvoyé tout le monde de Burton Lodge une semaine avant le meurtre, et qu'il avait condamné la porte pendant la matinée du drame. Or, je ne crois pas aux miracles... Ce type-là connaissait très bien les circonstances du meurtre de Mr Morstan avant de débarquer à Blackfield. Nous pouvons en conclure que nous n'avons pas affaire à un étranger, il s'agit d'un ami ou d'un proche... que nous n'avons pas vu depuis un certain temps puisque nous ne le reconnaissons pas. J'attire aussi votre attention sur son impressionnante barbe noire qui lui mange la moitié du visage.

J'avoue que, dans le domaine de la déduction, Luke ne se débrouillait pas trop mal. Le sourire aux lèvres, j'écoutai sa brillante démonstration.

— Quelles sont ses intentions ? Pour répondre à cette question, je pense que nous devons nous en tenir aux faits : que s'est-il passé depuis son retour à Blackfield ?

Encore un silence.

— Je répète ma question : quels sont les événements importants survenus à Blackfield depuis le début de la semaine ?

D'une voix glacée, Eleanor répondit :

— Deux femmes ont eu la gorge tranchée.

— Mon cher Luke, tonna le major d'une voix qui fit trembler les carreaux, j'aimerais bien que vous nous disiez à présent le fond de votre pensée.

— Je me résume : quelqu'un qui nous connaît bien, que nous n'avons pas vu depuis un bon moment, qui ne nous porte pas dans son cœur, en un mot : Michael Morstan !

Après le brouhaha qui suivit, Luke, sur la demande du superintendant Melvin, narra les circonstances du meurtre de son beau-père et la soirée qui précéda la mort de la maîtresse d'école.

Lorsqu'il eut terminé, une demi-heure plus tard, Nellie enchaîna sur le meurtre de Patricia Morrison et conclut :

— Je comprends maintenant pourquoi il a tellement insisté pour que je ne quitte pas mon poste d'observation : il a pu tuer Patricia en toute tranquillité ! Oh ! mon Dieu, si j'avais su… Et dire que j'ai cru à son histoire d'ombre qu'il avait aperçue, *lui,* et que j'aurais dû voir et que je n'ai pas vue… Tout est tellement clair, maintenant…

— Tellement clair ! s'écria Rose avec des larmes dans la voix. Mais vous êtes complètement fous ! Michael n'aurait jamais pu faire une chose pareille ! De toute manière ce n'est pas lui, je l'aurais reconnu.

— Calme-toi, ma chérie, fit Luke, et essaye de raisonner. Nous n'avons pas revu Michael depuis une dizaine d'années. Tout comme celui qui se fait appeler Sidney Miles, il a les yeux bleus, un visage aux traits réguliers et les cheveux noirs. Et on ne voit pas grand-chose de son visage, si ce n'est ses yeux, sa moustache et sa barbe…

— Soit, dit le major d'un ton assuré, admettons que ce soit lui. Admettons aussi qu'il ait tué miss Celia Forsythe et Patricia Morrison. Dans ce cas, c'est aussi lui qui a tué son père – encore que je ne voie pas comment. Une seule question, mon cher Luke : pourquoi revient-il à Blackfield mener une enquête sur son propre forfait ?

— Mais ne comprenez-vous pas, mon oncle, qu'il nous en veut à mort, qu'il veut nous effrayer et que…

— Pourquoi ?

— Enfin souvenez-vous de son attitude après la mort de son père ! Il ne parlait plus à personne… Et cette part d'héritage qu'il nous fait miroiter… Tout son comportement trahit une haine féroce à notre égard !

— Je vous pose la question une dernière fois : pourquoi ?

— À vrai dire, je ne connais pas exactement l'origine de…

— C'est bien ce que je pensais, vous ne savez rien. Aussi, à l'avenir, je vous prierais de vous abstenir de toute accusation non fondée. Ce Sidney Miles est un type bien, et je m'y connais en hommes. Ce n'est pas parce qu'il m'a donné un faux nom qu'il n'est pas journaliste. Un type bien, intelligent, qui a l'habitude de mener des enquêtes. Il ne faut quand même pas oublier que notre association a fait progresser l'affaire à pas de géant.

— C'est vrai, observa le superintendant, mais à quel prix ! Si vous nous aviez fait part de vos conclusions le lendemain du meurtre de la maîtresse d'école, nous aurions certainement pu éviter celui de miss Morrison. Le métier de détective ne s'improvise pas, major ; il ne s'agit pas d'une simple partie d'échecs où l'on ne fait que déplacer des pions. D'ailleurs je vais lancer sur cette affaire l'un des meilleurs limiers du Yard. Il… *Damned !* Je crois avoir compris !

14

Derrière les cimes des arbres, la lune faisait pâlir légèrement le ciel. Je fermai les yeux, respirai à fond et contournai la maison pour aller frapper à l'huis. Hopkins vint m'ouvrir. Sans un mot, il m'introduisit au salon.

L'assemblée me regarda comme un revenant, sauf le superintendant Melvin, qui réprimait mal un certain amusement.

Pas très fier de moi, je m'assis sur une chaise, tête baissée, et attendis. Le moment des grandes retrouvailles était venu.

Le superintendant prit la parole :

— Veuillez relever la tête, inspecteur, que ces personnes vous voient mieux.

— Inspecteur ? s'étrangla Luke. Mais je croyais que…

— Je pense que vous devez le connaître, il est originaire de Blackfield, n'est-ce pas inspecteur John Reed ?

Des exclamations fusèrent :

— John ! Oh !… dit Rose.

— John Reed ! Ça alors ! fit le major en laissant tomber sa pipe.

— J'ai été stupide de n'avoir pas compris tout de suite, poursuivit le superintendant. Il m'avait souvent parlé de Blackfield et de cette étrange affaire Morstan qu'il comptait tirer au clair un jour. Lorsque je me suis souvenu qu'il était en congé depuis le début de la semaine, j'ai immédiatement fait le rapprochement avec ce mystérieux Sidney Miles. (Son regard se nuança d'une respectueuse admiration.) John est un de nos meilleurs éléments, et vous avez dû lire dans les journaux le récit de ses exploits. Non seulement il se trompe rarement dans ses déductions, mais c'est également un remarquable homme de terrain. Bien souvent, dans certains quartiers mal famés de Londres, quand il s'agit d'aller arracher à son repaire quelque dangereux malfaiteur, nous sommes obligés de nous déguiser. Là encore, John se montre insurpassable. De plus, il est agile comme un singe et n'a pas son pareil pour…

— Merci, patron, vous êtes trop bon, dis-je en jetant discrètement un regard circulaire sur l'assemblée.

Rose semblait émerveillée, ce qui n'avait pas échappé à son mari, lequel souriait du bout des dents – apparemment toujours aussi jaloux que par le passé. Le major était partagé entre la colère et la fierté. Quant à Eleanor et Nellie, impossible de déterminer leurs sentiments.

— Enfin, John ! grommela le major. Pourquoi cette comédie ? Dire que je vous ai demandé de jouer le rôle d'inspecteur, alors que… Vous avez dû bien rire sous cape.

— Lorsque votre frère a été assassiné, je songeais déjà à entrer dans la police. La médecine me… ne m'intéressait plus. J'avais toujours été passionné de mystères, et voilà qu'un crime extraordinaire se produisit dans notre village. À l'époque, j'avais tenté de mener ma petite enquête. Vous vous en souvenez, Rose, je venais parfois vous poser certaines questions ?

Rose acquiesça en souriant sous l'œil furibond de son mari.

— Mes efforts ont été vains, bien sûr. Mon père est mort quelques mois plus tard et, depuis, je ne suis jamais revenu à Blackfield.

— J'estimais beaucoup votre père, commenta le major. Il serait très fier de vous, John, s'il vivait encore.

Ému, je le remerciai du regard et poursuivis :

— J'ai quitté Blackfield en me jurant solennellement d'y revenir un jour pour élucider ce mystère. Mystère qui, par la suite, devint pour moi un défi, une véritable obsession : comment l'assassin avait-il perpétré son crime ? Les années ont passé et mon obsession n'a fait que croître. Lorsque j'ai pris la décision de retourner à Blackfield pour y mener mon enquête, je me suis rendu compte de la difficulté de l'opération : certes, j'étais inspecteur de police, mais j'étais aussi John Reed ; me connaissant, les suspects pouvaient facilement se soustraire à mes questions. Alors que faire ?

— Au passage, fit le superintendant non sans amusement, je vous signale que John était un des rares inspecteurs à ne pas porter la barbe, malgré la pression exercée par ses collègues. Il en a étonné plus d'un, il y a quelques mois de cela, lorsqu'il a commencé à se la laisser pousser.

Le major poussa un profond soupir :

— Ah ! je reconnais avoir marché à fond avec votre histoire de roman.

Le superintendant Melvin intervint de nouveau :

— À sa décharge, major, apprenez que John envisage d'écrire un roman de mystère depuis quelques années. Mais nous l'attendons toujours.

— Vous voyez bien, dis-je à l'adresse du major, je ne vous ai trompé que sur très peu de points : ma profession et mon identité. Tout le reste était vrai.

Le major eut un sourire indulgent, puis ses traits se rembrunirent subitement :

— Tirons un trait sur tout ceci et revenons à l'affaire. Cet après-midi, John, j'ai eu l'impression... enfin vous parliez comme si vous aviez découvert une partie de l'énigme. Que savez-vous au juste ?

— Presque tout.

Ma réponse provoqua un silence de mort.

Le major retira brusquement son lorgnon et me fixa avec suspicion :

— Vous savez alors qui a tué mon frère ?

— Oui. Ce sont les meurtres de miss Forsythe et de Patricia Morrison qui m'ont fait comprendre comment il s'y est pris. Le mobile m'ennuie un peu... mais je pense que je serai fixé demain.

Le major se carra dans son fauteuil en tirant sur sa pipe.

— Se trouve-t-il dans cette pièce ? demanda-t-il avec une inquiétante douceur.

— Absolument.

Un sourire félin naquit sur son visage. Sa voix se fit encore plus douce :

— Et savez-vous aussi quel est le tour de passe-passe qui lui a permis de disparaître de façon miraculeuse, lors des deux derniers meurtres ?

— Je répondrai simplement ceci : en ce qui concerne le meurtre de Patricia Morrison, le truc est ridiculement simple, tellement simple qu'on ne peut même plus parler de truc. L'assassin sait très bien ce que j'entends par là.

— Quelque chose me dit, continua le major, que même si votre chef vous contraignait à parler, vous ne nous révéleriez pas son nom ce soir.

— C'est exact.

— Puis-je en connaître la raison ? Vous semblez oublier, John, les circonstances atroces du meurtre de la maîtresse d'école. Nous avons affaire à une bête sauvage. Votre silence pourrait…

— Au départ, la bête n'était pas sauvage. Je pense qu'il s'agit plutôt de la victime d'une autre espèce de monstre… (Je regardai le major droit dans les yeux.) Si ce que j'apprends demain confirme mes soupçons, major, vous pourrez apprécier les conséquences de *votre* silence sur certains points. Sans vouloir diminuer ma part de responsabilité, je demeure persuadé qu'avec tous les éléments en main, j'aurais pu éclaircir l'affaire bien plus rapidement et éviter au moins un meurtre.

Le major ne bougea pas plus qu'une statue.

— J'espère que vous savez ce que vous faites, John, dit Melvin en me regardant d'un air pensif. Jusqu'à présent, je vous ai toujours fait confiance. Si vos présomptions sont fondées et qu'un nouveau meurtre se produise…

— L'assassin ne frappera plus, j'en suis certain, dis-je en promenant un regard insistant sur l'auditoire.

Le fait que le superintendant Melvin fût l'hôte du major me soulageait quelque peu. Aux yeux de l'assassin, sa présence à Burton Lodge était un danger. Il ne se risquerait certainement pas à une nouvelle expédition sanglante. Au demeurant, il ne lui restait plus qu'une seule issue s'il voulait échapper à la honte de l'arrestation et au gibet.

J'en étais là de mes réflexions lorsque j'arrivai à l'auberge. Le dernier client venait de me croiser et Tony était sur le point de fermer la porte de la salle.

— Bonsoir, Mr Ferrers. Cora est-elle encore debout ?

Tony eut un sourire, où perçait cependant une certaine contrariété :

— Elle est très fatiguée, Mr Miles, et…

— Je ne m'appelle plus Miles, mais Reed, John Reed.

Bien que la lampe de ma chambre éclairât le visage de Cora, je ne pus dire si elle contenait une colère noire ou une crise de fou rire.

Ses yeux s'embuèrent de larmes, ce qui ne m'apporta aucune précision. Elle parla enfin :

— Sidney… enfin John… je vous avoue que… Pourquoi ne pas me l'avoir dit plus tôt ?

— Essayez de vous mettre à ma place, Cora. Je viens ici pour réaliser un rêve vieux de presque dix ans. Je voulais mettre tous les atouts de mon côté et je m'étais juré de ne dévoiler mon identité à quiconque avant d'avoir découvert la vérité. Lundi, lorsque je vous ai rencontrée, j'ai été ébloui – si ma mémoire est bonne, il me semble bien vous avoir fait part de mon admiration.

— Pour ça, oui. On ne m'avait jamais parlé comme ça.

— À ce moment-là, je pensais… égayer mon enquête, si vous voyez ce que je veux dire.

— On ne peut être plus clair, dit-elle en affectant un air vexé. Poursuivez, je vous prie.

— Et petit à petit – si l'on peut dire, car cela fait à peine cinq jours –, je me suis rendu compte que ce que j'éprouvais pour vous était un sentiment que jamais auparavant… bref, j'ai compris que je vous aimais.

— Pourquoi bref ? Vous pouvez développer le sujet !

— Cora, s'il vous plaît, ne soyez pas si mordante, c'est déjà bien assez difficile à expliquer… Il est minuit passé et j'ai encore beaucoup à vous dire. Donc je vous aimais et…

— Vous ne m'aimez plus ?

Me dominant avec effort, je ne relevai pas sa remarque et poursuivis d'une voix que je maîtrisais mal :

— Donc, mon amour grandissait en même temps que mon appréhension de devoir vous avouer que je vous avais…

— Trompée, je crois que c'est le mot qui convient. Souvenez-vous de notre discussion d'hier soir, où nous envisagions la venue de Scotland Yard… et moi qui tremblais pour vous !

— Cora, implorai-je, à ce moment-là, je vous le jure, j'étais sur le point de tout vous dire. Mais vous m'avez interrompu et votre père a frappé à la porte.

Elle me dévisagea d'un air incrédule, puis admit :

— C'est vrai… D'ailleurs, je me souviens que vous n'aviez pas l'air très à l'aise, à ce moment-là. (Le sourire aux lèvres, elle parut s'abstraire dans ses pensées.) Je vais vous faire une confidence, Sid… John, bien que vous ne la méritiez pas : à l'époque, je vous trouvais déjà beau garçon, mais vous aviez alors presque 20 ans…

— Et vous 14, et vous regardiez déjà les beaux garçons ? rétorquai-je en feignant une jalousie rétrospective.

— Je n'ai pas dit que je regardais *les* garçons, mais un seul, vous !

À court d'arguments, je la soulevai de sa chaise, la déposai sur le lit et l'embrassai. À son élan, je sus que j'étais pardonné.

— J'ai encore une autre confidence à vous faire, dit-elle un peu plus tard. Je ne voudrais pas vous blesser, mais…

— Je vous écoute.

— Je vais être franche : par moments, vous me faites peur ; votre regard se brouille, vous devenez pâle comme la mort, on a l'impression que vous devenez fou. J'aimerais bien savoir ce qu'il y a là-dedans, ajouta-t-elle en me tapotant le front du doigt.

Je me relevai et pris un cigare que j'allumai en prenant mon temps.

— Il s'agit d'un souvenir. D'un vieux, d'un terrible souvenir. Mais commençons par le début. Comme vous le savez, je n'ai ni frère ni sœur. J'ai très peu de souvenirs de ma mère… elle nous a quittés, mon père et moi, je n'avais que 4 ou 5 ans.

— Oui, je sais, Papa m'en avait parlé.

— Elle était très belle, paraît-il ; trop belle et trop frivole pour être une épouse fidèle. La vie paisible qu'elle menait auprès d'un mari, qui faisait l'impossible pour lui être agréable, lui semblait étriquée et ennuyeuse. Elle partit un jour avec le neveu – et héritier ! – d'un des plus riches clients de notre magasin de reliure d'art. Mon père se prit à détester sa jolie boutique et son atelier si bien installé. Il quitta Londres pour revenir à Blackfield auprès de Grand-père qui commençait à prendre de l'âge.

— Ce devait être affreux, à 5 ans !

— Vous dire oui, serait mentir. Autant que je m'en souvienne, Papa ne manifesta guère de chagrin. Quant à moi, cela ne me fit ni chaud ni froid. Ma mère était bien trop préoccupée d'elle-même pour être attentive au petit bonhomme dont les élans d'affection pouvaient déranger la belle ordonnance de sa robe ou de sa coiffure… C'était Papa qui s'occupait de moi, qui me consolait, me racontait des histoires. La vérité, c'est que le départ de ma mère me valut un surcroît de tendresse de la part de Papa. Quant au village, j'y étais heureux, j'y avais bien plus de liberté qu'à Londres ; Grand-père m'apprenait les mille et une choses passionnantes qu'ignorent les petits citadins.

— Dites-moi, John, c'est votre père qui vous a raconté tout cela ?

— Non. Papa n'y a jamais fait la moindre allusion. Mais, un jour qu'il se trouvait à Londres, le hasard a voulu que je surprenne, entre Grand-père et le Dr Griffin, une conversation à ce sujet, qui me bouleversa. J'avais 12 ans à l'époque. Grand-père comprit très vite, en me voyant, que j'avais entendu ces propos qui ne m'étaient pas destinés, et il prit sur lui de me dire la vérité, très simplement, se gardant bien d'émettre un jugement.

» Je ne me souvenais guère de ma mère, mais il y avait tout de même une image qui était restée gravée dans ma mémoire. C'était un jour de Noël ; je venais de trouver un superbe cheval à bascule. Papa avait fait une petite folie en offrant à Maman un manchon de fourrure et un flacon d'un grand parfum français. Elle était ravie. J'abandonnai mon cheval et grimpai sur ses genoux pour me blottir contre elle, mon nez sur sa joue si douce et si délicieusement parfumée. Un moment de bonheur parfait. Plus tard, quand le flacon fut vide, elle me le donna et il prit place parmi mes menus trésors. C'était tout ce qu'il me restait de ma mère. De temps en temps, je le débouchais pour retrouver son souvenir.

» Mais ce jour-là, je jetai mon précieux petit flacon à la rivière. Mon père rentra et je l'embrassai très fort. Il me regarda, un peu surpris, et interrogea Grand-père du regard. Ce qu'il lut dans ses yeux lui fit pousser un profond soupir. Il mit son bras autour de mes épaules. Nous n'avions pas besoin de parler.

» Mon père ne manqua jamais de travail. Certains de ses clients, parmi les plus importants, venaient régulièrement à Blackfield, car il n'avait pas son pareil, que ce soit pour relier ou pour restaurer les livres. Il aurait aimé me voir lui succéder, mais il accepta sans amertume que je choisisse une autre voie. Quand je partis pour le collège, ce fut très dur pour lui, pour moi aussi d'ailleurs… Vous comprenez ? J'étais son unique raison de vivre. Grand-père nous avait quittés l'année précédente, sereinement, comme il avait vécu.

» Un soir de l'été 1873 – j'avais alors 14 ans – nous nous apprêtions à passer une paisible soirée tous les deux. Nous avions eu une journée bien remplie. La nuit précédente, un violent orage accompagné d'une pluie diluvienne s'était abattu sur la région. La foudre avait fendu le très vieux saule pleureur d'un cottage voisin. La pluie avait considérablement grossi le ruisseau qui longe nos jardins, et ses eaux tumultueuses avaient achevé de déraciner l'arbre qui se coucha en travers du ruisseau. Papa, Baxter et Tony avaient travaillé d'arrache-pied toute la journée pour dégager le petit cours d'eau et débiter l'arbre sinistré en bois de chauffage, que je transportais à l'abri sous un petit hangar. Le reste fut brûlé sur place. Les frêles rameaux gorgés de sève flambèrent en crépitant comme un feu d'artifice. Baxter et Tony rentrèrent les premiers. Nous nous attardâmes, Papa et moi, jusqu'à l'extinction complète du feu. Par prudence, les cendres furent éparpillées et mêlées à la terre pour éviter tout risque. Notre tâche s'acheva en même temps que le jour. Satisfaits, fatigués et affamés, nous fîmes honneur à notre repas. Je revois encore la scène : la lueur familière de la lampe sur la table, le pain, les couverts, nos verres… Brusquement, la porte s'est ouverte sur une femme, une femme hideuse, répugnante, avec des cheveux d'un gris sale, un teint fané sous une couche de fard ; dans ses yeux, une expression – je ne trouve pas mes mots pour la décrire – qui me terrifia, m'écœura… Cette femme-là, Cora, cette femme était ma mère !

» Le visage crayeux, les mains tremblantes, Papa a bondi de sa chaise en lui désignant la porte d'un geste impérieux. Cette femme… ma mère, donc, s'est précipitée vers moi – tandis que je reculais, horrifié – avec de grands gestes et des trémolos dans la voix : « John, mon petit John, mon fils, mon seul et unique enfant… »

Je me tus, accablé par le souvenir de cette dégradante comédie. Je déglutis, péniblement à plusieurs reprises avant de continuer :

— Bien entendu, c'était de l'argent qu'elle voulait. De toute évidence, le jeune lord l'avait quittée depuis un bon bout de temps. Elle était tombée bien bas… très bas. Papa, dont la colère et l'indignation montaient dangereusement, empourprant son visage, continuait à lui montrer la porte, se contraignant au silence pour éviter un esclandre. Mais elle le narguait, clamant : « Nul n'a le droit de séparer un enfant de sa mère… »

» Papa, tremblant de tous ses membres, s'est emparé du couteau à pain. Elle a eu un ricanement méprisant : « Pauvre type, tu n'oserais pas me toucher. » Ils sont restés là, à s'affronter du regard, la lumière de la lampe à pétrole sculptant leurs visages figés dans la haine réciproque. Une nouvelle fois, elle a ouvert la bouche pour cracher d'autres insultes. Le couteau a fendu l'air une fois, deux fois… je ne sais plus… Mère avait le visage zébré de rouge… le sang dégoulinait, éclaboussant le carrelage. Ma vue s'est brouillée, tout était rouge…

Cora me prit la main :

— Calmez-vous, John, je comprends.

— J'ai quand même réussi à ceinturer mon père… il voulait la tuer. Elle est partie, nous ne l'avons plus jamais revue depuis.

— Était-elle grièvement blessée ?

— Non, je ne le pense pas. Des blessures superficielles mais elle avait beaucoup saigné… Vous ne pouvez savoir à quel point cette scène m'a marqué. J'ai failli en devenir fou. Les jours suivants, Papa, effondré, s'est enfermé dans un mutisme opiniâtre. Et moi qui avais un tel besoin de parler, de me confier… Je suis même allé chez la bonne miss Forsythe pour me libérer de tout ce que j'avais sur le cœur et qui m'étouffait, mais mes lèvres sont restées scellées.

» Vous vous en souvenez sûrement, Cora, à la réunion du mardi soir, quelques heures avant son assassinat, la maîtresse d'école m'a pris à part ?

— Oui, vous nous avez dit qu'elle demandait à vous voir.

— Elle m'a aussi dit autre chose. Elle a fait allusion à ce jour où le petit John Reed était allé la trouver. Elle avait lu dans mes yeux toute la folie de cette terrible scène et en avait conclu que je n'étais pas tout à fait normal. M'a-t-elle reconnu ou croyait-elle qu'il s'agissait d'une simple ressemblance, nous ne le saurons jamais. Toujours est-il que, sur le coup, j'avais bien craint d'être démasqué.

» À 17 ans, je suis entré en faculté de médecine, spécialité : chirurgie. À chaque opération, chaque dissection, ma vue se brouillait, un écran rouge se dressait devant moi, sur lequel apparaissait le visage ensanglanté de ma mère. J'ai lutté de toutes mes forces, ne voulant pas décevoir mon père, qui, malgré une santé déclinante, continuait son travail pour me permettre de poursuivre mes études. J'ai abandonné deux ans après la mort de Papa, en 1881, l'année même où j'aurais dû être nommé bachelier en médecine et maître en chirurgie.

— Et vous êtes entré dans la police.

— Oui. Cela peut paraître étrange pour quelqu'un que la vue du sang effraye. C'est difficile à expliquer, mais j'ai toujours été un amoureux du mystère. Avez-vous déjà lu…

— John ! s'écria-t-elle en me prenant par les épaules. Nous avons déjà discuté de tout cela !

— C'est vrai, je l'avais oublié, ma chérie. C'était même l'une de nos premières discussions.

— Et le livre que vous comptiez écrire ?

— C'était vrai. Je n'ai encore rien écrit pour le moment, mais cela viendra un jour, vous verrez !

— Et vous vous inspirerez de l'affaire Morstan ?

— Je crois bien que oui, répondis-je en lui souriant. Car il me semble qu'elle est assez riche en mystères, avec son assassin fantôme qui frappe à trois reprises… C'est quand même curieux…

— Qu'est-ce qui est curieux ?

— Depuis que je suis entré dans la police, la terrible image de ma mère n'est plus venue me hanter. Et Dieu sait si l'occasion de raviver ce souvenir m'est souvent offerte, notamment dans certains quartiers de Londres où l'on joue du couteau pour un oui, pour un non, où le meurtre est considéré comme un simple incident. Je croyais donc en être définitivement guéri, jusqu'au jour où…

— … vous êtes revenu à Blackfield, acheva Cora.

— Oui. Je n'étais même pas encore arrivé au village. Puis lorsque je me suis blessé le pouce, sur le pont, vous vous en souvenez ?

— Et comment ! Vous auriez dû vous voir, John, vous ressembliez à…

— À Barbe-Bleue, je sais, vous me l'avez déjà dit. À propos de barbe, je vais me faire raser la mienne dès que j'en aurais le temps.

Cora ne réagit pas, elle regardait la lampe d'un air absent.

— Vous pensez à… à l'assassin, Cora ?

— Oui. C'est terrible… Je n'arrive pas encore à y croire.

— Ah ! petite fille, soupirai-je, si seulement vous m'aviez parlé plus tôt des privautés que s'octroyait le maître de Burton Lodge… Et quand je dis privautés…

—Vous êtes drôle ! s'emporta-t-elle. Comment voulez-vous que je sache que cela avait un rapport avec le meurtre ? Tout le monde était persuadé qu'il s'agissait d'une histoire d'argent. Et ce n'est pas le genre de chose dont on aime parler. Car, à moi aussi…

— Je vous en prie ! hurlai-je. Ne revenons plus là-dessus… enfin en ce qui vous concerne. Bon… À propos, je dois un grand merci à Angela Wright, car c'est elle qui m'a mis la puce à l'oreille.

— De toute manière, je n'étais pas la seule à être au courant. À commencer par la famille Morstan…

— Nous verrons encore plus clair demain, lorsque j'aurais parlé au Dr Griffin. Il sera bien obligé de me répondre, car depuis ce soir, j'ai pris l'affaire en main officiellement.

— Officiellement ? répéta Cora avec un étrange sourire. Je vous ai demandé vingt-quatre heures de répit pour l'assassin, vous avez accepté et vous trouvez cette manière d'agir officielle ?

— J'espère que… la personne à qui nous pensons aura choisi d'ici là la seule issue possible, je n'ai aucune envie d'avoir à lui passer les menottes.

» Sans mon intervention, sans mon enquête, miss Celia Forsythe et Patricia Morrison vivraient encore. J'en suis pleinement conscient. C'est affreux, Cora, j'ai une lourde part de responsabilité. On peut dire que mon excès de zèle a été désastreux.

Cora ferma les yeux et posa sa tête au creux de mon épaule. L'odeur de foin coupé de ses cheveux m'enivra. Je lui dis doucement :

— Il est une heure du matin, allez vous reposer, ma chérie. Vous êtes morte de fatigue.

15

Le lendemain, samedi, en début d'après-midi, je quittai la propriété du Dr Griffin, écumant de rage.

L'immonde individu ! Et dire que personne n'avait osé lever le petit doigt ! Si seulement j'avais su, à l'époque, j'en aurais fait de la chair à pâté ! Sa fin n'avait été que trop douce !

Mon entretien avec le Dr Griffin avait été des plus révélateurs ; il ne subsistait plus l'ombre d'un doute. Chaque élément du puzzle avait retrouvé sa place. Quant au clan Morstan, un seul méritait quelque considération : Michael.

Je regagnai l'auberge et m'enfermai dans ma chambre. J'essayai vainement de calmer mon cerveau enfiévré. Ce n'était pas l'envie de boucler mes valises qui me manquait, mais il n'en était plus question maintenant que le patron était là. Qui plus est, il m'avait accordé toute sa confiance. Et avec les propos que j'avais tenus hier au soir, impossible de s'en sortir par une pirouette : j'allais devoir expliquer l'affaire du début à la fin, dans ses moindres détails.

Si le meurtre de Richard Morstan n'avait pas présenté un caractère si mystérieux, avec cet assassin invisible, jamais je n'y aurais attaché la moindre importance. Mais ce crime était un « crime impossible ».

Impossible… ce mot qui sonnait toujours à mes oreilles comme un défi. Relever ce défi, dissiper le mystère, quel qu'il soit, était devenu chez moi une obsession. Cette recherche opiniâtre de la vérité m'avait valu considération et respect auprès de mes supérieurs, mais dans le cas présent je doutais fort d'être félicité.

Sur les coups de 17 heures, Cora et moi nous présentâmes à Burton Lodge. Une atmosphère oppressante – qui n'était pas uniquement due à cette chaude journée de juin – régnait dans le salon, et c'est dans un silence hostile que Hopkins nous servit les rafraîchissements Après avoir allumé le cigare que le major venait de lui offrir, le superintendant prit la parole :

— Vous constatez, mon cher John, que tout le monde est présent : Mr et Mrs Strange, miss Bourroughs, le major Morstan, sauf…

— Sauf Nellie ! tonna le major. Personne ne l'a plus vue depuis la nuit dernière, et sachez qu'elle n'a pas coutume de disparaître sans nous avertir. Nous craignons le pire…

— Je vous avais prévenu, hier soir, John, dit le superintendant d'une voix calme où perçait une note de menace. Si un nouveau meurtre devait survenir…

— Il ne s'agit pas d'un meurtre.

— Pour être si affirmatif, fit Luke avec un sourire perfide, vous devez savoir où elle se trouve.

Après un instant de réflexion, je demandai à mon chef :

— Avez-vous fait des recherches dans la maison ?

— Elle n'y est pas, fit-il, catégorique. Ce matin les Hopkins ont remarqué que la porte de sortie près de la cuisine n'était plus fermée à clef. Que devons-nous en conclure ?… Nous vous écoutons, John.

— Nellie est partie cette nuit et je ne pense pas qu'elle soit bien loin… dans la forêt ou dans la rivière…

Les sourcils broussailleux du major se soulevèrent de stupéfaction :

— Dans la rivière ? Elle est morte ?

Même l'imperturbable Eleanor Bourroughs tressaillit.

— Plus que probablement, approuvai-je en examinant le fond de mon verre. Nellie a choisi la seule issue qui lui restait.

— Donc un suicide, remarqua le superintendant Melvin sans se départir de son calme.

— Oui. L'assassin et Nellie ne font qu'un.

Un silence consterné accueillit cette affirmation, puis il y eut des manifestations d'incrédulité et des réactions d'indignation.

— Nellie ! protesta Rose. Mais… mais elle n'a pas pu tuer mon père… impossible… Et pourquoi aurait-elle… (Sa voix s'éteignit.)

— Je ne sais pas si vous vous en rendez compte, John fit le major d'une voix corrosive, mais vous mettez en cause le témoignage d'une dizaine de personnes.

— Non ! répondis-je avec un claquement de doigts. Les témoins ont bien rapporté ce qu'ils ont vu ! Mais je crois que nous allons commencer par… le véritable criminel de cette histoire (je me levai pour désigner le portrait du défunt), à savoir Richard Morstan !

Le major agrippa les accoudoirs de son fauteuil.

— Le bon, le vénérable, le généreux Mr Morstan poursuivis-je en insistant sur chaque syllabe, était un obsédé sexuel de la pire espèce. Je viens de voir le Dr Griffin. À l'époque, il avait soigné trois adolescentes qui avaient été violées. Ce bon Mr Morstan qui organisait des randonnées dans les bois, qui aidait les jeunes filles du village à faire leurs devoirs… je vous laisse imaginer les scènes.

» Ce bon Mr Morstan qui se montrait d'une si grande générosité envers les familles pauvres, lesquelles – comme par hasard – avaient toujours une fille de 12 ou 13 ans. Il est facile d'acheter le silence des pauvres, surtout lorsqu'on s'appelle Richard Morstan.

» Des enfants de 12 ans… Certaines ont dû se taire, de honte… d'autres ont dû se faire traiter de folles par leurs parents… Quant à ceux qui menaçaient de porter plainte, ils se trouvaient du jour au lendemain gratifiés d'une large compensation. Mais je ne vous apprends rien, vous étiez tous au courant, sauf peut-être vous, Luke…

Luke se redressa, jeta un coup d'œil désemparé autour de lui, puis baissa la tête. Les visages graves de sa femme et de son oncle – Eleanor était restée de marbre – étaient à eux seuls un aveu.

D'un geste, Melvin m'invita à poursuivre.

— Quelques mois avant sa mort, Mr Morstan attache à son service une jeune et jolie orpheline : Nellie Smith.

Je me tournai vers Cora, qui, après s'être éclairci la voix, expliqua :

— À plusieurs reprises, Nellie s'était confiée à moi. Au début, elle me disait que Mr Morstan était entreprenant et par la suite elle l'a traité de vicieux et de satyre. D'ailleurs elle était sur le point de donner son congé.

Après une pause, j'interrogeai Rose du regard. Elle s'effondra en larmes.

— Nellie aussi m'en avait parlé, gémit-elle. Papa… Papa était un malade, oui, un malade.

— En ce qui concerne le mobile du meurtre, déclarai-je, je pense qu'il n'y a plus grand-chose à ajouter. En victime résignée, Nellie a subi les assauts du monstre – ou du malade, si vous préférez – jusqu'au jour où l'occasion de s'échapper de ses griffes s'est offerte à elle. Ce meurtre, que je qualifierai de légitime défense, ne fut pas prémédité. Un concours de circonstances lui a laissé entrevoir la possibilité de se débarrasser d'un maître indigne en faisant passer son crime pour un accident. J'ajouterai qu'elle a fait preuve d'un sang-froid peu commun… mais nous y reviendrons plus tard.

» Passons maintenant au cas Michael. J'explique ceci spécialement pour vous, Luke, car je pense que le reste de la maisonnée comprend le sentiment qui habite ce garçon et qui explique son singulier comportement.

» Il n'est pas fier des agissements de son père. Les fréquentes querelles qui les opposent ont bien évidemment pour thème la « maladie » de ce dernier. Et je suppose que la passivité du restant de la famille ne fait qu'accroître sa colère et son écœurement.

» C'est avec soulagement qu'il doit apprendre l'annonce du mariage de son père, qui n'ira probablement plus importuner les filles du village, car Angela possède tous les attraits propres à calmer les ardeurs de son futur époux. En outre, il devait savoir que sa future belle-mère était enceinte ; donc, pour lui, son père possédait tous les atouts pour repartir du bon pied.

» Vint le meurtre. Michael, qui se croit responsable de la mort de son père, s'enfuit dans la forêt. Ceci nous indique une chose : il n'éprouve pas que de l'hostilité à l'égard de son père. On le retrouve deux jours plus tard, on lui explique qu'il n'est pour rien dans la mort de Richard Morstan. Là-dessus, son oncle, au mépris de l'enfant à naître, se charge d'exiler Angela Wright. C'en est de trop ; son père qui était un obsédé sexuel, son oncle qui ne pense qu'à sauvegarder l'honneur du nom en faisant abstraction de tout autre sentiment, et sa sœur qui observe la plus parfaite passivité quelles que soient les circonstances. Sa décision est prise, ils ne le reverront plus. Quant à la fortune de son père, qu'elle aille au diable !

» Mais il n'avait que 15 ans, à cette époque-là. Au moment de toucher son héritage, lors de sa majorité, il a dû se dire qu'en dépit du dégoût et du mépris qu'il éprouvait pour les siens, un jour viendrait où il aurait peut-être besoin de cet argent. Et il a pris les dispositions nécessaires.

» Le fait qu'il donne régulièrement de ses nouvelles, sans autre précision, donne à penser que le moment venu il viendra récupérer son dû. Mais il ne s'agit là que de mon opinion personnelle, vous êtes à même de mieux apprécier la situation.

Il y eut un silence terrible. Rose et le major étaient effondrés, et Luke semblait penser à tout sauf à l'héritage. Immobile et silencieuse, la gouvernante gardait les yeux baissés sur ses pensées que je devinais sans peine : « Tout ceci ne serait pas arrivé si Richard m'avait épousée, moi. »

Le major s'absorba dans le nettoyage de son lorgnon, tout en me disant :

— Vous êtes très fort, John, très fort. (Son front rose était emperlé de sueur.) Pas un instant, je n'avais imaginé que le mobile du crime puisse être de cette nature ; sans quoi, bien évidemment, je vous aurais fait part de… de la maladie de mon frère. Mais, voyez-vous, chaque homme a ses défauts et ses qualités… (Il évoqua leur ancienne querelle et le chaleureux accueil de son frère lors de son retour des Indes.) Peu d'hommes auraient réagi comme Richard l'avait fait ; et je ne l'ai pas oublié et je ne l'oublierai jamais, conclut-il en regardant avec émotion le portrait du défunt.

Après un moment de silence, il ajouta :

— Malgré sa conduite, je me suis employé de mon mieux à ne pas laisser ternir sa mémoire. Je lui devais bien ça.

Le superintendant laissa passer un temps avant de parler :

— Cet après-midi, le major m'a expliqué les circonstances du drame dans le moindre détail. Si vous parvenez à me démontrer de façon convaincante comment Nellie a pu perpétrer son crime, je vous tire mon chapeau, John.

Une lueur d'intérêt s'alluma dans les yeux des auditeurs.

— Laissez-moi d'abord vous dire, major, que le voyage à Eastbourne, puis à Lewes, n'a pas été inutile. J'y ai appris, par Angela, de quelle manière votre frère consolait les jeunes filles dans le besoin. À quoi se sont ajoutées – hélas ! bien tardivement –, les confidences de Cora, toujours sur ce même sujet.

Les joues de Cora s'empourprèrent.

— Nellie n'était pas la seule victime de Mr Morstan, dit-elle en jetant autour d'elle un regard plein de confusion. Il m'avait aussi…

— Assez ! tonna le major en assenant un violent coup de poing à l'accoudoir de son fauteuil. (Puis d'une voix radoucie :) N'y revenons plus, si vous voulez bien… Nous connaissons le mobile du meurtre à présent… donc inutile de nous appesantir sur ce sujet.

— Ceci, poursuivis-je, m'a fait entrevoir l'affaire sous un jour nouveau. Analysons maintenant le meurtre de la maîtresse d'école. L'assassin s'est empressé de la réduire au silence parce qu'elle s'est souvenue d'un détail. Mais de quoi s'agissait-il ? Elle n'avait pratiquement pas quitté sa chaise ! Qu'avait-elle bien pu apercevoir ?

» Il n'y a qu'une réponse possible : elle a remarqué quelque chose de bizarre dans la pièce. Pas un détail frappant, mais quelque chose d'apparemment insignifiant, qui, par recoupement, désignait l'assassin du doigt. En fait, elle n'a rien entendu ou vu de suspect : *elle n'a pas vu* quelque chose que, normalcmcnt, cllc aurait dû voir !

» Le crime de Patricia Morrison nous apprend que le meurtrier tenait au traité de prestidigitation comme à la prunelle de ses yeux. Nous pouvons en conclure qu'identifier le tour de passe-passe équivaudrait à identifier l'assassin.

» Là encore, pourquoi ? Réfléchissons un peu : nous savons que Mr Morstan avait procédé à des modifications dans la pièce…

— Je comprends, fit le superintendant qui avait joint les extrémités de ses doigts en un signe de méditation, le tour dépendait entièrement de la disposition particulière du mobilier.

— Oui. Et Mr Morstan en avait déjà exécuté une partie avant de se faire assassiner ! (Je m'adressai au major :) Pouvez-vous nous redonner le croquis de la pièce du meurtre ?

Pendant que le major s'exécutait, je continuai :

— Une seule personne était en mesure d'assassiner Patricia Morrison : Nellie. Et du coup, tout le mystère qui entoure ce meurtre disparaît. Pendant que je surveillais l'arrière et le côté droit de la maison, Nellie est tout simplement entrée par la porte du devant, que Patricia avait oublié de verrouiller. Après avoir tué son amie et récupéré le livre, elle se livre à une petite acrobatie qui non seulement accréditera la thèse de l'ombre qui s'évanouit comme par enchantement, mais qui, surtout, n'éveillera pas de soupçons à son endroit : profitant d'un moment d'inattention ou de somnolence de ma part, elle enjambe la fenêtre de la chambre de Patricia et se laisse tomber en souplesse sur le sol ; elle contourne la maison pour regagner prestement son poste d'observation. Si j'avais réagi une seconde plus tôt, j'aurais probablement vu son ombre disparaître derrière l'arbre…

» Comme vous le constatez, l'explication est ridiculement simple. Je me demande, d'ailleurs, comment j'ai fait pour ne pas comprendre tout de suite… mais à ce moment je ne songeais pas à Nellie et, de plus, j'avais encore en mémoire le récit de Baxter, avec cette ombre qui s'envole en fumée. À ce sujet, je pense que Baxter a rapporté fidèlement ce qu'il a vu, mais ses facultés devaient être passablement brouillées par l'alcool… Nellie s'est sans doute cachée derrière un tonneau à l'entrée de l'impasse, pour s'esquiver dès que Baxter s'était suffisamment éloigné.

Le major eut un geste approbateur de la tête, puis posa le plan sur la table.

— Quant à la sauvagerie du meurtre de la maîtresse d'école, il n'est pas impossible d'imaginer une Nellie affolée à l'idée d'être accusée, qui, dans ce geste horrifiant dû à la panique, effectue une manière de transfert de la pauvre miss Forsythe à l'ignoble Mr Morstan, ce qui expliquerait cet acharnement.

— Très bien, fit le major. Tout est parfaitement clair jusqu'à présent. Reste le meurtre de Richard.

Je réfléchis un instant, puis demandai :

— Qu'avait fait Mr Morstan avant de refermer les rideaux de séparation ?

— Il avait dit qu'on allait bientôt voir apparaître un fantôme, répondit immédiatement Rose.

— Oui. Mais avant cela ?

— Il a déplacé les rideaux, le paravent, il a ouvert l'armoire…

— Bref, il voulait démontrer qu'il n'y avait personne dans cette partie de la pièce.

— Et il n'y avait personne, affirma catégoriquement Rose. Je suis prête à le jurer !

— N'en faites rien, lui dis-je en souriant. Car Nellie s'y trouvait.

— C'est impossible ! Je vous répète qu'il n'y avait personne.

— Une question qui va vous éclairer : comment s'y est pris votre père pour déplacer le paravent ?

— Il est passé derrière, il l'a soulevé et…

— Bien qu'on ne m'ait pas précisé le fait, mardi soir, je l'avais deviné : il est passé derrière le paravent. C'est là que Nellie était cachée. Il passe donc derrière, Nellie s'accroche à ses épaules et se soulève du sol, ce qui permet à votre père de lever le paravent sans que les spectateurs se doutent de la présence de sa partenaire. N'oubliez pas le choix de son costume, avec ces chausses qui, en moulant étroitement ses jambes, mettaient en évidence le fait qu'il n'y avait personne derrière lui. Le trompe-l'œil est parfait, nul ne se doute de la présence d'une comparse agrippée au large dos de Mr Morstan.

Le major écrasa son cigare en grommelant.

— Naturellement, poursuivis-je, la réalisation de ce tour demande une grande précision des gestes pour obtenir une illusion parfaite. Mr Morstan n'a d'ailleurs pas hésité à se débarrasser de tout le monde, une semaine auparavant, pour pouvoir faire une répétition générale avec Nellie. Quel était exactement le tour prévu, je ne saurais vous répondre avec précision… mais je pense que ceci n'a guère d'importance.

» Voyons maintenant comment les choses se sont déroulées dans leur ordre chronologique. Mr Morstan a décidé de faire un tour de passe-passe avec l'aide de Nellie. Il condamne la porte dans la matinée et c'est certainement lui qui demande aux garçons de tirer à l'arc près de la fenêtre ; tout ceci, naturellement, pour exécuter son numéro de mystère dans une chambre « scellée ». Vers 14 h 45, les dix jeunes filles – dont Nellie, bien sûr – pénètrent dans la pièce. Intriguées, elles la fouillent et constatent qu'il ne s'y trouve personne d'autre qu'elles. Dix minutes plus tard, Richard entre à son tour. Il entraîne les filles dans l'autre coin de la pièce pose la petite valise sur la table basse et leur montre la porte condamnée par des planches clouées au chambranle. Sur quoi la maîtresse d'école vient frapper à la porte. Ceci fait aussi partie de son plan : souvenez-vous que miss Forsythe nous avait dit qu'elle était montée à la demande de Richard Morstan. « Voilà le fantôme ! » s'écrie-t-il en invitant les filles à franchir de nouveau le rideau de séparation pour gagner la porte où l'on avait frappé.

» Tout le monde le suit, sauf Nellie. Et c'est à ce moment, je pense, que la flèche atterrit sur la moquette. C'est aussi à ce moment qu'une terrible idée germe dans l'esprit de Nellie : tuer celui qui la déshonore et faire passer sa mort pour un accident. Elle connaît parfaitement la suite du programme, elle sait aussi que dans la valise se trouve un poignard que Mr Morstan a emprunté à son frère pour le tour de passe-passe – un poignard à la lame fine et acérée, une arme redoutable… et maintenant cette flèche tirée accidentellement par l'un des garçons.

» Pendant ce temps, de l'autre côté du rideau, Mr Morstan plonge le côté « public » de la pièce dans la pénombre en fermant le rideau de la fenêtre située entre le bureau et la bibliothèque. Dans l'obscurité régnante et une agitation grandissante, il place les spectatrices aux endroits prévus par lui.

» Regardez maintenant le plan, et plus précisément le fauteuil près de la fenêtre, là où Nellie est censée être assise… Vous comprenez, les filles et la maîtresse d'école avaient les yeux braqués sur le rideau de séparation, elles n'auraient jamais eu l'idée de se retourner ou de se lever pour voir si Nellie se trouvait dans le fauteuil.

» Mr Morstan écarte le rideau de séparation, passe derrière le paravent, exécute son tour de passe-passe avec Nellie et ouvre toutes grandes les portes de l'armoire. Tout se déroule comme prévu, les spectateurs n'y voient que du feu et aucun d'entre eux n'a remarqué l'absence de Nellie. Il referme le rideau.

» Pour Nellie aussi, tout se passe comme prévu, la pièce est de nouveau plongée dans la pénombre, l'assistance a les yeux rivés sur le rideau : qui songerait à vérifier si son fauteuil est occupé ou non ? Voici son plan : poignarder Mr Morstan, enfoncer la flèche dans la blessure, se débarrasser du poignard – l'a-t-elle essuyé pour le cacher sur elle ou l'a-t-elle lancé par la fenêtre en direction de la forêt ? nous ne pouvons pas le savoir –, se placer à droite du paravent, attendre la venue de ses amies et profiter de leur stupéfaction à la découverte du cadavre pour se mêler discrètement à elles.

» Le plan n'est pas aussi hasardeux qu'il ne le semble de prime abord. En effet, il était fort probable que les jeunes filles s'engagent par le milieu du rideau, leur attention ne peut être dirigée ailleurs que sur Richard Morstan qui gît près de l'armoire, une flèche plantée dans son dos. Nellie se glisse derrière elles, le tour est joué. Regardez le croquis du major pour vous en convaincre…

— Incroyable, grommela le major, incroyable… Une jeune fille de 14 ans, monter un coup pareil en une ou deux minutes. Bien sûr, le médecin n'aurait pas manqué de découvrir la supercherie avec la flèche enfoncée dans la blessure du poignard…

— Ce n'est même pas certain, remarqua Melvin qui n'en revenait pas. Vu les circonstances, qu'aurait-il pu conclure d'autre qu'une mort accidentelle ? Personne n'a pu s'approcher de la victime, un garçon tire une flèche dans la pièce, on découvre le corps avec une flèche dans le dos… et pour peu qu'elle soit bien enfoncée… Non je ne pense pas que le légiste aurait cherché midi à quatorze heures.

— Tel était du moins le plan de Nellie, déclarai-je. Avant que Mr Morstan ne revienne, elle pose la flèche sur le rebord extérieur de la fenêtre ouverte, la dissimulant ainsi à son regard. Précaution inutile qui va ruiner l'hypothèse de l'accident. Lorsqu'elle se retrouve seule avec lui, elle attend qu'il se penche sur sa valise pour le poignarder. Puis elle veut s'emparer de la flèche ; un mouvement maladroit de la main et… horreur !… la flèche tombe dehors ! Mais elle ne s'affole pas, elle se débarrasse du poignard et poursuit son plan comme prévu. La mort de Richard Morstan va prendre des allures fantastiques, mais peu importe, l'essentiel est qu'elle ne se fasse pas prendre. Et voilà, je crois que tout est dit.

Le major me dévisage de haut en bas et me dit :

— Quel remarquable chasseur de tigre eussiez-vous fait, mon cher John !

Venant de la part du major, il s'agissait sans nul doute d'un très grand compliment.

— Je vous l'avais dit, major, John est un de nos meilleurs limiers… sinon le meilleur !

— Merci, patron, fis-je avec un geste d'appel à la modération. (J'adressai un sourire à la gouvernante.) À propos, miss Bourroughs, je présume que l'ombre que vous avez vue s'engouffrer dans l'escalier en spirale n'était que le fruit de votre imagination ?

Il se produisit une chose assez insolite, Eleanor Bourroughs esquissa un sourire amusé.

— À la réflexion, je crois bien que oui, dit-elle sans acrimonie. (Après une courte pause, elle ajouta :) Et d'après vous, de quoi s'était souvenue miss Celia Forsythe ?

— Elle n'avait pas quitté sa chaise jusqu'à votre arrivée, miss Bourroughs ; elle n'a donc pas pu voir Nellie se glisser derrière les autres filles lors de la découverte du cadavre, le rideau de séparation étant à peine entrouvert. Je ne pense pas non plus qu'elle ait remarqué l'absence de Nellie dans le fauteuil, car elle aurait probablement rapporté ce détail lors de l'enquête.

» Mardi soir, lors de notre reconstitution, elle a dû apprendre quelque chose, un détail qu'elle devait ignorer. Si ma mémoire est bonne, c'est elle qui a évoqué l'instant où Mr Morstan plaçait les filles. À ce moment, Nellie est intervenue pour déclarer qu'elle était assise dans le fauteuil près de la fenêtre. Naturellement, Mr Morstan s'était arrangé de manière que personne ne s'aperçoive, à cet instant précis, de l'absence de Nellie. Mais après ? Lorsque les filles sont allées rejoindre Rose qui venait de découvrir le cadavre de son père ?

» Miss Forsythe vient d'apprendre que Nellie était placée sur le fauteuil… Elle essaye de revoir la scène… une scène qu'elle a dû enregistrer dans sa phénoménale mémoire… elle essaye de revoir Nellie quittant le fauteuil… et elle ne voit rien : Nellie n'était pas sur le fauteuil ! Elle tente alors de trouver une explication logique, mais n'y parvient pas. Pas tout de suite, du moins.

» La mémoire est une chose assez étrange. Miss Forsythe savait que le fauteuil était occupé par une fille, avait enregistré le fait que personne ne l'avait quitté, mais sans faire de rapprochement. Lorsqu'elle a appris qu'il s'agissait de Nellie, le déclic s'est produit.

» Il ne s'agit là que d'hypothèses personnelles, on peut en imaginer d'autres…

— Ne soyez pas modeste, John, dit le major avec un sourire bon enfant. Il est plus que probable que votre hypothèse soit la bonne.

Il tâtonna à la recherche de sa canne, se leva avec effort, puis vint remplir nos verres. Lorsqu'il eut terminé, il se tourna vers le portrait de son frère en levant son verre :

— Portons un toast à la mémoire de…

Il buta sur le dernier mot, contempla son verre avec un étrange sourire et son regard revint vers le tableau. Brusquement, sous nos regards ébahis, il projeta le contenu de son verre à la face de son frère, qui sembla accuser le coup dans son cadre doré.

— Nous sommes quittes, vieux salaud ! proféra-t-il avec une intense jubilation.

À ce moment, il se passa une chose encore plus étrange : Eleanor se leva de son siège, se dirigea avec dignité vers le tableau, se dressa souplement sur la pointe des pieds et cracha à la figure de Richard Morstan, sous le regard émerveillé du major.

— Très bien, Eleanor, ronronna-t-il. Appelez Peter, je vous prie, et demandez-lui d'allumer un bon feu dans la cheminée pour y faire brûler cette horreur !

16

Le corps de Nellie fut découvert le lendemain dans la rivière, à l'orée du bois. Elle avait lié à ses pieds une lourde pierre à l'aide d'une solide corde à linge. L'endroit était le lieu de prédilection des pêcheurs du village ; ce qui permit à Fred Turner d'apercevoir, dès les premières lueurs de cette journée dominicale, les cheveux roux de Nellie flotter à la surface de l'eau.

Personnellement, j'aurais choisi un lieu plus discret pour me suicider. Mais il est difficile de se mettre à la place d'une personne que la raison abandonne.

Avant de regagner la capitale, Melvin vint me trouver à l'auberge en fin de matinée.

— Vous avez dénoué cette affaire des plus ambiguës en un temps record, John. C'est remarquable.

— Remarquable, je ne sais pas si c'est le mot qui convient. Certes, le mystère de Burton Lodge est élucidé, mais à quel prix ! L'addition est plutôt lourde : miss Forsythe, Patricia Morrison et Nellie, que je considère comme une victime. Qu'a-t-elle subi de la part de son maître pour en arriver là ?... Je préfère ne pas y penser.

— À l'époque, trois adolescentes sont allées trouver le Dr Griffin pour se faire soigner... ce qui laisse supposer qu'il dut y avoir d'autres victimes. Les réactions des jeunes filles qui se font violer ne sont pas toujours les mêmes. Il y a celles qui se débattent, celles qui sont paralysées de terreur et de honte...

— Et celles qui en deviennent à moitié folles, achevai-je.

— Somme toute, je pense que vous avez bien fait de laisser à Nellie le temps de… de se retirer. On lui aurait probablement accordé les circonstances atténuantes pour le meurtre de Richard Morstan, mais pour ce qui est des deux autres…

Il y eut un silence.

Une ride soucieuse barra le front du superintendant Melvin, qui reprit :

— Bien que tout ait été éclairci dans les moindres détails, il y a une chose qui me paraît bizarre, que je n'arrive pas à définir…

— Le squelette découvert dans le jardin de miss Forsythe ?

— Non, ceci n'a aucun rapport avec l'affaire. Ce n'est certainement pas le seul cadavre qui gît enfoui dans les jardins de nos provinces.

— Alors quoi ?

— Je n'en sais rien. Une simple impression, c'est tout. Bien… Mon cher John, je vais vous laisser, les chevaux s'impatientent. Passez une bonne fin de congé et revenez-nous frais et dispos ! (Il ajouta avec un clin d'œil :) Je vais vous mettre de côté une bonne petite affaire, bien mystérieuse, telle que vous les appréciez.

S'il avait connu la mission dont il allait me charger quelque temps plus tard, il n'aurait assurément pas accompagné ses paroles d'un sourire.

Très tard dans la soirée, j'étais installé à la table de ma chambre en train de recopier le croquis de la pièce du crime, que le major m'avait prêté. Cora était assise près de moi, du côté de la porte, silencieuse. Elle n'avait pas ouvert la bouche depuis un bon moment. Sa pâleur trahissait une profonde fatigue et un épuisement moral. Je lui avais proposé de regagner sa chambre, mais elle n'avait rien voulu entendre : « Je veux rester avec toi, John, je veux t'aider. » Pourtant, elle ne semblait accorder aucun intérêt à ce que je faisais, contemplant d'un regard morne un coin du plafond, sans desserrer les lèvres.

Agacé par cet étrange comportement, je la taquinai :

— Tu te souviens de ce que j'ai dit cet après-midi à propos de la maîtresse d'école ? Elle n'avait pas vu Nellie se lever de son fauteuil…

» Regarde bien le croquis, maintenant. Mon explication aurait été beaucoup plus convaincante si Nellie avait occupé l'autre fauteuil, près de la porte, là où *toi* tu étais assise…

Cora fixa le plan. Pas un muscle de son visage ne bougeait.

— Tu vois, poursuivis-je, le fauteuil est à moins d'un mètre, juste devant la chaise où était assise la maîtresse d'école.

Cora se leva lentement.

— Un instant, je reviens.

Puis elle sortit en refermant silencieusement la porte derrière elle.

Après un haussement d'épaules, je me levai à mon tour et traversai la chambre pour aller m'accouder à la fenêtre. La nuit était sombre, mais de temps à autre la lune crevait les nuages, révélant ainsi quelques détails des toitures et des arbres avoisinants.

J'avais toujours été attiré par le disque d'argent de la lune, symbole de la nuit et du mystère. Par je ne sais quelle association d'idées, je revis les sordides ruelles de Whitechapel, faiblement éclairées, où se mouvaient des ombres furtives. Dire que dans deux semaines j'allais de nouveau devoir traquer les criminels dans ce sinistre quartier ! Puis mes pensées s'orientèrent vers le major Daniel Morstan. Ce diable d'homme se trompait rarement dans ses intuitions. Sauf mardi dernier, lorsqu'il avait cru que quelqu'un nous épiait derrière la fenêtre du salon. Mais après tout, il n'était peut-être pas dans l'erreur : Peter ou Jennyfer Hopkins – poussés par une curiosité bien légitime, vu les circonstances – auraient très bien pu se trouver dehors, derrière la fenêtre, en train de suivre notre reconstitution du crime. Ce n'est pas toujours derrière les portes que se surprennent les conversations !

J'entendis la porte s'ouvrir et se refermer.

— C'est toi, ma chérie ?

Elle ne répondit pas.

Je me retournai et la vis s'asseoir à la même place qu'auparavant, sombre et muette.

Je réprimai mal un profond soupir et revins à mes cogitations. Le major… Là où il ne s'était pas trompé, c'était quand nous étions sur le pas de la porte de Burton Lodge, ce même mardi soir. Cora et moi étions sur le point de rentrer. J'entends encore ses paroles : «… J'ai comme un étrange pressentiment… la sensation d'un danger proche… comme lors d'une chasse au tigre. Le fauve, lui aussi, se sent menacé ; ses yeux verts luisent dans l'ombre, il est immobile… prêt à bondir… » Et quelques heures plus tard, le tigre avait déchiqueté la maîtresse d'école… Le major ne s'était pas trompé.

Il m'avait aussi fait part de ses étranges intuitions dès le premier jour de ma venue à Blackfield, lundi après-midi, à l'auberge : « L'assassin est dans le village… je sens sa présence, comme s'il était à côté de moi. » Là, rendons-nous à l'évidence, il s'était trompé : Nellie n'était pas dans l'auberge à ce moment ; il n'y avait que lui et moi, et Cora qui servait deux clients venant d'entrer.

Curieux, tout de même, car moi aussi j'avais perçu cette étrange tension…

Soudain, mes oreilles se mirent à siffler, ma vue se brouilla ; l'image de ma mère refit surface.

Mais cette fois-ci, je n'allais plus m'abîmer dans cette terrible réminiscence, je savais comment l'exorciser : il me suffisait de regarder Cora.

Ce que je fis. Elle était toujours assise sur la petite chaise cannée, immobile. La lampe qui éclairait la table me la faisait voir à contre-jour et seule une silhouette noire se découpait dans son halo.

— Cora ?

Silence.

— Tu es très fatiguée, ma chérie, tu devrais aller te coucher, lui suggérai-je.

Irrité par son mutisme, je poussai un soupir des plus éloquents et m'accoudai de nouveau à la fenêtre. Cette fois-ci, ce furent les paroles du superintendant qui me revinrent à l'esprit : « Bien que tout ait été éclairci dans les moindres détails, il y a quelque chose qui me paraît bizarre, que je n'arrive pas à définir… »

Il fait très lourd, ce soir, me dis-je en épongeant mon front ruisselant de sueur du revers du bras. Mais que t'arrive-t-il, John ? Tu es en nage, tu… Je compris alors que c'était mon cerveau qui bouillonnait, porteur d'un important message, un message d'une extrême urgence que je refusais obstinément de lire.

Je pris conscience de l'extraordinaire tension qui régnait dans la pièce ; une tension qui montait encore, qui se rapprochait, tout comme la présence que je sentais derrière moi. Je me retournai brusquement.

HORREUR ! Le tigre était là !

Paralysé, je regardai Cora, qui s'approchait à pas de loup, brandissant un couteau de cuisine. Ses yeux luisants de folie avaient pris une teinte verdâtre.

Bien que foudroyé par la hideuse vérité, je parvins à rester calme. Le couteau levé, elle se jeta sur moi avec l'agilité et la férocité d'une bête sauvage, tandis que je m'écartai avec la même rapidité. Poussée par son élan, Cora ne put suspendre son geste et, butant contre l'appui, bascula en avant et passa par la fenêtre.

L'écho de sa chute résonna longtemps dans ma tête. Mon cœur battant à se rompre, je regardai par la fenêtre : elle gisait sur les pavés, inerte. J'enjambai l'appui, m'agrippai à l'enseigne et fus d'un saut à ses côtés.

Ses yeux étaient grand ouverts, rivés au ciel.

— Cora ! Tu m'entends ?

Elle eut un faible battement de paupières.

— Cora ma chérie, ne bouge pas, ne fais aucun effort, je vais chercher le Dr Griffin. Cora, je… Cora, tout est de ma faute… personne ne saura, personne… Nous nous marierons dès que possible… Cora, je t'aime… Ne me quitte pas, je t'en supplie…

Elle fut transportée à Londres le lendemain, sans grand espoir d'être sauvée.

Je passai le reste de mes vacances cloîtré dans mon appartement londonien, prostré, dans un état d'ébriété permanente.

J'avais brillamment résolu le cas Morstan, mais en me trompant d'assassin : il s'agissait de Cora, et non de Nellie.

Elle m'avait avoué que Richard Morstan avait eu à son égard des gestes indécents, mais il était évident qu'elle était restée en deçà de la vérité. Avec effort, je repoussais les scènes qui s'imposaient à mon esprit.

Le monstre… j'aurais donné ma vie pour l'avoir devant moi, ne fût-ce que quelques secondes… l'abject, l'immonde individu !

Cora, dont j'avais inconsciemment ressenti l'affolement dès que je lui avais confié mon intention d'enquêter sur… sur son propre crime !

Cora, une pauvre adolescente qu'un obsédé sexuel avait poussée au meurtre. Neuf ans plus tard, arrive un sinistre imbécile qui lui parle de gorges tranchées et d'assassin fantôme – je pense en toute objectivité qu'il s'agit là de la raison pour laquelle Cora a donné un caractère mystérieux et horrible à ses meurtres – et qui mène l'enquête tambour battant, la contraignant ainsi à deux nouveaux forfaits. Trois, en comptant Nellie.

Lorsque Cora s'est aperçue que je commençais à deviner la vérité et que mes soupçons se portaient sur Nellie, elle a entrevu la possibilité de clore l'affaire. Dans un premier temps, elle m'a demandé de retarder l'arrestation de Nellie, et dans un deuxième, elle s'est chargée de la « suicider » dans un endroit relativement fréquenté afin que le cadavre soit rapidement découvert. Comment s'y est-elle prise pour pénétrer la nuit dans Burton Lodge, sous quel prétexte a-t-elle réussi à entraîner Nellie au-dehors ? Je crois qu'il s'agit là de peu de chose si l'on se réfère à l'incroyable virtuosité dont elle a fait preuve dans l'exécution des meurtres de la maîtresse d'école et de Patricia Morrison.

C'est avec Cora sur nos talons que Nellie et moi sommes partis surveiller la maison de Patricia. Lorsque cette dernière est arrivée, je suis allé rejoindre Nellie à l'avant de la maison. C'est très certainement à cet instant que Cora a escaladé la façade arrière pour entrer par la fenêtre. Mais après ? Comment s'est-elle évanouie dans la nuit alors que je la talonnais et que Nellie ne l'a pas vue apparaître au coin de la maison ? Et j'ai tout lieu de penser que le témoignage de Baxter n'était pas une divagation d'ivrogne : comment s'y est-elle prise pour se volatiliser dans l'impasse ?

Ce n'est que quelques mois plus tard, par pur hasard dans les obscures ruelles de Whitechapel, que j'allais découvrir la ruse diabolique – mais ô combien simple ! – imaginée puis mise en pratique avec succès par Cora. Nous y reviendrons à la fin de mon récit.

Si je n'avais eu l'esprit embrumé par la passion, sa culpabilité me serait apparue bien plus tôt. En effet, c'était l'une des rares personnes à pouvoir s'éclipser discrètement la nuit – sa chambre étant située au rez-de-chaussée de l'auberge. Qui plus est, elle était à la source de l'évolution de l'enquête, grâce à votre fidèle serviteur. Après réflexion, je me rends compte que c'est toujours quelques instants après m'avoir quitté qu'elle est sortie se livrer à ses sanglantes expéditions nocturnes, ce qui expliquait également son évident manque de sommeil. Enfin, ses yeux l'avaient trahie à plusieurs reprises. Notamment lorsqu'elle avait compris que je venais à Blackfield pour enquêter sur le crime de Richard Morstan… son propre crime. Une lueur sauvage, glaciale, s'était mêlée à la douceur de son regard ; elle évoquait la scène du meurtre, elle sentait le danger que je représentais pour elle. Mais il y avait autre chose, dans ce regard, quelque chose de pire encore, que j'allais comprendre bien plus tard.

Le courage me manque pour relever les ruses et les scènes de comédie dont j'ai été la victime. Malgré cela, je persiste à penser qu'elle éprouve pour moi – ou qu'elle a éprouvé à certains moments – un sentiment très profond. Quant à moi, je l'aime comme je n'ai jamais aimé une femme. Et je l'aimerai toujours.

J'ai été l'instrument de sa perte, celui qui a fait basculer sa raison – déjà ébranlée par un monstre en son adolescence – pour la plonger dans une folie meurtrière. Je lui dois aide et protection, quoi qu'il advienne.

Depuis plusieurs jours, je fais ce que je n'ai jamais fait auparavant : je prie. Je prie Dieu qu'elle vive, même si elle doit demeurer infirme.

Demain, je vais reprendre mon travail, retrouver Melvin et mes collègues, retrouver la pègre de Londres. Je vais mieux : le whisky m'écœure. Bien que Cora occupe la plupart de mes pensées, les brumes s'estompent, je recommence à réfléchir. Une nouvelle énigme m'obsède, me hante : quel est le « truc » de Cora pour disparaître dans la nuit ?

17

Juin 1887

Une quinzaine de jours après sa chute, je fus autorisé à lui rendre visite dans sa chambre d'hôpital.

— Une commotion cérébrale qui sera longue à guérir déclara son médecin. Le moindre effort doit lui être épargné, elle a besoin de repos et de calme.

Dès que je la revis, je fus saisi par l'étrange fixité de son regard et l'absence d'expression de son visage si pâle. Je ne me décourageai pas pour autant et, après avoir souligné ma totale responsabilité dans les récents événements, je lui demandai sa main. Elle me répondit qu'elle ne savait plus où elle en était et qu'il lui fallait réfléchir. Elle allait d'abord retourner à Blackfield. Elle me demanda aussi de ne pas chercher à la revoir avant un certain laps de temps, qui fut fixé à six mois. J'acceptai en quémandant une dernière faveur : la revoir le jour où elle sortirait de l'hôpital, avant de retourner à Blackfield. Bien que sa réponse fût affirmative, je n'y décelai pas le moindre enthousiasme. Là-dessus, le médecin fit irruption et me pria de ne pas prolonger l'entretien. Régulièrement, je vins m'enquérir auprès de lui de l'état de la patiente et c'est avec une joie indicible que j'appris, deux semaines plus tard, la date de sa sortie, prévue pour le lundi suivant. Le jour venu, en fin de matinée, je me présentai à l'hôpital.

— Elle a pris un fiacre pour la gare de Waterloo, vers 10 heures, me confia le médecin d'un air soucieux. (Après un silence embarrassé, il ajouta :) Je lui ai rappelé que vous viendriez la chercher, mais… elle n'a pas tenu compte de ma remarque, elle semblait très pressée…

Sans un mot, je tournai les talons, anéanti, le cœur prêt à exploser. J'avais prévu de lui faire visiter le jardin zoologique de Regent's Park, situé à deux pas de l'hôpital, endroit que j'affectionnais particulièrement, où nous aurions pu passer agréablement quelques heures d'insouciante flânerie.

Hélas !…

S'il n'y avait eu personne alentour, je crois bien que je me serais laissé aller à pleurer, tant ma déception était profonde. Je m'abîmai dans une torture mentale, une torpeur dont je sortis brusquement en me retrouvant face au tigre royal des Indes. Une douceur glaciale brillait dans ses yeux verts. Une terrible et inévitable évocation me fit poursuivre mon chemin. Mais ni la malice des singes, ni le babil des perruches, ni les promenades à dos d'éléphants d'enfants impressionnés et joyeux, ni les ascensions des ours sur les poteaux garnis de marches, ni même le grand favori de Regent's Park, l'hippopotame, ne parvinrent à chasser Cora de mes pensées.

Indifférent à la foule, au charme du jardin botanique, du Boating Lake et des merveilleux parterres, je déambulai quelque temps encore avant d'arrêter un fiacre qui me reconduisit chez moi.

Je logeais dans un meublé au 12 Shoe Lane, près du temple. L'appartement, deux pièces confortables, était situé au deuxième étage. Un escalier de service donnant sur la cour intérieure me permettait de rentrer discrètement lorsque certaines enquêtes me retenaient jusqu'à une heure fort avancée de la nuit et parfois même jusqu'aux premières lueurs de l'aube.

Je payai ma course, gravis lentement les marches et pénétrai dans ma garçonnière où je me servis coup sur coup deux whiskies bien tassés. Après quoi j'allumai un cigare et me jetai dans un fauteuil pour mettre un peu d'ordre dans mon esprit où se pressaient toutes sortes de questions sans réponse.

J'avais coutume d'agir de la sorte lors d'un cas particulièrement ambigu, un fauteuil, un verre de whisky, un feu pétillant dans la cheminée et la solution du problème m'apparaissait comme par enchantement. Mais dans le cas présent, je n'avais guère d'espoir de résoudre une intrigue sentimentale où l'un des protagonistes avait clairement signifié à l'autre le fond de sa pensée. Cependant, n'oublions pas que Cora relevait d'une commotion cérébrale et que le temps serait le meilleur remède à…

Un violent coup de sonnette vint interrompre ma méditation. C'était un agent de police qui venait me remettre un message du superintendant Melvin exigeant ma présence immédiate à l'hôpital où Cora avait été soignée.

Une demi-heure plus tard, je me retrouvais dans le sous-sol de l'hôpital, devant le cadavre d'une infirmière qui gisait dans un recoin, la gorge tranchée, le corps affreusement mutilé. D'après le médecin légiste, la mort remontait à moins de vingt-quatre heures, ce qui situait l'assassinat entre 10 heures du soir – heure à laquelle Sally Humphrey avait été aperçue vivante pour la dernière fois – et 6 heures du matin au plus tard. Je ne m'attarderai pas sur l'enquête dont Sally fut l'objet ; sachez seulement que c'était une des infirmières qui s'occupaient de Cora.

Quel était le taux de probabilité de l'innocence de Cora ? En toute honnêteté, je l'estimais à un pour cent, et encore !… Une femme sujette à des crises de folie, qui avait quatre meurtres à son actif – dont deux similaires à ce dernier –, quitte précipitamment l'hôpital quelques heures après l'assassinat d'une jeune infirmière qui n'avait pas l'ombre d'un ennemi ; je ne pouvais me soustraire à l'évidence : Cora était en proie à un état de démence que ma seule présence semblait attiser.

D'un certain point de vue, ce nouveau meurtre me procura quelque soulagement. En effet, le départ précipité de Cora n'était pas dû au fait qu'elle ne voulait plus me revoir, comme je l'avais craint quelques heures plus tôt.

À ce moment, plus qu'à un autre, je me rendis compte à quel point je l'aimais.

Je me trouvais dans une situation singulière : contraint de brouiller les pistes d'un meurtre que Melvin m'avait chargé d'éclaircir. Je m'y employai de mon mieux, et mes efforts furent couronnés de succès : nul ne fit le rapprochement entre Cora et ce sanglant assassinat.

Je lui devais aide et protection, quoi qu'il advienne.

Seconde partie

18

Décembre 1887

Comme prévu, je lui laissai les quelques mois de réflexion qu'elle m'avait demandés et fixai mon retour à Blackfield juste avant la fête de Noël. Si mes nuits et mes rêves étaient consacrés à Cora, il n'en était pas de même pour mes journées, absorbé que j'étais par les affaires de meurtre, de prostitution, de cambriolage, de chantage et de trafic de drogue. Il y avait également la vive agitation sociale qui avait débuté l'année précédente.

Afin de rétablir l'ordre, on avait rappelé d'Égypte le général Sir Charles Warren pour le nommer chef de la police métropolitaine. Ce ne fut pas un cadeau : l'homme avait montré un profond mépris à l'égard de la Criminal Investigation Division, et réorganisé Scotland Yard sur des bases militaires. Tout au long des derniers mois, il avait envoyé sa police contre les chômeurs qui défilaient le dimanche en brandissant des pancartes sur lesquelles étaient inscrits des textes de l'Évangile. L'affrontement le plus sanglant eut lieu le 13 novembre 1887, à Trafalgar Square, où policiers et grenadiers furent mobilisés pour contenir les quelque vingt mille chômeurs, affluant de tous les quartiers de la capitale. Il y eut deux cents manifestants grièvement blessés et deux morts. La haine bien compréhensible que la population ouvrière de Londres voua à Sir Charles Warren à la suite de ce « dimanche sanglant » se répercuta sur l'ensemble de la police, laquelle, dans sa majorité, n'approuvait pas la conduite de son chef. Le régime autoritaire, d'une extrême rigidité, que Warren cherchait à instaurer n'avait réussi qu'à la démoraliser, l'épuiser.

Mais mon moral à moi n'était pas atteint, car j'allais revoir celle que j'aimais, et qui devait certainement être guérie puisqu'on n'avait pas signalé d'assassinat aux alentours de Blackfield ces derniers temps.

Deux jours avant Noël, le cœur empli d'espoir, je me rendis dans mon village natal. Quelle ne fut pas ma désillusion lorsque Tony m'apprit que Cora les avait quittés la veille pour s'installer à Londres !

Le col de son manteau relevé, le chapeau rabattu sur son visage, le sergent détective Walter MacNiel ne put réprimer un frisson de dégoût.

— Quelle horreur ! Faire ça, et une nuit de Noël, en plus !

— On dirait que l'assassin a voulu terminer l'année 1887 en beauté, fit remarquer le constable qui éclairait le cadavre de sa lanterne sourde.

Nous étions dans l'une des ténébreuses ruelles situées derrière Commercial Road. À nos pieds, gisait le corps d'une femme, horriblement dépecée, que par la suite la presse allait surnommer « Fairy Fay », bien que son identité ne fût jamais découverte.

— Je me demande bien quel est le dément qui a pu faire ça, dit MacNiel en hochant tristement la tête.

Je ne répondis pas, m'efforçant de présenter un visage impassible.

— Vous avez l'air bien songeur, chef ! Auriez-vous une idée sur l'identité de l'assassin ?

Je secouai silencieusement la tête avec l'intime conviction que Cora avait frappé une fois de plus. J'avais encore en mémoire le corps mutilé de l'infirmière, il ressemblait à s'y méprendre à celui qui gisait devant nous. Et que penser de cet assassinat qui coïncidait étrangement avec l'arrivée de Cora à Londres ?...

Une fois encore, j'allais devoir brouiller les pistes d'un crime dont l'enquête m'était confiée.

Blotti frileusement à l'arrière du cab qui me ramenait chez moi en cette nuit glaciale de Noël 1887, je psalmodiai à part moi : « Je lui dois aide et protection, quoi qu'il advienne. »

— Personne ne sait qui elle est ni d'où elle vient. Elle a passé sa soirée à boire, au pub de Mitre Square, qui a fermé à minuit. Elle a décidé de prendre un raccourci pour rentrer. C'est tout ce que nous avons pu apprendre.

J'étais assis en face du superintendant Melvin, dans son bureau, en train de lui faire part de mes conclusions sur le meurtre de « Fairy Fay ». Le métier commençait à rentrer : j'avais étouffé l'affaire à un tel point qu'on ne réussit même pas à déterminer l'identité de la victime. Mon accès de zèle était quelque peu exagéré, car je n'avais découvert aucun indice compromettant pour Cora, mais je ne voulais pas courir le moindre risque.

Melvin m'écoutait avec sa bienveillance coutumière. Rares étaient ceux qui restaient insensibles au charme de ce distingué et grisonnant quinquagénaire. Quel que fût son interlocuteur, il présentait toujours un visage courtois, réfléchi et paisible. Ses yeux étaient d'un bleu très pale, presque transparent. Célibataire, il se consacrait à ses fonctions de superintendant qu'il assumait avec une conscience irréprochable, ce qui lui valait respect et considération de la part de ses hommes, de ses supérieurs et même des criminels, à l'égard desquels il faisait preuve d'une indulgence que je qualifierais presque d'exagérée. Mais n'allez pas imaginer que son poste de haut fonctionnaire était uniquement dû à l'ardeur de son travail et à sa droiture, c'était un détective remarquable qui n'avait pas son pareil pour flairer « le petit quelque chose qui ne colle pas » dans une affaire apparemment classée. (Souvenez-vous de la confidence qu'il m'avait faite juste avant de quitter Blackfield, alors que l'on pensait que Nellie s'était suicidée après avoir pris conscience de sa folie.) Il semblait doué d'un sixième sens, tout comme le major Daniel Morstan à l'approche du danger. Ce qui ne laissait pas de m'inquiéter, vu les ruses que je déployais pour couvrir les récents méfaits de Cora. Néanmoins, il avait un point faible : j'étais son préféré, son chouchou. Outre mes succès professionnels qui m'avaient valu une certaine notoriété, Melvin éprouvait à mon endroit une sorte d'attachement, d'affection, bien qu'il ne m'en eût jamais fait part. Il me donnait toute latitude pour conduire mes enquêtes. Tout ceci pour vous dire à quel point j'étais honteux de trahir sa confiance; mais la sauvegarde de Cora passait avant toute autre considération. Melvin ne pouvait pas comprendre ce que c'était qu'aimer une femme, lui qui menait une existence de moine depuis que je le connaissais. Cela m'avait du reste toujours paru assez singulier ; Melvin était séduisant en dépit de son demi-siècle, il avait de la classe, c'était un fin lettré qui ne faisait jamais étalage de sa culture, il savait être discret, compréhensif ; sa patience, son calme et sa gentillesse étaient appréciés de tous ceux qui l'approchaient. En un mot, il avait tout pour plaire et aurait comblé la plus exigeante des femmes. On ne lui connaissait aucune relation féminine ; son travail terminé, il rentrait chez lui se cloîtrer jusqu'au lendemain, si l'on excepte quelques sorties pour des réunions que son rang exigeait. Je l'observais toujours du coin de l'œil lorsqu'il se trouvait vis-à-vis de la gent féminine : rien en lui ne permettait de déceler la moindre misogynie. De ce point de vue, Melvin demeurait pour moi une énigme.

Après m'avoir dévisagé un long moment, il eut haussement d'épaules :

— Donc, chou blanc sur toute la ligne. Soit. Ce n'est ni le premier ni le dernier meurtre de fille de joie qui restera impuni… (Il ouvrit un dossier, lut quelques lignes et eut une moue dégoûtée.) Femmes battues à mort, rouées de coups de pied et de coups de poing, assommées, massacrées à la hache, poignardées, vitriolées ou délibérément brûlées vives. L'année 1887 n'a pas été brillante : trente-cinq homicides rien que pour les comtés londoniens, et plus du double si l'on tient compte des infanticides. Et il n'y a eu que huit condamnations… c'est peu, très peu.

Je hochai gravement la tête.

— Sur ces huit condamnations, poursuivit Melvin, cinq d'entre elles sont le fruit de votre travail, John.

Là, je voyais parfaitement où il voulait en venir.

— Votre rendement, si l'on peut dire, est exceptionnel. Je n'ai pas oublié, non plus, la triste affaire Morstan que vous avez brillamment résolue l'an dernier. (Il fit une pause, joignant l'extrémité de ses doigts d'un air soucieux.) Depuis, vous semblez observer, non pas un certain relâchement, mais… enfin, vous marquez le pas. Comprenez-moi bien, John, il ne s'agit pas d'un reproche… vous êtes toujours notre meilleur élément et vous le savez très bien. (Il me sourit et dit d'une voix changée :) Bref, je n'ai pas l'habitude de vous voir venir avec un rapport négatif.

Je pris un cigare dans la boîte qu'il m'avança. Tout en aspirant la fumée, j'élaborai une stratégie d'urgence. Il me fallait retrouver Cora, et au plus vite. Si la série de meurtres devait se poursuivre, Melvin ne manquerait pas de découvrir que je cherchais à protéger quelqu'un. Mais comment faire ? Retrouver Cora dans une ville comme Londres sans pouvoir compter sur l'aide de qui que ce soit, cela équivalait à…

Melvin ne me laissa pas le temps de faire une comparaison :

— À propos, John, avez-vous revu la fille de l'aubergiste – comment s'appelle-t-elle déjà ? – enfin, celle qui avait eu cet accident ? Elle ne vous était pas indifférente, si ma mémoire est bonne.

Pendant un court instant, je ne sentis que le battement du sang à mes tempes. Et je dus faire appel à tous mes muscles faciaux pour me composer un semblant de sourire.

— Deux ou trois fois, répondis-je d'un air évasif. Plus de peur que de mal, elle est parfaitement guérie à présent. Une brave fille, mais le genre provinciale… enfin vous voyez ce que je veux dire. Cela fait un bout de temps que je ne l'ai pas revue. Elle habite toujours Blackfield, bien entendu. (Pourquoi bien entendu, c'était ridicule !)

Melvin fronça légèrement le sourcil, puis s'absorba dans un silence méditatif.

— Et que devient votre roman ? s'enquit-il d'une voix teintée d'un soupçon d'ironie.

— Pas grand-chose. Je n'ai pris que des notes, pour le moment.

Melvin m'avait-il demandé des nouvelles de Cora par hasard ou soupçonnait-il quelque chose ?

Je passai le restant de la journée, et de la semaine, en compagnie de cette angoissante question.

Le vent était glacial, le ciel clair. Sous le timide soleil d'hiver, je déambulai dans les larges artères du West End où se pressaient cabs, omnibus et cabriolets. Ainsi s'écoulèrent la plupart de mes jours de repos. Parmi la foule cossue des promeneurs agglutinés devant les vitrines des somptueux magasins de Regent's Street, je guettai inlassablement la silhouette de Cora.

Je restreignis considérablement mon champ de recherches. Il était peu probable qu'elle passât ses week-ends dans les centres de commerce et d'industrie tels que la Cité et les bords de la Tamise. Peu probable également qu'elle arpentât les ruelles de St Gilles, Clerkenwell, Bethnalgreen, Whitechapel ou autres quartiers sordides : la triste expérience qu'elle m'avait avouée l'avait certainement prévenue à tout jamais contre ces lieux sinistres. En revanche, les parcs offraient des possibilités. Mais après quelques journées consacrées à Green Park, St James, Hyde Park, Battersea et Regent's Park, je me mis à explorer les artères passantes du West End.

Le lecteur ne pourra s'empêcher de penser que je menais une mission impossible. Et il aura bien raison. J'avais également fait mienne cette idée – depuis pas mal de temps. Mais je suis d'un naturel obstiné : tant qu'il subsisterait une chance, si infime soit-elle, de retrouver Cora dans cette ville gigantesque, je n'abandonnerais pas mes investigations.

Difficile d'analyser le sentiment qui m'habitait. Difficile aussi d'oublier les instants magiques passés en sa compagnie ; notre premier baiser sur le petit pont rustique ; nos étreintes sur les Seven Sister Cliffs, la douceur du soleil qui caressait ses cheveux livrés au vent, la rumeur de la mer et le reflet des flots dans ses yeux sauvages qui se levaient sur moi avec tant de douceur.

Nous étions deux amants, deux complices, un seul être modelé par le même créateur, un seul esprit provisoirement divisé en deux parties, car je la reverrais, j'en avais la certitude. Et je l'accepterais telle qu'elle était, en dépit de ce qu'elle avait fait. Et c'est moi qui m'occuperais d'elle, moi seul, moi qui la soignerais, qui la chérirais, qui la plongerais dans un océan de bonheur qu'elle serait la première à découvrir.

Fin mars, je n'avais toujours pas aperçu Cora. Et elle ne s'était apparemment pas manifestée, car aucun meurtre survenu en cette période ne me parut être commis par elle. Je m'étais rendu à Blackfield à deux reprises, en pure perte. Tony et son épouse semblaient tout aussi inquiets que moi au sujet de leur fille qui ne donnait plus signe de vie.

Où était-elle ? Que faisait-elle ? Ces questions me harcelaient impitoyablement, bien qu'une lueur parût poindre à l'horizon. Une toute petite lueur, un brin de clarté, une déduction logique que mes facultés analytiques voulaient me transmettre, mais qui se heurtaient à un mur érigé depuis fort longtemps. Si j'avais réfléchi plus avant à ce mystérieux mur, à sa raison d'être, j'aurais été à même de savoir où se trouvait Cora, ce qui eût peut-être épargné quelques vies humaines. Je dis bien peut-être, car ce n'est pas certain. Le Hasard avait posé ses pions sur l'échiquier, et à mon avis la partie était trop engagée pour éviter le carnage. Déjà une odeur de sang se mêlait aux brouillards et à l'obscurité de Londres pour parvenir aux narines du tigre qui, après une longue hibernation, allait semer la terreur dans sa jungle.

Le lundi de Pâques, 13 avril, on découvrit dans Osborn Street, à Spitalfields, Emma Smith – une prostituée de 45 ans – agonisante. Transportée au London Hospital, elle ne survécut que quelques heures à ses blessures, mais elle put cependant révéler que trois hommes l'avaient accostée avant de l'attaquer et de la dévaliser. Un meurtre particulièrement brutal : perforation du péritoine causée par un instrument contondant manié avec force.

Cora en était-elle responsable ? Les trois inconnus étaient-ils issus d'un délire de la mourante ?

Après avoir interrogé l'inspecteur dépêché auprès de la victime, j'inclinai à croire que Cora n'y était pour rien.

19

Mai 1888

En remontant les eaux troubles et jaunâtres de la Tamise, le voyageur ne peut manquer d'être impressionné par la forêt de mâts, le fourmillement d'embarcations en tout genre, descendant et remontant le fleuve ou dormant paisiblement le long des rives tristes, où s'alignent hangars, entrepôts et chantiers de constructions

À mesure qu'il s'approchera de la ville, il sera saisi, angoissé, par l'obscurité de plus en plus épaissie par les nuages de fumée que vomissent les sombres et gigantesques usines travaillant de jour et de nuit. Et si d'aventure un rayon de soleil s'y glissait, ce serait pour se perdre et mourir aussitôt dans les brumes sourdes et visqueuses, dans le brouillard, ce fléau de Londres.

En parcourant l'enchevêtrement des rues qui bordent la Tamise, il y verra le prodigieux spectacle de la fiévreuse activité humaine. Dans ces voies tortueuses, étroites et sans soleil, se déploient des systèmes d'agrès, de poulies, de potences, de cordages, de crocs, promenant dans les airs les plus lourds fardeaux, au-dessus du flot continu de la foule. C'est là que se concentrent tous les commerces et toutes les industries. Dans un vacarme assourdissant, ensemble confus de hennissements de chevaux, de martèlements de sabots, de chaînes et d'essieux qui grincent, de poulies qui gémissent, d'infatigables travailleurs se tuent à leur tâche en criant et tempêtant. Voitures, cavaliers et piétons transportent les marchandises vers la Cité en croisant ceux qui viennent les chercher, dans une cohue indescriptible qui nécessite bien souvent l'intervention des policemen chargés de mettre un peu d'ordre dans cet intarissable double courant.

Une sourde rumeur s'élève de cette mêlée d'hommes de toutes les professions, de toutes les nationalités, qui s'activent inlassablement, inoffensifs de jour, mais de nuit… Bien imprudents, ceux qui viennent braver le voisinage des docks où ont lieu d'incroyables beuveries, attisées par la présence des matelots en quête d'amours tarifées, qui dégénèrent rapidement en querelles, bagarres et parfois meurtres.

C'est par une brumeuse nuit de mai que le sergent Walter MacNiel et moi, affublés d'un accoutrement de circonstance, portions nos pas vers ces endroits de péril. Joe Hawkins, un dangereux criminel, avait échappé à deux arrestations dirigées par Walter. On l'avait aperçu, la veille au soir, dans une taverne près des docks. Le sergent en faisait une affaire personnelle : nul autre que lui ne passerait les menottes au malfrat.

Walter MacNiel, un rouquin au visage plus sympathique que beau, était mon bras droit et meilleur ami, qui m'accompagnait dans la plupart de mes enquêtes. Ses qualités de détective plutôt moyennes étaient largement compensées par un courage que je qualifierais presque d'aveugle. Mais pour le moment, j'avais bien l'impression que mon ami était en train de se féliciter d'avoir accepté ma compagnie. Alors que nous avancions dans la nuit sombre, les mâts des navires émergèrent des brumes de la Tamise comme autant de lances menaçantes, dernier avertissement avant la zone interdite ; puis un tumulte croissant de voix sourdes et de rires gras nous parvint. Nous

nous arrêtâmes à quelques pas de la taverne, fixant d'un œil peu rassuré les ombres qui, derrière les fenêtres éclairées, se mouvaient en donnant tous les signes d'un état d'ébriété avancé.

Walter se tourna vers moi et, après m'avoir dévisagé, fit remarquer :

— T'es vraiment pas beau à voir, John. Tu parais tellement répugnant que les canailles qui sont là-dedans vont fuir en te voyant.

J'avais particulièrement soigné ma mise, ce soir-là. Outre mes loques informes choisies avec un soin méticuleux, je m'étais confectionné une hideuse balafre qui me tordait un coin des lèvres en un perpétuel rictus. Ayant longtemps contemplé mon reflet dans un miroir, je puis vous certifier que j'avais rarement vu être plus repoussant. Si dans le domaine du déguisement j'étais difficile à surpasser, il n'en allait pas de même pour mon ami, lequel s'était déguisé en marin et avait cru bon de se recouvrir le visage d'une pommade pour obtenir un teint basané.

— Et toi, rétorquai-je, avec ta tête de Peau-Rouge, tu vas nous attirer des ennuis. Bon, allons-y, ajoutai-je sur un ton déterminé, palpant la crosse de mon pistolet glissé dans ma ceinture.

Notre présence dans la taverne fut on ne peut plus brève, une visite éclair pour être plus précis. Moins d'une minute plus tard, Walter et moi battions le record du 100 mètres départ arrêté, avec une meute d'ivrognes sur nos talons. En effet, l'un d'entre eux avait immédiatement été intrigué par le visage luisant de mon ami. Pour notre malheur, il s'agissait d'un détenu de Newgate qui venait de purger sa peine, arrêté deux ans plus tôt par le détective MacNiel. En l'espace de quelques secondes, nous avions été cernés de lascars au regard vindicatif, qui, de toute évidence, ne portaient pas les argousins dans leur cœur. Sans demander notre reste, et après que j'eus tiré un coup de semonce en l'air – histoire de les décontenancer quelque temps –, nous nous étions esquivés prestement. Ce n'était pas la première fois et nous étions devenus, Walter et moi, champions dans ce genre de sport. Néanmoins, ce n'est qu'après avoir parcouru 300 mètres sur un rythme endiablé que nous parvînmes à distancer nos poursuivants que gin et bière semblaient avoir pourvus d'ailes.

Haletants, dissimulés dans un sombre passage donnant sur Commercial Road, nous auscultions le silence nocturne, à l'affût du moindre bruit de pas.

— Je crois que nous les avons semés, déclarai-je après un temps, mais attendons encore un peu, on ne sait jamais.

— Mon hâle artificiel a failli nous coûter cher, souffla Walter.

— Je ne te le fais pas dire. À partir de demain, je vais te donner des leçons de maquillage. Mais je ne suis pas exempt de reproche, et je ne sais toujours pas pourquoi je t'ai laissé entrer avec cette peinture sur la figure. Quant à l'ami Hawkins, que du reste je n'ai même pas eu le temps d'apercevoir, je crois que nous ne sommes pas près de…

Tout à coup des pas résonnèrent sur le pavé.

Le cœur battant, l'oreille aux aguets, nous demeurâmes immobiles. Mais notre inquiétude se dissipa rapidement, les pas étaient réguliers et ne trahissaient pas la hâte. Le dos collé au mur, nous regardâmes passer deux silhouettes qui se détachaient sur la clarté laiteuse du bec de gaz en coin de rue. La première, grande et très mince, était vêtue d'un long manteau à carreaux et coiffée d'une casquette de chasseur qui abritait un nez aquilin et un menton proéminent. La seconde était celle d'un homme de taille moyenne avec, dans son allure, quelque chose qui faisait penser à un médecin.

Le plus grand des deux expliquait à l'autre, d'une voix lasse :

— Combien de fois vous ai-je dit, mon cher W…, qu'une fois éliminées toutes les impossibilités, l'hypothèse restante, aussi improbable qu'elle soit, doit être la bonne ! Pourquoi vous obstinez-vous à ne pas appliquer mes principes ?

L'autre eut un haussement d'épaules excédé. Puis ils disparurent de notre champ de vision.

— Tu l'as reconnu ? demandai-je à Walter.

— Bien sûr. Qui n'aurait pas reconnu ce grand escogriffe prétentieux qui se prend pour le roi des détectives, flanqué de son ami et confident : le Dr W… Je me souviens de l'avoir rencontré lors d'une affaire particulièrement coriace, et j'avoue qu'un temps, ses déductions m'avaient paru divinatoires. Mais j'ai rapidement compris qu'il s'agissait de théories lancées au petit bonheur qui, par un incroyable hasard, se sont révélées exactes. Ce type-là n'est ni plus ni moins qu'un charlatan, qui ne t'arrive pas à la cheville, John.

— Tu te trompes, Walter, il est très fort. Un limier hors pair dont on parlera encore longtemps, j'en suis persuadé.

Sur le chemin du retour, alors que nous rasions les murs d'une sinistre ruelle de Whitechapel, je faillis trébucher en heurtant une boîte à ordures.

— On n'y voit pas à deux mètres, avec ce maudit brouillard ! grommelai-je.

Un grognement me fit écho.

Nous nous tournâmes vers l'autre côté de la venelle ; la faible clarté d'un bec de gaz, qui semblait accentuer plutôt que dissiper les ténèbres, dessinait d'un doigt bleuâtre les contours d'un clochard affalé sur les marches d'un refuge.

— Pauvre bougre, fit Walter d'un ton compatissant. Non seulement il n'a pas de quoi se payer un lit, mais voilà qu'on le dérange en plein sommeil !

Je haussai les épaules et fis signe au détective MacNiel de poursuivre notre chemin. Après quelques pas, je me rendis subitement compte que mon cerveau se trouvait en proie à une intense activité.

Je m'arrêtai aussitôt. Walter fit de même et me lança un coup d'œil dubitatif :

— Qu'est-ce qui te tracasse, John ?

Les paroles prononcées quelques instants plus tôt par « le roi des détectives » s'insinuèrent dans mes pensées pour franchir mes lèvres :

— Une fois éliminées toutes les impossibilités, l'hypothèse restante, aussi improbable qu'elle soit, doit être la bonne…

Je me retournai et sondai l'obscure ruelle. Un éclair fulgurant m'illumina.

— Dis, John, ça ne va pas ? s'inquiéta Walter.

— Ce n'est rien. Je voulais voir si le clochard dormait encore.

Je pense que Walter ne m'aurait pas tenu rigueur de ce petit mensonge s'il avait pu mesurer l'importance de ma découverte. Une découverte incroyable ! La réponse a une question qui me harcelait depuis des mois : je connaissais à présent l'artifice employé par Cora pour s'évanouir dans la nuit après avoir tué Patricia Morrison. Un procédé diabolique, un petit chef-d'œuvre d'ingéniosité et de simplicité !

D'affreux tourments me tinrent impitoyablement éveillé le restant de la nuit. Depuis l'été dernier, je n'avais pas eu le moindre rapport avec une femme. Acte de fidélité, me direz-vous ; oui, il y avait de cela, mais également une certitude – une certitude absolue – de ne pouvoir retrouver chez une autre, cette douceur sauvage, indomptable, cette indicible complicité, ces yeux pâles où je voyais le reflet de mon âme, ces caresses timides mais expertes, ce corps ferme et tremblant de désir…

Cora, ma chérie, je sais que tu es là, là dans cette ville... mais où ? Tu as peur de moi, mon amour... comme je te comprends. Mais rassure-toi, je ne parlerai pas, jamais... Tout ce qui est arrivé n'est pas ta faute, il s'agit d'un épouvantable concours de circonstances, d'un hasard, d'un malheureux hasard. N'aie crainte, ma chérie, je suis là pour te protéger, quoi qu'il advienne...

20

Août 1888

— Je n'ai jamais eu beaucoup de chance avec les femmes, me confiait Walter d'une voix lasse, en cette soirée du 6 août 1888.

Comme cela lui arrivait de temps à autre, il était en pleine crise de cafard et me racontait – pour la énième fois – ses rares aventures sentimentales, qui avaient toujours tourné court. Je crois déjà l'avoir signalé, Walter n'avait rien d'un séducteur. En outre, les rares fois où la chance lui souriait, il se montrait si exagérément possessif, si excessivement sentimental, que sa récente conquête se lassait très rapidement de lui. Combien de fois lui avais-je dit de ne pas dévoiler ses batteries d'entrée de jeu, de rester un peu mystérieux, de provoquer le désir… Mais, en dépit de ses approbations, il s'employait de son mieux à ne pas suivre mes précieux conseils.

J'écoutais ses lamentations d'une oreille sourde, scrutant attentivement, entre deux nuages de fumée, les clients de « L'Ancre Bleue ». En cette veille de fête, le pub était bondé. Marins, étrangers, ouvriers, soldats, marchandes d'amour, bourgeois amateurs de dépaysement, de sensations fortes, s'agitaient, riaient, chantaient dans une atmosphère joyeuse, rendue irrespirable par le tabac et les vapeurs âcres des lampes à pétrole ; des chopes de bière qui s'élevaient avant de déverser leur contenu dans des gosiers avides, le garçon qui n'arrivait plus à suivre ses commandes, des soldats qui embrassaient des filles sans remarquer qu'une main se glissait dans leur poche.

Un œil braqué sur la porte d'entrée, je méditais sur l'incroyable nouvelle apprise ce matin, et qui m'avait amené dans cette taverne de Whitechapel, en compagnie de mon ami.

Comme cela m'arrivait parfois, je m'étais rendu, en début de matinée, à la banque où travaillait Luke Strange – qui s'était humanisé depuis l'épilogue de l'affaire Morstan – pour prendre des nouvelles de Blackfield et savoir si l'on n'y avait pas aperçu Cora. Quelle n'avait pas été ma surprise lorsque Luke m'avait répondu

— Tiens ! c'est curieux que vous me demandiez ça, John. Personne n'a revu Cora depuis Noël… jusqu'à hier soir. En quittant mon travail, j'ai raccompagné un client qui habite près de Commercial Street. Nous avons pris un verre à « L'Ancre Bleue ». Une fille est entrée dans le pub, nos regards se sont croisés et elle a pivoté sur ses talons. Je l'ai entrevue l'espace d'une seconde, mais c'était suffisant pour la reconnaître : Cora. Évidemment j'ai trouvé bizarre qu'elle ait filé en me voyant, mais je n'ai pas jugé nécessaire de me lancer à sa poursuite. Elle était très pâle et ses habits… enfin elle m'a fait une drôle d'impression.

Vous devinez dans quel état d'agitation j'avais passé le restant de la journée : Cora, que j'avais cherchée en vain des mois durant, s'était présentée au pas de cette porte, quelque vingt-quatre heures auparavant.

Certes, l'endroit m'avait paru surprenant : une taverne de Whitechapel, ce n'était pas ici que je m'attendais à la retrouver.

À mesure que les secondes s'égrenaient, mon espoir insensé et mon exaltation s'accroissaient. Tout en tirant sur mon cigare, je fixais la porte du pub qui pouvait s'ouvrir à tout moment, s'ouvrir sur celle qui m'était destinée, que je devais protéger, sur ma raison de vivre.

— Non, vraiment pas de chance, se lamentait Walter, qui vida son verre de whisky d'un trait. Ce n'est pas comme toi, John ; t'as jamais eu de problème de ce côté-là. Bien au contraire, c'est tout juste si elles ne te font pas des avances ! Regarde la petite brune près du comptoir, ça fait un quart d'heure qu'elle n'arrête pas de te reluquer !

Je me tournai vers la fille en question. Une gamine de 18 ans, tout droit venue de sa province natale, qui venait de s'engager sur la pente fatale. Au mépris du marin qui la lutinait allégrement, elle me lança une œillade plus que significative.

Je détournai mon regard, écœuré :

— Je te signale au passage que ça fait une bonne année que je n'ai pas eu le moindre flirt.

— Oui, mais parce que tu le veux bien ! rétorqua Walter. D'ailleurs, je me demande bien pourquoi, ajouta-t-il en fronçant le sourcil.

À ce moment la porte s'ouvrit sur deux prostituées flanquées chacune d'un militaire. L'une approchait la quarantaine et était habillée de vêtements usagés. L'autre était une fille d'allure masculine, à la lèvre inférieure pendante, aux traits déjà marqués par l'alcool.

— Tiens ! Mais c'est Pearly Poll ! dit Walter en parlant de la fille d'allure masculine.

— Décidément, tu sembles connaître presque toutes les putains du coin, et Dieu sait s'il y en a !

Walter eut un sourire complice :

— Dis, John, on pourrait faire un petit écart, à l'occasion…

Je le fusillai du regard :

— Des traînées pareilles ? Tu n'es pas malade ?

Le détective MacNiel haussa les épaules et fit signe au garçon.

Le quatuor disparut au fond de la salle sans que j'eusse accordé la moindre attention aux deux militaires. L'amie de ladite Pearly Poll vivait ses dernières heures, mais je ne pouvais évidemment pas le deviner.

Les constables Dickson et Schneider pénétrèrent dans la taverne et prirent place à notre table. À minuit, perdant tout espoir de revoir Cora et n'ayant aucune envie de passer la nuit à ressasser ma déception, je proposai à mes compagnons une partie de cartes chez moi, pour clôturer la soirée. Dickson, Schneider et moi prîmes le chemin de mon appartement 12 Shoe Lane, mais sans Walter qui, en dépit de notre insistance préféra rentrer chez lui, sous prétexte qu'il avait l'esprit trop embrumé par le whisky pour réussir à éviter de se faire plumer. Pour ma part, je mettais son esprit embrumé sur le compte d'un état de mélancolie qui n'avait fait que croître depuis le début de la soirée.

Je ne réussis pas à me concentrer sur le jeu, Cora paralysant toutes mes facultés de joueur ordinairement si habile ; Dickson et Schneider en profitèrent bassement pour alléger mon portefeuille. Ils me quittèrent en me laissant dans un état voisin de celui de Walter, à 5 heures du matin, heure à laquelle John Reeves fit une macabre découverte en quittant son appartement situé à deux pas de « L'Ancre Bleue ».

On avait entendu des cris cette nuit-là, au numéro 37 de Commercial Road, une triste maison portant le nom de George Yard Building. Mais ceci n'avait rien d'exceptionnel pour une veille de fête ; les passants éméchés rentraient chez eux, cris et éclats de rire perçaient les ténèbres. Mrs Francis Hewitt, la gérante de l'immeuble, ne prêta pas attention aux cris ; l'ouvrier John Reeves et sa femme Luisa s'en inquiétèrent, mais sans se déranger pour autant. Vers 3 h 30, le cocher Albert Crow, en regagnant son appartement, aperçut une forme humaine sur le palier du premier étage ; pensant avoir affaire à un ivrogne, il passa son chemin. À 5 heures du matin, John Reeves descendit le même escalier pour aller au travail. À la vue du corps gisant, il se fit la même réflexion que son voisin, mais une flaque rougeâtre l'intrigua : l'ivrogne était une femme qui baignait dans son sang.

Un policier vint m'annoncer la nouvelle, et c'est avec une formidable migraine et l'angoisse que vous imaginez que je me rendis sur les lieux du crime.

— Une quarantaine de coups de couteau, soupira le Dr Robert Keleene. Les poumons, le foie, la rate… seul un dément a pu faire ça.

Après examen approfondi, il aboutit à la conclusion que l'arme du crime pouvait être une baïonnette. Lorsque mon enquête m'apprit que la victime était la fille qui accompagnait Pearly Poll la nuit où nous les avions aperçues à « L'Ancre Bleue », j'eus une lueur d'espoir : l'assassin n'était peut-être pas Cora, mais l'un des deux militaires.

J'emmenai Walter avec moi pour interroger Pearly Poll, dont le désir de nous aider était évident. Martha Trabam – la victime – et elle avaient été abordées dans Whitechapel Road par deux soldats. L'un d'eux était caporal. Tous quatre avaient été parmi les derniers consommateurs à quitter « L'Ancre Bleue », à la suite de quoi Pearly Poll conduisit le caporal vers Angel Alley, et Martha prit la direction de George Yard en compagnie de son soldat. Il était alors 2 heures moins le quart. On ne devait plus revoir Martha Trabam vivante.

Lorsque je lui demandai si elle serait capable de reconnaître l'ami de la malheureuse Martha, elle nous répondit par l'affirmative, mais sans oublier de nous traiter de piètres policiers, étant donné que nous l'avions également aperçu.

Rien dans le témoignage de Pearly Poll ne permettait d'affirmer que le soldat qui avait accompagné Martha Trabam fût l'assassin. Mais je n'étais pas près de lâcher cette piste qui pouvait me prouver quelque chose qui n'avait pas de prix : l'innocence de Cora. J'employai alors les grands moyens et, après avoir obtenu la permission des autorités militaires, je me rendis avec mon précieux témoin à la tour de Londres où s'alignèrent tous les sous-officiers et hommes de troupe qui avaient été en permission la nuit du 6 au 7 août. Coiffée d'un extravagant chapeau à plumes et vêtue d'une robe à boutons de perle, Pearly Poll fit une entrée sensationnelle dans la cour et, tel un général, la petite catin de Whitechapel passa en revue les soldats de Sa Majesté britannique, pour annoncer finalement : « Il n'est pas là. » Cette revue sans précédent dans les annales militaires se répéta à la caserne de Wellington, où elle désigna sans hésitation deux hommes, dont l'un était caporal. Hélas ! à mon grand désespoir, les deux suspects avaient des alibis inattaquables. Ma piste s'effondrait, et la culpabilité de Cora m'apparut comme une certitude. Une Cora qui savait se rendre invisible, une Cora qui – j'en avais le sinistre pressentiment – ne s'arrêterait pas en si bon chemin.

La série sanglante allait se poursuivre, et Londres marcher dans la terreur.

21

Après m'avoir offert un cigare, le superintendant Melvin choisit le sien avec un soin méticuleux et l'alluma en prenant son temps.

— Le témoignage de ce soldat aurait pu être capital, à supposer qu'il ne soit pas lui-même l'assassin. (Il me dévisagea d'un air absent, puis ajouta :) Pas d'autres pistes ?

Je secouai la tête. Melvin s'éclaircit la voix et énuméra :

— Fairy Fay, la nuit de Noël, non loin de Commercial Road, Emma Smith, le lundi de Pâques, dans Osborn Street, et maintenant Martha Trabam, dans Commercial Street. Trois prostituées assassinées en moins de huit mois dans le même quartier… Étrange…

Il se fit un silence durant lequel je compris à quel point j'avais été aveugle : trois prostituées assassinées dans le secteur Whitechapel-Spitalfields ! L'un des seuls endroits où je n'avais pas recherché Cora ! Ce sinistre quartier où elle avait vécu une année entière en compagnie d'un voyou !

Cora à Whitechapel, c'était inimaginable, et pourtant… il y avait les trois meurtres. Trois meurtres atroces. Trois meurtres de prostituées. Pourquoi des prostituées ? Difficile de mettre ceci sur le compte du hasard.

Un nom me revint à la mémoire, celui de l'immonde individu qui avait humilié et avili une innocente petite provinciale : Larry Jordan.

— Trois meurtres de prostituées, dit Melvin en appuyant sur chaque mot, qui n'ont jamais été éclaircis.

— Peut-être une bande organisée, improvisai-je, qui propose aux filles de les « protéger » en échange d'un prélèvement sur leurs recettes, et qui liquide celles qui ne payent pas.

— Possible. En tous les cas, il faut retrouver le ou les coupables. Un nouveau meurtre, et…

— Et ?

Une expression de gêne se peignit sur les traits de Melvin :

— Je n'y suis pour rien, John, ça vient de plus haut. J'ai vu le grand patron, ce matin. Il m'a dit que… enfin il m'a demandé de vous mettre sur d'autres affaires L'opinion publique commence à s'inquiéter, il exige des résultats.

Rien d'étonnant à ce que Sir Charles Warren voulût me mettre sur la touche. J'avais eu le malheur de confier à un collègue mon sentiment à l'égard des « méthodes militaires » du Police Commissioner, lequel avait eu vent de la chose. Et depuis ce jour-là, il n'attendait qu'une occasion pour m'enfoncer. Si Cora devait frapper encore, je ne pourrais plus la protéger. Soit. Mais je ne m'en inquiétais pas. J'avais toujours à la mémoire la façon dont elle avait disparu au coin de la maison des Morrison : elle était en mesure de défier toutes les polices du monde.

— Qu'il fasse comme il l'entend, dis-je avec un mépris ostensible. De toute manière, les autres s'y casseront les dents, comme moi.

Melvin eut l'air surpris :

— Vous me faites peur, John ! Vous parlez comme si vous saviez qu'il y aura encore d'autres victimes.

Quelle gaffe ! J'aurais pu me gifler. Il était plus impératif que jamais de mettre Cora hors d'état de nuire.

Selon son habitude, Melvin mit fin à notre entretien en prenant des nouvelles de mon roman.

— J'en suis toujours au même point, répondis-je d'un air négligent, quoique intérieurement flatté de son intérêt.

— Mais bon sang, John, il vous suffirait de reprendre l'affaire Morstan en changeant les lieux et les noms des personnages ! Ce serait un succès de librairie, j'en suis persuadé !

— C'est probable, mais je veux frapper à coup sûr. Je veux faire quelque chose qui sorte de l'ordinaire, un roman policier qui frappera tous les autres de nullité. Une histoire terrible qui hantera le lecteur encore longtemps après sa lecture. Un chef-d'œuvre immortel ! Je veux…

Prenant subitement conscience de la démesure de mes propos, je me tus.

Melvin parut amusé :

— Mon petit doigt me dit que vous y arriverez. Mais il faudrait songer à un pseudonyme : John Reed ne paraît pas suffisamment accrocheur…

— Il me faudrait surtout trouver la fin de mon histoire. Comme vous le dites, l'affaire Morstan constituerait une bonne base… mais cela ne me semble pas suffisant. Il faut un épilogue qui renverse le lecteur, le replonge dans l'angoisse et le mystère…

— Vous me mettez l'eau à la bouche. Mais j'ai bien peur que votre roman, à l'allure où vous progressez, ne soit achevé avant des années.

Sans savoir pourquoi, je répondis spontanément :

— Je vous le ferai lire avant la fin de l'année.

Affirmation d'autant plus ridicule qu'à aucun moment je ne songeais à placer Cora dans mon roman, qui, sans elle, sans son diabolique artifice, sans sa folie, n'était même pas envisageable. Et pourtant, contre toute attente, j'allais tenir mon engagement.

Je passai l'après-midi à me renseigner sur Larry Jordan. Le fruit de mes recherches m'effraya et, dans une certaine mesure, me réjouit : un voyou de la pire espèce, soupçonné de vol, chantage, meurtre, ainsi que de tenir un important réseau de prostitution. Ce dernier point me fit envisager une terrible hypothèse : ayant découvert l'état mental de Cora, il l'aurait utilisée pour châtier celles qui, parmi ses « protégées », fraudaient sur leurs gains.

Ce sale type habitait la plus sinistre ruelle de Whitechapel, celle où la plupart des policiers refusaient de se rendre nuitamment : la tristement célèbre Dorset Street.

Tard dans la nuit, sous l'apparence d'un respectable gentleman en quête d'une soirée pimentée, votre fidèle serviteur se glissa dans l'antre du scélérat. J'outrepassai très largement mes droits de policier… et laissai Larry Jordan dans un état qui lui ôterait toute envie de commettre le moindre délit.

Ce qu'il avait fait, ce qu'il avait dit, méritait la mort. De ma vie, je n'avais frappé un homme avec un tel acharnement, et seul un dernier réflexe m'empêcha de l'envoyer en enfer.

L'immonde salaud ! Même sous la violence de mes coups, il avait continué de blasphémer ! Oser hurler de pareilles horreurs sur Cora… le chien ! Je quittai sa tanière, écumant de fureur, me persuadant que je n'avais entendu qu'un tissu de mensonges ignobles, lesquels se heurtèrent à la barrière que je dressais devant la case raisonnement. Mais il y eut des infiltrations et je me mis, inconsciemment, à douter.

Absorbé dans mes réflexions, tête basse, j'arpentai les ruelles désertes et enténébrées de Whitechapel, où seule, parfois, apparaissait l'ombre d'un clochard ou d'une prostituée.

— Un p'tit coup avec moi, mon mignon, qu'est-ce que t'en dis ? fit une voix dans la nuit.

Sans m'arrêter, je lançai un bref coup d'œil à celle qui venait de m'adresser la parole, tout en me demandant ce qu'une si jolie putain faisait dans cet endroit ordinairement réservé aux catins de troisième ordre.

Tout à coup, mes jambes refusèrent d'avancer et mon cœur faillit lâcher.

— Ah ! On change d'avis, mon lapin ! gloussa la voix dans mon dos.

Je n'étais plus qu'un bloc de glace, figé dans une anxiété extrême. Dans un effort surhumain, je retournai sur mes pas et faillis m'effondrer : c'était bien elle !

— Faut pas être si timide, chéri !

— Cora…

— Ah ! On se connaît déjà ! poursuivit-elle de cette voix qui me déchirait.

— Cora…

— Bon, ça suffit. Et arrête de faire cette tête-là, milord, on dirait que tu vas passer l'arme à gauche.

— Cora…

— Mais au fait, tu connais mon… Merde ! Le flic !

Elle voulut s'enfuir, mais je m'agrippai à ses vêtements et entendis sauter les boutons de son ulster. Je fus obligé de plonger dans ses jambes pour la plaquer au sol ; elle se débattit avec la férocité d'un chat sauvage et j'eus toutes les peines du monde à la maîtriser. Après que j'eus essuyé injures et crachats, elle accepta de me suivre dans un pub.

Je me mis alors plus bas que terre, m'abaissai comme je ne l'avais jamais fait devant une femme, lui expliquai pourquoi et comment je l'aimais, lui répétai sans trêve que j'étais prêt à passer l'éponge… sur *tout.*

— Repartons à zéro, ma chérie… nous allons nous marier, nous aurons des enfants…

Mais je parlais aux murs. Toute étincelle de vie avait quitté ses yeux bleu clair perdus dans le vague. Lorsqu'elle me regarda, ce fut pour me dire :

— J'prendrais bien un autre gin.

Il y en eut encore d'autres.

— Bon, fit-elle en terminant son verre, on va y aller. Tu l'as bien mérité.

— Y aller ? Où ça ?

Elle haussa les épaules et me gratifia d'un sourire, le premier de la soirée (je préfère ne pas le décrire) :

— Ben ! Dans ma chambre, c'est ce que tu veux, non ?

Ma tête n'était plus qu'un manège en folie, je ne savais plus ce que je faisais. Cora marchait devant moi, avec son chapeau à plumes, ses bas noirs et ses bottines. Nous gravîmes un escalier pourri menaçant de s'effondrer à chaque pas. Des relents nauséabonds montaient des boîtes à ordures. Sa chambre était étroite, malpropre, misérable, pauvrement meublée ; dans un placard entrouvert, des bouteilles de gin.

— Déshabille-toi, j'vais te montrer ce que j'sais faire. J'ai fait des progrès, tu vas voir.

Seigneur ! faites que tout ceci ne soit pas vrai.

Et elle accomplit son travail. En parfaite professionnelle.

— Alors, ça t'a plu ?

Je me rhabillai, sans un mot, avec une envie de vomir.

— Eh ! dis donc, tu n'vas pas partir sans payer !

Je pris cinq pièces dans mon porte-monnaie et les jetai sur le lit. Elle eut un sourire d'excuse :

— Tu comprends, John, je ne peux pas faire autrement... Si Larry apprenait que je fais des passes à l'œil, il me laisserait tomber sur-le-champ.

L'espace d'un instant, je revis la Cora que j'avais connue. Elle était belle dans sa nudité, gracieusement allongée sur le lit, sa peau nacrée sous la clarté mouvante de la bougie, la ligne exquise de sa gorge, son ventre lisse, ses jambes fermes et fuselées, sa poitrine palpitante après l'effort.

Elle rejeta en arrière une mèche qui lui barrait le front et se leva pour venir m'enlacer. Passant une langue sensuelle sur ses lèvres, elle planta un regard ardent dans le mien.

— Tu sais, John, dans le fond, j't'aime bien quand même, bien que tu ne sois pas mon genre. Mais tu peux revenir quand tu veux, ajouta-t-elle avec un clin d'œil.

Elle m'embrassa longuement en collant contre moi son corps brûlant.

Son regard avait toujours constitué une énigme pour moi. Mais à présent, je savais quelle signification donner à cet étrange et insondable éclat qui y brillait. Je savais ce que, en fait, j'avais inconsciemment enregistré à plusieurs reprises : *elle avait le regard d'une putain.*

— Larry est un type extraordinaire, John, il faudra que je te le présente un jour... Il m'avait plaquée, à l'époque, parce qu'il m'arrivait de ne pas faire payer un client. Tu comprends, John, j'avais honte de demander de l'argent à des types qui... me plaisaient, c'était pas honnête. Tu comprends, dis ? C'était plus fort que moi, j'pouvais pas. Il m'a plaquée. Ç'a été dur... très dur. Mais il m'a aidée à remonter la pente, quand je suis retournée à Londres l'hiver dernier. J'lui ai tout raconté. Ça lui en a bouché un coin. J'crois même qu'il a eu peur, au début. Depuis, il me respecte. C'est un type extraordinaire, je lui dois tout. Il m'a tout appris. Tu comprends, John, pour rien au monde, j'voudrais le décevoir.

Elle baissa la tête, comme quelqu'un en proie à un épineux cas de conscience. Puis elle s'approcha du lit, s'empara de deux pièces qu'elle me rendit.

— C'est ma part, John, c'est tout ce que j'peux faire. Le reste c'est pour Larry. Larry… Oh ! John ! J'aimerais tant que tu le connaisses… Il faut à tout prix que j'te le présente.

Inutile, ma petite, les présentations sont déjà faites. Et je ne pense pas que dans les prochains temps il soit en mesure de « t'apprendre » quoi que ce soit de neuf.

Je demeurai encore un long moment à la regarder, puis pris congé. Au-dehors, je fus surpris par la teinte orangée des volutes brumeuses qui cheminaient furtivement le long de la sombre venelle. Sans presser le pas, je pris la direction du fleuve.

Cora avait atteint les derniers échelons de l'échelle descendant à l'abîme. Tout était fini. Avec une étrange lucidité, je réussis à retracer son parcours sur ce chemin de non-retour. La pauvre fille n'y était pour rien ; le hasard, la malchance l'avaient saisie dans leurs griffes pour ne plus la lâcher. Dès son adolescence, un monstre de perversité l'avait souillée, ébranlant son état mental. Puis un autre monstre de perversité, d'une lâcheté et d'une bassesse inqualifiables, l'avait poussée sur le trottoir, la pauvre fille en avait perdu la tête, s'abandonnant aux plus vils plaisirs. Le hasard – toujours lui – l'avait remise provisoirement sur le droit chemin, avant que n'intervienne votre serviteur, bien mal inspiré. Un désastre ! Pour se protéger, la victime était redevenue meurtrière avait dû tuer et tuer encore avant de sombrer dans la folie. Bien qu'il n'existât aucune preuve tangible, je demeurais persuadé que c'était elle qui avait tué l'infirmière. Après une accalmie de quelques mois, elle retournait à Londres… meurtre, retrouvailles avec Larry, re-prostitution, meurtre et encore meurtre, alcoolisme… la fatalité venait d'engloutir sa proie.

Était-ce elle qui avait assassiné ses trois sœurs d'infortune ? Comment allait-elle réagir en retrouvant son « protecteur » à demi-mort ? Allait-elle tuer encore ? Toutes ces questions sans réponse m'importaient peu à présent. Je crois sincèrement avoir fait tout mon possible pour la sauver. Mais elle était allée trop loin, je ne pouvais plus rien pour elle… quoi qu'il advienne.

Un peu plus tard, accoudé au parapet du pont de Blackfriars, passant et repassant inlassablement dans mon esprit les principales étapes de ma vie et de celle de Cora, je regardais le mélancolique mais grandiose spectacle qui s'offrait à moi ; St Paul, la tour de Londres, Somerset House et Westminster se dressaient dans la nuit, tels des fantômes drapés dans leurs suaires de brouillard. Sous mes pieds, le fleuve obscur et béant vomissait des vapeurs pourpres.

Soudain, des mains glacées happèrent mes épaules pour tenter de me projeter dans les eaux noirâtres.

Résiste, John, résiste !

Une musique étrange, limpide, enivrante, m'enveloppa, me berça, m'invitant à la suivre dans le gouffre mouvant.

Je m'agrippai au parapet de toutes mes forces.

Puis je sentis dans mon dos une fourche brûlante ; une ombre cornue, surgie de nulle part, aux yeux de lave, m'indiqua les abîmes d'un geste impérieux.

Cela va peut-être vous sembler ridicule, mais c'est ainsi ; ce qui me sauva, ce fut mon roman. *Mon* roman. *Mon histoire.* Une histoire *exceptionnelle.* Mon *œuvre,* mon *chef-d'œuvre !* Je ne pouvais pas partir avant d'avoir réalisé mon chef-d'œuvre !

Je serrai les dents, bandai mes muscles au bord de la rupture. La terrible poussée s'intensifia, me faisant entrevoir l'enfer. Je luttai de tout mon corps, de toutes mes forces, mon cerveau fut sur le point d'éclater.

Puis soudain, quelque chose lâcha, il y eut un craquement dans mon cerveau. La terrible poussée s'était évanouie. Une agréable sensation de bien-être se répandit en moi. Je levai les yeux, comme pour remercier Dieu, qui parut se manifester en embrasant le ciel, transformant en torches flamboyantes les réverbères qui jalonnaient le pont. À travers l'épais brouillard rouge, luisait la Tamise qui roulait ses eaux écarlates.

Le spectacle était grandiose.

22

Septembre 1888

Bien souvent, on compare Londres à une juxtaposition de villes, tant le contraste opposant certains quartiers est inouï. Le West End, réunion de parcs et de palais, d'opulentes maisons et de jardins verdoyants, de squares immenses, verts tapis encadrés d'arbres, ceinturés de grilles en fer. Et puis, dans l'East End, la plus grande, la plus cruelle des misères, plaie vive, parfaitement illustrée par Spitalfields et Whitechapel. Quartiers populeux et sordides, rues tortueuses et étroites bordées par de grandes maisons lépreuses et suintantes d'humidité, où tous les naufragés de la vie semblent s'être donné rendez-vous ; population hâve et grouillante, frappée du sceau de la misère et du vice sous toutes ses formes, y compris les plus abjectes.

Nous avons déjà parlé de la sinistre Dorset Street, mais, avec son entrepôt d'équarrissage de chevaux, Buck's Row n'avait rien à lui envier. Une ruelle aux senteurs fades, aux pavés ruisselant du sang des malheureuses bêtes qui agonisaient en poussant des hennissements de détresse.

Le vendredi 31 août, à 3 h 20 du matin, un charretier nommé George Cross, se hâtait dans la rue déserte. Arrivé à la hauteur de l'abattoir, il distingua confusément, de l'autre côté de la voie, une forme allongée qu'il prit pour une bâche. S'en approchant, il aperçut John Paul, un camarade de travail, qui arrivait en sens inverse. Déception et stupeur !... la bâche se révéla être un cadavre de femme, encore chaud ! Les deux compères se précipitèrent pour faire part de leur découverte au commissariat de Brady Street. À 3 h 45, la lanterne sourde du constable John Neil éclaira ce même cadavre, qui ne s'y trouvait pas trente minutes auparavant, lors de sa ronde précédente. La victime avait la gorge ouverte d'une oreille à l'autre. Par la suite, le médecin légiste devait constater que le corps avait été éventré ; la plaie était profonde et révélait partiellement les intestins. Mais il y avait d'autres blessures, plusieurs incisions sur l'abdomen et sur le flanc droit.

Les résultats de l'enquête furent stupéfiants. Le témoignage du constable John Neil fixa l'heure du crime entre 3 h 15 et 3 h 45 ; temps qui fut ramené à 3 h 15 – 3 h 25 selon les dires de Cross et de Paul. Trois gardiens de nuit faisaient leur ronde à proximité, ils n'avaient pas entendu le moindre cri, ils n'avaient pas croisé un quelconque suspect. Trois employés de l'abattoir firent des déclarations analogues. Une femme, qui habitait à l'endroit où fut retrouvé le cadavre, et n'avait pas fermé l'œil de la nuit, affirma qu'elle n'aurait pas manqué d'entendre le moindre petit bruit. Nul n'avait vu ou entendu l'assassin, lequel, en moins de dix minutes, avais mis en pièces sa victime avant de disparaître miraculeusement.

Polly Nicholls – ainsi se nommait la morte –, une prostituée de 40 ans, faisait partie de ces clochardes que la débauche et la misère avaient rendues plus repoussantes que séduisantes. Elle avait été mariée et elle était la mère de cinq enfants. Mais, préférant la compagnie de l'alcool à celle de sa progéniture, Polly avait fini par échouer dans les asiles pouilleux de Spitalfields.

L'enquête ne me fut pas confiée. Elle échut à l'un de mes collègues qui, comme je l'espérais, s'y cassa le nez.

Le crime de Buck's Row éveilla l'intérêt de la presse, celui des habitants de l'East End, et surtout celui des filles que leur profession contraignait à errer tardivement dans les ruelles sombres. En revanche, il ne sembla pas exciter la curiosité du nouveau directeur du C.I.D. – il venait d'être nommé, son prédécesseur ayant démissionné le lendemain du meurtre à la suite d'une série de conflits l'opposant à Sir Charles Warren –, qui partit passer un mois de vacances dans les Alpes suisses.

Une semaine plus tard, le samedi 8 septembre, on découvrit encore un cadavre de prostituée et toujours dans le même quartier. La nouvelle se répandit dans Londres comme une traînée de poudre et provoqua une véritable panique. Dans la rue, les gens s'arrachaient les premières éditions des journaux de l'après-midi. À présent, il n'y avait plus aucun doute : cette sanglante série était imputable à une seule et même main. La crainte se lisait sur tous les visages. Et les consœurs des malheureuses s'interrogeaient, tremblantes : à qui le tour ?

La terreur des femmes galantes était justifiée, car cette fois-ci le mystérieux assassin avait fait preuve d'une perversité suprême : non seulement la victime avait été égorgée et éventrée, mais certains de ses organes avaient été extraits pour être bien mis en évidence.

La victime, Annie Chapman, était la mère de deux enfants que, dès la mort de son époux, elle avait laissés à la campagne pour chercher fortune à Londres. Elle avait été très rapidement contrainte à faire commerce de ses charmes pour survivre. À 47 ans, empâtée, empestant l'alcool, elle semblait encore plus dégradée que les autres prostituées de Whitechapel – ce qui n'est pas peu dire.

C'est à 5 h 55 du matin que John Lavis, un manutentionnaire aux halles, découvrit son cadavre dans l'arrière-cour du 29 Hanbury Street. La tête était presque détachée du tronc, l'abdomen entièrement ouvert, les intestins posés sur l'épaule du cadavre ; l'utérus ainsi qu'une partie du vagin avaient disparu. En outre, on trouva deux misérables anneaux de cuivre – arrachés des doigts d'Annie – et deux pièces de menue monnaie disposées aux pieds de la victime en un curieux dessin géométrique. Le Dr Phillips souligna l'extraordinaire habileté du criminel, la précision de ses incisions, et estima qu'il ne lui aurait pas fallu moins d'un quart d'heure pour procéder aux mêmes mutilations : « Il s'agit manifestement d'un travail d'expert, probablement exécuté avec un instrument d'autopsie. »

L'immeuble portant le numéro 29 de Hanbury Street abrite seize locataires, et il faut traverser un couloir partant de la rue pour parvenir à la cour intérieure. Bien que les cloisons de bois de l'immeuble soient très minces, aucun des locataires n'avait entendu le moindre bruit au cours de la nuit. Le fils de la propriétaire affirma qu'aucun cadavre ne gisait dans l'arrière-cour à 4 h 45. Annie Chapman fut vue pour la dernière fois à 5 h 30, devant le 29 Hanbury Street, accompagnée de quelqu'un qui portait un manteau et une casquette de chasseur. Le témoin – une Mrs Long – n'en put dire davantage. Le cadavre fut découvert à 5 h 55, et déjà à cette heure-là Hanbury Street était encombrée de porteurs qui se rendaient au marché de Spitalfields. L'énigme posée aux policiers n'était pas sans rappeler celle de la semaine précédente : comment l'assassin, après avoir dépecé sa victime en un temps record, sans qu'on eût remarqué ou entendu quoi que ce fût et ceci dans un endroit pourtant fréquenté, comment cet assassin-là avait-il pu quitter les lieux, presque en plein jour, sans attirer l'attention alors qu'il devait être couvert de sang ?

D'emblée, les policiers comprirent qu'ils avaient affaire à un criminel hors du commun, faisant preuve d'une virtuosité exceptionnelle et d'une audace accrue.

Naturellement, les critiques acerbes de la presse à l'égard de la police ne firent qu'augmenter la panique : « Une même main criminelle a assassiné quatre prostituées et toujours pas le moindre indice pouvant mener à l'assassin. » On se mit alors à arrêter à tort et à travers. Étrangers, mendiants, voleurs furent appréhendés pour être relâchés aussitôt, faute de preuves. Un flot intarissable de suspects défila dans les commissariats. Entre-temps, dans toute la ville on assistait à des incidents tragiques ; chaque geste paraissait suspect et à plusieurs reprises les forces de l'ordre durent intervenir pour éviter des lynchages. Il y eut des dénonciations, des lettres anonymes ; on en profitait pour régler ses comptes ; on croyait voir le dément à chaque coin de rue.

Il y eut une accalmie lorsque la police arrêta « Tablier-de-cuir », un Juif polonais du nom de John Pizer, cordonnier de son état. Tablier-de-cuir était une sorte de personnage mythique, sanguinaire, qui hantait l'East End. Mais John Pizer avança un alibi inattaquable en ce qui concerne l'assassinat d'Annie Chapman, et la police dut le laver publiquement de tout soupçon pour éviter son lynchage par une foule ivre de vengeance.

Du jour au lendemain, Whitechapel devint l'objet d'une surveillance sans précédent, et il n'y eut pas une ruelle qui ne fut soumise à la vigilance de la police. Scotland Yard avait engagé un nombre considérable de détectives. En outre, les habitants du quartier organisèrent eux-mêmes leurs comités de vigilance.

Les quelques deux cents dépôts de mendicité de Spitalfields furent passés au peigne fin, car pour les Victoriens le monstre ne pouvait être un aristocrate anglais ; c'était inimaginable, bien entendu.

Après ses échecs successifs, la police ne fut pas épargnée par la presse. On parla de scandale, de stupidité, d'incapacité totale, de situation désespérée. Mais c'était surtout contre Warren qu'était dirigée cette campagne.

Le brouillard était très dense lorsque je quittai Scotland Yard en cette soirée de fin septembre. Battant la semelle sous un réverbère dans l'attente d'un fiacre, j'aperçus l'élégante silhouette de Melvin, vêtu de sa cape noire et de son chapeau haut-de-forme.

— John ! dit-il, faisons quelques pas ensemble ! Nous n'avons même plus le temps de parler depuis que ce fou sanguinaire terrorise la ville.

— Volontiers. Quoique la nuit dernière passée à arpenter les ruelles de Whitechapel m'ait ôté l'envie de marcher. À moi ainsi qu'à Walter. Mais il a moins de chance que moi, car il est encore de service ce soir.

— Que pouvons-nous faire d'autre, soupira Melvin. Pas la moindre piste. C'est à désespérer. Le quartier est quadrillé, mais je crains le pire. Voilà deux semaines que le monstre ne s'est pas manifesté. Je l'imagine très bien, à l'affût dans l'ombre, la main sur son couteau, prêt à profiter de la moindre occasion pour tuer encore… Un fou ! De toute évidence ce ne peut être qu'un fou ! Mais un fou lucide, intelligent… car il est d'une habileté diabolique… Vous savez, John, s'il ne tenait qu'à moi, la direction de cette enquête vous aurait été confiée.

— L'inspecteur Abberline se débrouille très bien, observai-je avec une pointe d'ironie dans la voix.

Melvin secoua la tête :

— Je pense en toute sincérité que vous êtes seul en mesure de mettre un terme à cette série de crimes. L'assassin fantôme, c'est votre spécialité, il me semble ! D'ailleurs cette affaire, hormis le fait qu'on s'en prenne aux prostituées et qu'on les éventre, me rappelle singulièrement le cas Morstan : gorges tranchées et assassin qui s'évapore…

Oui, mon petit Melvin, tu n'es pas loin, mais ne compte pas sur moi pour te donner la solution… Je répondis :

— Nellie s'est suicidée, ce ne peut donc être elle.

— Je le sais bien, John. Mais alors qui peut-il bien être ? Un savant fou ? Un fanatique religieux ? Un boucher ? Un aristocrate ayant perdu la raison ? Et pourquoi massacre-t-il ces malheureuses comme des bêtes ?… Vous savez, John, toutes sortes de bruits circulent. Le caractère affreux de ces crimes suscite les hypothèses les plus scandaleuses… La précision de ses interventions met le corps médical sur la sellette…

— Un médecin ? Ma foi, c'est fort probable, dis-je, satisfait de voir l'opinion publique s'engager dans cette voie.

Melvin observa un silence soucieux, puis :

— La semaine dernière, nous avons interrogé les amies d'Annie Chapman. Vous savez qu'elle habitait – quand elle en avait les moyens – l'un des lupanars les plus notoires de Dorset Street. Devinez qui j'y ai rencontré ?

Un spasme me parcourut des pieds à la tête.

— La fille de l'aubergiste de Blackfield. J'étais étonné de la trouver en pareil endroit. J'ai voulu lui parler, mais…

Je commençais à avoir très chaud.

— Elle était bizarre. Elle semblait, comment dire ?… folle… folle de chagrin, peut-être. Je n'ai pu définir le sentiment qui l'habitait. Toujours est-il qu'elle ne m'a pas répondu.

Ouf ! Je revenais de loin.

Melvin s'éclaircit la voix avant de poursuivre

— Elle… enfin, tout donnait à penser qu'elle… était femme galante. Étrange, tout de même, car elle m'avait fait assez bonne impression à l'époque et…

— Je comprends, achevai-je rapidement d'un ton sec. Mais chacun mène sa vie comme il l'entend.

Je n'avais pas revu Cora depuis la nuit où elle m'avait montré tout son savoir-faire. La Cora que j'aimais n'existait plus ; l'autre n'était qu'une épave que, dans la mesure du possible, j'évitais de rencontrer sur mon chemin. Folle de chagrin ? Oui, c'était bien possible, car entre-temps j'avais appris que son « protecteur », à la suite de mon intervention, était devenu idiot et avait à présent l'âge mental d'un nouveau-né et l'aspect d'un pantin désarticulé. Il n'y avait aucun espoir d'amélioration. Et tant mieux, c'était encore bien trop beau pour lui !

Nous nous en tînmes là et prîmes congé l'un de l'autre. Je regardai pensivement la silhouette du superintendant s'éloigner dans le brouillard, puis arrêtai un fiacre et donnai mon adresse au cocher.

Je revis Melvin le lendemain en fin d'après-midi, dans son bureau.

— Lisez cette lettre, John, commença-t-il, et dites-moi ce que vous en pensez. Elle a été expédiée au *Central News Agency.*

— Et écrite à l'encre rouge, s'il vous plaît ! commentai-je en m'emparant de la feuille.

Cher Boss,

Je n'arrête pas d'entendre dire que la police m'a pris mais elle ne m'arrêtera pas de sitôt. Ça me fait bien rire qu'ils aient l'air si malin et qu'ils racontent qu'ils sont sur ma piste. La farce de Tablier-de-cuir m'a fait rire aux larmes.

Je suis contre les putains et je n'arrêterai de les découdre que quand je serai bouclé. Superbe, mon dernier ouvrage. Je n'ai pas laissé à la dame le temps de piailler. Comment peuvent-ils me capturer maintenant ? J'aime mon travail et je veux recommencer. Vous entendrez bientôt parler de moi et de mes joyeux petits divertissements.

Après mon dernier boulot, j'avais mis de côté dans une bouteille de ginger beer le vrai liquide rouge pour écrire avec mais il est devenu épais comme de la colle et je ne peux m'en servir. J'espère que l'encre rouge suffira. Ha ! Ha !

Le prochain travail que je ferai, je couperai les oreilles de la dame et je les enverrai à la police, rien que pour la rigolade, n'est-ce pas ? Conservez cette lettre jusqu'à ce que j'aie fait encore un peu de boulot et puis rendez-la publique aussitôt. Mon couteau est si joli et si tranchant que je veux me remettre au travail tout de suite si je trouve l'occasion. Bonne chance.

Sincèrement vôtre,

Jack l'Éventreur

Pas d'inconvénient à donner ma marque de fabrique. Il faut que j'enlève toute cette encre rouge de mes mains avant de mettre cette lettre à la poste. Malédiction ! Pas eu de chance encore. Maintenant, ils disent que je suis un docteur. Ha ! Ha !

— Alors ? demanda Melvin d'une voix hargneuse lorsque j'eus achevé ma lecture.

— À présent, l'assassin a un nom : Jack l'Éventreur. Nous avançons à pas de géant, ajoutai-je non sans ironie.

— Je vous en prie, John. Alors, à votre avis, une fumisterie ?

— Bien qu'il ne s'agisse là que d'une impression, je pencherais pour une lettre authentique…

Melvin me lança un regard grave :

— Pour ma part, j'en suis persuadé. Et je crains fort qu'il ne se manifeste dans les prochains temps comme il l'a annoncé. D'une certaine manière, cette lettre nous éclaire quelque peu sur sa psychologie. Un mégalomane habité par une confiance en soi inébranlable, pas la moindre panique, on le sent invincible comme s'il disposait…

— … d'un pouvoir magique, achevai-je.

— Exactement. Regardez maintenant l'écriture : elle est fine, élégante et soignée.

— Oui, mais le style ne l'est pas ; plutôt maladroit et vulgaire.

— Une ruse, croyez-moi, et au second degré, s'il vous plaît. Il sait pertinemment que nous n'allons pas tomber dans ce piège grossier. (Melvin se redressa, sa voix se fit professorale, solennelle presque :) John, j'ai l'impression que nous avons affaire au plus grand criminel de tous les temps. Ce type-là n'est pas aussi fou qu'on le pense. Il l'est, d'une certaine manière, mais il est également doué d'une prodigieuse intelligence. Il le sait, et il sait que nous savons – cette lettre n'est ni plus ni moins qu'un défi au Yard.

— Jack l'Éventreur, fis-je en détachant chaque syllabe.

Les yeux de Melvin se plissèrent :

— Jack l'Éventreur ou… Jill l'Éventreuse !

— L'assassin serait une femme ? m'emportai-je. Mais c'est impossible ! Jamais une femme ne serait capable de…

— Et pourquoi, s'il vous plaît ?

Un silence de mort plana dans la pièce.

— Au fait, patron, qu'allez-vous faire de cette lettre ?

— Ce que l'Éventreur nous demande, la tenir dans l'ombre. Très peu de personnes sont au courant, elles garderont le secret.

Trois semaines s'étaient écoulées depuis le terrible meurtre d'Annie Chapman. Je regardais d'un air soucieux la nuit coller son mufle humide aux carreaux de la porte donnant sur l'escalier de secours. Ces derniers temps, je rentrais souvent aux premières lueurs de l'aube et comme cette porte grinçait, je décidai d'en graisser les gonds. J'avais terminé mon travail lorsqu'on sonna à la porte d'entrée. J'allai ouvrir.

— Walter ! m'exclamai-je. Mais c'est vrai, tu es de service, mon pauvre vieux !

— Je donnerais cher pour être à ta place ce soir, bien au chaud sous mes couvertures, grommela-t-il alors que je le débarrassais de son chapeau melon et de son manteau couleur rouille.

Il se laissa tomber dans un fauteuil et regarda le feu qui pétillait dans la cheminée comme un gosse admirant une vitrine de Noël. Je lui servis un verre de whisky. Il prit une gorgée et soupira :

— Tu sais, John, que je ne suis pas du genre froussard.
— Je le sais mieux que personne.
— Tu as vu le brouillard, ce soir ?
— Oui, mais…
— Nous avons eu un message tout à l'heure.
— Un message ? Mais de qui ?
— Je te le cite textuellement : « Attention : je travaillerai le 1er et le 2 aux Minories, à minuit. Je donne une chance sérieuse aux autorités, mais il n'y a jamais de policier près des lieux où j'opère. Signé : Jack l'Éventreur. »

Après un silence, je fis remarquer :

— Si cet avertissement n'est pas un canular et que ce Mr Jack l'Éventreur tienne son engagement… Non, ce serait de la folie, il se ferait inévitablement pincer. Ce type-là a toute la ville à ses trousses, les putains sont sur le qui-vive, même les clochards ouvrent l'œil, ne serait-ce que pour rafler les récompenses, et nous surveillons toutes les ruelles de Whitechapel.
— Oui, mais nous sommes samedi, il y a beaucoup de monde dans les rues et les putains sont bien obligées de gagner leur croûte !
— Tu m'as dit le 1er et le 2, non ? Ce serait donc pour lundi et mardi ?
— Jusqu'à présent, il a toujours opéré le week-end, il n'y a aucune raison pour que ça change. Tel est du moins l'opinion de Melvin. Minories est une rue au nord de la tour de Londres, effleurant le sud de Whitechapel.
— Minories… il sort de son secteur… Ne crois-tu pas que ce n'est qu'une ruse destinée à détourner notre attention ?
— Aucune idée, John. Moi, j'ai surtout l'impression qu'il va encore frapper, et ce soir même. Et puis il y a ce maudit brouillard, ajouta-t-il en passant une main nerveuse dans ses cheveux roux.

Walter vida son verre d'un trait pour se donner du courage, puis se leva.

— Bon, je vais affronter le monstre. Bonne soirée.
— Au fait, dans quel secteur es-tu ce soir ?

Il respira profondément avant de lâcher :

— Dorset Street.

Au moment où le détective Walter MacNiel venait de quitter son ami, quelque part à Londres, une personne s'est mise à aiguiser son couteau. « Vous entendrez bientôt parler de moi et de mes joyeux petits divertissements », se dit-elle en contemplant son reflet dans une glace qui lui renvoie deux yeux mi-clos laissant filtrer les flammes de l'enfer. « Je charcuterai le numéro 1… et ensuite le numéro 2 aux Minories ! Ha ! Ha ! »

Jack l'Éventreur préparait un coup double d'une rare férocité, d'une audace inouïe, qui ferait les gros titres de la presse et plongerait Londres dans un abîme de terreur.

Il est très tard, minuit peut-être. Remontons lentement la Tamise et tentons de percer le brouillard qui se fait de plus en plus dense : le palais de Westminster, Charing Cross Station, Somerset House, le Temple, Custom House et arrêtons-nous à la tour de Londres, car une ombre qui longeait le quai vient de bifurquer à ce niveau, vers le nord, en direction de Whitechapel. La silhouette est vêtue d'un long manteau au col relevé et d'une casquette avec visière et couvre-nuque. Son pas est décidé mais ne trahit nulle hâte. Rien d'extraordinaire jusque-là. En revanche, un observateur attentif ne manquera pas d'être frappé par l'étrange fixité de ses yeux bleu pâle, presque transparents, où toute étincelle vitale semble avoir disparu.

À mesure que la silhouette s'enfonce dans Whitechapel, elle ralentit son pas pour se mêler aux noctambules qui commencent à quitter les pubs. Nul ne lui accorde le moindre regard, tant elle paraît anodine.

Elle s'engouffre dans une ruelle sinueuse et obscure, foulant de son pas régulier et sinistre dans sa monotonie le pavé noyé dans le brouillard qui roule et déroule, jusqu'à hauteur d'homme, son écharpe cotonneuse.

Puis elle s'arrête.

Quelques mètres plus loin, la clarté sourde d'une taverne jette des taches jaunâtres sur les pavés gluants. Un tumulte de voix – querelles, refrains braillés, rires grivois – trouble le silence.

Les minutes passent, la silhouette est toujours là, immobile, à l'affût dans l'ombre.

Brusquement, le brouhaha s'intensifie, car la porte de la taverne s'est ouverte sur une femme titubante qui, entre deux éclats de rire, fredonne un air populaire de sa voix éraillée. Elle est vêtue d'une veste aux parements de fourrure, d'une robe de satin noir et de bas blancs. Son rire révèle l'absence de plusieurs dents.

L'observateur attentif verra naître l'effrayant sourire sur le visage de la silhouette, devinera que la femme est une prostituée, mais ne saura certainement pas qu'elle s'appelle Elizabeth Stride, qu'elle a 45 ans, qu'elle est veuve et mère.

Mais la silhouette, elle, sait.

Elizabeth Stride claque la porte et s'apprête à s'éloigner quand soudain, saisie d'une prémonition, elle se retourne pour scruter la ruelle enténébrée. Une trouée dans le brouillard lui fait entrapercevoir, l'espace d'un instant, une silhouette immobile. Mais elle met sa vision furtive sur le compte des vapeurs de gin et s'éloigne tout en reprenant son couplet.

L'ombre lui emboîte le pas.

Vers 0 h 50, Elizabeth Stride se trouve dans une étroite cour donnant sur Berner Street. Si l'on excepte la faible lueur qui filtre des fenêtres d'un club, l'endroit est plongé dans l'obscurité. Elizabeth Stride vient de refuser un client et est en train de se demander ce qui lui a pris, lorsqu'elle aperçoit une ombre coiffée d'une casquette de chasse se diriger vers elle à pas de loup. Une terreur sans nom la cloue sur place jusqu'au moment où l'ombre lui adresse la parole.

Et subitement, comme par métamorphose, la prostituée est rassurée. Une conversation amicale s'engage.

— J'ai un petit cadeau pour toi, dit l'ombre.

— Ah ! s'exclame Elizabeth Stride. C'est vraiment curieux de la part…

Sa voix s'éteint, mais elle ne comprend pas tout de suite pourquoi. Elle porte soudainement ses mains à sa gorge toute gluante… et elle comprend alors pourquoi, juste avant de s'affaler au sol.

Quelques secondes plus tard, Luis Diemschutz, un colporteur, pénètre dans la cour obscure. Son cheval fait un brusque écart, manquant presque de le projeter au sol. Irrité, il descend de sa carriole pour voir quel est l'obstacle qui vient d'effrayer sa monture. Il craque une allumette et découvre Elizabeth Stride, la gorge tranchée d'une oreille à l'autre. Il réalise aussitôt qu'il est en présence d'un nouveau meurtre du fou sanguinaire et se rue vers le club afin d'alerter ses amis. Et la silhouette tapie dans l'ombre s'éclipse furtivement, tout en maudissant celui qui vient d'interrompre sa macabre besogne. Un peu plus tard, des policiers se pressent dans la courette de Berner Street.

À dix minutes de là, dans le boyau ténébreux de Church Passage, Catherine Eddowes, dont la démarche se ressent encore de sa récente ivresse, lâche un chapelet d'injures aux policiers qui l'avaient arrêtée. Elle a cuvé son gin au commissariat de Bishops Gate et on vient de la relâcher.

Rasant les murs, elle prend subitement conscience du bruit de pas qui résonne derrière elle depuis quelque temps. Elle jette un coup d'œil par-dessus son épaule et voit une ombre coiffée d'une casquette de chasse s'avancer lentement vers elle. Lorsque celle-ci lui parle, la femme se départ aussitôt de la fugitive terreur qui venait de s'emparer d'elle.

Mitre Square est un endroit paisible bordé sur deux côtés par les établissements Kearly & Tonge, importateurs de thé. Trois entrées donnent sur le square, situé tout près de Minories.

Le constable Edward Watkins y patrouille de quart d'heure en quart d'heure. Il ne remarque rien d'anormal lorsqu'il traverse le square à 1 h 30.

C'est à ce moment que Catherine Eddowes et l'ombre pénètrent dans le square. À 1 h 35, trois hommes quittent un pub de Duke Street et passent par là. L'attention de l'un d'entre eux est attirée par le rire de Catherine Eddowes ; il lui accorde un bref coup d'œil, ainsi qu'à l'ombre, puis poursuit son chemin.

Encore secouée de rire, Catherine Eddowes plonge son regard dans celui de l'ombre. La douceur des deux yeux bleus qui la fixent s'est évanouie ; ils brillent d'un étrange éclat et semblent s'agrandir progressivement. En un éclair, elle réalise toute l'horreur de la situation.

Catherine Eddowes est étendue sur les pavés. L'ombre, penchée sur elle, en proie à un plaisir frénétique, s'active dans sa mystérieuse besogne, dont le ventre de la prostituée semble être le centre d'intérêt.

Il est 1 h 45, lorsque le constable Edward Watkins repasse dans Mitre Square. Le faisceau lumineux de sa lanterne sourde accroche immédiatement le cadavre de Catherine Eddowes qui baigne dans une mare de sang. Le spectacle qui s'offre à ses yeux est atroce, insoutenable.

La morte gît, la gorge tranchée depuis l'oreille droite jusqu'à la gauche. Le visage est horriblement défiguré, les paupières entaillées, le nez a disparu et l'œil droit ne paraît plus ; le lobe de l'oreille droite est obliquement entamé et celui de l'oreille gauche présente une incision verticale. Le ventre, ouvert sur toute sa longueur, vide d'entrailles. Les intestins reposent sur l'épaule droite et le tube digestif est placé entre le bras et le flanc gauches.

La réaction de Watkins est prompte, il se précipite chez le gardien des établissements Kearly & Tonge. Celui-ci, ancien policier, s'élance hors du square et s'époumone dans son sifflet, tandis que Watkins reste auprès du corps.

Et dès lors, commence une impitoyable chasse à l'homme. Whitechapel n'est plus qu'un concert de coups de sifflet, les policiers s'agitent dans le brouillard. Des hommes surgissent des recoins des ruelles, aboyant des ordres aux constables qui courent dans tous les sens.

Dans Houndsditch, la silhouette à la casquette de chasse s'enfuit à grandes enjambées avec toute une meute à ses trousses.

— Nous le tenons ! hurle un inspecteur qui arrive en sens inverse.

Jack l'Éventreur sait que la moindre erreur lui sera fatale. Il court si vite qu'il semble voler, mais son esprit reste parfaitement calme, parfaitement lucide. Pas la moindre ombre de panique. Il sait que sa tête dépend de son extraordinaire sang-froid, et aussi de sa ruse – cette ruse diabolique qui peut, qui doit le sauver.

À l'instant où les policiers s'apprêtent à fondre sur lui, il s'engouffre dans un passage obscur. On entrevoit encore quelques instants sa silhouette qui s'estompe, absorbée par le brouillard.

Bien qu'on l'ait perdu de vue, les policiers ne s'inquiètent pas outre mesure ; le dément ne peut qu'être maculé de sang, le quartier est cerné, il lui sera impossible de s'échapper au travers des mailles du filet qui se resserre. On le suit à la trace, un chiffon ensanglanté est découvert dans Goulston Street. Il remonte vers le nord, les coups de sifflet redoublent d'intensité, on entend ses pas précipités, on le frôle. On aperçoit sa silhouette furtive s'engager dans la célèbre Dorset Street. Les policiers remontent la ruelle pour finalement se heurter au détective MacNiel, qui était posté à l'autre extrémité.

— Il n'est pas passé par là ! s'écrie-t-il. Il doit encore s'y trouver !

Les lanternes sourdes fouillent tous les recoins de la ruelle, pour finalement éclairer, dans un renfoncement de cinq ou six mètres, une fontaine : l'eau est encore rougie de sang ! Le meurtrier s'y est lavé les mains avant de s'envoler en fumée !

Le lendemain, dimanche, une carte fut glissée dans une boîte aux lettres de l'East End : l'écriture était identique à celle de la première lettre signée Jack l'Éventreur. En outre, la carte portait l'empreinte d'un pouce sanglant.

Je ne vous racontais pas de blagues, cher vieux Boss, quand je vous ai donné le tuyau. Vous entendrez parler demain du travail de Jack l'Espiègle. Cette fois, coup double. Numéro Un a un peu piaillé. Pas pu la finir d'un seul coup. N'ai pas eu le temps de récupérer les oreilles pour la police. Merci d'avoir gardé dernière lettre en attente jusqu'à ce que je me remette au travail.
Jack l'Éventreur.

À l'heure où la carte avait été postée, la presse n'avait pas encore soufflé mot du double meurtre. Seul l'assassin pouvait savoir qu'il n'avait pas eu le temps de couper les oreilles d'une des victimes. Ce qui écartait définitivement toute idée de supercherie à propos de ce courrier.

23

Octobre 1888

Lorsque les Londoniens apprirent ce double meurtre d'une férocité et d'une témérité sans pareilles, la panique ne connut plus de bornes et la grande ville ne fut plus qu'un immense asile d'aliénés saisis de terreur. On commençait à trembler dès que le soleil disparaissait à l'horizon, ensanglantant le ciel ; on se terrait chez soi en claquant des dents quand le brouillard s'abattait sur la ville.

Jack l'Éventreur ! *Jack the Ripper !* Ombre rôdeuse qui arpentait, l'écume aux lèvres, les ruelles de l'East End, pour semer la mort avec sa lame redoutable.

À cette indicible terreur, s'ajouta la vague d'indignation et de colère qui déferla sur la police, et plus particulièrement Sir Charles Warren. On réclama sa démission, parfois même sa tête. Sous une pluie quotidienne de critiques acerbes, Sir Charles Warren se décida à rappeler celui qui chassait le chamois et recherchait l'édelweiss sur les pentes enneigées des Alpes, aussi introuvable que l'assassin lui-même. Ensuite, il donna l'ordre d'envoyer tous les hommes disponibles dans l'East End afin de renforcer les effectifs – pourtant déjà considérables – de policiers affectés à l'enquête.

On ne peut pas dire que ces mesures eurent les résultats escomptés : un C.I.D. indolent refusant de prendre toute responsabilité et une population lui témoignant une hostilité croissante. Lamentable spectacle !

Et pendant ce temps, Jack l'Éventreur, riant sous cape, méditait son prochain forfait…

Au commissariat de Whitechapel où Scotland Yard avait établi son quartier général, l'inspecteur Abberline faisait les cent pas sous le regard attentif des policiers.

D'un geste agacé, il chassa la fumée de son cigare, puis grogna :

— Reprenons. Il est minuit 45 lorsqu'on aperçoit Elizabeth Stride vivante pour la dernière fois. Elle se trouve alors près de l'endroit du meurtre et elle est accompagnée par un homme qui, d'après notre témoin, porte un long manteau et paraît assez corpulent ; il faisait sombre, il n'a pas vu son visage. Était-ce l'assassin ? Rien ne nous permet de l'affirmer. Un quart d'heure plus tard, le colporteur Diemschutz découvre le corps, encore chaud, d'Elizabeth Stride. Il est clair qu'il a surpris l'Éventreur dans sa sinistre besogne, sans quoi ce dernier ne se serait certainement pas limité à trancher la gorge de la malheureuse…

— Oui ! s'écria un sergent. Car d'ordinaire il…

— Nous savons très bien ce qu'il fait d'ordinaire ! aboya Abberline, qui avait viré à l'écarlate.

— Les oreilles intactes de la victime sont la meilleure preuve que Jack l'Éventreur a été surpris, intervins-je perfidement. Il nous les avait promises, ne l'oublions pas.

Une veine bleue saillit sur le front d'Abberline. Bien qu'il fût sur le point d'exploser, il poursuivit d'une voix calme :

— À 1 h 45, on découvre un second cadavre à Mitre Square. Dix minutes auparavant, Catherine Eddowes était encore vivante. Le témoin qui l'a aperçue nous fournit un signalement relativement précis de l'homme qui était en sa compagnie : il était habillé de serge bleu marine, portait une casquette de chasse et avait une petite moustache blonde. Vu l'état de la victime, retrouvée dix minutes plus tard, nous pouvons affirmer qu'il s'agit de l'assassin, lequel, une fois encore, est dérangé dans son abominable occupation.

— Les oreilles sont entaillées, dis-je en simulant la compassion, mais elles sont encore là. Le pauvre, il n'a vraiment pas de chance.

L'éclat de rire fut général, si l'on excepte Abberline qui demeurait de marbre. Il n'appréciait visiblement pas ma plaisanterie, qu'il devait juger tout à fait déplacée.

— Vraiment pas de chance, releva-t-il d'une voix acide, c'est un point de vue que je ne partage pas. Le constable qui a découvert le corps faisait sa ronde dans le secteur et passait tous les quarts d'heure par Mitre Square. De plus, l'assassin courait le risque énorme d'être surpris par les noctambules qui pouvaient pénétrer dans le square par trois côtés différents. Et vous dites qu'il n'a pas eu de chance ?...

Melvin, jusqu'alors silencieux, déclara :

— De toute évidence, l'Éventreur avait dû minuter la ronde du constable. Le crime était prémédité, même s'il ne pouvait connaître sa victime à l'avance. Et n'oublions pas non plus son message nous apprenant qu'il allait opérer aux Minories. Mitre Square est juste à côté...

Abberline secoua la tête, excédé :

— Si seulement nous avions su que cet avertissement émanait de l'assassin... Nous avons reçu tellement de lettres anonymes depuis le début de cette affaire...

Melvin réprima un reproche, tout à fait justifié mais parfaitement inutile.

— Nous savons, maintenant ; sa carte envoyée quelques heures après son double meurtre parle d'elle-même. (Melvin fixa pensivement un coin du plafond quelques secondes, puis reprit :) Je ne sais pas si vous vous en rendez compte, mais ce double meurtre a été exécuté avec une audace et un sang-froid hors du commun. Il est une heure lorsqu'il vient d'en finir avec sa première victime ; il faut au moins cinq bonnes minutes pour rejoindre Mitre Square en partant de Berner Street ; combien en faut-il pour se débarrasser de toute trace suspecte, faire connaissance avec une autre prostituée, qui, comme toutes ses collègues, voit en chaque client un suspect possible, la mettre en confiance, l'emmener dans un endroit relativement fréquenté tout en évitant la ronde du constable Watkins, puis la charcuter sans se faire prendre sur le fait par Watkins qui découvre le cadavre de Catherine Eddowes à 1 h 45 ?…

Melvin marqua une pause, comme pour donner plus de poids à ses paroles :

— Messieurs, je vous le répète, nous ne sommes pas en présence d'un criminel ordinaire qui profite d'une chance miraculeuse pour glisser entre nos doigts, mais d'une sorte de Napoléon du crime, aussi féroce qu'intelligent, rusé et agile comme le tigre ! Et que dire de la poursuite infernale qui a suivi ce double meurtre ! Nos meilleurs hommes étaient sur ses talons ! On l'a frôlé, croisé, acculé dans des impasses, à chaque fois sa silhouette furtive s'est évaporée dans le brouillard !

Sur quoi l'inspecteur Abberline évoqua avec force détails ladite poursuite.

— … et il a même poussé l'audace jusqu'à se laver les mains sous notre nez, acheva-t-il. Incroyable…

— En tout cas, fit remarquer Walter MacNiel, il n'a pas pu s'enfuir par l'autre bout de la ruelle. J'étais posté à cet endroit, il se serait inévitablement heurté à moi.

Il y eut un pesant silence.

— Ce qui est certain, déclara Abberline, c'est qu'il ne s'est pas réfugié dans l'un des asiles de Dorset Street. Les pensionnaires de ces taudis auraient aussitôt remarqué ses vêtements maculés de sang et l'auraient lynché sur place avant même de nous prévenir.

— Cette remarque est d'ailleurs valable pour tous les autres asiles de Whitechapel et de Spitalfields, observa Melvin. À mon sens, l'Éventreur n'habite pas le quartier ; les gens y vivent les uns sur les autres, nous avons pratiquement interrogé tout le monde, en vain. En revanche, il connaît les lieux comme le fond de sa poche : les raccourcis reliant les ruelles, les impasses, les immeubles qui possèdent des issues et ceux qui n'en possèdent pas… Tout, il connaît tout. Et seuls les riverains savent qu'il y a un bassin dans un renfoncement de Dorset Street… Mieux encore, il connaît à fond les habitudes

des constables de service, il a minuté leurs rondes, il s'est entraîné à reconnaître leurs pas…

Un murmure d'approbation courut parmi les auditeurs.

— Mais malgré cela, soupira Melvin, je suis fortement enclin à penser qu'il dispose en dernier recours d'un stratagème diabolique pour disparaître lorsqu'il est acculé. Quel est ce procédé ? Je n'en ai, hélas ! pas la moindre idée. Mais je donnerais mon bras droit pour le découvrir.

Le stratagème en question aurait frappé Melvin de stupeur par sa simplicité, mais il m'était impossible de le lui révéler, bien que sachant mieux que quiconque à quel point ce genre de mystère pouvait être irritant jusqu'à l'obsession.

— Venons-en maintenant au mobile, dit-il d'une voix raffermie. On a coutume de dire que les crimes sexuels n'en ont pas… rien n'est plus faux, surtout dans le cas présent, et il doit être terriblement puissant pour pousser un homme aussi intelligent à de telles abominations. Je vous propose de vous en tenir aux faits, rien qu'aux faits.

» Premièrement, combien de meurtres pouvons-nous lui imputer jusqu'à ce jour ?

— Au moins cinq, affirma Abberline. Le premier étant celui de Martha Trabam, le 7 août de cette année.

Je murmurai à l'oreille de Walter :

— Tu te rappelles ? Nous l'avions aperçue quelques heures avant sa mort en compagnie de Pearly Poll et de deux soldats, à « L'Ancre Bleue »… le soir où tu n'étais pas tout à fait dans ton assiette, il y avait aussi Schneider et Dickson…

Walter hocha silencieusement la tête en se lissant la moustache.

— Ensuite, continua Abberline, Polly Nicholls, le 31 août. Puis Annie Chapman, une semaine plus tard. Et enfin, le double meurtre…

— Bien, coupa Melvin. Passons au second point : quelles sont ces victimes sur lesquelles Jack l'Éventreur s'acharne avec une perversité croissante ? Des prostituées, cela nous le savons déjà. Ce qui semble avoir échappé aux journalistes, c'est leur étrange similitude d'âge, de vie, d'aspect : ce sont des catins de troisième ordre ayant dépassé la quarantaine, mariées, veuves ou divorcées, ayant des enfants, peu ragoûtantes, avec des dents manquantes et… bref, vous m'avez compris…

» Troisièmement, le théâtre des crimes : Whitechapel-Spitalfields, le quartier le plus sordide de la capitale. Et si l'on excepte le meurtre de Mitre Square, on se rend compte que le secteur est encore plus limité, qu'il se résume à un îlot de 400 mètres carrés, au cœur même de cet enfer, de cette misère.

» Quatrièmement : les mutilations infligées aux victimes. Lorsqu'il n'est pas pris par le temps, l'Éventreur dépèce ses victimes avec une adresse quasi professionnelle. Les experts sont formels sur ce point.

» Cinquièmement : les corps mutilés sont abandonnés sur la voie publique, le week-end. En un mot, il cherche délibérément à attirer l'attention, à mettre en évidence son invincibilité. Tout indique le mégalomane en puissance : ses lettres, des défis à la police, le nom qu'il se donne.

» Et pour terminer, je soulignerai l'étrange facilité avec laquelle il capte la confiance de ses victimes, les prostituées, lesquelles – est-il besoin de le rappeler ? – font plus que se tenir sur leurs gardes à la tombée de la nuit.

Se grattant le menton, Melvin s'absorba dans un court instant de réflexion, puis conclut :

— La situation est très grave, nous avons en face de nous le plus grand criminel de tous les temps, mais aussi une presse qui s'emploie de son mieux à faire monter la tension, à nous ridiculiser, à dresser contre nous l'opinion publique, déjà peu favorable depuis les événements de l'année dernière… Il faut mettre *tout* en œuvre pour capturer cette bête fauve… avant qu'elle ne frappe de nouveau !

Et Scotland Yard mit tout en œuvre. Chaque policier se donna à fond dans cette chasse à l'assassin fantôme. Il y eut cependant une exception : votre fidèle serviteur se borna à être le témoin attentif de ce déploiement des forces de l'ordre dans l'East End, devenu une véritable fourmilière humaine. Une nuit où j'étais de service, j'aperçus Cora. Les autres putains tremblaient de peur ; elle, non. La folie l'habitait tout entière. Je passai devant elle sans qu'elle me reconnût. Je ne pouvais plus l'aider, elle était allée trop loin, *beaucoup* trop loin.

Chaque nuit s'abattait impitoyablement sur Londres, chape de terreur avec son linceul de brume, qui fait naître les fantasmes, supprime les distances, qui semble, s'épaissir à la clarté des réverbères, vous brouille la vue lorsque vous voulez mettre un visage sur celui dont les pas résonnent derrière vous. Londres marchait dans une terreur sans nom. Les malheureuses, que la faim contraignait à arpenter les trottoirs, travaillaient dans un état de frayeur hystérique, s'attendant à voir surgir à chaque instant l'ombre de celui qui leur mettait les entrailles à l'air. Hallucinant, le nom de Jack l'Éventreur flamboyait dans tous les cerveaux.

L'autopsie de Catherine Eddowes révéla l'absence d'un rein. Un fragment de l'organe manquant réapparut le 16 octobre, dans un colis adressé à George Lusk – président d'un comité de vigilance –, accompagné de la lettre suivante :

De l'enfer, cher Mr Lusk, je vous envoie le rein que j'ai prélevé sur une femme et que j'ai conservé pour vous ; l'autre morceau, je l'ai fait frire et je l'ai mangé ; c'était très bon. Je peux vous expédier le couteau ensanglanté qui l'a détaché si seulement vous attendez un peu. Attrapez-moi si vous pouvez, Mr Lusk.

Il y eut encore d'autres messages, des poèmes même, mais rien de concret, si j'ose dire. Les six semaines qui suivirent le double meurtre s'écoulèrent sans qu'on ramassât de restes macabres. On reprenait confiance petit à petit, une lueur d'espoir commençait à poindre à l'horizon, le cauchemar se dissipait. Cependant, l'atmosphère qui régnait au Yard était loin d'être détendue, la démission de Sir Charles Warren était imminente ; on ne le voyait pratiquement pas et il ne supervisait plus Abberline qui, en dépit du calme apparent de Whitechapel, avait maintenu la densité policière dans le sinistre quartier.

Jack l'Éventreur était-il mort ? Sinon, pourquoi avait-il rangé son scalpel ? Alors qu'on se perdait en conjectures à son sujet, le mystérieux assassin n'allait pas tarder à se diriger vers le 13 Miller's Court – derrière Dorset Street – s'apprêtant à commettre un crime que Londres n'oublierait pas de sitôt.

24

Novembre 1888

Pour le 9 novembre, la journée du Lord-Maire, d'une grande solennité, Sir Charles Warren, toujours hanté par des interventions d'anarchistes, avait fait renforcer les effectifs de la police de la City chargés de contrôler le prestigieux défilé. La procession devait se dérouler sans le moindre trouble, aussi Warren avait-il longuement étudié l'itinéraire du cortège, envisageant toutes les éventualités. Toutes ? Non, il n'avait pas compté avec son vieil ami Jack l'Éventreur, qui, lui, ne l'avait pas oublié.

Mary Kelly, une jeune et jolie prostituée, habitait au 13 Miller's Court, un passage donnant sur la sinistre Dorset Street et contenant six logements qui appartenaient à un certain McCarty. Ce dernier, ayant constaté que sa locataire avait un retard de six semaines dans le paiement de son loyer, enjoignit à son commis Bowyer de se rendre chez elle et de rapporter tout ce qu'il pouvait en guise d'acompte.

Vers 11 heures du matin, Bowyer frappa à la porte du 13 Miller's Court. N'ayant pas obtenu de réponse, il secoua la poignée et constata que la porte était fermée.

L'appartement était situé au rez-de-chaussée, deux fenêtres s'ouvraient sur la prise d'eau et les boîtes à ordures réservées au locataire. L'une des fenêtres avait deux carreaux brisés, Bowyer put y passer une main pour écarter le rideau. Ce que virent ses yeux mit un certain temps pour parvenir à son cerveau, car il resta pétrifié plusieurs secondes, avant de pousser un hurlement de terreur.

Nous pénétrâmes dans le misérable logis de Mary Kelly, pratiquement à l'instant où Sir Charles Warren abandonnait ses fonctions de chef de la police métropolitaine. Abberline et le médecin légiste eurent un mouvement de recul, le détective Walter ferma les yeux, ainsi que d'autres policiers.

Mary Kelly gisait là, éparpillée aux quatre coins de la pièce. Le sang avait giclé sur le sol et les murs, et même éclaboussé le plafond. Jack l'Éventreur s'était surpassé.

Il avait commis le plus immonde forfait qu'il soit possible d'imaginer, une dissection démente qui avait dû lui prendre au moins deux heures de temps, et entre 7 et 9 heures du matin. Quelle incroyable audace quand on sait qu'à ce moment les locataires de Miller's Court allaient et venaient devant les fenêtres du numéro 13 ! Fenêtres par lesquelles il avait ensuite forcément dû s'enfuir, puisqu'il avait poussé une lourde commode devant la porte. Qu'il eût frappé le jour du défilé du Lord-Maire ne pouvait évidemment être attribué au seul hasard. Jack l'Éventreur avait réussi là un coup de maître, un exploit sans précédent dans l'histoire du crime. Sa soif de célébrité était évidente, il avait choisi le moment le plus propice, l'endroit idéal et la manière la plus brutale, la plus révoltante. Ce crime hideux paralysa Londres d'épouvante, et si telle était l'intention de l'Éventreur, on peut dire qu'il réussit au-delà de toute espérance. L'ombre rôdeuse armée de son scalpel sanglant était omniprésente dans l'esprit de chacun.

Deux remarques à propos de ce dernier meurtre. Mary Kelly fut retrouvée morte, non pas dans la rue, mais dans sa propre loge. Et, contrairement aux précédentes victimes, elle était jeune et attirante. Elle était également l'une des rares prostituées de Whitechapel à n'avoir pas à arpenter les rues pour lever ses clients. Jack l'Éventreur aurait-il décidé de changer ses habitudes ?

Non. Il était clair que, dans ces ruelles soumises à la vigilance croissante des policiers, il pouvait difficilement exécuter l'atroce expérience de dissection qu'il projetait. Quant à sa victime, jeune et jolie, nous pouvons penser que seules les circonstances l'avaient contraint à faire ce choix.

On ne put déterminer avec précision quelle fut la dernière personne à avoir vu Mary Kelly vivante. Vers 22h45, une prostituée du nom de Mary Ann Cox habitant également Miller's Court, la voit sortir du pub « Britannia » en compagnie d'un homme du bon côté de la quarantaine, coiffé d'un chapeau melon et arborant une belle moustache rousse. Elle suit le couple, lequel pénètre au 13 Miller's Court. Vers 2 heures du matin, George Hutchinson, un veilleur de nuit au chômage, aperçoit dans Commercial Street un inconnu qui aborde Mary Kelly. L'homme, de belle prestance, d'allure élégante, moustache brune en croc et sourcils touffus, porte un pardessus garni d'astrakan, un col blanc, une cravate noire et une chaîne de montre en or massif – une vraie provocation dans un coin pareil – et sous son bras un paquet noir.

Hutchinson suit le couple jusqu'à l'appartement de Mary Kelly et se poste à l'entrée de Miller's Court. Il est 3 heures lorsqu'il abandonne sa surveillance. Ce témoignage, pour je ne sais quelle raison laissa Abberline assez sceptique ; pourtant, il semblait bien que cet homme élégant fût l'assassin. Entre 3 h 30 et 4 heures, deux habitants de l'immeuble entendent un cri qui paraît provenir de la cour : « À l'assassin ! », mais sans y prêter grande attention. À 6 h 15, Mary Ann Cox entend quelqu'un quitter Miller's Court. Une certaine Mrs Maxwell prétend avoir aperçu Mary Kelly avec un homme devant le « Britannia »... à 8 h 45 ! Soit deux heures avant que Thomas Bowyer découvre le cadavre horriblement mutilé !

Sur les lieux du crime, on trouva une grande quantité de cendres dans la cheminée ; le meurtrier avait dû faire brûler ses vêtements ensanglantés. Il fut démontré que la flambée avait été d'importance, mais personne n'avait entendu quoi que ce soit, malgré le peu d'épaisseur des murs intérieurs. Enfin, on constata que Mary Kelly en était au premier stade d'une grossesse.

Nous étions fin novembre. Jack l'Éventreur n'avait pas fait de nouvelle victime, mais la terreur persistait, et toujours pas la moindre piste pouvant confondre l'extraordinaire criminel.

Qui était-il ? Comment faisait-il pour parvenir à échapper aux filets de plus en plus serrés de Scotland Yard ? Quels mobiles, si tant est qu'il en eût, le poussaient à cette immonde besogne ?

Telles étaient les questions qui faisaient l'objet de toutes les discussions. Confortablement installés de chaque côté de la cheminée, dans mon appartement près du Temple, Walter et moi ne faisions pas exception, en ce jeudi soir de novembre. Pensif, mon ami regardait les flammes qui allumaient des lumières dans ses cheveux roux.

Jack l'Éventreur était loin de s'imaginer qu'il allait être démasqué ce même soir, sinon il eût élaboré une stratégie d'urgence avec sa célérité habituelle ; mais les dés étaient jetés depuis longtemps, depuis fort longtemps.

— On prétend, commença Walter, que Jack l'Éventreur pourrait être un membre de la police londonienne... ce qui expliquerait plus ou moins son invincibilité.

Je lui servis un autre whisky, pour mieux l'inviter à poursuivre.

— Pour ma part, dit-il après avoir pris une gorgée, je pense qu'on a à la fois ni tout à fait tort ni tout à fait raison.

— Je ne comprends pas : ou l'Éventreur est un membre de la police ou il ne l'est pas ! *To be or not to be !...*

— Laisse donc le cher vieux Bill en paix ! Je m'explique : il n'est pas policier, mais il fait le même métier.

— Un privé, alors ?

Walter acquiesça d'un clignement de paupières.

— Tu sais donc qui c'est ? le pressai-je.

Walter se délectait de la situation, car d'ordinaire les rôles étaient inversés : c'était moi qui détenais la clef de l'énigme et lui qui me questionnait pour me soutirer quelques renseignements.

— À deux reprises, dit Walter, quelques minutes avant leur mort, on a vu les victimes accompagnées d'un homme portant une casquette de chasse.

— C'est exact, mais je ne vois pas le rapport avec...

— Je disais donc un détective privé, en qui la police a toute confiance, un détective que nul ne se permettrait de suspecter, ne fût-ce qu'un instant, un détective qui connaît l'East End comme sa poche, un détective respecté et admiré, même par les putains... un détective qui... porte toujours une casquette de chasse !

— Le célèbre H... ! Celui que nous avons aperçu l'autre soir en compagnie de son ami et confident le Dr W... ! Tu perds la boule, mon pauvre Walter ! Lui ? Non, c'est impossible... C'est même tout à fait ridicule.

— Et pourquoi ?

Je haussai les épaules :

— Il y a d'abord le mobile...

— Justement. Écoute... Personne, jusqu'à ce jour, ne lui connaît la moindre relation féminine, il mène une existence de moine. Peut-être est-il impuissant et...

— Une impuissance qui, avec le temps, se transformerait en aversion, en rancune, en haine à l'égard de la gent féminine, en dégoût pour les relations sexuelles ?

— Oui, quelque chose comme ça. Et je sais aussi de source sûre qu'il se drogue. On pourrait très bien imaginer que sous l'effet d'une trop forte dose, il...

— Jack l'Éventreur commet ses meurtres en toute lucidité, coupai-je sèchement. Il l'a prouvé, il me semble, la nuit du double meurtre lorsqu'il t'a glissé entre les doigts. Jack l'Éventreur bernant la police sous l'emprise d'une drogue ? Ha ! Ha ! Ridicule !

— Mais il ne m'a pas glissé entre les doigts ! s'offusqua Walter en se redressant dans son fauteuil. Je te dis que je ne l'ai pas vu !

— Pourtant il s'est bien engagé dans Dorset Street avec la police à ses trousses ! rétorquai-je. Tu étais à l'autre bout de la ruelle et…

— Et ?

Après un silence calculé, je dis :

— Il y a encore une autre solution…

Walter parut décontenancé, puis partit d'un subit éclat de rire, qu'il eut toutes les peines du monde à maîtriser.

— Je vois, dit-il en gloussant : arrivé au bout de la ruelle, Jack l'Éventreur jette sa casquette pour se coiffer d'un chapeau melon, se retourne… et le sergent Walter MacNiel vient accueillir les policiers abasourdis.

— D'autant plus que ce soir-là, je m'en souviens très bien, tu portais ton manteau couleur rouille, ce qui…

— Il y a une chose qui ne colle pas, déclara Walter en me tapotant l'épaule : l'Éventreur s'était lavé les mains dans la fontaine. Si les choses s'étaient passées comme tu le penses, je n'aurais jamais eu le temps de le faire.

Je lui souris :

— Jack l'Espiègle a plus d'un tour dans son sac ! Il aurait très bien pu trouver une ruse, pour détourner les soupçons ! Bon, ça va, j'arrête ! Tu ne m'en veux pas ?

Walter prit un air outragé pour me dire d'un ton distant :

— Cela vous coûtera un whisky pour dommage et intérêt, monsieur.

Tout en m'exécutant, je lui fis remarquer :

— Tu n'y vas pas de main morte, ce soir ; il n'est même pas 8 heures et tu en es déjà à ton troisième ou quatrième verre.

Walter regarda l'horloge avec stupeur :

— 8 heures moins le quart, nom de Dieu ! Il faut que j'y aille !

Je le dévisageai d'un air incrédule. :

— Tu n'es pas de service, que je sache ?

Il se leva, enfila son manteau, mit son chapeau et me confia, non sans hésitation :

— J'ai un rendez-vous… important. Elle s'appelle Betty, elle est mignonne et… je crois que je suis mordu, John. C'est du sérieux, cette fois-ci.

Mes épaules s'affaissèrent et je soupirai :

— J'ai compris, je vais bientôt perdre un ami.

— Un ami, fit-il en secouant comiquement sa tignasse rousse, que tu soupçonnais d'être Jack l'Éventreur. Tu en as de bonnes ; ça doit être cela que les Français appellent de l'humour anglais… Bon, à demain, mon vieux.

Je le raccompagnai jusqu'au palier et le regardai descendre les marches sans hâte. Arrivé au coude de l'escalier, il se retourna, me lança un clin d'œil en agitant la main, puis disparut. J'entendis ses pas résonner dans le hall, la porte s'ouvrir puis se refermer. Je retournai dans mon appartement et poussai le verrou derrière moi. Je m'installai de nouveau dans mon fauteuil et me mis à réfléchir.

Lorsque j'entendis sonner 8 heures, je me levai machinalement et vins me placer devant la porte vitrée donnant sur la cour intérieure. Derrière un voile de brume, les fenêtres de mes vis-à-vis se dessinaient en de vagues taches jaunâtres. Soudain, j'entrevis un pinceau lumineux au bas de la cour. Intrigué, je scrutai les environs, mais la fugitive lueur ne se manifesta plus. Je haussai les épaules et repris ma place près du feu.

Dans la cour obscure, une ombre observa attentivement la porte vitrée derrière laquelle John Reed était placé quelques instants auparavant. Puis son regard s'attarda sur l'escalier de secours qui donnait sur cette même porte. À pas de loup, l'ombre s'en approcha. Au pied de l'escalier, elle se baissa et dirigea la lumière de sa lanterne sourde sur les marches. Elle éclaira aussi la rampe, qu'elle sembla examiner avec intérêt. Avec une précaution infinie, elle gravit quelques marches et renouvela son inspection.

Je ne sais pas ce que j'ai ce soir, me dis-je en me servant un verre. Une drôle d'impression… Une sensation de danger proche, imminent, comme le soir où Cora avait voulu me poignarder. Je frissonnais toujours à cette terrible évocation : Cora brandissant un couteau de cuisine, et ce regard halluciné, terrifiant.

Cora…

N'y pense plus, John, c'est fini maintenant, tu le sais bien.

Tout à coup, j'entendis un craquement étouffé.

Je me tournai aussitôt vers la porte vitrée, car le bruit m'avait semblé provenir de là. Quelqu'un emprunterait-il cet escalier de secours ? Étonnant, car les autres locataires de l'immeuble n'avaient pas coutume de le faire. Un gosse ? Non, pas à cette heure-ci. Un cambrioleur, alors ? Je regardai les bûches qui crépitaient dans l'âtre. Le craquement de l'une d'entre elles me fit sursauter. Je secouai la tête, respirai un bon coup, puis me traitai mentalement de triple idiot. Pour quelle raison aurais-je peur, moi, John Reed ? C'était à mourir de rire. Mais, à mesure que je tentais de me rassurer, je prenais conscience de l'incroyable tension qui régnait dans la pièce. Mon pouls battait à une vitesse anormale, je transpirais à grosses gouttes. Inconsciemment, je savais que cette soirée ne serait pas comme les autres.

Un nouveau craquement résonna.

Cette fois-ci, pas de doute, il provenait bien de l'escalier de secours. Terrorisé, je restai figé dans mon fauteuil.

On frappa trois coups à la porte vitrée. Je me retournai brusquement : une ombre emmitouflée jusqu'aux yeux se dressait sur le palier de l'escalier de secours. Elle colla son visage contre les carreaux humides, deux yeux bleu pâle apparurent.

— Melvin ! m'écriai-je.

J'allai lui ouvrir.

— Patron, bredouillai-je en le débarrassant de sa cape, de son écharpe et de son haut-de-forme, mais que faites-vous… et pourquoi êtes-vous passé par cet escalier ? Vous auriez pu vous rompre les os, on n'y voit goutte dans cette cour ! Et pourquoi avez-vous emporté une lanterne ?

Melvin n'avait pas son visage habituel ; ses muscles tendus lui creusaient les joues, pinçaient ses lèvres minces ; son regard ordinairement doux et chaleureux était brillant et scrutateur. Voyant ma surprise, il ébaucha un sourire qui se voulait apaisant :

— Un couple d'amoureux s'embrassait contre la porte d'entrée, je ne voulais pas les déranger.

Comme je ne fis aucun commentaire, il poursuivit sur un ton enjoué :

— Mon très cher John Reed, que faites-vous ce soir ?

— Ce soir ? mais…

— À propos, avez-vous dîné ?
— Non…
— Parfait, vous êtes mon hôte.
— Mais, patron, je…
— Ne discutez pas, dit-il avec une aimable autorité. Je suis le patron et vous me devez obéissance.
— Bien, capitulai-je avec le sourire. Le temps de me changer et je suis à vous.

Melvin m'emmena dans un des restaurants les plus huppés de la capitale, dont la cuisine justifiait amplement la réputation. Un plateau d'huîtres, de saumon, de caviar, d'anguilles et de thon précéda des côtelettes d'agneau en gelée, une galantine de volaille truffée, des cœurs d'artichauts ; le tout arrosé de champagne. Ce somptueux dîner fut animé par un Melvin très en verve.

Quel que fût le sujet traité, le superintendant se montrait toujours brillant causeur. Quel que fût son interlocuteur, il savait trouver le mot juste, toucher la corde sensible. Je précise également que Melvin n'avait pas coutume de m'inviter au restaurant surtout dans un établissement de cet ordre. Tout ceci pour vous dire que j'étais hautement intrigué par l'attitude de mon chef, qui s'employa de son mieux à rendre plaisante cette soirée.

Vers 10 heures nous sortîmes du restaurant. Quelque peu euphorique, je confiai à Melvin :

— En toute sincérité, patron, je dois avouer que je n'ai pas passé d'aussi agréables instants depuis… depuis le début de l'année.

— Heureux de vous l'entendre dire, John Reed.

John Reed ? D'ordinaire il m'appelait John tout court.

— Je…, hésitai-je, pourquoi… Enfin, en quel honneur cette invitation ?

Son visage s'assombrit, et il planta son regard dans le mien :

— John, j'ai une mission très importante à vous confier. La plus importante, sans doute, qui vous ait jamais été confiée. Une mission très spéciale, à caractère tout à fait officieux, que vous seul pouvez mener à bien.

— Vous savez bien, patron, que d'avance vous pouvez compter sur moi.

— Je le sais bien, John, mais c'est assez spécial.

— Et de quoi s'agit-il ?

— Nous en parlerons chez moi, si vous le voulez bien, fit-il avant de héler un fiacre en maraude.

25

Ce que Melvin avait à me demander devait être de la plus haute importance, car jamais il ne m'avait introduit dans sa demeure. La pièce où nous nous trouvions était agréable, éclairée par un bon feu dans la grande cheminée et deux lampes d'opaline blanche. Une somptueuse bibliothèque vitrée, un bureau Régence, deux confortables bergères avec chacune une petite table à portée de main constituaient l'essentiel de l'ameublement. Tout un pan de mur était réservé aux tableaux d'un choix très éclectique et deux fenêtres à la française s'ouvraient sur une pelouse, noyée de brume pour l'heure. Un plancher parfaitement ciré mettait en valeur un superbe tapis persan.

— Je vois que vous avez l'œil sur ma bibliothèque, dit-il en remplissant deux verres de cognac.

— Remarquable, répondis-je, impressionné par les nombreux traités de criminologie.

Melvin eut un sourire :

— Comme vous le constatez, le crime est mon violon d'Ingres.

— Je m'étonne que le fin lettré que vous êtes n'ait jamais écrit un roman… un roman criminel !

— Un jour, j'ai failli faire beaucoup mieux que cela.

Il se fit un silence.

— Pardon ?

Melvin eut un mouvement d'épaules et soupira :

— Sachez, John, que vous êtes le premier à l'apprendre.

— Mais de quoi parlez-vous ?

— J'ai été… à deux doigts de commettre un crime… Il y a longtemps de cela.

— Un crime… un assassinat ?

— Absolument. J'avais alors une vingtaine d'années et j'étais fiancé à une douce, une adorable jeune fille. Nous étions très épris l'un de l'autre et j'attendais avec impatience le jour très proche de notre mariage. Un jour elle ne vint pas au rendez-vous…

— Elle… avait changé d'avis ?

Melvin secoua doucement la tête, son regard devint fixe et lointain :

— Non. On la retrouva deux jours plus tard, dans les bois.

— Morte ?

— Assassinée… et violée. Un hasard assez extraordinaire me permit de découvrir le responsable. Savez-vous ce que j'ai fait ?

— Ce que n'importe qui aurait fait : vous…

— Non. Je n'ai pas agi sous l'impulsion de la colère, j'ai soigneusement préparé ma vengeance. Je vous ferai grâce des détails, sachez seulement que mon plan était… assez machiavélique. L'assassin était quelqu'un de haut placé. Je ne suis entré dans la police que pour cette unique raison.

— Je vois. Et je présume que vous vous êtes ravisé au dernier moment.

— Même pas. La main de Dieu fut plus rapide que la mienne. L'homme est mort accidentellement peu de temps avant le jour marqué pour mon intervention. Frustré de ma vengeance, après deux années passées à la préparer, j'étais ivre de fureur. Ma colère s'estompa avec le temps, et je finis par croire que ma tendre fiancée n'aurait pas voulu que je la venge de cette manière… Elle est toujours là, près de moi, jeune et jolie, douce et innocente ; image idéale que les quelques rares aventures que j'ai eues par la suite n'ont jamais pu altérer. J'ai tenté de me raisonner, de me prouver que mon comportement était ridicule, que l'on ne peut vivre avec un rêve, un souvenir, que les circonstances dramatiques étaient pour beaucoup dans ma manière de l'idéaliser. Mais rien n'y fit : j'étais et je suis resté son prisonnier… son prisonnier fidèle.

— Comme l'enchanteur Merlin resta prisonnier de Viviane, volontairement, par amour…

Melvin releva la tête, très ému, puis son regard se fit très triste :

— Je m'égare, John, excusez-moi…

— Ne vous excusez pas, je vous en prie. Je comprends très bien.

Il me contempla, ses yeux dans les miens :

— Oui, John Reed, vous me comprenez.

Un frisson glacial me parcourut : on eût dit qu'il connaissait ma triste aventure avec Cora dans le moindre détail.

Après un silence, il reprit d'une voix changée :

— Ce qu'il faut retenir de tout ceci, c'est qu'un être normal peut, à un moment donné de son existence, à la suite d'un quelconque événement, devenir un criminel, un assassin. D'aucuns agiront sous l'emprise de la colère, d'autres différeront leur acte ; ceci n'est qu'une question de tempérament.

» On m'a souvent reproché mon indulgence à l'égard des criminels ; je pense, John, qu'à présent vous en connaissez la raison.

J'acquiesçai.

Melvin me désigna sa bibliothèque :

— Ceci explique également mon grand intérêt pour la psychologie du crime. Mais vous, John c'est plutôt le côté mystérieux qui vous attire, n'est-ce pas ?

— Oui. Et je crois que l'origine de cette passion peut être attribuée à Edgar Allan Poe, avec sa nouvelle *Double assassinat dans la rue Morgue*. Cette notion de sang associée au mystère m'a… fasciné. Quoique le côté psychologique ne me soit pas indifférent.

Melvin sourit :

— Pour ma part, je vous avoue que le mystère exerce également sur moi quelque fascination. J'ai toujours à la mémoire l'extraordinaire cas Morstan, que vous avez élucidé avec une habileté de prestidigitateur.

— Ma foi…, dis-je avec modestie.

Il me tendit mon verre de cognac :

— Je vous propose de porter un toast au mystère, au Mystère avec un grand M.

Je renchéris :

— Et aux assassins fantômes !

Le cognac fut dégusté dans un silence religieux. Il s'approcha de la cheminée et s'absorba dans la contemplation du feu.

— Assassin fantôme, répéta-t-il doucement, crime impossible… c'est indiscutablement votre spécialité.

Je buvais ses paroles (et son cognac) en approuvant :

— Indiscutablement.

— Ce qui m'amène à la mission dont je vous ai parlé tout à l'heure. Une mission que seul un expert peut mener à bien.

— Et de quoi s'agit-il ?

— D'assassin fantôme.

Je regardai pensivement la silhouette de Melvin se découper sur les flammes dansantes du foyer. Il se tourna lentement, coulant vers moi un regard d'acier :

— Je vous demande, mon cher John Reed, de mettre hors d'état de nuire la bête fauve qui terrorise la ville depuis plusieurs mois, cet assassin fantôme qui fait preuve d'une prodigieuse habileté : Jack l'Éventreur !

— Mais… Mais nous n'avons pas l'ombre d'une piste… Comment voulez-vous que je…

Son regard se durcit :

— Vous seul en êtes capable, John Reed.

— Mais c'est Abberline qui est chargé de l'enquête ! Il n'apprécierait pas que…

— C'est à titre tout à fait officieux que je vous le demande.

— Je vous répète, patron, qu'il n'y a pas la moindre piste. Comment voulez-vous que je l'arrête ? Et si par miracle j'arrivais à le dépister, il est fort probable que sa ruse et sa férocité aient raison de moi avant que je ne lui passe les menottes…

— Je ne vous demande pas de l'arrêter, fit Melvin sur un ton impérieux, je vous demande de le mettre *hors d'état de nuire*.

— Mais c'est totalement contraire aux…

— Je prends tout sur moi, n'ayez aucune crainte.

L'espace d'un instant, ma confiance fut ébranlée : Melvin aurait-il percé l'identité de l'Éventreur ?

Tandis que mon esprit analysait à toute vitesse l'étrange comportement de mon chef depuis le début de la soirée, j'entendais sa voix, redoutablement douce, me dire :

— Je vais vous mettre sur la voie, John Reed, et vous allez comprendre que Jack l'Éventreur ne peut être qu'une seule personne.

J'eus un brusque afflux de sang au visage.

Après un instant de méditation, il me demanda :

— Vous vous souvenez du meurtre de Martha Trabam, le 8 août ? Walter et vous l'aviez aperçue à « L'Ancre Bleue » quelques heures avant son assassinat…

— Parfaitement. Nous avions terminé la soirée chez moi, à jouer aux cartes jusqu'à l'aube. Pendant ce temps, la malheureuse a rencontré Jack l'Éventreur.

— Non ! coupa Melvin. C'est à tort qu'on a attribué ce crime à Jack l'Éventreur ! Tout comme ceux de « Fairy Fay » la nuit de Noël et d'Emma Smith en avril ! Ces meurtres n'ont aucun rapport avec les cinq autres qui ont suivi. Les victimes de l'Éventreur avaient la gorge tranchée et leurs blessures révélaient une précision chirurgicale et une bonne connaissance anatomique de la part du meurtrier, ce qui n'était pas le cas des cadavres de « Fairy Fay », d'Emma Smith et de Martha Trabam. L'Éventreur a commis cinq crimes, et pas un de plus : Polly Nicholls le 31 août, Annie Chapman le 8 septembre, Elizabeth Stride et Catherine Eddowes le 29 septembre et Mary Kelly le 9 novembre.

Je ne fis aucun commentaire. Melvin poursuivit :

— Nous savons qu'il possède de sérieuses connaissances chirurgicales, c'est un premier point. Nous savons également qu'il connaît le secteur Whitechapel-Spitalfields dans ses moindres recoins, ainsi que la position de chaque agent et leurs rondes… Qui, je vous le demande, mon cher John, qui pourrait savoir ceci avec précision ?

Après quelques secondes de réflexion, je m'offusquai :

— Un policier !

Melvin poussa un profond soupir.

— Bien que ce ne soit pas une certitude absolue, nous pouvons difficilement écarter cette hypothèse, de loin la plus probable.

— Ce serait donc un policier qui connaît bien les prostituées du coin, observai-je. Seuls les constables patrouillant de nuit…

— Non, John, pas forcément. La facilité avec laquelle l'Éventreur capte la confiance de ses victimes renforce sérieusement votre hypothèse, mais on ne peut pas limiter le champ des suspects aux seuls agents du secteur faisant leur ronde. Si l'Éventreur est un membre de la police, il est certain qu'il agit lorsqu'il n'est pas de service, sans quoi ses vêtements maculés de sang le trahiraient immédiatement. Il connaissait peut-être l'une ou l'autre de ses victimes, c'est possible. Mais ceci n'expliquerait pas tout : n'oubliez pas que ces derniers temps les filles se méfiaient de tout le monde et même des policiers !

» Mon opinion est que l'Éventreur est plutôt beau garçon, un homme sachant parler aux femmes qui, d'emblée, inspire une confiance absolue ; ce qui, bien sûr, ne l'empêche pas d'être un policier.

Il y eut un silence glacial.

— Je l'ai déjà souligné, reprit Melvin, Jack l'Éventreur est un criminel hors du commun. Et personnellement je connais peu d'hommes possédant le sang-froid, l'audace, la rapidité et l'incroyable lucidité déployés par l'assassin lors de ses forfaits.

» J'ai toujours pensé qu'il se déguisait différemment à chacune de ses sorties afin de brouiller les pistes. Au demeurant, la diversité des témoignages accrédite cette hypothèse. Quant à son dernier meurtre en date, celui de Mary Kelly, nous avons la quasi-certitude qu'il s'est déguisé en femme.

Il m'enveloppa d'un regard insondable :

— Le meurtre de Mary Kelly, le meurtre le plus atroce qu'il soit possible d'imaginer... De toute évidence, ce qu'il doit considérer comme son chef-d'œuvre. Une véritable boucherie, qui a atterré le médecin légiste lui-même. Vous vous en souvenez ? Cette petite pièce sordide, misérablement meublée... le lit, la petite table, le placard laissant entrevoir quelques pièces de vaisselle et plusieurs bouteilles de ginger beer vides, la gravure surmontant la cheminée, la bougie à moitié consumée collée dans un verre à vin ébréché, les couvertures ensanglantées éparses sur le sol et... Mary Kelly qui gisait sur le matelas, la tête presque séparée du corps, un tas de chair rouge, une bouillie hideuse. Le visage était méconnaissable, tailladé sur toute sa surface, le nez et les oreilles coupés. Le ventre fendu sur toute sa longueur, vide de ses entrailles. Le sang avait giclé partout, même sur le plafond. Sur la table, déposés symétriquement, le cœur, les reins et deux boules sanglantes, les seins de la victime. Et, dernière touche à cette dissection monstrueuse, les intestins qui pendaient au mur, accrochés aux clous de la gravure...

Melvin observa un silence, puis s'éclaircit la voix.

— Bien. Faisons le point. Donc, un policier, et pas n'importe lequel si l'on se réfère aux qualités démontrées par l'assassin, un policier nanti de connaissances chirurgicales et passé maître dans l'art du déguisement ; un policier qui n'était pas de service les nuits du 31 août, du 8 et du 29 septembre, et du 9 novembre.

Alors que je me repliais dans un mutisme total, Melvin gagna son bureau et alluma un cigare.

D'une main fébrile, je palpai le contenu de ma poche.

Il se retourna, rejeta une bouffée de fumée et demanda :

— Qu'en pensez-vous, mon cher John ? Le visage de Jack l'Éventreur se dessine peu à peu, non ?

» Tout porte à penser que l'Éventreur n'habite pas l'East End. Soit. Mais selon toute vraisemblance il loge dans un quartier proche. Un quartier probablement situé près de la Tamise… Oui… en longeant les quais, il avait peu de chances de se faire remarquer quand il rentrait chez lui souillé de sang. Son appartement doit être pourvu d'une entrée discrète, une porte dérobée ou un escalier de secours… enfin quelque chose comme ça… Une entrée discrète où il a peut-être laissé quelques traces sanglantes… *Il faudrait vérifier en plein jour.*

» Avec les éléments que nous possédons, nous pouvons aussi déterminer la psychologie du personnage : un mégalomane assoiffé de renommée. Il a mis tout en œuvre, pris des risques énormes, pour nous prouver sa haine des putains, bien sûr, mais aussi son invincibilité, son intelligence supérieure et son incroyable habileté… comme s'il voulait créer une sorte de chef-d'œuvre sans précédent dans l'histoire du crime. Un chef-d'œuvre qui frapperait tous les autres meurtres de… nullité ! Vous me suivez, John ?

Je plissai les paupières pour mieux distinguer la silhouette de Melvin, qui s'estompait derrière un voile de brumes rougeâtres et tourbillonnantes.

— Pourquoi s'acharne-t-il sur les prostituées avec une telle férocité ? Pourquoi, également, surgit-il subitement de l'ombre le 29 août pour commettre son premier assassinat ? Quelque chose, peu de temps avant cette date, a dû faire basculer sa raison. Mais quoi ? J'attire également votre attention sur le théâtre de ses crimes : un territoire plus que restreint – j'exclus le meurtre de Mitre Square pour des raisons tactiques évidentes – qui se limite à quelque cinq ou six ruelles, et dont Dorset Street semble être le cœur. C'est peut-être à cet endroit que notre homme a connu la plus cruelle déception de son existence… Une première expérience avec une prostituée qui l'aurait écœuré à tout jamais des rapports sexuels ? Non, notre homme est un séducteur, il n'en est pas à sa première expérience. Une fiancée qui aurait sombré dans la prostitution et dont il aurait découvert les errements en ces lieux ? (Son regard se fit scrutateur.) Ce sont des choses qui arrivent John… Rappelez-vous la fille de l'aubergiste de Blackfield… Qui aurait cru qu'une si charmante enfant puisse s'engager sur la pente fatale ?…

Je glissai lentement la main dans ma poche.

— Mais tout ceci ne me semble pas suffisant pour justifier pleinement le carnage auquel il se livra. À mon sens, l'assassin était en quelque sorte prédisposé au crime. Cette haine contre les putains devait sommeiller dans son esprit. Remarquez la ressemblance frappante de ses victimes. Excepté Mary Kelly, ce sont toutes des prostituées loqueteuses, entre deux âges, qui avaient atteint le dernier degré de l'avilissement. Toutes, aussi, avaient été mariées et avaient abandonné leurs enfants. Ce dernier point est très important, j'y vois la racine du mal. L'Éventreur n'est peut-être pas le fils de l'une de ses victimes, mais il est fort probable que sa mère avait été une prostituée de ce genre. Ce souvenir honteux est enfoui au tréfonds de son être, jusqu'au jour où il découvre avec désespoir que la femme de sa vie prend la même voie que sa mère. Comment réagit-il ?... Ceci est une question de tempérament.

» Ah ! Autre chose : la plupart de ses victimes étaient partiellement édentées. Ceci, nous le savons, n'a rien d'extraordinaire, ces malheureuses se battent souvent entre elles lorsqu'elles ont trop bu et leur dentition en pâtit.

» C'est la semaine dernière que j'ai eu la réponse à ce détail apparemment insignifiant. Je suis allé rendre visite à ce cher major Morstan. Un brave homme qui vous apprécie beaucoup, John. Il m'a parlé de vous comme si vous étiez son fils... *J'espère* que vous ne le décevrez pas. Je disais donc qu'il m'avait parlé de vous, de votre enfance, de votre père, de votre mère... puis la conversation s'est orientée vers miss Forsythe, votre ancienne voisine, ce qui nous a tout naturellement amenés au mystérieux cadavre de femme retrouvé enfoui dans son jardin. J'appris alors un détail que j'ignorais : il manquait cinq incisives aux mâchoires du squelette !

» Alors là, John, j'ai tout compris.

Un objet étincelant jaillit de ma poche.

Melvin m'attendait, impassible.

Lorsque je fus devant lui, la main crispée sur mon scalpel, nos regards s'affrontèrent. Ses yeux d'un bleu pâle, presque translucide, me regardaient avec une saisissante expression de tristesse. Ce n'était plus Melvin que j'avais devant moi, mais Papa... mon pauvre Papa...

... Papa est en face de moi, nous sommes installés à table, notre repas s'achève, quand brusquement la porte d'entrée s'ouvre sur une horrible femme : ma mère! Papa lui désigne la porte, elle se dirige sur moi. Elle veut de l'argent, ils discutent, ils se querellent. Elle le menace de m'emmener, père lui montre toujours la porte. « Nul n'a le droit de séparer un enfant de sa mère », dit-elle en me serrant dans ses bras et en m'embrassant. Une odeur insupportable, relents d'alcool mêlés à un écœurant parfum bon marché, me soulève le cœur. Je l'entends me dire : « John, mon petit John, tu vas venir avec moi si ton père continue à s'obstiner ainsi... »

Cette femme aux cheveux grisâtres, ce visage vulgaire, au sourire torve et cette bouche aux lèvres molles, avec les quelques dents qui lui restent, chicots malsains qui achèvent de lui donner un air de sorcière, cette créature, cette putain est ma mère!... Non... je ne veux pas... ce n'est pas possible... Cette voix éraillée, canaille, qui écorche mes oreilles et résonne dans ma tête avec une insoutenable stridence... La lampe à pétrole diffuse une clarté pourpre, un brouillard rouge... Le couteau brille sur la table...

Cette putain est ma mère.

Mettre un terme à ce cauchemar... Ma main s'empare de l'objet qui brille sur la table. L'acier fend l'air à plusieurs reprises, le visage de l'horrible femme est zébré de rouge, un liquide chaud m'éclabousse, tout est rouge, et je frappe toujours...

...Une main se pose sur mon front.

— Papa, c'est toi ? Éteins la bougie, je veux dormir.

— Tiens, mon petit, bois, tu vas bien dormir, tu verras. »

...J'ai faim, quelle heure est-il ? La tête me tourne. Où est Papa ?

L'horloge égrène quatre coups.

Oh! ce cauchemar, cette nuit... Tiens! Papa a fait le ménage en grand, ce matin.

— ... Vous voyez, Celia, nous allons pouvoir semer du gazon dès demain. La grosse averse de ce matin nous a fait perdre une journée, mais ce n'est pas grave. Et cet automne je planterai un autre saule pleureur à la place de l'ancien. Vous verrez, il poussera très vite. Si vous voulez, avec Baxter et Tony, nous mettrons ce vieux banc de pierre sous l'arbre. J'ai

aussi chez moi des pieds de rhododendrons de reste, si le cœur vous en dit, ils sont à vous.

— Vous êtes trop gentil, Philip, vous en avez assez fait depuis hier. Est-ce que John dort encore ? Il devait être mort de fatigue, hier soir.

— Je vais aller voir.

— Attendez, je vais vous chercher le cake que j'ai fait pour lui ce matin.

... Papa est entré, il m'a embrassé en me serrant très fort contre lui, m'a fait manger, tout en gardant un silence que je n'osais rompre.

Je savais à présent que mon cauchemar était réel. Je devinais à quoi Papa avait passé la nuit, tandis que je dormais assommé par un narcotique, et pourquoi la cuisine avait été lavée à grande eau.

Et ce coin de gazon chez miss Forsythe ! Oh ! mon Dieu ! J'ai cru devenir fou. Papa était effondré. Nous ne nous parlions presque plus et pourtant j'avais tant besoin de parler. J'ai essayé de me confier à Celia Forsythe, mais son regard scrutateur m'a rendu muet.

Puis Papa se remit à me parler, avec bonté et douceur, comme s'il s'adressait à un malade. Le temps a passé. J'ai oublié ma mère et cette terrible soirée. Hélas ! cet atroce souvenir s'est ravivé lorsque je suis entré en faculté de médecine. Pire : je me suis rendu compte que j'éprouvais un certain plaisir pendant les interventions chirurgicales ! À chaque opération, je sentais la folie qui montait en moi. J'ai lutté de toutes mes forces, mais en vain. Pour ne pas terminer mes jours dans un asile d'aliénés, j'ai quitté le corps médical l'année où je devais être couronné.

Je sais bien, Papa, tu avais usé tes dernières forces afin de payer mes études, mais je n'en pouvais plus : à chaque fois que je prenais un scalpel je frisais la crise de démence... J'ai lutté, Papa, j'ai lutté...

— Papa... mon pauvre Papa ; comme je suis heureux de te tenir dans mes bras. Ça doit te faire tout drôle de me voir pleurer à chaudes larmes, mais je n'y peux rien, c'est comme ça... Et pourquoi es-tu parti si longtemps ? Qu'est-ce que tu dis ! Ah ! oui, dans le fauteuil. Là, ça va mieux... Merci Papa, merci... Il est excellent ce cognac... Oui, encore un autre...

— Je ne suis pas votre père, John, mais j'ai agi comme si je l'étais, vous en conviendrez. J'espère que je n'aurai pas à m'en repentir. Ma conduite ne m'est pas seulement dictée par le souci de sauvegarder l'honneur du Yard : si l'Éventreur avait été un membre de la police, autre que… celui à qui nous pensons, je puis vous certifier que j'aurais personnellement réglé cette affaire, et de ma propre main.

» Nous ne pouvons plus rien faire pour lui, John. Son cas est désespéré : s'il guérissait, il ne pourrait oublier ses actes monstrueux, n'est-ce pas ? Sa vie serait un enfer.

Les dés étaient jetés depuis longtemps. La situation et la présence de Melvin s'imposaient à mon esprit avec une froide lucidité.

— Peu importe mon opinion, soupirai-je. (J'observai une pause.) Trois semaines… trois semaines pour me… pour le mettre hors d'état de nuire. Pourquoi ce sursis ?

— Mais, John, vous devez terminer votre roman ! Car je suppose que vous en êtes toujours au stade des notes. Vous avez maintenant en main tous les éléments pour l'achever.

— Entendu. Je l'aurai écrit d'ici là. Je passerai vous l'apporter avant… d'en terminer avec l'Éventreur. (Melvin détourna son regard.) J'aimerais bien savoir à quel moment vous avez commencé à soupçonner son identité…

— Je suis incapable de vous répondre avec précision. La vérité m'est apparue progressivement, je dirai presque instinctivement. Il avait un alibi inattaquable pour le meurtre de Martha Trabam ; au début, je ne pouvais évidemment pas savoir que ce meurtre n'avait aucun rapport avec ceux qui ont suivi. Après la poursuite infernale, la nuit du double meurtre, j'ai réellement pris conscience que le meurtrier était agile et malin comme un singe. En outre, il avait réussi à se volatiliser à la barbe des policiers ; un assassin fantôme, comme pour le meurtre de Richard Morstan, que, soit dit entre parenthèses, vous avez élucidé avec une rapidité et une aisance déconcertantes. J'ai alors pensé à toutes vos théories, vos études même, sur ces crimes en local clos où l'assassin disparaît comme par enchantement, ces crimes dont vous sembliez être l'expert indiscutable. Jack l'Éventreur était, lui aussi, un expert dans ce domaine, et il ne s'en cachait pas ; bien au contraire, à chacune de ses sorties sa réputation d'assassin fantôme ne faisait que croître. Manifestement, notre homme était en possession d'une astuce, d'un stratagème diabolique qui lui permettait de se rendre invisible. Mais je ne voulais toujours pas me rendre à l'évidence.

» La semaine dernière, alors que je jonglais avec vos initiales afin de vous trouver un pseudonyme de romancier, j'ai… cette fois-ci J-Jack the R-Ripper était allé trop loin.

En dépit des circonstances, je réussis à sourire.

— Après quoi, conclut Melvin, le sourcil froncé, je me suis rendu à Blackfield.

Il y eut un long silence. Je me levai et me servis un verre de cognac que je vidai d'un trait. Puis, saluant Melvin :

— Merci pour la soirée. Je ne vous dis pas à demain, car je présume que je suis en congé.

— Votre roman, John, ne l'oubliez pas, et…

— Ne vous inquiétez pas, dans trois semaines l'Éventreur aura cessé de vivre. Je ne vous ai jamais refusé une mission, quelle qu'elle soit. Et celle-ci sera menée à bien. Vous avez ma parole, monsieur.

26

Le délai accordé par Melvin touche à son terme. Mon manuscrit est presque terminé et je vais m'accorder quelques heures de sommeil. Puis, je l'achèverai et le lui porterai demain, ou plutôt aujourd'hui, car depuis minuit l'aiguille de la pendule a déjà fait quatre fois le tour du cadran.

La rédaction de cet ouvrage m'a demandé beaucoup d'efforts, je me suis rarement couché avant 3 heures du matin.

Je suis heureux d'en avoir terminé, car ces derniers temps le brouillard prend de nouveau une teinte rougeâtre.

Mon scalpel est posé devant moi, sur mon bureau, il ne demande qu'à fendre l'air. C'est un objet merveilleux, un complice parfait, docile et silencieux, qui répond à tous mes désirs. Je lui dois beaucoup ; il a guidé ma main quand mes pensées me fuyaient. Je suis sûr qu'Edgar Poe en avait un devant lui quand il écrivait.

Je viens de relire mon texte et j'avoue n'être pas mécontent de moi. (Le lecteur astucieux n'a-t-il pas eu quelques soupçons à mon endroit lorsqu'on découvrit deux pièces de monnaie aux pieds d'Annie Chapman ?) Je rêvais depuis longtemps d'écrire un roman, un grand roman. Voilà qui est chose faite. Pour le plaisir du lecteur, il m'a semblé intéressant de réserver la découverte de l'identité de l'Éventreur pour la fin. Ce qui n'était pas facile, car j'ai mis un point d'honneur à souligner les indices psychologiques qui me désignaient clairement, et ceci dès le début : la vision sanglante de la soirée où j'avais tué ma mère, mon obsession du mystère, des études en chirurgie, mon don pour les déguisements, le quartier de Whitechapel que je connaissais comme le fond de ma poche, mon agilité, etc. En outre, j'ai fait montre d'une scrupuleuse honnêteté dans ma relation des faits, des impressions qui étaient les miennes à chaque moment de l'histoire. Souvenez-vous de l'instant où je venais de quitter Cora alors que j'avais découvert qu'elle faisait la putain... la putain comme ma mère... l'instant où quelque chose a changé dans ma tête... l'instant où tout est devenu rouge autour de moi... l'instant où Jack l'Éventreur est né.

Afin de n'être pas ennuyeux, je m'en suis tenu à l'essentiel en ce qui concerne les événements suscités par les crimes de Jack l'Éventreur. Deux épais volumes n'y auraient pas suffi. Entre autres choses, il y eut l'histoire des chiens de Sir Charles Warren. On avait envisagé de suivre la trace de l'Éventreur avec des chiens, vous vous rendez compte ! Cet épisode m'a fait rire aux larmes, et je ne fus pas le seul. On amena donc ces braves toutous à Whitechapel pour procéder à des essais ; ils filèrent comme des flèches quand on les lâcha. Le lendemain, la presse annonçait qu'une bonne récompense serait offerte à qui pourrait fournir des renseignements, non pas sur l'assassin, mais sur les chiens de Sir Charles Warren ! Ce fut un immense éclat de rire dans tout Londres.

Les méthodes du Police Commissioner étaient aux antipodes des miennes. L'homme, certainement jaloux de mes succès passés, ne ratait pas une occasion de me discréditer. J'étais sa bête noire, il était la mienne. Si je l'ai introduit dans ce récit, c'est uniquement pour souligner de quelle manière votre fidèle serviteur l'a mené en bateau et conduit à sa perte.

Au mois d'août, le *Lyceum Theatre* a produit une nouvelle pièce : *Le Dr Jekyll et Mr Hyde.* L'histoire reposait sur un dédoublement de personnalité : un homme parfaitement normal, qui, la nuit tombée, se transformait en monstre. Ce thème, pour passionnant qu'il soit, et qui inspirera à n'en pas douter nombre d'écrivains, ne s'applique aucunement au cas de Jack l'Éventreur.

J'ai tué Polly Nicholls, Annie Chapman, Elizabeth Stride, Catherine Eddowes et Mary Kelly avec une totale lucidité, parfaitement conscient de mes actes, qui, on peut le souligner, ont contribué à faire la lumière sur l'effroyable misère régnant sur Whitechapel, cette plaie vive de la société au cœur de la ville. À présent les Victoriens ne peuvent plus fermer les yeux. Mais ne nous leurrons pas, le scalpel de Jack l'Éventreur n'a jamais frappé dans ce dessein.

J'aime toujours Cora. L'espace d'un instant j'ai songé à la « purifier », mais il m'eût été impossible de modifier ce petit chef-d'œuvre d'anatomie. Le destin se chargera de mettre rapidement un terme à sa cruelle existence. Je sais qu'elle me sera bientôt rendue, là-haut, et je pourrai la présenter à Papa.

Plus j'y pense et plus j'ai la certitude que notre vie n'a été qu'une épreuve, pour nous prouver que rien ne pouvait détruire notre amour, cette union parfaite, cette complicité tacite de deux êtres en tous points identiques, tous deux déjà durement éprouvés en leur adolescence – elle avait tué un monstre de perversion, j'avais tué celle dont le vice stigmatisait hideusement les traits, souillant à jamais le seul souvenir tendre qu'un enfant eût de sa mère. Inconsciemment, j'avais enregistré le mot meurtre dans le mystérieux regard de Cora, miroir de ma folie latente, reflet de ce souvenir qui l'avait prédisposée au vice et à la démence. Oui, je l'avais compris à mon insu dès le début, elle aussi du reste, ce lien secret qui nous unissait et qui nous unirait toujours : *nous étions tous les deux des assassins.*

Était-ce réellement par hasard qu'elle m'avait attribué le surnom de Barbe-Bleue, à moi qui avais tué ma mère et qui allais égorger tant d'autres femmes encore ?

Il reste un dernier point à éclaircir : la ruse de Cora pour disparaître dans la nuit, la ruse de l'Éventreur qui l'a rendu insaisissable. En un mot, le moyen de se rendre invisible ?

Mais au fait, ce moyen, existe-t-il ? Ai-je expressément dit qu'il y avait *un* moyen ? que l'Éventreur procédait de la même façon que Cora ? que ce stratagème pouvait être utilisé n'importe où et n'importe quand ? Non, je n'ai jamais formulé les choses de cette façon. Je l'ai sous-entendu, c'est vrai. Un moyen ingénieux et d'une extrême simplicité pour se rendre invisible, je trouvais cela très séduisant, et je n'ai pu résister à l'envie de faire croire qu'elle existait, cette recette miracle.

En fait, les mystérieuses disparitions de l'Éventreur sont sans rapport avec celles de Cora. En ce qui concerne le meurtre de la maîtresse d'école, où Cora parvient à s'évanouir dans une impasse, selon les dires de Baxter, je ne crois pas qu'il faille chercher l'explication bien loin : la fugitive a dû se cacher derrière le contrefort de la première maison, juste au coin de la ruelle. Baxter, qui n'était peut-être pas ivre mais certainement éméché, emporté par son élan, a dû la dépasser lui laissant ainsi la possibilité de rebrousser chemin.

La façon dont elle m'a glissé entre les doigts lors du meurtre de Patricia Morrison est assez amusante, dans la mesure où j'ai été magistralement berné par un truc vraiment enfantin mais qui n'aurait jamais pu réussir en plein jour. Comme je l'ai déjà dit, la solution m'a été donnée par un coup d'œil dans une ruelle de Whitechapel et une phrase du détective H... : « Une fois éliminées toutes les impossibilités, l'hypothèse restante, aussi improbable qu'elle soit, doit être la bonne. » Rappelons brièvement les circonstances de la disparition de Cora. Après avoir entendu un bruit dans le jardin, je me suis retourné pour voir une ombre disparaître au coin de la maison. Je me suis élancé, j'ai contourné la maison et rejoint Nellie qui m'a affirmé n'avoir vu personne. Suivons la méthode de H... et éliminons l'impossible : un être humain normalement constitué n'aurait pu se soustraire à nos regards. Une question vient aussitôt à l'esprit : dans ce cas, que pouvait bien être la forme noire que j'ai vue s'éclipser au coin de la maison ? La vue du clochard affalé sur les marches d'un asile, dans une sordide ruelle de Whitechapel, m'a fait faire la réflexion suivante : « Le pauvre, on dirait un tas de chiffons ou un manteau jeté par terre... »

Un manteau jeté par terre !

Que pouvait bien être la forme noire qui avait disparu au coin de la maison ?

Avec de tels éléments, il était difficile de ne pas saisir l'aveuglante vérité, de ne pas comprendre la solution de ce problème devenu pour moi une véritable obsession : après avoir détourné mon attention en lançant un objet dans le jardin, Cora a laissé tomber un manteau par la fenêtre, en étendant suffisamment le bras pour le rapprocher du coin de la maison… et j'ai cru voir disparaître une ombre ! Un vulgaire manteau jeté par la fenêtre que j'ai pris, lorsqu'il touchait terre, pour une silhouette qui s'enfuyait ! Et dire que ce petit tour enfantin a tenu en échec mes facultés analytiques pendant plusieurs mois !

Bien sûr, ce procédé peut paraître extrêmement hasardeux, car il dépend – pour que l'illusion soit parfaite – du moment précis où je me retourne pour continuer ma surveillance de la maison. Mais examinons la situation de Cora, qui venait de commettre un meurtre et se savait surveillée. Aucune possibilité de fuite tant que Nellie et moi gardions nos postes. Il lui fallait donc tout tenter pour amener l'un d'entre nous à se déplacer. Si je m'étais retourné plus tôt, j'aurais vu *quelqu'un* jeter un manteau par la fenêtre, sans pouvoir dire de qui il s'agissait – il faisait alors beaucoup trop sombre – ni donner une signification à son geste. Cela m'aurait intrigué – je ne pouvais évidemment pas savoir que Patricia Morrison venait d'être assassinée – et il est fort probable que je serais allé rejoindre Nellie pour lui en parler. Comme on peut le constater, que la ruse de Cora ait réussi ou non à me berner, j'étais amené à me déplacer, et donc à lui laisser le champ libre pour s'enfuir. Ce qu'elle n'a pas manqué de faire, après avoir discrètement récupéré le manteau, alors que Nellie et moi discutions un peu plus loin.

Le moyen qui a permis à Jack l'Éventreur de se rendre invisible après avoir commis ses meurtres, n'est, d'une certaine manière, pas exempt d'humour. En fait, cette idée m'a été fournie par le major Morstan lorsqu'il m'a demandé de tenir le rôle d'un policier pour mener l'enquête… alors que j'étais inspecteur de Scotland Yard ! Cette situation assez particulière m'a beaucoup amusé et il m'a paru astucieux de me déguiser en constable après mes forfaits. Cette ruse offrait deux avantages évidents ; d'une part cette tenue officielle – judicieusement cachée au préalable – inspirait confiance et respect, et d'autre part elle dissimulait les taches de sang qui maculaient mes vêtements. Le plus grand risque venait naturellement des autres constables patrouillant dans le quartier. Mais là encore, je prenais toutes les précautions pour les éviter. J'avais minuté leurs rondes, je savais où ils se trouvaient, et à quel moment ils s'y trouvaient. Et quand bien même l'un d'entre eux – intrigué par ce collègue qu'il ne connaissait pas – m'eût interpellé, il y avait peu de chance qu'il parvienne à me confondre, j'étais à même de lui prouver, par mes connaissances, qu'il avait affaire à un policier. Enfin, en dernier recours, je pouvais toujours prendre la fuite ; j'étais bien trop agile pour eux. Il va de soi que je prenais aussi la précaution de contrefaire mon visage. Un innocent policier semblant faire sa ronde, voilà comment Jack l'Éventreur rentrait chez lui.

Mais il ne suffisait pas de se déguiser en policier pour ne pas se faire prendre. Je le dis sans fausse modestie, très peu d'hommes auraient été capables de faire ce que j'ai fait. À plusieurs reprises j'ai dû mon salut à mon seul sang-froid. J'ai charcuté ces traînées avec une lucidité parfaite, rapidement et avec adresse, l'œil et l'oreille toujours aux aguets. Le moindre bruit de pas, et je cessais aussitôt ma besogne.

Mon sang-froid, mon exceptionnel sang-froid. Je lui dois beaucoup. À Buck's Row, notamment, où le charretier qui venait de découvrir le corps de Polly Nicholls me frôla de quelques centimètres. Dans la cour de Berner Street, aussi, où je me suis littéralement fait prendre sur le fait. J'ai couru des risques, des risques considérables, mais calculés. Ce qui était important, c'était de faire preuve d'une audace toujours croissante : plus on traquait l'assassin, plus ses tueries étaient sauvages et téméraires, plus il paraissait insaisissable.

Quant à la traque du 29 septembre qui s'est terminée devant la petite fontaine de Dorset Street, laissant mes poursuivants médusés à la vue de l'eau rougie par le sang, tout avait été prévu à l'avance. J'avais lavé mes mains ensanglantées *avant* d'attirer les policiers dans la ruelle, où je m'étais dissimulé dans le renfoncement d'un porche pour me mêler à eux… en tenue de policier !

J'ai changé de méthode pour le meurtre de Mary Kelly, à bien des égards. Il eût vraiment été trop risqué de la « travailler » comme je l'ai fait, en pleine rue. J'ai aussi jugé plus prudent de me déguiser en « Mary Kelly » pour prendre la poudre d'escampette. L'imposture semble avoir été parfaite puisqu'un témoin a affirmé l'avoir vue vivante devant le « Britannia », à 9 heures moins le quart du matin.

Cher Melvin, reconnaissez que, dans le domaine du crime et du mystère, j'ai réussi quelque chose d'assez exceptionnel, de difficile à surpasser. J'ai plongé Londres pendant plusieurs semaines dans une terreur indicible, et je demeure persuadé que le nom flamboyant de Jack l'Éventreur hantera encore longtemps la mémoire des hommes, que chaque fois qu'une personne, se hâtant dans une ruelle obscure, entendra résonner des pas derrière elle, elle frissonnera en évoquant l'ombre rôdeuse armée de son scalpel sanglant.

Il a beaucoup été question de mystère, dans cette histoire, et je vais conclure sur ce thème. Je devine, Melvin, que mes explications concernant les mystérieuses disparitions de Cora et de l'Éventreur vous ont un peu laissé sur votre faim, car vous sembliez persuadé qu'il existait un moyen d'une diabolique ingéniosité pour se rendre invisible. Alors faisons une supposition, rien qu'une supposition : *s'il existait effectivement, ce moyen, pensez-vous sincèrement que Jack l'Éventreur vous livrerait son secret ? Pour que quelqu'un d'autre puisse l'utiliser ?*

Quand vous lirez ces lignes, j'aurai tenu ma promesse. Mission accomplie, monsieur.

Sincèrement vôtre,

J. R.

ÉPILOGUE

« Le ciel est économe ce soir
« Ils ont éteint toutes leurs chandelles »

Le brouillard est si épais que même les réverbères les plus proches n'éclairent guère qu'eux-mêmes, et encore. Nul bruit dans cette ville qui dort, plongée dans l'obscurité, derrière ses portes fermées à double tour sur sa peur. Cependant… écoutez… on dirait un bruit de pas… calmes, réguliers… Non… plus rien… Et là ? Un bref instant, cette silhouette dans la clarté mourante d'un bec de gaz ? Illusion, fantasmagorie due au brouillard ? N'est vivante que la Tamise dont on perçoit, assourdie, la puissante et rassurante respiration. La voix de Big Ben s'élève rompant le silence. Un… deux… trois coups, comme pour un lever de rideau. Mais il ne se lèvera pas ce soir, il est déjà tombé.

Dormez, bonnes gens, dormez en paix.

1988

LA MORT VOUS INVITE

Préface

« Celui-là, je l'ai écrit très rapidement. Il est court, assez succinct. J'ai l'impression que c'est une parenthèse. Une suite de réflexes, sans thème qui le sous-tend. Comment pourrait-on appeler ça ? Une succession de rebondissements, sans autre prétention. Et pourtant, j'ai eu beaucoup de chance avec lui. Il a eu un certain succès et a été traduit en roumain… et adapté à la télévision. »

Paul Halter.

Mourir assassiné dans une chambre close : on ne saurait rêver meilleure fin pour un auteur de romans policiers spécialisé dans le thème du crime impossible ! Et de surcroît dans les circonstances défiant toute logique qui suivent scrupuleusement l'intrigue de son prochain roman… C'est la bizarre aventure survenue à Harold Vickers – le célèbre auteur de *La Mort avait des ailes* ou de *La Promenade des morts* – un écrivain adulé « qui aime bâtir ses intrigues sur des tours de passe-passe », dont la carrière amorce son déclin et qui aurait pu imaginer cette sortie de grand seigneur pour redorer son blason : « Ce somptueux dîner aux chandelles, ces poulets encore chauds, le réchaud à alcool encore allumé et Harold Vickers, […] affalé sur la table, une balle dans le crâne, le visage et les mains brûlés par l'huile bouillante ! Quel prodigieux […] suicide ! Une sortie digne du personnage ! » (chapitre 4). C'est du moins la thèse avancée par l'incrédule inspecteur Archibald

Hurst qui ne voit dans cette nouvelle énigme que le défi d'un esprit malade décidé à disparaître en posant à la police un véritable casse-tête chinois. L'écrivain à « l'imagination délirante » était réputé pour son excentricité, soit ! Et, comme tout bon romancier qui se respecte, « il cherchait volontairement à mystifier les gens, en créant autour de lui une aura de mystère, en cultivant le mythe de l'auteur de romans policiers dont le comportement serait aussi étrange que les œuvres » (chapitre 2). Seulement voilà : Harold Vickers était déjà mort depuis 24 heures lorsque le repas a été préparé dans le bureau fermé de l'intérieur et que les mains et la tête de la victime ont été trempées dans l'huile bouillante… Preuve formelle qu'il ne s'agit pas d'un suicide ! Alors, pour quelle sinistre raison le meurtrier a-t-il pris le temps – et le risque… – de préparer ce repas gastronomique et macabre ? Ce soir-là en effet, Harold Vickers avait convié à un dîner impromptu et dans le plus grand secret – même son épouse n'était pas au courant – deux de ses proches relations : le journaliste Fred Springer et le sergent de police Simon Cunningham, le fiancé de sa fille Valérie. Quelles révélations importantes avait-il à leur faire ? Et, pour corser le tout, pour quelle raison l'assassin a-t-il déposé sur le sol, au pied de la fenêtre, une petite coupe à moitié remplie d'eau ? Un détail saugrenu et apparemment insignifiant, mais qui complique singulièrement les choses. Et puisé, lui aussi, dans l'intrigue amoureusement élaborée par le romancier pour son dernier livre. Comme on le voit, et selon l'heureuse expression de l'inspecteur Archibald Hurst, il s'agit d'« une affaire fumante, quelque chose de gratiné ». On ne saurait d'ailleurs attendre mieux de celui qui avait pris soin de conclure un pacte avec un magicien professionnel – son beau-frère – et de fréquenter un policier de Scotland Yard – son futur gendre – pour bâtir les histoires les plus sophistiquées…

Écrit avec une évidente jubilation, *La Mort vous invite* épouse le plus étroitement possible les structures du *detective novel* anglais. C'est en quelque sorte une invitation à revisiter le roman policier dans sa facture la plus classique avec l'alléchant problème insoluble, les rebondissements inattendus et la succession de questions toutes plus énigmatiques les unes que les autres, rassemblées comme suit par l'irascible inspecteur Archibald Hurst – qui sait admirablement les poser mais auxquelles il ne sait jamais répondre sans l'aide de son indispensable ami le docteur Twist : « Pourquoi toute cette mise en scène ? Pourquoi ce dîner et ces invitations ? Pourquoi avoir donné à cette mort l'apparence d'un suicide alors qu'il est évident que ce n'en est pas un ? Pourquoi avoir trempé le mort dans l'huile bouillante ? À quoi rime cette maudite coupe à moitié remplie d'eau ? Comment l'assassin a-t-il fait pour préparer le dîner ? Commet l'a-t-il introduit dans la pièce sans se faire remarquer ? Et enfin, comment s'est-il éclipsé ? Et d'ailleurs, pourquoi avoir donné à cette disparition une apparence surnaturelle ? Tout ceci est absurde et ne rime à rien… » (chapitre 5). Quelques autres interrogations tout aussi déroutantes viendront se greffer au cours de l'enquête, notamment en ce qui concerne… la véritable identité de la victime, avec l'apparition surprise d'un nouveau venu débarquant d'Australie après un long séjour : « Est-ce Harold Vickers qui est mort ou bien son frère jumeau ? » (chapitre 11)… Ainsi que certains événements macabres comme cet assassin ricanant qui rôde dans le cimetière voisin et qui s'est fait la tête d'un revenant – « orbites sombres… visage tout blanc et émacié… drap blanc sale et tâché… long cheveux gris »… En outre, comment cette affaire déjà complexe se trouve-t-elle reliée à la sanglante série du « Tueur de dames seules » à laquelle le brillant Simon Cunningham mit un terme de façon magistrale quelques mois plus tôt ? Sans compter un autre meurtre commis vingt années auparavant qui accuse plus d'une analogie avec la mort spectaculaire de Harold Vickers. Lamentation traditionnelle de l'inspecteur Hurst : « Où que j'aille, quoi que je fasse, c'est toujours sur moi que retombent ces imbroglios ! Ce n'est pas possible, on m'a jeté un sort ! Depuis que je suis entré au Yard, ce genre d'affaires ne cesse de me poursuivre comme une malédiction… » (chapitre 5).

Ne dérogeant en rien à la tradition qui veut que chaque auteur s'appuie sur les épaules de ses prédécesseurs, Paul Halter a parfaitement intégré ici les leçons de ses aînés. En outre, cette idée de génie et hautement intrigante de la petite coupe remplie d'eau – détail dont l'apparence anodine permet d'éclairer toute l'affaire sous un angle inaccoutumé – lui a été suggéré par un classique de John Dickson Carr, publié en 1937, et dont même le titre français présente une analogie évidente : *La Police est invitée* (The Peacock Feather Murders). L'un des ouvrages les plus brillants de l'auteur, lui-même inspiré par une nouvelle de Chesterton recueillie en 1905 dans *Le Club des métiers bizarres* (A Club of Queet Trades). Mais, de même que le roman de Carr s'éloignait très vite de son modèle dont il n'empruntait que l'idée de départ, on ne saurait trouver d'autres similitudes entre les deux intrigues savamment concoctées par le père de Gideon Fell et son fils spirituel français.

Si ce n'est dans l'inspiration échevelée et l'imagination débordante.

1

OÙ L'ON PARLE DE JACK L'ÉVENTREUR

La demie de 6 heures venait de sonner, et déjà le jour déclinant peuplait d'ombres le pub *Britannia.* Un dernier rayon de soleil dessinait d'un doigt doré les silhouettes des clients et piquait de points lumineux leurs consommations couleur d'ambre. Dans la salle bruyante et enfumée, nul ne semblait accorder la moindre attention à la table du fond, occupée par deux hommes qui se singularisaient par leur haute taille. Mais là s'arrêtait toute ressemblance. Le Dr Alan Twist, aimable et digne sexagénaire d'une effarante maigreur, portait une veste de tweed de différents tons de bleu, mettant en valeur de superbes moustaches rousses et une chevelure rebelle et grisonnante. Derrière un pince-nez retenu par un fin cordonnet de soie noire, l'expression bienveillante d'yeux gris-bleu ne démentait pas la douceur d'une bouche enfantine dans un visage sillonné de rides. Le Dr Twist était criminologue. Un brillant détective, doué d'exceptionnelles qualités de déduction, auxquelles Scotland Yard n'hésitait pas à faire appel lorsqu'un cas particulièrement obscur se présentait.

Le hasard voulait que l'homme aux formes massives lui faisant face se trouve presque toujours confronté à ces cas *particulièrement obscurs,* comme s'il était poursuivi par une malchance tenace. Archibald Hurst frisait la cinquantaine et était inspecteur à Scotland Yard. Corpulent, imposant, il avait la respiration lourde. Ses rares cheveux noirs étaient soigneusement peignés au-dessus de sa grosse figure congestionnée.

Il prit une gorgée de bière, passa un revers de main sur sa moustache et poussa un long soupir.

— Les criminels ne sont plus ce qu'ils étaient. De pâles voyous incapables de se servir de leur cervelle. Je crains fort que la race des grands criminels ne se soit éteinte.

Le Dr Twist bourra sa pipe et l'alluma, sans le moindre commentaire.

— De vulgaires voyous, des minables, poursuivit le policier en grommelant. Pas la moindre affaire digne d'intérêt depuis plusieurs mois !

Twist lui jeta un regard amusé tout en rajustant son pince-nez.

— Voilà de bien étranges propos, Hurst ! D'ordinaire vous vous plaignez, vous vous mettez dans tous vos états, vous prenez le ciel à témoin que le sort est contre vous, que les meurtres « impossibles » vous poursuivent comme votre ombre, que le destin prend un malin plaisir à vous confronter aux crimes les plus extravagants !

— N'exagérons rien, coupa Hurst avec un geste désinvolte et un sourire détendu. Il m'arrive parfois de m'emporter, c'est vrai, mais ce n'est qu'une façon de me concentrer, rien de plus. Je m'étonne que vous ne l'ayez pas compris.

Le Dr Twist réfléchit un instant, retira son pince-nez et demanda d'une voix douce :

— En somme, rien ne vous ferait plus plaisir que d'avoir un crime bien compliqué sur les bras ?

— Ma foi… dit le policier en se gonflant d'importance. Oui… mais quelque chose qui sorte de l'ordinaire… quelque chose de fumant !

La vérité est que l'inspecteur Hurst goûtait particulièrement cette période de grand calme, qui lui permettait de prendre des attitudes de suffisance décontractée et jouer le rôle de l'expert devenu exigeant. Il était loin alors, en ce doux samedi de septembre d'imaginer qu'une affaire « fumante » allait lui être servie sur un plateau le soir même ; un mystère en chambre close à s'en arracher les cheveux. « C'est un véritable miracle, devait confier le policier à un journaliste au terme de l'enquête, que je ne sois pas sorti chauve de cette affaire ! »

Un malicieux sourire naquit sur les lèvres de Twist :

— Ne parlez pas ainsi, vous me faites peur…

Les yeux de l'inspecteur s'arrondirent :

— Comment, ca, peur ?

— Lorsque vous tenez ce genre de propos, un cas particulièrement obscur survient généralement dans les jours qui suivent.

Une veine bleue saillit sur la tempe de l'inspecteur, qui serra si fort les dents qu'il faillit sectionner son cigare.

— Twist ! hurla-t-il en frappant violemment la table du poing. Si vous tenez à me gâcher mon week-end, vous…

Il se tut, prenant subitement conscience des regards surpris qui pesaient sur lui. Certes, les voix puissantes et les gestes brusques sont autorisés au *Britannia,* mais il y a toutefois des limites à ne pas dépasser. Pour dissiper sa gêne, il partit d'un éclat de rire et commanda deux bières d'un air décontracté.

Un peu plus tard, lorsque tout signe de mauvaise humeur l'eut abandonné, Archibald Hurst fit observer à son ami :

— Vous connaissez le type qui vient d'entrer et qui s'est installé au bar ?

Le Dr Twist posa son regard sur un beau jeune homme d'une distinction un peu surannée, qui vidait d'un trait son verre de whisky.

— Sacrebleu ! tressaillit Hurst. C'est la première fois que je le vois boire un alcool fort. Du moins de cette manière.

— Je l'ai quelquefois aperçu en votre compagnie…

— Le sergent Cunningham. Simon Cunningham. Un jeunot tout droit sorti des jupes de sa mère. Ah ! ces provinciaux qui se croient obligés de prendre des airs guindés lorsqu'ils viennent à Londres !… Ça fait presque trois ans qu'il travaille au Yard, trois ans que je supporte son langage maniéré et ses airs constipés…

— Il est sous vos ordres ?

L'inspecteur passa sa main velue sur son front emperlé de sueur.

— Oui. Je dois reconnaître qu'il ne se débrouille pas trop mal. Vous vous souvenez de l'affaire du « Tueur de dames seules » ?

— Oui. Le type qui s'en prenait aux veuves, aux femmes divorcées ou célibataires et qui les égorgeait dans leurs baignoires après avoir pillé leurs comptes en banque et leurs coffrets à bijoux. Et si j'ai bonne mémoire, on a mis un terme à cette sanglante série en diffusant dans la presse un portrait robot de l'assassin, il y a presque deux ans de cela ?

— Exact, fit Hurst. Et ceci, grâce au zèle du sergent Simon Cunningham. Alors qu'on se perdait en conjectures sur l'identité du diabolique assassin, les témoins ayant à chaque fois donné des descriptions différentes du suspect, Cunningham eut l'idée de faire un portrait-robot en partant sur des bases sérieuses et des recoupements : les traits du visage qui pouvaient difficilement être modifiés, ceux qui étaient camouflés systématiquement, etc. Il interrogea longuement les témoins, accompagné d'un dessinateur. Ce fut un travail de longue haleine, mais qui se révéla payant. Le portrait-robot qui en résulta représentait un homme de 45 ans. puissamment bâti, de type méridional. Le criminel fut localisé le lendemain de sa parution dans la presse. Traqué par la police, il se tira une balle dans le crâne. On le retrouva dans son appartement. Son visage ressemblait à s'y méprendre au croquis issu du fastidieux travail de Cunningham et du dessinateur.

Le Dr Twist porta un doigt soucieux à son front, puis demanda avec une nuance de reproche dans la voix :

— Mon cher Archibald, comment se fait-il qu'un novice – si j'ose dire – ait été chargé d'une affaire aussi grave ?

— Cunningham n'était bien sûr pas le seul sur cette affaire ! Mais... (un sourire sarcastique éclaira son visage) il m'avait semblé intéressant de mettre ce jeune... de le mettre tout de suite dans le bain !

— Je comprends, fit Twist impassible.

L'inspecteur leva les bras au ciel :

— Enfin reconnaissez tout de même que l'expérience a été plutôt concluante ! Sans moi, il serait encore...

— Vous êtes très psychologue, *par moments,* observa Twist.

— C'est vrai, admit Hurst, parfaitement imperméable à l'ironie du docteur.

Les compliments de Twist à son endroit étant plutôt denrée rare, il vida d'un trait sa chope de bière avec une visible satisfaction. Le Dr Twist le fixa sans paraître le voir, à travers les volutes bleues de sa pipe.

— Cette affaire, dit-il, n'est pas sans me rappeler une autre... beaucoup plus sinistre, celle-là, et plus ancienne.

— ...

— Je veux parler de ce fou sanguinaire – en fait pas aussi fou qu'on le pensait – qui terrorisa Londres un certain automne de l'année 1888, en s'acharnant avec une férocité inouïe sur les femmes galantes de Whitechapel…

— Ah ! oui… soupira l'inspecteur Archibald Hurst d'un air entendu.

— À l'évidence, Jack l'Éventreur ne tuait pas pour l'appât du gain.

— À l'évidence, fit Hurst en écho, goguenard.

Twist, insensible à l'ironie :

— Et quelle est votre opinion sur cette sordide affaire ?

— Mais enfin, Twist, fit Hurst avec un sourire condescendant, c'est le secret de polichinelle !

— Je vous écoute.

— Le noyé aux poches remplies de cailloux que l'on découvrit dans la Tamise un mois après le dernier forfait de Jack l'Éventreur ! Un jeune avocat qui exerçait les fonctions de professeur dans une école de Blackheath !… Enfin, Twist, ne me dites pas que vous n'êtes pas au courant !

Le regard du Dr Twist se fit très grave :

— Il n'y a pas si longtemps, j'ai fouiné dans de vieux coffres ayant appartenu à mon père. En fait, il s'agissait de l'héritage d'un de ses meilleurs amis, un certain Melvin, superintendant au Yard à l'époque de l'Éventreur.

— Le superintendant Melvin… oui, ça me dit quelque chose… Un homme très consciencieux, un policier exemplaire, admiré et respecté de tous…

— Nous parlons bien du même homme, fit Twist en approuvant de la tête. La criminologie était son violon d'Ingres. Deux de ces coffres étaient bourrés de traités sur le sujet… et parmi ceux-ci, j'ai trouvé un bien étrange manuscrit, sur la couverture duquel Melvin avait écrit : « En mon âme et conscience, je ne puis me résoudre à détruire ce manuscrit. Je crois en Dieu. Je sais que, grâce à Lui, l'éventuel lecteur saura en faire bon usage. »

Archibald Hurst demeura pétrifié un court instant, puis éclata de rire.

— Ne me dites pas que ce manuscrit vous a révélé le fin mot de l'affaire de l'Éventreur !

Twist dévisagea son ami d'un regard indéchiffrable, puis baissa les yeux et lâcha :

— La vérité est beaucoup plus atroce que vous ne pouvez l'imaginer.

— Vous plaisantez, docteur, voyons… Votre naïveté me surprendra toujours ! Il vous suffit de dénicher un vieux bouquin poussiéreux pour que son contenu vous paraisse authentique ! Je sais que vous êtes un nostalgique de l'époque victorienne et que vous aimez les vieux livres, mais quand même !…

— Après lecture du manuscrit, j'ai mené ma propre enquête, déclara le Dr Twist d'un ton neutre. Il n'y a aucun doute sur l'exactitude des faits cités. À la réflexion, il est quand même étrange que nul n'ait réussi à percer l'identité de l'Éventreur… Sa folle obsession, sa psychologie étaient tellement transparentes au travers de ses crimes…(1)

Un éclair d'incrédulité figea le policier :

— Et quelle serait… cette incroyable solution ?

Le Dr Twist resta de marbre.

— Ça va, j'ai compris, grommela Hurst. Vous ne parlerez pas. Vous voulez me faire languir, je ne vous connais que trop bien. Mais cette fois-ci ça ne marchera pas.

Il y eut un silence.

— Ce qui m'a toujours intrigué, poursuivit le policier en observant son compagnon du coin de l'œil, c'est le moyen qu'utilisait l'Éventreur – qui devait être couvert de sang après ses abominables forfaits – pour parvenir à passer au travers des mailles du filet tendu par la police.

Twist sourit :

— Je… je ne puis vous répondre. Sachez seulement que ceci est d'une importance primordiale. Si l'on considère toute cette affaire, sachant ce que je sais, on se rend compte que ces subites et mystérieuses disparitions de l'assassin dans le brouillard – qu'on peut comparer aux problèmes de chambre close – sont au cœur… et même à l'origine de cette effroyable histoire. Je ne puis vous en dire davantage.

Frustré, Hurst émit un grognement à faire trembler les carreaux. Twist secoua la tête, l'air désolé :

— Je regrette, ce secret ne m'appartient pas. De toute manière nous nous éloignons du sujet. Je crains que vous n'ayez pas saisi le rapprochement à faire entre ces deux affaires.

— Écoutez-moi bien ? Twist, rétorqua le policier, je vous serais très obligé de… (Il se tut subitement en apercevant le sergent Cunningham qui se dirigeait vers la cabine téléphonique située dans un coin de la salle. Il l'interpella au passage :) Hep ! Sergent ! Venez donc par là !

Simon Cunningham sursauta si brusquement que ses lunettes firent un petit bond sur son nez délicat. De taille moyenne, élégamment vêtu, il était plutôt beau garçon. Mais ses grosses lunettes et ses cheveux coiffés en brosse révélant un front haut lui conféraient un air d'étudiant studieux, totalement désorienté lorsqu'il sortait de son univers. Ses rougeurs subites sur un visage plutôt pâle, ses manières compassées, trahissaient une profonde timidité qu'il cherchait à dissimuler sous une désinvolture affectée.

— Vous connaissez le Dr Twist ? demanda Archibald Hurst, se délectant du trouble évident du jeune policier.

— Dr Twist ! fit Cunningham, ébahi. Je… je suis l'un de vos plus fervents admirateurs… Sergent détective Simon Cunningham, de Scotland Yard. Enchanté.

Le Dr Twist lui sourit cordialement :

— Vous boirez bien quelque chose avec nous ?

— Heu… Volontiers… (Il jeta un coup d'œil affolé sur la cabine téléphonique.) Mais permettez-moi de faire montre d'une rare inconvenance en m'éclipsant quelques instants… Un coup de fil des plus importants.

Lorsqu'il se fut engouffré dans la cabine après s'être heurté à la porte dans sa précipitation, Hurst fronça ses sourcils broussailleux :

— Quelle mouche l'a piqué ce soir ?

— *Cherche la femme,* fit remarquer Twist d'une voix posée.

— Vous avez probablement raison, dit Hurst après un instant de réflexion. Une querelle avec sa fiancée… Il y tient comme à la prunelle de ses yeux. Il n'y a qu'elle qui puisse le mettre dans de tels états. À propos ? devinez un peu qui *Monsieur* fréquente… je vous le donne en mille ! La fille de Harold Vickers !

— Harold Vickers… l'auteur de romans policiers ?

Hurst hocha la tête et soupira :

— Jamais je ne l'aurais cru capable de séduire une fille… Il est tellement gauche.

2

UNE ÉTRANGE INVITATION

Dans la cabine téléphonique, Simon Cunningham interrompit le geste qu'il esquissait pour former le numéro des Vickers. Il sortit de sa poche la lettre qui lui était parvenue ce matin et la relut. Elle était tapée à la machine :

Cher Simon,
Décommandez tout ce que vous avez prévu pour ce soir et soyez chez moi à 21 heures. Tenue de soirée de rigueur. Dîner TRÈS important. Ne prévenez personne. Pas même Valérie. Surtout pas Valérie.

Harold Vickers

Il respira un bon coup et composa le numéro...
— Pourrais-je parler à Miss Valérie ? De la part de Simon Cunningham.
— Bien sûr, monsieur, fit une voix féminine au bout du fil. Un instant, je vais la chercher.
Simon sortit un mouchoir de sa poche et s'épongea le front. Quelques instants plus tard, il perçut la voix de sa fiancée :
— Bonsoir, mon chéri. J'espère qu'il n'y a pas contre ordre pour ce soir !
— Hélas ! ma chérie, hélas !... Je ne saurais vous dire combien cet empêchement me désole, mais...
— Empêchement ? fit Valérie d'une voix subitement si stridente que son interlocuteur écarta vivement l'écouteur en sursautant. Quel empêchement ?
— Hélas ! ma chérie, hélas !...
— Je vous écoute.
— Je... je ne puis rien vous dire. Je comprends mieux que quiconque ce que vous éprouvez... mais... Croyez-moi, ma douce, je n'y suis pour rien.
Il y eut un silence.
— Simon, vous saviez à quel point je tenais à cette soirée... Cette pièce de théâtre est un événement unique ! C'est la dernière représentation et...
— Je suis sincèrement désolé, ma colombe, sincèrement...
— N'y a-t-il pas un collègue qui puisse vous remplacer ?

— Il ne s'agit pas d'une enquête…

— Pas d'une enquête ? Mais de quoi alors ?

— Je ne puis, hélas ! rien vous dire, ma tendre…

— Rien me dire ? Mais enfin, Simon, comment voulez-vous que j'interprète vos paroles ? Dites-moi au moins de quelle nature est cet empêchement ?

— Je… Il s'agit d'un dîner… oui, d'un dîner… Je ne puis rien vous dire de plus.

— D'un dîner ? Eh bien, ça… (Sa voix se fit froide et impersonnelle :) Eh bien ! allez donc dîner, mon ami. MOI, j'irai au théâtre, SEULE.

— Ma chérie, je vous en supplie, comprenez bien que…

Il s'interrompit, venant d'entendre un déclic à l'autre bout du fil, puis raccrocha en poussant un profond soupir.

Valérie Vickers ? la fille de Harold Vickers, l'écrivain… Il avait fait sa connaissance voilà déjà plus d'une année, lors d'un cocktail en l'honneur du dernier roman de son père. Il se souvenait très bien de cette soirée. Harold Vickers dédicaçait ses livres sous un crépitement ininterrompu de flashes et Valérie était là, assise à une table, seule… très en beauté dans sa robe de taffetas bleu ; ses cheveux noirs rejetés en vagues souples sur ses épaules ; ses grands yeux bleus frangés de cils sombres, sa bouche aux lèvres gonflées. Et, à l'instant même, sans la moindre hésitation, presque instinctivement, il décida qu'elle serait sa femme. De son côté, Valérie, bien qu'elle ne pensât point au mariage, tomba immédiatement sous le charme de cet élégant jeune homme qui s'avançait si timidement vers elle.

— Pardonnez mon extrême insolence, bredouilla-t-il en amorçant un salut. (Son geste fut maladroit, il heurta le verre de Valérie et le champagne se répandit sur sa robe), mais…

Elle fut un moment à constater l'étendue du désastre, puis leva lentement les yeux vers le nouveau venu.

— Je… je… hoqueta Simon.

Devant le jeune homme qui, rouge de confusion, ne savait plus où se mettre, elle partit à rire d'un joli rire en cascades cristallines. Ils restèrent plus de deux heures à table – le temps que la robe fût sèche – seuls au monde, au milieu d'une foule caquetante et assoiffée. Le lendemain, un buisson de roses fut livré chez les Vickers. Le surlendemain, Simon invita Valérie à dîner dans un restaurant réputé. Après quoi, ils se revirent régulièrement deux fois par semaine. Ils étaient fermement décidés à se marier, mais aucune date n'était encore prévue. Dire que la famille de Valérie, dans un premier temps, fut particulièrement enthousiasmée, serait excessif. Simon était issu d'un milieu différent du leur et n'était encore que simple policier. Il y eut toutefois un changement d'attitude notable à son égard lorsqu'il mit un terme de façon magistrale à la sanglante série du « Tueur de dames seules ».

Le père de Valérie, célèbre écrivain de romans policiers, avait hérité d'une fortune confortable. Il vivait dans une belle demeure, près de St Richard's Wood, qui appartenait à sa famille depuis plusieurs générations. Son entourage – sa femme, ses deux filles et son beau-frère – supportait stoïquement ses excentricités et ses incroyables changements d'humeur. Pour écrire – ou réfléchir – il n'hésitait pas à se cloîtrer dans son bureau, deux ou trois jours de suite, en exigeant que personne ne le dérange, sous quelque prétexte que ce soit. Parfois, il était d'une loquacité extrême, tenant d'intarissables monologues jusqu'aux premières lueurs de l'aube. D'autres fois, il s'enfermait dans un mutisme opiniâtre, le front sillonné de rides mauvaises, arpentant de jour comme de nuit n'importe quelle pièce de la maison. Il lui arrivait aussi de disparaître des nuits entières, pour rentrer au petit matin dans un état d'ébriété manifeste. La rumeur publique lui attribuait de nombreuses bonnes fortunes. Mrs Dane Vickers, personne très calme et très digne, ne lui faisait jamais le moindre reproche, bien que par moments on la sentît prête à exploser. Si Valérie donnait entière satisfaction à ses parents, il n'en allait pas de même pour sa sœur aînée Henrietta : un accident dans son enfance avait sérieusement ébranlé son équilibre. Elle ne quittait guère sa chambre et s'adonnait à la peinture, persuadée de son talent – elle était du reste la seule. Roger Sharpe, le frère de Dane, était prestidigitateur. Il n'avait pour ainsi dire jamais eu de différends avec son beau-frère, qui venait souvent le consulter – il aimait bâtir ses énigmes en se basant sur des tours de passe-passe. Naturellement, Harold Vickers comprit assez rapidement tout l'intérêt que présentait la fréquentation d'un policier de Scotland Yard et Simon Cunningham fut donc, lui aussi, à sa plus grande satisfaction, mis à contribution pour ses connaissances professionnelles.

Depuis combien de temps Simon était-il immobile dans cette étouffante cabine téléphonique, la main encore posée sur le combiné ? De nouveau, il sortit son mouchoir et s'épongea le front. Il s'était bien douté que Valérie réagirait de la sorte. Plus tard, quand il lui montrerait la lettre, elle comprendrait. Oui, il s'en était bien tiré, sans le moindre mensonge, sans révéler le contenu de la lettre indiquant qu'il devait se rendre chez le père de Valérie, en tenue de soirée, pour un dîner très important, et surtout sans la mettre au courant, *elle*.

Au moment où Simon sortait de la cabine, l'inspecteur Hurst confiait à son ami :

— … et il est de notoriété publique que ce farfelu d'écrivain est un libertin à ses heures. Pas de liaisons sérieuses, non, mais… Ah ! Cunningham ! s'écria-t-il. Prenez place. Mais dites donc, mon garçon, vous n'avez pas l'air dans votre assiette ! Qu'est-ce qui ne va pas ?

— En vérité… bredouilla Simon en s'asseyant, ma fiancée et moi avions prévu de passer la soirée au théâtre. Je viens de la prévenir que ce ne serait pas possible.

— Et pourquoi ? le pressa Hurst, inquisiteur.

— Mais… parce que… hésita le jeune sergent, jetant autour de lui un regard désemparé.

Le Dr Twist vola à son secours :

— Vos affaires privées ne regardent que vous, jeune homme. Ne répondez pas à ce gros curieux qui outrepasse ses droits.

Hurst haussa les épaules, puis changea de sujet :

— Comment se porte votre… votre futur beau-père ?… (et à l'adresse de Twist, en grimaçant un sourire :) si je puis m'exprimer ainsi.

— La dernière fois que je l'ai vu, comme un charme, bien qu'il ne m'ait pas adressé la parole. Pas plus qu'aux autres, d'ailleurs. Il prépare un nouveau roman, expliqua-t-il.

— Ah ! fit Hurst intéressé. Et de quoi s'agit-il ?

— D'un meurtre en chambre close.

Un sourire amusé fleurit sur les lèvres du Dr Twist : Harold Vickers étant reconnu comme le grand spécialiste du genre, la réponse de Simon était d'une évidence flagrante.

— Mais encore ?… grommela Archibald Hurst, sa grosse main tambourinant sur la table.

Le regard de Simon se fit lointain :

— Il ne m'a pas fait de confidences… juste quelques mots. Il s'agit de quelque chose de fou, d'incroyable, un meurtre absolument impossible… Non seulement le meurtre est impossible, mais aussi… (Il toussota, la main devant la bouche, rouge de confusion.) Vous m'excuserez, messieurs, mais vous êtes à même de comprendre qu'il ne m'est pas permis de dévoiler les secrets de l'intrigue. Si mon futur beau-père apprenait que…

Le Dr Twist le rassura d'un geste apaisant :

— Nous comprenons parfaitement. N'est-ce pas, Hurst ?

— Bien sûr, marmonna le policier, avec une grimace qui démentait ses paroles. (Après une pause, il poursuivit, songeur :) Moi, ce que je me demande, c'est comment il fait pour les trouver, ses sacrées idées…

— En effet, approuva le Dr Twist en fixant rêveusement un coin du plafond et tirant sur sa pipe. Je me suis souvent posé cette question. Surtout en lisant son dernier roman, *La Mort avait des ailes.* Quelle imagination délirante !

Le sergent Cunningham ôta ses lunettes et concentra son attention sur l'extrémité incandescente de sa cigarette.

— Roger Sharpe, son beau-frère, qui soit dit en passant est prestidigitateur, est pour lui une véritable mine d'or. L'un de ses romans, *La Promenade des morts*… L'avez-vous lu ?

— Ah ! oui ! Je m'en souviens, fit Hurst tout excité. L'assassin avait réussi à introduire le corps de la victime dans un caveau mortuaire, en laissant intacts les scellés de l'unique porte d'accès. Et, histoire de s'amuser un peu, comme pour jeter une note joyeuse dans ce sinistre endroit, il avait fait subir aux cercueils une permutation de cadavres… ou plutôt de squelettes. Tant et si bien qu'on ne réussit plus à savoir qui était qui ! Extraordinaire, assurément l'un de ses meilleurs romans.

— Oui, intervint le Dr Twist, particulièrement l'astuce de l'assassin qui lui permettait de commettre ses méfaits en laissant les scellés intacts.

— Justement, dit Simon, le truc est de Roger Sharpe. Basé, paraît-il, sur le tour de la corde indienne.

— Vous le connaissez ? s'enquit Hurst, vivement intéressé.

Simon secoua la tête en signe de dénégation.

— Il n'a jamais voulu me le dire…

Le serveur déposa trois chopes mousseuses sur la table et alluma l'applique murale. La clarté nouvelle accusa les rides soucieuses de Simon.

— Je ne sais pas si tous les écrivains ressemblent au père de Valérie, hésita-t-il, mais… (Il prit une gorgée de bière et demeura pensif un instant.) Tenez par exemple, il lui arrive parfois de ne pas toucher à son repas et de rester immobile sur sa chaise le regard fixe. Puis, subitement : « Chérie, qu'y a-t-il sur la table ? » demande-t-il à sa femme, alors que la réponse à sa question se trouve devant ses yeux. Ou encore il fait répéter à une personne ses dernières paroles – parfaitement insignifiantes, je puis vous le certifier –, après quoi, comme saisi par une soudaine illumination, il sort son carnet et prend de nombreuses notes.

Simon secoua la tête en signe d'incompréhension lasse et poursuivit :

— D'autres fois il tient de grands discours sur l'hygiène alimentaire, soulignant l'importance de la régularité des repas – alors que lui-même n'en tient nul compte. Il y a aussi sa théorie sur l'hygiène dentaire : « La mastication ! Tout est là ! » « Les gens ne mastiquent plus leurs aliments ! » « … et après ils s'étonnent de perdre leurs dents. » « Regardez, dit-il en découvrant sa superbe rangée de dents blanches, pas une carie, jamais vu le dentiste ! » Il a presque 50 ans et n'a, paraît-il, jamais consulté de médecin. C'est peut-être exagéré, ajouta Simon avec un mouvement d'épaules. Néanmoins, il faut reconnaître qu'il jouit d'une excellente santé.

Il reprit une gorgée de bière. L'étrange message signé Harold Vickers lui revint à l'esprit

— En tous les cas, son comportement est des plus singuliers. Il agit toujours de manière déroutante. Et parfois je me demande même si tout cela n'est pas… comment dire ?… Enfin il m'est arrivé de penser qu'il cherche volontairement à mystifier les gens, en créant autour de lui une aura de mystère, en cultivant le mythe de l'auteur de romans policiers, dont le comportement serait aussi étrange que les œuvres…

Le Dr Twist sourit, une fossette se nichant au creux d'une ride :

— Si l'on admet que les récits trahissent la personnalité de l'auteur – et dans le cas présent les intrigues de Harold Vickers révéleraient un esprit particulièrement tordu – ce n'est ma foi pas impossible. D'autant plus qu'à notre époque de lamentable surenchère, chaque écrivain se doit d'avoir *sa personnalité*. J'entends un comportement singulier dans sa vie quotidienne.

Sans quoi il se verrait fatalement jeté aux oubliettes. De nos jours, les écrivains célèbres sont ceux qui défrayent la chronique : une criminelle écrivant ses mémoires, un homme politique en tenue d'Adam lors d'un congrès un peu trop arrosé, un champion de tennis mal embouché et… tenez, cette chanteuse espagnole qui a fait un malheur aux États-Unis avec son roman… comment s'appelle-t-il déjà ?

— Ah ! oui ! Je vois, grogna Hurst. Celle qui d'ailleurs ne connaît pas un traître mot d'anglais. Un « best-seller » qui a battu tous les records de vente : *The Little Carpet-bagger.*

— Hélas !… soupira le Dr Twist d'un air désabusé. Vous savez, la vague du roman est en baisse. Certes, Harold Vickers a toujours de nombreux lecteurs… mais les tirages de ses romans ne sont plus les mêmes, j'imagine.

Sous le regard interrogateur de Twist, Simon Cunningham rougit violemment :

— Je… je n'en sais trop rien. Je ne me suis jamais permis de lui poser la question.

— Si je comprends bien, Twist, questionna lourdement Hurst, vous pensez que Harold Vickers cherche à attirer l'attention pour…

— Ne me faites pas dire ce que je n'ai pas dit ! coupa le Dr Twist avec une sécheresse inaccoutumée. Je vous saurais gré de…

— Saperlipopette ! s'exclama Simon. Il est presque 7 heures ! Il faut que j'y aille…

— Où ? interrogea Hurst abruptement.

Simon, surpris, eut un mouvement de recul et balbutia :

— Chez moi, me préparer… Pour un dîner…

— Un dîner? Sans votre fian… (Hurst s'interrompit et changea d'expression. Avec un clin d'œil complice à l'adresse de Simon :) Ah ! Je commence à comprendre…

— Je crains fort que vous ne vous mépreniez totalement sur la nature de ma soirée… Je…

— Allez, mon garçon, fit Hurst magnanime, allez ! Il faut bien que jeunesse se passe !

— Je vous assure, inspecteur, vous êtes dans l'erreur la plus totale, dit timidement Simon, rouge de confusion.

Sur quoi, il salua respectueusement le Dr Twist, souhaita un peu plus sèchement une bonne soirée à son supérieur et s'en fut d'un pas hâtif.

— Cherchez la femme, dit Hurst d'une voix mielleuse, lourde d'insinuations. Le tout est de savoir *laquelle,* crut-il bon d'ajouter.

Le Dr Twist, les yeux sur la porte qui venait de se refermer sur le jeune sergent, eut un hochement de tête désapprobateur :

— Je crois que vous vous trompez. Ce jeune homme est en proie à un trouble d'une autre nature. Il est extrêmement tendu et semble redouter quelque chose… mais quoi ?

— Vous avez peut-être raison après tout, lâcha Hurst avec lassitude.

— Vous, ce qu'il vous faudrait, c'est une bonne petite affaire à vous mettre sous la dent !

— C'est vrai. Mais pas n'importe quoi : quelque chose de gratiné, de fumant ! fanfaronna l'inspecteur.

Soudain, il se figea sur son siège, s'agrippant d'une main au bras de son compagnon, le visage congestionné.

— Qu'y a-t-il ? demanda doucement le Dr Twist.

Hurst ne répondit pas. Un terrible pressentiment venait de l'assaillir, un pressentiment que sa longue carrière de policier lui avait permis de reconnaître entre tous et qu'il redoutait par-dessus tout : celui qui préludait toujours à une enquête particulièrement difficile.

3

LA MORT VOUS INVITE

À 9 heures moins 10, Simon Cunningham engagea son véhicule dans l'allée de la propriété des Vickers. Après s'être garé près de l'entrée, il sortit de sa voiture, alluma une cigarette et scruta les environs. La grande maison de brique rouge se dressait devant lui, et les fenêtres illuminées de l'étage projetaient une clarté jaunâtre sur les vieux chênes qui montaient la garde autour d'elle. Il regarda en direction du cimetière jouxtant la propriété et frissonna. La proximité d'un cimetière lui faisait toujours froid dans le dos. Il se détourna et attacha ses regards sur sa droite. Une légère lueur filtrait à travers le bosquet touffu qui cachait le bungalow du Dr Colin Hubbard, l'étrange voisin des Vickers. Pourquoi ce type-là intéressait-il tant Harold

Vickers ces derniers temps ? D'ordinaire il n'accordait son attention qu'à des personnes susceptibles de lui apporter quelque chose. Un policier, un historien, un archéologue, un mage, oui… Simon aurait compris; mais ce médecin en retraite grand amateur de roses ?… cela le dépassait. Mais ce n'était pas le moment de laisser vagabonder son esprit en considérations futiles. Il soumit sa tenue à un examen attentif, puis écrasa sous son talon sa cigarette à peine consumée. Parfait, il pouvait y aller.

Après avoir gravi les quatre marches du perron, il sonna et attendit. Trente secondes plus tard, des pas résonnèrent dans le hall. La porte d'entrée s'ouvrit sur Mrs Dane Vickers qui, lorsqu'elle le reconnut, ouvrit de grands yeux stupéfaits :

— Simon… Vous ?

Mrs Vickers était une jolie femme à la chevelure blond cendré roulée en un chignon très seyant qui mettait en valeur, en le dégageant, l'ovale parfait d'un visage discrètement maquillé. Ses grands yeux bleus reflétaient trop souvent tristesse et désenchantement. Et ce soir-là, dans sa jupe noire et sa tunique à peine égayée par quelques délicates broderies, elle paraissait particulièrement fragile et désorientée.

— Bonsoir, madame, dit Simon en s'inclinant respectueusement. Je…

Mrs Vickers ne lui laissa pas le temps de poursuivre :

— Mais, Simon, que faites-vous ici ? Valérie s'est rendue au théâtre toute seule, furieuse, elle… Elle m'a dit que vous étiez pris ailleurs, que vous étiez invité a dîner…

— C'est exact, madame, fit Simon avec une note d'étonnement dans la voix.

— Mais alors, que faites-vous là ?

Les yeux de Simon s'arrondirent :

— Ne seriez-vous point au courant ? s'enquit-il avec courtoisie, d'une voix mal assurée.

— Au courant ? Au courant de quoi ?

Il y eut un silence. Simon jeta un coup d'œil désemparé autour de lui. comme pour chercher secours auprès des arbres, qui bruissaient faiblement au vent qui se levait.

— Mais, madame, votre mari m'a invité à dîner !

Dane Vickers écarquilla les yeux, n'étant pas sûre d'avoir bien compris.

— Simon, murmura-t-elle après un temps, êtes-vous bien sûr que c'est Harold qui vous a invité ?

— Je ne connais qu'une seule personne qui porte le nom de votre mari, madame, et…

— Enfin, Simon, coupa Dane Vickers un peu sèchement, mon mari m'en aurait parlé ! Et au fait, pourquoi n'avez-vous pas dit à Valérie que c'était son père qui vous avait invité ? Pourquoi lui avez-vous laissé entendre que… qu'il s'agissait d'une autre femme ?

— Comment ? s'offusqua Simon. Je ne lui ai jamais dit que…

— Elle était dans une rage folle. Elle… (Dane Vickers s'interrompit, son regard se fit pensif.) Et où Harold vous aurait-il invité à dîner ?

Simon hésita, se doutant que sa réponse allait plonger la mère de Valérie dans une stupéfaction plus grande encore :

— Ici même…

Mrs Vickers ne cilla pas. Sa silhouette immobile se détachait nettement sur la lumière jaune de l'entrée. Le silence qui suivit parut interminable à Simon.

— Aucun dîner n'a été prévu pour ce soir, dit-elle d'une voix maîtrisée. Nous avons pris notre repas – un repas froid, du reste – à 7 heures. Rien n'a été préparé après.

Simon sortit la lettre de sa poche et la lui tendit. Lorsqu'elle en eut pris connaissance, elle dit :

— Ah !… Je comprends pour Valérie. Mon cher Simon, je crains que vous n'ayez été la victime de quelque mauvais plaisant. Je vous le répète, aucun repas n'a été préparé. Tiens !… Mais c'est curieux… (elle examinait attentivement la lettre) on dirait que la lettre a été tapée sur la machine à écrire de mon mari !

L'horloge du hall sonna 9 heures et le silence qui suivit se perdit dans la nuit sombre.

— Ne… ne croyez-vous pas, balbutia Simon, que la meilleure des choses à faire serait de… d'interroger votre mari ?

Mrs Vickers soupira en secouant doucement la tête.

— Oui, bien sûr… Mais il est actuellement en pleine phase créative. Il s'est cloîtré dans son bureau depuis hier après-midi. Vous connaissez les consignes dans ces cas-là : ne le déranger sous aucun prétexte. De toute manière, même si nous allions frapper à sa porte, il ne nous répondrait pas.

À ce moment, on entendit un crissement de pneus. Simon se retourna vivement et aperçut une voiture qui remontait l'allée.

Elle se gara à côté de la sienne, et la portière s'ouvrit sur un homme en tenue de soirée qu'il reconnut immédiatement : Fred Springer, journaliste au *Daily Telegraph,* critique de renom spécialisé en littérature policière. C'était un vigoureux rouquin d'une trentaine d'années, au visage avenant, qui se fendit d'un large sourire à la vue de Simon :

— Salut, Cunningham ! (Ils échangèrent une solide poignée de main.) Bonsoir, Mrs Vickers. J'espère que je ne suis pas en…

Simon l'interrompit d'un geste :

— Un instant, Fred. Vous n'allez pas me dire que vous venez ici pour dîner ?

C'est à cet instant seulement que Springer se rendit compte qu'il y avait quelque chose d'étrange dans l'attitude de ses interlocuteurs. Il demeura un moment à jouer avec les clefs de sa voiture, puis Simon le mit au courant de la situation. Sans un mot, Fred Springer retira une enveloppe de la poche intérieure de son habit, l'ouvrit et tendit une feuille de papier à Mrs Vickers, qui prit connaissance de son contenu en même temps que Simon. Le message était tapé à la machine – manifestement celle de Harold Vickers.

Mon cher Fred,

Décommandez tout ce que vous avez prévu pour ce soir, et soyez chez moi à 21 heures. Tenue de soirée de rigueur. Dîner TRÈS important. Ne prévenez personne.

Harold Vickers

— Une plaisanterie de très mauvais goût, grogna Springer, rencontrant le regard soucieux de Simon.

Un souffle de vent agita le feuillage des arbres. Ennuyée et inquiète, Dane Vickers regardait les deux hommes perplexes en tenue de soirée. Elle descendit les marches du perron, hésita, puis se dirigea à droite pour contourner la maison. Comprenant ses intentions, Springer et Simon lui emboîtèrent le pas. La deuxième fenêtre qui s'ouvrait sur la façade ouest était celle du bureau de Harold Vickers. Tous trois demeurèrent un instant à considérer les volets clos qui laissaient filtrer une faible clarté à travers leurs interstices. Ils se consultèrent du regard avant de rebrousser chemin. Au moment de tourner au coin de la maison, Simon jeta un coup d'œil par-dessus son épaule, suivant du regard l'allée dallée qui s'enfonçait dans les ténèbres en direction du cimetière. Dans le vent qui soufflait de ce côté, il crut percevoir des émanations délétères. Il haussa les épaules.

— Entrez, dit Mrs Vickers sur le seuil de la porte d'entrée. Nous allons en avoir le cœur net.

Les deux hommes s'introduisirent dans la maison. Le hall, lambrissé jusqu'à mi-hauteur, aboutissait à un massif escalier de chêne sombre. Des appliques murales aux globes dépolis dispensaient une clarté laiteuse, multipliant les ombres des cornes des cervidés qui décoraient les murs. Trois portes s'alignaient sur le côté gauche. Dane Vickers gagna la seconde et frappa. Simon et Springer se placèrent à ses côtés. Elle renouvela son geste avec une force accrue.

— Harold, s'il vous plaît, répondez-moi ! Simon et Mr Springer veulent vous parler ! C'est important !

Elle frappa de nouveau à la porte, à coups redoublés ; seul leur écho résonna dans le hall. Elle eut un soupir excédé :

— Il ne répondra pas. Je le connais.

— Mais êtes-vous bien sûre qu'il soit là ? s'enquit Simon avec déférence.

Dane Vickers le regarda. Il fut saisi par l'expression de tristesse emplissant les beaux yeux de Dane, qui lui dit d'une voix lasse :

— Vous avez vu comme moi la lumière aux volets. (Elle fixa la serrure, hésitante.) De toute manière, je suis sûre qu'il s'y trouve, j'ai entendu un bruit en allant vous ouvrir. D'ailleurs, écoutez…

Les deux hommes se rapprochèrent et retinrent leur souffle. Dans le silence absolu, un léger crépitement se faisait entendre.

— La cheminée est allumée, dit-elle, vous voyez bien… (Une ombre d'exaspération passa sur son visage.) D'ailleurs, cette situation est ridicule !… et je commence à en avoir par-dessus la tête de toutes ces excentricités (Elle se mit à marteler frénétiquement la porte de ses poings, actionna et secoua vivement la poignée en criant :) Harold ! Répondez-nous ! Harold ! HAROLD ! Ouvrez-nous ! Pour l'amour du ciel, je vous en conjure ! Harold !…

Soudain, Springer changea d'expression. Il leur intima le silence d'un geste et renifla autour de lui. Simon et Dane le regardèrent avec un ahurissement croissant.

— Mais bon sang, s'inquiéta le journaliste, on dirait que… Vous ne sentez rien ?

À leur tour, Simon et Dane humèrent l'air.

— Je suis enrhumée, dit cette dernière, je ne sens rien… Mais que…

Simon fixa Springer, abasourdi :

— Ma parole, on dirait une odeur…

— Une odeur de friture, acheva le journaliste. Aucun doute là-dessus.

Ils s'interrogèrent tous trois du regard.

Springer s'approcha de la porte du bureau, aussitôt imité par Simon.

Ils reniflèrent encore quelques instants, puis Simon se retourna :

— J'ai l'impression. madame, que… que quelqu'un a fait la cuisine là-dedans ! J'en suis même persuadé.

Sans un mot, Fred Springer approuva.

À ce moment, on entendit des pas dans l'escalier. Philip Kesley – sa femme et lui veillaient à la bonne tenue de la maison – apparut. Grand et mince, très digne, impassible, il était l'image même du parfait « butler » anglais. Il traversa le hall d'un pas vif salua et s'enquit respectueusement :

— J'ai entendu des coups, madame… Rien d'anormal, j'espère ?

À mesure que Dane le mettait au courant, le visage du domestique se rembrunit. Une ride soucieuse barra son front.

— Aucun dîner n'a pu être préparé à la cuisine, je suis formel, déclara-t-il. Et pourtant, il est indéniable que… On dirait une odeur de poulet…

De nouveau, Mrs Vickers frappa à la porte. Très violemment, cette fois-ci.

— Harold ! Harold ! Harold !

Puis elle se baissa et regarda par le trou de la serrure. Au bout d'un moment elle se releva, le visage défait :

— La cheminée est allumée… On voit juste le coin de la pièce… Rien d'autre.

Springer secoua la tête en un signe d'incompréhension inquiète :

— Tout ceci n'est pas normal. À mon avis, il faudrait ouvrir cette porte sans attendre davantage ; par la force, au besoin. Il lui est peut-être arrivé quelque chose…

— Et si nous essayions la fenêtre ? suggéra Simon.

— Si les volets sont fermés comme vous le dites, fit Kesley, c'est inutile. Ils sont en métal, très solides, et décourageraient le plus adroit des cambrioleurs. (Il se tourna vers sa maîtresse, le visage grave :) Madame, si vous le permettez, je crois qu'il vaudrait mieux enfoncer la porte.

Dane avala péniblement sa salive et acquiesça, les yeux embués de larmes. Simon se baissa à son tour pour regarder par le trou de la serrure. Il se releva, songeur :

— La clef n'est pas dans la serrure… Il a certainement dû pousser le verrou.

— Il pousse toujours le verrou lorsqu'il s'enferme là-dedans, fit Dane, de plus en plus consciente de la gravité de la situation. Par ailleurs, je ne crois pas avoir la clef de cette porte.

Alors que Springer tentait vainement de l'ouvrir en actionnant la poignée, Simon suggéra :

— Nous pourrions essayer avec une autre clef ! Les clefs des portes intérieures d'une maison sont souvent les mêmes !

— Harold s'enferme toujours au verrou, gémit Dane qui se cachait le visage des deux mains.

— Rien ne nous prouve formellement que votre mari soit dans cette pièce ! expliqua Simon. Il se sera peut-être absenté momentanément en fermant à clef la porte derrière lui !

Devant l'évidente logique de ces paroles, Springer et Kesley eurent un sourire de soulagement, mais Dane secouait désespérément la tête.

— De toute façon, dit le domestique, il ne coûte rien d'essayer. J'en ai pour une minute.

Il gagna la porte du fond, qui donnait sur la cuisine, entra et revint presque aussitôt en brandissant une clef. Le policier s'en empara et l'introduisit dans la serrure. Il fit plusieurs tentatives, actionna la poignée, en vain :

— La clef est bonne, soupira-t-il, mais la porte n'est pas fermée à clef.

Un courant de panique traversa le hall, et le domestique dit tout haut ce qui était d'ores et déjà bien ancré dans l'esprit de chacun :

— Les volets sont fermés, le verrou est poussé… il y a forcément quelqu'un dans la pièce. Je crois qu'il n'y a plus un instant à perdre, ajouta-t-il en lançant un regard éloquent à Simon.

Le policier considéra un instant la solide porte de chêne, puis recula de quelques pas.

— Je crois que nous ne serons pas trop de deux, fit l'énergique Springer en se plaçant à côté de Simon. Allons-y.

Les deux hommes se jetèrent avec violence contre la porte et un bruit sourd résonna dans le hall. La troisième tentative fut la bonne, et le panneau de chêne céda en un formidable craquement.

L'extraordinaire spectacle qui s'offrit à la vue de Springer et de Simon les laissa un long moment sans réaction. Harold Vickers, assis sur une chaise, était affalé sur une table somptueusement dressée pour trois personnes. Dans des plats d'argent : du saumon, des légumes, deux poulets encore fumants, de la viande coupée en petits morceaux ; un plateau de fromage ; des coupes débordantes de raisins ; deux bouteilles de bourgogne déjà débouchées. Au centre de la table, un faisan de décoration flanqué de deux candélabres en argent qui éclairaient le tout de leurs flammes vacillantes. Seul bruit perceptible : le crépitement du feu de bois dans la cheminée, située sur le mur de droite perpendiculaire à l'entrée. Son manteau supportait une série de pots en étain, elle était surmontée d'une impressionnante tête de dix cors et encadrée par deux tableaux représentant des scènes de la bataille de Waterloo. De nombreux rayonnages, chargés de livres, de classeurs et de documents divers, couraient le long du mur mitoyen du hall. Contre celui de gauche, face à la cheminée – au-delà de la table – étaient disposés une confortable bergère, un lampadaire, et deux petites tables rondes et basses à portée de main. La pièce était revêtue de panneaux de chêne et percée d'une seule fenêtre, de modèle ordinaire, à guillotine, se fermant de l'intérieur par un crochet de métal. Les rideaux entrouverts laissaient voir les boiseries blanches du châssis et le rouge sombre des volets fermés.

Harold Vickers, le buste reposant contre la table, tenait des deux mains sa tête partiellement plongée dans une grande sauteuse posée à côté d'un réchaud à alcool encore allumé. L'huile bouillante de la casserole, où flottaient quelques morceaux de viande, lui avait brûlé la face et les deux mains, dont l'une tenait encore un pistolet muni d'un silencieux. Un petit trou noir ornait sa tempe droite, près de l'oreille, ainsi qu'une traînée de sang séché, qui descendait jusqu'à la pointe du menton pour se mêler à l'huile. Harold Vickers tournait le dos à la cheminée, dont les flammes dansantes allumaient des reflets rougeâtres dans ses cheveux noirs. L'argenterie chatoyait à la lumière des bougies. Le spectacle était horrible, hallucinant, presque irréel, cette table de fête, ces odeurs… et Harold Vickers, aussi mort que le faisan gisant dans le plat d'argent, et aussi grillé que les deux poulets.

4

CRIME IMPOSSIBLE

— Mon Dieu ! murmura Simon. Comme dans son rom…

Il n'acheva pas sa phrase et s'approcha de l'écrivain sans le toucher. Springer vint le rejoindre. Ils échangèrent un regard significatif et baissèrent la tête.

Mrs Vickers et Kesley, qui se tenaient sur le pas de la porte, comprirent aussitôt. Horrifiée, Dane chancela et se cramponna à la poignée de la porte défoncée. Le gond supérieur, déjà sérieusement endommagé, émit un craquement mais ne céda point.

Philip Kesley se pencha pour la retenir :

— Il faut être courageuse, madame… Venez, je vais vous conduire dans votre chambre. J'appellerai aussitôt le médecin qui vous donnera un sédatif. Venez madame… Ne restez pas là.

Dane Vickers arracha ses yeux de l'atroce spectacle, lâcha la porte à laquelle elle s'était agrippée et suivit Kesley.

— Il faut malheureusement aussi prévenir la police, lança Simon. Le Yard. Demandez l'inspecteur Archibald Hurst, qu'il vienne immédiatement. C'est mon supérieur direct, ajouta-t-il comme pour s'excuser.

Springer et Simon écoutèrent décroître les pas dans le hall.

— Quel étrange suicide, fit le journaliste au bout d'un moment.

— Plus qu'étrange, commenta Simon, sortant un mouchoir de sa poche pour essuyer son front moite. Regardez cette paire de gants aux pieds du mort…

Springer voulut s'en saisir, mais le policier le retint d'un geste :

— Ne touchez à rien, surtout ne touchez à rien !

Springer acquiesça, un peu agacé, puis avisa un objet au sol, placé juste sous la fenêtre :

— Regardez !

Ils contournèrent la chaise du mort et s'accroupirent devant l'objet, qui se révéla être une petite coupe remplie d'un liquide transparent. Elle était posée sur une serviette de table blanche.

— On dirait de l'eau, fit remarquer Fred Springer.

— Ne touchons à rien, recommanda Simon, surtout ne touchons à rien. Venez, nous allons sortir de là et attendre les policiers dans le hall ; nul ne doit pénétrer dans cette pièce.

Ils s'arrêtèrent encore un instant devant la porte pour regarder le chambranle, qui avait cédé à hauteur de la serrure et du verrou. Le bois avait littéralement éclaté et de sérieuses fissures apparaissaient du côté des gonds.

— Absurde ! confia Springer à son compagnon tout aussi abasourdi que lui. Pourquoi nous avoir invités pour se suicider ?… Absurde.

Simon, qui semblait réfléchir désespérément, mordillait une branche de ses lunettes, qu'il avait retirées.

— Il y a quelque chose de plus absurde encore… J'ai bien peur que nous ne soyons pas au bout de nos surprises. Mon Dieu, Valérie, quand elle va savoir…

— De plus absurde encore ? s'inquiéta Springer insensible aux problèmes sentimentaux du policier. Que voulez-vous dire ?

— Le corps paraît… (Il jeta un coup d'œil dans le bureau mais se détourna aussitôt.) Attendons l'arrivée de la police, je ne veux prendre aucune initiative dans ce drame… Mon Dieu, quelle situation !

Kesley vint les rejoindre dans le hall quelques minutes plus tard :

— J'ai prévenu Scotland Yard, ils m'ont promis d'essayer de joindre l'inspecteur Hurst.

— Et Mrs Vickers ? s'enquit vivement Simon.

Philip Kesley eut un geste rassurant.

— Elle est au lit, je lui ai donné un calmant. Henrietta est auprès d'elle.

— Et comment a-t-elle réagi. Henrietta ?

— Très bien, si l'on peut dire, fit le domestique avec un soupir. Vous savez bien, Mr Cunningham, qu'elle n'est pas tout à fait comme les autres… Elle n'a rien dit du tout, même pas cillé. Je lui ai dit de ne pas quitter sa mère tant que le médecin ne serait pas là. Elle a fait un signe affirmatif et m'a fermé au nez la porte de la chambre de sa mère.

L'horloge du hall sonnait 10 heures moins le quart lorsque la police fit son apparition. Le médecin de famille était arrivé quelques instants auparavant et avait jeté un coup d'œil sur le mort avant de rejoindre Mrs Vickers dans sa chambre.

L'inspecteur Archibald Hurst était en situation périlleuse. Le cavalier adverse, en se déplaçant, libérait le champ d'action de la reine – ce qui mettait son roi en échec – et de surcroît il pouvait couvrir l'une des deux cases où son roi devait obligatoirement se déplacer dans cette hypothèse. Ce qui ne lui laissait qu'une seule possibilité de fuite. Et si l'on anticipait ce coup, il se trouvait dans une position plus délicate encore. À l'évidence, la fin était proche. Une fois de plus, grommela-t-il à part lui, ce grand escogriffe de Twist va l'emporter.

Ils avaient dîné ensemble, après quoi Hurst avait invité son ami le détective à prendre un dernier verre chez lui. Et, comme à son ordinaire, il lui avait proposé une partie d'échecs d'un air parfaitement détaché. Le Dr Twist le battait régulièrement, ce qui le mettait, lui, Hurst, dans une rage folle, mais il avait bon espoir de prendre un jour sa revanche. Tôt ou tard la chance devait tourner. Il se sentait particulièrement en forme ce soir-là et comptait ne faire qu'une bouchée du Dr Twist. La partie avait bien commencé et déjà il entendait résonner dans sa tête sa propre voix disant triomphalement : « Échec et mat, cher ami ! » Hélas ! la suite des événements n'avait pas été celle qu'il escomptait. Et pour l'heure seul un miracle pouvait le sauver.

Il amorça une discussion sur une affaire non élucidée pour tenter de distraire l'ennemi, mais celui-ci ne broncha pas ; sa main s'avançait pour prendre le cavalier…

La sonnerie du téléphone retentit avec force et figea le Dr Twist dans son geste. Hurst décrocha vivement :

— Hurst à l'appareil, j'écoute.

Tandis qu'il écoutait son correspondant, pas un muscle de son visage rougeaud ne bougea.

— Ça alors ! s'exclama-t-il, en profitant pour assener un violent coup de poing sur l'échiquier. Incroyable ! dit-il, contemplant avec jubilation ce qui ressemblait maintenant à un champ de bataille après l'affrontement. Nous arrivons.

Et il raccrocha.

— Venez, Twist, nous allons à St Richard's Wood. Harold Vickers vient de se suicider sous le nez du sergent Cunningham.

Dans la voiture qui les emmenait sur les lieux du drame, Hurst, détendu et jovial, sirotait le coup de téléphone miraculeux, qui lui avait évité l'humiliation de la défaite, l'avait rendu d'excellente humeur en dépit de l'affaire délicate qui l'attendait.

Il était presque 10 heures lorsque le sergent Cunningham et Springer vinrent les accueillir, Le photographe et deux autres policiers, qui venaient à peine d'arriver, s'activaient déjà dans le bureau. Hurst s'arrêta sur le pas de la porte, souleva son chapeau du pouce et, plissant les paupières, jeta un long regard circulaire dans le bureau. en spécialiste évaluant le travail qui l'attend. Il prit un cigare, l'alluma, puis, après un silence calculé, se tourna vers Cunningham et Springer qui lui firent un récit détaillé des événements. Lorsqu'ils se turent, il dit en hochant la tête, l'air sombre et réfléchi :

— Je vois. Donc personne, absolument personne, n'a touché à quoi que ce soit dans cette pièce. Montrez-moi maintenant tous deux vos invitations.

Après avoir parcouru les deux lettres, Hurst prit Simon par l'épaule :

— Je comprends, à présent, votre coup de fil au *Britannia*… Votre fiancée est au courant ?

— Non, soupira lamentablement Simon. Elle va bientôt rentrer. Ça va être un choc, pour elle…

— Excepté les domestiques, Mrs Vickers et ses deux filles, y a-t-il quelqu'un d'autre qui habite ici ?

— Oui, le frère de Mrs Vickers.

— Ah oui ! Le magicien… Et où est-il en ce moment ?

— Il… hésita Simon, il doit être au music-hall, en train de donner sa représentation.

Le Dr Twist avait gagné la fenêtre et s'était agenouillé pour mieux examiner la petite coupe posée sur la serviette de table.

— Ce n'est que de l'eau, intervint un policier, un sourire amusé aux lèvres. Il n'y a aucune empreinte.

Twist eut un hochement de tête, puis se releva avec une souplesse inattendue chez un homme de cet âge. Pendant ce temps, Hurst avait introduit une feuille vierge dans la machine à écrire placée sur une étagère. Il jeta un coup d'œil sur le cadavre, qu'un policier photographiait sous tous les angles, puis se mit à taper : « Un singulier suicide ». Il sortit la feuille et la compara avec les lettres de Simon et de Springer.

— Pas de doute, dit-il, c'est bien sur cette machine qu'on a tapé les deux messages.

Pendant que Twist, agenouillé, regardait d'un air pensif la paire de gants qui gisait à côté des pieds de la victime, un policier, penché sur la table, récita :

— *Fondue bourguignonne :* on plonge des morceaux de viande dans l'huile bouillante… et on se brûle les mains !

— Et la tête ! ajouta le photographe en duo.

— Bien, déclara Hurst d'une voix sèche, montrant ainsi qu'il était temps de mettre un terme à l'humour déplacé de ses subordonnés. L'affaire est des plus claires malgré son aspect insolite. Nous n'allons pas nous appesantir sur les raisons qui ont poussé Harold Vickers au suicide, bien qu'on puisse déjà se faire une idée : celui qui avait souverainement dominé le roman policier n'a pas accepté son déclin et a préféré, avant de sombrer dans l'anonymat mettre un terme à son existence de façon… extraordinaire ! (Il jeta un coup d'œil sur le cadavre, l'air de dire : voilà où mène la gloire.) Reprenons les faits dans leur ordre chronologique. Il envoie deux invitations à dîner. À qui les envoie-t-il ? À vous, Springer, journaliste réputé, spécialisé dans la critique de romans policiers ; et à vous, Cunningham, sergent-détective au Yard. Notons au passage qu'il vous a bien spécifié de n'en souffler mot à personne, surtout à vous, Cunningham : votre fiancée – sa fille – ne doit surtout pas être mise au courant. En un mot, il voulait que l'effet de surprise soit total : vous vous présentez tous les deux chez lui pour dîner, mais nul n'est au courant ! Bizarre…

» Mais ce n'est pas tout : on frappe à la porte de son bureau et personne ne répond, bien qu'on ait la quasi-certitude de sa présence à l'intérieur ! De plus en plus bizarre…

» On frappe plus fort, toujours pas de réponse. Lui serait-il arrivé quelque chose de grave ? (Il mimait grossièrement la scène.) Il faut enfoncer la porte, et au plus vite !

Hurst s'arrêta pour reprendre son souffle. D'un geste ample, il montra la table :

— Et maintenant, regardez ! Regardez cette spectaculaire mise en scène : ce somptueux dîner aux chandelles, ces poulets encore chauds, le réchaud à alcool encore allumé et Harold Vickers, grand seigneur, affalé sur la table, une balle dans le crâne, le visage et les mains brûlés par l'huile bouillante ! Quel prodigieux et macabre suicide ! Une sortie digne du personnage ! Harold Vickers pouvait-il partir autrement ? Non, à l'évidence.

Archibald Hurst, satisfait de sa tirade, ménagea une petite pause théâtrale avant d'achever :

— Et ce n'est pas tout, mes amis, ce n'est pas tout. Dernière touche au chef-d'œuvre, dernier détail pour épaissir encore le mystère : une coupe à moitié remplie d'eau placée sous la fenêtre ! Exactement comme dans les romans policiers : le petit détail apparemment insignifiant mais qui est – et c'est classique – au cœur de l'énigme. Dr Twist, avez-vous une idée à ce sujet ?

L'interpellé secoua la tête.

— Moi non plus, reprit Hurst, l'air rusé. Et je vais vous faire une confidence : Harold Vickers n'en sait rien lui non plus. (S'adressant au mort :) Non, monsieur l'écrivain, nous n'entrerons pas dans votre combine. Non, nous ne passerons pas des nuits blanches à nous broyer les méninges : *Pourquoi y avait-il une petite coupe à moitié remplie d'eau placée sous la fenêtre ?*

Hurst, triomphant, s'interrompit et fit un signe de tête à l'adresse de Springer :

— Allez-y, Fred, préparez votre papier. Et ne ménagez pas vos effets ; demain, tout Londres ne doit plus avoir qu'une seule phrase sur les lèvres : l'extraordinaire suicide de Harold Vickers ! Faites votre travail, Fred, et surtout ne le décevez pas. Il vous a d'ailleurs invité pour cela. Quant à nous, Cunningham, nous allons mettre tout Scotland Yard sur l'affaire de la petite coupe d'eau placée sous la... Mais qu'est-ce qui vous prend, sergent ? Vous me regardez comme si j'étais un revenant...

— Bonsoir la compagnie ! fit en pénétrant dans la pièce, un petit homme jovial que Cunningham reconnut comme le médecin légiste.

Tout le monde salua le Dr Lawson, excepté Hurst qui considérait toujours Simon avec un étonnement croissant :

— Enfin, sergent, expliquez-vous !

Voyant Cunningham rouge comme une écrevisse et incapable de parler, le Dr Twist, penché au-dessus des poulets, intervint avec douceur :

— Vous m'aviez dit, Hurst, il n'y a pas si longtemps de ça… (Il huma délicatement les poulets) … que votre plus grand souhait serait de tomber sur un coup, une affaire fumante… C'est bien, ça ?

Hurst, flairant le danger, ne broncha pas.

Twist l'effleura du regard, puis longea la table et s'arrêta à côté du mort. Il se pencha pour examiner le visage brûlé par l'huile bouillante :

— Une affaire fumante, quelque chose de gratiné. Ce sont vos propres paroles, Hurst, n'est-ce pas ?

— Twist, fit l'inspecteur s'efforçant au calme, ne trouvez-vous pas que vos jeux de mots sont de très mauvais goût en la circons…

— Vous devez donc être comblé ! continua sans se laisser troubler le grand détective qui se redressa, le sourire aux lèvres. Ah ! Autre chose : selon vous, ce serait Harold Vickers qui aurait fait la cuisine avant de se suicider ?

— Mais évidemment ! s'emporta Hurst en levant les bras au ciel.

Le médecin légiste, qui n'avait pas encore soufflé mot depuis qu'il avait commencé l'examen du corps, déclara paisiblement :

— Cet homme est mort depuis au moins vingt-quatre heures.

5

OÙ LA RÉALITÉ DEVIENT FICTION

L'inspecteur Archibald Hurst, les yeux écarquillés, parut se pétrifier. Sa mèche de cheveux noirs toujours si parfaitement peignée venait de lui tomber sur le front. Dans un silence de mort, la voix hésitante de Simon s'éleva :

— Le sang séché sur sa joue… il était clair qu'il était mort depuis un certain temps. Je… je ne voulais pas vous interrompre, patron, vous paraissiez tellement sûr de…

Le silence retomba. Hurst semblait transformé en zombie, tant son regard était fixe. Twist, tirant pensivement sur sa pipe et regardant le médecin légiste qui poursuivait son examen, déclara subitement :

— Harold Vickers est mort depuis vingt-quatre heures, ce n'est donc pas lui qui a pu préparer cette petite mise en scène. (S'adressant à Springer et à Simon :) Quelle heure était-il lorsque vous avez enfoncé la porte ?

— 9 h 15, à une ou deux minutes près, fit Springer. J'avais jeté un coup d'œil sur l'horloge du hall un peu avant.

Simon approuva de la tête.

— Et d'après vous, s'enquit Twist, depuis combien de temps avait-on préparé le repas ?

Simon consulta le journaliste du regard, puis réfléchit :

— De toute évidence les poulets venaient juste d'être rôtis… L'huile de la casserole, bien que je n'y aie pas trempé mon doigt, paraissait encore brûlante… et pourtant la casserole n'était plus sur le réchaud à alcool… Ma foi, sans être expert en la matière, je dirais un quart d'heure ou vingt minutes au plus…

À son tour, Springer approuva.

Après un instant de réflexion, le Dr Twist déclara d'une voix grave et lente :

— Celui ou celle qui s'est livré à cette macabre plaisanterie est certainement aussi capable de… Messieurs, j'ai la conviction profonde que nous sommes en présence d'un assassinat !

— Un assassinat… remarqua le journaliste, et pour être plus précis : un meurtre en chambre close !… La grande spécialité du maître de l'énigme.

— Il y a un autre point qui me paraît curieux intervint le médecin légiste. Le visage, et surtout la partie intérieure des mains, sont brûlés sur toute leur surface. Regardez maintenant la position des mains serrées contre la tête, même celle qui tient le pistolet. Il est pratiquement impossible que la tête et les mains d'un homme qui vient de se tirer une balle dans le crâne, tombent de cette manière dans la casserole, où il y avait juste assez de place. Enfin l'huile bouillante n'aurait pu brûler que les parties directement en contact… et non pas de façon aussi parfaite tout l'intérieur des mains.

» Bien sûr, il aurait pu volontairement plonger ses mains dans l'huile bouillante avant de se tuer… quoique la chose ne soit guère envisageable. Mais comme il est mort depuis au moins un jour et que l'huile est encore chaude… (Puis, changeant de ton :) De toute manière ces brûlures sont toutes récentes et postérieures à la mort, je suis formel là-dessus.

— Très bien, dit Twist, nous sommes donc fixés sur ce point. (Il gagna la table et s'absorba dans la contemplation des plats garnis.) Vous m'avez dit, sergent Cunningham, que Harold Vickers s'est enfermé ici hier après-midi et qu'il n'a pas montré le bout de son nez depuis.

— Oui. Enfin c'est ce qu'a dit Mrs Vickers.

— Harold Vickers aurait donc été tué ici même, disons en fin d'après-midi, le silencieux expliquant le fait que nul n'ait surpris la détonation – encore qu'il faille interroger toute la maisonnée et même le voisinage à ce sujet. Jusque-là, d'une certaine manière, tout va bien. Passons pour le moment sur les invitations à dîner expédiées à un journaliste et à un policier, qui sont – comme par hasard – tapées et signées à la machine. Je doute que notre diabolique assassin y ait laissé ses empreintes, mais il faudra quand même vérifier. La suite est beaucoup plus étrange : le meurtrier revient sur les lieux du crime – cela m'étonnerait fort qu'il soit resté ici tout le temps – et… Regardez-moi ces légumes finement cuisinés, avec échalotes, lardons, herbes… comme à la française ! La viande coupée en petits morceaux, les poulets parfaitement préparés !… Tout cela ne se fait pas en cinq minutes ! Il faut du temps et du matériel ! Il n'y avait personne à la cuisine, dites-vous, sergent ?

— Non. Toujours selon Mrs Vickers.

— *Comment* et où a-t-on pu préparer tout cela ? reprit le Dr Twist en hochant gravement la tête. Comment l'a-t-on introduit ici sans se faire remarquer ? Laissons ceci de côté pour le moment, nous ne pouvons nous prononcer avant d'avoir interrogé les témoins Ce qui est certain, en revanche, c'est que l'assassin était encore là aux environs de 9 heures, sinon jusqu'à 9 heures moins le quart.

— Je crois même, dit Simon, que Mrs Vickers m'a signalé avoir entendu un bruit émanant du bureau en venant m'ouvrir la porte. Il devait être 9 heures moins cinq. Nous sommes restés sur le pas de la porte jusqu'à…

— Jusqu'à mon arrivée, fit Springer. Juste une ou deux minutes après 9 heures. Nous avons ensuite contourné la maison pour voir s'il y avait de la lumière à la fenêtre du bureau, puis nous sommes revenus. Cela nous a pris deux minutes maximum. Si l'assassin est sorti par la porte, il n'a pu le faire qu'à cet instant. Car par la suite, nous sommes restés dans le hall jusqu'à ce que nous ayons enfoncé la porte. S'il est sorti par la fenêtre, il a eu un peu plus de temps.

— Mais bon sang de bonsoir ! rugit tout à coup Hurst, le visage apoplectique, *comment ?*

Personne ne souffla mot.

— Êtes-vous bien sûrs, mes gaillards, grogna Hurst, qu'il n'y avait personne d'autre que le mort dans la pièce.

— Absolument personne, affirma Springer en passant une main nerveuse dans ses cheveux roux. Vous voyez vous-même que la pièce n'offre aucune cachette. De toute façon, nous avons monté la garde dans le hall jusqu'à l'arrivée de vos hommes. Personne n'y est entré, personne n'en est sorti.

— Et la fenêtre ? demanda Hurst avec une note d'espoir dans la voix.

— Elle était dans le même état que maintenant, répondit Springer, un rien ironique : fermée de l'intérieur avec le crochet de métal, et les volets également clos. Je suis prêt à le jurer.

— Moi aussi, soupira Simon, comme à regret. Ce que je puis aussi vous certifier, c'est que nul n'a touché à quoi que ce soit. J'y ai veillé.

— C'est juste, dit Springer, il m'a rappelé à l'ordre une ou deux fois.

Hurst se mordait les lèvres. Sa mèche rebelle lui était une fois de plus retombée sur le front – ce qui, en règle générale, était d'assez mauvais présage. Il émit une sorte de mugissement et vint se placer devant la porte.

— Pas fermée à clef, commença-t-il, mais le verrou était poussé.

— Comme vous pouvez le constater, fit remarquer Springer. S'il est sorti par là, il a réussi à fermer le verrou de l'extérieur, ce qui me paraît tout à fait impossible. Et de plus, disposant d'un temps très court, il se serait livré à ce genre d'opération parfaitement inutile et risquée ?… Ridicule.

Le verrou de la porte était de fort belle taille. Comme c'était le logement de métal fixé sur le chambranle qui avait cédé, Hurst put se livrer à un petit essai. Il sortit un mouchoir de sa poche, le posa sur le bouton du verrou et essaya de le faire coulisser dans son logement solidement vissé sur la porte. Il y parvint, mais non sans effort :

— Si quelqu'un arrive à actionner ce verrou de l'autre côté de la porte en s'aidant d'une tige métallique, moi, je mange mon chapeau. On a un mal fou à le faire bouger, ce vieux machin à moitié rouillé !

— Une tige métallique ? demanda Springer. Vous voulez dire une tige qu'on actionnerait après l'avoir passée par le trou de la serrure ?

— Oui, la chose est possible, remarqua Twist qui venait d'essayer à son tour le verrou, mais pas avec un verrou comme celui-là. De toute façon... (il examina la serrure des deux côtés), de toute façon ce genre d'expérience laisse immanquablement des traces sur les bords, ce qui à première vue n'est pas le cas, ni d'un côté ni de l'autre de la serrure.

— Impossible d'actionner le verrou de l'extérieur, grommela Hurst, absolument impossible. On vérifiera de plus près, bien sûr, mais à mon avis il n'y a aucun espoir à attendre de ce côté. Il ne reste qu'une seule solution...

Hurst, sensible à l'intérêt subit qu'on lui portait, éleva majestueusement ses 90 kilos et vint se placer devant la cheminée qu'il montra fièrement du doigt :

— Par là !

Le feu étant presque éteint, on put se livrer à un examen sommaire.

— Il n'y a apparemment pas de grille dans le conduit, observa Twist, mais rendons-nous à l'évidence : un homme n'aurait pas pu s'échapper par là. Seul un petit singe...

— Je vous en prie, coupa Hurst dont la voix s'enflait de colère, ne me parlez pas de singe dans une affaire de chambre close. Laissez ce soin aux romanciers à court d'imagination et...

— Quoi ! s'indigna Simon. Vous considérez Edgar Poe, le grand précurseur de la chambre close, comme un écrivain sans imagination ! Permettez-moi de...

Il s'ensuivit un débat animé sur l'origine du mystère en chambre close, sur laquelle chacun avait sa propre idée. Hurst y coupa court en ordonnant à ses hommes de relever les empreintes digitales sur à peu près tout ce qu'il y avait dans la pièce.

Faisant les cent pas devant la cheminée, l'air plus mauvais que jamais, il marmonna :

— Pourquoi toute cette mise en scène ? Pourquoi ce dîner et ces invitations ? Pourquoi avoir donné à cette mort l'apparence d'un suicide alors qu'il est évident que ce n'en est pas un ? Pourquoi avoir trempé le mort dans l'huile bouillante ? À quoi rime cette maudite coupe à moitié remplie d'eau ? Comment l'assassin a-t-il fait pour préparer le dîner ? Comment l'a-t-il introduit dans la pièce sans se faire remarquer ? Et enfin, comment s'est-il éclipsé ? Et d'ailleurs pourquoi avoir donné à cette disparition une apparence surnaturelle ? Tout ceci est absurde et ne rime à rien ! Où que j'aille, quoi que je fasse, c'est toujours sur moi que retombent ces imbroglios ! Ce n'est pas possible, on m'a jeté un sort ! Depuis que je suis entré au Yard, ce genre d'affaire ne cesse de me poursuivre, comme une malédiction…

— Ne montez pas sur vos grands chevaux mon ami, dit calmement le Dr Twist. Vous êtes en train de vous énerver et vous perdez de vue l'essentiel, les questions qu'on se pose toujours dans ces cas-là : pourquoi a-t-on assassiné Harold Vickers ? À qui profite le crime ?

Hurst secoua la tête, poussant un soupir chargé de reproches, qu'il s'adressait personnellement :

— Vous avez raison, comme toujours, Twist. Dès que Mrs Vickers sera en état de parler…

Simon Cunningham se mit à transpirer. Il retira ses lunettes et s'essuya le front du revers de sa manche.

— Patron, commença-t-il, je… je souhaiterais ne pas être mêlé, de près ou de loin, à cette affaire…

— Je comprends, fit Hurst paternellement. Il ne saurait en être question. De toute manière, nous allons devoir mettre des gants, la famille doit avoir des relations et… Qu'y a-t-il, Cunningham ? Vous vous inquiétez pour votre fiancée ?

— Non. Enfin, oui… mais… Je voulais déjà vous en parler, mais chaque fois mon attention a été détournée… Souvenez-vous, lorsque nous étions au *Britannia* cet après-midi. vous m'aviez questionné au sujet du prochain roman de Harold Vickers.

— Cunningham, mon garçon, croyez-vous vraiment que ce soit le moment de parler de fiction, alors que la réalité nous donne déjà suffisamment de fil à retordre ?

— Justement, fit Simon désespéré, c'est là le plus extraordinaire de toute cette incroyable histoire : les circonstances de la mort de Harold Vickers sont exactement les mêmes que celles du meurtre qu'il était en train d'écrire !

6

LES MORTS SE PROMÈNENT LA NUIT

— À l'évidence, cette affaire « fumante et gratinée » prend une saveur toute particulière, dit le Dr Twist qui se délectait manifestement de la tournure des événements.

Puis, prenant subitement conscience de l'incongruité de sa remarque, le célèbre détective se mit à toussoter, sous le regard d'un auditoire pantois.

Il y eut un long silence. Hurst, écarlate, une veine gonflant dangereusement sur sa tempe, sa mèche indocile collée sur un front emperlé de sueur ne maîtrisait plus qu'à grand-peine des sentiments aussi tumultueux que variés.

Cependant que Twist rajustait son pince-nez d'une main, l'autre tentait de contenir une petite toux nerveuse. (Il lui arrivait rarement de commettre des impairs, mais lorsque cela se produisait, il en était profondément troublé.) L'inspecteur Archibald Hurst, exaspéré, évita l'explosion en mordant à pleines dents le bord de son malheureux chapeau qu'il tenait des deux mains et qui n'y était vraiment pour rien :

— Des précisions, Cunningham, des précisions... grinça-t-il.

— En vérité, balbutia Simon, en vérité... je ne sais pas grand-chose. Mr Vickers ne m'a pas donné la clef de l'énigme, il m'a juste parlé du début de l'histoire, de l'entrée en matière, en me demandant ce que j'en pensais. Voilà : un soir, des individus munis d'invitations à dîner se présentent au domicile de X où nul n'est au courant. En voulant se renseigner auprès de X, on se rend compte que celui-ci est enfermé dans une pièce. On enfonce la porte et on découvre X assassiné, affalé sur une table dressée. Non seulement il est démontré que l'assassin n'a pu s'échapper par la fenêtre ou la porte – celles-ci étant fermées de l'intérieur –, mais il est aussi prouvé que personne n'a pu apporter ou préparer le dîner encore fumant !... C'est tout, pas d'autres précisions.

Durant quelques secondes on n'entendit rien que la lourde respiration de l'inspecteur Hurst, qui finit par lâcher :

— C'est une plaisanterie, Cunningham ? Dites-moi que c'est une plaisanterie !

— Hélas ! non... soupira Simon. De toute façon, je ne suis certainement pas le seul à être dans la confidence. Le frère de Mrs Vickers doit être au courant, et, qui sait, il connaît peut-être le truc qu'a utilisé l'assassin.

— Faites-moi confiance, fit Hurst d'une voix menaçante, s'il sait quelque chose il parlera. Rien d'autre, Cunningham ? Pas un petit détail qui...

— Si ! l'interrompit Simon en désignant si brusquement la fenêtre que Springer sursauta. Il m'avait aussi dit qu'on trouverait des gants aux pieds de la victime et une petite coupe à moitié remplie d'eau placée sous la fenêtre ; sur une serviette de table ! Comme... comme ici !

— Indubitablement, commenta le Dr Twist, le mystère s'épaissit. J'ai l'impression de vivre une histoire signée Harold Vickers... Encore une question, jeune homme. Savez-vous si le père de votre fiancée s'est inspiré de quelque chose, d'un fait divers, d'un roman, d'une situation, pour bâtir son énigme ?

— J'y ai déjà songé, répondit Simon, pensif. Valérie m'avait un jour parlé d'une querelle opposant son père à son grand-père, lors d'un dîner, et qui s'était assez mal terminée... Non, tout ceci est beaucoup trop ancien, le vieux Mr Vickers est mort depuis plusieurs années, je ne connaissais pas encore Valérie. Voyez-vous, je viens ici assez régulièrement et... Enfin, je suis bien placé pour savoir que Harold Vickers a eu cette idée récemment, un mois, peut-être, guère davantage. Elle lui est venue subitement, je m'en souviens très bien. Quant à savoir sur quoi il s'est basé, en toute honnêteté je ne puis vous répondre. S'il est une personne qui puisse savoir quelque chose là-dessus, je crois bien que c'est Roger Sharpe. Il faudra lui poser la question.

Hurst eut un mouvement d'épaules signifiant que cette dernière précision était parfaitement inutile.

— Je ne dirai pas qu'on s'écarte du sujet, fit-il après une pause. Mais il y a d'autres urgences, il me semble ! Par où est passé l'assassin ? Il ne s'agit quand même pas d'un fantôme, mille tonnerres ! Et pour le dîner : comment a-t-il fait ? C'est forcément quelqu'un de la maison… Ou du moins avec la complicité d'une personne de la maison, ne serait-ce que pour se faire ouvrir la porte d'entrée. Il faut recueillir de toute urgence les témoignages des domestiques…

Le médecin légiste se redressa :

— Voilà, j'ai terminé. Rien à ajouter à ce que j'ai dit pour le moment. Vous pouvez faire emmener le corps.

Lorsqu'il eut pris congé, le Dr Twist s'adressa à Simon :

— Quand vous êtes venu ici, n'avez-vous rencontré personne ?

— Dans la propriété ? Non, bien sûr, sans quoi je vous l'aurais signalé.

— Et sur la route, près de la grille ?

Simon fronça les sourcils, réfléchissant intensément :

— Il me semble que…

Il fut interrompu par l'arrivée de Kesley, qui, hésitant sur le pas de la porte, se retourna :

— Miss Vickers, il vaudrait mieux que vous…

— Laissez-moi passer, Kesley, dit la jeune fille en entrant.

— Henrietta, s'interposa Simon, soyez raisonnable, ne vous imposez pas un surcroît de douleur en…

Elle l'écarta d'un geste et posa son regard sur le cadavre de son père. Les policiers et Springer parurent sur le point de parler, mais quelque chose dans l'attitude de miss Vickers les en dissuada. Elle ressemblait beaucoup à sa sœur ; les mêmes cheveux noirs, la même forme de visage, les lèvres rouges et charnues, les yeux frangés de longs cils noirs, les proportions parfaites de sa souple silhouette. Mais ses yeux globuleux et brillants, d'une étrange fixité, avaient quelque chose d'inquiétant, d'indéfinissable. Elle portait un pantalon de soie bleue et un chemisier rouge.

Elle leva une main pour parer d'avance aux questions éventuelles, sans détacher son regard du cadavre. Philip Kesley fit diversion en disant à Simon :

— Le médecin de Mrs Vickers vient de partir, il n'y a aucune inquiétude à avoir pour elle. Mais vous devrez attendre demain pour l'interroger.

Simon hocha la tête gravement et présenta le domestique à son supérieur et au Dr Twist.

— Votre femme est au courant, j'imagine ? questionna Hurst.

— Oui, il était à peine 9 heures et quart lorsque…

— Peut-on encore l'interroger ?

— Nous sommes à votre disposition, monsieur l'inspecteur, répondit dignement Kesley.

— Très bien. Cunningham, heu… non. Rogers !

— Oui, patron ? fit l'un des policiers.

— Vous allez suivre monsieur et procéder à l'interrogatoire. Emploi du temps détaillé de chacun depuis la dernière fois qu'on a vu Mr Vickers, les bruits suspects qu'ils auraient pu entendre, les allées et venues de tout le monde, utilisation de la cuisine… Tout, je veux tout, absolument tout.

Rogers poussa un soupir, puis suivit le domestique. Hurst, émettant une toux qui se voulait discrète, se tourna vers la jeune fille et s'immobilisa lorsqu'elle parla :

— Ceci ferait un beau tableau… oui, ce dîner aux chandelles, ce cadavre affalé… grandiose. Les couleurs aussi sont excellentes, le noir du costume, les serviettes blanches, l'éclat de l'argent, le chêne sombre de la table… Je m'y mettrai dès demain.

Les yeux de Hurst s'arrondirent d'étonnement. Tout en Henrietta était inquiétant. Ses paroles, bien sûr, mais aussi sa voix basse et rauque, qui tranchait singulièrement avec son physique, la surprenante expression de sérénité que revêtait son visage et ses grands yeux bleus aux pupilles dilatées où brillaient les flammes des bougies.

— Mais, Henrietta, balbutia Simon, il… il s'agit de votre père !

Elle le toisa sévèrement :

— Vous me prenez pour une aveugle… ou une folle ! Bien sûr, que c'est mon père, cet imbécile qui ignorait tout de la peinture ! (S'adressant à Hurst :) Si vous aviez entendu en quels termes il parlait de mes toiles… il ne l'aurait jamais fait si grand-père vivait encore. Grand-père… grand-papa Théodore… Vous l'avez connu ? Non, bien sûr. C'était un homme charmant… J'étais sa préférée, il me prenait toujours sur ses genoux et me parlait d'une voix très douce… C'était le premier à avoir reconnu mes exceptionnels talents, il m'a encouragée à faire de la peinture… et sans lui je crois bien que je ne serais jamais devenue ce que je suis. Grand-père… ça fait maintenant cinq ans qu'il est parti. (Son regard revint sur le mort.) Mon père et lui ne s'entendaient pas du tout, ils se querellaient souvent…

Hurst, comprenant qu'il avait tout intérêt à la laisser parler, demanda cependant, d'un air parfaitement étonné :

— Se quereller ? Et pourquoi diable ?

— Grand-père n'aimait pas du tout le genre d'histoires qu'il écrivait, je l'entends encore lui reprocher : « Toutes ces histoires ne sont pas dignes d'un Vickers, Harold ! C'est une insulte à notre nom ! Je n'ai rien contre la littérature, bien au contraire, mais tous ces cadavres, ces meurtres, ces morts qui sortent de leur tombe, ces messes noires, ces vampires et j'en passe… Il faut que ça cesse, tu m'entends, Harold ! Je ne supporterai plus longtemps ces pitreries macabres qui déshonorent notre famille ! » Par la suite, leurs rapports se sont envenimés, mon père ripostait en traitant Grand-père de vieillard gâteux. D'ailleurs un soir… Je m'en souviens très bien, c'était le jour de mes 18 ans, nous avions dîné aux chandelles… (Des larmes montaient aux yeux de la jeune fille.) Ils se sont tellement emportés que Grand-père en a fait une crise cardiaque… il s'est affalé sur la table.

Après avoir jeté un coup d'œil sur le cadavre de Harold Vickers, Archibald Hurst et Springer se dévisagèrent, désorientés.

— Mort ? demanda le Dr Twist avec un intérêt croissant.

— Non, dit Henrietta en fermant les yeux, pas immédiatement. Mais une seconde crise, trois semaines plus tard, lui fut fatale. On aurait dit, après la première attaque, qu'il sentait venir son heure. La veille de sa mort, il avait dit à son fils : « La main de Dieu mettra un terme à tes excentricités, Harold ! Et sinon… je sortirai de ma tombe, s'il le faut. »

Il y eut un silence de glace. Tous les regards étaient braqués sur le mort. Henrietta ajouta, les yeux brillants :

— D'ailleurs je ne vous cacherai pas que j'ai pensé à l'attaque de grand-père en voyant Père dans cette position.

Le silence retomba. La présence de Théodore Vickers dans la pièce était presque palpable.

— Grand-père est mort, mais il n'est pas loin…

— Je vous demande pardon ? s'enquit Hurst, blanc comme un linge.

Henrietta désigna la fenêtre, le regard lointain. Simon, mal à l'aise, s'éclaircit la voix, puis expliqua :

— Oui, il est enterré dans le cimetière… juste à côté.

Hurst, le regard braqué sur la fenêtre, évoqua un terrain vague noyé de brumes, où se dressaient des pierres tombales, puis chassa cette pensée d'un geste furieux.

— Autant vous l'avouer tout de suite, messieurs, la mort de mon père ne me bouleverse pas. (La mystérieuse expression de sérénité reparut sur le visage d'Henrietta qui contemplait la scène tragique.) Extraordinaire ! Il faut que je monte immédiatement faire des esquisses. Je ne peux pas laisser passer mon inspiration. Excusez-moi, mais…

— Nous avons encore quelques questions à vous poser. mademoiselle, dit Hurst, et…

— Alors passez demain, coupa Henrietta. Bonsoir, messieurs. Bonsoir. Simon, ajouta-t-elle en lui adressant un sourire qu'il ne fit qu'entrevoir. Henrietta, après avoir énergiquement pivoté sur ses talons, venait de quitter le bureau.

Les bruits de pas dans le hall s'estompèrent.

— Henrietta n'a plus toute sa raison, expliqua Simon. Pas folle, mais très étrange… depuis un accident dans son enfance. Mais, autant que je sache, tout ce qu'elle vient de nous dire au sujet de son grand-père est exact. Valérie me l'avait déjà confié.

— Mille tonnerres de mille tonnerres ! explosa Hurst. Il est plus de 11 heures et nous n'avançons pas. Bien au contraire, nous nous enlisons de minute en minute ! Bon sang, Twist, dites quelque chose !

L'interpellé ne fit aucun commentaire, tirant placidement sur sa pipe. Fred Springer, qui était resté muet depuis un bon moment, demanda à Simon :

— Avant l'arrivée du domestique et Mrs Vickers vous étiez sur le point de répondre à une question. Le Dr Twist vous avait demandé si vous aviez aperçu quelqu'un aux abords de la propriété. Vous sembliez hésiter…

Simon parut pris de vertige.

— Répondez, Cunningham, intima Hurst. C'est très important. Si vous avez vu quelqu'un, ce pourrait être l'assassin qui s'éloignait après avoir commis son forfait. Les heures correspondent. Répondez Cunningham ! Je vais finir par croire que vous essayez de couvrir quelqu'un !

— Je n'ai jamais prétendu avoir vu quelqu'un, fit Simon, livide. Mais… je me demande si toute cette histoire n'est pas en train de jouer avec ma raison… Il m'a semblé apercevoir, alors que j'amorçais le virage pour entrer dans la propriété, quelqu'un qui venait de franchir l'entrée du… cimetière.

— Quelqu'un ? Quel genre de personne ?

— Écoutez, patron, ne me poussez pas à bout. Je ne suis pas du tout sûr de ce que je raconte. J'ai l'impression d'avoir été victime d'une illusion. (Simon, épuisé, faisait un évident effort de réflexion.) Ça s'est passé tellement vite… quelqu'un de très maigre, portant des loques, avec des cheveux gris… ça m'avait tellement frappé de voir quelqu'un entrer dans le cimetière à 9 heures du soir, que j'ai douté de mes sens…

— La description que vous nous donnez, remarqua Hurst, pourrait être celle d'un vieillard… ou d'un mort drapé d'un linceul !

7

LE MAGICIEN

Un nouveau silence s'abattit.

Simon se prit la tête dans les mains, on l'entendit murmurer « oui ». Puis, soudainement rasséréné, il se frappa la paume du poing, explosant :

— J'ai eu une vision, voilà tout ! Ça peut arriver à tout le monde, non ? Du reste je n'étais pas dans mon état normal : je m'étais décommandé auprès de Valérie sans pouvoir lui donner de raison. Elle m'avait raccroché au nez. Dieu sait ce qu'elle s'est imaginé. Et pour vous dire la vérité, cette étrange invitation de son père qui devait rester secrète m'inquiétait au plus haut point. Une sorte de sixième sens, je me trompe peu avec ce genre d'intuition. Du reste, je ne me suis pas trompé. Valérie… Mon Dieu !… lorsqu'elle va apprendre…

Devant le désarroi et l'affolement de Simon – choses rares chez lui – Hurst recouvrait son calme et son sang-froid. En adressant un regard compatissant à son subordonné, il alluma un cigare et dit :

— Restons calmes, jeune homme, calmes. Ma longue expérience m'a permis d'apprendre une chose, une arme qui vient à bout de toutes les situations : le calme. Nous sortirons de ce cauchemar, soyez-en certain. Dans la vie, jeune homme, il faut toujours…

Il fut interrompu par le bruit d'une clef dans la porte d'entrée qu'on entendit s'ouvrir puis se refermer. Des pas précipités… et une silhouette masculine se profila dans l'encadrement de la porte du bureau.

— Que se passe-t-il ici ? fit le nouveau venu, Harold !…

Roger Sharpe pouvait avoir 50 ans. Bien bâti, le teint mat, un visage avenant aux joues creuses, avec une fière assurance dans le regard, on l'aurait classé du type méditerranéen n'était la blondeur scandinave de ses cheveux bouclés. Vêtu d'un costume de scène blanc cassé d'une coupe impeccable, qui mettait en valeur une chemise d'un rouge vif, il avait de la classe. De toute évidence, Roger Sharpe, célibataire endurci, ne devait pas déplaire à la gent féminine.

— C'est une farce ! s'exclama-t-il. (Il partit d'un rire ample et sonore, bien timbré.) Ah ! j'ai compris : une répétition de son futur roman ! Vous pouvez vous lever, Harold, je ne marche pas !

Devant les mines graves des autres, il perdit son sourire et s'approcha vivement de Harold :

— Nom de Dieu ! (Il déposa la petite valise noire qu'il tenait à la main.)

Simon fit les présentations et le mit au courant de la situation Il l'écouta attentivement secouant parfois la tête d'un air incrédule, puis s'écria :

— Mais c'est une histoire de fous ! Les circonstances sont exactement les mêmes que celles du crime dans son nouveau roman !

— Justement, intervint Hurst, nous comptons beaucoup sur vos connaissances professionnelles pour nous aider. Vous êtes prestidigitateur, c'est bien ça ?

— Oui, répondit-il, pensif.

— Mr Vickers ne vous avait-il pas consulté pour le roman qu'il préparait ? demanda Simon, une lueur d'espoir filtrant à travers ses grosses lunettes.

— Non, Simon, pas cette fois-ci. Bien sûr, il m'avait exposé son énigme, qui par ailleurs m'avait plu et surtout intrigué ; mais non, il ne m'a pas expliqué le truc et il était très fier, amusé même, de me voir, moi, expert en magie, donner ma langue au chat. Mais encore une fois, il ne m'a rien dit, en dépit de mon insistance. (Il considéra la table dressée et le cadavre.) Tout ceci est incroyable… Fou. Qu'est-ce qui a bien pu se passer ici ?… Je vais vous demander encore une fois un récit très détaillé des circonstances dans lesquelles vous avez découvert le cadavre.

Fred Springer répéta ce que Simon avait dit quelques instants auparavant, avec davantage de précisions.

Roger demeura un long moment sans rien dire, desserra sa cravate et alluma une cigarette.

— Pour l'introduction et la préparation du dîner, dit-il finalement, il ne devrait pas y avoir de problème majeur, à condition d'expliquer *comment* l'assassin s'est enfui. Vous permettez ?

Il alla se placer devant la fenêtre qu'il soumit à un examen attentif.

— Avec un fil, dit-il en secouant la tête, on pourrait éventuellement verrouiller la fenêtre de l'extérieur en le passant sous la fente de la porte ou par le trou de la serrure. Assez compliqué, mais faisable. Mais il y a les volets, hélas ! Là, rien à faire, ça me paraît impossible. Mais j'ai déjà vu des choses plus affolantes.

Il traversa le bureau, la porte et le chambranle furent examinés à leur tour.

— Le verrou est très difficile à pousser, constata-t-il. Vous avez déjà essayé ?

Hurst acquiesça.

Roger hésita un moment puis déclara :

— À moins d'avoir utilisé un matériel très élaboré et qui dans ce cas aurait été forcément retrouvé dans la pièce, j'affirme, messieurs, j'affirme que la porte n'a pas été verrouillée de *l'intérieur*. Parfaitement impossible. Mais êtes-vous certains de n'avoir rien trouvé près de la porte en entrant ?

Simon et Springer furent catégoriques sur ce point.

— Et la coupe à moitié remplie d'eau, Mr Sharpe, qu'en pensez-vous ? demanda Hurst. Croyez-vous que cela ait un rapport avec la mystérieuse disparition de l'assassin ?

Roger haussa les épaules :

— Aucun rapport *a priori*, bien sûr. Mais comme Harold avait aussi placé ce détail dans son roman… alors que penser ? Vous savez, après tout, nous ne sommes peut-être pas en présence d'un assassinat. Harold se suicide bel et bien, et un plaisantin à l'humour macabre fait cette mise en scène, s'inspirant de l'idée qui avait germé dans l'esprit de l'écrivain. Dans quel but ? Aucune idée.

— Ce n'est pas impossible, c'est vrai, convint Hurst en s'efforçant de sourire. Bien que pour ma part je sois persuadé d'avoir affaire à un assassin. De toute manière, cela ne changerait pas grand-chose : l'un tuerait délibérément pour parvenir à ses fins, et l'autre profiterait d'un suicide. Il y a une nuance, bien sûr, mais le problème reste le même. Je vous propose donc de continuer à l'appeler l'assassin. (Hurst fit une pause.) Pourquoi cette mise en scène ? On pense naturellement à l'histoire en préparation de Mr Vickers, mais ne vous rappelle-t-elle pas autre chose ?

Roger Sharpe demeura interdit.

— … Ma foi… non… Ah !… si. Je vois. La dispute avec son père qui en eut une attaque et s'affala sur la table. Il y avait aussi des bougies, ce soir-là…

— Savez-vous si c'est cet événement qui a inspiré votre beau-frère ?

— Il ne m'a rien dit… (il eut une grimace de doute) mais je ne crois pas. Si cela avait été le cas, pourquoi aurait-il attendu si longtemps pour exploiter cette idée ?… De plus, le rapport est assez mince, si on y réfléchit bien ; quelqu'un qui a une attaque à table, cela ne présente rien de vraiment exceptionnel…

L'inspecteur Hurst changea de sujet :

— Vous habitez ici, Mr Sharpe…

— Oui, en quelque sorte, dit-il en passant sa main dans les cheveux avec aisance. Pour l'heure, je travaille dans un music-hall de Soho, mais la plupart du temps je suis en tournée, et très souvent à l'étranger.

— Ce n'était pas ma question. Vous habitez ici, vous devez donc savoir ce qui s'est passé dans cette maison ces derniers temps. On situe la mort de votre beau-frère hier, en fin d'après-midi.

— Harold avait souvent un étrange comportement. Il lui arrivait de nous demander des choses très bizarres. Nous avions coutume de nous exécuter sans poser la moindre question. Vous savez cela, Simon… (Celui-ci acquiesça.) Hier, au repas de midi, il nous a demandé – à tout le monde, y compris les Kesley – de ne pas se trouver dans la maison, ou dans les alentours, entre 16 h et 19 h. Cette fois-ci, il dépassait les bornes ; ma sœur lui a dit ouvertement ce qu'elle pensait de ses agissements – ce qui lui arrivait rarement –, mais en définitive elle a cédé. Henrietta est entrée dans une terrible colère (elle avait une toile à achever), sans plus de résultats. Si ! Il nous a finalement avoué qu'il lui fallait la maison pour se livrer à quelques essais. Il devait être seul, absolument seul. Il a aussi ajouté qu'il passerait la nuit et probablement la journée du lendemain dans son bureau. Dans ces cas-là, il ne fallait jamais le déranger, sous quelque prétexte que ce soit. La maison était donc vide, à 16 h, à l'exception d'Harold évidemment…

— … et de l'assassin, ajouta Hurst. Ce qui m'amène à cette question : quel était l'emploi du temps de chacun d'entre vous à ce moment-là ?

Roger sourit et alluma tranquillement une cigarette avant de répondre :

— Mon alibi n'est pas extraordinaire, je me suis promené dans Regent's Park. Ma sœur est allée faire des courses à Oxford Street, c'est du moins ce qu'elle a prétendu avant de partir. Quant à mes nièces, je ne sais pas, il faudra leur poser la question. De même pour les domestiques.

Hurst, qui avait sorti son calepin, prit note. Puis il demanda :

— Et pour ce soir ?

— Ce soir… répéta Roger avec un énigmatique sourire. C'est très simple : je me suis levé de table à 7 h 30 pour aller me préparer dans ma chambre. Il devait être 8 heures moins le quart lorsque je suis parti pour le music-hall. J'ai fait deux numéros – devant une trentaine de personnes, soit dit en passant – dont l'un de 9 heures moins le quart à 9 heures.

— En d'autres termes, vous ne pouvez pas être l'assassin ou le mauvais plaisant ?

— Je ne vous le fais pas dire, inspecteur. À moins, bien sûr, d'être doué d'ubiquité, plaisanta-t-il.

— Ce qui n'aurait rien d'exceptionnel pour un magicien, répondit Hurst sur le même ton. Parfait. Il nous faut maintenant aborder un autre point par lequel nous aurions sans doute dû commencer : connaissez-vous les dispositions testamentaires du défunt ?

— Plus ou moins, dit le prestidigitateur en fixant sa cigarette. À moins qu'il n'y ait eu des changements. Hormis quelques legs insignifiants, l'héritage sera divisé en trois parts égales : Valérie, Henrietta et ma sœur, laquelle bénéficiera de surcroît de l'usufruit de la propriété.

— Et… et le frère ? fit timidement Simon.

— Un frère ? s'exclama Hurst. Quel frère ?

Roger rendit lentement la fumée de sa cigarette, et une expression ennuyée glissa sur son visage :

— Oui, Harold a un frère. Stephen. Un frère qui vit en Australie depuis pas mal de temps.

— Étaient-ils en bons termes ? questionna Hurst, flairant une nouvelle piste.

— Ces derniers temps… oui. Harold était allé le retrouver l'an passé. Ils ne s'étaient pas revus depuis une bonne vingtaine d'années, depuis… depuis que Stephen avait quitté l'Angleterre. (Voyant les regards intrigués et scrutateurs qui le fixaient, Roger eut un sourire un peu gêné.) Je crois qu'il vaut mieux commencer l'histoire par le début. Dane, ma sœur, était une jeune comédienne à ses débuts lorsqu'elle a connu Harold… Harold et Stephen. Les deux frères lui faisaient une cour assidue. Stephen accepta mal le choix de ma sœur, il quitta presque immédiatement le toit familial pour s'embarquer vers l'Australie, où il avait un ami qui s'était lancé dans l'élevage. Il n'a pas donné de nouvelles pendant plusieurs années. Mais je sais que ces derniers temps ils échangeaient une correspondance régulière, quoique très espacée, où chacun invitait l'autre à venir passer les vacances. Et finalement c'est Harold qui s'est décidé, l'été dernier, et de manière assez surprenante : du jour au lendemain, il a annoncé qu'il allait en Australie chez son frère. Il est parti sans emmener sa femme ni ses filles. Pourquoi ? Tout le monde s'est posé cette question, qui d'ailleurs est restée sans réponse. Tout ce qu'on a appris lorsqu'il est rentré, c'est que son frère se portait bien, qu'il était toujours célibataire et qu'il était loin d'être pauvre.

Après un silence, Hurst demanda :

— Et quel âge a-t-il, le frère ?

— Le même. Ce sont de faux jumeaux.

— Attendez, fit Simon en se dirigeant vers les rayonnages. Mr Vickers avait ramené une photo d'Australie. Ah ! La voilà ! Regardez, on les voit tous les deux…

Hurst se saisit du petit cadre et le Dr Twist se rapprocha. La photographie représentait les deux frères, tout souriants, se tenant par l'épaule.

— Bon sang ! s'exclama l'inspecteur. Les traits du visage ne sont pas tout à fait identiques mais les cheveux noirs bouclés, la carrure, la taille, le maintien… à s'y tromper.

Soudain, le visage de Hurst se rembrunit. Il jeta un coup d'œil sur le cadavre, puis se mit à réfléchir Après avoir pris quelques notes dans son calepin, il demanda :

— Je voudrais vous poser une question assez indiscrète, Mr Sharpe. Des rumeurs circulent à propos de votre beau-frère… Il paraît que…

— Je vois, coupa assez sèchement Roger. Ces rumeurs sont certainement exagérées, mais il y a un fond de vérité : il arrivait à Harold de faire de petits écarts. Rien de sérieux, ce n'était pas ce qu'on pourrait appeler un homme à femmes. Nous sommes une fois sortis ensemble, et j'ai pu constater que… qu'il aimait bien lier connaissance. Et si vous voulez le fond de ma pensée, j'irais même jusqu'à dire qu'il *testait* les réactions des femmes uniquement pour les glisser dans ses romans. Mais là, je m'avance peut-être…

— Et sa femme, était-elle au courant ?

— Je crois bien que oui. Mais elle souffrait en silence, se contentant de lui lancer des regards lourds de reproches. Il faut dire que Harold n'était pas un compagnon très facile. Il lui arrivait souvent de s'enfermer dans un mutisme total de plusieurs jours. Heureusement, il savait aussi être charmant et attentionné, mais il tombait d'un extrême à l'autre. Tenez par exemple, une nuit nous avons été réveillés par de la musique napolitaine. C'était, entre deux joueurs de mandoline, notre Harold qui, un bouquet de roses rouges à la main, faisait donner la sérénade devant les fenêtres de sa femme. En fait, cet homme a toujours été un mystère pour moi… et il le demeurera. Son comportement était si étrange, si déroutant… Je pourrais vous citer d'autres exemples… Il entretenait d'assez bonnes relations avec notre voisin, Colin Hubbard, un médecin en retraite, au demeurant un homme très courtois, très discret. Cependant ils se voyaient très peu souvent, une fois par mois, même pas. Et puis, subitement, depuis quelques semaines, Harold se rendait chez lui pratiquement tous les jours !… Pourquoi ? Mystère.

— Nous irons l'interroger, déclara Hurst, le sourire aux lèvres. Ce point sera éclairci. Ce que j'aimerais voir, maintenant, ce sont les notes qu'il prenait pour ses romans. Car j'imagine qu'il notait ses idées. Pouvez-vous nous aider ?

— Oui… il avait un cahier rouge… mais je ne sais pas… Il faudrait regarder dans ses affaires, peut-être sur ces rayons… C'est un cahier d'écolier. Si vous le voyez vous ne pourrez pas vous tromper ; il avait écrit sur la couverture le titre de son futur roman : *La Mort vous invite*.

— Nous le retrouverons, Mr Sharpe, nous le retrouverons. Ah ! une dernière chose : savez-vous où nous pourrons trouver l'adresse de son frère… Il faudra bien le prévenir.

Roger gagna les rayonnages, fourragea quelques instants dans différents papiers, puis sortit un agenda qu'il compulsa :

— Voilà, c'est ici.

— Merci, dit Hurst en prenant note. Je crois que c'est tout pour ce soir, nous nous reverrons demain.

On entendit claquer la porte d'entrée, des bruits de pas précipités dans le hall, et Valérie fit irruption dans le bureau. Son visage devint crayeux, Simon se précipita vers elle.

8

L'AFFAIRE SE COMPLIQUE

Le lendemain dimanche, le Dr Twist et Simon Cunningham se trouvaient à Scotland Yard dans le bureau de l'inspecteur Hurst. Celui-ci, devant la fenêtre, semblait absorbé dans la contemplation de Victoria Street, qui commençait à s'animer. Un pâle soleil émergeait au-dessus des toits, les feuilles des arbres bordant la rue s'agitaient dans la brise légère. Il interrompit brusquement sa rêverie pour s'installer à son bureau, face à ses compagnons. Le Dr Twist attendait, impassible, droit comme un « i » sur sa chaise. Des volutes bleuâtres montaient de sa pipe, Simon les suivait machinalement du regard, il évoquait la nuit passée et le désespoir de Valérie. Elle l'avait écouté, blottie au creux de son épaule, secouée de sanglots convulsifs, lui expliquer ce que les policiers savaient du drame. Après quoi elle s'était excusée de son emportement, de son attitude ridicule. Toute honteuse, elle lui avait avoué ne pas être allée au théâtre. Furieuse de sa défection, emportée par la jalousie, s'imaginant le pire après son coup de téléphone, elle avait erré quelque temps avant de rejoindre des amis dans une boîte de nuit. Comment avait-elle pu se conduire aussi sottement, alors que son père venait de se faire assassiner ? Elle accepterait sans le moindre reproche une rupture de fiançailles, mais il devait savoir qu'elle l'aimait plus que jamais. Simon, terrifié à l'idée d'une séparation, s'était empressé de la rassurer : pas l'ombre d'un instant, cette pensée – au reste indigne d'un gentleman – ne l'avait effleuré ; le noble sentiment qu'il nourrissait à son endroit ne faisait que croître ; comment Valérie avait-elle pu songer à une conduite aussi cavalière de sa part ? Il serait à ses côtés pour la soutenir dans cette terrible épreuve.

— Bien, fit Hurst sur un ton décidé. Tout d'abord, je vais vous communiquer les premiers résultats de l'enquête. Nous verrons par la suite les éventuelles conclusions à tirer de cette obscure et tragique affaire.

En dépit du manque de sommeil, Hurst présentait un visage frais et reposé ; ses cheveux calamistrés étaient soigneusement plaqués sur son crâne rose. Après avoir sorti quelques feuilles dactylographiées d'un dossier et allumé un cigare, il commença :

— Premier point : les deux invitations envoyées à Springer et vous, Cunningham. On n'y a pas retrouvé les empreintes du mort, et le cachet de la poste indiquait la levée de 18 h 30 de la journée de vendredi, d'un bureau proche de St Richard's Wood. En clair, ceci ne nous apprend rien et nous ne savons toujours pas si c'est Harold Vickers lui-même qui les avait tapées à la machine.

— Les empreintes du mort, fit Simon intrigué avez-vous pu les relever malgré les brûlures ?

— Bien sûr que non ! Et cessez de jouer l'imbécile, Cunningham ! Nous avons pu facilement identifier celles de Vickers grâce à ses objets personnels : agenda, crayons, livres, etc.

» Continuons. Plateaux, plats, couverts, candélabres, bref tout ce qui était sur la table porte différentes empreintes. On y trouve celles de la victime sur quelques objets : un plateau, trois assiettes et certains couverts. Nous n'avons pas encore eu le temps de les comparer avec celles des gens de la maison, mais j'ai bien peur que cela ne nous apprenne pas grand-chose. De toute manière, nous avons la quasi-certitude que l'assassin a opéré avec des gants. Ceux qu'on a retrouvés aux pieds du mort ? Sûrement pas, ils sont de très petite taille. On les a posés là pour je ne sais quelle raison. Pas l'ombre d'une empreinte sur la petite coupe près de la fenêtre : elle a été manifestement essuyée.

» Autre détail : les couverts, les plats, les verres et tout le reste – sauf le réchaud à alcool – sont des objets de la maison.

— Là encore, fit le Dr Twist en caressant ses moustaches d'un air rêveur, ceci ne nous apprend pas grand-chose, sinon que l'assassin s'est servi sur place… à moins que ce ne soit Vickers qui ait préparé la table, d'autant plus que, comme vous disiez, il y avait ses empreintes sur *certains* objets. Pourquoi *certains* ?… c'est bizarre… Ou c'est lui qui a dressé la table, ou c'est l'assassin. (Il fronça les sourcils, puis ses traits se détendirent.) Somme toute, nous pouvons quand même en tirer quelque chose : si ce n'est lui qui a préparé la table, pourquoi trouverions-nous ses empreintes sur les assiettes ou sur les couverts ? Est-il concevable de penser que le maître de la maison prenne part aux travaux domestiques – vaisselle ou rangement ? Non, à l'évidence ! Alors ?

— Alors, fit Hurst sournois, semblant détenir quelque secret, il se peut aussi que ce soit une ruse de l'assassin ! Ne comprenez-vous pas que là est son intention : nous jeter de la poudre aux yeux ! Tenez, la petite coupe à moitié remplie d'eau, comment…

Il laissa sa phrase en suspens, puis regarda Simon :

— Vous vouliez dire quelque chose, Cunningham ?

— Si l'on avait affaire à un être *normal*, si j'ose dire, cette histoire d'invitation parlerait d'elle-même. (Simon examinait ses ongles soignés – comme tout le reste de sa personne, d'ailleurs.) En effet, pourquoi quelqu'un, sans prévenir qui que ce soit dans son entourage, inviterait-il deux personnes à dîner en leur demandant de garder le secret ? C'est absurde. On pourrait donc en conclure que c'est l'assassin qui a expédié ces lettres et préparé toute cette mise en scène.

— C'est juste, admit Hurst.

— Seulement voilà, nous avons affaire à Harold Vickers, dont le comportement est imprévisible.

» Nous savons qu'il est mort vendredi entre 16 et 19 heures, alors qu'il se trouvait seul dans la maison. Nous savons aussi qu'on a retrouvé ses empreintes sur certains des plats, assiettes et couverts. On pourrait expliquer les choses de cette manière, bien qu'il paraisse étrange qu'il prépare la table vingt-quatre heures à l'avance : ayant disposé la moitié du couvert, il se fait surprendre par l'assassin, qui le tue et achève ce qu'il avait commencé.

» C'est une solution, mais je n'y crois pas trop. J'ai plutôt l'impression d'être en présence du plan mûrement réfléchi d'un assassin machiavélique. Je penche donc pour votre hypothèse, patron : on cherche à nous dérouter… donc à nous orienter vers une fausse piste.

La figure rougeaude de Hurst se fendit d'un large sourire :

— Absolument, Cunningham, absolument. Vous avez compris, mais sans comprendre toutefois. Encore quelques heures de patience, ajouta-t-il d'un air qui se voulait mystérieux et supérieur à la fois.

Alors que Simon ouvrait la bouche, étonné, le Dr Twist demeura impassible, les yeux pétillants de malice.

— Poursuivons, fit Hurst, l'air important. Le témoignage des domestiques quant à l'heure précédant la découverte du cadavre : Mrs Vickers, ses deux filles et Roger Sharpe se sont levés de table vers 19 h 30. La vaisselle achevée sur le coup de 20 heures, il n'y avait plus personne dans la cuisine ; les Kesley avaient regagné leur chambre au second étage ; Roger Sharpe était déjà parti pour Soho, Henrietta se trouvait dans sa chambre au premier. Valérie venait de partir et Mrs Vickers était seule au rez-de-chaussée : elle lisait dans le salon, situé au fond du hall, à droite, donc près de la cuisine. À 20 h 15 Gladys Kesley descend chercher de l'aspirine dans la cuisine – il n'y a personne. Avant de remonter, elle ira frapper à la porte du salon pour emprunter une revue à sa maîtresse installée dans un fauteuil en train de lire. Vers 9 heures moins le quart, c'est Philip Kesley qui descend voir si Mrs Vickers ne désire rien – il le fait tous les soirs et bien souvent elle lui demande une tasse de thé, mais elle ne prendra rien ce soir-là. Il va toutefois dans la cuisine boire un sirop à l'eau – il n'y a toujours personne – et il remonte. À 9 heures moins cinq, Cunningham, vous sonnez à la porte d'entrée ; Mrs Vickers vient vous ouvrir. La suite, nous la connaissons. Ce qui apparaît assez clairement, c'est que le repas n'a pas pu être préparé dans la cuisine – question de temps, de discrétion et d'odeur – les Kesley n'auraient pu manquer de le remarquer.

» L'aurait-on amené de l'extérieur ? Pour commencer, il faudrait posséder la clef de la porte d'entrée, mais ceci est un problème mineur – l'assassin aurait un complice sur les lieux – par rapport au reste : il arrive, avec son huile bouillante, les bras chargés de plateaux garnis, plusieurs voyages sont nécessaires… vous imaginez un peu la scène ? Non, cette hypothèse est à rejeter. Il ne reste plus qu'une possibilité : l'assassin fait sa petite cuisine sur les lieux mêmes du crime. Bien sûr, il lui aura fallu emmener du matériel de cuisson, le jour, lorsque le champ était libre. Il commence donc sa petite cuisine, disons vers 8 heures, 8 heures et quart au plus tard, il fignole sa mise en scène, n'entrons pas dans le détail, et quitte les lieux…

— Quand ? demanda Twist.

— Disons 9 heures moins le quart, 9 heures…

— Et le bruit qu'a entendu Mrs Vickers à 9 heures moins cinq ! s'exclama Simon. Et les poulets ? Je vous assure – et je ne suis pas le seul – qu'ils venaient juste d'être rôtis ! Ils fumaient encore !

— Disons… disons 9 heures, 9 heures moins cinq.

— Très bien, dit Twist en plantant son regard dans celui de Hurst. À 9 heures et quart, on enfonce la porte. Dans ce laps de temps, il parvient à s'échapper, chargé de tout son attirail, en dépit de la présence de Springer, de Cunningham et de Mrs Vickers ; admettons, encore que ce soit difficile à avaler. Mais ce n'est pas tout : *comment* a-t-il fait pour sortir de cette pièce verrouillée de l'intérieur ? Ne parlons même pas du temps plus que limité dont il disposait… Tout ceci ne tient pas debout.

— Il n'y a, hélas ! pas de passage secret, soupira Hurst, nous en avons la certitude. Nous n'arrivons pas encore à expliquer son stratagème, soit. Mais comprenez une chose : ceci est le fruit d'un plan longuement préparé à l'avance, que seul un *professionnel* du crime a pu mettre au point.

— Un professionnel ? demanda Twist. Qu'entendez-vous par là ?

L'inspecteur eut un sourire de sphinx.

— Nous serons bientôt fixés, j'ai ma petite idée là-dessus. Figurez-vous que je n'ai pas chômé, cette nuit. J'ai donné quelques coups de fil et j'attends une réponse. Donc, patience. Autre chose : le coup de pistolet a été tiré à bout portant et l'arme appartenait à la victime. Ce qui prouve de façon presque certaine que c'est quelqu'un de la maison qui a fait le coup. En ce qui concerne les suspects, je crois qu'il vaudrait mieux les entendre tous avant d'échafauder des hypothèses. Nous pourrions avoir des surprises. De toute façon, il nous faut aussi connaître les dispositions testamentaires avant même de parler de suspects. Je pense que nous serons fixés cet après-midi sur ce point-là. Malheureusement, nous n'avons pas trouvé le cahier de notes de l'écrivain. J'ai bien peur que l'assassin l'ait fait disparaître.

— Vous avez laissé un homme sur place ? demanda Simon, soucieux.

— Évidemment, s'offusqua Hurst. Vous n'allez pas m'apprendre mon métier ? Et pourquoi cette question ?

— Parce que… parce que je suis sûr que la solution de ce problème de chambre close se trouve sur les lieux. Il y a un truc, une astuce… L'assassin n'a pu sortir que par la fenêtre ou la porte, ce n'est pas possible autrement. La serrure et la fenêtre devront être soumises à un nouvel examen… il doit y avoir une trace quelque part, j'en suis sûr.

Hurst acquiesça en secouant son cigare au-dessus du cendrier. Simon reprit vivement :

— Et le frère ? L'avez-vous prévenu ?

— Je m'en suis occupé, dit l'inspecteur en plissant les paupières. J'attends des… Je n'ai pas encore pu le joindre.

Le Dr Twist eut un léger sourire, puis changea de sujet :

— Il reste un aspect que nous n'avons pas approfondi : la mise en scène du crime. À quoi rime-t-elle ? A-t-elle un rapport avec la crise cardiaque du grand-père Théodore ? Ou les deux à la fois ?

— Laissons ceci de côté, si vous le voulez bien, dit Hurst d'une voix calme et apaisante. Il y a un rapport avec le roman, évidemment, mais pas celui auquel vous pensez. Quant à l'histoire du grand-père : une simple coïncidence. Ajoutez-y les visions d'un sergent de police…

— J'ai été le premier à le reconnaître, rétorqua Simon, contrarié.

— Ne vous fâchez pas, Cunningham, dit Hurst avec un sourire bon enfant. Il suffit de parler de fantômes pour les voir apparaître, c'est bien connu. Bon, nous allons faire un petit tour du côté de St Richard's Wood. Vous venez avec nous, Cunningham ?

— Interroger la famille de Valérie ? Vous n'y songez pas ! Je passerai la voir ce soir, mais pas en tant que policier. Ne croyez pas que je me désintéresse de cette affaire, bien au contraire, mais…

— Très bien. Alors nous pourrions nous retrouver à St James Park, vers 14 heures, sur le banc près du marchand de boisson, histoire de changer un peu de décor ?

— Entendu, répondit le jeune sergent qui semblait très tourmenté.

Trois coups brefs furent frappés à la porte et un petit homme au visage ridé entra.

— Inspecteur Briggs ! s'exclama Hurst. Vous pourriez attendre qu'on vous…

— Je me disais bien que cette affaire me rappelait quelque chose, coupa le nouveau venu, le visage rayonnant.

— Quoi ? fit Hurst en se redressant.

— Eh oui ! C'est bien ce que je pensais : votre assassin n'en est pas à son coup d'essai, il a déjà frappé il y a une vingtaine d'années dans le Devon !

9

LE CAS CHARLES FIELDER

— Jetez un coup d'œil sur cette coupure du *Times,* qui date de 1907, dit Briggs. Vous comprendrez.

LE DÎNER DE LA MORT !

Quelle ne fut pas sa stupéfaction, lorsque la police se rendit hier soir au Royal Restaurant *d'Exeter : dans une arrière-salle, assis au bout d'une table dressée, un homme était affalé sur son assiette, abattu d'une balle dans le crâne, tirée à bout portant. L'arme, encore tiède, se trouvait sur la table. Aux pieds du mort, on découvrit une paire de gants, qui n'étaient certainement pas ceux de la victime, puisque celle-ci en avait une paire dans les poches de son pardessus. Autre détail curieux, et de loin le plus insolite : une petite coupe à moitié remplie d'eau, posée sur une serviette de table, au bas de la fenêtre !*

Le mort, Charles Fielder, avait réservé l'arrière-salle pour un dîner de deux personnes. Il Y avait beaucoup de monde ce soir-là au Royal Restaurant, *lorsqu'il arriva à 19 h 30. Le repas fut servi selon ses ordres, à 19 h 45. Mr Fielder se trouvait alors seul dans la pièce. Le personnel se souvient d'avoir vu, peu avant 20 heures, un inconnu traverser l'établissement pour pénétrer dans l'arrière-salle. Étant très occupés par une nombreuse clientèle, ils ne prêtèrent guère attention à cet homme de taille moyenne, qui portait un imperméable au col relevé et un chapeau rabattu sur le visage. Le coup de feu retentit dix minutes plus tard. Après plusieurs secondes de stupeur, on tenta de pénétrer dans l'arrière-salle : la porte était fermée ! N'ayant pas obtenu de réponse après avoir appelé et frappé à la porte, le personnel enfonça celle-ci. Nul doute que l'homme à l'imperméable – qui n'était plus dans la pièce et s'était enfui par la fenêtre ouverte – était l'assassin.*

Pendant un long moment, on n'entendit rien d'autre que l'écho de la circulation qui s'élevait de la rue. Simon et le Dr Twist cherchèrent Hurst du regard, mais celui-ci continuait de fixer la coupure de presse médusé, sa petite mèche folle retombée sur son front.

— Alors, mes gaillards, ricana Briggs, ça vous en bouche un coin ! Tenez, je vais vous lire un article paru quelques jours plus tard : « L'affaire du dîner macabre n'a toujours pas été » … bon, un peu plus loin… « le pistolet retrouvé sur la table ne portait aucune empreinte, le cas d'un éventuel suicide est définitivement exclu. Charles Fielder, chirurgien de renom, coulait une paisible retraite dans sa demeure de Crediton, près d'Exeter, où il n'avait que des amis. En revanche, sa vie familiale avait été plutôt malheureuse. Il avait perdu sa femme très tôt, et sa fille – leur unique enfant – avait trouvé la mort en accouchant. Le nouveau-né avait également succombé. James Merrilow, son gendre, est le seul membre restant de sa famille. Le fait qu'il soit l'unique héritier fait de lui le suspect numéro un mais il a pu avancer un alibi assez solide, et de plus n'a pas été reconnu par le personnel du *Royal Restaurant.* Pour l'heure, la police, désorientée par l'aspect insolite du crime – souvenez-vous de la coupe d'eau placée sous la fenêtre –, se perd en conjectures » etc., etc.

» Je vous épargne la lecture des articles qui ont suivi. Sachez seulement que les soupçons se sont de nouveau portés sur James Merrilow. En effet, Charles Fielder avait rédigé un testament dans lequel il léguait tous ses biens à son beau-fils *quelques jours avant d'être assassiné !* Ce qui, avouons-le, est une singulière coïncidence ! En dépit de ses soupçons, la police ne put établir sa culpabilité. À sa décharge, il faut reconnaître qu'il n'était pas dans le besoin et que son beau-père était un vieillard près de la mort… Alors pourquoi aurait-il commis ce crime ?

» L'affaire atterrit à Scotland Yard. Un moment donné, on soupçonna l'un ou l'autre des proches parents de certains de ses patients dont l'opération aurait eu une issue tragique, et qui auraient pu vouloir se venger… mais sans résultat. L'affaire fut classée. Alors, qu'en pensez-vous, Hurst ?

L'inspecteur, qui jusqu'alors était resté étrangement calme, virait maintenant dangereusement à l'écarlate.

— Nom de nom de nom ! tonna-t-il en assenant un violent coup de poing à son bureau. C'en est trop ! Un : l'affaire d'hier soir. Deux : le roman de Harold Vickers. Trois : l'attaque du grand-père. Quatre : cette histoire, vieille de vingt ans. Quatre affaires similaires qui nous tombent sur le dos en moins de vingt-quatre heures ! Je vous le répète, c'en est trop !

— Ce qui est vraiment étrange dans le cas Fielder, fit remarquer le Dr Twist, ce sont les gants retrouvés près de la victime et surtout cette petite coupe placée sous la fenêtre, exactement comme hier soir. Peut-on parler de coïncidence ? Ce serait vraiment extraordinaire.

— C'est bien ce que je pense, dit Briggs avec une étincelle amusée dans le regard. Il s'agit du même assassin. Comme vous dites, la coïncidence serait par trop extraordinaire.

Hurst attacha un regard pensif sur Simon qui fixait avec effarement la coupure de journal posée sur la table. L'expression de l'inspecteur changea subitement, ses lèvres s'arquèrent en un curieux sourire.

— Oui, déclara-t-il, la coïncidence serait par trop extraordinaire. Il n'est pas impossible, après tout, que l'assassin de Fielder soit aussi… Briggs, vous allez vous occuper de cette affaire : les relations de Fielder, les gens qu'il a soignés, ses fréquentations, ses amis d'université, tout, passez tout au crible, et regardez si vous trouvez le nom de Vickers parmi ces gens-là. Il doit y être, d'une manière ou d'une autre.

— Vous perdez la tête ! Il avait presque 70 ans lorsqu'il est mort en 1907 ! Vous voyez un peu ce que vous me demandez ? Autant me réclamer la liste des conquêtes parisiennes et autres de notre prince de Galles à la fin du siècle dernier ! Quand même…

— Faites votre possible, Briggs, je vous demande ce service en ami. Prenez trois de mes hommes et dirigez la manœuvre, vous êtes le spécialiste de ce genre d'enquête. Et trouvez-moi le nom de Vickers quelque part. Je compte sur vous. Venez, Twist, nous filons à St Richard's Wood, nous avons des gens à entendre.

Les dernières brumes de cette matinée de septembre s'étaient estompées, un soleil radieux pénétrant par la fenêtre ouverte tissait des fils d'or dans les cheveux de Dane Vickers. Elle était adossée contre le dossier de son lit, enveloppée dans un kimono de soie noire qui accentuait la pâleur de son teint. Elle ferma un instant ses yeux rougis par les larmes, laissa passer les dix coups de la petite pendule sur la table de chevet et reprit :

— … Non, nous n'avons jamais compris pourquoi il avait fait ce voyage en Australie l'année dernière. Stephen et lui ne s'étaient pas revus depuis… Mon Dieu ! comme tout ceci est loin…

— Vous étiez actrice à cette époque, madame, glissa Hurst.

— Actrice, c'est un bien grand mot. Je venais à peine de monter sur les planches… un modeste petit théâtre. En fait, ce que je voulais surtout, c'était voler de mes propres ailes, quitter la maison où papa cherchait à imposer ses vues. Entre autres choses, il voulait que Roger apprenne le même métier que lui, serrurier, mais mon frère, lui aussi, ne tarda pas à quitter le toit familial.

— C'est donc à ce moment, coupa Hurst, que vous avez connu les deux frères…

— Oui, répondit Dane Vickers, avec dans le regard une lueur attendrie trahissant un retour en arrière. Harold et Stephen… Physiquement, ils se ressemblaient beaucoup, mais ils n'avaient aucun trait de caractère commun. Stephen était un garçon très calme, très doux, sa présence était rassurante, on se sentait en sécurité à ses côtés… À l'inverse, Harold était imprévisible. Il passait subitement de l'euphorie à un état d'inquiétante neurasthénie, sans aucun signe annonciateur. Et finalement…

Elle s'interrompit, essayant de retenir ses larmes.

— Bien, madame, fit Hurst en s'éclaircissant la voix. Nous avons rencontré hier soir votre fille, celle qui peint, et son comportement nous a paru assez… disons singulier.

— Henrietta n'aimait pas beaucoup son père, c'est un fait, mais, comment dire ?… elle n'a pas tout à fait sa raison, la pauvre enfant. Comme ma mère, du reste. Mais je ne pense pas qu'il s'agisse d'hérédité ; Henrietta a été victime d'un accident.

— Un accident ?

— Oui, un accident d'ailleurs assez tragique. Henrietta et Valérie n'étaient alors que deux gamines d'une douzaine d'années, elles jouaient sur la balançoire derrière la maison. Valérie poussait sa sœur et… Henrietta est tombée. Rien de grave, apparemment, puis elle a commencé à avoir des absences. Elle ne parlait plus à personne, s'enfermait dans sa chambre des journées entières pour peindre. Théodore, le père de Harold, a été le premier à constater la gravité de son cas. Il s'est occupé d'elle avec une patience et une douceur infinies. Sa mort a été une dure épreuve pour Henrietta. Elle l'aimait beaucoup.

— Henrietta est-elle consciente de son état ? Je veux dire par là, en veut-elle à sa sœur, la tient-elle pour responsable ?

— Non, je ne crois pas. J'en suis même sûre. En revanche, Valérie, elle, se sentait coupable. Et c'est certainement là le plus tragique : j'ai peur qu'elle n'oublie jamais cette journée d'été, bien qu'Harold ait fait disparaître la balançoire.

Après un silence, Hurst demanda :

— Il nous faut hélas ! revenir sur la personnalité du défunt, madame. Cela peut être très important pour la recherche de la vérité.

Dane baissa les paupières et respira profondément :

— Harold… que dire de lui ? Maintenant encore, j'ai l'impression de ne l'avoir jamais compris, tant il était étrange. Il alternait les périodes, de mutisme, les grands discours, les crises de colère, les explosions de joie, les manifestations de tendresse. Il… il était dix personnages à la fois. J'avais l'impression d'avoir plusieurs époux. Par moments, je l'avoue, la vie a été pour moi un véritable enfer, mais je l'ai toujours aimé. Malgré sa vie très irrégulière – il lui arrivait parfois de travailler deux ou trois jours de suite sans fermer l'œil – il jouissait d'une étonnante santé : jamais malade, pas une intervention chirurgicale, il ne voyait jamais un médecin, il ne connaissait pas les dentistes… D'ailleurs il s'en vantait souvent et cela depuis le début de notre mariage. Je me souviens même que nous avions fait une fois un pari à ce sujet : « Le jour où je me ferai soigner les dents, avait-il dit, j'abandonnerai le policier pour écrire des romans d'amour ! » Heureusement pour lui qu'il avait parié sur ses dents, car la semaine suivante, après avoir passé une nuit entière dans un cimetière sous une pluie battante, il a attrapé un rhume – le seul que je lui aie jamais connu.

» Il accordait beaucoup d'importance à des choses futiles – par exemple sa fierté à propos de sa santé – mais il ne s'inquiétait pas du tout des rumeurs qui couraient à son sujet. Il avait une notion très particulière et personnelle de l'honneur. Ce qui mettait son père dans des rages folles. En outre, Théodore n'appréciait pas du tout qu'il écrive des romans policiers. Que d'altercations à ce sujet !

Hurst voulut plonger sa main dans sa poche pour prendre un cigare, mais se ravisa et lissa nerveusement sa moustache.

— Il nous faut maintenant parler de l'heure qui a suivi le repas d'hier soir…

— Je suis allée directement au salon, il devait être la demie de 7 heures. J'ai entendu sortir quelqu'un – certainement Roger – et un peu plus tard Valérie est venue me dire qu'elle avait commandé un taxi pour aller au théâtre. Elle était furieuse, son fiancé…

— Nous sommes au courant.

— Vers 20 h 15, Gladys est venue prendre une revue. Environ une demi-heure plus tard, Kesley est passé me demander si je n'avais besoin de rien, comme il le fait tous les soirs.

— Et pendant ce temps-là, vous n'avez rien entendu de suspect ?

Dane eut une hésitation :

— Je ne sais pas, je ne sais plus… rien qui m'ait frappé en tout cas. À 9 heures moins cinq, Simon a sonné à la porte d'entrée. Je me souviens de l'heure parce que j'ai machinalement jeté un coup d'œil sur l'horloge du hall.

— Vous avez entendu un bruit en passant devant le bureau ?

— Oui, c'est exact. Une sorte de craquement… pas très fort, mais je suis sûre que cela provenait de l'intérieur du bureau.

— De l'intérieur du bureau, répéta le Dr Twist pensif. Le bruit ne provenait donc pas de la porte elle-même ?

— Non, j'en suis quasiment certaine.

— Encore une question. dit Hurst en baissant la tête, et ce sera la dernière. Cela m'ennuie de vous la poser, car je suis persuadé de votre innocence, madame. Mais j'y suis contraint. Pouvez-vous nous donner votre emploi du temps, vendredi après-midi entre 16 heures et 19 heures ?

Dane Vickers demeura un long moment sans répondre, le regard perdu dans le vague.

— Je me suis promenée dans Oxford Street. Sally Robinson, une amie, m'avait donné rendez-vous à l'entrée du Selfridge's vers 5 heures et demie – en fait c'était son fils qui m'avait prévenue par un coup de fil en début d'après-midi –, mais elle n'est pas venue. Je l'ai attendue jusqu'à 18 heures et j'ai encore un peu flâné avant de rentrer en taxi.

Après que Hurst eut noté l'adresse de l'amie de Mrs Vickers, les deux hommes saluèrent la veuve, puis se retirèrent. Ils trouvèrent Valérie dans sa chambre. Elle semblait encore plus marquée que sa mère par la tragique situation. L'interrogatoire – si l'on peut l'appeler ainsi, car Hurst fit montre d'une courtoisie dont il n'était pas coutumier – fut des plus brefs et se limita à son emploi du temps de l'après-midi du vendredi et de la soirée de samedi. Valérie, elle aussi, avait flâné du côté d'Oxford Street au moment où son père trouvait la mort, et n'avait rencontré personne de sa connaissance. Simon l'avait appelée samedi soir vers 7 heures moins le quart, elle était partie juste avant 8 heures, mais ne s'était finalement pas rendue au théâtre. Elle était dans une telle colère qu'elle ne se souvenait plus avec précision où elle avait erré avant de se joindre à des amis rencontrés dans une boîte de nuit à Soho vers 9 heures et demie.

— Donc pas d'alibi, confia l'inspecteur Hurst au Dr Twist en frappant à la porte de la chambre d'Henrietta, qui mit un certain temps pour ouvrir.

— Entrez, messieurs les détectives, dit-elle, radieuse.

Affublée d'un sarrau bariolé, elle avait noué un foulard rouge autour de son cou. Ses cheveux étaient pris dans un bandeau de même couleur, révélant un front bombé et accentuant l'étrange expression de ses yeux brillants et globuleux.

Sa chambre était divisée en deux ; en fait il s'agissait de deux pièces dont on avait percé le mur mitoyen pour y installer un rideau coulissant. Celle de droite, par où ils étaient entrés, servait de chambre à coucher. Henrietta écarta le rideau pour les introduire dans son atelier. De nombreux tableaux accrochaient immédiatement le regard, mêlant l'abstrait – tellement abstrait qu'on pouvait se demander si ce n'était pas le résultat de pots de peinture projetés sur la toile – et des œuvres figuratives représentant un vieillard au visage osseux et souriant, sur un fond flou et des tons dégradés.

Désignant fièrement une toile du doigt, Henrietta déclara :

— Mon chef-d'œuvre, messieurs.

Hurst ouvrit des yeux ronds à la vue des rectangles orange qui se promenaient sur un fond jaune.

— Figurez-vous, messieurs, dit-elle avec un soupir excédé, que mon père n'avait jamais compris la signification des rectangles. L'imbécile… Il me disait que c'était ce que j'avais fait de pire… l'imbécile.

Le Dr Twist fit mine d'admirer ledit chef-d'œuvre. Voyant l'ahurissement de Hurst, qui en béait de surprise, il déclara avec componction :

— Il est étrange que votre père n'ait pas saisi la signification des rectangles… Elle est pourtant tellement évidente, n'est-ce pas, Hurst ?

L'inspecteur lança un regard affolé autour de lui, balbutiant :

— Ah ! oui ! Les rectangles… oui, c'est clair, très clair, bien sûr. C'est grandiose, tout à fait grandiose ! Prodigieux, même ! Je suis ébahi, sincèrement ébahi ! Comment trouver les mots pour qualifier un tel…

Twist coupa son ami d'une toux sèche et impérieuse.

— Regardez cette ébauche, proposa Henrietta, cela devrait aussi vous intéresser.

Hurst s'approcha du chevalet :

— Mais… mais c'est la scène du crime !

— Bien sûr, ce n'est pas encore terminé, dit fièrement Henrietta, mais je suis sûre que ce sera aussi un chef-d'œuvre, qui surpassera peut-être même les rectangles orange. Il aurait beaucoup plu à grand-père… il aurait aimé cette scène… cette table dressée et son fils… (une inquiétante lueur s'alluma dans ses yeux brillants)… son fils affalé sur son repas, devant les chandelles, comme lui-même lors de sa première attaque… Son fils qui l'avait fait mourir à petit feu par sa stupidité, son despotisme… Oui, *la main de Dieu a mis un terme à ses excentricités.* (Elle se retourna vivement pour désigner les toiles représentant le vieillard :) Regardez comme il est heureux comme il sourit !

L'espace d'un instant Hurst eut l'impression de voir le vieil homme dans son cadre baisser imperceptiblement les paupières en signe d'assentiment.

Le Dr Twist considéra Henrietta avec compassion et tristesse, tout en réfléchissant. Puis il dit :

— Votre père avait la réputation d'être un excentrique, un marginal, c'est entendu. Mais vous parlez de méchanceté et de stupidité…

Les yeux d'Henrietta lancèrent des éclairs, elle cracha presque à la figure du Dr Twist :

— Ne faut-il pas être stupide pour dire que ces toiles ne valent rien, non ? Ce n'est même plus de la stupidité, c'est un manque manifeste d'intelligence !

— Oui, évidemment, sous ce rapport… Mais la méchanceté ?…

— La méchanceté, répéta-t-elle en détachant bien les syllabes de sa voix basse un peu enrouée. Ne parlons même pas de ce qu'il a fait à grand-père… Tenez, je vais vous donner un autre exemple d'ailleurs assez caractéristique. Oncle Roger nous avait une fois invités à l'une de ses représentations. Cela se déroulait non pas dans un music-hall de troisième ordre comme c'était souvent le cas, mais dans un établissement renommé à l'époque. Il comptait beaucoup sur ce contrat pour sortir de l'anonymat. Et, ma foi, le tour de mentalisme qu'il y produisait avec pour partenaire une charmante Indienne ramenée de Calcutta, avait vivement impressionné les critiques spécialisés.

» C'était un samedi soir, il y avait beaucoup de monde, pas mal de personnalités en vue. Nous étions assis, Valérie, mes parents et moi, à une table près de la scène. Mon père avait beaucoup bu et racontait à haute voix de grossières plaisanteries. Maman le rappelait sans cesse à l'ordre, sans résultat. Nous étions horriblement gênées. Toutefois, il a consenti à se taire lorsque oncle Roger est apparu sur scène suivi de sa partenaire. Il pouvait difficilement faire autrement, plus personne ne disait mot dans la salle. C'était très impressionnant. La jeune Indienne, fine et gracieuse, était drapée dans un sari de soie blanche, le front orné d'un rubis étincelant. Elle ouvrait de grands yeux noirs chargés de mystère sur une assistance subjuguée. Un savant éclairage l'enveloppait d'une lumière féerique. Oncle Roger, tout de noir vêtu, portant des lunettes aux verres fumés, coiffé d'un turban doré, se tenait à côté d'elle. Le silence était tel qu'on aurait pu entendre voler une mouche Tous les regards étaient braqués sur oncle Roger, qui faisait des passes magnétiques pour plonger sa partenaire dans un sommeil hypnotique. Peu à peu, ses yeux se sont fermés, elle chancelait, on avait même l'impression qu'elle s'élevait du sol. Puis elle est tombée dans une sorte de léthargie, tout en restant debout. Après quoi, oncle Roger a invité plusieurs spectateurs à venir lui bander les yeux avec une étoffe de leur choix. Ceci fait, il est allé dans la salle demander des objets personnels aux spectateurs et les a montrés, bien en évidence : pièces d'identité bijoux, briquets, etc. Ensuite il a demandé à sa partenaire – toujours sur scène, les yeux bandés – la nature des objets. Celle-ci lui a répondu en fournissant d'incroyables précisions. Tout le monde était béat d'admiration, lorsque…

» Père est monté sur la scène en élevant les bras pour attirer l'attention. Il titubait, tant il avait bu. Puis il a révélé à l'assistance l'explication du tour de mentalisme, basé sur un code de langage indiquant les réponses des questions qu'il posait à sa partenaire.

» Oncle Roger a quitté la salle sous une pluie de sarcasmes. Lorsqu'il a croisé son beau-frère, sur scène, nous avons eu peur qu'il ne se serve du poignard glissé dans sa ceinture pour frapper l'auteur de cette impardonnable trahison.

10

LE MYSTÈRE DE LA CHAMBRE JAUNE

Henrietta marqua une pause et leva un regard éloquent vers le Dr Twist :

— Je pense que vous comprenez, maintenant, pourquoi je ne pleure pas sa mort… son assassinat. Car il s'agit bien d'un assassinat, n'est-ce pas ?

— Il y a tout lieu de le croire, mademoiselle, répondit Hurst.

Elle se dirigea vers la fenêtre pour s'absorber dans la contemplation du paysage. La chambre d'Henrietta était située directement au-dessus du bureau, et avait donc la même orientation que celui-ci ; la fenêtre s'ouvrait sur le côté ouest de la propriété. Derrière une rangée de marronniers, la pelouse s'étendait jusqu'à une nouvelle ceinture d'arbres, elle-même protégée par une haute haie, derrière laquelle dépassait la grille du cimetière. Cette clémente journée de fin septembre contrastait singulièrement avec l'atmosphère de drame qui pesait sur la maison.

Regardant la jeune fille penchée par la fenêtre, Hurst et le Dr Twist crurent l'entendre murmurer : « Merci, grand-père. »

Puis elle se retourna et leur adressa un étrange mais radieux sourire :

— Mais vous avez peut-être d'autres questions à me poser ? Par exemple mon emploi du temps de la soirée d'hier ? Après le dîner, je suis directement montée ici pour peindre, jusqu'au moment où Kesley m'a appris la nouvelle. Je n'ai donc pas *d'alibi.*

— Et que faisiez-vous vendredi entre 16 heures et 19 heures ? s'enquit Hurst sur le même ton de plaisante courtoisie.

— J'étais assise sur un banc de Russell Square, en train d'étudier des couleurs et des éclairages.

— Entrez ! fit une voix derrière la porte alors que Hurst s'apprêtait à frapper.

Surpris, le policier et son ami se regardèrent, puis pénétrèrent dans la chambre de Roger Sharpe. Un battement d'ailes les fit sursauter, une colombe blanche traversa la pièce pour se poser sur un perchoir. Ils furent immédiatement frappés par l'aspect insolite des lieux. De lourdes tentures de velours rouge frangées d'or drapaient la partie droite de la pièce, où un grand sarcophage égyptien se dressait en position verticale. Sur une petite scène reposaient deux malles aux décorations exotiques et un paravent à trois pans. À gauche, deux grandes glaces reflétaient les silhouettes des arrivants. Une bibliothèque en saillie masquait partiellement le lit situé dans l'encoignure. Deux immenses affiches décoraient cette partie du mur, l'une représentant Harry Houdini bandant ses muscles pour se défaire de ses chaînes, et l'autre, toujours Houdini, immergé dans la célèbre « pagode chinoise de torture ». Les deux fenêtres encadraient un automate joueur d'échecs grandeur nature, placé sur un socle.

— Je manque d'air, vite, dépêchez-vous !

La voix provenait du sarcophage. Hurst s'en approcha, ouvrit brusquement le couvercle et eut un mouvement de recul pour laisser passer une seconde colombe qui rejoignit son amie sur le perchoir. Ayant constaté que l'antique cercueil était vide, il tourna vers le Dr Twist un visage ahuri.

— Nom de nom de nom ! marmonna-t-il en regardant le centre de la pièce, pour entendre dans son dos :

— Vite, je n'ai plus d'air !

Il y eut un instant de silence affolé et le fond du sarcophage s'ouvrit sur Roger Sharpe, majestueux, portant huit-reflets et redingote noire.

— Pardonnez-moi cette petite plaisanterie, dit-il en s'avançant, faisant apparaître un cigare dans une main et une allumette enflammée dans l'autre.

Il tira voluptueusement sur son havane et demanda :

— Alors, messieurs, du neuf dans votre enquête ?

Croyant percevoir une note de sarcasme dans sa voix, Hurst consulta d'un bref coup d'œil le Dr Twist qui le rassura, puis son visage se fendit d'un large sourire :

— Le dénouement est proche, Mr Sharpe, une question d'heures. Et ceci, d'une certaine manière, grâce à vous, lorsque vous nous avez appris hier soir que Mr Vickers avait un frère… mais j'anticipe, ne vendons pas la peau de l'ours avant de l'avoir tué Vous comprendrez que, n'ayant pas de certitude absolue, je ne puisse vous dire quoi que ce soit.

— Vous auriez donc résolu l'énigme du dîner et de la disparition de l'assassin ? demanda le magicien avec un éclair d'acier dans le regard.

— Non, ceci est encore obscur. Mais nous reviendrons sur ce point. (Il consulta de nouveau le Dr Twist du regard, puis attaqua :) Nous venons de voir votre nièce, Henrietta, qui nous a parlé de son père en des termes assez peu élogieux. Elle a, entre autres, évoqué une certaine soirée, où votre beau-frère vous a joué un tour… d'un goût assez douteux.

L'espace d'une seconde, le regard de Roger se durcit, puis il rejeta la tête en arrière et partit d'un rire sonore.

— Ah ! oui ! Je vois. Un tour pendable. Dur à avaler, sur le coup. Je le reconnais. J'ai été sur le point de plier bagage, avec la ferme intention de ne jamais revenir. Mais Harold était ivre, ce soir-là. Il s'est confondu en excuses, le lendemain, implorant mon pardon. Au reste, je dois vous dire qu'il m'a largement dédommagé de cette… petite farce. Très largement. Je n'ai pas été perdant financièrement. Après l'incident, j'ai fait une tournée en Amérique, accompagné de chaudes recommandations de personnes influentes, et, ma foi, j'ai connu une gloire enviée. Qui plus est, à mon retour, Harold et moi avons conclu un pacte, ou plutôt une association pour l'élaboration de ses intrigues. Je lui fournissais certains secrets d'illusionnisme et… et il en tirait le meilleur parti possible. Là encore, il me rétribuait très largement. Souvenez-vous, par exemple, de *La Promenade des morts*, si vous l'avez lu.

Hurst acquiesça, admiratif :

— Oui, l'explication est fabuleuse. Tellement simple que personne n'y songe.

— Ce sont toujours les tours simples qui sont les plus payants, tout prestidigitateur vous le dira.

Roger Sharpe tendit son bras pour faire apparaître un grand foulard de soie, gagna le perchoir où se tenaient les deux colombes, les enveloppa délicatement du foulard, puis le roula en boule. Avec un large sourire, il fit claquer le foulard dans l'air : les deux colombes s'étaient évaporées !

— Vous voyez ce que je veux dire ? ajouta-t-il avec un rien d'ironie dans la voix.

— Par… parfaitement, mentit l'inspecteur Hurst, qui n'en croyait pas ses yeux.

Roger Sharpe s'éclaircit la voix comme pour excuser son réflexe de prestidigitateur, puis reprit :

— La haine, car on peut parler de haine, que ma nièce vouait à son père, n'est pas fondée, malgré les apparences. Il faut mettre ceci sur le compte de son esprit dérangé, qui aura amplifié certaines scènes, certaines querelles, somme toute coutumières entre parents et enfants. Bien sûr, et combien de fois le lui ai-je dit, il aurait pu montrer quelque intérêt pour les peintures de sa fille. Mais c'était son caractère, il disait toujours ce qu'il pensait. Je crois que c'est surtout ceci qu'Henrietta n'a jamais accepté. J'en suis même certain.

— Elle l'a aussi accusé, en termes non voilés, d'être responsable de la mort du grand-père.

Roger leva les bras.

— Mais non, là encore elle exagère ! C'est le vieux Théodore qui accablait son fils de reproches à propos de ses romans policiers, qu'il trouvait macabres et morbides. Il ne vivait plus avec son temps, le pauvre homme. S'il avait lu d'autres auteurs du même genre, il se serait rendu compte que, de ce côté-là, Harold était un enfant de chœur, plutôt dépassé. Il ne pouvait pas rester sous cette pluie de reproches quotidienne sans rien dire. C'est vrai, leurs altercations dépassaient parfois la mesure. Mais si le vieux Théodore n'en a pas supporté le choc, si je puis m'exprimer ainsi, il ne pouvait s'en prendre qu'à lui-même.

— Toujours d'après Henrietta, dit Hurst, il aurait menacé son fils peu de temps avant de mourir : si le destin ne s'en chargeait pas, il sortirait lui-même de sa tombe pour châtier celui qui avait humilié sa famille… enfin quelque chose dans ce goût-là. Est-ce vrai ?

Roger eut un léger sourire. Pensif, il ôta son huit-reflets (les deux colombes s'en échappèrent en un battement d'ailes affolé pour regagner le perchoir) et passa la main dans ses cheveux blonds.

— Oui, il paraît. C'est ma sœur qui m'en avait parlé. (Il leva brusquement deux yeux incrédules vers Hurst :) Mais vous n'allez tout de même pas me dire que vous croyez aux revenants, inspecteur ? Un homme qui sortirait de sa tombe pour…

— Non, bien sûr que non, ce n'est pas le genre de la maison, rétorqua Hurst. Le Yard n'a pas pour habitude de classer une affaire par de telles pirouettes, vous vous en doutez bien. Mais vous en conviendrez, la mort de votre beau-frère a toutes les apparences… d'une intervention de l'au-delà. Ce qui nous ramène au stratagème utilisé par l'assassin. Avez-vous réfléchi au problème entre-temps ?

— Oui, et même une bonne partie de la nuit. En vain, hélas ! Plus j'y pense, et plus je suis persuadé de l'extrême simplicité du truc. En effet, la sortie de l'assassin a dû se faire très rapidement, ce qui exclut toute solution comportant un matériel sophistiqué qui demanderait de longues et délicates manœuvres. Donc quelque chose de très simple, absurdement simple. Ce qui est d'autant plus irritant. Ce qui m'intrigue, aussi, c'est cette coupe à moitié remplie d'eau. Pourquoi de l'eau ? Pourquoi l'a-t-on placée sous la fenêtre ? J'ai beau me creuser la cervelle, je ne vois pas. Et pourtant, je puis dire que dans le domaine de la prestidigitation je connais à peu près toutes les ficelles du métier. Au fait, n'avez-vous pas retrouvé le cahier où il prenait ses notes ?

— Malheureusement non, soupira Hurst. Nous avons pourtant passé son bureau au peigne fin. J'ai idée que l'assassin l'a fait disparaître. Une dernière question, Mr Sharpe : Harold Vickers était-il encore un auteur très lu ? Ou plus précisément, la vente de ses livres n'avait-elle pas décliné ces derniers temps ?

Le magicien hocha la tête.

— Certes, ses romans étaient toujours prisés par les spécialistes, mais le grand public commençait à le bouder. Ce qui ne laissait pas de l'inquiéter. Ces derniers temps, il était plus tourmenté que jamais, et semblait rouler dans sa tête un mystérieux projet comme s'il voulait frapper un grand coup pour refaire surface.

— Merci, Mr Sharpe, déclara Hurst, dont le visage exprima un véritable triomphe. Encore merci. Cet entretien aura été des plus révélateurs. Sachez également que cette affaire touche à son terme.

Sur quoi, les deux détectives prirent congé. Dans l'escalier, le Dr Twist dit placidement à son ami :

— Vous semblez bien sûr de vous, Hurst. Auriez-vous éclairci ce crime dans ses moindres détails ?

— Dans ses grandes lignes, oui. Naturellement, il reste encore quelques broutilles, mais lorsque nous aurons mis la main sur notre apprenti cuisinier… nous le cuisinerons et il se mettra à table ! Ha ! ha ! ha !

— Vous m'alléchez, mon ami. Pourriez-vous me révéler une partie du menu ?

— Encore un peu de patience… (Hurst s'arrêta devant le bureau et s'adressa aux policiers qu'il avait chargés d'examiner la porte, la fenêtre et la cheminée :) Alors, les gars, du neuf ?

Le plus jeune s'avança vers lui, une loupe à la main.

— Aucune trace suspecte dans la cheminée, dont le conduit est bien trop étroit. Rien non plus sur la poignée de la fenêtre. Le contour de la serrure, d'un côté comme de l'autre, ne présente aucune déformation.

— Donc, chou blanc sur toute la ligne ?

Le jeune policier eut l'air désolé :

— Hélas ! oui. Il y a juste une légère odeur de vernis qui…

— Une odeur de vernis ? tonitrua Hurst, les sourcils froncés en un arc menaçant. Qu'est-ce que vous voulez que je fasse d'une odeur de vernis, monsieur le limier qui a du flair ? Je vous demande un peu, une odeur de vernis, et puis quoi encore ? (Se détournant avec un haussement d'épaules, il dit au Dr Twist :) Venez, nous allons nous mettre quelque chose sous la dent, cela nous changera les idées.

— 11 heures et demie, fit Twist en consultant sa montre c'est un peu tôt. Je vous suggère encore une petite visite : Colin Hubbard, le voisin que Harold voyait souvent ces derniers temps.

Une allée bordée de rosiers menait au bungalow du Dr Colin Hubbard. L'endroit était charmant. Les murs crépis de blanc et la toiture rouge se détachaient avec bonheur sur le vert tendre du gazon et les premiers asters ouvraient leurs corolles étoilées dans une explosion de couleurs harmonieusement mêlées.

Après avoir sonné, Hurst et Twist virent apparaître un vieil homme maigre au regard fuyant, aux tempes nouées de veines et au visage creusé de rides anxieuses. Lorsqu'ils eurent décliné leurs identités, il les fit passer dans le salon.

— Quel affreux événement, fit-il d'une voix grêle et chevrotante.

Alors qu'il leur servait un whisky, le Dr Twist remarqua à quel point la main de leur hôte tremblait. Il semblait en état d'alerte permanent. Du regard, Twist fit le tour de la pièce. Pas le moindre désordre, chaque objet avait sa place. Le matériel de fumeur de pipe était soigneusement disposé sur une petite table à portée de main du docteur, qui venait de s'enfoncer dans son fauteuil. De nombreux livres, dont la plupart des traités de médecine, emplissaient parfaitement rangés, une superbe bibliothèque en acajou. À l'évidence, le Dr Colin Hubbard était un maniaque de l'ordre doublé d'un homme de goût. Une tapisserie au petit point représentant « La Dame à la licorne » surmontait une belle commode Restauration sur laquelle une lampe à pétrole voisinait avec le portrait d'une jeune femme aux yeux rêveurs, qui souriait dans un cadre d'argent, entre un coffret en bois précieux et quelques roses dans un vase de cristal.

Hurst rompit le silence, qui devenait gênant.

— La mort de votre voisin semble vous avoir sérieusement affecté. Je pense que vous savez dans quelles circonstances il a été assassiné…

Twist vit la main du Dr Hubbard se crisper sur son verre, à un tel point que les phalanges blanchirent.

— Oui, c'est affreux, réussit-il à articuler. J'ai vu Mr Sharpe en début de matinée.

— Le visage et les mains brûlés, la table dressée… un dîner macabre en quelque sorte, commenta Hurst en allumant un cigare.

Le Dr Hubbard vida son verre d'un trait et s'en servit un autre. Puis il sortit un mouchoir de sa poche pour le passer sur son front.

— Connaissiez-vous votre voisin depuis longtemps ?

— Non. Quelques années à peine. Lorsque j'ai acheté cette propriété, c'est-à-dire depuis que j'ai cessé d'exercer.

— Vous venez de Londres même ? demanda le Dr Twist, le regard absent.

— Heu… non. Mais j'y habite depuis un bon moment. J'avais un cabinet médical dans Harley Street.

Ce disant, il baissa la tête et se tut un instant, avant que ses yeux ne rencontrent le doux regard mélancolique de la jeune femme de la photo.

Twist rompit le silence embarrassé d'une voix douce :

— Votre fille ?

— Ma défunte épouse, rectifia le Dr Hubbard avec tristesse.

Compatissant, Twist ne demanda pas d'autres précisions.

— Si nous sommes ici, déclara Hurst après s'être éclairci la voix, c'est que nous pensons que vous pouvez nous éclairer sur la personnalité du défunt. Il venait vous voir souvent, ces derniers temps…

— Oui, c'est vrai.

— Aviez-vous une passion commune ? Pourquoi cette amitié subite ?

De nouveau, le Dr Hubbard passa son mouchoir sur son front moite de sueur :

— Nous parlions littérature…

— Romans policiers ? s'enquit Twist avec son aimable sourire.

— Oui ! C'est cela ! Romans policiers ! répondit le Dr Hubbard, dont le visage trahit un soulagement évident. C'était notre passion commune.

Twist retira son pince-nez, une lueur malicieuse dans ses yeux bleus :

— Alors il a certainement dû vous entretenir du *Mystère de la chambre jaune* de Conan Doyle ? Il paraît que c'était son roman préféré.

Colin Hubbard prit un air entendu et sourit, pour la première fois.

— Oui, bien sûr, *Le Mystère de la chambre jaune* avec le célèbre Sherlock Holmes, combien de fois ne m'a-t-il pas parlé de cette fantastique histoire ! (Il prit une gorgée de whisky et contempla un coin du plafond, l'air rêveur.) Je l'entends encore me décrire dans les moindres détails le célèbre détective, avec sa casquette de chasseur et sa pipe, arpentant cette mystérieuse chambre jaune…

— Et le non moins célèbre docteur Watson, intervint Hurst, fier de ses connaissances littéraires. Ce lourdaud de médecin d'une stupidité stupéfiante, qui avait un don particulier pour suivre les fausses pistes… Ce genre d'imbécile n'existe que dans les romans.

— Ah ! le docteur Watson, fit Colin Hubbard en souriant. Un personnage bien sympathique, au demeurant.

Le Dr Twist s'était retiré de la conversation, écoutant attentivement les deux hommes avec un petit sourire en coin. Il était midi lorsque Hurst et lui prirent congé de leur hôte.

11

L'INSPECTEUR HURST EXPLIQUE

Assis sur un banc de St James Park, Simon Cunningham regardait pensivement le paysage. Le vert tendre des saules pleureurs se mirait dans les eaux plus sombres du lac. Un cygne passa, traçant un sillage argenté à la surface de l'eau. Une douce chaleur montait de la pelouse, pas un souffle de vent ne venait agiter les feuillages. Il jeta un coup d'œil sur le Dr Twist, qui avalait son quatrième sandwich en se demandant comment un homme doué d'un tel appétit pouvait être si maigre.

— Vous disiez donc, sergent ? fit le détective après s'être discrètement essuyé les moustaches.

— Pardon ?

— Vous parliez du mort.

— Oui, c'est vrai, soupira Simon. Je suis du même avis que Roger Sharpe – Valérie aussi, du reste : Henrietta exagère lorsqu'elle parle de son père. J'étais en assez bons termes avec lui. De fait, nous parlions souvent de l'organisation de Scotland Yard, de ses méthodes d'investigation. Il me posait de nombreuses questions sur ce sujet.

— Ce qui lui servait de documentation pour ses romans.

— Oui, bien sûr. Mais enfin l'homme était plutôt sympathique. Mystérieux et peu loquace par moments, certes, mais rien à voir avec le portrait qu'Henrietta vous en a tracé.

Il y eut un silence, durant lequel passèrent à la queue leu leu une cane et ses canetons. Simon les suivit du regard, puis demanda :

— Rien de neuf, en ce qui concerne la porte et les fenêtres ?

Le Dr Twist engloutit le restant de son sandwich, avant de répondre :

— Rien. Hormis une odeur de vernis à laquelle Hurst n'a accordé aucune importance.

— Une odeur de vernis ?

— Oui, un des policiers a décelé une odeur de vernis. Je n'en sais pas plus que vous pour le moment.

Simon fit un bond sur le banc, levant les bras au ciel :

— Mais cela peut être très important !

— Auriez-vous une idée, jeune homme ? dit Twist en levant le sourcil.

— Non… mais… enfin il ne faut négliger aucune piste ! Il faut absolument tirer cela au clair !

— Je trouve qu'il est beaucoup question d'odeurs dans cette affaire. Mais ne vous inquiétez pas ; ce n'est pas parce que votre chef n'y attache aucune importance, que moi, je ne vais pas m'y intéresser. (Il consulta sa montre.) Deux heures passées, Hurst ne devrait pas tarder… Tiens, le voilà ! Porteur de bonnes nouvelles, si j'en juge par sa mine triomphante.

Hurst, un sourire de jubilation difficilement contenu, s'approcha et se laissa lourdement tomber sur le banc, qui émit un craquement de protestation. Il prit son temps pour allumer un cigare, puis lâcha sa bombe :

— Messieurs, il y a eu erreur sur le cadavre. Il s'agit non pas de l'écrivain mais de son frère : Stephen Vickers !

Simon, abasourdi, rajusta ses lunettes pour mieux considérer son chef, mais le Dr Twist continua de sourire.

Hurst goûta le silence qui suivit ses paroles, puis commença :

— Voyez-vous, lorsque je me trouve en face d'un cadavre dont le visage est défiguré, et à plus forte raison lorsque ses mains brûlées ne permettent plus l'identification par les empreintes digitales, je ne peux m'empêcher de penser : le mort n'est pas celui qu'on croit. (Gratifiant son subordonné d'un sourire indulgent :) Hé oui, Cunningham ! Vous verrez, quand vous aurez mon expérience ces choses-là vous viendront à l'esprit sans le moindre effort…

» Bien. J'avais donc cette petite idée en tête lorsqu'on me montra une photographie assez récente des deux frères. Quelques différences dans l'expression du visage, mais à part cela ils se ressemblaient comme deux gouttes d'eau. Mes soupçons se sont donc transformés en certitude. J'ai profité du décalage horaire pour interroger, ce matin vers 3 heures, nos collègues australiens, qui m'ont promis une réponse dans les plus brefs délais. Je viens de lire le message, qui est parvenu au Yard sur le coup de midi : Stephen Vickers a quitté l'Australie il y a un plus d'un mois pour se rendre chez son frère. Ce sont les employés de son exploitation qui ont pu fournir cette dernière précision.

» Chez son frère, répéta Hurst. Il est parti il y a un plus d'un mois, et il ne s'est pas encore montré… Récapitulons : un cadavre défiguré et un frère lui ressemblant, qui a mystérieusement disparu de la circulation.

Twist approuva posément de la tête :

— Très bien. Mais, selon vous, quel serait le mobile de toute cette mascarade ? Et qui en tirerait les ficelles ?

Hurst se renfrogna :

— Mais enfin, Twist, ne me dites pas que vous ne comprenez pas ! Toute cette affaire n'est qu'une mise en scène du début à la fin, un meurtre prémédité de longue date. Qui, je vous le demande un peu, aurait l'esprit assez tordu pour monter un coup aussi hallucinant et mystérieux ? Qui ? Qui, sinon le maître de l'énigme, le grand spécialiste du problème en chambre close ?

— Harold Vickers… murmura Simon, le souffle coupé.

— Je ne vais pas revenir sur la personnalité de l'écrivain, fit Hurst après une pause, mais vous conviendrez que seul un personnage aussi extravagant puisse être l'auteur d'une telle machination. Voyons maintenant le mobile. En fin de compte, je n'étais pas loin de la vérité avec mon hypothèse selon laquelle Harold Vickers, n'ayant pas accepté de sombrer dans l'anonymat, se serait suicidé.

» Tous les témoignages le prouvent : il ne vivait que pour son œuvre. Si l'on excepte les rares moments où il sortait de sa coquille pour vivre comme le commun des mortels, il ne cessait de rouler dans son esprit les plus sombres machinations, les situations les plus surprenantes, les histoires les plus insolites. Bref, le roman policier, c'était toute sa vie. Nous savons maintenant, avec certitude, que ses histoires n'intéressent plus qu'un nombre restreint de lecteurs. Pour Harold Vickers, ce n'est évidemment pas une question d'argent, sa fortune personnelle le mettant à l'abri de toute surprise – encore qu'il faille vérifier ce point. Comment accepte-t-il ce déclin ? Lui qui a régné en maître, des années durant et se voit progressivement relégué au second plan pour finalement sombrer dans une sorte d'indifférence générale ? Comment un tel homme peut-il réagir ? D'une seule manière : se surpasser, frapper un grand coup. Il imagine déjà les grands titres des journaux : *Le maître de la chambre close assassiné dans une chambre close !* Non, ce n'est pas suffisant, il faut corser l'affaire, accentuer le côté macabre et spectaculaire : on le retrouvera affalé sur une table dressée, et il sera également démontré que nul n'a pu amener ou préparer ce dîner… Exactement comme dans le roman qu'il préparait !

» Voyons comment les choses se sont déroulées dans leur ordre chronologique. Tout d'abord, je ne serais pas surpris qu'il soit à l'origine de la mort de Charles Fielder, assassiné en 1907 dans des conditions identiques. Il y a trop de points communs entre ces deux affaires pour parler de coïncidence. Avec un peu de chance, nous retrouverons son nom dans les relations de feu Mr Fielder. Après mûre réflexion, il décide de se baser sur son ancien crime en y apportant quelques améliorations et en y ajoutant cette touche surnaturelle qui l'a rendu célèbre : l'assassin ne peut être qu'un fantôme.

» Son plan établi, il se rend chez son frère – pour la première fois en trente ans, soit dit en passant – afin de vérifier si leur ressemblance ne s'est pas altérée au fil des ans. J'ouvre encore une parenthèse pour souligner son étrange silence à propos du but de son voyage. Il retrouve donc Stephen et se rend compte que la supercherie est possible. J'imagine aussi qu'il prépara le terrain, insistant auprès de son frère pour que celui-ci prévoie une séjour en Angleterre l'automne prochain.

» Une dizaine de mois plus tard, il passe à la seconde partie de son plan : commencer à parler de son futur roman, de ce mort qu'on retrouverait dans une chambre close, du dîner fumant, de la coupe d'eau près de la fenêtre, des gants, etc. Tout marche à merveille : son entourage est très intrigué et attend probablement avec impatience de pouvoir lire le roman. Il peut à présent faire venir son frère, qu'il ira cueillir en début de semaine sur le quai d'arrivée du bateau et le tiendra à l'écart sous un prétexte quelconque – faisons-lui confiance sur ce point, son imagination n'est plus à démontrer. Vendredi après-midi, il fait évacuer la maison, expédie son frère *ad patres* et prépare sa mise en scène. N'oublions pas les deux lettres d'invitation à dîner qu'il envoie : à vous, Cunningham, représentant de la police et sur qui il peut compter de façon certaine, et à un journaliste, pas n'importe lequel, un journaliste qui l'apprécie, lui et son œuvre, et qui de toute évidence fera un reportage sensationnel. Comment a-t-il procédé pour exécuter son tour de passe-passe samedi soir ? Lui seul pourrait nous le dire. Attendons-nous à quelque chose de brillant, d'autant plus que sa vie dépend de son astuce diabolique.

» Ce qui est certain, c'est que toute cette affaire va le projeter au premier rang de l'actualité, ses livres vont s'arracher, ce sera de nouveau la gloire. À titre posthume, dans un premier temps, mais pas pour bien longtemps : il réapparaîtra au moment le plus inattendu. Là, encore, la mise en scène sera spectaculaire. Ne me demandez pas par quelle pirouette il va réussir à se disculper du meurtre de son frère. Il aura un alibi à toute épreuve, c'est certain, il parviendra même à nous fournir une explication logique de ce crime ahurissant. Tout, il aura absolument tout prévu. Nous avons affaire à un redoutable adversaire, un maître en la matière… Inutile de vous dire que, même en ayant percé son plan, nous aurons toutes les peines du monde à le confondre.

— Mon Dieu, gémit Simon, la tête entre les mains si tout ceci est vrai… Comment Valérie supportera-t-elle une telle honte… son père assassin…

Hurst eut une moue de regret, puis déclara en haussant les épaules :

— De toute manière, l'assassin fait partie de la maison. Alors lui ou un autre…

Twist, pensif, regardait la pente gazonnée qui descendait jusqu'au lac. La cane et ses petits surgirent des roseaux en cancanant, pour se livrer à des manœuvres de plongée de ravitaillement.

Brusquement, le détective déplia sa maigre silhouette, leur précisa qu'il serait de retour dans un instant et se dirigea d'un pas décidé vers le restaurant. De retour cinq minutes plus tard, un sandwich dans chaque main, il engloutit littéralement le premier sous le regard effaré de ses compagnons, et le second fut distribué à la famille canard. L'éminent détective revint à grandes enjambées, reprit place sur le banc, puis expliqua :

— J'ai toujours aimé les canards. (Après avoir allumé sa pipe :) Je me demande, Hurst, si vous n'exagérez pas un peu en parlant du déclin de Harold Vickers. On ne trouve plus ses romans dans les kiosques à journaux, c'est un fait, mais il jouit toujours d'une certaine renommée, même outre-Atlantique.

Hurst, mâchouillant son cigare, marmonna :

— Je vous en prie, Twist, ce n'est pas le moment d'être aussi pointilleux. Il s'agit là d'une nuance vous en conviendrez, qui n'altère en rien ma démonstration.

— Soit. Je vais vous faire un aveu : je savais que vous alliez parvenir à cette conclusion.

Hurst parut outré :

— Pensez-vous que ce ne soit pas la bonne ?

— Si. Je le pense. Pour le moment. Il est évident que le cadavre n'a pas été défiguré pour rien.

— Alors, qu'est-ce qui vous tracasse ?

Paupières baissées, le Dr Twist prit tout son temps pour répondre :

— Qu'allez-vous faire, Hurst, dans l'immédiat ?

— J'ai convoqué Mrs Vickers et ses deux filles à la morgue afin d'identifier le cadavre. (Il consulta sa montre :) 3 heures moins le quart. Je leur ai donné rendez-vous à 3 heures, nous pouvons y aller.

— Mon Dieu, se lamenta Simon, le choc qu'elles vont subir…

Simon, bien qu'il envisageât la possibilité d'un soulagement de sa fiancée à l'issue de l'identification du mort, préféra attendre son supérieur et le Dr Twist au coin de la rue.

Un silence glacial régnait dans la morgue, où, de surcroît, la température n'était pas très élevée. Les murs avaient également un aspect froid, avec leurs compartiments réfrigérés, s'ouvrant comme des tiroirs pour y révéler des gisants aux visages livides. Au centre de la salle, sur une table à roulettes, reposait un corps recouvert d'un drap blanc.

— Pourquoi nous imposer une telle épreuve ? gémit Valérie sans retenir ses larmes.

Mrs Dane Vickers pleurait, le visage enfoui dans un mouchoir. Henrietta, les yeux brillants, regardait avidement la forme allongée sous le drap.

— Pourquoi une telle épreuve ? répéta Valérie.

Le Dr Leedom, tout de blanc vêtu, considéra Twist et l'inspecteur Hurst avant de répondre en écartant des bras désolés :

— C'est la loi, mademoiselle. Et il est préférable que ce soit fait avant l'autopsie.

Hurst avança d'un pas, se tenant le menton d'un air ennuyé ; puis, tête baissée, il mit ses bras derrière son dos :

— Mrs Vickers, étant souvent confronté à ce genre de pénible situation, je comprends mieux que quiconque ce que vous pouvez éprouver en ce moment. Mais je suis obligé de vous demander de surmonter votre peine et d'examiner attentivement le corps…

— Mais nous l'avons tous vu hier soir ! s'écria Valérie. Alors pourquoi ?

Hurst ferma les yeux et respira profondément :

— Il a les mains et le visage brûlés. Pour l'heure rien ne nous permet d'affirmer qu'il s'agit de votre père. (Se tournant de nouveau vers Mrs Vickers :) Du courage, madame. Vous connaissez votre mari mieux que personne, vous seule pouvez formellement l'identifier. Je vous demande encore une fois de ne pas vous livrer à un examen superficiel, essayez de trouver un détail, enfin quelque chose qui prouve qu'il s'agit ou *qu'il ne s'agit pas* de votre mari.

Une fois encore, Valérie vint au secours de sa mère :

— Inspecteur, papa avait des dents parfaites et n'avait jamais consulté un dentiste. Le nôtre, qui était d'ailleurs un de ses très bons amis, pourra vous le confirmer.

Mrs Vickers, le visage toujours dissimulé, approuva entre deux sanglots.

— C'est vrai, dit Henrietta. Et il s'en vantait bien assez souvent.

— Nous le savions, dit Hurst. Le Dr Leedom vient d'y jeter un coup d'œil.

— Oui, confirma celui-ci, nous avons constaté des dents parfaitement saines. Pas la moindre carie.

— Mais ceci, poursuivit Hurst, bien que ce soit assez rare pour un homme de cet âge, ne constitue pas une preuve formelle.

— Alors, allez-y ! ordonna Henrietta sur un ton contrarié, démenti par l'éclat de ses yeux.

Hurst interrompit le geste du Dr Leedom qui s'avançait, puis s'adressa à la veuve, d'une voix grave et compatissante :

— Je ne veux pas vous faire miroiter de faux espoirs, mais… nous avons tout lieu de croire qu'il ne s'agit pas de votre mari.

— C'est une possibilité, rectifia Twist avec douceur rien qu'une possibilité. Courage, madame…

Sur un signe de Hurst, le Dr Leedom découvrit le corps jusqu'à la ceinture.

Se faisant violence, Mrs Dane se pencha, les yeux agrandis par l'effort, puis se détourna aussitôt pour s'effondrer en larmes.

Hurst soupira lourdement et interrogea Henrietta du regard. Celle-ci demeura immobile un long moment, puis son visage parut s'illuminer. Elle s'approcha vivement, remonta le bas du drap jusqu'aux genoux et indiqua une petite cicatrice sur le tibia :

— Regardez cette marque. L'an dernier, en Australie, il s'était cogné contre un arrosoir démuni de sa pomme. Il nous avait montré sa blessure dès son retour et s'en inquiétait, car elle se cicatrisait mal. Il est même allé voir un médecin, qui lui a fait deux points de suture.

Valérie s'approcha à son tour :

— Oui. je m'en souviens. C'est papa, c'est bien papa…

12

VERNIS ET ALCOOL À BRÛLER

Cinq heures de l'après-midi. Pour la seconde fois de la journée, le Dr Twist, Simon Cunningham et l'inspecteur Archibald Hurst se retrouvaient réunis à Scotland Yard dans le bureau de ce dernier, où régnait un silence oppressant. La silhouette massive de l'inspecteur assis à son bureau se dessinait en sombre sur la fenêtre ouverte, d'où provenait le bruit de l'intense circulation de Victoria Street. Il agita la main pour dissiper le nuage de fumée qui l'enveloppait et écrasa son cigare d'un geste rageur dans un cendrier débordant de mégots.

La respiration lourde, l'air mauvais, sa mèche de cheveux retombant sur le front, Hurst endiguait difficilement la sourde colère qui l'envahissait.

— Je ne sais pas si vous réalisez ce que tout ceci signifie, commença-t-il d'une voix calme mais chargée de menaces. Le mort est bien Harold Vickers, mais quelqu'un a tout mis en œuvre pour faire croire qu'il s'agit de son frère : l'étrange disparition de celui-ci, le cadavre défiguré, etc. Ce mystérieux quelqu'un s'est également arrangé pour que l'on considère Harold Vickers comme le metteur en scène de ce crime extraordinaire : le dîner macabre, l'assassin qui s'évapore, l'énigmatique coupe d'eau, exactement comme dans le roman qu'il préparait ; tout ce côté spectaculaire, en fin de compte, ne désignait qu'un seul coupable possible. Je vais même plus loin : cette mise en scène nous fournissait aussi le mobile, nous indiquait pourquoi Harold Vickers aurait manœuvré de la sorte. Naturellement, suprême habileté, tout ceci n'apparaissait pas d'emblée, mais après réflexion, dès que la disparition du frère a été connue. On ne pouvait que s'orienter fatalement vers cette conclusion tout en ayant l'impression d'y être parvenu après un fin calcul. Et au bout d'un certain temps, une lettre signée Harold Vickers – tapée à la machine, bien évidemment – serait parvenue au Yard : une confession de l'assassin qui, pris de remords pour son acte monstrueux, aurait décidé de se suicider, en s'arrangeant pour que son corps, indigne d'un cimetière, ne soit jamais retrouvé… Et l'affaire aurait été classée, à la grande satisfaction du Yard, fier d'avoir percé dès l'abord la machination ourdie par Harold Vickers.

Le Dr Twist soupira :

— Je vous l'ai déjà dit, j'ai tenu le même raisonnement, mais… tout paraissait trop évident, beaucoup trop évident. C'est pourquoi je me suis abstenu de tout commentaire, irrité que j'étais de suivre cette voie qu'une main invisible traçait pour nous.

— Seulement voilà, fit Hurst avec un soupir sarcastique, l'assassin n'avait pas tout prévu. Une insignifiante petite cicatrice a formellement révélé l'identité du corps : Harold Vickers.

» Messieurs, poursuivit-il sur un ton sentencieux, nous sommes en présence d'un habile tireur de ficelles, d'une machination perverse, d'une ruse au second degré. Toute cette mise en scène n'avait qu'un seul but, détourner l'attention pour masquer le véritable mobile, c'est-à-dire : qui avait intérêt à tuer Harold Vickers ?

— Je crois ? fit observer le Dr Twist, que nous pouvons déjà éliminer deux suspects. Les deux filles du défunt n'ont pas hésité à reconnaître le corps de leur père en se basant sur la petite cicatrice. Si elles avaient été coupables, elles n'auraient jamais réagi de la sorte, aussi spontanément, puisque cette identification réduisait à néant le plan de l'assassin. Bien sûr, ce n'est pas une preuve formelle de leur innocence, mais c'est un excellent point pour elles.

— Merci, Dr Twist, fit Simon sur un ton qui frisait l'insolence. Mais en ce qui me concerne, je n'avais pas besoin de cette précision pour me convaincre de l'innocence de Valérie. Valérie, capable d'une telle machination ! C'est insensé. Si vous la connaissiez comme je la connais…

— De toute façon, fit Hurst en se penchant vers le jeune sergent, il n'y aura pas de *happy end* à ce drame : l'assassin ne peut être que quelqu'un de la maison. Je vous laisse le soin de faire vos calculs. Autre chose : j'ai eu confirmation des dispositions testamentaires du défunt annoncées par Roger Sharpe. La fortune sera divisée en trois parts égales : Valérie, Henrietta et leur mère, laquelle bénéficiera en outre de l'usufruit de la propriété. Parts auxquelles se rajouteront probablement les biens du frère qui sont loin d'être négligeables d'après ce que nous savons, car il y a tout lieu de croire qu'il a été assassiné.

Simon ouvrit la bouche, mais Hurst l'arrêta d'un geste :

— Avant de formuler nos hypothèses, je vous propose de revoir toute l'affaire, dans le détail, avec les alibis et les mouvements de chacun aux moments importants. Avec ce que nous savons maintenant, une analyse calme et objective de la situation nous amènera à la vérité.

L'inspecteur fourragea dans ses papiers, prit un dossier, l'ouvrit et alluma un cigare.

— Il était une fois, commença-t-il benoîtement, une personne qui avait décidé de tuer Harold Vickers. D'emblée, elle se heurte à un obstacle : l'assassinat de Vickers la désignerait du doigt. J'imagine qu'elle abandonne son projet, mais le reprend lorsqu'elle entend parler de l'énigme que l'écrivain est en train de concocter. Elle tombe sur son cahier de notes qui lui révèle la solution du mystère. C'est à ce moment-là qu'elle conçoit un plan machiavélique, que nous connaissons maintenant. Quelques temps avant le meurtre, elle entre en contact avec Stephen Vickers et lui demande de venir en Angleterre.

Notons au passage que, selon toute probabilité, l'assassin connaît bien le frère de Harold et doit avoir une certaine influence sur lui. Stephen quitte l'Australie il y a un plus d'un-mois pour arriver en Angleterre des jours-ci. L'assassin est là pour l'accueillir, il le tue et fait disparaître le corps. Tout est clair, jusque-là ?

Le Dr Twist et Simon acquiescèrent. L'inspecteur, les yeux sur son dossier ouvert, s'absorba dans une brève méditation avant de poursuivre :

— Vendredi midi, au cours du repas, Harold Vickers annonce qu'il ne veut voir personne dans la maison entre 16 heures et 19 heures. Remarque : il agit certainement de la sorte à la demande de l'assassin.

» En début d'après-midi, le fils d'une certaine Mrs Sally Robinson appelle Mrs Vickers au téléphone pour lui demander si elle peut attendre sa mère devant l'entrée de Selfridge's vers 17 h 30. C'est du moins ce que prétend Mrs Vickers, je n'ai pas encore eu le temps de vérifier le fait.

» 16 heures-19 heures. C'est dans ce laps de temps que l'assassin poste les deux lettres d'invitation et qu'il tue Harold Vickers d'une balle dans le crâne. L'arme utilisée, appartenant à la victime, est pourvue d'un silencieux. Nous pouvons aussi supposer qu'il commence à préparer la table.

» Roger Sharpe se promène dans Regent's Park. Pas de témoin.

» Dane Vickers attend, dans Oxford Street, son amie qui ne vient pas. Pas de témoin.

» Henrietta est à Russell Square. Pas de témoin.

» Valérie flâne dans Oxford Street. Pas de témoin.

» Samedi soir, 19 h 30, tout le monde se lève de table, Roger Sharpe, Henrietta et Valérie regagnent leurs chambres, Mrs Vickers s'installe au salon.

» 19 h 45. Roger Sharpe quitte la maison pour se rendre au music-hall. Mrs Vickers l'entend sortir.

» 19 h 55. Départ de Valérie, qui prévient sa mère au passage.

» 20 heures. Les Kesley quittent la cuisine pour regagner leur chambre.

» 20 h 15. Gladys va chercher de l'aspirine dans la cuisine, puis passe au salon emprunter une revue à Mrs Vickers.

» 20 h 45. Philip Kesley va voir si sa maîtresse n'a besoin de rien. Après quoi il prend un sirop à l'eau dans la cuisine, puis remonte dans sa chambre.

» Ici j'ouvre une parenthèse pour vous rappeler que c'est à cette heure-ci, au plus tôt, que l'assassin a quitté le bureau, vu l'état dans lequel fut trouvé le dîner après que la porte ait été enfoncée. Vous êtes d'accord, Cunningham ?

— Mais alors vraiment à l'extrême limite, soupira le sergent. Je dirai plutôt 9 heures.

— Bien. Je continue : à 9 heures moins 5, vous sonnez. Mrs Vickers vient vous ouvrir, et en passant devant le bureau, entend un craquement. N'avez-vous rien entendu, Cunningham ?

— Non.

Hurst hocha la tête avec un léger sourire, puis poursuivit :

— Vous restez sur le pas de la porte jusqu'à l'arrivée de Springer. Vous lui expliquez la situation et vous contournez tous trois la maison pour constater que les volets sont fermés et qu'une lueur filtre à travers les interstices. Vous revenez aussitôt sur vos pas. Mrs Vickers frappe à la porte et essaye de l'ouvrir, sans résultat. Vous percevez une odeur de friture, sauf Mrs Vickers qui est enrhumée. Philip Kesley arrive sur ces entrefaites. On constate qu'il n'y a pas de clef dans la serrure. Springer tente à son tour d'ouvrir la porte. Kesley va chercher une clef similaire. Le sergent Cunningham tente d'ouvrir la porte et constate qu'elle n'est pas fermée à clef mais au verrou, comme Harold Vickers avait coutume de le faire. Il ne reste plus qu'à l'enfoncer. Il est alors 21 h 15.

» Voyons maintenant l'emploi du temps des suspects entre 20 h 45 et 21 h 15 :

» Roger Sharpe est au music-hall. Il exécute un tour à 21 h 15. Des dizaines de témoins, mais rien ne ressemble plus à un magicien qu'un autre magicien. Henrietta est dans sa chambre, donc pas d'alibi. Valérie n'a pas d'alibi jusqu'à 21 h 30, heure à laquelle elle rencontre des amis dans une boîte de nuit. Mrs Dane Vickers a un alibi… à partir de 20 h 55.

» Passons aux mobiles. Valérie : l'héritage. Henrietta : l'héritage, mais notons également qu'elle haïssait son père et… qu'elle semble n'avoir pas toute sa raison. Roger Sharpe : aucun mobile *a priori*. Mais il profitera certainement de l'héritage de sa sœur. En outre, on peut se demander si son entente avec son beau-frère était aussi parfaite qu'il veut bien le laisser entendre… Rappelez-vous la soirée où Harold l'a couvert de ridicule. Mrs Vickers : l'héritage. Mais ce n'est pas tout :

elle était jalouse, elle devait savoir que son mari la trompait sans vergogne. D'après plusieurs témoignages, sa vie auprès de lui aurait été un enfer…

Alan Twist eut un geste dubitatif de la main et une petite moue significative :

— Un enfer… vous savez… c'est vite dit.

Hurst fit une pause, dévisageant tour à tour Simon et le Dr Twist, puis reprit :

— Nous ne savons toujours pas comment l'assassin s'y est pris pour sortir du bureau verrouillé de l'intérieur. Soit. Mais si on analyse tout ce qui a été dit, on se rend compte qu'une seule personne a réellement eu la possibilité de « réchauffer » un dîner probablement cuisiné à l'avance, de chauffer l'huile, d'en brûler le visage et les mains du mort, de faire disparaître le « matériel » et de *verrouiller la pièce de l'extérieur,* en un mot : d'effectuer de nombreux aller et retour en passant par le hall, avec très peu de risques d'être surprise. Un bruit dans l'escalier et elle regagnait sa place. Une personne qui, rappelons-le, a été obligée de monter cette mise en scène pour détourner les soupçons qui auraient inévitablement pesé sur elle en cas d'assassinat « normal », si je puis dire. Je pense que vous avez compris à qui je fais allusion.

Un silence angoissant s'établit. Simon, passant et repassant la main dans ses cheveux en brosse, murmura :

— C'est encore plus terrible… Inimaginable… Et pourtant…

— Cette personne, reprit Hurst, a peut-être agi avec l'aide d'un complice… Ou mieux encore : elle n'est que le jouet de celui-ci. Un complice très habile de ses doigts, spécialisé dans l'exécution des tours de disparition…

On frappa à la porte, et Hurst grogna :

— Entrez.

La porte s'ouvrit sur le jeune policier qui avait reniflé l'odeur de vernis.

— Pas encore chez vous, Wilson ? fit Hurst, sarcastique. Mais comme vous le constatez, moi aussi je fais des heures supplémentaires. Nous vous écoutons, car je suppose que si vous êtes là, c'est que vous avez quelque chose à nous dire.

— C'est à propos du vernis.

Trois paires d'yeux étonnés se braquèrent sur lui.

— Voilà, nous avons découvert d'où provenait cette odeur : quelqu'un a tout récemment passé une couche de vernis sur le côté de la serrure, donc sur les vis de fixation. Ceci, naturellement, pour faire croire que la serrure n'avait pas été démontée ces derniers temps. Du travail soigné, la superposition de la nouvelle couche sur l'ancienne ne se voit pas au premier coup d'œil. Et sans cette odeur, il est possible que nous ne l'aurions même pas remarquée.

Hurst plissa les paupières, puis demanda :

— Qu'entendez-vous par *récemment ?*

— Un ou deux jours, difficile d'être plus précis.

— Donc, fit observer Simon, pensif, la serrure a été démontée…

— Oui. Nous l'avons donc démontée à notre tour pour la soumettre à un examen des plus minutieux. Première chose étrange : on a découvert au fond de la serrure une petite pièce métallique de forme assez spéciale, qui n'est manifestement pas d'origine. Même Albert, qui en connaît autant sur les serrures qu'Houdini lui-même, n'a pu dire quelle fonction elle pouvait avoir. En second lieu, nous avons découvert des rayures sur le métal, à l'intérieur, non loin du trou de la serrure. Rayures, elles aussi, très récentes. En revanche, les bords de l'ouverture sont intacts.

— Ce qui veut dire, intervint Hurst, que si on n'avait pas démonté la serrure on n'aurait rien remarqué.

Wilson eut un vif mouvement d'approbation.

— Le mystère commence à se dissiper, dit Hurst en se rejetant contre son dossier et en croisant les bras. Finalement, c'était quand même le coup du verrou actionné de l'extérieur, aussi improbable que cela puisse paraître. Donc une tige de métal, très solide, avec une articulation fixée *dans* la serrure, ce qui évidemment ne laisserait pas de trace extérieure…

— C'est ce que nous essayons de prouver, remarqua Wilson, mais pour l'heure, malgré nos efforts, cela paraît toujours impossible. La petite pièce métallique n'aurait pas suffi… Cependant, il n'est pas exclu qu'une partie ayant servi à l'opération ait été retirée après usage. (Wilson fit une grimace.) Si seulement ce maudit verrou était plus facile à manœuvrer…

— C'est vrai, fit Hurst en poussant un profond soupir. En tout cas, nous sommes maintenant certains d'une chose : la serrure a été trafiquée et elle ne l'a pas été pour rien. Wilson, je compte sur vous, vous connaissez les données du problème.

— Il y a encore autre chose…

— Oui ?

— Les plats contenant les poulets portaient des traces très difficiles à enlever…

— Des traces ? Des traces de quoi ?

— Des traces de graisse recuite, de jus de viande… enfin comme si on avait fait brûler quelque chose… Par exemple de l'alcool à brûler, puisqu'il y en avait sur la table, enfin je veux dire dans le réchaud.

— Nom de nom ! s'exclama Hurst en se levant de son siège. On aurait donc versé un bonne dose d'alcool dans les plats, on l'aurait fait flamber…

— Ce qui explique que les poulets fumaient encore lorsque Springer et moi sommes entrés, acheva Simon.

— Nous avons fait l'expérience, dit Wilson. On a rempli les plats d'alcool. Bien qu'ils ne soient pas très profonds, l'alcool a brûlé un quart d'heure.

— L'assassin nous a donc bluffés d'un quart d'heure, fit Hurst, triomphant. Il a quitté les lieux avant que vous n'arriviez, Cunningham, et certainement après que Kesley ait regagné sa chambre à 9 heures moins le quart, disons 9 heures moins dix ! Vous êtes d'accord sur l'heure, maintenant, Cunningham !

— Oui, cela correspond tout à fait… (Simon jeta un regard inquiet sur Hurst :) Mais alors… le bruit que Mrs Vickers aurait entendu à 9 heures moins cinq.

— Aurait entendu, souligna l'inspecteur. Vous faites bien d'employer le conditionnel, à propos de ce mystérieux bruit qui semblait prouver que l'assassin était encore dans la pièce à ce moment… Ha ! ha ! ha !

Soudain, Simon frappa du poing la paume de sa main, se leva et fit quelques pas, sourcils froncés.

— Wilson, déclara-t-il après un instant, je passerai vous voir demain pour examiner cette serrure.

— Bien, Wilson, dit Hurst, vous pouvez nous laisser à présent.

Comme le jeune policier s'apprêtait à sortir, il ajouta :

— C'est du bon travail, mon petit Wilson. Vous n'aurez pas perdu votre dimanche, croyez-moi.

Le jeune homme salua de la tête, rouge de fierté et de confusion, puis disparut.

— Auriez-vous une idée, Cunningham ? questionna l'inspecteur avec un large sourire.

— Oui. Mais je ne veux pas me prononcer avant d'avoir examiné la serrure. Si jamais l'assassin a opéré de la manière à laquelle je pense – en ce qui concerne sa mystérieuse sortie – je puis vous dire que nous avons été victimes d'un bluff monumental.

— L'assassin, vous pensez à…

— Oui, hélas !… Ce ne peut être qu'elle… Et maintenant je me souviens d'un détail. Springer et moi, nous nous sommes trompés en affirmant que personne n'avait touché à quoi que ce soit dans la pièce : Mrs Vickers, chancelante, s'est rattrapée à la poignée de la porte, à la serrure… avant que Kesley ne vienne l'aider à regagner sa chambre.

Il y eut un silence.

— Vous allez là-bas, ce soir, il me semble ? demanda Hurst à son subordonné.

— Oui, Valérie m'attend. Mon Dieu ! lorsqu'elle saura…

— Nous ne possédons pas encore de preuve. Surtout ne dites rien pour le moment.

— N'ayez crainte, soupira Simon.

— Ouvrez l'œil, observez bien les attitudes de chacun. Si jamais son frère est complice, nous aurons affaire à forte partie.

13

LA TENSION MONTE

Il était 20 heures lorsque Simon Cunningham aperçut la propriété des Vickers. L'obscurité avait absorbé les dernières lueurs de cette journée dominicale et la rue était peu éclairée à cet endroit. Mais il parvint à distinguer l'entrée du cimetière et, souriant évoqua le fantôme du grand-père Théodore drapé dans un linceul, avec ses cheveux gris et son visage hâve. Était-ce Henrietta – rapportant que son grand-père avait menacé son père de sortir de sa tombe pour le châtier – qui l'avait amené à parler d'une ombre s'engouffrant dans le cimetière ? Oui, bien sûr. Quelle stupidité de sa part…

Simon souriait toujours quand il braqua pour pénétrer dans la propriété des Vickers. Mais il ne souriait plus lorsqu'il crut entrevoir deux ombres sur le côté de l'allée. Pour dire la vérité, il fut si impressionné par ces deux silhouettes surgissant des ténèbres, qu'il donna un brusque coup de volant manquant de peu d'aller s'écraser contre un arbre. Il suffit de penser aux fantômes pour les voir apparaître, songea-t-il, irrité par son propre comportement. Il gara sa voiture devant la maison, demeura quelques instants immobile, avant d'allumer une cigarette et d'ouvrir la portière.

— Vous devriez acheter une Jaguar, mon cher !

Simon se retourna. Roger Sharpe s'avançait à grands pas, faisant crisser le gravier de l'allée.

— Excusez-moi, Mr Sharpe, mais j'avais l'esprit tellement troublé... Je ne vous ai aperçu qu'au dernier moment.

— Je plaisantais, dit aimablement Roger en lui serrant vigoureusement la main. Au reste, vous n'êtes pas le seul à avoir l'esprit troublé ces derniers temps.

— Vous voulez parler de celui qui vous accompagnait, s'enquit timidement Simon.

— Non, je ne pensais pas au Dr Hubbard.

— Ah ! C'était donc lui ! Le pauvre homme, j'espère ne pas l'avoir effrayé... à son âge, on ne sait jamais.

Le prestidigitateur fixa Simon, mais sans paraître le voir :

— Le pauvre homme... pauvre... ma foi, je ne sais pas si c'est l'adjectif qui convient. En tout cas pas dans le sens où vous l'entendez.

— Je... je ne comprends pas très bien...

Roger jeta un coup d'œil songeur par-dessus son épaule, puis expliqua :

— J'étais sorti prendre l'air, pour me détendre les nerfs et j'avais à peine fait quelques pas lorsque je l'ai rencontré... ou plutôt surpris. Il avait l'air d'une bête traquée et s'est confondu en excuses : « Je passais prendre des nouvelles, voir si vous n'aviez besoin de rien... Quelle tragédie, Mr Sharpe, quelle tragédie... » Un mensonge, de toute évidence, puisqu'il se trouvait sur le côté de la maison, près de la fenêtre du salon.

— La curiosité des voisins, c'est bien connu...

Roger Sharpe prit une cigarette. La flamme du briquet jaillit de l'ombre, accrocha une étincelle à sa chevalière et se refléta dans ses yeux bleu pâle, qui cherchaient ceux de Simon :

— Je l'avais déjà rencontré en début de matinée, et je l'avais mis au courant. Cet homme, Simon, ce pauvre homme, comme vous dites, est terrorisé… Il a peur. De quoi ? Je n'en sais rien. Mais il a peur, c'est certain.

— Peut-être le fait de savoir qu'un assassin se cache parmi ses voisins ?

— Et il viendrait fureter ici ? Non, c'est autre chose.

— Que vous a-t-il dit d'autre ?

— Je l'ai remercié pour l'aide qu'il voulait nous offrir et il s'est empressé de prendre congé. Je l'ai accompagné jusqu'à la grille d'entrée… lorsqu'un bolide a surgi ! (Prenant Simon par l'épaule :) Allons, venez, vous allez boire un verre avec moi, avant de retrouver Valérie. J'ai besoin de parler à quelqu'un qui ne soit ni un vieillard épouvanté… ni une femme à bout de nerfs !

C'est seulement dans le salon, lorsqu'ils furent installés dans un fauteuil, un verre de whisky à la main, que Simon comprit la signification de sa phrase.

— Avez-vous déjà vu une femme hystérique, Simon ?

— Oui… il me semble.

— Très bien, alors imaginez-en trois, et vous aurez une idée de ce qui s'est passé ici, il y a à peine une demi-heure. (Il fit une grimace puis changea de sujet :) Au fait, y a-t-il du neuf dans l'enquête ? Il paraît que vous aviez quelque soupçon quant à l'identité du mort ?

Simon s'éclaircit la voix, se demandant jusqu'à quel point il pouvait dire la vérité, sans courir le risque d'être pris par la suite en flagrant délit de mensonge.

— Oui, il paraît. Vous savez, dans ces cas-là lorsque la police se trouve en face d'un crime avec un cadavre défiguré, elle se pose toujours des questions… Mais fort heureusement, nous savons maintenant à quoi nous en tenir.

Roger exhala un nuage de fumée qui lui masqua un instant le visage :

— Êtes-vous sur une piste ? Avez-vous des présomptions contre quelqu'un ?

— Je ne suis pas dans le secret des dieux, mentit Simon. Je… je ne m'occupe pas de l'affaire, vous comprenez…

Mal à l'aise, Simon baissa la tête, sentant peser sur lui le sourire du magicien.

— La tension monte, fit celui-ci après un long silence. Dane est dans un état… Jamais je n'aurais cru que la mort de Harold puisse la plonger dans une telle détresse. Au contraire, j'aurais plutôt pensé à un soulagement. Elle l'aimait donc à ce point en dépit de tout… Incroyable. Enfin, ne cherchons pas à comprendre les femmes. (Sharpe fixait son verre, dont il agitait nerveusement le contenu.) Après le repas, nous sommes venus ici, mes deux nièces, Dane et moi. Ma sœur ne pleurait plus, mais son chagrin s'était transformé en une violente colère à l'encontre d'Henrietta, qui, elle, ne cherchait même pas à cacher sa jubilation. Un silence lourd d'orage s'est établi, insoutenable. Dane a commencé :

» — Sors d'ici tout de suite, Henrietta.

» — Et pourquoi sortirai-je ? Je suis bien, ici.

» — Alors, cesse de sourire.

» — Et pourquoi ne sourirai-je pas, si j'en ai envie ?

» — Ton père est mort, et c'est tout l'effet que ça te fait ?

» — Oui. Et tu le sais bien.

» Là-dessus, ma sœur s'est emportée, perdant toute mesure :

» — Tu es folle, ma fille, complètement folle, sache-le ! Il faut bien que quelqu'un te le dise un jour !

» Valérie, voulant apaiser sa mère, et croyant certainement bien faire, est intervenue :

» — C'est tout de même notre père, Henrietta, tu pourrais montrer un peu de respect… C'est vrai…

» — Que je suis folle ?

» — Non… non… Bien sûr que non, Henrietta…

» — Alors vous me croyez folle, toutes les deux…

» — Henrietta, je t'en supplie, tu vois bien que maman dit n'importe quoi, qu'elle est en état de choc…

» — Je suis folle ! Ha ! ha ! ha ! Je suis folle ! Folle comme grand-père, que mon père n'arrêtait pas de traiter de vieux fou ! Ha ! ha ! ha ! Et vous avez vu ce qui lui est arrivé : mort ! Mort comme l'avait prédit grand-père.

» Vous auriez dû la voir à ce moment, Simon, elle avait un sourire effrayant, j'en étais glacé jusqu'aux os. Puis soudain, elle a cessé de rire, ses yeux n'étaient plus que deux fentes luisantes, sa voix encore plus rauque qu'à l'ordinaire :

» — Grand-père va revenir et vous verrez… Il n'aimait pas qu'on le traite de fou, il n'aime pas qu'on me traite de folle… Il va revenir, bientôt…

» Valérie, affolée par l'imminence d'une crise de folie de sa sœur, s'est rangée de son côté, croyant toujours bien faire :

» — Maman, je crois que tu devrais faire des excuses à Henrietta. C'est vrai, après tout, je ne vois pas pourquoi elle n'a pas le droit de sourire si elle en a envie. C'est son affaire !

» Ses paroles ont eu un effet désastreux sur Dane. Elle a tremblé de la tête aux pieds, avant de partir d'un rire hystérique. Elle riait et pleurait à la fois, au bord de la crise de nerfs. Puis elle s'est levée pour quitter le salon. Avant de refermer la porte derrière elle, elle s'est adressée à ses filles :

» — C'est vous que grand-père Théodore devrait venir voir, pauvres folles…

» La porte a claqué. Là-dessus, Valérie et Henrietta se sont querellées, chacune reprochant à l'autre le manque d'égard dû au père, au grand-père ou à la mère. Elles ne savaient plus ce qu'elles disaient, un torrent confus d'injures à double courant. Valérie est montée dans sa chambre la première. Quant à moi, j'étais sidéré, jamais je ne les avais vues comme ça. Inimaginable ! Des furies ! À mon tour, j'ai quitté le salon, pour prendre le frais, et j'ai rencontré Colin Hubbard…

— Qui était aux premières loges pendant la dispute, j'imagine, acheva Simon.

Roger Sharpe inclina la tête en soupirant :

— Voyez-vous, Simon, j'ai l'impression que tout le monde est fou, ce soir. Je vis entouré de fous. (Il reprit une cigarette, s'enfonça dans son fauteuil, soucieux et las :) Vous savez que j'ai souvent exécuté des tours de « mentalisme ». Vous savez aussi qu'il ne s'agit pas d'un don particulier de perception, mais d'un truc. Cependant, à la longue, on devient très réceptif aux sensations. au trouble des gens. Par exemple, lorsque je tiens la main d'une personne et que je lui pose des questions, j'arrive à savoir si j'ai touché une corde sensible en me basant sur son pouls ou sa respiration. Mais il n'y a pas que cela. Je ne sais pas si c'est une sorte de sixième sens ou une approche psychologique approfondie par l'expérience, mais j'arrive à déterminer l'atmosphère ambiante, à deviner de quelle manière les gens vont réagir… et je me trompe rarement. |

Il y eut un silence. Simon parcourut du regard la pièce lourdement meublée, tout en réfléchissant. Puis :

— Auriez-vous deviné qui est l'assassin ?

Le regard de Roger devint étrangement fixe. Des éclairs verts traversèrent ses yeux bleus, leur communiquant un éclat magnétique, auquel Simon, fasciné, ne parvenait pas à se soustraire, malgré sa volonté d'échapper à ces espèces de rayons X qui cherchaient à lire ses pensées les plus secrètes. Comme en un rêve, il entendit Roger lui répondre :

— Non. Mais je sens le mal, le danger… comme si l'assassin allait frapper encore…

Et Simon, terrorisé, vit luire un poignard hindou pointé vers lui par le magicien qui proféra :

— … et l'assassin… c'est moi !

Cloué dans son fauteuil, Simon regardait la lame qui s'agitait devant son nez, étincelante sous la lumière du lustre. Roger Sharpe rejeta la tête en arrière et se mit à rire.

— Pardonnez-moi. Simon mais lorsque j'ai vu votre visage se décomposer alors que vous me demandiez si je savais qui était l'assassin, je n'ai pu m'empêcher de vous jouer ce petit tour. Si vous aviez vu votre tête !… Avouez-le, du coup vous avez cru que l'assassin, c'était moi.

— Je ne sais pas je n'ai pas eu le temps de réfléchir. En tout cas, vous m'avez flanqué une sacrée frousse. (Il vida son verre toussa, des larmes lui montèrent aux yeux.) Seriez-vous aussi hypnotiseur ?

— Oui, quoique ne pratiquant plus depuis un moment.

— Votre pouvoir aurait-il perdu de sa puissance ?

— Au contraire, j'avais parfois toutes les difficultés du monde pour sortir les patients de leur état de léthargie. Une fois une femme a failli ne plus se réveiller du tout. J'ai arrêté aussitôt. D'ordinaire, c'est parmi la gent féminine qu'on trouve les meilleurs médiums, mais vous, Simon, je crois que vous ne feriez pas un mauvais cobaye…

— Vous savez, je sais être courageux quand il le faut, ne vous fiez pas à…

— Je sais bien, Simon, je sais bien, fit-il avec un sourire amusé. Je n'ai pas oublié que c'est vous qui avez mis un terme à cette série d'assassinats qui a inquiété tout Londres… Comment appelait-on déjà le tueur ?… Ah oui ! le « Tueur de dames »…

Simon dévisagea son vis-à-vis un long moment, si bien que celui-ci s'en inquiéta :

— Qu'est-ce que vous avez Simon ?

— Vous me faites penser à quelqu'un…

— Ah ! bon ?

— En vous teignant les cheveux en brun vous ressembleriez beaucoup au… « Tueur de dames » !

Roger Sharpe se mit à rire derechef :

— Avouez-le donc mon cher : pour vous l'assassin de mon beau-frère et le « Tueur de dames » ne font qu'un, et ce serait moi !

Simon affecta un air désolé :

— Hélas ! le « Tueur de dames » s'est suicidé. Vous ne pouvez donc plus qu'être l'assassin de Mr Vickers.

— Hélas ! fit Sharpe sur le même ton, j'ai un alibi inattaquable pour hier soir. Quel dommage !

À ce moment, on frappa à la porte du salon qui s'ouvrit aussitôt pour livrer passage à Gladys, l'air anxieux. S'approchant, elle marqua une hésitation.

— Alors, Gladys, qu'y a-t-il ? s'enquit Roger sur un ton d'irritation contenue.

— Je suis très inquiète pour Madame, Mr Sharpe. Elle s'est mise au lit et m'a demandé un somnifère…

— Elle a bien fait. Elle a grand besoin de repos, croyez-moi.

— Je sais bien. Mais lorsque je suis venue le lui apporter elle m'a arraché le flacon des mains. Et elle n'a pas voulu me le rendre, malgré mon insistance.

Sharpe eut un sourire rassurant :

— Ne vous inquiétez pas, Gladys, il n'y a pas de risque, ils ne sont pas très puissants. Même si elle vidait le flacon, il ne pourrait rien lui arriver. Un sommeil de plomb tout au plus… Ce dont elle a grand besoin. Mais vous avez bien fait de me prévenir, je vous remercie.

Gladys les salua, avec l'air de quelqu'un qui a fait son devoir, et se retira.

Sharpe eut une moue contrariée :

— Ma sœur m'inquiète sérieusement.

— Mais alors pourquoi n'avez-vous pas…

— Il ne s'agit pas de cela, Simon. Ces somnifères ne présentent aucun danger. J'ai vu le médecin, ce matin. Il ne se hasarderait pas à mettre un médicament dangereux à portée de main d'une femme en état de choc. Non, ce n'est pas cela. Je ne sais pas si Valérie vous en a déjà parlé, mais sa grand-mère, donc ma mère, souffrait…

— De troubles mentaux, oui, je suis au courant.

— De troubles mentaux, répéta Sharpe, en fait elle a terminé sa vie dans… une maison spécialisée.

— Alors pour Henrietta, ce serait héréditaire ?

— On ne sait pas trop. Non, d'après les spécialistes, mais allez savoir, avec ces types qui sont souvent plus cinglés que leurs malades ! Mais ce n'est pas Henrietta qui m'inquiète pour le moment, c'est plutôt sa mère. Je ne l'ai jamais vue dans un tel état, jamais elle ne s'est laissée aller de la sorte… jamais. Jamais, non plus, je n'aurais imaginé qu'elle ait tant tenu à son mari. Pour tout vous dire, je crains fort de la voir s'engager sur le même chemin que notre mère. Dane avait dans ses yeux, ce soir, la même expression qu'elle, quand sa raison chavira. Je me souviendrai toujours de ce soir-là. Voyez-vous notre père avait une véritable passion pour les vieilles serrures. Et bien souvent, sa journée de travail bien remplie, il passait encore des heures à démonter, réparer, briquer ses trésors. Petit à petit, notre pauvre mère les prit en grippe, et dans une crise de rage jalouse elle s'empara d'un gros marteau et s'acharna avec fureur sur ces serrures anciennes, qui constituaient déjà une belle collection dont papa était fier. Il était heureux chaque fois qu'il pouvait en sauver une que ses clients allaient jeter à la ferraille.

— C'est vrai, votre père était serrurier, dit Simon pensif. Cela expliquerait…

— Pardon ?

— Rien, excusez-moi.

La porte s'ouvrit de nouveau, et la tête d'Henrietta, toute souriante, parut dans l'entrebâillement :

— Bonsoir Simon. Vous passez faire un tour dans mon atelier ? J'ai quelque chose de très important à vous montrer.

— Oui… mais…

— Alors à tout de suite.

La porte se referma.

Sharpe soupira et se saisit de la bouteille de whisky pour remplir les verres, malgré le geste de refus de Simon. Après quoi, comme si une idée soudaine venait de faire irruption dans ses pensées, il gagna le bar, prit une bouteille d'eau minérale et un verre qu'il remplit à moitié et posa sur la table.

Après un silence, il demanda :

— Dites-moi, Simon, pensez-vous qu'on puisse verrouiller une fenêtre de l'extérieur avec un verre d'eau ?

Le jeune policier demeura un long moment immobile, en proie à un effort de méditation intense, puis, après mûre réflexion, déclara :

— Franchement, non.

— C'est également mon avis. Un avis de professionnel, si je puis me permettre. On peut faire une quantité de tours avec de l'eau, mais dans ce cas, honnêtement, je ne vois pas le moindre rapport. Et pourtant… Je suis sûr que la solution du mystère en chambre close que préparait Harold, reposait sur ce verre d'eau. Je lui avais posé la question à plusieurs reprises, et il me répondait toujours par un mystérieux petit sourire. Le verre d'eau… J'ai beau trouver cela absurde, je suis sûr que la clef du mystère s'y trouve. Si seulement nous pouvions mettre la main sur son cahier de notes, bon sang !

La vérité est que Simon, lui aussi, en dépit de ce qu'il savait, avait également toujours été intrigué par ce mystérieux verre d'eau. Il aurait donné très cher pour en connaître la signification.

Après un long silence, il haussa les épaules, prit une toute petite gorgée de whisky et se leva :

— Bien, je vais voir Valérie.

Le magicien, perdu dans ses pensées, eut un geste vaguement approbateur. Simon se retira. Mais avant de fermer la porte derrière lui, il jeta un dernier coup d'œil dans le salon : Roger Sharpe, la tête entre les mains, était toujours absorbé dans la contemplation du verre d'eau.

14

FRISSONS EN TOUS GENRES

Tout en gravissant l'escalier, Simon se posait de nombreuses questions au sujet de sa fiancée. Parvenu au premier étage, il longea le couloir et hésita devant la chambre d'Henrietta. Que pouvait-elle avoir d'important à lui montrer ? Ne vaudrait-il pas mieux se rendre d'abord chez Valérie ? Non, autant en terminer tout de suite. Il frappa. Une voix lointaine lui dit d'entrer.

La chambre à coucher était plongée dans une semi-obscurité, seul le rideau entrouvert laissait filtrer un peu de lumière. Simon traversa la pièce et écarta le rideau. Henrietta, un pinceau d'une main et une palette de l'autre, s'affairait derrière son chevalet. Elle tourna la tête dans sa direction, radieuse, ses longs cils noirs papillotant de plaisir.

— Venez, Simon, venez me dire ce que vous en pensez.

Dans la tête de Simon, une sonnerie d'alarme se mit en branle. Il se traita mentalement d'idiot, se disant qu'il n'y avait rien d'inquiétant chez sa future belle-sœur. Elle portait un tablier blanc assez court qui révélait de longues jambes fuselées. Il observa également que le bouton du bas n'était pas fermé et, troublé, s'empressa de relever le regard. Ses longs cheveux noirs retombaient en cascade sur ses épaules et ses yeux brillaient d'excitation.

Quelque chose lui disait de rebrousser chemin, mais il s'approcha quand même, affectant un calme qu'il était loin d'éprouver. Il observa d'un air de connaisseur la toile presque terminée. Et bien qu'il fût choqué – le tableau représentait la scène du crime –, il ne le montra pas. Le côté macabre avait été accentué, la nappe et les vêtements du mort étaient maculés de sang, l'argenterie et les verres brillaient exagérément sous la clarté des bougies, une épaisse fumée s'élevait des poulets et, en arrière-plan, émergeait d'une sorte de brouillard, la maigre silhouette d'un vieillard au sourire triomphant.

— Alors, qu'en pensez-vous ? demanda-t-elle avidement.

Simon ne répondit pas immédiatement, cherchant des termes qui ne soient ni blessants ni mensongers, mais néanmoins appropriés.

— Extraordinaire, finit-il par lâcher. Tout à fait extraordinaire.

Il la vit tourner vers lui ses grands yeux bleus, et de nouveau il fut frappé par leur intense éclat.

— Simon, dit-elle, j'ai quelque chose de très important à vous demander.

— Je vous écoute.

— Vous avez immédiatement remarqué qu'il s'agissait d'un chef-d'œuvre, mais aussi qu'il n'est pas tout à fait terminé…

— Bien sûr, mais l'essentiel est fait. Encore quelques touches et…

— Justement, Simon, ces dernières touches sont très, très importantes

— Je connais votre talent, Henrietta, et je sais que vous l'achèverez parfaitement.

Elle s'approcha du chevalet et, pour mieux examiner son œuvre, posa un pied sur le tabouret. Un autre bouton céda. Simon commençait à avoir très chaud et détourna héroïquement ses yeux d'une vue plongeante et indiscrète sur des jambes de déesse.

— Voyez-vous, hier soir, en pénétrant dans le bureau, j'ai tout de suite compris que le sujet allait m'inspirer. C'est assez difficile à expliquer ; j'ai éprouvé une sorte de frisson à la vue du mort, ce genre de frisson qui m'est nécessaire pour peindre. C'est d'ailleurs pourquoi je suis partie assez rapidement. Ce que je veux vous dire, c'est que pour bien peindre il faut que je sois en condition. Je l'étais hier soir, et vous avez vu le résultat !

— J'imagine que chaque peintre a sa propre façon de se concentrer.

Silencieuse, Henrietta se plaça devant Simon, les grands yeux ouverts et la bouche frémissante. Ce fut au tour de Simon d'éprouver un frisson. Il prit subitement conscience de l'incontrôlable attraction qu'exerçait sur lui cette jeune personne si proche, et eut toutes les peines du monde à dominer ses pulsions.

— Simon, murmura-t-elle, je ne veux pas rater la finition de ce chef-d'œuvre. Il faut absolument que je sois en condition, en condition parfaite

— Oui… bien sur…

— Il faut que vous m'aidiez.

— Si je puis faire quoi que ce soit qui puisse vous…

— Embrassez-moi.

Simon resta coi, n'étant pas sûr d'avoir bien entendu.

— Embrassez-moi, Simon. Il le faut.

Non, ses sens ne le trahissaient pas elle lui avait bien demandé de l'embrasser. Mais pourquoi restait-il là, planté comme un piquet, à ne rien dire, à la regarder, à regarder ses épaules qui bougeaient doucement sous son tablier ? Il aurait dû réagir, se secouer ! Décidément, il était à la merci de toute la famille, ce soir. D'abord ce magicien qui avait failli l'hypnotiser et maintenant Henrietta, là, devant lui, qui le vampait de façon éhontée. Reprends-toi, Simon, tout de suite, sinon ça va mal se terminer.

— Henrietta, que me demandez-vous là ? C'est impossible, vous savez bien que j'aime votre sœur !

— Alors je ne vous plais pas ?

— Je n'ai jamais dit cela !

— Je vous dégoûte, c'est ça, je vous dégoûte, dites-le…

— Mais pas du tout ! Bien au contraire… vous… vous êtes…

— Alors embrassez-moi.

Il y eut un silence. Simon, voyant Henrietta se mettre à trembler sentit un frisson glacé lui remonter l'échine. Ce n'était pas le moment de perdre son sang-froid. Gagner du temps.

— Henrietta, essayez de comprendre la situation, je vous en prie. Valérie et moi…

Ses yeux lancèrent des éclairs :

— Et vous croyez que c'est plus important que mon chef-d'œuvre ?

— Peut-être pas, bien sûr, mais…

— Il faut que vous m'embrassiez, vous comprenez ! Il faut que vous me preniez dans vos bras et que vous…

— Henrietta, je vous en conjure…

— Très bien…

Il fut surpris par ce revirement, mais ô combien soulagé. L'accalmie fut de très courte durée, Henrietta arracha le haut de son tablier, découvrant largement une épaule.

— Henrietta ! Mais que faites-vous ?

Elle enfonça les ongles dans la chair et se griffa résolument. Des traînées rouges apparurent.

— Henrietta ! Au nom du ciel ! Mais que faites-vous ?

Elle approcha son visage de celui de Simon presque à le toucher, triomphante :

— Si vous ne m'embrassez pas, je me mets à crier, et je dis que vous avez tenté de me violer.

Il sentit ses battements de cœur lui remonter jusqu'à la gorge et ne réfléchit qu'un court instant avant de capituler.

Il sortit de la chambre dix bonnes minutes plus tard, blême de rage. Non seulement il avait cédé au chantage, mais il s'était aussi complètement abandonné aux charmes de la jeune fille, sans aucune retenue. Pis : il avait l'impression qu'elle s'était amourachée de lui ! Quelles pouvaient être les conséquences de cette folie passagère ? Il préférait ne pas y penser. Il demeura un long moment devant la chambre de Valérie à reprendre son calme et son souffle, puis frappa à la porte.

Lorsqu'il entra, elle tomba littéralement dans ses bras, sanglotante.

— Simon, Dieu merci vous êtes là ! Si vous saviez ce qui s'est passé tout à l'heure…

— Je sais. Je viens de voir votre oncle. Mais ne vous en faites pas, ma colombe, je suis là, maintenant.

— C'était affreux. Jamais je ne me suis querellée de la sorte avec maman et Henrietta. Et moi qui voulais les calmer… je n'ai fait qu'empirer les choses. Tout est de ma faute.

— Ne vous inquiétez pas, ma chérie, je vous en prie. Nous avons tous les nerfs à fleur de peau, après ce drame. Tout ira mieux demain, vous verrez.

Elle leva vers lui ses grands yeux bleus embués de larmes et il approcha ses lèvres du visage éploré sans pouvoir s'empêcher de penser à Henrietta. Une sourde colère l'envahit : comment avait-il pu perdre la tête aussi facilement, lui qui d'ordinaire maîtrisait toujours la situation ? Serait-elle capable de renouveler son chantage ? Et comment réagir dans ce cas ? Ne vaudrait-il pas mieux mettre Valérie au courant ? De toute façon, pas dans l'état actuel des choses. En outre, elle était d'une jalousie maladive, ce qui n'arrangerait rien.

La lumière tamisée de la lampe tombait sur les cheveux noirs de Valérie et son joli visage triste.

— Simon, dites-moi que tout ceci n'est pas vrai, que ce n'est qu'un affreux cauchemar. C'est terrible. Assassiné… Et cet après-midi à la morgue… et vos amis les policiers qui nous ont même fait croire, un moment donné, que ce n'était peut-être pas lui… Simon, je suis à bout, je n'en peux plus… Simon, ne partez pas, ne partez plus…

— Ma chérie, vous savez bien que c'est mon unique désir Mais hélas !… pour l'heure il serait très inconvenant de faire quelque projet que ce soit. Je voudrais encore vous dire quelque chose, Valérie, quelque chose de terrible… Il va vous falloir être très courageuse

— Vous ne voulez plus de moi ! s'écria-t-elle, les yeux emplis d'angoisse.

Simon la prit dans ses bras, lui caressant les cheveux :

— Vous ne savez plus ce que vous dites, ma chérie… vous êtes tout, pour moi. Je vous aime, Valérie, et je n'aurais de cesse que vous soyez ma femme…

— Oh ! Simon !… Si seulement nous étions déjà mariés, vous seriez toujours à mes côtés, et je pourrais mieux supporter le poids de cette cruelle épreuve.

Les traits de Simon se rembrunirent :

— Cette tragédie n'est peut-être pas la dernière.

— Que voulez-vous dire ?

— Votre père a été *assassiné.* Il y a donc *quelqu'un* qui l'a assassiné.

— Oui, évidemment. Mais alors ?

— Alors… hésita-t-il, il se trouve que la police soupçonne quelqu'un de la maison. Et pas un domestique. Bien sûr, ce ne sont que des hypothèses, mais elles paraissent fondées. Nous pouvons nous attendre au pire.

Valérie s'effondra et pleura à chaudes larmes.

— Je sais, c'est terrible, dit-il avec compassion. Mais j'ai préféré vous prévenir tout de suite.

— Alors ce serait elle…

— Qui ça, elle ?

— Henrietta. Qui d'autre voulez-vous que ce soit ? La malheureuse, elle n'a plus toute sa raison. Mais jamais je n'aurais cru que…

— D'après ce que je sais, on ne soupçonne encore personne en particulier, mentit prudemment Simon estimant que sa fiancée n'était pas en mesure, ce soir, d'être mise au courant de leurs conclusions. Cependant, pour des raisons qui seraient trop longues à expliquer, mes supérieurs sont à peu près certains qu'Henrietta et vous n'y êtes pour rien.

— Ce qui voudrait dire…

— Oui, c'est l'un ou l'autre. Je suis désolé, Valérie mais j'estime n'avoir pas le droit de me taire.

Il y eut un silence pénible. Valérie se redressa avec courage :

— Simon, il faut savoir. Il faut démasquer l'assassin. Sans quoi la vie ne serait plus possible, avec ce doute affreux qui nous rongerait… Nous devons connaître la vérité. Vous devez…

— Pas moi, ma chérie, c'est au-dessus de mes forces. J'ai prié mes supérieurs de ne pas me charger de l'enquête. Mettez-vous un instant à ma place… votre famille, que je connais bien…

— Simon, il faut savoir !

Nous saurons, ma chérie. J'ai confiance en mon chef.

15

SIMON TRAVAILLE DU PINCEAU

Vers 22 heures, Simon pénétra dans l'arrière-cour de son immeuble. Il coupa le contact et sortit de son véhicule. L'endroit était obscur et une légère brume diluait les lumières jaunâtres des fenêtres qui éclairaient les hautes façades environnantes. Situé près de Paddington Station, son appartement datait du siècle dernier et, quoique spacieux, offrait un confort plutôt relatif. Simon s'en satisfaisait ; le loyer était peu élevé et il habitait au rez-de-chaussée ; il n'avait donc pas à gravir d'escalier. En fait, lorsqu'il sortait de sa voiture, il lui suffisait de faire quatre pas pour se trouver devant la porte arrière de son appartement.

Il glissa la clef dans la serrure, ouvrit, referma la porte derrière lui et alluma dans le couloir. En accrochant son manteau, il remarqua une feuille de papier pliée en deux sous la porte d'entrée. Il s'en empara :

Sommes en possession d'éléments nouveaux. Passerons plus tard, vers 22 h 30-23 h.

Alan Twist

Sourcils froncés, Simon considéra longuement le message puis passa dans sa chambre se changer. Il en ressortit vêtu d'un vieux tablier et d'une chemise nouée en turban sur la tête, et pénétra dans la pièce où il avait commencé des travaux de peinture. Les murs et le plafond étaient terminés, restaient les cadres des fenêtres et la porte. Un observateur attentif n'aurait pas manqué de relever les nombreuses taches de peinture qui émaillaient les journaux étalés par terre et les draps protégeant la commode et le coffre, et en aurait déduit que Simon était un peintre débutant ; ce qui était parfaitement exact : il n'avait jamais touché à un pinceau auparavant.

Après avoir jeté un regard circulaire, il prit une bouteille de diluant qu'il vida entièrement dans une bassine et nettoya un pinceau qui n'en avait nul besoin. Simon était perfectionniste. Ensuite, il ouvrit plusieurs pots de peinture à l'huile, pour finalement choisir celui de couleur crème. Et il commença à peindre la porte.

Ce faisant, il ne put s'empêcher de penser à Henrietta, qui, elle aussi, devait peindre. La porte, chambranle compris, fut achevée en un quart d'heure. Simon n'avait pas lésiné sur la quantité, mais il aurait pu s'appliquer davantage : pas un endroit où la peinture ne dégoulinait. Il allait s'attaquer aux fenêtres lorsque la sonnerie de la porte d'entrée se fit entendre. En sortant de la pièce, son pied heurta un des pots de peinture ouverts, dont le contenu se déversa sur les journaux. Sans s'émouvoir le moins du monde, il s'en fut calmement ouvrir aux visiteurs.

Le Dr Twist et Hurst présentaient des mines sombres, mais les yeux de l'inspecteur s'arrondirent d'étonnement à la vue de Simon :

— Cunningham, qu'est-ce que vous faites dans cette tenue ? Mais dites donc, ça sent la peinture, là-dedans !

— Oui, je suis en train de refaire une pièce.

— De la peinture ! s'exclama Hurst. Vous ? Montrez-moi ça.

À contrecœur, Simon les fit passer dans la pièce en question. Il prévoyait les commentaires de Hurst, et ne se trompait point.

Du travail d'amateur, Cunningham. Regardez-moi cette porte ! Une véritable catastrophe. Donnez-moi votre pinceau, que je vous montre un peu…

— Hurst, intervint le Dr Twist, ne croyez-vous pas que nous avons autre chose à faire ?

— C'est vrai, soupira-t-il, vous avez raison.

Se dirigeant vers la fenêtre, il remarqua au dernier moment la flaque de peinture au sol et faillit s'étaler de tout son long. Il grommela, écarta d'un geste furieux le drap qui recouvrait l'immense coffre et s'y laissa tomber. Un craquement sinistre fit sursauter Simon.

— Bon, Cunningham, parlez-nous de votre soirée.

Simon fit un compte rendu détaillé de sa visite chez les Vickers, en omettant cependant certain épisode dans la chambre d'Henrietta. Il acheva son récit sur la querelle de Mrs Vickers et de ses filles.

— Encore le grand-père ! ricana Hurst. Décidément, je trouve qu'on en parle beaucoup dans cette affaire Et maintenant, Cunningham, ouvrez bien grand vos oreilles. Sachez que nous avons sous-estimé Harold Vickers.

Simon ôta ses lunettes, balbutiant :

— Sous-estimé ?… Je… je ne comprends pas.

Hurst eut un sourire sarcastique :

— Eh oui ! sous-estimé. (Il fit une pause avant de prononcer d'un ton emphatique :) Le mort n'est pas Harold Vickers !

Simon parut frappé au visage. Il ouvrit la bouche pour parler, mais sans succès.

— Ce soir vers 6 heures, on m'a appelé de la morgue. Après notre départ, le Dr Leedom a de nouveau examiné le corps. Il a fait une découverte qui l'a intrigué, compte tenu des déclarations de la famille Vickers. Il se trouve qu'il connaît personnellement le dentiste des Vickers, il lui a téléphoné immédiatement, lui demandant de venir. (Hurst s'interrompit pour allumer un cigare.) Bright, le dentiste, est un ami de la famille, il s'entendait bien avec Harold Vickers. Et il le complimentait souvent pour sa dentition parfaite ; l'écrivain n'avait jamais eu besoin de soins dentaires. Vous me suivez ? Devinez un peu ce qu'on a trouvé sur le cadavre : deux dents à pivot !

Simon sentit ses genoux fléchir.

— Nous avons sous-estimé l'adversaire, reprit Hurst avec une lueur menaçante dans le regard. Il s'agit d'une machination au *troisième degré,* signée Harold Vickers.

— Mais ce n'est pas possible ! s'écria Simon. La cicatrice sur la jambe, il ne peut s'agir que de Mr Vickers !

Hurst tirait voluptueusement sur son cigare, manifestant un plaisir évident à voir son subordonné complètement désarçonné.

— Justement, Cunningham, c'est là qu'il a été le plus fort ; une ruse suprêmement habile qui dénote parfaitement l'esprit tordu de notre homme. Sur le coup, lorsque j'ai appris la nouvelle, j'ai réagi comme vous, je ne voulais pas admettre les faits, à cause de cette fameuse cicatrice. Cette cicatrice sur laquelle il a tant insisté à son retour d'Australie, la montrant à tout le monde sous prétexte qu'elle se refermait mal. Du grand art, Cunningham, du grand art. Vous ne voyez toujours pas ?

— Pas du tout. Et je persiste à croire que…

— Ne montez pas sur vos grands chevaux, Cunningham, et écoutez-moi ! Reprenons l'affaire depuis le début. Dans un premier temps, nous avons été abasourdis, déroutés par l'aspect spectaculaire de ce crime, oubliant l'un des faits essentiels : le cadavre était défiguré. Puis nous avons vu la photo récente des deux frères, nous avons appris que le frère avait quitté l'Australie pour l'Angleterre depuis plusieurs semaines : comment ne pas douter, alors, étant donné la ressemblance des deux frères, de l'identité du cadavre ? Le caractère insolite du crime va immanquablement nous conduire à une machination de l'écrivain, qui, pour faire la une de l'actualité, aurait tué son frère afin que l'on prît son cadavre pour le sien.

» Là, messieurs, je lui tire mon chapeau, car de ma vie je n'ai rencontré un assassin aussi habile : il nous livre sur un plateau son véritable mobile ! Quelle audace ! Mais un fait va ruiner notre hypothèse : lors de l'identification à la morgue, on va découvrir une petite cicatrice prouvant formellement qu'il s'agit bien de lui ! Fatalement, nous allons orienter nos soupçons sur un membre de la famille – au mobile évident – qui aurait ourdi cette incroyable machination pour détourner les soupçons.

» Et nous avons marché à fond, persuadés que nous étions alors de la culpabilité de son épouse. Harold Vickers était, bien entendu, lavé de tout soupçon, puisque nous le croyons mort. Un chef-d'œuvre, messieurs, un véritable chef-d'œuvre, reconnaissons-le. Une ruse au troisième degré ! Nous avons été magistralement manœuvrés par un criminel hors du commun, qui avait tout prévu, sauf un détail : son frère avait deux dents à pivot !

— Mais vous n'expliquez toujours pas la présence de la cicatrice sur la jambe du cadavre ; puisque d'après vous, il s'agirait de Stephen.

Hurst eut un soupir excédé, puis expliqua :

— Il y a un an, Harold Vickers s'est rendu chez son frère en Australie. À ce moment-là, son plan était déjà établi. Il y est allé, bien sûr, s'assurer que leur ressemblance était toujours aussi flagrante. Il avait également songé à l'identification dentaire, et il a été tout heureux de constater que son frère, comme lui, avait une dentition parfaite. Malheureusement, il n'a pu se rendre compte que celui-ci avait deux dents à pivot. Il s'est arrangé pour qu'on les prenne en photo, tous les deux, photo qu'il a emportée évidemment avec lui et posée bien en vue dans son bureau – pour les raisons que nous savons. Et puis – c'est là certainement la partie la plus ingénieuse de son plan – il s'est arrangé pour que son frère se blesse à la jambe... et il s'est lui-même infligé la même blessure à la même jambe ! Et il a attiré l'attention sur cette blessure dès son retour ! La suite, vous la connaissez : cette cicatrice a été inévitablement remarquée lors de l'identification : comment croire alors, un seul instant, qu'il ne s'agit pas de son corps ?

Simon, incapable de prononcer un mot, ôta son turban improvisé et passa un revers de manche sur son front emperlé de sueur. Le Dr Twist remarqua quelques taches de peinture sur les cheveux du jeune homme et ne put s'empêcher de sourire.

— Reste à savoir de quelle manière Harold Vickers va réapparaître, poursuivit Archibald Hurst. Peut-être va-t-il prendre la place de son frère, un accident de voiture l'ayant quelque peu défiguré ? Peut-être ne va-t-il pas réapparaître du tout ? Tout est possible. avec ce diable d'homme. Il n'est même pas exclu qu'un jour il se présente sous son propre toit ; quelle sera alors l'extravagante explication qu'il nous fournira ? Impossible d'y répondre pour le moment, bien sûr. Après tout ce qu'il a fait, après cette prodigieuse machination, nous pouvons nous attendre à tout. Avec lui, rien n'est impossible. (Hurst hocha la tête d'un air las :) Et dire qu'il a fait tout ceci pour la gloire, rien que pour la gloire… incroyable.

— Mais, balbutia Simon, que… que vont dire Valérie, sa mère et… elles le croient mort !

— Il vaut mieux ne rien leur dire pour le moment, nous aviserons demain. Qu'il soit victime ou meurtrier, leur chagrin sera le même, j'imagine. Nous allons vous laisser, Simon. Je suis mort de fatigue, je n'ai pas fermé l'œil la nuit dernière. Nous nous reverrons demain, de toute façon, le week-end est fini.

L'inspecteur raccompagna Twist chez lui. En chemin, il ne put s'empêcher de commenter les talents de peintre de Simon :

— Vous avez vu la porte ? Quel gâchis ! Pire que les tableaux de la jeune Vickers ! Il est heureux qu'il sache mieux se servir de sa matière grise que de ses mains. Quoique, dans cette affaire, il n'ait pas l'air d'en mener large. Vous avez vu sa tête lorsque je lui ai appris que le mort n'était quand même pas Harold Vickers ! Blanc. Il est vrai qu'il n'a pas mon expérience, le petit jeunot. D'autant plus que cette affaire sort de l'ordinaire, c'est le moins qu'on puisse dire. Et je me demande s'il a bien compris mes explications concernant les manœuvres de l'assassin, sa ruse au troisième degré. Enfin…

Le Dr Twist haussa intérieurement les épaules. Il aurait voulu prendre la défense du jeune sergent, mais s'abstint, regardant avec inquiétude la voiture dévaler la rue faiblement éclairée.

— Dites donc, Twist, avant de quitter le Yard, ce soir, il paraît que vous avez fait un saut au bureau de l'inspecteur Briggs ?

— C'est exact.

— Je vois : on veut me faucher l'herbe sous le pied ! L'idée que Harold Vickers puisse être mêlé au meurtre de Charles Fielder était de moi, il me semble ! Pourquoi travailler dans mon dos ?

— J'ai demandé à Briggs un renseignement concernant l'affaire Charles Fielder. Un simple renseignement. qui n'a aucun rapport avec votre hypothèse, rassurez-vous. Ah ! Nous voilà arrivés…

Après avoir déposé son ami, Hurst redémarra avec une seule idée en tête : dormir.

16

LE TABLEAU ROUGE

Le ciel avait depuis longtemps éteint ses dernières chandelles, le voile de la nuit recouvrait la propriété des Vickers, envahie par un brouillard qui épaississait encore l'obscurité. Trois heures du matin, un silence impressionnant régnait dans la maison où toutes les lumières étaient éteintes. Toutes sauf une : Henrietta achevait sa toile.

— Voilà, dit-elle à haute voix.

Elle recula de quelques pas pour mieux considérer le tableau, et une expression d'orgueilleuse satisfaction recouvrit son visage.

— Grandiose ! Jamais je ne me serais crue capable d'un tel prodige !

Au même instant, une ombre se glissait dans le couloir obscur. Elle s'arrêta devant la chambre d'Henrietta.

Celle-ci se pâmait d'admiration devant l'image de son père affalé sur la table dressée :

— Sublime ! Divin ! Il me faut maintenant trouver un nom digne de ce chef-d'œuvre !

Un étrange sourire, mélange de tendresse et de folie, fleurit sur ses lèvres :

— C'est pour toi, grand-père, que j'ai peint cette toile. Je te la dédie. (Son visage s'illumina :) « Le retour de grand-père » ! Voilà comment je l'appellerai : « Le retour de grand-père » !

Avec d'infinies précautions, l'ombre dans le couloir ouvrit la porte, puis la referma derrière elle. Elle gagna le rideau de séparation et l'écarta légèrement : Henrietta regardait par la fenêtre en direction du cimetière, suppliant : « Grand-père, grand-père, comme je voudrais que tu reviennes… »

L'ombre tira doucement le rideau, puis s'approcha d'Henrietta à pas de loup. Mue par un sixième sens, la jeune fille se retourna brusquement, vit l'ombre devant elle et murmura :

— Oh ! grand-père !…

Vers 3 heures et demie, un cri terrifiant déchira le silence de la maison endormie. Quelques instants plus tard, Philip Kesley, qui avait enfilé sa robe de chambre à la hâte, dévalait l'escalier. Sa femme avait également entendu le cri, mais, glacée d'épouvante, s'était recroquevillée sous ses couvertures. Kesley s'arrêta au premier étage ; une porte ouverte éclairait le fond du couloir : la chambre de Valérie. Il se précipita et pénétra sans la moindre hésitation dans la pièce où Roger Sharpe, en pyjama, tentai vainement de calmer Valérie, qui tremblait de tous ses membres dans son lit.

— Du calme, Valérie, du calme, dit Roger d'une voix apaisante mais ferme. Tu as fait un affreux cauchemar, voilà tout. Ah ! Kesley, vous êtes là, venez m'aider…

— Que s'est-il passé ? demanda le domestique.

— Valérie vient de faire un cauchemar et a crié, il n'y a pas de quoi s'affoler…

— Non, je n'ai pas rêvé ! s'écria la jeune fille en se redressant dans son lit. Je l'ai vu, là, devant moi… c'était horrible…

Sharpe poussa un profond soupir, puis demanda :

— Nous t'écoutons, Valérie. Dis-nous exactement ce qui s'est passé.

Blottie frileusement dans sa chemise de nuit, les bras croisés sur sa poitrine, elle dit d'une voix tremblante :

— … Je dormais, j'étais en train de faire un rêve effrayant : grand-père était sorti de sa tombe, et me parlait : « Je suis là, ma petite Valérie, je suis là… Je suis revenu… » Je me suis réveillée, mais j'entendais toujours la voix, sourde, caverneuse : « Je suis là, ma petite Valérie, je suis sorti de ma tombe… » Sur le moment, je me suis dit que je rêvais encore, mais j'ai allumé ma lampe de chevet… (Transie de peur, Valérie écarquilla les yeux, s'agrippant des deux mains à son oncle :) … et j'ai vu… je l'ai vu… dans un drap blanc… une tête de mort, toute blanche, avec de longs cheveux gris… il ricanait… J'ai crié, hurlé… Il s'est enfui par la porte…

Valérie s'effondra en larmes, son oncle passa un bras protecteur autour de ses épaules.

— Un cauchemar, ma chérie. C'est fini, maintenant.

— Non, ce n'était pas un cauchemar, sanglota-t-elle. J'en suis certaine.

Gladys parut sur le pas de la porte :

— Dieu soit loué ! J'ai cru qu'on avait assassiné quelqu'un ! J'ai… j'ai téléphoné à la police.

À 4 heures moins le quart, une sonnerie vrilla les tympans de l'inspecteur Hurst, qui fit un bond dans son lit. Il rugit quelques grossièretés, tâtonna dans l'obscurité et décrocha le combiné :

— Allô ?… oui, lui-même… *Quoi !* Un assassinat chez les Vickers ? Et vous ne savez pas qui !… Ah ! bon !… Oui, Dickson, vous avez bien fait de me prévenir, j'y vais. Téléphonez aussi au Dr Twist. dites-lui que je passe le prendre dans dix minutes.

Peu après 4 heures, la voiture de Hurst pénétrait en trombe dans la propriété des Vickers.

— Il y a déjà quelqu'un de chez nous, observa l'inspecteur en se garant à côté d'une voiture de police. (Ayant éteint ses phares :) Nom de Dieu ! On n'y voit goutte ! Et ce brouillard, en plus ! Toujours quand il y a du drame dans l'air…

Le Dr Twist avait claqué sa portière, son pas crissa sur le gravier.

— Nom de nom de nom ! grogna Hurst dans son dos en secouant vigoureusement son pied pour se défaire d'un chiffon accroché au passage.

Gravissant les marches du perron, ils virent la porte d'entrée s'ouvrir sur un policier.

— Plus de peur que de mal, fit celui-ci, l'air embarrassé. L'une des jeunes filles a fait un cauchemar et a poussé un cri. Une domestique s'est affolée et nous a téléphoné. Donc fausse alerte, patron, nous nous sommes dérangés pour des…

— Entrez donc, messieurs, coupa Sharpe qui venait d'apparaître. Quelle lamentable méprise !

Il les fit passer dans le salon, où Philip Kesley s'employait à réconforter Gladys, rouge de confusion, et Valérie qui gémissait :

— Ce n'était pas un cauchemar, j'en suis sûre… Je l'ai vu, devant moi…

Le Dr Twist s'approcha de la jeune fille, la rassura avec douceur et lui demanda de s'expliquer. Réconfortée, Valérie répéta ce qu'elle avait confié à son oncle et à Kesley quelques instants plus tôt.

Lorsqu'elle eut terminé, Hurst et le magicien échangèrent un regard entendu, mais le Dr Twist demeura méditatif.

— Une tête de mort avec des cheveux gris, fit-il en posant un regard compréhensif sur Valérie. Pourriez-vous être plus précise ? Et avez-vous reconnu votre grand-père ?

Elle rejeta sa tête en arrière pour discipliner sa chevelure en bataille, puis soupira :

— On eût dit un mort, des orbites sombres dans un visage tout blanc et émacié, il était enveloppé dans une sorte de drap blanc, sale et taché, il avait de longs cheveux gris et ricanait… Tout ceci a été tellement rapide… Quant à dire s'il ressemblait à grand-père, je ne sais pas. Un mort. Un mort ou un revenant… comment vous dire ?

— Et lorsqu'il est sorti par la porte ?

— Ç'a été si rapide, je vous le répète. J'étais complètement terrorisée, je hurlais…

Le Dr Twist la remercia avec bonté, puis s'adressant à Hurst et à Sharpe

— De deux choses l'une ou miss Vickers a fait un cauchemar, ou quelqu'un s'est déguisé pour lui faire peur. Considérons un instant cette seconde hypothèse. Une première question nous vient à l'esprit : pourquoi ?

Soudain, Hurst changea d'expression :

— Bon sang, Twist, souvenez-vous : hier soir, ou plutôt avant-hier soir, Cunningham a aussi cru voir un vieillard ! Un vieillard qui entrait dans le cimetière !

Des exclamations fusèrent parmi les auditeurs. Twist hocha la tête :

— J'y ai songé, figurez-vous. C'est pourquoi je pense que miss Vickers n'a pas rêvé. Deux personnes qui ont la même hallucination en vingt-quatre heures, la coïncidence serait plutôt troublante. Les descriptions de cette « apparition » sont à peu près les mêmes : vieillard aux cheveux gris vêtu d'un linceul. Cunningham l'a vu entrer dans le cimetière, et miss Vickers nous dit qu'il lui a parlé de tombe, d'« être sorti de sa tombe », plus précisément.

— Dr Twist, se renfrogna Sharpe, ne me dites pas que vous pensez qu'il s'agit du grand-père Théodore ! Certes, sa tombe est à deux pas, mais il était bien mort quand on l'a enterré ! Et si vous croyez aux revenants, laissez-moi vous dire…

— Non, bien sûr que non, répliqua Twist, agacé. Mais reconnaissez que, dans cette affaire, on parle beaucoup de grand-père, de cimetière et de tombes… D'ailleurs, je me demande si nous ne ferions pas mieux d'aller jeter un coup d'œil par là-bas… Mais au fait, où sont Mrs Vickers et son autre fille ?

— Ma sœur a pris une bonne dose de somnifère, le rassura Sharpe. Elle doit dormir comme une marmotte, elle n'a même pas entendu le cri. Inutile de la réveiller, son état nerveux est déjà bien suffisamment délabré.

— Et miss Henrietta ?

— Laissons-la où elle est ! fit Sharpe avec impétuosité. Inutile de la mêler à tout ceci, surtout avec cette histoire de revenant qui ressemble au grand-père.

Il y eut un silence. Twist réfléchissait tout en regardant les souliers de Hurst, qui fronça les sourcils :

— Vous n'avez jamais vu une paire de chaussures ?

Twist ne répondit pas. Il jaillit de son siège pour s'agenouiller devant l'inspecteur.

— Qu'est-ce que c'est ça ? demanda-t-il sèchement en désignant les taches sur le bas du pantalon de Hurst.

L'inspecteur se pencha brusquement

— Mais je ne sais pas, grommela-t-il, c'est de la boue ou…

— Du sang, affirma Twist, le visage sombre.

— Nom de… mais vous avez raison ! Comment est-ce que j'ai pu me faire ça ? Il n'y a pas de… (Il se redressa, les yeux ronds :) Mr Sharpe, avez-vous une lampe de poche ?

— Oui, bien sûr… mais…

— Ramenez-la tout de suite. Nous allons dehors, devant l'entrée. Venez, Twist !

Avant de sortir de la maison, Hurst actionna l'interrupteur de la lampe extérieure, dont la lumière fut noyée dans le brouillard. Tout en entraînant son ami en direction des voitures, il lui expliqua :

— Tout à l'heure, en sortant, mon pied s'est pris dans une sorte de chiffon que j'ai envoyé valser quelque part sur la pelouse. Je crois bien que c'est le seul moment où j'ai pu tacher mon pantalon. C'est par là. Mais bon sang de bon sang, on n'y voit rien !

— Et où était-il au départ, ce chiffon ?

— À peu près à mi-chemin entre la voiture et la porte d'entrée.

— Donc là où l'allée en croise une autre qui va en direction… du cimetière, c'est bien ça ?

— Oui, plus ou moins, je n'ai pas fait atten…

— Et vous l'avez envoyé valser comment ? Avec les mains ?

— Non, avec le pied.

— Alors il ne peut pas être bien loin. Voilà, nous sommes à la croisée des chemins.

On entendit un crissement de pas. Hurst et Twist se retournèrent pour voir un faisceau lumineux s'approcher. L'inspecteur expliqua brièvement la situation à Roger Sharpe, qui lui donna la lampe de poche. Leurs investigations ne furent pas très longues : Hurst éclaira un morceau de toile blanche maculé de taches sombres. Il s'en empara, le montra à ses compagnons en braquant dessus le faisceau de la lampe et déclara :

— Du sang, beaucoup de sang. Et du sang frais.

Dans un silence de mort, les trois hommes se regardèrent. Leurs visages avaient pris une expression sinistre, sous la clarté blafarde. Hurst parla le premier :

— L'apparition est donc bien un être de chair et d'os, puisqu'elle a saigné. Et je commence à partager votre opinion, Twist, nous ferions bien d'aller jeter un coup d'œil dans le cimetière, puisque notre individu semble avoir pris cette direction. (Braquant le faisceau lumineux sur le petit chemin et s'adressant à Roger Sharpe :) Y a-t-il un passage au bout de cette allée ?

— Non. Mais il suffit de franchir la haie et d'escalader la grille, et vous vous retrouvez dans le cimetière.

— Eh bien, mes amis, déclara l'inspecteur, je vous propose de…

— Nous sommes des imbéciles ! coupa sèchement le Dr Twist avant de pousser un sprint vers la maison.

Avec Hurst et Sharpe sur les talons, il traversa le hall sous l'œil affolé de Kesley et du policier, gravit en toute hâte l'escalier, s'arrêta devant la chambre de Mrs Vickers et heurta à la porte.

— Elle est sous somnifère, fit le magicien d'une voix haletante. Entrons.

Il ouvrit la porte, alluma et poussa un soupir de soulagement en voyant sa sœur profondément endormie dans son lit. Il s'approcha toutefois de celle-ci, se pencha, puis se redressa :

— Sans plus tarder, Twist disparut dans le couloir, gagna la chambre d'Henrietta et frappa vigoureusement à la porte. Hurst et Sharpe l'avaient rejoint. Il interrogea ce dernier du regard. Sans un mot, le magicien entra dans la pièce. Lorsqu'il eut allumé, trois paires d'yeux alarmés regardèrent le lit vide et non défait. Le Dr Twist, qui avait remarqué un filet de lumière avant que la chambre ne fût éclairée, traversa vivement la pièce pour écarter le rideau de séparation : devant son chevalet, Henrietta gisait au sol la gorge tranchée d'une oreille à l'autre.

Le tableau avait pris un aspect d'un réalisme effrayant : il était arrosé du sang d'Henrietta.

17

AU ROYAUME DES MORTS

A 5 heures du matin, la maison grouillait de policiers. Valérie avait regagné sa chambre, horrifiée et prostrée. Mrs Vickers était toujours dans la sienne, on avait préféré attendre la venue du médecin pour la réveiller et lui annoncer la terrible nouvelle. Archibald Hurst faisait les cent pas dans le hall, sa mèche en bataille.

— Regardez ! s'écria un policier en venant à sa rencontre.

Hurst s'empara vivement de la perruque grise et du drap blanc qu'il lui tendait, et posa le tout par terre.

— Taché de sang, commenta le Dr Twist en examinant le grand morceau d'étoffe, et on en a déchiré une partie. Probablement le chiffon qu'on a retrouvé au-dehors.

Hurst s'en fut le chercher et le déposa à côté du drap. Indubitablement, le chiffon en était la partie manquante.

— Miss Valérie n'a donc pas fait un mauvais rêve, constata le Dr Twist. Quelqu'un a joué au fantôme du grand-père… effrayé miss Valérie, et assassiné sa sœur.

— Et où avez-vous trouvé ça ? demanda Hurst au policier.

— Au bas de l'escalier, devant la porte de la cave. Je vais vous montrer.

Ils traversèrent le hall et descendirent les quelques marches qui aboutissaient à une porte.

— C'est ici, fit le policier.

Le Dr Twist actionna la clef pour constater que la porte était fermée à double tour. Puis il leva la tête, pensif.

— On aurait très bien pu jeter ça depuis le coude de l'escalier, dit-il. De plus, la cachette n'est pas fameuse. Et pourquoi la partie du drap la plus imbibée de sang se trouve-t-elle au-dehors ? Tout ceci n'est pas très logique. Que l'assassin veuille se débarrasser de ces effets qui peuvent le confondre, c'est normal. Il est pris par le temps et il est obligé de les dissimuler rapidement. Pourquoi, alors, s'amuserait-il à en arracher la partie la plus ensanglantée pour la mettre…

— … sur le chemin qui conduit au cimetière, acheva Hurst. Il faut nous y rendre sans tarder.

— Vous avez raison, dit Twist, bien que j'aie l'impression de suivre une route tracée par l'assassin. Mais il faut y aller quand même. Nous allons emmener Mr Sharpe avec nous, nous gagnerons du temps.

— Gagner du temps ?

— Oui, pour retrouver la tombe du grand-père Théodore.

Le Dr Twist talonnait l'inspecteur et Sharpe, qui progressaient lentement dans l'allée, la lumière de leurs torches dansant sur l'écran du brouillard. Ils s'arrêtèrent devant la haie, et Sharpe remonta lentement le pinceau lumineux de sa lampe pour éclairer un pilier lézardé entre des grilles hérissées de pointes.

— Ah c'est gai ! grommela Hurst. Chasser le fantôme dans un cimetière à 5 heures du matin… j'aurais vraiment tout vu, dans ma carrière.

Non sans difficulté, les trois hommes se frayèrent un passage à travers la haie et escaladèrent la grille du cimetière. Hurst, voyant surgir les monuments funéraires parmi les brumes, ne put réprimer un frisson.

— Suivez-moi, ordonna Sharpe, nous allons gagner l'allée centrale, ce sera plus facile.

Le petit cortège se mit en route, frémissant devant le morne et sinistre défilé des pierres tombales, dont les plus proches brillaient d'un éclat blafard sous le mouvant éclairage des lampes électriques.

— Bon sang ; c'est à s'y perdre, avec ce brouillard ! grogna Roger Sharpe qui hésitait entre deux allées parallèles. Il braqua sa lampe sur un bloc de granit, mais l'inscription gravée était illisible, effacée par des années d'intempéries. Il lâcha un chapelet de jurons avant de poursuivre ses investigations dans l'humidité nocturne. Mais déjà la pâle clarté de l'aube diluait comme à regret ses premières lueurs dans l'épais brouillard. L'inspecteur Hurst fut sur le point de se pincer afin de se prouver qu'il n'était pas la victime de quelque mauvais rêve tant tout ceci lui semblait irréel hallucinant : cette forêt de pierres tombales traversée d'écharpes de brume où Roger Sharpe fouinant parmi les morts promenait lc pinceau lumineux de sa lampe réveillant autour de lui des ombres inquiétantes ; et maintenant cette aube spectrale qui semblait épaissir le brouillard. L'inspecteur de Scotland Yard ne maîtrisait plus ses fiévreuses pensées et roulait dans sa tête de sinistres histoires – des histoires de Harold Vickers –, notamment celle dont le dénouement se déroulait dans un caveau mortuaire. L'écrivain avait si bien rendu cette atmosphère morbide, ces relents délétères qui montaient du cercueil que l'on venait d'ouvrir, cette puanteur âcre et douceâtre, que lui, Archibald Hurst, avait dû après cette lecture se rendre aux toilettes pour y restituer le repas qu'il venait d'avaler de si bon cœur.

— Ça y est ! Nous y sommes. Théodore Vickers, 1848-1922.

Hurst était placé légèrement en biais derrière la pierre tombale qu'éclairait Roger Sharpe.

— Par le diable ! s'écria Twist, dont la maigre silhouette venait d'apparaître aux côtés de Sharpe. Regardez, on dirait que la terre a été fraîchement remuée ! Et le pot de fleurs brisé en mille morceaux !

Alors que les deux hommes se penchaient pour mieux examiner la tombe de Théodore Vickers, Hurst, sans savoir exactement pourquoi fut pris de nausées. Était-ce le voisinage macabre qui lui faisait sentir cette odeur putride ?

— Vous voyez, expliqua Sharpe au Dr Twist, on a tout simplement posé ces mottes de terre sur la tombe.

— Décidément, fit Twist, notre diabolique assassin se donne bien du mal pour nous faire croire aux revenants !

Hurst immobile regardait ses compagnons qui s'activaient sur la tombe les traits déformés par la clarté blafarde exhalant une haleine vaporeuse. Et toujours cette puanteur fétide qui le prenait à la gorge.

— Vous ne sentez rien Mr Sharpe ? s'inquiéta subitement le Dr Twist.

Le magicien huma l'air autour de lui puis tourna vers Twist un regard consterné :

— On dirait…

Hurst, voulant s'approcher d'eux, heurta un obstacle invisible et s'étala sur le sol humide. Un torrent d'injures déferla sur le cimetière et avant qu'il ne fût sur pieds le magicien l'avait rejoint pour éclairer l'obstacle derrière la pierre tombale. Hurst se retourna et se trouva nez à nez avec un cadavre à la figure boursouflée.

— Harold Vickers ! s'écria-t-il horrifié.

— Non, fit Roger Sharpe qui s'était avancé pour éclairer de près le visage du mort. Il lui ressemble, mais ce n'est pas lui. C'est Stephen, Stephen Vickers, son frère. Mort depuis plusieurs jours si j'en juge par son aspect et l'odeur qu'il dégage.

L'espace d'un instant Hurst crut que sa raison allait l'abandonner. Il faillit hurler de rage.

— Oui, confirma Twist, cet homme semble bien être celui qui, sur la photo tenait Harold Vickers par l'épaule. Donc son frère, Stephen. Ce qui veut dire que le mort de samedi soir est bien l'écrivain.

Le détective tendit la main à Hurst pour l'aider à se relever et ramassa sa lampe pour l'éclairer en plein visage :

— Et maintenant, Hurst, écoutez-moi bien : surtout ne me parlez pas de machination suprêmement subtile, de ruse au quatrième degré. Ne poussons pas le raisonnement jusqu'à l'absurde.

S'il avait voulu répliquer, l'inspecteur n'en eût pas été capable ; sa gorge était comme paralysée. Le Dr Twist expliqua à Sharpe en quelques mots les faits qui les avaient induits en erreur sur l'identité du cadavre, avant de conclure :

— Tout donne à penser que Harold Vickers, s'étant cassé accidentellement deux dents, est allé trouver un autre dentiste que celui qu'il connaissait bien et qui soignait toute la famille. Pour quelle raison ? C'est enfantin, surtout si l'on connaît sa personnalité : lui qui jouissait d'une santé parfaite mettait un point d'honneur à posséder en outre une dentition impeccable. Il n'admettait pas l'idée d'une faille dans cette perfection et considérait cela comme un échec, chose qu'il ne pouvait supporter. Il est donc allé voir un autre dentiste, tout simplement. Il avait coutume de s'absenter parfois plusieurs jours, la pose de ses dents à pivot a donc pu se faire dans la plus grande discrétion. Il faudra vérifier, bien sûr, mais je suis certain que nous trouverons rapidement le dentiste qui s'est chargé de ce travail. (Il releva le bas du pantalon du mort et examina les deux jambes :) Pas de cicatrice. L'autre cadavre est donc bien Harold Vickers, aucun doute là-dessus. Désolé, Hurst, votre explication concernant cette fameuse cicatrice était certes brillante, mais fausse.

Hurst ne dit pas un mot. Il tapota du dos de la main son pardessus souillé de terre humide. Les lampes n'étant pas dirigées sur lui, on pouvait difficilement définir l'expression de son visage. Ayant terminé son nettoyage superficiel, il déclara :

— Bon. Au moins, maintenant, nous savons où nous en sommes. Un : l'assassin a tué Stephen Vickers dès son arrivée en Angleterre, à peu de choses près. Il a fait disparaître provisoirement le corps. Deux : il a tué l'écrivain avec la ferme intention de nous faire croire que le cadavre était celui de Stephen, donc de nous faire croire a une machination de l'écrivain. Vous êtes d'accord, Twist ?

— Absolument.

— Nous sommes en présence d'un stratagème pour détourner les soupçons. Jusque-là, tout est relativement clair. En revanche, la suite de ses agissements est plutôt déconcertante. Il commet un nouveau meurtre, il se montre, il laisse des traces sanglantes… pour nous mener au cadavre de Stephen Vickers ! Ce qui nous indique fatalement l'identité du premier cadavre ! En un mot, il détruit son plan.

» Messieurs, j'ai la très nette impression que le coupable est en train de perdre la tête.

— Peut-être… dit le Dr Twist. Voyons un peu comment les choses ont pu se dérouler cette nuit. Son premier geste a probablement été de déposer ici le cadavre que nous voyons. Où l'avait-il caché ? Mystère. Puis il commet son deuxième assassinat. Il imprègne une partie du drap du sang de la victime, l'arrache, et va le porter dans l'allée orientée vers le cimetière. Il revient dans la maison, effraye miss Valérie, puis se débarrasse rapidement de sa perruque et du drap avant de disparaître. Toute cette mascarade pour nous faire découvrir le cadavre de Stephen Vickers. Il aurait très bien pu le déposer sur le pas de la porte par exemple ! Beaucoup plus simple et moins risqué ! Je me demande, moi aussi, s'il ne commence pas à devenir complètement fou. Se déguiser en revenant, je vous demande un peu…

Après un moment de perplexité, Roger Sharpe leur parla de la querelle qui, quelques heures plus tôt, avait violemment opposé ses deux nièces et sa sœur.

— Quoi ! s'exclama Hurst, la pauvre Henrietta aurait prédit le retour de son grand-père ?

— Oui. Et elle n'était pas la seule, puisque ma sœur, avant de se retirer, a proféré une menace analogue.

— Pouvez-vous nous narrer les choses avec précision, demanda Twist, songeur.

Le magicien s'exécuta.

Un silence chargé de sentiments divers plana sur les interlocuteurs. Un Roger Sharpe abattu et un Archibald Hurst sous pression, tant ses petites cellules grises fonctionnaient à plein régime. Seul Twist restait impassible ; sa voix s'éleva :

— Et le grand-père est revenu… et il a tué Henrietta.

18

LA PETITE COUPE À MOITIÉ REMPLIE D'EAU PLACÉE SOUS LA FENÊTRE

Le lendemain lundi, à Scotland Yard, le Dr Twist frappa à la porte du bureau de l'inspecteur Briggs

— Quelle affaire ! fit celui-ci en serrant la main du détective. Vous avez vu les journaux ? On va s'arracher les romans de Harold Vickers, maintenant ! Quelle affaire, on n'avait pas vu ça depuis le « Tueur de dames » ! Sans parler du meurtre de ce matin.

— Hélas ! soupira Twist. Au fait, Briggs, avez-vous pensé à vérifier…

Une lueur malicieuse naquit dans les yeux du vieil inspecteur :

— Vous avez vu juste, Dr Twist. Une fois de plus. Il s'agit bien de notre homme. Mais comment avez-vous deviné ?

— Grâce à Sherlock Holmes.

Le Dr Twist prit congé sur ces paroles, laissant derrière lui un Briggs abasourdi.

Quelques secondes plus tard, il se retrouvait dans le bureau de Hurst, qui lui annonça d'emblée :

— Félicitations, Twist, vous aviez vu juste pour les dents à pivot. Nous avons eu de la chance de tomber si rapidement sur le dentiste qui avait effectué les travaux. Il se souvenait très bien du cas, il avait été très flatté d'avoir l'écrivain comme client mais aussi très intrigué par l'attitude de Harold Vickers, qui avait particulièrement insisté sur « un travail soigné », lui avait demandé le secret absolu et lui avait offert la collection complète de ses œuvres.

» Stephen a été tué d'un coup de poignard dans le dos, il y a environ quatre jours. Donc dès son arrivée en Angleterre mercredi dernier. Nous venons d'en avoir confirmation par la compagnie maritime.

La mine de Hurst s'assombrit, il écrasa son cigare dans le cendrier.

— Avez-vous des présomptions ? demanda Twist.

— Plus que des présomptions, des preuves. Mes hommes ont passé la maison au peigne fin, ce matin. Et nous avons trouvé ça. (Il ouvrit une grande enveloppe pour en laisser tomber son contenu sur le bureau : une pince au bec fin et allongé, un fil de fer épais, une tige d'acier au bout recourbé, une autre pince plus massive, un tournevis et une clef sans profil.) Le matériel du parfait petit serrurier. Pas d'empreintes, bien sûr…

— Où ?

Hurst hocha gravement la tête avant de répondre :

— Entre le matelas et le sommier du lit de Mrs Dane Vickers. On ne lui a encore rien dit. Son médecin nous a formellement interdit de lui parler pour le moment. Elle a eu une crise de nerfs en apprenant l'assassinat de sa fille. Et ce n'est pas tout : dans la perruque grise dont l'assassin s'est servi pour jouer au revenant, nous avons découvert deux cheveux blonds, *blond cendré.* Exactement semblables a ceux de Mrs Vickers.

Simon pénétra dans le bureau, les traits tirés. Il salua le Dr Twist.

— Alors ? questionna Hurst.

Le sergent baissa la tête :

— L'examen de la serrure a confirmé ce que je pensais. Elle nous a possédés de belle manière…

Hurst fut sur le point de parler, mais le Dr Twist le devança :

— Avez-vous découvert la signification de la coupe d'eau et des gants ?

— Non, pas encore, grogna Hurst, mais…

— Et le rapport avec le cas Charles Fielder ? poursuivit Twist, les yeux pétillant derrière son pince-nez.

— Non, mais…

— Et la corrélation avec la crise cardiaque du grand-père ?

Simon gratifia le détective d'un regard admiratif :

— Vous seriez à même de nous expliquer tout ceci ?

— Plus ou moins. Mais je connais quelqu'un qui pourra vous donner toutes les précisions.

— Qui ? tonna l'inspecteur.

— Le voisin des Vickers : le Dr Colin Hubbard.

Quelques instants plus tard, les trois hommes prenaient la direction de St Richard's Wood. La circulation était dense, les gens se pressaient sur les chaussées. Hurst, au volant de sa voiture, fusillait du regard les différents obstacles – véhicules ou bipèdes – qui le contraignaient à appuyer sur la pédale du frein, mais ne disait mot.

— Arrêtez-moi ici, ordonna Twist, j'en ai pour une minute.

L'inspecteur s'exécuta et Twist se précipita hors du véhicule pour s'engouffrer dans une librairie. Hurst et Simon se regardèrent, surpris. Après un temps qui parut interminable aux policiers, Twist réapparut, tout souriant, un paquet cadeau sous le bras.

— Qu'est-ce que c'est ça ? se récria l'inspecteur lorsque le détective eut repris sa place.

— Un petit présent pour le Dr Hubbard. Nous n'allons pas arriver les mains vides, d'autant plus qu'il est l'heure de l'apéritif. Ne faites pas les gros yeux, Hurst, démarrez.

Ils arrivèrent chez le Dr Hubbard vers 11 h 30. La journée était ensoleillée, comme la précédente, quoique plus fraîche.

Colin Hubbard vint leur ouvrir, les traits décomposés. Il prononça quelques paroles de bienvenue, mais ses paroles étaient difficilement compréhensibles, tant il parlait à mots hachés.

— Je me suis permis de vous offrir cette petite chose, dit le Dr Twist de sa voix apaisante. J'ai remarqué que vous aimez les beaux livres, je pense que celui-ci vous fera plaisir.

Surpris, Hubbard prit le paquet qu'il lui tendait et se confondit en remerciements.

Il les fit passer dans le salon et leur offrit à boire.

— Quelle tragédie, chevrota-t-il en défaisant avec soin le paquet. La pauvre miss Vickers, quelle fin atroce. Quel est le monstre qui a pu faire ça ? Qui pouvait en vouloir à cette pauvre enfant qui n'avait plus toute sa raison ? Un fou, un dément, il ne peut y avoir d'autre explica… (Il se tut, venant d'extraire le livre de son emballage.) « Le Mystère de la chambre jaune », lut-il à haute voix. Par… par Gaston Leroux.

— Gaston Leroux, répéta le Dr Twist en épiant Hubbard derrière son pince-nez. Gaston Leroux et non Conan Doyle. Et c'est Joseph Rouletabille qui a dénoué cette extraordinaire énigme – au reste une des meilleures qui soient – et non Sherlock Holmes. N'importe quel amateur de romans policiers pourrait vous le dire… (Se tournant vers l'inspecteur :) N'est-ce pas ?

— Bien sûr ; bien sûr, grogna Archibald Hurst mortifié. Enfin quelle importance, Conan Doyle ou Gaston Leroux… Ce qui compte dans un roman c'est l'intrigue, et non l'auteur.

Le regard de Twist revint sur Hubbard, qui s'était pris la tête entre les mains.

— Vous m'avez posé un piège, gémit-il.

— C'est un bien grand mot. Disons que je voulais vérifier quelque chose. Voyez-vous Dr Hubbard, un amateur de romans policiers ne manque pas d'exhiber fièrement dans sa bibliothèque ses lectures favorites. (Il désigna du doigt les livres soigneusement rangés sur les rayonnages :) Or, il n'y en a aucun ! J'en ai déduit que ce n'était pas votre passion. Bien sûr, vous avez quelques connaissances sur Sir Arthur Conan Doyle et le personnage qu'il a créé, le célèbre Sherlock Holmes… mais nul n'ignore ceci ! À l'évidence, vos sujets de conversation avec Harold Vickers ne pouvaient être le roman policier. Alors quels étaient-ils, docteur… ? Dr James Merrilow, le gendre de feu Charles Fielder !

Simon et Hurst tressaillirent dans leur fauteuil, le Dr Hubbard s'effondra dans le sien :

— Alors… vous savez tout.

— Presque.

— C'est un cauchemar, un véritable cauchemar… Cette affaire me poursuivra donc jusqu'à la fin de mes jours ! Je sais que vous n'allez pas me croire mais ce n'est pas moi qui ai tué mon beau-père, je vous le jure. Et j'ai encore moins assassiné mon voisin… En dépit des apparences.

— Je n'ai jamais dit ceci, répondit posément Twist qui bourrait sa pipe. Voilà comment je vois les choses, vous m'arrêterez si je me trompe.

» Il y a quelques semaines, Harold Vickers vient vous rendre visite, sans but précis, peut-être simplement pour discuter avec quelqu'un. La soirée est mélancolique, on boit un verre, puis un deuxième, les langues se délient. Et puis, Harold Vickers en vient à évoquer le dîner d'anniversaire d'Henrietta, où il s'était tant querellé avec son père que celui-ci en avait eu une attaque, s'écroulant sur son dîner. J'imagine que vous avez eu un choc en écoutant ce récit qui réveille en vous le pénible souvenir de la mort de votre beau-père. Vous prêtez une oreille compatissante aux confidences de votre voisin, qui doit probablement se sentir coupable de la mort de son père, puis vous vous confiez à votre tour, vous lui parlez de cette terrible affaire qui a gâché votre existence, et que rappelle singulièrement l'incident du dîner d'anniversaire.

Le Dr Hubbard vida son verre d'une main fébrile.

— Charles Fielder, commença-t-il d'une voix chargée d'amertume et de rancœur. Je travaillais avec lui à l'hôpital d'Exeter, j'étais alors jeune chirurgien. Très rapidement nous avons eu de vives discussions sur des questions professionnelles. Il était de la vieille école, il montrait un souverain mépris pour mes méthodes. J'ai connu Rosemary, sa fille… et vous imaginez un peu la tête qu'il a faite lorsque, quelques mois plus tard, nous lui avons annoncé notre intention de nous marier. Il était présent à la cérémonie, mais n'a pas ouvert la bouche. Son animosité à mon égard a paru s'estomper avec le temps, il était fou de joie lorsque nous lui avons annoncé qu'il allait être grand-père. Et puis…

Les yeux du vieil homme s'embuèrent de larmes, il se leva pour aller chercher la photographie de sa femme sur la commode.

— Elle était belle, douce, elle aimait tant les roses… nous étions si heureux… Vous voyez cette tapisserie… son dernier ouvrage. Elle était inachevée et l'est restée.

Hubbard remit le portrait de Rosemary à sa place et remplit largement son verre de whisky, qu'il vida d'un trait avant de s'affaler dans son fauteuil.

— L'enfant s'annonça un mois avant terme, par une nuit glaciale d'hiver. J'assistai moi-même ma femme. L'enfant se présentait mal. Je n'ai pu sauver ni l'un ni l'autre. Dieu m'est témoin, personne n'aurait pu mieux faire à l'époque.

» Alors que j'étais fou de douleur, mon beau-père m'a accusé d'avoir laissé mourir, par incompétence son petit-fils et sa fille unique. Il m'a carrément traité d'assassin.

» Nous ne nous sommes plus jamais adressé la parole. Les années ont passé. Quelle n'a pas été ma stupéfaction lorsque, un jour de l'automne 1907, j'ai reçu de lui une lettre d'invitation, où il m'expliquait qu'il était près de sa fin – c'était vrai, je le savais –, qu'il éprouvait beaucoup de remords pour son attitude à mon endroit, dictée par l'aveuglement de son chagrin, qu'il voulait partir l'âme en paix et serait très heureux si j'acceptais son invitation à dîner pour sceller notre réconciliation. Il m'indiquait aussi pour preuve de sa bonne foi, qu'il avait fait de moi son unique héritier.

» Il pleuvait ce soir-là, quand je me suis rendu au *Royal Restaurant,* ce qui m'a d'ailleurs sauvé de la corde puisque, grâce à mon imperméable et mon chapeau, personne ne m'a reconnu lorsque je suis entré dans l'arrière-salle que mon beau-père avait réservée. La table était dressée, Charles Fielder m'a débarrassé de mes affaires et, fait curieux, a pris mes gants pour les poser près de son couvert. Sur le moment, je n'y ai pas accordé grande importance. Puis il m'a servi un apéritif et nous avons trinqué à notre réconciliation. Nous avons pris place à table et c'est à ce moment qu'il m'a dit, avec un étrange sourire : « Au revoir, James Merrilow. » Alors que je restais là, stupéfait, je l'ai vu prendre un de mes gants – l'autre est tombé par terre –, plonger sa main dans sa poche pour en sortir un pistolet. Croyant qu'il allait s'en servir contre moi, j'ai fait un bond de côté. Mais il a porté contre sa tempe l'arme qu'il tenait délicatement du bout des doigts, mon gant entre sa main et le pistolet. Une terrible détonation a éclaté et il s'est affalé sur la table. Le pistolet est tombé à côté de sa tête, mais le gant a rejoint l'autre, au sol.

» J'ai tout compris en un éclair. Son récent testament, qui faisait de moi son unique héritier, et ce suicide qui allait passer pour un assassinat : mon beau-père avait monté une machination pour me perdre !

» J'ai aussitôt bondi sur la porte et donné un tour de clef en prenant bien soin de ne pas laisser d'empreintes. J'ai pris mes affaires et filé vers la fenêtre Des coups sourds résonnaient contre la porte. À l'instant où j'allais franchir la fenêtre, j'ai pensé au verre d'apéritif : mes empreintes se trouvaient dessus ! Ici, j'ouvre une petite parenthèse pour vous signaler que ce verre était de forme assez particulière, et que c'est pour cette raison que les journalistes ont, par la suite, parlé de coupe. Je suis revenu sur mes pas, j'ai ramassé une serviette de table, que j'ai mouillée avec l'eau d'une carafe, et le verre. J'étais complètement affolé, mais mes gestes restaient précis. Les coups à la porte redoublaient d'intensité. J'étais devant la fenêtre en train d'essuyer le verre avec la serviette lorsque la porte a commencé à céder. Je me suis sauvé par la fenêtre.

» Je n'avais essuyé que l'extérieur du verre, il y avait donc encore un peu d'eau au fond, mais il ne pouvait être rempli à moitié, comme on a pu le lire dans la presse. Toujours est-il que ce verre posé sur une serviette devant la fenêtre a beaucoup intrigué les policiers.

» Par la suite, j'ai eu beaucoup de chance : le personnel du restaurant ne m'a pas reconnu, et un ami – haut placé – à qui j'avais tout expliqué, m'a fourni un solide alibi en déclarant avoir passé la soirée avec moi au moment du drame. En outre, j'avais commis la grave erreur d'oublier mes gants. Là encore, la chance fut de mon côté, on ne parvint pas à me confondre par ce moyen. Mais pour tout le monde, j'étais sans conteste l'assassin de mon beau-père. On me fuyait comme la peste, on me montrait du doigt, ma vie était un enfer. J'ai déménagé dans la région d'Oxford, cette réputation m'a poursuivi. J'ai alors changé de nom. James Merrilow est devenu Colin Hubbard et je me suis installé à Londres.

» Je pense qu'il est difficile d'imaginer, si on ne l'a pas vécue, la situation qui était la mienne à cette époque… être soupçonné de tous pour un crime dont on est innocent. À un moment donné, j'ai envisagé de dire à la police et aux journalistes ce qui s'était réellement passé. Mais me croiraient-ils ? Je ne le pensais pas et, résigné, j'ai pris le parti de me taire.

— Oui, convint Hurst à son corps défendant, vous avez bien fait de vous taire. Vous auriez détruit votre alibi et les charges qui pesaient alors sur vous auraient été par trop accablantes. Mais bon sang de bon sang, pourquoi n'a-t-on pas songé à la signification de ce verre d'eau ! Tout paraît tellement simple, maintenant.

— Et j'imagine, intervint le Dr Twist, que votre récit a vivement intéressé votre voisin ?

— Oui, j'avais à peine terminé mon histoire qu'il m'a immédiatement déclaré que ceci pouvait constituer une excellente base pour un roman. D'emblée, je m'y suis opposé, mais il a su me convaincre. Il n'utiliserait que le côté spectaculaire de l'affaire et la pièce serait fermée de l'intérieur. Il est revenu me voir très souvent, me demandant de reprendre mon récit à plusieurs reprises. Cela l'inspirait, me disait-il. Je crois que vous êtes maintenant à même d'imaginer ma terreur lorsque j'ai appris de quelle manière il avait été assassiné. Cette maudite histoire de dîner macabre me collait à la peau comme une malédiction. Si la police apprenait mon passé, nul doute que je serais de nouveau le suspect numéro un.

— Incroyable, fit Hurst en secouant la tête. Comme tout ce côté de l'affaire parait clair, à présent.

Il y eut un silence, au terme duquel Twist demanda :

— Au fait, Dr Hubbard, n'auriez-vous pas un livre pour moi ? Une sorte de manuscrit rouge, très mince…

Le vieil homme acquiesçai et sortit du salon pour revenir presque aussitôt avec un cahier de couleur rouge :

— Les notes de Harold Vickers, s'écria Hurst.

— Oui, il les avait oubliées ici, dit Colin Hubbard.

Les trois détectives examinèrent longuement le contenu du cahier.

— Mais il n'y a rien que nous ne sachions déjà ! grommela Hurst au bout d'un moment. Il ne nous fournit pas l'explication de la sortie miraculeuse de l'assassin !

— Il est à redouter que nous ne la connaissions jamais, fit Twist. Du moins celle imaginée par Harold Vickers pour son roman. Tiens ! regardez là ! Il s'agit d'un autre livre en préparation : barbelés empoisonnés, cornes de bovins, Australie…

— Ce qui explique son étrange voyage chez son frère l'an passé, dit Simon amusé. Il est allé là-bas pour une idée de roman !

— Ça m'en a tout l'air, approuva Twist. Je pourrais me battre ! Pourquoi n'y ai-je pas songé plus tôt !

19

LES CANARDS S'EN MÊLENT

Ils prirent congé du Dr Hubbard, non sans lui avoir certifie que la police ne le soupçonnait d'aucune façon et que le coupable serait arrêté sous peu. D'un commun accord, ils décidèrent de se rendre à St James Park Lake discuter tranquillement de l'affaire. Munis de sandwiches (le Dr Twist en avait pris cinq pour lui seul !), ils s'installèrent sur le même banc qu'ils avaient occupé quelque vingt-quatre heures plus tôt.

— Ce qui m'ennuie, grogna Archibald Hurst après avoir relu les notes de l'écrivain, c'est que nous ne saurons jamais la signification qu'il comptait donner aux gants et à la coupe d'eau dans son roman. Ni de quelle manière il comptait expliquer le mystère en chambre close.

— Bah ! fit le Dr Twist, laissons-lui ce dernier secret. Ce qui est important, c'est que nous avons maintenant la quasi-certitude que le coupable, lui non plus, ne le savait pas. En d'autres termes, il a reconstitué la scène du roman uniquement pour nous égarer. Dire que je me suis cassé la tête sur cette coupe d'eau placée devant la fenêtre…

— Consolez-vous, mon ami, vous n'êtes pas le seul croyez-moi. Ah ! j'oubliais : j'ai appelé ce matin l'amie de Mrs Vickers, Mrs Robinson : ni elle ni son fils ne lui ont téléphoné vendredi, ni aucun autre jour de la semaine. Au fait, Cunningham, avez pas encore appris comment elle s'y était prise pour fermer le verrou de l'extérieur…

Simon poussa un profond soupir et retira ses lunettes.

— Dire que j'aurais pu découvrir le stratagème beaucoup plus tôt… En fait, elle n'a jamais fermé le verrou de l'extérieur. C'était beaucoup plus simple et ingénieux. Tout d'abord, son père était serrurier.

— Nous le savons, jeune homme, grimaça son supérieur. Nous savons également qu'elle était actrice – ce qui a son importance – et que sa mère a fini ses jours dans un asile d'aliénés – ce qui a également son importance. Cela dit, nous vous écoutons.

— Voilà : le verrou avait été défoncé dès vendredi. Au moment, bien sûr, où il n'y avait personne dans la maison. On pousse le verrou, on glisse un morceau de carton dans la fente de la porte pour neutraliser le pêne (je parle évidemment de la serrure), on passe par la fenêtre, on contourne la maison et on revient dans le hall, où l'on enfonce la porte. Seul le verrou sera fracturé.

— Mais…

— Elle sort la serrure de son logement, l'ouvre pour y mettre un dispositif en place, la repose, et passe une couche de vernis pour dissimuler l'extraction. J'imagine qu'elle a déjà tué son mari – entre parenthèses, c'est certainement lui qui l'a aidée à dresser la table, ce qui fait qu'on a retrouvé ses empreintes sur le couvert. Elle, elle portait des gants. Je poursuis : elle ferme la porte à *clef* derrière elle, le verrou étant déjà fracturé. Je passe directement a samedi soir où, après avoir mis au point les derniers détails de la mise en scène (poulets rôtis, huile bouillante, etc.), elle sort du bureau vers 9 heures moins 10, juste avant mon arrivée. Elle enclenche son dispositif, qui referme la porte à clef de telle sorte que si quelqu'un veut vérifier que la porte est fermée – ce qui ne manquera pas étant donné les circonstances –, ce quelqu'un aura l'impression qu'elle *n'est pas fermée à clef*. C'est moi-même qui ai vérifié !… J'ai donné deux tours de clef dans le sens des aiguilles d'une montre, puis deux tours dans le sens contraire… et *j'ai cru* que la porte n'était pas fermée à clef… alors qu'elle l'était quand même.

» Nous n'avons pas réussi à déterminer exactement de quelle manière elle s'y est prise, mais cela paraît possible : la petite pièce métallique retrouvée au fond de la serrure devait servir à neutraliser les encoches dans le pêne dormant, de façon à ce que la clef engagée *tourne à vide*. C'est risqué, bien sûr, car on peut s'apercevoir de la supercherie. Mais dans un tel moment d'agitation…

» Par ailleurs je me souviens très bien que, lorsqu'on a parlé d'aller chercher une clef, elle nous a déclaré que ce n'était pas la peine, son mari s'enfermant toujours au verrou. Et c'est moi qui ai essayé la clef… quand j'y pense ! Bien sûr, j'ai remarqué quelque chose de bizarre en l'actionnant… mais comment aurais-je pu deviner ?… Et nous avons enfoncé une porte qui était tout bêtement fermée à clef.

— Mais le pêne n'était pas sorti lorsque nous avons examiné la porte, rétorqua l'inspecteur.

— Non, c'est vrai. Mais vous oubliez une chose : à un moment donné, Mrs Vickers a chancelé et s'est agrippée à la serrure. Un petit coup de pouce pour enfoncer le pêne dans son logement et le tour était joué. À ce moment-là, nul n'avait encore examiné la serrure. J'imagine aussi que ce petit coup de pouce a fait tomber la pièce métallique au fond de la serrure.

— Nom de nom de nom ! Quelle audace ! Quelle incroyable audace !

— Astucieux, commenta le Dr Twist entre deux bouchées de son sandwich.

À ce moment, on aperçut la cane et ses canetons évoluer à la surface de l'eau. Maman canard, jetant des coups d'œil furtifs alentour, immobilisa soudain son regard dans leur direction. Elle effectua alors un virage à 90 degrés, sortit de l'eau et remonta la pente gazonnée pour se diriger vers eux, toujours suivie de sa progéniture. Parvenue à leur niveau, elle s'arrêta, méfiante, puis contourna le banc pour se placer du côté de Twist, qui sacrifia aussitôt une partie de son sandwich, attendri et fier de ce qu'il devait considérer comme un énorme privilège.

Hurst leva les yeux au ciel, puis grommela :

— Récapitulons. Mrs Dane Vickers a de nombreuses raisons pour souhaiter la mort de son mari. Nous n'avons que l'embarras du choix. Son plan est le suivant : pour écarter les soupçons qui pèseraient inévitablement sur elle, elle monte une mise en scène afin que l'on soupçonne son mari d'en être l'auteur et que le cadavre soit pris pour celui de son frère Stephen. Nous n'allons pas nous appesantir sur ce point, nous l'avons déjà suffisamment examiné dans le détail. J'imagine qu'en tant qu'ancienne fiancée de Stephen elle n'a aucune peine à le convaincre de venir en Angleterre, où elle l'assassine dès son arrivée.

— Ce qui est difficile à comprendre, dit le Dr Twist qui ne quittait pas ses canards des yeux, ravi de l'appétit qu'ils témoignaient, c'est son comportement, son comportement de ce matin. Elle tue une de ses filles, effraye l'autre, et va transporter le cadavre de son beau-frère sur la tombe du grand-père, alors qu'elle n'a aucun intérêt à ce qu'il soit découvert.

— Souvenez-vous, Twist, de ce que nous a dit son frère à propos de la querelle entre elle et ses filles. Elle n'était pas dans son état normal, elle les a même carrément menacées avant d'aller se coucher. Je vous l'ai déjà dit, elle est en train de perdre la raison, tout en restant lucide d'une certaine manière, puisqu'elle s'arrange pour qu'on sache qu'elle a pris des somnifères. Mauvais alibi, du reste.

» Elle était actrice, aussi, et elle a pris le goût du théâtral. Henrietta croit que le grand-père est l'assassin ? Très bien, le grand-père va revenir, et il va tuer encore… Elle est folle, je vous dis, complètement folle… N'oubliez pas non plus que nous l'avons vue dans son lit juste avant de retrouver Henrietta assassinée, elle avait donc largement eu le temps de regagner sa chambre entre-temps. De toute manière les preuves sont accablantes : les deux cheveux blonds dans la perruque et le matériel de serrurier sous son matelas.

— Et le cadavre du frère, objecta Twist, où l'aurait-elle caché pendant tout ce temps ? Vous avez vu son état ? Le genre d'odeur qui ne passe pas inaperçue, c'est le moins qu'on puisse dire.

— Mais n'importe où, bon sang, n'importe où !

Tout en continuant de nourrir les canards, le Dr Twist laissa tomber sur le banc une tranche de tomate qu'il s'empressa de récupérer et d'avaler. Puis il essuya d'un geste agacé le jus qui avait dégouliné sur le bois.

— Ma foi, vous n'avez peut-être pas tort, après tout. Mais je me demande si elle a agi seule…

— Un complice ? dit Hurst en fronçant le sourcil. Pourquoi pas ? Mais cela ne change pas grand-chose, vous en conviendrez. Venez, Cunningham, nous avons du travail.

Pétrifié, le Dr Twist ne l'écoutait plus. Son visage accusait un profond bouleversement. L'inspecteur s'était déjà levé, mais le trouble du détective n'avait pas échappé à Simon :

— Qu'y a-t-il, monsieur ?

— La justice pourra remercier les canards, cette fois-ci !

20

LE DOCTEUR TWIST ORGANISE UNE PETITE RÉUNION

— Fred Springer ! s'exclama Simon en voyant l'énergique journaliste se frayer un passage parmi les clients du *Britannia.*

— Salut, Cunningham, fit-il en prenant place à la table du sergent. Dites donc, vous carburez au whisky ces derniers temps !

Simon considéra son verre en soupirant :

— Vu les événements… À propos, félicitations pour votre article (il y avait une note d'ironique reproche dans le ton de sa voix), vous avez particulièrement soigné le côté extraordinaire du meurtre. Parfait. Votre article est un roman à lui seul. Il paraît qu'on ne trouve plus un seul ouvrage de Vickers en librairie.

Springer haussa les épaules et fit signe au barman. Présentant son paquet de cigarettes à Simon :

— Quelques tuyaux sur le meurtre d'hier soir ?

Simon prit une cigarette, remercia, l'alluma et projeta un nuage de fumée en direction de son vis-à-vis :

— J'imagine que vous savez à peu près tout : l'assassin déguisé en vieillard, le corps du frère d'Harold Vickers découvert à côté de la tombe du grand-père, tous les détails du meurtre lui-même…

— Je parie des conclusions de la police, des indices, répliqua le journaliste en dissipant machinalement la fumée de sa main.

— Je ne puis rien vous révéler pour l'heure, fit catégoriquement Simon. Sachez seulement que nous approchons du terme.

— Le choix des suspects est plutôt limité, persifla Springer. Miss Valérie, sa mère et… le prestidigitateur. Bon, ça va, je vois que vous ne m'apprendrez rien. (Silence.) Au fait, comment va Mrs Vickers ? Il paraît qu'elle est au plus mal ?

— C'est exact. Elle est à l'hôpital, son état est très inquiétant. Les nerfs…

— Vous pensez, d'abord son mari et maintenant sa fille… Elle est plutôt à plaindre… Et miss Valérie !

Simon prit une gorgée de whisky et évita le regard du journaliste.

— Ça va, plus ou moins. Je viens de la voir à l'hôpital, elle n'a pas voulu quitter sa mère.

En vérité, Simon était très inquiet pour sa fiancée. Le meurtre de sa sœur l'avait complètement anéantie. Il revoyait encore ses grands yeux bleus noyés de larmes : « Simon, c'est horrible… qui a pu faire ça ?… Et maintenant ma pauvre maman qui est en train de perdre la tête… Simon, il faut que vous retrouviez ce monstre, ce… »

Il l'avait prise dans ses bras, dans le couloir de l'hôpital, et lui avait dit « oui », en repoussant avec horreur le moment où la police lui dirait qu'on allait arrêter sa mère. Comment réagirait-elle ? Il avait eu le sentiment, ces derniers temps, que sa fiancée, elle aussi, était fragile. Oui, comment allait-elle réagir ? Et si elle devenait folle comme sa sœur ou sa grand-mère ?… Simon sentit un courant glacial le long de son échine.

Springer but la bière que venait de lui apporter le barman et se leva pour prendre congé.

— Excusez-moi, Fred, je me mettrais dans de sales draps en vous confiant nos conclusions. Mais croyez-moi, vous serez le premier avisé le moment venu

— J'y compte bien, dit-il en grimaçant un sourire de façade.

Et il disparut. Presque aussitôt Simon vit apparaître la silhouette massive de son chef ?

— Cunningham ! Je vous cherche partout ! (Il s'assit lourdement sur le siège que Springer venait de quitter.) Dites donc, il n'avait pas l'air content, le grand Fred, je viens de le croiser.

— Il voulait me tirer les vers du nez, mais je suis resté muet comme une tombe.

— Bah ! Il saura bien assez tôt. Je lui ai demandé de venir à notre réunion de ce soir.

— Quelle réunion ?

— Justement, Cunningham, c'est pourquoi je vous cherchais. Le Dr Twist a organisé une petite réunion ce soir. Au Yard, à 20 h 30. Et il souhaite la présence de Roger Sharpe. Il a pensé que vous seriez le mieux placé pour l'inviter, d'une manière pas trop officielle, vous voyez ce que je veux dire ? Il ne doit pas être sur ses gardes.

— Roger Sharpe ! s'exclama Simon. Penseriez-vous que ce soit lui qui tire les ficelles ?

Hurst haussa des épaules lasses :

— Si vous connaissiez le Dr Twist aussi bien que moi, vous sauriez qu'il adore faire des mystères. Il n'a rien voulu me dire, l'animal…

Simon consulta sa montre :

— 5 heures et demie. Très bien, je vais aller prévenir Sharpe. Ça alors… J'ai du mal à y croire.

21

L'HALLALI

L'atmosphère était plutôt tendue, dans le bureau de l'inspecteur Archibald Hurst, ce soir-là, à 20 h 30 précises. Un nuage de fumée flottait devant la lampe de bureau – la seule allumée – orientée sur Roger Sharpe. Installé nonchalamment sur une chaise en face du bureau, il affectait une décontraction presque provocante dans son très élégant costume clair. Hurst avait cédé sa place au Dr Twist et s'était installé à côté de lui derrière le bureau. Deux policiers, debout, encadraient la porte, Simon et Fred Springer étaient assis sur une chaise de part et d'autre de la pièce.

— Mr Sharpe, commença le Dr Twist sur un ton très courtois, savez-vous ce qu'est ceci ?

Le magicien reconnut immédiatement l'objet que brandissait le détective :

— Mais c'est le cahier de notes de Harold ! Où l'avez-vous trouvé ?

D'un signe, Twist l'invita à venir le prendre pour y jeter un coup d'œil. Roger Sharpe s'en empara et le feuilleta attentivement avant de s'exclamer :

— Mais il ne nous apprend rien de neuf !

— C'est exact. Laissez-moi maintenant vous expliquer l'origine de cette affaire, ou plus précisément ce qui a inspiré Harold Vickers pour son roman.

Et il lui narra leur entretien du matin avec Colin Hubbard. Lorsqu'il eut terminé, Sharpe laissa échapper un rire sonore :

— La petite coupe à moitié remplie d'eau ! Comme l'explication paraît simple à présent. Oui, mais alors celle d'Harold, pour son roman ?

— Il l'a emportée avec lui, nous ne la connaîtrons jamais.

— En somme, dit Sharpe en portant un doigt pensif à son menton, l'assassin a tout simplement mis en scène le roman de

Harold, sans se soucier d'autre chose ?

— Exactement. Il faut quand même noter qu'il a trouvé le moyen de sortir du bureau fermé de l'intérieur. Ce qui n'est pas rien. Mais je vais sans plus tarder passer la parole à mon ami l'inspecteur Hurst qui va vous faire part de nos conclusions.

Après une petite toux préliminaire, Hurst s'exécuta. L'exposé fut clair et précis, révélant sans ambages la machination ourdie par Mrs Vickers. Enfin, l'inspecteur conclut par les preuves accablantes qui pesaient sur elle.

Sans un mot, le magicien alluma posément une cigarette. Il y eut un long silence.

— On dirait que ça vous laisse froid, observa Hurst, d'apprendre que votre sœur a tué son mari, son beau-frère et une de ses filles ?

En guise de réponse, Sharpe exhala un mince filet de fumée.

— Seulement voilà, dit le Dr Twist en plissant les paupières derrière son pince-nez, certaines choses donnent à réfléchir. Pourquoi votre sœur aurait-elle prétendu avoir reçu un coup de fil du fils de son amie, Mrs Robinson, lui donnant rendez-vous à Oxford Street au moment où son mari se faisait assassiner ? Un alibi ? Extrêmement faible, voire nul, car elle aurait dû se douter que nous irions vérifier auprès des Robinson. En fait, ce mensonge est une stupidité effarante, une charge accablante contre elle.

» Deuxième point : les outils trouvés sous son matelas ne portaient aucune empreinte. Pourquoi aurait-elle pris la précaution de les essuyer alors que leur présence en cet endroit était plus que significative ? Elle aurait mieux fait d'utiliser ce laps de temps à trouver une meilleure cachette.

» Troisième point. Et là, il ne s'agit plus d'une question hasardeuse, vous allez le comprendre. Comme Hurst vient de vous le dire, nous avons trouvé deux cheveux blonds dans la perruque utilisée par l'assassin. Appartenant à votre sœur, selon toute probabilité. J'ai eu l'idée – opportune, vous me rendrez cette justice – de les faire examiner au microscope. (Twist fit une pause, posant deux yeux scrutateurs sur Sharpe :) Ces cheveux ne sont pas tombés de sa tête, ils ont été coupés avec un instrument tranchant, une paire de ciseaux probablement ! Ce qui prouve, Mr Sharpe, ce qui prouve de façon formelle que quelqu'un les a *placés* dans la perruque !

» Le mystérieux coup de téléphone, les outils sous son lit, les cheveux placés dans la perruque… manifestement l'assassin a voulu rejeter la responsabilité de ses crimes sur la tête de votre sœur. Vous êtes d'accord avec nous, Mr Sharpe ?

— Absolument.

Simon fut surpris par le comportement singulier du magicien. Certes, ses yeux brillaient d'un étrange éclat, peut-être de la fureur, mais ils n'avaient pas l'expression d'une personne inquiète ou affolée, il avait l'air parfaitement maître de lui.

— Je vais donc reprendre cette affaire dès le début si vous permettez, dit Twist. Le mobile ne fait aucun doute : l'assassin veut s'approprier la fortune de Harold Vickers, et du même coup celle de son frère très importante également à ce qu'il paraît. Son plan est extraordinairement subtil à bien des égards. La mise en scène du dîner macabre, s'inspirant du roman de Harold Vickers, avait pour but de nous faire croire à une machination de l'écrivain, qui aurait simulé son propre meurtre en utilisant le cadavre de son frère. La disparition de celui-ci ne faisant que confirmer la chose. Mais lorsque nous apprendrons que le cadavre est bien celui de Harold Vickers – ce qui devait fatalement arriver tôt ou tard – nos soupçons vont immédiatement s'orienter sur la personne de loin la plus suspecte : Mrs Vickers. Voilà donc pour le plan, qui par ailleurs comporte bien des avantages, dans la mesure où la police aura un coupable, et que ce coupable, principal héritier, ne pourra pas bénéficier de sa part. En outre, le caractère singulier du crime va relancer l'intérêt du public pour l'œuvre de Harold Vickers. Donc, là encore, d'importants bénéfices en perspective. L'assassin, on peut le dire, va faire une affaire en or. C'est du moins son projet.

» Voyons maintenant ses agissements. Il y a tout lieu de croire qu'il s'est fait aider par Harold Vickers lui-même dans ses manœuvres. Il a dû prétexter une farce ou quelque chose d'analogue et n'a certainement pas dû insister beaucoup auprès de l'écrivain, celui-ci étant toujours friand de ce genre de chose. Je pense donc que c'est Harold Vickers qui a invité son frère. L'assassin se propose de le chercher au port, le tue et retourne chez l'écrivain pour lui dire – par exemple – que son frère n'était pas au rendez-vous. Ceci s'est passé mercredi. Notons qu'à ce moment l'assassin, appelons-le X, au cas où les choses tourneraient mal par la suite, pourrait très bien s'en tenir là : l'héritage du frère serait déjà une bonne chose. Vient la journée de vendredi. Harold Vickers, toujours manipulé par X, fait évacuer la maison pour l'après-midi. Lequel X, se faisant passer pour le fils de Mrs Robinson, téléphone à Mrs Vickers pour lui fixer un rendez-vous. Il est donc fort probable qu'elle n'aura pas d'alibi. X va poster les deux lettres d'invitation, puis rejoint Harold Vickers chez lui. Tous deux préparent la mise en scène. La seule chose que l'assassin ramène est le réchaud a alcool et deux ou trois casseroles. Lorsque tout est prêt, je dis bien tout, sauf peut-être certains aliments, il tue Harold Vickers avec son propre pistolet.

» Passons au samedi soir. Je ne sais pas exactement à quelle heure X entre dans le bureau, mais je ne pense pas qu'il lui faille plus de trois quarts d'heure pour achever sa mise en scène. Disons aux alentours de 20 heures. Il possède bien évidemment la clef de la porte d'entrée. C'est par là qu'il rentre, discrètement, avec quelques aliments déjà cuisinés. Puis il s'enferme dans le bureau. Il fait du feu dans la cheminée et entreprend sa petite cuisine. C'est-à-dire réchauffer les légumes, les poulets et régler deux trois autres menus détails. Puis il brûle soigneusement le visage et les mains du mort à l'huile bouillante. Je vous rappelle qu'à ce moment l'écrivain est censé être dans son bureau, les bruits éventuels ne seront donc pas suspects. Il doit être 9 heures moins 20 lorsqu'il enflamme l'alcool à brûler dans les plats contenant les poulets ; ce qui va avoir pour effet d'accentuer le côté spectaculaire du crime, mais ce n'est pas l'unique raison, nous y reviendrons. Il quitte les lieux en emportant avec lui ses casseroles. Passons pour l'instant sur la façon dont il verrouille la pièce de l'extérieur.

» J'en arrive à la nuit de dimanche à lundi. Le but essentiel de ses manœuvres est de perdre définitivement Mrs Vickers. Il sait que celle-ci est allée au lit avec probablement plusieurs cachets de somnifère, elle n'aura donc pas d'alibi. Il sait qu'elle ne semble plus tout à fait normale, il va donc donner à son crime une teinte de folie. Il sait qu'elle a plus ou moins menacé ses deux filles du retour du grand-père, il va donc se déguiser. Après avoir déposé le corps de Stephen Vickers sur la tombe du grand-père, il assassine miss Henrietta. Il est alors environ 3 heures du matin. Il entre discrètement dans la chambre de Mrs Vickers. lui coupe deux cheveux et cache les outils de serrurier sous le matelas. Il sort déposer un morceau de son drap ensanglanté sur l'allée menant au cimetière et monte effrayer miss Valérie, avant de jeter la perruque et le drap au bas de l'escalier et de disparaître.

» Que pensez-vous de tout ceci, Mr Sharpe ?

— Ma foi, répondit le magicien toujours très à l'aise, je pense qu'il n'y a rien à ajouter.

— Rien à ajouter ? répéta Twist en pointant un index accusateur en direction de son vis-à-vis. Si ! Le premier commentaire à faire est que tout ceci ne peut en aucun cas être le travail d'un débutant. L'assassin n'en est pas à son coup d'essai, il a l'habitude de tuer. Toute cette machination ne peut être que le fruit d'un esprit diaboliquement rusé. Autre chose : Henrietta a eu la gorge tranchée d'une manière très particulière – n'entrons pas dans les détails – qui nous a rappelé une autre affaire… (Twist changea carrément d'expression pour s'adresser à son voisin :) Vous vous souvenez, Hurst, samedi en fin d'après-midi, je vous ai parlé de Jack l'Éventreur ?

— Ah ! oui ! fit l'inspecteur d'un air évasif.

— Je vous ai dit qu'il y avait un rapprochement à faire avec le « Tueur de dames ».

— Oui, mais je n'ai pas vu le rapport.

— Dans ces deux affaires, le criminel s'est à chaque fois *suicidé* au moment opportun. Pour être plus clair, j'émets de sérieuses réserves sur ces suicides… Jack l'Éventreur, lui, est mort maintenant, selon toute vraisemblance. Quant au « Tueur de dames »….

Twist accompagna ses paroles d'un regard menaçant à l'adresse de Sharpe, qui, cette fois-ci, parut accuser le coup.

Les deux policiers qui gardaient la porte s'avancèrent d'un pas. Au même moment, on entendit trois coups, et la porte s'ouvrit sur Wilson.

— Qu'est-ce que vous voulez encore, Wilson ? aboya Hurst. Vous ne voyez pas que nous sommes occupés ?

— Excusez-moi, patron, mais c'est à propos de la perruque.

Le jeune policier la tenait à la main, la montrant à l'assemblée.

— Et alors ? fit l'inspecteur sur un ton encore plus rogue.

Wilson rougit :

— Elle… elle a une étrange odeur… si on renifle bien…

Hurst se redressa, menaçant :

— Encore une histoire d'odeur ? Vous vous foutez de moi ? Vous ne trouvez pas qu'il y en a suffisamment comme ça dans toute cette affaire ?

L'un des policiers prit vivement la perruque des mains de Wilson et la renifla consciencieusement.

— Oui, fit-il, on dirait…

L'autre policier s'en empara à son tour.

— Il y a une chose dans toute cette histoire qui m'a hautement intrigué, déclara posément Twist. Où l'assassin a-t-il pu cacher le cadavre de Stephen Vickers ? Car au bout d'un certain temps, ça commence à dégager de sacrées odeurs… Alors où ? Des odeurs qu'il faut dissimuler… *ou masquer par d'autres odeurs !* Tenez, donnez-moi donc cette perruque, merci. (Il en huma précautionneusement l'intérieur, puis ouvrit de grands yeux :) Bon sang, Hurst, mais ça sent… Tenez, essayez !

Hurst s'exécuta et hocha la tête. Le visage du détective se fendit d'un large sourire, puis il se tourna vers sa droite :

— Essayez à votre tour, Cunningham, et dites-moi si vous ne sentez pas une odeur… Si, si, essayez, je vous en prie, ne soyez pas si timide… Donnez-lui la perruque, Hurst… Voilà… Là… Alors, Cunningham, qu'en pensez-vous ?

Un effrayant sourire naquit sur le visage du jeune sergent, qui balbutia quelques mots.

— Nous ne vous comprenons pas bien, mon jeune ami, le pressa Twist avec douceur. Parlez plus fort, je vous prie.

L'expression de Cunningham était effroyable, ses muscles faciaux, comme tétanisés, étiraient ses lèvres en un hideux rictus.

— De la… réussit-il à articuler. De la pein…

— Plus fort ! rugit Twist.

— De la peinture… s'étrangla-t-il en plongeant la main dans sa poche

Mais Twist le devança, faisant apparaître un automatique qu'il pointa en direction du sergent :

— Messieurs, vous avez devant vous le tristement célèbre « Tueur de dames » ! Celui qui a massacré presque toute la famille Vickers pour s'emparer de l'héritage en épousant miss Valérie !

ÉPILOGUE

Twist n'avait pas achevé sa phrase que le magicien se jetait littéralement sur le meurtrier. Un craquement sinistre se fit entendre, puis des coups. Une chaise s'éleva plusieurs fois pour s'abattre avec violence sur une masse étendue au sol.

Les deux policiers en uniforme voulurent intervenir, mais Hurst les arrêta d'un geste, puis consulta sa montre. Il laissa passer quelques secondes et déclara, avec le plus grand calme :

— Voilà, je pense que c'est suffisant, Mr Sharpe.

Les deux policiers prirent le prestidigitateur par les bras et l'éloignèrent de la masse inerte au sol. Sharpe, les cheveux en bataille, les yeux injectés de sang, se tenait le poignet en haletant :

— N'importe quel châtiment sera toujours trop doux pour ce monstre… Aïe ! mon poignet !… Je vous avouerai, messieurs, que le plus dur a été de rester assis sur ma chaise et d'attendre… le sachant là, à quelques mètres…

— Vous avez été parfait. Mr Sharpe, dit le Dr Twist, votre calme l'a sérieusement inquiété ; je l'observais du coin de l'œil. À propos, Wilson, je me demande si vous n'avez pas un peu exagéré avec la peinture que vous avez mise au fond de la perruque… (examinant celle-ci :) D'ailleurs elle n'est même pas encore sèche !

— Maintenant, enlevez-moi cette charogne ! ordonna Hurst aux policiers en désignant Cunningham, inerte, le visage couvert de sang. Dites donc, Mr Sharpe, vous l'avez salement arrangé ! Je me demande s'il pourrait encore exercer ses talents de séducteur…

Le magicien ébaucha un sourire, puis se tourna vers Twist :

— Comment l'avez-vous soupçonné ?

— Grâce à un canard, dit le Dr Twist avec un sourire attendri. Souvenez-vous, Hurst, cet après-midi nous parlions de l'affaire, assis sur un banc. Je me demandais où on avait bien pu cacher le cadavre de Stephen Vickers, lorsqu'un petit canard, becquetant mon pied, m'a fait sursauter. Une tranche de tomate a glissé de mon sandwich, du jus a coulé sur le banc… J'ai alors pensé à la porte que Cunningham peignait hier soir, et qui dégoulinait… Il y avait de la peinture partout, dans cette pièce, ainsi qu'une bassine pleine de diluant ! De ma vie je n'avais vu un apprenti peintre aussi maladroit. Et puis cette odeur de peinture qui vous prenait à la gorge… Il y en avait partout, même dans ses cheveux ! (Twist jeta un coup d'œil amusé sur la perruque.) Alors, messieurs, j'ai commencé à réfléchir, à me demander pourquoi cette orgie de peinture et cette maladresse chez ce garçon si soigné et minutieux. J'ai pensé à ce coffre immense, et à la tête de Cunningham lorsque vous vous êtes affalé dessus, Hurst. Oui, Stephen Vickers était à l'intérieur. La vérité m'est apparue d'un coup, Cunningham, *fiancé à miss Vickers,* qui allait se retrouver à la tête d'une immense fortune ! D'autant plus que la part d'héritage de Mrs Vickers lui reviendrait puisqu'à ce moment sa culpabilité ne semblait plus faire l'ombre d'un doute ! Il épousait Valérie et le tour était joué ! Nous sommes à blâmer, Hurst, car nous aurions dû songer beaucoup plus tôt à cette hypothèse.

— *Lui*, rumina l'inspecteur, si gauche et timide…

Après un silence, Fred Springer intervint :

— Mais au fait, vous l'avez aussi accusé d'être le « Tueur de dames » ! Pourtant celui-ci s'est suicidé alors qu'on s'apprêtait à lui mettre la main dessus, non ? C'est même Cunningham qui avait dirigé l'opération…

— Encore une ruse diabolique, fit Twist avec une certaine admiration dans le regard. Il y a presque deux ans de cela, l'affaire du « Tueur de dames » battait son plein. C'est certainement à ce moment que Cunningham a fait la connaissance de miss Vickers. Sans avoir encore de plan précis, il songe à la fortune des Vickers et décide de clore la série des assassinats de « dames seules » qui, somme toute, ne sont guère lucratifs. En outre, tout le Yard est aux trousses du criminel, l'affaire commence à devenir très dangereuse, bien qu'à chacune de ses sorties il ait pris un maximum de précautions en se donnant une apparence toujours différente. Il compte donc se « ranger », si l'on peut dire.

» Je voudrais quand même souligner le charme particulier qui émane de ce garçon. Charme naturel qui fait fondre le sexe faible, de la fillette à l'aïeule. Pas ce genre de virile assurance qui fait se pâmer certaines femmes, mais une réserve de bon aloi, le type même du mari idéal, sérieux, cultivé, agréable, une façon de parler un peu surannée et surtout une certaine gaucherie de manières qui contraste avec la désinvolture un peu mufle de certains de nos contemporains. Gaucherie – due à une timidité, née, elle, de son orgueil – qu'il exploite au mieux pour créer un personnage irrésistible. J'imagine qu'il a dû le travailler, le perfectionner pour l'adapter à chacune de ses malheureuses victimes. Même Henrietta n'y était pas insensible... Vous avez remarqué comme elle le regardait, Hurst ?... Non, bien sûr. Il vous aura berné sur toute la ligne...

— Le salaud ! firent en chœur Springer. Hurst et le magicien.

— Lorsqu'il décide d'en finir avec le personnage du « Tueur de dames », poursuivit Twist, il se dit qu'il vaut mieux clore l'affaire de façon définitive, afin d'éviter de longues investigations qui pourraient devenir dangereuses. Le « Tueur de dames » va donc se suicider. Il choisit sa victime, un pauvre type sans famille ni amis, et commence à mettre sur pied une opération « portrait-robot ». Oui, vous avez compris maintenant, il va interroger les témoins, accompagné d'un dessinateur et c'est lui-même, grâce à d'habiles questions, qui dressera le portrait-robot, qui évidemment ressemblera à s'y méprendre à la victime choisie. Quand le portrait-robot sera diffusé par la presse, il « suicidera » celui qui sera pris pour le « Tueur de dames ». De plus, il récoltera tous les honneurs pour avoir magistralement bouclé cette sinistre affaire.

— Ah ! le salaud, le salaud ! marmonna Hurst en contemplant son poing d'un air menaçant.

Twist prit un temps avant de continuer :

— Je pense qu'il a sérieusement envisagé de passer aux actes quand il a appris dès le retour d'Australie de l'écrivain, que Stephen Vickers possédait, lui aussi, une fortune appréciable. Il a dû ruminer son plan un bon moment et le roman que préparait son futur beau-père a servi de déclic.

» Comment est-il sorti de la chambre close ? La solution est d'une simplicité stupéfiante. N'oublions pas qu'il lui faut également trouver une explication plus ou moins plausible à la culpabilité de Mrs Vickers, dont le père, rappelons-le, était habile serrurier. C'est probablement vendredi après-midi, après avoir tué Harold Vickers, qu'il dépose la serrure pour y faire quelques éraflures, y placer un vulgaire morceau de ferraille, avant de la remettre en place et de passer une fine couche de vernis. Cette manœuvre, qui a pour seul but d'accuser Mrs Vickers, est assez ingénieuse. L'explication qu'il nous a donnée, ce morceau de ferraille qui est censé neutraliser les encoches du pêne pour que la clef puisse tourner librement... Ma foi, ce n'était pas impossible. D'autant plus que c'est lui qui a vérifié si la porte était fermée à clef ; personne ne serait donc à même de réfuter cette hypothèse.

— Mais j'y pense, dit Wilson en frappant du poing la paume de sa main, c'est lui qui m'a orienté sur cette piste !

— Il nous a menés par le bout du nez depuis le début, dit Twist en haussant des épaules lasses. Je poursuis. Il pousse le verrou, glisse un morceau de carton entre la serrure et le chambranle pour maintenir le pêne actionné par la poignée, sort par la fenêtre et enfonce la porte ; c'est donc *uniquement* le verrou qui sera fracturé. Avant de partir, il ferme à clef la porte du bureau. Pourquoi envoie-t-il une invitation à dîner à Springer et à lui-même ? Il suit à la lettre le roman de Harold Vickers, bien sûr. Mais ce n'est pas tout : il doit impérativement être sur les lieux lorsqu'on enfoncera la porte ; Mrs Vickers également. Il doit également y avoir un témoin étranger à l'affaire : vous, Springer. Il sait qu'à l'heure prévue, Mr Sharpe sera absent, qu'Henrietta sera comme toujours dans sa chambre, ainsi que les domestiques. En ce qui concerne sa fiancée, il n'a eu aucune difficulté pour l'éloigner, d'autant plus qu'elle voulait absolument voir une certaine pièce de théâtre. Ce sera donc Mrs Vickers qui viendra lui ouvrir la porte. Il est à peu près 20 heures, samedi soir, lorsqu'il s'introduit dans le bureau, avec son attirail. Il fait ce que nous savons et... Ah ! j'oubliais : le coup de l'alcool à brûler dans les plats, qui devait nous faire croire que l'assassin était à peine parti lorsqu'on enfoncerait la porte, avait plusieurs raisons d'être : le dîner fumant comme dans le roman d'Harold Vickers, mais aussi un excellent alibi pour lui, puisqu'il s'est présenté chez les Vickers à 9 heures moins cinq, bien avant l'effraction de la porte ! Et si on découvrait le trucage, comme il l'espérait, les soupçons se porteraient plus que probablement sur Mrs Vickers, qui était de loin la mieux placée pour exécuter cette manœuvre.

— Alors, le bruit qu'elle a entendu en allant ouvrir à Cunningham ? s'exclama Hurst.

— Un coup de chance, un énorme coup de chance, dont il a tiré tout le parti possible. Comme c'est souvent le cas dans ce genre d'affaire, nous nous laissons impressionner par le contexte, qui nous empêche de réfléchir sereinement. Posons la question de cette manière : on entend un craquement dans une pièce où il n'y a personne et où brûle un feu de cheminée ; quel peut être ce bruit ?

Hurst et Springer s'exclamèrent.

— Eh oui, mes amis : une bûche qui craque, tout simplement ! Poursuivons. C'est aux alentours de 9 heures moins vingt qu'il quitte le bureau. Le verrou est donc déjà défoncé.

— Mais alors que…

— Il ferme la porte à clef. Il court jusqu'à sa voiture placée un peu plus loin et revient se garer devant l'entrée. Il est 9 heures moins cinq lorsqu'il sonne à la porte. Passons maintenant au moment où l'on constate que la porte du bureau est fermée. C'est lui, bien sûr, qui parle de vérifier si elle n'est pas fermée à clef. Mrs Vickers lui répond qu'à sa connaissance il n'y a plus de clef. Il le sait. Il sait aussi que les clefs de cet étage sont interchangeables. Du reste il a dû en prendre une pour lui. Ou se faire un double, comme il en a fait un pour la porte d'entrée. Il demande donc à Kesley d'aller en chercher une. Lorsque celui-ci revient, *c'est lui* qui vérifie si la porte n'est pas fermée à clef. Devinez un peu ce qu'il fait en actionnant cette clef dans la serrure… *il donne un tour de clef pour l'ouvrir !* Et il se retourne d'un air las en déclarant : la porte n'est pas fermée à clef. Ce qui est vrai, *maintenant !* C'est là le moment le plus critique pour lui, car si quelqu'un s'avisait d'actionner la poignée, la porte s'ouvrirait. Mais il est là pour diriger la manœuvre, on enfonce la porte sans plus tarder. En fait, la seule résistance que va offrir cette porte c'est le pêne que l'on actionne avec la poignée. Est-il besoin de préciser qu'il ne va pas mettre tout son poids lorsque Springer et lui se jettent sur la porte ?…

Hurst grondait, serrant poings et dents, ainsi que Springer.

— Simple comme bonjour, remarqua Roger Sharpe, appréciant l'astuce en connaisseur. Ce qui prouve une fois de plus ce que je dis toujours : plus le truc est simple, plus il est efficace !

— À ce moment-là, poursuivit Twist, tout n'est pas encore fini pour lui : il faut que Mrs Vickers s'approche de la serrure pour qu'il puisse prétendre par la suite qu'elle aurait enfoncé le pêne actionné par la clef. Il a certainement prévu une ruse à cet effet, mais il n'aura pas besoin de s'en servir puisque Mrs Vickers va se retenir à la porte.

» Tout ceci peut paraître très hasardeux de prime abord, mais en fait, hormis l'instant où la porte n'est plus fermée à clef, lui ne risque pas grand-chose. Quand on examine la suite des événements, on se rend compte que, mine de rien, c'est lui qui a dirigé l'enquête, c'est lui qui a amené la discussion sur le frère, c'est lui qui nous a montré la photo, soulignant ainsi la ressemblance des deux frères, alors qu'à côté de nous, nous avions un cadavre défiguré, c'est encore lui qui est revenu à la charge avec l'examen de la serrure… Oui, messieurs, nous avons été manipulés du début à la fin.

Fronçant les sourcils, Hurst demanda :

— Et pourquoi nous a-t-il déclaré avoir vu lorsqu'il entrait dans la propriété, un vieillard pénétrer dans le cimetière ?

— Ah ! fit Twist en levant une main d'un air amusé. Souvenez-vous, Hurst, lorsque nous lui avons demandé s'il avait vu quelqu'un à cette heure-là, il hésitait, se demandant ce qu'il devait répondre. Sur quoi Henrietta a fait irruption et nous a parlé de l'attaque du grand-père. Lorsqu'elle est partie, on lui repose la question. Mais là, il se laisse emballer par son imagination morbide, par le tour hallucinant que prend l'enquête et surtout le récit troublant d'Henrietta. L'ouverture est trop belle : il va parler d'un vieillard qui pénètre dans le cimetière, là où est enterré Théodore Vickers. Bien sûr il n'affirme rien, *il croit avoir aperçu !* Très subtil. Cette manière de présenter les choses est beaucoup plus crédible qu'une affirmation catégorique, d'autant plus qu'il ne s'engage en rien. Mais après coup il se rend compte qu'il vient de commettre une erreur : cette ombre qui pourrait bien être l'assassin va infirmer la culpabilité de Mrs Vickers, qui ne pourrait en aucun cas être cette vague silhouette. Il se reprend aussitôt, affirmant cette fois-ci qu'il s'agissait d'une vision, qu'il était énervé parce que sa fiancée lui avait raccroché au nez quand il l'avait appelée pour décommander leur sortie au théâtre, etc. C'est du reste l'une de ses rares erreurs.

» Nous en arrivons maintenant au moment où le cadavre de Harold Vickers est formellement identifié à la morgue, grâce à la petite cicatrice. En connaissait-il l'existence ? Peut-être bien. De toute manière, il comptait faire réapparaître tôt ou tard le cadavre de Stephen Vickers, qu'il avait conservé dans son coffre. En effet, il était possible qu'à un moment donné on ne sache plus qui était le mort défiguré. Et comme il voulait rejeter les soupçons sur Mrs Vickers, il fallait impérativement qu'on identifie le corps comme étant celui de son mari. La découverte du cadavre de Stephen, qui lui, était identifiable, mettrait définitivement les choses au point. Et de toute façon, le fait qu'on ne retrouve plus le cadavre de celui-ci n'aurait fait que retarder l'héritage d'Australie.

» Un événement imprévu va hâter les choses : on découvre deux dents à pivot sur le cadavre ! Et l'on va croire, à tort, qu'il ne s'agit plus de l'écrivain ! Et *Mrs Vickers n'est plus soupçonnée !*

» Vous vous souvenez, Hurst, lorsque nous lui avons appris cette nouvelle ? Il est devenu pâle comme un mort.

» Sa décision est prise, il va définitivement régler l'affaire la nuit venue, et faire d'une pierre plusieurs coups. Un : le cadavre du frère sera retrouvé, donc plus aucune équivoque sur l'identité. Deux : il va supprimer un héritier… encore que je me demande s'il n'avait pas une autre raison d'éliminer Henrietta… (Notons ici que le lecteur a le rare privilège de savoir ce que l'éminent détective ignore.) Trois : la culpabilité de Mrs Vickers ne fera plus l'ombre d'un doute. Et là, il n'y va pas de main morte, c'est une véritable charge d'indices contre elle, sans tenir compte du côté psychologique des agissements du criminel, qui aurait perdu la tête et se livrerait à une macabre tragi-comédie. Rappelons que la mère de Mrs Vickers était folle, que celle-ci ne savait plus très bien ce qu'elle disait ce soir-là, et que de surcroît elle était actrice.

— Oui, mais il en a quand même fait un peu trop, fit Hurst avec un mouvement satisfait de la tête. À se demander s'il n'a pas perdu un peu la tête lui-même. Les cheveux coupés aussi nettement avec une paire de ciseaux, ce n'est pas digne d'un policier. Enfin, il ne pouvait pas prendre le risque de la réveiller.

— Je voudrais encore revenir sur un point qui aurait dû nous éclairer bien plus tôt, conclut le Dr Twist. La préparation du dîner, et plus particulièrement celle des légumes : il y avait des petits lardons grillés, des échalotes, etc. Ceci avait été fait à l'avance, bien sûr, mais par qui ? Une personne de la maison ? Difficile à croire, car cette opération ne serait certainement pas passée inaperçue. D'autre part tout indiquait que le criminel était un familier des lieux et qu'il connaissait très bien la victime. Alors ?… *Seul* le fiancé de miss Valérie réunissait ces deux conditions.

— Bien sûr, grogna l'inspecteur, maintenant tout paraît évident. Mais souvenez-vous, Twist, de l'allure singulière de cette enquête, des problèmes que nous avons eus pour identifier le cadavre ! D'abord nous avons pensé à un suicide, ensuite au frère, puis de nouveau à l'écrivain à cause de sa cicatrice, nous sommes revenus sur le frère en découvrant les fausses dents… et tout s'est encore une fois écroulé lorsque nous avons découvert le cadavre dans le cimetière ! Et là, je l'avoue, j'ai bien cru que mon cerveau allait exploser. (Sa face renfrognée se fendit soudain d'un large sourire :) Une affaire fumante, il est vrai, où il a été souvent question d'odeurs… À cet égard, je dois dire que le constable Wilson a eu du flair ! Il y a de la promotion dans l'air, d'autant plus qu'une place de sergent vient de se libérer…

Le jeune policier rougit de plaisir et de confusion et prétexta quelque vague excuse pour prendre la poudre d'escampette. Amusés, Springer et Sharpe regardèrent la porte se refermer sur Wilson.

Le magicien fit une grimace, se tenant le poignet :

— Je crains fort d'être au chômage forcé pendant quelque temps et je crois que je vais en profiter pour changer d'air… Oui, quelques semaines de vacances avec ma sœur et Valérie, cela fera le plus grand bien à tout le monde.

— Excellente idée, dit Twist, il vous faut sortir de ce cauchemar.

— Ne vous inquiétez pas pour Valérie, poursuivit le magicien. Lorsqu'elle saura la vérité, elle n'éprouvera plus l'ombre d'un sentiment pour ce véritable monstre. Ce monstre qui, sans vous, Dr Twist, aurait certainement échappé à la justice. Vous avez été remarquable…

— Ma foi… fit modestement le détective.

— Si, si. Et je puis même vous dire ceci : vous auriez fait un remarquable prestidigitateur.

Lorsque Springer et Roger Sharpe eurent pris congé, le Dr Twist s'exclama :

— Bon sang, je n'y pensais même plus ! Vite, Hurst, ramenez-moi rapidement à la maison ! Quelqu'un m'attend impatiemment dans la salle de bain en faisant certainement un sacré boucan !

— Dans la salle de bain ! s'exclama l'inspecteur offusqué. Mais enfin… à votre âge, je… je…

— L'amour n'a pas d'âge, répondit dignement le détective.

— Mais… euh… depuis quand ?

— J'ai fait sa connaissance cet après-midi à St Jame's Park Lake. Ç'a été le coup de foudre et… cette charmante créature ne m'a plus lâché d'une semelle.

— Pourrait-on connaître son nom ?

— Bien sûr. C'est Gédéon.

— Gé… Gédéon, bredouilla Hurst consterné. Mais…

— Je crains, mon ami, qu'il n'y ait une légère méprise dans votre esprit. Gédéon est un adorable petit canard.

1989

LA MORT DERRIÈRE LES RIDEAUX

Préface

« La pension de famille, indiscutablement, c'est encore l'atmosphère de Jack l'Éventreur. Je n'arrivais pas à me sortir de cette ambiance. Celle de l'âge d'or du roman-problème. Et puis, ça collait bien dans l'histoire. Le livre s'inscrit dans la lignée des autres. Il y a aussi les Indes, le tapis volant, le fakir, et aussi le major. Et un crime qui se situe cent ans plus tôt dans des circonstances identiques et dans ce même couloir où aura lieu le crime principal. Des éléments somme toute classiques. Mais j'étais bien là-dedans et j'en suis satisfait. »

Paul Halter.

« Les murs de cette maison ont été témoins d'un meurtre particulièrement étrange qui d'ailleurs n'a jamais été élucidé. Une sorte de meurtre en chambre close. En 1879… » (chapitre 9). En lisant cette phrase, le lecteur un rien perspicace anticipe l'épisode qui va suivre : un nouveau crime aura lieu au même endroit et dans des circonstances tout aussi inexplicables.

Après trois brillants exercices de style qui sont autant de réussites exceptionnelles et de tentatives expérimentales, un jeune auteur fait ses gammes… Si *La Mort vous invite* était une exploitation virtuose du thème cher à son cœur du problème de la chambre close, avec *La Mort derrière les rideaux,* Paul Halter se livre aux joies les plus orthodoxes du pur « *whodunit* ». En situant son action dans le décor rabâché d'une pension de famille et en y plaçant la non moins traditionnelle galerie de suspects parfaitement typés. S'y mêle de surcroît le thème lui aussi partie intégrante de l'histoire de détective anglais du « *Had-I-but-known* » – le « si j'avais su » imaginé au milieu du siècle par Mary Robert Rinehart dans le fameux *Escalier en colimaçon* (The Spiral Staircase, 1945) : autrement dit, l'aventure riche en suspense d'une jeune femme intrépide et volontaire qui se met d'emblée dans une situation périlleuse en se confrontant volontairement aux agissements d'un dangereux criminel. Comme le signale d'ailleurs volontiers Paul Halter, ce roman est né sous le signe de John Dickson Carr, d'Agatha Christie et de « tous les autres ». Et, on va le voir, les citations et clins d'œil ne manqueront pas au cours des chapitres…

Que l'on ne s'attende donc pas à une brillante désarticulation du roman policier traditionnel, à laquelle l'auteur nous avait déjà conviés à trois reprises successives. Ici, la structure du récit sera des plus « sages ». Mais le talent permet d'imprimer sa marque personnelle aux constructions dramatiques les plus éculées.

La pension de famille du 48 Hoxton Street c'est, n'en doutez pas, celle de *L'Assassin habite au 21* (1939) de Stanislas-André Steeman. Où se côtoie, comme de coutume, un échantillonnage de suspects des plus pittoresques avec la vieille demoiselle curieuse et sagace échappée du monde d'Agatha Christie, le romancier en mal d'inspiration, le médecin en retraite ou le pianiste célibataire… Et tout ce beau monde espère démasquer le criminel qui hante les lieux à l'instar du mystérieux Monsieur Smith de Steeman. La recette a fait ses preuves. Dès le premier chapitre, et pour que ne subsiste aucun doute, on a la certitude que cet assassin habite bien à la pension de famille avec l'intrusion de la vieille demoiselle, miss Violet Garfield, venue prévenir Scotland Yard en la personne de l'irascible et incrédule inspecteur Hurst, de l'imminence d'un drame : « Ce que je peux vous dire, monsieur l'inspecteur, […] c'est que cette personne est sur le point de commettre un meurtre » (chapitre 1). Naturellement, tout comme la Lavinia Fullerton de *Un Meurtre est-il facile ?* (Easy to Kill, 1939) d'Agatha Christie, convaincue qu'un meurtre allait être commis dans son village, et renversée par une voiture alors qu'elle se rendait à Scotland Yard, miss Garfield sera elle aussi assassinée avant d'avoir pu à nouveau témoigner auprès de l'inspecteur Hurst, revenu – trop tard – de son éternel scepticisme.

John Dickson Carr est bien évidemment présent, lui aussi, avec le classique assassinat impossible dans l'entrée de la pension de famille. Assassinat qui, on s'en doute, trouve son origine dans un meurtre perpétré quelques dizaines d'années auparavant, à l'ère victorienne. Mais l'ombre de Carr plane également sur cette histoire en la personne de Graham, le beau ténébreux qui, tout comme un certain *Naufragé du Titanic*, s'embarqua jadis avec sa famille sur le *White Star* à destination des États-Unis et fut le seul survivant d'un tragique naufrage...

Si les trois premiers ouvrages étaient écrits à la première personne, et si *La Mort vous invite* nous faisait partager les pensées et les sentiments du personnage central, *La Mort derrière les rideaux,* écrit lui aussi à la troisième personne, multiplie les centres d'intérêt en portant successivement l'attention du lecteur sur trois ou quatre personnages essentiels, dont nous sommes amenés à partager les tourments et les interrogations. Tout cela relié par la touche personnelle de l'auteur, une obsession de la chevelure avec ces crimes commis par un « Peau-Rouge », un sadique qui a la curieuse manie de scalper ses victimes. Obsession renforcée par la présence dans la pension de famille de miss Cornelia Drake surnommée « la coiffeuse aveugle »...

«L'étude du crime et de l'occultisme [...] sont les seuls passe-temps dignes d'un homme de goût », déclarait jadis le professeur Rigaud dans *Celui qui murmure* (He Who Whispers, 1946) de John Dickson Carr. On ne sera pas étonné d'apprendre que Paul Halter en a fait sa profession de foi. Et qu'il s'applique, dans chacun de ses ouvrages, à en donner une illustration personnelle et obsédante. Le personnage du journaliste William Scott se fait son porte-parole lorsqu'il déclare effrontément à la douce et romanesque Marjorie Conway que le crime est ... «une chose fascinante » (chapitre 6) : « Une chose fascinante, c'est bien ce que j'ai dit. Je ne parle pas de ces règlements de comptes entre gangsters ou ces voyous qui sortent leur couteau pour un oui pour un non, je pense aux crimes parfaits qui sont le fruit d'un plan mûrement réfléchi, longuement médité où chaque éventualité est envisagée, analysée, où rien n'est laissé au hasard. Ces meurtres-là sont des chefs-d'œuvre conçus par de véritables artistes, pour ne pas dire des génies. »

On croirait entendre le savoureux Thomas de Quincey : « On commence à voir qu'il entre dans la composition d'un bel assassinat quelque chose de plus que deux imbéciles, l'un qui tue et l'autre qui soit tué, un couteau, une bourse et une allée obscure. Le desseins d'ensemble, le groupement, la lumière et l'ombre, la poésie, le sentiment sont maintenant tenus pour indispensables dans des essais de cette nature. »

La conclusion s'impose. Tout bien considéré, les romans de Paul Halter nous invitent à une nouvelle exploration réfléchie, méthodique – et diablement inspirée ! – *De l'assassinat considéré comme un des Beaux-Arts…*

À John Dickson Carr, à Agatha Christie,
à S.A. Steeman et à tous les autres.

LISTE DES PERSONNAGES

Marjorie CONWAY, jeune fille blessée par la vie mais guère prête à renoncer à son goût du risque et à son penchant pour le romanesque.

William SCOTT, jeune journaliste, aussi enthousiaste et entreprenant que dangereusement attendrissant.

Alfred LEAMAN, étrange pianiste, célibataire dans la trentaine dont la vie nocturne pourrait dissimuler bien des turpitudes.

Graham SMITH, beau ténébreux, lui aussi dans la trentaine, affligé d'une fâcheuse propension à trop parler et surtout à trop découcher.

Dr Harley STAFFORD, médecin à la retraite, que la perte de sa femme et de sa fille a condamné à la boisson.

Miss Violet GARFIELD, vieille demoiselle trop perspicace pour vivre bien longtemps.

Mrs Cornelia DRAKE, ancienne coiffeuse devenue aveugle mais qui n'en renonce pas moins à vouloir exercer son « art ».

Tous pensionnaires du 48 Hoxton Street.

Mr et Mrs HUDSON, les propriétaires tenanciers de la pension de famille sise au 48 Hoxton Street.

Janet PADMORE, leur jeune bonne à tout faire.

Peter SCHUYLER, un prétentieux imbécile.

Avec, bien entendu :
l'inspecteur Archibald HURST,
et son illustrissime ami le Dr Alan TWIST.

1

L'inspecteur Archibald Hurst passa une main lasse sur sa figure rougeaude, en se demandant pourquoi diable il avait laissé entrer dans son bureau cette vieille toquée, encore fille sans l'ombre d'un doute. Certainement pas pour soulager dans son travail le sergent de service, habitué à éconduire avec tact les dames d'un certain âge, venues raconter leurs histoires nées de l'ennui et de la solitude. Alors ? Par bonté, par pitié ? Non, ce n'était certes pas son genre.

Ceux qui le connaissaient auraient aussitôt remarqué sa mauvaise humeur : ses rares cheveux, si soigneusement peignés d'ordinaire, étaient rabattus sur son front en une mèche rebelle, infaillible baromètre de son état d'esprit.

Il alluma un cigare, s'efforçant de présenter un visage attentif à celle qui lui parlait avec le plus grand sérieux :

— C'est alors que j'ai remarqué qu'il y avait quelque chose d'étrange dans son regard. Oh ! je ne saurais vous dire au juste… une sorte de jubilation contenue, une lueur de haine…

Le visage de l'inspecteur s'éclaira. Il venait de comprendre pourquoi il avait été sensible au charme de la vieille demoiselle. Il regarda avec un regain d'intérêt ses cheveux gris sagement coiffés, son visage rose comme celui d'une petite fille et, derrière ses lunettes, ce regard pétillant de malice… celui de sa grand-mère tout craché ! Attendri, il évoqua son enfance. Très peu de temps en vérité, car il se souvint que ladite grand-mère devinait avec une aisance déconcertante tout ce qu'il avait en tête à cette époque-là, ce qui le mettait dans des rages folles.

— … Une sorte de…, continuait-elle. Je me rends compte qu'il est malaisé de décrire l'expression d'un regard, et je crains d'être quelque peu confuse dans mes explications, inspecteur.

D'un geste rassurant, il l'invita à poursuivre tout en soupirant *in petto* : la pendule marquait 18 h 15. Dans son bureau depuis une bonne demi-heure, elle n'était pas encore entrée dans le vif du sujet.

— Enfin ce que je veux dire, monsieur l'inspecteur, et je n'irai pas par quatre chemins, c'est que cette personne est sur le point de commettre un meurtre !

— Sur le point de commettre un meurtre ? Mais comment pouvez-vous être aussi affirmative ?

Elle se pencha en avant et baissa le ton :

— Voyez-vous, inspecteur, je ne me trompe guère sur la nature des gens. J'ai pu le vérifier à maintes reprises, croyez-moi. Leur regard, c'est une lucarne ouverte sur leur véritable personnalité. Tôt ou tard, leurs yeux les trahissent, car il est impossible de dissimuler en permanence le fond de sa pensée. Oh ! parfois ce n'est qu'un rien, un éclair fugitif, suffisant cependant pour laisser deviner ce qui se trame derrière le masque. En tout cas, je suis catégorique quant à la personne à laquelle je fais allusion : elle est sur le point de tuer.

L'inspecteur eut toutes les peines du monde à réprimer une forte envie de rire. « Quelle vieille radoteuse… S'il était possible de confondre les assassins de cette manière, Scotland Yard n'aurait plus qu'à fermer boutique. » Et lui, Archibald Hurst, pourrait aller s'inscrire au bureau de placement.

Il souleva lourdement ses 90 kilos et alla se planter devant la fenêtre. Pensif, il regarda la nuit tomber sur la cité. Le brouillard s'épaississait, noyant la lumière des réverbères. « Non, ma petite dame, les choses ne sont pas si simples, se dit-il. Les meurtriers existent, mais leurs visages restent dans l'ombre. Et, bien souvent, il s'agit des personnes auxquelles on pense le moins. »

La charmante septuagénaire rompit le silence, un léger sourire aux lèvres :

— Vous estimez sans doute que je fabule.

Hurst se retourna, affectant un air indigné :

— Grand Dieu non ! Sans quoi je ne serais pas ici à vous écouter.

— C'est juste, acquiesça la vieille demoiselle. Mais je me mets à votre place. D'autant que je n'ai pas la moindre preuve pour justifier mon pressentiment. Juste son regard. Uniquement ce regard. Le même que celui du jeune Teddy Selden la semaine précédant l'assassinat de sa mère…

— Teddy Selden ? Qui est Teddy Selden ?

Hurst avait formulé sa question d'un ton hautement intéressé. Puis il fit mine de tendre une oreille attentive aux propos de son interlocutrice, cependant que, l'esprit ailleurs, il s'absorbait dans la contemplation de ce quartier de Londres en cette froide nuit de novembre.

— Ce meurtre avait eu lieu dans mon village natal, là où j'ai appris à connaître la nature humaine. Car voyez-vous, les gens sont partout les mêmes…

Les yeux rivés sur les véhicules dont les phares balayaient la rue embrumée, l'inspecteur de Scotland Yard ne pensait qu'à une chose : rentrer chez lui, passer à table, puis dans son lit, bien au chaud.

— … Il y a l'ivrogne qui feint la sobriété… La femme qui trompe son mari… Le mari jaloux comme un tigre qui prend une voix exagérément cordiale pour s'adresser à son rival… Le petit garçon qui vient de voler un sucre d'orge à l'épicerie et qui sifflote d'un air dégagé…

« Pourvu qu'on ne vienne pas me tirer du lit ce soir, pour me dépêcher auprès d'un cadavre, songeait Hurst. À propos de cadavre, cela fait un bon moment que je n'ai pas eu d'affaire sortant de l'ordinaire. Attention, Archibald ! Prononcer ces mots-là, c'est le moyen le plus sûr de les provoquer, *ces affaires sortant de l'ordinaire,* ces cas particulièrement obscurs… Alors n'y pense pas, n'y pense pas, n'y… »

— … En fait on pourrait classer l'espèce humaine en quelques catégories. Une douzaine, peut-être, guère davantage. Donc une douzaine de types de regards. Celui du jeune Teddy Selden, ce jour-là, m'avait particulièrement surprise. Non seulement je n'avais jamais vu cette expression dans les yeux de quelqu'un, mais j'avais été terrifiée, glacée, sans comprendre pourquoi. Lorsqu'on a retrouvé sa mère, tuée d'un coup de faux, je ne voulais toujours pas comprendre. J'ai commencé à avoir des doutes quand on découvrit sa sœur aînée dans la grange, le crâne fendu d'un coup de hache. Cette fois encore, mon esprit se refusait à admettre l'évidence. Qui aurait pu soupçonner ce pauvre Teddy, qui avait à peine 13 ans ? Il était l'innocence même. Du moins en apparence. Mais il y avait ce regard. Je me suis alors mise à l'observer en tapinois…

À force de se répéter « n'y pense pas », Hurst y pensait plus intensément encore. Un changement de tactique s'imposait. Il lui fallait fixer son esprit sur quelque chose d'autre… mais quoi ? Soudain, le visage de son ami Twist s'interposa, venant à son secours. Le Dr Alan Twist, le célèbre criminologue, qui lui prêtait si souvent main forte lorsqu'un cas particulièrement obscur…

— … Le village entier fut saisi d'horreur lorsqu'on découvrit, dans la fontaine municipale, le corps, lardé de coups de couteau, du fils du boulanger, le meilleur ami de Teddy. L'eau était rouge de sang. Je suis allée sans plus tarder faire part de mes soupçons à l'officier de police chargé de l'enquête. Le jeune Teddy avoua sitôt interrogé. Je ne me souviens même plus du mobile de ses crimes… un rien, une bêtise… Ah si ! Lors d'une fête scolaire, son ami s'était livré à une imitation – de lui, Teddy –, imitation si réussie que sa mère et sa sœur en étaient écroulées de rire, rires contagieux qui… Mais je m'égare. L'important, c'est le regard qu'avait Teddy. Cet étrange regard… ce regard que j'ai retrouvé chez la personne dont je vous parle, un regard qui dit clairement : « Je vais tuer. »

Hurst, qui s'était retourné vers la vieille demoiselle et ponctuait son monologue par de vagues hochements de tête, poursuivait le cours de ses pensées : « Cela fait un bout de temps que je ne lui ai pas rendu visite, à ce cher Dr Twist. Je passerai chez lui tantôt. Je le vois comme si je l'avais devant moi, carré dans son fauteuil, enveloppé d'un nuage de fumée, me demandant avec un sourire bon enfant : "Alors, Hurst, quel est votre problème ? Quelle est cette affaire insoluble qui vous tourmente ?" La tête qu'il fera lorsque je lui dirai que je ne faisais que passer ! Il sera tout déçu, le pauvre ! »

Archibald Hurst se délectait d'avance à l'idée de cette déconvenue de son éminent ami. Il faisait bien d'en profiter, car deux tours d'horloge plus tard, il allait le retrouver pour lui demander conseil à propos d'un meurtre aussi horrible que mystérieux. Un meurtre qui allait être suivi d'un second, plus énigmatique encore. Un meurtre absurde, un meurtre sans assassin, bien que l'intervention d'une main criminelle fût formellement prouvée.

— … Alors vous comprenez, inspecteur, je ne pouvais guère faire autrement qu'aller frapper à la porte de Scotland Yard. Ces yeux-là disent le crime aussi sûrement que s'il était déjà commis.

« Bon sang ! grommela intérieurement Hurst. Déjà 18 h 30 ! Qu'est-ce que je fous encore ici à écouter cette timbrée et ses histoires de regards ? Elle doit lire trop de romans policiers. Des yeux révélateurs, des yeux d'assassin ! Quelle blague ! Il faudra que j'en parle à Twist. Sûr qu'il trouvera sans peine le titre du bouquin qui a inspiré mon enquiquineuse. »

— … Alors qu'en pensez-vous ? Croyez-vous qu'on puisse envisager une arrestation ?

Hurst prit tout son temps pour tirer une bouffée de son cigare en feignant une profonde méditation.

— Une arrestation ? Je crains que ce ne soit quelque peu prématuré, chère madame. Nous pouvons difficilement passer les menottes à quelqu'un sur de simples présomptions.

— De simples présomptions ? Mais, monsieur l'inspecteur, il y a ce regard, c'est la meilleure des preuves…

— Enfin, émit Hurst, s'efforçant au calme, il n'y a pas encore eu délit. On ne peut pas arrêter quelqu'un parce qu'on a la certitude qu'il a envie de tuer.

— Comme la loi est mal faite, gémit son interlocutrice en secouant la tête avec désolation.

— Dans ce cas-là, oui, dit Hurst en grimaçant un sourire et en jetant ostensiblement un coup d'œil sur la pendule.

— Mais nous ne pouvons tout de même pas rester là à ne rien faire et attendre qu'il mette son projet à exécution !

— Hélas !…

— Écoutez, il y a autre chose, déclara gravement la vieille demoiselle.

— Quoi ? questionna Hurst qui se retint d'ajouter « encore ».

— Je crois… Notez bien que je n'en suis pas sûre, mes dons d'observatrice ont des limites… Mais en fait, j'ai l'impression que cette personne a deviné que…

Hurst, sarcastique, lui coupa la parole :

— Vous pensez que la personne au regard étrange a lu dans vos yeux que vous aviez vu dans son regard son intention de tuer !

Trop effrayée pour saisir l'ironie du policier excédé, elle balbutia :

— Oui… c'est cela. Et pour vous dire la vérité, je vous avouerai que je ne suis pas très rassurée. Savoir sous le même toit que moi cette personne habitée par le désir de tuer, cette personne qui doit probablement voir en moi un obstacle à son projet… et qui n'hésiterait donc pas à m'éliminer moi aussi…

L'inspecteur Hurst se dit que s'il ne prenait pas les devants, il en aurait encore pour une bonne demi-heure. Il exhiba une feuille de papier et un stylo, demanda son nom et son adresse à la visiteuse et nota le renseignement. Elle précisa :

— C'est une pension de famille…

— Qui abrite aussi votre présumé assassin, c'est bien cela ?

— Oui.

Silence.

— Mais… vous ne me demandez pas de qui il s'agit ?

Hurst eut un sourire rassurant, se leva dignement et déclara :

— Je passerai vous voir dès que possible et nous reprendrons cette conversation, au demeurant fort intéressante. Par ailleurs, j'aime observer les gens, sans avoir d'idées préconçues, me faire mon opinion personnelle sans avoir été influencé. Et dans ces cas-là, mon instinct me trompe rarement, pour ne pas dire jamais.

Ces paroles parurent satisfaire la vieille demoiselle qui, après l'avoir chaleureusement remercié, prit congé.

« Ce n'est pas trop tôt, soupira Hurst en regardant la porte qui venait de se refermer. Enfin ne nous plaignons pas, cela aurait pu être pire. Je ne m'en suis pas trop mal sorti. Et demain, elle aura tout oublié. »

Son regard se posa sur la feuille de papier où il avait inscrit le nom et l'adresse de la petite dame.

Après un haussement d'épaules amusé, il la roula en boule et la jeta dans la corbeille à papier. Puis il enfila son pardessus, se coiffa de son chapeau et, tout guilleret, sortit de son bureau.

2

— Ici, fit Peter Schuyler en stoppant son véhicule dans l'étroite ruelle.

— Ici quoi ? s'emporta Marjorie Conway en toisant sévèrement son compagnon qui empestait l'alcool.

— Ben… euh… (Peter sourit de toutes ses dents.) Enfin… nous pourrions marcher un peu. Cela ne nous ferait pas de mal ma jolie, n'est-ce pas ?

— Il est minuit passé, rétorqua-t-elle, j'aimerais bien rentrer chez moi. Je suis fatiguée et…

Elle s'interrompit. Réflexion faite, un peu d'air frais ne ferait pas de mal au conducteur si elle voulait arriver entière chez elle.

Sans un mot, elle ouvrit la portière et sortit. Peter vint la rejoindre. Il la prit par la taille :

— Alors, darling, ça t'a plu cette balade en décapotable ? Un vrai bijou, piloté par un as du volant, pas vrai ?

Marjorie ne répondit pas.

« Cette traversée éclair de Londres, en plein brouillard, ces virages sur les chapeaux de roues ces gémissements de freins, quel cauchemar ! Mais qu'est-ce que je fais avec ce type ? se demanda-t-elle pour la énième fois. D'abord je n'aime pas sa coiffure, ces cheveux trop longs dans le cou. Ensuite, il n'a qu'un sujet de conversation : lui, toujours lui, ce qu'il a fait – alors qu'il n'a rien fait que vivre aux crochets de ses parents. Et puis cette façon de s'habiller, ce foulard de soie aux teintes agressives, ce costume à l'élégance tapageuse. Et pour couronner le tout, cette insupportable suffisance : le “fils à papa” dans toute sa splendeur ! »

Avec colère, Marjorie se remémorait sa soirée. Elle avait pourtant bien commencé. D'abord ce mot de son amie Frances, l'invitant chez elle pour fêter son anniversaire. Elle s'était apprêtée en toute hâte et s'y était rendue, heureuse de changer d'atmosphère, de pouvoir se distraire un peu.

L'ambiance était détendue. Elle avait revu avec plaisir quelques visages connus. Le buffet était bien garni – où diable avait-elle déniché tout cela en ces temps de disette de la fin des années quarante ? Il y avait jusqu'à du vrai champagne ! Le vieux phonographe débitait vaillamment jazz, slow, fox-trot, boogie-woogie et même un bon vieux charleston. C'était David qui s'en occupait, David qui avait laissé une jambe quelque part dans le désert de Libye et qui semblait cependant prendre plaisir à faire danser les autres.

Marjorie, seule dans un coin, avait voulu rejoindre le jeune homme dont elle enviait la sérénité, mais Frances était venue s'asseoir à côté de lui et l'aidait à choisir les disques. Ils semblaient si absorbés par leur tâche que Marjorie avait hésité à se mettre en tiers et était restée blottie dans son fauteuil, glissant mélancoliquement, une fois de plus, dans ce passé si proche qui la hantait encore.

Frances et elle s'étaient connues dans les WAAF. Frances y était infirmière et Marjorie affectée aux opérations de contrôle d'une station de secteur près de Londres, écouteurs aux oreilles, notant sur une grande carte le vol des appareils ennemis. Que d'heures d'angoisse dans une atmosphère de fièvre, de tension extrême, qui permettait de dominer la peur. Toutes deux, chacune dans son secteur, se rendaient utiles, se battaient à leur manière, pendant que leurs camarades, leurs frères étaient engagés dans un combat sans merci sur mer et dans les airs…

La danse achevée dans la gaieté générale, les couples s'étaient rabattus sur le buffet. Marjorie, gagnée par un malaise croissant, s'était sentie encore plus étrangère à ce qui l'entourait, quand soudain elle avait tressailli : *Moonlight Serenade* joué par les cuivres de Glenn Miller. Le cher, le cruel souvenir… Northolt, sa rencontre avec Stany pendant une courte permission. Stany, le jeune pilote de l'escadron polonais, qui s'était respectueusement incliné en lui demandant cette danse. Elle s'était laissé emporter, déroutée, charmée par ces manières si peu britanniques, cette ardeur contenue, ce feu, cette soif de vivre en ces heures où la mort rôdait. Combien de fois s'étaient-ils revus ? Si peu… mais qu'importe, ils s'aimaient. Et puis fin septembre, alors que le roi inspectait l'escadron de Stany, une énorme vague de bombardiers attaqua et détruisit les usines de Spitfire. Décollage immédiat, poursuite. Stany avait réussi à mettre hors de combat l'un d'entre eux, mais la chasse ennemie devait l'abattre au large de l'île de Wight…

Elle en était là de ses réminiscences lorsque Peter s'était approché d'elle. Dans son désarroi, elle s'était levée, s'accrochant à lui comme une bouée de sauvetage. Il dansait bien et en silence. Pourquoi s'était-elle laissé embrasser à peine quelques instants plus tard ? Par un individu qui de prime abord, lui avait déplu ? Cette musique, le champagne, sa solitude en cette soirée, parmi tous ces couples heureux de vivre ? Un peu de tout cela sans doute, qui l'avait laissée désarmée. Un moment de faiblesse que l'autre avait su exploiter.

Il ne l'avait pas lâchée d'une semelle, l'abrutissant, dès qu'ils ne dansaient pas, de ses intarissables monologues, où il n'était question que de lui-même, de ses conquêtes, des gallons de whisky qu'il était en mesure de boire en une soirée, de ses exploits au volant de sa Jaguar. Comment avait-elle fait pour rester impassible sous ce flot de sottises ? Pourquoi ne pas l'avoir planté là, lui et ses rodomontades ? Pourquoi, tout en devinant sans peine ce qu'il avait en tête, s'était-elle laissé raccompagner ?

Elle aurait pu se battre !

— Dommage que cette guerre se soit terminée si tôt, fanfaronnait Peter en arrangeant son foulard. À quelqucs mois près, j'aurais pu prendre ma part des combats. Les Boches en auraient vu de toutes les couleurs avec moi, tu peux me croire, ma petite. Tu as vu ce dont je suis capable au volant d'une bagnole… j'aurais fait des ravages avec un Spitfire. Je m'en serais payé, là-haut ! Dommage…

Marjorie dut se faire violence pour ne pas gifler ce prétentieux imbécile. Elle serra les dents, des larmes lui montèrent aux yeux. Elle revoyait Jérémie. Jérémie tout petit, à 10 ans, à 15, à 20 ans… Jérémie, son frère aîné, mort « là-haut », comme disait ce sinistre crétin, pour défendre son pays, aux commandes de son Hurricane.

La bataille d'Angleterre venait à peine de commencer. Pour le remplacer, elle s'était engagée dans les WAAF, prenant sa part du combat. Deux mois plus tard, c'était au tour de Stany de mourir… et, plus tard encore, ses parents, lors des derniers bombardements sur la capitale. Et maintenant elle se retrouvait toute seule.

Bien sûr, la vie avait repris son cours depuis la fin de la tourmente. Pourtant Marjorie ne s'en était toujours pas remise. Tant qu'elle se sentait utile, c'était supportable. Mais le retour à la vie civile avait été pénible. Le vide, la solitude, les décombres, plus rien.

En silence, ils s'enfoncèrent dans une ruelle obscure. Un frisson parcourut Marjorie, qui découvrait qu'elle ne savait même pas dans quel quartier elle se trouvait. Ils avaient remonté Clerkenwell Road, puis viré sur la gauche. Finsbury ? Comment en être sûre, avec cette maudite purée de pois ? Elle regarda autour d'elle. De tristes immeubles élevaient leurs façades tout en hauteur ; de temps à autre, une fenêtre éclairée, vague tache jaunâtre, trouait le rideau de brouillard. Peter ne pipait mot. Il marchait droit devant lui, un semblant de sourire sur les lèvres, apparemment insensible au froid piquant et humide, alors qu'elle commençait à grelotter. La main qui tenait sa taille lui paraissait glacée. Leurs pas, lents et réguliers, troublaient le silence nocturne et soulignaient l'étrange, l'inquiétant mutisme de Peter. Pourquoi ne parlait-il plus ? Et d'abord, qui était-il ? Elle ne savait rien de lui, juste son nom : Peter Schuyler – si toutefois c'était vraiment son nom… Analysant sa situation, elle sentit croître sa frayeur : il était presque une heure du matin, il n'y avait pas âme qui vive dans cette rue enténébrée et brumeuse, elle se trouvait seule avec un inconnu, dans un endroit inconnu.

Aurait-elle peur de Peter, qui avait bien trois ou quatre années de moins qu'elle ?

Elle le regarda à la dérobée.

Non, certainement pas !

Peter, ayant surpris son coup d'œil, se tourna vers elle et lui adressa un sourire qui se voulait enjôleur. Il s'arrêta brusquement et la plaqua contre le mur. Un relent d'alcool parvint à Marjorie déjà écœurée par ce sourire.

— Alors, ma poule, avoue que tu n'as pas eu souvent l'occasion de connaître des types de ma trempe, pas vrai ?

« Le voilà qui joue au dur, maintenant, pensa Marjorie. C'est à mourir de rire. »

Brusquement il pressa ses lèvres sur celles de la jeune fille. Quand elle sentit ses mains avides sur sa poitrine, la gifle partit toute seule, en un énergique aller-retour. Peter eut un mouvement de recul et roula des yeux stupéfaits. Il ouvrit la bouche, mais Marjorie le devança d'une voix cinglante :

— De la part de la RAF, pauvre idiot !

Et, tournant les talons, elle s'éloigna à grands pas, laissant derrière elle un Peter médusé. Quelques secondes plus tard, elle l'entendit hurler

— Jamais une bonne femme ne m'a traité comme ça, tu

m'entends bien, sale garce ! Jamais ! Sache que Peter Schuyler… Reviens ici ! Des excuses ! J'exige des excuses ! Et tout de suite !

N'écoutant même plus ses cris d'indignation qui s'élevaient dans la nuit, Marjorie s'engouffra dans une venelle sur sa droite. Pour la première fois de la soirée elle éprouvait un sentiment de satisfaction. Enfin, elle redevenait elle-même. Au fond, avec sa passivité, son manque d'énergie, elle l'avait bien cherché. Flirter avec ce jeune imbécile… décidément, elle ne savait plus ce qu'elle faisait, ces derniers temps. Que cela lui serve de leçon.

Elle entendit des pas marteler les pavés derrière elle. Elle se retourna pour voir surgir Peter, ivre de colère.

— Jamais une femme ne m'a traité comme ça ! J'attends des excuses !

Au mépris de la plus élémentaire galanterie, il l'attrapa par le col et la tira vers lui, le regard menaçant. Il la secoua brutalement et Marjorie comprit alors combien un individu de son espèce, blessé dans son amour-propre, pouvait être dangereux surtout sous l'emprise de la boisson. Se souvenant d'une botte secrète enseignée naguère par Jérémie, elle banda ses muscles et, de la pointe de sa chaussure, le frappa violemment au genou. Il se plia en deux, hurlant de douleur.

Marjorie en profita pour prendre la fuite. Elle courut longtemps à l'aveuglette, ignorant où la portaient ses pas. Elle finit par déboucher, haletante, dans un square. Avisant, à une dizaine de mètres sur sa droite, le renfoncement d'un porche, elle alla s'y réfugier. Plongé dans l'obscurité, l'endroit constituait une excellente cachette. Il était impossible que quelqu'un pût l'apercevoir, accroupie, le dos plaqué au mur.

Elle tendit l'oreille, mais ne perçut rien, rien que son cœur qui battait la chamade. Selon toute probabilité, elle devait l'avoir semé.

Le square était désert. Seule l'entrée d'un immeuble était éclairée par le halo d'un réverbère, à quelque 40 mètres en face de Marjorie. Elle demeura longtemps immobile, sentant l'humidité la pénétrer et le froid lui mordre les joues. L'oreille aux aguets, recroquevillée sur elle-même, elle scrutait les ténèbres, incapable de prendre une décision. Il y avait quelque chose de sinistre dans cet endroit, dans cette faible clarté bleuâtre traversée par des volutes de brouillard. D'un clocher voisin, elle entendit sonner une heure. Le coup résonna longuement dans le square. Un chien aboya. Puis ce fut de nouveau le silence.

Sur le point de se lever, elle vit soudain la porte d'entrée de l'immeuble, de l'autre côté du square, s'ouvrir sur une silhouette féminine qui se découpa en ombre chinoise à la lueur du réverbère. Elle l'imagina élégamment vêtue et dans la quarantaine. L'inconnue alluma une cigarette, fit quelques pas de côté, comme pour se soustraire à la clarté, puis demeura immobile. À présent, Marjorie ne la distinguait plus qu'à grand-peine. Le point lumineux de sa cigarette s'avivait à intervalles rapprochés.

« Elle paraît impatiente et nerveuse, songea Marjorie. Un rendez-vous galant ? Peu probable compte tenu de l'heure et du temps. Une affaire d'espionnage, alors ? Stop, Marjorie, ne laisse pas galoper ton imagination. La guerre est finie. Encore que cela ne veuille rien dire. »

Les secondes s'égrenaient dans le silence du square. Elle hésitait toujours à sortir de sa cachette. À cause de Peter ? Non, il avait dû se calmer et regagner sa mirobolante bagnole. À cause de cette femme, qui, en la voyant partir, aurait pu se croire épiée ? Non, curieuse comme à son ordinaire, Marjorie voulait à tout prix savoir pourquoi cette femme se trouvait là. Son instinct lui disait qu'il allait se passer quelque chose. Elle avait toujours rêvé de vivre une aventure mystérieuse et d'en être l'héroïne. Tremblante d'excitation et de froid, se frottant les mains pour se réchauffer, elle prit le parti de rester sur place et laissa vagabonder son imagination.

Un léger bruit la fit sursauter. Il semblait provenir du coin de la ruelle qu'elle avait empruntée. Avec d'infinies précautions, elle se tourna dans cette direction. Au début, elle ne vit rien. Puis, à mesure que ses yeux fixaient l'entrée béante de la venelle, elle devina, dépassant le coin du mur, le bord d'un chapeau et d'un col de manteau.

Pleine d'espoir, elle redoubla d'attention.

Il y avait quelqu'un ! Le chapeau avait bougé ! Oui, il y avait quelqu'un ! Quelqu'un qui observait la femme. À moins que ce ne fût Peter qui la poursuivait encore. Non, Peter n'avait pas de chapeau.

Soudain, l'ombre se dirigea à pas lents vers l'entrée de l'immeuble. Bien qu'attentive à l'extrême, Marjorie ne put détailler l'inconnu, le bord de son chapeau étant rabattu sur le visage et le col de son manteau relevé. La femme, qui venait de l'apercevoir, marcha à sa rencontre.

« Une femme et son amant », pensa Marjorie, déçue.

Elle les vit se rejoindre au milieu du square. L'homme semblait expliquer quelque chose à l'inconnue. Marjorie tendait l'oreille, mais ne perçut qu'un faible murmure. La femme avait baissé la tête, comme à l'annonce d'une nouvelle peu réjouissante. Tout en continuant de parler, l'homme l'entraînait vers l'entrée de l'immeuble, ou plus exactement à gauche de celle-ci, dans un minuscule passage. Ils s'y engouffrèrent mais n'allèrent pas plus loin.

Marjorie ne voyait plus la femme, mais uniquement le dos de son compagnon qui, quelques instants plus tard, sembla l'étreindre. Il y eut un petit cri étouffé. Agacée, Marjorie haussa les épaules, puis, voyant l'inconnu s'activer avec ardeur elle baissa les yeux, très gênée. En les rouvrant un moment plus tard, elle l'aperçut penché sur la femme, qu'elle devinait allongée par terre dans l'obscur passage.

Une onde de chaleur l'envahit. Au bord des larmes, elle se masqua le visage des deux mains, honteuse pour eux, honteuse d'elle-même, de se trouver là, à les épier.

La soirée avait été désastreuse. Elle avait envie de partir, de courir, de clamer son écœurement, son dégoût de la vie, qui n'avait été pour elle que tristesse et déception.

Elle resta un long moment à se morfondre, ne pouvant décemment s'éclipser avant… avant qu'ils ne s'éloignent.

Après un temps qu'elle jugea raisonnable, elle entrouvrit les paupières. L'homme était en train de se relever. Il fit quelques gestes dont Marjorie ne put comprendre la signification. En revanche, elle fut à peu près certaine qu'il enfouit un objet dans la poche de son manteau. Après quoi il se baissa pour ramasser quelque chose, qu'il tint délicatement du bout des doigts, avant de l'expédier sur les marches de la porte d'entrée de l'immeuble. Marjorie ne put définir la chose en question. Elle ne l'avait pas entendu tomber, donc ce n'était rien de lourd. Un béret, un bonnet de fourrure, un chiffon mouillé ? Puis l'inconnu jeta quelques regards furtifs alentour avant de repartir par où il était venu.

Tout en écoutant résonner ses pas, elle le regarda traverser le square. À mesure qu'il s'approchait de l'endroit où elle se trouvait, Marjorie sentait grandir en elle la certitude qu'il y avait là quelque chose d'anormal, mais elle n'était pas en état de mettre une idée derrière l'autre, tant elle était troublée. Lorsqu'il eut disparu au coin de la ruelle, elle se demanda où se trouvait la femme. Avait-elle regagné l'immeuble pendant qu'elle, Marjorie, gardait obstinément les yeux fermés ? Non… Non… Elle aurait entendu le bruit de ses pas et celui de la porte d'entrée dans le silence du square endormi. Puis ce n'était guère logique, compte tenu de… de leurs positions respectives. Et Marjorie maudit son fâcheux accès de pudeur. Il ne restait qu'une hypothèse : la femme avait dû s'éclipser par le petit passage. Ce qui était absurde, car ce faisant elle s'éloignait de son immeuble. Mais après tout, le fait d'en être sortie ne prouvait pas qu'elle y habitait.

Elle en était là de ses réflexions lorsque des bruits de pas se firent entendre. Marjorie se tourna vers la ruelle par laquelle l'homme avait disparu et vit apparaître une silhouette.

« Encore lui ! se dit-elle en reconnaissant l'inconnu à ses vêtements. Mais pourquoi diable revient-il ? »

À pas lents il traversa le square pour venir se poster près de l'entrée de l'immeuble. Son regard s'arrêta sur ce qu'il avait jeté là quelques instants plus tôt. Il s'immobilisa un moment avant de faire les quelques pas qui le séparaient du passage, s'arrêta encore, en regardant par terre.

« Mais qu'est-ce qu'il fait ? se demanda Marjorie. On dirait qu'il cherche quelque chose… Le voilà qui se baisse. Mais qu'est-ce donc que cette chose qu'il a jetée tout à l'heure ? »

À ce moment, la porte de l'immeuble s'ouvrit sur une silhouette menue. Marjorie, dont les yeux s'étaient habitués à la pénombre, constata qu'il s'agissait d'une dame d'un âge certain. Elle tenait en laisse un petit chien. Son regard s'arrêta sur la « chose ». Son compagnon à quatre pattes la renifla avant de la happer et de la secouer frénétiquement.

Marjorie vit disparaître prestement par le petit passage l'inconnu qui avait observé la scène, puis elle reporta son attention sur la dame au chien

— Donne, mon toutou, donne à Maman…

Le petit animal se dressa sur ses pattes de derrière et présenta docilement son trophée à sa maîtresse, qui s'en empara. Elle parut se pétrifier… puis un long hurlement d'horreur déchira le silence nocturne.

3

Perdant le contrôle de ses nerfs, Marjorie abandonna son poste d'observation pour s'enfuir à toutes jambes. Après avoir traversé un dédale de ruelles tortueuses, elle se retrouva dans le quartier de Shoreditch, où elle réussit enfin à s'orienter, constatant avec soulagement qu'elle ne se trouvait plus qu'à dix minutes de chez elle.

Essoufflée, elle ralentit le pas et essaya de mettre un peu d'ordre dans sa malheureuse cervelle, où les pensées se bousculaient sans ménagement. Que pouvait bien être cette « chose » – sac informe ou boule de poils – qui avait fait hurler la dame au chien ? Quelque chose d'horrible, assurément, sans quoi elle n'aurait pas crié ainsi. Quelque chose d'horrible que l'homme au chapeau et au col relevé avait jeté sur les marches de l'immeuble. Quelque chose que... Elle pensa alors au cri étouffé de la femme lorsqu'il l'avait étreinte, au moment où il s'était penché sur elle...

Marjorie repoussa de toutes ses forces l'affreuse conclusion qui s'imposait à son esprit. Elle soupira d'aise en apercevant la pension de famille où elle logeait. Étroite et haute de quatre étages, elle faisait partie d'une suite de bâtiments bordés de grilles. La porte d'entrée s'ouvrait à gauche d'un passage couvert qui débouchait sur une arrière-cour.

Marjorie y habitait depuis plusieurs mois, vivant sur son pécule, les économies de ses parents et les maigres salaires de ses emplois successifs. Elle gardait rarement un travail plus de deux mois. Il faut dire, à sa décharge, que ceux-ci n'avaient guère été intéressants.

De sa vie passée, il ne lui restait rien, sauf la cantine en métal que son père avait mise à l'abri sous la partie voûtée de la cave, et qui avait été retrouvée intacte parmi les décombres de la maison familiale. Son contenu ? Quelques objets de valeur, des papiers officiels, lettres, archives familiales, et puis les photos, chers souvenirs des jours heureux. Bien sûr, elle n'était pas la seule, loin de là, à être ainsi éprouvée, mais elle n'arrivait pas à remonter la pente. Elle redoutait la solitude. Elle aurait voulu revivre, aimer, être aimée, par quelqu'un qui saurait l'écouter, la comprendre, lui faire oublier les années terribles. Deux expériences décevantes l'avaient rendue méfiante. Quant à l'épisode Peter Schuyler, c'était le bouquet !

L'indignation et la colère agirent comme un coup de fouet et elle franchit d'un pas assuré l'arcade de pierre taillée, dernier vestige de la belle porte cochère qui s'ouvrait autrefois sur le passage couvert, escalada le perron, introduisit la clef dans la serrure et ouvrit avec précaution la porte – ce qui ne l'empêcha pas de grincer.

Elle pénétra dans une petite entrée aux lambris de vieux chêne, séparée du hall par deux épais rideaux de velours ayant probablement pour mission d'endiguer les assauts du froid, bien qu'ils fussent en permanence entrouverts d'une largeur de main. Écartant les tentures, elle s'avança à tâtons dans le hall où régnait la plus totale obscurité. Connaissant par cœur le chemin de sa chambre située au second, elle préférait ne pas allumer afin de ne pas éveiller la curiosité de certains pensionnaires friands de cancans. Elle se déchaussa et, à pas feutrés, longea le couloir sur une dizaine de mètres pour emprunter l'escalier sur sa droite et se mit à gravir les marches. Arrivée au premier étage, elle s'immobilisa soudain.

La porte d'entrée venait de grincer.

Imperceptiblement, certes, mais le bruit lui était trop familier pour qu'elle ait pu se tromper. Quelqu'un venait d'entrer en tapinois exactement comme elle l'avait fait. Quelqu'un de la maison selon toute vraisemblance, puisqu'il fallait avoir une clef pour y pénétrer.

Qui cela pouvait-il bien être ? Alfred Leaman le pianiste ? D'ordinaire, il regagnait sa chambre un peu plus tard, vers 3 heures du matin, et bien moins discrètement. William Scott lui-même ne prenait pas tant de précautions et miss Violet Garfield n'avait pas coutume de courir les rues à cette heure-ci. Cornelia Drake non plus. Le Dr Stafford ne sortait jamais. Quant à Mr et Mrs Hudson, les propriétaires de la pension, ils étaient bien trop fatigués par une longue journée au service de leurs pensionnaires pour songer à se divertir en semaine. De même que Janet Padmore, la jeune bonne.

Restait Graham Smith. Le mystérieux Graham Smith, qui bien souvent sortait tard dans la soirée pour rentrer au petit matin, ne se montrant que pour dîner, quand il ne prenait pas ses repas dans sa chambre. Ce type-là lui faisait froid dans le dos lorsqu'il la fixait de ses yeux noirs qui vous transperçaient sans rien laisser paraître de ses pensées. On ne savait que peu de chose sur son compte, sinon qu'il prétendait vivre de sa plume.

Marjorie haussa les épaules, se demandant pourquoi elle s'était posé tant de questions alors qu'elle aurait dû penser tout de suite à Smith, lorsqu'une curieuse sensation de crainte la gagna. Il lui fallut plusieurs secondes pour comprendre ce qui n'allait pas : *la personne qui venait d'entrer n'avait pas allumé la lumière !*

Retenant son souffle, elle tendit l'oreille.

Silence.

« Pour la seconde fois de la soirée, pensa-t-elle en essayant d'en rire, je me retrouve dans l'obscurité avec un inconnu. À cette nuance près, que cette fois-ci je ne vois strictement rien. »

Prendre tant de précautions pour rentrer, ce n'était pas dans les habitudes de Graham Smith, ni d'aucun autre locataire à l'exception d'elle-même. Alors… qui ? Un cambrioleur ? Ces gens-là ont toujours une lampe de poche sur eux. Or, il n'y avait pas le moindre rai de lumière, si ténu fût-il.

Le noir total.

Un frisson glacial la parcourut lorsqu'elle sentit, plutôt qu'elle n'entendit, quelqu'un monter l'escalier à pas de velours.

Elle se plaqua contre le mur, retenant son souffle et priant Dieu que celui ou celle qui s'approchait d'elle prît la rampe d'escalier, et non le mur, pour se guider, sans quoi…

Un pas, un autre et encore un autre. Il devait se trouver au tournant de l'escalier, maintenant. Il n'était plus qu'à deux mètres d'elle… un mètre… Elle l'entendait respirer.

Il était à côté d'elle et venait de s'arrêter.

Morte de peur, Marjorie se demanda s'il n'entendait pas les battements de son cœur affolé. Elle faillit hurler lorsque de l'étoffe lui frôla le visage, puis ressentit un immense soulagement en réalisant qu'il venait de reprendre sa marche.

Il ne s'était pas engagé dans la seconde volée de l'escalier, mais se dirigeait vers le couloir, côté nord, où il n'y avait que deux chambres inoccupées, un débarras et une salle de bains.

Une porte s'ouvrit et se referma. Elle localisa sans peine la pièce dans laquelle il était entré. C'était la seule qui ne soit pas fermée à clef et qui se verrouillait de l'intérieur : la salle de bains. La curiosité balaya sa peur, elle resta sur le palier, l'oreille toujours aux aguets. Quelques instants plus tard, elle perçut le bruit caractéristique de l'eau coulant dans le lavabo.

« Quoi de plus normal dans une salle de bains », se rassura-t-elle.

L'eau coula un certain temps, puis le lavabo se vida en glougloutant et, bientôt, Marjorie fut presque aveuglée par le rectangle de lumière qui illumina le couloir lorsque la porte s'ouvrit. Elle regarda de tous ses yeux la silhouette qui se découpait dans la clarté crue de l'ampoule, mais très vite les ténèbres reprirent possession des lieux.

La porte s'était refermée sans bruit, les pas se rapprochèrent. Marjorie eut le sentiment très net que la mort était dans ce couloir et qu'elle se dirigeait lentement vers elle.

Puis la fugitive vision se précisa. Ce que ses yeux avaient vu, elle le réalisait enfin : le long manteau au col relevé, le chapeau rabattu sur le visage…

L'inconnu qui se trouvait à quelques mètres d'elle et celui qu'elle avait vu dans le square ne faisaient qu'un !

Son sang se figea dans ses veines, elle se colla au mur, chancelante, terriblement consciente de cette inexorable approche. Alors qu'elle s'attendait au pire, le craquement d'une marche lui fit comprendre qu'il s'était engagé dans l'escalier.

Elle l'écouta monter. Le bruit de ses pas résonnait dans sa tête, de plus en plus fort, elle se laissa glisser au sol et perdit connaissance.

Un silence absolu régnait quand elle recouvra ses esprits. Sa première pensée fut que ce stupide évanouissement l'avait empêchée de savoir à quel étage l'inconnu s'était arrêté. Mais d'abord, cet inconnu était-il bien celui qu'elle avait aperçu dans le square ? Tous deux portaient un long manteau et un chapeau de couleur sombre, et avaient sensiblement la même taille. Était-ce suffisant pour affirmer qu'il s'agissait de la même personne ? Non, bien sûr que non.

Marjorie sourit ; elle s'était laissé abuser par ses nerfs. Après tout, rien ne prouvait que l'homme du square avait assassiné sa compagne, il avait peut-être tout bêtement voulu jouer un tour à la vieille dame en déposant un objet quelconque, qu'elle n'avait d'ailleurs elle-même pas identifié. Restait la question du locataire – car pouvait-on raisonnablement envisager qu'un étranger s'introduise dans une maison pour y faire sa toilette ? – d'un locataire donc, qui rentrait chez lui sans allumer la lumière. Mais n'en avait-elle pas fait autant ?

Rassurée, elle tâtonnait pour monter l'escalier lorsqu'elle se dit qu'elle devrait quand même jeter un coup d'œil dans la salle de bains, afin d'en avoir le cœur net. Elle longea le couloir, toujours à tâtons, s'arrêta devant la deuxième porte, entra et alluma.

« Rien d'extraordinaire, se dit-elle en jetant un regard circulaire, tout me semble à sa place. »

Minutieusement, cependant, elle commença ses investigations. Quelques gouttelettes d'eau perlaient au bac du lavabo et le savon, encore mousseux, trahissait un usage récent. On s'était lavé les mains, c'était indiscutable, mais il n'y avait rien d'autre à en conclure. La baignoire était propre et sèche. Aucune trace sur le carrelage. Elle ouvrit l'armoire de toilette et constata que tout était en ordre. Même opération pour le meuble de rangement. Après quoi, elle s'accroupit pour explorer le sol, dans tous ses coins et recoins. Là non plus, rien qui ne sortît de l'ordinaire. Mais que cherchait-elle au juste ? Elle n'aurait su le dire.

Elle quitta la salle de bains pour gagner sa chambre au second, soulagée, presque joyeuse après une soirée aussi riche en émotions.

Elle se dévêtit, enfila son pyjama, puis jeta un coup d'œil par la fenêtre qui donnait sur l'arrière-cour – endroit peu engageant, cerné de toutes parts de murs hauts et sombres. La faible clarté venant de la rue par le passage qui trouait l'immeuble révélait les vieux pavés luisants d'humidité et les prosaïques boîtes à ordures rangées sous l'auvent des anciens communs.

Marjorie frissonna, tira les rideaux et se moqua d'elle-même : « De l'obscurité et du brouillard, et te voilà repartie, ma fille. »

Avant de se mettre au lit, elle s'arrêta devant le miroir qui lui renvoyait le reflet d'un visage aux traits réguliers, à la bouche généreuse, entrouverte sur une dentition parfaite et encadrée par une masse souple de cheveux d'un brun chaud qu'elle se mit à brosser. Marjorie sourit à son image en lissant d'un doigt mouillé l'arc de ses sourcils un peu plus foncés que sa chevelure : « Tu n'es pas vilaine du tout ! Dommage que seuls des imbéciles soient sensibles à ton charme ! »

Elle haussa les épaules et se glissa dans les draps, prête à s'endormir, se remémorant avec satisfaction la tête de Peter après qu'elle l'eut giflé et remis en place. Elle allait sombrer dans un sommeil réparateur quand une pensée importune la fit tressaillir. Elle avait oublié d'examiner quelque chose dans la salle de bains. « Tu ne vas pas remettre ça, Marjorie ! » se dit-elle. Elle tenta en vain de se raisonner. De guerre lasse, elle bondit du lit, furieuse contre elle-même, passa un peignoir et descendit au premier en se traitant mentalement de triple idiote. « Tu es malade, pauvre folle, il faut te faire soigner d'urgence ! » pensait-elle en pénétrant dans la salle de bains.

Elle alla droit au lavabo et s'empara de la seule chose qu'elle avait négligé d'inspecter, la serviette dont on venait visiblement de se servir. « Tu es ridicule, ridi... » mais elle regarda le tissu de plus près... « Voyons, les essuie-mains sont rarement immaculés le soir venu... » Son visage devint blanc comme neige.

Ces traces de souillure-là, il ne serait venu à l'idée de personne d'y attacher une quelconque importance, mais sachant ce qu'elle savait... La terreur la cloua sur place à la vue des traînées rougeâtres sur le tissu.

4

— Alors, mon ami, quel est le problème qui vous tourmente ? demanda le Dr Alan Twist.

Avant de répondre, l'inspecteur Archibald Hurst observa pensivement son vis-à-vis. Celui-ci, enveloppé dans un veston d'intérieur d'une sobre élégance et confortablement installé dans un vaste fauteuil, tirait voluptueusement sur sa pipe. C'était un homme d'un certain âge, grand et très maigre, au sourire serein et bienveillant, qui n'avait rien du criminologue éminent qu'il était en réalité. Sous une chevelure grisonnante et un peu indisciplinée, un visage au teint clair, griffé de fines rides – de celles dites aimables –, des lèvres enfantines ornées d'une superbe moustache rousse sans un seul poil blanc et des yeux bleu clair, qui regardaient avec chaleur derrière un pince-nez retenu par un fin cordonnet de soie noire.

« Je savais qu'il allait me poser cette question..., grommelait Hurst en son for intérieur. D'ailleurs je suis sûr qu'il sait pourquoi je viens, il a certainement déjà lu les journaux de l'après-midi. » Il choisit donc ses mots avec soin avant de parler :

— J'ai pensé à vous hier soir, et je me suis dit que cela faisait déjà un bout de temps qu'on ne s'était pas vus. (Ce qui reflétait l'exacte vérité.) Alors voilà, je suis venu prendre de vos nouvelles… Comment allez-vous ?

— Bien, je vous remercie. Pour mon âge, je n'ai pas à me plaindre. Mais au fait, qu'est-ce qui vous a fait penser à moi ? dit-il en dépliant sa longue carcasse pour se diriger vers l'office où l'eau commençait à frémir. Vous prendrez bien une tasse de thé avec moi ?

— Volontiers. Car je n'ai pas encore réussi à me réchauffer depuis cette nuit, ou plutôt depuis ce matin… Nous avons passé… Ce qui m'a fait penser à vous ? Ah ! comment vous expliquer ?

Tandis que Twist s'affairait dans l'office, Hurst lui narra son entretien de la veille avec la personne venue lui faire part de ses craintes.

— … Et je vous assure qu'elle croyait dur comme fer à son histoire de regards. Elle me parlait avec un tel sérieux que j'ai eu un mal fou à garder le mien, de sérieux. La pauvre, si elle savait le nombre de récits de ce genre que nous entendons tous les jours au Yard !

— Et que comptez-vous faire ? s'enquit Twist en versant le thé.

Le corps massif de Hurst tressauta d'indignation, au grand dam de son malheureux fauteuil.

— Vous plaisantez, Twist, dites-moi que vous plaisantez ! S'il fallait vérifier les témoignages de toutes ces vieilles radoteuses, il nous faudrait dix fois plus d'effectifs. Et encore ! Je lui ai poliment demandé son nom et son adresse, et l'affaire s'est arrêtée là. J'ai eu la patience de l'écouter plus d'une demi-heure, ce qui, à mon sens, relève déjà de l'exploit. Nous avons d'autres chats à fouetter.

— À savoir ?

Hurst profita de cette ouverture inespérée. Il prit un air détaché, démenti par le soin extrême avec lequel il alluma son cigare :

— Ma foi, il y a plusieurs cas… Tenez, par exemple : le meurtre atroce de ce matin.

Twist écoutait, impassible.

Mais un observateur attentif n'aurait pas manqué de remarquer la lueur amusée derrière les verres de son pince-nez.

— Vous parlez sans doute de ce qui s'est passé dans Radnor Square et dont le *Daily Express* fait ses choux gras…

— Oui, fit Hurst, tragique.

— J'y ai même lu votre nom.

— En effet, on m'a sorti du lit, à 2 heures du matin.

Twist chercha le regard de son ami qui gardait obstinément la tête baissée.

— Et il vous plairait d'avoir mon humble avis, n'est-ce pas ?

— Ma foi… tant que nous y sommes… Twist, vous ne pensez tout de même pas que je suis venu pour cela ?

— Qu'allez-vous chercher là, Archibald ! répondit benoîtement Twist, riant sous cape.

— Remarquez, c'est une affaire somme toute assez banale…

— "Banale", vraiment ? fit Twist. On tue, on scalpe une femme et on jette le macabre trophée sur les marches d'un immeuble… et vous vous trouvez ça banal ? Vous me surprendrez toujours, mon bon ami.

— Ce n'est pas ce que je voulais dire. Le geste du meurtrier est étrange, c'est un fait, mais… enfin nous sommes en présence d'une affaire rationnelle ou il n'y a pas d'assassin passe-muraille, ni d'homme invisible, ni de créature ailée…

— C'est vrai que vous avez le chic de…

— Dites tout de suite que je le fais exprès ! s'emporta Hurst en bousculant sa tasse sous l'œil indifférent de Twist qui avait pris l'habitude – salutaire pour les petites merveilles qui lui venaient de sa grand-mère – d'utiliser des tasses moins fragiles et peu coûteuses quand son impétueux ami venait le voir. Vous me connaissez d'assez longue date pour savoir que seul un incroyable hasard veut que je tombe toujours sur ces maudits crimes dits "impossibles". (Il désigna d'un geste furibond son crâne largement dégarni :) Vous voyez le peu de cheveux qui me restent sur la tête ? C'est à ces affaires-là que je dois cette inquiétante calvitie. Si cela continue ainsi, je serai chauve sous peu.

— Mon Dieu ! il y a des gens à qui cela va très bien. Et ne vous plaignez pas. Pensez à cette dame qui a perdu tous les siens d'un seul coup, dit Twist en resservant son hôte. Allons, buvez, cela finira de vous réchauffer. Et goûtez donc ces délicieux petits gâteaux.

L'inspecteur ne se fit pas prier, pendant que le Dr Twist savourait son thé en attendant que son ami soit en mesure de narrer son histoire.

— Bon, je vous écoute. Les faits, rien que les faits.

— Tout a été à peu près dit dans la presse, soupira Hurst. Hormis peut-être le fait que la veuve Joanna Peel – le témoin – soit allée promener son toutou parce qu'il avait un besoin pressant. Radnor Square se trouve dans Finsbury. Une seule ruelle d'accès, située en face de l'immeuble en question. Il était presque une heure et demie quand la dame Peel est sortie avec son chien. Elle a aussitôt repéré ce qui traînait sur les marches de la porte d'entrée. Elle a cru qu'il s'agissait d'une perruque. Le chien s'en est emparé et l'a rapportée à sa maîtresse. Elle l'a prise dans ses mains, a constaté qu'elle était tiède et poisseuse, et a tout compris en un éclair avec l'horreur que vous imaginez. Et elle s'est mise à hurler.

» Peu après 2 heures j'étais sur les lieux. La victime se trouvait allongée sur le dos à l'entrée d'une venelle, un minuscule passage séparant l'immeuble de celui d'à côté, à cinq ou six mètres de l'endroit où gisait le scalp. Poignardée dans le dos, morte sur le coup selon le médecin légiste. La main du meurtrier n'a frappé qu'une fois, pour tuer j'entends, car après il l'a scalpée à la manière des Peaux-Rouges, puis il a jeté le scalp sur les marches de l'immeuble.

— Lequel scalp était encore tiède alors qu'il faisait plutôt frisquet : le meurtre venait donc juste d'être commis, fit observer le Dr Twist. Quelques minutes plus tôt et Joanna Peel aurait surpris l'assassin. Nous pouvons donc tenir pour acquis que c'est la même personne qui a tué, scalpé et déposé la sanglante dépouille sur les marches de l'immeuble.

Hurst haussa les épaules :

— Évidemment ! Le cadavre a été identifié sur-le-champ par cette dame en dépit des circonstances. Il s'agit d'une femme de 41 ans, Sally Jackson, mariée, habitant au quatrième étage de l'immeuble. Nous sommes allés prévenir le mari, qui a pris un temps étrangement long pour répondre à nos coups de sonnette répétés. Il paraissait complètement groggy…

— Il était en plein sommeil, non ?

— Oui. Mais comment vous dire ?… Nous avions l'impression d'avoir affaire à un somnambule. Il nous a fait entrer et s'est aussitôt affalé dans un fauteuil. La nouvelle a semblé l'atterrer sans toutefois le tirer de sa torpeur.

— Si je vous comprends bien, vous pensez qu'il est l'assassin et qu'il jouait très maladroitement le rôle de celui qu'on vient de tirer d'un profond sommeil ?

— J'y ai songé, c'est vrai, et nous avons bien entendu inspecté son appartement, en pure perte d'ailleurs. Non, je ne crois pas qu'il soit coupable. C'est un homme rangé, qui jouit d'une situation confortable, directeur d'une agence bancaire, une union apparemment sans nuage. Il n'arrive pas à s'expliquer le pourquoi d'un si horrible crime, de cette sauvagerie. Selon lui, ce ne peut être que l'œuvre d'un dément, d'un maniaque sexuel. (Hurst se tut un instant puis ajouta :) Et je crois qu'il n'a pas tort, car comment expliquer autrement une chose pareille ?

— Je ne suis pas de votre avis. Je pourrais aisément vous donner une dizaine de mobiles pour ce meurtre si surprenant sans qu'il soit question de démence. Cet homme, par exemple : s'il avait eu l'intention de se débarrasser de sa femme, n'aurait-il pas été judicieux de sa part de donner à son acte l'aspect d'un crime de maniaque ou de sadique, afin de détourner les soupçons ?

— Oh ! nous y avons pensé ! Pour le moment, Jackson n'a subi qu'un interrogatoire préliminaire. Nous aurons encore l'occasion de l'entendre. Je n'ai pas totalement écarté l'hypothèse du mari assassin, vous pensez bien !

Songeur, Twist se leva et gagna la fenêtre, qui lui offrait le déprimant spectacle d'une ville frissonnante dans son manteau de brume. Il n'était même pas la demie de 4 heures, et déjà Big Ben s'estompait, avalée par le fog.

— Au fait, Mrs Peel n'a-t-elle vu personne dans le square ?

— Justement, dit Hurst. Elle a aperçu *quelqu'un.*

Après avoir crié, elle a vu, de l'autre côté du square, une ombre s'enfuir par la ruelle. Elle n'est pas prête à le jurer, mais elle croit que c'était une femme plutôt jeune, vu la rapidité de son allure. Il pourrait s'agir de l'assassin, bien sûr, mais aussi d'un autre témoin. C'est pourquoi j'ai fermement prié la veuve Peel de ne pas répéter ceci aux journalistes, qui n'auraient pas manqué d'en faire tout un plat et d'effrayer ainsi cette personne dont j'aimerais bien entendre le témoignage.

» Nous n'avons trouvé aucun indice révélateur, ni près de la victime ni ailleurs, et l'arme du crime, qui brillait par son absence, est, selon le légiste, une lame longue et effilée. Voilà, vous en savez autant que moi. Hé ! Twist, vous m'écoutez ?

Le détective, qui semblait absorbé dans la contemplation du trafic, fit un vague geste d'approbation. Sa maigre silhouette se détachait dans l'encadrement de la fenêtre, tandis qu'un ruban bleuâtre montait de sa pipe. Derrière son pince-nez, ses yeux bleus trahissaient un intérêt évident.

— Et pourquoi diable, relança Hurst dans son dos, l'assassin a-t-il placé le scalp devant l'entrée de l'immeuble ? Je me demande d'ailleurs si je ne suis pas en train d'attacher trop d'importance à ce geste, qui n'a peut-être aucune signification précise.

— Il y en a une, soyez-en certain. Il y a toujours une raison à chaque geste, surtout à ceux qui paraissent les plus absurdes.

Soudain Alan Twist se retourna et dévisagea longuement l'imposant policier d'un air songeur où perçait un rien de malice. Puis il alla à son bureau, ouvrit un tiroir pour en retirer un jeu de cartes.

— Voyons un peu ce qu'elles ont à nous apprendre !

Ahuri, bouche bée, doutant l'espace d'un instant de l'équilibre mental du détective, qui n'avait pas coutume de recourir à ce genre de pratique pour éclaircir une affaire, Hurst le regarda étaler les cartes sur la table. Après quoi, Twist ferma les yeux, se tenant la tête du bout des doigts pour mieux se concentrer.

— Dites, mon ami, vous êtes sûr que tout va bien ?

— Chut ! La lecture des cartes n'est pas chose aisée, il faut être particulièrement réceptif. Voilà, je crois que je suis prêt.

Et il rouvrit les yeux pour observer attentivement le jeu étalé devant lui.

— Il s'agit d'une femme, d'une femme assez jeune…

— Mais, bon sang ! qu'est-ce que…

— Ses yeux ont vu quelque chose de terrible, quelque chose qu'elle ne peut garder pour elle…

Une ride se creusa entre les sourcils broussailleux de Hurst, intrigué, qui semblait s'adresser aux cartes en demandant :

— Une femme qui aurait vu commettre un meurtre ?

— Un meurtre tout récent…, continuait Twist, le regard fixe. Un meurtre particulièrement odieux. Elle l'a vu de ses propres yeux.

Le visage illuminé, Hurst fixa son ami :

— C'est notre mystérieux témoin ! La jeune femme qui s'est enfuie par la ruelle !

— Elle n'est pas mariée, elle a environ 25 ans. Elle est mince et agréable à regarder… Elle porte un tailleur vert foncé… Elle… Ah ! je ne vois plus grand-chose…

— Son nom ! Essayez de savoir son nom ! s'écria Hurst tout excité en fixant tour à tour les cartes et le Dr Twist.

Celui-ci, les traits crispés, articulait :

— Mar-jo-rie. Marjo-rie. Marjo…

— Marjorie, c'est bon, nous avons compris ! C'est le nom de famille qu'il nous faut !

— Way… Way… Come… Com, way…

La sonnerie de la porte d'entrée retentit.

Twist poussa un long soupir, secoua la tête et se redressa :

— Quel dommage, je l'avais sur le bout de la langue. Je suis épuisé, Hurst, mon bon ami, allez voir qui a sonné, je vous prie.

L'inspecteur s'en fut, sa mèche rebelle en bataille, le visage mauvais, avec l'intention manifeste d'exprimer le fond de sa pensée à l'innocent visiteur qui venait de le priver d'un renseignement capital.

Lorsqu'il revint, accompagné d'une jeune fille en tailleur vert, il balbutia, médusé :

— Elle s'appelle Marjorie Conway… et elle voudrait vous parler.

5

— Je viens de la part de Frances Martin, dit Marjorie en jouant nerveusement avec la fermeture de son sac. C'est une excellente amie… et elle m'a conseillé d'aller vous trouver.

— Vous avez fort bien fait, mademoiselle, la rassura le Dr Twist. Mais je vous en prie, prenez place.

— Je suppose, fit Hurst avec un large sourire, que vous avez quelque chose à nous dire à propos du meurtre de Radnor Square, n'est-ce pas ?

— Mais… mais comment pouvez-vous savoir ?

— De par ma profession, pontifia le policier, je suis souvent amené à deviner ce que pensent les gens, ce qu'ils ont en tête. Inspecteur Archibald Hurst, de Scotland Yard, ajouta-t-il en s'inclinant, très satisfait de l'effet qu'il venait de produire sur la jeune fille.

Une lueur d'affolement passa dans les yeux de Marjorie, qui balbutia :

— Je n'ai pas fermé l'œil de la nuit, ne sachant que faire… Aller trouver la police ? Bien sûr, je savais qu'il était de mon devoir de dire ce que j'ai vu cette nuit. Mais d'autre part, je ne pouvais pas le faire sans raconter… et là je ne sais pas si ce n'est que mon imagination qui…

— Vous pouvez nous parler en toute confiance, dit Twist en lui souriant amicalement. Mon ami Hurst est l'un des meilleurs limiers du Yard. (Celui-ci se rengorgea tout en essayant vainement de prendre un air modeste.) Et, à l'occasion, il sait être discret.

Rassérénée, Marjorie leur narra son aventure nocturne jusqu'au moment où elle s'était enfuie du square à toutes jambes.

— Incroyable, commenta Hurst lorsqu'elle eut terminé. Incroyable… C'est grand dommage que vous ne puissiez nous donner davantage de précisions quant à la description de l'assassin. Même pas la couleur de ses vêtements ?

— Hélas ! non. Une couleur très sombre en tout cas. Je serais tentée de dire que son manteau était noir, mais je n'en suis pas certaine.

— Un long manteau de teinte foncée, un chapeau rabattu sur les yeux, c'est vraiment peu de chose, marmonna Hurst. Vous n'avez pas vu son visage, soit. Mais vous devriez quand même pouvoir nous décrire son aspect général, stature, allure !

— Eh bien… ni petit ni grand, ça j'en suis certaine. Pas obèse non plus. Le manteau était assez ample, je ne pourrais même pas vous dire s'il était mince ou… (son regard s'arrêta sur le policier et elle s'empourpra) ou un peu enveloppé.

— Vous dites « il », êtes-vous seulement certaine qu'il s'agisse d'un homme ?

Surprise, Marjorie réfléchit, hésita, puis décréta :

— Il donnait l'impression d'être un homme. Mais ce n'est pas une certitude, bien sûr.

Hurst poussa un profond soupir – ce que Twist appelait lâcher la vapeur.

— Ce n'est donc ni un nain ni un éléphant. Bien. Récapitulons : il est un peu plus d'une heure du matin lorsque Sally Jackson sort de chez elle. Tout dans son attitude donne à penser qu'elle attend quelqu'un. Quelques instants plus tard, vous prenez conscience de la présence au coin de la ruelle d'un inconnu, qui l'observe depuis un certain temps déjà, mais guère plus de dix minutes puisque vous êtes venue par ce chemin avant une heure et qu'à ce moment-là, il ne s'y trouvait pas. Puis il s'engage dans le square et la femme vient à sa rencontre. Nous pouvons en déduire qu'il est bien la personne qu'elle attendait.

— Pas forcément, intervint Twist. Mrs Jackson aurait pu penser qu'il s'agissait de cette personne lorsqu'elle est allée à sa rencontre et se trouver ensuite en face de quelqu'un qu'elle ne connaissait pas et qui lui aurait apporté des nouvelles de la personne qu'elle attendait. Qu'en pensez-vous, miss Conway ?

— Oui… c'est possible.

— Toujours est-il, dit Hurst, qu'elle n'était pas inquiète puisqu'elle l'a suivi jusqu'à l'entrée du passage. Et ce que vous avez pris pour une étreinte, en était bien une, mais accompagnée d'un coup de poignard. Et il est bien regrettable que vous ayez fermé les yeux à ce moment-là, car vous auriez compris de quoi il retournait. Ensuite l'homme s'est relevé et a sans doute essuyé son couteau avant de l'empocher. Il a ramassé la chevelure et l'a jetée devant l'entrée de l'immeuble. Enfin il a fait mine de partir par où il était venu. Et puis il est revenu sur les lieux du crime afin de reprendre un objet compromettant. Vous l'avez même vu se baisser à l'endroit où gisait le cadavre.

— Oui, mais je ne sais pas s'il a ramassé quelque chose ou non, car à ce moment-là mon attention se concentrait sur la personne qui sortait son chien.

Il y eut un silence. Hurst avait laissé s'éteindre son cigare.

— Nous avons passé tout le coin à la loupe. Rien, pas le moindre indice. Il a donc pu récupérer ce qu'il avait oublié ou perdu. Un mouchoir, un portefeuille, des clefs ?

Marjorie eut un geste d'impuissance désolée.

Hurst commençait à transpirer. Il passa un doigt rageur dans son nœud de cravate et s'épongea le front d'une main fébrile.

— Pour une fois qu'il nous est donné d'avoir un témoin aux premières loges… on ne peut pas dire que nous sommes gâtés en ce qui concerne les indices. C'est bien simple, nous n'avons pas avancé d'un pouce et l'identité du meurtrier est toujours aussi imprécise.

— Pour vous, peut-être…, fit Marjorie en rassemblant tout son courage.

Hurst consulta le Dr Twist du regard avant de s'adresser à la jeune fille :

— Ce qui veut dire que vous avez quelque idée quant à…

Marjorie fit signe que oui.

— Mais vous nous aviez dit n'avoir même pas entrevu son visage !

— C'est exact. Mais… mais je crois savoir où il habite.

Hurst se pétrifia.

— Vous-sa-vez-où-il-ha-bite ?

Suspendus à ses lèvres, les deux hommes écoutèrent Marjorie leur faire le récit de sa rentrée à la pension de famille.

Hurst inclina plusieurs fois la tête, l'air pensif :

— Êtes-vous sûre que ces traces sur la serviette étaient bien du sang ?

— Ça m'a tracassé toute la nuit. Et je ne vois vraiment pas ce que cela pouvait être d'autre. En tout cas, ce n'était pas du rouge à lèvres.

— Du sang…, répéta Hurst, admettons. Mais n'importe quel habitant de la maison pouvait avoir saigné pour de multiples raisons et avoir laissé ces traces sur la serviette !

Un espoir soudain illumina son visage renfrogné. Il fut sur le point de parler, mais Marjorie, qui semblait lire dans ses pensées, le devança :

— Non, monsieur l'inspecteur, je n'ai pas eu assez de présence d'esprit pour l'emporter avec moi ; et à l'heure qu'il est, elle doit déjà être lavée. Les essuie-mains sont changés deux fois par jour.

Le policier secoua la tête, excédé, mais cette jeune personne le regardait avec tant de désolation et de bonne volonté dans ses beaux yeux, qu'il se fit violence.

— Ce serait une coïncidence extraordinaire, reprit-il le plus calmement qu'il put. Vous êtes témoin d'un meurtre… et il se trouve que l'assassin habite sous votre toit ! Qu'en pensez-vous, Twist ?

Tout en suçant le tuyau de sa pipe, le détective semblait chercher la solution.

— Nous avons déjà connu des coïncidences plus surprenantes encore. Alors, je ne saurais me prononcer. Au fait, où se trouve votre pension de famille ?

— 48 Hoxton Street.

— Ce qui fait à peine 600 mètres de Radnor Square. Vraiment, je ne sais qu'en penser. Cette personne qui rentre chez elle en tapinois et dans l'obscurité la plus complète… Et vous dites qu'elle portait les mêmes vêtements que le meurtrier ?

— Oui, bien que je ne l'aie vue qu'une fraction de seconde à sa sortie de la salle de bains. J'avais vraiment l'impression d'avoir l'homme du square devant moi. (Marjorie les regarda, navrée :) Je me rends bien compte que cette description pourrait être celle de n'importe quel individu en manteau et chapeau de feutre, se promenant par une nuit de mauvais temps…

— Comme vous dites, gémit le policier.

— Vous avez fait de votre mieux, mademoiselle, intervint le Dr Twist. Malgré une frayeur bien légitime, vous n'avez pas cédé à la panique. Et nous ne saurions vous reprocher d'avoir eu un réflexe de pudeur, n'est-ce pas, mon cher Hurst ? Bon. Pouvez-vous maintenant nous parler des habitants de la maison – propriétaires, pensionnaires, employés – en les situant par étage et par chambre.

Marjorie réfléchit un instant, puis commença :

— Le premier étage est inoccupé depuis le départ de deux locataires. Les Hudson, un couple sans enfant, qui tiennent la pension dont ils sont propriétaires, logent au deuxième. Mr Hudson doit avoir dans les 40 ans et, ma foi, il n'y a pas grand-chose à dire de lui, sinon qu'il est assez sympathique, actif et efficace. Mrs Hudson est une personne un peu timide, d'un agréable caractère, attentive au bien-être de ses locataires. Elle est un peu plus jeune que son mari, me semble-t-il. Ce sont des gens que je vois tous les jours, mais je me rends compte que je les connais très peu, en somme. Ils n'ont qu'une jeune fille pour les seconder et n'ont donc guère le temps de raconter leur vie. Ma chambre, comme je vous l'ai déjà dit, est également à ce niveau, juste à côté de celle de miss Violet Garfield…

— Une amie à vous, je présume ? demanda le policier en sortant son calepin.

Marjorie sourit pour la première fois de la journée :

— Pas précisément… Je m'entends bien avec elle, mais… c'est une vieille demoiselle. Elle passe son temps à nous raconter des anecdotes. Pas mauvaise langue, mais d'un bavard !

— Je vois le genre, fit Hurst avec un sourire entendu.

— Au troisième étage, il y a Alfred Leaman. C'est un musicien ; il joue du piano quelque part à Soho. Le nom de l'établissement m'échappe. Il rentre toujours très tard. C'est un célibataire endurci qui prend grand soin de sa personne. Toujours tiré à quatre épingles.

» La chambre voisine est occupée par Harley Stafford, un médecin à la retraite. Il a perdu sa femme et sa fille pendant le Blitz, et c'est pour cette raison, j'imagine, qu'il boit. Jamais ivre, mais il a sa dose chaque soir.

» Et, toujours à ce même étage, un journaliste, William Scott. Il… il ne pense qu'à son travail, ses reportages…

Alan Twist crut discerner une note de regret dans cette dernière phrase, observa discrètement la jeune fille et vit rosir ses joues.

— Oui, dit-il gentiment, je crois connaître ce jeune homme.

— Reste donc le dernier étage, s'empressa de reprendre Marjorie. Janet Padmore, la petite bonne, y a sa chambre. Elle doit aller sur ses 20 ans. Elle est timide, très consciencieuse et diligente. La chambre de Mrs Cornelia Drake est à côté de la sienne. C'est une ancienne coiffeuse.

— Retraitée, donc, conclut Hurst.

— Non. C'est une femme d'âge moyen et elle a fermé son salon parce qu'elle a perdu la vue.

— Une aveugle ! Une coiffeuse aveugle ! s'exclama Hurst qui avait changé d'expression.

— Elle aimait beaucoup son métier et regrette de ne plus pouvoir l'exercer. Elle affirme se sentir encore entièrement capable de le faire malgré sa cécité. Mais en dépit d'offres réitérées, elle n'a réussi à convaincre personne, homme ou femme, de lui confier sa chevelure. Vous verrez bien, si vous avez l'occasion de venir à la pension, je suis sûre qu'elle vous proposera…

— J'ai mon coiffeur personnel, s'empressa de préciser le policier après s'être éclairci la gorge. Un ami, qui prendrait très mal le fait que d'autres mains que les siennes s'occupent de mes cheveux. Mais au fait, j'y pense, ne serait-ce pas elle, votre mystérieuse personne qui rentre chez elle sans allumer ? Les aveugles n'ont pas besoin de lumière, que je sache.

Marjorie secoua la tête en un geste de vive dénégation.

— Elle n'a pas l'habitude de rentrer à des heures pareilles, et encore moins de revêtir des habits masculins. Cela dit, elle a le pas beaucoup plus assuré et elle n'ouvre pas la porte aussi doucement. Je vous le répète, la personne qui s'est introduite cette nuit dans la pension prenait toute les précautions possibles pour ne pas se faire remarquer. Ah ! si je ne m'étais pas sottement évanouie au moment où elle s'engageait dans l'escalier pour regagner sa chambre… Nous saurions au moins à quel étage…

— Ne vous faites aucun reproche, dit le Dr Twist. Vous avez déjà été remarquable en ne criant pas. Peu de…

— Très bien, faisons nos comptes, coupa Hurst. Au deuxième, vous-même, les Hudson, miss Violet…

— Attendez, il reste encore quelqu'un ! Toujours au dernier étage. C'est… c'est un drôle de bonhomme.

Le ton de la jeune fille avait surpris les deux hommes. Ils la fixèrent, impassibles, attendant la suite.

— Il s'appelle Graham Smith, il a dans les 30, 35 ans. Pas mal de sa personne pour qui aime ce genre-là. Des cheveux et des sourcils sombres, et des yeux noirs qui vous dévisagent ave insolence et insistance, tout en restant parfaitement opaques. Déplaisant…, ajouta-t-elle avec un léger frisson de dégoût. Il reste des journées entières dans sa chambre et ne sort guère que le soir, pour ne pas dire la nuit.

— Et que fait-il dans la vie, cet oiseau nocturne ?

— On ne sait pas trop. Il se prétend écrivain… En tout cas, il ne tape pas à la machine, si vous voyez ce que je veux dire.

Hurst se mordit les lèvres, méditatif, puis demanda :

— Savez-vous autre chose à son sujet ?

— Non, enfin rien qui me vienne à l'esprit. Il ne m'adresse jamais la parole, sauf quand il y est contraint. Bonjour, bonsoir, et c'est tout.

— Et avec les autres locataires ?

— Quelques discussions avec le Dr Stafford, mais dans l'ensemble il se limite au strict minimum.

Hurst hocha plusieurs fois la tête en silence, avec ce petit air important et secret qui lui était propre lorsqu'il était embarrassé. Twist vint à son secours, et de sa voix douce interrogea Marjorie qui ne sembla pas fâchée de changer d'interlocuteur :

— J'aimerais bien que vous nous parliez de votre journée d'aujourd'hui, du comportement des pensionnaires que vous avez rencontrés et de tout événement insolite survenu ces derniers temps… même des choses les plus insignifiantes.

— Surtout des choses les plus insignifiantes, souligna Hurst avec une gravité et un air docte qui ravirent son ami dont les yeux se mirent à pétiller de malice.

— Voyons…, dit Marjorie en regardant sans la voir l'impressionnante bibliothèque qui occupait tout un pan de mur. Comme je vous l'ai déjà dit, j'ai passé une nuit blanche, mais cela ne m'a pas empêchée de prendre mon breakfast à l'heure habituelle. Il y avait Mrs Drake, miss Garfield, le Dr Stafford, comme toujours… Tiens ! C'est Mr Hudson qui nous a servis ! D'ordinaire c'est sa femme qui se charge du service le matin. Elle n'est venue que bien plus tard, sur le coup de 10 heures. Maintenant que j'y pense, je la trouve un peu fatiguée, ces temps-ci. À mon avis, elle devrait se reposer, changer d'air… (Le regard de Marjorie se fit vague.) Oui, c'est cela, changer d'air, ce serait bon pour tout le monde. Il règne une drôle d'atmosphère dans cette maison, comme si l'air y était malsain. Par moments, j'ai l'impression de vivre au milieu de personnes plus étranges les unes que les autres… à tel point que j'en viens à me demander si ce n'est pas moi qui suis étrange. L'aventure de cette nuit m'a tracassée toute la matinée. N'y tenant plus, je suis sortie, sans rentrer pour le repas de midi. J'ai erré dans la ville jusqu'à 2 heures de l'après-midi, lorsque j'ai rencontré Frances Martin…

La gorge serrée, Alan Twist évoqua la terrible affaire « Barberousse » à laquelle Étienne Martin, le mari de Frances, avait été mêlé. Un cas particulièrement épineux, une suite de meurtres inexplicables, qu'apparemment seule une créature surnaturelle avait pu commettre. Et pourtant, Dieu sait si l'explication finale avait été simple !

— … Et je lui ai confié ce que j'avais vu dans square. Elle m'a montré le journal qu'elle venait d'acheter… et j'ai compris. J'avais été témoin d'un meurtre, et de quel meurtre ! C'est alors qu'elle m'a parlé de vous, monsieur. Il paraît que son mari vous doit une fière chandelle. Vous l'avez tiré d'un bien mauvais pas, l'année dernière…

Sans un mot, le Dr Twist acquiesça d'un signe de tête. Hurst, qui s'était levé, arpentait le salon, les mains croisées dans le dos, agacé par le tour que prenait la conversation. Il revint prendre place dans son fauteuil et déclara :

— Ne nous égarons pas. Bon… D'une certaine manière, il est préférable que vous ne soyez pas allée au Yard. Votre témoignage concernant le meurtre lui-même ne nous apprend rien, sinon que l'assassin portait un manteau et un chapeau. Quant à ce que j'appellerais « la seconde partie » de votre soirée, il n'y a rien de tangible, rien qui justifie une intervention de la police.

Marjorie voulut protester, mais l'inspecteur l'arrêta d'un geste.

— Je ne dis pas que je ne prends pas votre récit au sérieux, mais convenez-en, la coïncidence serait énorme. D'autre part, supposons que l'un des locataires soit l'assassin de Radnor Square, la venue d'un policier à la pension le ferait redoubler de prudence… et nous perdrions toute chance de le confondre.

— C'est juste, approuva le Dr Twist. Je pense même qu'une intervention plus discrète, sous forme d'agent en civil se faisant passer pour un nouveau pensionnaire, lui paraîtrait tout aussi suspecte.

— Mais alors, s'inquiéta Marjorie, qu'allons-nous faire ?

Hurst ouvrit son calepin et passa en revue la liste des locataires.

— Procéder à une enquête discrète sur tout ce petit monde. Et pendant ce temps, de votre côté, vous les observerez tout aussi discrètement. L'assassin, si assassin il y a, doit être sur ses gardes. Son comportement est sans doute sensiblement différent de celui de tous les jours. Un intérêt plus soutenu pour les journaux, par exemple. Il se peut aussi que l'un des pensionnaires commente le meurtre… et chacun donnera son avis, l'assassin y compris. Ce qui peut être fort instructif.

— Je comprends, répondit Marjorie. Vous pouvez compter sur moi.

Twist, à qui la lueur d'excitation dans le regard de la jeune fille n'avait pas échappé, la mit en garde :

— Mais surtout ne prenez pas les devants ! Ne changez rien à votre façon d'être habituelle ! Certes, il ignore votre existence – en tant que témoin j'entends –, mais n'oubliez pas qu'il est sur le qui-vive. La moindre différence d'attitude pourrait lui paraître suspecte. Ce genre d'individu n'hésite pas à supprimer les obstacles qui se dressent sur son chemin.

— Je saurai être discrète, ne vous inquiétez pas.

Alors qu'elle venait de prononcer ces paroles, quelque chose lui traversa l'esprit. Mais elle eut beau solliciter sa mémoire, elle ne parvint pas à souvenir de ce fugitif détail qui, elle en était certaine, avait une importance toute particulière, un lien évident avec cette affaire.

— Je vous propose, conclut Hurst en se levant de nous retrouver ici dans… disons quatre jours. Nous ferons le point. D'ici là, je pense avoir tous les renseignements désirés. Et s'il survenait quelque événement insolite, accourez aussitôt au Yard.

Marjorie prit congé des deux hommes, remercia en leur promettant vigilance et prudence. Le Dr Twist la raccompagna.

De retour dans le salon, il trouva le policier penché sur la table, en train d'examiner les cartes qu'il avait disposées de la même façon que lui, Twist, avant la venue de Marjorie.

— Voyons ce qu'elles ont à nous apprendre, dit Hurst en faisant quelques passes magnétiques au-dessus du jeu.

— Écoutez, soupira Twist un peu confus, je vous dois…

— Silence ! J'ai besoin de me concentrer ! Ah ! ça y est !… Je vois une ombre, un homme d'une trentaine d'années. Il émet des ondes mauvaises, maléfiques… Qui est-il ? Mystère. Sur son visage, un grand X… qui se brouille, se transforme en G, puis en S… G et S… comme Graham Smith !

— Alors selon vous, Graham Smith serait notre homme ? Écoutez, Hurst, si je…

L'inspecteur se redressa brusquement face à Twist :

— C'est, du moins pour le moment, notre suspect numéro un. (Il balaya les cartes d'un geste furieux.) Notre suspect numéro un d'après le témoignage de miss Conway, *et non* de celui des cartes !

Il regagna son fauteuil, alluma un cigare, avant d'ajouter d'une voix encore vibrante d'indignation :

— J'attends vos explications. Car vous n'imaginez pas, j'espère, que j'ai cru un seul instant à votre pitrerie de tout à l'heure. Ou plutôt ne dites rien, laissez moi reconstituer les faits. Juste avant mon arrivée, Frances Martin vous prévient par téléphone de la venue de son amie miss Conway et vous donne les grandes lignes de ce qui la tourmente. Pendant que je vous faisais le compte rendu de l'affaire de Radnor Square, vous guettiez son arrivée derrière la fenêtre. Votre œil exercé n'eut aucune difficulté à repérer cette jeune fille, ce qui vous permit de m'en faire la description.

Twist eut un sourire admiratif.

— Vous me surprendrez toujours, mon cher Holmes. Ceci est l'exacte vérité.

Sensible à cette comparaison, Hurst, dont un afflux de sang vint colorer un visage qui n'en avait nul besoin, ne put réprimer un geste – extraordinaire mélange de réelle suffisance et de modestie affectée – des plus cocasses. Puis il haussa le épaules, comme s'il était établi de longue date que ses déductions se révélaient toujours exactes.

— Passons aux choses sérieuses, Twist, si vous le permettez, et dites-moi ce que vous pensez de tout cela. Le meurtrier serait-il l'un des habitants du 48 Hoxton Street ?

Twist concentra son attention sur le ruban de fumée qui s'échappait de sa pipe.

— En bonne logique, je dirais qu'il y a peu de chances, très peu. (Des plis de contrariété creusèrent son front.) Mais je ne sais pas… cette personne qui prend mille précautions pour rentrer chez elle, se rendre dans la salle de bains et faire une toilette sommaire… tout cela ne me plaît pas.

Hurst renchérit, l'air sombre :

— À moi non plus. Sans que je puisse dire exactement pourquoi.

Il sortit son calepin et lut à haute voix

— Premier étage. Une salle de bains et deux chambres inoccupées.

» Deuxième étage. Mr et Mrs Hudson, miss Marjorie Conway, miss Violet Garfield

» Troisième étage. Alfred Leaman, pianiste à Soho ; Harley Stafford, médecin retraité ; William Scott, journaliste.

» Quatrième étage. Mrs Cornelia Drake, coiffeuse aveugle ; Janet Padmore, la petite bonne ; et Graham Smith, soi-disant écrivain.

Le front sillonné de rides songeuses, le regard rivé sur ses notes, il grommela :

— Il y a quelque chose, bon sang de bon sang ! Quelque chose, là, devant mon nez, mais que je ne vois pas !

6

— Poignardée et scalpée ! déclara William Scott qui venait de s'emparer du journal. Ce qui ne fait que confirmer ce que je me tue à répéter : Londres est la ville la plus dangereuse qui soit !

« Enfin, ce n'est pas trop tôt », se dit Marjorie en étouffant un soupir de soulagement. Elle avait attendu impatiemment tout au long du repas que quelqu'un aborde le sujet qui la préoccupait. Son regard fit discrètement le tour des pensionnaires.

Du fond de son fauteuil, le Dr Stafford eut une moue désabusée et avança une main fébrile pour s'emparer de son whisky, qu'il but avec cette fausse indifférence propre au buveur invétéré. C'était un homme aux cheveux grisonnants, au visage couperosé, maigre, mais plus vigoureux qu'il n'y paraissait. En dépit de son âge, il avait encore une certaine allure. À côté de lui, Alfred Leaman, un homme d'une bonne trentaine d'années, lissa ses cheveux noirs d'une main inquiète. Bien bâti, il avait un visage d'une grande finesse de traits et un sourire à fossettes des plus avenants. Plongée dans une douce béatitude, Cornelia Drake regardait droit devant elle, avec dans ses yeux bleus cette fixité qui trahissait son infirmité. La lumière douce d'une applique murale tombait sur sa chevelure dorée qui encadrait un visage encore séduisant. Un peu plus loin, dans un coin du salon, la vieille mais encore alerte miss Garfield se tordait les mains, en proie à quelque tourment secret. Son comportement, contrastant avec son habituelle convivialité, intrigua Marjorie qui vit Mr Hudson s'approcher de la vieille demoiselle pour lui demander avec une sollicitude empreinte d'inquiétude :

— Quelque chose qui ne va pas, miss Garfield ?

— Non… Rien, ce n'est rien.

— Encore un peu de thé ?

— Non, non, je vous remercie, Mr Hudson.

Celui-ci se retourna et rencontra le regard de sa femme, qui lui fit comprendre qu'il valait mieux la laisser tranquille. Blonde, des lèvres un peu boudeuses, Mrs Hudson avait beaucoup de charme.

— Incroyable ! Quelle audace ! s'exclama William Scott, le dynamique reporter qui revint à la charge après s'être replongé dans la lecture du journal et semblait se repaître du compte rendu de l'affreux fait divers. Et il a fallu que je prenne un jour de congé, juste aujourd'hui ! se lamenta-t-il, dépité par cette malchance qui le privait d'un reportage aussi passionnant à ses yeux.

— Scalper une femme, dit Mrs Drake d'une voix vibrante d'indignation, il ne peut y avoir de crime plus vil !

— C'est la coiffeuse qui parle, rétorqua le jeune Scott. Pour vous, perdre, et de cette manière, tous ses cheveux, est ce qu'il y a de pire. D'une certaine manière, je partage votre opinion mais dans la mesure où je trouve assez originale cette façon de…

— Bonsoir, fit sèchement Alfred Leaman en se levant.

Il traversa le salon, suivi de regards étonnés et sortit sans ajouter une syllabe.

Au milieu de l'ahurissement général, William porta un doigt timide à ses lèvres, comme un enfant fautif :

— Je crois que j'ai gaffé…

— Vous n'êtes pas le seul, soupira l'ex-coiffeuse. Mais je suis plus impardonnable que vous, étant de par mon métier bien placée pour savoir à quel point ceux qui portent perruque peuvent être susceptibles et prendre la mouche à la moindre allusion.

Marjorie, qui n'avait cessé d'épier le visage de chacun, ferma les yeux, furieuse contre elle-même, contre sa mémoire qui l'avait trahie quelques heures plus tôt chez le Dr Twist, l'empêchant de révéler ce qui pouvait avoir un rapport avec l'affaire : le moment où l'on avait découvert que le si séduisant Alfred Leaman portait perruque. Cela s'était passé il y avait quelques semaines. En fait ce n'était pas l'épisode lui-même qui était important, mais ce qui avait suivi, cette singulière histoire que Graham Smith leur avait racontée… lui qui ne parlait pratiquement jamais avec les autres locataires. Graham Smith qui n'était pas descendu dîner ce soir, ce qui n'avait rien d'exceptionnel. Marjorie rouvrit les yeux, se contraignant à la vigilance. Après tout, le principal suspect n'était pas forcément le coupable.

— Vous êtes tout songeur, Mr Hudson, constata William. Auriez-vous quelque idée quant à ce meurtre ?

Mr Hudson ne répondit pas immédiatement. Il n'y avait rien de marquant dans l'aspect de ce quadragénaire, brun, aux traits réguliers, sinon qu'il arborait toujours un large sourire, ce qui n'était pas le cas pour l'instant. Lèvres pincées, il avait l'air tourmenté et ennuyé.

— Ce que je pense du meurtre lui-même, fit-il après un temps de réflexion, pas grand-chose en vérité. En revanche, cette chevelure… (Ses yeux firent un bref tour de l'auditoire.) Je ne peux m'empêcher de penser à… à quelque chose survenu ici même, il n'y a pas si longtemps.

Il y eut plusieurs signes approbateurs, mais son épouse s'indigna :

— Tu fais allusion à la ridicule histoire qu'il… que Mr Smith nous a racontée ? C'est absurde !

— Prendrais-tu sa défense ? demanda Jerry Hudson d'une voix très calme, tandis que ses mains se crispaient sur la théière.

Mrs Hudson baissa la tête sous le regard de son mari :

— Non, bien sûr…

Cornelia Drake vint à la rescousse.

— Je suis de votre avis, Mrs Hudson. Je ne vois pas le rapport entre ce meurtre crapuleux et Mr Smith.

— Je n'ai pas dit qu'il y avait un rapport ! protesta Mr Hudson en souriant. Ce meurtre m'a fait penser à son histoire, voilà tout !

Le Dr Stafford parut émerger de sa torpeur :

— Inutile de minimiser un certain air de parenté entre cette histoire et le crime. Moi, je trouve cela plutôt étrange. J'y ai songé aussitôt en lisant le journal. Je ne dis pas qu'il soit l'assassin, mais…

— Mais vous y pensez, glissa perfidement William en passant ses doigts dans ses cheveux roux.

Harley Stafford vida son verre et prit tout son temps pour allumer une cigarette. Il planta son regard – qui accusait déjà un léger abus de boisson – dans celui du jeune journaliste :

— En toute sincérité, Scott, que pensez-vous de cet oiseau de nuit qui passe ses journées à roupiller ?

— Nous n'avons guère d'affinités, mais je n'ai personnellement rien à lui reprocher. Vous me demandez ce que j'en pense ? Eh bien, je suis un peu de votre avis, il me fait penser à un oiseau de nuit, un oiseau de proie ; quelque chose entre un rapace et une fouine.

Stafford poursuivit sur le même ton :

— Il se prétend écrivain. Avez-vous déjà vu son nom ailleurs que sur la porte de sa chambre ? Sur une revue, un roman ?

— Il paraît qu'il a fait un peu de journalisme, juste après la guerre..., répondit William sans grande conviction.

— Alors je me pose une question : de quoi vit-il ?

Un silence gênant s'établit. Stafford, impérial, reprit :

— Il est malin comme un singe. L'autre soir, alors qu'il s'apprêtait à sortir – il était 10 heures passées –, je lui ai demandé s'il cherchait son inspiration dans la vie nocturne de Londres. Vous savez ce qu'il m'a répondu ? Je vous le donne en mille : son éditeur new-yorkais lui a demandé une étude sur les bas-fonds londoniens !

— Moi, ce que je trouve bizarre, ricana William, c'est ce besoin qu'il a de s'isoler, de prendre souvent ses repas dans sa chambre...

— Comme ce soir, par exemple, souligna Marjorie qui regretta aussitôt ses paroles.

Tous les regards convergèrent vers elle, et elle rougit jusqu'à la racine des cheveux.

— Que voulez-vous dire, miss Conway ? demanda Mrs Drake en tournant vers elle son regard vide.

Marjorie ne répondit pas.

— Au ton de votre voix, poursuivit l'aveugle, j'ai cru comprendre que vous insinuiez quelque chose, n'est-il pas vrai ? D'ailleurs depuis ce matin vous paraissez différente. Je vous sens – comment dirais-je ? – un peu tendue...

Janet vint desservir et l'on changea de conversation. Marjorie en éprouva un immense soulagement ; le mauvais prétexte qu'elle s'apprêtait à donner n'aurait fait que l'enfoncer encore.

Marjorie regagna sa chambre peu de temps après, s'accablant de reproches. Il ne lui restait qu'à espérer que l'assassin ne fasse pas partie de la maisonnée, sans quoi ses jours étaient comptés. Elle avait été bien maladroite. Elle passa une bonne heure à broyer du noir, avant qu'on ne frappât soudain à sa porte.

— Oui ? fit-elle en se relevant brusquement du lit où elle s'était jetée tout habillée.

La tête souriante de William – Bill pour ses intimes – apparut dans l'entrebâillement :

— Une si jolie fille qui s'ennuie toute seule dans sa chambre, vraiment, je ne puis tolérer cela.

— Qui vous dit que je m'ennuie ? répliqua Marjorie en levant fièrement le menton.

— Que diable faisiez-vous, alors ?

— Je méditais. Oui, c'est cela, je méditais.

— À propos de l'affaire de Radnor Square, n'est-ce pas ? demanda malicieusement William.

— Certainement pas, mentit-elle. J'ai d'autres préoccupations, figurez-vous. Mais au fait, quel bon vent vous amène ? Une invitation à dîner ?

— Non, mais ça pourrait se faire à l'occasion… enfin si vous acceptiez.

— J'y réfléchirai, fit-elle, très grande dame.

— Vous souvenez-vous m'avoir dit une fois être intéressée par ma collection de romans policiers ? Alors voilà, je suis prêt à vous laisser fouiner dans mes trésors. Notez bien que ceci est exceptionnel, vous êtes une des rares personnes à avoir cet insigne privilège.

Marjorie, étonnée, considéra longuement le jeune homme, se demandant la raison de ce subit intérêt pour elle. Non qu'il lui eût témoigné de l'antipathie jusqu'à ce jour ou qu'il l'ignorât – il avait toujours une petite parole aimable pour elle, quand ce n'était pas une taquinerie pour la dérider –, mais jamais il ne s'était permis d'aller la trouver dans sa chambre. À la réflexion, il n'était pas mal du tout, ce garçon. Certes, il n'avait rien d'un romantique jeune premier de cinéma – de toute façon, elle n'aimait pas ce genre-là. Un visage un peu trop rond avec des taches de rousseur, mais le regard direct de ses yeux bleus, franc et malicieux, éclipsait tout le reste.

Une minute plus tard, tous deux se retrouvaient un étage plus haut, face aux rayonnages chargés de livres aux titres prometteurs : *La Maison du bourreau, La Mort dans les nuages, Trois cercueils se refermeront.* Outre les romans policiers, il y avait de nombreuses études sur des causes criminelles célèbres. Mais la bibliothèque, quoique spacieuse, ne parvenait pas à loger tous ces ouvrages et des livres s'entassaient un peu partout.

— Impressionnant, fit Marjorie, admirative. Mais je trouve que vos goûts littéraires sont… disons très orientés.

— Je le reconnais, répondit William non sans fierté. Mais j'y suis contraint : n'oubliez pas que je tiens au journal la critique des romans policiers, entre autres. D'ailleurs… (il la regarda dans le blanc des yeux) vous m'en semblez assez friande ?

— En effet, et je vous avouerai que j'ai du mal à en lâcher un avant de l'avoir terminé. Je vous préviens tout de suite, je ne sortirai pas d'ici sans avoir délesté votre collection de quelques spécimens.

William ne fit aucun commentaire, il gagna la fenêtre et s'absorba dans la contemplation de la nuit.

— Le crime est une chose fascinante, déclara-t-il au bout d'un moment.

— Pardon ?

— Une chose fascinante, c'est bien ce que j'ai dit. Je ne parle pas de ces règlements de comptes entre gangsters ou de ces voyous qui sortent leur couteau pour un oui ou un non. Je pense aux crimes parfaits, qui sont le fruit d'un plan mûrement réfléchi, longuement médité, où chaque éventualité est envisagée, analysée, où rien n'est laissé au hasard. Ces meurtres-là sont des chefs-d'œuvre, conçus par de véritables artistes, pour ne pas dire des génies.

Marjorie fut tout aussi surprise par ces propos que par le ton sur lequel ils étaient prononcés. Elle, regarda pensivement son compagnon, toujours accoudé à la tablette de la fenêtre, dont elle ne voyait que les épaules vigoureuses et les cheveux flamboyants.

— Vous parlez des romans !… dit-elle sur un ton qui attendait une réponse positive.

— Absolument pas.

Silence.

— Ah ! oui…, reprit-elle d'une voix mal assurée. Je vois ce que vous voulez dire. Vous comparez la réflexion du criminel à celle… à celle d'un général étudiant son plan de bataille… ou à celle d'un chercheur scientifique… ou encore… mais enfin ces choses-là n'existent que dans les romans !

— Pas du tout ! répliqua-t-il en se retournant pour fixer sur elle un regard insondable. Ces choses-là, comme vous dites, existent bel et bien. Il n'y a qu'à prendre en considération le nombre de crimes non élucidés pour s'en convaincre.

— Oui, c'est un raisonnement qui se tient…

— Et lorsqu'on arrive à confondre ce genre de criminels, poursuivit William en s'approchant doucement d'elle, on se rend compte que ce sont des gens tout ce qu'il y a de plus ordinaires, des gens dont l'entourage aurait été prêt à jurer qu'ils sont au-dessus de tout soupçon. En un mot, ils peuvent être n'importe qui !

— Oui, oui…

Arrivé à deux mètres d'elle, il s'arrêta et sa figure s'illumina d'un étrange sourire qui glaça Marjorie jusqu'aux os. Elle tâtonna dans son dos pour prendre appui sur la bibliothèque.

— Prenons par exemple le meurtre de la nuit dernière, cette femme qu'on a poignardée puis scalpée. Qu'en pensez-vous ? De quel type de crime s'agit-il ?

— Heu… un crime de sadique, de maniaque sexuel…

— Certainement pas, ma chère. L'originalité du meurtre indique clairement la réflexion, donc un plan. Un plan établi par une personne intelligente, ajouta-t-il avec emphase, une personne intelligente telle que moi, par exemple !

« C'est lui, pensa Marjorie avec terreur. Ses lectures l'ont rendu fou à lier. Essayons de gagner la porte. »

William dut lire dans ses pensées, car il se plaça en travers de son chemin, l'air menaçant. Il y eut un épais silence, puis il partit d'un long éclat de rire.

— Ha ! Ha ! Ha ! Vous étiez sûre que j'étais l'assassin ! Et ne me dites surtout pas le contraire !

Rassurée mais furieuse, Marjorie approuva de la tête.

— Pardonnez-moi cette petite plaisanterie, mais vous sembliez tellement sur vos gardes, ce soir comme si vous redoutiez quelqu'un. Quelqu'un de la maison.

Marjorie sursauta. Que savait-il au juste ?

— À propos, comment va le Dr Twist ? Je vous ai vue aller chez lui, cet après-midi.

Cette fois-ci, elle capitula. Elle se laissa tomber sur l'unique siège de la chambre et confia au reporter tout ce dont elle avait été témoin la nuit passée.

— … mais au nom du ciel, supplia-t-elle, gardez ceci pour vous !

— Parole de scout, n'ayez crainte.

— Au fait, vous me suiviez à la trace ?

William parut amusé :

— Non, j'étais chez un ami qui habite juste en face du Dr Twist. Il a commenté de façon très élogieuse une passante, je l'ai rejoint à la fenêtre, et j'ai constaté que l'objet de son admiration… c'était vous.

Marjorie haussa les épaules, disciplina machinalement ses cheveux et répliqua :

— Tout cela n'a pas l'air de vous inquiéter outre mesure.

— De deux choses l'une, fit William en comptant sur les doigts. Ou l'épisode de la salle de bains n'est que pure coïncidence – auquel cas il n'y a pas de quoi s'alarmer – ou alors… notre inconnu est bien l'assassin de Radnor Square. Et dans ce cas-là (il fit une grimace), il faut se rendre à l'évidence… L'assassin est parmi nous !

— Vous tenez à me faire passer une autre nuit blanche !

— D'un certain point de vue, je dirais que c'est préférable, dans la mesure où il vaudrait mieux que vous soyez sur vos gardes vingt-quatre heures sur vingt-quatre. Ah ! autre chose : essayez d'être un peu plus discrète, plus naturelle. Même Mrs Drake, malgré son infirmité, a remarqué que vous n'étiez pas dans votre assiette. Mais Dieu merci, Smith n'était pas là !

— Alors vous pensez aussi que c'est lui ?

— S'il doit s'agir de l'un d'entre nous, je répondrai oui sans hésiter. Surtout avec ce que nous savons. Pour l'heure, je vous conseillerai de vous en tenir à ce que vous a dit le Dr Twist. Attendons les résultats de l'enquête de la police. S'il y a quelque chose de louche dans la vie de ce Smith, ils ne manqueront pas de le découvrir.

Bien qu'elles fussent prononcées sur un ton calme et plein d'assurance, ces paroles ne réconfortèrent aucunement Marjorie. Ses deux grands yeux affolés étaient rivés sur le jeune homme, qui lui dit paternellement :

— Ne vous inquiétez pas, votre copain Bill saura veiller sur vous.

7

Marjorie voulut regagner sa chambre, mais tant de choses se bousculaient dans sa tête qu'elle se retrouva au rez-de-chaussée.

Alors qu'elle était sur le point de rebrousser chemin, elle vit miss Violet Garfield sortir du salon. Celle-ci se retourna pour refermer soigneusement la porte et vint à sa rencontre. Elle considéra la jeune fille avec gravité mais ne dit mot. Ce silence parut curieux à Marjorie. Surtout de la part de miss Garfield. Tout aussi surprenant était son regard, où ne brillait pas l'habituelle lueur malicieuse. Elles montèrent toutes deux au deuxième, où se trouvaient leurs chambres.

Miss Garfield gardait la main sur la poignée de la porte, hésitante. Soudain, Marjorie fut saisie d'une prémonition, bien qu'elle ne pût la définir. Elle scruta le couloir tendu d'un papier jaune pâle parsemé de violettes. L'éclairage parcimonieux de deux globes dépolis révélait les boiseries sombres des portes, accrochait des fils d'argent dans les cheveux gris de la vieille demoiselle et accusait ses rides.

Cette dernière parla enfin :

— Soyez prudente, mon enfant, très prudente.

— Mais..., hésita Marjorie, de quoi voulez-vous parler ?

Levant vers sa voisine des yeux très expressifs, miss Garfield, avant de pénétrer dans sa chambre, acheva :

— Vous savez très bien ce que je veux dire, ne jouez pas avec le feu.

Ne bougeant pas plus qu'une statue, Marjorie entendit la serrure se fermer à double tour. Elle sentit les larmes lui monter aux yeux, se précipita dans sa chambre et s'enferma elle aussi.

Après avoir préparé la table pour le breakfast du lendemain, Mrs Hudson éteignit la lumière du salon. Elle gagna la cuisine où elle trouva son mari installé à table, fumant une cigarette, soucieux. Il lui jeta un bref coup d'œil, écrasa son mégot, puis se leva.

— Excuse-moi pour tout à l'heure, dit-il, je me suis emporté et...

Nichant sa tête au creux de l'épaule de son mari, Ellen Hudson répondit :

— Je t'en prie, mon chéri, c'est bien moi la responsable si j'ai pu te rappeler... Mais je t'assure que je ne pensais pas à lui en tant que... Je trouvais simplement qu'il était absurde de faire un rapprochement entre cet horrible meurtre et le fait qu'il ait un jour coupé les cheveux à une femme. Si tu savais combien je regrette cet… j'avais perdu la tête, ce jour-là… Il faudra lui dire…

— Ah non, alors ! Pour lui, un renvoi équivaudrait à un triomphe ! Il se donnerait une importance qu'il n'a pas. Il faut le traiter par le mépris. S'il part, ce sera de son plein gré !

Ellen Hudson ne répondit pas.

— Ne te fais pas de mauvais sang, ma chérie. Tout est oublié. Je te le jure. J'ai la plus belle et la plus tendre des femmes, et je suis le plus heureux des maris.

— Tu le penses vraiment ? demanda-t-elle en lui caressant la nuque.

Jerry Hudson l'écarta un peu de lui pour plonger son regard dans celui de sa femme :

— Ma parole ne suffit-elle pas, Mrs Hudson ? Vous faut-il des preuves plus tangibles ?

Mrs Hudson rosit, sourit et baissa les paupières :

— Je suis très fatiguée, aujourd'hui… À propos, je te remercie d'avoir servi le petit déjeuner ce matin, je n'étais vraiment pas en forme et…

Jerry Hudson l'arrêta d'un geste et, l'air parfaitement sérieux, lui recommanda :

— Si tu es fatiguée, il faut te coucher sans plus tarder… je viendrai te border.

Installé à la table qui faisait office de bureau, Graham Smith lisait attentivement le journal. Un seul article retenait son attention, celui relatant le meurtre de Radnor Square, où il apparaissait clairement que la police n'avait pas la moindre piste pour le moment.

Un observateur avisé aurait eu bien du mal à définir l'expression qui animait ses traits. L'éclat singulier qui filtrait derrière ses paupières mi-closes n'avait en tout cas rien de rassurant.

Grand et mince, il avait un visage allongé, aux joues creuses, des lèvres minces et d'épais sourcils. Un teint mat et des cheveux noirs légèrement bouclés.

Après l'avoir lu et relu, il ferma d'un geste calme son journal et alluma une cigarette. Puis il vint se placer devant la fenêtre qui lui offrait une vue plongeante sur l'arrière-cour, où il ne distinguait pas grand-chose tant il faisait sombre, et il évoqua Radnor Square. Il demeura immobile un bon moment, la cigarette entre les lèvres, songeur.

Il secoua plusieurs fois la tête, l'air tracassé, avant de regagner sa table. Il ouvrit un tiroir, en retira un petit carnet noir qu'il fixa un temps avant de l'ouvrir. Il tourna les pages une à une, avec méticulosité. Un semblant de sourire venait de naître sur ses lèvres, mais qui s'accentuait à mesure qu'il progressait dans sa lecture. Quand il vit le nom de Sally Jackson inscrit en lettres capitales, il arrêta son mouvement. Son sourire se figea en un rictus sournois, déplaisant. Après une longue pause, il haussa les épaules et s'empara d'un crayon pour tracer une grande croix bien nette sur le nom de la victime.

À ce même moment, Cornelia Drake entendait sonner 10 heures à sa pendule. Debout devant sa coiffeuse, elle lissait la perruque d'un mannequin qu'elle venait de sortir de son armoire. Ses mains passaient et repassaient sur l'opulente toison dorée. Elle goûtait intensément cet instant de bonheur, qu'elle renouvelait presque chaque soir, se rappelant le temps où ses mains s'activaient au-dessus de têtes, bien vivantes, celles-là.

Bien des clients s'en remettaient à elle pour le choix de leur coiffure, se fiant à son goût très sûr et à sa parfaite maîtrise dans l'exercice de son métier. Notamment Mrs Benson, qui était difficile à satisfaire et exigeait une coiffure différente presque à chaque séance.

Mrs Benson, Mrs Sarah Benson...

Ce nom résonna étrangement aux oreilles de Cornelia Drake et ses mains furent prises d'un léger tremblement. À cette époque-là, ses yeux l'avaient déjà trahie à plusieurs reprises, mais elle était toujours parvenue à terminer ses coupes et ses mises en plis sans que personne n'eût remarqué quoi que ce fût d'anormal. Jusqu'au moment où Mrs Benson... À cette évocation, Mrs Drake fut si troublée qu'elle crut entendre parler le mannequin :

— ... Et Monsieur est monté sur ses grands chevaux. Je n'allais pas en rester là... Oui, un peu plus à gauche, en dégageant le front... c'est très bien ainsi, Mrs Drake... Vous savez bien comment ils sont, de grands gosses, on leur donne le petit doigt et...

— Oui, oui, comme je vous comprends, Mrs Benson...

— Toujours est-il que j'ai décidé de mettre le holà à ses prétentions. J'ai immédiatement... Oui comme cela, c'est parfait ; je trouve que cela met en valeur la ligne de mon cou et... mais que attention ! Vous me... Ahhh !!!

Elle avait alors commis l'impardonnable erreur de lui expliquer pour quelle raison elle lui avait légèrement entaillé le cuir chevelu : sa vue déclinante en était responsable, et c'était à cause de son sursaut à elle, Mrs Benson, que le lobe de l'oreille avait été touché.

L'incident se répandit comme une traînée de poudre, considérablement grossi – on parla de flots de sang – et ses clients, qui du jour au lendemain cessèrent de l'être, l'appelèrent « la coiffeuse aveugle ». Ce fut une rude épreuve, à laquelle s'ajouta la mort accidentelle de son mari, le mois suivant. La vente de son salon et un héritage opportun lui assurèrent cependant un avenir paisible. Le temps accomplit son œuvre. Elle accepta sa cécité, rêvant à son métier, à son art, aux chevelures de ses clientes que ses mains créatrices modelaient à son gré.

Sur le mannequin immobile, les cheveux dociles reprenaient vie sous les doigts de Mrs Drake qui souriait à nouveau, plongée dans son rêve.

Blottie sous ses couvertures, les yeux grand ouverts dans l'obscurité, Marjorie passait en revue les nombreuses bévues de sa journée. Elle avait la pénible impression d'avoir été percée à jour. Mrs Garfield lui avait laissé entendre qu'elle savait tout. Mrs Drake lui avait dit sans ambages qu'elle trouvait son comportement inhabituel, et devant tout le monde en plus ! Non... Graham Smith était absent. Heureusement. Il ne lui restait plus qu'à prier pour que l'assassin – à supposer qu'il fût bien l'un d'entre eux – et le locataire du quatrième étage ne soient qu'un seul et même personnage.

Ce qui la mettait hors d'elle et l'humiliait, c'était ses confidences à William Scott. Non qu'elle n'eût point confiance en lui – encore qu'il ait réussi à semer le doute dans son esprit l'espace d'un instant, le bougre ! –, mais ses aveux lui paraissaient vraiment trop spontanés. Elle aurait dû le laisser languir, se faire un peu prier ; avant de condescendre, après force hésitations, à lui révéler ce dont elle avait été témoin. Son enquête avait bien mal commencé. Non seulement elle n'avait pas progressé... Si !... Elle s'était tout de même souvenue de cette scène, survenue quelques semaines plus tôt et qui, elle en était convaincue, avait un rapport avec le meurtre. C'était vers la fin août ou au début de septembre. Marjorie revoyait avec précision le moment où Alfred Leaman avait perdu sa perruque.

La soirée était plutôt fraîche pour la saison et Mr Hudson avait fait une flambée dans la cheminée. Les pensionnaires étaient tous présents, ce qui leur arrivait rarement. Surpris de se voir si nombreux, ils restaient silencieux, tandis que la pluie tambourinait sur les carreaux. Alfred Leaman, dont la croisière aux Bahamas venait d'être annulée *in extremis*, était comme un lion en cage. Il allait et venait devant la cheminée, les mains croisées derrière son dos. Son état d'extrême agitation semblait amuser Graham Smith, qui l'observait d'un œil narquois.

— L'automne approche à grands pas, avait-il déclaré inopinément, rompant ainsi un silence qui s'éternisait. Ce qui n'a rien de réjouissant… à Londres.

Le fait que Graham Smith eût pris la parole le premier n'avait pas manqué de provoquer un certain étonnement. Mais ce qu'il avait ajouté ne surprit personne :

— Il est certain que sous les tropiques, cette saison doit être supportable, voire très agréable… L'Amérique centrale me semble un…

— Arrêtez, je vous prie ! avait rétorqué sèchement Alfred Leaman, se prenant les cheveux à pleines mains dans sa rage. Vos allusions à peine voilées sont du plus mauvais…

Il n'avait pas achevé sa phrase, s'étant rendu compte que, dans sa colère, il venait d'arracher sa perruque et se retrouvait la tête déplumée devant une assistance interloquée. Sous les regards stupéfaits fixés sur son crâne qui virait au ponceau, il avait bafouillé :

— Heu… ce n'est pas grave. Ne vous inquiétez pas. C'est une perruque… rien qu'une perruque.

Le grand séducteur était chauve. Quelques rires étouffés avaient troué le silence. Horriblement gêné, Alfred Leaman avait pivoté sur ses talons et pris la porte. À la suite de quoi Graham Smith s'était mis à rire, sans aucune retenue cette fois-ci. Il s'était arrêté net, conscient sans doute de l'incongruité de son hilarité, et senti obligé de s'expliquer. Il avait raconté – après maintes hésitations, mais capitulant finalement sous les regards insistants de l'auditoire – une bien étrange histoire :

— Il y a longtemps de cela, je me suis rendu coupable d'un acte dont je n'ai pas lieu d'être fier. Mais j'avais alors à peine 16 ans, âge où l'on donne libre cours à son imagination, sans trop réfléchir aux conséquences de ses actes. En voyant la tête de Leaman, je n'ai pu m'empêcher de penser à... mais commençons par le commencement.

» Ma mère n'avait pas eu beaucoup de chance avec ses maris. Le premier l'a abandonnée dès la naissance de ma sœur, enfin ma demi-sœur. Quant au second, mon père, il est mort d'une maladie pulmonaire, j'avais alors 3 ans. Et par la suite... Certes, la vie ne l'avait pas gâtée avec ses compagnons, mais elle était si crédule... Nous vivions donc au jour le jour, avec comme seules rentrées d'argent les quelques contrats qu'elle parvenait à décrocher, car elle était comédienne. À l'époque où se situent les événements, elle avait acquis une certaine notoriété – dans ce milieu-là du moins – et nous commencions à vivre décemment, si je puis dire.

Graham Smith avait fait une pause, le regard lointain.

— Elle avait de très beaux cheveux, noirs comme l'ébène, qui tombaient en cascades soyeuses sur ses épaules lorsqu'elle les dénouait. En fait, c'était ce qu'elle avait de mieux. Si je vous donne cette précision, c'est qu'elle a son importance.

» Nous avions loué un cottage meublé dans un petit village près d'Epsom. Diana, ma sœur, n'avait pas tout à fait 20 ans. La maison la plus proche était occupée par une Mrs... le nom m'échappe... Ah oui ! Mrs Crawshaw, qui exerçait la même profession que vous, Mrs Drake. Ma mère se rendait régulièrement chez elle pour se faire coiffer. À cette époque, elle avait été engagée par le directeur d'un music-hall, pour des rôles un peu particuliers. Ce type-là, directeur-régisseur et acteur à l'occasion, avait le génie de la mise en scène et avait décidé de monter des spectacles en s'inspirant de l'Histoire ancienne. Ma mère, qui était alors sans engagement, avait été retenue en grande partie pour la beauté de sa chevelure. Son premier rôle était tiré des contes des *Mille et Une Nuits*. Elle était Dinarazade, sœur de Schéhérazade, et avait pour mission de charmer le sultan, tandis que Schéhérazade racontait ses contes, mais vous connaissez cette histoire, n'est-ce pas ? Imaginez une scène avec, au premier plan, le sultan vautré sur sa couche au milieu d'un tas de coussins, et à ses pieds, côté public, Dinarazade et sa merveilleuse chevelure qui chatoyait sous les projecteurs tout en lui tenant lieu de costume. Ce fut un triomphe ! Pour le second spectacle, on piocha dans l'antiquité grecque, le clou étant : *Phryné devant ses juges.*

Il y avait eu des mouvements divers dans l'auditoire. Le Dr Stafford paraissait sortir de son apathie. Miss Violet Garfield avait eu un léger sursaut, mais elle ne perdait pas pour autant une miette du récit. Mrs Drake semblait passionnément attentive depuis que Graham Smith avait parlé des cheveux de sa mère. Mr Hudson écoutait, impassible ; sa femme un peu gênée, à côté de lui. William Scott, que la loquacité inhabituelle du locataire du quatrième étage avait surpris, s'amusait discrètement des réactions des uns et des autres.

— Mesdames, soyez sans crainte pour vos chastes oreilles, avait continué Graham Smith avec ce sourire ironique qui horripilait Marjorie. Le metteur en scène traita avec adresse ce sujet un peu… scabreux. Mais que je vous explique, je passe sur les décors et les costumes. À gauche la foule, à droite les juges, et entre eux Phryné et son défenseur. Lorsque, à court d'arguments, l'avocat se décidait à présenter aux juges le corps du délit et dégrafait la tunique de l'accusée, celle-ci (ma mère) défaisait d'un geste le ruban croisé sur son chignon, retirait en moins de temps qu'il n'en faut pour le dire les grandes épingles qui le maintenaient ; un mouvement souple de la tête et la nappe soyeuse de ses cheveux se répandait sur ses épaules, tombant jusqu'à la taille, tandis que la tunique glissait lentement. La lumière s'éteignait et le rideau se refermait. Puis la lumière revenue, à la grande satisfaction des spectateurs, le rideau se rouvrait sur les juges figés dans leur admiration. Mais Phryné restait cachée – en réalité, elle avait quitté la scène – par une partie du rideau, pendant son acquittement voté dans l'allégresse. Elle ne revenait que pour le final, acclamée par le public.

» On jouait à guichets fermés aux nombreuses représentations suivantes. Il y avait même un spectateur du premier rang qui venait régulièrement sans doute dans l'espoir d'un léger retard dans la fermeture du rideau et l'extinction des lumières

Le Dr Stafford et William Scott évitaient de se regarder, tant ils avaient du mal à réprimer leur hilarité, afin de ne pas scandaliser davantage miss Garfield. Graham Smith semblait fort satisfait de l'effet produit par son ahurissant récit :

— Comme on dit… jamais deux sans trois, et on était reparti sur un sujet biblique : *Samson et Dalila*. Ma mère étant Dalila, bien entendu. Le Samson en question était un malabar affublé d'une perruque que cette chipie de Dalila devait couper pendant son sommeil. Inutile de vous faire un dessin, je pense.

Le visage de Graham Smith s'était assombri brusquement :

— C'est maintenant que les choses se gâtent. Le directeur remit à ma mère un flacon du produit qui devait permettre de crêper plus efficacement ses cheveux au fer à friser. Elle le confia à Mrs Crawshaw en allant prendre rendez-vous pour le jour de la première. C'est avec appréhension que ma chère maman se rendit chez sa coiffeuse, très contrariée de devoir crêper ses cheveux, mais dans l'impossibilité de protester : on voulait une coiffure d'époque et elle se résignait. Quand elle rentra à la maison dans un état indescriptible, avec des cheveux qui ressemblaient à des algues brûlées, nous avons eu un choc. C'était une catastrophe, un désastre. Heureusement que le crâne avait été épargné jusqu'au niveau des oreilles : elle n'avait que peu de traces de brûlures. Que s'était-il passé ? Mrs Crawshaw s'était-elle trompée de flacon ? Elle jurait que non, que si erreur il y avait, elle incombait à celui qui lui avait fourni la fiole. Bien entendu, le directeur, hors de lui, déclinait toute responsabilité et rejetait là faute sur la coiffeuse. Celle-ci fut catégorique : elle n'y était pour rien, un point c'est tout. En attendant, ma mère était au chômage, il avait fallu la remplacer au pied levé. Craignant une publicité gênante, le directeur la dédommagea assez généreusement. Cela lui permettait à tout le moins de se remettre de ce choc. Oui. Mais après ? Et avec ça ma sœur qui poursuivait ses études… Nous étions dans de beaux draps.

» J'étais, quant à moi, dans une rage folle. J'en voulais terriblement à Mrs Crawshaw. J'étais dans une telle colère que je ne parvenais plus à dormir. Maman, Maman et ses beaux cheveux ! Quelques jours plus tard, vers 2 ou 3 heures du matin, j'eus une idée que je trouvai géniale. J'allais venger ma mère. Aussitôt, je me rendis chez notre voisine… je la surpris dans son sommeil et je lui coupai les cheveux ! Le lendemain, je n'étais plus si fier de moi, ma mère et ma sœur étaient mortes de honte… et Mrs Crawshaw voulait porter plainte.

— Mais à ce compte-là, était intervenue Mrs Drake, votre mère aurait pu en faire autant !

Smith avait baissé la tête pour répondre :

— C'est que… la situation n'était pas tout à fait la même. Mrs Crawshaw s'était débattue lorsque je lui avais coupé les cheveux… sans ménagement, à coups de ciseaux vengeurs, et je l'avais blessée sans le vouloir. Ce n'était pas trop grave, mais… Quoi qu'il en soit, ma mère décida de plier bagages. Nous partîmes en pleine nuit, quatre ou cinq jours après mon regrettable exploit, sans avoir prévenu qui que ce soit. Après avoir erré dans Londres d'un hôtel à l'autre, elle décida de changer d'air. C'est ainsi que nous embarquâmes sur le *White Star* à destination des États-Unis. Mais la malchance nous poursuivait puisque le bateau fit naufrage. Je fus l'un des rares survivants. Ma mère et ma sœur n'eurent pas cette chance.

» Quand je vous disais que je n'étais pas très fier de moi, je pensais surtout aux tragiques conséquences de la coupe de cheveux de Mrs Crawshaw.

Harley Stafford ne dormait pas. Comme d'habitude, le sommeil le fuyait. Il s'endormait rarement avant 2 heures du matin et sans avoir eu son compte de petits verres. Son esprit commençait alors à se brouiller, mais c'est avec clarté qu'il se remémorait certains souvenirs.

Affalé dans son fauteuil, les jambes sur un tabouret, il regardait fixement la photo encadrée, en évidence sur son bureau.

Comme elles étaient belles…

Son regard effleura la bouteille vide à côté de sa main, puis se posa sur l'armoire. Il voulut se lever mais se ravisa pour contempler encore les deux visages qui lui souriaient dans leur cadre doré ; une jeune fille et une femme, le printemps dans toute sa grâce et l'été à son apogée. Il les avait photographiées assises sur le vieux banc au fond du jardin, sous le cerisier en fleur.

Pourquoi, Seigneur, me les avoir reprises ? Pourquoi ?

Il n'était plus de la première jeunesse quand il avait rencontré Linnet, à une époque où il se voyait parfaitement finir dans la peau d'un vieux garçon. Le destin en avait décidé autrement et avait placé sur son chemin une femme, dont il sut, dès qu'il la vit, qu'elle serait *sa* femme. Il l'épousa au printemps, trois semaines après leur rencontre. Un bonheur sans nuage, et la venue d'un ange : Bessie.

Son regard revint sur l'armoire, et cette fois-ci il se leva. L'étagère du haut était chargée de plusieurs bouteilles de whisky. Il éleva une main tremblante pour s'emparer de l'une d'entre elles et reprit sa place dans le fauteuil, se demandant pourquoi il avait retardé son geste et pourquoi un homme de son âge se priverait des dernières satisfactions que la vie pouvait lui offrir. Dans un silence religieux, le liquide ambré emplit son verre.

Comme Bessie ressemblait à sa mère ! C'était vraiment frappant ! La même tendresse dans le regard, la même chevelure longue et lustrée... Elles étaient si jolies... Pourquoi me les avoir reprises, Seigneur, pourquoi ?

Il vida son verre d'un trait. Ses yeux devinrent vitreux, une veine gonfla sur sa tempe. Ce ne fut d'abord qu'un lointain ululement, à peine perceptible, mais après une nouvelle gorgée de whisky le bruit des sirènes s'amplifia, lugubre, lancinant, suivi d'un vrombissement qui se rapprochait dangereusement. Puis le fracas des bombes... le noir total. Le sol se crevassa sous ses pieds... C'était la fin, le néant.

Un tumulte de voix lui parvenait, il essayait de parler, de crier... En vain ! Il pouvait à peine respirer, coincé qu'il était sous une grosse poutre. Plusieurs heures s'écoulèrent avant qu'il ne fût dégagé. Dès qu'il put tenir sur ses jambes, il s'activa fébrilement sur ce qui restait de sa maison, fouillant désespérément les décombres. « Plus vite, plus vite ! hurlait-il aux sauveteurs. Elles sont là, quelque part, elles doivent être là ! Dépêchez-vous, elles sont encore en vie... » Quelqu'un souleva une porte couverte de plâtras et l'on vit apparaître une masse de cheveux bouclés émergeant des débris. Linnet ou Bessie. Il se précipita et déblaya les gravats à s'en arracher la peau des mains. C'était Linnet. Elle ne bougeait plus, ne respirait plus. Sous elle, dans ses bras... Bessie. Morte elle aussi.

Harley Stafford émergea de sa torpeur, mais il avait encore devant les yeux l'image de sa maison que les oiseaux de mort venaient de détruire... les débris de plâtre... et la masse soyeuse des beaux cheveux châtains que ses mains ne caresseraient plus jamais.

8

Le lendemain mercredi, Marjorie, derrière la fenêtre de sa chambre, regardait tomber les premiers flocons de neige. Il était 5 heures de l'après-midi et elle ne savait toujours pas si elle devait mettre l'inspecteur Hurst au courant de l'extravagant récit de Graham Smith. L'esprit obnubilé par cette histoire, convaincue que ceci avait un rapport avec le meurtre de Radnor Square, elle avait eu une nuit agitée. Mais maintenant, en plein jour, elle n'en était plus sûre du tout.

Cette nuit de mardi s'était déroulée de façon tout à fait normale, au point qu'elle commençait à douter de la présence d'un assassin dans la pension. Elle eût été incapable de dire si ceci la soulageait ou la décevait. Certes, ce sentiment d'un danger latent était éprouvant, mais… le rôle de détective adjoint était loin de lui déplaire.

Les yeux braqués sur l'arrière-cour qui commençait à s'enneiger tout doucement, elle pensa à William Scott, qu'elle n'avait pas encore vu de la journée. Tous avaient été présents au lunch excepté lui. À coup sûr, il avait dû passer son temps à enquêter sur le meurtre. Elle le verrait ce soir. S'il comptait faire cavalier seul, c'est qu'il la connaissait bien mal. À la réflexion, il y avait quand même eu quelque chose d'inhabituel, aujourd'hui : le comportement de miss Violet Garfield. Tout au long du repas elle n'avait pas soufflé mot et son regard était plus soucieux encore que la veille. Qu'est-ce qui pouvait tourmenter à ce point la vieille demoiselle ?

L'horloge du salon sonna la demie de 5 heures, sans troubler le profond sommeil de Mrs Cornelia Drake, dont on entendait la respiration lente et régulière monter du fauteuil où elle était blottie. Le crépuscule peuplait d'ombres la vaste pièce. Mais les flocons de neige que l'on voyait danser derrière les fenêtres animaient d'une vie nouvelle le salon endormi.

La porte donnant sur le couloir s'ouvrit doucement et la tête de miss Violet Garfield parut dans l'entrebâillement. Elle arrêta son regard sur Mrs Drake, réfléchit un court instant, puis entra. Elle se dirigea vers le téléphone sur la pointe des pieds, sans perdre de vue la dormeuse dans son fauteuil. Elle décrocha le combiné, respira profondément et demanda Scotland Yard. L'attente lui parut interminable et la sonnerie d'appel également.

Attentive et anxieuse, le récepteur collé à l'oreille, miss Garfield ne vit pas s'entrouvrir la porte par laquelle elle venait d'entrer.

— Allô !… Scotland Yard ? Je désirerais parler à l'inspecteur Archibald Hurst… Mon nom ? Oui bien sûr, miss Violet Garfield… Très bien, j'attends.

Bien que ses paroles eussent été prononcées à voix basse, aucune d'entre elles n'avait échappé à la personne qui se tenait, légèrement en retrait sur le pas de la porte, silencieuse et immobile. Une lueur étrange s'était allumée dans son regard, et c'est avec une attention accrue qu'elle écouta les propos de miss Garfield.

— Il n'est plus là ? C'est très ennuyeux… Pourrait-on lui laisser un message ?… Très bien, alors dites-lui de passer me voir dès que possible ?… Miss Garfield, c'est bien cela… au 48 Hoxton Street. Je vous remercie infiniment.

La porte se referma sans bruit. Miss Garfield raccrocha et poussa un long soupir. Après avoir jeté un coup d'œil sur l'aveugle toujours endormie, elle gagna la fenêtre et fixa d'un air absent la chaussée qui disparaissait peu à peu sous la neige.

Venant de la cuisine, Mrs Hudson fit soudain irruption dans la pièce. Elle rejoignit miss Garfield, regarda Mrs Drake et dit tout bas :

— Cela fait un moment qu'elle dort… cela ne lui arrive pour ainsi dire jamais à cette heure-ci.

— La neige sans doute, répondit miss Garfield, laconique.

— À propos de neige, j'espère que vous n'allez pas faire votre promenade habituelle, ce ne serait guère prudent.

Miss Garfield se tourna vers la maîtresse de maison et admira son gracieux visage encadré de boucles.

— Vous êtes vraiment très jolie, mon enfant, lui dit-elle d'un ton chaleureux.

— Oh ! merci, miss Garfield ! répondit Ellen Hudson, confuse. Et vous, très maligne… n'est-ce pas ? Car j'imagine que vous allez sortir quand même ?

— Vous me connaissez assez pour savoir qu'entre 6 heures et 6 heures et demie, je vais prendre l'air et ceci quel que soit le temps. Ce n'est certainement pas aujourd'hui que…

— Franchement, ce n'est guère raisonnable, miss Garfield. On a si vite fait de se tordre une cheville.

La vieille demoiselle jeta un coup d'œil sur l'horloge et eut un petit sourire pour Mrs Hudson.

— Soyez tranquille, je serai très prudente. À propos, si l'on venait me demander entre-temps, que l'on m'attende.

— Très bien, répondit Mrs Hudson, intriguée.

— À tout à l'heure, fit miss Garfield en s'éloignant.

Immobile, Mrs Hudson regarda d'un air pensif Mrs Drake

qui dormait toujours aussi profondément, puis retourna à la cuisine. Son mari était en train de fouiller dans un tiroir du buffet, l'air ennuyé.

— Qu'y a-t-il, mon chéri ?

— Rien. Enfin presque. Je connais quelqu'un qui, pour une fois, boira le même thé que nous tous. Il n'y a plus d'Oolong.

— Mais ce n'est pas possible ! Miss Garfield ne prend que celui-là ! Tu le sais très bien ! Je suis sûre qu'elle n'apprécierait pas du tout…

— Tu ne t'imagines tout de même pas que je vais sortir par ce temps uniquement pour que cette vieille bique puisse savourer son thé habituel, coupa Jerry Hudson. Pour une fois, elle n'en mourra pas. Le nôtre est excellent.

— Tu sais bien que Janet a son après-midi, tu… tu voudrais que ce soit moi qui…

— Non, bien sûr, mais… il m'avait semblé que l'absence du thé préféré de miss Garfield n'était pas une catastrophe nationale et que, pour une fois, on aurait pu faire une entorse à cette… Bon, tu as gagné, j'y vais.

— Tu es le plus adorable des maris, coupa-t-elle en lui adressant un sourire séraphique.

À 6 heures, en sortant de sa chambre, Mr Hudson vit disparaître miss Garfield au coin du couloir. Il écouta décroître son pas dans l'escalier, puis entendit descendre quelqu'un d'un étage supérieur. Arrivé au milieu de la cage d'escalier, il aperçut Graham Smith qui, comme lui, était habillé et ganté pour sortir.

— Vous allez prendre l'air, Mr Hudson ? fit celui-ci avec un sourire qui irrita prodigieusement ce dernier.

— Oui, dit-il sèchement, le visage fermé.

Sans ajouter mot, Graham Smith poursuivit son chemin. Mr Hudson serra les dents, attendit un instant, puis descendit l'escalier à son tour. La sonnette de l'entrée retentit au moment où il arrivait dans le couloir.

« Qu'est-ce encore ? » pensa-t-il, se sentant gagné par une sourde colère.

Il s'en fut ouvrir. Un jeune homme blond, vêtu d'un élégant pardessus blanc de neige et tenant à la main un bouquet de roses, lui demanda :

— C'est bien ici qu'habite miss Conway ?

— Oui. Elle vous attend ?

— C'est-à-dire que… pas exactement, mais j'aimerais bien la voir.

— Ne restez pas sur le pas de la porte, dit Mr Hudson en écartant les rideaux de la petite entrée.

À ce moment, la porte du fond du couloir s'ouvrit sur Mrs Hudson qui vint à leur rencontre.

— Chérie, je te présente un ami de miss Conway, monsieur… monsieur ?

— Schuyler, Peter Schuyler, fit-il après s'être éclairci la voix.

À la vue des roses, Mrs Hudson sourit, puis posa son regard sur le visage du visiteur, qui paraissait bien embarrassé.

— Vous… vous connaissez bien miss Conway ? demanda-t-il timidement.

Mr et Mrs Hudson échangèrent un regard étonné.

— Nous sommes les propriétaires de la pension, déclara posément Ellen Hudson. Nous sommes en bons termes avec Miss Conway, sans pour autant être intimes. Mais si vous nous expliquiez ce qui vous tracasse, nous pourrions peut-être vous aider.

Peter Schuyler, qui l'instant d'avant ne se serait pour rien au monde laissé aller aux confidences, fut sensible au charme de Mrs Hudson. Et c'est avec stupéfaction qu'il s'entendit raconter sa soirée avec Marjorie, en modifiant cependant certaines scènes à son avantage.

— Et me voilà avec mes roses, conclut-il avec un sourire un peu confus, conscient du comique de la situation.

— Si je comprends bien, fit Mrs Hudson amusée, vous redoutez un peu l'accueil de miss Conway ?

— Oui, c'est à peu près cela.

— Eh bien, nous pourrions peut-être faire quelque chose, chéri ?

Toujours en pardessus, Mr Hudson, pensif, restait silencieux, les yeux fixés sur la photographie qui ornait le mur du couloir, à droite juste après l'entrée.

— Jerry, je te parle, reviens sur terre !

— C'est une prise de vue très ancienne, d'excellente qualité, déclara Peter en s'approchant, l'air intéressé. Faisant moi-même de la photographie, j'ai quelques notions dans ce domaine. Portrait de famille ?

— Oui, répondit Mr Hudson, ce sont nos arrière-grands-parents.

— Vos arrière-grands-parents ? répéta Peter, surpris.

— Mon mari et moi sommes cousins de la troisième génération, expliqua Mrs Hudson. Ce qui ne nous a pas empêchés de nous marier, ajouta-t-elle en regardant tendrement son époux. Au contraire, c'est même en découvrant notre lien de parenté que…

— Tu ennuies Mr Schuyler, ma chérie. En revanche, je suis sûr qu'il serait bien plus intéressé par ce qui est arrivé à notre arrière-grand-mère.

— Elle a été assassinée ici même, dans ce couloir, juste derrière vous.

Peter se retourna vivement, les yeux rivés sur les lourds rideaux de velours.

— Oui, c'est bien là, continuait Mr Hudson que sa femme foudroyait du regard. Dans l'entrée. Enfin c'est ce que l'on croyait au début de l'enquête. Car en fait, il a été prouvé que personne n'avait pu commettre cet assassinat

— Mais voyons, de par sa définition même, un assassinat nécessite l'intervention de quelqu'un d'autre que la victime !

— Je vous répète que l'assassinat avait été bel bien prouvé, mais personne n'avait pu le commettre.

9

— D'après votre mine réjouie, j'ai l'impression qu'il y a du neuf ! dit le Dr Twist en ouvrant la porte à l'inspecteur Hurst.

— Rien pour le moment en ce qui concerne les pensionnaires du 48 Hoxton Street, mais j'ai quelque chose qui va vous intéresser à coup sûr.

— De quoi s'agit-il ?

— Un moment, laissez-moi me débarrasser de mes affaires, répondit Hurst, goûtant voluptueusement ces instants, d'une extrême rareté, qui lui permettaient de faire languir son ami.

Une fois confortablement installé, il ouvrit le dossier qu'il avait emporté avec lui.

— Je vous préviens tout de suite, ceci n'a pas de rapport avec le meurtre de Radnor Square. En revanche, il y a un lien direct avec la pension de Hoxton Street, qui à l'époque n'était pas encore une pension. Les murs de cette maison ont été témoins d'un meurtre particulièrement étrange, qui d'ailleurs n'a jamais été élucidé. Une sorte de meurtre en chambre close…

Twist dressa l'oreille, les yeux brillants.

— Un cas insoluble, comme vous allez pouvoir le constater. L'action se passe en 1879… eh oui, ça ne date pas d'hier. La maison était alors occupée par le colonel Oliver Hudson et son épouse, les arrière-grands-parents de Mr Hudson.

— Je parie que c'est encore Briggs qui a mis le doigt là-dessus !

— En effet. Rien ne lui échappe, à celui-là. Une véritable encyclopédie ! Je continue. Il était 6 heures du soir lorsque Mrs Hudson est allée raccompagner son professeur de piano – un certain Lee Harper – jusqu'à la rue. Le colonel se trouvait dans le couloir de l'entrée, en compagnie d'un ami, Godfrey Stock, officier en retraite, son aîné de quelques années. Mais tout d'abord il me faut vous parler de la disposition des lieux. Une porte cochère s'ouvre sur un passage d'une dizaine de mètres, donnant sur une arrière-cour. La porte d'entrée se situe à gauche, au milieu de ce passage. Il n'y a rien d'autre que cette porte et une fenêtre protégée par une grille en fer forgé. Le seuil franchi, on se trouve dans une petite entrée, séparée du couloir par des rideaux de velours.

» Mrs Hudson est dans la rue avec Lee Harper lorsqu'arrive un ami de celui-ci, Steve Dodge, musicien comme lui. Après avoir pris rendez-vous pour une autre leçon de piano, elle rentre chez elle. Harper et Dodge la voient pénétrer dans le passage. Le colonel et Godfrey Stock entendent s'ouvrir la porte d'entrée. Les rideaux s'écartent, Mrs Hudson apparaît, elle fait un pas, puis un autre, et tombe au sol face contre terre, un couteau entre les omoplates ! Hudson et Stock se précipitent, courant sus au meurtrier. Harper et Dodge, toujours sur le trottoir, affirment que personne ne suivait Mrs Hudson. L'assassin se serait donc enfui par l'arrière-cour – c'est du moins ce qu'ils pensent. Ils s'y rendent aussitôt, pour y trouver James, le fils Hudson, en compagnie de la femme de chambre. Eux aussi certifient n'avoir vu personne…

— Hum ! fit le Dr Twist en allumant sa pipe. Un assassin qui disparaît comme par enchantement. À moins qu'il n'y ait eu complicité, soit de la part du mari et de son ami, soit du professeur de piano et de l'autre musicien, soit encore du fils Hudson et de la jeune femme de chambre. Mais en ce cas leur comportement est absurde ! Il eût été plus prudent pour eux de prétendre avoir vu quelqu'un !

— Je ne vous le fais pas dire. En outre, il y avait absence totale de mobile pour chacun d'entre eux Les policiers ont d'abord supposé que l'assassin se tenait dans l'entrée dissimulé derrière l'un des pans de rideau pendant que les deux hommes se précipitaient dehors. Hudson et Stock ont soutenu avec véhémence que c'était tout à fait impossible. Ils n'auraient pu manquer de voir l'intrus.

— Et par la fenêtre grillagée ?

— Inenvisageable, la grille est scellée dans le mur et l'arme du crime ne pouvait passer à travers les losanges serrés du fer forgé.

— À quelle pièce appartenait cette fenêtre ?

— Au petit salon, là où il y avait le piano.

— Y avait-il quelqu'un à ce moment-là ?

— Miss Jennifer, la fille des Hudson, qui souffrait d'une légère infirmité. Je ne l'ai pas noté, mais je suis sûr que Briggs m'a donné cette précision.

— Et personne n'a entendu de bruit suspect ?

— Non… si, mais si ! Au moment même où Hudson et Stock entendaient s'ouvrir la porte d'entrée, il y eut un grand fracas dans la cage d'escalier. Ils ne s'en sont pas inquiétés tout de suite en voyant s'effondrer Mrs Hudson, vers laquelle ils durent se précipiter, vous pensez bien. En fait, il s'agissait de la collection d'armes blanches du colonel, dont le support venait de se détacher du mur de l'escalier où il était accroché. Vérification faite, une arme était manquante… celle qui était enfoncée dans le dos de Mrs Hudson. (Hurst se gratta l'occiput avant de discipliner sa mèche rebelle.) Curieux, très curieux, cette panoplie qui dégringole au moment même – à quelques secondes près – où l'un des éléments vient se planter dans le dos de la victime… Avez-vous une idée, Twist ?

— Aucune, soupira le détective. Ce dont nous sommes certains, c'est que le crime a été prémédité. Mais nous ne pouvons en dire davantage pour le moment. Il faudrait visiter les lieux pour s'en faire une idée... et encore faudrait-il qu'ils n'aient pas subi de transformations.

— Nous aurons peut-être l'occasion de nous en rendre compte, fit Hurst avec un sourire.

Sur ce, il referma son dossier et prit un cigare. Il frotta une allumette, puis se figea.

— Qu'est-ce qui vous prend, Hurst ? Auriez-vous trouvé la solution du mystère ?

Les traits décomposés, l'inspecteur jeta l'allumette dans le cendrier et plongea sa main dans la poche intérieure de son veston pour en retirer son calepin. Il en feuilleta rapidement les pages, puis explosa :

— Nom de Dieu de nom de Dieu ! Regardez, Twist, regardez ça !

Le Dr Twist se pencha et vit la liste des locataires de la pension.

— Ce sont nos présumés suspects... et alors ?

— Là ! fit Hurst en soulignant d'un doigt fébrile le nom de Violet Garfield.

— Je ne comprends toujours pas... Serait-elle recherchée par la police ?

— Souvenez-vous, haleta le policier, hier après-midi, je vous ai parlé d'une vieille toquée qui m'avait affirmé qu'une personne vivant sous le même toit qu'elle était sur le point de commettre un meurtre... elle le lisait dans son regard.

— Oui, vous avez même noté si nom et son adresse...

— Sur une feuille que j'ai aussitôt jetée au panier... C'était elle, Twist, c'était elle ! Miss Violet Garfield, 48 Hoxton Street !

Le visage de Twist se rembrunit.

— Calmez-vous, Hurst. Elle est passée au Yard lundi soir, c'est bien cela ?

— Oui, répondit le policier en s'épongeant le front. Vers 6 heures. Quelques heures à peine avant l'assassinat de Radnor Square...

— ... Et nous avons certaines raisons de penser que le coupable habite sous le même toit que miss Garfield.

— Mais alors nous tenons notre homme !

La sonnerie du téléphone les fit tressaillir. Twist se leva et décrocha :

— Allô... Ah ! Bonsoir, Briggs... Oui, il est là, je vous le passe. C'est pour vous, Hurst.

La conversation téléphonique fut de courte durée. Hurst raccrocha, le visage fermé, et lâcha :

— Miss Garfield m'a appelé au Yard. Elle a laissé un message me demandant de passer chez elle dès que possible.

Les deux hommes échangèrent un bref regard avant d'enfiler leur manteau.

— Incroyable ! s'exclama Peter Schuyler lorsque Mr Hudson lui eut fait le récit qui, à quelques détails près, était le même que celui de l'inspecteur Hurst au Dr Twist. Et cette collection d'armes, existe-t-elle encore ?

— Il me semble…, hésita Mr Hudson. Elle doit être au grenier… n'est-ce pas, chérie ?

Se tournant pour en avoir confirmation par sa femme, il ne vit personne. Peter, captivé par le récit, n'avait pas, lui non plus, remarqué que Mrs Hudson s'était retirée. Jerry Hudson eut un haussement d'épaules et remonta le couloir jusqu'à la porte du fond donnant sur la cuisine qu'il ouvrit :

— Ellen…

— Il faut bien que quelqu'un s'occupe du repas, non ? répondit-elle. Il est presque 6 heures et demie.

— Oui… bon. Je vais monter avec Mr Schuyler chez miss Conway. Nous allons régler cette affaire… (Il referma la porte et ajouta, avec un clin d'œil complice, pour Peter qui l'avait rejoint :) entre hommes.

— Remarquez, dit Peter en contemplant le bouquet de roses qu'il n'avait pas lâché, je n'ai pas pour habitude de me faire aider dans ce genre d'affaire, loin de là… si vous voyez ce que je veux dire.

— Tout à fait, mon cher.

— Mais dans le cas présent, la situation est assez particulière… Miss Conway est une amie d'amis… enfin j'ai une certaine réputation de gentleman, à laquelle j'ai la faiblesse de tenir.

— C'est tout à fait légitime, fit Mr Hudson en s'arrêtant devant la cage d'escalier. Je connais assez bien miss Conway. Elle a du tempérament…

— Ah ! ça oui, alors !

— … mais si on s'y prend bien…

Mr Hudson porta un doigt songeur à ses lèvres, gardant le silence.

— Auriez-vous quelque idée quant à la manière de l'approcher ?

— Oui, mais laissez-moi réfléchir… Voyons, vous dites que…

Jerry Hudson fut interrompu par l'horloge qui se mit à sonner la demie de 6 heures. Au même moment, le grincement de la porte d'entrée se fit entendre.

— Pas moyen d'être seuls une minute, grommela-t-il en indiquant l'escalier au jeune homme.

Peter s'y engagea sans tarder, avec Mr Hudson sur ses talons, qui s'exclama aussitôt :

— Bon sang ! J'ai complètement oublié le thé…

Sur quoi, la porte de la cuisine s'ouvrit sur Mrs Hudson, qui fut sur le point de parler mais garda la bouche grande ouverte, le regard braqué sur l'autre bout du couloir. Jerry porta vivement son attention dans cette même direction. Les deux pans du rideau de l'entrée étaient tendus… Quelqu'un, dont on voyait les mains, s'y agrippait… Quelqu'un dont on devinait le visage entre les tentures écartées… Un visage livide, aux yeux révulsés, crispé dans une atroce souffrance.

— Miss Garfield ! s'exclama Mrs Hudson, affolée. Qu'est-ce que…

La vieille demoiselle fit péniblement un pas en avant, puis un autre, avant de s'écrouler dans le couloir, face contre terre.

De son dos, émergeait le manche d'un poignard.

10

Mrs Hudson fut la première à parcourir la dizaine de mètres qui les séparaient de la malheureuse. Elle se baissa pour lui prendre le pouls, puis secoua la tête :

— Il n'y a plus rien à faire, elle est morte.

Les deux hommes regardèrent les rideaux de la petite entrée, que Jerry Hudson écarta d'un geste furieux : personne. Puis il ouvrit la porte et jeta un coup d'œil prudent de droite à gauche avant de sortir.

— Jerry ! s'écria Mrs Hudson en portant ses mains à la gorge. Tu es fou ! S'il est encore là, il va te…

— Allume ! fit-il sèchement alors que Peter franchissait le seuil à son tour.

La lumière de l'entrée chassa brusquement les ténèbres du passage voûté.

— Il a filé, constata Peter, plutôt soulagé.

— Ne perdons pas une minute, dit Mr Hudson en se hâtant vers la rue.

Il s'arrêta au bout du passage, les yeux rivés sur le sol.

— Il a cessé de neiger, fit Peter dans son dos, nous allons pouvoir le suivre à la trace. Regardez là, il y a…

Il s'interrompit, voyant les empreintes de pas sur la neige du trottoir. Elles étaient de petite taille et se dirigeaient vers l'entrée du passage couvert, où elles disparaissaient.

— Les pas de miss Garfield, selon toute vraisemblance, constata Mr Hudson, pantois. Et il n'y en a pas d'autres…

Tous deux se retournèrent simultanément pour regarder en direction de l'arrière-cour.

— Il n'y a pas d'issue de ce côté-là, ajouta pensivement Jerry Hudson.

— Alors…, bredouilla son compagnon, alors il est fait comme un rat !

Ils remontèrent le passage pour aboutir à la petite cour. Bien qu'il fît très sombre, la lumière de l'entrée fut cependant suffisante pour leur révéler une surface neigeuse parfaitement vierge.

Ils demeurèrent immobiles un bon moment dans la nuit froide, comme s'ils doutaient de leurs sens.

— Mais bon sang, ce n'est pas possible ! s'écria Peter en levant les yeux pour parcourir la voûte de pierres jusqu'à l'autre bout du passage. Il ne s'est quand même pas envolé !

— Attendez, dit Mr Hudson, elle a sans doute été poignardée dans la rue et elle aura réussi à gagner l'entrée…

Sans un mot, ils revinrent sur leurs pas et étudièrent à nouveau les traces bien nettes de miss Garfield le long du trottoir. À ce moment, ils aperçurent une voiture qui remontait doucement la rue pour s'arrêter finalement à leur hauteur. Deux hommes en sortirent. L'un, très grand et maigre, et le second de forte corpulence. Ce dernier s'adressa à eux d'une voix autoritaire :

— C'est ici, le 48 Hoxton Street ?

— Oui, répondit Mr Hudson, sur ses gardes. Mais qui êtes-vous ?

Le visage de l'homme se fendit d'un large sourire :

— Inspecteur Archibald Hurst, de Scotland Yard. Nous aimerions parler à une certaine…

— La police ! s'écria Peter. Dieu soit loué ! Mais comment pouvez-vous déjà être au courant ?

— Au courant de quoi ? aboya Hurst. Ne me dites pas qu'on a commis un meurtre !

— Si, il n'y a même pas cinq minutes, bredouilla Peter. Nous sommes sur la piste du meurtrier… mais il n'y a pas de traces et…

— SILENCE ! Qui a été tué ! Où ? Comment ?

— Une vieille demoiselle qui s'appelle… Miss… Miss Garfield, c'est bien cela, Mr Hudson ?

— Miss Garfield vient d'être assassinée ?… s'étrangla le policier. C'est… Mais… Twist, dites-moi que ce n'est pas vrai !

Quelques secondes plus tard, le Dr Twist et Hurst se retrouvaient devant le cadavre, écoutant les explications des témoins. Après quoi ils retournèrent dans la rue afin d'examiner les empreintes de pas. Ils les suivirent le long du trottoir, sur une bonne trentaine de mètres, jusqu'à une intersection, où elles se confondirent avec d'autres.

— Mais elle n'a pu être poignardée ici ! tonna Hurst. Comment voulez-vous qu'avec un couteau dans le dos, elle ait pu arriver jusqu'à la maison ? C'est impossible ! D'ailleurs vous avez vu comme moi que les pas sont réguliers, comme ceux d'une personne marchant tout à fait normalement !

— Elle n'a pas non plus pu être frappée le long du trottoir, intervint Twist qui se mit à rebrousser chemin en examinant attentivement les abords des empreintes de pas de la victime. Il n'y a rien, rigoureusement rien, pas la moindre trace.

Les hautes façades de brique rouge et les grilles noires qui les protégeaient s'alignaient dans la rue silencieuse, jalonnée par les halos blafards des réverbères. Sous le ciel obscur, la neige avait glacé les alentours comme un gâteau d'anniversaire, coiffant d'un chapeau blanc la boîte aux lettres qui se trouvait en face de l'entrée béante du passage du 48 Hoxton Street. Les empreintes des bottines de miss Garfield étaient bien nettes, au milieu du trottoir, entourées de neige vierge – à l'exception, bien sûr, des pas des témoins et des deux détectives. Il n'y avait pas non plus de traces sur la petite bande de terrain, large d'un mètre environ, qui séparait les maisons de

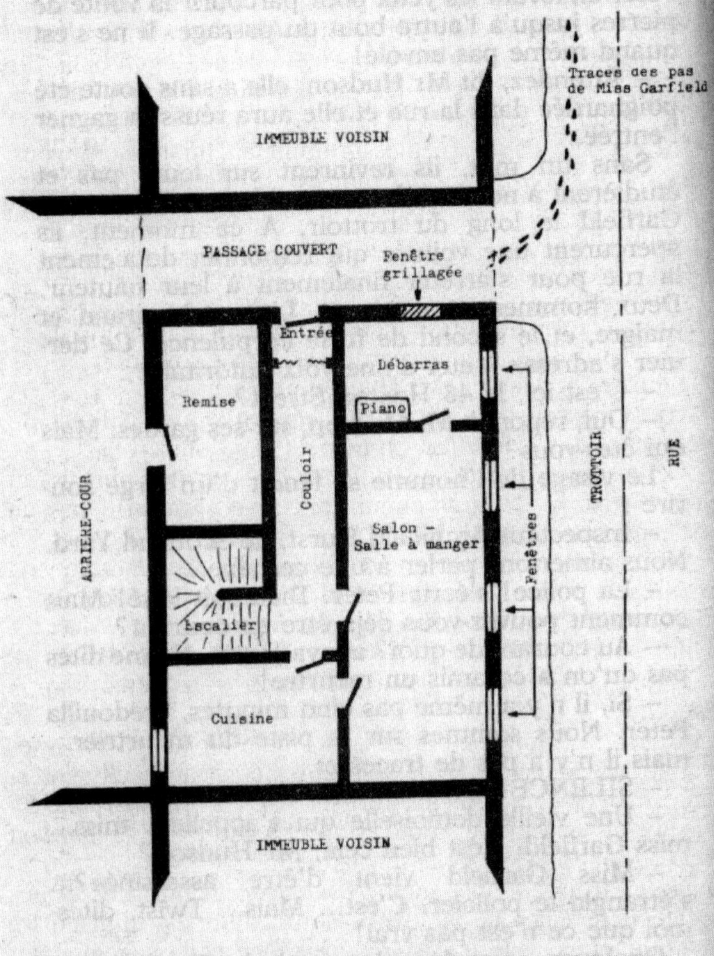

REZ-DE-CHAUSSEE DU 48 HOXTON STREET

leurs grilles. Seules de vagues empreintes de pneus sillonnaient la rue enneigée, mais elles se trouvaient à trois mètres au moins de celles laissées par la victime.

— Il est certain, reprit Twist, qu'elle n'a pas pu être frappée à l'intersection. Avec le coup qu'elle a reçu, je l'imagine mal faire plus de dix mètres, et encore… Les traces sont bien trop régulières. Et, comme la neige en témoigne, nul n'a pu l'approcher jusqu'à l'entrée du passage.

— C'est l'évidence même, grommela Hurst. Bon, vous, jeune homme, vous allez monter la garde auprès des empreintes jusqu'à l'arrivée des policiers. Personne ne doit s'en approcher.

Peter était trop abasourdi pour se formaliser de l'injonction de l'inspecteur. Dans le passage couvert, Hurst s'arrêta devant la petite fenêtre située trois mètres à gauche de la porte d'entrée. Il gratifia Twist d'un regard lourd de signification.

Devinant ses pensées, Mr Hudson fit observer :

— Comme vous le voyez, il y a une grille à croisillons qui la défend… elle est scellée, on ne peut pas l'ouvrir.

— Dites-moi, Mr Hudson, fit Hurst d'un air futé qui eût fait sourire Twist en d'autres circonstances, n'y aurait-il pas un piano dans cette pièce ?

— Si, mais il est hors d'usage, depuis le temps… (Mr Hudson tourna des yeux désemparés vers le policier :) Mais… mais comment pouvez-vous savoir cela ?

Hurst sourit :

— Nous y reviendrons tout à l'heure. Vous serez surpris d'apprendre que…

— Il semble bien que l'arme du crime n'ait pas pu traverser cette grille, coupa le Dr Twist qui s'était approché de la fenêtre. Voyez les losanges formés par les fins barreaux… environ cinq centimètres d'ouverture. La garde du poignard en fait largement plus. Concluez vous-même…

Puis les trois hommes gagnèrent l'arrière-cour. Les détectives hochèrent la tête en silence devant la neige immaculée. Twist fit quelques pas, puis se retourna face au passage pour en examiner les environs. Sur sa gauche, un mur de près de trois mètres de hauteur, qui prolongeait le passage et donnait sur la cour de l'immeuble voisin, était surmonté d'une couche de neige parfaitement vierge. La première ouverture sur le côté droit était une porte, à environ trois mètres.

— C'est une remise, précisa Jerry qui suivait la direction du regard de Twist.

Celui-ci leva la tête vers les trois fenêtres placées à des étages différents, directement au-dessus de la voûte du passage.

— *A priori*, dit-il, la neige sur le rebord des fenêtres est intacte. Celle du deuxième en tout cas. Il faudra vérifier les autres.

— Ah ! grogna Hurst, vous pensez que l'assassin aurait pu venir par là, à l'aide d'une corde, puis s'enfuir par le même chemin…

— Mais il faudrait avoir l'esprit complètement détraqué pour exécuter une telle manœuvre ! s'exclama Mr Hudson.

— On a déjà vu des meurtriers exécuter des manœuvres bien plus extravagantes encore, rétorqua Archibald Hurst sur un ton supérieur.

Vers 7 heures et demie, Twist et Hurst se retrouvaient au salon, où l'inspecteur avait établi son quartier général. Au-dehors, des policiers s'affairaient à l'examen des empreintes et à la recherche d'éventuels indices. Les pensionnaires présents avaient eu ordre de garder leur chambre, où les Hudson leur serviraient leur repas. Manquaient à l'appel William Scott et Graham Smith.

— Voilà, j'ai fini, fit le petit homme à l'allure guillerette qui venait d'entrer dans le salon. Enfin pour le moment.

— Ce n'est pas trop tôt, grommela Hurst en ramenant en arrière sa mèche qui s'obstinait à lui retomber sur le front. Nous vous écoutons, Lawson, et faites-nous le plaisir de nous épargner votre jargon médical. Merci d'avance.

— D'excellente humeur, à ce que je vois, observa le médecin légiste, tout souriant. Bien. Alors voilà : la mort est due à un coup de poignard, et j'ajouterai que celui retrouvé planté dans le dos de la victime est bien, d'après mes examens, l'arme du crime.

— Sans blague !

— Je me permettrai de vous rappeler, Hurst, que dans ce genre de cas vous avez l'habitude de me réclamer cette précision. Aussi ai-je pris le parti, dorénavant, de vous la fournir d'office. Cela dit, le coup a été porté par la droite, plutôt horizontalement, et…

— Nous avons donc affaire à un droitier ?

— Oui. Et certainement pas très grand. Enfin je m'avance peut-être beaucoup quant à ce dernier point. Mais je crois que ce que vous aimeriez surtout savoir, c'est si la victime a été tuée sur le coup, n'est-ce pas ?

— Oui, répondit Hurst sur un ton d'irritation contenue.

Le médecin légiste, sourire aux lèvres, ménagea une pause avant de poursuivre :

— Sans pouvoir vous l'affirmer avec certitude, je dirai que la mort a été quasi instantanée. Il n'est pas exclu que la victime ait pu faire quelques pas, mais de toute façon pas sur un rythme normal, si j'ose dire.

— Combien ?

— Pardon ?

— Combien de pas a-t-elle encore pu faire après avoir été frappée ?

— C'est très difficile à dire… Il y a déjà eu des cas où… par exemple l'impératrice d'Autriche qui, poignardée par un anarchiste italien, à Genève, en 1898, était parvenue à…

— On se fout de l'impératrice d'Autriche ! Ce que je vous demande, c'est la distance *maximale* qu'elle a pu parcourir !

— Pas plus de dix mètres, je suis formel sur ce point.

Hurst respira à fond, chercha le regard de Twist qui méditait les yeux fermés, puis s'adressa à nouveau au Dr Lawson

— Avez-vous remarqué la série d'empreintes sur le trottoir ?

— Celle qui intéressait tant vos hommes ? Oui… Il paraît que ce sont celles de la victime…

— Plus que probablement. Nous en aurons la confirmation sous peu.

Lawson émit un petit rire, avant d'affirmer d'une voix tranchante :

— En tout cas, il est exclu qu'elle ait eu, à ce moment-là, le poignard entre les épaules.

À peine se fut-il retiré qu'un jeune policier en uniforme entra à son tour.

— Rien, patron, rien du tout, fit-il en se frottant les mains pour les réchauffer. Rien dans l'arrière-cour, rien sur les rebords de fenêtres que vous nous avez demandé de vérifier, rien non plus dans la rue. Les empreintes sur le trottoir sont bien celles de la petite vieille.

— Mais c'est impossible ! se récria Hurst qui frisait l'apoplexie. Il doit y avoir des traces quelque part ! Nous n'avons quand même pas affaire à un meurtrier ailé ! Au fait, avez-vous songé à jeter un coup d'œil aux traces de pneus sur la chaussée ? Elles ont peut-être masqué les pas de l'assassin !

— Elles sont antérieures aux autres, il y a dessus une fine pellicule de neige, contrairement à celles de la victime qui, elles, sont bien nettes. D'après nos renseignements, il s'est arrêté de neiger tout juste avant 6 heures et demie. Quant à l'arme du crime, pas d'empreintes non plus ; digitales, j'entends.

— Cessez de faire de l'esprit et continuez vos recherches.

Le jeune policier ne put réprimer un soupir avant de pivoter sur ses talons. Lorsqu'il eut disparu, un silence chargé d'électricité s'établit, rompu à intervalles réguliers par la lourde respiration de Hurst.

— C'est impossible, Twist, vous m'entendez : im-pos-si-ble. Et ouvrez les yeux, bon sang ! on dirait que vous êtes en train de dormir !

— Essayez de rester calme, mon ami, ce n'est pas le moment de perdre votre sang-froid.

— Facile à dire ! Il faudrait avoir des nerfs d'acier pour garder son calme devant une histoire pareille. Vous en avez de bonnes !

— Au fait, nous n'en avons pas encore parlé, mais je suis sûr que vous n'aurez pas manqué de mettre en parallèle ce meurtre et celui commis à l'époque victorienne, dont vous me relatiez les circonstances tout à l'heure. Circonstances singulièrement semblables à celles de l'assassinat présent. Dans ce cas, ce sont les témoins situés de part et d'autre du passage qui attestent la disparition du meurtrier ; dans l'autre, c'est la neige. Mais hormis ce détail, les faits sont identiques… comme si l'histoire se répétait.

— C'est vrai, il y a ça aussi, soupira Hurst en sortant de sa poche un grand mouchoir à carreaux qu'il passa sur son front moite de sueur. C'est à devenir fou. Laissons ceci de côté pour le moment. La priorité, à mon avis, est de savoir par où est passé notre assassin. Nous avons maintenant la certitude qu'il ne s'est pas enfui par la rue ou par l'arrière-cour. Il reste donc… le couloir !

Twist eut un sursaut qui faillit faire choir son pince-nez :

— Alors vous pensez que les Hudson et Schuyler auraient menti ?

— Non, certainement pas. D'autant qu'ils ne se connaissaient pas avant ce soir, d'après ce que j'ai compris. Je crois plutôt qu'ils ont été victimes d'un tour de passe-passe. Avant toute chose, il faudrait de nouveau les interroger sur ce point.

Twist acquiesça d'un clignement de paupières, le regard concentré sur les anneaux de fumée qu'il envoyait vers le plafond.

— Nous connaissons au moins le mobile du crime. Il est clair que miss Garfield a été éliminée parce qu'elle avait identifié l'assassin, responsable également – selon toute vraisemblance – du meurtre de Radnor Square. Au fait, vous avait-elle dit s'il s'agissait d'un homme ou d'une femme ?

— Non, grogna Hurst, poings serrés. Elle avait parlé d'une « personne ». Quand je pense qu'elle voulait me dire son nom et que j'ai coupé court pour me débarrasser d'elle… C'est à s'en arracher les cheveux.

— Cela ne servirait à rien, dit Twist avec lassitude.

Hurst se racla la gorge avec force avant de gagner la porte qu'il ouvrit toute grande :

— Johnson, allez me chercher les Hudson et le jeune homme aux cheveux blonds !

11

— C'était vraiment le moins que je puisse faire, dit Peter, tout sucre et tout miel en scrutant une Marjorie, impassible, qui plaçait les roses dans un vase. Vous savez, d'habitude je supporte l'alcool mieux que cela. Peut-être le mélange de whisky et de champagne ? Franchement, je ne sais pas ce qui m'a pris et je n'aurai de cesse que vous me pardonniez mon inqualifiable conduite.

Marjorie, bien qu'elle adorât les roses, faillit les lui jeter à la tête. « On vient d'assassiner la pauvre miss Garfield et voilà que cet idiot, vexé par son échec, se coupe en quatre pour me reconquérir ! »

— Écoutez, Peter, je suis très sensible à votre démarche, mais ce n'est pas à *vous* de vous excuser ! C'est *moi* qui… qui ai eu la main leste et je suis donc la seule à blâmer.

— Mais non ! rétorqua Peter, ressentant encore une douleur au genou. Vous avez très bien agi. C'est une attitude contraire de votre part qui m'aurait déçu.

« Quel hypocrite », pensa Marjorie, qui se demandait comment elle allait bien pouvoir s'en débarrasser.

Il se plaça devant elle et l'enveloppa d'un sourire si peu naturel que Marjorie en eut la chair de poule.

— Accepteriez-vous de dîner avec moi ?

Marjorie se sentait gagnée par l'exaspération. Et elle ressentit un immense soulagement en entendant quelqu'un frapper à la porte.

— Oui, entrez ! s'écria-t-elle.

Un policier apparut et s'adressa à Peter :

— L'inspecteur vous demande. Il est au salon.

— Très bien, j'arrive, répondit Peter, visiblement contrarié.

Sur le seuil, il se heurta à William Scott qui pénétrait dans la chambre de Marjorie, le visage rouge d'excitation.

— Qui est-ce ? demanda-t-il à Marjorie sur un ton accusateur dès qu'ils furent seuls dans la pièce, comme si elle avait commis le pire des crimes.

— Peter Schuyler.

— Quoi ! Le type qui voulait vous violer l'autre soir !

— N'exagérez pas, quand même !

— Et que venait-il faire ici ? continua William sur le même ton.

Lorsqu'elle le lui eut expliqué, il brandit un index menaçant :

— Si ce type-là touche encore un seul cheveu de votre tête, *un seul,* je le réduis en bouillie !

— Ma parole, sourit Marjorie, vous êtes jaloux !

Un peu confus, William rougit, ce qui mit en évidence les taches de rousseur qui fleurissaient son visage. Tête baissée, il passa une main embarrassée dans sa chevelure flamboyante avant de regarder la jeune fille droit dans les yeux :

— À partir de maintenant, il va vous falloir redoubler de prudence. Vous avez vu ce qui est arrivé à miss Garfield…

— Vous pensez qu'elle a été tuée parce qu'elle savait quelque chose ?

— C'est plus que probable. Son comportement étrange n'a échappé à personne, surtout pas à l'assassin qui ne recule devant rien, j'espère que vous l'avez bien compris.

Marjorie pâlit et cacha son visage derrière les mains. Des larmes coulèrent sur ses joues.

— Oh ! mon Dieu ! Et moi qui commençais à croire que ce que j'avais vu dans la salle de bains n'était que pure coïncidence…

— Je crois que la situation est claire, désormais, dit William en réprimant une forte envie de prendre la jeune fille dans ses bras. Celui qui a scalpé Sally Jackson a également tué miss Garfield. La pension de famille abrite un assassin.

Un silence s'instaura, rendant plus perceptible encore la présence du meurtrier, comme s'il se trouvait dans cette pièce même.

Marjorie essuya ses larmes et se moucha. William lui tendit son paquet de cigarettes et elle en prit une après une courte hésitation.

— Je viens d'arriver, reprit le jeune reporter. Ces imbéciles de policiers m'ont immédiatement expédié dans ma chambre. Il paraît que le Dr Twist est là…

— Oui. Il m'a priée discrètement de faire comme si je ne le connaissais pas et m'a dit qu'il me parlerait plus tard.

— Au fait, avez-vous appris du neuf, aujourd'hui ?

— Non, je n'ai pas quitté ma chambre de tout l'après-midi. Le repas de midi s'est déroulé de façon tout à fait banale, mais miss Garfield était plus inquiète et plus tourmentée encore qu'hier soir… Et vous ? J'imagine que vous avez mené votre petite enquête sur la mort de Sally Jackson ?

— Oui, mais sans résultat.

— Il était 6 heures à peine passées lorsque je suis allé ouvrir la porte à Mr Schuyler, affirma Jerry Hudson. Je le sais d'autant mieux que j'avais enfilé mon manteau et mes gants pour sortir acheter du thé. Et nous n'avons pas quitté ce couloir jusqu'à l'arrivée de miss Garfield à 6 heures et demie tapant. Nous avions entendu l'horloge.

— C'est exact, confirma Peter. Et, hormis Mr et Mrs Hudson et moi-même, il n'y avait personne. Ni dans le couloir ni dans la petite entrée. Nous étions placés juste devant les rideaux.

— Et vous, Mrs Hudson, fit Hurst en consultant son calepin, vous êtes retournée à la cuisine vers 6 heures et quart ?

— Oui, à peu près.

Le Dr Twist regardait les rideaux entrouverts. Il s'en approcha, les écarta, puis ouvrit la porte d'entrée qui émit un grincement.

— Si quelqu'un était entré entre-temps pour se cacher derrière une tenture, vous l'auriez immanquablement entendu ouvrir la porte…

— Bien sûr ! fit Peter. De plus, j'étais placé en face de l'entrée, ici, et vous voyez bien qu'il y a un espace entre les rideaux. Impossible de ne pas voir la porte s'ouvrir.

Le Dr Twist vint se placer aux côtés de Peter, là où une marque à la craie dessinait les contours du corps qui venait d'être emporté, puis approuva d'un signe de tête. Hurst se retourna pour détailler le couloir. Long d'une dizaine de mètres, il débouchait sur la porte de la cuisine. Celle qui donnait sur le salon se trouvait également au fond, sur la gauche, juste en face de la cage d'escalier. Il n'y avait pas d'autre ouverture.

— Il est presque 6 heures et demie, reprit l'inspecteur en lisant ses notes, lorsque vous vous dirigez vers la cuisine.

— C'est cela, dit Mr Hudson. Je voulais voir ce que faisait ma femme et elle m'a répondu qu'elle s'occupait du repas.

— Cela n'a pas pris plus de dix secondes, s'empressa de préciser Peter, et nous n'avons pas quitté le couloir.

— Et ensuite ? questionna Hurst.

— Ensuite… (Peter paraissait embarrassé.) Nous avons discuté un peu, une minute environ, et nous étions toujours au même endroit, c'est-à-dire devant l'escalier.

— De quoi discutiez-vous ?

— Euh… d'une amie à moi… Miss Conway.

Hurst lança un rapide coup d'œil à Twist, puis continua :

— L'horloge sonne la demie de 6 heures et c'est à ce moment-là que vous entendez s'ouvrir la porte d'entrée ?

— Oui, déclara Hudson, et comme nous voulions éviter toute discussion avec miss Garfield, nous nous sommes engagés dans l'escalier…

— Un instant, comment saviez-vous qu'il s'agissait de miss Garfield ?

— C'est bien simple, elle rentre toujours à cette heure-ci. Chaque soir, et cela depuis qu'elle est notre pensionnaire, elle va prendre l'air de 6 heures à 6 heures et demie. Et toujours très ponctuellement.

— Tout le monde est au courant de cette habitude, j'imagine ?

— Évidemment.

— Hum ! fit Hurst en prenant note. Bon à savoir. Bien. Donc, vous êtes montés dans l'escalier…

— Mais non ! Mr Schuyler avait à peine gravi trois ou quatre marches, j'étais juste derrière lui quand je me suis rappelé que j'avais oublié le thé…

— Quel thé ?

Ce fut Ellen qui fournit les explications. Jerry Hudson reprit :

— Je me suis retourné et j'ai vu s'ouvrir la porte de la cuisine. C'était ma femme…

— Oui, interrompit Mrs Hudson. Je voulais justement lui rappeler de ne pas oublier le thé pour miss Garfield. J'ai donc ouvert la porte et j'ai aussitôt remarqué quelque chose de bizarre à l'entrée. Les rideaux étaient tendus, deux mains s'y agrippaient… son visage est apparu… elle s'est avancée, puis elle s'est affaissée.

Jerry approuva de la tête.

Il y eut un silence.

— L'assassin pouvait très bien se trouver dans le passage depuis 6 heures, dit le Dr Twist. Enfin juste après que vous étiez entré, Mr Schuyler. Ou plus tard. Mais pas trop tard non plus, sans quoi nous aurions aperçu ses empreintes de pas dans la neige. Disons entre 6 heures et 6 heures et quart, au plus tard. La question qui se pose…

— … est de savoir par où il s'est enfui, enchaîna Hurst, une goutte de sueur perlant à sa tempe sous l'effort de la réflexion. Attendez… Lorsque vous êtes sorti pour le poursuivre…

— Il n'était pas dissimulé derrière un pan de rideau, coupa Jerry. Ça, c'est certain. L'entrée fait environ un mètre cinquante sur deux et n'offre aucune possibilité de cachette, comme vous pouvez le constater.

— Mais, dans le passage, avez-vous songé à lever la tête ? Il s'est peut-être agrippé à un crochet fixé sous la voûte ! Et il lui suffisait alors d'attendre que vous soyez à une des extrémités pour disparaître… *en rentrant dans la maison !*

— Je l'aurais vu, affirma Peter.

— Moi aussi, renchérit Mr Hudson.

— Vous oubliez une chose, inspecteur, dit calmement Mrs Hudson, c'est que moi, j'étais restée sur le pas de la porte.

Hurst secoua la tête, désespéré :

— Alors c'est impossible. Rigoureusement impossible.

— Ce qui est tout aussi troublant, dit Peter en s'approchant de l'ancienne photographie, c'est que ce crime ressemble comme deux gouttes d'eau à celui de l'épouse du colonel Hudson… Nous étions justement en train d'en parler.

Le Dr Twist toussota en donnant un discret coup de coude à Hurst et s'écria :

— Un crime identique ! De quoi parlez-vous ?

Lorsque Jerry Hudson eut expliqué aux détectives ce qu'ils savaient déjà, Twist s'approcha à son tour de la prise de vue. Le colonel Hudson était un homme d'une cinquantaine d'années, puissamment bâti, au visage sévère orné d'impressionnantes moustaches. Sa femme, beaucoup plus jeune, avait la même chevelure et le même sourire qu'Ellen. Sans être frappante, la ressemblance était indéniable.

— Ainsi, ce sont vos arrière-grands-parents à tous les deux, fit remarquer Twist en s'adressant aux Hudson.

Tandis que le couple acquiesçait, Peter s'inquiéta :

— Mais… cette similitude entre les deux crimes ne vous surprend même pas !

— Oh ! que si ! répondit Twist en l'épiant derrière son pince-nez. Quand un crime se répète au même endroit dans des circonstances pratiquement identiques… il ne s'agit plus de *coïncidence.*

— Que voulez-vous dire ? Vous ne pensez tout de même pas qu'il s'agit du même assassin ? L'autre affaire remonte à près de trois quarts de siècle…

Twist ne répondit pas. Il se tourna vers les Hudson :

— Vos locataires étaient-ils au courant de cette vieille histoire ?

— Oui, nous en avions parlé incidemment, n'est-ce pas, Ellen ?

— En effet. Mais cela fait un bon bout de temps. miss Conway n'était pas encore chez nous.

Les mains croisées derrière son dos, Twist fit quelques pas avant de reprendre

— Et ce meurtre ne fut jamais éclairci…

— Non, fit Ellen Hudson en soupirant. Mais…

— Mais ?

— Ce crime était déjà assez extraordinaire par lui-même, mais il y a autre chose qui l'était bien plus encore… Je n'ai pas connu mon arrière-grand-père, c'est grand-mère Eleanor, sa fille, qui m'en a parlé…

— Chérie, voyons, tu ne vas pas nous parler de cet Hindou ! Tu sais bien que le colonel s'est mis à divaguer après la mort de sa femme.

— Nous vous écoutons, trancha Hurst.

— Notre aïeul, commença Ellen Hudson, comme on le devine aisément en regardant cette photo, n'était pas d'un caractère facile. Il était d'un caractère extrêmement jaloux… un peu comme toi, mon chéri.

Cramoisi, Jerry Hudson protesta :

— Je ne t'ai pas encore battue, que je sache !

— Dieu merci, tu n'es pas tout à fait comme lui. Je n'aurais pas voulu de toi, sans ça !

— Permets moi de te faire remarquer que…

Hurst coupa court :

— Donc, le colonel n'avait pas un caractère facile. Ensuite…

— Lorsqu'il était aux Indes – je crois qu'il ne connaissait pas encore sa femme –, il s'était épris d'une jeune fille du pays. Il devait en être très amoureux, car lorsqu'il l'a surprise avec un indigène, comme elle, dans des circonstances qui ne laissaient aucun doute sur la nature de leurs relations, il a frappé ce dernier à coups de bâton… et avec une extrême violence. Cet homme n'en est pas mort, mais sa main gauche était broyée et une de ses jambes ne valait guère mieux. Une fâcheuse affaire qui aurait pu coûter très cher à notre bouillant aïeul. Sans doute lui a-t-on passé un fameux savon. Mais il était encore tout jeune officier, bien noté par ses supérieurs qui ne donnèrent pas suite à cette lamentable histoire. À dater de ce jour, l'Hindou, qui n'avait plus que l'usage de sa main droite, ne perdit pas une seule occasion de la lui montrer armée d'un poignard et de le menacer : "Jusqu'à ta mort, cette lame te poursuivra et par elle tu connaîtras le malheur."

» Il a reçu une seconde raclée, sans témoin cette fois-ci, et notre arrière-grand-père n'entendit plus parler de lui. Entre-temps, il s'était raccommodé avec la jeune indigène. Un soir, il l'a entendue crier depuis la petite pièce où elle faisait ses ablutions, un réduit simplement fermé par des rideaux. Il l'a vue passer sa tête dans l'entrebâillement, puis elle est tombée, morte… un poignard dans le dos. Il s'est précipité… il n'y avait personne. La lucarne qui donnait sur le jardin était entrouverte. Pas âme qui vive. L'assassin s'était enfui très rapidement… comme s'il disposait d'un tapis volant !

12

— *Comme s'il disposait d'un tapis volant,* répéta Hurst, l'air sombre, en articulant bien ses mots. Si je comprends bien, il faudrait donc croire que, bien des années plus tard, cet Hindou se serait rendu en Angleterre, *avec son tapis volant,* pour poignarder la femme du colonel, histoire de se venger, puis se serait enfui *sur son tapis volant.*

— Écoutez, inspecteur, je vous le répète, je tiens ce récit de ma grand-mère. Et je ne vois vraiment pas pourquoi elle aurait inventé cette histoire

— Et la police, était-clle au courant de tout cela ?

— Non, je ne pense pas. Mon arrière-grand-père avait gardé le secret pendant plusieurs mois lorsqu'il s'est mis à parler en dormant. Il répétait toujours la même phrase…

— En langage clair, il était devenu gâteux, fit Mr Hudson avec un léger sourire

— Et que disait-il ? demanda Hurst.

Ellen Hudson marqua une hésitation avant de répondre :

— « La mort… la mort derrière les rideaux. » Cela devint un véritable cauchemar, il n'en dormait plus. Il descendait dans le couloir pour montrer les rideaux de l'entrée : « Il est là derrière, avec son couteau… » Évidemment, il n'y avait jamais personne. Ses crises se sont aggravées, il a fallu le faire soigner. Pressé par ses enfants, il a fini par raconter son étrange histoire.

Il y eut un long silence, que Twist rompit en s'adressant à Mrs Hudson :

— Votre grand-mère était-elle présente lors du meurtre de sa mère ?

— Oui, elle était dans le petit salon, c'est-à-dire l'actuel débarras qui donne sur le passage couvert et où se trouve d'ailleurs toujours le piano. Mais elle n'a pas dû être d'un grand secours lors de l'enquête, elle avait une très mauvaise vue.

— S'entendait-elle bien avec son père ?

— Oui, pour autant que je sache. Mais il n'en allait pas de même pour son frère. Le colonel l'avait une fois sérieusement rossé parce qu'il l'avait surpris avec une femme de chambre… or, James avait passé l'âge de recevoir des corrections.

— Était-ce la même personne qui se trouvait avec lui dans l'arrière-cour lors du meurtre ?

— Oui, il me semble.

À ce moment, la porte d'entrée s'ouvrit sur un policier que Hurst interpella aussitôt :

— Au fait, pas d'empreintes sur l'arme du crime ?

— Non, rien du tout. L'assassin a opéré ganté. Mais je me demande bien où il a déniché ce poignard. Vous l'avez certainement remarqué, ce n'est pas un modèle qui court les…

— Chéri ! s'exclama Ellen Hudson.

— Le poignard… ? ne serait-ce pas l'un des… ?

Mr Hudson demeura interdit quelques secondes avant de parler :

— Bon sang !… il me semble bien que si ! (Sous les regards interrogateurs des détectives, il expliqua :) Vous savez, la collection d'armes blanches du colonel Hudson…

— Celle qui était accrochée dans l'escalier et qui est tombée au moment du meurtre ? questionna Hurst, la mèche rabattue sur son front.

— Oui. Nous l'avons conservée, elle doit se trouver au grenier.

— Tom, aboya l'inspecteur en s'adressant au policier, filez nous chercher l'arme du crime !

— Oui, mais je ne vous promets rien, les gars étaient juste sur le point de partir…

— FILEZ, MILLE TONNERRES !

En moins d'une minute le jeune officier fut de retour. Hurst lui arracha des mains le poignard enveloppé d'un chiffon.

Tous examinèrent attentivement ce qu'ils avaient vu quelques instants plus tôt dans le dos de la vieille demoiselle. C'était une arme à lame longue et acérée, bien équilibrée, avec un manche en nacre et une garde finement ciselée.

— Il me semble…, hésita Mr Hudson, que c'est bien le poignard qui a tué notre arrière-grand-mère. Il avait été rendu à la famille…

— Mon Dieu ! frissonna son épouse, je crois que tu as raison. Mais le plus simple serait d'aller jeter un coup d'œil au panneau. Je me souviens de l'emplacement de l'arme du crime. Si elle ne s'y trouve pas…

— Très bien, fit Hurst, allons… (Son regard s'arrêta sur Peter.) Nous ne vous retenons pas plus longtemps, jeune homme. Vous pouvez rentrer chez vous, maintenant.

— Mais…

— Nous vous ferons signe sous peu pour signer votre déposition.

Le ton de l'inspecteur était sans appel ; Peter Schuyler, après les avoir salués, se retira drapé dans sa dignité.

Lorsqu'ils parvinrent au quatrième étage, Hurst soufflait comme un phoque. Le couloir était percé de quatre portes ; trois d'entre elles méritaient cette dénomination, l'autre n'étant qu'un grossier assemblage de planches. C'est vers cette dernière que se dirigèrent les tenanciers de la pension. Mr Hudson l'ouvrit et actionna l'interrupteur. La clarté crue d'une ampoule révéla une quantité de cartons empilés, des coffres et divers meubles, entassés un peu partout sous les combles. Les Hudson commencèrent leurs investigations sous l'œil attentif du Dr Twist, cependant que Hurst reprenait son souffle, exhalant des nuages de vapeur dans le froid ambiant. Il ne fallut guère plus d'une minute à Jerry Hudson pour mettre la main sur l'objet convoité. Entre deux tableaux enfouis sous des couvertures poussiéreuses se dressait un grand panneau de bois garni de lames ternies. Ellen Hudson vint rejoindre son mari. Après un bref examen, ils se regardèrent, puis se tournèrent vers les policiers :

— Elle n'y est plus, dit Mrs Hudson en indiquant un emplacement vide au milieu du panneau, où apparaissaient deux clous devenus inutiles.

— Remarquable collection, fit Twist en connaisseur, heureux de contempler la trentaine de poignards de tailles et de formes diverses. Le colonel Hudson devait être expert en la matière.

— Oui sans doute, dit Mrs Hudson. Il paraît qu'il y tenait beaucoup. Cependant toute la panoplie a été reléguée au dernier étage et a fini par atterrir ici. Ma tante ne se résignait pas à la vendre malgré l'horreur qu'elle lui inspirait.

— Je comprends cela, dit Twist qui n'en finissait pas d'inspecter les différentes pièces. Remarquable, tout à fait remarquable. C'est une petite fortune que vous avez là…

Hurst commençait à s'agiter :

— Nous nous écartons du sujet, mon cher. Nous ne sommes pas dans un musée.

— Excusez-moi, intervint Mr Hudson, mais ne croyez-vous pas qu'on aurait pu lancer le poignard sur miss Garfield à partir d'une fenêtre ou même d'une voiture, depuis la rue…

— Figurez-vous, Mr Hudson, fit remarquer Hurst en bombant le torse, que nous y avons déjà pensé. Seulement voilà : les traces de pneus sur la route étaient *antérieures* à celles laissées par miss Garfield, une légère pellicule de neige les recouvrait. Quant à l'hypothèse d'un meurtrier placé à une fenêtre de la rue, seule la dernière maison avant le passage pourrait être prise en considération, puisque le médecin légiste affirme que, poignardée, la victime n'aurait guère pu faire plus de dix pas. Et encore, cela semble peu envisageable : sous l'impact du coup, les empreintes de pas auraient différé. Ce qui n'était pas le cas, vous l'avez bien vu, ils étaient d'une régularité parfaite. Miss Garfield a été poignardée dans le passage ; frappée dans le dos à la main ou au lancer, ceci ne change rien au problème. La question est *de quelle manière s'est enfui l'assassin ?*

— Les pas… la régularité des pas, murmura pensivement Mr Hudson. Et si…

— Que voulez-vous dire ?

— Non, ce n'est rien… ce serait par trop absurde.

— Enfin, chéri, si tu as une idée il faut la dire !

— Non, vraiment, c'est ridicule…

— Je suppose, dit Twist avec douceur, que vous pensez que Miss Garfield aurait pu être poignardée… sans qu'elle s'en soit rendu compte ? Il y a un illustre précédent.

Mr Hudson eut une moue expressive :

— Oui, c'était mon idée… mais c'est invraisemblable.

Twist se tourna vers Hurst :

— Invraisemblable, peut-être, mais pas impossible. J'en veux pour preuve l'assassinat de l'impératrice d'Autriche, qui…

— Qu'on ne me parle plus de cette bonne femme ! explosa Hurst.

— Ne dites jamais cela à un Autrichien, conseilla Twist. C'était une femme extraordinaire, d'une grande beauté. Pour en revenir à cette hypothèse, il faudrait quand même que l'assassin ait pu approcher sa victime. Ce qui nous amène au croisement où ses traces se confondent avec d'autres. Et ça, je vous avouerai que ça me paraît beaucoup trop loin… Mais j'y pense…

Paupières plissées, le détective fixait le centre du panneau, là où il y avait un emplacement vide.

— Terminez vos phrases, Twist, bon sang. Ce n'est pas le moment de jouer aux devinettes !

— Puisque nous savons *où* l'assassin a pris son arme… nous savons aussi – avec certitude, on peut le dire – *où* il habite !

Un long silence suivit ces paroles. Alors que Mr Hudson approuvait gravement de la tête, sa femme s'écria :

— Quoi ! Vous voudriez dire que c'est quelqu'un *d'ici* qui a assassiné cette pauvre miss Garfield.

Le Dr Twist posa son regard sur le visage de la jeune femme, dont la pâleur était accentuée par la clarté livide de l'ampoule.

— Il faut se rendre à l'évidence, madame, peut-on raisonnablement envisager qu'une personne étrangère à cette maison soit montée ici pour s'emparer du poignard ? Mais il n'y a pas que cela : la similitude entre le meurtre de miss Garfield et celui de votre arrière-grand-mère ne peut être le seul fait du hasard. J'ignore encore pour quelle raison l'assassin a donné à son crime les apparences de celui de la femme du colonel, en tout cas il est certain qu'il connaissait cette vieille histoire…

— Mon Dieu ! soupira Mrs Hudson.

— Mais alors, dit son mari, il a certainement dû trouver le moyen employé par l'assassin de notre arrière-grand-mère pour s'évaporer !

Hurst haussa les épaules :

— Évidemment.

— Ce qui veut dire, poursuivit Mr Hudson, que le crime a été prémédité…

— Ce qui n'a pas dû être trop difficile, fit observer Hurst, dans la mesure où miss Garfield faisait une promenade tous les soirs à la même heure. Il a eu tout loisir de préparer son coup.

De nombreuses rides de contrariété plissaient l'aimable visage de Twist.

— Quelque chose ne colle pas. Notre individu connaissait les habitudes de miss Garfield, soit, mais il ne pouvait pas prévoir l'arrivée de Mr Schuyler, ni qu'il resterait dans le couloir avec vous, Mr Hudson, jusqu'au retour de miss Garfield, bref, qu'il y ait des témoins dans le couloir comme dans l'autre cas. Ce qu'il pouvait encore moins prévoir, c'est que la neige s'arrêterait de tomber vers 6h25. Car c'est cette neige vierge qui semble prouver qu'il n'y a pas eu d'assassin et remplace en quelque sorte les témoignages du professeur de piano et de son ami, ainsi que ceux du fils Hudson et de la petite femme de chambre. En un mot, messieurs, le crime n'a pas pu être prémédité.

— Mais ça ne tient pas debout ! cria Hurst. Même en supposant que la ressemblance entre les deux crimes ne soit que pure coïncidence, un meurtre comme celui-là ne s'improvise pas !

— Tout à fait d'accord avec vous, mon ami, mais je maintiens qu'il n'y a pas eu préméditation. C'est impossible.

Le policier regarda Twist d'un air incrédule :

— Mais savez-vous encore ce que vous dites. Vous partagez mon opinion et vous soutenez le contraire !

— Je sais, Hurst, c'est absurde. Et pourtant…

— Alors il n'y a qu'une seule solution : le meurtrier a préparé son coup et il a attendu des circonstances favorables !

— Et, ayant remarqué que chaque élément était à sa place, il serait monté tranquillement au grenier pour chercher le poignard ? Mieux encore : il aurait porté sur lui en permanence ce grand couteau. Non, Hurst, votre hypothèse est à rejeter. Il y a une autre explication, j'en suis sûr, même si cela semble impossible. Nous ne sommes pas à une impossibilité près, après tout. Laissons ce point de côté pour le moment et concentrons notre attention sur les suspects. Seuls deux d'entre eux se trouvaient dehors à l'heure du crime, c'est bien cela ?

— Nous n'avons pas vu Scott depuis le petit déjeuner, dit Mr Hudson. Quant à Smith…

— Oui ?

— Eh bien, je l'ai rencontré dans l'escalier à 6 heures… Il a dû sortir juste quelques secondes à peine après miss Garfield. Mr Schuyler a probablement dû l'apercevoir…

— Et il n'est toujours pas là, fit Hurst avec un sourire qui en disait long. Mais nous aurons encore le loisir de l'interroger. Donc tous les autres pensionnaires se trouvaient dans leur chambre à l'heure du crime ?

— Oui… je crois, dit Mrs Hudson. Sauf Mrs Drake qui dormait dans le salon.

— Oui, c'est vrai, je l'avais oubliée. (Hurst s'interrompit, pensif.) Elle y était depuis quelle heure ?

— Depuis 4 heures, répondit Mrs Hudson avant de leur faire le récit de son dernier entretien avec miss Garfield, peu après 5 heures et demie.

— Bien, fit Hurst lorsqu'elle eut terminé. J'aimerais maintenant jeter un coup d'œil dans le débarras où se trouve le piano.

Hurst ouvrit la fenêtre et se mit à examiner la grille qui la protégeait.

— Les espaces entre les barreaux sont bien trop étroits, commenta le Dr Twist avec un léger sourire. Je vous l'ai déjà fait remarquer.

Hurst, absorbé dans ses pensées, lui intima le silence d'un geste.

— Supposons, dit-il après un temps, que l'arme se trouve sur le rebord extérieur de la fenêtre… L'assassin passe sa main au travers de la grille, miss Garfield arrive…

— Mais enfin, mon bon ami, comment voulez-vous qu'il la plante dans son dos ? Il lui est impossible de la lancer dans ces conditions ! Et même si la vieille demoiselle s'était rapprochée en lui présentant son dos – ce qui du reste est absurde – vous voyez bien que la fenêtre est trop haute par rapport au sol ! Je vous rappelle aussi que le coup de couteau n'a pas été porté de haut en bas.

— Vous avez raison, grommela Hurst, ça me paraît difficilement réalisable.

Après avoir refermé la fenêtre, il fit du regard le tour de la petite pièce. N'était le piano, il n'y avait que des piles de cartons remplis de denrées diverses. Il s'approcha de l'instrument de musique, ouvrit le couvercle, et plaqua résolument un accord qui fit tressaillir tout le monde, y compris lui-même.

— Il aurait besoin d'une sérieuse révision…, déclara-t-il comme s'il possédait quelques notions en la matière.

— Il n'y a plus rien à faire, dit Mr Hudson en regardant tristement le vieil instrument de musique. Mr Leaman nous a affirmé qu'il a rendu l'âme.

Twist s'adressa à Mrs Hudson :

— C'est sur ce piano que votre arrière-grand-mère prenait des cours ?

Elle acquiesça :

— Elle aimait beaucoup la musique, à ce qu'il paraît. Mais elle n'était pas très douée, bien qu'elle ait pris beaucoup de leçons. En revanche, sa fille, ma grand-mère possédait des doigts très agiles et une sensibilité remarquable…

— Normal, grommela Mr Hudson en haussant les épaules, elle ne faisait que ça. C'est bien connu, les aveugles ont un sens très développé de la musique.

— Quoi, elle était aveugle ! s'étonna Hurst.

— Non, pas exactement, dit Mrs Hudson. Mais elle avait une très, très mauvaise vue. D'ailleurs, sans cette infirmité, il est probable qu'elle aurait pu voir de quelle manière sa mère fut assassinée, puisqu'elle se trouvait devant cette fenêtre au moment du drame.

13

Quelques instants plus tard, Twist et Hurst se trouvaient dans la chambre de Marjorie, qui était toujours en compagnie de Bill Scott. La jeune fille s'empressa de préciser qu'elle avait mis le reporter dans la confidence, puis leur parla de la singulière histoire de Graham Smith. Après quoi, les détectives, pressés par les jeunes gens, leur rapportèrent les circonstances du drame.

— Et j'espère, Mr Scott, fit Hurst en guise de conclusion, que vous saurez tenir votre langue. Je l'espère pour vous.

— Ne vous inquiétez pas, inspecteur, intervint Marjorie, il me l'a promis.

— On voit bien que vous ne connaissez pas les journalistes. Je vous le répète, Scott, pas un traître mot dans votre canard, sinon…

— Mais je ne peux quand même pas ne pas parler d'un meurtre qui s'est déroulé sous mon propre toit ! Mon patron me flanquerait à la porte !

— Vous avez très bien compris ce que je veux dire, fit Hurst d'une voix vibrante de colère contenue. La vieille dame a été assassinée par une ou plusieurs personnes inconnues, un point c'est tout.

— Quel dommage ! se lamenta William. J'avais un titre du tonnerre : *Le meurtrier au tapis volant.* Qu'en pensez-vous, inspecteur ?

— Ce que j'en pense, répéta le policier en grimaçant un sourire, c'est que vous vous rapprochez de la tête du peloton…

— Du peloton ! De quel peloton ?

— Des suspects. Je dirai même que vous êtes la personne la mieux placée de la maison pour avoir commis un crime de ce genre. Vous êtes indiscutablement le journaliste le plus spécialisé dans les crimes mystérieux…

— Indiscutablement, souligna William avec fierté.

— Et je vous imagine très bien passer de la théorie à l'acte. Où étiez-vous à 6 h 30 ?

— Dites, inspecteur, vous ne parlez pas sérieusement, j'espère ?

— Répondez à ma question !

— Mais… Je… Mais c'est absurde ! Vous n'allez quand même pas soupçonner un innocent reporter ? Quelle raison aurais-je de…

— Ça suffit ! trancha le Dr Twist. Ce n'est vraiment pas le moment de se chamailler comme des gamins. (D'une voix radoucie, il ajoute :) Dites-nous plutôt ce que vous pensez de ce crime, Mr Scott… et de cet étrange aveu de Graham Smith.

— Eh bien, j'ai trouvé ça bizarre, et tout à fait curieux venant de lui. Il n'est déjà pas très loquace de nature… Je ne vois vraiment pas quelle signification donner à ces confidences. Par ailleurs, on ne peut s'empêcher de rapprocher ceci du meurtre de Radnor Square, la coïncidence est…

— Il y a trop de coïncidences dans toute cette affaire, coupa Hurst furieux. Beaucoup trop. Et je ne crois pas aux coïncidences.

— Au fait, fit brusquement Marjorie, avez-vous examiné le passage ? Il y a peut-être une ouverture secrète ! Ou mieux encore : un mécanisme diabolique projetant le poignard lorsqu'une personne se trouve au seuil de l'entrée. Ce qui expliquerait les deux meurtres…

— Hélas ! non, mademoiselle, fit Hurst avec une ébauche de sourire. Mes hommes ont pour ainsi dire passé à la loupe chaque pierre, mais il n'y a rien. Ce n'est pas la première fois que nous sommes confrontés à un problème de ce genre, je peux vous le garantir. *Jamais* nous ne sommes tombés sur un passage dérobé. Et ce n'est pas encore cette fois-ci que nous en rencontrerons un… Bien, nous allons interroger les autres locataires. En attendant, motus et bouche cousue. Surtout pas la moindre allusion au meurtre de Radnor Square. L'assassin ne sait pas que nous le traquons également pour ce crime, ce qui est une carte maîtresse dans notre… Scott, qu'avez-vous ?

— C'est bizarre… Je viens de penser à une chose. *Il* était présent lors des deux crimes.

— Qui ça, *il ?* vociféra l'inspecteur

Bill eut un bref regard pour Marjorie avant de répondre :

— Peter Schuyler.

— Peter Schuyler, répéta Hurst le front plissé. Mais qu'est-ce qui vous fait croire qu'il se trouvait à Radnor Square l'autre soir ?

Le journaliste se tourna vers Marjorie, laquelle balbutia :

— C'est vrai… J'avais oublié de vous donner le nom du jeune homme avec lequel je m'étais querellée cette nuit-là. C'était lui.

Un silence lourd de soupçons plana dans la pièce.

— Mais, enfin il ne pouvait être l'homme du square, s'écria Marjorie. Ce dernier portait des habits sombres et un chapeau, alors que Peter avait un costume plutôt voyant.

Ni nos deux limiers ni le journaliste ne bronchèrent. Il était clair que, pour eux, les arguments de la jeune fille ne constituaient nullement des preuves à la décharge de Peter.

William s'adressa aux détectives :

— Et si cette dispute n'était que feinte… c'est-à-dire habilement provoquée par notre homme, histoire de se constituer un alibi. Eh oui ! Marjorie, car vous seriez prête à jurer que ce n'est pas lui, l'assassin, à *cause de ses vêtements.* Mais si l'on y réfléchit bien, on se rend compte que cela ne prouve rien, absolument rien.

Après un instant de totale stupéfaction, Marjorie rétorqua :

— Et moi je vous affirme que cette dispute n'a pas été préméditée ! De plus, il n'était pas en état de commettre ce crime… Et d'ailleurs pour quelle raison aurait-il assassiné cette femme ?

William la dévisagea longuement avec un sourire indulgent :

— Vous me faites parfois penser à… à ces jeunes provinciales qui… qui n'ont pas beaucoup d'expérience et se laissent…

— Dites tout de suite que je suis une gourde !

— Sûrement pas ! Mais enfin j'espère que vous avez compris maintenant dans quelle catégorie il faut classer ce jeune prétentieux ! Cela ne m'étonnerait pas du tout que cette Sally Jackson ait été sa maîtresse et qu'il l'ait éliminée parce que… parce qu'elle s'accrochait trop à lui, peut-être.

— C'est curieux que vous disiez cela, Scott, intervint Hurst. D'après différents témoignages, il semblerait que Sally Jackson avait une liaison. Nous n'avons pas pu interroger directement le mari bien sûr, mais des voisins l'ont vue sortir à plusieurs reprises à des heures indues.

William gratifia Marjorie d'un regard triomphant.

— Oui, la présence de Mr Schuyler sur les lieux du crime est assez troublante, reprit l'inspecteur. Mais il ne peut être notre homme…

— Et pourquoi ? riposta William, déçu et vexé.

Hurst eut un large sourire :

— Voyons, Scott, réfléchissez un peu ! D'une part nous savons que notre meurtrier loge ici, d'autre part nous avons la certitude qu'il a été impossible à Mr Schuyler de tuer miss Garfield !

Laissant le jeune reporter se frapper le front du plat de la main sous le regard amusé de Marjorie, Hurst et le Dr Twist sortirent de la pièce.

— Pourquoi je loge au dernier étage ! fit Mrs Drake avec un petit sourire. Les gens me posent souvent cette question. D'un certain point de vue je les comprends…

— Ne vous est-il pas pénible de monter et de descendre constamment cet escalier ? dit posément le Dr Twist.

L'aveugle prit tout son temps pour répondre :

— Pas plus qu'à une autre personne, je connais le chemin par cœur. Voyez-vous, lorsque je suis arrivée ici, toutes les chambres étaient occupées excepté celle-ci. Je n'avais donc pas le choix. Quand les deux du premier se sont libérées, Mr et Mrs Hudson me les ont proposées en priorité, pour le même loyer ; ce qui était très gentil de leur part, car elles sont plus spacieuses. J'ai refusé aussitôt. Je… cela m'aurait donné l'impression d'être privilégiée en tant qu'infirme. Je ne pouvais accepter cela. Hormis ma vue, je suis une personne comme une autre. De plus, je me trouvais très bien ici. Je vous ferai remarquer qu'aucun des autres locataires n'a quitté sa chambre pour aller au premier étage. Lorsqu'on est habitué à…

— Je comprends fort bien, coupa Hurst pour changer rapidement de sujet. Donc vers 4 heures de l'après-midi, vous vous trouviez endormie dans un fauteuil du salon.

— Oui, il était à peu près cette heure-là, fit-elle en ordonnant d'un geste gracieux sa chevelure aux reflets dorés. Remarquez, cela ne m'arrive pas souvent. Certainement le temps. Et puis vous m'avez réveillée pour m'apprendre l'affreuse nouvelle… Pauvre miss Garfield, je ne vois vraiment pas qui pouvait lui en vouloir. Quoique…

— Oui ? demanda Hurst avec une note d'espoir dans la voix.

— Je l'ai trouvée bizarre, ces derniers temps. D'ordinaire, c'était elle qui animait les conversations, évoquant de vieux souvenirs, mais depuis quelques jours elle ne soufflait plus mot. Elle paraissait inquiète, tourmentée… je ne saurais vraiment pas vous dire pourquoi. Mais j'imagine que vous, vous devez savoir quelque chose ?

Twist et le policier se regardèrent, surpris.

— Qu'est-ce qui vous fait dire cela ? demanda Hurst en observant attentivement l'aveugle.

Celle-ci eut un sourire gêné :

— Eh bien… n'allez pas croire que j'espionne les gens, mais lorsque je dormais dans le salon, j'ai été réveillée par un bruit. Quelqu'un téléphonait en prenant beaucoup de soins afin de ne pas me tirer de mon sommeil. J'ai l'ouïe très fine, et n'ai eu aucun mal à reconnaître la voix de miss Garfield. J'ai essayé de ne pas écouter, mais je l'ai quand même entendue prononcer le nom de Scotland Yard, et…

Mrs Drake ne termina pas sa phrase, le front plissé.

— C'est bizarre, je viens de m'en souvenir à l'instant… Miss Garfield venait juste de raccrocher lorsque j'ai perçu le bruit d'une porte qui se refermait tout doucement…

— Celle donnant sur le couloir ?

— Oui, je crois bien.

— En somme, quelqu'un d'autre a pu surprendre cette conversation téléphonique ?

— Oui, selon toute vraisemblance.

— Et quelle heure était-il ?

— Difficile à dire, je me suis rendormie aussitôt. Entre 5 et 6 heures, probablement.

— Et vous ne vous souvenez de rien d'autre ? Réfléchissez bien, cela peut être très important.

— Non, vraiment. Mais vous pensez que cela pourrait avoir un rapport avec le meurtre ?

Hurst s'éclaircit la voix.

— Pas forcément, bien sûr. Mais dans une affaire où nous en sommes réduits aux hypothèses, le moindre détail doit être pris en considération.

Les traits de Mrs Drake se détendirent.

— Oui, évidemment.

Durant le silence qui suivit, le Dr Twist fit le tour de la pièce du regard ; une armoire, un lit, des murs tendus de papier couleur saumon et une impressionnante coiffeuse pourvue de plusieurs glaces sur laquelle trônait une magnifique perruque posée sur son support.

— Vous étiez coiffeuse ? demanda-t-il d'une voix paisible.

— Oui, je l'étais, dit-elle avec un accent de regret. Vous imaginez pour quelle raison j'ai dû cesser non activité, quoique je sois encore tout à fait capable de faire une coupe… Vous voyez, sur ma coiffeuse, il y a encore mes outils de travail…

— Hurst y jeta un coup d'œil, puis son regard revint sur l'aveugle. Sans savoir au juste pourquoi, il fut surpris par l'expression de son visage. Un ovale parfait, à la peau lisse, encadré de boucles dorées. Ses lèvres minces et bien dessinées étaient arquées en un demi-sourire, et ses yeux brillants semblaient prendre plaisir à l'observer.

— Inspecteur…, commença-t-elle.

— Oui, Mrs Drake ?

— Si vous le désirez, vous pourriez profiter gracieusement de mes services… Je n'ai pas encore eu le privilège de coiffer un inspecteur du Yard et serais très heureuse si vous consentiez à…

Hurst avança deux mains en geste de refus catégorique :

— Grand Dieu n… Enfin… oui, mais… Non, ce n'est pas possible ! J'ai mon coiffeur personnel… Il est très susceptible. Il n'accepterait jamais que quelqu'un d'autre que lui s'occupe de mes cheveux… Il en ferait une maladie et…

Lorsque les deux détectives se trouvèrent dans le couloir, Hurst lâcha un profond soupir :

— Je l'ai échappé belle, mais bon Dieu ! ça n'a pas été facile. Dites donc, vous, vous n'avez rien fait pour venir à mon secours !

Twist mit son index sur les lèvres et amorça la descente de l'escalier.

— Je réfléchissais, mon ami, dit-il en bourrant sa pipe. Nous savons maintenant que l'assassin a surpris miss Garfield en train de téléphoner à Scotland Yard, et qu'il en a déduit, à juste titre, qu'elle allait le dénoncer. Même si elle n'avait pas de preuves tangibles, il ne pouvait courir le risque de la laisser en vie. Puisque nous savons qu'il était dans la maison entre 5 et 6 heures, nous pouvons éliminer un suspect : William Scott.

— Twist, voyons, vous ne pensez tout de même pas que je songeais à lui en lui demandant son emploi du temps ! C'est un casse-pieds de premier ordre, soit, mais il n'a rien d'un assassin.

Twist alluma sa pipe sans mot dire.

— Je pense à une chose, reprit Hurst d'une voix changée. Mrs Drake n'est peut-être pas aussi aveugle qu'elle veut bien le faire croire…

— Vous me surprenez, mon ami. Je conçois difficilement une personne jouant le rôle d'une infirme pendant plusieurs années. Ce serait de la folie.

— Je ne suis pas en mesure de vous expliquer cela, je le reconnais. Mais mon intuition… Bon sang, vous avez vu ses yeux ! Elle vous regarde… comme si elle vous voyait !

— C'est tout bonnement parce qu'elle vous situe quand vous parlez. Mais où voulez-vous en venir ?

— À ceci : elle était la personne la mieux placée, *et de loin,* pour commettre le crime.

— Je vois. Vous persistez à penser que miss Garfield a été assassinée à partir de la fenêtre grillagée.

— Je sais bien qu'*a priori* cela paraît impossible mais je dirai que c'est la moins impossible des impossibilités. On pourrait par exemple imaginer le poignard pris dans une sorte de lance dont l'extrémité serait creuse afin de pouvoir épouser le manche… ou quelque chose de ce genre.

— Je vous rappelle que la victime a été poignardée dans le dos. Si ce que vous avancez était exact l'assassin aurait dû manœuvrer de telle sorte que miss Garfield lui présente son dos. À supposer qu'il eut trouvé quelque habile prétexte, je crois que miss Garfield était trop fine pour ne pas se méfier en voyant quelqu'un avec une lance pourvue d'un poignard à son extrémité. N'oublions pas non plus qu'elle avait toutes les raisons du monde de craindre cette personne… Alors franchement…

— À 6 heures et demie, rétorqua l'inspecteur, Mrs Drake était *seule* dans le salon.

— Pardon : dans le débarras, et armée de sa lance, si j'en crois votre théorie.

— En tout cas, grogna Hurst, personne d'autre n'aurait pu s'y trouver. Sinon, elle l'aurait entendu, vu qu'elle a l'ouïe si fine. Et de toute manière, de l'heure du crime jusqu'à notre arrivée, il y avait toujours quelqu'un dans le couloir, ce qui aurait empêché notre assassin de prendre la poudre d'escampette sans se faire voir.

— À moins qu'il ne se soit caché dans le fourneau de la cuisine.

— Très drôle, Twist, très drôle. Autre chose : ne trouvez-vous pas bizarre cette histoire de porte qui se referme tout doucement ? Ça m'a tout l'air d'une ruse pour détourner les soupçons.

— Et pourquoi diable ? Nous savons que miss Garfield a appelé Scotland Yard vers cette heure-là pour vous parler. Comme elle a été tuée l'heure suivante, nous pouvons être à peu près certains que l'assassin l'a entendue téléphoner. De deux choses l'une, ou Mrs Drake nous ment et elle est coupable, ou elle nous dit la vérité et elle n'est pas coupable.

— Remarquable déduction, fit Hurst non sans ironie.

Twist haussa les épaules.

— Remarquable, reprit le policier, mais fausse !

— Plaît-il ? fit le Dr Twist en rajustant son pince-nez.

Un sourire de jubilation difficilement contenue illumina le visage rougeaud de l'inspecteur :

— Il existe une troisième possibilité : Mrs Drake est effectivement coupable, mais elle nous dit la vérité en affirmant que quelqu'un d'autre a surpris miss Garfield en train de téléphoner. En effet, le fait d'écouter discrètement les gens ne prouve pas qu'on soit forcément un meurtrier.

Twist, admiratif, garda le silence un instant.

— Hurst, mon ami, vous êtes sur la bonne voie.

— Quand je vous disais que seule Mrs Drake pouvait être la coupable…

— Non, je veux dire par là que vous commencez à tenir de bons raisonnements. Vous pourrez bientôt vous passer de moi.

Arrivés à l'étage au-dessous, ils s'arrêtèrent devant la chambre d'Alfred Leaman.

— Entrez ! fit aussitôt celui-ci lorsque Hurst eut frappé à la porte.

Les détectives aperçurent une pièce en désordre, au centre de laquelle le musicien faisait les cent pas.

— Je commence mon travail dans un quart d'heure, fit-il avec un sourire contraint. S'il vous était possible d'être brefs… De toute manière, je ne vois pas en quoi je puis vous être utile.

— Permettez-nous d'en juger, répliqua Hurst avec autorité.

L'interrogatoire n'apprit pas grand-chose aux détectives ; Alfred Leaman connaissait la victime au même titre que les autres locataires, il n'avait pas quitté sa chambre de l'après-midi et, à l'heure du crime, il se reposait sur son lit.

Après un silence, Hurst demanda sur un ton distrait :

— Vous portez perruque, Mr Leaman, n'est-ce pas ?

Le musicien blêmit. Il alluma une cigarette et alla se placer devant la fenêtre, tournant le dos aux enquêteurs.

— Oui, fit-il d'une voix trop calme. Puis-je connaître la raison de cette question, messieurs, Si ce n'est pas trop indiscret ?

Twist toussota comme pour excuser son ami.

— À dire la vérité, ce n'est pas le fait que vous portiez une perruque qui nous intéresse. C'est plutôt l'histoire rapportée par l'un des locataires à propos d'un incident relatif… à votre perruque.

Leaman tirait nerveusement sur sa cigarette. Un peu de cendre tomba sur son impeccable costume noir, qu'il chassa aussitôt d'un revers de main

— Je vois à quoi vous faites allusion, déclara-t-il, toujours dos tourné. Graham Smith… qui a coupé les cheveux à sa voisine, c'est bien cela ?

— Oui, c'est bien cela, répéta Hurst sans lâcher Leaman du regard.

Celui-ci se retourna, jeta un bref coup d'œil sur ses interlocuteurs, puis baissa la tête, l'air soucieux. Au terme d'un long silence, il dit d'une voix hésitante :

— Il est assez délicat d'en parler, mais… – comment dire ? – je n'ai pu m'empêcher d'y penser depuis le meurtre… Pas celui de la pauvre Mis Garfield, mais l'autre, vous savez, cette malheureuse qu'on a scalpée la nuit de lundi !

Les limiers échangèrent un regard, puis Hurst demanda sur un ton doucereux :

— Si je comprends bien, pour vous, Graham Smith pourrait être cet assassin-là ?

Leaman eut un sourire ennuyé.

— Je n'ai pas dit cela, mais… l'homme est assez bizarre, on ne sait jamais ce qu'il a derrière la tête. Peut-être que cet accident survenu à sa mère lui a fait perdre un peu les pédales… D'ailleurs il est bien allé chez la voisine en pleine nuit pour lui couper les cheveux ! Et de quelle manière ! Il l'avait à moitié scalpée, oui ! Il faut être fou pour agir de la sorte ! Ce type-là aurait mérité… (Il regarda l'extrémité incandescente de sa cigarette comme s'il s'agissait de Graham Smith.) Eh bien oui, il ne me semble pas impossible que le meurtrier de Radnor Square et cet individu ne soient qu'une seule et même personne !

— Mais, au fait, dit Twist avec un calme détachement, il me semble que vous étiez sorti de la pièce lorsque Smith avait déballé son histoire…

— En effet. Mais le Dr Stafford m'en a fait un compte rendu détaillé le lendemain. Ce qui me stupéfie, c'est qu'il ait avoué cela. Comme s'il y avait de quoi être fier ! D'ailleurs, les Smith ont même quitté Greenhill peu de temps après son acte inqualifiable.

— Greenhill, dites-vous…, fit Twist en rajustant son pince-nez. C'est curieux… La personne qui nous a parlé de cela a affirmé que Smith n'avait pas précisé le nom du village. Comment pouvez-vous connaître ce détail ?

Leaman eut un sourire figé.

— Il se trouve qu'on m'avait déjà parlé de cet incident. (Fermant les yeux comme pour raviver sa mémoire, il ajouta :) Je ne me souviens plus de qui il s'agissait, mais je sais que c'était quelqu'un de Greenhill en tout cas… J'avais des amis, là-bas… Cela fait très longtemps… Non, vraiment, je ne me rappelle plus. Et maintenant, si vous me permettez de partir, je vous en serais très reconnaissant. Le spectacle va commencer d'un instant à l'autre, ma présence est indispensable…

— C'est vrai, vous êtes pianiste, dit Hurst en hochant pensivement la tête. Une dernière chose : le piano d'en bas, il paraît que vous avez déclaré aux Hudson qu'il était irréparable…

— C'est exact, répliqua Leaman sans cacher sa perplexité. Bien sûr, rien n'est irréparable si on y met le prix. Ce que je voulais dire, c'est que les frais auraient dépassé l'achat d'un instrument neuf.

— L'avez-vous minutieusement examiné ?

Leaman regarda le Dr Twist comme s'il doutait de l'état mental de l'inspecteur.

— Oui, finit-il par répondre. Mais je ne vois pas en quoi cela pourrait avoir un rapport avec…

— Ce sera tout pour le moment, Mr Leaman. Bonne soirée.

Sur le palier, les deux détectives regardèrent le pianiste disparaître dans l'escalier. Lorsque le bruit de ses pas ne fut plus perceptible, Twist demanda à son ami :

— Vous semblez obsédé par tout ce qui a un rapport avec le débarras. Puis-je caresser l'espoir de savoir à quoi vous pensiez en lui posant cette question à propos du piano ?

— J'ai un peu tiré au jugé, fit Hurst en lissant sa moustache. Il a peut-être trafiqué le piano, qui sait ?

— Trafiqué le piano ? répéta Twist, incrédule. Je ne vous suis plus, mon ami. À moins que vous ne songiez toujours à votre lance, laquelle aurait été dissimulée dans l'instrument…

Hurst eut un geste d'agacement.

— Je vous répète que je ne pensais à rien de précis. Je ne saurais vous dire pourquoi, mais suis sûr que ce piano a joué un rôle…

— Là, vous marquez un point, admit Twist. Le piano a en effet joué un rôle dans l'affaire de l'épouse du colonel, mais vous êtes à cent lieues de savoir lequel !

— Expliquez-vous, mille tonnerres !

— Je préfère ne rien vous dire, car je ne suis pas encore en mesure de tout expliquer et je crains que cela ne fasse que vous embrouiller davantage. Alors, au nom du ciel, oubliez ce que j'ai dit.

14

La chambre du Dr Stafford se trouvait sur le même palier. Hurst, qui savait par expérience qu'il était inutile d'insister auprès de son ami pour avoir des précisions, apaisa ses nerfs en frappant violemment à la porte. Lorsque Stafford vint leur ouvrir, l'inspecteur marmonna quelques propos incompréhensibles en guise d'excuse et se présenta.

— Quelle tragique nouvelle, fit leur hôte en rajustant sa robe de chambre. Vu les circonstances, vous accepterez bien un scotch, messieurs ?

Après avoir acquiescé, ils prirent place sur les sièges que leur avança Stafford. Le whisky fut dégusté en silence, puis Hurst interrogea le médecin, sans grand résultat, celui-ci ayant, tout comme Leaman, passé son après-midi dans sa chambre.

— Vous allez me dire que je me mêle de ce qui ne me regarde pas, déclara Stafford en remplissant de nouveau les verres. Mais j'ai le sentiment que notre maison abrite un assassin…

— Rien ne prouve que miss Garfield ait été poignardée par quelqu'un d'ici, dit Hurst en tirant sur son cigare, d'un air bonhomme. Mais j'imagine que vous avez vos raisons pour parler ainsi.

Une curieuse lueur s'alluma dans les yeux vitreux de Stafford.

— J'ai bien dit un assassin, mais je ne pensais pas à celui de miss Garfield. Radnor Square, ça vous dit quelque chose ? (Ses interlocuteurs firent un signe affirmatif.) Très bien, alors écoutez ceci.

Une fois encore, les détectives entendirent le récit de la soirée où Graham Smith avait avoué son agression contre son ancienne voisine Mrs Crawshaw.

— Je n'affirme rien, conclut Stafford, mais je ne tomberais pas des nues si on m'apprenait que ce vaurien de Smith est le meurtrier de Radnor Square. Qu'en pensez-vous ?

— On nous a déjà rapporté cet épisode ce soir, en parvenant aux mêmes conclusions que vous, fit remarquer Twist en épiant discrètement son vis-à-vis par-dessus son pince-nez.

— Je ne suis donc pas le seul à penser ainsi. Au fait, l'avez-vous déjà interrogé ?

— Non, il n'est pas encore rentré.

Stafford eut un rire sec.

— Cela ne m'étonne pas. Cet oiseau-là vit la nuit, et le diable seul sait ce qu'il fabrique… Cela fait un moment que je me pose pas mal de questions à son sujet… Je n'ai certes pas de conseils à vous donner, mais à votre place je lui demanderais la source de ses revenus.

— Ne vous inquiétez pas, répliqua Hurst, nous connaissons notre métier. Que pouvez-vous nous dire d'autre sur son compte ?

— Rien, hélas ! J'ai déjà essayé de le faire parler par quelques habiles détours, mais il ne se livre pas. On a l'impression qu'il est constamment sur ses gardes.

— J'ai cru entendre dire qu'il est écrivain, fit distraitement le Dr Twist en avisant une photographie mise en évidence sur la commode.

— Écrivain ! ricana Stafford. Pourquoi pas artiste peintre ? Vous avez déjà vu son nom quelque part ?

— Il écrit peut-être sous un pseudonyme…

Le médecin haussa les épaules, puis vida son verre d'un trait. Il proposa une autre tournée aux détectives, mais ceux-ci déclinèrent son offre et en profitèrent pour prendre congé. En fermant la porte, le Dr Twist jeta un coup d'œil par-dessus son épaule. Stafford remplissait son verre, le regard perdu dans la contemplation de la photo posée sur la commode.

— Encore une tasse de thé, messieurs ?

Hurst, harassé par une longue journée d'enquête, ne refusa pas l'offre de Mrs Hudson, pas plus que son ami Twist qui avait fait honneur, comme lui, aux sandwiches préparés par le mari de celle-ci. Ils guettaient le retour de Graham Smith, sans trop d'impatience, sachant bien qu'il rentrait très tard d'habitude.

En attendant, la conversation allait bon train dans la cuisine bien chauffée, où ils étaient confortablement installés sur les moelleux coussins des vieux fauteuils d'osier.

— Nous avions des fauteuils semblables aux vôtres, chez nous, du temps de ma lointaine jeunesse, dit le Dr Twist avec un brin de nostalgie.

— Ma femme raffole de toutes ces antiquailles. Elle a voulu garder tout le mobilier de cette maison où elle a grandi auprès de sa tante, après la mort prématurée de sa mère. Pour ma part, j'ai peu de goût pour ces vieilleries…

— Jerry !

— Ne te fâche pas, ma chérie, tu sais bien que j'adore te taquiner.

— En somme, constata Hurst, vous vous connaissez depuis toujours.

— Vous n'y êtes pas, inspecteur. Je connaissais l'existence d'Ellen, et vice versa, par des lettres de notre parente qui avait au plus haut degré le culte de la famille. Mais c'est seulement après la mort de sa tante Adélaïde que nous nous sommes rencontrés. Je vivais en Nouvelle-Zélande, comme mon père et mon grand-père.

Le Dr Twist parut surpris :

— En Nouvelle-Zélande ?

— C'est une vieille histoire, je crains que…

Hurst se mit à rire :

— Mon ami les adore. Allez-y, mon cher.

— Voilà. Après la mort violente de sa femme, notre arrière-grand-père devint plus tyrannique encore, et son fils finit par s'enfuir de la maison. Il s'installa en Nouvelle-Zélande chez un éleveur de moutons, dont le fils avait fait ses études en Angleterre avec lui, et qui lui avait proposé de le suivre. Il épousa la sœur de son ami, et de cette union naquit mon père. Ma mère mourut d'une mauvaise fièvre alors que j'avais une dizaine d'années. Père crut bien faire en se remariant avec la fille d'un hôtelier de Wellington, une amie de pension de sa femme. Je passais les vacances chez mon grand-père, retrouvant avec bonheur les grands espaces, mais la vie citadine ne me déplaisait pas et je m'entendais assez bien avec ma nouvelle mère. Père, lui, s'efforça de seconder de son mieux sa nouvelle épouse, mais eut beaucoup de mal à s'adapter. Il perdit la vie en tentant d'arrêter un cheval emballé. Je le remplaçai – le métier me convenait – jusqu'au déclenchement de la Seconde Guerre mondiale.

» Je m'engageai alors dans les commandos spécialisés en attaque surprise. Je ne vous fais pas un dessin. La guerre, l'armistice, la démobilisation, la lettre d'un notaire londonien me priant de me rendre à son étude dans les meilleurs délais. Un rendez-vous fut pris. Ce jour-là, je décidai de prendre mon lunch bien tranquillement dans un endroit sympathique, avant d'aller chez le tabellion. Il n'y avait plus qu'une place de libre, à la table d'une charmante jeune fille. Que dire de plus ? Le coup de foudre, cela existe, n'est-ce pas ?

Mrs Hudson, un peu confuse mais ravie, acheva :

— Après avoir sympathisé, nous nous sommes rendu compte que nous étions cousins et donc les cohéritiers de la chère tante Adélaïde, qui avait gardé l'héritage pour les deux derniers descendants de la famille. Jerry avait son expérience de l'hôtellerie ; moi, je ne me débrouillais pas trop mal non plus. D'un commun accord, nous avons décidé de transformer le vieil immeuble en pension de famille. Bien entendu, nous avons modernisé l'installation et le mobilier de la salle à manger-salon.

Avec une tendre ironie, Jerry Hudson ajouta :

— Et Madame a réussi à garder l'ancien mobilier transféré au premier étage. Nous avons des amateurs du genre qui viennent régulièrement passer la saison à Londres dans ce cadre désuet.

La porte d'entrée grinça. Hurst, qui s'était assoupi après avoir vainement lutté contre le sommeil, sursauta. Graham Smith rentrait enfin. Il était minuit passé. Les deux hommes s'arrachèrent à leurs fauteuils pour intercepter le locataire du quatrième étage, qu'ils accompagnèrent jusqu'à sa chambre afin de l'interroger.

— Et voilà, fit Hurst après avoir narré les circonstances du meurtre de miss Garfield. Il semblerait donc que vous êtes la dernière personne à avoir vu vivante la vieille demoiselle…

Graham Smith, qui était resté immobile durant le résumé des faits et qui n'avait pas lâché l'inspecteur du regard, décroisa ses longues jambes et alluma une cigarette. Il prit tout son temps avant de répondre.

— Excepté l'assassin, bien sûr, dit-il en ébauchant un sourire.

Sa voix était profonde et bien timbrée, mais le ton ne trahissait pas la moindre émotion.

— En effet, reprit-il, je l'ai vue en sortant, vers 6 heures. Elle faisait sa promenade, comme d'habitude. Mais je ne saurais vous dire le chemin qu'elle a parcouru : j'ai pris une direction opposée à la sienne.

— En somme, vous ne pouvez pas nous apprendre grand-chose, fit Hurst d'une voix exagérément courtoise.

— Non.

Le policier observa un silence pour laisser la parole à son interlocuteur, mais il en fut pour ses frais. Les yeux charbonneux du locataire, qu'ombrageaient d'épais sourcils noirs, soutenaient le regard du policier avec une expression qui frisait l'insolence.

— Avez-vous une idée quant au mobile de ce meurtre ?

— Aucune.

Durant le silence qui suivit, Hurst coula un regard interrogateur vers Twist, mais celui-ci, les yeux mi-clos, ne semblait pas suivre la conversation. L'inspecteur changea de ton :

— Parfait. Où étiez-vous à 6 heures et demie ?

— Je me promenais en ville, du côté de Bloomsbury.

— Quelqu'un pourrait-il le confirmer ?

— Je ne pense pas…

— Et ensuite ?

— Eh bien… je n'ai rien fait de particulier. J'ai flâné un peu de-ci de-là, comme j'ai coutume de le faire.

— Très bien, fit Hurst qui sentait la moutarde lui monter au nez. Vos papiers, s'il vous plaît.

Smith plongea la main dans une poche de son veston et les lui tendit.

— Citoyen américain, commenta le policier absorbé dans son examen.

— Oui, c'est-à-dire…

— Né à Londres…

— Oui, en fait…

— Mr Smith, de quoi vivez-vous ?

— Je suis écrivain, quoique pour…

— Écrivain ? Où ça, ici ou aux États-Unis ?

— Hurst, mon ami, intervint le Dr Twist, si vous laissiez parler ce monsieur, nous gagnerions beaucoup de temps. (Il sourit aimablement à Smith.) Pouvez-vous nous retracer brièvement ce que vous avez fait après la guerre contre les Japonais ?

Smith tressaillit, puis, avisant les deux médailles militaires accrochées au-dessus de son bureau, son regard s'éclaira.

— J'ai été démobilisé fin 46, après avoir passé pas mal de temps sur une île envahie par les Japs. On m'a proposé diverses situations, mais j'ai finalement repris mon ancien travail de typographe. Sur les conseils de mon patron, j'ai écrit des récits de guerre sous forme de feuilleton et, ma foi, ça n'a pas trop mal marché, si bien qu'on en a fait deux bouquins. Ensuite, j'ai eu quelques ennuis avec le patron, une histoire stupide… j'ai arrêté d'écrire. La vente des deux livres et quelques économies me mettaient provisoirement à l'abri de toute surprise financière. J'en ai profité pour changer d'air. De toute manière, j'en avais par-dessus la tête de pondre ce genre d'histoires et je comptais bien écrire quelque chose de plus sérieux. C'est ainsi que, voilà presque deux ans, j'ai décidé de laisser tomber l'Amérique pour regagner cette bonne vieille Angleterre.

— Et que faites-vous depuis lors ? questionna Hurst abruptement.

— Je travaille sur mon projet.

— Qui est ?

— Une étude sur les bas-fonds londoniens, répondit-il en plissant les paupières. C'est pourquoi je me promène souvent le soir, du côté de l'East End, afin de m'imprégner de l'atmosphère. J'estime que pour mener à bien ce genre d'entreprise, il faut d'abord parfaitement posséder son sujet.

Hurst haussa un sourcil incrédule : ce type n'était-il pas en train de se payer leurs têtes ou disait-il la vérité ? Il s'enquit du nom et de l'adresse de son employeur, que Smith, après avoir fourragé dans un tiroir de son bureau, lui fournit.

— Dans votre jeune temps, vous avez quitté l'Angleterre avec une grande précipitation, dit posément le Dr Twist lorsque l'inspecteur eut terminé de prendre note. Vous habitiez alors Greenhill, c'est bien cela ?

Un éclair passa dans les yeux noirs de Smith, puis son visage se fendit d'un large sourire :

— Ah ! je vois, on vous a parlé de cet épisode de mon adolescence, de cette gaminerie que j'ai eu le malheur de leur raconter…

— Une gaminerie ? s'offusqua Hurst. Vous aviez à moitié scalpé une voisine, et vous appelez ça une gaminerie ?

— À moitié scalpé, n'exagérons rien. Du reste, cette vieille bique de… – comment s'appelait-elle au fait ?… oui, Mrs Crawshaw ! Cette vieille bique disais-je, l'avait bien mérité… Après ce qu'elle avait fait à ma pauvre mère… (Smith s'interrompit subitement.) Mais à propos, comment savez-vous que c'était à Greenhill ? Je suis certain de n'avoir pas précisé le nom du village lorsque je leur avais raconté cette vieille histoire !

Ce fut au tour de Hurst de sourire

— Nous ne sommes pas policiers pour rien, Mr Smith. Maintenant, j'aimerais que vous nous fassiez, vous, le récit de ces événements.

Smith s'exécuta, mais les détectives n'apprirent rien de plus que ce qu'ils savaient déjà.

— Quelle dramatique fin pour votre mère et votre sœur, commenta Twist lorsqu'il eut terminé. Si j'ai bonne mémoire, il y eut peu de survivants à ce naufrage ?

— Une trentaine de personnes. Ma situation était d'autant plus tragique que nous avions voyagé clandestinement. Je me suis retrouvé sur le sol américain, à 16 ans, sans famille, sans amis, sans la moindre adresse où aller. On a fini par me placer dans une famille et j'ai obtenu la nationalité américaine… Et voilà, vous savez à peu près tout de moi. Mais, franchement, je ne vois pas ce qui peut vous intéresser dans tout cela…

Hurst garda le silence, conscient d'avoir les rênes bien en main, puis changea de sujet

— Le nom de Sally Jackson vous dit-il quelque chose ?

Pas un muscle ne bougea sur le visage de Smith, dont le regard opaque et scrutateur demeurait rivé sur l'inspecteur.

— Non, finit-il par lâcher, cela ne me dit rien.

— Une dernière question, Mr Smith, que faisiez-vous la nuit de lundi à mardi ?

— J'étais ici même et je dormais.

Hurst se leva.

— Très bien, Mr Smith, ce sera tout pour le moment. Nous aurons probablement l'occasion de nous revoir. Passez une bonne nuit.

Lorsque les détectives eurent pris congé, Graham Smith regarda longuement la porte qui venait de se refermer sur eux. Dès qu'il n'entendit plus le bruit de leurs pas, il lâcha un juron et donna un coup de pied dans le siège où s'était assis le policier.

15

Le lendemain, en fin de matinée, le Dr Twist retrouva Hurst dans son bureau à Scotland Yard, accoudé au montant de la fenêtre, apparemment absorbé dans la contemplation du paysage hivernal. Dans un ciel sans nuages, le soleil dardait ses rayons sur la neige de la veille. La rue était animée et la circulation avait tracé sur la chaussée une large bande bourbeuse.

— Quoi de neuf ? fit le Dr Twist sur un ton enjoué.

Hurst se retourna et désigna d'un mouvement du menton le poignard sur son bureau.

— Nous sommes fixés, maintenant. L'assassin de Radnor Square est sans aucun doute possible celui qui a tué miss Garfield.

— Et qu'est-ce qui nous vaut cette certitude ? demanda Twist en s'installant en face de l'inspecteur.

— L'assassin avait bien essuyé son arme après le premier crime, cependant nous avons quand même relevé des traces de sang, récentes, sur le manche. Trois fois rien, mais cela a été suffisant. Ce sang-là n'est pas le même qui maculait la lame, il appartient à un groupe sanguin peu courant… identique à celui de Mrs Sally Jackson.

— Eh bien à présent, nous savons à quoi nous en tenir, dit Twist en déballant son matériel de fumeur de pipe.

— Autre chose. J'ai vu Briggs de bonne heure, ce matin. Je lui ai demandé certaines précisions sur le colonel Hudson, sans trop d'espoirs, du reste. Il m'a fixé un moment sans paraître me voir, puis s'est précipité dehors comme s'il avait le diable aux trousses. Il est revenu me voir trois heures plus tard.

— Et ?

Hurst contempla son poing serré avec un sourire sardonique :

— Je ne sais pas comment il fait pour obtenir ses renseignements si rapidement, l'animal ! Rendez-vous compte, cette affaire date de la fin du siècle dernier ! Quoi qu'il en soit, ce qu'il m'a appris confirme le singulier récit de Mrs Hudson : lorsqu'il était aux Indes, le colonel avait effectivement corrigé d'importance un indigène qui s'était permis de batifoler avec sa maîtresse, laquelle fut retrouvée assassinée à l'arme blanche un peu plus tard, dans d'assez étranges circonstances.

— D'assez étranges circonstances ?

— Oui, enfin c'est ce que pense Briggs. Selon lui, et le récit de Mrs Hudson, et ses propres sources de renseignements offrent étrangement peu de précisions sur ce meurtre, d'où son impression qu'il s'agit d'une affaire étouffée. Ce qui signifierait que des soupçons auraient pesé sur Hudson. Il était très bien noté et ses supérieurs, compte tenu de la situation de l'époque – 1857, la révolte des Cipayes qui couvait –, ne s'attardèrent pas sur ce qui n'était qu'un fait divers, voire un scandale dont ils se seraient volontiers passés. Et la petite Mrs Hudson avait bien raison en parlant d'un fameux savon encouru par son aïeul. Mais pour en revenir à notre affaire, il semblerait bien que cette histoire d'Hindou voulant se venger soit exacte. Le meurtre de la jeune indigène pue la machination à plein nez. Quant à l'assassinat de sa femme… quelle aurait été sa situation s'il avait été seul dans le couloir lorsque celle-ci s'est affalée au sol, un couteau planté entre les omoplates ?

— C'est juste, je n'avais pas encore considéré l'affaire sous cet angle. Mais par chance, il n'était pas seul. La présence de son ami Stock lui a sauvé la mise.

— J'attire également votre attention sur un point que vous semblez avoir oublié et que l'on peut difficilement mettre sur le compte du hasard : sa collection de poignards s'est décrochée du mur *au moment même où sa femme est rentrée.*

Le Dr Twist acquiesça et s'empara du poignard.

— Fort belle arme, ma foi, déclara-t-il, admiratif. Il s'agit peut être d'un poignard magique !

— Je vous en prie, ce n'est pas le moment de plaisanter. Poignard magique, tapis volant, nous ne sommes pas dans les contes des *Mille et Une Nuits,* bon sang !

— C'est pourtant vous, avec votre rapprochement, qui sembliez accréditer l'hypothèse d'un poignard qui se déplacerait de son support pour se planter dans le dos de la victime !

— Vous n'avez rien compris, Twist : si la collection d'armes est tombée, c'est que quelqu'un y avait touché quelques instants plus tôt ! Voilà ce que cela signifiait.

Le détective ne répondit pas, le regard perdu dans la contemplation du poignard.

— Dire qu'à trois reprises au moins, une main criminelle s'est emparée de cette arme… et a frappé. Mrs Hudson, Sally Jackson et miss Garfield… Le plus élémentaire bon sens nous conseillerait de la mettre hors de circulation.

— Ne vous inquiétez pas, rétorqua Hurst. Elle ne frappera plus.

— Qui ça, l'arme ou la main ?

— Les deux. Je veillerai personnellement à ce que cet objet soit confisqué. Quant à notre assassin, ce serait pure folie de sa part de récidiver. Nous allons maintenant faire le point, ce qui nous permettra peut-être de voir plus clair dans cette suite de faits qui ne peuvent qu'être liés entre eux.

— Eh oui ! Le tout est de savoir de quelle manière !

— Je commencerai par les soupçons de miss Garfield qui a deviné la véritable nature de l'un des locataires. (Hurst soupira, désolé :) Il est bien regrettable que je n'aie pas cru à son histoire lorsqu'elle est venue me trouver au Yard… Mais comprenez bien, Twist, qu'il nous est impossible de mener une enquête à chaque fois que l'on vient nous tenir de tels propos…

— Personne ne vous le reproche, mon ami. Tout ce que nous pouvons faire pour elle, à présent, c'est de mettre la main sur son meurtrier. Poursuivez, je vous en prie.

— Quelques heures plus tard, notre assassin exécute Sally Jackson, la scalpe et jette sa chevelure devant l'entrée de son immeuble. Trois questions se posent : quel est le mobile de ce meurtre ? Pourquoi l'avoir scalpée ? Pourquoi avoir jeté ses cheveux devant l'entrée ?

» Selon certains témoignages, la victime aurait eu une liaison, bien que jusqu'ici personne n'ait entrevu ce mystérieux amant. À supposer qu'il existe, pourrions-nous en conclure qu'il s'agit du meurtrier ? Si oui, nous pourrions au moins éliminer les éléments féminins de notre liste des suspects. Hélas ! nous n'en savons rien.

» Après avoir commis son meurtre, l'assassin revient sur les lieux du crime pour y chercher, selon toute vraisemblance, un objet lui appartenant. Quel est cet objet ?

— Je pense sincèrement que ceci n'a aucune espèce d'importance. Que ce soit un trousseau de clefs, un portefeuille ou quelque autre objet personnel, cela ne nous avancerait pas. En revanche, cet oubli a permis à miss Conway d'arriver à la pension *avant* notre lascar – il a dû emprunter un chemin détourné pour rentrer chez lui – et de nous donner un aperçu de sa silhouette. Et sans ceci, Hurst, je me demande bien si nous aurions pu rapprocher le meurtre de Sally Jackson de celui de miss Garfield.

— Probablement pas, vous avez raison. Nous en arrivons à l'assassinat de la vieille demoiselle, dont la seule chose évidente est le mobile. Elle m'avait bien dit, quand elle était venue me trouver, que le meurtrier semblait avoir compris qu'elle le soupçonnait. Il devait donc l'avoir à l'œil. Il est fort probable que Mrs Drake, à condition qu'elle ne soit pas elle-même coupable, n'a pas rêvé en entendant la porte du salon se refermer juste après le coup de fil de miss Garfield. La pauvre demoiselle venait de signer son arrêt de mort. Jusqu'ici, tout est relativement clair et logique. Par contre, ce qui suit défie la raison. Tout d'abord le crime en lui-même : seul un homme non soumis aux lois de la pesanteur aurait pu le commettre. Comment s'y est-il pris ? Et pourquoi avoir donné à ce crime une apparence surnaturelle ? Il ne pouvait quand même pas imaginer qu'en la poignardant dans le dos nous allions envisager l'hypothèse d'un suicide ou d'un accident ! Ensuite, pourquoi avoir donné cette exacte réplique du meurtre de la femme du colonel... au même endroit qui plus est ! Nous savons que toute la maison était au courant de cette affaire, soit, mais comment avoir pu monter un crime aussi parfait en même pas une heure ? En dernier lieu, ni l'assassin ni personne d'autre ne pouvait prévoir le moment précis où la neige s'arrêterait de tomber. On ne me fera jamais avaler que deux crimes en tous points identiques commis exactement au même endroit, avec la même arme de surcroît, soient le seul fruit du hasard. Alors ?

Twist secoua la tête, dépité :

— Un problème insoluble... qui se boucle sur lui-même comme un cercle vicieux : c'est l'arrêt de la neige à ce moment précis qui fait que ce meurtre est « impossible » comme celui du siècle précédent. L'assassin ne pouvait pas le deviner et d'autre part, la raison nous oblige à penser que « l'impossibilité » de ces deux crimes ne peut être en aucun cas une coïncidence, mais un plan ourdi par le criminel, lequel n'était pas en mesure de prévoir quand il allait cesser de neiger, etc. Il doit pourtant y avoir une explication, il *faut* qu'il y en ait une...

La grosse main velue de Hurst tambourina sur le bureau.

— Ce qu'il serait primordial de savoir, à mon avis, c'est le stratagème utilisé par l'assassin.

— Essayons de raisonner en nous basant sur les deux crimes. Nous pouvons, je crois, affirmer qu'ils ont été exécutés de la même manière.

— Heureusement ! grommela Hurst. Sinon il nous faudrait trouver *deux* explications.

— Les données de ces deux problèmes sont identiques, exception faite des témoins situés de part et d'autre du passage. Dans le premier cas, ce sont des êtres en chair et en os qui affirment n'avoir vu sortir personne ; dans le second, c'est la neige vierge qui le prouve. Réfléchissez un peu, Hurst, nous pouvons déjà conclure quelque chose de tout ceci…

Le policier se carra dans son fauteuil et ferma les yeux, le front plissé. Soudain, son visage s'illumina :

— Mais oui ! La femme du colonel n'a pas pu être tuée dans la rue, puisqu'on l'a vue entrer dans le passage… donc miss Garfield aussi !

— Absolument. Ce qui ne nous laisse plus qu'une alternative : elle a été tuée soit dans le passage, soit dans l'entrée. Le problème de la volatilisation du meurtrier reste le même, mais au moins nous savons à peu près d'où il a frappé. Et, à la réflexion, je me demande s'il n'a pas opéré à partir de la fenêtre. Cela paraît impossible, mais bien moins cependant que toutes les autres impossibilités.

Hurst eut un sourire triomphant :

— Depuis le temps que je vous le répète !

Twist, pensif, alluma sa pipe.

— Il y a aussi cette phrase que le colonel marmonnait en dormant : « La mort derrière les rideaux ». Ce qui semblerait indiquer que le meurtre a eu lieu dans l'entrée.

— Ce vieux fou divaguait. Il faut prendre ses paroles pour une image. Il a vu sa femme mourante franchir ces tentures ; pour lui, elle a donc effectivement été assassinée *derrière* les rideaux – et peu importe à quelle distance. D'après les témoignages, nous savons qu'il n'y avait personne dans l'entrée.

— Ce n'est pas certain du tout. À 18 h 30, lorsque miss Garfield est entrée, *elle n'était peut-être pas seule !* L'assassin, dissimulé d'une manière quelconque dans le passage, aurait très bien pu la suivre jusque dans l'entrée, la poignarder, puis ressortir. Impossible de l'apercevoir à ce moment puisqu'il était alors masqué par miss Garfield elle-même, qui s'est accrochée aux rideaux avant de s'affaler. Et plus j'y pense, plus je me rattache à cette hypothèse. C'est en effet l'une des seules qui expliqueraient un détail que nous avons négligé jusque-là.

— La porte d'entrée était fermée. Les Hudson et Peter Schuyler ont retrouvé la porte d'entrée fermée. Pensez-vous sérieusement qu'avec un poignard entre les épaules, miss Garfield aurait pu la refermer derrière elle ?

— Non, avoua Hurst comme à regret. Certes non. Donc,

l'assassin ne l'aurait pas frappée dans le passage, mais dans l'entrée... Ce serait par conséquent lui qui aurait refermé la porte avant de s'enfuir...

— Ce geste peut également paraître bizarre, mais il lui aurait quand même fait gagner quelques secondes dans la mesure où ses poursuivants, en voyant la porte ouverte, se seraient immédiatement rués au-dehors. Quelques secondes... qui lui auraient permis de se volatiliser.

L'inspecteur sortit un mouchoir de sa poche pour s'éponger le front :

— Plus nous essayons de résoudre cette énigme, plus nous nous enlisons. Ma cervelle commence à bouillir ! Je finirai par voir des poignards magiques et des tapis volants partout.

Ramenant d'une main lasse sa mèche folle sur son crâne rose, il poursuivit :

— Passons maintenant aux alibis de nos différents suspects. Celui de la bonne, Janet Padmore, est inattaquable. Elle a passé toute la journée en famille, à 200 kilomètres de Londres. Deux autres personnes se trouvaient dans leurs chambres – trois en comptant Marjorie – au moment du crime : Harley Stafford et Alfred Leaman. J'imagine difficilement le docteur dans le rôle de l'assassin...

— Et pourquoi cela ?

— La mort de sa femme et de sa fille a brisé sa vie, il noie son chagrin dans l'alcool. Vous le voyez scalpant une femme ? Et pour quel mobile ?

Twist ne souffla mot.

— En ce qui concerne Alfred Leaman, c'est différent : il est chauve. On pourrait à la rigueur imaginer une maîtresse qui se serait moquée de lui pour cette raison, et dont il aurait décidé de se venger en la scalpant. Et peut-être même que cette maîtresse ne serait autre que Mrs Sally Jackson ! Vous savez, certaines personnes acceptent parfois très mal qu'on rie à leurs dépens... En outre, il est pianiste...

— Et alors ?

— Mais mille tonnerres ! N'est-ce pas vous qui m'aviez affirmé que le piano jouait un rôle dans cette affaire ?

Twist lissa ses moustaches, avec ce sourire protecteur qui hérissait son ami :

— Passons sur ce point, si vous le voulez bien. Et dites-moi ce que vous pensez de leurs alibis.

— Ma foi, ils se valent. Il semble impossible qu'ils aient pu quitter leur chambre par la fenêtre, les rebords étant recouverts d'une fine couche de neige vierge. Et il en va de même pour toutes les fenêtres de la maison ! Aussi bien celles donnant sur l'arrière-cour que celles de la rue. Si l'un d'entre eux est coupable, il n'a pu perpétrer le meurtre qu'à partir de la fenêtre grillagée… Pour ce faire, il aurait dû se trouver dans le débarras tôt l'après-midi. Reste le problème de la sortie. Et là, nous nous heurtons à un mur…

— Franchissable, à l'extrême rigueur. Il aurait pu se cacher dans le salon et attendre un moment favorable pour quitter les lieux. Par exemple derrière le fauteuil où somnolait Mrs Drake, ou sous la table… Risqué, je vous l'accorde, Hurst. Nous avons cependant déjà rencontré des meurtriers bien plus audacieux.

— Mais il y avait toujours quelqu'un dans le couloir jusqu'à l'arrivée des constables ! Mrs Hudson n'a pas quitté…

— Mrs Hudson aurait très bien pu avoir un moment d'inattention. Toutefois, cela paraît bien improbable.

— Si c'est Mrs Drake la coupable, le problème de la disparition n'existe plus. Dans cette hypothèse, il faudrait admettre qu'elle ait l'usage de tous ses sens, qu'elle ne soit donc pas aveugle. Quant au mobile… Il y a des possibilités, vous voyez ce que je veux dire ?

Twist ne put réprimer un sourire :

— Une sorte de folie en rapport avec son métier ? Une envie, un besoin irrépressible de se surpasser, de faire la coupe de cheveux parfaite : le scalp !

— Quelque chose dans ce genre, pourquoi pas…

— Qui reste-t-il ?

— William Scott. Si seulement c'était lui… Nous ne l'aurions plus collé à nos chausses pendant nos enquêtes. Mais je n'y crois pas. Dans le fond, je le trouve plutôt sympathique, ce garçon. Passons aux Hudson. Eux non plus n'ont apparemment pas de mobile. Mais ils sont les mieux placés – et de loin – pour être au courant d'une chose…

— Qui serait ?

— Le meurtre de leur arrière-grand-mère. L'assassin de miss Garfield devait bien savoir comment il a été commis, vous êtes d'accord ?

— Oui, quoique nous en ayons déjà débattu.

— Qui d'autre que les Hudson pouvait connaître ce secret ?

— Moi, je trouve que ceci aurait plutôt tendance à les disculper.

— Je ne vous suis pas, Twist.

— Ce sont eux qui ont révélé aux autres cette vieille affaire. En supposant qu'ils connaissent le fin mot de l'énigme, deux cas de figure se présentent : un, l'assassin de leur aïeule était quelqu'un de la famille ; deux, il n'en faisait pas partie. Dans la première hypothèse, ils se seraient bien gardés d'évoquer ce crime. Dans la seconde… Essayez de vous mettre à leur place : vous avez une énigme à proposer à des amis, vous en connaissez l'explication, comment vous y prendriez-vous ? Vous en ferez le récit d'un air mystérieux, en laissant bien deviner que vous, vous n'ignorez pas la solution. Vous ferez languir vos amis un certain temps, puis vous révéleriez le truc, avec la satisfaction de les avoir tenus en haleine jusqu'à la limite du supportable… Les Hudson ont-ils agi de la sorte ? Absolument pas. Ils ont posé le problème, un point c'est tout.

Hurst acquiesça dans un soupir.

— De toute manière, ni lui, ni elle, ni Peter Schuyler n'ont pu tuer miss Garfield. À moins bien sûr, qu'ils ne soient tous les trois complices et qu'ils nous aient raconté une histoire à dormir debout, ce qui eût été absurde et même très dangereux pour eux.

Twist réfléchit un instant.

— Je ne vois pas du tout les Hudson complices de ce meurtre, et je les vois encore moins faire appel à un troisième larron, surtout quelqu'un du genre Peter Schuyler, pour tuer la vieille demoiselle. J'ai l'intime conviction que notre assassin est un solitaire, qui suit un plan bien défini…

— Un solitaire, grinça Hurst avec un sourire félin, vous faites bien de le préciser. Ce qui nous amène tout droit au dernier personnage de la liste : Graham Smith. J'ai appelé nos confrères américains tôt ce matin. Ils m'ont promis des nouvelles très rapidement. Nous saurons alors à quoi nous en tenir sur… sur ses talents d'écrivain ! Vous y avez cru, vous, à son histoire ?

— Il ne donne pas l'impression d'être idiot. Loin de là. Je dirai même que c'est un fin calculateur et je donnerai ma main à couper que tous les renseignements qu'il nous a fournis - ceux qui sont vérifiables, du moins – s'avéreront exacts. Non, ce n'est pas là-dessus qu'il nous bluffe. En revanche, je suis sûr qu'il nous cache quelque chose…

— Qu'il nous cache quelque chose ! s'étonna Hurst. Mais il y a tout lieu de penser que c'est notre homme ! Il n'a pas le moindre alibi, ni pour le meurtre de Sally Jackson ni pour celui de miss Garfield. De 18 h 30 jusqu'à son retour à la pension, il n'a pas été capable de justifier son emploi du temps ! Et quand nous avançons la question du mobile…

» Il a même avoué avoir agressé son ancienne voisine. Ce type-là est un psychopathe, un paranoïaque, qui doit faire une fixation sur les chevelures féminines. Cet accident survenu à sa mère a dû le détraquer. Et cela ne m'étonnerait guère que l'on retrouve, en Amérique, de semblables meurtres dans son sillage. De toute manière, nous serons bientôt fixés. Si je ne l'ai pas encore arrêté, c'est uniquement parce que j'aime bien avoir toutes les cartes en mains avant d'abattre mon jeu.

Le Dr Twist, qui suçait pensivement le tuyau de sa pipe, jeta un coup d'œil en direction de la fenêtre :

— Quel temps magnifique, aujourd'hui. Hurst, mon bon ami, que diriez-vous d'une petite balade avec moi cet après-midi ?

16

Alan Twist descendait les escaliers d'un pas alerte lorsqu'il croisa Briggs. Il le harponna au passage pour obtenir des explications plus détaillées sur ce que Hurst venait de lui raconter et l'invita à venir se restaurer chez lui. L'inspecteur, qui avait une grande estime pour le criminologue, le suivit d'autant plus volontiers que l'ordinaire de Twist était nettement supérieur au sien.

Ils ne s'attardèrent pas à table, pressés qu'ils étaient, l'un de raconter, l'autre d'écouter. Briggs expliqua d'abord comment il s'était brusquement souvenu d'une espèce de cahier, mi-carnet de notes, mi-journal, que son grand-oncle lui avait confié en soulignant l'intérêt familial et historique d'un tel document. Il lui venait de son propre père, alors jeune médecin militaire de la compagnie des Indes, qui avait longuement hésité entre la médecine et le journalisme. Le nom de Hudson et l'adresse de la pension de famille lui avaient rappelé les mystérieuses circonstances de la mort de la femme du colonel, mais il n'avait pas immédiatement fait la relation entre le fait divers et le récit dans le cahier en question.

— Vous pensez bien, monsieur, que je me suis précipité pour retrouver ce passage, sans difficulté d'ailleurs, puisque l'histoire se situe en 1857, au début de la révolte des Cipayes.

» Un jeune officier, Oliver Hudson, follement amoureux d'une ravissante indigène, la surprit un jour, alors qu'elle le croyait parti en mission avec un détachement qu'il commandait en second. Il était en fait bel et bien parti mais avait dû revenir d'urgence porter un message verbal et confidentiel à son colonel. Il la surprit donc, dans les bras de l'homme qu'elle prétendait être son frère. Fou de rage jalouse, il s'acharna sur lui à coups de bâton, lui brisant une main, sans parler d'une jambe salement amochée. Notre médecin chroniqueur le soigna du mieux qu'il put, en lui recommandant de revenir le lendemain pour renouveler le pansement de la jambe. Mais l'homme disparut sans laisser davantage de trace qu'un caillou jeté à l'eau. Bien entendu, cela fit jaser dans la garnison. Oliver Hudson fut consigné dans sa chambre par un supérieur fort contrarié – malgré l'affection quasi paternelle qu'il éprouvait pour ce jeune officier – par une histoire plus que fâcheuse en cette période troublée. Le lendemain soir, il rejoignit son détachement avec le guide qui l'avait accompagné. Il faudra que je vous fasse lire le tout, monsieur, c'est fort intéressant, mais je vais à l'essentiel. Trois semaines plus tard, ils étaient tous de retour. Hudson semblait avoir pardonné à l'infidèle. Avait-elle plaidé sa cause en parlant de violence ou de menaces ? Mon arrière-grand-oncle raconte seulement, qu'en se rendant chez elle son ami l'entendit pousser un cri, qui le fit se ruer dans la petite maison qu'elle habitait, un peu à l'écart, et la trouva avec un poignard dans le dos, écroulée, morte, dans la minuscule pièce où elle se livrait à ses ablutions. Il se précipita à la recherche du meurtrier. Personne dans la maison, ni dans le petit jardin, pas plus que dans les bosquets alentour. C'était incompréhensible. On organisa une battue, mais sans aucun résultat. Les choses prenaient une tournure dangereuse pour Oliver Hudson. Les commérages allaient bon train – c'était un coupable tout désigné – quand par chance, on trouva deux témoins qui avaient vu un Hindou à l'allure furtive. Il avait semblé fuir à leur approche. On retrouva d'ailleurs un lambeau de turban accroché à un roncier tout près du vieux banian, à quelques centaines de mètres de la maison. L'enquête fut close. De toute manière, ils eurent rapidement d'autres chats à fouetter.

Après le repas de midi, Marjorie regagna sa chambre au deuxième étage. Cinq minutes plus tard, on frappa discrètement à la porte et William Scott entra.

— Personne ne vous a vu ? s'enquit-elle aussitôt.

— Non, personne. Mais pourquoi prendre tant de précautions ? Nous avons quand même le droit de nous rencontrer pour parler, non ?

— Bien entendu. Mais vous savez comment sont les gens. Le simple fait de voir entrer un garçon dans la chambre d'une innocente jeune fille…

William fut sur le point de répéter le mot « innocente » sur un ton interrogatif, mais il se ravisa.

Marjorie reprit :

— Vous les avez tous vus à table comme moi. Alors, qui, à votre avis ?

Le reporter s'assit négligemment à côté de Marjorie sur son lit.

— Difficile de se faire une idée quand ils font tous des têtes de croque-mort et n'ouvrent la bouche que pour manger. Même Smith était là. À coup sûr, il venait prendre la température. Mais il en a été pour ses frais. Il n'en demeure pas moins dans mon collimateur. Je le considère toujours comme l'un des principaux suspects.

— L'un des principaux suspects ! Vous plaisantez, William ! Nous n'avons pas à chercher plus loin : c'est notre assassin.

— Alors pourquoi me posez-vous la question ?

— Eh bien… par principe.

Il lui adressa un sourire qui mit Marjorie sur ses gardes.

— Voulez-vous que je vous dise ce qu'il y a là-dedans ? demanda-t-il en faisant mine de lui tapoter le front du doigt.

Marjorie se redressa avec dignité.

— Je suis assez bien placée, il me semble, pour savoir ce qu'il y a « là-dedans ».

— Je vous l'accorde. Mais en fait, vous savez sans savoir. Ou plutôt une partie de votre cerveau rejette l'évidence, pour quelque obscure raison que je ne préfère pas analyser.

Marjorie eut une moue perplexe avant de regarder William droit dans les yeux :

— Et cette évidence serait ?

William alluma une cigarette.

— Suivez mon raisonnement. Vous prétendez être certaine de la culpabilité de Smith et vous me demandez qui est l'assassin. C'est donc qu'inconsciemment vous en doutez. Partant de cela, on peut se demander quelle est la raison de ce blocage de votre cerveau. Une seule possibilité : un blocage d'ordre émotionnel. Vous défendez donc quelqu'un – un suspect, sans quoi il n'y aurait aucune raison de le défendre – quelqu'un qui… qui exerce sur vous un certain attrait. Qui parmi les personnes impliquées dans cette affaire répond à cette condition ? Il n'y en a qu'une, et vous le savez très bien.

Les yeux de Marjorie s'arrondirent d'étonnement :

— Quelqu'un qui exercerait sur moi un… Alors là, je ne vois pas du tout. Mais dites-moi de qui il s'agit, puisque selon vous je sais sans savoir.

William réfléchit.

— Je vous ai dit que je considérais Smith comme l'un des principaux suspects, mais il y a quelqu'un d'autre que je placerais avant lui. Et il se trouve que vous pensez comme moi, Marjorie, bien que vous vous refusiez à l'admettre…

— Ne me dites pas que vous parlez de Peter Schuyler !

— Si.

L'espace d'un instant, les traits de Marjorie furent déformés par la colère. Puis elle partit d'un rire nerveux qu'elle ne parvint plus à maîtriser.

— Calmez-vous, ma chère, fit William en la regardant d'un œil furibond et confiez-moi ce qu'il y a de si drôle en cette tragique affaire qui puisse vous mettre dans de tels états.

— Peter Schuyler, dit Marjorie en hoquetant, qui exerce sur moi un certain attrait… Il me ferait plutôt vomir, oui, ce prétentieux hypocrite, ce fils à papa, ce… Ma parole, on dirait que vous êtes jaloux.

— Jaloux de ça ? Certainement pas, déclara le reporter avec détachement.

— Mais à propos, il me semble bien que l'inspecteur vous avait démontré son innocence ?

William, le sourire aux lèvres, se leva, fit quelques pas devant la fenêtre, puis revint s'asseoir à côté de la jeune fille.

— Vous avez entendu comme moi dans quelles circonstances est morte miss Garfield ? Personne, absolument personne, n'a pu la poignarder.

— Mais elle a bien été assassinée, non ?

— Évidemment. Seulement voilà : ce n'est pas une main qui a planté le couteau dans son dos !

— Ce serait quoi, alors, selon vous ? Un esprit ? Un fantôme ?

— Rien de tout cela, rassurez-vous. Voyez-vous, j'ai passé une bonne partie de ma vie à étudier le crime. Sous toutes ses formes : comptes rendus de procès, romans policiers, etc. Et je me suis rendu compte d'une chose : il arrive, parfois – mais c'est assez rare, il faut bien l'admettre – que la réalité dépasse la fiction. J'entends par là que certains meurtriers surclassent le machiavélisme des criminels de romans. Et Dieu sait si nombre d'auteurs s'ingénient à coucher sur le papier les machinations les plus perverses. Prenons le cas de la marquise de Brinvilliers. Elle a empoisonné ses amants, ses parents, ses enfants, ses…

— Je ne doute pas de votre érudition dans ce domaine, mais épargnez-moi ces horreurs. Aux faits, je vous prie.

— Des horreurs peut-être, poursuivit William sans se démonter, mais des horreurs très instructives. Il y a aussi ces coffrets à bijoux pourvus d'un piège mortel : un dard empoisonné subtilement dissimulé pique le malheureux qui ouvre le couvercle. Une petite merveille de menuiserie, un mécanisme génial, *une véritable machine à tuer…* Vous ne comprenez toujours pas ?

— Non.

— Mais enfin, Marjorie, c'est pourtant clair : miss Garfield a été poignardée par un mécanisme de ce genre !

— Un mécanisme qui lance un couteau ? Mais où ? Et comment ?

William s'éclaircit la voix, l'air embarrassé.

— Je ne sais pas au juste comment, je n'ai pas encore eu le temps d'y réfléchir. Ce n'est pas forcément quelque chose de volumineux… Un simple ressort monté sur un support fixe pourrait être suffisant.

— Vous voulez mon opinion ?

— Dites toujours…

— Vous lisez trop de romans.

William se leva et se mit à arpenter la chambre de la jeune fille, les mains croisées dans le dos, sourcils froncés.

— Mais nom de nom ! finit-il par éclater. Il ne peut y avoir d'autre explication à ce crime ! *Vous lisez trop de romans,* facile à dire ! Et vous, qu'avez-vous comme solution à proposer ?

— Moi ? oh ! vous savez, je ne suis qu'une jeune provinciale sans expérience, qui ne sait pas grand-chose, même pas ce qu'elle sait. Alors vous savez… il ne faut pas lui en demander de trop.

William, écarlate, serra les poings.

— Arrêtez, s'il vous plaît. Vous savez très bien ce que j'ai voulu dire en faisant cette comparaison. Essayez de comprendre…

— J'essaie.

William ferma les yeux un court instant, puis reprit :

— Il n'a pas été possible à un *humain* de poignarder miss Garfield. Cela n'a pas été possible, vous entendez bien ? Pas pos-si-ble.

— Je n'ai jamais dit le contraire.

— Ce mécanisme, pour abracadabrant qu'il puisse paraître, est la seule explication envisageable.

— Admettons.

— À la bonne heure, soupira-t-il. Il va de soi que cet instrument n'a pu être placé que dans le passage. Ce qui nous amène à cette question : quelle a été la dernière personne, avant le meurtre, à avoir emprunté ce chemin ?

Marjorie regarda pensivement le jeune homme.

— Je commence à me demander si vous n'avez pas raison…

— Eh oui, ma chère, c'était Peter Schuyler. Il s'est présenté ici hier soir à 6 heures, après quoi nul n'a franchi la porte d'entrée… jusqu'à l'arrivée de miss Garfield. Si celle-ci a été tuée de cette façon, *lui seul* a pu poser le piège. Nous avons déjà vu pour quelles raisons il y avait lieu de croire à sa culpabilité. Et maintenant que son alibi n'est plus aussi solide qu'il pouvait le paraître…

— Mais au fait, à quel moment aurait-il récupéré son « matériel » ?

— Je vous ai déjà dit que ce mécanisme pouvait être constitué d'un simple ressort et d'une tige de métal. Nul n'aura remarqué ces insignifiants morceaux de ferraille. Quant au moment, je crois me souvenir qu'il avait dû monter la garde auprès des empreintes de pas jusqu'à l'arrivée du corps de police.

Marjorie se taisait, nouant et dénouant nerveusement ses mains.

William consulta sa montre :

— Bon, il faut que je m'en aille.

— J'étais pourtant tellement sûre que l'assassin ne pouvait être que Graham Smith, fit Marjorie, comme si elle n'avait pas entendu les dernières paroles de son compagnon.

William eut un mouvement d'épaules désolé et vint se placer devant la jeune fille :

— Écoutez, nous reparlerons de tout ceci ce soir, « entre quat'z'yeux », dans l'intimité d'un petit restaurant…

— Vous m'inviteriez à dîner ?

— Oui.

— Je n'en ai vraiment pas envie, vraiment pas…

William blêmit, comme frappé au visage. Tête basse, il se dirigea vers la porte.

— Parfait, bredouilla-t-il. Je pensais que cela pouvait vous faire plaisir. Je me trompais, tant pis.

D'un bond, Marjorie se leva, gagna la porte et s'y adossa, présentant son front au jeune homme, comme un taureau prêt à foncer.

— Vous n'êtes qu'un nigaud ! Je n'ai pas envie de reparler de ce meurtre, voilà tout ! Je n'ai jamais dit que je refusais votre invitation.

Ils s'affrontèrent du regard, puis William l'attrapa par la taille, la souleva comme s'il s'agissait d'une poupée de chiffon et la fit tournoyer en chantant à tue-tête :

— *Oh by Tummel and Loch Rannoch and Lochaber I will go…*

— Arrêtez, lâchez-moi ! s'écria Marjorie sans toutefois opposer trop de résistance. Vous êtes devenu fou, ma parole !

— Il y a une chose que j'aimerais bien savoir, dit Hurst en regardant défiler le paysage enneigé derrière la vitre de leur compartiment.

— Oui ? répondit distraitement Twist, plongé dans la lecture d'un journal.

— Pourquoi, grand Dieu ! pourquoi est-ce que je vous suis toujours comme un toutou dans vos déplacements ? J'avais pourtant des choses bien plus sérieuses à faire que d'aller me promener cet après-midi. Avez-vous seulement l'adresse de…

— Greenhill n'abrite guère plus de cinq cents âmes, nous n'aurons aucun mal à trouver Mrs Crawshaw.

— Si elle vit encore…

— Ne soyez pas toujours aussi pessimiste, mon ami. C'est à force de l'être que l'on provoque malheurs et déceptions.

— Nous verrons bien, ricana l'inspecteur en allumant un cigare. Et à supposer que nous la rencontrions, que pourrait-elle bien nous apprendre que nous ne sachions déjà ? Que ce Smith est un être violent, doublé d'un voyou ? Cela ne fait pas l'ombre d'un doute. Mais qu'espérez-vous donc trouver, Twist ?

— J'aimerais juste m'entendre confirmer le récit de Smith par le principal témoin, Mrs Crawshaw.

— Mais il a déjà été confirmé par le pianiste ! De toute manière, Smith n'aurait jamais inventé une histoire pareille, d'autant plus qu'elle n'est guère à son avantage.

— C'est justement là où le bât me blesse.

— On ne contrôle pas toujours ses paroles… Il ne vous arrive jamais de vous laisser aller à dire des choses que vous reprenez par la suite ?

— Je suppose que vous l'avez remarqué, ce Smith est plutôt du genre à tourner sept fois sa langue dans la bouche avant de parler.

— Là, je suis d'accord avec vous.

Twist reposa son journal et le plia avec soin

— Voyez-vous, je n'arrive pas à dissocier cette agression contre Mrs Crawshaw de la mutilation de Radnor Square.

— Mais nous connaissons ce lien, c'est Graham Smith ! Je ne vous comprends pas, les seules choses clairement établies dans cette affaire, vous les remettez en cause… Vous avez l'esprit tordu, mon cher.

À la gare d'Epsom, ils prirent un taxi, et un quart d'heure plus tard ils arrivèrent à Greenhill. À la demande de Twist, le chauffeur les déposa devant la boulangerie. Le docteur demeura un moment devant la vitrine à contempler brioches et petits pains. Hurst, d'un raclement de gorge, lui fit comprendre qu'il n'avait pas l'intention de prendre racine, puis ils poussèrent la porte de la boutique. Un grelot tintinnabula, et quelques secondes plus tard une grosse dame au visage réjoui se montra. Twist acheta une demi-douzaine de brioches, puis s'enquit de l'adresse de Mrs Crawshaw.

— Les dieux sont avec nous, jubila le détective en sortant de la boulangerie. Tenez, mon ami, goûtez une des appétissantes brioches.

— Non merci, grogna l'inspecteur. Ne perdons pas de temps. Une petite maison grise sur la droite à la sortie du village. « Vous ne pouvez pas vous tromper », on dit toujours ça.

— Allons, ne soyez pas de si mauvaise humeur… Délicieuses, vraiment délicieuses…

Écœuré, Hurst regardait son ami avaler les six brioches à une allure record. Il ne broncha pas tout au long du chemin, tandis que Twist, tout guilleret, sifflotait en admirant les petites maisons nichées dans la verdure et les fleurs.

« Comme s'il n'en avait jamais vu ailleurs, s'énervait Hurst. C'est un gamin, un vieux gamin. »

— C'est sans doute ici, dit le criminologue après dix bonnes minutes de marche.

Hurst, qui s'essoufflait à suivre le pas alerte de son compagnon, ne répondit pas. Ils franchirent une porte à claire-voie, remontèrent la petite allée qui, comme la maison, souffrait d'un visible manque d'entretien. Après avoir sonné, ils virent apparaître une femme sans âge, au teint jaunâtre et aux lèvres sèches. Le détective eut du mal à se faire comprendre, mais elle les laissa enfin entrer. En pénétrant dans le salon, Twist eut l'impression de changer d'époque. Un fourneau cylindrique combattait l'humidité d'une pièce mal éclairée et encore plus mal aérée. Les murs étaient recouverts de planches de sapin ternies par le temps, au sol des carreaux de terre cuite façonnés à la main. Les rayons obliques du soleil venaient mourir en ces lieux, faisceaux de lumière où dansait la poussière.

— C'est une bien vieille histoire, dit Mrs Crawshaw en s'enfonçant dans un fauteuil à bascule garni de coussins fatigués. John m'avait déjà quittée à cette époque, ajouta-t-elle en désignant une photographie accrochée au mur, représentant un homme d'âge mûr sanglé dans un costume de cérémonie. C'était un bon mari, qui m'a quittée bien trop tôt, hélas !… et sans me laisser d'enfants. En revanche, je ne manque pas de neveux et de nièces… nous étions neuf frères et sœurs !

— En effet, commenta brièvement Twist avec un aimable hochement de tête

Après un silence, Mrs Crawshaw reprit :

— Ce Graham Smith était un sale petit voyou. Mais au fait, pourquoi vous intéressez-vous à lui ?

— Nous le soupçonnons de meurtre, déclara gravement Hurst. Et nous pensons que l'agression dont vous avez été victime, peut, d'une certaine manière, avoir un rapport avec cet assassinat.

— Mais cela remonte à plus de quinze ans, je ne vois vraiment pas en quoi…

— Laissez-nous en être juge, trancha le policier. Ce que nous vous demandons, enfin si cela vous est encore possible, c'est de nous raconter cette nuit tragique… et par la même occasion de nous parler de Smith.

— Je ne l'ai pas encore oubliée, cette fameuse nuit, soupira Mrs Crawshaw. (Elle s'adossa contre le dossier de son siège et ferma les yeux.) Ils habitaient au village depuis même pas un an. Je n'avais rien à reprocher à Mrs Smith, elle était toujours très aimable avec moi, mais…

— Mais ?

— Eh bien disons qu'elle était d'une moralité un peu douteuse. Remarquez, elle n'a jamais eu beaucoup de chance avec les hommes… mais enfin ce n'est pas une raison. Elle changeait souvent d'ami, si vous voyez ce que je veux dire. Par contre, Diana, sa fille, semblait s'engager sur une meilleure voie. Elle était sérieuse et réservée, tout le contraire de son frère. Un mauvais sujet, je vous le répète, qui affolait déjà les jeunes filles de son âge, et des plus grandes aussi. Et il ne se limitait pas à certaines choses qui seraient à la rigueur excusables pour un adolescent…

— Par exemple ?

— Eh bien, il y avait la fille de l'épicier. Une gamine charmante, gentille et bien élevée. Elle était folle de lui. Un jour, ses parents se sont aperçus qu'il y avait des « trous » dans leur caisse… Prise en flagrant délit, la petite a avoué : elle agissait ainsi parce qu'il l'exigeait d'elle, sous peine de la laisser tomber… l'ignoble individu.

Le Dr Twist acquiesça, puis dit :

— Les Smith étaient très pauvres, à ce qu'il paraît ?

— Pas vraiment. Ils avaient de quoi vivre. D'ailleurs, à ce moment-là Mrs Smith avait une bonne place. Ce qui nous amène à cette tragique erreur… La pauvre, si vous aviez vu dans quel état était sa chevelure ! Mais quelle idée aussi de vouloir crêper au fer de si beaux cheveux, sous prétexte de couleur locale. Ce metteur en scène, je le retiens. Il m'avait fourni un flacon de je ne sais quoi et je m'en suis servie à contrecœur, croyez-moi. Moi aussi, j'ai eu un choc en voyant le résultat… et par-dessus le marché, voilà que l'on m'accuse moi ! Et qu'on me réclame des dommages et intérêts ! Vous vous rendez compte !

» Quoi qu'il en soit, j'étais loin de m'imaginer ce qui allait m'arriver. Trois jours plus tard, en pleine nuit, j'ai été tirée de mon sommeil par une violente douleur. J'ai crié, hurlé, je me suis débattue… La lumière était allumée, il me maîtrisait d'une main et de l'autre, avec un rasoir, il essayait de découper les cheveux. Sur le coup, j'ai cru qu'il voulait me tuer. Ses yeux… En fait, ajouta-t-elle après un instant de réflexion, son regard était assez étrange… Ce n'était pas celui d'une personne ivre de colère qui, comme on pourrait le comprendre vu les circonstances, désirait se venger. Il y avait de la détermination, une froide détermination, je ne saurais vous dire exactement quoi…

— Un regard halluciné, comme celui d'un fou ? demanda Hurst en se penchant vers Mrs Crawshaw.

— Non, ce n'était pas ça. Enfin peu importe. En tout cas, je ne me suis pas posé de question sur le moment, terrifiée que j'étais par ce rasoir… Je ne pourrais vous dire combien de temps il s'est acharné sur moi, toujours est-il que j'avais la tête en sang lorsqu'il est parti… et beaucoup de cheveux en moins !

Le Dr Twist toussota.

— Était-ce grave ? Votre vie était-elle en danger ?

— Non, mais on a dû me faire plusieurs points de suture. Je comprends votre question, vous voulez savoir s'il voulait me tuer ? Non, je dois le reconnaître. Il voulait me couper les cheveux, rien de plus. Mais encore une fois, son attitude, son regard ne cadraient pas avec ses actes.

Twist réfléchit.

— Vous vouliez porter plainte, je crois ?

Mrs Crawshaw ne répondit pas immédiatement.

— Pauvre Mrs Smith, elle était à moitié morte de honte. Mais croyez-vous qu'elle aurait puni son fils ? « Non, ce n'est pas sa faute », qu'elle disait. C'est bien simple, elle aurait même excusé son « pauvre petit » pour un assassinat. C'est d'ailleurs cette stupide attitude de sa part qui m'a poussée à lui *faire croire* que j'irais me plaindre au poste de police. Lorsqu'ils sont partis, deux ou trois jours plus tard, sans prévenir qui que ce soit, j'ai eu des remords. Car enfin, nous nous entendions bien, Mrs Smith et moi. Elle a dû m'en vouloir… elle ne m'a jamais donné de ses nouvelles par la suite. Tout ça à cause de ce misérable voyou.

— Elle et sa fille ont péri lors d'un naufrage, précisa Hurst mais *l'autre* s'en est sorti… Comme si le diable veillait sur ses sujets, ajouta-t-il avec hargne.

— C'est peut-être mieux ainsi… enfin pour Mrs Smith. Je suis sûre que son fils l'aurait fait mourir à petit feu. Il est soupçonné de meurtre, dites-vous ? Et qui aurait-il tué ?

— En fait, nous le croyons responsable de la mort de *deux* femmes. Mais nous ne pouvons vous en dire davantage, nous ne possédons pas encore de preuve, bien que…

Hurst eut un sursaut : une boule de poils noirs venait de bondir sur ses genoux.

— Il s'appelle Edgar, précisa Mrs Crawshaw avec ravissement. C'est le chat de Mr Farr, mon voisin, qui habite justement la maison qu'occupaient les Smith. Vous l'avez remarquée en arrivant, juste de l'autre côte de la route ?

— Une maison basse aux murs crépis de blanc ? demanda Twist, absorbé dans la contemplation du petit félin.

Celui-ci ronronnait de plaisir sur les genoux d'un Hurst embarrassé, inspectant méthodiquement le terrain avant de s'installer confortablement.

— Oui, c'est bien celle-là, répondit Mrs Crawshaw, amusée par le policier qui passait sa main sur les poils d'Edgar comme s'il s'agissait des piquants d'un hérisson. Vous n'aimez pas les chats, monsieur l'inspecteur ?

— Mais si, je les adore, grinça-t-il en caressant avec plus de vigueur le petit animal.

Twist, le sourcil froncé, se pencha vers son ami afin de mieux examiner ledit Edgar.

— Mais il est borgne, le pauvre animal !

— Oui, confirma leur hôtesse en adressant un regard plein de compassion au matou sur le point de s'endormir. Le plus triste de l'affaire, c'est que c'est son maître qui a été à l'origine de cet accident. Lui qui aime tant les chats… Il en était tout bouleversé. C'est d'ailleurs à la suite de cette blessure qu'Edgar a pris l'habitude de venir me rendre visite.

— Et comment est-ce arrivé ? demanda Twist.

— Surtout ne posez jamais cette question à Mr Farr, si vous avez l'occasion de le rencontrer. Il en ferait une maladie. C'est un charmant célibataire, amateur et collectionneur de bons vins, mais qui se limite à la dégustation. Un soir pourtant il a fait exception à cette règle qu'il s'impose. Et il était tellement ivre qu'il ne se souvenait plus de ce qui s'était passé. On l'a retrouvé affalé dans sa cave, parmi des débris de bouteilles brisées. Il jurait comme un damné après son chat, qui lui avait labouré le visage de ses griffes… et qui avait un œil crevé. Le lendemain, ayant repris ses esprits, il était atterré, incapable d'expliquer ce qu'il appelle maintenant l'instant le plus tragique de son existence.

Il y eut un silence. Tous les regards étaient braqués sur Edgar qui, pour l'heure présente, semblait loin d'être malheureux.

— Une dernière question, fit Hurst en jetant un coup d'œil à sa montre, comment avait-on accueilli la nouvelle de l'agression de Smith au village ? Ça a dû faire jaser, j'imagine ?

— Oh oui ! Tout le monde était scandalisé. Mrs Smith l'avait très bien compris. Du reste, elle n'a pas accepté cet état de choses, puisqu'elle a quitté le village sans tarder. Elle pouvait difficilement faire autrement, à mon avis. Il y avait aussi ma famille qui était horrifiée, surtout un de mes neveux, qui avait à peu près le même âge que Graham Smith, et avait juré de me venger… Voyons, lequel était-ce ? Bob ? Non, pas lui. Andy ?… Non plus. Ah ! Ça y est, j'y suis, c'était Alfred ! Mon Dieu, quand j'y pense, comme il en voulait à ce Smith ! Alfred, répéta rêveusement Mrs Crawshaw, cela fait un bout de temps qu'il n'est pas venu me voir… Alfred, qui jouait déjà si bien du piano…

— Du piano ! s'exclama Hurst si fort qu'Edgar bondit au sol, affolé. De quel Alfred parlez-vous ?

— Mais Alfred, mon neveu Alfred !

— Alfred comment ?

— Alfred Leaman. C'est un musicien professionnel, maintenant.

17

Une certaine tension régnait dans le compartiment du train qui ramenait les deux détectives vers la capitale. Twist, le visage fermé, regardait derrière la vitre les nuages menaçants qui s'accumulaient à l'horizon, tandis que la fumée de sa pipe décrivait des arabesques sous le nez d'un Hurst furibond, qui ne lâchait pas son ami du regard. Twist avait jusqu'alors systématiquement refusé tout dialogue.

— Edgar, fit pensivement le criminologue, s'adressant à lui-même.

— Cela fait la énième fois que vous répétez le nom de ce maudit matou ! fulmina Hurst. Pourquoi ? Vous n'allez tout de même pas me faire avaler que cette bestiole joue un rôle dans cette affaire ! Ça serait le bouquet !

D'un geste agacé, le Dr Twist réclama le silence. Seuls étaient perceptiblcs lcs cahotements du train et le grincement des essieux. Puis, ayant recouvré son paisible sourire, il sortit de son mutisme :

— Voyez-vous, mon ami, je suis de plus en plus persuadé qu'une bonne étoile veille sur moi et guide mes pensées, jalonnant mon chemin de certains panneaux indicateurs. L'ironie du sort est chose parfois bien curieuse…

— Je vous saurais gré d'être plus clair, fit Hurst en s'efforçant au calme.

— Edgar…

L'inspecteur soupira, excédé.

— Vous ne comprenez toujours pas ? Ce chat noir à l'œil crevé ! Qui s'appelle Edgar de surcroît ! Il ne peut s'agir d'un simple hasard ! Ou plutôt si, c'en est un, mais voulu par la justice suprême. C'est une double indication d'une clarté lumineuse…

— D'une clarté lumineuse ? s'étrangla le policier. De deux choses l'une : ou je suis un triple idiot, ou vous êtes d'une suprême intelligence ! Ou encore, et je suis fortement enclin à croire cette dernière hypothèse, vous me faites marcher pour le plaisir, comme vous avez coutume de le faire.

— Allons, mon bon ami, vous ne pensez pas ce que vous dites. D'ailleurs je conçois qu'il est possible de ne pas saisir ce message. Vous manquez… je ne dirai pas d'imagination, mais de poésie.

— Alors là, vous vous trompez du tout au tout, répliqua Hurst avec dignité. Il m'est arrivé d'écrire des poèmes…

— Ah bon ? s'étonna le Dr Twist en regardant son vis-à-vis avec un intérêt nouveau. Je ne vous connaissais pas ce don. Pourriez-vous me citer quelques passages ?

— Ma foi, oui, si vous insistez, fit Hurst, rouge de plaisir. Voyons, lequel choisir ?… il y en a tant… (Il s'éclaircit la voix et commença :) « Tu es la vague du soir qui inonde mes pensées les plus folles, je suis l'intrépide chevalier qui brave… »

— Incroyable ! s'exclama Twist d'un air émerveillé lorsque le policier eut terminé. Quelle sensibilité, et quel talent !

— Eh oui, dit Hurst modestement.

— Qui aurait cru, mon bon ami, que sous votre rude carapace se cachait un cœur si tendre !

— C'est vrai, les gens se trompent souvent sur mon compte et…

Il s'interrompit, attachant son regard sur le chapeau melon posé à côté de lui sur la banquette. Quelques secondes s'écoulèrent, puis son poing s'abattit avec rage sur son couvre-chef.

— Sacrebleu ! tonna-t-il. Nous ne sommes pas ici pour réciter des vers ! Et vous n'avez même pas encore commenté le fait qu'Alfred Leaman nous avait caché qu'il était le neveu de Mrs Crawshaw !

— Ah oui ! Je l'avais oublié. Eh bien je pense qu'il ne nous a pas dit l'entière vérité en déclarant ne plus se souvenir de la personne qui lui avait déjà raconté cette histoire.

— Mais c'est un mensonge manifeste et volontaire ! Puisqu'il s'agissait de sa propre tante ! Sa propre tante qu'il comptait à tout prix venger ! Tout ceci est suspect, extrêmement suspect, à un tel point que je commence à me demander si…

— Mais quelle girouette vous faites, ami ! Vous changez plus souvent de coupable que de chemise ! Tout à l'heure vous étiez persuadé de la culpabilité de Smith, et maintenant vous songez à Leaman ! Et à quel mobile répondrait-il ? S'il avait commis un assassinat, il aurait tué Graham Smith et non pas Sally Jackson, il me semble !

— Oui, c'est vrai, quoique…

— Oui ?

— Non, ce n'est rien, répondit Hurst avec un sourire mystérieux. Mais dans ce cas, pourquoi nous aurait-il menti ? Et devons-nous considérer comme une simple coïncidence le fait qu'il loge sous le même toit que son « ancien » ennemi ?

— Je ne crois pas qu'on puisse parler de coïncidence lorsque se croisent les chemins de deux personnes qui ont été en rapport, et ce quelle qu'en soit la manière. Il vous arrive bien de rencontrer un vieil ami dans la rue, sans que pour autant vous parliez de coïncidence, non ? Il s'agit d'un simple hasard, rien de plus. En outre, Mrs Crawshaw nous a bien dit que les deux garçons ne s'étaient jamais vus. Donc, seul Leaman sait à qui il a affaire. Il ne pense certainement plus à se venger comme il devait le vouloir à l'époque, mais il est évident que le sentiment qui l'habite n'a rien de tendre. Il est tout aussi évident qu'il se mette à le suspecter après le meurtre de Radnor Square. Pour lui, il s'agit d'un individu dangereux, d'un maniaque qui apprécie particulièrement les chevelures des dames et avec lequel il a encore un compte à régler. Son comportement est donc facile à comprendre : il ne nous cache pas ses soupçons, mais il se garde bien de nous révéler le lien qui l'unit à Mrs Crawshaw, afin que nous ne taxions pas son témoignage de partialité.

— Comme toujours, vous avez réponse à tout bougonna Hurst. Mais il peut y avoir d'autres explications…

— Par exemple ?

— Vous me permettrez d'avoir, moi aussi, mes petits secrets. Mais si vous m'expliquiez votre *double indication d'une clarté lumineuse,* je pourrais peut-être lâcher du lest…

Twist leva les yeux au ciel :

— Si seulement vous pouviez perdre un jour la déplorable habitude de jouer à l'enfant vexé et boudeur ! Comprenez bien que c'est dans votre propre intérêt que je garde le silence sur certaines choses !

La voix de Hurst monta d'un ton :

— Dans mon propre intérêt ? Je me demande bien lequel ! Par ailleurs, si vous ne voulez rien dire, taisez-vous. Pas un mot. Pas d'Edgar, ni d'indication lumineuse, ni de manque de poésie.

Le regard de Twist devint grave.

— Si je vous révélais ce que je viens de comprendre grâce à Edgar – encore que je ne sois sûr de rien pour le moment –, vous fonceriez tête baissée pour arrêter… une certaine personne. Ce qui serait – une erreur, sans toutefois en être une… mais une erreur quand même.

— Une erreur sans en être une…, répéta Hurst d'une voix désespérée. Arrêtez, Twist, je vous en supplie. Ne dites plus rien. Cela suffit pour aujourd'hui.

Du fond de son fauteuil, le Dr Twist regardait pensivement un poignard de sa collection personnelle qu'il avait posé sur la table basse afin qu'il l'aide à se concentrer. Il écouta Big Ben sonner 9 heures, puis bourra une nouvelle pipe.

« Bon sang ! pesta-t-il intérieurement, voilà plus de deux heures que je suis là à réfléchir… sans le moindre résultat. Je suis pourtant sûr d'être à un doigt de la solution, d'avoir en main toutes les données pour résoudre le mystère du meurtre de miss Garfield. Comment a-t-elle pu être poignardée ? Comment ? »

Une idée lui traversa l'esprit. Il se leva brusquement pour aller à sa bibliothèque, dont il sortit une belle édition des *Mille et Une Nuits*. Il feuilleta sommairement l'ouvrage, puis consulta la table des matières, où il lut et relut les titres de chaque conte. Aucun déclic ne se produisit. Désappointé, il ferma le livre et le remit à sa place.

« Voilà que je cherche mon inspiration dans les contes, pensa-t-il en s'enfonçant dans son fauteuil. C'est absurde, parfaitement absurde. Quoique… (Il esquissa un sourire.) Quoique cela m'ait déjà servi… et pas plus tard que cet après-midi ! Enfin ne crions pas encore victoire trop tôt, car il faudra vérifier. Mais, bon sang ! si mon hypothèse se confirmait, ce serait un sacré coup de chance ! Hélas ! Ceci n'expliquerait qu'un côté de l'affaire, il reste à découvrir l'essentiel. Si seulement Hurst était là, à me faire part de ses conclusions toujours erronées quand elles ne sont pas carrément fausses, mais qui me mettent invariablement sur la voie… »

La sonnerie de la porte d'entrée retentit à cet instant précis. Une lueur d'espoir naquit dans les yeux bleus du détective. Il se leva pour aller ouvrir.

— Venez, mon bon ami, fit Twist, plus prévenant et attentionné qu'à l'ordinaire. Laissez-moi vous débarrasser de votre manteau et prenez place dans un fauteuil. Je vais vous préparer une tasse de thé bien chaud.

— Merci, dit Hurst, intrigué et même un peu méfiant devant tant de bienveillance. Vous savez, Twist, je n'avais vraiment pas envie de vous revoir encore ce soir. D'autant plus qu'il fait un sale temps dehors, vous avez vu ce brouillard ? Et l'état des routes avec cette neige qui commence à fondre… Bref, je suis quand même là. Je viens de recevoir les renseignements sur Graham Smith. Nos collègues américains n'ont pas chômé. Vous verrez, c'est assez surprenant, dans la mesure où…

— Un instant, mon ami, interrompit Twist d'un ton courtois. Essayez de ne penser à rien, de faire le vide…

— Pardon ?

— Oui, de faire le vide dans votre esprit. Fermez les yeux, cela sera plus facile.

Habitué de longue date aux bizarreries de son ami, Hurst s'exécuta sans trop se faire prier.

— Voilà. Et maintenant, qu'est-ce que je fais ?

— Dites-moi ce que vous voyez.

— Mais comment voulez-vous que je voie quoi que ce soit puisque vous m'avez demandé de fermer les yeux ?

— Ce que vous voyez en pensée.

— Eh bien j'ai toujours l'image de votre poignard sur la table…

— Non, Hurst, essayez de vous abstraire, laissez-vous aller et dites tout ce qui vous passe par la tête.

— Bon, je vais essayer… Rien à faire, je vois toujours ce poignard… poignard magique… tapis volant… poignard volant… rideaux… mort… la mort derrière les rideaux… poignard volant. Là, ça vous va comme ça ?

Silence.

— Je peux ouvrir les yeux, maintenant ? Dites, Twist, répondez-moi, sapristi ! Je vous préviens, je compte jusqu'à trois. Si vous n'avez pas répondu alors…

— Taisez-vous.

À la fois surpris et irrité par le ton, Hurst s'apprêtait à rétorquer vertement, mais la vue de son ami plongé dans une intense réflexion l'arrêta net. Il s'installa dans un fauteuil, alluma un cigare et attendit. Deux bonnes minutes s'écoulèrent, au terme desquelles Twist déclara :

— Il vient de se produire un petit miracle, mon ami… L'instant d'avant, j'étais en train de me plaindre de votre absence, de me dire que sans vous, que sans vos réflexions, j'étais incapable de raisonner, de me retrouver dans cet enchevêtrement de mystères… et maintenant le déclic s'est produit ! *La mort derrière les rideaux !* Le poignard volant ! Tout est clair à présent ! Vous êtes mon fil d'Ariane, mon cher Archibald !

« Rien que ça », pensa Hurst. Et tout haut :

— Vous voulez dire que vous savez maintenant comment l'assassin s'y est pris pour tuer miss Garfield ?

— Oui, et je peux ajouter ceci : nous avons été des ânes de n'avoir pas compris plus tôt. Ce meurtre est d'une simplicité stupéfiante, absolument stupéfiante ! Nous avons déjà été confrontés à un certain nombre d'affaires de ce genre…

— Je ne vous contredirai pas sur ce point, vous pensez bien !

— Mais aucune d'entre elles n'eut d'explication aussi simple quant au procédé utilisé par l'assassin. Aucune. C'est incroyable, quand j'y pense… Et quelle audace ! Nous avions pourtant envisagé toutes les solutions possibles… toutes, sauf une ! Malheureusement – pour l'assassin j'entends –, son ingénieux stratagème le désigne directement du doigt. Une seule personne a pu commettre ce crime. Une seule et pas une autre.

D'un geste très calme, Hurst secoua la cendre de son cigare.

— Une longue expérience me dit que vous ne me révélerez pas le truc ce soir, n'est-ce pas ?

— Cela ne servirait à rien. Car voyez-vous, il n'y a pas de preuve. Ce tour de passe-passe comportait des risques énormes, mais une fois réussi, son auteur était à l'abri de tout danger. Si nous ne rusons pas, nous aurons du mal à confondre cette personne. De plus, il y a encore certains points obscurs, notamment le mobile. J'ai ma petite idée, mais je préfère encore vérifier certains détails. Ne faites pas cette tête-là, mon ami, vous connaîtrez le fin mot de cette énigme sous peu, je vous le promets. Disons demain soir, ça vous va ?

Hurst affecta un air d'indifférence, sachant pertinemment que même s'il suppliait son ami à genoux il n'en tirerait rien.

— Soit. J'aimerais cependant vous poser une ou deux questions, si vous n'y voyez pas d'objection. Miss Garfield a-t-elle été tuée de la même manière que la femme du colonel Hudson ?

— Absolument.

— Bien, fit Hurst en plissant les paupières d'un air rusé. L'assassin a-t-il fait appel à un matériel quelconque pour perpétrer son meurtre – tige métallique ressort, miroir ou autre ? Et a-t-il opéré à partir de la fenêtre grillagée ?

Twist secoua la tête en signe de dénégation.

— Non aux deux questions. Je vous le répète, cet assassinat est la simplicité même. (Il s'empara de l'arme sur la table et la mit sous le nez de l'inspecteur :) Une main et un poignard, et rien de plus. Pour vous mettre sur la voie, je répéterai ceci : *La mort derrière les rideaux*. La mort a surgi *derrière* les rideaux.

— Je commence à voir, opina Hurst – qui en fait ne voyait rien du tout. Et le meurtre était-il finalement prémédité ?

— Eh bien, hésita Twist, il l'était bien sûr, mais sans l'être tout à fait…

— On ne saurait être plus clair. Bien, passons aux renseignements que j'ai pu glaner concernant Smith. Enfin si cela vous intéresse…

Twist haussa les épaules.

— Évidemment. Toute l'affaire est là. Je vous écoute.

— Notre homme est bien un rescapé du *White Star*. Il a bien exercé la profession de typographe et a bien écrit deux livres qui ont été publiés. (Hurst s'interrompit pour regarder son vis-à-vis.) Vous aviez raison, ses affirmations n'ont pu être mises en défaut. Mais il faut quand même nuancer certains points. Par exemple ces petits ennuis avec son patron, à la suite desquels il a cessé d'écrire. Smith avait suborné la femme de ce dernier. Il faut préciser que Mr Mortimer, le patron, était en quelque sorte son père adoptif. Il aimait beaucoup Smith. La trahison de celui-ci l'avait profondément indigné et il a mis tout en œuvre pour que son « protégé » trouve porte close partout où il irait demander de l'embauche. Sa carrière d'écrivain s'est arrêtée là.

Tout cela ne semblait guère étonner Twist.

— En revanche, reprit Hurst, rien à lui reprocher pour son temps sous les drapeaux. De la bravoure jusqu'à la témérité. Bref, une sorte de héros. La guerre contre les Japs, ce n'était certes pas de la dentelle. Mais si on lit entre les lignes, il ne faisait pas que son devoir, ces terribles combats à l'arme blanche – où il était champion – lui plaisaient. Il égalait les Japonais en férocité, s'il ne les dépassait pas. Ceci confirme bien votre hypothèse ?

— Tout à fait. Nous savons maintenant avec certitude à qui nous avons affaire.

— Arrêtez de chanter si fort, Bill, il est presque 11 heures, vous allez réveiller tout le monde !

— Je chante parce que j'ai envie de chanter. J'ai envie de chanter parce que je suis content. Et je suis content parce que…

— Parce que ? répéta Marjorie en regardant son compagnon.

— Eh bien… parce que nous avons passé une bonne soirée. La cuisine était excellente, ma compagne exquise… C'est quand même drôle, cela fait plus d'un an que nous nous voyons pratiquement tous les jours, et nous n'avons jamais eu l'idée de nous offrir une sortie… Mais au fait, vous ne vous êtes pas ennuyée, j'espère ?

— À vrai dire…, fit Marjorie en feignant d'hésiter avant de sourire à William. Non, vous êtes très drôle, surtout quand vous avez un petit…

Elle acheva sa phrase en mettant sa main en cornet devant son nez.

— J'espère que vous plaisantez, ma chère, ce ne sont pas deux verres de vin et quelques whiskies qui viendraient à bout d'un Écossais de vieille souche.

— Ne parlez pas ainsi, vous me rappelez quelqu'un…

— Ne comparez pas une saucisse à un ortolan, je vous prie.

La conversation se poursuivit sur le même ton, lorsque le couple déboucha sur Hoxton Street. Marjorie plongea son regard dans la rue endormie. De loin en loin, les réverbères tentaient vainement de percer la brume, mais leur clarté laiteuse ne faisait que souligner les zones d'ombres.

Elle frissonna. William en profita pour entourer ses épaules d'un bras protecteur. Sans un mot, ils se dirigèrent vers la pension, et bientôt aperçurent l'entrée béante du passage couvert.

— Vous pensez à la pauvre miss Garfield, dit gravement le reporter en resserrant son étreinte.

— Comment l'éviter ? Cela fait à peine vingt-quatre heures qu'on l'a tuée.

— Justice sera faite, ne vous inquiétez pas. Même si la police s'y casse les dents, je serai là pour confondre l'assassin. J'en fais une affaire personnelle.

— Vous êtes toujours certain de la culpabilité de Peter Schuyler ?

— Je ne sais pas, je ne sais plus… Peu importe qui il est, je lui ferai payer son crime.

Sur ces mâles paroles, William introduisit sa clef dans la serrure, puis s'effaça pour laisser passer Marjorie. Il alluma et tous deux s'arrêtèrent dans la petite entrée. Marjorie leva vers lui deux yeux inquiets :

— Vous pensez que c'est ici… qu'on l'a poignardée ?

Il regarda pensivement les tentures devant lui.

— Oui, mais il ne s'agit que d'une impression. Si seulement ces rideaux pouvaient parler. Mais ne restons pas ici, cet endroit est malsain.

Ils s'engagèrent dans le couloir pour s'immobiliser aussitôt devant la photographie du colonel Hudson et de son épouse.

— Elle aussi, soupira William, comme miss Garfield. Assassinée au même endroit, derrière les mêmes rideaux, de la même manière… et avec la même arme. Extraordinaire, n'est-ce pas ? Vous m'entendez, Marjorie ? Pourquoi regardez-vous si fixement ce cadre ?

— C'est bizarre, je viens de penser à une chose. Il arrivait souvent à miss Garfield, surtout ces derniers jours, d'observer longuement cette photo, comme si quelque chose la tracassait ou l'inquiétait… Et moi, j'y trouve aussi quelque chose de singulier. Mais je suis incapable de vous dire quoi.

William s'absorba dans la contemplation de la prise de vue, puis haussa les épaules. Ils montèrent au deuxième étage. Marjorie mit la main sur la poignée de sa porte et se retourna.

— Merci pour cette soirée, William. Je… je ne me suis pas ennuyée du tout.

— Il ne tient qu'à vous de récidiver, répondit William en posant sur la jeune fille un regard insistant.

Marjorie lui adressa un sourire pétillant de malice :

— Bonne nuit, et faites de beaux rêves… Mais qu'est-ce que vous avez ? Pourquoi me regardez-vous comme ça ?

— J'ai l'impression que vous avez une idée derrière la tête…

— Une idée derrière la tête ? De quoi parlez-vous ?

— Soyez prudente, n'oubliez pas que nous avons affaire à un individu dangereux. (Il se mordit les lèvres.) J'ai bien envie de monter la garde dans votre chambre…

— Oh ! Vous oseriez ! s'offusqua-t-elle.

Elle effleura les joues de son compagnon d'un rapide baiser, lui fit un petit signe de la main et William se retrouva seul dans le couloir à contempler la porte qui venait de se refermer. Après un soupir, il prit la direction de l'escalier.

« Plus futé qu'il n'en a l'air, le petit... », pensa Marjorie en se jetant sur son lit. Elle resta allongée un long moment, les mains croisées derrière la tête, fixant un coin du plafond. Un vague sourire errait sur ses lèvres.

Lorsqu'elle consulta sa montre, les aiguilles marquaient minuit moins le quart.

« Allons-y, ma fille », se dit-elle en se redressant brusquement.

Elle échangea sa robe contre un pantalon sombre, enfila un épais pull de laine et se coiffa d'un béret. Après quoi elle éteignit la lumière et sortit de sa chambre sur la pointe des pieds.

Avec mille précautions, elle gravit à tâtons l'escalier jusqu'au dernier niveau. Son attention fut aussitôt attirée par le point lumineux qui filtrait par le trou de serrure d'une porte.

Bien qu'elle montât rarement à cet étage, elle connaissait suffisamment les lieux pour savoir que ce rai de lumière ne provenait ni du grenier, ni de la chambre de Mrs Drake, ni de celle de Janet Padmore.

« Il veille encore », pensa-t-elle avec appréhension.

À pas de loup, elle s'approcha de ce qui ressemblait à une étoile unique dans un ciel d'encre. Au moment où elle approchait son œil de la source de lumière, elle entendit un bruit lointain provenant d'un étage inférieur. Immobile dans l'obscurité, elle retint son souffle et tendit l'oreille. Sans résultat. Quel avait été ce bruit ? Un grincement de porte ? Marjorie n'aurait pu l'affirmer. Elle se pencha pour regarder par le trou de serrure.

Installé à son bureau, Graham Smith lui tournait le dos. Elle ne pouvait voir ni son visage ni ce qu'il faisait. Elle s'immobilisa, attentive à ses moindres mouvements, puis prit conscience d'un détail qui l'alarma : *Il était habillé d'un complet noir.*

Il pouvait donc sortir à n'importe quel moment.

Elle ne réfléchit qu'un court instant avant de se diriger vers la porte du grenier. L'opération ne fut pas des plus aisées, on n'y voyait goutte. Sa gorge se serra lorsqu'elle posa sa main sur la poignée. Et si cette vieille porte allait grincer en s'ouvrant ? Que faire ? Il n'y avait que deux possibilités : ou rebrousser chemin, ou se dissimuler dans le grenier. Si Smith la surprenait – et il allait certainement le faire si elle ne prenait pas rapidement une décision – elle serait dans de beaux draps. La solution la plus sage eût été de regagner sa chambre et de s'enfermer à double tour, d'autant plus que son instinct l'avertissait d'un danger. Mais comme cela lui arrivait souvent, Marjorie n'écouta pas la voix de la prudence. Elle serra les dents, tourna la poignée et poussa la porte, millimètre par millimètre.

Rien. Aucun bruit. Ce qui était pour le moins étonnant. Quelqu'un avait dû huiler les gonds.

Il ne faisait pas chaud dans le grenier. Recroquevillée sur elle-même, Marjorie se trouvait dans la même position qu'avant : un œil attentivement collé à un trou de serrure.

La porte du grenier était perpendiculaire à celles des trois chambres de l'étage. Si Smith sortait, elle ne pouvait manquer de le voir.

Combien de temps resta-t-elle dans le grenier, l'œil aux aguets, grelottante de froid ? Elle eût été incapable de le dire, mais elle estima qu'il ne devait pas être loin de minuit et demi. Toutes sortes de pensées traversaient son esprit, entre autres les histoires de détectives qu'elle dévorait avant de fermer l'œil, bien au chaud sous les couvertures. L'aventure était bien plus agréable dans les romans… et surtout moins dangereuse. Et elle évoqua Radnor Square, Sally Jackson qui vivait ses derniers instants, l'homme au col relevé et au chapeau rabattu sur le visage, le moment où il s'était penché sur sa victime, le moment où il avait jeté la chevelure ensanglantée sur les marches de l'immeuble…

Elle devait avoir perdu la tête pour agir ainsi qu'elle faisait. Les policiers avaient la certitude que l'assassin habitait la maison. William soupçonnait Peter Schuyler. Elle pensa alors aux traînées rougeâtres sur la serviette. En aucun cas, l'inconnu qui s'était lavé les mains dans la salle de bains ne pouvait être Peter. Assurément, les policiers avaient raison. Et dans ce cas, qui d'autre que Graham Smith pouvait être l'assassin ? Il fallait se rendre à l'évidence : personne.

« Mais d'ailleurs pourquoi toutes ces questions ? se demanda-t-elle. Tu sais très bien que c'est *lui*. Et tu es là pour ça. Pour l'espionner, pour guetter le geste qui le trahirait… »

Elle en était là de ses réflexions lorsqu'un rectangle jaune apparut dans les ténèbres. La porte de la chambre de Graham

Smith venait de s'ouvrir. Il fit de la lumière dans le couloir et ferma à clef derrière lui. Marjorie le regarda de tous ses yeux. Il était vêtu d'un long manteau noir et coiffé d'un chapeau bien enfoncé sur sa tête. Si ce n'était pas l'inconnu de Radnor Square, c'était son sosie.

Il s'engagea dans l'escalier. Marjorie attendit une trentaine de secondes avant de quitter le grenier pour le suivre.

Lorsqu'elle sortit du passage, elle eut juste le temps de voir sa silhouette s'estomper dans le brouillard. D'un pas tranquille, il se dirigeait vers le centre. Les rues étaient désertes, ce qui n'était pas pour faciliter la tâche de notre détective amateur. Néanmoins, au risque de se faire remarquer, elle ne laissa qu'une courte distance entre eux, afin de ne pas le perdre de vue un instant. Au bout de dix minutes, il bifurqua sur la gauche pour remonter Old Street. Tout s'était bien passé jusqu'ici, mais, arrivé à Shoreditch, il s'engouffra dans des ruelles à peine éclairées. Marjorie dut se rapprocher encore. La neige fondue commençait à transpercer ses chaussures, elle se traita silencieusement de triple idiote pour n'avoir pas mis ses bottes. Lorsqu'il s'immobilisa soudain, elle eut un tel choc qu'elle glissa sur les pavés boueux et se retrouva par terre. Bien qu'amorti par la neige, le bruit de sa chute fit se retourner Smith, mais par bonheur elle était tombée de côté, derrière le contrefort d'une maison. Il ne sembla pas l'apercevoir, car il se détourna aussitôt. Marjorie vit une brève lueur qui la rassura : il s'était arrêté pour allumer une cigarette.

Il reprit sa marche. Le cœur battant, Marjorie le talonnait de près dans ce dédale de ruelles sordides. Elle dut lutter pour ne pas céder à la panique. Ce double défilé de maisons lépreuses n'avait rien de rassurant. De temps à autre, mais de plus en plus rarement, la lueur sépulcrale d'un réverbère venait trouer l'épais brouillard. Puis les constructions commencèrent à présenter un aspect moins rébarbatif. Mais ceci ne rasséréna pas pour autant la jeune fille, qui constata qu'elle s'était égarée. Elle vit alors Smith disparaître sur sa droite. Elle avança plus prudemment pour aboutir à un passage voûté. Avant de s'y engager à son tour, elle leva les yeux pour examiner l'immeuble. Sans être luxueux, il paraissait cossu. Elle ne réfléchit pas plus avant et s'enfonça avec précaution dans l'obscur boyau qui débouchait sur une cour intérieure assez spacieuse. Elle s'immobilisa et jeta un rapide coup d'œil autour d'elle ; la lumière d'une fenêtre éclairait vaguement les environs. Elle entendit une sorte de juron étouffé et dirigea aussitôt son regard dans cette direction. Elle distingua une silhouette accroupie, puis une trouée dans le brouillard lui fit voir la scène avec plus de netteté. Son sang se figea dans ses veines : Smith, à genoux, se tenait penché au-dessus d'une forme allongée.

Elle demeura quelques longues secondes à se demander ce qu'elle devait faire avant d'être envahie par une vague de terreur qui lui fit prendre ses jambes à son coup pour s'enfuir.

Au bout de cinq minutes de course effrénée, elle s'arrêta pour reprendre son souffle. Au début, elle n'entendit que les battements de son cœur. Puis un bruit de pas s'y mêla.

Des pas précipités, se dirigeant vers elle.

La panique la submergea. Elle partit en trombe dans la direction opposée. À plusieurs reprises, elle ne put éviter la chute tant la chaussée était glissante, mais elle se relevait aussitôt pour repartir plus vite encore. Sa vie dépendait de la rapidité de ses jambes, elle le savait bien. Au collège, elle avait toujours été la meilleure à la course et, bien qu'elle fût à court d'entraînement, elle possédait encore toute son agilité. Ce fut peut-être ce qui la sauva, car la personne qui la talonnait avançait à une allure de lièvre. Mais il lui fut bientôt impossible de soutenir plus longtemps ce rythme infernal.

Les poumons en feu, elle se plaqua au sol sous la voûte d'un porche. À peine quelques secondes plus tard, elle vit passer son poursuivant. Le temps de reprendre son souffle, et déjà elle s'élançait dans une autre direction. Mais son répit fut de courte durée, de nouveau des pas martelaient le pavé derrière elle.

Elle renouvela la feinte à plusieurs reprises ; sans parvenir, hélas ! à semer celui qui la pourchassait. La cinquième tentative fut pourtant la bonne. Haletante, le dos plaqué à un mur, ses oreilles aux aguets ne perçurent plus le sinistre bruit de pas. Elle prit le temps de regarder autour d'elle. D'immenses bâtiments désaffectés l'environnaient, reliés entre eux par des passerelles, laissant entrevoir des systèmes d'agrès et de poulies.

Les Docks ! Elle avait fait tout ce chemin !

Quelques instants plus tard, elle aperçut la Tamise qui roulait ses eaux sombres. Des écharpes de brume s'élançaient du fleuve pour se répandre le long des quais et, lentement, remonter les ruelles.

Elle gagna la berge en contrebas et la longea, le cerveau vide, exténuée par la violence de l'effort fourni, progressant lentement dans la neige encore épargnée par les rares passants. Elle poussa un soupir de soulagement en se heurtant presque à une providentielle cabine téléphonique.

À quelques pas de là, une ombre examinait attentivement le sol. Le col de son manteau relevé et le chapeau rabattu sur les yeux ne laissaient voir que le bas du visage. Un étrange sourire arquait ses lèvres. Les traces de pas qui s'alignaient devant elle étaient toutes récentes, il ne pouvait pas y avoir d'erreur.

À son tour, l'ombre arriva à la cabine téléphonique. Sa main plongea dans la poche de son manteau et en retira un objet étincelant.

— Oui, Scotland Yard, je veux Scotland Yard… haleta Marjorie. Vite ! C'est urgent ! Très urgent !

Le récepteur collé à son oreille, le regard rivé sur les vitres embuées de la cabine, Marjorie attendit impatiemment que la communication s'établisse. Au bout de quelques secondes qui lui parurent interminables, elle entendit une voix masculine lui dire :

« Scotland Yard, j'écoute. »

Elle voulut répondre, mais ses cordes vocales restèrent paralysées : *la porte de la cabine venait de s'ouvrir.*

De l'ombre qui se dressa devant elle, elle ne distingua que le reflet d'acier qui venait de jaillir. Elle ferma les yeux et poussa un hurlement de terreur.

— Allô ! Que se passe-t-il ? Répondez ! nasillait le récepteur qui oscillait au bout du cordon.

19

Une main velue tâtonnait dans l'obscurité pour mettre un terme à cette incessante et infernale sonnerie.

— Mille millions de tonnerres ! bougonna une voix sourde. Que se passe-t-il encore ! Plus moyen d'avoir une seule nuit à soi ! Oui, allô ! Bien sûr que je suis l'inspecteur Hurst ! Qui d'autre voulez-vous que ce soit ?… Quoi ! Répétez les noms, s'il vous plaît… Oui, très bien, j'arrive…

Hurst regardait la pendule de son bureau qui marquait 3 heures, puis son regard revint sur le visage tuméfié de son vis-à-vis. Une auréole violacée lui cernait l'œil droit et une autre plus marquée lui ornait la mâchoire.

L'inspecteur secoua la tête d'un air furieux, lourd de reproches, puis alluma un cigare qu'il écrasa aussitôt dans son cendrier.

— Si seulement vous vous contentiez de faire votre métier, bon sang de bon sang ! grommela-t-il.

— Mais heureusement que…

— Heureusement que quoi ? coupa Hurst. Vous ne trouvez pas qu'il y a eu assez de cadavres, Mr Scott ? Non, sans doute. On veut jouer au détective… J'espère que ceci vous servira de leçon.

— Pourvu qu'elle s'en sorte, lâcha William, tête baissée.

Il y eut un silence, puis trois coups brefs se firent entendre et la porte s'ouvrit sur le Dr Twist.

— Vous voilà enfin ! fit Hurst.

Le détective ne répondit pas, le regard rivé sur le jeune reporter. Outre les traces de lutte sur le visage de celui-ci, Twist vit qu'il portait, sous son manteau, ses vêtements de nuit.

— Comme vous le constatez, dit Hurst, les nouvelles ne sont pas très réjouissantes.

— Je m'en doute, vous ne m'avez pas fait venir en pleine nuit pour rien. Que s'est-il passé ?

— Ce qui s'est passé, répéta le policier en promenant une main nerveuse sur son bureau, c'est que ce monsieur et son amie se prennent pour Sherlock Holmes. Le moins qu'on puisse dire, c'est que l'issue de leur enquête n'a pas été très heureuse. Lui, ça va, mais pour miss Conway, c'est plus grave… Le médecin qui s'occupe d'elle va rappeler d'un instant à l'autre. Elle… Mais Mr Scott vous racontera cela mieux que moi.

Dans un soupir, William commença :

— Eh bien voilà… Miss Conway et moi avions dîné dans un petit restaurant près de… peu importe. Nous sommes rentrés vers 10 heures et demie et, en la laissant devant la porte de sa chambre, j'avais deviné qu'elle mijotait quelque chose. Je me suis couché, mais n'ai pas fermé l'œil, me demandant ce qu'elle avait derrière la tête. Il devait être minuit et demi lorsque j'ai remarqué par le trou de serrure qu'on avait allumé la lumière dans le couloir… J'ai vu que c'était Graham Smith. Rien d'étonnant jusque-là. J'allais me recoucher quand j'ai aperçu quelqu'un sur ses talons…

— Miss Conway, précisa Hurst en soupirant.

— Oui, et elle était habillée comme… comme une souris d'hôtel. J'ai immédiatement compris de quoi il retournait. J'ai enfilé manteau et chaussures et je les ai suivis.

— Mais bon sang ! interrompit Hurst, pourquoi n'avez-vous pas alors rejoint miss Conway ?

— Ne remuez pas le couteau dans la plaie, je vous en prie. Si j'avais su que… Quoi qu'il en soit, j'ai pensé qu'il valait mieux la suivre à distance, persuadé de pouvoir intervenir à temps si besoin était. Nous avons marché ainsi un certain temps, jusqu'à Shoreditch, et ensuite, je ne sais plus très bien, pas moyen de se repérer dans ce maudit brouillard. Puis je l'ai vue s'arrêter devant un immeuble. Après quelques instants d'hésitation, elle s'est engagée dans un passage couvert. L'endroit était relativement éclairé, je ne savais trop que faire… Je n'ai guère eu le temps de réfléchir : elle ne tarda pas à ressortir du passage en courant et à me croiser sans me voir. Quelques secondes plus tard à peine, une autre personne – Smith selon toute vraisemblance – est passée devant moi, à toute allure aussi. Il m'a fallu, hélas ! un certain temps pour comprendre que cette fois-ci les rôles étaient inversés : le gibier était devenu chasseur. Je me suis élancé à leur poursuite.

Twist, les yeux fermés, l'interrompit d'un geste de la main :

— Un instant. Avez-vous également vu Smith s'engager dans le passage ?

— Oui. Le devant de l'immeuble était éclairé et je l'ai bien vu y pénétrer.

— Et combien de temps s'est-il écoulé avant que miss Conway s'y engage à son tour ?

— Une trentaine de secondes, même pas.

— Et jusqu'à ce qu'elle en ressorte ?

William réfléchit en secouant la tête :

— Difficile à dire… Environ le même temps, c'est-à-dire une bonne vingtaine de secondes.

Hurst intervint, poings serrés :

— Ce qui s'est passé dans ce laps de temps, nous ne le savons pas. Smith avait-il remarqué que miss Conway le suivait et lui aurait-il tendu un piège pour la prendre sur le fait ?

Miss Conway l'aurait-elle surpris en train de... On peut en faire, des choses, en cinquante secondes, ajouta-t-il, l'air sinistre. Si seulement nous savions où cela s'est déroulé...

— Et ensuite ? demanda Twist.

— Une poursuite dans le brouillard, pratiquement à l'aveuglette pour ainsi dire, car j'avais pris du retard et ne m'orientais qu'au bruit de leurs pas. Nous avons couru pendant près d'un quart d'heure, j'étais à bout de souffle... et puis j'ai aperçu Smith, arrêté devant la Tamise. De toute évidence, il l'avait perdue de vue. Il a longé la berge puis s'est dirigé vers une cabine téléphonique. J'avais compris, je me suis précipité... mais trop tard : il frappait Marjorie lorsque je lui ai sauté dessus. Je ne suis pourtant pas du genre gringalet, mais ce type-là a des muscles en acier trempé. J'ai encaissé un coup de coude dans l'estomac, un crochet dans la mâchoire, un autre dans l'œil... Je commençais à voir trente-six chandelles lorsqu'un coup de sifflet a retenti. Smith a pris la fuite. Un constable est arrivé.

— Vous avez eu un sacré coup de veine, dit Hurst, car sans lui...

— Je l'avoue, approuva William. Mais la pauvre Marjorie... elle gisait inerte dans la cabine, avec le manche d'un couteau qui dépassait de son pull. Elle respirait encore, mais...

William fut interrompu par la sonnerie du téléphone. Hurst décrocha aussitôt.

— Très bien, fit-il après un instant, nous arrivons. (Il reposa le combiné et s'adressa à ses compagnons :) Plus de peur que de mal, elle est hors de danger. Nous pouvons aller l'interroger.

William était déjà dehors.

— J'ai bien l'impression que nous ne la garderons pas longtemps, fit le médecin en adressant un sourire à Marjorie.

— Mais pourquoi ne me laissez-vous pas partir ? rétorqua la blessée. Vous m'avez dit vous-même que c'était trois fois rien !

— Trois fois rien, n'exagérons pas, dit le médecin en affectant un air sévère. Vous avez été à deux doigts de la mort. (Se tournant vers les nouveaux venus :) Eh oui, messieurs, elle a eu de la chance ! Le coup était bien dirigé vers le cœur, mais une côte a fait dévier la lame. Elle s'en tire finalement avec une simple blessure au thorax.

— Mais alors vous voyez bien ! reprit Marjorie en se redressant. Pourquoi devrais-je rester clouée au lit s'il ne s'agit que d'une simple…

— Je vous reverrai dans quelques heures et nous en reparlerons, trancha son interlocuteur en gagnant la porte. Messieurs les policiers, je vous la laisse.

Alors que Twist et Hurst saluaient le médecin, William se précipita vers Marjorie et lui prit la main.

— Mon Dieu, Bill, que vous est-il arrivé ! Vous avez une de ces têtes !

Et William lui expliqua de quelle manière il était intervenu, sans exagérer sa part de mérite, mais sans la diminuer non plus.

— Mais alors, murmura-t-elle, sans vous… je serais morte !

— Et aussi sans ce brave policier, précisa-t-il d'un air modeste.

Marjorie regardait le reporter, les yeux pleins d'admiration. Lui aussi la fixait, lui tenant toujours la main.

— Oh ! Bill, je ne l'oublierai jamais, je ne sais comment vous remercier. Vous avez été…

— C'est tout naturel, voyons, bredouilla le jeune homme.

Twist et Hurst échangèrent un sourire, puis le policier s'éclaircit la voix.

— Bien, fit-il. Vous aurez l'occasion de reprendre cette conversation. J'aimerais maintenant, mademoiselle, que vous nous racontiez votre soirée dans le détail, et notamment la raison de votre fuite si soudaine.

Lorsque Marjorie eut achevé son récit, un silence pesant s'établit dans la chambre d'hôpital.

— Il y a tout lieu de redouter le pire, fit Hurst, l'air sombre. Et nous ne savons même pas l'endroit…

Marjorie soupira :

— Je l'ai vu penché sur quelque chose. Je ne pourrais affirmer qu'il s'agissait d'un corps, mais ça m'en avait tout l'air…

— La scène est facile à reconstituer : lorsque vous l'avez surpris, il venait de commettre un nouveau meurtre. Sinon pourquoi se serait-il lancé à votre poursuite ?

— Oui, bien sûr… En tout cas, il a dû agir très vite, il venait juste d'entrer dans le passage.

— La victime devait l'attendre, comme Sally Jackson à Radnor Square. (Hurst se massa la tempe, contrarié.) Si seulement nous connaissions l'endroit…

— Peut-être du côté de Saint Luke, suggéra William, sans trop de conviction.

— Oui, quelque part par là, dit Marjorie.

Hurst haussa les épaules :

— C'est trop vague, beaucoup trop vague… Il ne nous reste qu'à attendre.

— Mais… vous n'arrêtez pas Smith ? s'inquiéta Marjorie.

Le policier grimaça un sourire :

— Je ne l'ai pas oublié, rassurez-vous. D'ailleurs nous allons sans plus tarder…

— Je n'en ferais rien pour l'instant, intervint Twist. Mieux vaut attendre d'avoir découvert ce cadavre.

— Mais il a quand même essayé de nous tuer tous les deux ! s'écria William.

Twist plissa les paupières :

— À ce propos, l'avez-vous reconnu ?

— À vrai dire, hésita le reporter, je n'ai pas vu son visage…

— Mais c'était bien lui ! fit Marjorie, agacée. Je l'ai suivi depuis qu'il était sorti de sa chambre !

— Je ne dis pas le contraire, fit Twist non sans embarras. Mais après… l'homme qui vous a pourchassée ? Pourriez-vous affirmer qu'il s'agissait de Smith ?

— L'affirmer, non… Mais enfin tout porte à croire que…

— Dites-moi, Twist, demanda Hurst, vous plaisantez ?

— Non je ne plaisante pas ! s'emporta le détective. Il est 4 heures du matin et je suis sûr que si nous allons frapper à sa porte, nous le trouverons dans son pyjama, l'air endormi. Il aura largement eu le temps de faire disparaître toute trace compromettante. Je n'ai pas d'ordres à vous donner, Hurst, mais à votre place j'attendrais encore quelques heures, le temps de découvrir ce mystérieux cadavre, d'avoir tous les atouts en main avant d'abattre nos cartes.

— C'est entendu, nous patienterons encore un peu. Mais j'espère que nous n'aurons pas à le regretter !

— De toute manière, rien ne vous empêche d'envoyer deux de vos hommes à la pension. Un pour surveiller la maison de l'extérieur, un autre pour faire, en compagnie de Mr Scott, quelques rondes discrètes aux différents étages. Enfin si vous n'y voyez pas d'objections, Scott ?

— Vous pouvez compter sur moi.

Twist fixa un point imaginaire droit devant lui, puis il eut un sourire, mais un sourire qui n'avait rien d'amical.

— Et demain soir, au plus tard, ou plutôt ce soir, la lumière sera faite sur cette sinistre affaire. Il est probable que nous n'aurons pas de preuve pour le confondre… mais il craquera. J'en réponds.

Dans l'aube pâle et brumeuse, une voiture de police s'arrêta devant le numéro 14 de Banner Street. Un constable déboucha du passage couvert qui trouait l'immeuble pour se diriger vers les deux hommes qui venaient de mettre pied à terre.

— Pas beau à voir, patron, fit-il avec une grimace.

— Ça vous arrive souvent, Johnson, de voir de *belles choses* dans notre fichu métier ? rétorqua Archibald Hurst, emmitouflé dans son manteau.

Voyant la mèche indocile qui se balançait devant le front de son chef, le policier se garda bien de faire le moindre commentaire. Il chercha le regard du Dr Twist dans l'espoir d'y trouver un peu de chaleur, mais celui-ci se dirigeait déjà à grands pas vers la cour, le visage fermé.

Plusieurs policiers s'affairaient sur les lieux. L'un écoutait une femme d'un certain âge en prenant des notes, alors que ses collègues étaient penchés sur une masse inerte devant une porte de service. Les ayant rejoints, les deux détectives furent un long moment à considérer la jeune femme allongée sur le ventre. Une tache sombre apparaissait sur son manteau de fourrure, au niveau des épaules. Sa tête reposait sur le côté droit, une immense plaie à la place des cheveux, lesquels gisaient à quelques mètres de là, noirs et écarlates, sur les pavés humides.

— Poignardée et scalpée, crut bon de préciser un policier. C'est la concierge qui l'a découverte, ajouta-t-il avec un mouvement du menton en direction de la personne qu'interrogeait son collègue. Pas d'indices pour le moment.

Hurst se mordit les lèvres, puis s'en fut vers le témoin, suivi de son ami. Ils apprirent que la victime habitait l'immeuble, qu'elle s'appelait Sarah Anderson et qu'elle était mariée.

— Le pauvre homme, gémit la concierge, quand il va savoir… Il faut absolument châtier le monstre qui a fait ça.

— Nous sommes là pour cela, s'empressa de répondre Hurst.

— Dites-moi, madame, il lui arrivait souvent de sortir à de telles heures ? demanda Twist

La femme répondit par la négative, mais non sans avoir marqué une hésitation, qui n'échappa point aux limiers, lesquels la pressèrent. Après leur avoir fait promettre de ne rien répéter à qui que ce soit – et surtout pas au mari, le pauvre homme ! – elle eut tôt fait de leur confier que Mrs Anderson avait un « ami ».

— Un ami, répéta-t-elle, je ne peux pas vous en dire plus. Enfin ce qui est étrange, c'est qu'ils se voyaient assez tard et… que Mr Anderson ne disait rien.

— Ne disait rien ?

— Enfin, je veux dire qu'il la laissait sortir si tard. Il était parfois 11 heures ou même minuit passé… N'allez pas croire que j'espionne les gens, mais comme je suis tenue à…

— Pouvez-vous nous décrire cet ami ? demanda Hurst sans ambages.

— Le décrire ? Ma foi, oui, bien que je ne me sois jamais amusée à l'observer, vous pensez bien… Il est grand, mince, avec un visage osseux et d'épais sourcils. Il a des yeux perçants, assez rapprochés, qui lui donnent un drôle d'air. Il n'est pas mal physiquement, mais sa tête ne me revenait pas. Voilà, c'est à peu près tout ce que je pourrais vous dire sur son compte.

Un petit sourire se dessina sur le visage rubicond de l'inspecteur.

— Dites-moi, madame, que fait Mr Anderson ? s'enquit Twist. Quelle profession exerce-t-il ?

— Il a un magasin près de Piccadilly. Un magasin de meubles qui marche bien. D'ailleurs, ils n'habitent ici qu'en semaine. Le week-end, ils vont dans leur bungalow, près de Folkestone. Enfin, ils ne sont pas dans le besoin. Mais vous voyez bien que ça ne suffit pas pour être heureux… Pauvre Mr Anderson.

Les deux détectives prirent congé de la concierge.

— Cette fois-ci, c'en est trop ! tonna Hurst en serrant le poing. (Il jeta un coup d'œil sur sa montre.) 7 heures et demie. Je vais téléphoner pour donner les ordres qui s'imposent : on va passer la chambre de Smith au peigne fin, et même toute la pension. Et je vais lui mettre deux hommes sur le dos qui ne le lâcheront pas d'une semelle. Je ne veux plus prendre le moindre risque. Il a fait assez de dégâts comme ça.

— Oui, hésita Twist. Ce n'est pas une mauvaise idée, après tout. Quoiqu'il n'y ait pas lieu de s'inquiéter. Il y a déjà deux policiers qui veillent au grain.

Après avoir téléphoné, Hurst demanda au détective de l'accompagner pour annoncer la tragique nouvelle au mari.

— Je crois que nous avons perdu notre temps, déclara l'inspecteur au Dr Twist lorsqu'ils eurent pris congé du veuf. Comme toujours, le mari est le seul à ne pas savoir que sa femme le trompe.

— Je n'en suis pas si sûr, répondit Twist.

— Mais bon sang ! Vous avez bien entendu le témoignage de la concierge ! C'est clair comme le jour : Mrs Anderson avait un amant qui n'est autre que Smith !

— Oui, bien sûr, mais ce n'est pas à cela que je pensais. Vous dites que nous avons perdu notre temps, je ne suis pas d'accord avec vous.

— C'est une façon de parler, ronchonna Hurst. Je sais bien qu'il fallait quelqu'un pour se charger d'annoncer la nouvelle à cet homme.

— Vous n'y êtes toujours pas. N'avez-vous rien remarqué de bizarre chez Mr Anderson ?

— Non, je ne vois pas…

— Moi, j'ai trouvé qu'il avait les paupières bien lourdes… même pour un homme qu'on vient de réveiller.

Hurst frappa du poing la paume de sa main.

— Oui, sapristi ! vous avez raison. Et cela me rappelle quelque chose…

Une fine bruine tombait sur Londres lorsque William et Marjorie quittèrent l'hôpital à 3 heures et demie de l'après-midi.

— C'est chic à vous d'être venu me chercher, dit joyeusement la jeune fille sans repousser le bras protecteur qui entourait ses épaules. J'ai bien cru que je n'en sortirais jamais. Comme si cette blessure me rendait impotente…

William soupira :

— En tout cas, lorsque je l'ai vu vous frapper et que vous avez glissé le long de la cabine, j'ai craint le pire.

— En fait, je crois bien que je me suis évanouie avant qu'il ne me porte son coup. Enfin peu importe. Racontez-moi maintenant tout ce qui s'est passé depuis que vous m'avez quittée ce matin.

William sembla s'abstraire dans la contemplation d'un autobus qui chargeait ses passagers. Il attendit que le véhicule s'ébranlât et que sa silhouette rougeâtre disparût au coin de la rue pour répondre.

— J'ai passé le restant de la nuit en compagnie d'un sergent de Scotland Yard, sans que rien ne se produise. Et à 8 heures du matin, une dizaine de policiers sont venus fouiller la maison de fond en comble. Une femme avait été scalpée du côté de Saint Luke.

— Mon Dieu, alors je l'avais bel et bien surpris en train de…

— Pas étonnant qu'il se soit jeté à votre poursuite comme un chien enragé, commenta le reporter, la mine sombre. Vers 11 heures, Twist et Hurst sont arrivés. Le temps de donner quelques explications aux Hudson et ils ont immédiatement rejoint Smith, qui était dans sa chambre avec deux agents. Ils sont partis peu avant midi, en l'emmenant avec eux. Il régnait une sacrée ambiance, au repas. Le Dr Stafford était furieux : *ils* avaient poussé l'audace jusqu'à démonter le cadre de la photo de sa femme et de sa fille. Mrs Drake était très attentive. Les Hudson ne le montraient pas trop, mais ils paraissaient irrités par les investigations des forces de l'ordre. Janet demeurait silencieuse, comme toujours, avec un peu d'inquiétude dans ses yeux pourtant. Quant à Leaman, il ne cessait de répéter qu'il avait toujours considéré Smith comme la dernière des ordures. Vers 14 heures, Mrs Hudson nous a fait savoir que l'inspecteur Hurst venait de l'appeler et qu'il demandait à tout le monde d'être présent au salon pour l'heure du thé. Puis j'ai appelé l'hôpital pour prendre de vos nouvelles…

Marjorie hocha la tête avec un sourire :

— Quelque chose me dit que c'est le Dr Twist qui va animer les débats…

— Je l'espère. Et j'espère aussi qu'il nous apprendra de quelle manière Mrs Garfield a été tuée.

— Sans parler du meurtre identique survenu trois quarts de siècle plus tôt.

William avisa un banc et alla s'y asseoir, entraînant sa compagne avec lui.

— Dites, jeune dame, commença-t-il, l'air dégagé, fixant une branche au-dessus de sa tête, vous n'avez pas encore songé à remercier votre sauveur.

Marjorie leva un sourcil méfiant.

— À quel genre de remerciement pensez-vous ?

William lui en fit une aimable démonstration. Choquée, la vieille dame qui passait devant eux détourna son regard, ce qui ne les dérangea guère : ils ne l'avaient même pas vue.

20

La sonnerie de la porte d'entrée retentit à 5 heures précises. Mr Hudson posa la théière et s'en fut ouvrir. Le silence se fit dans le salon de la pension de famille où la flambée dans la cheminée semblait être la seule chose vivante. Mrs Hudson prit quelques bûches pour alimenter le feu pourtant assez vif. Mrs Drake, installée dans un fauteuil, regardait un objet invisible, un demi-sourire aux lèvres. Le Dr Stafford agita le fond de son verre, le vida et alluma une cigarette après en avoir offert à William et à Alfred Leaman. C'était sans conteste ce dernier qui trahissait le plus de nervosité. Sa main passait et repassait sur son front. La porte s'ouvrit enfin et Marjorie sursauta en voyant apparaître Peter Schuyler, habillé de façon presque discrète. Il n'avait quand même pas oublié de mettre un foulard qui l'était beaucoup moins. Puis la silhouette massive de l'inspecteur Hurst se dressa dans l'embrasure de la porte, suivi du Dr Twist, dont le regard pétillait derrière le pince-nez en dépit du sérieux de son attitude. Graham Smith entra à son tour, deux policiers sur ses talons. Mr Hudson, qui fermait la marche, fit prendre place aux arrivants. Smith s'assit sur une chaise, entre ses deux anges gardiens. Tous évitaient de le regarder.

Lorsque le thé fut servi, Hurst se racla la gorge avant de prendre la parole :

— Je pense que vous devinez tous le but de cette réunion ?

Seul le silence lui répondit. Il hocha doucement la tête, fit quelques pas devant la cheminée et s'absorba quelques instants dans la contemplation du feu avant de faire face à l'assistance.

— Il y a dans cette pièce une personne qui n'en sortira qu'avec les menottes aux poignets. Une personne qui a trois meurtres sur la conscience, dont deux particulièrement sanglants et odieux, puisque les victimes ont non seulement été poignardées mais aussi scalpées. Et il s'en est fallu de peu que cette liste ne s'allonge. Mr Scott et miss Conway ont été agressés hier soir, toujours par cette même personne.

Une vague d'exclamations parcourut les auditeurs qui se tournèrent vers le reporter et Marjorie.

— Enfin tout ceci pour vous dire que cette personne est particulièrement dangereuse…

Plusieurs regards effleurèrent Smith qui, tête baissée, examinait la pointe de ses chaussures.

— Je voudrais maintenant vous dire de quelle manière cette enquête s'est présentée à nous et pourquoi nous avons si rapidement eu la certitude que l'assassin habitait la pension. Après quoi, je laisserai la parole au Dr Twist.

L'inspecteur leur narra alors les événements dans leur ordre chronologique. Il ne passa sous silence aucun détail, ni la visite de miss Garfield à Scotland Yard, ni les traces de sang découvertes par Marjorie sur la serviette de bain.

— Comme on peut s'en rendre compte, acheva-t-il, l'assassin aurait pu être confondu à plusieurs reprises. A-t-il bénéficié d'une chance peu commune ou a-t-il fait preuve d'une habileté suprême ? L'un et l'autre, certainement. Mais peu importe, à présent elles ne lui seront plus d'aucun secours. (L'inspecteur ménagea une pause, durant laquelle son regard de félin fit le tour de l'auditoire.) Parmi les nombreuses questions qui se posent, je soulignerai celles-ci : comment est-il parvenu à disparaître miraculeusement après avoir tué miss Garfield ? Comment se fait-il que ce meurtre ressemble en tous points à celui de la femme du colonel Hudson ? Et enfin pourquoi Mrs Jackson et Mrs Anderson ont-elles été scalpées ?

De nouveau, l'attention se porta sur Smith.

— Bien, fit Hurst après s'être éclairci la voix. Le Dr Twist va à présent vous faire part de ses conclusions.

Celui-ci, le regard rivé sur un coin du plafond, tirait paisiblement sur sa pipe. Son visage se rembrunit lorsqu'il prit la parole.

— La première question qui se pose dans cette affaire, est de savoir quel est le lien qui la relie à celle de l'assassinat de l'épouse du colonel. Je dirai simplement qu'il est à la fois ténu et considérable.

William, impatient de connaître le fin mot de cette histoire, traitait mentalement Twist de tous les noms. Il connaissait suffisamment le détective pour savoir qu'il aimait à prodiguer des affirmations paradoxales et à maintenir les gens en haleine. « Restons calmes, se dit-il, nous ne sommes qu'au commencement. »

— Quand je dis ténu, j'entends que l'assassin s'est tout simplement inspiré de ce crime pour tuer miss Garfield. Dans un premier temps, nous allons nous intéresser à ce meurtre qui remonte à trois quarts de siècle. Mrs Hudson, seriez-vous assez aimable pour nous apporter ici le portrait de vos arrière-grands-parents, celui qui est accroché dans le couloir ?

Ellen Hudson demeura interdite un instant avant de répondre :

— Oui… bien sûr, mais…

Twist la remercia d'un clignement de paupières et elle s'en fut chercher l'objet. Lorsqu'elle le lui eut remis, le détective examina la photo avec un étrange sourire, puis la montra à l'assemblée :

— Voici, mesdames et messieurs, le colonel Oliver Hudson et son épouse…

D'aucuns s'entre-regardèrent, se demandant si le Dr Twist était en possession de toutes ses facultés mentales, tant ce qu'il avançait était évident ; mais ils changèrent de couleur lorsqu'il ajouta :

— Le colonel et son épouse… ou l'assassin et sa victime !

Mr et Mrs Hudson voulurent protester, mais Twist les arrêta d'un geste :

— Excusez-moi d'avoir été si direct, mais c'est l'exacte vérité : votre arrière-grand-père a assassiné sa femme. (Il ajouta à l'adresse de Hurst :) Cette fois-ci, au moins, on ne pourra pas me reprocher de me perdre en circonlocutions. (Se tournant de nouveau vers les Hudson :) Allons, reconnaissez que ce passé est trop lointain pour réellement vous affecter et, de toute manière, vous n'avez ni l'un ni l'autre connu vos communs arrière-grands-parents.

Mr Hudson haussa vaguement les épaules et sa femme soupira tout en acquiesçant. Marjorie murmura :

— Je comprends maintenant pourquoi miss Garfield regardait si souvent cette photo…

— En effet, dit Twist, la vieille demoiselle avait l'esprit vif et avait sans doute été frappée par le regard froid du colonel… ces yeux clairs avec une lueur métallique… Elle avait probablement deviné que c'était lui qui avait assassiné sa femme. (Il fixa un instant la photographie et dit :) Un homme sévère, d'une jalousie… maladive, c'est bien ce que vous m'avez déclaré, Mrs Hudson ?

— Oui, a ce qu'il paraît.

Twist posa délicatement le cadre sur la table puis reprit :

— J'avais confié à l'inspecteur Hurst que le piano avait joué un rôle dans cette affaire. En effet, c'est lui qui avait été à l'origine de ce drame. Il est fort probable que c'est devant cet instrument que Lee Harper, le professeur de piano, devait faire la cour à son élève. Nous comprendrons, dans ces conditions, qu'elle n'ait pu faire de grands progrès dans ce domaine. Et une fois encore, le colonel constata qu'il était… trompé. Mais nous sommes à Londres et non aux Indes. Pourtant ceci nous ramène directement à cette autre affaire. Mais au fait qu'en savons-nous au juste ? Par un hasard assez extraordinaire, l'inspecteur Briggs de Scotland Yard a réussi à glaner certaines précisions.

» Le lieutenant Hudson avait roué de coups un indigène qu'il avait surpris avec sa maîtresse, et celle-ci avait été assassinée quelque temps plus tard. Un point c'est tout. Ce sont les seuls faits sur lesquels nous pouvons nous appuyer. Tout le reste, la vengeance de l'Hindou, les menaces, les malédictions et tout le tremblement, nous ne le savons que par la bouche du colonel… Pour parler plus clairement, *il s'agit d'une histoire inventée de toutes pièces par lui.* Si nous examinons les faits dans leur ordre chronologique, nous devinerons facilement les raisons de ce mensonge.

» Il passe à tabac son rival, assez sérieusement et certainement devant témoins, sans quoi les autorités ne se seraient pas formalisées pour un incident de ce genre. Bien évidemment, c'est aussi lui qui a assassiné la jeune indigène. L'a-t-elle trompé une seconde fois ? A-t-il fait une crise de jalousie rétrospective ou partait-il du principe que la vengeance est un plat qui se mange froid ? Nous ne le saurons jamais et ceci n'a que peu d'importance. Quoi qu'il en soit, le meurtrier s'en tire d'autant plus facilement que ceci se passait dans une période extrêmement troublée en un pays où allait éclater une sanglante révolte qui fit d'innombrables victimes. Le lieutenant Hudson va se conduire d'une façon exemplaire, avec un courage hors du commun, et nul ne songera à l'inquiéter plus tard. Du reste, bien peu nombreux furent les survivants, militaires ou civils, femmes et enfants, du secteur de son régiment.

» Les années passent, se suivent et se ressemblent, si je puis dire : l'épouse du colonel va se rendre coupable d'adultère. Mais cette fois-ci, il s'agit de son épouse légitime. Nous devinons, alors, le sentiment qui l'habite à ce moment-là, d'autant que nous connaissons maintenant le personnage. Mais nous ne sommes plus aux Indes. S'il veut se venger sans se faire prendre, il va lui falloir un plan autrement plus subtil que celui qu'il avait monté quelques années plus tôt, où il avait accroché un turban dans un buisson et s'était probablement déguisé en indigène aux allures suspectes. Ce qui va sortir de son esprit diabolique est d'une certaine manière assez remarquable. Comme nous le savons, il avait pu fournir un alibi inattaquable lors du meurtre, puisque son ami Godfrey Stock ne l'avait pas quitté à ce moment-là.

— Il a payé un comparse pour exécuter sa femme ! s'exclama William.

Twist secoua doucement la tête :

— Non, c'est bel et bien lui qui l'a poignardée. Je ne vais pas vous révéler pour le moment le stratagème employé, mais retenez bien ceci : le colonel était un glorieux combattant, collectionneur d'armes blanches, et le panneau qui supportait cette même collection s'est décroché, à quelques secondes près, au moment même où sa femme recevait un poignard entre les épaules. En outre, son plan devait aussi lui permettre de rejeter la responsabilité du crime sur l'amant, Lee Harper. Souvenez-vous : quelle aurait été la position de celui-ci s'il n'y avait pas eu la providentielle rencontre avec son ami devant l'entrée du passage ? On l'aurait pendu, assurément. C'est d'ailleurs cette rencontre inopinée qui donna à ce meurtre son apparence surnaturelle. Comment a-t-il manœuvré pour que son fils se trouve dans la cour avec un témoin, pour que sa femme raccompagne le professeur de piano, pour que lui-même ait un témoin ? Je ne saurais vous le dire, je manque par trop d'informations, mais je crois que, dans le domaine de la stratégie, il n'avait rien à apprendre de personne.

» Quoi qu'il en soit, il échappe à la justice. Du moins celle des hommes. Son crime, ou plutôt *ses* crimes, viennent le hanter dans son sommeil. Certaines images le tiennent impitoyablement éveillé : le passage à tabac de l'Hindou, l'assassinat de son ancienne maîtresse et de sa femme. Il se met à parler en dormant : « L'Hindou… poignard… La mort derrière les rideaux. » Et lorsque ses proches lui demandent de s'expliquer, nous comprenons qu'il est bien en peine de répondre. N'oublions pas non plus que le meurtre de sa femme est demeuré sans explication et qu'un mystère lourd de soupçons plane encore dans la maison.

— Je vois, dit William. Il invente donc une histoire, fondée sur une certaine réalité, qui justifie ses mots lâchés dans son sommeil : l'Hindou qui profère une malédiction et le menace d'un poignard, sa maîtresse qui trouve la mort *derrière les rideaux* – comme sa femme – et le meurtrier qui disparaît comme par enchantement – comme cela a été le cas pour l'assassinat de Mrs Hudson. Comment ne pas penser, alors, que ce dernier crime aurait pu être commis par ce mystérieux Hindou qui avait juré sa perte ? Oui, c'est astucieux, et l'on peut même dire qu'il a fait d'une pierre deux coups.

— Tout cela se tient, intervint Mr Hudson en allumant une cigarette. Mais encore faudrait-il nous dire *comment* le meurtrier s'y est pris pour tuer miss Garfield…

Le Dr Twist sourit :

— Ce qui est amusant, c'est que le colonel lui-même m'a mis sur la voie. Sans le vouloir, bien sûr. « La mort derrière les rideaux », *tout est là !* En prononçant ces mots, il revoyait sa femme émerger des tentures de l'entrée pour s'affaler au sol. Il était alors à cent lieues de penser que ces quelques mots révélaient en fait la clef de l'énigme. La mort derrière les rideaux, répéta Twist sans se départir de son sourire, c'est pourtant très clair lorsqu'on y réfléchit bien. Nous y reviendrons, ne vous inquiétez pas.

Si William éprouvait une admiration sans réserve pour le Dr Twist, il n'en demeurait pas moins que, pour l'heure, il lui aurait volontiers tordu le cou. Il avait l'intime conviction que le détective prêtait main forte à la justice rien que pour le plaisir de voir les gens suspendus à ses lèvres lors de l'explication finale, jouant avec leurs nerfs et leur raison par tant de propos énigmatiques.

— Mais revenons au meurtre de miss Garfield. Il était 5 heures et demie lorsqu'elle a téléphoné d'ici même, à Scotland Yard. Nous savons qu'elle suspectait une personne à la pension et qu'elle avait compris que ses jours étaient en danger. Ce coup de fil a marqué son arrêt de mort. Mrs Drake, qui somnolait dans son fauteuil, a entendu quelqu'un refermer la porte juste après que miss Garfield eût raccroché.

La coiffeuse approuva de la tête.

— Il s'agissait de l'assassin, de toute évidence continua Twist. Miss Garfield n'avait probablement aucune preuve contre lui, mais il ne voulait courir aucun risque. Et à 18 h 30, elle n'était plus de ce monde. Là se pose une question qui m'a, je l'avoue, énormément retardé dans mon raisonnement : comment, en une heure de temps, l'assassin avait-il pu préparer son coup, mettre au point ce crime parfait tel qu'Olivier Hudson l'avait fait bien des années auparavant, et pourquoi aussi reproduire exactement les circonstances de ce drame ?

» En outre, il ne pouvait pas prévoir le moment où il s'arrêterait de neiger, c'est-à-dire prévoir cet élément qui à lui seul allait donner un aspect irréel à ce crime. Et pourtant, nous sommes certains de la préméditation. Encore un autre point troublant : l'assassin devait forcément connaître la ruse employée par le colonel, mais la connaissait-il de longue date ? C'est peu probable, car je pense qu'il n'aurait pas gardé ce secret pour lui, dans la mesure où il ne pouvait pas savoir qu'il serait amené un jour à l'utiliser. Hypothèse réfutable, je vous l'accorde, mais je suis enclin à penser qu'elle est fondée. Je me suis donc fait la réflexion suivante : est-il possible qu'il n'eût pas encore percé à jour le secret du colonel lorsqu'il avait surpris miss Garfield en train d'appeler Scotland Yard pour le dénoncer ?

» Tant de questions sans réponses, tant de faits défiant la raison. Ce à quoi s'ajoute le crime. Les témoins sont prêts à jurer qu'il n'y avait, au moment du meurtre, personne d'autre qu'eux-mêmes et la victime dans le couloir et l'entrée. L'absence de traces sur la neige, aux extrémités du passage, excepté celles de miss Garfield bien sûr, prouve de façon formelle que l'assassin ne s'est pas enfui par là. Ce n'est pas tout, il y a un autre fait apparemment absurde : la porte d'entrée était refermée derrière miss Garfield. Aurait-elle pris cette peine si on l'avait déjà frappée à ce moment-là ? Non, évidemment.

J'avais pensé que c'était l'assassin qui l'avait fait pour gagner quelques secondes. Mais à la réflexion, il n'aurait pas gagné plus de temps en obligeant ses poursuivants à l'ouvrir qu'il n'en avait perdu pour la refermer. De plus, cette hypothèse suppose qu'il se trouvait dans l'entrée, ce qui ne paraît guère envisageable si l'on en croit les témoignages. Alors comment expliquer que cette porte fût retrouvée fermée ?

N'y tenant plus, William bondit de son siège :

— Mais sacrebleu, vous n'expliquez rien du tout ! Vous ne faites qu'épaissir le mystère !

— Allons, allons du calme, répondit sereinement le détective. Je ne fais qu'exposer le problème tel qu'il se présentait à mes yeux. Je continue. Les analyses ont formellement démontré que l'arme du premier crime – je parle bien entendu de l'épouse d'Oliver Hudson et non d'Abel frère de Caïn…

— Et fils d'Adam et Ève, précisa ironiquement William.

— Cette arme donc, poursuivit Twist, imperturbable, avait servi à scalper Sally Jackson. Et tout ceci nous amène à cet autre aspect de l'affaire, tout aussi énigmatique : deux femmes ont été scalpées. Deux femmes qu'apparemment aucun lien n'unit aux pensionnaires de cet établissement. C'est du moins ce que nous pensions hier. Car à présent, nous savons qu'il existe. N'est-ce pas, Mr Smith ?

Le locataire du dernier étage baissa la tête dans un silence lourd d'arrière-pensées.

— Ce matin, comme vous avez pu le constater, les policiers ont fouillé la maison de fond en comble, avec une attention toute particulière pour la chambre de Mr Smith. Et nous y avons trouvé quelque chose…

Sur un signe de Twist, l'inspecteur Hurst sortit de sa poche un carnet noir qu'il lui remit.

Un curieux sourire illuminait le visage du détective à mesure qu'il tournait les pages, tout en commentant :

— *Clarissa Adams, 29 ans, 43 bis Russel Street. Mari entrepreneur. Aime Mozart et les violettes… Alice Brown, 31 ans… mariée à un militaire… affectionne particulièrement…*

Et le Dr Twist cita encore une demi-douzaine de noms féminins, avant de s'adresser à Smith :

— Dites donc, ça vous fait un curieux carnet de bal ! On dirait que vous vous occupez d'une agence matrimoniale. (Tournant une page :) Tiens ! *Sally Jackson !* Et son nom est barré d'une grande croix... comme c'est bizarre... (Deux pages plus loin :) *Sarah Anderson!* Mais dites donc, ne serait-ce pas la femme assassinée cette nuit?

Smith marmonna entre ses dents quelque chose que personne ne comprit.

— Bien, puisque vous ne semblez pas tenir à faire de commentaire – remarquez que je vous comprends très bien –, je le ferai donc à votre place. Tous ici présents l'ont deviné sans peine, vous avez un petit faible pour la gent féminine et vous savez mieux que personne joindre l'utile à l'agréable. Sans vouloir entrer dans le détail, je dirai que certains points de notre enquête vous concernant ont largement confirmé ce sentiment. En outre, vos conquêtes ont toujours, comme par hasard, un mari « aisé ». Pour parler plus clairement, vous êtes ce qu'on appelle communément un gigolo.

Si certains manifestèrent de l'étonnement, d'autres furent loin de paraître surpris; ce qui était le cas du Dr Stafford, d'Alfred Leaman et bien entendu de William Scott, lesquels se regardèrent triomphalement avant d'écraser Smith d'un regard méprisant.

— On comprendra aisément, poursuivit le Dr Twist, que pour tenir en haleine toutes ces dames, vous vous absentiez à n'importe quelle heure du jour ou de la nuit. Quelle était votre tactique pour leur soutirer de l'argent? Séduction, œil de velours, déclarations enflammées? Le coup de l'artiste méconnu à la recherche d'un cœur compatissant; d'une muse, argentée de préférence? (Voyant une veine saillir sur la tempe de Smith, Twist changea de ton :) De toute manière, peu importe. Revenons à votre calepin. Comment expliquez-vous cette croix sur le nom de Sally Jackson?... Suis-je bête, ajouta-t-il aussitôt en se frappant le front du plat de la main! vous l'avez rayée de votre liste parce qu'elle est morte et qu'à présent elle ne peut plus vous servir... C'est bien cela?

Smith acquiesça et alluma une cigarette d'une main fiévreuse.

— Bien, bien, bien, continua Twist. Passons aux meurtres de vos deux conquêtes. Quel étrange hasard, non? Scalpées, toutes deux, par qui et pourquoi? (Twist affecta un gros effort de réflexion :) En parlant de scalp, Mr Smith, je ne puis m'empêcher de me remémorer le fait que, dans votre jeunesse, vous aviez déjà « joué au Peau-Rouge », si je puis m'exprimer ainsi...

Leaman, poings serrés, darda un regard meurtrier sur Smith. Il ouvrit la bouche pour parler, mais se ravisa.

Twist demanda alors à Marjorie de faire à l'assemblée le récit détaillé de son escapade nocturne qui avait failli se terminer de façon tragique. Elle s'exécuta péniblement, les yeux rivés au sol, voulant à tout prix éviter ceux de Smith qui la fixait avec ce sourire qu'elle détestait.

Un silence de mort plana à l'issue de ce témoignage. Si les yeux de l'auditoire avaient été des pistolets, nul doute que Smith eût été transformé en passoire.

La voix de Stafford s'éleva, vibrante de colère :

— Mais nom d'un chien ! Qu'attendez-vous pour mettre cette ordure au trou ? Il est plus que clair, à présent, que…

— Non, Dr Stafford, rétorqua Twist. Rien n'est clair, justement. Ou plutôt si : n'importe qui a pu tuer Sarah Anderson, *sauf Mr Smith.*

Des exclamations de surprise et de protestation fusèrent. Twist continua de sa voix douce mais laconique :

— Miss Conway qui talonnait Mr Smith, comme elle vient de le dire, l'a vu s'engouffrer dans la cour du 14 Banner Street. Elle hésite avant de s'engager à son tour, scrute les ténèbres, puis aperçoit Mr Smith penché sur un corps. Miss Conway, répétez-nous combien de temps vous avez perdu Mr Smith de vue…

— Même pas une minute, répondit-elle.

— Et vous, Mr Scott, êtes-vous de cet avis ?

— Absolument, confirma le reporter.

Twist alluma sa pipe éteinte avant de reprendre :

— Le médecin légiste nous certifie que l'ablation du cuir chevelu de Sarah Anderson a été faite très soigneusement, qu'en aucun cas elle n'aurait pu être exécutée en quelques secondes.

— Mais alors, murmura Marjorie, ce ne serait pas lui qui…

— Non, ce ne peut être lui, vous l'avez compris. C'est parfaitement impossible. Ce n'est pas lui non plus qui vous a pourchassée.

— Mais alors qui ?

— L'assassin, répondit Twist. L'assassin qui guettait Smith dans un coin de la cour. Il a voulu vous éliminer parce que, justement, vous aviez surpris Smith, et il a tout de suite compris que – question de temps – votre témoignage innocenterait Smith.

D'un geste de la main, le détective invita Smith à parler.

— C'était un piège, grommela celui-ci. J'aurais d'ailleurs dû m'en douter en recevant ce message signé Sarah, qui me demandait de la retrouver chez elle dans l'arrière-cour à une heure du matin. Le rendez-vous en ce lieu et à cette heure n'avait rien de singulier, mais le mot était tapé à la machine. Ce qui n'était pas dans ses habitudes. Malgré tout, j'y suis allé. Je dois d'ailleurs féliciter miss Conway, car à aucun moment je n'ai remarqué qu'elle me suivait. Lorsque j'ai buté contre le cadavre de Sarah, et surtout lorsque j'ai vu la plaie de sa tête, j'ai aussitôt pensé à Sally Jackson. Je n'ai guère eu le temps de réfléchir : des bruits de pas précipités ont retenti derrière moi. Puis une ombre a traversé la cour pour s'élancer à la poursuite de la silhouette qui venait de disparaître dans la rue. Sans demander mon reste, je suis retourné à la pension, tout en commençant à prendre conscience du danger qui me menaçait : deux de mes… amies scalpées en quelques jours, ceci ne pouvait être le seul fait du hasard.

Marjorie, les yeux ronds, regarda longtemps Smith avant de dire :

— Ça alors… Mais ses vêtements étaient les mêmes que les vôtres…

Twist toussota :

— Il ne s'agit pas d'une coïncidence, bien entendu. Je pense que vous comprenez tous maintenant que nous avons affaire à une machination n'ayant d'autre but que de faire passer Mr Smith pour responsable de ces crimes. J'en veux pour preuve que les victimes étaient scalpées. Nous ignorons de quelle manière l'assassin voulait incriminer Mr Smith pour le dernier meurtre, puisqu'il s'est vu obligé de se lancer à la poursuite de miss Conway, mais il est certain qu'il avait préparé quelque chose, sans quoi il ne se serait pas arrangé pour que Mr Smith se trouve sur les lieux du drame. Avait-il encore prévu d'autres meurtres « d'amies » de Mr Smith ? C'est bien possible. Son plan était le suivant : il savait parfaitement que cette série de sanglants assassinats allait mettre en branle la police qui ne manquerait pas de se rendre compte très rapidement que les victimes avaient toutes une chose en commun : le même amant. Et si elle n'arrivait pas à remonter la piste jusqu'ici, je suis persuadé que l'un d'entre vous – au moins – serait allé à elle pour parler d'un… étrange locataire.

Confronté alors à certains témoins, Mr Smith eût été immanquablement reconnu comme étant ce mystérieux amant. Et surtout… les policiers auraient eu vent de cette sauvage coupe des cheveux de Mrs Crawshaw. Mettons-nous un instant à leur place : comment ne pas être certain qu'ils tenaient là leur maniaque homicide ?

» Notons également l'habile comportement de l'assassin qui se gardera bien de fournir des indices grossiers du genre carte de visite, montre, portefeuille, etc., qui pourraient semer le doute chez les enquêteurs. On comprend d'ailleurs aisément que l'accusation que s'apprêtait à faire miss Garfield, même si elle ne reposait sur rien, en orientant – ne fût-ce que momentanément – les soupçons sur le criminel, cette accusation-là contrecarrait singulièrement ses plans et pouvait même être très dangereuse pour lui si l'on parvenait à percer la machination. Il n'a donc pas hésité à la tuer.

Le Dr Twist s'interrompit pour jeter un regard circulaire sur l'assemblée. Hurst prit une voix doucereuse pour s'adresser au pianiste :

— A votre avis, Mr Leaman, qui pourrait en vouloir à ce point à Mr Smith pour en arriver à de telles extrémités ?… Ah ! j'oubliais : nous étions à Greenhill hier après-midi, vous avez le bonjour de votre tante.

Le musicien parut se changer en pierre.

Twist toussota puis reprit :

— Son premier élan a certainement été de tuer Smith en personne. Mais il s'est rapidement aperçu qu'un assassinat « direct » impliquait une main criminelle, laquelle impliquait une enquête pouvant éventuellement remonter jusqu'à lui. Surtout si Smith n'avait pas d'ennemis personnels. Et à ce moment-là, il ne savait pratiquement rien de Smith. Il va donc le guetter pour le suivre dans ses sorties nocturnes ; à moins qu'il n'ait fait appel à un détective privé. J'imagine aussi qu'il jette un coup d'œil dans sa chambre et trouve ce petit carnet noir qui est déjà assez explicite. Quoi qu'il en soit, il découvre rapidement les « activités » de son ennemi, ce qui ne peut qu'accroître sa haine. Il en est donc là, en train de rouler dans sa tête les pensées les plus noires, lorsque – il y a à peine quelques semaines de cela – il entend les surprenants aveux de Smith relatifs à l'agression de son ancienne voisine. Et c'est ainsi que naît un plan machiavélique susceptible – lentement mais inexorablement – d'amener Smith en prison, où il pourrait tout à loisir méditer sur cette erreur judiciaire et sur la corde du gibet au bout de laquelle il se balancerait bientôt. Châtiment plus cruel qu'une vengeance brutale et aveugle où la victime a à peine le temps de comprendre ce qui lui arrive. Plus subtil aussi, dans la mesure où nul n'établirait de rapprochement entre lui, l'assassin, et ce mystérieux "scalpeur" de femmes.

» *La mort derrière les rideaux*... Comme je vous l'ai dit, ce sont ces paroles, prononcées par le colonel Hudson, qui m'ont fait comprendre comment miss Garfield a été assassinée. Si l'on y réfléchit bien, il y a deux interprétations possibles. Dans la première, on imagine naturellement que « la mort » s'est abattue sur miss Garfield derrière les rideaux, donc dans la petite entrée. Quant à la seconde... la mort a surgi toujours derrière les rideaux, mais cette fois-ci plaçons-nous du côté de la victime, ce qui nous donne... le couloir.

— Le couloir ! s'écria Peter Schuyler sans cacher son irritation. Miss Garfield aurait été frappée dans le couloir ? C'est insensé ! Il n'y avait personne, je suis prêt à le jurer !

— Moi aussi, confirma vivement Mr Hudson.

Le Dr Twist secoua la tête avec un sourire, comme s'il s'adressait à de jeunes écoliers qui auraient donné la mauvaise réponse à la question de leur professeur.

— Je n'ai pas dit que miss Garfield avait été tuée dans le couloir, mais que la mort était venue par là. Quant à dire qu'il n'y avait personne dans le couloir, ce n'est pas tout à fait exact : *il y avait vous deux.*

Mr Hudson et Peter Schuyler se regardèrent, pour le moins surpris. Ce dernier se reprit. Il rajusta son foulard, puis demanda au Dr Twist avec un rien de condescendance :

— Serions-nous complices ?

— Non, Mr Schuyler, l'assassin a agi seul. Comme il l'a toujours fait.

— Alors ce serait l'un d'entre nous ? Ce qui serait plus absurde encore, puisque nous ne nous sommes pas quittés une seule seconde jusqu'à l'arrivée de miss Garfield.

Twist se tut, ce qui ne contribua pas à détendre l'atmosphère.

— Une question, dit-il en arrêtant son regard sur Marjorie. Miss Garfield était-elle une personne brusque et désordonnée dans ses mouvements ? Ou au contraire calme et méticuleuse ? Prenons un exemple : lorsqu'elle fermait une porte, la claquait-elle dans son dos ou se retournait-elle pour la refermer soigneusement ?

Marjorie ne réfléchit qu'un court instant :

— Elle la refermait avec soin, comme vous venez de le dire.

— Bien, bien, fit Twist visiblement satisfait de cette réponse. Revenons sur le meurtre commis par Oliver Hudson. Il se trouvait en compagnie de son ami, au pied de l'escalier, lorsque son épouse rentrait, bien vivante encore. Que se passa-t-il ensuite ? Le panneau supportant la collection d'armes dégringola dans l'escalier avec un vacarme assourdissant. Ceci, soit dit en passant, faisait partie d'un plan qui consistait à mettre au préalable cette panoplie en équilibre précaire et à la relier à une cordelette judicieusement dissimulée qu'il suffisait de tirer pour provoquer la chute. Toute cette manœuvre n'avait d'autre but que de détourner l'attention de son ami durant quelques secondes – trois ou quatre suffisaient largement –, l'essentiel étant que le témoin se détourne au moment précis prévu par Oliver Hudson. Godfrey Stock devait se trouver entre l'escalier et le colonel, celui-ci étant légèrement en retrait, tout près de la porte de la cuisine. En d'autres termes, lorsque Mr Stock se tourna vers l'escalier, surpris par ce vacarme, il ne pouvait pas voir ce que faisait Oliver Hudson.

» Pour le meurtre de miss Garfield, continua calmement Twist, la situation est pratiquement identique.

— Mais vous êtes fou ! se récria Peter. Pas une seconde, nous…

— Si. (La voix de Twist avait claqué comme un coup de fouet.) Au moment où vous avez entendu la porte d'entrée s'ouvrir, Mr Hudson vous a indiqué l'escalier « afin de pouvoir poursuivre votre discussion tranquillement ». Vous vous y êtes engagé, vous avez gravi une marche ou deux, et là…

» Arrêtons le temps, les pendules si vous préférez. De l'autre côté du couloir, miss Garfield referme la porte derrière elle. Lorsqu'une personne fait ce geste normalement, je veux dire par là sans se presser, elle esquisse un mouvement tournant, en pivotant sur elle-même, présentant son dos légèrement de biais.

» J'ouvre ici une parenthèse pour vous parler du poignard que l'on avait retrouvé dans le dos de l'épouse du colonel et qui provenait de la panoplie qui venait de tomber. De là à penser à un poignard magique qui se serait dirigé, puis planté tout seul dans le dos de la victime… il n'y a qu'un pas. Un poignard magique, répéta rêveusement le Dr Twist, un poignard volant… Mais si l'on y réfléchit bien, tous les poignards sont volants ! Pour cela, *il suffit de les lancer !*

Le Dr Twist se tourna lentement vers Mr Hudson, qui le fixait, immobile, les yeux mi-clos.

— Mettons-nous à votre place à ce moment-là, Mr Hudson, si vous le voulez bien. Sur votre gauche, Mr Schuyler vient de s'engager dans l'escalier, et droit devant vous, à environ dix mètres, derrière les rideaux – qui soit dit en passant sont toujours légèrement entrouverts – vous voyez miss Garfield qui vous présente une partie de son dos.

» Il est fort probable, à voir sa collection, que votre arrière-grand-père fut un excellent lanceur de poignard. Et vous, si je ne m'abuse, vous étiez également très habile au maniement des armes blanches.

» C'est au moment où miss Garfield est sur le point de se retourner que vous projetez l'arme dans son dos, avant de vous élancer dans la cage d'escalier sur les talons de Mr Schuyler. Pour ce geste, trois secondes ont été suffisantes. Toute la réussite dépend de la coordination de vos mouvements, c'est-à-dire surtout du moment où vous introduisez Mr Schuyler dans l'escalier tandis que miss Garfield s'apprête à refermer la porte. La précision de votre lancer est également un facteur essentiel. De son côté, la victime, poignardée au moment où elle allait se retourner, achève ce dernier mouvement, fait face aux rideaux et s'y agrippe. Mrs Hudson, qui vient d'ouvrir la porte de la cuisine, la voit encore faire un pas ou deux avant de s'affaler. Vous avez eu de la chance, Mr Hudson, que votre femme n'ait pas ouvert la porte cinq secondes plus tôt.

Sous les regards effarés de l'assistance, Jerry Hudson jeta la tête en arrière et partit d'un rire sonore :

— C'est de la fiction, Mr Twist, de la pure fiction ! Ha ! Ha ! Ha ! Pour commencer, comment réussir un tel coup, sans parler de…

— C'est tout à fait dans vos cordes, Mr Hudson, coupa le détective. L'attaque nocturne, l'attaque surprise à l'arme blanche, vous l'avez pratiquée. Nous sommes en train de nous renseigner sur vos états de service pendant la guerre. Quant à la précision du lancer, je vous signale – quoique je sois certain que vous n'êtes pas sans le savoir – que certains spécialistes de ce genre de sport atteignent leur cible à des distances trois ou quatre fois supérieures. Et encore, les virtuoses malais font mieux. En outre, cette hypothèse est confirmée par la position du poignard retrouvé dans le dos de miss Garfield : horizontal et venant un peu de la droite – n'oublions pas qu'elle ne s'était pas retournée franchement pour refermer la porte. Position que l'on avait initialement attribuée à un coup porté par un droitier de petite taille.

Livide, Mrs Hudson dévisageait son mari, surprise et horrifiée.

— Mais, chérie, cria ce dernier, tu ne vas tout de même pas croire cet homme, il divague !

— Je n'ai pas encore fini, Mr Hudson, fit Twist sans aménité. L'arme ne comportait aucune empreinte. Au moment du crime, vous portiez des gants : vous étiez habillé pour sortir. Vous avez donc pu facilement dissimuler le poignard dans une poche de votre manteau. J'ai eu du mal à deviner pourquoi vous avez donné à ce crime l'apparence de celui de votre arrière-grand-père, mais j'y suis parvenu quand même. Il est 5 heures et demie lorsque vous surprenez miss Garfield en train d'appeler Scotland Yard. Votre décision est prise : elle devient trop dangereuse, il vous faut l'éliminer. Vous savez qu'elle fait sa promenade à 6 heures et c'est à ce moment que vous irez mettre un terme à sa vie. C'est le jour de congé de votre bonne et vous pensez non sans raison qu'en déclarant que le thé préféré de miss Garfield manquait, votre femme vous en enverra chercher. Vous montez dans votre chambre, vous vous habillez, vous vous munissez de votre arme et attendez que miss Garfield s'apprête à sortir. En apercevant Smith dans l'escalier, vous vous dites qu'après tout il serait intéressant de faire en sorte que le crime lui soit attribué. Mais avant de sortir, un visiteur vient sonner à la porte. Votre plan tombe à l'eau, il vous faudra donc remettre votre acte à plus tard. Très rapidement, la conversation avec l'arrivant se porte sur le meurtre de votre arrière-grand-mère. Et là, il va se produire une chose assez étonnante, certainement la plus surprenante de toute cette affaire, car c'est cette évocation qui vous fera comprendre *de quelle manière* et *par qui* ce crime fut commis…

» Jusqu'à ce jour, vous considériez les circonstances de ce drame d'un lointain passé comme un simple mystère, une sorte de rébus, intéressant par le problème posé. Vous y réfléchissiez donc avec un certain détachement, comme un détective en vous concentrant sur l'énigme, abstraction faite de tout autre sentiment.

» Mais cette fois-ci, vous vous trouvez dans une disposition d'esprit totalement différente, vous voyez le problème sous un autre angle, vous le considérez *avec des yeux d'assassin.* Car à ce moment-là, vous êtes bel et bien en train d'établir une stratégie d'urgence pour procéder à l'élimination de miss Garfield. Votre matière grise est en effervescence, l'intensité de votre réflexion stimulée par les lieux mêmes du crime : l'entrée, les lourds rideaux de velours d'Utrecht, le couloir… l'éclair du poignard qui va se planter dans le dos de la victime… et dans votre poche, sous vos doigts, la même lame meurtrière dont vous pouvez caresser le tranchant. Sans oublier la photo de la victime et de son meurtrier, le singulier regard du colonel Hudson, dont vous saisissez brusquement l'effrayante signification. Et c'est le déclic… En moins de temps qu'il n'en faut pour le dire, vos cellules grises font la synthèse de toutes ces données.

» Tout ceci, je le reconnais, n'est que pure spéculation. Mais pour des raisons déjà expliquées, je serais vraiment très étonné si vous aviez tout compris de cette mystérieuse histoire avant cette imprévisible discussion. Quoi qu'il en soit, c'est à ce moment que vous décidez de vous débarrasser de miss Garfield en utilisant la même méthode que votre aïeul, la même ruse diabolique qui vous fournira un alibi en or, en faisant croire à une intervention de l'extérieur. Et de surcroît, Mr Smith étant sorti, vous ferez d'une pierre deux coups. En un clin d'œil, vous découvrez que vous êtes en très bonne posture pour réussir ce meurtre parfait : vous êtes en possession de l'arme utilisée par votre arrière-grand-père – une arme tout à fait appropriée –, vous êtes vous-même un spécialiste du lancer au couteau, vous savez que miss Garfield rentre invariablement à la même heure, à 18 h 30 précises. Cependant, ne disposant pas de la panoplie d'armes blanches pour faire diversion par le bruit de sa chute, il vous faut trouver d'urgence une variante propre à détourner l'attention du témoin, Mr Schuyler. Celle que vous trouvez est ma foi assez ingénieuse… Reste la présence de votre femme… Mais vu l'heure, elle ne va guère tarder à regagner la cuisine. Nous avons vu de quelle manière vous avez manœuvré pour que Mr Schuyler s'engage dans l'escalier à l'instant précis où miss Garfield revient de sa promenade. À ce moment-là, et à ce moment seulement où toutes les conditions sont réunies pour que votre « coup » réussisse, vous vous emparez de votre poignard. En moins de deux secondes, il se retrouve entre les épaules de la victime. Si l'on excepte la précision de votre lancer, on se rend compte que vous ne couriez pour ainsi dire aucun risque. En effet, si la situation ne se présentait pas exactement comme vous le souhaitiez, vous laissiez tout simplement votre arme dans la poche.

» Tout s'est déroulé comme prévu sauf une chose : il s'est arrêté de neiger. La neige vierge, témoin formel, attestera que *personne* n'a pu poignarder miss Garfield… Et comme pour le crime de votre aïeul, un événement imprévu va donner au meurtre une apparence surnaturelle. Un sacré hasard à première vue. Mais pour peu qu'on s'y attarde, on se rendra compte que, comme les deux crimes ont pour but d'accréditer une intervention de l'extérieur – outre l'alibi qu'ils procurent –, le moindre événement fortuit pouvait amener à ce qui s'est produit. Par exemple, une passante qui verrait miss Garfield entrer dans le passage ou même ouvrir la porte, une amie qui la raccompagnerait, etc.

» Ces faits, comme on peut le constater, démontrent une fois encore que l'on ne pense pas toujours à tout. Nous tenions le raisonnement suivant : ou le crime était prémédité ou il ne l'était pas. Il l'était, bien entendu, mais l'assassin a dû changer de programme en cours de route, ce à quoi s'est ajouté l'arrêt de la chute de neige.

» Vous ne dites rien, Mr Hudson ? Parfait. Je n'ai pas encore terminé. Mais auparavant, j'aimerais poser une question à votre épouse : ce matin, n'aviez-vous pas ressenti quelque difficulté à sortir de votre sommeil ? Tout comme mardi matin ! Ne le niez pas, la matinée de ce jour-là vous n'étiez pas très en forme, on nous l'a rapporté. Il s'agit, comme par hasard, des lendemains des assassinats de Mrs Jackson et de Mrs Anderson. Oui, vous commencez à comprendre, votre mari vous a droguée afin de pouvoir…

— Il dit n'importe quoi ! hurla Jerry Hudson à sa femme, le visage méconnaissable.

Mrs Hudson, recroquevillée sur sa chaise, s'effondra en larmes. Il y avait quelque chose de pathétique et de tragique dans le contraste entre les deux époux, de diabolique aussi, dans les flammes de l'âtre qui accrochaient des reflets d'or dans la chevelure d'Ellen Hudson, tout en sculptant le visage de Jerry Hudson dans sa folie, vision venue tout droit des enfers.

— N'importe quoi ! répétait-il en allumant une cigarette pour tenter de se maîtriser.

Dans un silence de mort, l'assemblée fixait Jerry Hudson, Jerry Hudson qui avait assassiné l'infortunée miss Garfield. La voix de Twist s'éleva une fois encore, plus tranchante que jamais :

— Les maris des victimes, eux aussi, avaient été drogués la nuit des crimes. Par leurs épouses, mais pour d'autres raisons, bien sûr. C'est d'ailleurs ceci qui m'a mis la puce à l'oreille. Si je ne m'abuse, Mr Smith, c'est certainement sur vos conseils qu'elles ont agi ainsi, afin de pouvoir vous « rencontrer », comme d'habitude, en toute tranquillité.

De nouveau, Jerry Hudson éclata d'un rire qui ne trouva pas d'écho.

— Et pourquoi aurais-je monté cette machination contre ce type ? questionna-t-il dans un rictus, ses mains grandes ouvertes. Pourquoi ?

Twist le fixa un instant, puis dit calmement :

— Voulez-vous que nous posions la question à Mr Smith ?

L'espace d'une seconde, une lueur verdâtre s'alluma dans les yeux clairs de Jerry Hudson qui tenait Smith sous son regard. L'instant d'après, il se jeta sur lui comme un fauve ivre de carnage.

ÉPILOGUE

Tenant la main de Marjorie dans la sienne, William regardait Mr Farr remplir les verres à porto. Il était heureux et d'excellente humeur, en dépit de cette sinistre affaire à laquelle Twist avait mis un terme depuis plusieurs jours. La veille, il avait demandé à Marjorie si elle voulait l'épouser et elle lui avait répondu que c'était là une proposition honnête à laquelle elle ne voyait pas d'objection. Une question le tracassait néanmoins : que faisaient-ils ici, Marjorie et lui, avec Hurst, Twist et Graham Smith, à Greenhill, chez Mr Farr, l'actuel propriétaire de l'ancienne demeure de Smith ? Bizarres également, les paroles que le Dr Twist leur avait soufflées à l'oreille, à Marjorie et à lui, avant d'arriver chez leur hôte : « Si vous entendez quelques bruits étranges et qu'on vous demande si vous les avez effectivement entendus, répondez que non. »

En fait, il avait eu l'impression que Twist ne tenait pas tant que cela à la présence de Marjorie. Mais celle-ci avait décidé de les accompagner, et ce que femme veut…

Il y avait eu des heures pénibles au 48 Hoxton Street. Mrs Hudson était en état de choc. Le Dr Stafford, que cette épouvantable histoire avait secoué, était sorti de son apathie, s'était mis au régime sec – ou presque – et avait décidé de s'occuper lui-même de la malheureuse jeune femme. Janet, la petite Janet si effacée, s'était révélée fort efficace. Marjorie l'avait secondée de son mieux et le fiancé de Janet, qui cherchait du travail, s'était présenté ce jour même comme homme à tout faire. Donc, disait Marjorie, « rien ne m'empêche de vous accompagner ». Et elle était là, seule femme parmi tous ces hommes.

— À votre santé, dit Mr Farr en levant son verre où se reflétait un rayon de soleil.

C'était un petit homme d'une cinquantaine d'années, aimable et vêtu avec recherche dans le style gentleman campagnard.

Tout le monde trinqua, et William et Marjorie s'attardèrent un peu lorsque, comme aimantés, leurs regards se croisèrent.

Graham Smith reposa son verre sur la table basse, prit un petit four qu'il grignota d'un air pensif.

— C'est très aimable à vous de nous avoir invités, Mr Farr, mais…

— Ah ! je savais que cela vous ferait plaisir, Mr Smith, de revoir votre ancienne maison, dit-il en remplissant le verre de celui-ci.

— Bien sûr, mais…

— Revoir la maison de son adolescence est toujours très émouvant. Je me mets à votre place !

— Oui, certes…

— Et pour vous dire la vérité, fit Mr Farr d'un air malicieux, je voulais également avoir des précisions sur cette affaire qui a fait la une des journaux cette semaine. Mon ami le Dr Twist m'a dit au téléphone, l'autre jour, qu'il se ferait une joie de me les donner et qu'il connaissait quelqu'un qui pourrait m'en parler encore mieux que lui, quelqu'un qui serait heureux de venir chez moi… Non, c'eût été manquer de cœur que de ne pas vous donner l'occasion de revoir votre ancien logis. On y laisse toujours un peu de soi-même, je le sais bien…

— Je…, hésita Smith, je ne sais comment vous remercier.

Dans cette ambiance apparemment gaie et détendue, un nouveau toast fut porté, sur quoi le Dr Twist fit un résumé détaillé de l'affaire. Lorsqu'il évoqua leur visite à Mrs Crawshaw la semaine passée, Mr Farr l'interrompit pour s'adresser à Smith :

— Les petits fours que vous semblez tellement apprécier, c'est Mrs Crawshaw qui les a préparés. Ils sont excellents, n'est-ce pas ? J'ai rarement rencontré une personne aussi aimable, elle me gâte comme si…

— Allons, mon garçon, fit Hurst en donnant une tape paternelle dans le dos de Smith, dont le visage s'était fermé. C'est une vieille histoire, je suis sûr que si vous alliez la voir tout à l'heure, elle vous pardonnerait sur-le-champ !

— J'aimerais tant vous croire, soupira Smith en prenant le cigare qu'on lui offrait.

— Mais si, mais si, insista l'inspecteur en plongeant à son tour ses gros doigts boudinés dans la boîte à cigares. Ce n'est pas à vous que je vais apprendre à parler aux femmes. (Il alluma son cigare en tirant voluptueusement de longues bouffées de fumée.) À propos, Twist, ce jour-là, dans le train qui nous ramenait à Londres, j'avais déjà en partie découvert la vérité…

— Ah bon ?

— Oui, nous parlions d'Alfred Leaman. J'avais une hypothèse à vous soumettre, mais je me suis tu parce que vous m'agaciez avec vos mystères, vous vous souvenez ?

— Tout à fait.

— Eh bien voilà : je pensais déjà à une machination contre Mr Smith. Bien sûr, je me suis trompé de coupable…

— Une machination dont Mr Leaman aurait été l'instigateur ? s'étonna Smith.

Twist lui précisa le lien qui unissait celui-ci à Mrs Crawshaw.

— Eh bien, fit Smith, j'ai l'impression qu'on ne m'aimait pas beaucoup à la pension.

— Pas Mr Hudson en tout cas, ricana Hurst. Bon sang ! vous n'en meniez pas large, l'autre soir, lorsqu'il vous a sauté dessus !

— En effet, avoua Smith avec une frayeur rétrospective. Sans l'intervention de vos hommes, je crois bien qu'il m'aurait mis en charpie. Je sais pourtant me servir de mes poings, mais là, je reconnais que… La folie avait dû décupler ses forces.

— Moi aussi, j'ai eu l'occasion de m'en rendre compte, intervint William, sentant son rythme cardiaque s'accélérer à l'évocation de l'agression dans la cabine téléphonique où Marjorie avait failli perdre la vie.

Twist s'adressa à Smith d'un air désolé :

— C'était, hélas ! la seule manière de l'amener à se trahir.

Smith acquiesça avec un sourire amer. Il se ressentait encore des nombreux coups qu'il avait encaissés.

— Mais dites donc, mon garçon, vous ne nous avez pas encore expliqué l'exacte nature de vos relations avec Mrs Hudson ! lança Hurst avec un sourire en coin.

Smith examina son cigare avant de répondre :

— Trois fois rien, c'est ça qui est le plus drôle dans toute cette affaire… (Tout à coup, il tendit l'oreille, demeura silencieux un moment, puis reprit :) Cela se passait au début du printemps… vous savez comment sont les femmes en cette saison-là… J'avais vu dans le regard de Mrs Hudson, comment dire ?… une sorte de disponibilité. Un soir, nous nous sommes rencontrés dans le couloir et, poussés l'un vers l'autre dans un élan incontrôlé, nous nous sommes embrassés. Tout cela n'a pas été très loin… enfin je veux dire qu'il n'y a pas eu de suite. Rien. Trois fois rien, notre… euh… liaison n'a même pas duré une semaine, mais cette sotte est allée se confesser à son mari ! Elle aurait mieux fait de se taire, vraiment ! Quand je pense qu'il utilisait lui aussi des somnifères, pour ses expéditions sanglantes ! À coup sûr, il a dû trouver cette idée en m'espionnant…

Smith s'interrompit et tira sur son cigare avec un plaisir évident, ne se rendant probablement pas compte des sentiments qui animaient ses compagnons.

Twist s'éclaircit la voix et dit :

— Mr Hudson était d'une jalousie extrême, maladive... comme son arrière-grand-père, le colonel Hudson. Quand j'ai parlé d'un lien capital unissant les deux affaires, c'est à cela que je faisais allusion, en plus de leur parenté. S'il existait une certaine ressemblance physique entre Mrs Hudson et son arrière-grand-mère, comme nous avons pu le constater sur la photo dans le couloir, Mr Hudson, lui, avait hérité du caractère de son aïeul, avec toutefois une apparence plus paisible. Néanmoins, il y avait dans le regard du colonel une expression que, par moments, j'ai retrouvée dans les yeux de Mr Jerry Hudson. Pas grand-chose, juste une lueur fugitive...

Hurst dit entre les dents :

— Ce reflet d'acier propre aux assassins... Miss Garfield, la pauvre, avait vu clair... Non, vraiment, je n'éprouve aucune pitié pour lui. Assassiner froidement cette charmante demoiselle, sans parler des autres meurtres et tentatives de meurtre. Seule son épouse est à plaindre.

Smith eut un haussement d'épaules, qui devait signifier que l'arrestation du mari était une bonne chose pour l'épouse ou qu'une jolie femme comme elle n'aurait aucune difficulté à refaire sa vie, ou les deux à la fois.

— Quelle affaire ! quelle incroyable affaire ! dit Mr Farr avec une moue expressive. Mais ce qui est le plus surprenant, c'est le crime en lui-même ! L'assassin qui lance son couteau alors que son compagnon venait juste de se retourner. Et il n'a rien remarqué... Lorsqu'on fait le geste de lancer un couteau, cela se perçoit quand même ! Et la victime a tout de même dû pousser un petit cri ! Ce Mr Schuyler ne serait-il pas un peu sourd ?

— Pas plus que vous et moi, dit Twist avec un signe de dénégation. C'est encore une occasion de souligner la grande habileté de notre assassin. Je dirai même que sa ruse est supérieure à celle de son aïeul, qui avait dû monter tout un stratagème pour que la collection d'armes se décroche du mur : en amenant Mr Schuyler à s'engager dans l'escalier au moment crucial, non seulement il détournait son attention, mais il neutralisait également son audition, du moins partiellement. Faites-en l'expérience : engagez-vous brusquement dans un escalier en bois, le bruit de vos pas et des marches qui craquent couvrira aisément toutes sortes de sons de faible intensité. De toute manière, et je me borne à le répéter, si toutes les conditions n'avaient pas été requises pour commettre son crime, Hudson n'aurait tout simplement pas lancé son couteau. J'avoue honnêtement n'avoir jamais été confronté à un meurtre aussi mystérieux dont l'explication réside dans l'extrême simplicité de l'exécution : rien, pas le moindre accessoire ou artifice. Une main gantée et un poignard ont été *suffisants* pour nous dérouter complètement.

Soudain, Smith leva la main comme pour imposer le silence.

— Vous n'avez rien entendu ? demanda-t-il, un pli creusé entre ses épais sourcils.

Marjorie voulut parler, mais elle rencontra le regard menaçant de Hurst. Mr Farr adressa un aimable sourire à Smith :

— Pardon ?

— Mais enfin, je ne suis pas sourd… vous n'avez vraiment rien entendu ?

— Entendu quoi ? s'enquit Twist, l'air intrigué.

— Un miaulement de chat. Vous n'auriez pas un chat, Mr Farr ?

Leur hôte baissa la tête :

— *J'avais* un chat. Mais il est mort la semaine dernière.

— Ah !… fit simplement Smith.

Un curieux silence s'établit dans le salon éclairé par les derniers rayons du soleil couchant.

— Comment s'appelait-il ? s'informa Twist, comme s'il parlait pour ne rien dire.

— Edgar. C'était un beau chat noir.

— Était-il en bonne santé ? continua Twist.

— Oui. Mais il avait perdu un œil.

William et Marjorie se regardèrent, incrédules. Le ton, plus encore que la conversation elle-même, les avait surpris. Comme s'il s'agissait d'une leçon apprise à l'avance.

— Vous savez à quoi tout ceci me fait penser ? demanda Twist. À Edgar Poe. Pour deux raisons : le prénom de l'animal, bien sûr, mais surtout le fait qu'il soit noir et qu'il ait perdu un œil. Comme dans la célèbre nouvelle de l'auteur, *Le chat noir*.

Hurst haussa les épaules et Mr Farr parut surpris. William crut discerner une lueur de ruse dans le regard de l'inspecteur, qui déclara :

— Dites donc, Mr Farr, vous nous aviez promis de nous montrer votre sanctuaire et tous ses trésors !

— Mais oui ! fit-il. Où ai-je donc la tête ! Venez, mes bons amis, suivez-moi !

Alors que Mr Farr et Hurst sortaient du salon, le Dr Twist dit à Smith et au jeune couple avec un clin d'œil :

— Notre hôte possède une extraordinaire collection de vins français, dont il n'est pas peu fier.

Quelques secondes plus tard, ils se retrouvaient dans la cave, où étaient couchées de nombreuses et vénérables bouteilles dans des casiers prévus à cet effet. Alors que Mr Farr commentait avec force détails les origines de ses trésors et les soins qu'il leur apportait, Smith manifestait une nervosité croissante :

— Mais ce n'est pas possible, il y a un chat quelque part ! Vous n'entendez rien ? Il vient de miauler !

À ce moment, la sonnette de l'entrée retentit.

— Ce sont certainement les amis que j'attends, dit Mr Farr. Un instant, je vous prie.

Lorsqu'il eut disparu, Twist déclara :

— Vous savez, Mr Smith, il y a une chose qui m'a considérablement intrigué dans toute cette histoire : c'est le fait que vous ayez raconté cet épisode de votre adolescence où vous aviez coupé les cheveux de Mrs Crawshaw.

— Je me suis étonné moi-même, Mr Twist, vous pouvez me croire, répondit-il avec hargne.

— Je sais bien que tout ceci est sans importance, mais j'aimerais quand même vous dire ce que j'en pense et comment je l'interprète. C'est naturellement la perruque de Mr Leaman qui vous a rappelé ce souvenir. Je sais très bien comment cela se passe : une ou deux paroles qui vous échappent, votre auditoire qui vous presse, et vous voilà condamné à parler. Mais laissez-moi vous dire ceci : un homme de votre intelligence aurait facilement dû trouver une parade et enchaîner avec tout autre chose. Nous en revenons toujours au même problème : pourquoi cet aveu ? Et je vais plus loin : je suis même certain que vous ne le savez pas vous-même !

— En effet, rétorqua Smith avec agacement. Mais vous allez sans doute me le dire.

Twist réfléchit.

— S'il s'agissait d'un mensonge, le problème aurait été tout différent. Mais ce n'était pas le cas, comme nous avons pu le vérifier. Je ne vois pas d'autre solution que celle-ci, mais je peux me tromper, bien sûr, et dans ce cas je compte sur vous pour me donner l'explication. Voici ce que je pense : vous avez évoqué ce récit comme un petit garçon qui cherche à faire croire ce qu'il raconte. Vous avez narré ces faits dans le même état d'esprit qu'à 16 ans : *convaincre.* Tout est là : convaincre. Mais convaincre qui et pourquoi ? Les pensionnaires du 48 Hoxton Street ? Certainement pas. Il s'agissait de *convaincre,* tout simplement d'une manière générale. Ce qui me donne à penser qu'il y a dans votre récit une *partie boiteuse,* « maquillée », et que vous tenez beaucoup à ce qu'elle demeure secrète. *Quelque chose que vous aviez déjà voulu occulter quand vous étiez adolescent.* Voilà, c'est tout ce que je dirai pour le moment.

Twist eut un mouvement d'épaules signifiant qu'il n'en savait pas plus.

Smith demeura songeur, puis dit en dardant sur son vis-à-vis un étrange regard :

— Vous n'avez peut-être pas tort…

Des voix se firent entendre dans l'escalier et Mr Farr apparut, accompagné de deux hommes. Il fit les présentations. Les noms de Patrick Miller et d'Anthony Palmer semblèrent inconnus à William, bien qu'il fût certain d'avoir déjà rencontré les nouveaux venus. Le plus grand était une sorte de colosse aux cheveux coupés en brosse au-dessus d'un visage taillé à coups de serpe. Son compagnon, un blond d'une quarantaine d'années, avait également une musculature au-dessus de la moyenne.

Une conversation détendue et gaie s'ensuivit et William apprit qu'ils étaient, tout comme Mr Farr, collectionneurs et fervents admirateurs du Dr Twist.

— Alors vous pensez, Dr Twist, fit Patrick Miller – l'homme aux cheveux en brosse –, que lorsque Mr Farr nous a appris votre venue, nous n'avons eu de cesse qu'il nous invite aussi.

— Allons, allons, Patrick ! gronda Mr Farr avec un sourire qui démentait son ton. Vous vouliez connaître tous les détails sur le « Peau-Rouge » de Londres !

— Mais au fait, messieurs, demanda Twist, que collectionnez-vous au juste ?

Miller et Palmer se consultèrent du regard, puis, presque simultanément, firent apparaître chacun un revolver.

— Ah ! s'exclama Hurst, vous êtes amateurs d'armes anciennes ! (Flanquant une claque dans le dos de Smith :) Ceci nous fait penser à quelqu'un, pas vrai, mon garçon ?

— Pardon ? fit Smith, dont l'arc des sourcils trahissait une perplexité mêlée d'agacement.

— Mais au colonel Hudson, pardi ! Lui aussi collectionnait les armes !

— Ah oui ! bien sûr…

Alors que la discussion s'orientait sur les pistolets, revolvers, poignards, fusils et autres, William se posait toutes sortes de questions. D'abord qui étaient ces deux inconnus ? Il était sûr de les avoir déjà rencontrés. En tout cas, ils ne bluffaient pas en prétendant être experts en armes de poing, leur érudition dans ce domaine était incontestable. Ensuite, que faisaient-ils tous, là, dans la cave de Mr Farr ? En jetant un coup d'œil sur Marjorie, le reporter comprit qu'elle était tout aussi intriguée que lui.

Un cri plaintif et lugubre résonna dans le sous-sol, figeant la petite assemblée et la réduisant au silence. Un miaulement, sans aucun doute possible.

— Alors, vous l'avez tous entendu, maintenant ! s'écria Smith qui décidément paraissait bien mal à l'aise.

Des hochements de tête affirmatifs lui répondirent.

— Il y a un chat enfermé quelque part, fit remarquer Miller, fixant l'arme qu'il tenait toujours à la main.

— Ce… ce n'est pas possible…, murmura Mr Farr, les traits défaits. Mon chat est mort la semaine dernière… et pourtant il m'a bien semblé reconnaître son cri.

— Le chat noir, dit gravement le Dr Twist.

— Le chat noir ? s'étonna Palmer.

Twist ne répondit pas, il s'adressa à Mr Farr :

— Ne l'auriez-vous pas enterré ici, dans la cave ?

— Si, fit le maître de maison en baissant la tête. Il aimait bien cet endroit-là. C'était un de ses terrains de chasse préférés. Mais pourquoi cette question ? Vous ne voudriez quand même pas dire que…

— Voyez-vous, Mr Farr, reprit le détective, un chat enterré ne signifie pas forcément qu'il soit mort. Tout à l'heure, je vous ai parlé des raisons qui m'ont fait penser au *Chat noir* d'Edgar Poe. Vous connaissez certainement cette histoire, messieurs, demanda-t-il à Miller et à Palmer. (Ceux-ci firent un signe d'ignorance.) Alors je vais brièvement vous la résumer et vous comprendrez le rapport qu'on peut établir avec le chat de Mr Farr, noir également et ayant aussi perdu un œil, et qui se trouve maintenant…

De nouveau, le miaulement se fit entendre.

Smith regarda dans la direction du bruit – un passage voûté situé entre deux tonneaux. Irrité, il fit mine de s'y rendre, comme s'il avait l'intention de donner une leçon à l'intempestif félin, mais se ravisa aussitôt.

— Vous semblez bien nerveux, Mr Smith, dit Twist d'une voix douce.

— Non… non… ce n'est rien. Ce maudit matou me porte sur les nerfs, c'est tout.

— Je comprends, dit Twist sur un ton dont William ne put définir la nature. Et je suppose que vous, vous connaissez *Le chat noir ?*

— Non, non, non ! s'emporta-t-il. Mais parlez, bon sang !

— Alors voilà. C'est l'histoire d'un homme qui vénérait les chats. Il les vénérait tellement, qu'un jour il les prit en grippe. Dans une crise de folie due à un excès de boisson, il fit sauter un œil à son propre chat. Pris de remords, il en éleva un autre… mais la scène se répéta également avec celui-ci. Je ne me souviens plus des faits avec précision, toujours est-il que l'homme sombra dans la folie et qu'il assassina sa femme. Il l'emmura dans la cave, mais lorsque quelques jours plus tard les policiers vinrent enquêter, ils furent intrigués par un miaulement en provenance du sous-sol. C'est ainsi que le criminel fut confondu, car il avait emmuré par mégarde, avec le corps de sa femme, le chat – qui lui n'était pas mort !

— Alors vous pensez que le mien pourrait encore être vivant ! s'exclama Mr Farr.

— Ce n'est pas impossible, répondit calmement le Dr Twist.

— Et si nous allions jeter un coup d'œil ? suggéra Hurst.

— Ma foi, répondit Mr Farr, placide, ce n'est pas une mauvaise idée.

— De toute manière, fit Twist, il y a dans cette cave un chat bien vivant qui n'a pas l'air d'être content. Autant voir ce qui le chagrine.

Marjorie et William échangèrent un regard. L'attitude et les propos de leur hôte et des détectives leur semblaient pour le moins singuliers.

— Bon, allons-y, dit Mr Farr.

— Miss Conway, dit Alan Twist, voulez-vous avoir la bonté de me ramener la lampe de poche qui devrait se trouver dans la boîte à gants de ma voiture ou quelque part près du siège du conducteur ?

Contrariée, Marjorie regarda le criminologue, surprit dans ses yeux quelque chose qui l'empêcha de protester et s'entendit répondre docilement :

— Bien volontiers, monsieur.

Mr Farr l'accompagna jusqu'à la sortie de la cave et revint rapidement.

— On y va, dit-il en se dirigeant vers l'ouverture voûtée.

Tout le monde le suivit, sauf Smith qui hésitait.

— Auriez-vous peur des chats, Mr Smith ? dit Patrick Miller en lui adressant un sourire.

Pour toute réponse, Smith haussa les épaules, puis pénétra à son tour dans le réduit d'où s'échappaient les miaulements qui avaient repris de plus belle.

Cette partie de la cave avait aussi un sol en terre battue. Seuls étaient dallés l'allée centrale et l'endroit où l'on stocke le charbon. Les murs de pierre suintaient d'humidité et il n'y avait d'autre ouverture que la trouée par laquelle ils étaient entrés. Là encore, on pouvait voir plusieurs casiers garnis de bouteilles et dans un coin, quelques caisses empilées. Lorsque le félin se remit à miauler, il fut évident pour tout le monde qu'il devait se terrer derrière ces caisses.

— C'est là que je l'ai enter… en fait, je l'ai emmuré, dit Mr Farr comme à regret. Quelqu'un me donne un coup de main ?

D'un geste de la main, Hurst enjoignit William d'aller aider leur hôte.

Celui-ci s'approcha de Mr Farr et tous deux dégagèrent le mur. Toutes les caisses furent enlevées, hormis la plus petite d'entre elles – qui était pourvue d'un grillage – que Mr Farr plaça entre ses genoux. Si ce geste échappa à l'attention des autres – les deux hommes accroupis masquant l'endroit de leur dos – il fut remarqué par William qui perçut nettement un ronronnement, avant de voir le petit félin emprisonné se frotter contre le grillage. Muet d'incompréhension, il regarda Mr Farr enlever les pierres du mur, qui manifestement avaient été descellées récemment. Lorsqu'une bonne partie fut dégagée,

Mr Farr libéra discrètement le minet en ouvrant la cage, avant de s'exclamer :

— Edgar ! Mon cher petit Edgar ! Tu n'es pas mort ! C'est incroyable ! Proprement incroyable !

Il se releva et regarda avec attendrissement son chat aller se frotter contre les jambes de l'inspecteur Archibald Hurst.

William s'efforçait désespérément de donner un sens à cette comédie, du reste très mal interprétée par les acteurs Twist, Hurst et Farr. Ce fut alors qu'il remarqua le visage de Smith, qui verdissait et dont les lèvres minces tremblaient. Plus étrange encore était l'attitude de Palmer et de Miller, plongés dans la contemplation de leurs armes, qu'ils n'avaient toujours pas remises dans leurs poches. Un déclic se produisit dans son cerveau : il venait de les reconnaître, il s'agissait de deux sergents du Yard réputés pour leurs interventions musclées.

— Eh bien tout est pour le mieux, déclara Mr Farr avec satisfaction. Nous pouvons remonter, à présent. Un bon petit verre après toutes ces… (Il se tut, venant d'aviser quelque chose à ses pieds.) Qu'est-ce que…

— Qu'y a-t-il ? demanda Twist en s'approchant de lui.

— C'est bizarre, on dirait un… C'était certainement derrière les pierres, là où se trouvait Edgar…

Il tendit la chose au Dr Twist qui s'en empara pour l'approcher plus près de l'ampoule nue suspendue au-dessus de leurs têtes.

— Oui, dit-il, on dirait un os…

— Un os ! s'exclama Hurst. Mais ce sont les chiens qui aiment les os, pas les chats !

Il y eut un silence. Smith esquissa un mouvement de retraite, mais se heurta à Miller et à Palmer qui lui souriaient de toutes leurs dents, montrant ostensiblement leurs armes.

— Vous avez raison, mon ami, reprit Twist. Ce n'est certainement pas Edgar qui a caché ceci. Mais alors…

Après de longues secondes de feinte réflexion, Twist gagna la petite excavation, muni d'une pelle à charbon et se mit à dégager activement la terre. Au bout de quelques minutes, un squelette apparut, puis un autre. Enfin, il se releva et vint se placer devant un Smith décomposé, qui voyait deux revolvers braqués sur lui. L'expression de Twist était très grave, mais il grimaça néanmoins un sourire pour s'adresser à Smith :

— J'ai déjà rencontré nombre de criminels odieux, Mr Smith, mais franchement, aucun d'entre eux ne vous arrive à la cheville.

Smith fit un mouvement pour se dégager, mais il fit connaissance avec le poing de Miller et se retrouva par terre.

— Avoir tué sa mère et sa sœur pour quelques livres, reprit Twist, je crois qu'il n'existe pas de crime plus vil. Vous rectifierez si je fais erreur. Lorsque votre mère perdit à la fois ses cheveux et son gagne-pain, vous avez immédiatement songé à faire main basse sur ses économies augmentées de la coquette somme perçue en dédommagement, avant qu'elles ne fondent comme neige au soleil dans les jours difficiles qui s'annonçaient. Et froidement, sans le moindre scrupule, vous avez lâchement assassiné votre mère et votre sœur. Le massacre des cheveux de Mrs Crawshaw n'était naturellement qu'un trompe-l'œil. Magistral, du reste. Ainsi, en commettant ce délit, vous saviez que vous seriez la honte du village et que nul ne s'étonnerait du « départ » de votre famille. J'imagine très bien ce que les gens ont dû raconter : « Mon Dieu, cette pauvre Mrs Smith qui a perdu ses beaux cheveux à cause de Mrs Crawshaw !... – Oh mon Dieu ! Le jeune Smith a vengé sa mère en coupant les cheveux de Mrs Crawshaw en pleine nuit ! – Quel sale garnement, il l'a presque tuée... Pauvre Mrs Smith, quelle honte ! – Pas étonnant qu'ils aient fait sacs et bagages ! »

» Qui, je vous le demande, aurait songé un seul instant que les cadavres de votre mère et de votre sœur gisaient emmurés dans la cave ? C'était très fort, Mr Smith, *très* fort, je l'avoue. Tout ceci me fait penser à un autre conte d'Edgar Poe, où l'on recherche vainement des documents alors qu'ils se trouvent dans l'endroit le plus en vue. Vous, vous avez masqué votre crime par un autre. En effet, votre sauvage agression contre Mrs Crawshaw a paru tellement odieuse, était tellement présente à l'esprit des gens, longtemps encore après votre départ, qu'elle a complètement étouffé les éventuels soupçons que d'aucuns auraient pu avoir. Dissimuler le crime par le crime, c'est l'astuce suprême. Enfin, le naufrage du *White Star* a été une belle occasion pour expliquer la « disparition » de votre famille. Il suffisait de déclarer que votre mère, votre sœur et vous aviez voyagé clandestinement.

— Preuves..., pesta Smith en prenant le 46 fillette de Palmer dans les côtes.

Twist extirpa un rasoir de sa poche :

— Nous avons retrouvé ceci auprès des cadavres. Car, vous vous en doutez bien, ce n'est pas aujourd'hui que nous les avons découverts. Je pense que vous nous excuserez pour cette petite mise en scène – tout à fait gratuite, du reste – à laquelle nous nous sommes livrés…

— … rien que pour le plaisir, acheva Hurst, avec sur son visage une expression où la satisfaction se mêlait au plus profond dégoût. Ce n'est certes pas dans nos habitudes, mais nous avons pensé qu'un criminel de votre espèce méritait quelque chose de spécial… Et je remercie Mr Farr d'avoir bien voulu nous prêter son concours. Cela ne vous a pas trop ennuyé, Mr Farr ?

— Non, bien au contraire. Edgar s'est bien amusé.

— Pour en revenir aux preuves, Mr Smith, dit le Dr Twist, je commencerai par vous dire qu'il n'y a aucun doute sur l'identité des cadavres, votre mère portait encore son alliance. Et il y a aussi ce rasoir, l'arme du crime de toute évidence. Ce rasoir, vous l'aviez « emprunté » à Mrs Crawshaw pour lui couper les cheveux cette fameuse nuit, et bien entendu vous ne le lui aviez pas rendu. Et je suis sûr qu'elle reconnaîtra son ancien outil de travail. Vous voyez ce que je veux dire, Mr Smith ? Enfin je terminerai par ceci : Jerry Hudson, grâce à ses crimes odieux, sera finalement parvenu à ses fins. Car il est hors de doute, Mr Smith, que vos jours sont désormais comptés et que vous vous balancerez bientôt vous aussi au bout d'une corde.

ADAPTATION TÉLÉVISUELLE

LA MORT VOUS INVITE

Coproduction franco-belge. Réalisation : Sylvie Durepaire. Adaptation et dialogues : Sylvie Durepaire et Françoise Hamel, d'après le roman du même titre. Directeur de la photographie : Serge Marcheux. Prises de vues : Isabelle Ben-Khaled, assistée de Bruno Lhomme. Éclairage : Serge Quertigniez, Patrick Bielawski, Marcel Fassart, Maurice Delacourt. Étalonnage vidéo : Jean Walczak. Toiles de : Yvon Delporte. Prise de son : Pierre Treffel, Jean Quenelle. Bruitage : Jonathan Liebling. Mixage : Jean-François Holuigue, Daniel Anquet. Illustration musicale : Yvonne Derudder. Montage : Christine Laurain. Décors : Pascal Despree. Machinerie : Marcel Follet, Joël Duhamel, Angelo Sensini, Yves Abeel. Menuisier : Benoît Pellerin. Peintres : Jean-Marie Dubart, Robert Rigal. Costumes : Monique Perot. Habillage : Odette Lecoutre. Coiffure : Luis Arrandilla. Maquillage : Nathalie Dufour, Patricia Planche. Accessoiristes : Jean Pecriaux, Philippe Carin, Philippe Bue. Régie : Jean-Marie Dupriez. Chauffeur : Claude Christiaens. Photographe de plateau : Jean-Paul Ledieu. Synthétiseur : Francine Taraska. Assistants de réalisation : Jean-Jacques Jauffret, Chantal Bray. Scripte : Elizabeth Bonnay. Adjointe de production : Paulette Thomas. Administrateur de production : Pierre Feves. Directeur de production : Brice Auboyneau. Chargé de production : Jacques de Pauw. Production : région Roubais-Tourcoing. Générique : atelier d'animation FR3-Lille. Interprétation : Gaston Vacchia (Kléber Houdin), Sam Karman (Le professeur Tissot), Francis Frappat (Simon Delcourt), Catherine Rich (Catherine Vickers), Jean de Coninck (Roger Chapier), Isabelle Habiague (Charlotte Vickers), Delphine Rich (Sybil Vickers), Gabriel Gobin (Kesley), Pascal Elso (Volson), Olivier Pajot (Frederic), Philippe Sire (Le médecin-légiste), Paul Beaulier. Diffusion : vendredi 7 juillet 1989 sur FR3, dans le cadre de la série franco-belge *Le Masque*. Durée : 50 minutes.

Correspondance des personnages avec le roman :

Kléber Houdin : L'inspecteur Hurst.
Le professeur Tissot : Le docteur Twist.
Simon Delcourt : Simon Cunningham.
Catherine Vickers : Mrs Dane Vickers
Roger Chapier : Roger Sharpe.
Charlotte Vickers : Henrietta Vickers.
Sybil Vickers : Valérie Vickers.
Kesley : Philippe Kersley, le domestique des Vickers.
Frederic : Fred Springer.

BIBLIOGRAPHIE

Romans

(Tous les romans ont été publiés dans la collection du Masque.)

La Malédiction de Barberousse (septembre 1995).
La Quatrième Porte (mars 1987).
Le Brouillard rouge (juin 1988).
La Mort vous invite (septembre 1988).
La Mort derrière les rideaux (septembre 1989).
La Chambre du fou (mars 1990).
La Tête du tigre (janvier 1991).
La Septième Hypothèse (septembre 1991).
La Lettre qui tue (septembre 1992).
Le Diable de Dartmoor (avril 1993).
Le Roi du désordre (mars 1994).
À 139 pas de la mort (septembre 1994).
L'Image trouble (février 1995).
Le Cercle invisible (février 1996).
L'Arbre aux doigts tordus (septembre 1996).
Le Crime de Dédale (à paraître).
Le Géant de pierre (à paraître).
Les Sept Merveilles du crime (à paraître).

Nouvelles

1988 — « Les Morts dansent la nuit », dans *Alfred Hitchcock Magazine* (décembre 1988). Réédité dans *Le Masque vous donne de ses nouvelles* (Le Masque, mars 1989). Réédité dans *La Crème du crime*, anthologie de Michel Lebrun et Claude Mesplède (Éditions de l'Atalante, Nantes, 1995).
1990 — « La Nuit du Loup », dans *Mystère 90, Les dernières nouvelles du crime*, anthologie de Jacques Baudou (Le Masque, juin 1990).
1991 — « L'Artiste », dans *Nouvelles Nouvelles* (mars 1991).
« Un rendez-vous aussi saugrenu… », dans *Nouvelles Nuits,* la revue de la nouvelle policière n° 5 (juin 1991).
1992 — « Ripperromanie », Collection « Palace Noir » (janvier 1992).
1993 — « L'escalier assassin » (nouvelle inédite, à paraître).

Prix

La Malédiction de Barberousse. Prix 1986 de la Société des écrivains d'Alsace-Lorraine. Première édition hors commerce (55 exemplaires numérotés).
La Quatrième Porte. Prix du Roman Policier du Festival de Cognac 1987.
Le Brouillard rouge. Prix du Roman d'Aventures 1988.

Traductions

La Mort vous invite.
Traduit en roumain : *Moartea Va Invità la Cinà* (Editura Icar, Bucarest, 1994).
La Quatrième Porte.
Traduit en italien par Marianne Basile : *La Quarta Porta* (Il Giallo Mondadori, octobre 1995).
La Tête du tigre.
Traduit en italien par Marianne Basile : *Testa di Tigre* (Il Giallo Mondadori, novembre 1995).
L'Image trouble.
Traduit en italien par Igor Longo (à paraître chez Il Giallo Mondadori.).

TABLE

Achevé d'imprimer
Dépôt édit. 7570-09/1996
Édition 01
ISBN 2702427138

Imprimé en Italie par G. Canale & C. S.p.A. - Borgaro T.se - Tc